广州粤玉隧道工程设备有限公司

Guangzhou YorYu Tunnel Engineering

神拓精工刀具 · 创盾构刀具领域第一品牌

广州粤玉隧道工程设备有限公司 系"神拓科技"旗下的全资子公司，是神拓科技公司专门为研发、生产新型盾构刀具而重点打造的核心子公司，并同步建立了"神拓精工"刀具品牌。公司位于广州国家级中新知识城——中慧科技产业园，是集研发、生产、销售和服务为一体的高新技术企业。

我们主要专注于现代化隧道工程盾构掘进机刀具及配件系列产品的研发、生产、外贸及销售并为国内外各大城市各类地铁隧道、过江(海)隧道、市政管网、矿山挖掘等工程领域中的盾构施工单位提供盾构刀具、刀圈、配件等系列产品，以及盾构刀具的改造与定制服务。

公司总部位于广州，现已组建并投产有三个生产基地，分别位于广州黄埔区中新知识城、成都经济技术开发区及马鞍山经济技术开发区。其中，重型刀具胚料及刀圈主要在马鞍山生产基地研发和制造。经过不断地发展与壮大，现公司资产5亿元左右，年度生产能力8亿元以上；公司及各生产基地共拥有员工200余人，技术人员50余名，市场人员30余名。

我们以"追求极致的品质与服务"为目标，以"创造价值，建设交通"为使命；致力于为用户提供最优质的产品及最专业的服务。欢迎广大用户来电垂询，共谋发展！

广州总部地址：

广东省广州市黄埔区中新知识城凤凰四路99号中慧科技园F栋

电话：020-82890833 020-82689086

传真：020-82946890

网址：www.shentuo.com

西南分公司地址：

四川省成都市经济开发区航天南路18号

电话：028-84836658 028-84850420

传真：028-84836658

服务热线：4008-339-225

"一带一路"科技文化专项基金支持

全国盾构 TBM 从业人员执业资格培训精讲教程

国家 863 计划项目资助(2012AA041802)

中国铁路总公司重大课题(2016G004-A)

盾构施工关键技术

Key Technologies in Tunnelling by Shield Machine

（上　册）

张宗言　总策划

钱七虎　杨华勇　李术才　伍军　主　审

陈　馈　谭顺辉　王江卡　蒲晓波　编　著

卓普周　牟　松　张岩涛　等　　副主编

中国铁道出版社有限公司

２０２０年·北　京

内 容 简 介

　　本书重点介绍各种类型盾构的工作原理及各种复杂地质和复杂环境条件的盾构施工关键技术,全书五篇18章。第一篇"总论"共3章,主要介绍盾构起源与发展、中国盾构发展历程、盾构法概论;第二篇"盾构设备"共3章,主要介绍敞开式盾构、土压平衡盾构、泥水盾构、双模式盾构、可变密度盾构等典型盾构的工作原理及构造、开挖面稳定机理与地质适应范围,介绍盾构制造、工厂组装调试及盾构监造等技术要点,介绍盾构选型理论与实践;第三篇"施工技术"共5章,主要介绍勘察技术、端头加固技术、盾构现场组装与调试、土压平衡盾构掘进技术、泥水盾构掘进技术、管片拼装技术、施工测量技术、盾构带压进舱技术、刀具检查与更换技术、盾构始发与到达技术、盾构调头技术、沉降控制技术,介绍管片设计理念与方法、管片接缝防水设计及管片制作技术,介绍盾构施工风险分类与防控、盾构智慧工地建设、盾构施工大数据云平台建设,介绍盾构的管理、使用、保养与维修及土压平衡盾构与泥水盾构操作关键技术;第四篇"施工案例"共6章,主要介绍软土地层、无水砂卵石地层、富水砂卵石地层、上软下硬复合地层、岩石地层、岩溶地层等盾构施工特点,通过具有代表性的具体施工案例,介绍盾构施工难点与对策;第五篇"施工视频"主要收录了国内外有关盾构施工视频或动画,通过手机扫描书上的二维码即可观看精彩的盾构施工视频,有助于帮助读者更直观的了解盾构施工。

　　全书图文并茂,视觉震撼,深入浅出,资料翔实,参考性强,可供盾构设计、施工、监理、工程管理、教学、科研等专业技术人员学习参考。

图书在版编目(CIP)数据

盾构施工关键技术/陈馈等编著. —北京:中国铁道
出版社有限公司,2020.1(2020.7 重印)
全国盾构 TBM 从业人员执业资格培训精讲教程
ISBN 978-7-113-26450-5

Ⅰ.①盾… Ⅱ.①陈… Ⅲ.①盾构-工程施工-技术
培训-教材 Ⅳ.①U455.43

中国版本图书馆 CIP 数据核字(2019)第 270497 号

书　　名:全国盾构 TBM 从业人员执业资格培训精讲教程
　　　　　盾构施工关键技术(上册)
作　　者:陈　馈　谭顺辉　王江卡　蒲晓波

策划编辑:高　楠
责任编辑:高　楠　赵昱萌　　　编辑部电话:010-51873347　　　电子信箱:13522756157@163.com
封面设计:郑春鹏
责任校对:孙　玫　焦桂荣
责任印制:高春晓

出版发行:中国铁道出版社有限公司(100054,北京市西城区右安门西街 8 号)
网　　址:http://www.tdpress.com
印　　刷:中煤(北京)印务有限公司
版　　次:2020 年 1 月第 1 版　　2020 年 7 月第 2 次印刷
开　　本:787 mm×1 092 mm　1/16　印张:47.75(上下册)　字数:1 170 千
书　　号:ISBN 978-7-113-26450-5
定　　价:287.00 元(上下册)

《盾构施工关键技术》编委会

长沙中天交通凿岩技术服务有限公司

海瑞克股份公司

辽宁三三工业有限公司

"一带一路"科技文化专项基金委员会

中铁一局集团城市轨道交通工程有限公司

盾构(上海)教育科技中心

六朝松(北京)教育科技有限公司

陕西铁路工程职业技术学院

中铁十局集团城市轨道交通工程有限公司

中铁十一局集团城市轨道工程有限公司

中国工程机械学会

参编单位:(排名不分先后)

洛阳金鹭硬质合金工具有限公司

阳铁机械(杭州)有限公司

力信测量(上海)有限公司

中铁工程装备集团(天津)有限公司

山东大学

河南科技大学

深圳地铁建设集团有限公司

中铁三局集团有限公司

中铁四局集团有限公司

中铁六局集团有限公司

中铁七局集团有限公司

中铁九局集团有限公司

中铁隧道局集团有限公司设备分公司

广州神拓科技有限公司

安徽恩克迈刀具制造有限公司

上海福奇机电技术有限公司

作 者 简 介

陈馈 1963 年 11 月出生,男,工程博士,教授级高工,1985 年毕业于中南大学;历任铁道部隧道工程局引大入秦盘道岭隧洞工程指挥部出口口区主管工程师,铁道部隧道工程局南昆铁路工程指挥部机械公司主管工程师,铁道部隧道工程局第四工程处机械设备公司经理,中铁隧道集团盾构研发项目部副总经理,中铁隧道集团设备制造有限公司副总经理,中铁隧道集团设备管理部副部长、盾构及掘进技术国家重点实验室副主任、执行主任、常务副主任、党工委书记等职;国家一级建造师,国家科技进步一等奖获得者,享受国务院政府特殊津贴。中国中铁专家,中铁隧道局集团一级专家;硕士生导师,博士后合作导师;国家火炬计划专家库专家;国家重大专项评审专家;企业国家重点实验室评审及验收专家;航空精密轴承国家重点实验室学术委员会委员;高端工程机械智能制造国家重点实验室学术委员会委员;全国建筑施工机械与设备标准化技术委员会委员;中国土木工程学会隧道及地下工程分会隧道掘进机专业委员会副主任委员;盾构再制造创新战略联盟秘书长;机械装备先进制造河南省协同创新中心学术委员会副主任;中国工程机械工业协会掘进机械分会理事;《现代隧道技术》《隧道建设》编委。石家庄铁道大学、华北水利水电大学、河南科技大学、陕西铁路工程职业技术学院、哈尔滨铁道职业技术学院等高校兼职教授;中铁隧道集团一级专家,中国中铁专家,洛阳市第八批优秀专家,郑州市第十二批专业技术拔尖人才,河南省科技成果鉴定评审专家库专家,河北省科技进步奖评审专家,广东省科技业务管理阳光政务平台科技咨询专家,河南省五一劳动奖章获得者;主持国家 973 计划课题 3 项、863 计划课题 3 项、国家国际合作专项 1 项;获国家科技进步一等奖 1 项、国家专利优秀奖 1 项、湖北省科技进步特等奖 1 项、河南省科技进步一等奖 1 项;授权国家发明专利 28 项,在核心学术期刊发表学术论文 150 余篇;主持编写了《盾构法隧道施工与验收规范》国家标准、《铁路隧道全断面岩石掘进机法技术指南》行业标准;著有《盾构施工技术》《中国盾构》《中国隧道》《中国高铁》《中国桥梁》《岩石掘进机(TBM)施工关键技术》等学术著作 16 部。

谭顺辉 1969 年 9 月出生,男,教授级高级工程师,国家一级建造师,中铁高新工业股份有限公司副总经理。参建并负责过多个国家重难点隧道工程施工,全国优秀项目经理。历任中铁隧道股份有限公司项目经理、总经理助理,中铁隧道局集团项目指挥长,中铁工程装备集团有限公司设研总院院长、总经济师、副总经理、总经理、党委书记、董事长;中国土木工程学会隧道及地下工程分会理事、中国土木工程学会隧道及地下工程分会隧道掘进机专业委员会副主任委员;盾构及掘进技术国家重点实验室理事会副理事长;中国工程机械工业协会隧道掘进机械分会

副会长；河南省学术技术带头人，河南省五一劳动奖章获得者、中国中铁专家，享受国务院政府特殊津贴。现主要从事全断面隧道掘进机（盾构/TBM）设计制造及应用技术研究工作；主持、参与多项国家、省部级重大科技专项课题，获国际发明专利 1 项、国家发明专利 8 项、实用新型专利 5 项；获河南省科技进步一等奖 1 项，中国施工企业管理协会科学技术一等奖 1 项，中国铁路工程总公司科学技术特等奖 2 项、一等奖 4 项、二等奖 2 项；在核心学术期刊发表学术论文 10 余篇，主、参编国家标准 3 部。著有《盾构设计与施工》《中国盾构》《岩石掘进机（TBM）施工关键技术》等学术著作。

王江卡　1975 年生，男，兰州交通大学建筑与土木工程硕士，教授级高级工程师，国家一级注册建造师，中国中铁专家，享受国务院政府特殊津贴，无锡市劳动模范。现任中国中铁广州轨道交通工程指挥部副指挥长、中国中铁广州轨道交通 13 号线工程项目部经理，历任中铁一局集团城市轨道交通工程有限公司广州地铁三号线客大项目主管工程师、五号线草淘项目经理、六号线天天项目经理，中铁一局深圳地铁 3101、2206、2221 项目部盾构项目经理，中铁一局东莞 R2 线 2302 项目经理，中铁一局集团城市轨道交通工程有限公司副总经理、总经理、执行董事，中铁一局集团有限公司智能科技分公司总经理、中铁一局集团有限公司上海分公司总经理，无锡中铁城轨装备有限公司董事、股东代表。全国城轨领域首个国家优质工程金奖－无锡一号线创国优金奖突出贡献者，2020 年无锡市百名科技之星，无锡市锡山区第四届政协委员，江苏省科技企业家，江苏省城市轨道交通工程质量安全专家委员会委员，中国中铁第四届十大杰出青年。江苏省轨道交通财经论坛副理事长，中国工程机械学会维修与再制造分会盾构再制造创新战略联盟副理事长。主要从事城市轨道交通工程盾构施工及管理，获得国家级科技创新成果奖 5 项，省部级科技创新奖 2 项，中国中铁科技创新奖 5 项，实用新型专利 1 项，发明专利 7 项。先后参与广州、深圳、东莞、佛山、上海、北京、成都、无锡、南京、厦门、大连等多个城市的轨道交通建设，发表论文 10 余篇，参与国家标准 2 项。著有《岩石掘进机（TBM）施工关键技术》《盾构施工关键技术》《盾构设计与施工》《中国盾构》《中国隧道》《中国桥梁》《中国高铁》《中国地铁》《TBM 设计与施工》等学术著作。

蒲晓波　1982 年出生，男，工程硕士，高级工程师，中铁工程装备集团技术服务有限公司总经理，全国青年岗位能手，主要从事隧道工程机械设计制造及技术管理与服务工作。参与多项国家"863"计划课题研究，主持河南省、中国铁路工程总公司等多项重大科研课题；先后获河南省科技进步一等奖 1 项，中国施工企业管理协会科学技术一等奖 1 项，中国铁路工程总公司特等奖 2 项、一等奖 2 项、二等奖 3 项；获全国火车头奖章；发表学术论文 10 余篇；获发明专利 27 项；著有《岩石掘进机（TBM）施工关键技术》等学术著作。

序

21 世纪是隧道及地下工程跨越式大发展的新时代,但隧道及地下工程的风险,总是在"地质的复杂性""隧道施工机械的不适应性""人认知的局限性、方案和措施的不合理性、操作的不规范性"等薄弱环节引发隧道及地下工程事故。不管是因为地质的复杂性造成的地质风险,还是因为施工机械的不适应性造成的施工机械风险;或者是因为人认知的局限性、方案和措施的不合理性、操作的不规范性造成的人为风险;归根到底都是因为隧道及地下工程的从业人员技术水平不够专业造成的。

针对我国隧道及地下工程施工中安全事故多发、质量通病突出的问题,全面提升隧道及地下工程从业人员的专业技术水平是大势所趋,因此,应加强对隧道及地下工程从业人员的技术培训与持证上岗。

学习才能强国,梦想从学习开始,习近平总书记指出,善于学习,就是善于进步。抓好大学习、大培训,就要有好的培训教材。

由陈馈、谭顺辉、王江卡等中国中铁专家牵头编著的《全国盾构 TBM 从业人员执业资格培训精讲教程》,就是在新时代中国隧道及地下工程大建设、大发展和大机遇的时代契机下,响应习近平总书记学习强国的重要讲话孕育而生的。

《全国盾构 TBM 从业人员执业资格培训精讲教程》共两部,包括《盾构施工关键技术》(上下册)和《岩石掘进机(TBM)施工关键技术》。《盾构施工关键技术》(上下册)基于作者团队在盾构装备研制与盾构施工技术方面的创新成果及盾构隧道修建技术实践,重点介绍了各种类型盾构的工作原理与构造及操作要点,介绍了盾构设备的管理使用与维修保养技术以及各种复杂地质和复杂环境条件的盾构施工关键技术。《岩石掘进机(TBM)施工关键技术》基于作者团队相关研究成果及多年 TBM 工程实践经验,重点介绍了各种类型岩石掘进机(TBM)的工作原理与构造及操作要点,介绍了 TBM 设备的管理使用与维修保养技术以及各种复杂地质条件的 TBM 施工关键技术。该教程全面、系统地总结了隧道及地下工程的宝贵经验,集理论与实操于一体,通过知识学习和试题训练,掌握知识目标和

能力目标,是实现隧道及地下工程从业人员理论培训标准化的有力之作,是隧道及地下工程从业人员职业教育、岗位培训、技能鉴定的好教材,隧道及地下工程关于盾构 TBM 的各类技术培训要注重用好这套培训教程。

在本书即将付印之际,我谨以此序向该书的作者和编委表示祝贺,愿此书在隧道及地下工程建设中发挥重要的促进与推动作用。

中国中铁股份有限公司　党委书记
中国中铁股份有限公司　董 事 长
中国铁道学会　　　　　副理事长
中国铁道工程建设协会　副理事长

2019 年 10 月 1 日

前　言

　　盾构法是建造隧道及地下工程最先进的施工方法之一。隧道及地下空间的大发展,促进了盾构法施工技术的进步。自从 1825 年开始,法国人布鲁内尔在英国伦敦泰晤士河下首次使用手掘式矩形盾构开挖世界上第一条盾构法隧道以来,盾构技术至今(2020 年)已经历了 195 年的应用与发展。从第一代手掘式盾构发展到目前以大推力、大扭矩和智能化为特色的第四代盾构过程中,我国盾构的发展通过自主摸索、国外引进、消化吸收、集成创新、自主创新,经历了黎明期、创新期、跨越期等三个发展阶段,目前已形成产业化规模,正在致力研制第四代半和第五代盾构,即将开启盾构颠覆性原创核心技术的全新时代。

　　盾构法施工技术在世界许多国家不断得到发展,但在推广应用过程中出现了一些事故,这些事故的发生,不仅影响了盾构工程的工期,还造成了重大经济损失和不必要的人员伤亡。针对盾构技术行业发展现状,本书以盾构施工关键技术为切入点,结合我国各种典型地质盾构施工案例进行阐述,以促进盾构技术领域的创新交流和成果共享,以期推动盾构施工技术的健康与快速发展。

　　本书基于作者及其团队在盾构装备自主研制与盾构施工技术方面的创新成果及盾构隧道修建技术实践,重点介绍了各种典型盾构的工作原理与构造及各种复杂地质和复杂环境条件的盾构施工技术。全书分为"总论""盾构设备""施工技术""施工案例""施工视频"五大篇章。"总论""盾构设备""施工技术"作为全书的理论篇章,概述了盾构起源与发展、中国盾构发展历程、盾构的工作原理与构造、盾构选型、勘察技术、端头加固技术、盾构现场组装与调试、土压平衡盾构掘进技术、泥水盾构掘进技术、管片拼装技术、施工测量技术、盾构带压进舱技术、刀具检查与更换技术、盾构始发与到达技术、盾构调头技术、沉降控制技术、管片设计理念与方法、管片接缝防水设计及管片制作技术、盾构施工风险分类与防控、盾构智慧工地建设、盾构施工大数据云平台建设、盾构的管理与使用、土压平衡盾构与泥水盾构操作等关键技术;通过该部分内容介绍,使读者熟悉盾构设备与施工的理论体系;在此基础上,展开第四篇"施工案例"的阐述,本篇内容作为《盾构施工

关键技术》的实践篇章，介绍软土地层、无水砂卵石地层、富水砂卵石地层、上软下硬复合地层、岩石地层、岩溶地层的盾构施工技术要点与典型案例，使盾构从业人员通过学习全面掌握盾构施工关键技术，以应对复杂多变的地质状况与地质环境；第五篇"施工视频"主要收录了国内外有关盾构施工视频或动画，通过手机扫描书上的二维码即可观看精彩的盾构施工视频，有助于帮助读者揭开盾构施工的神秘面纱。

在本书撰写过程中得到了中铁隧道局集团有限公司、中铁工程装备集团有限公司、德国海瑞克股份公司等单位提供相关撰写素材，在此衷心地感谢同行们的支持和帮助。本书撰写过程中，还引用了一些尚未刊登和发表的资料，因未公开发表而不能列于参考文献中，在此，向拥有这些资料的单位和个人深表感谢。

期望本专著能给我国盾构施工提供参考和借鉴。尽管作者为本书付出了大量的心血，但书中不可避免地会出现错漏和不当之处，有些提法也可能需要大家进一步研讨，敬请广大同行提出批评并指正。

作者代表：

2019 年 10 月 1 日于北京

目　　录

上　　册

第一篇　总　　论

第二篇　盾构设备

下　册

第四篇　施工案例

第五篇　施工视频

第一篇 总 论

本篇包括盾构起源与发展、中国盾构发展历程、盾构法概论等3章;第1章阐述盾构的概念、盾构的工作原理、盾构的起源、国外盾构发展历程、盾构的分类、盾构技术发展方向与趋势及盾构新技术展望;第2章创造性地提出了中国盾构技术发展的黎明期、创新期、跨越期等三个阶段,提出并介绍了中国盾构六强;第3章介绍盾构法基本概念、盾构法施工力学分析、开挖面稳定力学原理、盾构法优缺点及适应范围、发展现状、发展趋势、典型工法。

第1章 盾构起源与发展

第2章 中国盾构发展历程

第3章 盾构法概论

第1章 盾构起源与发展

本章重点:主要介绍盾构的概念、盾构的工作原理、盾构的起源、国外盾构发展历程、盾构的分类、盾构技术发展方向、盾构技术发展趋势,对盾构新技术进行了展望。

1.1 盾构的概念与起源

1.1.1 盾构的概念

盾构,其英文名称为"Shield Machine",是一种用于隧道暗挖施工,具有金属外壳,壳内装有整机及辅助设备,在其掩护下进行土体开挖、土渣排运、整机推进和管片安装等作业,从而构筑隧道,并使隧道一次成形的特种隧道施工机械,实现了隧道快速、安全、环保施工的工厂化作业,如图1-1所示。

图1-1 盾构的外形及其结构

盾构是一种隧道掘进的专用工程机械,现代盾构集机、电、液、传感、信息技术于一体,具有开挖切削土体、输送土渣、拼装隧道衬砌、测量导向纠偏等功能。盾构已广泛用于地铁、铁路、公路、市政、水电隧道工程。

1.1.2 盾构的工作原理

盾构的工作原理就是一个钢结构组件沿隧道轴线边向前推进边对土壤进行掘进。这个钢结构组件的壳体称"盾壳",盾壳对挖掘出的还未衬砌的隧道段起着临时支护的作用,承受周围土层的土压、承受地下水的水压以及将地下水挡在盾壳外面。掘进、排土、衬砌等作业在盾壳的掩护下进行。

"盾"——"保护",指盾壳;

"构"——"构筑",指管片拼装。

开挖面的稳定方法是盾构工作原理的主要方面,也是盾构区别于岩石掘进机的主要方面。岩石掘进机国内一般称为 TBM。TBM 是"Tunnel Boring Machine"的缩写,通常定义中 TBM 是指全断面岩石隧道掘进机,是以岩石地层为掘进对象。岩石掘进机与盾构的主要区别就是不具备泥水压、土压等维护掌子面稳定的功能。而盾构施工主要由稳定开挖面、掘进及排土、管片衬砌及壁后注浆三大要素组成。

1.1.3 盾构的起源

1806 年,法国工程师麦克·布鲁内尔(Marc Isambard Brunel)发现船的木板中,有一种蛀虫(船蛆)钻出孔道,船蛆是一种蛤,头部有外壳,在钻穿木板时,分泌出液体涂在孔壁上形成坚韧的保护壳,用以抵抗木板潮湿后的膨胀,以防被压扁(图 1-2)。

图 1-2　船蛆示意

在蛀虫钻孔的启示下,麦克·布鲁内尔发现了盾构掘进隧道的原理,并在英国注册了专利(图 1-3)。麦克·布鲁内尔专利盾构由不同的单元格组成,每一个单元格可容纳一个工人独立工作,并对工人起到保护作用。所有的单元格牢靠地装在盾壳上。当一段隧道挖完后,由千斤顶将整个盾壳向前推进。1818 年,布鲁内尔完善了盾构结构的机械系统,设计成用全断面螺旋式开挖的封闭式盾壳,衬砌紧随其后,如图 1-4 所示。

1825 年,麦克·布鲁内尔和他儿子金德姆·布鲁内尔(图 1-5)创造性地发明了一种施工机具和施工工艺,在伦敦泰晤士河下用一个断面高 6.8 m,宽 11.4 m 的矩形盾构修建第一条盾构法隧道。

布鲁内尔的矩形盾构由 12 个邻接的框架组成(图 1-6),每一个框架分成 3 个工作舱,每个舱可容纳一个工人独立工作并对工人起到保护作用。每个工作舱都牢固地装在盾壳上,共 36 个人工作,当掘进完一段隧道后,由螺杆将鞍型框架向前推进,紧接着后部砌砖。

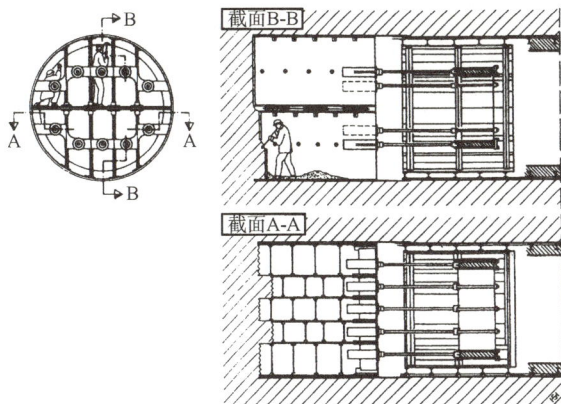

图 1-3　布鲁诺尔专利盾构(1806 年)

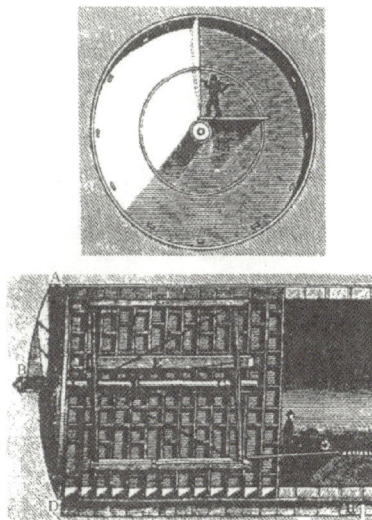

图 1-4　布鲁诺尔螺旋盾构(1818 年)

Marc Isambard Brunel(1769～1849)　Isambard Kingdom Brunel(1806～1859)

图 1-5　盾构发明人麦克·布鲁内尔和金德姆·布鲁内尔

在泰晤士河隧道施工过程中事故不断,发生过沼气逸入隧道被照明灯点燃,河水冲入隧道造成施工人员伤亡等事故。1828 年 1 月 12 日,第一次出现涌水停工,先后经历了 5 次特大涌水。

麦克·布鲁内尔(1769～1849),法国工程师,自 1798 年(29 岁)起一直侨居并服务于英国,为英国铁路尤其对盾构法隧道有杰出贡献,是盾构法隧道的创始人。

小布鲁内尔的健康因泰晤士河隧道施工受到终身损害;但是他作为杰出的发明家和工程师却青史留名。

在小布鲁内尔指导下,历时 18 年直到 1843 年才完成了这条全长 370 m 的隧道,于

图 1-6　布鲁内尔矩形盾构示意

1865 年归并于东伦敦铁路,是世界上第一条水下铁路隧道,1913 年实现电气化。

1.2　国外盾构发展历程

盾构问世至今(2020 年)已有 195 年的历史,始于英国,发展于日本、德国,跨越发展于中国。其发展历程可分为四个阶段(图 1-7)。一是以布鲁内尔盾构为代表的手掘式盾构;二是以机械式、气压式盾构为代表的第二代盾构;三是以闭胸式盾构为代表(泥水盾构、土压平衡盾构)的第三代盾构;四是以大直径、大推力、大扭矩、高智能化、多样化为特色的第四代盾构。

图 1-7　世界盾构发展的四个历史阶段

盾构最初称为小筒(cell)或圆筒(cylinedr),1866 年,莫尔顿在申请专利中第一次使用了"盾构"(shield)这一术语。

1.2.1 圆形盾构的开发

1869 年,英国人詹尼斯·亨利·格瑞海德(Janes Heary Greathead)用圆形盾构再次在泰晤士河底修建了一条外径为 2.18 m,长 402 m 的隧道,并第一次采用了铸铁管片。由于隧道基本上是在不透水的黏土层中掘进,所以在控制地下水方面没有遇到什么困难。格瑞海德圆形盾构后来成为大多数盾构的模型。图 1-8 为用于修建 Rotherhithe 隧道的 $\phi 9.35$ m 格瑞海德圆形盾构。

图 1-8 格瑞海德圆形盾构

1.2.2 泥浆盾构的开发

1874 年,詹尼斯·亨利·格瑞海德开发了液体支撑隧道工作面的盾构,通过液体流,土料以泥浆的形成排出,如图 1-9 所示。

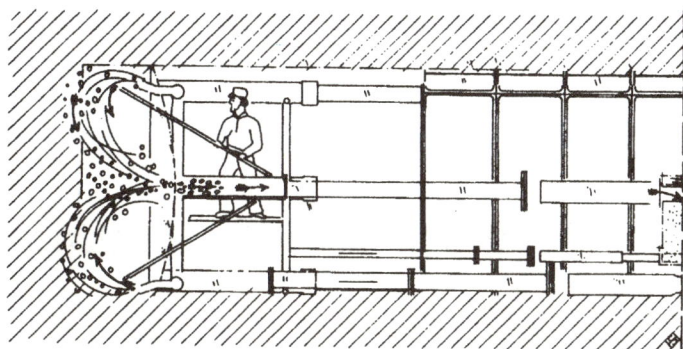

图 1-9 格瑞海德泥浆盾构(1874 年专利)

1.2.3 压缩空气的使用

劳德·考克让施（Lord Cochrane）按照 1828 年 Callodam 向 Brunel 提出的建议，于 1830 年发明了气闸，它能使人们从常压空间进入到加压的工作舱。1879 年，在安特卫普首次采用压缩空气掘进隧道，但未使用盾构。

1886 年，詹尼斯·亨利·格瑞海德在伦敦地下施工中将压缩空气方法与盾构掘进相结合使用。压缩空气在盾构掘进中的使用，标志着在承压水地层中掘进隧道的一个重大进步，填补了隧道施工的空白，促进了盾构在世界范围内的进一步推广。

1.2.4 机械化盾构的开发

在 Brunel 开发盾构之后的另一个进步是用机械开挖代替人工开挖。第一个机械化盾构的专利是 1876 年英国人约翰·荻克英森·布伦敦（John Dickinson Brunton）和姬奥基·布伦敦（George Brunton）申请的专利。这台盾构采用了半球形旋转刀盘，开挖土渣落入径向装在刀盘上的料斗中，料斗将土渣转运到皮带输送机上，如图 1-10 所示。

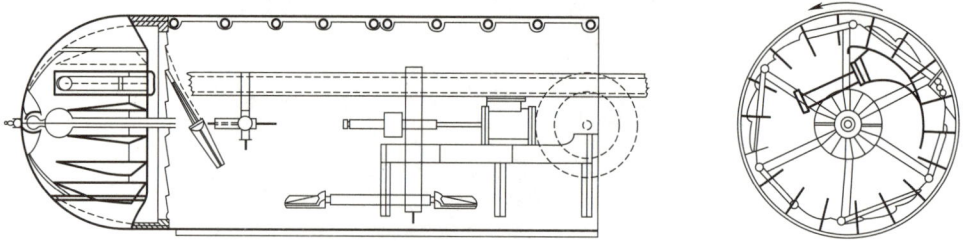

图 1-10 布伦敦机械化盾构（1876 年专利）

1896 年，英国人普莱斯（Price）开发了一种幅条式刀盘机械化盾构，并于 1897 年起成功地应用在伦敦的黏土地层施工中。它第一次将格瑞海德圆形盾构与旋转刀盘结合在一起，在 4 个幅条式刀盘上装有切削工具，刀盘通过一根长轴由电机驱动，如图 1-11 所示。

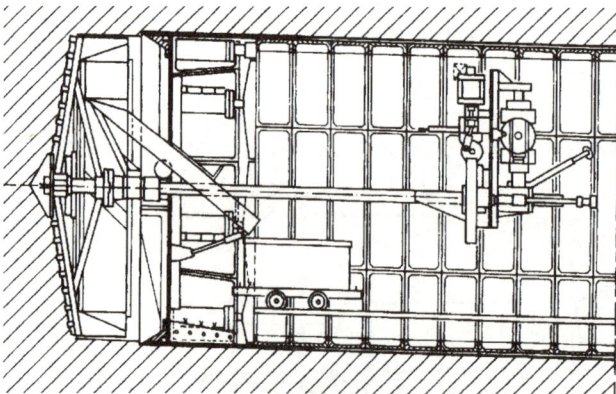

(a) 普莱斯机械化盾构(1896年专利)　　(b) Markham公司普莱斯机械化盾构

图 1-11 Price 机械化盾构

1.2.5　第一台德国盾构的开发

1896 年,德国哈姬(Haag)在柏林为第一台德国盾构申请了专利。这是一台用液体支撑隧道工作面并把开挖舱密封作为压力舱的盾构,如图 1-12 所示。

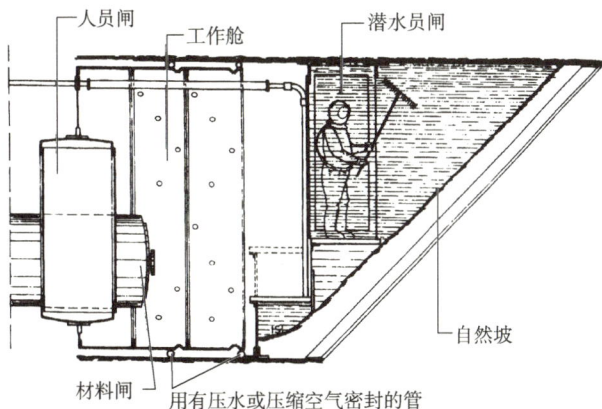

图 1-12　德国哈姬泥浆盾构(1896 年专利)

1.2.6　泥水加压盾构的开发与应用

最初的泥浆盾构通过喷射水流,将土料以泥浆的形成排出。但水不能支护开挖面,无法阻止开挖面不停地流动。这种情况与充满水的挖槽相类似,从而提出在开挖面用类同槽壁法的支撑,而膨润土泥浆可在无黏聚力土槽沟中支护掘出的开挖面,这样就诞生了泥水加压平衡盾构。

1964 年英国摩特·亥(Mott Hay)和安德森(Anderson)及约翰·巴勒特(John Bartlett)申请了泥水加压平衡盾构的专利。但由于英国当时缺乏能适合促进这种技术的隧道工程,这种技术的发展受到了限制。

1967 年第一台用刀盘切削土体和水力出渣的泥水盾构在日本投入使用,这台盾构由三菱公司制造,其直径为 3.1 m。

1970 年日本铁道建设公司在京叶线森崎运河下,羽田隧道工程中采用了直径为 7.29 m 的泥水盾构施工,施工长度为 1 712 m,施工获得了极大成功,这是当时直径最大的泥水盾构。

随后,德国 Wayss& Freytag 公司意识到膨润土技术所具有的潜在发展前途,开发了德国的第一台泥水盾构。并于 1974 年在德国汉堡首次使用了这种盾构开挖 4.6 km 长污水管道。

1.2.7　土压平衡盾构的开发

1963 年,日本 Sato Kogyo 公司首先开发出土压平衡盾构,如图 1-13 所示。1974 年第一台土压平衡盾构在日本东京使用,用于掘进长 1 900 m 的隧道,该盾构由日本 IHI(石川岛播磨)公司制造,其外径为 3.72 m,其外形如图 1-14 所示。

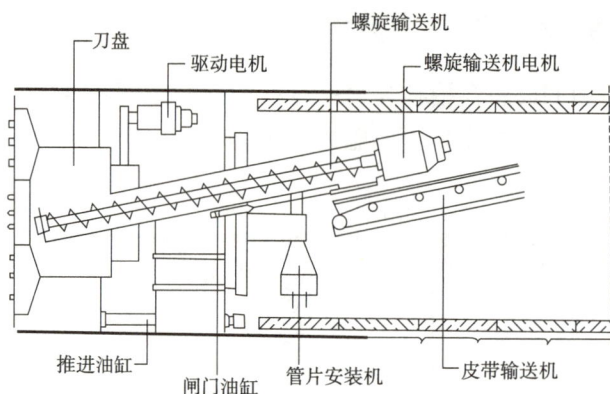

图 1-13　日本 Sato Kogyo 公司开发的土压平衡盾构（1963 年）

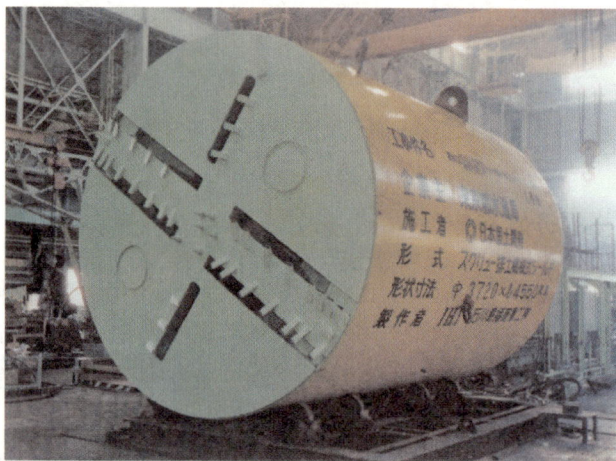

图 1-14　日本第一台使用的土压平衡盾构（IHI 公司 1974 年制造）

1.2.8　混合盾构的开发

根据开挖面稳定以及掘进、出土模式的不同，盾构可分为敞开式、半敞开式、土压平衡式、泥水式等，它们都适用于相应的土层结构。当某一段隧道穿越不同地层结构时，用以上任一形式的盾构都不适于单独将此段隧道掘进贯通，而根据相应土层情况要用两台或多台盾构，在隧道段掘进长度较短时很不经济，或由于条件限制使布置多台盾构非常困难。此时需将以上不同形式的盾构进行组合，在结构空间允许的情况下，将不同形式盾构的功能部件同时布置在一台盾构上，掘进过程中可根据地质情况进行功能或工作模式的切换；这种在不同的地层经转换后可以以不同的工作模式运行的盾构，在欧洲称为"混合盾构"，在中国称为"多模式盾构"。

混合盾构主要是针对欧洲的地质条件由德国开发的。1985 年，Wsyss & Freytay 公司和海瑞克公司申请了混合盾构的专利。它以 Wsyss & Freytay 公司拥有专利的泥水盾构为基础，有其独特的沉浸墙/压力隔板结构。通过转换，可以以土压平衡或压缩空气盾

构模式运行。

1993 年 9 月，第 1 台外径为 7.4 m 的多模式混合盾构用在巴黎一段长 1 600 m、穿过三种完全不同地层的隧道，它可以从泥水式转换到土压平衡式或敞开式。

混合盾构可以根据土层地质和水文条件作调整，其本质上是对开挖面支撑方式以及刀具布置、排土机构进行调整。混合盾构的组合模式有压缩空气/敞开式、泥水式/敞开式、土压平衡式/敞开式、泥水式/土压平衡式、敞开式/泥水式/土压平衡式等。

由于在隧道和盾构里空间有限，工作模式的转化一般在竖井里进行。在城市地铁的建造中，隧道掘进一般由车站分成长度为 0.5～2 km 的区间，可以在适当的站点进行工作模式转换。

1.3　盾构的分类

1.3.1　按断面形状分类

盾构根据其断面形状可分为：单圆盾构（图 1-15）、复圆盾构（也称多圆盾构）、非圆盾构。其中复圆盾构可分为双圆盾构（图 1-16）和三圆盾构（图 1-17）。

图 1-15　单圆盾构　　　　　图 1-16　双圆盾构　　　　　图 1-17　三圆盾构

非圆盾构可分为椭圆形盾构、矩形盾构（图 1-18）、类矩形盾构（图 1-19）、马蹄形盾构（图 1-20）、半圆形盾构、U 形盾构等。

复圆盾构和非圆盾构统称为"异形盾构"。

图 1-18　矩形盾构　　　　　　　　　　图 1-19　类矩形盾构

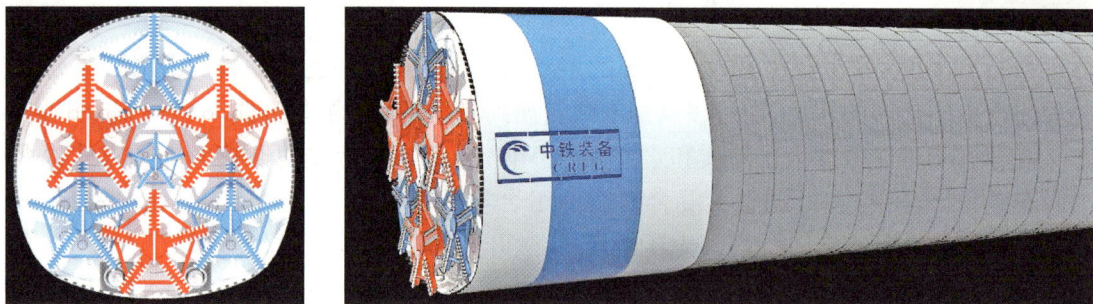

图 1-20   马蹄形盾构

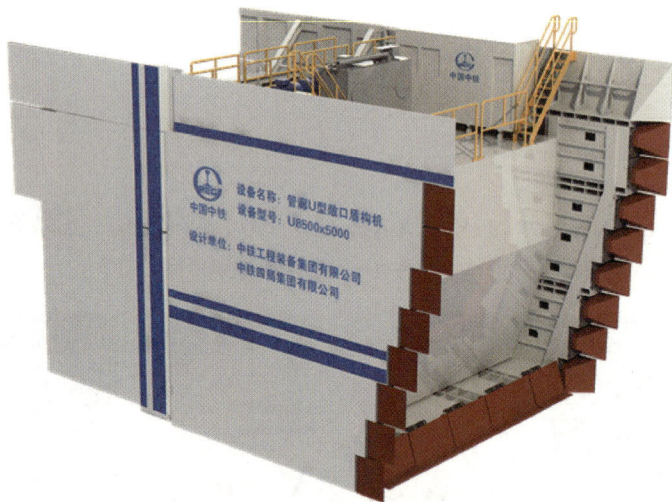

图 1-21   U 形盾构

1.3.2   按直径大小分类

盾构根据其直径的大小分为以下几类：$\phi0.2\sim\phi2$ m,称为微型盾构；$\phi2\sim\phi4.2$ m,称为小型盾构；$\phi4.2\sim\phi7$ m,称为中型盾构；$\phi7\sim\phi12$ m 称为大型盾构；12 m 以上为超大型盾构。

1.3.3   按支护地层的形式分类

盾构按支护地层的形式分类,主要分为自然支护式、机械支护式、压缩空气支护式、泥浆支护式,土压平衡支护式 5 种类型,如图 1-22 所示。

1.3.4   按开挖面与作业室之间隔板的构造分类

盾构按开挖面与作业室之间隔板构造可分为全敞开式、部分敞开式及闭胸式三种。具体划分如图 1-23 所示。

(a) 自然支护

(b) 机械支护

(c) 压缩空气支护

(d) 泥浆支护

(e) 土压平衡支护

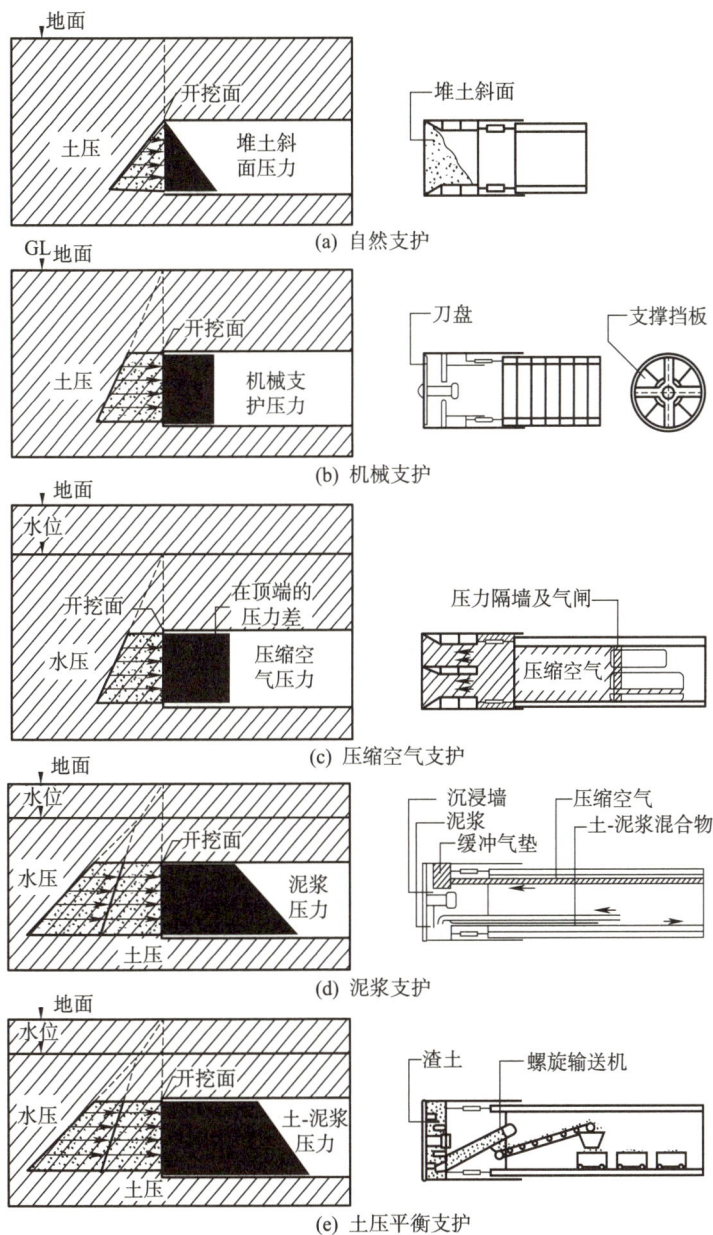

图 1-22 按支护地层的形式分类示意

1.3.5 按工作模式分类

按工作模式分类可分为:单一型式的单模盾构和可变换型式的多模式盾构。

目前的多模式盾构主要有双模式盾构和可变密度盾构,其中双模式盾构主要包括土压泥水双模盾构、土压 TBM 双模盾构、泥水 TBM 双模盾构。

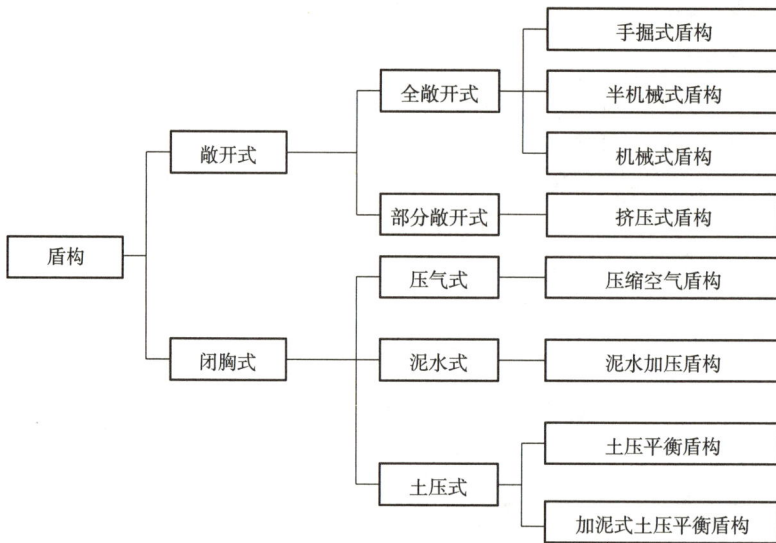

图 1-23   按开挖面与作业室之间隔板的构造进行盾构分类示意

1.4   盾构技术发展方向与趋势

1.4.1   盾构技术发展方向

盾构技术发展方向主要体现在以下 5 个方面。

1.4.1.1   超大型、微小型、异形等多元化盾构

盾构技术日趋完善，盾构技术的发展方向之一是超大型、微小型化和断面形式多样化等多元化盾构。

（1）超大和微小型化

从发展方向来讲，趋向于两极化，为适应隧道及地下工程建设的发展需要，盾构的断面尺寸向超大、微小型两个方向发展。武汉三阳路长江隧道采用 $\phi15.76$ m 泥水盾构施工；深圳春风隧道采用中铁隧道局集团、中铁工程装备集团、盾构及掘进技术国家重点实验室联合设计制造的 $\phi15.80$ m 泥水盾构（图 1-24）施工。

德国海瑞克公司引领全球超大直径盾构发展方向，其设计制造的超大直径泥水盾构，直径达 17.6 m（图 1-25），用于香港屯门～赤蜡角长 4.2 km 海底公路隧道工程。

日立造船公司引领全球超大直径土压平衡盾构发展方向，其设计制造的最大直径土压平衡盾构直径达 $\phi17.45$ m，开挖直径达 $\phi17.48$ m（图 1-26），用于美国西雅图 SR 99。

$\phi200$ mm 的微型盾构已在工程中得到应用。为降低成本，日本大成建设公司开发出了适用于立体交叉工程的微型盾构。这种微型盾构其挖掘特点是将隧道断面切分成若干个小断面，然后采用这种微型盾构将各断面分别挖掘成仅剩薄壁的小隧道，最后把各薄壁打通。与传统的隧道断面挖掘相比，采用这种微型盾构分断面挖掘方法可以降低成本 30% 以上。通常，盾构的价格高昂，如果挖掘的隧道长度较短，那么经济上就不划算，而采

图 1-24　用于深圳春风隧道工程 φ15.80 m 超大直径泥水盾构

图 1-25　海瑞克 φ17.6 m 超大直径泥水盾构

图 1-26　日立造船公司 φ17.45 m 超大直径土压平衡盾构

用大成建设公司的这种微型盾构将隧道断面分成若干个小隧道断面进行挖掘,实际上等于进行长距离的隧道挖掘,所以比较经济。

(2)断面形式多样化

为适应不同工程的需要,盾构的断面形式越来越多,目前,已生产了断面为圆形、矩形、类矩形、双圆、三圆、球型、马蹄形、U 形盾构等。2018 年 11 月 7 日,"采用大断面马蹄

形土压平衡盾构方法首次应用于黄土隧道"荣获"国际隧道协会 2018 年度技术创新项目奖"（该奖是国际隧道界最高奖）。世界首台 U 形盾构成功由中铁工程装备集团设计制造，应用于海口市地下综合管廊项目。

1.4.1.2　多模式盾构

为适应复杂多变的工程地质、水文地质和施工环境条件的变化，单一型式的单模式土压平衡盾构和泥水盾构已无法满足工程的需求，这样就开发了适合复杂地质条件和复杂施工环境的多模式盾构（图 1-27）。罗宾斯公司将"多模式盾构"称之为"跨模式盾构"。目前的多模式盾构土压泥水双模盾构、土压 TBM 双模盾构、泥水 TBM 双模盾构和可变密度盾构。

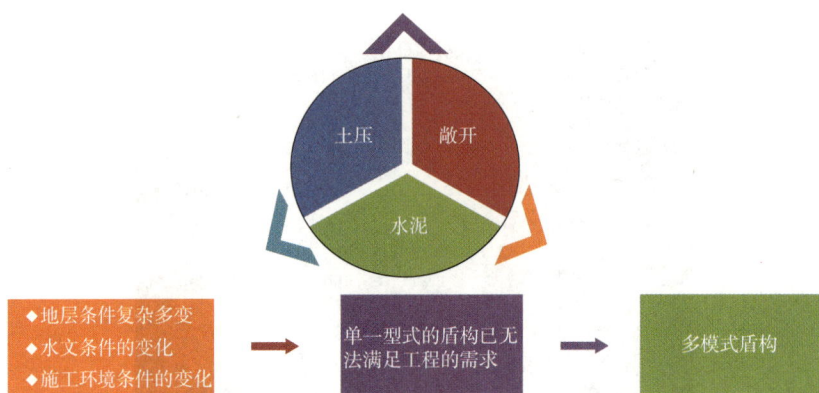

图 1-27　多模式盾构设计理论

土压泥水双模盾构集成了土压平衡盾构、泥水平衡盾构的设计理念及功能，融合了泥水、土压两种模式，适应复杂多变的复合地层和环境。可根据地层在土压和泥水盾构两种不同掘进模式之间切换。水压低、土体自稳性强采用土压模式以减少施工成本；水压高、土体自稳性差采用泥水模式可以较好地控制地表沉降。

土压 TBM 双模盾构也称"土压单护盾双模 TBM"，当开挖面不能自稳时，采用土压平衡模式，双模盾构在带压模式下掘进，出渣装置采用底部螺旋输送机；当开挖面能够自稳时，采用单护盾 TBM 模式，双模盾构在不带压模式下掘进，出渣装置采用中心皮带运输机出渣。

泥水 TBM 双模盾构也称"泥水单护盾双模 TBM"，可以在泥水平衡和单护盾 TBM 两种模式下相互转换，泥水平衡模式下，双模盾构采用泥浆管道出渣，用于高水压裂隙地层；单护盾 TBM 模式下，双模盾构采用皮带机出渣，用于无水或少水的岩石地层。

可变密度盾构是一种使用螺旋输送机从土舱排渣，可以快速在常规土压平衡模式、加泥式土压平衡模式、常规泥水平衡模式、高密度泥浆泥水平衡模式 4 种工作模式之间转换，通过调节膨润土与渣土混合物的密度来平衡和支撑开挖面，以应对频繁地从软土到硬岩之间的地质与水文变化的高效率多模式盾构。

1.4.1.3 适用于大埋深、高海拔、高温、高岩爆、长距离硬岩掘进的高适应性盾构

针对大埋深、高海拔、高温、高岩爆、长距离硬岩掘进对盾构高适应性的极端要求,研究开发极端条件下融合盾构与 TBM 最新技术的新型多功能高适应性盾构。

针对高寒高海拔,主要采取"降低劳动强度＋提高动力配置＋配置安全设施"等设计措施;针对长距离硬岩掘进,主要采取"高效破岩＋结构可靠＋参数合理"等设计措施;针对岩爆,主要采取"超前探测＋主动防控＋积极被动防护"等设计与施工措施;针对高地温,主要采取"加强通风＋设置制冷设备"等设计及施工措施。

1.4.1.4 盾构全方位、全生命周期服务

盾构是隧道施工核心竞争力的有效载体,推进"盾构全方位、全生命周期服务",形成完善的全生命周期管理体系(图 1-28),能有效提升盾构设备管理水平,提高设备使用效率,降低设备使用成本,统筹考虑盾构设备从采购到报废各环节的管理和技术要求,强化盾构全过程管控,拓延盾构使用寿命,持续增强企业核心竞争力。

(1)设备采购管理

建立盾构等大型设备招标采购平台,实行统一招标采购;招标前对类似工程施工情况进行调研;召开专家会对盾构的地质适应性与盾构选型方案进行充分的专家论证;与盾构设备制造商保持互动、沟通;对新技术必须进行必要的试验工作,以确保盾构设备选型可靠。

图 1-28 全生命周期管理体系

(2)过程监造管理

盾构设备采购合同签订后,引入设备监理机构对盾构设备制造过程进行全方位的监理,每个项目成立单独的监理项目部,监理项目部由监理部负责管理。

(3)日常使用管理

①建立完善的设备使用管理制度,主要包括(但不限于)以下管理办法:

a. 机械设备管理规则;

b. 设备监造管理办法;

c. 盾构折旧费收取管理办法;

d. 闲置设备内部调剂及信息平台办法;

e. 大型设备场地存放及检查维修标准;

f. 施工现场临时用电管理办法;

g. 设备状态监测管理办法及实施细则。

②建立数据库。定期对盾构设备使用状况进行记录并汇总,建立盾构设备使用数据库,对设备采购、使用管理、状态分析、维护提供有力的数据支持与依据。

③重视设备巡检和红旗设备评选。每半年进行一次盾构等大型设备巡检活动,主要检查盾构设备使用、维护、管理、存放情况,对各方面情况进行综合打分,评选红旗设备,并

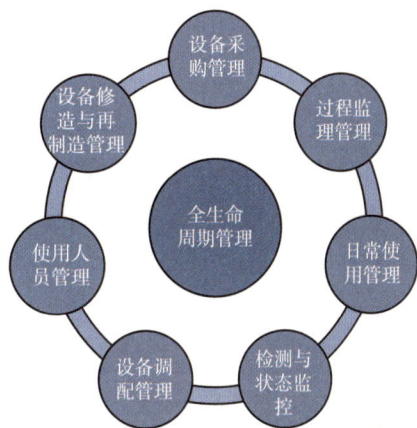

对巡检情况进行通报,以督促各盾构工程项目部对设备管理的高度重视。

(4)设备状态监测与评估

进行设备监测与状态评估的主要作用是监测设备状况、对设备做好防护、防范设备重大风险、提升大型设备管理水平和确保设备维修质量。

进行设备监测与状态评估的意义是能够做到大型设备的使用状态可控,保障工程的顺利进行;了解设备真实状态,便于设备调配、管理、使用、维修和交接,防范盾构施工重大风险。在盾构设备管理过程中应坚持做好设备监测与状态评估工作,实时掌握设备的使用状况,重点开展好以下工作:设备出厂前、始发前、贯通前进行状态评估;定期做好设备油水分析工作;建立盾构在线监测系统,实时有效监控设备使用状况。

(5)设备调配管理

实行"集中管理、统一调配"。在投标阶段:由使用单位上报调配申请报告,设备管理部门根据设备闲置和后续项目经营情况,调配适合的设备参与投标;设备管理部门确认暂无可利用的闲置设备时,方允许租赁社会资源设备或拟新购设备参与投标。中标后,使用单位组织设备运输进场,若使用租赁设备,由使用单位组织合同评审,报请设备管理部门批复同意后方可签订租赁合同。

(6)人员管理

要重视对设备人员的管理,盾构施工项目应设置机械总工、机械副总、设备部长等管理岗位,配齐、配强设备管理人员。

要定期组织设备管理人员进行技术培训,以提升各级设备管理人员素质和能力。

要加强重点岗位管理,推行持证上岗。要组织编制盾构操作工企业标准、定期组织盾构主司机及盾构有关从业人员进行技术培训,确保盾构从业人员持证上岗。

(7)设备维修与再制造管理

对已达到使用设计寿命的盾构设备,为响应国家绿色经济、节能环保的号召,应结合盾构工程项目需求、设备机况需求和业主需要对已达到设计寿命、机况较差的盾构设备进行再制造,以恢复和提升其原机性能,满足新项目使用要求。

1.4.1.5　盾构设计、制造、施工、服务的智能化

1994年至1996年间,日本东京湾海底公路隧道使用的泥水盾构采用了先进的自动掘进管理系统、自动测量管理系统和管片自动拼装系统,开启了智能盾构发展的先河。

盾构智能化主要包括以下几个方面:

(1)盾构智能化设计。

(2)盾构智能化生产制造。

(3)盾构智能化操控与检测。

(4)盾构智能化服务。

盾构智能化应合理、有效地利用高新技术、盾构大数据云平台、人工智能技术,以实现盾构的智能设计、智能工厂、虚拟现实、物联网、智能服务等。

所谓智能制造,就是通过新一代信息技术与先进制造技术深度融合,以产品全生命周期价值链的数字化设计开发为基础,以企业内部纵向管控集成和企业外部网络化协同集

成为支撑,建立起具有信息感知、优化决策和动态控制功能的赛博物理融合生产系统(CPPS),以实现优质、高效、低耗、绿色的制造和服务。

智能制造中"优质、高效、低耗、绿色"的涵义如下:

(1)优质。以标准化的"智能工厂"和赛博物理融合的"智能生产",应用智能物流管理、人机互动、数字化、网络化协同以及 3D、VR 和 AR 等技术,实现生产系统及生产过程的管控,确保产品的精度、质量和可靠性。

(2)高效。通过工业互联网和物联网实现"人-机-物"互联和物联共享,支持和实现赛博物理融合生产系统(CPPS),以最优的时间和节拍完成产品生产提供制造服务,快捷地响应市场的需求。

(3)低耗。综合应用先进传感、仪器、监测、控制和过程优化等技术,实现制造过程能量、生产率和成本的实时管控与优化,达到生产过程能效最佳,有效降低综合成本,提高产品和企业的核心竞争力。

(4)绿色。关注在产品全生命周期中的绿色理念和绿色设计制造技术的应用,实现降能节材,清洁生产、减少排放和可持续发展。

推进和实施智能制造应遵循"三要三不要"原则。

三要原则:一是标准规范先行;二要支撑基础强化;三是 CPS 理解全面。

三不要原则:一是不要在落后的工艺基础上搞自动化——需要补先进工艺和自动化的课,这是工业 2.0 需要解决的问题;二是不要在落后的管理基础上搞信息化——需要补建立在现代管理基础上的信息化的课,这是工业 3.0 需要解决的问题;三是不要在不具备网络化、数字化基础时搞智能化——需要补课、普及、充实和提高。

在工业 2.0 自动化、工业 3.0 信息化过程中,还有一系列基础性问题没有解决好,必须围绕制造业,强基固本,创新转型,才能实现制造强国,迈向工业 4.0。

智能制造的三个步骤:

(1)步骤 1:互联可视的数字化。即实现数字化、网络化、可视化。

(2)步骤 2:实时交互的动态优化。即实现现场数据的实时获取及处理、实时动态优化和决策、基于 MES、ERP 智能反馈优化运行与管控。

(3)步骤 3:虚实融合的智能生产。即实现产品、制造装备及工艺、车间和企业等不同层级的数字孪生;实现工况自感知、工艺自学习、装备自执行、系统自组织;实现基于赛博物理融合生产系统(CPPS)的智能工厂。

盾构制造与施工要按照国家对专用机械发展智能化的整体要求布局,要加大产学研用协同创新,要做到四化:地下操作地上化;盾构施工智能化;远程监控信息化;区域服务专业化。

未来,盾构施工就像无人飞机一样,将不再需要大量人员进行操作,而是基于强大的赛博物理系统(CPS),能够自己判断前方地质及环境条件,自动选择掘进模式,自动选择刀具或掘进介质,自动调整掘进参数,实现自动推进、自动纠偏、自动拼装、自动注浆,并同步完成自动化决策管控。智能盾构无论是"远程控制"、"自动巡航",还是"智能掘进",能在数千公里外进行控制,正常工作时是无人的,关键时刻可以人为干预。

1.4.2　盾构技术发展趋势

1.4.2.1　挑战极限

（1）更大的直径

盾构直径越来越大。中国幅员辽阔，大江大河纵横，许多大城市沿江河建设，甚至跨江河而建，随着中国经济的飞速发展，城市交通、轨道交通、铁路、综合管廊跨江越海的需求急剧增多，与此同时，城市里越来越难以找出适合建设桥梁的空间。铁路方面：行车速度越来越高，为减少占地，单洞双线大断面隧道成为发展方向；公路方面：公路等级越来越高，车流量越来越大，必然导致公路隧道断面越来越大。在此形势下，跨江越海的大直径盾构隧道工程越来越多。

（2）更长的隧道

隧道长度越来越长。

（3）更高的水压

穿江越海隧道越来越多，要求盾构密封及盾构作业所承受的水压势必越来越高。

（4）更大的埋深

隧道线路最忌选在交界面标高，要避开在岩层与土层交界面上选线，上软下硬地层，施工难度大。应尽可能使盾构掘进断面位于全土层或全岩层中，隧道选线具有埋深越来越大的趋势。

（5）更快的掘进速度

掘进速度要求越来越快。

（6）更复杂多变的地质条件

要求能适应的地质条件越来越复杂。

1.4.2.2　更安全、更环保

随着对施工人员生命安全的重视，和祖国绿色发展的需要盾构施工越来越注重安全与环保。

1.4.2.3　更复杂的功能、更简单的操作、更人性化的设计

要求劳动强度越来越低；对操作人员的素质要求越来越高。

1.4.2.4　更长的寿命

技术先进、质量可靠的长寿命盾构是保证工期的关键因素之一，是盾构工程成功的关键因素。

1.4.2.5　更高的地质适应性

在复杂地层中，盾构穿越地层既有岩石，又有软土和砂砾层，地层变化频繁。要求盾构设计特别是刀盘刀具必须能够适应各种不同地层。

1.5　盾构新技术展望

1.5.1　新型破岩盾构

自从 1825 年，麦克·布鲁内尔（Marc Isambrd Brunel）和他儿子金德姆·布鲁内尔（Isambard Kingdom Brunel）创造性地发明了世界上第一台盾构以来，世界盾构主要经历了四个阶段，第一代盾构是以 Brunel 盾构为代表的手掘式盾构，采用机具进行人工开挖；第二代机械式盾构和气压式盾构是采用挖掘机械进行机械式开挖；第三代闭胸式盾构和第四代大直径多样化盾构均使用切刀切削软土以及盘形滚刀破碎岩石的方式进行隧道开挖。目前正在研究的第四代半及第五代盾构将采用新型破岩方式开挖隧道。

第四代半盾构是指以刀具为主要破岩方式，以激光、水射流、声波等一种或多种学科技术进行辅助破岩的合成掘进装备。

第五代盾构是指以激光、水射流、声波、射线、核能源、化学物质等一种或多种物质为主进行掘进破岩，或辅以机械设备联合开挖的掘进装备。

第四代半、第五代盾构逐步舍弃了以刀盘、刀具等固体为主要掘进介质的方式，转而以光线、声波、液体等为介质进行岩体、土体切削，这将彻底解决当前盾构 TBM 存在的掘进速度缓慢、刀具易磨损等难题，大幅度提升掘进效率，改善工作环境，降低施工成本。为铁路、公路、水利和地下空间开发等领域建设提供更优选择。

高压水力耦合破岩详见视频 1-1。

视频 1-1　高压水力耦合破岩

1.5.2　联络通道盾构

随着城市地铁建设的快速发展，如何安全、高效、优质、环保地完成地铁建设任务已成为各个城市面临的亟待解决的问题，采用新工艺、新工法开展地铁建设已成为大势所趋。根据地铁设计规范要求，区间隧道通常需要设置联络通道。联络通道是位于地铁区间上下行线之间的一项消防疏散工程，目前此类工程多为现浇结构，采用矿山法施工，辅以冻结或注浆加固。目前国内普遍采用的冷冻法加固、矿山法开挖的施工工艺存在施工工期长、安全风险大、质量管控难和工程造价高等问题。为解决该问题，研究开发了联络通道盾构，如图 1-29 所示。

采用联络通道盾构进行顶管法施工联络通道如图 1-30 所示，主要具有七大创新点：

（1）地铁盾构隧道内置式泵房技术。

图 1-29　联络通道盾构

（2）既有地铁盾构隧道装备集成技术。

（3）复杂盾构结构受力体设计技术。

（4）微加固始发与到达技术。

（5）联络通道快速施工技术。

（6）信息化管控技术。

（7）高精度推进及精细化施工技术。

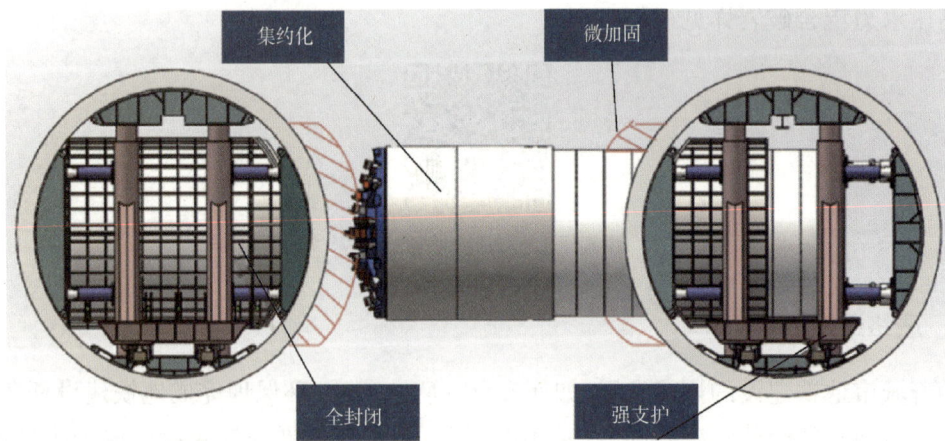

图 1-30　采用联络通道盾构进行顶管法施工联络通道示意

采用联络通道盾构进行顶管法施工联络通道如图 1-31 所示，需突破四大技术难点：

（1）锥形刀盘结构及控制技术。更好地拟合盾构管片的切削曲面，以现实全过程封闭施工。

（2）微加固始发与到达技术。通过套筒始发及套箱接收，在不采用大体量、高强度加固的情况下，安全快速实现盾构始发与接收。

（3）复杂管片结构设计。由于机械法联络通道复杂的断面构造，使得结构受力比较复杂，管片结构及接头需进行专项设计。

（4）施工综合技术。克服高精度姿态控制、快速施工组织等问题的专项技术。

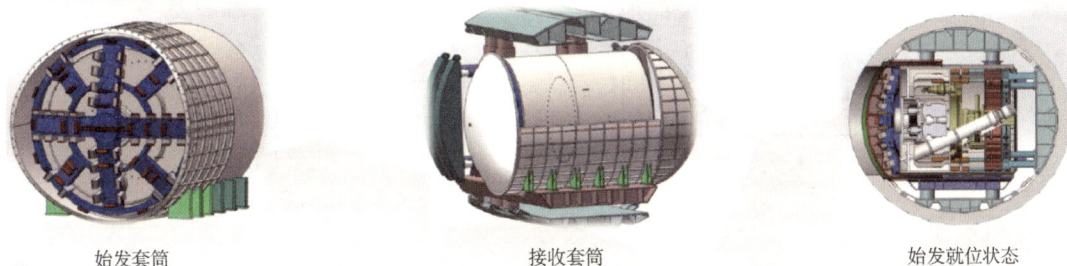

始发套筒　　　　　　　　　　接收套筒　　　　　　　　　　始发就位状态

图 1-31　采用联络通道盾构进行顶管法始发与接收

1.5.3　土压盾构连续出渣系统

土压平衡盾构的渣土通过螺旋输送机、U 形转渣槽、隧道皮带机、竖井（斜井）皮带机运送至地面渣场，以实现连续出渣，从而提高土压平衡盾构的施工效率，如图 1-32 所示。

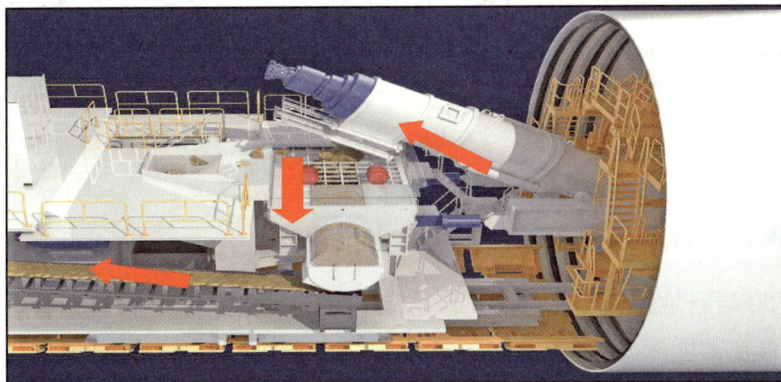

图 1-32　土压平衡盾构连续出渣系统

1.5.4　永磁同步驱动技术

永磁同步驱动技术如图 1-33、图 1-34 所示，具有以下优点：一是减少传动能量损失，能有效提高驱动效率。二是有效提高了驱动能力，在相同体积下，驱动能力提高 100%。三是节约安装空间，相同驱动能力下，电机体积减小 50%。

1.5.5　电液混合驱动技术

电液混合驱动技术是指采用以变频电机为主要驱动方式进行驱动盾构刀盘，必要时采用液压马达进行辅助驱动的技术，主要用于盾构刀盘的脱困，如图 1-35 所示。其优点有二：一是液压辅助脱困驱动扭矩能提高 100%，二是设备装机功率能降低 10%。

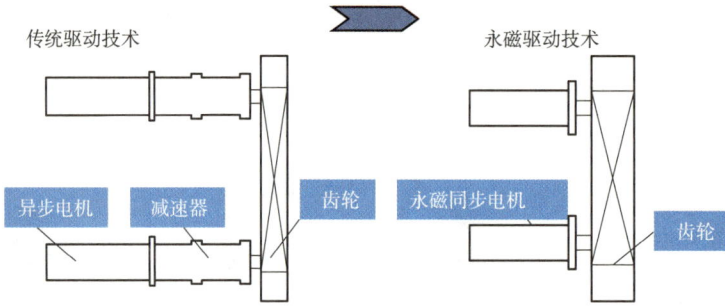

图 1-33　传统驱动技术与永磁同步驱动技术对比示意

图 1-34　采用永磁同步驱动技术的盾构及永磁同步驱动电机与控制系统

1.5.6　换刀智能机器人

针对盾构在岩石地层施工中刀具消耗大、刀具更换频繁,刀具检查与换刀工作主要依赖人工作业,存在大埋深、高水压等施工环境下作业安全隐患大,易出现人员伤亡等重大安全事故的难题,为有效突破"刀具检测困难、换刀风险巨大"的国际性难题,研究开发换刀智能机器人,以实现高危地质与环境下"机器代人"的安全高效作业。换刀智能机器人需重点突破快速拆装刀具紧固机构设计与刀具磨损在线检测、末端随动蛇行避障、重载多自由度伸缩/折叠复合臂本体机构设计等关键技术,如图 1-36 所示。

1.5.7　刀具状态智能感知技术

刀具状态智能感知技术(图 1-37)主要能对刀具温度、滚刀转速及刀具磨损量进行智能感知,并通过监测界面进行显示。

为提高对磨蚀性地层下刀具的正常磨损及突变载荷下刀具的异常磨损监测能力,提升刀具的可靠性,汕头海湾隧道采用的 15 m 级超大直径泥水盾构开发设计了刀具运行状态智能监测装置,如图 1-38 所示。滚刀磨损状态监测装置利用电涡流传感器将滚刀刀圈与传感器之间距离转化为电信号,经计算后转化为磨损量。旋转状态监测装置用滚刀轮

毂中集成脉冲发生器的方法,当滚刀处于滚动状态,每一次转动传感器系统就会发生几个信号,记录滚动过程,同时传感器紧邻滚刀测量温度。实现了直接磨损监测与旋转状态、温度间接性磨损定性相结合的优化设计,通过对刀具运行状态监测可提示及时更换刀具,借助旋转状态可反推地层信息利于调整刀具配置。

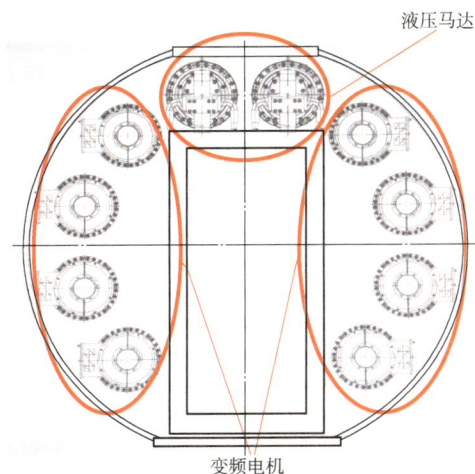

图 1-35　电液混合驱动示意

图 1-36　换刀智能机器人示意

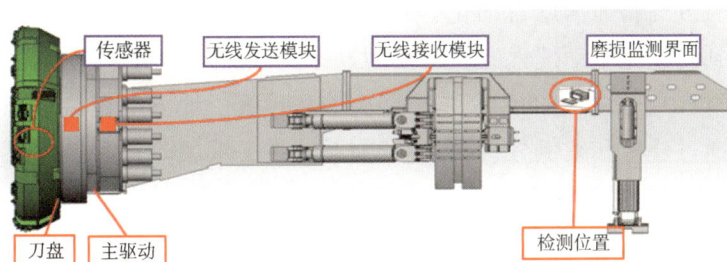

图 1-37　刀具状态智能感知技术示意

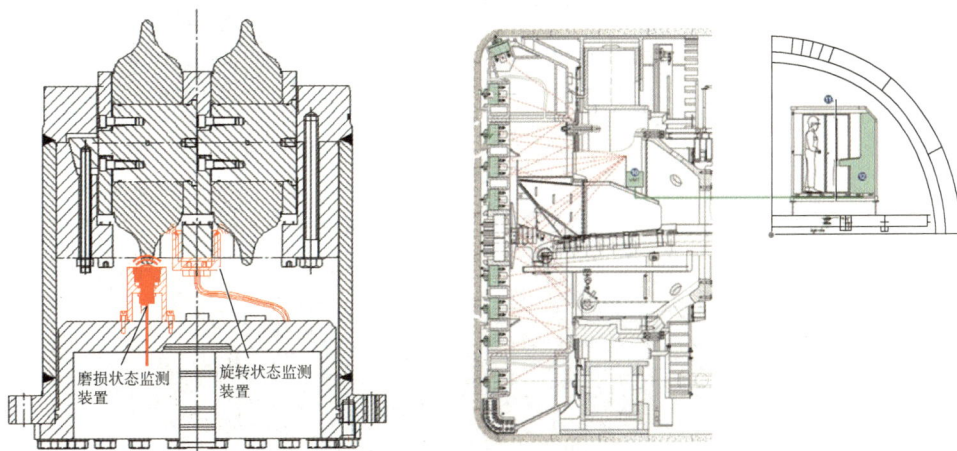

图 1-38　刀具磨损状态监测装置及旋转状态监测装置示意

1.5.8 智能盾构

智能盾构是基于盾构智能管控中心，将施工经验及技术参数转化为标准化数据，结合人工智能神经网络而形成的新型盾构。通过实现盾构远程控制、自动巡航、智能驾驶等功能，提高盾构施工中对风险和质量的管控能力。

盾构智能管控中心通过数字化＋物联网技术，在隧道掘进设备——盾构中安装传感器，盾构操作人员可远程实时监控并操作分布在世界各地的盾构进行智慧化施工，对现场实时反馈的数据进行分析、解读，在千里之外实时保障隧道施工的安全。

基于盾构智能管控中心，将盾构施工经验转化为数字模型，将各项操纵指令统一为标准化数据。盾构推进将不再需要大量人员进行操作，而是通过计算机实现自动推进、自动纠偏、自动拼装、自动注浆，并同步完成自动化决策管控等。无论是"远程控制""自动巡航"，还是"智能掘进"，智能盾构都能大幅提高对工程建设中风险和质量的管控力度。

盾构智能管控中心通过对盾构姿态、推进状态等的实时信息分析，提升地下工程的安全性和可靠性；通过对人力资源等进行集中管控，实现经验和技术力量等的整合，以确保盾构推进安全；通过建模和云计算、模糊学习等，形成盾构推进的"终端"或"大脑"，把盾构无人巡航或者远程控制，与信息自动化等各种手段结合，形成指挥系统，做到在过程中对问题有预判，碰到问题能主动搜索经验或模型，最终实现盾构智能掘进。

盾构智能管控中心最核心的意义是智能决策和预警。地下工程最核心的问题是环境的不确定性，而通过建模和案例分析，实现智能系统在关键风险点和控制环节的智能决策和提前预警。盾构智能管控中心的首要目标是通过大数据技术、云计算、5G、机器深度学习、传感技术等实现盾构的智能感知、智能分析、智能决策、智能执行，从而实现盾构的自动巡航，如图 1-39 所示。

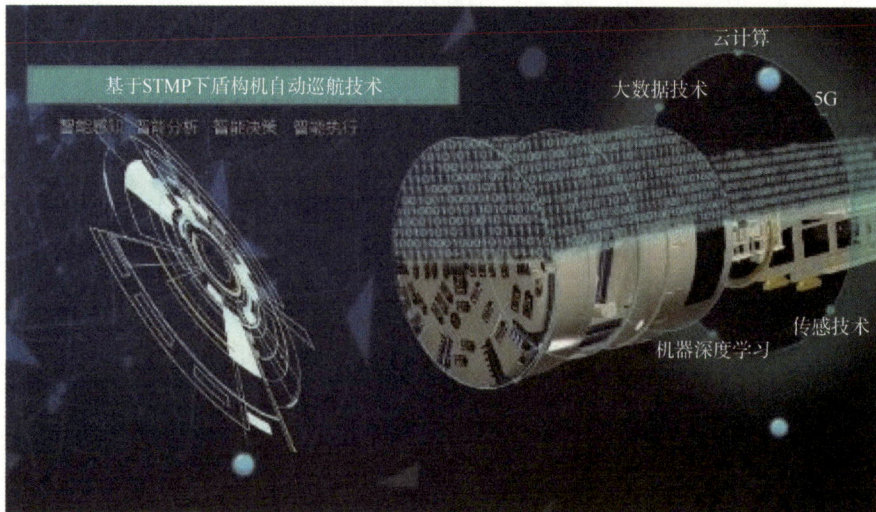

图 1-39　基于智能感知管控大数据平台的盾构自动巡航技术

标准化的数据采集、专业化的数据分析、可视化的数据展示、系统化的数据推送、精细化的数据管控是智能盾构的基础和前提。

1.5.9　月球盾构

随着全球航天事业的不断发展,人类对宇宙的探索将逐渐深入;月球作为地球唯一的卫星,未来有可能成为人类进一步在太空活动的根据地,如图 1-40 所示。

图 1-40　月球地下基地设计

由于月球表面没有大气,因此地下基地可以保护未来的月球居民与设施免遭月球表面恶劣的环境影响。为了在月球建造供人类栖息、安全可靠的地下空间,科罗拉多矿业大学,德国海瑞克公司和加拿大建筑公司 McNally 的工程师团队正在构思设计和开发适宜在月球的地下环境中掘进的盾构。

在月亮上开挖隧道,将遇到以下巨大挑战:

(1)永久冻土。据预测,月球存在深 10 m 的月壤,月面 10~20 cm 处即为密实月壤,而在月海区存在巨砾、破碎岩、完整基岩和玄武岩,月陆区则存在钙长岩。月球极地的月壤中包含细砂和粗粒岩石(混合有挥发物的钙长石巨砾)形成具有可变物理强度的永久冻土区。

(2)重量限制。即使是 $\phi 2 \sim 3$ m 的盾构,其总重量也将超过 100 t,无法使用火箭运载至月球,因此,需采用轻量化方案制造盾构部件,如碳纤维、合金等复合材料等。材料的更换将对设备的生产与维护产生影响,在设计中应加以考虑并深入研究。隧道内的支护结构则可研究使用月面资源制造,如铸玄武岩与压缩烧结月壤等。

(3)温度。材料在低温下性能各异,多数金属具有低温脆性,因此需要在月面的预期温度下,对其性能进行研究。密封材料对于刀具的性能以及暴露于极低温度下的滚刀润滑至关重要,石墨或能解决设备各部件的润滑问题。

（4）设备功率与能耗。在月球进行掘进时，既需要保证装备自身重量与功率较低，又需要尽可能减少掘进中的能量损耗，因此月球盾构可能采用在地球上反而成本较高的掘进技术，尽可能利用最高效能的部件，充分利用所有电能，最大限度地保存能量，如低摩擦轴承，高效驱动系统等。核能或太阳能可为月球盾构供电。

（5）磨蚀性。据研究，月球上的玄武岩和基岩具有高度磨蚀性。月球表面的月壤边缘受陨石撞击破碎后呈锯齿状，与地球上典型的侵蚀过程正好相反。因此，月球盾构的刀具与零件在掘进过程中磨损速度将比地球上更快。对此，在开挖舱内采用专用的改良剂或许可以降低设备磨损。

（6）真空。在真空中进行隧道施工是一项重大的挑战，在全硬岩的封闭环境中进行加压后的隧道掘进将成为较为可行的方法；真空引起的缺乏对流传热将导致月球盾构的刀具、驱动系统部件过热问题；如果需要对盾构进行开舱维护，则需要穿着太空服，但这将限制操作人员的作业能力。需研究采用自动化机器人来解决维护问题。

（7）冲洗/冷却。月球表面缺乏空气和液体，因此无法在对月球盾构进行冲洗作业，也无法通过流体为盾构的发热部件进行冷却降温。

（8）地层支护。月球隧道的支护材料可使用混合轻质聚合物的碳纤维或树脂纤维制成，喷涂于隧道表面；管片同样使用轻质材料，如利用岩粉进行管片的3D打印。

（9）物料运输。月球盾构可设置一组气闸，可使物料通过真空与气压的变化进行运输；流质物料则可以通过气体供应系统排出。

（10）附属设施。月球盾构最重要的是电力供应，其次是维持隧道气压的压缩气体管路。月球隧道需要专门的空气过滤和清洁系统来重新补给氧气。目前在空间站上使用的类似系统可用于通风，月球盾构的热交换器将弥补隧道中通风热传递的不足。月球盾构上的监测和通信系统功能与地球上的相同，但需具有屏蔽辐射的功能。无轨车辆可以运输人员和物料，无需在月球上铺设轨道。

（11）其他问题。月球盾构也需要定期保养，对液压油等流体进行检测。施工作业中，对温度敏感的部件和电子零件需做绝缘处理，并防止辐射，特别是在月球表面进行运输时。

◆思考题◆

1. 什么是盾构？其工作原理是什么？
2. 岩石掘进机（TBM）与盾构的主要区别是什么？
3. 请简述盾构的起源。
4. 世界盾构的发展历程分为哪几个阶段？
5. 试述混合盾构的结构特点？应用于什么地质条件？
6. 盾构按支护地层的形式可分为哪几类？

7. 盾构按断面形状可分为哪几类？

8. 盾构按直径大小分为哪几类？

9. 盾构按开挖面与作业室之间隔板的构造分为哪几类？

10. 盾构按工作模式分为哪几类？

11. 盾构技术发展方向主要体现在哪几个方面？

12. 请简述盾构技术的发展趋势。

13. 请简述第四代半盾构和第五代盾构的技术特点。

14. 什么是智能盾构？

15. 月球盾构面临哪些巨大挑战？

第2章 中国盾构发展历程

本章重点：主要介绍中国盾构技术的黎明期、创新期、跨越期三个发展历程中的主要成就，重点介绍中国盾构在跨越发展期盾构关键核心技术、实验平台研制以及盾构产业发展等方面取得的重大创新与突破。

2.1 中国盾构黎明期

中国盾构，曾经的世界最弱。新中国成立后，历经了黎明期、创新期、跨越期。目前，中国盾构总体技术已位于世界领先水平。

1953年至2002年期间，是中国盾构的黎明期，中国致力于"造中国人自己的盾构"，1953年，东北阜新煤矿开发出手掘式盾构，从而揭开了中国盾构从无到有的历史。

2.1.1 手掘式盾构开发与应用

我国盾构的开发与应用始于1953年，与国外相比，晚了128年。

1953年，东北阜新煤矿用手掘式盾构及小混凝土预制块修建了 $\phi2.6$ m 的疏水巷道，这是我国首条用盾构法施工的隧道。

1962年2月，上海城建局隧道工程公司结合上海软土地层对盾构进行了系统的试验研究。研制了1台 $\phi4.16$ m 的手掘式普通敞胸盾构（图2-1），在两种有代表性的地层进行掘进试验，用降水或气压来稳定粉砂层及软黏土地层。在经过反复论证和地面试验之后，选用由螺栓连接的单层钢筋混凝土管片作为隧道衬砌，环氧煤焦油作为接缝防水材料。隧道掘进长度68 m，试验获得了成功，并采集了大量的盾构法隧道数据资料。

图2-1 上海城建研制的手掘式盾构（1962）

2.1.2 网格挤压式盾构开发与应用

1965年3月，由上海隧道工程设计院设计、江南造船厂制造的2台 $\phi5.8$ m 的网格挤压盾构（图2-2），于1966年完成了2条平行的隧道，隧道长660 m，地面最大沉降达10 cm。

图 2-2　江南造船厂制造的直径 5.8 m 网格挤压盾构(1965 年)

1966 年 5 月,中国第一条水底公路隧道——上海打浦路越江公路隧道工程主隧道采用由上海隧道工程设计院设计、江南造船厂制造的 ϕ10.22 m 网格挤压盾构施工(图 2-3),辅以气压稳定开挖面,在水深为 16 m 的黄浦江底顺利掘进隧道(图 2-4),掘进总长度 1 322 m。打浦路隧道于 1970 年底建成通车。此次所用的网格盾构有所改进,敞开式施工可转换为闭胸式施工。

图 2-3　江南造船厂制造直径 10.22 m 网格挤压盾构(1966 年)

1973 年,采用 1 台 ϕ3.6 m 的水力机械化出土网格盾构和 2 台 ϕ4.3 m 的网格挤压盾构,在上海金山石化总厂修建了 1 条污水排放隧道和 2 条引水隧道。

1980 年,上海市进行了地铁 1 号线试验段施工,研制了 1 台 ϕ6.412 m 网格挤压盾构,采用泥水加压和局部气压施工,在淤泥质黏土地层中掘进隧道 1 130 m。

1982 年,上海外滩的延安东路北线越江隧道工程 1 476 m 圆形主隧道采用上海隧道股份设计、江南造船厂制造的 ϕ11.3 m 网格挤压水力出土盾构施工(图 2-5)。盾构采用网

图 2-4　上海打浦路隧道工程施工

格胸板支承挤压、进土水力冲切和水力机械输送的挖土方式。盾构的推力依靠支承环周围的 48 只油压千斤顶提供，千斤顶最大推力可达 10 800 kN[①]。

图 2-5　江南造船厂制造 11.3 m 网格型水力机械出土盾构（1982 年）

2.1.3　插刀盾构开发与应用

1986 年，中铁隧道集团研制出半断面插刀盾构（图 2-6），并成功用于修建北京地铁复兴门折返线。

半断面插刀盾构将"盾构法"与"浅埋暗挖法"紧密结合，取消了小导管超前注浆，在盾构壳体和尾板的保护下，进行地铁隧道上半断面的开挖。

图 2-6　插刀盾构（1986 年）

---

① 本书推力采用国际单位制，1 t＝10 kN。

半断面插刀盾构能全液压传动、电控操作、可自行推进、转向、调头。能有效控制地面沉降,减轻工人劳动强度,施工速度较快,日均进尺达 3~4 m。

2.1.4　土压平衡盾构开发与应用

1987 年 12 月,上海造船厂制造出我国首台 ϕ4.35 m 加泥式土压平衡盾构(图 2-7),由上海隧道公司于 1988 年 1 月~9 月成功应用于上海市南站过江电缆隧道工程,穿越黄浦江底粉砂层,掘进长度 583 m。填补了我国加泥式土压平衡盾构制造的空白,总体技术达到了 20 世纪 80 年代初国际先进水平,1990 年获得国家科技进步一等奖。

图 2-7　上海造船厂制造 ϕ4.35 m 加泥式土压平衡盾构(1987 年)

继自主开发直径 4.35 m 加泥式土压平衡盾构,并成功应用于上海市南电缆隧道、福州路电缆隧道之后,1988 年,上海又自主开发研制了当时我国直径最大的新一代土压平衡式盾构——ϕ5.64 m 土压平衡式盾构(图 2-8),盾构装备全部国产化,在较先进的加工、焊接、组装等技术方面反映出上海盾构制造技术已走上了新的台阶。该机在隧道建设中,施工速度快、工程质量高,能够达到有关规定标准。1990 年 9 月 27 日上海科学技术委员会组织召开了技术鉴定会,经国际检索,该盾构的设计、制造和施工方面的各项技术经济指标都达到了国外同类产品同时期先进水平。盾构主要技术参数:外径 5 640 mm,盾尾内径 5 560 mm,盾尾间隙 30 mm,主机长度 6 921 mm(加螺旋输送机 9 500 mm),总推力 35 280 kN,刀盘转速 0~0.74 r/min[①],扭矩 3 600 kN·m(最大)、2 870 kN·m(额定)。

直径 5.64 m 土压盾构应用于上海吴泾热电厂排水隧道,隧道采用装配式钢筋混凝土管片,外径 5.5 m,内径 4.84 m。隧道到达尽端后,拆除盾构内部设备,将盾壳留在隧道,在终端约 35 m 范围设置六座立管出水口,出水口位于浦东潘家港上游 60 m 附近,用垂直顶升法建造去排水口。

上海自行开发研制的直径 5.64 m 土压平衡式盾构是在总结了 20 年来盾构设计、制造、施工的基础上,根据国际上盾构发展趋势而研制的一仲新型盾构,也是当时国内直径

---

①　本书转速单位采用国际单位制,1 r/min=1 rpm。

图 2-8　上海自主研制的 φ5.64 m 加水型土压平衡盾构(1988 年)

最大的加水型土压平衡式盾构。盾构的总体设计合理,刀盘结构新颖、切削硬土能力强,螺旋输送机排泥性能良好,采用了具有自整定和预整定功能的土压平衡控制系统,性能稳定可靠。盾构采用了分解几个单元体制造和工地总装,简化了工艺,降低了造价,缩短了加工周期。盾壳制造采用胎架上半圆成型,再半圆合扰的工艺,无须精加工,其精度达到设计要求。该盾构应用于吴泾热电厂六期扩建工程排水隧道,施工中推进 655 m,其中包括 326 m 暗绿色亚黏土硬土层,实践证明掘进施工性能良好,土压平衡效果良好,对周围土层扰动小,有效地控制了地面沉降和保护了邻近的煤码头。

1990 年,上海地铁 1 号线工程全线开工,18 km 区间隧道采用 7 台由法国 FCB 公司、上海隧道股份、上海隧道工程设计院、沪东造船厂联合制造的 φ6.34 m 土压平衡盾构(图2-9)。每台盾构月掘进 200 m 以上,地表沉降控制达 +1~−3 cm。

图 2-9　沪东造船厂与法国 FCB 公司联合制造的 φ6.34 m 土压平衡盾构"友谊号"(1990 年)

1995 年,上海地铁 2 号线 24.12 km 区间隧道开始掘进施工,再次使用原 7 台土压盾

构,从法国 FMT 公司引进了 2 台土压平衡盾构,由法国 FCB 公司、上海隧道股份、上海隧道工程设计院、沪东造船厂联合制造 1 台的 $\phi 6.34$ m 土压平衡盾构(图 2-10)。2 号线共使用了 10 台土压平衡盾构施工。

图 2-10　沪东造船厂联合制造的 $\phi 6.34$ m 土压平衡盾构"开拓号"(1995 年)

2.1.5　可变网格式矩形顶管机研制与试验

上海隧道于 1995 年研制了国内首台可变网格式矩形顶管机(图 2-11),并进行了国内首条矩形隧道推进。

图 2-11　2.5 m×2.5 m 可变网格式矩形掘进机及工程试验(1995 年)

试验工程位于南汇县航头地区,顶进距离为 60 m,覆土深度为 6.45 m。顶管机所穿越的土层为灰色淤泥质黏土、灰色淤泥质粉质黏土和灰色砂质粉土。工程采用了 2.5 m×2.5 m 矩形顶管机,利用网格切割土体,并挡住开挖面土体有效防止正面土体坍塌,以人工出土方法进行开挖。顶管机包含四个可变网格,切口环处安装变角切口,还配备纠偏油缸和壳体纠转装置,可有效控制正面土体稳定、机头姿态,且有利于纠正转角。

矩形隧道工程试验的成功,标志着我国该项技术应用已进入实质性启动阶段,它填补了我国矩形顶管施工技术的空白,为该项技术的工程应用提供了设计依据和施工经验。

2.1.6　第一代矩形顶管机研制与应用

1999 年 3 月,上海隧道研制了一台 3.8 m×3.8 m 组合刀盘式土压平衡矩形顶管机(图 2-12)。该顶管机在大刀盘后侧一共安装了四把仿形刀,两把在刀盘正转时使用,另两把在刀盘反转时使用。另外,在机头壳体顶部安装有浆管,并开设压浆槽,使土体与壳体上平面之间形成一泥浆膜,以减少土体同壳体的摩擦力,防止背土现象的发生。

图 2-12　3.8 m×3.8 m 组合刀盘式矩形顶管机及应用(1999 年)

随后,该顶管机应用于我国首条矩形隧道——陆家嘴车站 5 号出入口地下通道工程,顺利穿越了延安东路隧道 2 条引道和陆家嘴路众多地下管线,建成了 2 条 3.5 m×3.5 m 长 62 m 的矩形人行地道。本工程的成功,是国内顶管施工史上的一个突破,极大地拓宽了顶管的使用功能,改变了以往仅作排水设施的局面;同时验证了矩形顶管法施工的可行性,为今后的矩形顶管法施工积累了宝贵的资料和经验。

工程实践证明,3.8 m×3.8 m 组合刀盘式土压平衡矩形顶管机施工性能优良,速度快,机械化程度高,平均日进尺 5 m,最高日进尺 8 m。以后,该型号顶管机又陆续完成了上海地铁 4 号线浦东南路站过街人行地道、昆山市长江南路地下人行通道和上海上中路箱涵排管等多项工程。

2.1.7　第二代矩形顶管机研制与应用

2002 年 11 月,上海隧道研制了一台 6 m×4 m 偏心多轴式刀盘土压平衡矩形顶管机(图 2-13),在宁波市开明街—药行街地下通道和地铁车站过街人行地道等多项工程中得到应用。

6 m×4 m 偏心多轴刀盘式矩形顶管机优势如下:可对矩形隧道断面进行全断面切削,并能保持开挖面的土压平衡;将大断面的切削断面分割为二,减少了偏心轴的运转半径,降低切削驱动扭矩;两个刀盘同步异向转动,避免了因刀盘单向旋转产生的外力致使掘进机发生偏移;切削刀盘转动半径小,切削刀头滑动距离小,减少了刀头的磨耗,有利于长距离掘进。

图 2-13　6 m×4 m 偏心多轴式刀盘土压平衡矩形顶管机及应用（2002 年）

2.2　中国盾构创新期

2002～2008 年期间，是中国盾构的创新期，中国致力于"造中国最好的盾构"。2002年 8 月，国家科技部将"6.3 m 全断面隧道掘进机研究设计"列入国家高技术研究发展计划（国家"863"计划），课题由中铁隧道集团牵头承担。"863"计划是邓小平同志于 1986 年 3月提出的，国家将盾构的自主研发正式列入国家"863"计划，从而揭开了中国盾构从有到优的历史。这一时期，中铁隧道集团公司牵头研制出了中国首台具有完全自主知识产权的复合盾构，上海隧道股份有限公司牵头研制出了中国首台具有完全自主知识产权的土压平衡盾构和大直径泥水盾构。

2.2.1　国家 863 计划实施

国家"863"计划在盾构技术领域重点开展了以下研究，见表 2-1。

2.2.2　土压平衡盾构研究设计

2002 年 8 月，国家科技部将"ϕ6.3 m 全断面隧道掘进机研究设计"列入国家高技术研究发展计划（863 计划），通过公开招标，课题由中铁隧道集团牵头，联合浙江大学、洛阳工学院、中国第一重型机械集团公司、西南交通大学等国内相关技术的优势单位，组成动态技术联盟，对 ϕ6.3 m 土压平衡盾构开展了技术攻关。在国家"863"计划的引导下，完成了 ϕ6.3 m 土压平衡盾构的主机结构、液压传动系统、电气系统、后配套系统等研究设计；完成了盾构系统刀具的研究设计、开发与制造，完成了盾构泡沫添加剂、盾尾密封油脂的开发应用研究，并实现了产品化。通过研究，完成主机设计文件三册、螺旋输送机设计文件一册，管片拼装机设计文件一册；完成主机设计图纸五册，管片拼装机设计图纸一册、螺旋输送机设计图纸一册，后配套设计图纸三册，流体传输设计图纸一册，共计十一册。

表 2-1 国家 863 计划有关盾构技术研究课题

序号	课题名称	课题牵头单位	专项经费 (万元)	起止时间
1	6.3 m 全断面隧道掘进机研究设计	中铁隧道集团	100	2002.8～2003.7
2	盾构掘进机刀盘刀具与液压驱动系统关键技术研究及其应用	中铁隧道集团	750	2003.1～2004.12
3	砂砾复合地层盾构切削与测控系统关键技术研究及应用	中铁隧道集团	650	2005.7～2006.9
4	大直径泥水盾构消化吸收与设计	中铁隧道集团	700	2005.7～2006.12
5	土压平衡盾构主轴承	洛阳 LYC 轴承有限公司	362	2007.8～2010.8
6	土压平衡盾构大功率减速器	中信机械有限公司	340	2007.10～2010.8
7	土压平衡盾构大排量液压泵	贵阳力源液压厂	360	2007.10～2010.8
8	掘进机综合试验平台	沈阳重型机械集团	700	2007.10～2010.8
9	复合盾构样机研制	中铁隧道集团	900	2007.10～2009.9
10	大直径泥水盾构样机研制	上海隧道股份	957	2007.10～2010.8
11	全断面隧道掘进共性技术	浙江大学	3 849	2012.1～2015.12
12	大直径硬岩隧道掘进装备(TBM)关键技术研究及应用	中国铁建重工集团	4985	2012.1～2015.12
13	超大直径泥水盾构关键技术研究及应用	中铁隧道集团	1 622	2014.1～2017.12

2.2.3 刀盘刀具与液压驱动开发

2002 年底,国家科技部将"盾构掘进机刀盘刀具与液压驱动系统关键技术研究及其应用"列入国家高技术研究发展计划(863 计划),通过公开招标,课题由中铁隧道集团牵头,联合浙江大学、中信重工机械有限责任公司、洛阳九久技术开发有限公司、中铁隧道勘测设计院、上海隧道工程股份有限公司进行技术攻关,通过攻关,研究出了具有宽泛地质适应性、开口率可调节的盾构刀盘,研究了刀具用钢合金元素的调整及热处理方法,研究了盾构液压推进系统与刀盘液压驱动系统的集成技术;采用负载敏感控制、液压泵恒功率控制、全局功率自适应等技术,实现了盾构液压动力传动与控制系统的优化设计,并开展了示范性应用。2004 年 7 月 15 日,研制的刀盘及刀具(图 2-14)、液压系统成功用于上海地铁 2 号线进行工业试验,实现连续掘进 2 650 m,平均月进尺 331 m,最高月进尺 470 m,达到了项目要求的各项指标。2005 月 3 月 26 日,上海地铁 2 号线西延伸工程盾构区间隧道成功贯通,标志着中铁隧道集团牵头承担的国家"863"计划在刀盘刀具与液压驱动开发及应用方面取得阶段性成果。

2.2.4 中国首台具有自主知识产权地铁土压平衡盾构

2004 年 10 月,中国首台具有完全自主知识产权的地铁土压平衡盾构——"先行号"样机(图 2-15),在上海地铁二号线西延伸段区间隧道始发掘进,打破了原来"洋盾构"一统天下的局面,结束了我国盾构长期依赖国外品牌的历史。

地铁土压平衡盾构"先行号"是上海隧道工程股份有限公司依托"十五"国家 863 项目

图 2-14　中铁隧道集团有限公司牵头研制的刀盘

图 2-15　具有自主知识产权的"先行号"地铁土压平衡盾构

研制出的国内首台全部自主设计、具有自主知识产权、属于"国家 863 先进制造与自动化领域机器人技术"的特种机器人,是中国地下掘进装备科技创新的代表作。该盾构外径 6.34 m、最大总推力达 35 200 kN、推进速度达 6 cm/min。它的设计原则:追求产品的高可靠性、适用性、可维护性和长寿命。经过艰苦的技术攻关,对其六大系统进行了技术创新:

(1)切削刀盘驱动系统:核心零部件采用世界上最先进的配套元件,保证盾构掘进机的可靠性和稳定性,运转寿命达 1 万小时以上。

(2)推进系统:设计独特的油缸推进结构,改善管片受力状况,其可以根据施工状况,实施分区控制、无级调速,提高工作效率。

(3)拼装系统:自行研制遥控拼装机,改善作业人员的工作强度。

(4)同步注浆控制系统:自行研制柱塞式泥浆泵,由此组成的注浆控制系统达到国际同类产品的技术水平。

(5)盾尾密封系统:自行研制盾尾密封装置和油脂分配器,选用优质盾尾油脂泵,盾尾密封性能达到国际一流水平。

(6)自动控制系统:采用国际上最先进的 Q 系列 PLC 技术研发自动控制系统,它有一个主站、三个从站。

这些关键技术的创新,使该装备的主要技术指标均达到了国外同类盾构的先进水平,

先后获得知识产权 30 余项。2004 年 10 月，"先行号"盾构应用于上海地铁二号线西延伸段古北路～中山公园区间隧道施工，并于 2005 年 6 月 28 日完成了首次掘进，创造了国内地铁盾构日推进 38.4 m（进口盾构最快单日推进 31.2 m）、单月推进 566.4 m（进口盾构最快单月推进 531 m）的纪录，安全穿越了内环线高架、明珠线一期轻轨高架、人防通道以及污水箱涵等保护要求极高的诸多建构筑物。

2006 年，该类盾构一举获得 22 台次的批量订单，产品先后应用于上海、郑州、杭州、南京、武汉等城市的地铁项目建设。同年，该产品被列入国家重点新产品、上海市重点新产品系列，获得国家科技进步一等奖。

国产地铁盾构的诞生得到了各级领导的高度重视，极大地加快了我国盾构产业化的进程，以实现国家推行 863 计划的初衷：用国字号品牌挡住洋品牌的攻城略地。

2.2.5　砂砾复杂地层关键技术研究

中铁隧道集团以国家 863 计划为依托，在完成针对上海软土地层土压平衡盾构关键技术研究的基础上，进一步扩大研究范围，以北京地铁四号线为工程对象，联合上海隧道工程股份有限公司、上海盾构设计试验研究中心有限公司、浙江大学、洛阳九久技术开发有限公司开展了适合砂砾复杂地层的刀盘刀具技术研究，通过掘进模拟试验，研制出了具有自主知识产权的复合式刀盘刀具切削系统及其磨损检测装置，研制出了盾构实时远程测控系统，以满足盾构在砂性土、卵石、砾岩交互的复杂地层条件下安全高效施工的要求。2005 年 12 月，中铁隧道集团有限公司牵头研制的适用于砂砾复杂地层的土压平衡盾构刀盘（图 2-16）成功应用于北京地铁 4 号线 19 标颐和园～圆明园区间。

图 2-16　中铁隧道集团有限公司牵头研制的砂砾复杂地层刀盘

2.2.6　大直径泥水盾构技术消化吸收

为缩小我国在泥水盾构的设计、制造技术方面与国际先进水平的差距，国家科技部于 2005 年 7 月将泥水盾构的研究列入 863 计划，对大直径泥水盾构消化吸收与设计课题进行了专题立项，本项目由中铁隧道集团为主承担，并取得了以下成果：

（1）在消化吸收国外大直径泥水盾构技术的基础上，依托南水北调中线一期穿黄工程，开展了泥水盾构的掘进系统和管片拼装机等设计制造的研究工作，完成了 $\phi 9$ m 泥水

图 2-17　中铁隧道集团有限公司研制的泥水盾构控制系统检测试验台

盾构总体设计图、电气控制和泥水系统等系统设计图,在泥水系统接管器方面有创新,并申报了国家发明专利,专利申请号为 200610025637.1。

(2)在消化吸收武汉长江公路隧道引进的 $\phi 11.38$ m 泥水盾构刀盘的基础上,根据南水北调中线一期穿黄工程具体地质条件,开展了泥水盾构刀盘刀具的结构设计、刀盘磨损极限检测系统和主驱动密封等关键技术的研究,完成了 $\phi 9$ m 泥水盾构刀盘的设计,在优化设计方面取得了进展。

(3)研制出了具有自主知识产权的 $\phi 2.5$ m 盾构控制系统模拟试验平台(图 2-17)。申请了"盾构控制系统检测试验台"国家发明专利,专利申请号为 200610160040.8。盾构控制系统试验台的研制成功为盾构的研发奠定了基础。

2.2.7　复合盾构研制与应用

制造出能够同时在软土、风化岩、软硬不均地层、砂层及砂卵石地层等不同地质条件下掘进的复合盾构,是中国盾构设计和制造者的夙愿。2008 年 4 月 26 日,依托国家 863计划,由中铁隧道集团隧道设备制造公司(中铁工程装备集团有限公司的前身)牵头、浙江大学、华中科技大学、天津大学参与研制的复合盾构——中国中铁 1 号(图 2-18),成功地实现了从"造中国人自己的盾构"到"造中国最好的盾构"历史性跨越的这一梦想,成为我国首台具有自主知识产权的复合盾构。

该盾构直径 6.4 m,最大推进速度 80 mm/min、最大推进力 32 000 kN,油缸推力 989 kN、总推力 31 650 kN,刀盘功率 630 kW、扭矩 4 377 kN·m、脱困扭矩 5 225 kN·m。该盾构在刀盘刀具适应性设计、分布式 I/O 系统控制技术、渣土改良系统技术等方面进行了突破创新,成功掌握了复合盾构设计与集成技术、六自由度管片安装机设计技术、螺旋输送机结构优化设计技术、带压进舱安全系统设计技术、复合式渣土改良系统技术等关键技术,获国家发明专利 3 项、实用新型专利 8 项、软件著作权 1 项。

"中国中铁 1 号"成功应用于天津地铁轨道交通 3 号线营口道站～和平路站盾构区间(图 2-19、图 2-20),成功穿越张学良旧宅、"瓷房子"、范竹斋旧居、天津电报总局、辽宁路住宅、久大精盐公司、渤海大楼等多座老式标志性建筑集中的复杂繁华城区,施工中最大掘进速度达到 18 m/d。

图 2-18　"中国中铁 1 号"盾构出厂仪式

图 2-19　"中国中铁 1 号"始发

图 2-20　"中国中铁 1 号"天津地铁 3 号线营和区间贯通

2009 年 7 月 18 日,由河南省科技厅组织的专家对该成果进行了鉴定,认为:"成果达到了国际先进水平,在复合刀盘刀具研制和泡沫同步注入技术方面达到了国际领先水平,项目具有很大的经济、社会和环境效益"。"中国中铁 1 号"的研制填补了我国在复合盾构领域的空白,打破了国外技术垄断,开启了中国盾构自主研发、设计、制造并应用于施工的新篇章,为我国盾构产业化迈出了关键性的第一步,为实现中国制造、大国重器中国梦奠定了基础。2011 年,该成果获河南省科技进步一等奖。

2.2.8　大直径泥水盾构研制与应用

2008 年 12 月 26 日,在世博配套工程——上海打浦路复线隧道工地使用了直径为 11.22 m 的国产大型泥水平衡盾构(图 2-21),这标志着国产盾构产业化又迈出了坚实的一步,也是上海隧道继具有完全自主知识产权的"先行号"盾构批量生产后,在盾构设计制造技术上的又一次新突破。

图 2-21　大直径泥水盾构"进越号"诞生

泥水平衡盾构是采用泥水平衡理论控制开挖面土体压力与盾构土舱内泥水压力的平衡,集机、电、液、控制为一体并用于地下隧道施工的特殊机械装备。2007 年 8 月,国家科技部在"十一五"863 计划中,设立了大型泥水平衡盾构关键技术与样机研制的项目。有了"先行号"盾构的经验积累,由上海隧道工程有限公司牵头,联合浙江大学与中铁隧道集团,成功研制出具有完全自主知识产权的国产大直径泥水平衡盾构,并在同步注浆系统、管片拼装机、泥水系统、电气控制系统等核心关键技术上取得了重大突破,更添加了人性化设计,使整台盾构更为可靠、耐用、稳定、易于操作,同时具有良好的性价比和完善的售后服务。实际操作中,成功地将泥水压力的波动平稳控制在 0.01 MPa 以内,优于当时的国际水平,保证了盾构掘进过程中开挖面的稳定,满足了特殊的环境保护要求。

通过研究,大直径泥水盾构成套装备关键技术在大型盾构掘进模拟试验平台、模拟盾构试验模拟土箱、盾构管片储运机、六个自由度管片拼装机、接管装置、进出洞洞门密封装置、隧道管

片纠偏选型方法、盾构掘进姿态实时测量系统等方面具有重大创新,授权国家发明专利 12 项,实用新型专利 1 项,开发了盾构通用数据采集软件 V1.0、盾构施工信息可视化分析软件 V1.0、盾构掘进自动测量系统 V1.0、盾构管片纠偏选型系统 V1.0 等 4 大软件,并注册了软件著作权 4 项,荣获 2010 年中国国际工业博览会金奖第一名。作为自主创新跨越发展的标志性成果,大直径泥水盾构成果成功入选"十一五"国家重大科技成就展,标志着我国在大直径泥水盾构自主创新方面取得了重大突破,开创了我国盾构领域的又一新篇章。主要创新成果如下:

(1)盾尾密封系统:设置 22 个感应点,实时监控盾尾油脂压力,在确保施工安全的同时,有效保证盾尾密封可靠性,节省油脂的消耗。

(2)同步注浆系统:自动实时监控流量和注浆压力,真正实现与推进同步。有效控制地表沉降,稳定成型隧道。

(3)管片拼装机:采用真空吸盘夹取管片的结构形式,提高拼装机的安全性;创新设计吸盘可拆卸功能,满足不同宽度尺寸的管片拼装需要;具有 6 自由度控制,提高管片拼装质量。

(4)泥水处理与输送系统:科学配置泥水输送泵组,智能控制可变速渣浆泵及泥水控制阀组。

(5)控制系统软件:配备自主设计开发的泥水盾构控制系统。

(6)电气系统:提供总线通信控制方式与工业以太网通信方式两种通信网络;实现系统实时数据的采集、显示、存储、分析及远程传输,直观易懂;配备触摸式电气系统操作台,操作简单快捷。

(7)自行式接管机:首次将独创的自行式接管机车架运用于国内泥水平衡式盾构,确保接管时切口水压稳定,大大提高施工效率。

打浦路隧道复线工程,起自浦西中山南路—日晖东路交叉口,终于浦东耀华路—长清路交叉口,全长 2.969 km,位于第一条黄浦江越江隧道——打浦路隧道西侧。工程按照 2 车道规模建设,建成后将与打浦路隧道一起形成双向 4 车道,其中复线为浦西往浦东的单向通道,原打浦路隧道的 2 条车道将改为浦东往浦西的单向通道。

该工程需穿越 700 m 宽的黄浦江,隧道覆土深,地下水压高,对盾构的制造工艺和安全保障要求极高。此外,该隧道有约 442 m 长的超小半径(转弯半径 380 m)平曲线推进施工,这在所有采用大型泥水平衡盾构施工的隧道中曲线半径最小。在施工过程中,国产 ϕ11.22 m 泥水平衡盾构开发了智能操作控制系统来进行实时监控,成功克服了近距离穿越打浦路隧道沉井段、长距离穿越黄浦江与大口径污水南干线以及 R380 m 小半径曲线段等难点,彰显了国产盾构的技术优势。

打浦路复线隧道所使用的国产第一台 863 泥水平衡盾构,施工效率高,掘进过程中,"进越号"穿越垂直净距离只有 4.8 mm 的打浦路老隧道备用车道,在最大坡度达到 4.8% 的江中段下穿 500 m 长的污水南干线,登陆浦西后穿越日晖港的防汛墙,又穿过大楼桩基群和复杂地下管线,在黄浦江底实现了半径 380 m 的转弯,创造了当时国内大型泥水盾构最小转弯半径的纪录。"进越号"平均月进尺 244 m,泥水平衡压力控制精度等级为

0.01 MPa①，故障停机率仅 3.6％，此外，其压力波动、地表沉降、轴线精度等多项技术指标均领先于国外同类产品，在操作灵便性与稳定性等方面的综合指标均达到国际先进水平。

2009 年 9 月 9 日，"进越号"盾构完成了处女之作——上海打浦路复线隧道顺利贯通，填补了我国在大直径泥水平衡盾构的设计制造核心技术的空白，改变了大直径盾构完全依赖于进口的局面。

我国自主设计制造、具有自主知识产权的大直径泥水盾构"进越号"成功贯穿上海打浦路隧道复线工程（图 2-22），从此，我国进入了具备大直径泥水盾构自主设计、制造和施工技术的盾构大国行列。

图 2-22　"进越号"盾构成功贯通上海打浦路隧道复线工程

2.3　中国盾构跨越期

2009 年至今，是中国盾构的跨越期，中国致力于"造世界最好的盾构"。特别是 2014 年 5 月 10 日，习近平总书记视察中铁工程装备集团有限公司并提出"三个转变"以来，中国盾构自主创新能力显著提高，在关键核心技术、实验平台研制、盾构产业化跨越式发展等方面取得了重大突破，在中国巨大的盾构市场及"一带一路"互联互通需求拉动下，中铁工程装备集团、中国铁建重工集团、中交天和机械制造公司、辽宁三三工业有限公司、上海隧道工程股份有限公司机械制造分公司、北方重工集团等中国盾构制造企业迅速崛起，从而揭开了中国盾构从优秀到卓越，并走向国际的历史。

在关键核心技术方面，以"盾构装备自主设计制造关键技术及产业化"项目为依托，围绕盾构施工的失稳、失效、失准等三大国际难题，攻克了稳定性、顺应性、协调性三大关键技术（图 2-23）。针对失稳，研制出了压力动态平衡控制系统，提高了界面稳定性，有效防止了地面塌陷；针对失效，首创了载荷顺应性设计方法，降低了载荷对装备的冲击；针对失准，开发了盾构姿态预测纠偏技术，提高了隧道轴线精度。

---

① 本书压力单位采用国际单位制，1 MPa＝10 bar。

在实验平台研制方面,研制出了多台具有自主知识产权的盾构技术科研仪器设备,建成了"盾构及掘进技术国家重点实验室"(图 2-24)和"全断面掘进机国家重点实验室"(图 2-25)等盾构技术先进制造领域的 2 个企业国家重点实验室。

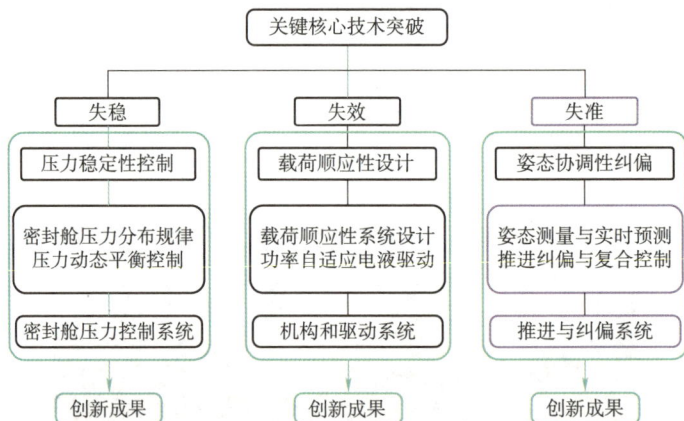

图 2-23　关键核心技术突破(解决了失稳、失效、失准等世界难题)

图 2-24　全国第二批首家建成的"盾构及掘进技术国家重点实验室"

图 2-25　全断面掘进机国家重点实验室内景

　　在盾构产业发展方面,土压平衡盾构、泥水平衡盾构和岩石掘进机产业化取得了重大突破,在中国巨大的盾构市场需求拉动下,以中铁工程装备集团有限公司(简称"中铁装备")为代表的中国盾构制造企业六强(简称"中国盾构六强")迅速崛起,所设计制造的盾构,其性能指标达到或超过国际同类产品,替代了进口,并出口新加坡、马来西亚、以色列、印度等国家。

　　中国盾构六强主要包括中铁装备、中国铁建重工集团股份有限公司(简称"铁建重工")、中交天和机械有限公司(简称"中交天和")、辽宁三三工业有限公司(简称"三三工业")、北方重工装备(沈阳)有限公司(简称"北重装备")、上海隧道工程有限公司机械制造分公司(简称"上海隧机")。此外,中船重工、中船重装、中信重工、江苏锐成、大重、大起、二重、广重、北京华隧通、首钢、天地重工、杭州锅炉厂、上海沪东厂、上海重型机器厂、资阳南车集团、徐工集团凯宫重工南京有限公司、安徽凯盛重工、重庆睿安特等企业也涉足盾构制造业。

2.3.1　中铁装备

　　中铁装备是我国隧道掘进机产业的开拓者和领军企业,是全断面隧道掘进机特级生产资质企业,主要从事隧道及地下工程装备的研发、设计、制造、销售和服务。近年来,公司牢记习总书记嘱托,深入践行"三个转变",砥砺前行、勇于跨越,现已发展成为集隧道掘进机、隧道机械化专用设备、地下空间综合开发、建筑钢结构四大产业门类为一体的综合性企业集团(图 2-26)。

图 2-26　中铁装备盾构研发制造郑州总基地

　　中铁装备的发展历程是中国盾构崛起的缩影,公司先后承担 7 项国家 863 计划课题,研制出国内首台套复合式盾构,成功应用于天津地铁 3 号线,开启了"中国人造自己的盾构时代";研制出国内首台套大直径 TBM,成功应用于吉林引松供水工程;公司自主研制的 10.12 m×7.27 m 矩形顶管机打破了世界最大矩形断面记录,随后又率先研制出 10.42 m×7.55 m 矩形顶管机再次刷新世界最大断面纪录,创新城市主干道下穿通道、地铁过街通道施工工法并推广应用至天津、成都、广州、新加坡等国内外城市和地区;自主研制的世界首创的"马蹄形"盾构,成功应用于蒙华铁路白城隧道,标志着世界异型隧道掘进机研制技

术迈向新阶段,实现异型盾构装备的自主化和智能化;自主设计制造的直径达 15.03 m 的泥水平衡盾构,打破了国外品牌多年来一统全球超大直径盾构的局面;自主设计制造的直径 15.80 m 的泥水平衡盾构再次刷新国内自主研制最大断面记录;自主研制的国内最大直径(ϕ9.03 m)敞开式硬岩掘进机"彩云号"TBM 入选 2017 年度央企十大"国之重器";"变频节能型复合盾构 CTE6400"产品被认定为国家重点新产品计划战略性创新产品;联合浙江大学、中铁隧道局集团有限公司及上海隧道工程股份有限公司等完成的"盾构装备自主设计制造关键技术及产业化"获国家科技进步一等奖;公司具备年产盾构/TBM 等 280 台套的产业化能力,拥有郑州、成都、西安、厦门、南宁、广州等 18 个盾构制造基地,设有北京、郑州、上海、厦门、广州、成都、昆明七大服务中心以及新加坡海外服务中心,公司 2016 年在天津成立的盾构再制造公司,是国内最大隧道掘进机再制造基地,公司已形成集研发设计、加工制造、组装调试、技术服务、施工反馈、修造翻新、营销租赁一体化的盾构产业链。

公司盾构 TBM 产量和市场占有率连续六年保持国内第一,2017 年起产销量居世界第一,截至 2019 年 10 月底,累计为国内外 40 多个城市和地区提供各种型式隧道掘进机 979 台套,直径规格从 2～16 m,型式有土压、泥水、复合式及硬岩盾构,开敞式、护盾式 TBM,矩形顶管机及马蹄形盾构等,盾构 TBM 产品对国内外大埋深、高水压、富水砂卵石、上软下硬地层、破碎断裂带等各类复杂地层条件具有较强的适应性,应用于市政管廊、地铁隧道、铁路隧道、公路隧道、水利水电隧洞等多个领域,累计实现安全掘进 2 000 km 以上。

公司积极推进"走出去"国际化发展战略,成立了新加坡分公司、德国子公司、香港合资公司及澳大利亚、巴西等代理机构,产品出口 16 个国家和地区。

公司于 2013 年 11 月成功收购德国维尔特公司岩石隧道掘进机(TBM)业务,跃居成为世界上具有自主知识产权的三大 TBM 生产企业之一。

作为中国盾构 TBM 研发制造的开拓者和领军者,中铁装备坚持走自主创新之路,截止 2019 年 6 月,拥有授权专利 651 项,其中 PCT 专利 7 项,国家发明专利 171 项,国家实用新型专利 473 项。公司先后被列入国家火炬计划重点高新技术企业、工信部品牌培育示范企业、国家技术创新示范企业、河南省 10 家创新方法示范企业、50 家重点培育的装备制造企业,是河南省盾构产业技术创新战略联盟的发起和依托单位。相继获郑州市长质量奖、河南省长质量奖及中国质量奖制造业组织提名奖。

2014 年 5 月 10 日,习近平总书记视察中铁装备时,高度肯定了公司在盾构技术重大装备领域做出的发展贡献,提出"中国制造向中国创造转变、中国速度向中国质量转变、中国产品向中国品牌转变"的殷切期望,公司始终满怀"振兴民族工业,打造国际品牌"的责任感,不断推进制造服务业的转型升级,打造世界地下工程装备领军企业。

2.3.2　铁建重工

铁建重工成立于 2007 年,隶属于世界 500 强中国铁建股份有限公司,是集隧道施工智能装备、高端轨道设备研究、设计、制造、服务于一体的专业化大型企业,集团总部位于

长沙经济技术开发区(图 2-27)，在湖南、四川、甘肃、新疆、陕西、内蒙古等地建立了多个制造基地，注册资本金 38.5 亿元，主营业务突破 100 亿元。

图 2-27　铁建重工盾构研发制造长沙总基地

铁建重工是全断面隧道掘进机特级生产资质企业，中国工程机械 AAA 级最高信用等级企业，先后入选"国家火炬计划重点高新技术企业"、"国家两化融合示范试点企业"、"中国最佳自主创新企业"、"国家重大技术装备首台(套)示范单位"、"国家 863 计划成果产业化基地"、"国家技术创新示范企业"、"中国轨道交通创新力 TOP50 企业"和"制造业向服务型制造业成功转型的典型企业"。上榜中国机械工业百强(排名 38 位)，入围全球工程机械制造商 50 强(排名 33 位)，荣登中国工程机械制造商前 5 强。

铁建重工始终瞄准"世界一流、国内领先"的目标，坚持"科技创新时空"的理念，充分利用中国铁建长期积累的施工技术与经验，通过"原始创新、集成创新、协同创新、持续创新"的自主创新模式，构筑了以施工技术为先导，基础研究、产品研发、工艺开发、应用研究、工程实验相配套的特色研发体系。高效建成了盾构 TBM 产业基地(图 2-28)，拥有先进生产设备 200 多台套，具备 18 m 及以下盾构 TBM 自制关键零部件的下料、焊接、成形、机加工、热处理和组装能力，盾构 TBM 年产能力达到 260 台套。形成了掘进机、特种装备、轨道系统三大产业板块，先后研制出国内首台高水压复合式土压平衡盾构、铁路大直径土压平衡盾构、超大直径泥水平衡盾构、大直径岩石隧道掘进机(开敞式 TBM)、煤矿双模式斜井 TBM、单护盾 TBM、双护盾 TBM、国产首台高铁大直径泥水平衡盾构、铁路双线超大直径泥水平衡盾构、国产首台常压换刀超大直径泥水平衡盾构、国产首台最小直径敞开式 TBM、国产首台小曲线长距离硬岩盾构等高端掘进装备，实现了大国重器核心突破，累计产量已突破 600 台套，产品广泛应用于长沙、北京、西安、武汉、广州、苏州、南京、长春、重庆、新疆、内蒙古等 30 多个省市的地铁、铁路、煤矿和水利等国内新增重点工程，实现国产盾构出口俄罗斯、土耳其等欧洲发达国家的历史性突破，行业唯一代表入选中央电视台大型专题片《大国重器Ⅱ》、《超级装备》和《创新一线——中国盾构机》，掘进装备跻身世界前列，引领产业向中高端迈进。特种施工装备研制了国产首台隧道智能化注浆设备、全电脑三臂凿岩台车、全智能型混凝土喷射台车、隧道智能化多功能作业台车、智能型锚杆台车、智能型衬砌台车、智能型衬砌检测车、智能型养护台车、护盾式掘锚机、环保型精品机制砂成套设备等全工序隧道智能装备体系，涵盖超前作业、开挖、出渣、初期支护、

仰拱及边墙、二次衬砌、沟槽施作和检测维保等工序的系列化隧道施工装备，最终全部实现人工智能，推动隧道内无人、无灯、无氧作业的隧道绿色智能建造。为国家基础设施建设发挥了重要作用，打造了地下工程装备和轨道设备最具影响力的民族品牌和"国家名片"。

图 2-28　铁建重工长沙产业园

铁建重工坚持自主创新，注重平台建设，打造了国家级企业技术中心（图 2-29）、国家工程技术研究中心、博士后科研工作站、院士专家工作站、地下掘进装备工程技术研究中心、水下隧道技术工程实验室、工业设计中心和隧道施工机械化技术创新云平台"八位一体"创新平台，拥有一支 1 500 余人素质优良、门类齐全、专业配套、结构合理的专业科技人才队伍，拥有专利 1 000 余件，连续四届荣获中国专利奖 7 项，省部级科技进步奖 60 余项。主持十二五国家"863"计划重点项目"大直径全断面硬岩隧道掘进装备关键技术研究及应用"及国家科技支撑计划、重点新产品计划、火炬计划、国家重点研发计划等国家级项目 20 余项，省部级科技重大专项 30 余项，主持和参与制定《全断面隧道掘进机》等系列国家和行业标准 30 余项，获批"国家知识产权示范企业"、"国家高端装备制造业标准化试点企业"和"国家技术创新示范企业"。

图 2-29　铁建重工国家认定企业技术中心

2011 年，铁建重工在国内首次将复合式岩石掘进机"神新一号"应用于新疆玛纳斯涝坝湾煤矿副平硐工程并实现全程 6.2 km 顺利贯通；2012 年，铁建重工自主研制的首台高

水压复合式土压平衡盾构"湘江一号"顺利穿越长沙地铁建设中难度最大、风险最高的首条过江隧道——湘江隧道,在国内首创采用土压平衡盾构穿越湘江,有效化解了穿越湘江面临的高埋深、易结泥饼、高水压、有害气体、复杂地质等工程风险,保证了工程安全实施。

2013 年,依托国家科技支撑计划,针对煤矿斜井"深埋超长、连续下坡、富水高压、地层多变"等特点和技术难点,自主研制出集土压平衡和单护盾 TBM 于一体的全球首台煤矿斜井 TBM,创新开拓了全断面掘进机在煤矿领域的应用,整机技术达到国际先进水平,成功应用于神华神东补连塔矿 2 号副井并顺利贯通,在开挖直径 7.6 m,连续下坡 5.5°的工程条件下,创最高月进尺 639 m 世界纪录,创新的 TBM 工法煤矿建井模式,填补国内外煤矿斜井 TBM 应用的技术空白,有效解决了我国煤矿建设长期面临的采掘失衡难题,凭借独具特色的创新优势荣膺"中国工程机械年度产品 TOP50(2016)"技术创新金奖。

2014 年,依托国家 863 计划研制的国内首台大直径全断面岩石隧道掘进机(开敞式 TBM)顺利下线,解决了"长距离、大埋深、高应力、高水压、高地温、大涌水、易岩爆"地质特点和技术难点,吉林引松工程施工以来,率先完成第一阶段掘进 6 000 m 贯通,创造月进尺突破1 200 m 的世界纪录,打破国外长期垄断,填补了我国大直径全断面岩石隧道掘进机研制的空白;同年自主研制的"金城五号"泥水平衡盾构在兰州地铁工程中攻克了穿黄段卵石含量多、卵石粒径大、高水压、高透水等多个世界性难题,创国内地铁盾构隧道首次成功穿越黄河先河。

2015 年,全球首台永磁同步驱动盾构铁建重工成功下线,中国首台具有自主知识产权的地铁单护盾 TBM 重庆始发,国产首台 9 m 级大直径铁路盾构成功服务于素有"地下博物馆"之称的珠三角地区广州—深圳—珠海城际轨道交通线,国内首台具有完全自主知识产权的双护盾 TBM 研制成功服务于兰州市水源地建设工程项目,首台应用于排污隧道的小直径盾构出口海外。

2016 年,国产首台"大埋深、可变径"大直径全断面 TBM 在铁建重工成功下线,挑战"大埋深、围岩大变形、强岩爆、穿越大断层破碎带、高地温、岩体蚀变破碎带"等世界级工程地质难题,拥有完全自主知识产权的国产首台"高铁大直径泥水平衡盾构"和国产首台"铁路双线超大直径泥水平衡盾构"在铁建重工下线。

2017 年,铁建重工研制的国产首台最小直径敞开式 TBM 和国产首台微型盾构下线,国产首台常压换刀式超大直径泥水平衡盾构"沅安号"实现了国产自主盾构研制技术的又一次大跨越,填补了我国在盾构常压换刀技术领域的空白。

2018 年,国产首台铁路大直径在线式土压/岩石隧道双模掘进机下线,管幕法隧道施工的国产首台可回退式管幕机在铁建重工下线,该设备开挖直径仅为 740 mm,有效解决了小直径隧道施工无法洞内拆机和维修的难题,使得小设备建设大、长距离隧道成为可能,同时施工项目捷报频传,"初心号"创下国内大直径泥水平衡盾构施工的最快纪录,成功穿越华电银川"东气西送"全国首条黄河供暖专用隧道,两台国产大直径盾构"京航 1号"、"京航 2 号"在北京新机场最长区段完成双线贯通,成功穿越中国单线断面最大城轨隧道,国产首台高铁大直径泥水平衡盾构"望京 1 号"成功穿越京沈高铁北京望京隧道工程,展现出国内长距离下穿地铁车站的最高水平。

铁建重工弯道超车,厚积薄发,打造了地下工程装备最具影响力的民族自主品牌,以施工装备带动施工技术进步,提升了国家高端装备的制造水平和核心竞争力,引领高端制造业从"中国制造"向"中国创造"跨越。

2.3.3　中交天和

中交天和是国资委下属中国交通建设股份有限公司成员公司(图 2-30),2010 年 4 月建址于江苏常熟高新技术产业园,厂区占地面积 40 万 m²,项目总投资 18 亿元人民币。

图 2-30　中交天和机械设备制造有限公司

中交天和具有年产盾构 160 台套的能力,拥有结构车间、机加工车间、总装车间、液压车间、电气成柜车间,最大起重能力 400 t。总装车间可同时组装 2 台直径 18 m 的盾构;加工车间配备了加工直径 18 m,加工承重 600 t 的单柱数控立式铣车床、200 r 数控落地镗铣床、8M 数控龙门铣、卷板宽度达 4.6 m 的 120 mm 数控万能卷板机、高度可达 5 m 的高精度数控镗铣床、加工宽度为 4 m 的超高精度数控镗铣床等先进加工设备百余台。

中交天和具有完全自主的知识产权和强大的科研能力,设计研究院设计研发人员 200余名,设有总体所、结构所、电气所、液压所、力学所、工艺所、特种装备所、信息所等。

自主设计制造的的盾构直径规格从 0.8～16.1 m,形式覆盖泥水、土压、复合式等,广泛应用于上海、天津、南京、宁波、北京、沈阳、昆明、杭州、苏州、合肥、南昌、深圳、广州、福州、成都、哈尔滨等地区,出口中国台湾、日本、孟加拉、印度尼西亚、马来西亚、新加坡等国家和地区。适用于软土、砂卵石、土岩复合、硬岩等复杂地层,满足大深度、高水压、富地下水等掘进条件;用途涵盖市政管网、综合管廊、地铁隧道、城际轨交隧道、公路隧道、输排水隧道等多种建设领域。

自主研发的直径 15.03 m 泥水气压复合盾构机,成功完成南京纬三路过江隧道工程,是中国首个土岩复合隧道工程,施工水压高达 0.72 MPa,岩石硬度达 120 MPa。先后获得了"国家重点新产品"、"中国首台套认定"、"中国机械工业科学技术奖一等奖"和"工业和信息化部中国首台套科技成果鉴定"等殊荣。

自主研发的直径 12.12 m 超大直径泥水气压平衡盾构,应用于孟加拉国卡纳普里河底隧道,是南亚投入的最大直径盾构;研发的直径 13.19 m 泥水平衡式盾构,应用于印尼雅加达雅万高铁 1 号隧道工程,是中国出口东南亚的最大直径盾构。

中交天和设立了中国交建盾构安全监控中心和中国交建盾构管理中心,可以通过Web 网页、手机 App 实时了解多类型、多种类盾构掘进状态及掘进参数,对所有盾构的状况进行全过程监控,实现施工风险管控和警示。

中交天和成立了中国交建培训中心,对盾构施工项目岗位人员实行盾构施工全过程的分级针对性培训。

中交天和不断突破创新,世界首创大盾构智能化焊接生产线在中交天和投入使用,2台大型机器人及 5 台小型机器人可完成 10 m 超大直径盾构机的智能焊接。开发了全智能管片拼装系统,可自动识别管片,抓取管片,进行定位拼装,已成功应用于成都项目;刀盘刀具采用先进的光纤磨损检测技术进行检测,对刀具磨损进行实时监测,可提前发现刀具及刀盘磨损情况,解决了普通常压刀盘检查刀具时间长的问题。

2.3.4　三三工业

三三工业是辽宁省装备制造业重点骨干企业,成立于 2009 年,是国家级高新技术企业,是全断面隧道掘进机一级生产资质企业,拥有全国同行业唯一的国家级盾构/TBM 隧道掘进机工程研究中心,是全球盾构机行业"三巨头"之一、享誉中外的"复杂地质掘进机之王"。2014 年三三工业全资收购了世界 500 强美国卡特彼勒公司的子公司——加拿大卡特彼勒隧道设备有限公司的全部资产和知识产权,一跃成为全球隧道掘进机制造业领军企业之一。

图 2-31　辽宁三三工业有限公司

三三工业拥有全球顶尖的技术,在辽宁辽阳、沈阳、加拿大多伦多设立三个研究设计院,汇集了国际顶级的盾构机及机电液研究设计人员;掌握盾构核心技术,拥有完全自主知识产权;生产的高扭矩、大直径盾构机科技含量高。可生产土压平衡、泥水平衡、硬岩TBM、异形和垂直盾构等五大类盾构。

三三工业占地面积 15 万 m^2,建筑面积 8 万 m^2,拥有现代化的生产制造车间、超大型数控加工集群、功能强大的起重装备、科学高效的装配能力,实现了下料、卷板、焊接、机加、部装、总装流水化作业。厂区划分为焊接中心、机加中心、部装中心和总装中心,总装中心拥有 8 个工位,可同时装配 8 台盾构,具备年产 100 台套隧道掘进机能力。三三工业建立了严格的质量管控体系,每台设备均实行项目经理负责制,配备主任设计师、主任计划员、主任采购员、主任质检员,责任到人,确保产品零缺陷。

在国内,三三工业拥有六大服务基地;在海外,三三工业拥有 24 个服务商、代理商。

国内外一流的机械、液压、电气技术专家组成的售后服务团队,以尽心尽责的职业操守、精益求精的工匠精神,为全球客户提供专业化、系统化服务,一般问题一小时响应,特殊问题专家十二小时到达现场。

三三工业继承了在国际盾构行业享誉多年的罗威特公司复杂地质掘进之王的品牌,传承了全球工程机械第一品牌卡特彼勒的技术和质量控制精髓,产品广泛应用于地铁、城市综合管廊、交通、水利、能源、军工等领域,业务开展遍布全球。

三三工业秉承"品质创造未来"的企业文化,整合国内外资源,使国际先进技术和中国制造能力相互融合,以"匠人之心"打造"工业之美、技术之美、工艺之美",以全球领先的技术、严格的质量管控、完善的售后服务,为全球客户提供最优秀的产品。

2.3.5 上海隧机

上海隧机是具有国家特级总承包资质、机电设备安装一级资质的隧道股份上海隧道全资直属企业(图 2-32)。企业坐落于上海浦东新区外高桥,公司占地面积约 6.07 万 m^2,具有专业的大中型总装车间和吊装设备,配备有 360 t 级起重机等吊装设备,装备了具有世界先进水平的数控龙门镗铣床、数控落地式铣镗床、车削中心等多台大中型数控加工设备,并配备有激光跟踪仪及全站仪等先进的测量仪器。企业已通过国际质量体系(ISO9001:2008)、环境体系(ISO14001:2004)、职业健康安全体系(OHSAS18001:2007)认证,是一家具有一定规模的专业设计制造盾构掘进机、顶管掘进机、钢模、管模等地下工程机械的高科技企业。公司已具备地铁盾构年产量 50 台、大型或超大型盾构年产量 4~6 台的生产规模。掘进机产品主要有土压平衡式盾构掘进机、泥水加压平衡盾构掘进机、网格式盾构掘进机、复合式盾构掘进机、全断面硬岩盾构掘进机、顶管掘进机、类矩形盾构掘进机等。外形有单圆、双圆、矩形、类矩形等,直径涵盖 0.6~15.73 m。截止目前,公司已制造各类盾构掘进机 200 余台。公司自主研制的地铁盾构已批量生产销售,市场遍布上海、南京、杭州、天津、广州、武汉、郑州、香港等各大城市和地区,并成功开拓新加坡、印度等海外市场。

图 2-32 上海隧道工程有限公司机械制造分公司

自 1958 年在上海塘桥进行盾构研制试验开始,一直坚持自主创新,是盾构隧道技术

创新的先行者。

1967 年,自行设计制造了国内第一台 $\phi10.22$ m 网格挤压盾构,应用于中国第一条越江隧道——上海打浦路越江隧道施工,打破了外国专家"在上海挖掘隧道就好比在豆腐里面打洞"的预言。

1988 年,自行研制 $\phi4.35$ m 加泥式大刀盘土压平衡盾构,并成功应用于上海南站过江电缆隧道盾构工程,获得了国家级科技进步一等奖。

2003 年,依托"十五" 863 计划项目,研制出国内首台具有完全自主知识产权的"先行号"地铁土压平衡盾构。在工程应用中,"先行号"先后创造了日进尺 38.4 m 和月进尺 566.4 m 的纪录,刷新了当时国内进口盾构最高纪录,其主要综合指标达到国际先进水平,并获得了国家重点新产品奖,国家自主创新产品奖,上海市科技进步一等奖,上海市重点新产品及自主创新产品奖等多项荣誉。同时,由于"先行号"盾构的优异表现,企业一举获得了 22 台盾构的销售合同,形成了国产盾构批量生产,打破了长期以来国外盾构垄断中国盾构市场的局面。

2008 年,上海隧道再次承担国家"863 计划"课题—"泥水平衡盾构的关键技术与样机研制",成功研制出中国首台具有完全自主知识产权的 $\phi11.22$ m 大直径泥水平衡盾构,并应用于上海世博会建设重大配套工程—打浦路越江隧道复线工程,实现大直径泥水平衡盾构 $R300$ m 小曲率半径施工,在国内外尚属首次;该盾构的首战告捷为国产大直径盾构的设计制造及施工做了有益的探索及经验积累,获得了 2010 年中国国际工业博览会金奖第一名,并被认定为上海市高新技术成果转化项目。

2009 年,在盾构装备系统集成、控制技术、关键部件等方面创新设计,自主研制符合国际 BS 标准的 $\phi6.64$ m 铰接式复合土压平衡盾构,销往新加坡,开创了国产盾构打入国外市场的先河。

2011 年,与德国海瑞克、美国罗宾斯、Lovat 等 8 家国外知名厂商共同参与新加坡市场公开竞标,再次获得 6 台复合式土压平衡盾构出口订单,创下了中国首个盾构批量出口纪录,实现了中国盾构走向国际的重大突破。此外,同类产品还出口应用于印度钦奈、德里地铁以及香港污水处理工程等;该产品获得了国家重点新产品奖及上海市科技进步奖等。

2013 年,依托郑州市下穿中州大道车行通道工程,全新开发 10.4 m×7.5 m 大尺寸全断面切削矩形顶管机,该顶管机首创大尺寸全断面切削、中继间长距离顶进、防背土沉降控制、防旋转控制及无线监控与模块化快速转接等多项关键技术。

2015 年,针对城市轨道交通单洞及高环境保护的要求,在国际上首创了 11.83 m×7.27 m 类矩形盾构,在宁波轨交 3 号线试验段施工中得到成功应用,整体技术达到了国际先进水平。

2017 年,首台印度孟买地铁工程 UGC-07 标 $\phi6$ 620 mm 双模式盾构顺利下线,进一步深化了海外市场。次年,首台出口新加坡的 7.6 m×6.4 m 矩形顶管机在 FUNAN 地下通道工程中成功应用,开辟了公司发展新蓝海,也为"上海制造"品牌再添光彩。

经过近 70 年盾构研制和隧道施工的实践,上海隧道工程有限公司机械制造分公司已

拥有盾构技术研究、设计、制造、系统集成、施工的基础，积累了第一手数据资料和较丰富的成果工程化、配套化、产品化实际经验，不仅具有盾构制造、施工能力，而且拥有国家级技术中心和国家级工程中心，具备了盾构自主设计、研制和集成的实力。

截止 2019 年 6 月，上海隧机在重大技术装备-大型全断面隧道掘进机上拥有相关有效知识产权（授权）共 127 项。其中，隧道掘进机发明专利 71 项，实用新型专利 8 项；相关的软件著作权 48 项。先后承担多项国家部委及上海市重大科研项目，获得了国家科技进步一等奖、国家重点新产品、国家创新产品、上海市科技进步奖一、二等奖等多项国家及上海市科技奖项。在隧道工程母体丰富的工程实践经验及雄厚的技术实力支持下，以科技创新为动力，不断开发适应多种地质条件的系列盾构和延伸产品，以满足日益发展的国内外建筑工程的需要，致力于打造国际著名隧道装备制造企业。目前已累计设计、制造盾构 200 余台。

2.3.6 北重装备

北重装备是北方重工集团有限公司（图 2-33）为进一步深化推进国有企业综合改革，在北方重工集团有限公司原隧道掘进装备分公司、矿业装备分公司、输送设备分公司、装卸设备分公司基础上经资产重组于 2017 年 7 月 28 日正式注册成立的子公司，注册资本 20 亿元。

图 2-33 北重装备

北重装备坐落于中国沈阳经济技术开发区，占地面积 100 多万平方米，员工总数 1 500 余人。主导产品包括隧道掘进、矿业冶金、散料装卸输送、煤炭采掘共计 300 多个品种，5 000 余种规格。公司通过了 ISO9001 质量管理体系，ISO14001 环境管理体系、GB/T28001 职业健康安全管理体系和 ISO10012 测量管理体系认证。

北重装备拥有完整的生产制造体系和系统的设计、试验、检测计量手段，拥有各类大型加工设备 5 000 余台（套）。拥有国家级技术中心，全断面掘进机国家重点实验室，同时建有院士工作站、博士后工作站。拥有 150 余项专利和专有技术，100 余台（套）新产品填补国家空白，90 余项产品或技术获国家各种科技奖励。北重装备不仅为国家重点工程建设提供大量的重大技术装备，产品还远销世界五大洲 80 多个国家和地区。

北重装备以北方重工集团综合改革方案为指导,积极推进增资扩股工作、建立完善的法人治理结构和高效的运行模式,努力打造"三个一流"即国际一流的隧道掘进装备研发制造成套商与工程服务商;国际一流的物料装卸输送研发制造成套商与工程服务商;国际一流的矿业装备集成研发制造成套商与工程服务商。五年内营业收入达到百亿元以上,利润 10 亿元左右,并保持持续盈利,实现资本市场上市。

盾构、TBM 等隧道掘进装备是北重装备的重点产品,从 2004 年开始进入全断面掘进机(盾构、TBM)行业领域,前期分别与法国 NFM、德国 WIRTH、德国 MTS、日本 IHI、美国 ROBBINS 等多家拥有国际隧道掘进机先进技术的厂商进行技术合作;2007 年在收购法国 NFM 技术公司后,通过对技术的消化吸收和企业并购等模式,逐步拥有多种类型产品的自主知识产权,研发团队在 10 多年间通过各类全断面掘进机产品的研发,技术能力得到全方位锻炼和提升,积累了开发研制各种全断面掘进机的丰富经验,奠定了研制各类全断面掘进机关键技术的基础,可以从事各种类型和规格全断面掘进机的研发设计、市场营销、生产制造、总装调试、安装服务及租赁等业务。

北重装备隧道掘进装备组装车间生产作业面积总计 76 856 m^2,最大起吊能力 500 t,最大起吊高度 21 m,并有 200 余人的机械、电气、液压专业装配队伍,可同时进行 10 台以上不同规格及型号的隧道掘进机的装配,具有年产 50 台套各类掘进设备的能力。2013 年在中国全断面隧道掘进机企业生产资质评审中以最高分数获得行业一级生产资质。

2015 年 12 月,"全断面掘进机国家重点实验室"通过验收,北重装备拥有目前世界最大的试验土箱、实验掘进机和一批具有国际先进水平的专业试验仪器和设备,是我国专门从事全断面掘进机设备试验和研发的国家重点实验室。同时,北重装备承担着国家重大科研项目国家 863 课题"全断面掘进机综合试验台"、973 课题"全断面掘进机关键技术研究"等 5 项国家级课题以及 18 项省市各级科研项目。

北重装备具备了全断面掘进机研发、设计、制造、咨询、检测和再制造直到工程应用等各个环节的完整开发能力,可以根据不同的隧道工程项目及每个施工地段的水文地质条件,为客户提供量身定做全系列隧道掘进设备,包括岩石(开敞式、护盾式)TBM、煤矿岩巷掘进机、土压平衡盾构、泥水平衡盾构、双模盾构、微型盾构等,服务领域涉及城市地铁、公路铁路隧道、引水工程、市政建设、矿产资源、煤炭行业、输油管道工程等。

截至 2019 年 6 月底,北重装备已为国内外客户提供不同类型隧道掘进设备 174 台套,规格从 3 m 至 16 m,其中 TBM 共 37 台,双模式盾构共 14 台,泥水平衡盾构 23 台(其中直径 11 m 以上大型泥水盾构 18 台),有 60 余台产品远销巴西、澳大利亚、新加坡、伊朗、香港等国家和地区,为国内外大型隧道工程建设做出了突出贡献。面向未来,北重装备作为全断面掘进机行业技术创新引领者,将致力全力打造世界最大的隧道掘进机研发及制造基地。

在中国盾构技术的跨越期,除了上述 6 家代表性企业外,还孕育了其他一些盾构企业,如三一重工研制了中国首台城市地铁敞口式盾构、江苏瑞成研制了中国首台最小直径泥浓式盾构、中船重装研制了中国首台应用与城市地铁施工的 DSUC 双护盾 TBM 等。

◆思考题◆

1. 中国盾构黎明期具体是什么期间，有什么特点？

2. 中国盾构创新期具体是什么期间，有什么特点？

3. 中国盾构跨越期从什么时候开始，有什么特点？

4. 以"盾构装备自主设计制造关键技术及产业化"项目为依托，在关键核心技术方面取得了哪些重大技术突破？

5. 在中国盾构技术跨越期，中国盾构六强是指哪些盾构制造企业？

第3章 盾构法概论

本章重点：主要介绍盾构法基本概念、盾构法施工力学分析、开挖面稳定力学原理、盾构法优缺点、盾构法适应范围、国内外盾构法隧道发展简史、发展趋势与典型工法。

3.1 盾构法概述

3.1.1 盾构法基本概念

盾构法就是使用盾构修建隧道的方法，是地下暗挖隧道的一种施工方法，它使用盾构机进行地下掘进，在防止开挖面坍塌和保持开挖面稳定的同时，在机内安全地进行隧道的开挖作业和衬砌作业，从而构筑成隧道的施工法。

按照这个定义，盾构法是由稳定开挖面、盾构挖掘和衬砌三大要素组成。盾构挖掘需要解决三个最根本的问题：切削工作面、平衡工作面压力、排出土舱渣土。对于切削工作面，在相同的地层和刀盘设计条件下，没有大的区别，剩下的就是平衡和排渣了。对于隧道衬砌，盾构在地层中推进时，通过盾构的外壳和管片来支承四周围岩防止土砂崩塌进行隧道施工，闭胸式盾构是用泥土加压或泥水加压来抵抗开挖面的土压力和水压力以维持开挖面的稳定性，敞开式盾构是以开挖面自立为前提，否则需要采用辅助措施。

盾构施工的主要原理就是尽可能在不扰动围岩的前提下完成施工，从而最大限度地减少对地面建筑物及地基内埋设物的影响。

初期的盾构施工法是用人工开挖式或机械开挖式盾构结合使用压气施工法边保证开挖面稳定边进行开挖。在围岩渗漏很严重的情况下，用注浆法进行止漏加固，而对软弱地层则采用封闭式施工。

盾构施工的历史，始于英国，发展于德国、日本，跨越发展于中国。自从1825年世界第一台问世后，经过一百多年的研究开发和应用，现已演变成目前非常盛行的泥水盾构和土压平衡盾构。这两种机型的最大优点是在开挖功能中考虑了稳定开挖面的措施，将盾构施工法三大要素中的"稳定开挖面"与"盾构挖掘"融为一体，无需辅助施工措施就能适应地质情况变化较大的地层。

3.1.2 盾构法施工力学分析

盾构法隧道施工过程是一个原状土受到破坏、扰动后再重塑的复杂力学过程。开挖

面土体受到刀盘的剪切、挤压作用和压力舱支护压力的作用;盾壳外侧土体受到壳体的剪切、挤压作用;盾尾土体受到同步注浆的压力作用;土体经过前述阶段受到扰动后,将经历很长一段时间的重塑。

盾构施工的力学分析目前都基于连续介质力学,并取得了很多有价值的成果,在隧道工程设计中也得到广泛应用。但是由于盾构施工中的许多不确定性以及土体介质的不连续性,导致传统方法的分析结果与隧道施工的实际情况存在较大差异,需要结合施工实测数据和施工人员的经验才能保证盾构隧道的正常施工。所以,必须寻找更好的方法指导盾构隧道施工。

盾构在原状土的地层中掘进,形成隧道,并将隧道范围内的原状土替换为隧道空间及其衬砌。在推进时,盾构刀盘切削前方土体,并通过推进油缸对已拼装好的衬砌施加作用力而前进。每当推进一环管片宽度时,施工人员操作管片拼装机,在盾尾拼装管片,形成隧道的永久支护。推进的同时,管片与土层之间的空隙用浆液填实,完成隧道的施工。概括起来,盾构隧道施工通常包括以下四个力学阶段(图 3-1)。

(1)刀盘开挖前方土体,并用机壳支护周边土体。

(2)盾构推进,并在盾构内部拼装衬砌。

(3)盾尾建筑空隙形成后,在衬砌外注浆填充。

(4)周围地层逐渐固结重塑。

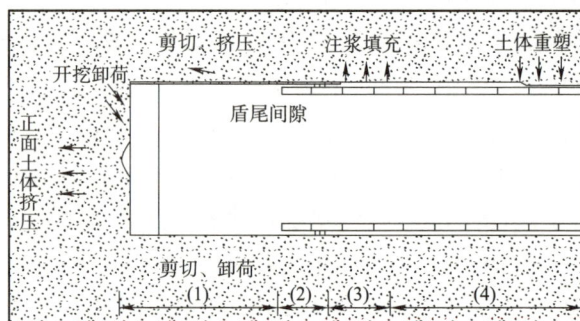

图 3-1 盾构法隧道施工的四个阶段示意

在上述四个阶段中,盾构周围地层经历挤压、切削、剪切、重塑等一系列作用。工程实践表明,盾构施工过程中,上述过程(1)、(3)、(4)阶段周围地层受到的影响较大。

(1)刀盘前方土的开挖与支护

旋转刀盘切削土体,是盾构施工的第一步。在这一阶段,盾构向前缓慢前进,前方土体受到旋转刀盘的切削,进入土舱(对泥水盾构而言是进入泥水舱),然后通过盾构的螺旋机(或管道)被排至地面。前方土体能否保持稳定,是这一阶段顺利进行的关键。图 3-2 给出开挖面土的受力分析。h 为地下水位高度,C 为盾构顶

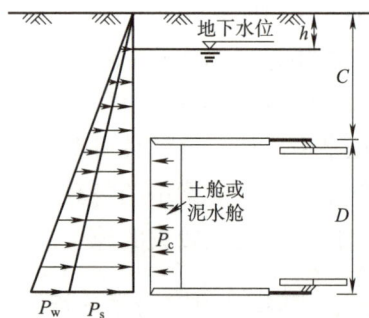

图 3-2 开挖面土的受力分析示意

部覆土深度，D 为盾构直径，P_w 为水压力，P_s 为土体侧向压力，P_c 为土舱内土压力（或泥水舱内泥水压力），为了保证开挖面土的稳定，需要提供足够的支护力。

盾构在掘进过程中，开挖面土体受力情况很复杂。盾构刀盘挤压、切割，土舱内土体挤压，是多种因素作用下的动态过程。在前方土体较为稳定的情况下，通常人们仅讨论开口部分土的移动，而忽略了刀盘面板在整个切削断面内与前方土的接触。在掘进过程中通过设定土舱（或泥水舱）的压力来实现对前方土的有效支护。

（2）盾尾空隙形成与填充

盾构掘进过程中，为了保证盾构具有一定的转弯能力，盾构外壳与盾尾内部已拼装好的衬砌间通常留有一定的操作空间。在千斤顶推动盾构向前推进时，位于盾尾内部的已拼装衬砌，将脱出盾尾的保护。衬砌外围与周围土体之间将产生建筑间隙，该间隙习惯上称为盾尾建筑空隙。

如图 3-3 所示，隧道衬砌脱离盾构之后，由于盾尾建筑空隙的存在，周围的土可能失去支护，处于不平衡状态。随着土受到的外力释放，可能导致周边的土发生坍塌，使隧道变形。因此，对盾尾的间隙必须注浆填充。在浆液填充后，利用隧道衬砌和浆液形成的支护体系，控制周围土压的释放，从而控制隧道周围地层变形和地面沉降。盾尾建筑空隙的注浆填充技术通常分为两类：同步注浆和壁后注浆。同步注浆是指在盾尾建筑空隙形成的同时，利用布设于盾尾后方的注浆管不间断加压注浆；壁后注浆是通过管片上的注浆孔注浆，这种注浆方式可以在盾构掘进过程中同步进行，也可以用于二次注浆。同步注浆对盾尾建筑空隙的填充比较及时，控制周围地层扰动的效果较好，已经成为当前施工的主流。

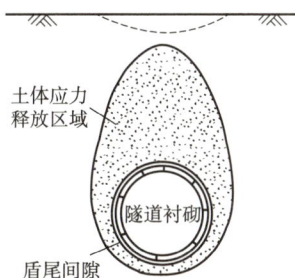

图 3-3　盾尾空隙示意

（3）周围地层的固结重塑

盾构法隧道施工过程中，受到盾构刀盘对土的切削开挖、盾构壳的前进或停顿、盾尾注浆等施工环节的影响，隧道周围的土受到不同程度扰动。一方面，盾构周围土的结构发生一定程度破坏和重组；另一方面，土中的孔隙水压力发生变化。为了维持或恢复土自身的平衡，扰动结束后隧道周围土的受力和变形将进行调整，土中的超孔隙水压力逐渐消散，最终达到新的平衡，实现隧道周围土的重塑。

盾构法隧道施工过程中，周围地层的受力情况及由此引发的地层变形是工程界非常关心的问题，特别是隧道施工中发生穿越地下既有隧道、高层建筑的地下室和基础以及地下管线等敏感构筑物的时候，这个问题就显得尤为重要。各国学者和工程师对上述三个

阶段中盾构与土的相互作用，提出一系列力学问题并展开研究，期望寻找盾构法隧道施工对地层影响的规律。

3.1.3　开挖面稳定力学原理

土的开挖是盾构施工的开端，也是最重要的环节。开挖中前方土的稳定是顺利开挖的关键。通常设定土舱内的压力（或泥水舱泥水压力）来平衡前方土压和地下水压力之和，使前方土的状态达到稳定，确保盾构稳步施工。

3.1.3.1　开挖面稳定的力学原理

盾构施工是开挖面对土的切削、剪切、挤压、支护的过程。开挖面前方的土受力变形情况很复杂，受力变形状态如图 3-4 所示。

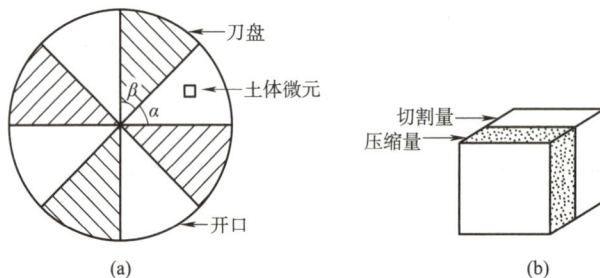

图 3-4　开挖面土体受力变形状态示意

位于刀盘面板上的土，受到刀盘挤压作用，将随刀盘同步向前移动，并产生一定压缩量，处于被动状态。而位于刀盘开口的土，则处于主动状态，受土舱压力作用，产生一定的移动速度，但移动速度小于刀盘移动速度，将被刀盘切割进入土压平衡盾构的土舱（或泥水平衡盾构的泥水舱）。切割过程中，会产生瞬间的临空面，开挖面原状土和切削下来的土体交界处不连续，到目前为止，还未找到理想的分析方法，只能假定为连续状态。土压平衡盾构通过调整推进速度和螺旋机出土速度来控制土舱内土的支护压力，以达到开挖面土压的稳定；泥水平衡盾构泥水舱内一直充满着泥水，通过进泥管向泥水舱补充浓度较低的泥水，而与进入泥水舱的土搅拌，再通过排泥管把浓度较高的泥水排到地面。由于刀盘结构较复杂，且需要不停旋转被切割的土体，很难在刀盘上安装有效的土压力传感器直接对刀盘前方开挖面的土压力进行监测。实际工程中，一般在土舱或泥水舱隔板上布置多个压力传感器以监测舱内不同深度土压力或泥水压力分布情况，并通过调整压力值的设置来改变盾构开挖面的支护压力，从而控制开挖面土的稳定。泥水式盾构及土压式盾构等密封式盾构，都是利用泥水压力或土压力保持开挖面稳定，积极防止开挖面坍塌的同时，有效控制开挖面的变形，从而防止地基被扰动。

3.1.3.2　开挖面压力

开挖面压力管理考虑并设定地下水压、孔隙水压力、土压及预备压力。在自稳性比较好的土体中，有时可忽略土压不计来设定泥水压，但是如若考虑到开挖面的变形及防止地基沉降时也一并考虑土压。由钻探资料是可以准确地把握住地下水压力的，但当季节变

动或位于河流附近时,其数值有时受到河流水位变动影响,所以,也要考虑这些因素来设定地下水压。

土压力分为静止土压力、主动土压力及松动土压力几种,视开挖对象地基不同要分开选用。静止土压力是因开挖而被释放的压力,用该土压力进行压力设定时,开挖面在没有变形的情况下是最理想值,但是开挖面的管理压力相当大,因此装备的设备也大。主动土压力是开挖面产生破坏之前的压力,是管理值中的最小值。另外,当土体良好且覆盖土层较厚时,可以考虑利用土的成拱效应用松动土压力进行评价。

预备压力就是弥补施工中损失的压力,通常取值为 $10 \sim 20$ kPa($0.1 \sim 0.2$ kgf/cm²)。

开挖面的管理压力是对适当间距的开挖断面的土质,计算管理上限值及下限值。考虑施工条件的同时,设定这一范围内的管理值。当土体的自稳性比较好时取较小的压力,当必须将地基的变形控制在很小范围时,就取较大的压力。

(上限值)P_{max}＝地下水压力＋静止土压力＋预备压力

(下限值)P_{min}＝地下水压力＋(主动土压力或松动土压力)＋预备压力

主要的土压力或土压力系数的计算公式主要有以下几种:

(1)静止土压力

Jakey 公式(砂层)

$$K_0 = 1 - \sin\varphi$$

Brooker 公式(黏土层)

$$K_0 = 0.95 - \sin\varphi'$$

式中　K_0——静止土压力系数;

　　φ、φ'——内摩擦角。

(2)主动土压力

当考虑全部覆盖土压力时,兰金(Rankine)公式

$$K_a = \tan^2(45 - \varphi/2)$$

式中　K_a——主动土压力系数;

　　φ——内摩擦角。

当考虑松动土压力时,泰沙基(Terzagh)公式

$$B = R \cdot \cot[(\pi/4 + \varphi/2)/2]$$

$$\sigma_V = \frac{B(\gamma - c/B)}{K \cdot \tan\varphi}(1 - e^{-K \cdot \tan\varphi \cdot H/B}) + p_0 e^{-K \cdot \tan\varphi \cdot H/B}$$

$$\sigma_H = K_a \cdot \sigma_V$$

式中　B——松动宽度;

　　σ_V——垂直土压力;

　　σ_H——水平土压力;

　　K——经验土压力系数

　　R——开挖半径;

H——覆盖土厚度;

p_0——上部荷载;

φ——内摩擦角;

c——黏聚力;

K_a——主动土压力系数。

村山公式是通过改变原点 O 及松动宽剧 B,求解开挖面稳定时所需要的最大水平力 P 的公式,如图 3-5 所示。

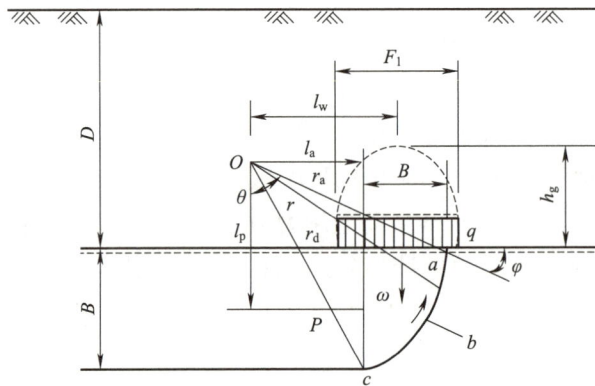

图 3-5 村山理论开挖面平衡示意

$$r = r_0 e^{\theta \cdot \tan\varphi}$$

$$q = \frac{aB(\gamma - 2c/aB)}{2K \cdot \tan\varphi}(1 - e^{-\frac{2KH}{2B}\tan\varphi})$$

$$P = \left[\frac{l}{l_p}w \cdot l_w + q \cdot B(l_a + B/2)\right] - \frac{c}{2\tan\varphi}(r_d^2 - r_0^2)$$

式中　q——松动土压力;

a——试验常数($a=1.8$);

c——黏聚力;

φ——内摩擦角;

K——经验土压力系数($K=1.0$);

H——隧道覆盖土厚度;

w——滑移线所包围的土体(abc)的重量。

3.1.4　盾构法技术特点

盾构法的施工过程需先在隧道区间的一端开挖竖井,将盾构吊入竖井中安装,盾构从竖井的预留洞门处开始始发掘进并沿设计线路推进直至到达另一竖井。

用盾构进行隧道施工具有自动化程度高、节省人力、施工速度快、一次成洞、不受气候影响、开挖时可控制地面隆陷、减少对地面建筑物的影响和在水下开挖时不影响水面交通等特点,在隧道洞线较长、埋深较大的情况下,用盾构施工更为经济合理。盾构法在施工

长度大于 500 m 以后才能发挥较为显著的优势,由于盾构造价较昂贵,加上盾构竖井建造的费用和用地问题,盾构法一般适宜于长隧道施工,对短于 500 m 的隧道采用盾构法施工则认为是不太经济的。

盾构法施工的主要技术特点如下:

(1)对城市的正常功能及周围环境的影响很小。除盾构竖井处需要一定的施工场地以外,隧道沿线不需要施工场地,无需进行拆迁而对城市的商业、交通、住居影响很小。可以在深部穿越地上建筑物、河流;在地下穿过各种埋设物和已有隧道而不对其产生不良影响。施工一般不需要采取地下水降水等措施,也无噪声、振动等施工污染。

(2)盾构是根据隧道施工对象"度身定做"的。盾构是适合于某一区间隧道的专用设备,必须根据施工隧道的断面大小、埋深条件、围岩的基本条件进行设计、制造或改造。当将盾构转用于其他区间或其他隧道时,必须考虑断面大小、开挖面稳定机理、围岩粒径大小等基本条件是否相同,有差异时要进行针对性改造,以适应其地质条件。盾构必须以工程为依托,与工程地质紧密结合。

(3)对施工精度的要求高。区别于一般的土木工程,盾构施工对精度的要求非常之高。管片的制作精度几乎近似于机械制造的程度。由于断面不能随意调整,对隧道轴线的偏离、管片拼装精度也有很高的要求。

(4)盾构施工是不可后退的。因为管片内径小于盾构外径,所以盾构施工一旦开始,盾构就无法后退。如要后退必须拆除已拼装的管片,这是非常危险的。另外盾构后退也会引起的开挖面失稳、盾尾止水带损坏等一系列的问题。所以,盾构施工的前期工作是非常重要的,一旦遇到障碍物或刀具磨损等问题只能通过实施辅助施工措施后,打开隔板上设置的出入孔从压力人舱进入土舱进行处理。

3.1.5　盾构法优缺点

盾构法与传统地铁隧道施工方法相比较,具有地面作业少、对周围环境影响小、自动化程度高、施工快速优质高效安全环保等优点。随着长距离、大直径、大埋深、复杂断面盾构施工技术的发展、成熟,盾构法越来越受到重视和青睐,目前已逐步成为地铁隧道的主要施工方法。

盾构法施工主要具有以下优点:

(1)快速。盾构是一种集机、电、液压、传感、信息技术于一体的隧道施工成套专用特种设备,盾构法施工的地层掘进、出土运输、衬砌拼装、接缝防水和盾尾间隙注浆充填等作业都在盾构保护下进行。实现了工厂化施工,掘进速度较快。

(2)优质。盾构法施工采用管片衬砌,洞壁完整光滑美观。

(3)高效。盾构法施工速度较快,缩短了工期,较大地提高了经济效益和社会效益;同时盾构法施工用人少,降低了劳动强度、降低了材料消耗。

(4)安全。盾构法施工,改善了作业人员的洞内劳动条件,减轻了体力劳动量,施工在盾壳的保护进行,避免了人员伤亡,减少了安全事故。

(5)环保。场地作业少,隐蔽性好,因噪声、振动引起的环境影响小;穿越地面建筑群和地下管线密集区时,周围可不受施工影响。

（6）隧道施工的费用和技术难度基本不受覆土深浅的影响，适宜于建造覆土深的隧道。当隧道越深、地基越差、土中影响施工的埋设物等越多时，与明挖法相比，经济上、施工进度上越有利。

（7）穿越河底或海底时，隧道施工不影响航道，也完全不受气候的影响。

（8）自动化、信息化程度高。盾构采用了计算机控制、传感器、激光导向、测量、超前地质探测、通信技术，是集机、光、电、气、液、传感、信息技术于一体的隧道施工成套设备，具有自动化程度高的优点。盾构具有施工数据采集功能，盾构姿态管理功能，施工数据管理功能，施工数据实时远传功能，实现了信息化施工。

盾构法施工主要存在以下不足之处：

（1）施工设备费用较高。

（2）陆地上施工隧道，覆土较浅时，地表沉降较难控制，甚至不能施工；在水下施工时，如覆土太浅则盾构法施工不够安全，要确保一定厚度的覆土。

（3）用于施工小曲率半径隧道时，掘进较困难。

（4）盾构法隧道上方一定范围内的地表沉降尚难完全防止，特别在饱和含水松软的土层中，要采取严密的技术措施才能把沉降限制在很小的限度内，目前还不能完全防止以盾构正上方为中心土层的地表沉降。

（5）在饱和含水地层中，盾构法施工所用的管片，对达到整体结构防水性的技术要求较高。

（6）施工中的一些质量缺陷问题尚未得到很好解决，如衬砌环的渗漏、裂纹、错台、破损、扭转以及隧道轴线偏差和地表沉降与隆起等。

3.1.6　盾构法适应范围

（1）对地质条件及环境条件的适应性

建造隧道的方法有多种多样，但用盾构法建造地下隧道却具有其独到之处。

21世纪是地下空间的世纪，盾构是地下工程中的重要施工装备，在地下空间开发中起着举足轻重的作用，特别是在人口密集、交通繁忙的大城市中，盾构法是一种必不可少的施工方法。随着地下建筑物、地下管线、地下铁道的不断发展，在城市中建造地铁及其他地下结构物，将逐步深层化。

盾构法施工的费用一般不受深度因素和覆土深浅的影响，该法适宜于建造覆土较深的隧道；在同等深层的条件下，盾构法与明挖法施工相比，较为经济合理。近年来，盾构有了较大的突破性改进，已由初期的气压手掘式盾构发展到最近的以泥水盾构和土压平衡盾构为主的大直径、大推力、大扭矩、高智能化、多样化为特色的盾构。

盾构是国家基础建设、资源开发和国防建设的重大技术装备之一，应用前景广泛。盾构法施工适用于各类软土地层和软岩地层的地下隧道掘进，尤其适用于城市地铁、水底隧道、排水污水隧道、引水隧道、公用管线隧道。

隧道的施工方法有很多种，在隧道勘测、规划与设计阶段必须在选择施工方法时，对各种施工方法的地质条件及环境条件的适用性、经济性、安全、质量、工期等进行充分的论

证和比较分析。盾构法对地质条件及环境条件的适用性见表 3-1。

表 3-1 盾构法对地质条件及环境条件的适用性

工法概要	盾构在地层中推进,通过盾构外壳和管片支承四周围岩防止土砂崩塌进行隧道施工,闭胸式盾构是用泥土加压或泥水加压来抵抗开挖面的土压力和水压力以维持开挖面的稳定性,敞开式盾构是以开挖面自立为前提,否则需要采用辅助措施
适用地质	一般适用于从岩层到土层的所有地层。但对于复杂的地质条件或特殊地质条件应进行认真的论证并选型。选择合适的盾构型式。对于盾构穿越下述地层应结合盾构性能进行细致地分析和论证:整体性较好的硬岩地层、岩溶、高应力挤压破损、膨胀岩、含坚硬大块石的土层、卵砾石层、高黏性土层或可能存在不明地下障碍物的地层等
地下水措施	闭胸式盾构一般不需要辅助措施,敞开式盾构需要辅助措施
隧道埋深	最小覆盖深度一般大于隧道直径,压气施工、泥水加压施工要注意地表的喷涌;最大覆盖深度多取决于地下水压的大小
断面形状	以圆形为标准,使用特殊盾构可以进行半圆形、复圆形、椭圆形等形状。施工中间一般难以变化断面
断面大小	在施工实例中,最大直径达到 17.45 m,一般难以在施工中变化断面形状
急转弯施工	有曲率半径/盾构外径=3 的急转弯隧道的施工实例
对周围影响	接近既有建筑物(或结构物)施工时有时也需要辅助措施。除竖井部外极少影响交通噪声,振动只发生在竖井口,可用防音墙处理

(2)大直径盾构的适用范围

$\phi10$ m 以上的大直径盾构多用于修建水底公路隧道和铁路隧道。如日本于 1998 年建成通车的东京湾公路工程,采用了 8 台 $\phi14.14$ m 的泥水盾构施工;德国汉堡易北河第四公路隧道采用了德国海瑞克公司制造的 $\phi14.2$ m 泥水盾构施工;穿越荷兰绿心区的高速铁路隧道"绿心隧道"采用了法国 NFM 公司制造 $\phi14.87$ m 泥水盾构;上海崇明越江公路隧道使用德国海瑞克公司制造的 $\phi15.44$ m 泥水盾构施工;武汉长江公路隧道采用了 2 台 $\phi11.38$ m 的泥水盾构施工;广深港客运专线狮子洋隧道采用了 4 台 $\phi11.18$ m 的泥水盾构施工;北京铁路地下直径线采用了 $\phi11.97$ m 的泥水盾构施工。

大直径盾构还可以用于建造暗埋地铁车站。在前苏联莫斯科用 9~10 m 直径的盾构建成 3 条平行的车站隧道,在中间隧道与两侧隧道间修建通道形成 3 拱塔柱式车站,如图 3-6 所示,也可用盾构修建 3 拱立柱式车站。在日本,用盾构建成的 2 条平行车站隧道,在 2 隧道之间修建通道,形成眼镜形地下车站。

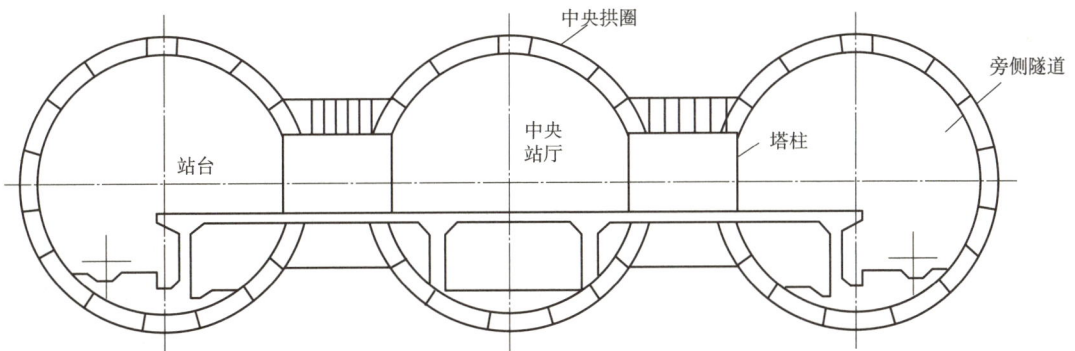

图 3-6 盾构施工的三拱塔柱式车站示意

在饱和含水松软地层中用盾构法修建地铁车站较用地下连续墙法费用高,故只有在地面不得开挖的条件下才以盾构法修建地铁车站。而在如莫斯科寒武纪黏土等良好地质条件下,以盾构法修建较深地铁车站,则具有优越性。

（3）中直径盾构的适用范围

$\phi6.25\sim\phi7$ m 的中型盾构,适用于修建地下铁道的区间隧道。

（4）小直径盾构的适用范围

$\phi3$ m 左右的小型盾构,较多地用于引水、排水、电缆、通信及其他市政公用设施综合管道的建设。如西气东输城陵矶长江穿越隧道采用了 1 台 $\phi3.24$ m 的泥水盾构施工。

3.2　盾构法发展与创新

3.2.1　国外盾构法隧道发展简史

18 世纪末英国人提出在伦敦地下修建横贯泰晤士河隧道的构想,并对具体的掘削工法和使用机械等问题做了讨论。到 1798 年开始着手希望实现这个构思,但由于竖井挖不到预定的深度,故计划受挫。但修建横贯泰晤士河隧道的设想与日俱增,4 年后,Torevix 决定由另一地点建造连结两岸的隧道,随后工程再次开工。施工中克服了种种困难,当掘进到最后 30 m 时,开挖面急剧浸水,隧道被水淹没,横贯泰晤士河的设想再次破灭。工程从开工到被迫终止用了 5 年时间。横贯泰晤士河的计划在以后 10 年中未见显著进展。

1818 年,布鲁内尔在一次乘船时,看到了小虫腐蚀木船底板成洞的经过,从而得到启示,在此基础上提出了盾构工法,并取得了专利。这就是所谓的敞开式手掘盾构的原型。布鲁内尔对自己的新工法非常自信,并于 1823 年拟定了伦敦泰晤士河两岸的另一条道路隧道的计划。随后,这个计划由当时的国会确认,工程于 1825 年动工。隧道长 458 m,隧道断面为 11.4 m×6.8 m。初期,工程进展顺利;1828 年 1 月 12 日,第一次出现洪水停工,伦敦地下铁道公司的 Callodam 曾向布鲁内尔提出采用压缩空气的建议,然而布鲁内尔未采纳。工程被迫中止后,布鲁内尔并没有因此而灰心失望,他总结了失败的教训,对盾构做了 7 年的改进,后于 1834 年工程再次开工,终于在 1841 年贯通隧道,在 1843 年隧道全部竣工投入使用。布鲁内尔在该隧道中采用的是矩形铸铁框盾构。自 Brunel 向泰晤士河隧道发起挑战到隧道竣工前后经历了 20 多个春秋。布鲁内尔经过不懈的努力,克服了种种困难,终于取得了最后胜利。此时,他已是 72 岁的老人。布鲁内尔对盾构工法的贡献极为卓著,这是后人的一致评论。

自布鲁内尔的矩形盾构以后,盾构技术又经过了 23 年的改进,到 1869 年建造横贯泰晤士河的第二条隧道,首次采用圆形断面,该隧道外径 2.18 m,长 402 m。这项工程由 Burlow 和格瑞海德两人负责。格瑞海德采用了新开发的圆形盾构,使用铸铁扇形管片,直到隧道掘削结束未出任何事故。随后格瑞海德在 1886 年南伦敦铁道隧道施工中使用了盾构和气压组合工法获得成功,这为现在的盾构法隧道奠定了基础。从起初 Torevix 反复失败和受挫折,到引出布鲁内尔的手掘盾构工法,及进而改进成为格瑞海德圆形盾构

工法前后经过 80 年的漫长岁月。压缩空气在盾构掘进中的使用,标志着在承压水地层中掘进隧道的一个重大进步,填补了盾构法隧道施工的空白,促进了盾构在世界范围内的进一步推广。

19 世纪末到 20 世纪中叶,盾构工法相继传入美国、法国、德国、日本、苏联等国,并得以不同程度的发展。美国于 1892 年最先开发了封闭式盾构;同年法国巴黎使用混凝土管片建造了下水道隧道;1896 年～1899 年德国使用钢管片建造了柏林隧道;1913 年德国建造了断面为马蹄形的易北河隧道;1917 年日本采用盾构工法建造国铁羽越线,后因地质条件差而停止使用;1931 年苏联用英制盾构建造了莫斯科地铁隧道,施工中使用了化学注浆和冻结工法;1939 年日本采用手掘圆形盾构建造了 $\phi 7$ m 的关门隧道;1948 年苏联建造了列宁格勒地铁隧道;1953 年中国阜新建造 $\phi 2.6$ m 的圆形盾构疏水隧道;1957 年中国北京建造了 $\phi 2$ m 和 $\phi 2.6$ m 的盾构下水道隧道;1957 年日本采用闭胸式盾构建造东京地铁隧道。总之,在这 50～60 年的时间里盾构工法虽然也有进步,但这一时期的特点是盾构工法在世界各国得以推广普及。

20 世纪 60～80 年代盾构工法继续发展完善,成绩显著。1960 年英国伦敦开始使用滚筒式掘进机;同年美国纽约最先使用油压千斤顶盾构;1967 年日本埼玉隧道中最先使用三菱公司制造泥水盾构,首次实施泥水加压盾构施工;1963 年,日本 Sato Kogyo 公司首先开发出土压平衡盾构,1974 年日本东京首次使用土压平衡盾构施工,1975 年日本又推出泥土加压盾构成功;1978 年日本开发高浓度泥水盾构成功;1981 年日本开发气泡盾构成功;1982 年日本开发 ECL 盾构工法成功;1988 年日本开发泥水式双圆盾构工法成功;1989 年日本开发 H&V 盾构工法、注浆盾构工法成功。总之这一时期的特点是开发了多种新型盾构工法,并以泥水式、土压式盾构工法为主。

1990 年～2008 年这一段时间里盾构工法的技术进步极为显著,归纳起来具有以下几个特点。

(1)盾构隧道长距离化、大直径化

位于英国的多佛和法国的桑加特之间连接英法两国的英吉利海峡隧道(也称欧洲隧道),由两条内径为 7.6 m 的单线铁路隧道和一条内径为 4.8 m 的服务隧道组成,是目前世界三大海底隧道之一,于 1987 年 12 月正式开工,服务隧道于 1990 年 12 月 1 日贯通,北线铁路隧道于 1991 年 5 月 22 日贯通,南线铁路隧道于 1991 年 6 月 28 日贯通。英吉利海峡隧道于 1993 年 6 月建成并对外运营。海峡铁路隧道单线全长 49.342 km,其中海底段为 37.925 km,隧道最大埋深为 100 m。英吉利海峡隧道全线分 12 个施工区间,法国侧采用 5 台 $\phi 8.8$ m 土压平衡盾构施工,英国侧采用 6 台双护盾掘进机施工。

于 1996 年竣工,1998 年建成运营的长 15.1 km 日本东京湾道路隧道采用了 8 台 $\phi 14.14$ m 泥水盾构施工。

海峡连接工程全长 18 km,隧道长 7.9 km 的丹麦斯多贝尔特海峡隧道采用 4 台 $\phi 8.782$ m 土压平衡盾构于 1996 年竣工。

德国易北河第 4 条隧道采用 1 台 $\phi 14.2$ m 泥水盾构于 2003 年竣工。

2004 年贯通的荷兰"绿心隧道"采用 1 台 $\phi 14.87$ m 泥水盾构施工。

在欧洲,由欧洲隧道公司于 1999 年底向英、法两国政府提交了关于修建第二座英吉利海峡隧道的可行性报告。作为报告中提出的迫切要求是仅仅在于公路隧道的建议,欧洲隧道公司在获得 Maunesell Scetaurouate 顾问的支持,英吉利海峡隧道选定了两种方案:一种为普通车用的双层公路隧道,另一种为设有隔墙的隔开轨道复线铁路隧道。公路隧道由宽 3.5 m×2 车道,加上 2.5 m 宽的路边带所构成的行车横断面,设定隧道外径为 15 m,采用土压平衡盾构掘进,而铁路隧道方案是以一个方向运转的轨道相隔开的隧道,隧道内径不小于 13 m,外径为 15 m。该隧道采用 ϕ15 m 土压盾构施工,于 2003 年动工,预计 2008 年竣工。

(2)断面多样化

从断面形状方面,出现了矩形,马蹄形、椭圆形、多圆搭接形(双圆搭接、3 圆搭接)等多种异圆形断面盾构。这些盾构工法,从使用的盾构功能方面,出现了球体盾构、母子盾构、扩径盾构、变径盾构、分岔盾构、途中更换刀具(无需竖井)盾构、障碍物直接切除盾构等特种盾构;从盾构的掘削方式方面,出现了摇动、摆动掘削方式的盾构,打破了以往的传统的旋转掘削方式。

(3)施工自动化

盾构施工设备出现了管片供给、运送、组装自动化装置;盾构掘进中的方向、姿态自动控制系统;施工信息化、自动化的管理系统及施工故障自诊断系统。

3.2.2　中国盾构法隧道发展简史

1953 年,东北阜新煤矿用 ϕ2.6 m 的手掘式盾构及小混凝土预制块修建疏水巷道,这是我国首条用盾构法施工的隧道。1957 年,北京市下水道工程采用 ϕ2.0 m 和 ϕ2.6 m 的盾构进行施工。

1962 年,上海城建局隧道工程公司结合上海软土地层对盾构进行了系统的试验研究。研制了 1 台 ϕ4.16 m 的手掘式普通敞胸盾构,在两种有代表性的地层进行掘进试验,用降水或气压来稳定粉砂层及软黏土地层。在经过反复论证和地面试验之后,选用由螺栓连接的单层钢筋混凝土管片作为隧道衬砌,环氧煤焦油作为接缝防水材料。隧道掘进长度 68 m,试验获得了成功,并采集了大量的盾构法隧道数据资料。

1965 年 3 月,由上海隧道工程设计院设计、江南造船厂制造的 2 台 ϕ5.8 m 的网格挤压式盾构,于 1966 年完成了 2 条平行的隧道,隧道长 660 m,地面最大沉降达 10 cm。

1966 年 5 月,中国第一条水底公路隧道——上海打浦路越江公路隧道工程主隧道采用由上海隧道工程设计院设计、江南造船厂制造的 ϕ10.22 m 网格挤压盾构施工,辅以气压稳定开挖面,在水深为 16 m 的黄浦江底顺利掘进隧道,掘进总长度 1 322 m。打浦路隧道于 1970 年底建成通车。此次所用的网格盾构有所改进,敞开式施工可转换为闭胸式施工。

1973 年,采用 1 台 ϕ3.6 m 的水力机械化出土网格盾构和 2 台 ϕ4.3 m 的网格挤压盾构,在上海金山石化总厂修建了 1 条污水排放隧道和 2 条引水隧道,共掘进了 3 926 m 海底隧道,首创了垂直顶升法建筑取排水口的新技术。

1980 年,上海市进行了地铁 1 号线试验段施工,研制了 1 台 ϕ6.412 m 网格挤压盾构,

采用泥水加压和局部气压施工,在淤泥质黏土地层中掘进隧道 1 130 m。

1982 年,上海外滩的延安东路北线越江隧道工程 1 476 m 圆形主隧道采用上海隧道股份设计、江南造船厂制造的 ϕ11.3 m 网格挤压水力出土盾构施工。

1985 年,上海芙蓉江路排水隧道工程引进一台日本川崎重工制造的 ϕ4.33 m 小刀盘土压盾构,掘进 1 500 m,该盾构具有机械化切削和螺旋机出土功能,施工效率高,对地面影响小等特点。

1986 年,中铁隧道集团公司研制出半断面插刀盾构,并成功用于修建北京地铁复兴门折返线。

1987 年上海隧道股份研制成功了我国第一台 ϕ4.35 m 加泥式土压平衡盾构,用于市南站过江电缆隧道工程,穿越黄浦江底粉砂层、掘进长度 583 m,技术成果达到 80 年代国际先进水平,并获得 1990 年国家科技进步一等奖。

1990 年,上海地铁 1 号线工程全线开工,18 km 区间隧道采用 7 台由法国 FCB 公司、上海隧道股份、上海隧道工程设计院、上海船厂联合制造的 ϕ6.34 m 土压平衡盾构。每台盾构月掘进 200 m 以上,地表沉降控制达＋1～－3 cm。1993 年开通的上海地铁为世界上规模最大、线路最长的地铁,上海地铁采用盾构法施工,开启了中国地铁隧道的"盾构时代。

1996 年,上海地铁 2 号线再次使用这 7 台土压盾构,并又从法国 FMT 公司引进 2 台土压平衡盾构,掘进 24 km 区间隧道,上海地铁 2 号线的 10 号盾构为上海隧道股份自行设计制造。

20 世纪 90 年代,上海隧道工程股份有限公司自行设计制造了 6 台 ϕ3.8～6.34 m 土压平衡盾构,用于地铁隧道、取排水隧道、电缆隧道等,掘进总长度约 10 km。

在 90 年代中,ϕ1.5～3.0 m 的顶管工程也采用了小刀盘和大刀盘土压平衡顶管机,在上海地区使用了 10 余台,掘进管道约 20 km。1998 年,上海黄浦江观光隧道工程购买国外二手 ϕ7.65 m 铰接式土压平衡盾构,经修复后性能良好,顺利掘进隧道 644 m。

1996 年,上海延安东路隧道南线工程 1 300 m 圆形主隧道采用从日本引进的 ϕ11.22 m 泥水盾构施工。

1993 年,全长 18.24 km 的广州地铁 1 号线开工,于 1997 年 10 月通车,其中 8.8 km 区间隧道由日本青木公司建设施工,采用了 2 台 ϕ6.14 m 泥水盾构和 1 台 ϕ6.14 m 土压平衡盾构施工。盾构法在广州复合地层中的成功使用,结束了当时能否在广州市区复合地层中使用盾构法修建地铁隧道的争论,使盾构法在广州的地位得以确立,并为以后广州地铁大幅度采用盾构技术修建地铁隧道奠定了基础,在广州地铁盾构法施工过程中,大量技术难题的处理为在复合地层的盾构施工积累了丰富的经验。

1999 年 5 月,上海隧道股份研制成功国内第 1 台 3.8 m×3.8 m 矩形组合刀盘式土压平衡顶管机,在浦东陆家嘴地铁车站掘进 120 m,建成 2 条过街人行地道。

2000 年 2 月,广州地铁 2 号线海珠广场至江南新村区间隧道采用上海隧道股份改制的 2 台 ϕ6.14 m 复合式土压平衡盾构,在珠江底风化岩地层中掘进。

2001 年以来,广州地铁 2 号线、南京地铁 1 号线、深圳地铁 1 号线、北京地铁 5 号线、

天津地铁 1 号线、先后从德国、日本引进 14 台 $\phi 6.14 \sim 6.39$ m 的土压盾构和复合式土压盾构，掘进地铁隧道 50 km。

2003 年，上海地铁 8 号线首次采用双圆盾构隧道新技术，从日本引进 2 台 $\phi 6\,520$ mm $\times$ W11120 双圆型土压平衡盾构，掘进黄兴路站—开鲁路站 2.6 km 区间隧道。

2004 年，上海上中路越江隧道工程引进大直径的 $\phi 14.87$ m 泥压盾构，在黄浦江掘进施工 2 条隧道，隧道结构为双层 4 车道。

盾构法隧道已经成为我国城市地铁隧道的主要施工方法。以广州地铁为例，1 号线采用了 2 台泥水盾构、1 台土压平衡盾构施工；2 号线采用了 6 台土压平衡盾构施工；3 号线采用了 13 台土压平衡盾构、2 台泥水盾构施工；4 号线采用了 10 台土压平衡盾构施工；5 号线采用了 24 台土压平衡盾构、2 台泥水盾构施工；6 号线采用了 14 台土压平衡盾构、1 台泥水盾构施工；2、8 号线延长线采用了 8 台土压平衡盾构、2 台泥水盾构施工；3 号线北延段采用了 12 台土压平衡盾构、2 台泥水盾构施工；观光线采用了 6 台土压平衡盾构施工；广佛线采用了 12 台土压平衡盾构、2 台泥水盾构施工。

2004 年 11 月 6 日，重庆轨道交通第一条线路开通，目前重庆轨道交通已经成为重庆市民最主要的交通工具之一，单日最高客运量已达 260 万乘次，在城市地铁施工中，重庆地铁率先采用 TBM 法施工，重庆地铁 TBM 试验段全长 12.1 km，共 7 个区间采用开敞式 TBM 掘进，沿线地层岩性主要为砂岩、砂质泥岩，岩体较为完整；另外青岛、深圳等城市已也已将双护盾 TBM 用于城市轨道交通建设。

2005 年以来，成都地铁 1 号线、西安地铁 2 号线、沈阳地铁 1 号线、杭州地铁 1 号线等相继开工建设，并采用盾构法施工。截至 2018 年 9 月，中国已开通地铁的城市（以首条轨道交通开通时间排序）有 35 个，分别是：北京地铁、香港地铁、天津地铁、上海轨道交通、台北捷运、广州地铁、长春轨道交通、大连轨道交通、武汉轨道交通、深圳地铁、南京地铁、高雄捷运、成都地铁、沈阳地铁、佛山地铁、重庆轨道交通、西安地铁、苏州轨道交通、昆明轨道交通、杭州地铁、哈尔滨地铁、郑州地铁、长沙地铁、宁波轨道交通、无锡地铁、青岛地铁、南昌轨道交通、福州轨道交通、东莞轨道交通、南宁轨道交通、合肥地铁、桃园机场捷运、石家庄地铁、贵阳地铁、厦门地铁。至 2020 年，规划有 54 个城市将建近 450 条地铁，总里程将超过 15 000 km。

2006 年，上海翔安路隧道采用 $\phi 11.58$ m 泥水盾构施工；武汉长江第一条公路隧道采用 2 台 $\phi 11.38$ m 泥水盾构施工；上海长江口越江隧道采用最大直径泥水盾构（$\phi 15.43$ m）施工。

2007 年，广深港客运专线狮子洋隧道采用 4 台 $\phi 11.18$ m 泥水盾构施工。

2008 年，中铁隧道集团研制 $\phi 6.39$ m 复合式土压平衡盾构用于天津地铁工程；上海隧道股份研制成功 $\phi 11.22$ m 泥水盾构用于上海打浦路复线隧道；北京铁路地下直径线采用 $\phi 11.97$ m 泥水盾构施工；上海长江西路隧道采用 $\phi 15.43$ m 泥水盾构施工。

2009 年，莞惠城际轨道交通隧道采用 $\phi 8.83$ m 土压平衡盾构施工；杭州钱江隧道采用 $\phi 15.43$ m 泥水平衡盾构施工。

2010 年，上海外滩隧道采用 $\phi 14.27$ m 土压平衡盾构施工；南京纬七路过江隧道采用 $\phi 14.93$ m 泥水盾构施工；天津直径线采用 $\phi 11.97$ m 泥水平衡盾构施工。

2011年,上海迎宾三路隧道采用 $\phi 14.27$ m 土压平衡盾构施工;嘉兴秦山核电站给排水隧道工程采用 $\phi 8.28$ m 大直径土压平衡盾构施工。

2012年,扬州瘦西湖隧道采用 $\phi 14.93$ mm 泥水平衡盾构施工。

2013年,重庆重庆龙溪电缆隧道工程采用 $\phi 3.64$ m 小直径土压平衡盾构施工。

2014年,上海北横通道采用采用 $\phi 15.56$ mm 泥水平衡盾构施工;珠江横琴第三通道采用 $\phi 14.97$ m 土压平衡盾构施工;上海虹梅南路隧道采用 $\phi 14.93$ m 泥水盾构施工;上海沿江通道采用 $\phi 15.43$ m 泥水平衡盾构施工;深圳北环线电缆隧道工程采用 $\phi 4.88$ m 盾构施工;天津京津城际延伸线解放路隧道工程采用 $\phi 11.97$ m 大直径泥水盾构施工。

2015年,南京纬三路过江通道工程采用 $\phi 14.93$ m 超大直径泥水盾构施工;武汉三阳路越江隧道采用德国海瑞克 $\phi 15.78$ m 泥水盾构施工;香港屯门—赤蜡角海底隧道采用德国海瑞克 $\phi 17.6$ m 超大直径泥水盾构;重庆轨道交通环线工程采用双模式盾构施工;珠海市区至珠海机场城际轨道交通工程采用 $\phi 8.85$ m 土压平衡盾构施工;香港莲塘公路隧道工程采用 $\phi 14.10$ m 土压平衡盾构施工。

2016年,上海周家嘴路隧道采用 $\phi 14.5$ m 泥水盾构施工;太原铁路枢纽西南环线工程采用直径 $\phi 12.14$ m 国产土压平衡盾构施工;京沈客运专线望京隧道采用 $\phi 10.87$ m 大直径泥水盾构施工;郑州豫机城际铁路工程采用 $\phi 12.77$ m 超大直径泥水盾构施工;广州佛莞城际铁路新狮子洋隧道采用德国海瑞克 $\phi 13.65$ m 泥水盾构施工;陕西靖边县蒙华铁路白城隧道采用马蹄形盾构(11.9 m×10.95 m)施工。

2017年,宁波市轨道交通 2 号线二期工程地下段采用类矩形盾构施工;杭州地铁 5 号线穿越钱塘江隧道采用 $\phi 6.49$ m 双螺旋复合式土压平衡盾构施工;海口地下综合管廊采用 U 形明挖盾构(9.2 m×4.92 m)施工;广州地铁 8 号线北延段采用 $\phi 6.25$ m 的泥水/土压平衡双模盾构施工;常德沅江隧道采用 $\phi 11.75$ m 泥水平衡盾构施工;苏通 GIL 综合管廊工程采用开挖 $\phi 12.07$ m 大直径泥水平衡盾构施工;杭州文一路地下通道工程采用 $\phi 11.5$ m 盾构施工。

2018年,汕头苏埃通道海湾隧道采用 $\phi 15.03$ m 超大直径泥水盾构施工;银川穿越黄河供暖管道采用 $\phi 9.05$ m 大直径泥水盾构施工;武汉大东湖核心区污水传输系统工程采用小直径盾构施工;杭州香积寺路西延工程采用 $\phi 11.65$ m 大直径盾构施工;杭州博奥隧道采用 $\phi 11.7$ m 泥水平衡盾构施工;深圳春风隧道采用 $\phi 15.80$ m 超大直径泥水盾构施工。

国内外盾构法隧道的主要发展历史见表 3-2。

表 3-2　国内外盾构工法隧道主要发展一览

年　代	国家或地区	盾构及辅助工法
1804	英国伦敦	L·Torevix 于泰晤士河隧道准备工作停止
1818	英国伦敦	M·I·Brunel 提出盾构工法并获得专利
1825	英国伦敦	M·I·Brunel 在泰晤士河底隧道中最先使用矩形盾构
1830	英　国	Lord Cochrane 发明气压支撑获得专利
1836	英　国	M·I·Brunel 在泰晤士河路隧道中使用改正了的新型盾构再次开工
1843	英国伦敦	泰晤士河道路隧道工程竣工

年　代	国家或地区	盾构及辅助工法
1865	英　国	铸铁管片
1869	英国伦敦	J·H·Greathead 在泰晤士河地下铁隧道中最先使用铸铁管片和圆形盾构
1874	英国伦敦	J·H·Greathead 开发液体盾构
1876	英国伦敦	John Dickinson Brunton 和 George Brunton 申请机械盾构专利
1879	比利时安特卫普	首次采用压缩空气掘进隧道
1886	英国伦敦	J·H·Greathead 在南伦敦铁道隧道施工中将压缩空气与盾构掘进相结合使用
1891	美国的巴尔摩	使用长方形盾构
1892	美国的巴尔摩	最先使用闭胸式盾构
1892	法国巴黎	使用混凝土管片
1896	美　国	使用木制管片
1896	法国巴黎	使用长方形盾构（下水道隧道）
1896	英国伦敦	J·Price 设计接近现在盾构的机械盾构
1896	德国柏林	Haag 为第一台德国泥浆盾构申请了专利
1897	英　国	首次使用混凝土作衬的铸铁管片
1896～1899	德国柏林	使用钢板管片
1909～1910	德国易北河	使用钢管片
1913	德国易北河	使用马蹄形盾构
1914	美国克利夫兰	使用钢筋混凝土管片
1915	英　国	使用气压工法
1917	日　本	国铁羽越线折渡隧道使用盾构（地质条件差，施工技术不足中途中止使用）
1926	日　本	丹那导水隧道中使用盾构法（由于地下水压高，硬岩中途放弃）
1931	苏联莫斯科	首次莫斯科地下铁工程中使用英制和苏制盾构施工，由于渗水采用了化学注浆、冻结法，在第五次工程中使用莫斯科盾构
1939	日　本	国铁关门隧道中使用 $\phi 7$ m 的手握式圆形盾构（并用气压）
1948	苏联列宁格勒	地下铁中使用机械盾构，同时开发列宁格勒基辅机械盾构
1953	中国阜新	$\phi 2.6$ m 圆形疏水道
1953	日　本	在关门道路隧道中采用半圆盾构
1957	中国北京	$\phi 2$ m、2.6 m 下水道
1957	日本东京	地下铁 4 号线永田工区采用半圆盾构
1960	英国伦敦	使用滚筒式掘进机
1960	美国纽约	Beach 首次使用油压千斤顶盾构
1960	日本名古屋	地下铁隧道中日本首次使用圆形断面盾构
1961	法　国	提出水压封闭式盾构（与泥水加压盾构原理相同）
1962	日本东京	东京下水道局石神川下干线中采用盾构（下水隧道中首次采用盾构）
1962	中国上海	采用上海城建局隧道工程公司研制 1 台 $\phi 4.16$ m 的手掘式盾构
1965	中国上海	江南造船厂制造 2 台 $\phi 5.8$ m 的网格挤压盾构施工 2 条隧道

续上表

年　代	国家或地区	盾构及辅助工法
1963	日本大阪	大阪市大淀送水管工程中使用机械盾构
1963	日　本	日本 Sato Kogyo 公司首先开发出土压平衡盾构
1964	英　国	Mott・Hay 和 Anderson 及 John・Bartlett 申请了泥水加压平衡盾构专利
1965	中国上海	打浦路过江隧道(ϕ11.22 m 网格式盾构)
1965	日本东京	地下铁九号线中使用挤压盾构
1967	日　本	使用刀盘切削土体和水力出渣的泥水盾构(荒川左岸下水道工程 ϕ3.1 m)
1970	日本东京	最先使用大直径泥水加压盾构(ϕ7.29 m)
1973	中国上海	采用 1 台 ϕ3.6 m 水力出土盾构和 2 台 ϕ4.3 m 网格挤压盾构施工
1974	日本东京	第一台土压平衡盾构使用,用于掘进长 1 900 m 的隧道,该盾构由日本 IHI(石川岛播磨)公司制造,其外径为 3.72 m
1974	日　本	梁—弹簧模型管环荷载计算法提出
1974	日　本	开发卵石泥水盾构
1974	德国汉堡	Wayss&Freytag 公司开发第一台德国膨润土泥水盾构
1975	日　本	开发泥土加压盾构
1977	日　本	开发使用局部气压盾构
1978	日本东京	开发使用高浓度泥水盾构
1980	中国上海	采用 ϕ6.412 m 网格挤压水力出土盾构施工
1981	日　本	开发气泡盾构(工程实验)
1982	日本东京	现场掘削同时作衬工法
1982	中国上海	采用 ϕ11.3 m 网格挤压水力出土盾构施工
1985	德　国	Wsyss&Freytay 公司和海瑞克公司申请了混合盾构专利
1985	上海芙蓉江	采用 ϕ4.33 m 小刀盘土压盾构施工
1986	中国北京	中铁隧道集团研制半断面插刀盾构,应用于修建北京地铁复兴门折返线
1987	中国上海	上海隧道股份研制 ϕ4.35 m 加泥式土压平衡盾构应用于电缆隧道施工
1988	日本东京	京桥隧道工程中使用 MF 盾构
1988	法国多哈海峡	1 台盾构连续掘进 20 km
1989	日　本	H&V 盾构工法(双圆断面扭转分岔)成功
1990	日本名古屋	名古屋地铁 ϕ10.48 m 土压盾构
1990	中国上海	上海地铁 1 号线采用 7 台 ϕ6.34 m 土压平衡盾构施工
1992	日本东京	自由断面盾构功能证实实验成功
1992	法国里昂	索恩河过河隧道中 ϕ10.96 m 土压盾构掘进成功
1993	日本东京	NOMST 工法成功
1993	中国广州	广州地铁 1 号线,1993 年开工,1997 年通车
1994	日本神奈河	球体盾构横横掘进成功
1994	中国上海	延安东路过江隧道复线工程 ϕ11.22 m 泥水平衡盾构
1994	日本大阪	地铁站三圆站盾构工法成功(中间走车,两侧下客)

年　代	国家或地区	盾构及辅助工法
1994	日本东京	矩形盾构在东京问世
1996	中国上海	上海地铁 2 号线采用 10 台 ϕ6.34 m 土压平衡盾构施工
1996	中国上海	上海延安东路隧道采用 ϕ11.22 m 泥水盾构施工
1996	中国广州	广州地铁 1 号线采用 2 台 ϕ6.14 m 泥水盾构和 1 台 ϕ6.14 m 土压盾构施工
1996	日　本	东京湾盾构隧道（ϕ14.14 m）竣工
1996	日　本	直角分岔盾构工法问世
1996	日　本	东京地铁 7 号线 ϕ14.18 m 母子泥水盾构开发成功
1996	日　本	三圆搭接站盾构工法（中间站台，两侧走车）
1997	日　本	竖井与横向隧道连续一体化施工法成功
1997	日　本	掘削轮廓隧道构筑法的提出
1997	日　本	PC-ECL 工法开发成功
1997	日　本	DPLEX 盾构工法开发成功（多轴圆形摇动）
1997	日　本	纵双圆搭接盾构工法的开发成功
1997	日　本	扩径盾构开发成功
1998	中国广州	广州地铁 2 号线，1998 年开工，采用盾构法施工，2002 年贯通
1998	日　本	ϕ14.18 m 超大盾构市区掘进成功
1999	中国上海	研制 3.8 m×3.8 m 矩形顶管机用于过街人行地道施工
1999	日　本	ϕ11.52 m 土压盾构问世
1999	日　本	封套式盾构工法（外防水套型盾构工法、高水压工法）
2000	中国北京	北京地铁 5 号线采用盾构法施工
2000	日　本	可变断面工法
2001	中国深圳、南京	深圳、南京地铁 1 号线开工，采用盾构法施工
2001	日　本	插入扩径盾构工法
2001	日　本	可以再利用双重构造盾构的开发
2002	中国天津	天津地铁 1 号线开工，采用盾构法施工
2002	日　本	内舱引拔利用型盾构开发成功
2002	日　本	电蚀法盾构直接出井工法
2002	日　本	包缠盾构工法
2003	中国上海	上海地铁 8 号线采用双圆盾构法施工
2003	德　国	易北河隧道建成（ϕ14.2 m 复合盾构）
2003	日　本	摆动式矩形盾构
2003	日　本	地中分离母子盾构工法
2003	英国、法国	第二条英吉利海峡隧道（ϕ15 m，土压式）开工
2003	日　本	双模盾构的开发及实用化（可敞开、可闭胸的双模盾构）
2004	荷　兰	绿心隧道（ϕ14.87 m 泥水盾构）竣工
2004	中国上海	上海隧道股份研制 ϕ6.34 m 土压平衡盾构用于上海地铁二号线西延伸工程

续上表

年　代	国家或地区	盾构及辅助工法
2004	中国上海	上中路越江隧道采用 φ14.87 m 泥水盾构施工
2006	中国上海	上海翔安路隧道采用 φ11.58 m 泥水盾构施工
2006	中国武汉	长江第一条公路隧道采用 2 台 φ11.38 m 泥水盾构施工
2006	中国上海	上海长江口越江隧道采用最大直径泥水盾构(φ15.43 m)施工
2007	中国广州	广深港客运专线狮子洋隧道采用 4 台 φ11.18 m 泥水盾构施工
2007	中国西安	西安地铁 2 号线一期工程开工
2007	中国杭州	杭州地铁 1 号线开工,采用盾构法施工
2007	中国苏州	苏州地铁 1 号线开工,采用盾构法施工
2008	中国天津	中铁隧道集团研制 φ6.39 m 复合式土压平衡盾构用于天津地铁工程
2008	中国上海	上海隧道股份研制成功 φ11.22 m 泥水盾构用于上海打浦路复线隧道
2008	中国北京	北京铁路地下直径线采用 φ11.97 m 泥水盾构施工
2008	中国上海	长江西路隧道采用 φ15.43 m 泥水盾构施工
2009	中国东莞	莞惠城际轨道交通隧道工程采用直径 φ8.83 m 土压平衡盾构施工
2009	中国杭州	钱江隧道采用 φ15.43 m 泥水平衡盾构施工
2010	伊　朗	伊朗伊斯法罕电缆隧道工程采用 φ3.14 m 微型泥水盾构施工
2010	中国上海	外滩隧道采用 φ14.27 m 土压平衡盾构施工
2010	中国南京	纬七路过江隧道采用 φ14.93 m 泥水盾构施工
2010	中国天津	天津直径线采用 φ11.97 m 泥水平衡盾构施工
2011	中国上海	迎宾三路隧道采用 φ14.27 m 土压平衡盾构施工
2011	意大利	Sparvo 隧道采用 φ15.55 m 土压平衡盾构施工
2011	中国嘉兴	秦山核电站给排水隧道工程采用 φ8.28 m 大直径土压平衡盾构施工
2012	中国扬州	瘦西湖隧道采用 φ14.93 m 泥水平衡盾构施工
2013	中国重庆	重庆龙溪电缆隧道工程采用 φ3.64 m 小直径土压平衡盾构施工
2013	美　国	西雅图 SR99 项目采用 φ17.45 m 土压平衡盾构施工
2013	新西兰	奥克兰公路隧道采用 φ14.41 m 土压平衡盾构施工
2013	意大利	西西里公路隧道采用 1 台 NFMφ15.08 m 盾构施工
2014	中国上海	上海北横通道采用采用 φ15.56 m 泥水平衡盾构施工
2014	中国珠海	横琴第三通道采用 φ14.97 m 土压平衡盾构施工
2014	中国上海	虹梅南路隧道采用 φ14.93 m 泥水盾构施工
2014	中国上海	沿江通道采用 φ15.43 m 泥水平衡盾构施工
2014	中国深圳	北环线电缆隧道工程采用 φ4.88 m 盾构施工

年　代	国家或地区	盾构及辅助工法
2014	中国天津	京津城际延伸线解放路隧道工程采用 ϕ11.97 m 大直径泥水盾构施工
2015	中国南京	纬三路过江通道工程采用 ϕ14.93 m 超大直径泥水盾构施工
2015	中国武汉	三阳路越江隧道采用德国海瑞克 ϕ15.78 m 泥水盾构施工
2015	中国呼和浩特	呼和浩特地铁 1 号线、2 号线开工,采用盾构法施工
2015	中国香港	屯门-赤蜡角海底隧道采用德国海瑞克 ϕ17.6 m 超大直径泥水盾构
2015	伊朗德黑兰	德黑兰排污隧道采用 ϕ3.785 m 盾构施工
2015	中国重庆	重庆轨道交通环线工程采用双模式盾构施工
2015	中国珠海	市区至珠海机场城际轨道交通工程采用 ϕ8.85 m 土压平衡盾构施工
2015	中国香港	香港莲塘公路隧道工程采用 ϕ14.10 m 土压平衡盾构施工
2016	中国上海	周家嘴路隧道采用 ϕ14.5 m 泥水盾构施工
2016	以色列	特拉维夫轻轨红线工程采用 ϕ7.55 m 的土压平衡盾构施工
2016	中国太原	太原铁路枢纽西南环线工程采用 ϕ12.14 m 国产土压平衡盾构施工
2016	中国北京	京沈客运专线望京隧道采用 ϕ10.87 m 大直径泥水盾构施工
2016	中国郑州	豫机城际铁路工程采用 ϕ12.77 m 超大直径泥水盾构施工
2016	中国广州	佛莞城际铁路新狮子洋隧道采用德国海瑞克 ϕ13.65 m 泥水盾构施工
2016	中国陕西靖边县	蒙华铁路白城隧道采用马蹄形盾构(11.9 m×10.95 m)施工
2017	中国宁波	宁波市轨道交通 2 号线二期工程地段采用类矩形盾构施工
2017	中国杭州	5 号线穿越钱塘江隧道采用直径 ϕ6.49 m 双螺旋复合式土压平衡盾构施工
2017	中国海口	海口地下综合管廊采用 U 形明挖盾构(9.2 m×4.92 m)施工
2017	中国广州	广州地铁 8 号线北延段采用 ϕ6.25 m 的泥水/土压平衡双模盾构施工
2017	中国洛阳	洛阳地铁 1 号线采用采用直径 ϕ6.4 m 盾构施工
2017	中国常德	沅江隧道采用 ϕ11.75 m 泥水平衡盾构施工
2017	中国苏州、南通	苏通 GIL 综合管廊工程采用开挖 ϕ12.07 m 大直径泥水平衡盾构施工
2017	中国杭州	文一路地下通道工程采用 ϕ11.5 m 盾构施工
2018	中国汕头	汕头苏埃通道海湾隧道采用 ϕ15.03 m 超大直径泥水盾构施工
2018	中国银川	穿越黄河供暖管道采用 ϕ9.05 m 大直径泥水盾构施工
2018	中国武汉	大东湖核心区污水传输系统工程采用小直径盾构施工
2018	中国杭州	香积寺路西延工程采用 ϕ11.65 m 大直径盾构施工
2018	中国杭州	博奥隧道采用 ϕ11.7 m 泥水平衡盾构施工
2018	中国深圳	春风隧道采用 ϕ15.80 m 超大直径泥水盾构施工

3.3　典型盾构工法

3.3.1　土压平衡盾构工法

　　该工法采用土压平衡盾构进行隧道施工,其工作原理如图 3-7 所示。由刀盘切削下来

的土体进入土舱后由螺旋输送机输出,并在螺旋输送机内形成压力梯降;盾构向前推进的同时,螺旋输送机排土,使排土量等于开挖量,即可使开挖面的地层始终保持稳定;排土量通过调节螺旋输送机的转速和出土闸门的开度予以控制;从螺旋输送机出来的渣土通过皮带输送机转运,通过皮带输送机将渣土卸到停在皮带机下方的渣车上;渣车通过电瓶车牵引运至盾构隧道的竖井,通过地面上的门吊将渣车吊到地面,并卸在渣坑内,使用挖掘机将渣土装至自卸汽车上外运。

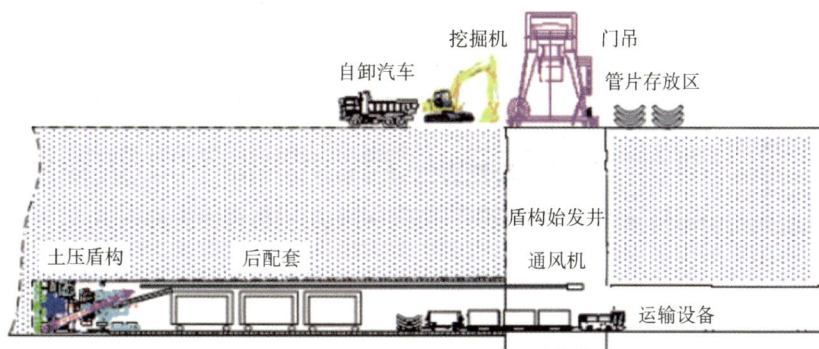

图 3-7 土压盾构工法原理示意

3.3.2 泥水平衡盾构工法

该工法采用泥水盾构进行隧道施工,其原理如图 3-8 所示。送泥泵从设置在地面上的调浆池抽取泥水(水与膨润土的混合物),经送泥管送入到泥水盾构泥水舱;在泥水舱内,充满压力的泥水贯入地层若干厘米深,使膨润土嵌入到土颗粒间的缝隙里,形成一层"蛋糕",从而使开挖面土层变得较稳定和不透水;通过泥水盾构刀盘旋转,将开挖面已形成"蛋糕"状土体切削下来,与泥水舱内的膨润土浆液混合后,然后通过排泥泵和隧道内的中继泵经由排泥管道后将泵送到地面上的泥水分离站;泥水分离站将开挖的渣土从膨润土浆液中分离出来;分离出来的泥水进行质量调整后可循环使用,再通过送泥泵送入盾构的泥水舱。本质上讲,泥水盾构工法是将泥膜作为媒体,由泥水压力来平衡土体压力的隧道掘进方法。泥水盾构使用送排泥泵通过管道从地面直接向开挖面进行送排泥,开挖面完全封闭,具有高安全性和良好的施工环境。换言之,泥水盾构既不对围岩产生过大的压力,也不会受到围岩压力的反压,故对周围地基影响较小。一般不需辅助施工(除非为难以维持开挖面稳定的高透水地层、砾石地层)。特别是在开挖断面较大时,控制地表沉降方面优于土压平衡盾构。

3.3.3 异形断面盾构工法

前述盾构法均用于构筑单圆断面隧道,其隧道稳定性好、施工性能佳,但在某些应用领域中会出现无用断面区(即死区),导致断面浪费、不经济,限制了盾构有效利用地下空间。近年来,逐渐兴起了可构筑非圆经济型断面隧道的特种盾构工法(也称异形盾构工法)。现就工作原理简要介绍如下:

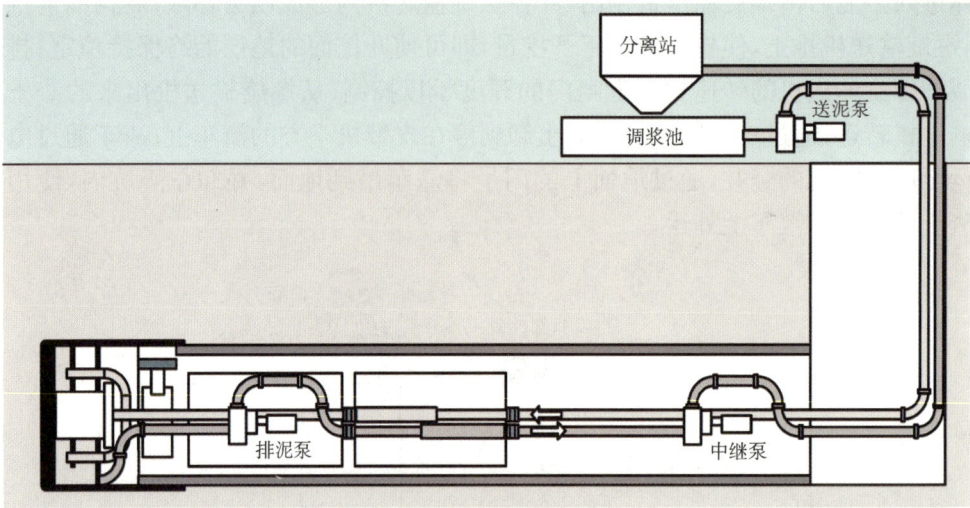

图 3-8   泥水盾构工法原理示意

(1)自由断面盾构法

如图 3-9 所示,自由断面盾构法是在一个普通圆形盾构主刀盘的外侧设置数个规模比主刀盘小的行星刀盘。随着主刀盘的旋转,行星刀盘在外围作自转的同时绕主刀盘公转,行星刀盘公转轨道由行星刀盘扇动臂的扇动角度确定。通过对行星刀盘扇动臂的调节,可开挖各种非圆形断面隧道。换言之,通过对行星刀盘公转轨道的设计,可选择如矩形断面、椭圆形断面、马蹄形断面和卵形断面等非圆形断面。自由断面盾构法尤其适用于地下空间受限制的场合,如穿梭于既成管线和水道之间的中小型隧道工程。

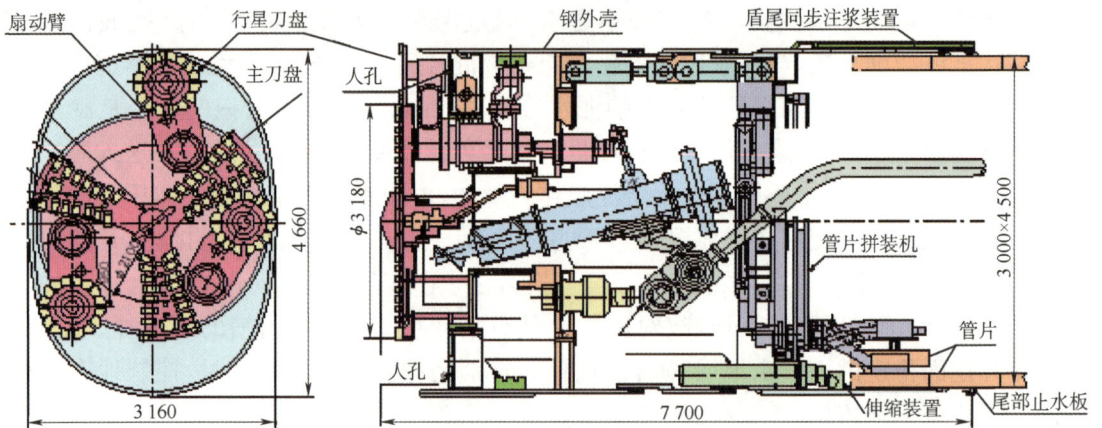

图 3-9   自由断面盾构构造示意(单位:mm)

该工法可开挖多种非圆形断面隧道,可选择细长型断面以有效利用宽度或深度受限制的地下空间;可根据不同使用目的合理选择不同断面。例如,共同沟和电力管线等选择矩形断面,公路和铁路隧道则选择马蹄形断面等。

（2）偏心多轴盾构法

该工法采用偏心多轴盾构，其特征为：采用多根主轴，且在垂直于主轴的方向固定一组曲柄轴；在所述曲柄轴上再安装刀架；主轴运转时，刀架将在同一平面内作圆弧运动；被开挖的断面接近于刀架形状。因此，该工法可根据隧道断面形状要求，将刀架设计成矩形、圆形、圆环形、椭圆形或马蹄形。如图 3-10 所示，为开挖圆形断面和矩形断面的偏心多轴盾构工法施工原理示意。如图 3-11 所示，为相应盾构设备实物图。

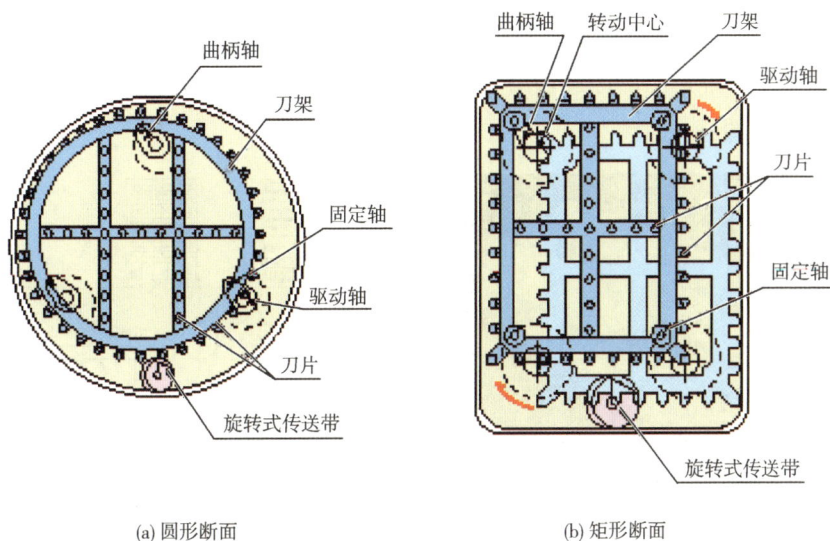

(a) 圆形断面　　　　　　　　　　　　　　(b) 矩形断面

图 3-10　偏心多轴盾构工法施工原理示意

(a) 圆形断面　　　　　　　　　　　　　　(b) 矩形断面

图 3-11　偏心多轴盾构

偏心多轴盾构具有以下特点

①刀架转动半径小，可选择较小的驱动扭矩。因采用多个转动轴同时驱动刀架，所以盾构显得紧凑、易装、易拆和易运等特点，适用于大断面隧道开挖。

②刀架转动半径小，刀具行走距离也小。从刀片磨损角度上来说，比一般盾构至少可多开挖 3 倍以上距离，适合于长距离隧道开挖。

③刀架驱动装置小,盾构内施工操作空间大,故可根据需要在盾构内配置土体改良设备以向整个隧道断面的任何位置进行土体改良,适合于曲率半径小、隧道间隔小、土质差等施工条件差的施工场合。

(3)MF(英文名为 Multi Face)盾构法

如图 3-12 所示,MF 盾构由多个圆形断面的部分错位重合而成,可同时开挖多个圆形断面,且多圆形断面的有效面积较开挖面积相等的单圆断面大,属于一种较为经济合理的断面形式。2 个或多个大小不同的圆形断面通过一定规则的叠合可提供任意断面形式的隧道,在隧道线路规划时对线形的选择有更多的灵活性。例如,在上下空间受限制的情况下,可选择如图 3-13 所示的横向叠合式。MF 盾构法更适用于地铁车站、共同沟和地下停车场等大断面隧道的开挖。

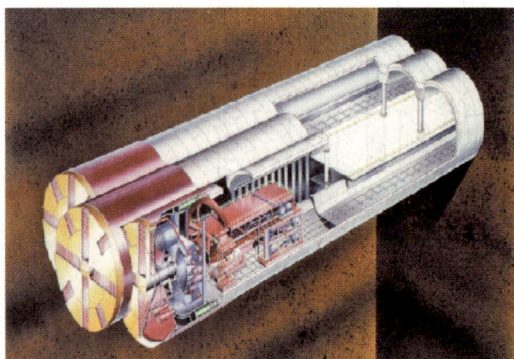

图 3-12　MF 盾构

(a)纵向MF盾构法　　(b)横向MF盾构法

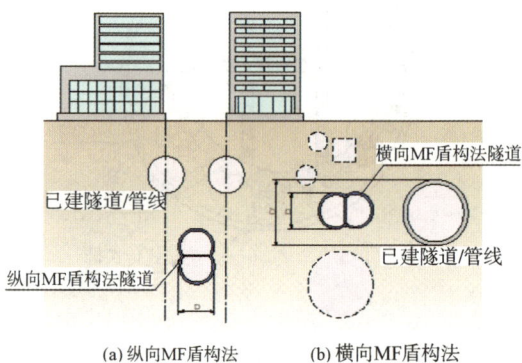

图 3-13　MF 盾构应用示意

MF 盾构法工法特点主要是:

①所建隧道的基本结构形式仍为圆形,因此保留了圆形断面的力学特性,但所述隧道可由多个独立控制的小型圆断面叠合形成,开挖量小断面利用率更高,且可根据不同地质条件进行土体开挖管理。

②隧道线路规划时,对线形选择具有更大的灵活性。例如,可根据需要选择横向 MF 盾构或纵向 MF 盾构。

③可采用泥水盾构或土压盾构进行施工。

④通过调整各刀盘的转速和转向,利用开挖时作用在盾构上的反力可有效控制盾构姿势,纠偏也相对容易。

(4)H&V 盾构法

所谓 H&V(Horizontal variation & Vertical variation)盾构法是将几个圆形断面根据需要进行组合,以开挖多种隧道断面形式的一种特殊施工方法。H&V 施工法可采用如图 3-14 所示螺旋式和分叉式两种同时开挖多条隧道。该方法可根据隧道施工条件和用途在地下自由掘进和改变隧道断面形式和走向,其施工原理主要是采用了一种叉式铰接改向装置。这种装置可使盾构盾体前端各自沿着相反的方向旋转,以改变盾构的推进方向。利用这种铰接装置可使盾构产生转动力矩,达到螺旋式推进的目的。

H&V 盾构法具有如下特点:

(a)铰接式改向装置　　　　　　　(b)螺旋式推进　　　　　　　(c)分叉式推进

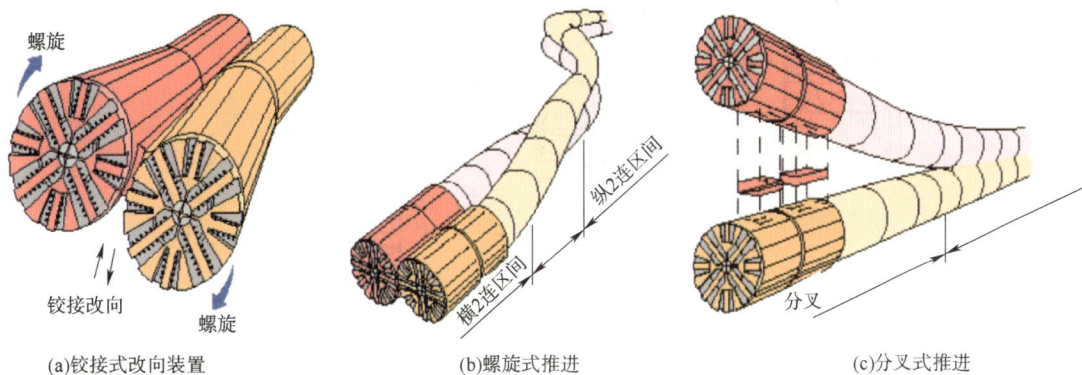

图 3-14　H&V 盾构法原理示意

①特制的铰接式改向装置,对盾构姿态以及方向的控制比较容易;各盾构驱动装置和开挖装置相互独立,可根据不同土质情况对开挖面分别进行管理,也可自由选择泥水式盾构或土压式盾构进行开挖。

②隧道断面在地下可自由过渡和转换,无须设置工作井,因此对缩短工期和降低成本有利。

③可根据需要自由选择断面形式,但保留了单圆盾构良好的力学特性。

④线形设计时可不受周边障碍物限制。

(5)球体盾构法

该工法采用如图 3-15 所示的球体盾构进行施工。所述盾构利用球体本身可自由旋转的特点,将一球体内藏于先行主机盾构内部,在球体内部又设计一个后续次机盾构;待先行盾构完成前期开挖后,利用球体的旋转改变隧道推进方向,进行后期隧道的开挖。球体盾构又分为纵横式连续推进球体盾构(图 3-16)、横横式连续推进球体盾构和长距离开挖球体盾构(图 3-17)。

图 3-15　球体盾构

(a) 竖向工作井开挖　　　(b) 球体旋转　　　(c) 横向隧道开挖

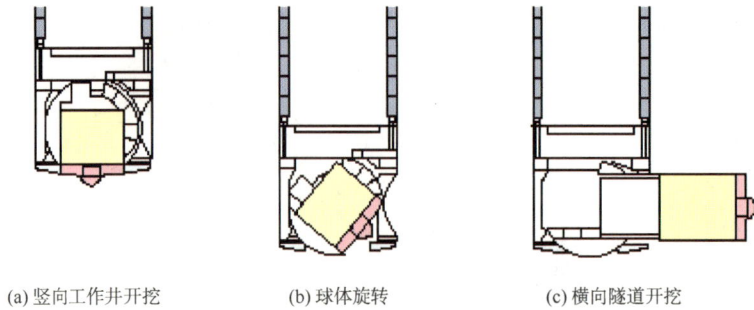

图 3-16　纵横式连续推进球体盾构的开挖示意

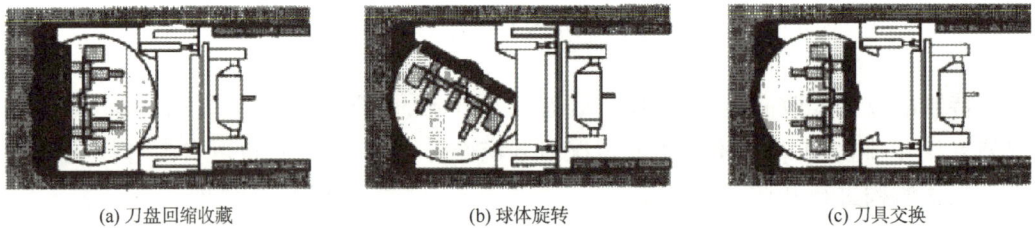

(a) 刀盘回缩收藏　　　(b) 球体旋转　　　(c) 刀具交换

图 3-17　长距离开挖球体盾构刀具交换示意

以纵横式球体盾构为例,简要介绍其特点如下:

①因竖向工作井和横向盾构隧道是连续推进的,故该型盾构无须考虑盾构进出洞时土体加固处理和漏水等技术问题,提高了大深度工作井和隧道施工安全性和施工速度,对缩短施工工期起到了积极作用。

②竖向工作井施工时,对周围环境和地基沉降的影响较一般施工法相比要小。

③竖向工作井内部空间和井壁厚度都可减小,节省工作井工程费用。

④隧道推进过程中开挖刀具的交换和维修非常方便,更适用于长距离隧道的开挖。

(6)DOT 盾构法

如图 3-18 所示,双圆盾构(Double-O-Tube-Method,简称 DOT)属于 MF 盾构工法的一种。不同于 MF 工法,双圆盾构工法是利用泥水加压盾构的切削器轮辐形状,将 2 个切削器用同一个平面内的齿轮装配成盾构来筑造隧道的工法,且邻接切削器不产生接触冲突,相互之间按相反方向旋转,进行同步控制。

(a)　　　　　　　　(b)

图 3-18　双圆盾构

DOT 盾构法开挖空间小,故与盾构相配套的竖井施工深度和宽度都可以相应减小。隧道断面形式多样化,其中圆形断面可以进行左右、上下等任意组合,以便与周边状况和工程条件相匹配。

(7)局部扩大盾构法

如图 3-19 所示,局部扩大盾构法就是在隧道任意位置对局部断面进行扩大的一种施工方法,其主要施工过程如下:

①正常段施工。首先进行等断面正常段隧道的施工,在局部断面扩大部分设置特殊管片,在正常段和特殊段管片之间同时设置导向环。

②圆周盾构反力支墩施工。拆除特殊段下部的预制扇形衬砌块,设置围护结构后进行土体开挖,必要时可对局部土体进行加固,浇筑圆周盾构掘进时的反力支墩。

③扩大部盾构的反力承台制作。在扩大部基础内的导向环片上安装圆周盾构后,边掘进边拼装圆周管片,最后形成扩大部盾构的反力承台(始发基地)。

④扩大部盾构安装和掘进。在始发基地内安装扩大部盾构,进行扩大部隧道开挖。

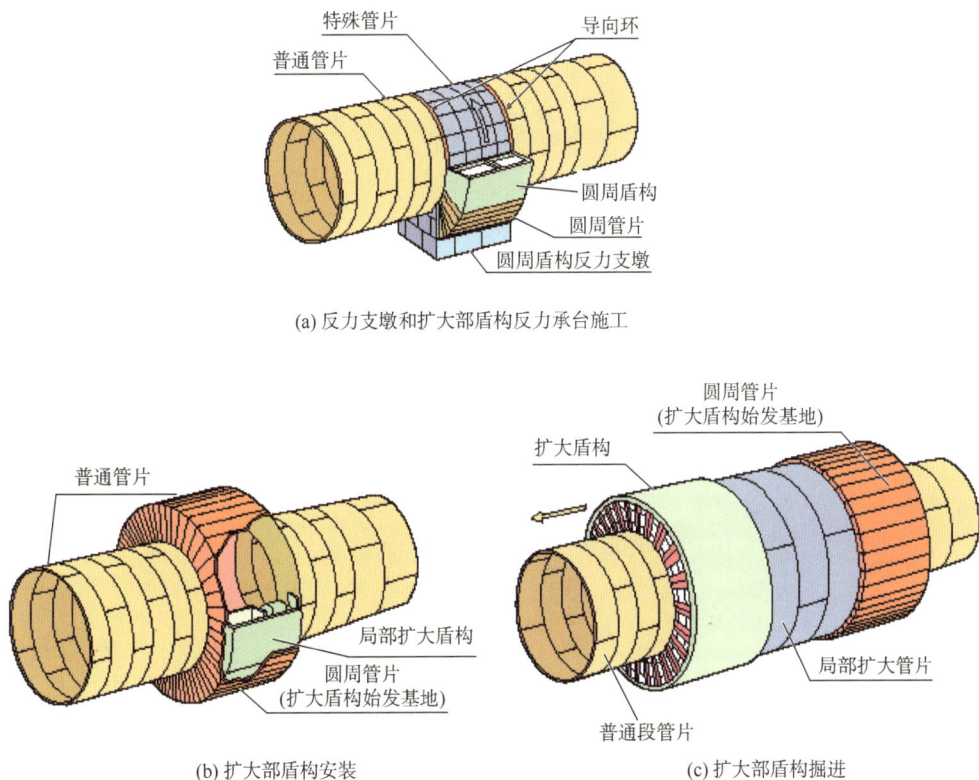

(a) 反力支墩和扩大部盾构反力承台施工

(b) 扩大部盾构安装

(c) 扩大部盾构掘进

图 3-19 泥土加压盾构法施工原理示意

局部扩大盾构法可根据用途在任何位置以任意长度对隧道进行局部扩大,局部扩大后的断面形状仍然是圆形,故其力学性能保持圆形断面的良好特性,也可进行左右和上下全方位偏心局部扩大。较开挖式施工法相比,工程费用和工期都可以在一定程度上减少。无需设置施工场地和工作井,对周边环境的影响小。

◆思考题◆

1. 简述盾构法的基本概念。
2. 盾构法由哪些要素组成？
3. 盾构隧道施工通常包括哪几个力学阶段？
4. 简述盾构法施工的主要技术特点。
5. 简述盾构法施工的优缺点。
6. 盾构法施工对地质及环境条件有什么要求？
7. 小直径盾构主要应用于哪些场合？
8. 为什么超大直径盾构越来越成为发展趋势？

第二篇 盾构设备

本篇包括盾构构造、制造与组装、盾构选型等 3 章;第 4 章主要介绍敞开式盾构、土压平衡盾构、泥水盾构、双模盾构、可变密度盾构等典型盾构的工作原理、构造及设计要点、开挖面稳定机理及其地质适应范围,介绍了日系和德系泥水循环系统设计的主要区别及日系和德系泥水循环系统设计的优缺点;第 5 章主要介绍刀盘、切口环、支撑环、盾尾、螺旋输送机、主驱动箱体及环件、管片安装机等制造工艺,介绍了工厂组装调试的技术要点,介绍了盾构监造相关内容;第 6 章介绍盾构选型理论与实践。

第 4 章 盾构构造

第 5 章 制造与组装

第 6 章 盾构选型

第4章 盾构构造

本章重点:主要介绍敞开式盾构、土压平衡盾构、泥水盾构、双模式盾构、可变密度盾构等典型盾构的工作原理、构造及设计要点、开挖面稳定机理及其地质适应范围;根据德系盾构的发源地欧洲和日系盾构的发源地日本在地质上的主要差别,介绍了德系盾构与日系盾构在设计上的主要区别,简要介绍了中系盾构的形成与崛起。

4.1 敞开式盾构

相对常规的盾构而言,敞开式盾构是指机器上没有一套压力调节系统以平衡开挖面水土压力从而防止开挖面失稳和地下水流失的盾构,其结构简单,成本低廉,具有"无与开挖面一致的独立刀盘、无把开挖舱与盾构其他后部区域隔开的压力舱板、无与开挖面水土压力实时平衡的压力调节系统"的"三无"特点。

敞开式盾构也称敞口式盾构,敞开式盾构根据对开挖面有无支撑分为全敞开式和部分敞开式。

全敞开式盾构是指整个开挖面完全敞开,对开挖面几乎或完全没有支撑的敞开式盾构。全敞开式盾构在隧道工作面上没有封闭的压力补偿系统,不能抵抗土压和地下水压。由于没有支撑和平衡工作面压力的机构,故只能在开挖面稳定性足够好、无地下水或地下水位已经降下的地层中使用,而不能在有水土压力的地层中使用。

根据开挖方法的不同,全敞开式盾构分为以下几种类型:

①手掘式盾构。

②半机械式(部分断面开挖)盾构。

③机械式(全断面开挖)盾构。

全敞开式盾构也称为敞开工作面盾构,其英文名称为"Open Face Shield",简称 OF 盾构。全敞开式盾构一般适用于开挖面自稳性强的围岩。如果施工地层的自然稳定性不足,就必须采用机械手段使地层稳定。全敞开式盾构在地下水位以下的地层或渗漏地层掘进时,必须用井点法降低地下水位,地基可通过注浆或冻结法处理。全敞开式盾构适用于各种非黏性和黏性地层。其优点是当隧道工作面上有部分或全部由岩石或漂石组成时也可以使用,并且可用手工或半机械化掘进非圆形断面。

部分敞开式盾构是指在与开挖面接触部位部分或全部敞开,而在掘进时可对开挖面部分或全部支撑的敞开式盾构。这种盾构对工作面的自稳性的要求低于全敞开式盾构,适应地层要略广一些。部分敞开式盾构也称普通闭胸式盾构(Closed Face Shield,简称

CF盾构),或称普通挤压式盾构。部分敞开式盾构主要有两种类型:

①正面全部胸板封闭,挤压推进;留有可调节进土孔口的面积,局部挤压推进。

②正面网格上覆全部或部分封板,或装调节开挖面积的闸门,挤压或局部挤压推进。

敞开式盾构适用于各种非黏性和黏性地层,其优点除结构简单、价格低廉、施工成本低、对作业人员要求不高外;在一些特殊对地层中也具有优势,比如在土壤中含有大量的漂石、部分或者全部断面为岩石的地层,可用人工或半机械化的方式直接破除通过;另外,敞开式盾构还可以适用于其他非圆形断面。

4.1.1 手掘式盾构

手掘式盾构是指采用铁锹、风镐、碎石机等开挖工具,人工开挖隧道工作面的盾构,属于盾构最原始最基本的形式。

手掘式盾构对开挖面一般采取自然的堆土压力支护或利用机械挡板支护。

因手掘式盾构的正面是敞开式的,故采用这种盾构的基本条件是开挖面至少要在挖掘阶段无坍塌现象,比较适用于软硬不均的开挖面以及砾石、卵石等地层。按不同的地质条件,开挖面可全部敞开人工开挖,仅利用自然堆土压力支护开挖面;也可用全部或部分的正面支撑,根据开挖面土体自立性适当分层开挖,随挖土随支撑;在含水地层中,则需辅以降水、气压或土壤加固。一般来说,洪积形成的砂砾、砂、固结粉砂、黏土层易于自稳,最适于使用手掘式盾构。冲积形成的松散砂、粉砂、黏土层,开挖面不能自稳,需采用辅助措施。

图4-1所示是最简单的手掘式盾构。包含了所有的基本要素:人工开挖、对部分开挖面临时的机械支撑、盾体支撑周围的岩土和对其中的设备和人员提供保护、皮带机出渣、盾壳尾部安装衬砌。挖掘人员可以根据土壤的情况决定开挖的顺序,并且可以随时观察到地层变化情况。如果遇到地下障碍物时,可以直接处理。由于盾体短,可以很容易控制盾构转弯。

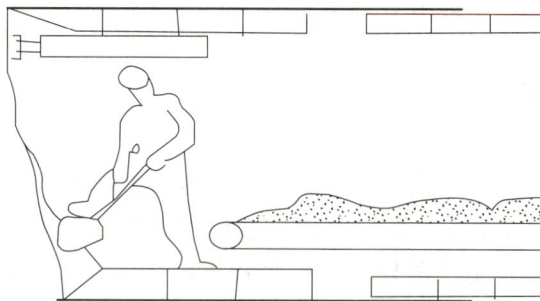

图4-1 手掘式盾构示意

手掘式盾构具有如下优缺点:

(1)适用范围较广,从砂性土到黏性土地层均能适用。

(2)作业人员直接处于开挖的位置,便于观察地层和清除障碍;但若遇正面坍方,会马上危及作业人员人身安全。

（3）设备较短，方便随时改变掘进方向。

（4）结构简单，造价低廉，发生故障的几率小；但掘进速度较低、成洞效率低、劳动强度大、工作环境恶劣、劳务费用高，在大断面隧道项目尤为突出。

目前，由于手掘式盾构掘进速度较低，劳动强度大，劳务费用高，以及由于不依靠辅助施工的闭胸式盾构的广泛使用，除个别特殊场合（如采用机械化或半机械化盾构掘进不经济的短程隧道、开挖面有巨大砾石等障碍物）和部分发展中国家外，手掘式盾构已基本被淘汰。

手掘式盾构不一定是圆形断面，也可以是矩形或马蹄形断面。

4.1.2　半机械式盾构

由于手掘式盾构开挖速度很慢，且工人的工作条件太差，人身安全也无法保证，因此开发了如图 4-2 所示的半机械式盾构。施工人员在后部操作机械进行开挖作业，而不需要直接位于开挖面的危险位置，不仅挖掘速度有了较大提高，人员也更安全，工作条件得到了明显改善。

针对不同的地质条件，挖掘机具可以是反铲式，也可以是旋挖式。一般反铲式用于砂性土到黏性土地层，而旋挖式用于小于 80 MPa 的软岩地层。如果开挖面较大，地层比较复杂，挖掘机具也可以混装、分层开挖及增加对开挖面的机械支撑，图 4-3 是一台德国海瑞克公司 ϕ11.77 m 的半机械式盾构。

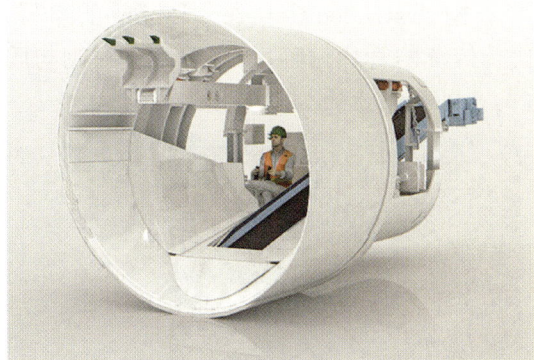

图 4-2　半机械式盾构示意

图 4-3　德国海瑞克公司 ϕ11.77 m 半机械式盾构

半机械式敞口盾构工作原理详见视频 4-1（该视频由中铁隧道局集团提供）。

视频 4-1　半机械式敞口盾构工作原理

（1）半机械式盾构优缺点

这种盾构的主要优点如下：

①可应用于几乎所有不含水的地质条件。

②针对不同地质条件配备不同挖掘工具。

③改装简便快捷。

④准确控制挖掘过程:操作员的工作位置距离敞开式掌子面仅数米之遥。

⑤施工成本低廉。

(2)半机械式盾构与手掘式盾构异同

半机械式盾构是介于手掘式和机械式盾构之间,但更接近于手掘式盾构的一种形式。二者的异同如下:

①半机械式盾构比手掘式盾构更适用于以洪积层的砂、砂砾、固结粉砂和黏土为主的良好地层。虽然半机械式盾构也用于软弱冲积层,但须配合采用压气施工法,或采用降低地下水位、改良地层等辅助措施。

②半机械式盾构是在敞开式盾构的基础上安装专用的机械挖土和出土装置(例如皮带输送机或螺旋输送机等),或配备具有掘进与出渣双重功能的挖装机械,以代替人工劳动。其中,机械挖土装置前后、左右、上下均能活动,并具有反铲式、铣削头式,或为反铲和铣削头可互换式,或为反铲和铣削头两者兼有的形式。

③半机械式盾构的顶部与手掘式盾构相同,装有防止开挖面坍塌的活动前檐、正面支撑千斤顶等,并经常采用液压操作的胸板。该胸板置于单独的区域或在盾壳的周边辅助支撑隧道工作面。

④半机械式盾构也适于掘进非圆形断面的隧道。图 4-4 所示盾构是日本铁道建设公司高崎建设局在北陆新干线施工时使用的 ECL 盾构(Extruded Concrete Lining 的缩写,意为挤压混凝土衬砌,即以现浇灌注的混凝土代替传统的管片衬砌,挤压混凝土衬砌与盾构掘进同步进行)。该隧道断面为马蹄形,隧道长 3 580 m,土质为软岩和中硬岩。

图 4-4　ECL 盾构及施工

（3）半机械式盾构的挖土装置分类

根据安装位置不同,半机械式盾构(图 4-5)的挖土装置又可分为如下形式:

①盾构工作面下半部分装有铲斗、铣削头等。

②盾构工作面上半部分装有铲斗、下半部分装有铣削头。

③盾构中心装有铣削头。

④盾构中心装有铲斗。

其中,形式①适用于开挖面需作支撑的地层;形式②～④适用于能自立的地层;形式②大多适用于亚黏土与砂砾的夹层;形式③大多适用于固结黏土层、硬质砂土层;形式④大多适用于黏土和砂砾混合层。目前,半机械式盾构已基本淘汰。

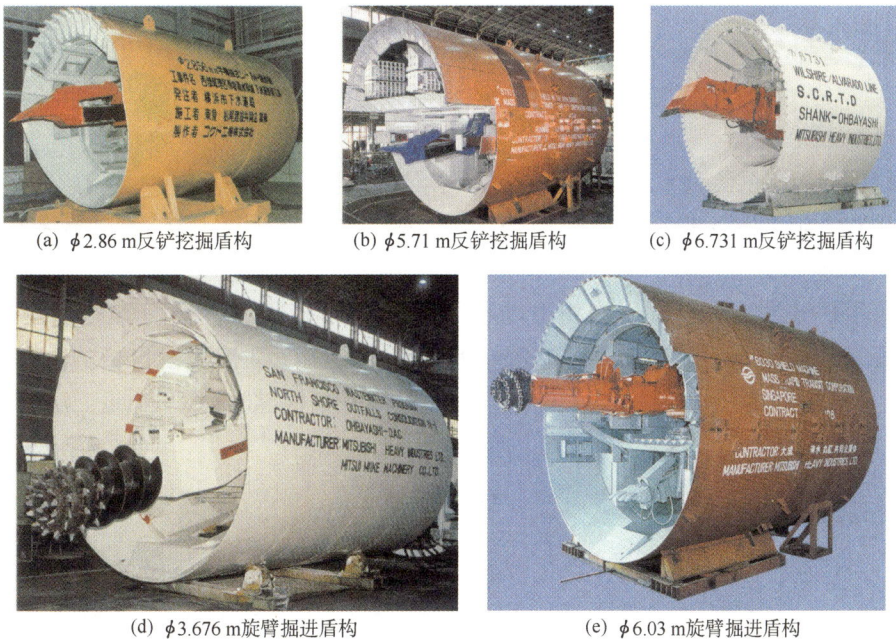

(a) φ2.86 m反铲挖掘盾构　　(b) φ5.71 m反铲挖掘盾构　　(c) φ6.731 m反铲挖掘盾构

(d) φ3.676 m旋臂掘进盾构　　(e) φ6.03 m旋臂掘进盾构

图 4-5　半机械式盾构示意

4.1.3　机械式盾构

当地层能够自立,或采用辅助措施后能够自立时,则在盾构切口部分安装与盾构直径相适应的开挖机具,以进行全断面敞开式机械开挖。如图 4-6 所示,机械式盾构(全称为全敞开式机械式盾构)就是采用这种紧贴着开挖面的旋转刀盘进行全断面开挖的盾构。所述大刀盘可分为单轴式、双重转动式和多轴式等,其中,单轴式最为广泛,因为该型盾构开挖的土砂通过旋转铲斗和斜槽装入皮带输送机,能够连续进行围岩开挖和排土。机械式盾构的刀盘还可分为面板式和辐条式两种。其中,采用面板式刀盘的机械式盾构是通过面板来维持开挖面稳定,并通过开口率解决场块石、卵石的排出问题;采用辐条式刀盘的机械式盾构一般用于开挖面易于稳定的小断面盾构,针对块石、卵石而使用。

全敞开式的机械式盾构,前面装备有旋转式刀盘,增大了盾构的掘进能力。开挖的土

砂通过旋转铲斗和斜槽装入皮带输送机出渣。围岩开挖和排土可以连续进行。

图 4-6　机械式盾构

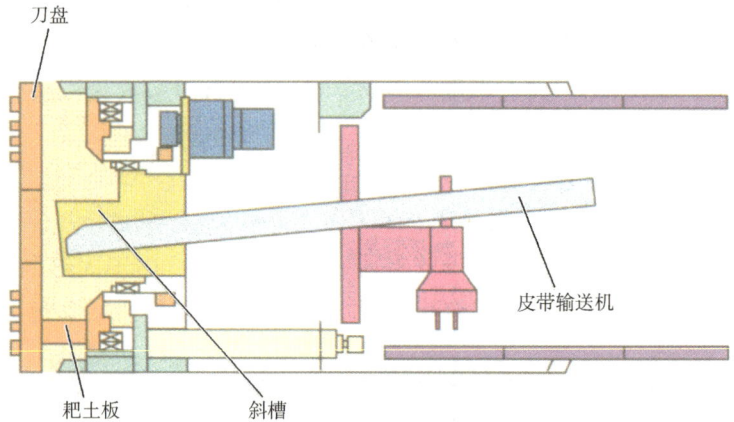

图 4-7　机械式盾构示意

机械式盾构的特点如下：

（1）相对手掘式和半机械式盾构盾构，除改善作业环境和省力外，还能显著提高推进速度，缩短工期。

（2）与手掘式和半机械式盾构相比，机械式盾构造价较高，不宜用于较短隧道。

（3）机械式盾构与手掘式、半机械式盾构相同，主要用于开挖面以自稳的洪积地层中；对开挖不易自稳的冲积地层应结合压气施工、地下降水、注浆加固等辅助工法使用，目前已基本被淘汰。

4.1.4　挤压式盾构

挤压式盾构在日本称为"盲式盾构（Blind type shield）"。挤压式盾构，在挤压推进时，对地层土体的扰动较大，地面易产生较大的隆陷变化，在地面有建筑物的地区不宜使用。

挤压式盾构仅适用于自稳性很差、流动很大的软黏土和粉砂质围岩，不适用于含砂率高的围岩和硬质地层。若液性指数过高，则流动性过大，也不能获得稳定的开挖面。由于适用地质范围狭窄，所以目前已很少采用。挤压式盾构主要有盖板式、螺旋出土式、网格挤压式。

（1）盖板式挤压盾构

该型盾构利用隔板将大部分开挖面全部封闭，仅留出部分开口以设置面积可调的排土盖板。此盾构正面贯入围岩向前推进，使贯入部位土砂呈塑性化流动，并经由盖板进行排土。开挖面的稳定是靠调节盖板开口的大小和排土阻力，使千斤顶推力和开挖面土压达到平衡来实现的。图 4-8 为日本三菱 ϕ6.32 m 挤压式盾构。

（2）螺旋排土式挤压盾构

利用封板将开挖面封闭，该型盾构正面贯入围岩向前推进，使贯入部位上的土砂呈塑性化流动，并经由螺旋输送机进行排土。开挖面的稳定是靠调螺旋输送机的转速和螺旋输送机出土闸门的开度，使千斤顶推力和开挖面土压达到平衡来实现的。其工作原理如图 4-9 所示。

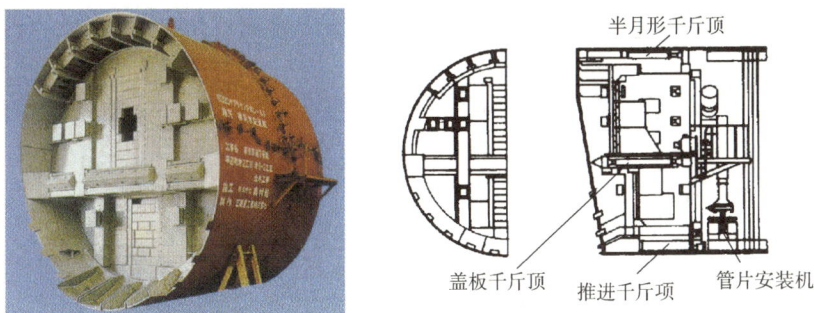

图 4-8　日本三菱 φ6.32 m 挤压式盾构示意

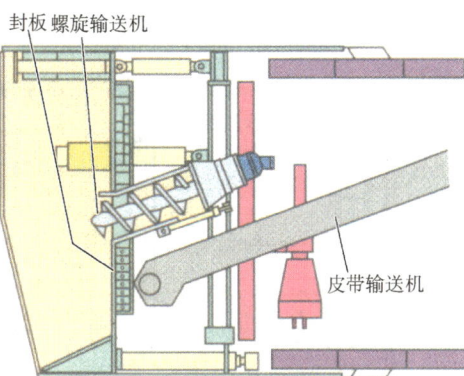

图 4-9　挤压式盾构示意

（3）网格挤压式盾构

网格挤压式盾构是利用盾构切口的网格将正面土体挤压并切削成为小块，并以切口、封板及网格板侧向面积与土体间的摩阻力平衡正面地层侧向压力，以达到开挖面稳定的盾构。网格挤压式盾构在适宜地层中施工时，地表沉降可控制到中等或较小的程度，因此在上海软土层中常常被采用。网格挤压式盾构具有如下特点：

①进土量接近或等于全部隧道出土量，且往往带有局部挤压性质。

②盾构正面装钢板网格，在推进中利用该切口网格将正面土体挤压并切削成为小块，并以切口、封板及网格板侧向面积与土体间的摩阻力平衡正面地层侧向压力，以达到稳定开挖面的目的，具有结构简单，操作方便，便于排除正面障碍物等特点。

③切入的土体可用转盘、皮带运输机、矿车或水力机械运出。

④网格挤压式盾构正面网格开孔出土面积较小，适宜在软弱黏土层中施工，而当处在局部粉砂层时，可在盾构土舱内采用局部气压法来稳定正面土体，或当在含水地层中施工时，需要辅以疏干地层的措施。

根据出土方式的不同，网格挤压式盾构可分为干出土与水力出土两种类型。图 4-10 为网格式水力机械盾构。

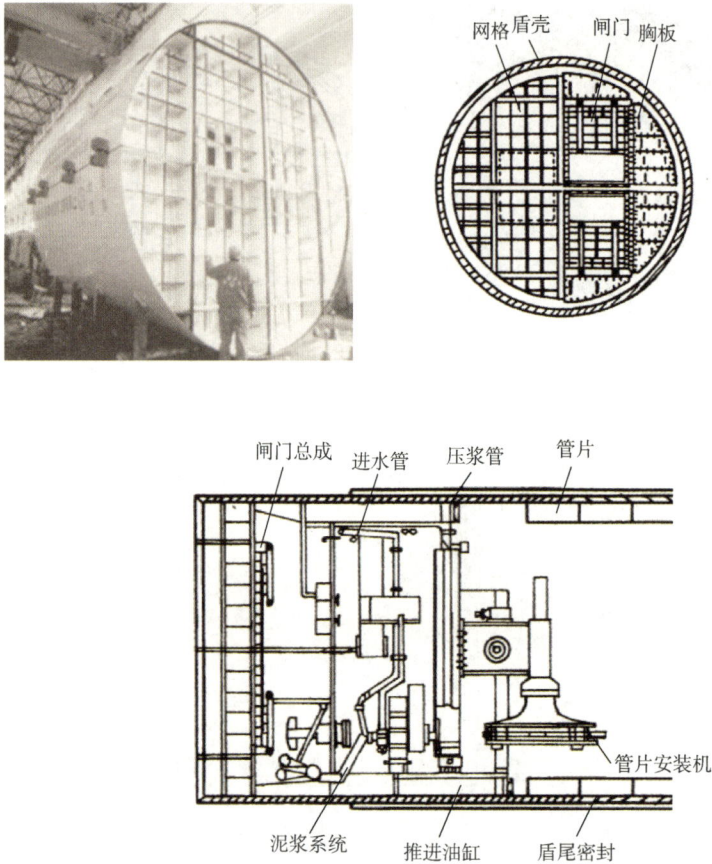

图 4-10   网格挤压式水力机械盾构示意

4.2 土压平衡盾构

4.2.1 土压平衡盾构概念

前面讲述的敞开式盾构都是适合在砂性土和黏性土、开挖面自稳性好，不需要进行支撑或只需要采用简单的方式（如钢板或压缩空气）就可以保持开挖面稳定的地层中施工。如果开挖面自稳性不够，很容易发生坍塌，而且地层中含水甚至水位线在隧道上方，敞开式盾构就无能为力了。经过长期的探索与实践，工程师们发明了可以在水土压力下掘进的盾构，土压平衡盾构就是其中的一种。

土压平衡（Earth Pressure Balanced）盾构，简称 EPB 盾构，是由刀盘开挖工作面的土壤、在土舱中以渣土为主要介质平衡隧道开挖面地层压力、通过螺旋输送机出渣的压力平衡式盾构。如图 4-11 所示，土压平衡盾构是在机械式盾构的前部设置隔板，使土舱和排土用的螺旋输送机内充满切削下来的渣土，依靠推进油缸的推力给土舱内的渣土加压，使渣土土压作用于开挖面以保持其稳定。

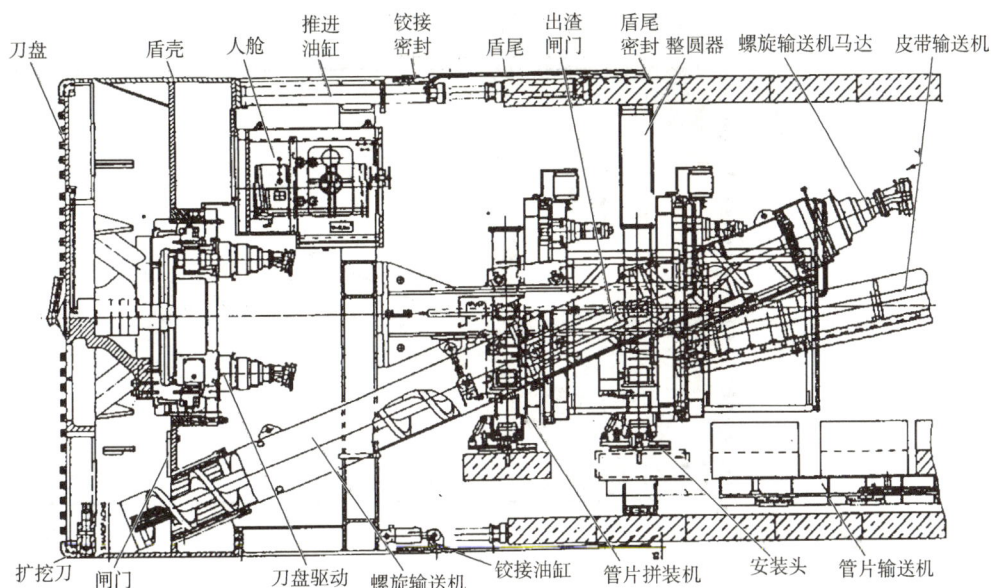

图 4-11　土压平衡盾构示意

4.2.2　土压平衡盾构工作原理

土压平衡盾构的工作原理：刀盘旋转切削开挖面，破碎的泥土通过刀盘开口进入土舱，待泥土落到土舱底部后，被螺旋输送机运到皮带输送机上，然后输送到停在轨道上的渣车上（或直接通过连续皮带输送机输送到洞外）；土舱和螺旋输送机内充满了切削下来的泥土，依靠推进油缸的推力给土舱内的开挖土渣加压，使土舱内的渣土产生土压并作用于开挖面以使其保持稳定；此外，盾壳对挖掘出的、还未衬砌的隧道起着临时支护作用，承受周围土层和地下水的水土压力，还需要把地下水和土层挡在盾壳外面；管片拼装机在盾尾安装管片作为隧道的衬砌结构，拼装好的管片为盾构向前推进提供反作用力。掘进、排渣、衬砌、注浆等作业均在盾壳的保护下进行。

4.2.3　土压平衡原理

开挖面的土体被旋转的刀盘上的刀具切削下来，然后通过刀盘开口进入土舱，与土舱内已有的渣土搅拌混合。推进油缸在管片的反作用下推动盾体和刀盘向开挖面的土壤挤压，随着土舱内渣土的积累，土舱内压力逐渐上升，如图 4-12 所示。

开挖面的水土压力是由土壤中水的高度产生的水压和不能自稳的土壤产生的土压叠加而成的。如果土舱中渣土的压力正好与开挖面的水土压力相同，开挖面就会保持稳定，直到被刀盘上的刀具开挖进入土舱。如果开挖面的压力大于土舱的压力，开挖面就可能坍塌导致地面下沉；如果开挖面的压力小于土舱的压力，开挖面原来的结构就会在压力下被破坏而向掘进方向挤压，从而造成地表隆起。

无论是地面下沉还是隆起都是应当避免的，其中的关键就是在掘进的过程中始终保

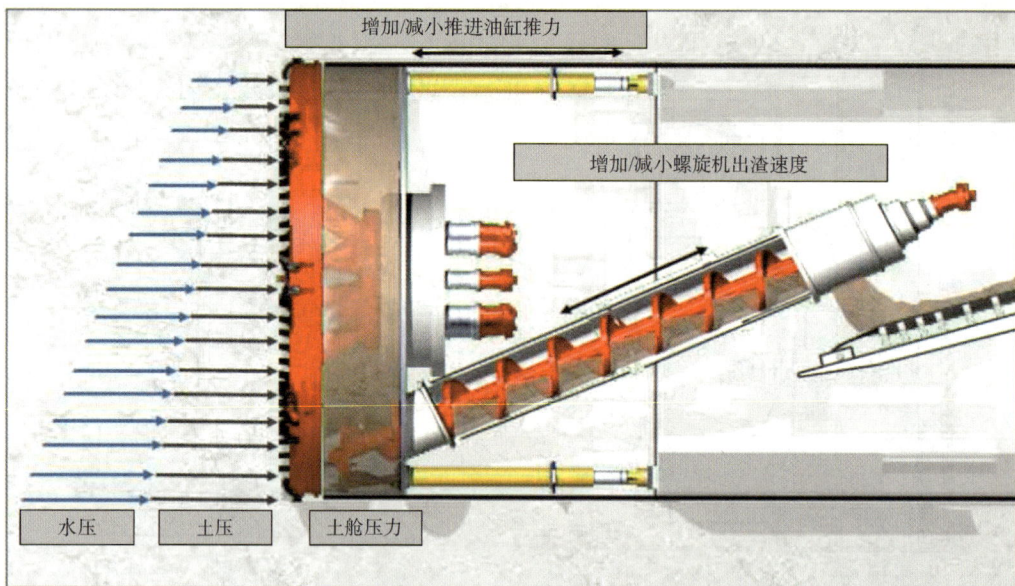

图 4-12　土压平衡原理示意

持开挖面的水土压力与土舱内的渣土压力的动态平衡。

那么，怎样才能保持这个动态平衡呢？由于土舱的压力是由渣土的堆积形成的，所以可以通过控制土舱中渣土的堆积来控制用来平衡水土压力的土舱压力；而渣土的堆积与掘进速度和螺旋输送机出渣的速度相关，调节推进油缸的推进速度和螺旋输送机出渣速度就可以控制土舱的压力。

如果保持推进油缸的推进速度不变，提高螺旋输送机出渣的速度就会使土舱内的渣土逐渐减少，土舱内的压力也会相应减少；如果降低螺旋输送机出渣的速度就会使土舱内的渣土逐渐增多，从而土舱内的压力也会相应提高。

另一方面，如果保持螺旋输送机的出渣速度不变，提高推进油缸的推进速度就会使土舱内的渣土逐渐增加，土舱内的压力也会相应提高；如果降低推进油缸的推进速度就会使土舱内的渣土逐渐减少，土舱内的压力也会相应降低。

一般情况下，盾构操作人员会保持掘进速度不变，通过改变螺旋输送机的出渣速度来控制土舱内渣土的堆积，以达到保持土舱压力与开挖面水土压力动态平衡的目的。

4.2.4　开挖面稳定机理

开挖土舱由刀盘、切口环、隔板及螺旋输送机组成。土压平衡盾构就是将刀盘开挖下来的土渣填满土舱，借助盾构推进油缸的推力通过隔板进行加压，产生泥土压力，这一压力作用于整个开挖面使其保持稳定，刀盘切削下来的渣土量与螺旋输送机向外输送量相平衡，维持土舱内压力稳定在预定的范围内。

土舱内的土压力通过土压传感器进行测量，并通过调整推进力、推进速度、螺旋输送机转速来控制。

土压盾构在粉质黏土、粉质砂土和砂质粉土等黏性土层中掘进时,由刀盘切削下来的土体进入密封土舱后,可对开挖面地层形成被动土压力,与开挖面上的主动土压力相抗衡。在密封土舱和螺旋输送机内有足够多的切削土体时,产生的被动土压力即可与开挖面上的主动土压力大致相等,使开挖面的土层处于稳定。在密封土舱的土压与开挖面的土压保持平衡的状态下,盾构向前推进的同时,启动螺旋输送机排土,使排土量等于开挖量,即可使开挖面的地层始终保持稳定。排土量一般通过调节螺旋输送机的转速和出土闸门的开度予以控制。

在黏性土层推进时,如果含砂量超过某一限度,泥土的塑流性将明显变差,土舱内的土体因固结作用而被压密,导致渣土难以排送,此时就需要向土舱内注水或泡沫、泥浆、聚合物等,以改善土体的塑流性。

在砂性土层施工时,由于砂性土流动性差,砂土的摩擦力大、渗透系数高、地下水丰富等因素的影响,土舱室内压力不易稳定,所以需进行土渣改良。向开挖的土舱里注入膨润土或泡沫剂,然后进行强制搅拌,使砂质土泥土化,具有塑性和不透水性,使土舱内的压力容易稳定。

土压平衡盾构开挖面的稳定由下列各因素的综合作用而维持:

(1)土舱内的土压力平衡地层压力和水压力。

(2)螺旋输送机调节排土量。

(3)适当保持泥土的流动性,根据需要调节添加剂的注入量。

开挖面稳定系统必须保持填充在土舱内的泥土压力,调节排土量,以便能平衡开挖面的地层土压力和水压力。

当土舱内的土压力大于地层压力和水压力时,地表将隆起,如图 4-13 所示。

当土舱内的土压力小于地层压力和水压力时,地表将下沉,如图 4-14 所示;因此土舱内的土压力应与地层压力和水压力平衡,如图 4-15 所示。

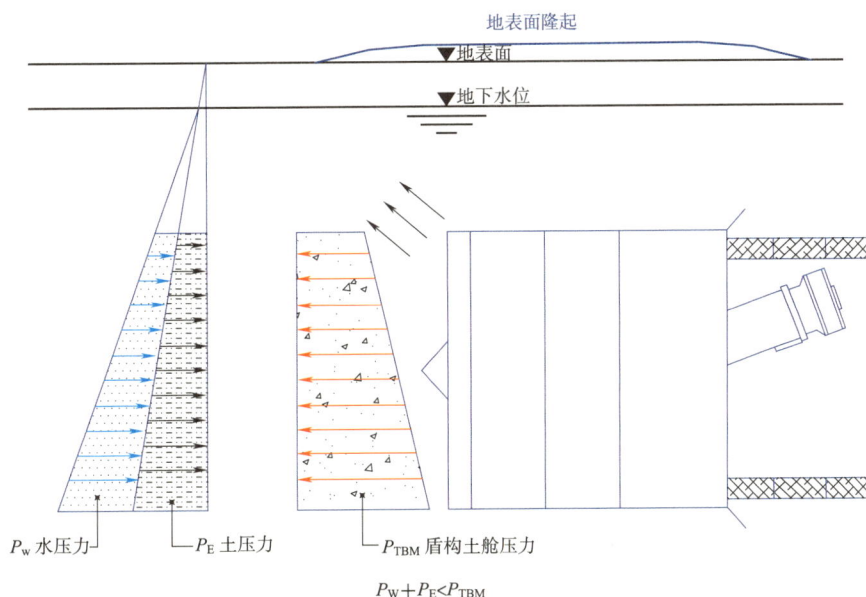

$P_W + P_E < P_{TBM}$

图 4-13 土舱压力大于水压力及土压力之和,地面隆起

地表面
地表面下沉
地下水位

P_W 水压力 P_E 土压力 P_TBM 盾构土舱压力

$$P_\mathrm{W}+P_\mathrm{E}>P_\mathrm{TBM}$$

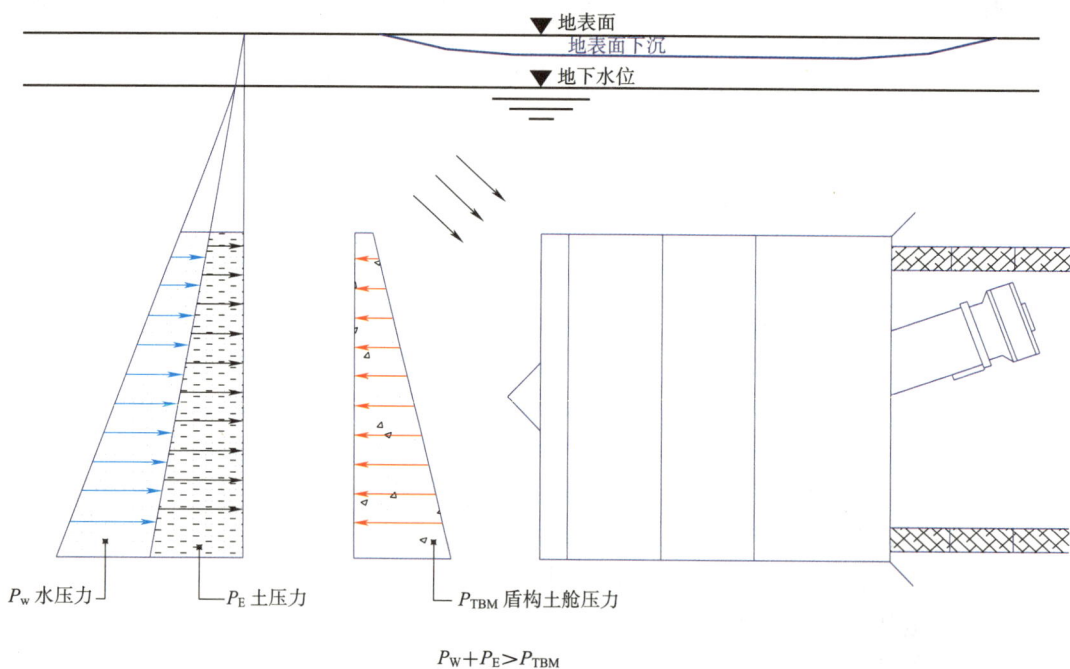

图 4-14 土舱压力小于水压力及土压力之和，地面下陷

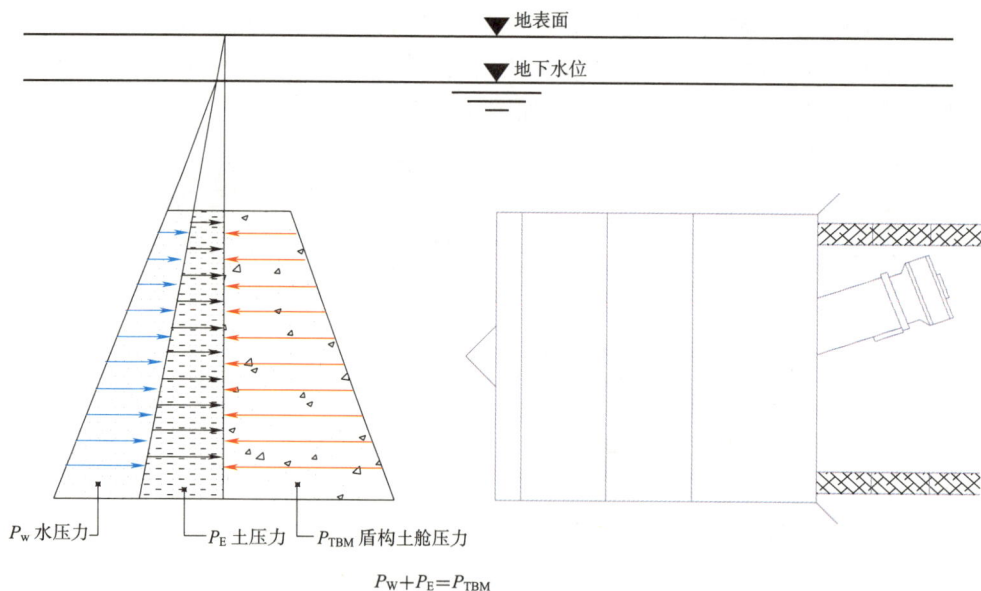

地表面
地下水位

P_W 水压力 P_E 土压力 P_TBM 盾构土舱压力

$$P_\mathrm{W}+P_\mathrm{E}=P_\mathrm{TBM}$$

图 4-15 土舱压力等于水压力及土压力之和

土压平衡盾构开挖面稳定机理具有以下特征：使刀具切下的渣土呈塑性流动，充满于土舱内以控制开挖面；用螺旋输送机和排土调整装置来调整排土，使之与切削土量保持平衡，并使土舱内的渣土有一定压力，以抵抗开挖面的土压力、水压力；用土舱内和螺旋输送机内的渣土获得止水效果。

为了保证开挖面的稳定,重要的是要使切削下来的渣土具有塑性流动性,并使渣土充满整个土舱,同时还应使开挖下来的渣土具有止水性。因此,土压平衡盾构稳定开挖面的机理,因工程地质条件不同而不同。通常分为黏性土和砂质土两类。

4.2.4.1　黏性土层的开挖面稳定机理

在粉质砂层和砂质粉土层等黏性土地层,由切削刀具切下的渣土一般比原地层强度低,具有塑性流动性。即使是黏着力大不易流动的土,由于切削刀具和螺旋输送机的搅拌作用,以及向土舱内注水等,也可使之具备流动性。就止水性而言,因黏性土的渗透系数较小,故无什么问题。

其次是必须使土舱内的渣土具有一定压力,以便与开挖面的水压力和土压力相抗衡。配合挖掘速度,通过调整螺旋输送机的转矩、转数以及排土闸门的开度,使开挖土量和排土量平衡,以保持土压力的稳定。一般都在土舱内壁布置土压计来控制开挖面压力。但应注意,有时因流动性差而无法准确测量土舱内的土压力。

另外,如土室内渣土过多,黏性土将会压密固化,开挖、排土均无法进行,此时需注入外加剂,通过向土舱内注水、空气、膨润土、泡沫或泥浆等添加剂,并作连续搅拌,以提高土体的塑流性,确保渣土的顺利排放。

4.2.4.2　砂性土层的开挖面稳定机理

由于砂性土和砂砾土的内摩擦角大,土的摩擦阻力大,故难以获得好的流动性。当切削下来的土充满土舱和螺旋输送机时,将使切削刀具转矩、螺旋输送机转矩、盾构推进油缸推力增大,甚至使开挖、排土无法进行。另外,此类地层渗透系数大,仅靠土舱和螺旋输送机内的压缩效应不可能完全止水,在开挖面水压高时,螺旋输送机排土闸门处易出现喷涌。因此,对这类地层,通常采用给开挖面或土舱内注入外加剂和加装搅拌棒进行强制搅拌等方法,以使开挖土具有流动性和止水性。与黏性土一样,通过控制开挖量和排土量来平衡开挖面的水压力、土压力,亦可达到保持开挖面稳定的目的。

4.2.4.3　特殊条件下开挖面的稳定

(1)互层地基开挖面稳定

城市地基土多呈互层状态。开挖面也几乎都是互层的。由于互层地基中各土层的开挖释放力不同,就产生了以哪一层的土压力作为控制压力的问题。一般认为以释放荷重最大的那一层来决定控制压力较为合适。此时,释放荷重小的地层将被动受压,但一般情况下地基被动受压能力很强,所以不会出现被动破坏。

(2)软土地基开挖面稳定

软土地基的静止压力和主动土压力相差甚微,如以主动土压力控制,压力稍一降低,就有可能产生主动破坏。因此,最好是加大预留压力,即适当提高控制压力。但软黏土加压过度,会使前方地表隆起,同时扰动土体进而出现后续沉降,这一点应引起注意。

(3)大断面盾构开挖面稳定

大断面盾构的开挖面可能会出现大的变形、地基沉陷或隆起等问题。由于开挖面的变形与开挖半径的 4 次方成正比,故当开挖半径增大到 2 倍时,变形将达 16 倍。因此,在研究大断面盾构开挖面稳定的同时,还需充分研究其变形的问题。

4.2.5　土压平衡盾构掘进模式

土压平衡盾构一般具有三种掘进模式,即敞开模式、局部气压模式和土压平衡模式(EPB)。如图 4-16 所示,每种掘进模式对应不同的开挖面稳定机理和地质适用条件。

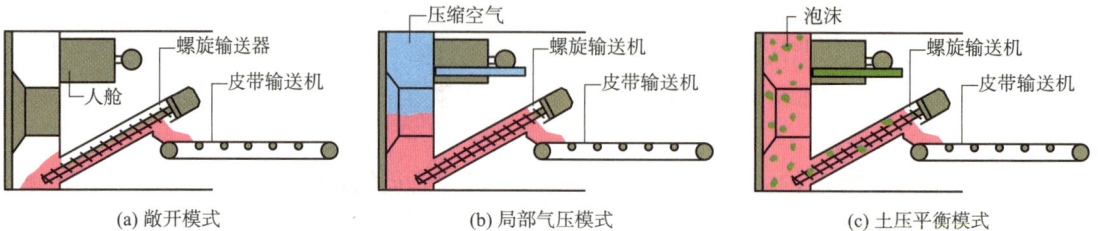

(a) 敞开模式　　　　　　(b) 局部气压模式　　　　　　(c) 土压平衡模式

图 4-16　土压平衡盾构的三种掘进模式示意

(1)敞开式

若开挖面是稳定性较好且含地下水较少的岩层时,土压平衡盾构可采用敞开式掘进,即土舱压力为零,开挖面也可在短时间内保证不失稳,土体不坍塌。该模式下,盾构切削下来的渣土被螺旋输送机立即排出土舱,故土舱基本处于清空状态,掘进中刀盘和螺旋输送机所受反扭力较小;刀盘扭矩小,磨损也小。

(2)局部气压式

局部气压式,也称半敞开模式。若开挖面具有一定自稳性,例如围岩稳定但富含地下水的地层、施工断面上除局部失压崩溃外大部分围岩稳定的地层,可以采用半敞开式快速掘进。该模式下,暂时停止螺旋输送机出土、关闭螺旋输送机出土闸门,使土舱的下部充满渣石;同时向开挖面和土舱中注入适量的添加材料(如膨润土、泥浆或聚合物)和压缩空气,使土舱内渣土的密水性增加,也使添加材料在压力作用下渗进开挖面地层,并在开挖面上产生一层"泥膜";通过气压和泥膜阻止开挖面涌水和坍塌现象的发生,再控制螺旋输送机低速转动以保证在螺旋输送机中形成"土塞",可安全快速地通过不良地层。掘进中,土舱上部的空间接入压缩空气,与下部的渣土共同支撑开挖面和防止地下水渗入。

(3)土压平衡模式

对于开挖地层稳定性不好或富含地下水的软质岩地层,则采用土压平衡模式(EPB 模式)。该模式下,刀盘切削开挖面的岩土,开挖下来的渣土填满土舱;借助盾构推进油缸的推力通过隔板进行加压,产生泥土压力。该压力可通过土压传感器进行测量,并通过控制推进力、推进速度、螺旋输送机转速来控制,以保证掘削土量与排渣量相对应,并使得土舱内的渣土压力与隧道开挖面上的水、土压力实现动态平衡。

4.2.6　渣土改良

在土压平衡盾构施工中,尤其在复杂地层及特殊地层盾构施工中,为了保持开挖面的稳定,根据围岩条件适当注入添加剂,确保渣土的流动性和止水性,同时要慎重进行土舱压力和排土量管理。

渣土改良的目的如下：

(1)使渣土具有良好的土压平衡效果,利于稳定开挖面,控制地表沉降。

(2)提高渣土的不透水性,使渣土具有较好的止水性,从而控制地下水流失。

(3)提高渣土的流动性,利于螺旋输送机排土。

(4)防止开挖的渣土黏结刀盘而产生泥饼。

(5)防止螺旋输送机排土时出现喷涌现象。

(6)降低刀盘扭矩和螺旋输送机的扭矩,同时减少对刀具和螺旋输送机的磨损,从而提高盾构的掘进效率。

作为压力平衡的媒介,在土舱里的渣土不但在刀盘的旋转作用下不停地流动,平衡前方开挖面的水土压力,还要通过螺旋输送机排到皮带机上运走,所以,必须具备下面几个方面的特性：

——适当的黏性。土壤需要有足够的内聚力,不能太黏而黏结在刀盘和刀具上产生泥饼、堵塞土舱和螺旋输送机。

——均匀及良好的流塑性。渣土容易在土舱和螺旋输送机里流动,降低对刀盘和螺旋输送机扭矩的要求,最后还需方便皮带机和矿车运输。

——一定的含水量。有了一定的含水量,才能在具有适当的黏性的同时还具有均匀及良好的流塑性。

——小内摩擦角。减少对刀盘、刀具和螺旋输送机的磨损,避免在土舱和螺旋输送机内很快发热。

——不透水性。避免开挖面水土透过土舱和螺旋输送机,造成地面沉降和螺旋输送机喷涌。

一般来讲,无论是在开挖前还是开挖后,自然界的土壤很难同时达上面要求的特性,所以对土压平衡盾构而言,如何对渣土进行改良是最重要的工作之一。

渣土改良就是在土壤中混入各种改良材料和添加剂后,使改良后的渣土能够达到上面要求的特性,满足土压平衡盾构掘进施工的需要。

常用的材料大致分为三类：矿物类、高分子类和表面活性剂类。

矿物类：根据施工实践的经验,渣土中的微细颗粒(<0.06 mm)需要达到 $30\%\sim35\%$ 才能具有良好的流动性和不透水性。如果微细颗粒不足,则需要添加膨润土,补充渣土中的微细颗粒成分,使渣土泥塑化,提高其可排性。

高分子类：又分为水溶性和高吸水性材料。水溶性材料可以通过黏结流动水减少水土分离,增加渣土的黏性,从而增加其可排性;而高吸水性材料是其自身通过吸收大量的地下水而成为胶凝状态,达到吸水和止水的效果,并提高渣土的可排性。

表面活性剂类：盾构施工中常用的表面活性剂类就是泡沫剂。其作用是通过泡沫与水和土壤颗粒的结合,提高土壤的内聚力,增强其流动性和止水性。

4.2.7　土压控制

在设定土压力时主要考虑地层土压、地下水压(孔隙水压)及预先考虑的预备压力。

（1）地层土压计算

除前述计算方法外，在我国铁路隧道设计规范中，根据大量施工经验，在太沙基土压力理论的基础上，提出以岩体综合物性指标为基础的岩体综合分类法，根据隧道埋深不同，将隧道分为深埋隧道和浅埋隧道，再根据隧道的具体情况采用不同的计算方式进行土压计算。

深、浅埋隧道的判定原则一般以隧道顶部覆盖层能否形成"自然拱"为原则。深埋隧道围岩松动压力值是根据施工坍方平均高度（等效荷载高度）确定的。深、浅埋隧道分界深度通常为施工坍方平均高度的 $2\sim2.5$ 倍。

$$H_{\mathrm{p}}=(2\sim2.5)h_{\mathrm{q}} \tag{4-1}$$

式中　H_{p}——深、浅埋隧道分界的深度；

h_{q}——施工坍方平均高度，$h_{\mathrm{q}}=0.45\times2^{6-S}\omega$；

S——围岩类别，如Ⅲ类围岩，则 $S=3$；

ω——宽度影响系数，且 $\omega=1+i(B-5)$；

B——隧道净宽度，单位以 m 计；

i——以 $B=5$ m 为基准，B 每增减 1 m 时的围岩压力增减率。当 $B<5$ m 时，取 $i=0.2$，$B>5$ m，取 $i=0.1$。

在深埋隧道中，按照太沙基土压力理论计算公式以及日本村山理论，可以较为准确的计算出盾构前方的松动土压力。在实际施工过程中，可以根据隧道围岩分类和隧道结构参数，按照我国现行的《铁路隧道设计规范》（TB 10003）中推荐的计算围岩竖直分布松动压力 q 的计算公式：

$$q=0.45\times2^{6-S}\gamma\omega \tag{4-2}$$

式中，γ 为围岩容重。

地层在产生竖向压力的同时，也产生侧向压力，侧向水平松动压力 σ_{a} 的计算见表 4-1。

表 4-1　侧向水平松动压力计算

围岩分类	Ⅵ～Ⅴ	Ⅳ	Ⅲ	Ⅱ	Ⅰ
水平松动压力 σ_{a}	0	$(0\sim1/6)q$	$(1/6\sim1/3)q$	$(1/3\sim1/2)q$	$(1/2\sim1)q$

在浅埋隧道中，静止土压为原状的天然土体中，土处于静止的弹性平衡状态，这时的土压力为静止土压力。在任一深度 h 处，土的铅垂方向的自重应力 σ_z 为最大主应力，而水平应力 σ_x 为最小主应力。

$$\sigma_x=k\sigma_z=k\gamma h \tag{4-3}$$

式中，k 为侧向土压力系数，$k=v/(1-v)$，v 为岩体的泊松比。k 一般采用下列经验方式计算：

①经验值：砂层中，$k=0.34\sim0.45$；黏土地层中，$k_0=0.5\sim0.7$。

②经验公式：

Jaky 公式（砂层），$k=1-\sin\varphi$；

Brooker 公式（黏性土层），$k=0.95-\sin\varphi'$。

式中，φ、φ'为土的有效内摩擦角。

③日本《建筑基础结构设计规范》建议，不分土的种类，k 均为 0.5。

计算地面以下深度为 z 处的地层自重应力 σ_z，等于该处单位面积上土柱的质量。

$$\sigma_z = \gamma_1 h_1 + \gamma_2 h_2 + \gamma_3 h_3 + \cdots + \gamma_n h_n = \sum \gamma_i h_i \tag{4-4}$$

式中　γ_i——第 i 层土的天然容重（kN/m^3），在地下水位以下一般采用浮容重；

　　　h_i——第 i 层土的厚度（m）；

　　　n——从地面到深度 z 处的土层数。

在浅埋隧道的施工过程中，由于施工的扰动，改变了原状天然土体的静止弹性平衡状态，从而使刀盘前方土体产生主动或被动土压力。

盾构推进时，如果土压力设置偏低，工作面前方土体向盾构刀盘方向产生微小移动，土体出现向下滑动趋势，为阻止土体的下滑趋势，土体抗剪力增大，当土体的侧向应力减小到一定程度，土体的抗剪强度达到一定值，土体处于主动极限平衡状态，与此相应的土压力称为主动土压力。主动极限平衡被破坏，地面将下沉。

盾构推进时，如果土舱压力设置偏高，刀盘对土体的侧向应力逐渐增大，刀盘前方土体出现向上滑动趋势，为抵抗土体向上滑动，土体抗剪力逐渐增大，处于被动平衡状态，与此相应的土压力称为被动土压力。被动极限平衡被破坏时，地面将隆起。

根据盾构的特点及盾构施工的原理，采用朗金理论计算主动土压力与被动土压力。

当盾构推力偏小，土体处于向下滑动的极限平衡状态。此时土体内的竖直应力 σ_z 相当于最大主应力 σ_1，水平应力 σ_x 相当于最小主应力 σ_a。水平应力 σ_x 为维持刀盘前方的土体不向下滑移需要的最小土压力，即土体的主动土压力。画出土体的应力圆（图 4-17），此时水平轴上 σ_3 处的 E 点与应力圆在抗剪强度线切点 M 的连线和竖直线间的夹角 β_E 为破裂角。

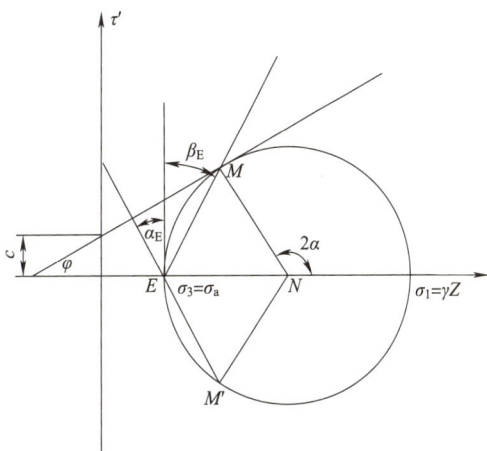

图 4-17　主动土压力应力圆示意

由图 4-17 可知：

$$\begin{aligned}
\beta_E &= 1/2\angle ENM = 1/2(90-\varphi) = 45° - \varphi/2 \\
\sigma_x &= \sigma_a = \sigma_3 = \sigma_z \tan^2(45° - \varphi/2) - 2c\tan(45° - \varphi/2)
\end{aligned} \tag{4-5}$$

式中　σ_z——深度为 z 处的地层自重应力；

　　　c——土的黏着力；

　　　z——地层深度；

　　　φ——地层内部摩擦角。

当盾构的推力偏大，土体处于向上滑动的极限平衡状态。此时作用在刀盘前方的土

压力 σ_p 相当于大主应力 σ_1，而竖向应力 σ_z 相当于小主应力 σ_a。画出土体的应力圆（图 4-18），当应力圆与抗剪强度线相切时，刀盘前方的土体被破坏，向前滑移。此时作用在刀盘上的土压力 σ_p 即土体的被动土压力。

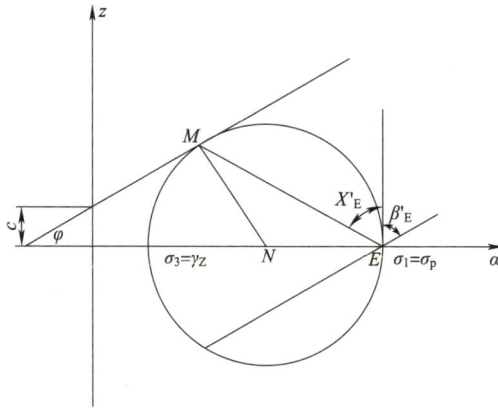

图 4-18　被动土压力应力圆

由图 4-18 可知：

$$\beta'_E = 1/2\angle ENM = 1/2(90°+\varphi) = 45°+\varphi/2$$
$$\sigma_p = \sigma_1 = \sigma_z \tan^2(45°+\varphi/2) + 2c\tan(45°+\varphi/2)$$

(4-6)

式中　σ_z——深度为 z 处的地层自重应力；

　　　c——土的黏着力；

　　　z——地层深度；

　　　φ——地层内部摩擦角。

（2）地下水压力计算

当地下水位高于隧道顶部，由于地层中孔隙的存在，从而形成侧向地下水压。地下水压力的大小与水力梯度、渗透系数、渗透速度以及渗透时间有关。在计算水压力时，由于地下水在流经土体时，受到土体的阻力，引起水头损失。作用在刀盘上的水压力一般小于该地层处的理论水头压力。

在掘进中，随着盾构不断往前推进，土舱内的压力介于原始的土压力值附近。加上水在土中的微细孔中流动时的阻力。故在掘进时地层中的水压力可以根据地层的渗透系数进行酌情考虑。当盾构因故停机时，由于地层中压力水头差的存在，地下水必然会不断的向土舱内流动，直至将地层中压力水头差消除为止。此时的水压力为：

$$\sigma_w = q \times \gamma h$$

(4-7)

式中　q——根据土的渗透系数确定的一个经验数值。砂土中 $q=0.8\sim1.0$，黏性土中 $q=0.3\sim0.5$；

　　　γ——水的容重；

　　　h——地下水位距离刀盘顶部的高度。

在实际施工中,由于管片顶部的注浆可能会不密实,故地下水可能会沿着管片外部的空隙形成过水通道,当盾构长时间停机时,必将形成一定的压力水头。

$$\sigma_{w1} = q_{砂浆} \times \gamma h_w \qquad (4\text{-}8)$$

式中　$q_{砂浆}$——根据砂浆渗透系数和注浆饱满程度确定的一个经验数值,一般取 $q = 0.8 \sim 1.0$;

　　　γ——水的容重;

　　　h_w——补强注浆处和刀盘顶部的高差。

在计算水压力时,刀盘后部的水压力 σ_{w1} 与刀盘前方的水压力 σ_w 取大值进行考虑。

（3）预备压力

由于施工存在许多不可遇见的因素,致使施工土压力小于原状土体中的静止土压力。按照施工经验,在计算土压力时,通常在理论计算的基础之上再考虑 $10 \sim 20$ kPa 的压力作为预备压力。

（4）土压平衡控制

土压平衡控制的要点就是维持开挖面稳定,确保土舱内的土压力平衡开挖面的地层土压力和水压力。土压平衡盾构开挖面的稳定由下列各因素的综合作用而维持:

①适当的推进速度使土舱内的土压力平衡地层压力和水压力。

②通过调节螺旋输送机的转速和排土闸门开度调节排土量。

③适当保持泥土的流动性,根据需要调节添加剂的注入量。

土压平衡盾构以土压力为控制目标,通过将盾构土舱内的实际土压值 P_i 与设定土压值 P_0 进行比较,依此压差进行相应的排土管理,其控制流程如图 4-19 所示。设定土压值 P_0 应控制在以下范围内:（水压力＋主动土压力）$< P_0 <$（水压力＋被动土压力）

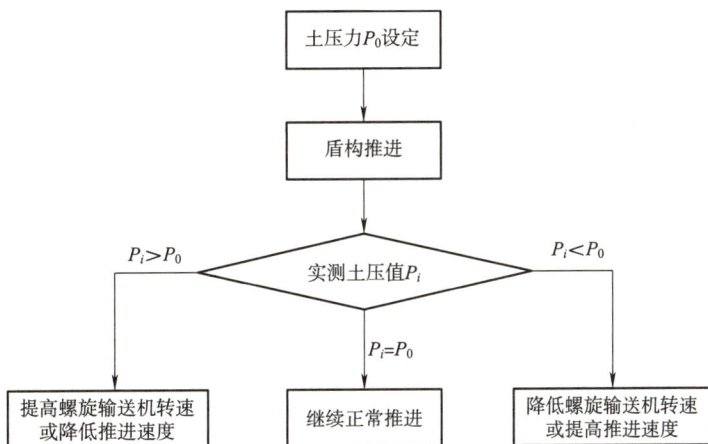

图 4-19　土压控制流程示意

4.2.8　基本配置

土压平衡盾构由刀盘、盾体、刀盘驱动（主驱动单元）、人舱、推进油缸、铰接密封、管片

拼装机、螺旋输送机、中心回转接头、土舱、铰接油缸、盾尾密封、管片输送装置、皮带输送机、螺旋输送机闸门及后配套系统等组成，如图 4-20 所示。

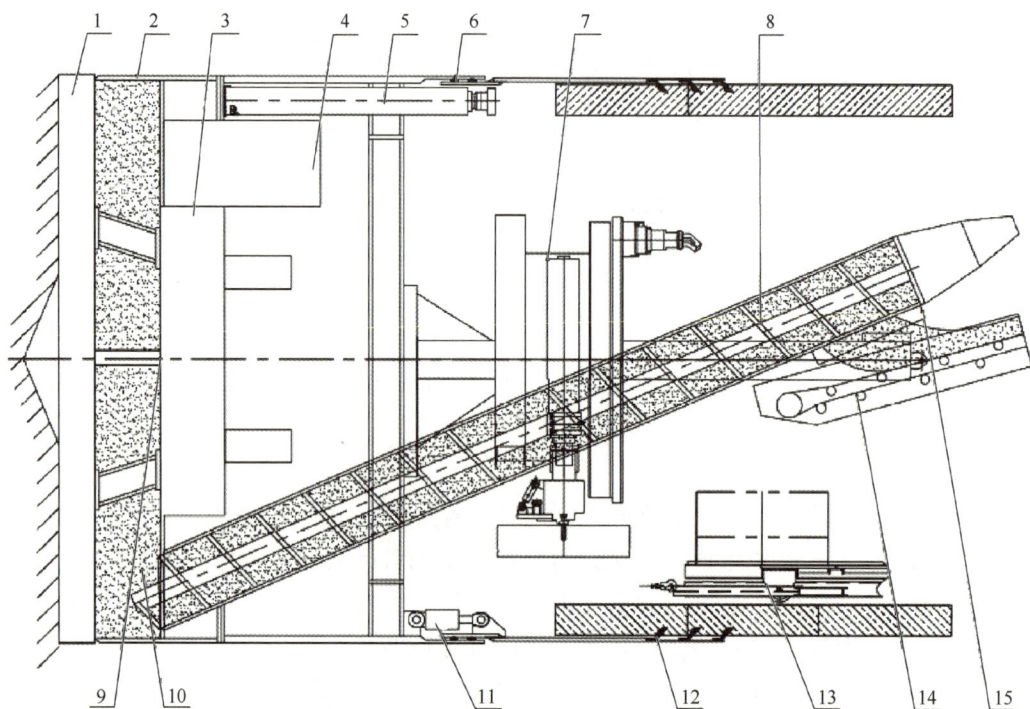

图 4-20　土压平衡盾构系统构成示意

1—刀盘；2—盾体；3—主驱动单元；4—人舱；5—推进油缸；6—铰接密封；7—管片拼装机；
8—螺旋输送机；9—中心回转接头；10—土舱；11—铰接油缸；12—盾尾密封；
13—管片输送装置；14—皮带输送机；15—螺旋输送机出渣闸门

土压平衡盾构的结构与施工详见视频 4-2（该视频由德国海瑞克公司提供）。

视频 4-2　土压平衡盾构的结构与施工

土压平衡盾构的组成及施工流程详见视频 4-3（该视频由浙江大学 973 计划"全断面大型掘进装备设计制造中的基础科学问题"项目组提供）。

视频 4-3　土压平衡盾构的组成及施工流程

4.2.8.1 *刀盘*

刀盘是机械化盾构的掘削机构,刀盘结构应根据地质适应性的要求进行设计,必须能适合围岩条件,在确保开挖面稳定的情况下,提高掘进速度。刀盘设计时,应充分考虑刀盘的结构形式、刀盘支承方式、刀盘开口率、刀具的布置等因素。

刀盘具有三大功能:

(1)开挖功能刀盘旋转时,刀具切削隧道掌子面的土体,对掌子面的地层进行开挖,开挖后的渣土通过刀盘的开口进入土舱。

(2)稳定功能。支撑掌子面,具有稳定掌子面的功能。

(3)搅拌功能。对于土压平衡盾构,刀盘对土舱内的渣土进行搅拌,使渣土具有一定的塑性,然后通过螺旋输送机将渣土排出。

盾构的刀盘结构形式与工程地质情况有着密切的关系,不同的地层应采用不同的刀盘结构形式。土压平衡盾构的刀盘有两种形式:面板式(图 4-21)和辐条式(图 4-22)。

图 4-21 面板式刀盘

图 4-22 辐条式刀盘

面板式刀盘在中途换刀时安全可靠,但开挖土体进入土舱时易黏结易堵塞,在刀盘上易形成泥饼。

辐条式刀盘仅有几根辐条,辐条后设有搅拌叶片,渣土流动顺畅,不易堵塞。但不能安装滚刀,且中途换刀安全性差,需加固土体,费用高。

辐条式刀盘对砂、土等单一软土地层的适应性比面板式刀盘较强;但由于不能安装滚刀,在风化岩及软硬不均地层或硬岩地层,宜采用面板式刀盘。

4.2.8.2 *刀盘驱动*

驱动方式有三种:一是变频电机驱动、二是液压驱动、三是定速电机驱动。由于定速电机驱动,刀盘转速不能调节,一般不采用。现将变频驱动与液压驱动比较,见表 4-2。

表4-2　刀盘驱动方式比较表

项　目	变频方式	液压方式	备　注
驱动部外形尺寸	大	小	一般情况下变频方式：液压方式＝(1.5～2)∶1
后续设备	少	多	液压方式需要液压泵、油箱、冷却装置等
效率（％）	95	65	液压系统效率低
起动电流	小	小	变频方式变频起动电流小，液压方式无负荷起动电流小
起动力矩	大	小	变频方式起动力矩可达到额定力矩的120％
起动冲击	小	较小	变频方式利用变频软起动，冲击小 液压方式控制液压泵排量，可缓慢起动，冲击较小
转速控制、微调	好	好	变频方式变频调速 液压方式控制液压泵排量，可以控制转速和进行微调
噪　声	小	大	液压系统噪声大
隧道内温度	低	高	液压系统传动效率低，功率损耗大，温度高
维护保养	容易	较困难	液压方式液压系统维护保养要求高，保养较复杂

4.2.8.3　刀盘支承

刀盘的支承方式主要有中心支承方式、中间支承方式和周边支承方式（图4-23）三种。在设计时应考虑盾构直径、土质条件、排土装置等因素。

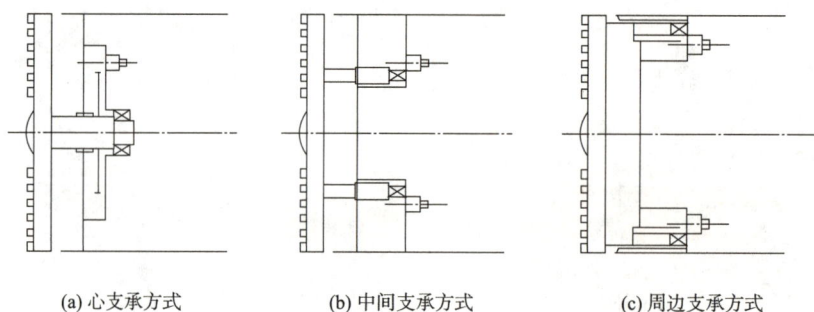

(a) 心支承方式　　(b) 中间支承方式　　(c) 周边支承方式

图4-23　刀盘的支承方式示意

（1）中心支承方式

一般用于中小型直径的盾构。该方式刀盘旋转切削土体时，土舱内土体的流动空间和被直接搅拌的范围大，土体流动顺畅，土体搅拌混合效果良好，黏土附着的可能性少，不易引起堵塞，开挖面压力较稳定，因而盾构掘进效果较好，改善了盾构控制地面沉降的性能。但由于机内空间狭小，处理大石块、卵石比较困难。

（2）中间支承方式

结构上较为平衡，主要用于中大型直径的盾构。当用于小直径盾构时，应认真考虑防止中心部位黏结泥饼等问题。由于中间支承的存在，将盾构土舱分隔成两个区域，中心区域占土舱内相当大的空间。当刀盘旋转切削土体时，中心区域以外部分的土体流动顺畅，易于搅拌；中心区域内的土体流动较差，当切削土体黏性较大并长期积聚于中心区域时，中心区域土体逐渐增多并最终形成泥饼，会完全丧失流动性。内外两个区域的土体流动

性差异较大,土体搅拌混合的效果难以确保。刀盘采用中间支撑方式的盾构在黏性土(包括粉细砂)中施工时,若处理不好,土舱内切削土体搅拌效果不易满足要求,并可能会因黏附堵塞形成泥饼,造成出土不畅、阻力增大、开挖面压力控制不稳定。因而,盾构掘进效果受到影响,且对控制地面沉降不利。

(3)周边支承方式

一般用于小直径盾构,机内空间较大,砾石处理较为容易。该方式易在刀盘的外周部分粘结泥土,在黏性土中使用时,应充分研究如何防止黏附的问题。

4.2.8.4　渣土改良系统

(1)泡沫注入系统

良好的渣土改良是降低刀具磨损、增强开挖面稳定、排土顺畅,降低掘进时扭矩推力的最好方法之一。上面这些材料一般是一种或多种组合使用,以达到理想的渣土改良效果。

土压平衡盾构主要是在砂性土和黏土地层使用的,故泡沫是最重要、最常用的渣土改良材料。同时,泡沫也是一种环保材料,一般在与土壤混合后几天内就会降解,残留很低,土壤也会相应恢复其特性。

泡沫注入系统常用于细颗粒比例较高的土壤,如黏土。主要用来提高渣土的流动性、保水性及止水性;具体来讲就是使改良后的渣土具有更好的可排性、能起到降低刀盘扭矩、减少地层中水的流失和结泥饼的风险。

泡沫系统组成和工作原理如图 4-24 所示。

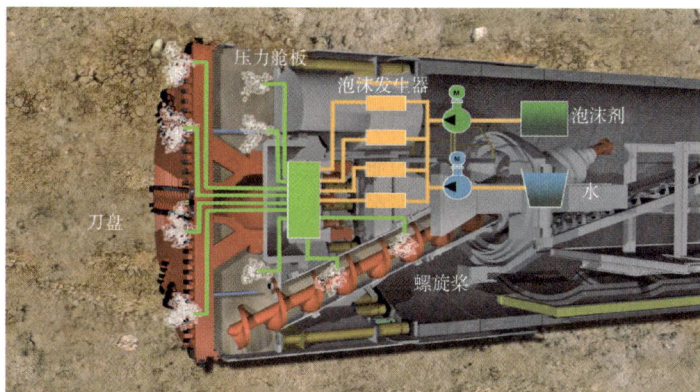

图 4-24　土压平衡盾构泡沫注入系统

泡沫剂和水通过一定的比例混合后,利用泡沫发生器用压缩空气吹成泡沫,然后通过泡沫管注入刀盘前方、土舱内和螺旋输送机内与渣土混合。

为了产生高质量的泡沫,经过工程实践,总结出如下经验:

①泡沫剂和水的混合比例:一般水占的比例为 95%~98%,而泡沫剂的比例为 2%~5%。

②泡沫溶液与空气的混合比例:也被称为发泡率,一般为 1:10~1:14。

③泡沫与砂性土混合后,可以提高其内聚力,变得更具有弹性、可流动性和止水性,加

泡沫前后对比如图 4-25 所示。

泡沫与黏土混合后,可以降低其内摩擦角,变得更容易流动而不易黏结,如图 4-26 所示。

(a) 加泡沫前　　　　　　　　　　　　　(b) 加泡沫后

图 4-25　泡沫与砂性土混合前后对比

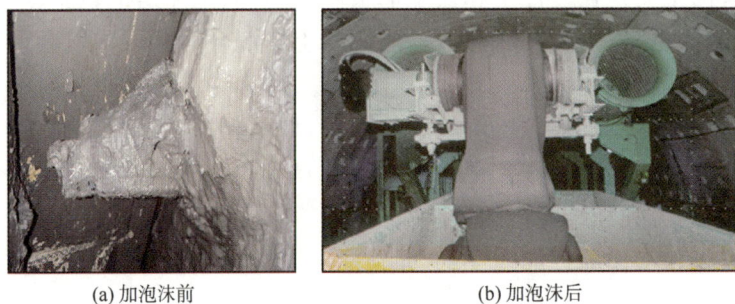

(a) 加泡沫前　　　　　　　　　　　　　(b) 加泡沫后

图 4-26　泡沫与黏土混合前后对比

在大大降低黏土的内摩擦角之后,盾构的大多数设计指标都可以降低,如刀盘扭矩、推进油缸推力、螺旋输送机扭矩等,相应的施工能耗也降低了。

在土壤中注入泡沫的量一般采用下面的公式来计算:

$$Q(\%)=a\times[(60-X^{0.8})+(80-3.3\times Y^{0.8})+(90-2.7\times Z^{0.8})]/2 \tag{4-9}$$

式中　X——筛分粒径 0.075 mm;

$\quad\quad Y$——筛分粒径 0.42 mm;

$\quad\quad Z$——筛分粒径 2 mm;

$\quad\quad a$——修正系数。

而修正系数 a 可以用均一性系数 U 来确定:$U<4$ 时,$a=1.6$;$4\leqslant U\leqslant 15$ 时,$a=1.2$;$U>15$ 时,$a=1.0$。

需要注意的是,这个公式没有考虑孔隙容积、含水量、渗透性、黏性和支撑压力。

(2)膨润土注入系统

膨润土注入系统常用于细颗粒比例较低的土壤,如砂卵石地层,如图 4-27 所示。主要用来增加土壤中细颗粒的比例,使土体具有更好的流动性和不透水性;其作用也是使渣土具有更好的可排性、降低刀盘扭矩和减少地层中水的流失;在注入时一定要使用较好的材

料,掌握膨化时间,以达到添加效果。

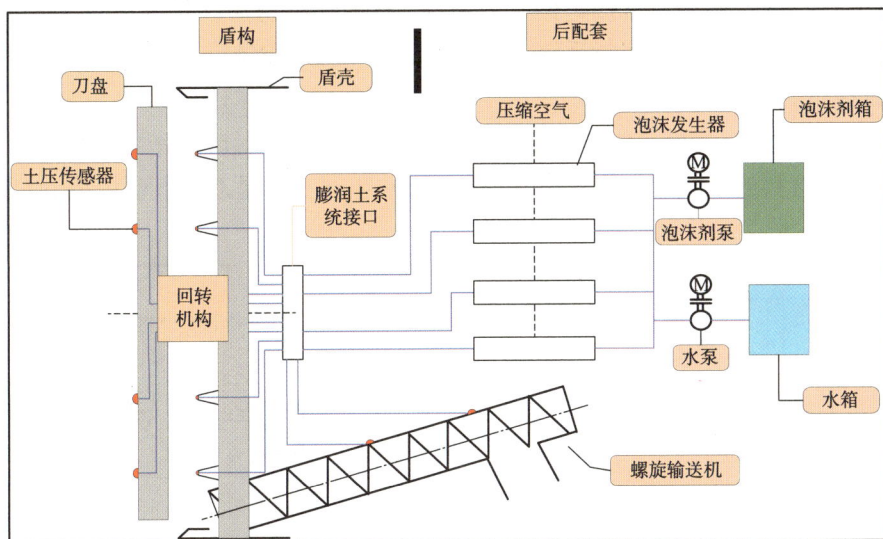

图 4-27　土压平衡盾构膨润土注入系统示意

（3）聚合物注入系统

聚合物注入系统适用于非黏性土,常用于含水较丰富的砂卵石地层。主要用来黏结水分,减少水土分离,增加土的黏性;体现出来的作用也是使渣土具有更好的可排性、降低刀盘扭矩和减少地层中水的流失。

4.2.8.5　螺旋输送机

螺旋输送机由伸缩筒、出渣筒、液压马达、螺旋轴、出渣闸门组成。是土压平衡盾构的排土装置,主要有以下三个功能:

（1）将盾构土舱内的土体向外连续排出。

（2）土体在螺旋输送机内向外排出的过程中形成密封土塞,阻止土体中的水分散失,保持土舱内土压的稳定。

（3）将盾构土舱内的土压值自动与设定土压值进行比较,随时调整向外排土的速度,控制盾构土舱内实现连续的动态土压平衡过程,确保盾构连续正常向前掘进。

4.2.8.6　皮带输送机

皮带输送机将渣土从螺旋输送机的出渣口转运到停在轨道上的渣车内。

4.2.8.7　同步注浆系统

同步注浆的目的主要有以下三个方面:

（1）及时填充盾尾建筑空隙,支撑管片周围岩体,有效地控制地表沉降。

（2）凝结的浆液作为盾构施工隧道的第一道防水屏障,防止地下水或地层的裂隙水向管片内泄漏,增强盾构隧道的防水能力。

（3）为管片提供早期的稳定并使管片与周围岩体一体化,限制隧道结构蛇行,有利于盾构姿态的控制,并能确保盾构隧道的最终稳定。

4.2.8.8 盾体密封系统

盾体密封系统是盾构正常掘进的关键系统，盾构法隧道施工所发生的安全事故常常在盾尾。铰接式盾构的盾体密封系统包括铰接密封和盾尾密封。

（1）铰接密封

铰接密封一般有三种形式：一种是采用一道或多道橡胶唇口式密封；另一种是采用石墨石棉或橡胶材料的盘根加气囊式密封（图 4-28）；还有一种是双排气囊式密封（图 4-29）。

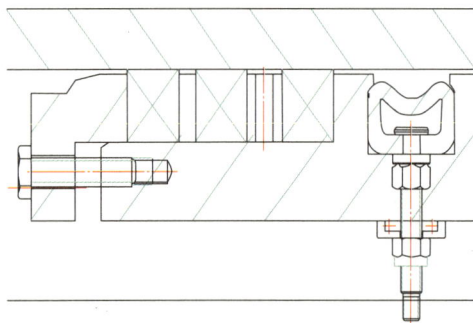

图 4-28　盘根加气囊式铰接密封示意　　　　　图 4-29　双排气囊式铰接密封示意

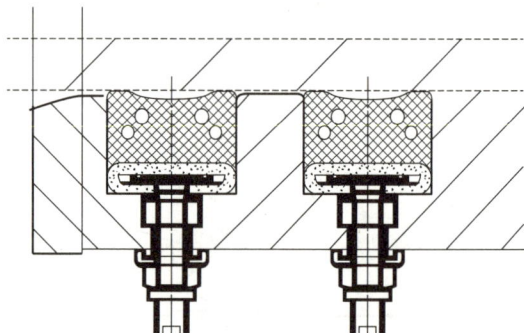

（2）盾尾密封

盾尾止水采用钢丝刷密封装置，是集弹簧钢、钢丝刷及不锈钢金属网于一体的结构，如图 4-30 所示。盾尾油脂泵向每道钢丝刷密封之间供应油脂，以提高止水性能。

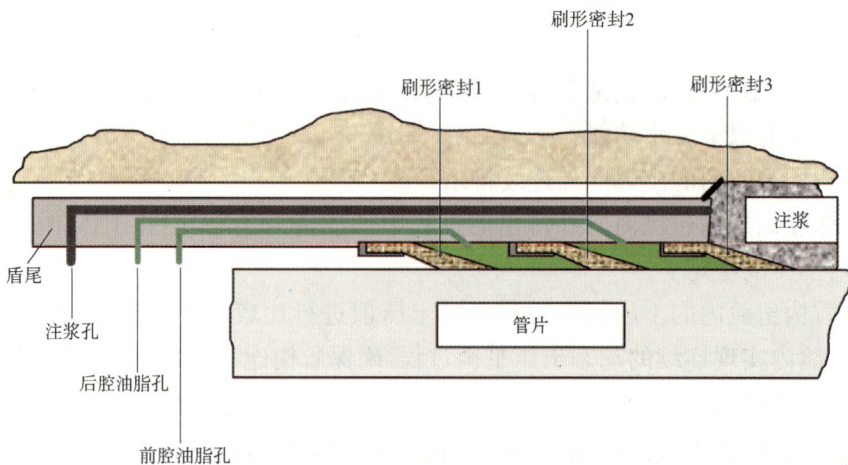

图 4-30　采用三道钢丝刷的盾尾密封系统示意

4.2.8.9 管片拼装机

管片拼装机有两种形式：机械抓取式和真空吸盘式，其作用是按照顺序抓取从洞外运入的预制管片在盾壳的保护下拼装成整环形成隧道衬砌。

4.2.8.10 数据采集系统

数据采集系统"采集、处理、储存、显示、评估出现的与盾构有关的数据"。采用此系统，可输出环报、日报、周报等数据；有各种参数的设定、测量、掘进、报警以及历史曲线和

动态曲线。所有采集数据均能保存下来,供日后分析、判断和参考。

4.2.8.11　导向系统

随时掌握和分析盾构在掘进过程的各种参数,是指导盾构正常掘进不可缺少的系统。导向系统一般由经纬仪、ELS 靶、后视棱镜、计算机等组成,能连续不断地提供关于盾构姿态的最新信息。通过适当的转向控制,可将盾构控制在设计隧道线路允许公差范围内。导向系统的主要基准点是由一个从激光经纬仪发射出的激光束,经纬仪安装在盾构后方的管片上。

目前市场上主流的导向系统主要有上海力信 RMS-D 导向系统,铁建重工 DDJ 导向系统,中铁装备 ZED 导向系统,德国 VMT 导向系统,日本演算工坊导向系统。除了演算工坊是棱镜法,其余均为激光靶法。国产导向系统原理,部件基本一致,区别在于软件算法,功能、界面和技术服务的差别。

4.3　泥水盾构

4.3.1　泥水盾构分类与特点

除了土压平衡盾构外,泥水平衡式盾构是另一种可以在压力下进行隧道掘进的盾构。

泥水平衡盾构(Slurry Pressure Balance Shield),简称 SPB 盾构,中文简称泥水盾构,是以泥浆为主要介质平衡隧道开挖面地层压力、通过泥浆输送系统出渣的压力平衡式盾构。如图 4-31 所示,其工作原理为:通过进浆管 9、10 将泥浆送入泥水舱 8,在开挖面上形成不透水的泥膜,通过该泥膜作用,平衡开挖面的水土压力;开挖的渣土在泥水舱内与膨

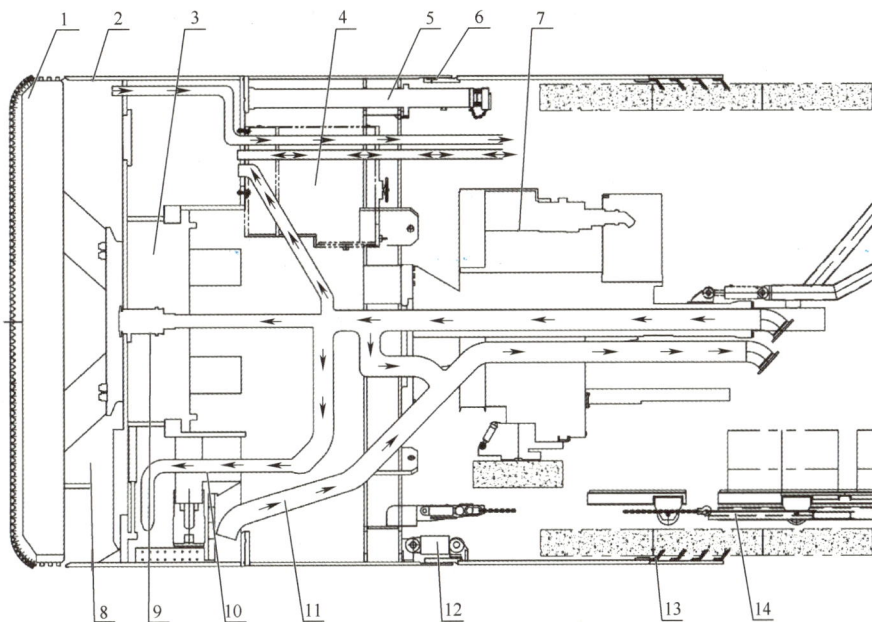

图 4-31　泥水盾构(德系)结构示意

1—刀盘;2—盾体;3—主驱动单元;4—人舱;5—推进油缸;6—铰接密封;
7—管片拼装机;8—泥水舱;9—中心回转接头;10—进浆管;11—排浆管;
12—铰接油缸;13—盾尾密封;14—管片输送装置

润土混合后被排泥泵以泥浆形式从排浆管 11 排出,并输送到地面,然后通过泥浆处理设备进行分离;分离后的泥水进行重新调浆,再通过送泥泵输送到开挖面。泥水盾构适用的地质范围较大,从软弱砂质土层到砂砾层都可以使用。

(1)直接控制型泥水盾构

根据压力平衡控制的方式不同,泥水盾构可分为直接控制型泥水盾构(日系)和间接控制型泥水盾构(德系)。

如图 4-32 所示,直接控制型泥水盾构的前部设置压力隔板,隔板与开挖面之间形成泥水舱,内部充满泥浆,排泥口和进泥口均设在隔板上;与土压平衡盾构的平衡原理类似,泥水舱中的压力是由盾构的推进速度、进泥的速度和排泥的速度来决定的。一般情况下,盾构司机会保持推进速度和进泥速度不变,只是改变排泥的速度来控制泥水舱的压力;排泥速度增加了,泥水舱的压力就降低,反之,排泥速度减小了,泥水舱的压力就会升高。

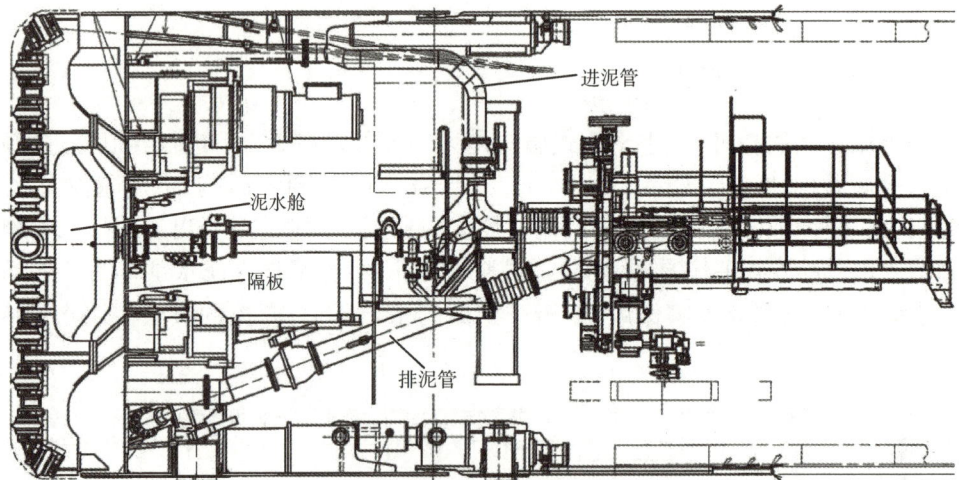

图 4-32　直接控制型泥水盾构(日系)示意

(2)间接控制型泥水盾构

如图 4-31 所示间接控制型泥水盾构,其泥水压力控制系统由泥浆和空气双重回路组成,因此也称为"D"模式或气压复合模式。图中,间接控制型泥水盾构在泥水舱内插装一道半隔板;在半隔板前充以压力泥浆,在半隔板后盾构轴心线以上部分充以压缩空气,以形成空气缓冲层;气压作用在半隔板后面与泥浆的接触面上;由于接触面上气、液具有相同压力,因此只要调节空气压力,就可以确定和保持在开挖面上相应的泥浆支护压力。

当盾构掘进时,有时由于泥浆流失,或推进速度变化,送、排浆量将会失去平衡,气液接触面就会出现上下波动现象。这时通过液位传感器,根据液位高低变化来操纵送泥泵转速,使液位恢复到设定位置,以保持开挖面支护压力稳定。送泥泵输出量随液位下降而增加,随液位上升而减小。在液位最高和最低处设有限位器,当液位达到最高位时停止送泥,当液位降低到最低位时则启动送泥。正是由于空气缓冲层的弹性作用,当液位波动时,对支护泥浆压力变化无明显影响。

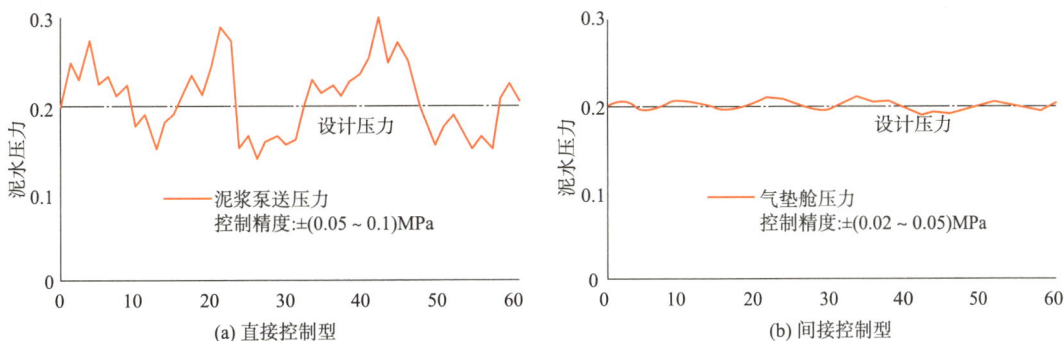

图 4-33 泥水盾构平衡压力波动曲线示意

此外,压缩空气具有反应速度快、填充速度快、容易实现远程精确自动控制的特点,间接控制性泥水盾构可以更快速、更准确地平衡压力,更有利于控制沉降。

(3)两种类型泥水盾构的差异性分析

①与直接控制型泥水盾构的单舱结构形式相比,间接控制型泥水盾构在泥水舱中设置了气压舱,具有双舱结构,其中开挖舱充满受压泥浆,并通过沉浸墙下面与气垫舱相连,以平衡外部水土压力。由此可见,直接控制型泥水盾构操作控制更简单直接,调节压力必然影响进排泥;而间接型把压力平衡与进排泥分开,可以实现在掘进速度、进泥速度和排泥速度不变的情况下控制平衡压力,对保持掘进速度和开挖面土层稳定更为有利,对地表变形控制也更为有利。

②直接控制型泥水盾构开挖舱内的泥水压力波动较大,一般在 $\pm(0.05\sim0.1\ \mathrm{MPa})$ 之间变化(图 4-33a),而间接控制型泥水盾构可通过压缩空气系统精确地控制和调节压力,故开挖舱内的压力波动较小,一般为 $\pm(0.02\sim0.05\ \mathrm{MPa})$(图 4-33b)。

③直接控制型泥水盾构的吸泥口就在泥水舱的底部,距离开挖面较近,有利于排出大粒径的石头等障碍物;而间接控制型泥水盾构的吸泥口设在调压舱底部,距离开挖面较远,而且中间还有隔板、碎石器等,不利于排出大粒径的石头等障碍物。

④直接控制型泥水盾构的吸泥口前不能设置碎石器,碎石器只能后置,如果有超出泥浆泵泵送能力的石块或石块较多,需要停机处理,影响掘进速度;间接控制型泥水盾构的吸泥口设在调压舱底部,所以可以在吸泥口前设置较大的碎石器,不用频繁停机采石。

⑤直接控制型泥水盾构没有调压舱,盾体可以做到更短,有利于转弯、纠偏或减少超挖。

(4)泥水盾构与土压盾构的主要区别

从结构、工作原理和地质适应性上比较,泥水盾构与土压平衡盾构最大的区别如下:

①出渣方式不同

土压平衡盾构采用螺旋输送机与皮带机出渣,从螺旋输送机到皮带机需要把压力降为大气压,适应压力较低,而且皮带机不适合运送含水量大的渣土;泥水盾构采用的是泥浆泵和管道出渣,可以适应较高压力,全程封闭而且无需降压。

②压力平衡介质不同

土压平衡盾构的压力平衡介质是渣土,密度较大,不易流动,压力分布和传递不均匀;泥水盾构的压力平衡介质是泥浆,密度较小,容易流动,压力分布和传递均匀。

③适应地质不同

从地质适应性上来看,土压平衡盾构一般适应砂性土和黏土、水压不大、水量较小的地层;泥水平衡盾构一般更适应含水较多或者水土压力较高的砂质或卵石地层,这些地层的开挖面不稳定而且地下水容易流失。

可见,土压和泥水盾构在结构和原理是既相似又有区别,在地质适应性上既有重叠又相互补充。因为这个缘故,在具体项目选型时,往往会对选择泥水还是土压盾构产生较大的争议。

4.3.2 泥水盾构系统构成

本节主要以间接控制型泥水盾构为例,简要介绍泥水盾构的典型系统构成。泥水盾构由以下五大系统构成:

(1)盾构掘进系统:一边利用刀盘挖掘整个开挖面、一边推进盾构向前掘进。

(2)泥水循环系统:将膨润土浆液送至开挖面、保持开挖面稳定并把泥水舱里的渣土通过管道以泥浆的形式泵送到地面处理厂。

(3)管片衬砌和物料运输系统:运输管片和其他材料,并把管片安装到位成型。

(4)泥水分离处理系统:把泵送出来的泥浆进行分离,回收膨润土并根据施工需要调制膨润土浆液。

(5)壁后同步注浆系统:及时填充盾尾建筑空隙,支撑管片周围岩体,有效地控制地表沉降。

泥水盾构的构成与工作原理详见视频 4-4(该视频由中国铁建重工集团有限公司提供)。

视频 4-4　铁建重工泥水盾构

4.3.2.1 泥水循环系统

泥水循环系统用于调整泥浆物性,保持开挖面稳定,并通过排泥泵将开挖渣料从泥水舱输送到泥水分离站。如图 4-34 所示,该系统由送排泥泵、送排泥管、延伸管线、辅助设备等组成。其中,盾构内通往前舱的送泥管路分为 5 段(2 个在上部通向泥水舱,2 个在下部通向气垫舱,1 个在中央通过中心回转接头通向泥水舱);排泥管路(盾构下部的一条管路)中配备有 P2.1 泵、中继接力泵 P2.i 和中继接力泵 P3 等排泥泵用以控制排泥流量;泥水密度和泥水流量分别由安装在每条管路上的伽马密度仪(图 4-35)和电磁流量仪来测定。

泥水循环系统基本工作过程为:送泥泵 P1.1 和中继接力泵 P1.i 将地面泥浆池中调制好的新泥浆通过送泥管输送到泥水舱;而排泥泵 P2.1 和中继接力泵 P2.i 则将携带渣

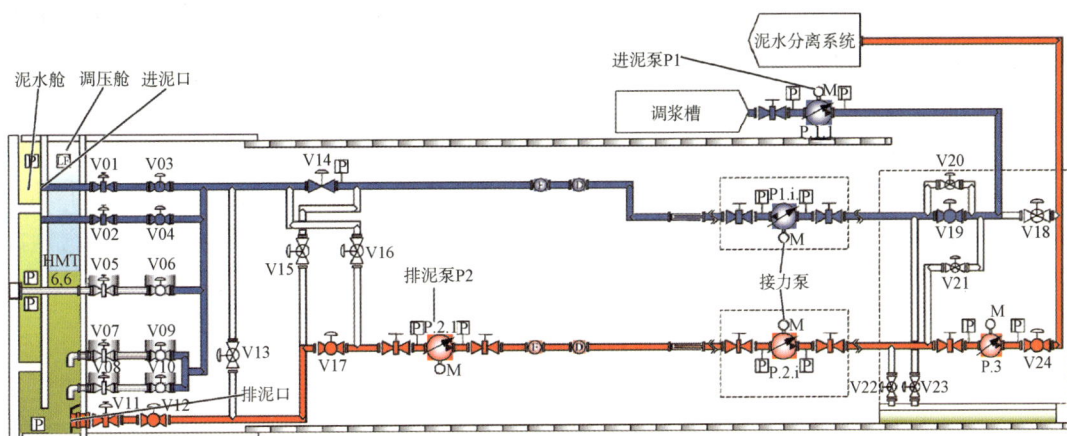

图 4-34　德系泥水循环系统示意

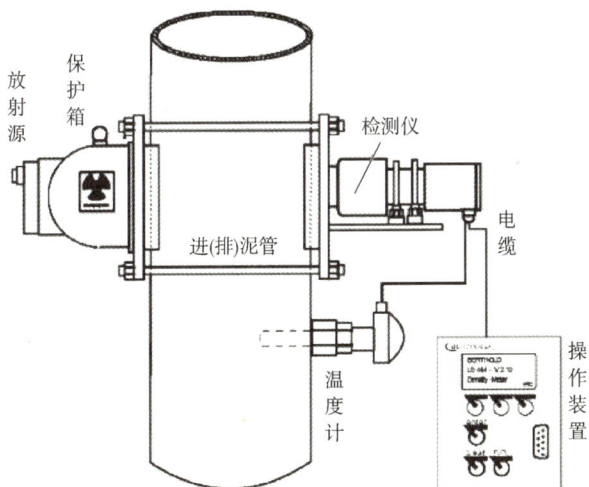

图 4-35　泥水密度计工作原理示意

土的泥水排出,通过排泥管输送到地面的泥水处理设备进行分离。

泥水循环系统控制方式分为手动、半自动和自动三种。

4.3.2.2　泥水分离处理系统

泥水处理系统用于将盾构排出的泥水中的水和土分离。该系统设于地面,由泥水分离站和泥浆制备设备两部分组成。其中,泥水分离站主要由振动筛、旋流器、储浆槽、调整槽、渣浆泵等组成;泥浆制备由沉淀池、调浆池、制浆系统等组成。泥水分离处理系统中主要组成部分简要介绍如下。

(1)泥水分离站

泥水分离站的泥水处理能力一般分为三级,其中:

一级泥水处理的对象是粒径 74 μm 以上的砂和砾石,工艺比较简单,用振动筛或旋流器等设备对其进行筛分,分离出的土颗粒用车运走;二级泥水处理的对象主要是一级处理

时不能分离的 74 μm 以下的淤泥、黏土等的细小颗粒;三级处理是对需排放的剩余水作 pH 值调整,使泥水排放达到环保要求;三级处理采用的材料主要是稀硫酸或适量的二氧化碳气体。

(2)泥浆制备设备

该设备用于调配满足泥水盾构使用要求的泥浆,主要包括 1 个剩余泥水槽、1 个黏土溶解槽、1 个清水槽、1 个调整槽、1 个 CMC(增黏剂)贮备槽和搅拌装置等,其泥水制作流程如图 4-36 所示。图中,可使用黏土和膨润土来提高密度,添加 CMC 来增大黏度。

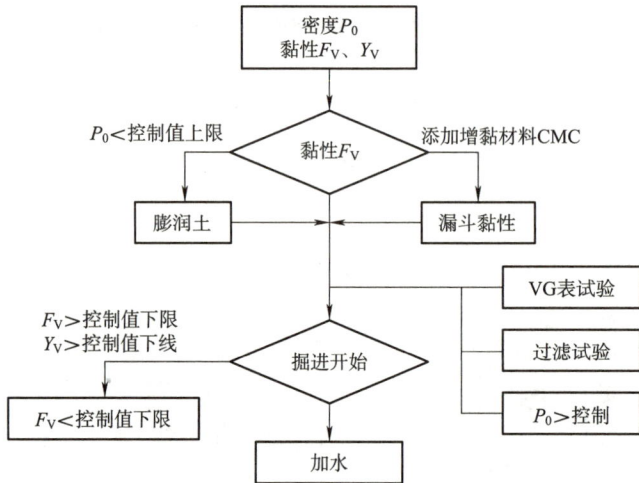

图 4-36 泥水制作流程

(3)泥水系统输送能力的计算

①送排泥流量的计算

a. 开挖土体流量

$$Q_E = 0.25\pi D^2 V \tag{4-10}$$

式中 D——刀盘开挖直径(m);

V——最大推进速度(m/h);

Q_E——开挖土体流量(m^3/h)。

b. 排泥流量

$$Q_2 = Q_E(\rho_E - \rho_1)/(\rho_2 - \rho_1) \tag{4-11}$$

式中 Q_E——开挖土体流量(m^3/h);

ρ_E——开挖土体密度(t/m^3);

ρ_1——送泥密度(t/m^3);

ρ_2——排泥密度(t/m^3);

Q_2——排泥流量(m^3/h)。

c. 送泥流量

$$Q_1 = Q_2 - Q_E \tag{4-12}$$

式中　Q_1——送泥流量(m^3/h)；

　　　Q_2——排泥流量(m^3/h)；

　　　Q_E——开挖土体流量(m^3/h)。

在以上计算的基础上,送排泥流量应考虑一定的富裕量,储备系数一般为 1.2～1.5。同时考虑到送排泥系统在旁通模式时,送排泥流量相等的特点,在送泥泵选型时,其排量值的选取应不小于计算的排泥流量。

②送排泥流速的计算

a. 送泥管内流速

$$V_1 = 4Q_1/(\pi D_1^2) \qquad (4\text{-}13)$$

式中　V_1——送泥管内流速(m/h)；

　　　Q_1——送泥流量(m^3/h)；

　　　D_1——送泥管内径(m)。

b. 排泥管内流速

$$V_2 = 4Q_2/(\pi D_2^2) \qquad (4\text{-}14)$$

式中　V_2——排泥管内流速(m/h)；

　　　Q_2——排泥流量(m^3/h)；

　　　D_2——排泥管内径(m)。

4.3.3　日系和德系泥水循环系统设计区别

日系和德系的泥水循环系统设计有较大的区别,主要体现在下述四个方面。

4.3.3.1　泥水舱压力平衡控制方式的差别

如图 4-37 所示,日系盾构泥水舱的压力是通过进泥泵 P1 来调节的,而排泥泵 P2 是用来调节出土量的。即使假设掘进时掘进速度不变,切削下的渣土不变,需要排出的渣土也不变,然而从泥水舱排出的量不仅仅是切削下来的渣土,还有从 P1 泵泵至泥水舱的泥浆。一旦开挖面压力发生变化,P1 泵参与调节压力,进入泥水舱的泥浆就会发生变化。由于无论是排泥还是进泥都是一个持续不断的过程,而这个变化排泥泵 P2 泵是无法及时响应的,再加上进泥泵 P1 泵的流量也很大,泥浆管路和气路直径也不是一个数量级的,泥浆的密度也比压缩空气大得多,所以泥水舱内的压力波动是很大的,如图 4-33a 所示。另一方面,地层发生变化时,理论切削体积也是很难计算和控制准确的,这就更不利于平衡压力控制。

而德系泥水盾构的泥水舱压力控制是通过隔板后面调压舱的压缩空气来实现的。如图 4-38 所示,在掘进时,推进油缸的速度保持不变,进泥量保持不变,排泥量也保持不变,如果泥水舱中的压力发生变化,与设定压力出现偏差,压缩空气马上自动反应,并作用在调压舱的泥浆液面上,不需要人工干预。同样地,即使推进速度或进泥量或排泥量发生了变化,调压舱也可以马上对泥水舱的压力进行补偿,达到稳定开挖面的作用,所以泥水舱内的压力波动是很小的,如图 4-33b 所示。

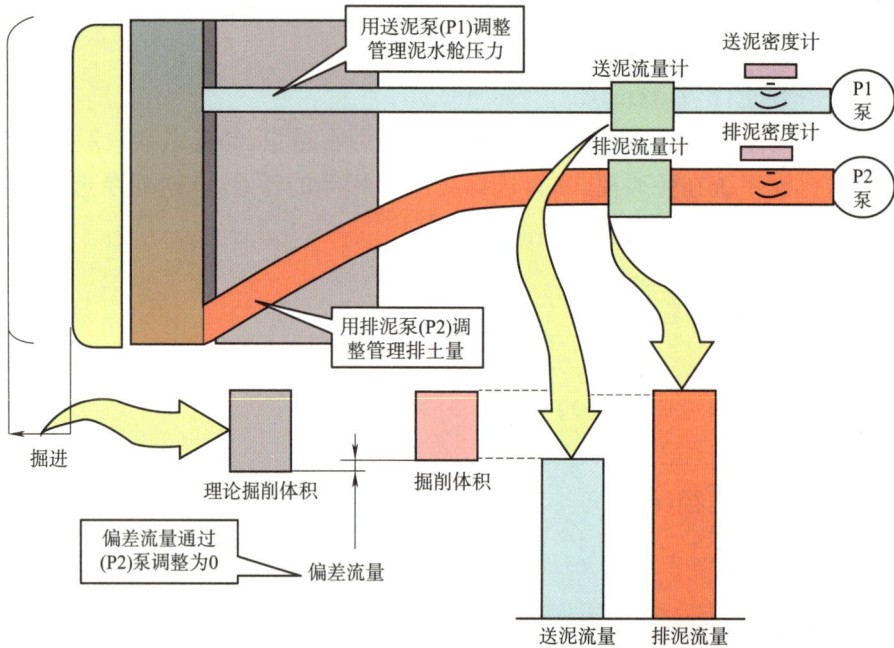

图 4-37   日系盾构泥水舱的压力平衡原理示意

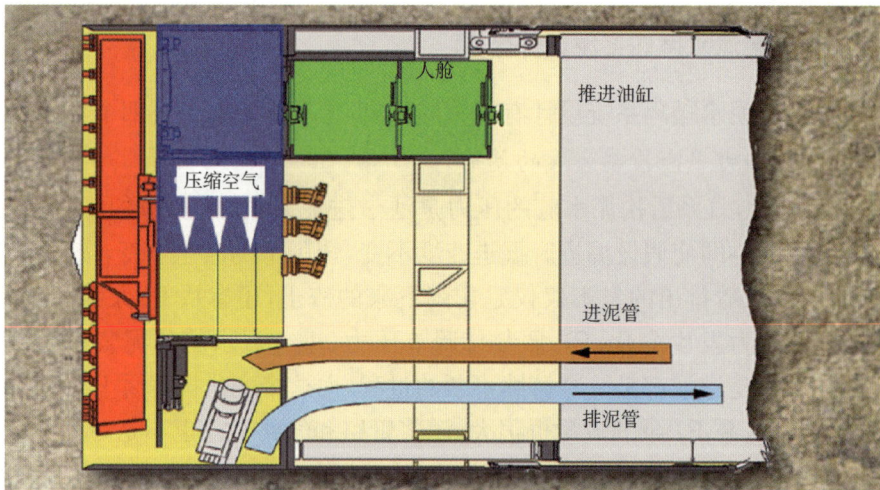

图 4-38   德系盾构泥水舱的压力平衡原理示意

4.3.3.2   循环模式的差别

（1）日系循环模式

日系的循环模式包括掘进模式、旁通模式、逆洗模式、冲洗模式、溢流模式 5 种。

①掘进模式。如图 4-39 所示，在开挖模式时，泥水舱内泥水压力由 P1 泵控制。通过进泥泵 P1 将调制好的泥水从调浆池泵送至泥水舱，对泥水压力进行调节。排浆通过排泥泵 P2 进行，将切削混合后的泥浆排至地面的泥水分离系统。

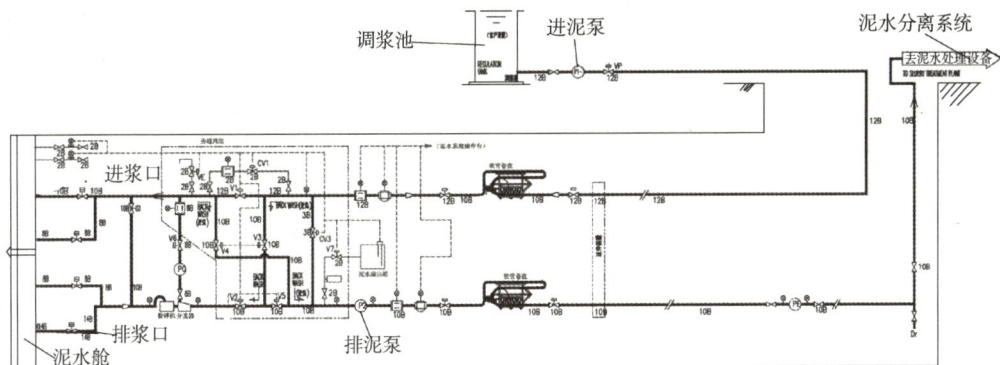

图 4-39　日系泥水循环系统

②旁路模式。此模式为待机模式，用于盾构不进行开挖掘进时，比如拼装管片时。也可以用于盾构需要较长时间停机处理故障或其他原因，一旦处理完随后就需要切换到旁路模式运行一段时间再切换到正常掘进模式。也就是说从一种功能切换为另一种功能时就需要采用。

③逆洗模式。当排泥口发生堵塞时，可以采用此模式进行逆洗以清理排泥口。此时 P1 泵的进泥从排泥口进入泥水从，而原来上部的进泥口变为排泥口，通过 P2 泵送到地面处理。

④冲洗模式。通过 P1 泵及隔板之间的进泥口进行冲洗，防止刀盘和泥水舱堵塞。

⑤溢流模式。此模式用于待机模式。在待机时，泥浆会从开挖面流失，导致泥水舱压力降低，此时就可以通过保压泵 PH 输送泥浆到泥水舱保持压力。

（2）德系循环模式

德系的循环模式包括掘进模式、旁通模式、反循环模式、隔离模式、周末模式五种。

①掘进模式。如图 4-40 所示，这个模式于开挖时使用。根据气垫室里泥浆的高度及所要求的排渣流量，对伺服泵 P1.1 和 P2.1 的转速分别进行调整。调整 P1.1 泵的转速用以校正泥浆\气垫界面高度达到所要求的值，同时确保它沿程的下一个泵的超载压力要大于所要

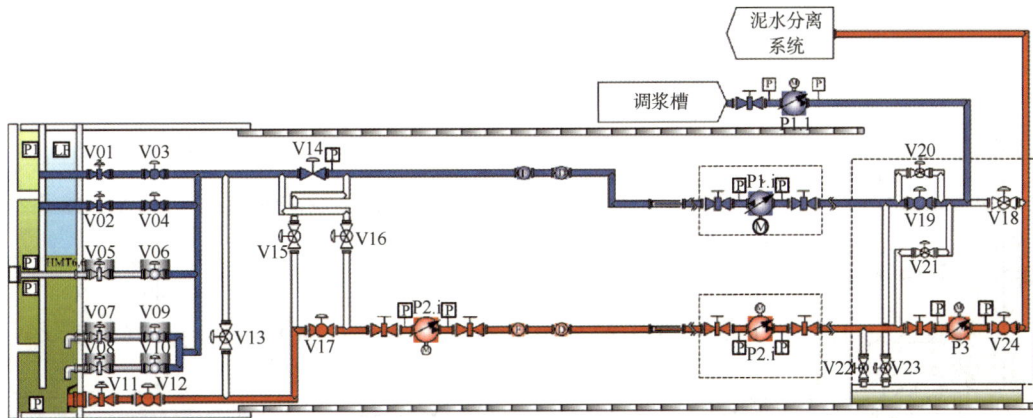

图 4-40　德系泥水循环系统掘进模式示意

求的净吸压头。调整 P2.2 泵的转速，用以校正排渣流量达到所要求的排渣模式的值，同时确保沿程的下一个泵的超载压力要大于所要求的净吸压头。P3 泵的转速必须能确保排渣的流体能被泵送到地面的分离厂。调整 P3 泵的转速以便在泥浆分离厂入口处达到必要的压力。

②旁路模式。如图 4-41 所示，这个模式也称待机模式，用于泥水盾构不进行开挖时执行其他功能。这个模式也用于当泥水盾构从一种功能切换到另一种功能时，尤其是旁通功能用于安装管片衬砌时可使开挖室被隔离。在旁通模式，各泥浆泵都根据泵的超载压力和所要求的排渣流量所控制的转速保持旋转。由于此时开挖室没有泥浆的供给，因此理论上并不需要控制泥浆\气垫界面高度。然而泥浆\气垫界面的高度可能由于水从开挖面上流失或进入而发生变动。在这些情况下，可能需要补充泥浆（只要注入管道压力许可的话）或排出泥浆以调整这个高度。

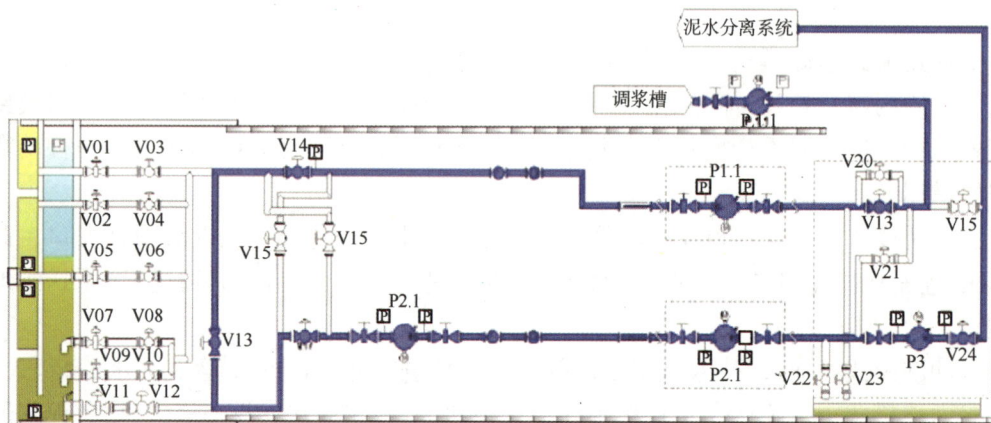

图 4-41　德系泥水循环系统旁路模式示意

③隔离模式。如图 4-42 所示，这个模式使隧道里的泥浆管道系统与地面系统处于完全隔离状态，但此时设在地面的分离厂和制备厂之间的回路仍保持连通。这种模式也用于隧道泥浆管道延伸时，所以也称为接管模式。各排渣泵（P2.1,P3）停止运转。而 P1.1 仍保持运行，以保持制备厂和分离厂之间回路的循环。始发井中的旁通阀 V18 控制着这个回路。

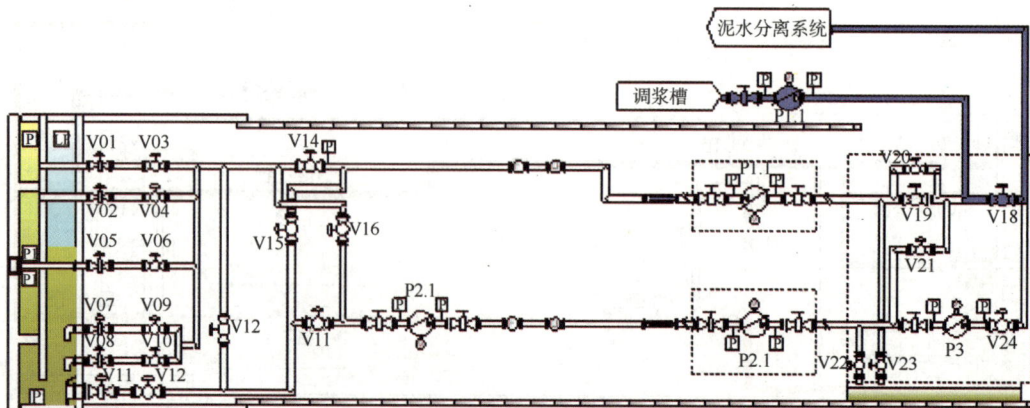

图 4-42　德系泥水循环系统隔离模式示意

④反循环模式。如图 4-43 所示,这个模式使开挖室里的泥浆逆向流动。仅用于一些特别情况,特别是在开挖室内发生堵塞,或用于清理泥水盾构上的排渣管道。为了不让泥浆充满开挖室,气垫压力与泥浆\气垫界面高度的控制仍需维持。

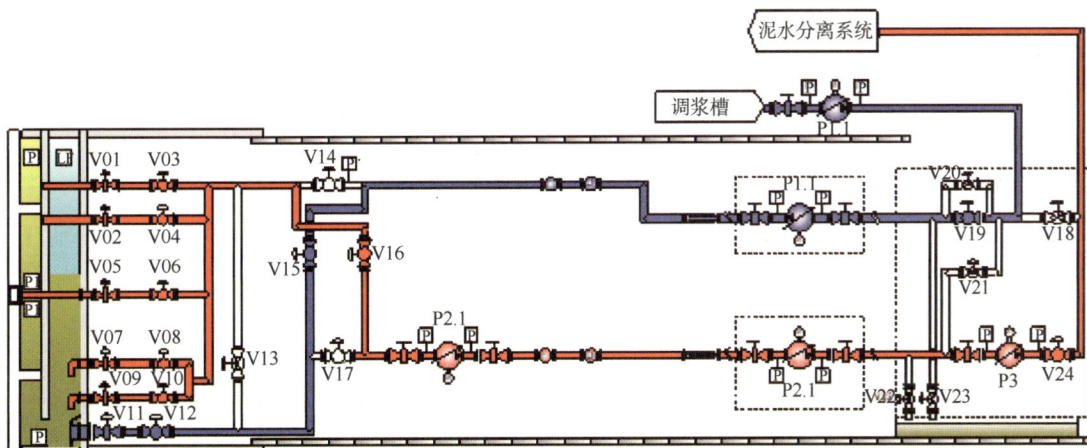

图 4-43　德系泥水循环系统反循环模式

⑤周末模式。如图 4-44 所示,这个模式是自动控制的。此时所有泵都停止运转。掌子面压力由压缩气回路来控制。当气垫室泥浆高度低于预定的低限时,便进行校正。

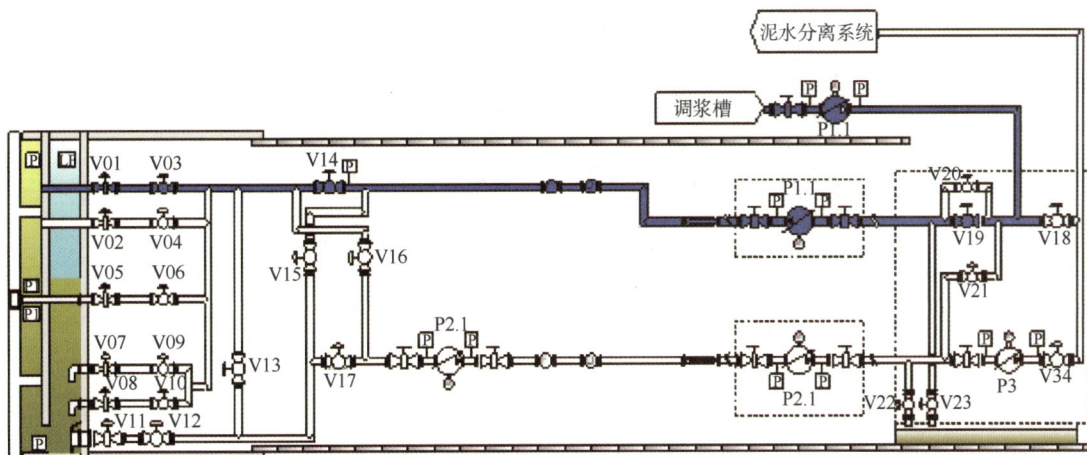

图 4-44　德系泥水循环系统周末模式

4.3.3.3　处理泥水舱堵塞方式的差别

日系和德系盾构的泥水循环系统设计、工作模式大同小异,最重要的差别就是反循环系统。

日系盾构在反循环模式下不但可以清洗泥水舱,还可以继续掘进。尽管掘进效率会受到影响,但是在一些特殊情况下,这一功能还是有用的。比如泥水舱在一环掘进快结束时发生堵塞,需要清理,这时候日系盾构就可以切换到反循环模式进行清理而且继续掘进,直到这个循环结束,安装管片,下一个循环再回到正常的掘进模式。

德系盾构只能停机时在反循环模式下清洗泥水舱、调压舱和主机泥浆管路,掘进时只能采用掘进模式循环。这样做的原因是德系的排泥口在调压舱下部,与泥水舱有一定的距离。而且从泥水舱到调压舱的泥水流动的初始设计就是单向的,如果逆向循环的同时进行掘进,渣土都会堵在两个舱的底部,排不出去。而日系设计的进泥和排泥口都在一个舱,泥浆的反向流动较容易实现。

德系泥水盾构应对堵舱采用措施是冲刷系统。德系泥水盾构的泥水舱冲刷系统分为以下五个部分,分别解决各自部位的堵塞问题,最终到达顺畅排渣的目的。

(1)刀盘冲刷

从地面上进来的膨润土可以通过中心回转接头泵送到刀盘区域,分别在刀盘后部、在刀盘开口和中心区域设置冲刷点,防止刀盘中心和开口结泥饼。

(2)泥水舱冲刷

在隔板的上部和中部两侧,可以设置向下的冲刷点,在搅拌、混合泥水舱里的膨润土和渣土的同时,把混合后的泥浆导向下部的开口,如图4-45所示。

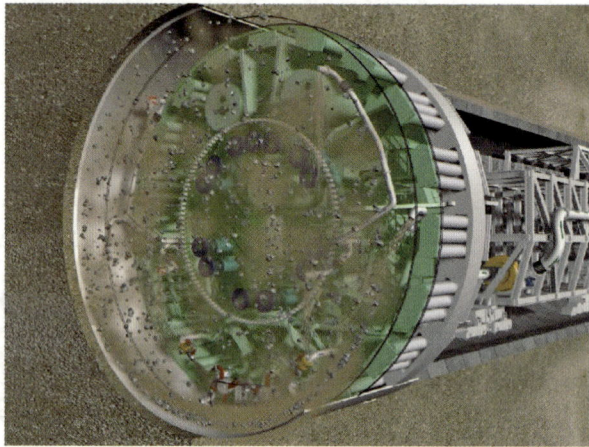

图4-45　德系泥水盾构的泥水舱冲刷系统

(3)隔板开口冲刷

隔板下部的开口是最容易发生渣土沉积、堵塞的区域,所以在开口的两侧各设置一个大流量的冲刷口,扰动开口位置的渣土并使之向开口后方流动。

(4)调压舱底部冲刷

调压舱底部也是容易发生渣土聚积、堵塞的区域,所以在底部区域的两侧各设置一个大流量的冲刷口,冲刷这一位置的渣土并使之向碎石器、格栅方向流动。

(5)碎石器、格栅冲刷

碎石器的作用是破碎渣土里的大石块,使之可以用泥浆泵和管道排出到地面上,但是碎石器破碎大石块是需要时间的。此处的冲刷就是保证在破碎期间排泥流量的连续以及在石块破碎后第一时间被泥浆带走,防止堆积造成堵塞。当然,在没有岩石的地层里,盾构就不需要安装碎石器,而是用搅拌器代替,但是其目的也是相同的,即防止渣土在此处

沉淀堆积造成堵塞。格栅的作用是限制进入排浆管渣土的粒径,在碎石器没有破除到可以通过格栅时石块不能进入排浆管。冲刷格栅就是为了防止石块在格栅前沉淀下来,堵在格栅前部,造成排渣不畅。

通过这一系列的冲刷,达到防止刀盘结泥饼、防止泥水舱结泥饼、使渣土和膨润土充分混合均匀、防止隔板开口堵塞、防止调压舱底部区域堵塞、防止碎石器和格栅堵塞,最重要的是通过冲刷口方向的设置和排泥管的抽吸作用,使泥水舱内的泥浆向隔板开口流、隔板开口的泥浆向碎石器流、碎石器的泥浆向格栅流、格栅的泥浆向排泥口流,从而形成一个单向的、持续的排渣通道。

4.3.3.4　进排泥系统的差别

除了循环模式不同外,德系和日系泥水盾构的进排泥系统也各有特点,可以总结为"一大一小、一少一多、一长一短、一高一低":

(1)德系往往采用大功率泥浆泵、大直径管路、大流量系统;日系一般采用小功率泥浆泵、小直径管路、小流量系统。

(2)德系的泥浆泵数量少;日系的泥浆泵数量多。

(3)德系的泥浆泵间距长;日系的泥浆泵间距短。

(4)德系的泥浆流速高、密度低;日系的泥浆密度高、流速低。

4.3.4　日系和德系泥水循环系统设计优缺点

日系泥水盾构设计的优点:由于管路直径小、流量小,总的来讲采购成本和施工耗电量要小一些,相对更经济。

日系泥水盾构设计的缺点:管径小,限制了能够通过的渣土粒径。如果在有岩石或大粒径的卵石地层施工,一方面日系盾构需要把更多大粒径的石块处理到泥浆泵和管路可以输送的尺寸,而日系盾构往往采用的是后置式碎石器或采石箱的设计,碎石器的破碎粒径和效率常常不能满足掘进要求,会造成频繁停机;另一方面,日系设计的泥浆密度本来就大,一旦泥浆中含有大量的石块,密度很容易就会超出泥浆泵的泵送能力,再加上流速低,石块很容易沉淀堵管。要解决这个问题只能增加泵的数量,但是增加泵的数量必然增加驱动功率、增加采购成本和施工耗电量,这样一来,唯一的优点也没有了。另外,日系采用小功率多泵的设计,泵越多,发生故障的几率就越大,泵与泵之间同步的问题也更突出;泥浆泵之间的间距小也使"水锤"现象更明显。

与日系泥水盾构设计正好相反,德系泥水盾构设计的缺点是采购成本略高、施工时耗电量稍大,但是大流量、大管径、大功率、低密度、高流速更能适应复合地层和剧烈的地质变化,对施工而言是利大于弊的。

举一个项目实例来说明一下:

某个复合地层隧道项目,开挖直径 6.8 m,隧道长度 2.7 km。

日系的进排泥系统的配置是:进泥流量 420 m^3/h;进泥泵 1×160 kW;排泥流量 420 m^3/h;排泥泵 7×200 kW;进泥管 250 mm;排泥管 250 mm;总功率 1 560 kW。

而德系的配置是:进泥流量 900 m^3/h;进泥泵 1×250 kW;排泥流量 1 000 m^3/h;排泥

泵 3×350 kW;进泥管 300 mm;排泥管 300 mm;总功率 1 300 kW。

从上面的数据可以看出,德系的流量是日系流量的两倍多,而日系的泵的数量是德系的两倍,总功率日系的反而更大一些。

这两种不同理念的设计,归根到底还是在于不同的实践和市场经验。日系盾构更适应沙土和黏土为主的单一、均匀地层,而德系设计的适应范围更广一些,从黏土到砂、到砂卵石、再到硬岩均可以适应。关于不同的实践和市场经验对日系和德系设计的影响,详细论述参见本章第4.6节"日系与德系盾构特点及中系盾构的崛起"相关内容。

4.3.5　开挖面稳定机理

4.3.5.1　泥膜形成机理

泥水盾构是通过在泥水舱中适当压力的泥浆,使其在开挖面形成泥膜,支承隧道开挖面的土体,并由刀盘切削土体表层的泥膜,与泥水混合后,形成高密度的泥浆,然后由排泥泵及管道把泥浆输送到地面进行分离处理。

泥水盾构在泥水舱中产生适当压力泥浆,并形成弱透水性泥膜,利用泥水压力来抵抗开挖面土压力和水压力。在开挖面稳定机理中,泥膜形成是至关重要的。当泥水压力大于地下水压力时,按达西定律渗入土壤,形成与土壤间隙成一定比例的悬浮颗粒,并被捕获积聚于土壤与泥水的接触表面,泥膜就此形成。随着时间的推移,泥膜的厚度不断增加,渗透抵抗力逐渐增强。当泥膜抵抗力远大于正面土压时,产生泥水平衡的效果。

4.3.5.2　泥膜形成的基本要素

泥水盾构施工时稳定开挖面的机理为:以泥水压力来抵抗开挖面的土压力和水压力以保持开挖面的稳定,同时控制开挖面变形和地基沉降;在开挖面形成弱透水性泥膜,保持泥水压力有效作用于开挖面。从泥水平衡理论中可以看出,在泥水盾构法施工中,尽快形成弱透水的泥膜是一个相当关键的环节。

在开挖面,随着加压后的泥水不断渗入土体,泥水中的砂土颗粒填入土体孔隙中,可形成弱透水的泥膜。而且由于泥膜形成后减小了开挖面的压力损失,泥水压力可有效地作用于开挖面,从而可防止开挖面的变形和崩塌,确保开挖面的稳定。因此,在泥水盾构施工中,控制泥水压力和控制泥水质量是两个重要的课题。

为了保持开挖面稳定,必须可靠而迅速地形成泥膜,以使压力有效地作用于开挖面。

泥膜形成的基本要素主要有:

(1)泥水密度

为保持开挖面稳定,即把开挖面的变形控制到最小限度,泥水密度应比较高。从理论上讲,泥水密度提高能使泥水屈服值升高,同时能使泥膜的稳定性增强。实验证明高密度泥水可以产生高质量的泥膜,泥水密度最好能达到开挖土体的密度。但是,大密度的泥水会引起泥浆泵超负荷运转以及泥水处理困难;而小密度的泥水虽可减轻泥浆泵的负荷,但因泥粒渗走量增加,泥膜形成慢,对开挖面稳定不利。因此,在选定泥水密度时,必须充分考虑土体的地层结构,在保证开挖面的稳定的同时也要考虑设备能力。一般,泥水密度为1.05～1.30。

（2）含砂量及渗透系数

Muller 等人将开挖面的过滤形态分为以下三种类型，如图 4-46 所示。

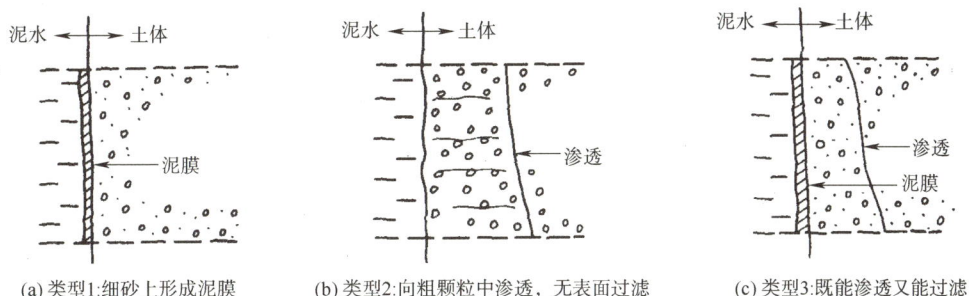

(a) 类型1：细砂上形成泥膜　　(b) 类型2：向粗颗粒中渗透，无表面过滤　　(c) 类型3：既能渗透又能过滤

图 4-46　泥水在开挖面土体中的贯入过滤示意

类型 1：泥水几乎不产生渗透，只形成泥膜。

类型 2：土体孔隙大，泥水全部渗走不产生泥膜。

类型 3：介于类型 1 和类型 2 之间，即泥水渗走的同时也形成泥膜。

类型 1 的过滤形态多发生在渗透系数小的黏性土层；类型 2 则多出现在渗透系数大的砂砾层中；类型 3 多在砂质土层中发生。

如果泥水向土体过量渗透，不仅泥水压力不能有效作用于开挖面，而且会引起土体孔隙水压力上升，有效应力下降，这对开挖面稳定是不利的。因此，对渗透系数大的砂质土、砂砾石层，必须采取措施以加速泥膜的形成。

在强透水性土体中，泥膜形成的快慢与掺入泥水中砂粒的最大粒径以及含砂量（砂粒重/黏土颗粒重）有密切关系，这是因为砂粒具有填堵土体孔隙的作用。为了充分发挥这一作用，砂粒的粒径应比土体孔隙大且其含量应适中。

实验表明，当土体渗透系数 $k=5\times10^{-3}$ m/s，而砂粒的最大粒径为 0.84 mm 时，还不能防止渗漏，直到最大粒径为 2.0 mm 时，约经 10 s 左右，渗漏量趋于稳定，泥膜形成。

研究表明，砂粒含量（S/c）与过滤水量的关系如下：随着 S/c 的增加，成膜性越来越好，当 $k=2\times10^{-1}$ cm/s，$d_s>0.42$ mm 时，只要 S/c 大于 0.1，即可形成泥膜，过滤水量随之变小。

泥水的含砂量直接影响泥膜形成的快慢，因为砂粒具有填堵土体孔隙的作用，所以砂粒粒径应比土体孔隙大且含量适中，因此对渗透系数大的砂质土、砂砾石层必须注意此点以加速泥膜的形成。

（3）泥水黏性

为了收到以下效果，泥水必须具有适当的黏性，具有适当黏性的泥水，具有如下作用：

①防止泥水中的黏土、砂粒在泥水舱底部沉积，保持开挖面稳定。

②提高黏性，增大阻力，防止逸泥。

③使开挖下来的弃土以流体输送，经泥水处理设备将泥水分离。

任何流体均具有一定黏性。如水和甘油等在外力作用下随即出现变形、流动，属牛顿体，而泥水则属塑性的宾汉体，屈服值为 Y_v。此 Y_v 值是衡量流体持续运动所需应力、泥水

的过滤特性、沉降特性的重要指标。因此，用 Y_v 值来控制黏性是适当的。但 Y_v 值的测定相当复杂。现场施工时的测定很简单，在黏性不太大的范围内常使用与 Y_v 值有一定相关关系的范内尔黏性值。此值是以泥浆自漏斗状的容器中完全流出所用时间来评价其粘性的，它所表示的是一种似黏性（500 mL 清水的范内尔黏性是 19 s）。通常所用的保持开挖面稳定所必需的范内尔特性值见表 4-3。

表 4-3　开挖面稳定所需的范内尔值

开挖土质	范内尔黏性值(s)500/500 mL	
	地下水影响小	地下水影响大
夹砂粉土	25～30	28～34
砂质黏土	25～30	28～37
砂质粉土	27～34	30～40
砂	30～38	33～40
砂　浆	35～44	50～60

（4）泥水压力

虽然渗透体积随泥水压力上升而上升，但它的增加量远小于压力的增加量，故泥水盾构通过增加泥水压力来提高作用于开挖面的有效支承压力。特别地，在高质量泥水条件下，增加泥水压力会提高开挖面的稳定性。在决定泥水压力时主要考虑开挖面的水压力、土压力以及预留压力。

土体一经盾构开挖，其原有的应力即被释放，并将产生向应力释放面的变形。此时，为控制地基沉降，保持开挖面稳定，必须向开挖面施加一个相当于释放应力大小的力。

在泥水盾构中是用泥水压力来抵消开挖面的释放应力，但在决定泥水压力时，必须考虑开挖面的水压力、土压力和预留荷载。

水压力即指开挖面的孔隙水压力，根据事前的地质勘探，可准确地得到。但有些地区的地下水位随季节变幅较大，因此，在研究泥水压力时，必须考虑施工季节这一因素。

在设计泥水压力时如何考虑土压力，目前尚无固定的方法，主要靠现场技术人员的判断。以下介绍几种实际施工中常用的考虑土压力的方法。

①不考虑土压力

这是根据反循环钻孔施工法的观点，取设计泥水压力＝水压力＋预留压力。由于开挖面的稳定是通过土体本身的强度来维持，允许开挖面有一定变形，所以，对那些自稳性差的地基、软弱而变形系数大的地基来说，这样处理是危险的。另外，在大断面盾构中，开挖崩塌和大的变形极有可能引起地基下沉。因此，采用此方法决定泥水压力时，必须作充分论证。

②采用静止土压力

即设开挖释放应力等于静止土压力。因此，为了将开挖面保持在最稳定的状态，且把

开挖变形控制到最小限度,并防止地表沉降,最好是在计算设计泥水压力时用静止土压力。

③采用主动土压力

土体中的土压力,以静止土压力为基准,当地基朝开挖面变形时,则为主动土压力;当地基朝土体变形时,即为被动土压力。朗肯根据土体单元主应力的关系,求出了主动状态和被动状态下的土压力系数:

$$\sigma_a = \gamma z \tan^2(45° - \varphi/2) - 2c\tan(45° - \varphi/2) \quad 或 \quad \sigma_a = \gamma z K_a - 2c\sqrt{K_a} \quad (4-15)$$

任一深度 z 处的朗肯被动土压力强度 σ_p 为大主应力 σ_1,而小主应力 σ_3 为上覆土压力 γz,根据土的极限平衡条件,则有:

$$\sigma_p = \gamma z \tan^2(45° + \varphi/2) + 2c\tan(45° + \varphi/2) \quad 或 \quad \sigma_p = \gamma z K_p + 2c\sqrt{K_p} \quad (4-16)$$

式中　K_a——朗肯主动土压力系数,$K_a = \gamma z \tan^2(45° - \varphi/2)$;

　　　K_p——朗肯被动土压力系数,$K_p = \gamma z \tan^2(45° + \varphi/2)$;

　　　φ——内摩擦角(°);

　　　c——土的凝聚力(t/m^2);

　　　γ——土的容重(t/m^3);

　　　z——距地表深度(m)。

如果开挖变形在弹性范围内,即使土体中有变形,但仍能保持开挖面稳定,因此,也可用主动土压力、被动土压力来决定泥水压力。但是,一般来说被动土压力都非常大,以此值来控制,采用直接控制型泥水盾构时就必须加大泥水加压设备(泥浆泵)。且相应的盾构推进油缸也要加大,压力隔板板要加厚。因此,从经济方面考虑,尚无按被动土压力进行控制的工程实例。而当采用主动土压力时,虽然由于开挖面松动,有利于出渣,但必须注意开挖面向盾构一侧变形引起的地表沉降。

④采用 Terzaghi 的松弛土压力

当上覆土层的厚度远大于盾构外径时,在良好的地基中可望获得一定的拱效应,因而可将 Terzaghi 的松弛土压力作为铅直土压力考虑。此松弛土压力是指假定开挖时洞顶出现松动,当这部分土体产生微小沉降时,作用于洞顶的铅直土压力。因此,应用 Terzaghi 理论时,必须求出开挖面的松弛范围。用于计算的松弛范围比隧道断面的松弛范围小,当用 Terzaghi 理论设计泥水压力时,所得值偏于安全。以下介绍 Terzaghi 松弛土压力理论。

Terzaghi 用干砂进行脱落实验,如图 4-47 所示。

图 4-47 中,当板 ab 一下落,板上部的砂就塌落下来,但作用于滑动面的抗剪力支撑着它,于是,板 ab 上的土压力减小,而 a 和 b 左右的土压力增加,板 ab 上就起了拱。如增大板 ab 的宽度使砂塌落,滑动面将变为 ac 和 bd。Terzaghi 将此种状况模型化(图 4-48),并推导出铅直土压力的理论公式。

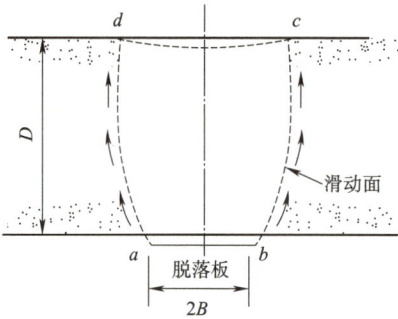

图 4-47 脱落试验示意

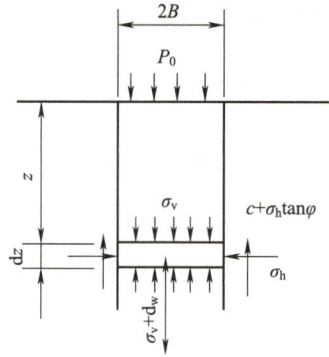

图 4-48 模型化示意

由距地表深 z 处某一微小单元铅直方向力的平衡条件得：

$$2B\gamma dz = 2B(\sigma_v + d\sigma_v) - 2B\sigma_v + zcdz + 2K\sigma_v dz \cdot \tan\varphi \tag{4-17}$$

令 $z=0$，取 $\sigma_v = P_0$，得上式的解为：

$$\sigma_v = \frac{B(\gamma - c/B)}{K\tan\varphi}(1 - e^{-K\tan\varphi \cdot z/B}) + P_0 e^{-K\tan\varphi \cdot z/B} \tag{4-18}$$

式中　K——经验土压力系数，$K=1.0$；

P_0——上覆土重。

将这一理论应用于盾构断面，得下式：

$$B = R\cot\left[2\left(\frac{\pi}{4} + \frac{\varphi}{2}\right)\right] \tag{4-19}$$

用这一松弛范围可计算盾构顶端的铅直土压力。进而将此铅直土压力乘以主动土压力系数可得水平土压力。此水平土压力即可作为计算泥水压力的土压力。

⑤采用村山的松弛土压力

村山等人将 Terzaghi 的松弛压力观点用于推求盾构前进方向开挖面前方土压力松弛而产生的水平力。即假定盾构前方因开挖面释放应力而形成滑动面，由洞顶的滑动宽度求出盾构前进方向的松弛范围，并算出松弛土压力。这是一种考虑了实际崩塌的合理的评价方法，在研究泥水压力时也是有用的。但由于无法考虑开挖面变形，所以，必须注意地基沉降。以下介绍这一理论。

村山等人假定，开挖面前部的滑动面始于开挖面下端，拱顶高度为铅直的对数螺线，滑动面的形状可用下式计算：

$$\gamma = \gamma_0 \exp(\theta \cdot \tan\varphi) \tag{4-20}$$

为保持稳定，图 4-49 中各滑动力（包括由滑动线所围土块 abc 的重量 w，作用于土块上面的松动土压（qB），沿滑动面的凝聚力的抗滑力 c 以及用泥水压力抑制开挖面变形的水平力 P）围绕对数螺线中心 O 旋转的动力矩必须平衡。

$$Pl_p = wl_w + qB\left(l_a + \frac{B}{2}\right) - \int_{r_0}^{r_d} rc\cos\varphi ds \tag{4-21}$$

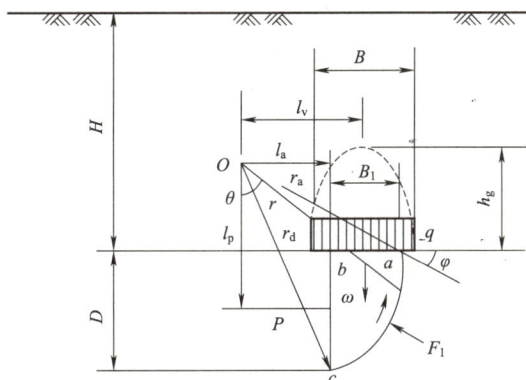

图 4-49　村山理论中的开挖面平衡

$$ds = \sqrt{1 + r^2 (d\theta/dr)^2}\, dr \tag{4-22}$$

因此,保持开挖面稳定所需的水平力为:

$$P = \frac{1}{l_a}\left[w l_w + qB\left(l_a + \frac{B}{2}\right) - \frac{c}{2\tan\varphi}(r_d^2 - r_0^2) \right] \tag{4-23}$$

当 $\varphi = 0$ 时,则有:

$$P = \frac{1}{l_a}\left[w l_w + qB\left(l_a + \frac{B}{2}\right) - \frac{\pi r_0^2}{2}c \right] \tag{4-24}$$

计算水平力 P 时,首先假定松弛范围 B 为某一值,然后按下式计算松弛土压力:

$$q = \frac{\alpha B(r - 2c/\alpha B)}{2K\tan\varphi}\left[1 - \exp\left(-\frac{2KH}{\alpha B}\tan\varphi\right)\right] \tag{4-25}$$

式中　α——试验常数,$\alpha = 1.8$。

其次,求出图 4-49 中各力矩的力臂长和开挖面前方的土块的力矩,再由式(4-23)或式(4-24)算出由泥水压力控制开挖面的水平力 P。按上述方法,假定各种松动范围,从中求出最大控制水平力 P_{max}。由此 P_{max} 按下式可求出盾构中心的土压力 $P^* = P_{max}/D$。

村山等人提出的松弛土压力计算公式很复杂,必须多次改变松弛范围,由试算误差求解最大控制水平力,实际计算用电算较合适。

为了在开挖面形成泥膜,必须使泥水压力高于地下水压力,以使泥水向土体渗透,并填充土体中的孔隙。但如果开挖面泥水流入土体,则可能引起泥水压力降低,以至引起开挖面失稳。因此,在决定泥水压力时,一般还需在水压力、土压力的基础上再加一部分预留压力。此预留压力多采用 10~20 kPa。

(5)掘进速度

泥水盾构处于正常掘进状态时,刀具并不直接切削土体,而是对刀盘正面已形成的泥膜进行切削。在切削后的一瞬间,又形成了下一层泥膜。由于盾构刀盘转速是一定值,而且盾构推进速度最大能力又受到一定限制,因此掘进速度只和切入土体的深度有关,而和泥膜无关。但是当泥水盾构在不正常掘进状态时,特别当泥水质量和泥水压力达不到设计要求时,泥膜需经

过较长时间才能形成,这样就约束了掘进速度。高质量泥水形成泥膜的时间为1～2 s。

理想的泥膜是既可以快速填充土壤里的缝隙,达到防止地下水的流失,又要成膜速度快,在刀盘切削的同时在土壤里形成的泥膜有足够的厚度,如图4-50所示。

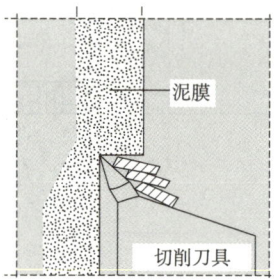

图 4-50　理想的泥膜形成示意

(6)其他要素

泥膜的形成还受到其他多种因素影响,如泥水具有抑制土体塌方和泥水劣化的机能、具有一定的温度和压力稳定性、不易受盐分和水泥等电解质影响、对细菌和有机物具有免疫及不变化等性质。

4.3.6　泥水盾构常压换刀刀盘

前面已经提到,泥水盾构可以适应水压高、水量大的地层。然而如果地层的水压高、水量大,同时磨蚀性也很强的情况下,刀具也会很快被磨损,就需要大量、频繁地更换刀具。而能够在高压泥水环境中进行刀具检查与更换的方法就是带压潜水作业。

潜水按呼吸气体介质分为:空气潜水、混合气潜水和饱和潜水。潜水作业是特种行业,需要遵守一系列的相关标准和规范,如《潜水管理办法》《潜水与水下作业通用规则》《空气潜水安全规程》《空气潜水安全要求》《潜水作业机构资质等级要求》、ADCI标准、IMCA标准等。60 m水下阶段潜水减压表见表4-4。

潜水作业本身有不少的限制:

(1)作业人员的限制。在我国,有资质的潜水员数量很少,商业的更少。

(2)专业的限制。有资质的潜水员不一定了解盾构行业,而盾构是非标设计,很多设计都不一样,潜水员必须在泥浆中摸索着进行作业。

(3)水压的限制。我国大多数商业潜水都在60 m水深范围内。

(4)工作时间的限制。根据中国空气潜水60 m水下阶段减压潜水减压表,超过24 m后工作时间就不足一半了。

(5)人员数量的限制。由于盾构人闸、刀盘内空间狭小,一次性进入人员数量受限,一般3～6人。

—费用的限制。潜水作业费用随着压力的增加,相应的配套设备、应急设施、相关人员的升级而急剧增加。

总的来说,在泥水盾构常规的工作压力(0.45 MPa以上)下进行潜水作业不但费用

高,而且需要的时间也很长,对效率优先的盾构施工来说是很难接受的。然而很多穿越江海的隧道项目都需要在水底换刀,在这样的背景下,常压换刀刀盘应运而生。

表 4-4　60 m 水下阶段潜水减压表

下潜深度	下水工作时间	从底上升到第一站	27	24	21	18	15	12	9	6	3	各站时间总和	减压的总时间
(m)	(min)	(min)	\multicolumn{9}{c}{停留时间(min)}									(min)	(min)
12~16	90	2									3	3	6
	120	2									5	5	8
	180	2									8	8	11
	240	2									19	19	22
16~20	30	2								2	3	5	9
	60	2								2	7	9	13
	90	2								3	16	19	23
	120	2								4	21	25	29
	150	2								13	18	31	35
20~24	20	3								2	3	5	10
	35	3								4	4	8	13
	50	3								5	9	14	19
	70	3								8	16	24	29
	90	3								10	22	32	37
	120	2							3	21	20	44	49
	150	2							3	25	29	57	62
	180	2							4	29	35	68	73
24~28	15	3								3	3	6	11
	25	3								5	5	10	15
	35	3							2	8	5	15	21
	45	3							2	8	9	19	25
	55	3							2	11	13	26	32
	65	3							2	12	19	33	39
	75	3							2	13	24	39	45
	90 *	3							4	16	26	46	52
	105	3							9	26	20	55	61
	120	3							10	27	30	67	73

　　世界上第一台采用常压换刀刀盘的盾构是由海瑞克公司于 1997 年制造的,用于德国汉堡易北河 4 号隧道项目。此刀盘开挖直径为 14.22 m,由 5 个中空的主臂和 5 个面板的副臂以及中心块和小刀盘组成,如图 4-51 所示。

　　汉堡易北河 4 号隧道位于德国北方最重要的港口——汉堡港。河道繁忙所以不允许在

图 4-51　世界上第一台常压换刀盾构（海瑞克 S-108，开挖直径 14.22 m）

河面上施工。主要地质条件为冰河世纪沉积层，粉土和砂卵石地层中含有大量的漂石。隧道在河道下覆盖层为粉土，而且最浅埋深只有开挖洞径的 0.5 倍，最大水压高达 0.55 MPa。大量的漂石意味着刀具损耗会非常大，需要频繁换刀，然而上部松软的覆土层非常不稳定，很容易被击穿，不利于长时间停机。在这样的项目背景下，海瑞克公司创造性的开发出常压换刀刀盘，损坏的刀具可以在常压条件下从刀盘内部更换，而不需要带压潜水更换。

如图 4-52 所示，刀盘主臂与刀盘中心块相连，钢结构可承受外部水土压力，里面处于常压状态。检查和更换刀具的人员可以从刀盘中心后部的闸门进入主臂内，通过一些辅助工具就可以把所有的滚刀和部分刮刀更换掉，而不需要带压潜水进入泥水舱甚至刀盘的前方。

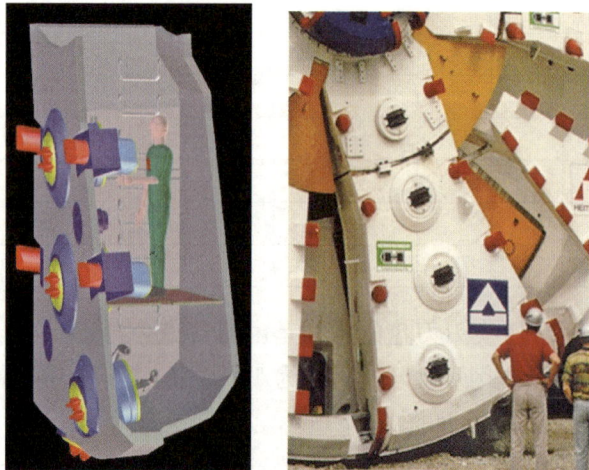

图 4-52　常压换刀刀盘主臂结构示意

除了常压换刀刀盘外,这台盾构还采用一些开创性的技术:

(1)SSP 地震波超前探测系统,可以探测前方漂石的位置的大小,给施工提供警示信息,一刮刀的电子磨损检测装置,可以在刀具损坏或达到磨损极限时报警,这样就可以保证刀盘钢结构不会被破坏。

(2)大尺寸碎石器。盾构配备的碎石器可以破碎 UCS250 MPa、直径 1.2 m 的漂石,大大减少了刀具的损耗,提高了掘进效率。

经过两年的施工,这台盾构完成了这个在当时看起来"不可能完成的任务":2.56 km 长的汉堡易北河 4 号隧道

从 1997 年到现在,经过 20 多年的革新,常压换刀刀盘技术得到了长足的发展。在中国,就有超过 20 台常压换刀盾构在开挖各种隧道,而且这个数量还在增加。近年来,一些常压换刀的新技术的使用,更使常压换刀刀盘便于使用。比如滚刀旋转监测系统可以实时监测滚刀的旋转情况和温度变化,提供换刀指示信息,及时更换刀具。

常压换刀刀盘先进,但仍不能完全取代常规刀盘了呢因为常压换刀刀盘也有一些不足。

(1)中心开口。如图 4-53 所示黄色区域,由于常压换刀刀盘是中空设计,刀盘中心部位作为刀具最密集的区域和连接所以辐臂的通道,这部分结构是不能设计开口的。所以,中心 4～5 m 直径的区域没有开口。如果在容易结泥饼的地层使用这样的刀盘,就会更容易结泥饼。尽管已经有了成功的处理措施,但是仍然会影响掘进速度,还要产生额外的费用。

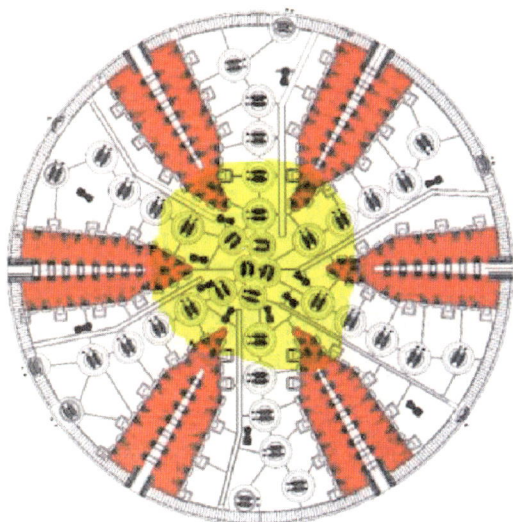

图 4-53　常压换刀刀盘开口设计示意

(2)不是所有的刀具都可以在常压下更换。滚刀均可在常压下更换,但是只有部分的刮刀可以在常压下更换,其他的刮刀和边铲刀只能带压更换。这就意味着即使采用了常压换刀刀盘,往往也需要进行带压换刀作业,只是带压作业的频率和时间大大降低了而已。

(3)滚刀刀间距受限。如图 4-54 所示,由于常压换刀的刀具需要设置双闸门,而闸门

的开闭是需要空间的,再加上刀盘辐臂内的空间也有限,在刀盘中心需要布置的刀具尤为密集,所以,目前的技术水平只能做到中心滚刀刀间距 120 mm、正面滚刀刀间距 100 mm。尽管这样的刀间距对大多数围岩也是可挖到,但是相比常规刀盘可以做到正面滚刀 80 mm 的刀间距,其破岩能力就有差距了。

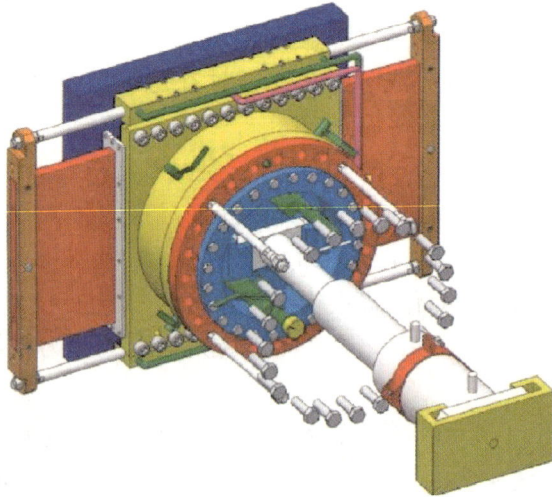

图 4-54   常压可更换刀具的闸门系统

(4)刀盘厚度大、重量大。这需要主驱动可以提供更大的扭矩来克服刀盘厚度和重量产生的额外的扭矩。

(5)制造成本高。刀盘辐臂除了需要承受开挖产生的复杂的荷载外,还需要完全隔绝压力,不能有任何泄露,结构制造的成本就上去了。另外,还需要闸门、刀筒这些常规刀盘没有的设计,增加了制造成本。

(6)盾构直径的限制。在目前的技术条件下,只有在直径大于 11 m 的泥水盾构上才能采用常压换刀刀盘。

所以,常压换刀刀盘是为了解决大直径盾构在高水压条件下需要频繁、安全、高效更换刀具问题而发明的,还不能取代常规刀盘,它们各有优劣,需要视具体项目情况而定。

综合来说,常规刀盘适应:直径小于 11 m 的项目;黏土或泥岩为主的或容易实现地面加固的大直径项目;水压小、开挖面较稳定而硬岩地层为主的项目。

而常压换刀刀盘适应:大直径(超过 11 m)、高水压(大于 0.55 MPa)、长距离(大于 2.5 km)和刀具更换频繁的项目。

4.4   双模盾构

当隧道穿越复杂多变地层时,在一个盾构施工段,某区段的施工环境适合选用土压平衡盾构,但另一区段又很适合选用泥水盾构或岩石掘进机(TBM),盾构选型时应综合考虑并对不同选择进行风险分析后择其优者。在这些复杂多变的地层施工时,上述任一盾构

型式都不能完全胜任掘进施工要求。一种解决方案是,根据相应地层情况选用两台或多台盾构,但这种方案不仅掘进费用高,而且由于场地限制使得多台盾构难以布置。因此,施工方迫切需要在结构空间允许的前提下,将两种或多种不同型式盾构的功能部件同时布置在一台盾构上,以形成一台双模式盾构或多模式盾构。掘进过程中,多模式盾构可根据地质情况和水文条件进行功能或工作方式的切换和调整;或对不同形式的盾构功能部件进行类似模块化设计改造。多模式盾构本质上是对开挖面支撑方式以及刀具、出渣运输系统和其他设备的调整。本节主要介绍土压/泥水、土压/TBM、泥水/TBM 等三种双模盾构。

4.4.1　土压泥水双模盾构

4.4.1.1　工作模式与特点

土压泥水双模盾构集成了土压平衡盾构、泥水平衡盾构的设计理念及功能,融合了土压平衡和泥水平衡两种模式,最广泛地适应复杂多变的复合地层和环境。在施工中,可根据地层的不同,在土压和泥水盾构两种不同掘进模式之间切换。土体自稳性强采用土压模式可以减少施工成本;土体自稳性差采用泥水模式可以较好地控制地表沉降。

土压泥水双模盾构是一种具备两种出渣方式——螺旋输送机出渣和泥浆管道出渣,可同时适应软弱地层、黏土地层和高水土压力地层中掘进的多功能盾构。其主机结构如图 4-55 所示,土压泥水双模盾构同时具备土压平衡掘进模式和泥水平衡掘进模式,土压泥水双模盾构在施工过程中可根据地质的不同,进行土压平衡掘进模式——泥水平衡掘进模式的相互转换。土压泥水双模盾构具备较强的地质适应能力和环境适应能力、对地层干扰较小、地层的沉降控制良好、工程风险小、施工进度快等特点。

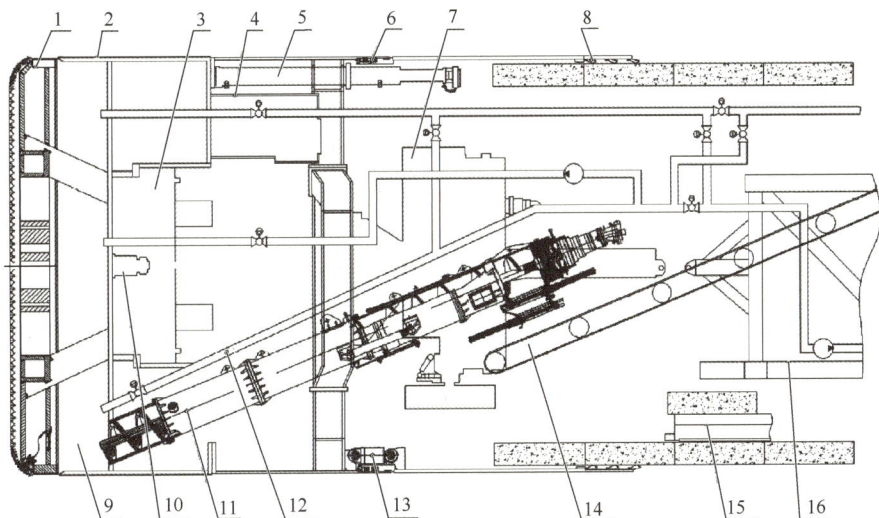

图 4-55　土压泥水双模盾构示意

1—刀盘;2—盾体;3—主驱动单元;4—人舱;5—推进油缸;6—铰接密封;7—管片安装机;8—盾尾密封;
9—开挖舱;10—中心回转接头;11—螺旋输送机;12—泥水循环系统;13—铰接油缸;14—后配套皮带机;
15—管片输送装置;16—后配套系统

土压泥水双模盾构同时配备土压平衡盾构和泥水平衡盾构的相关设备和系统，如土压平衡盾构具有的螺旋输送机、皮带机、泡沫系统、膨润土系统等，泥水平衡盾构具有的泥水循环系统、气体保压系统、管路延伸系统等。

根据不同的地质条件，土压泥水双模盾构可以有两种工作模式。

（1）土压平衡模式

土压泥水双模盾构在黏土地层、泥岩地层等黏土颗粒丰富地层，且水土压力不超过0.3 MPa 地层中掘进时选用土压平衡模式，如图 4-56 所示。此时主机区域采用螺旋输送机出渣。

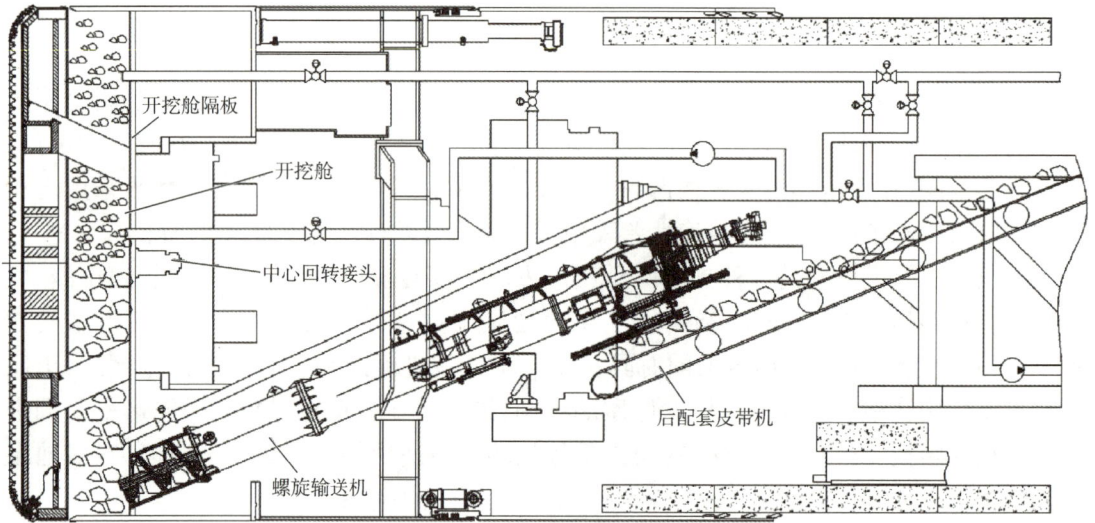

图 4-56   土压平衡模式示意

土压平衡模式下，由开挖渣土量、螺旋输送机排渣量和推进油缸推力三者产生的土压力平衡掌子面的水土压力，安装在开挖舱隔板和螺旋输送机筒体上的土压传感器时刻监测开挖舱和螺旋输送机内土压，控制地面沉降。主驱动中心处安装有回转接头，泡沫及膨润土通过回转接头通道及刀盘上布置的管路进入到刀盘前部，对渣土进行改良。前盾下部装有螺旋输送机，渣土在螺旋输送机内形成土塞效应并通过螺旋输送机后舱门落入到后配套皮带机，后配套皮带机渣土在后部拖车倾卸致渣车或隧道皮带机上，直至运送至地面。

（2）泥水平衡模式

土压泥水双模盾构在软弱地层、高水土压力地层和高岩石强度地层等地层中掘进时选用泥水平衡模式，如图 4-57 所示。此时主机区域采用泥浆管道出渣。

泥水平衡模式下，由开挖舱的泥浆压力平衡掌子面的水土压力。泥水循环系统的进浆浆液分别进入刀盘、开挖舱和气垫舱（间接控制型时）并对各部位进行冲刷，与渣土混合后的混合泥浆通过开挖舱排浆口进入泥水循环系统，直至输送致地面的泥水分离站。

（3）土压泥水双模盾构的特点

在同一台盾构上，兼具土压平衡模式和泥水平衡模式，土压平衡模式具备施工效率高、地层适应性广的优点；泥水掘进模式具备沉降控制好、工作压力高的优点，土压泥水双

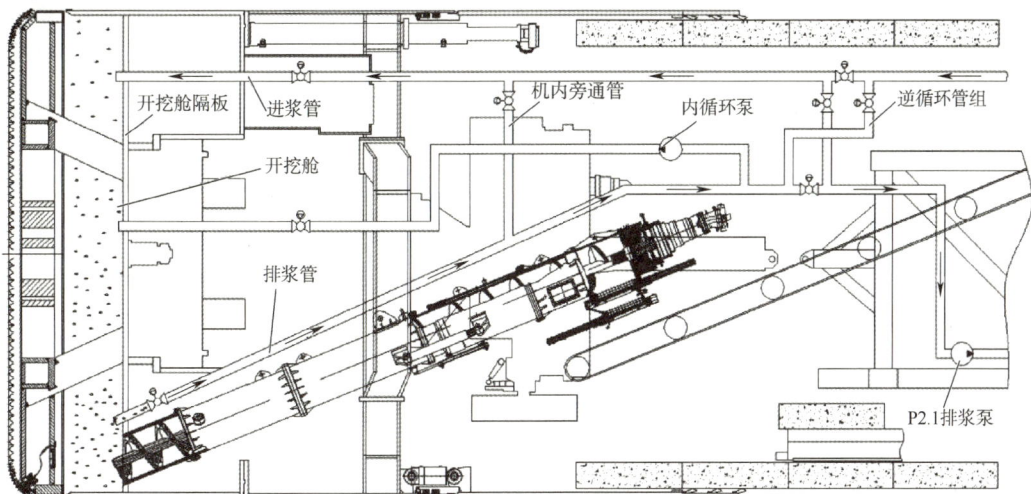

图 4-57　泥水平衡模式示意

模盾构特别适用于地层地质复杂、地面环境复杂的工程施工。

泥水平衡模式掘进，可通过螺旋输送机排出大粒径石块，可减少泥浆管路的堵塞，也避免人员带压进舱捞石情况的发生。

土压平衡模式掘进，可持续通过泥水循环系统向开挖舱注入泥浆支撑掌子面顶部土体，提高掌子面压力控制，减少地表沉降。

土压平衡模式掘进，可通过泥水循环系统用于停机保压及制造泥膜后进行气压开舱作业。

模式转换无需任何拆装工作，只需要在主控室按照操作规程进行转换即可，当地层变化时，可及时进行模式的切换。

4.4.1.2　土压泥水双模盾构分类

根据泥水平衡模式下压力平衡控制方式的不同，土压泥水双模盾构可分为直接控制型土压泥水双模盾构(图 4-58)和间接控制型土压泥水双模盾构(图 4-59)。直接控制型土压泥水双模盾构采用的是进排浆流量差直接控制开挖舱的压力平衡开挖面水土压力，间接控制型土压泥水双模采用的是双舱气垫式原理提供开挖舱压力平衡开挖面水土压力。

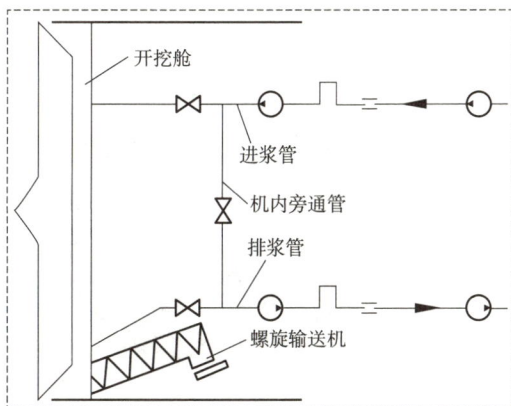

图 4-58　直接控制型示意

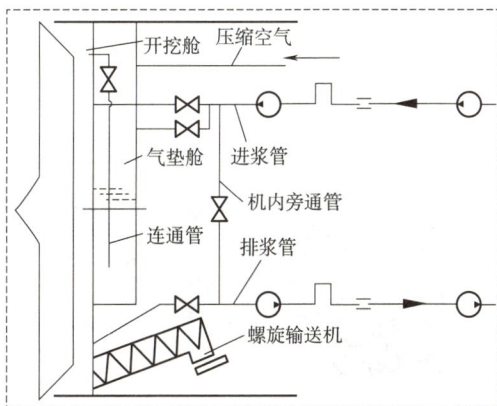

图 4-59　间接控制型示意

直接控制型土压泥水双模盾构采用单舱结构设计，进浆口、排浆口和螺旋输送机排渣口都位于开挖舱的后部隔板，是通过开挖舱泥浆压力平衡掌子面水土压力，开挖舱的泥浆压力通过排浆流量与进浆流量差形成。直接控制型土压泥水双模盾构结构简单，可以在原有的土压盾构上进行局部的改造而成，但存在着操作复杂，开挖舱压力波动大，对掌子面稳定性有一定影响。

间接控制型土压泥水双模盾构采用双舱结构设计，排浆口和螺旋输送机排渣口位于开挖舱的后部隔板，进浆口在开挖舱和气垫舱的后部隔板上布置，气垫舱内布置有连通管，气垫舱的气垫压力通过连通管传递到开挖舱平衡开挖面水土压力，通过调节气垫舱的压缩空气压力来调整开挖舱泥浆压力，且通过气垫舱可以缓冲开挖舱压力波动。间接控制型土压泥水双模盾构结构复杂，一般情况下需要新制而成，但操作相对较简单，开挖舱压力波动小，对开挖面的稳定性影响小，有利于地层的稳定。

间接控制型土压泥水双模盾构与间接控制型泥水盾构的差异性如下：

（1）间接控制型土压泥水双模盾构的排浆口位于开挖舱底部；由于需要安装螺旋输送机，间接控制型土压泥水双模盾构的气垫舱采用的是非整环的结构；间接控制型土压泥水双模盾构的气垫舱与泥水舱压力传递通道为连通管，间接控制型泥水盾构的气垫舱与泥水舱压力传递通道为泥浆门。

（2）间接控制型土压泥水双模盾构一般只能布置舱外破碎机，间接控制型泥水盾构既能布置舱内破碎机，也能布置舱外破碎机。

（3）间接控制型土压泥水双模盾构的泥水循环系统需要配置机内旁通管，便于土压平衡模式与泥水平衡模式的转换，间接控制型泥水盾构一般不配置机内旁通管。

（4）间接控制型土压泥水双模盾构泥水平衡模式，掘进时气垫舱进浆管路必须处于打开状态，以保证连通管的通畅和压力传递的稳定；间接控制型泥水盾构根据实际施工情况开启进浆支路。

4.4.1.3　土压泥水双模盾构结构和系统

土压泥水双模盾构的主要特点是同时具备有两套排渣系统和两种压力平衡方式，本小节以广州白云机场隧道使用的中铁装备制造的 $\phi 9.13$ m 的直接控制型土压泥水双模盾构（图 4-60）为例，介绍土压泥水双模盾构的结构和系统原理。

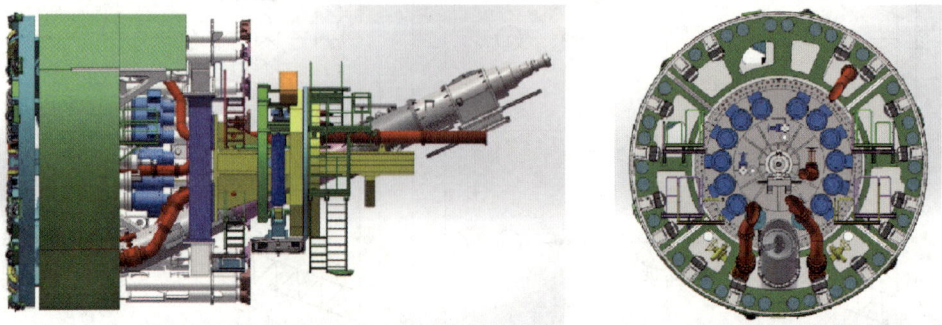

图 4-60　直接控制型土压泥水双模盾构

如图 4-60 所示,直接控制型土压泥水双模盾构主要由刀盘、盾体、主驱动系统、人舱、推进油缸、铰接密封、管片安装机、盾尾密封、开挖舱、中心回转接头、螺旋输送机、泥水循环系统和管片输送装置等组成。盾体是护盾机构,绝大部分结构件安装在盾体上,同时隔离地层中的水土压力,盾体的中心安装有主驱动系统,主驱动系统前端连接刀盘,推进油缸在盾体内圈均匀布置,盾体承压隔板上安装有人舱、螺旋输送机和泥浆管路等,管片安装机布置在盾体米字梁上,负责预制管片的拼装。

后配套系统装有主机的供给设备与装运系统,由若干个平台拖车和一个设备桥组成。在后配套系统上,装有液压动力系统、配电盘、变压器、总断电开关、电缆卷筒、通风系统、操作室、皮带输送系统、泥水循环系统、泡沫系统、膨润土系统、同步注浆系统、管路延伸系统、水循环系统等。

相对土压平衡盾构而言,土压泥水双模盾构较为特殊的结构和系统主要有刀盘、盾体、主驱动系统、螺旋输送机、中心回转接头、后配套系统和泥水循环系统。

(1)刀盘

刀盘结构设计需兼顾土压平衡模式和泥水平衡模式,例如考虑泥水平衡模式时刀盘需要大开口率,尤其是中心部分的开口率。刀盘功能设计方面必须保留土压盾构的泡沫和膨润土改良通道和喷口,以备土压平衡模式时改良渣土时使用,同时根据工程项目情况可在刀盘上布置一定数量的泥浆注入口,用于泥水平衡模式时的刀盘进浆,且需要考虑土压平衡模式下泥浆注入口防堵措施。刀盘的主动搅拌棒(图 4-61)需要同时考虑螺旋机排渣通道和泥浆管道排浆口,保证两种掘进模式下正常的渣土排放。

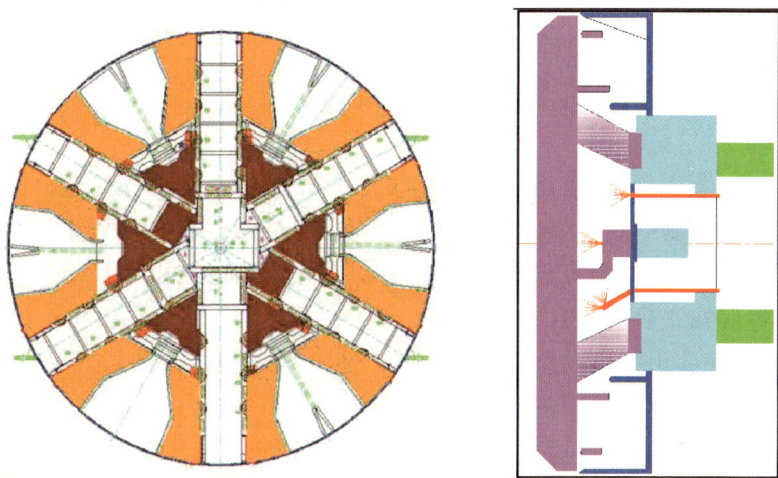

图 4-61　刀盘中心区域刀盘背部冲刷/搅拌棒示意

(2)盾体

该直接型土压泥水双模盾构的整机工作压力为 0.6 MPa,故盾体结构强度、铰接密封压力和盾尾尾刷密封压力都按照 0.6 MPa 工作压力设计,例如尾刷设计了 4 道尾刷。为防止开挖舱的压力泥浆进入尾盾后部影响同步注浆的效果,在尾盾尾部设计整环止浆板。盾体后隔板由于安装有螺旋输送机和泥浆管道,需要考虑 2 者的兼容性,如排浆口的布置的角度

和高度、排浆口利用螺旋输送机前闸门进行封堵,防止土压平衡模式渣土堵塞排浆口的设计等。盾体铰接密封、盾尾尾刷密封如图 4-62、图 4-63 所示。

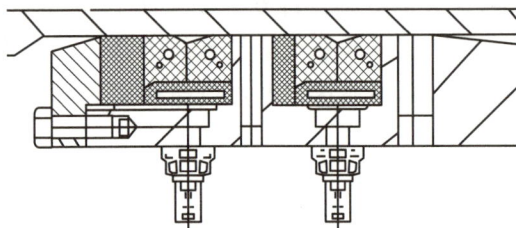

图 4-62　铰接密封示意

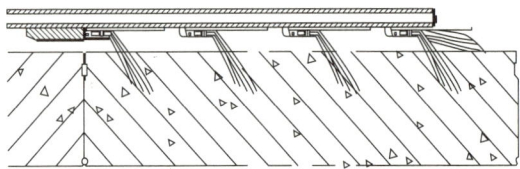

图 4-63　盾尾尾刷密封示意

（3）主驱动系统

主驱动工作压力需要与整机工作压力匹配,本设备主驱动设计工作压力为 0.6 MPa,共 4 道主驱动密封（图 4-64）,其中第三道密封腔采用齿轮油加压系统设计,以提供主驱动密封系统工作时的背压。

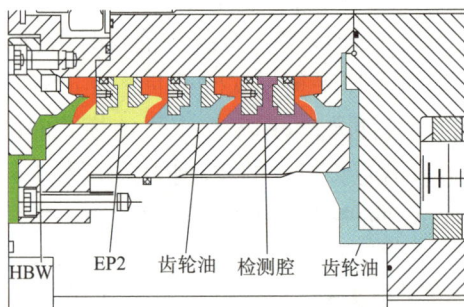

图 4-64　主驱动密封系统示意

（4）螺旋输送机

螺旋输送机（图 4-65）在土压平衡模式时是主机段排渣通道,在泥水平衡模式时处于停止状态,故螺旋输送的结构强度和密封承压能力应按照整机工作压力设计,保证两种模式下都能正常工作。例如螺旋输送机筒体上必须预留膨润土和高分子聚合物注入接口,必要时,可向螺旋输送机内注入膨润土和高分子聚合物,减少高工作压力情况下的密封承压。螺旋输送机后部出渣口设置 2 闸门,利用"迷宫密封"原理,交替开启有效减缓泥水平衡模式转土压平衡模式过程中的喷涌问题。

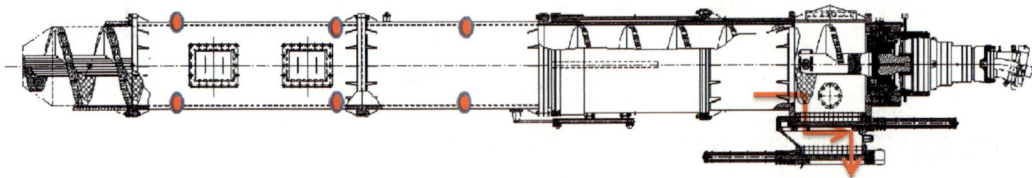

图 4-65　螺旋输送机示意

（5）中心回转接头

中心回转接头是各种介质（泡沫、膨润土、水、液压油）向刀盘输送的重要结构部件,在

功能方面,除了具备土压盾构的泡沫、膨润土、水等改良剂的通道和液压油通道外,还需要考虑泥浆通道的功能,在结构上面,尽量采用改良剂通道、泥浆通道与液压油通道独立设计方式,以减少相互干扰,保证正常使用。

(6)后配套系统

后配套系统设计保留了土压平衡盾构的皮带机、泡沫系统和膨润土系统,也设计了泥水循环系统和泥浆管路延伸系统等,故增加拖车数量安装泥水循环系统的泵组、管路和泥浆管路延伸系统,增加配电系统能力等,需要解决皮带机与泥浆管路共存的问题等。

(7)泥水循环系统

泥水循环系统采用的是直接控制型泥水循环系统,分别由进浆管路、排浆管路、旁通管路、逆循环管路、保压管路、检测管路、管路延伸装置、泥浆泵、泥浆阀、传感器等组成。该土压泥水双模盾构的泥水平衡模式具有 4 种运行模式,分别是旁通模式、掘进模式、逆循环模式和保压模式。模式之间的转换遵守如图 4-66 所示原则。

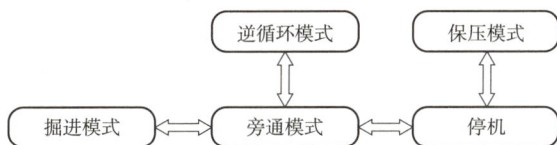

图 4-66　模式转换顺序示意

①旁通模式

旁通模式为中间过渡模式,通过调节进浆泵和排浆泵的转速来控制进浆管和排浆管的流量、压力,同时将隧道内的排浆泵/进浆泵同步调整至需要的转速和流量。直接控制型泥水循环系统有两种旁通模式,即机外旁通模式和机内旁通模式,机外旁通模式在泥水平衡模式掘进时使用,机内旁通模式在模式转换时使用。机外旁通模式和机内旁通模式如图 4-67 所示。

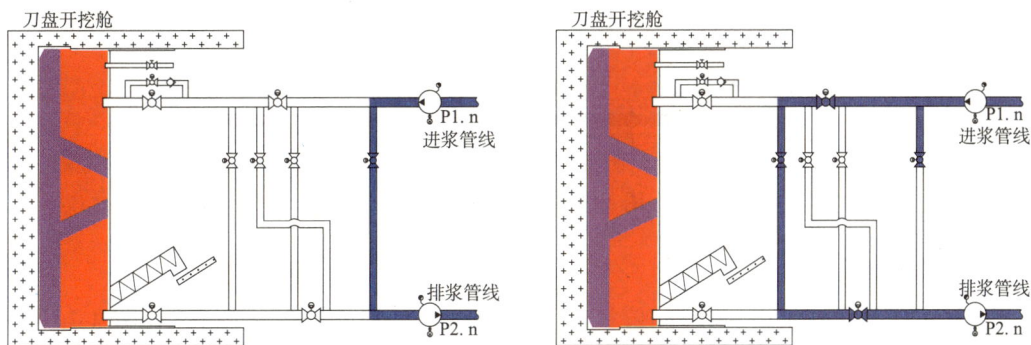

图 4-67　机外旁通模式与机内旁通模式示意

②掘进模式

掘进模式需通过旁通模式切换,通过调节进/排浆泵转速调节达到要求的流量和压力,此流量和压力与推进速度和地质条件相适应,如图 4-68 所示。蓝色线路为进浆管路、红色线路为排浆管路。

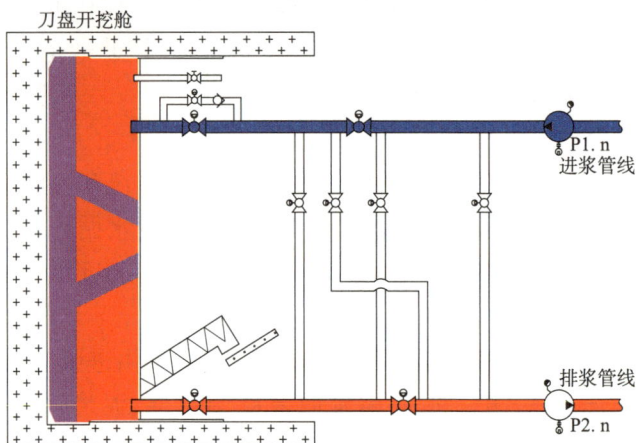

图 4-68　掘进模式示意

③逆循环模式

逆循环模式需通过旁通模式切换，如图 4-69 所示。通过进/排浆液流向的切换对开挖舱底部滞排区域和 P2.1 泵前方堵塞管路进行冲洗，该模式可以实现持续冲洗直至堵塞区域疏通。蓝色线路为进浆管路、红色线路为排浆管路。

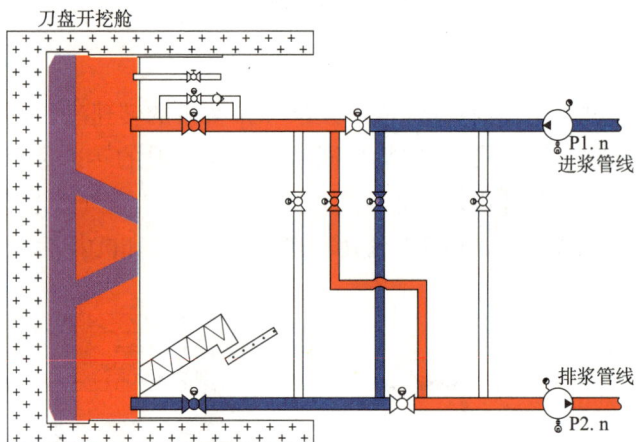

图 4-69　逆循环模式示意

④保压模式

泥水平衡模式施工中，长时间停机情况下运行长时间停机保压模式，如图 4-70 所示，该模式下系统时刻对开挖舱压力进行监测，对掌子面泥浆的损失进行泥浆及时的补充。

4.4.1.4　土压泥水双模盾构模式转换方法

土压泥水双模盾构在模式转换过程中，控制的核心是掌子面压力的稳定，转换过程中一旦掌子面压力失稳，会造成地面坍塌或者隆起，带来极大的施工风险。下面对土压泥水双模式盾构模式转换步骤和方法详细描述。

（1）土压平衡模式转泥水平衡模式

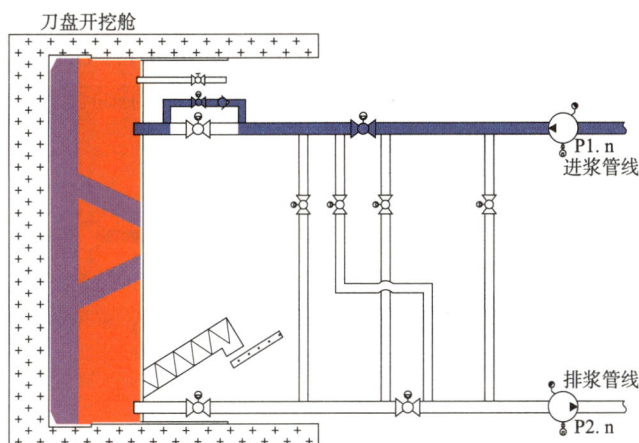

图 4-70　保压模式示意

步骤 1:土压平衡模式掘进

预定模式转换点的前一环按照土压平衡模式掘进(图 4-71),掘进中降低推进速度,控制刀盘贯入度在 20 mm 以内,到预定模式转换点后,停止掘进,准备模式切换。本环掘进中,可以向开挖舱注入一定量的膨润土,一方面增强渣土流动性,另一方面可以在掌子面形成一层薄泥膜,增强渣土置换过程中开挖舱气密性。

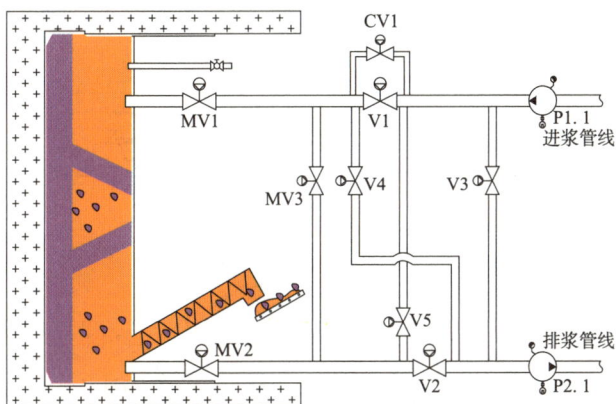

图 4-71　土压平衡模式示意

步骤 2:第一次渣土置换

刀盘原地缓慢搅拌,打开螺旋输送机前闸门,启动螺旋输送机,打开出土闸门,缓慢排渣,直至开挖舱剩余渣土量约为预估渣土量的 1/3。为了维持掌子面的压力稳定,在螺旋输送机出土,土舱渣土下降过程中,可利用 Samson 系统向开挖舱内注入压缩空气以维持开挖舱压力稳定。此时要特别注意观察开挖舱压力变化,开挖舱压力保持在 $P\pm10$ kPa,如图 4-72 所示。

螺旋输送机缓慢出土之前,要对土舱内渣土的方量进行预估。一方面该过程是连续过程,需要安排好渣车运输方案;另一方面需要预估舱内剩余渣土量,方便进行下一步操作。

在螺旋输送机排渣过程中，试运行泥水循环系统机内旁通模式，确保整个泥水循环系统运行正常，状态稳定，同时对进浆管路进行疏通，保证进浆管路通畅。

注意：如果地层不稳定或者降低安全风险的考虑，可采用稠膨润土代替压缩控制的注入。

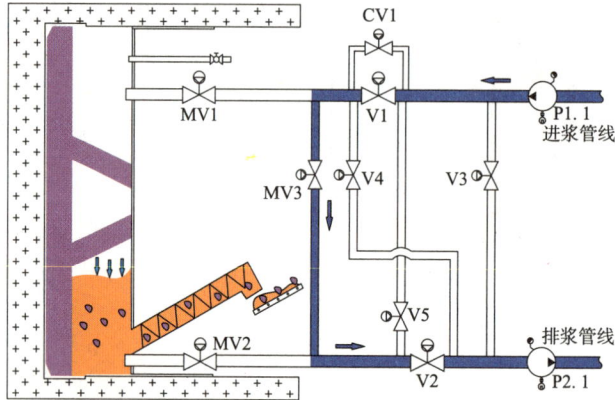

图 4-72　压缩空气置换渣土示意

步骤 3：第二次渣土置换

开挖舱内剩余渣土量约为预估量的 1/3 时，螺旋输送机停止转动，关闭螺旋输送机出渣门，开始运行泥水循环系统机内旁通模式并打开进浆阀向开挖舱内灌浆，同时利用检测管进行排气，过程中根据开挖舱压力值的大小调整进浆量和排气量，始终维持开挖舱压力稳定，直至泥浆从检测口溢出，如图 4-73 所示。

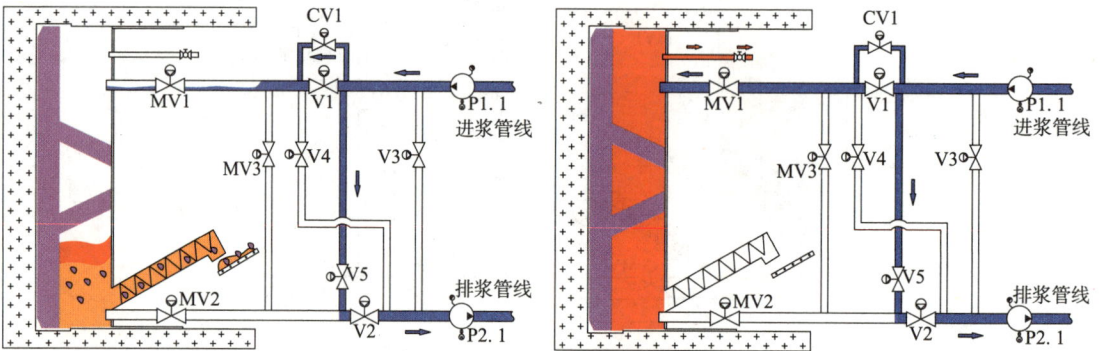

图 4-73　泥浆置换压缩空气泥浆充满开挖舱示意

步骤 4：运行逆循环模式

判断泥浆浆液已经充满开挖舱后，关闭检测管路，刀盘以低转速运行，开挖舱内渣土与泥浆充分搅拌均匀后泥水循环系统运行逆循环模式（图 4-74），对开挖舱渣土进行逆向冲刷和泥浆管路通畅性检查。

步骤 5：运行泥水平衡模式

确认进排浆管路均通畅后，关闭机内旁通管路，切换到正常掘进模式（图 4-75），盾构低速前进，逐步增加进、排浆流量并监测分离站出渣情况。

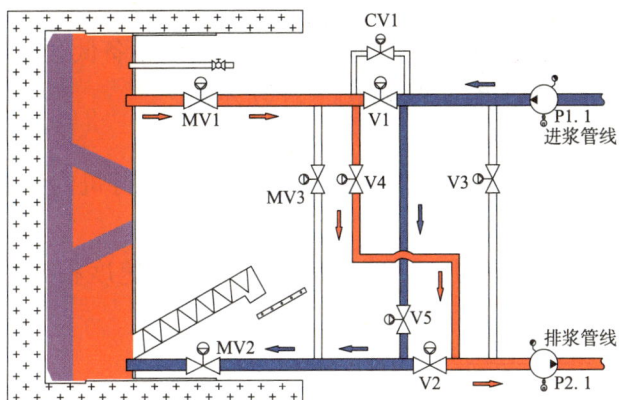

图 4-74 逆循环模式示意

(2)泥水平衡模式转土压平衡模式

步骤 1:运行机内旁通模式

设备到达预定的模式转换点后,泥水循环系统运行机内旁通模式,如图 4-76 所示。

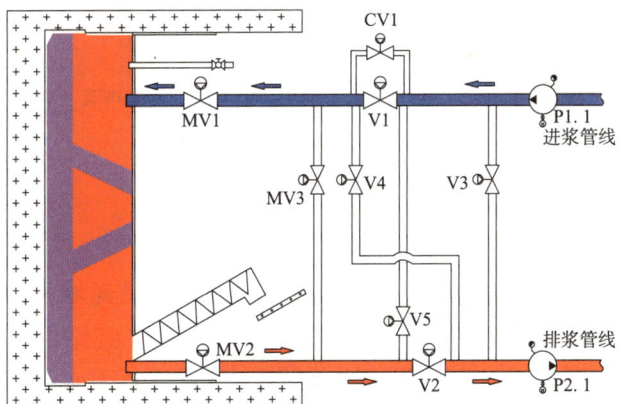

图 4-75 泥水平衡掘进模式示意

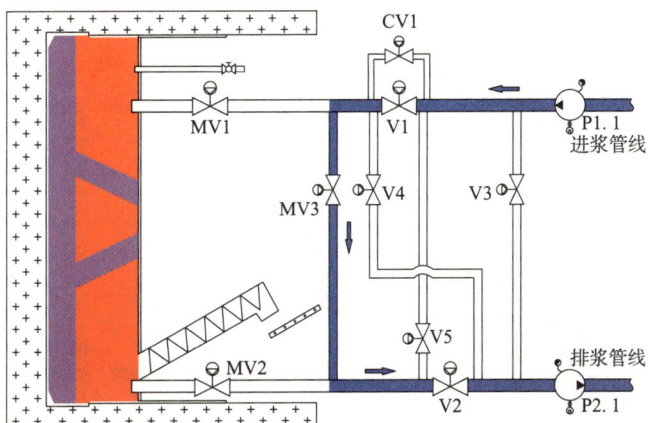

图 4-76 机内旁通模式示意

步骤 2：渣土置换

机内旁通模式下打开进入开挖舱的进浆主阀(MV1)，设备低速推进，控制刀盘贯入度在 20 mm 以内，开始进行开挖舱堆渣，如图 4-77 所示。

(1)此时不启动螺旋输送机。

(2)刀盘缓慢开挖渣土并堆积过程中，泥水循环系统运行机内旁通模式，通过进浆主阀(MV1)排出开挖舱中多余的泥浆。

(3)过程中注意观察开挖舱压力，使掘进速度与排浆速度相匹配，保持开挖舱压力稳定。

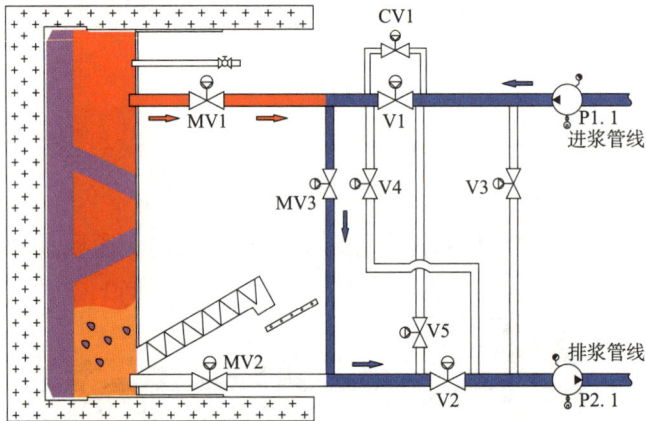

图 4-77   开挖舱堆渣置换中示意

步骤 3：管路检查

随着盾构缓慢推进，开挖舱中渣土堆积越来越高，预估已经堆积的渣土量已经到达进浆口时，打开上部土舱探测管，如果没有浆液流出(如果有浆液流出需要现场技术人员判断是否适合土压推进)，停止推进，关闭主进浆球阀，停止运行泥水循环系统。泥水循环系统停止后，可以通过隔板上进浆口、排浆口上预留的支口注入盾尾油脂，对上述管路进行填充，减小土压平衡模式下堵塞的概率。渣土置换完成如图 4-78 所示。

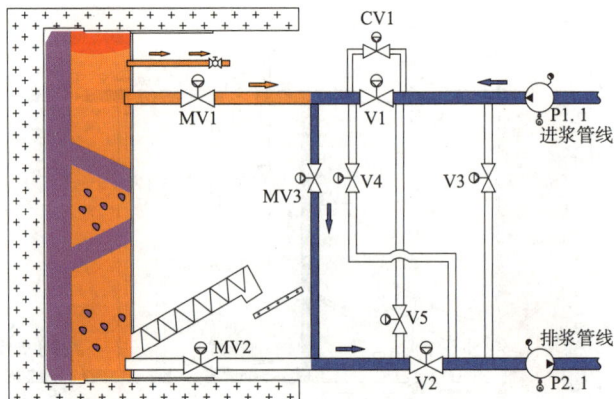

图 4-78   渣土置换完成示意

步骤 4：运行土压平衡模式

打开螺旋输送机前后闸门，运行螺旋输送机、皮带机，开始运行土压模式缓慢推进，待运转稳定后，即可进行正常推进。过程中注意观察螺旋输送机出土口渣土状态，刚置换完成后渣土状态可能处于流塑状，会出现短暂的喷涌现象，如果喷涌严重需继续置换渣土，直到适合土压掘进。土压平衡模式如图 4-79 所示。

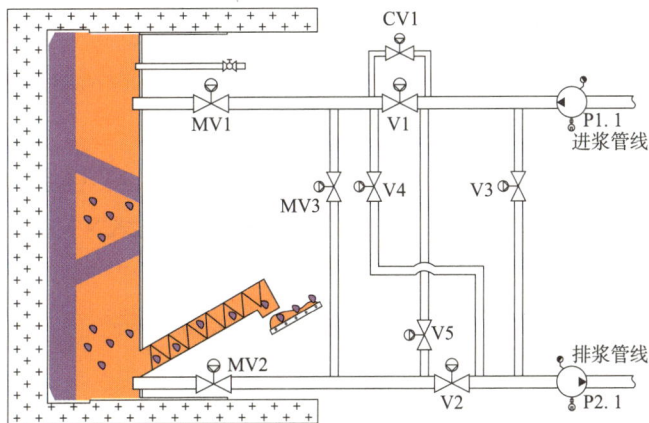

图 4-79　土压平衡模式示意

4.4.2　土压 TBM 双模盾构

4.4.2.1　工作原理

土压 TBM 双模盾构，由于具备 TBM 功能，所以也称为土压 TBM 双模式掘进机。是一种具备两种出渣方式（中心皮带机出渣和螺旋输送机出渣）、可同时适应在软弱地层、围岩较差地层和硬岩地层中掘进的多功能隧道掘进装备，其主机结构如图 4-80 所示，设备同时具备土压平衡掘进模式（图 4-81）和 TBM 开敞式掘进模式（图 4-82）。双模式掘进机在地层地质和水文变化时可提前转换掘进模式及出渣方式，以减小对配套施工的干扰，降低工程风险、缩短施工工期。

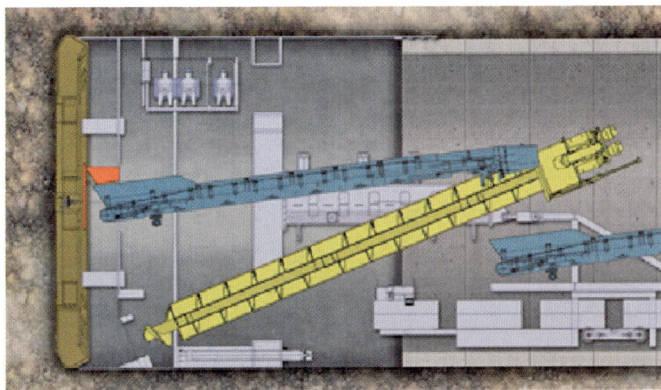

图 4-80　土压 TBM 双模盾构结构原理示意

　　土压 TBM 双模盾构集土压和 TBM 掘进功能于一身,同时配备土压平衡盾构和 TBM 的相关设备和系统,如 TBM 具有的中心皮带机出渣系统、溜渣系统、除尘系统、豆砾石系统等,土压平衡盾构具有的螺旋输送机出渣系统、泡沫系统、同步注浆系统、膨润土系统等。

　　根据不同的地质条件,土压 TBM 双模盾构有两种工作模式。土压 TBM 双模盾构由于需要在一台设备上同时搭载两套出渣设备,根据不同直径设备主要有两种机型。

　　在设备直径较小时,两套出渣系统不能同时布置在一台设备上,因此不同模式下需要洞内更换上相应的出渣系统,该机型模式转换时间久、效率低。在设备直径较大时,设备上可以同时将两套出渣设备布置一台设备上,在模式转换时,仅需将两套出渣设备相互伸出和收回即可,该机型模式转换时间短,效率较高。

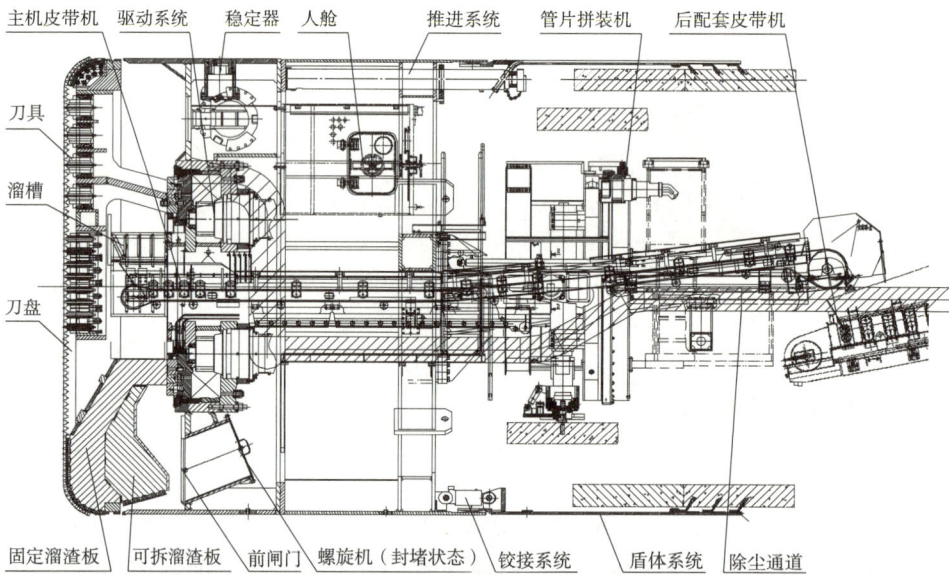

图 4-81　TBM 开敞模式主机布置示意

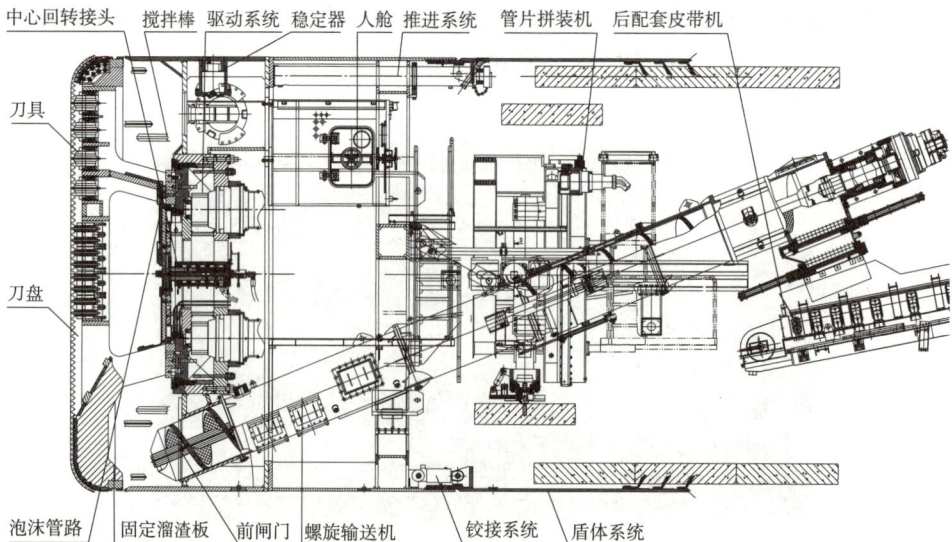

图 4-82　土压平衡模式主机布置示意

4.4.2.2　双模特点

(1)TBM 开敞模式特点

土压 TBM 双模盾构在硬岩地层或围岩可自稳地层掘进时采用 TBM 模式,如图 4-83 所示。TBM 模式下具有以下优点:土舱渣土基本处于空置状态,可以大大降低诸如刀盘、刀具、螺旋机部件的磨损;相应的驱动扭矩可大幅降低;可以显著提高掘进效率;渣土改良剂停止使用;在土舱内喷射高压水,但高压水的主要作用不是改良渣土,而是降低刀具温度及辅助降尘。由于土舱在常压下工作,主轴承油脂的消耗减少,刀盘推力荷载也显著降低。TBM 模式在掘进效率、驱动扭矩、掘进总推力、掘进成本等方面对施工都相对有利。

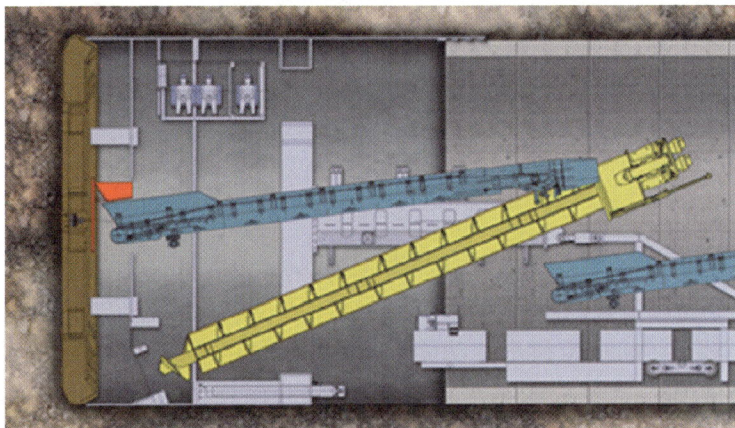

图 4-83　TBM 开敞式掘进模式(中心皮带机出渣)

TBM 模式掘进时,需要将螺旋机拆除或者后退缩回至主机内部,而主机区域采用中心皮带机出渣,掘进具有高转速、低扭矩的特点,以提高设备在硬岩地层中的掘进效率和掘进速度。TBM 模式掘进时,中心皮带机从主驱动中心位置处伸入土舱,刀盘背部装有溜渣板,土舱中心处设有溜渣槽。刀盘破岩后渣土经刮渣板进入溜渣板,通过溜渣槽落入中心皮带机,再经过后配套皮带机运输至后配套区域。此时,刀盘中心处设计有喷水回转装置,用于降尘和降温。管片背部先采用豆砾石充填,再通过注入水泥浆(或砂浆)和二次补浆的方式使管片达到设计承载强度。在 TBM 模式下掘进时,主机区域灰尘较大,因此需要启用除尘系统,净化主机部位空气质量。

(2)土压平衡模式特点

土压 TBM 双模盾构在不稳定地层中或软土地层中掘进时选用土压平衡模式,如图 4-84 所示。此时主机区域采用螺旋输送机出渣,此模式下需启用泡沫系统、同步注浆系统和膨润土系统。

土压平衡模式下主驱动中心处安装有回转接头,泡沫及膨润土通过回转接头通道及刀盘上布置的管路进入到刀盘前部,对渣土进行改良。前盾下部装有螺旋输送机,渣土在螺旋输送机内形成土塞效应并通过螺旋输送机后舱门落入到后配套皮带机。同时在土舱隔板和螺旋输送机筒体上安装有土压传感器,用以检测土舱和螺旋输送机内土压。

由于两种不同的掘进模式下主机区域出渣方式不同,因此在进行模式转换时需要对

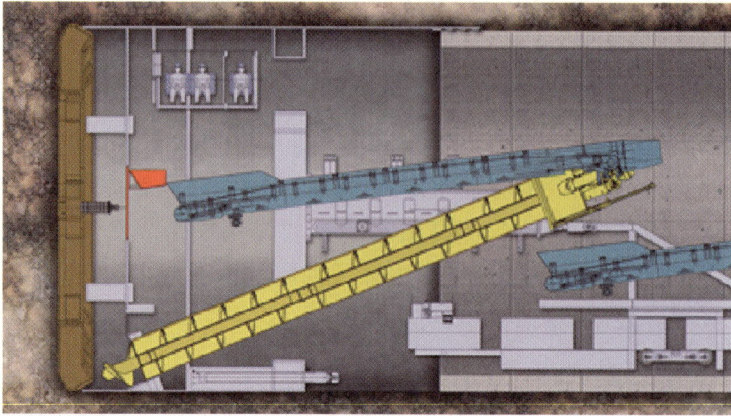

图 4-84　土压平衡模式（螺旋输送机出渣）

刀盘进行局部改造，增加溜渣板。

4.4.2.3　设计要点

土压 TBM 双模盾构具备两套出渣系统，主机设计考虑既能满足土压平衡掘进模式下通过螺旋输送机出渣、中心回转接头通道进行渣土改良以及人舱保压功能等要求，又能满足 TBM 掘进模式下主机皮带机出渣功能以及除尘功能的要求。由于空间有限，施工操作和设备维护较为困难。需根据各系统特点重新规划，实现各系统高效运作的同时不互相制约和影响，全盘考虑各系统配置。

（1）刀盘刀具设计

刀盘、刀具设计为可适应岩石及软土地层掘进的双模式刀盘，可以双向旋转、开挖、出渣，可满足 TBM 和土压平衡两种模式出渣。刀盘上布置有土压模式下渣土改良所需的改良通道，同时在刀盘结构、刮渣刀具、溜渣板设计上均为对称布置，使刀盘具备双向旋转开挖及出渣功能要求，可以有效避免双模盾构在掘进过程中主机滚动对掘进施工的影响。

在保证刀盘整体刚度和强度的前提下，考虑进渣问题。刀盘前面不留有存渣的结构死角，刮板和刮刀的旋向前方留有尽可能大的容渣区域或面积，以便使刮板、刮刀能够刮入刀盘开挖的渣土。在皮带机模式出渣时，刀盘周边设计有双向刮渣斗，刮渣斗后部设计有双向溜渣板，溜渣板将开挖的渣土带到上部溜进溜渣槽，通过皮带机输送出去。在螺旋机模式出渣时，割除安装在刮板后面的溜渣板，刮板和刮刀将渣土刮进土舱，通过螺旋机排出。

滚刀布置首要考虑边刀（弧形区域内的滚刀）的刀间距。为了延长边刀的换刀间隔，采用了边刀间距密集布置，第一轨迹与第二轨迹的边刀间距最小，以减少最外轨迹边刀的荷载延长换刀间隔；第三轨迹间距依次增大但仍密集。在边刀间距密集的前提下，正滚刀的最大间距为 75 mm，可破除 70 MPa 以上的岩体。

边刀采用大倾角布置，以便增大刀体与开挖面的距离，减少块状渣土对刀体的额外附加荷载以减少滚刀轴承荷载，使轴承荷载尽可能用于刀刃。刀盘外环所有刀具均设计有刀体保护块，以便排开刀盘底部存留渣土，避免其对刀体的附加荷载及损坏。

边刀采用通用型滚刀，以便在边刀磨损更换后（此时尚未达到滚刀的磨损极限）可作

为正滚刀使用,提高刀具的利用率降低成本。

所有滚刀均为可靠的楔形安装方式并为背装式,所有的刮板、刮刀均可更换,如图 4-85 所示。

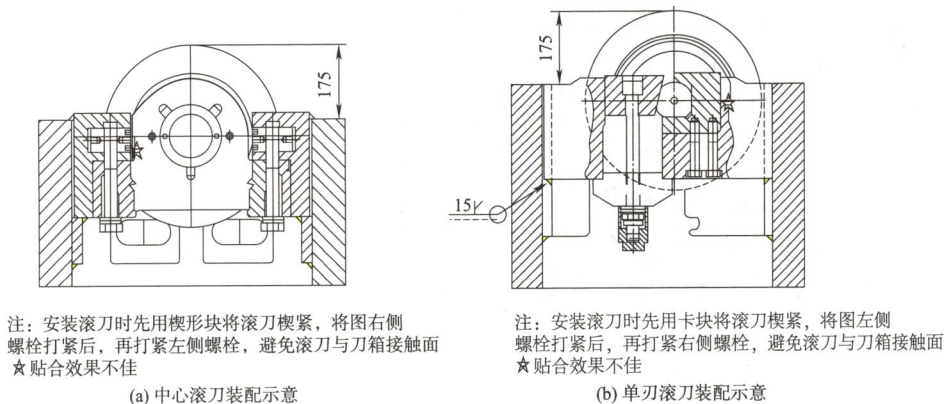

注:安装滚刀时先用楔形块将滚刀楔紧,将图右侧
螺栓打紧后,再打紧左侧螺栓,避免滚刀与刀箱接触面
★贴合效果不佳

(a) 中心滚刀装配示意

注:安装滚刀时先用卡块将滚刀楔紧,将图左侧
螺栓打紧后,再打紧右侧螺栓,避免滚刀与刀箱接触面
★贴合效果不佳

(b) 单刃滚刀装配示意

图 4-85　滚刀安装方式示意(单位:mm)

根据地层选择合适的刀盘开口率,中心部位留有合适的开口以防止刀盘中心泥饼,但大面积的开口布置在刀盘外环周边。刀盘结构设计足够的刚度和强度,盘体结构在极端情况下发生局部磨损时仍能保持不发生变形,为洞内修复提供可能。刀盘有足够的耐磨设计,磨损修复间隔里程可达到 3 km 以上。

在耐磨设计方面,刀盘设计充分考虑地层对刀盘具有较大的磨损性,在刀盘辐条面板及大圆环外表面焊接耐磨复合钢板,以提高刀盘的耐磨性能,大圆环的耐磨板间留有间隙,具备导渣功能,利于外圈渣土及时排出,如图 4-86 所示。

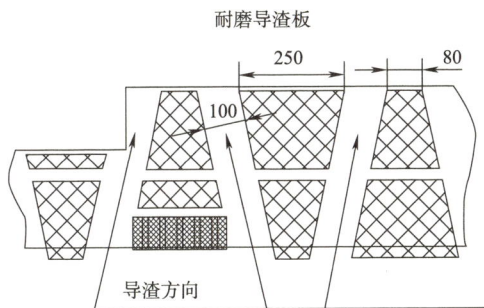

图 4-86　刀盘大圆环耐磨设计示意(单位:mm)

刀盘可实现双向旋转(正/反)开挖。刀具高低搭配,滚刀伸出量>刮板伸出量>刮刀高度,滚刀先破开岩层,刮板、刮刀将破碎的岩石刮进土舱。

刀盘前面设置添加剂注入口,其中包括泡沫口、膨润土注入喷口,在输送泡沫的同时往刀盘前面输送膨润土以利渣土搅拌改良效果,并利于减少刀具磨损,如图 4-87 所示。

添加剂注入口设计时充分考虑防堵、橡胶垫防磨损和清洗的需求,注入口结构形式设计为背装整体抽式,便于更换和清洗管路,操作简单易行。

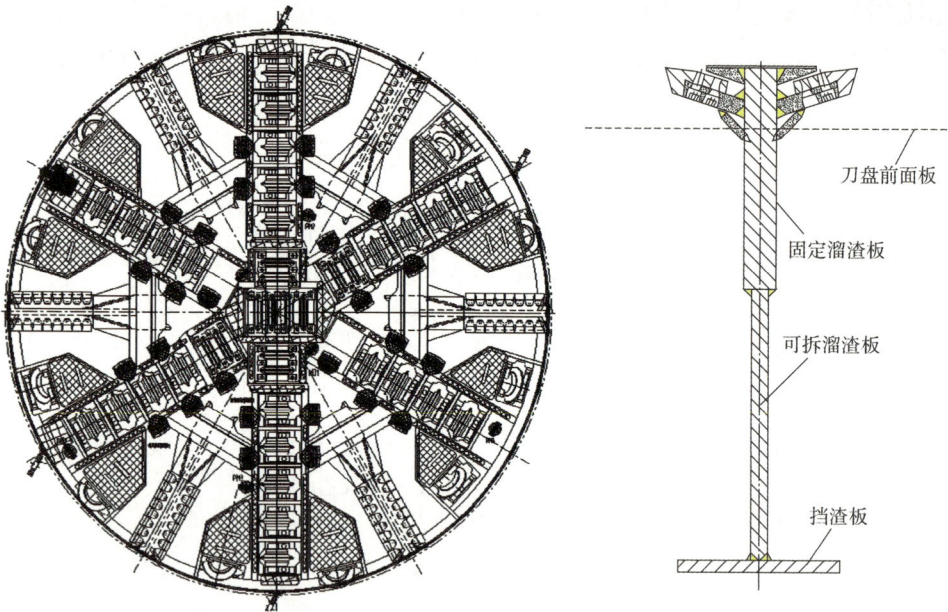

图 4-87　刀盘结构及溜渣板结构设计示意

（2）主机皮带机设计

TBM 开敞模式采用主机皮带机配合二级后配套皮带机出渣方案。在 TBM 模式，刀盘渣土流向为刀盘刮渣斗——溜渣板——溜槽——主机皮带机——后配套皮带机——后配套编组列车渣土车，最终运出洞外。双模式刀盘设计多处溜渣板，溜渣板双向进渣口通道来满足 TBM 开敞模式刀盘开挖掘进过程中渣土进入土舱要求，具体如图 4-88、图 4-89 所示。

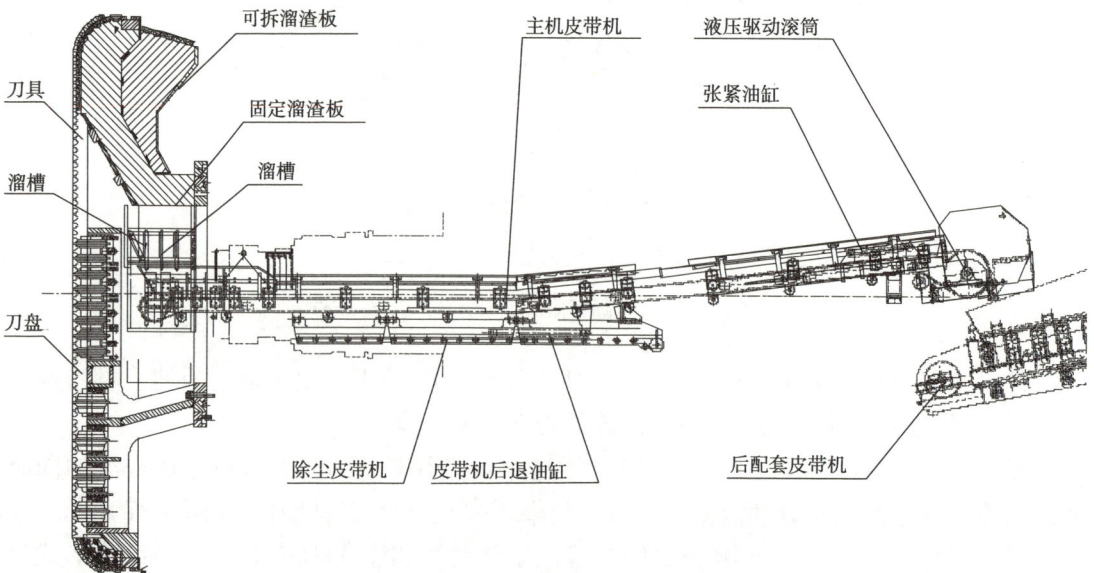

图 4-88　主机皮带机出渣方案示意

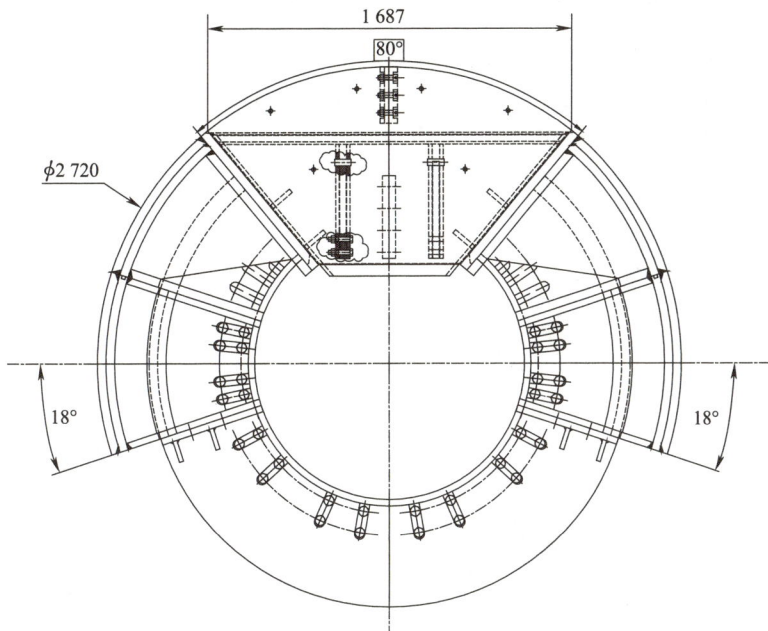

图 4-89　主机皮带机/溜槽出渣方案示意(单位:mm)

主机皮带机设计主要针对 TBM 硬岩掘进模式下,渣块相对较小,粒径一般小于 300 mm,物料相对松散,以满足最大掘进能力时的出渣量的要求进行设计,设计时提供较高的带速及扭矩;同时应对主机皮带机输送机能力、驱动功率等参数进行校核计算。

(3)除尘系统设计

土压 TBM 双模盾构除尘系统的功能为:在采用 TBM 模式工作时,由于工程的地质条件,在设备工作时会产生大量的灰尘,为了及时收集和处理产生的灰尘,设备配备干式除尘系统。除尘系统工作时通过抽风机抽取土舱的空气,使土舱和土舱外面产生一定负压,促使隧道空气及时补充土舱的负压,从而防止灰尘向外扩散。抽风机抽出带灰尘的风通过除尘器进行过滤,过滤后的空气排到隧道里面。

根据需过滤气体流量和过滤速度可确定除尘器的过滤面积。

$$A = Q/V$$

式中　Q——处理器处理风量(m³/h);

　　　V——过滤速度(m²)。

可根据 CFE 褶皱纸板式滤片 Typ18.1 系列按照计算结果选择合适的过滤面积,然后计算滤片的个数 N。

(4)盾体系统设计

土压 TBM 双模盾构的盾体设计与土压平衡盾构最大的区别为前盾,前盾隔板上设计有可拆卸的搅拌棒、高压喷水口、除尘通道,驱动中心可以安装溜槽、中心回转接头、主机皮带机,下部可安装螺旋输送机,如图 4-90 所示。其中人舱、搅拌棒、中心回转接头、螺旋输送机为土压平衡模式下使用,并在 TBM 模式下拆除或封堵;除尘通道、稳定器、溜槽、可

拆卸溜渣板、主机皮带机为 TBM 模式下使用，并在土压平衡模式时拆除、闲置或封堵；搅拌棒、溜槽、中心回转接头承压隔板、除尘通道等为可拆卸或分块设计，便于在模式转换过程中拆除、运输。尾盾与常规土压平衡盾构相比，考虑了刀盘后退换刀功能孔，特别是在 TBM 模式掘进过程中，需要频繁检查、更换刀具。为降低换刀难度及风险，设备通过固定尾盾装置，具备在需要更换刀具时刀盘后退一定距离，获得更换刀具空间的能力。

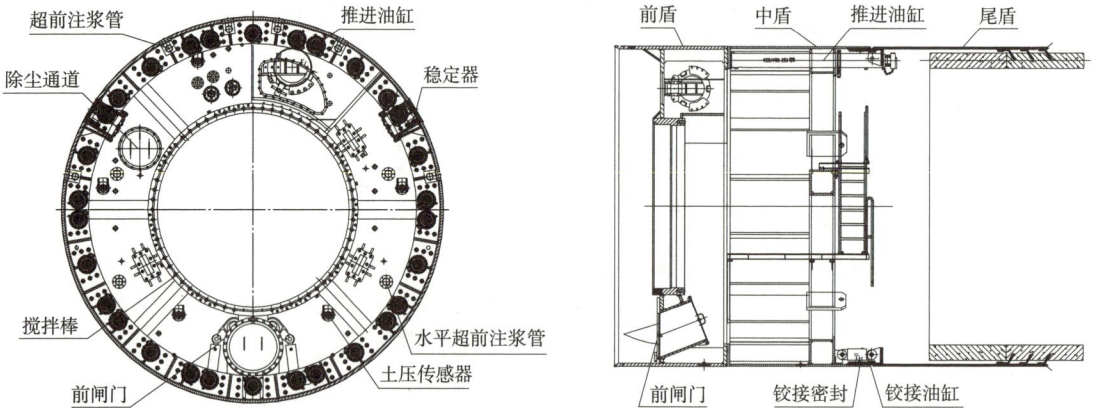

图 4-90　主机结构设计示意

（5）盾体防滚转设计

在硬岩地质中掘进时，由于掌子面岩体硬度较大，被切削岩体给刀盘的冲击较大，导致刀盘在切削岩体时存在较大振动，这就使得双模式盾构相比软土盾构在实际施工过程中发生滚转的程度更加剧烈，给设备的正常掘进带来不利影响。

通常会在前盾上部区域设置稳定器，防止盾体滚转。防滚装置在围岩相对稳定地层中以 TBM 模式掘进时使用，就是通过前盾上一组伸靴式稳定器在掘进过程中伸出撑在岩壁上。增大盾体对隧道内壁的正压力，进而增大周向摩擦力的装置。在前盾顶部左右两侧各设置一个防滚装置，掘进过程中，防滚装置通过伸出油缸，将撑靴支撑于隧道内壁，油缸推力给隧道内壁提供一正压力 F，进而增大了盾体与隧道内壁的周向摩擦力，有效改善了设备在硬岩地质中掘进时相对滚转的发生。

防滚转装置的稳定器与盾体底部与开挖面的接触点一起形成三角形支撑结构，伸靴的油缸可以吸收主机传来的振动，对刀盘振动形成半刚性约束，可有效减少刀盘振动。同时由于增加了约束点，增大了盾体与开挖面的摩擦力，以获得较大反扭矩，减少盾体由于刀盘扭矩引起的滚转速率。通过防滚装置的设计，增大了盾体与隧道内壁的周向摩擦力，提供了一个与滚转方向相反的力矩，进而达到了减小滚转的作用。防滚装置的布置如图 4-91、图 4-92 所示。

撑靴对隧道内壁的比压：

$$P_1 = F/(\pi d_1^2/4)$$

式中　P_1——撑靴与隧道内壁的比压；

　　　d_1——防滚装置撑靴直径。

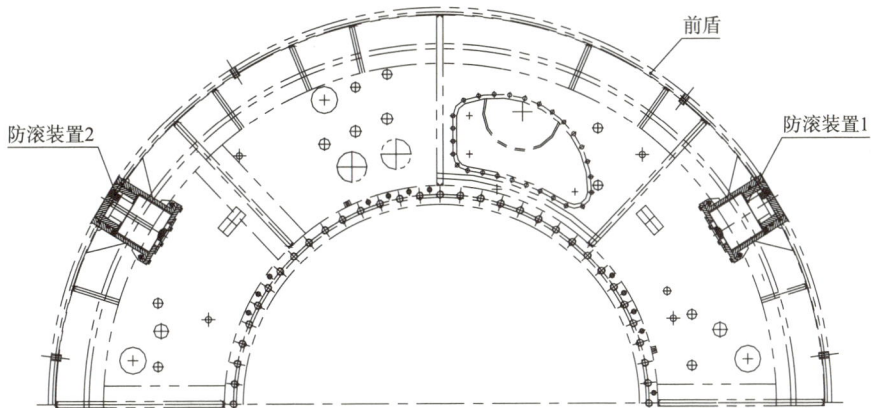

图 4-91　防滚装置周向布置示意

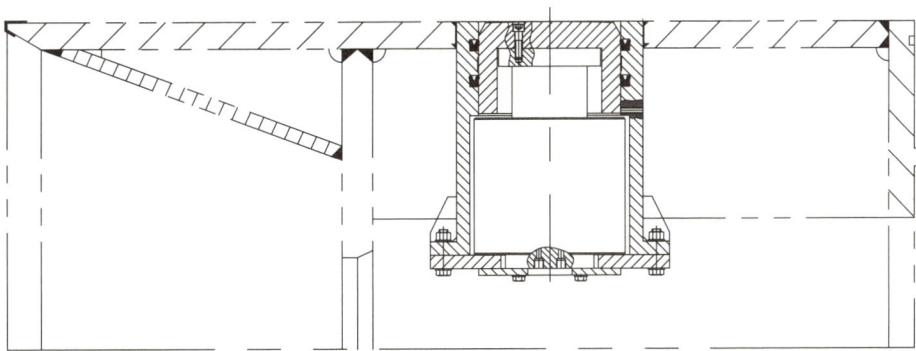

图 4-92　防滚装置轴向布置示意

（6）主驱动伸缩隔板装置设计

本装置是为了满足土压 TBM 双模盾构在洞内快速切换所配置，在主机皮带机和螺旋机同时布置时，可通过主驱动伸缩隔板满足模式安全快速切换。

双模快速切换装置包含伸缩隔板、溜渣槽、导向立柱、伸缩油缸及密封系统。装置前部伸缩隔板与主驱动内环相匹配，共设计有三道密封，包括山型、O 形圈及油脂密封。

TBM 模式下，液压缸带动导向立柱，将隔板推离驱动隔环，密封面安装相应防护工装。伸缩隔板后部设计的溜渣槽在敞开掘进模式下，将刀盘刮渣板携带的渣土转运至主机皮带机。土压模式下，拆除密封防护工装，导向立柱缩回，伸缩隔板压紧驱动箱内部隔环，土舱建立压力，渣土通过螺旋机运出。

（7）豆砾石喷射系统设计

管片衬砌后需要及时回填豆砾石以保证结构的稳定性，豆砾石由豆砾石罐通过编组列车运进隧洞内相应位置并通过吊机放在后配套台车上，一条皮带机将储藏箱中的豆砾石输送到注射泵中，需要时，豆砾石可以经过管路充填到隧道洞壁同管片之间的空隙处。豆砾石充填能力与最高掘进速度相匹配，并有一定余量。

该系统包括：固定皮带机、储藏箱（受料斗）、马达、减速器、泵及备用泵等。

4.4.2.4　模式转换方法

土压 TBM 双模盾构在洞内切换涉及施工安全问题，因此在进行模式切换时需要特别注意，以下讲述两种常见的土压 TBM 双模盾构在洞内进行模式转换流程。

（1）常规直径土压 TBM 双模盾构

常规直径土压 TBM 双模盾构的主机皮带机和螺旋机不同时布置在同一台设备上，如图 4-94 所示。在洞内转换时，由于主机皮带机和螺旋机不同时布置在同一台设备上，因此在切换期间需要将一套出渣系统拆除，洞内安装另一套出渣系统。

在进行模式转换时，除选取相对稳定的地层条件外，还需采取必要的地层加固措施，准备必要的工具及辅助工装等相关工作。以下介绍常规直径土压 TBM 双模盾构从 TBM 模式转换为土压平衡模式步骤。

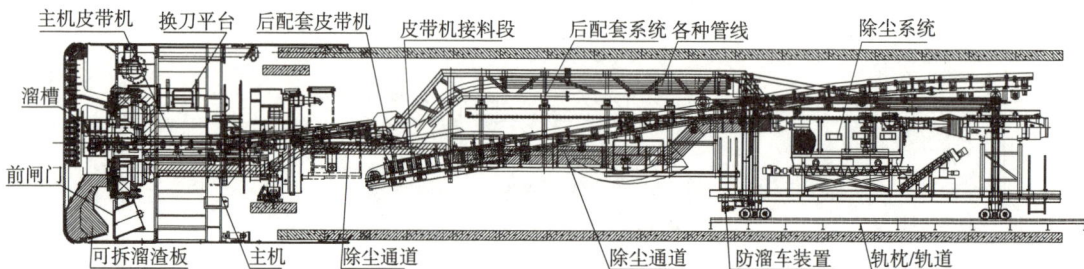

图 4-93　TBM 开敞模式整机布置（局部）

断开主机上的除尘风管，只保留设备桥上的一段，盾体隔板上的除尘口封堵，并拆除防溜车装置，如图 4-94 所示。

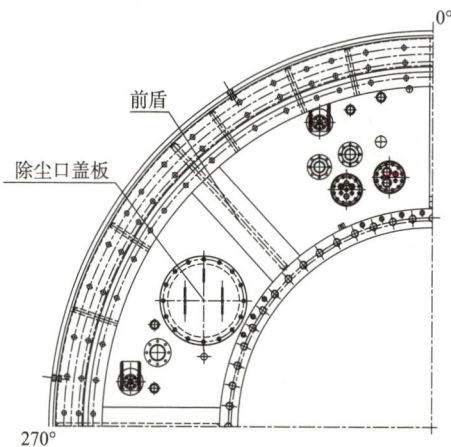

图 4-94　前盾除尘通道封堵示意

将后配套与 TBM 主机之间的拖拉油缸及各种管线断开，管线整理并固定在合适位置；再将设备桥前端支撑在管片运输车上，利用牵引机车拖拉后配套台车整体后退 15 m 左右，获得模式转换操作空间。然后用临时工装支撑设备桥前端，皮带机接料段，保证后配套物料运输通道畅通，如图 4-95、图 4-96 所示。

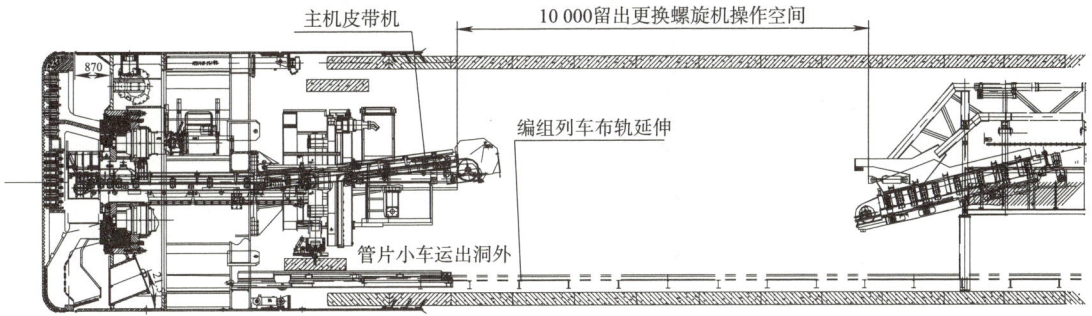

图 4-95　后配套后退约 15 m（单位：mm）

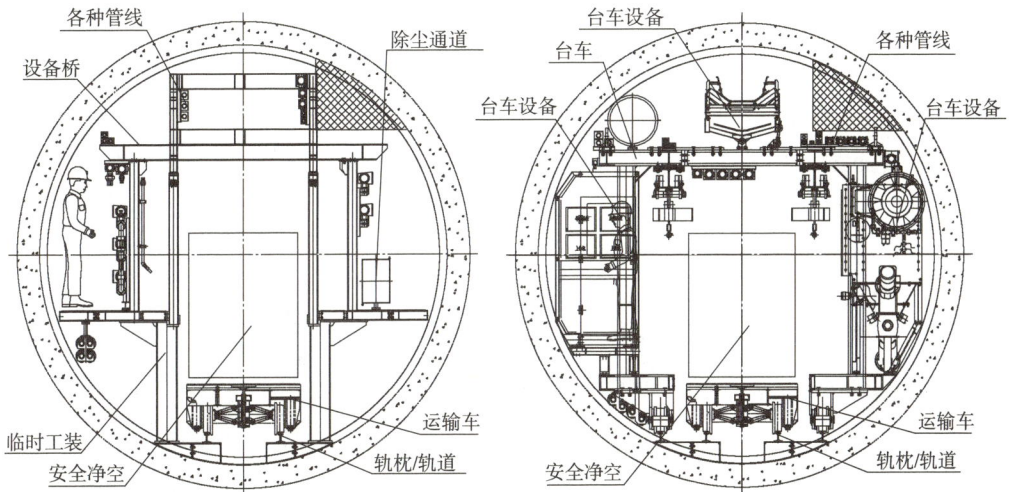

图 4-96　典型后配套净空断面

延伸轨枕及轨道至主机管片拼装机下方，然后依次拆除主机皮带机后段和前段，并分别用管片输送车依次运出，如图 4-97 所示。

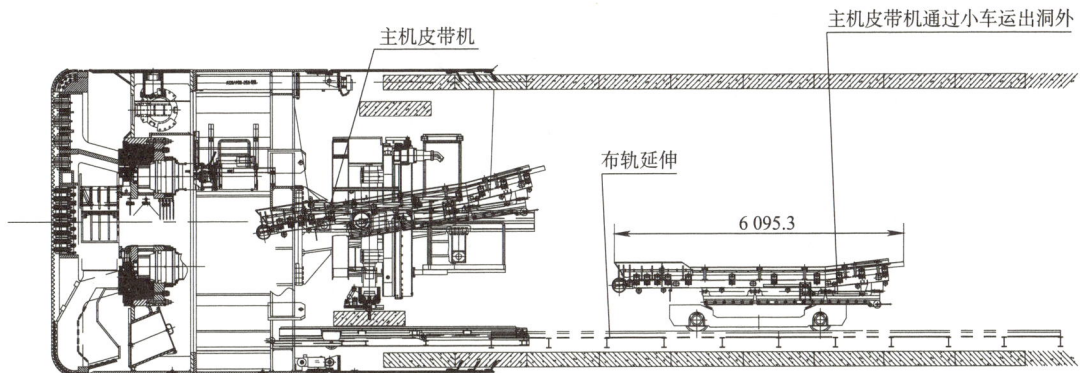

图 4-97　轨道延伸/主机皮带机拆除示意（单位：mm）

分块拆除土舱内分块拆除溜槽结构，通过驱动中部临时导轨逐步运出，分块割除溜渣板，通过土舱下部螺旋机筒体运出，如图4-98所示。

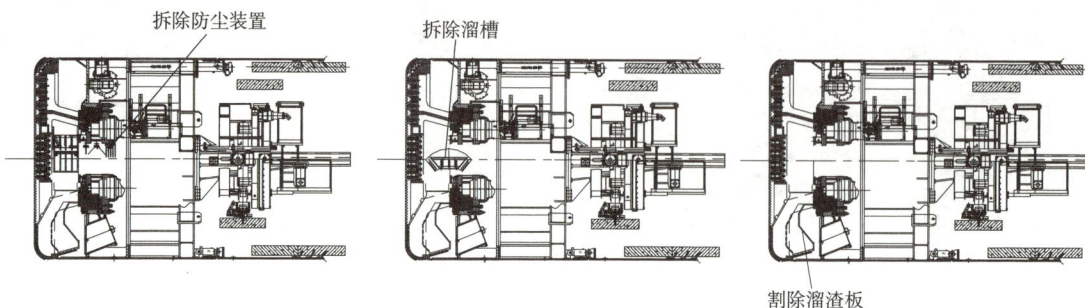

图4-98　拆除溜槽/溜渣板示意

将搅拌棒、主驱动中心过渡承压隔板结构、过渡泡沫管路结构运进土舱，并按照刀盘搅拌棒（焊接式）、盾体被动搅拌棒（可拆式）、泡沫管路保护结构、主驱动中心过渡压力隔板、泡沫管路、回转接头顺序安装于既定位置。中心回转接头安装完成后如图4-99驱动中部局部所示。

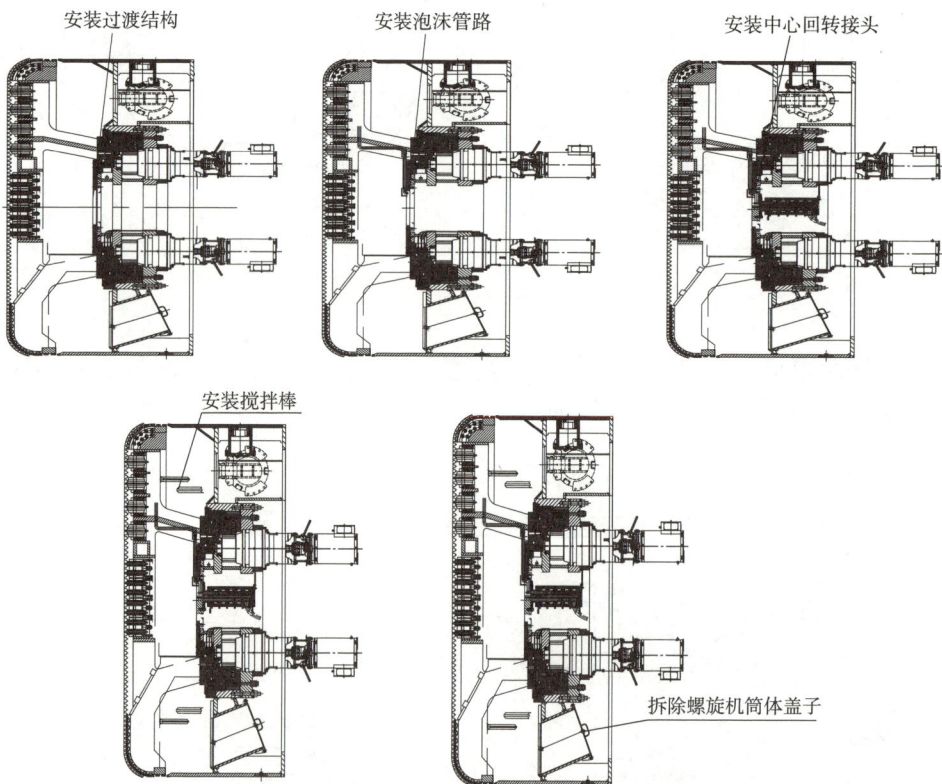

图4-99　安装泡沫管路/中心回转接头示意

将螺旋机吊装门架工装分块运到洞内并组装，安装位置如图4-100所示。然后将螺旋输送机运到洞内。并借助临时导链将螺旋机吊装、调整、安装到位，同时安装螺旋机拉杆，

如图 4-101、图 4-102 所示。要求在此过程中螺旋轴呈收回状态,并机械锁定。最后将螺旋机运输小车运出,拆除螺旋装门架。

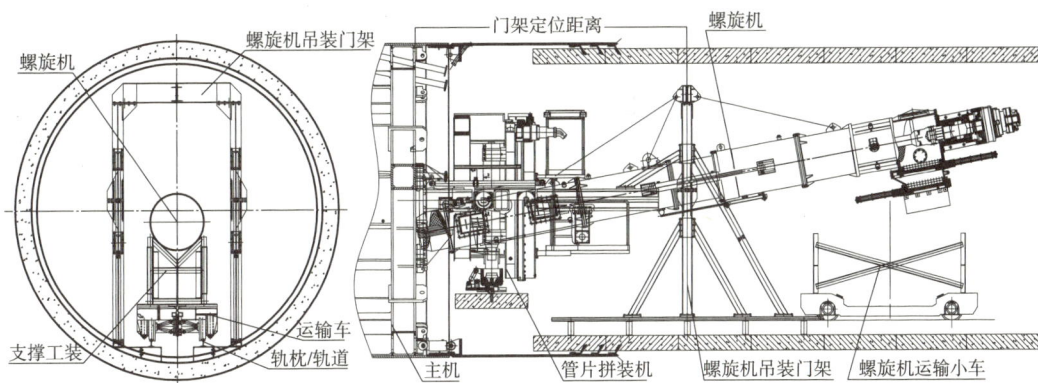

图 4-100　洞内螺旋机吊运门架示意

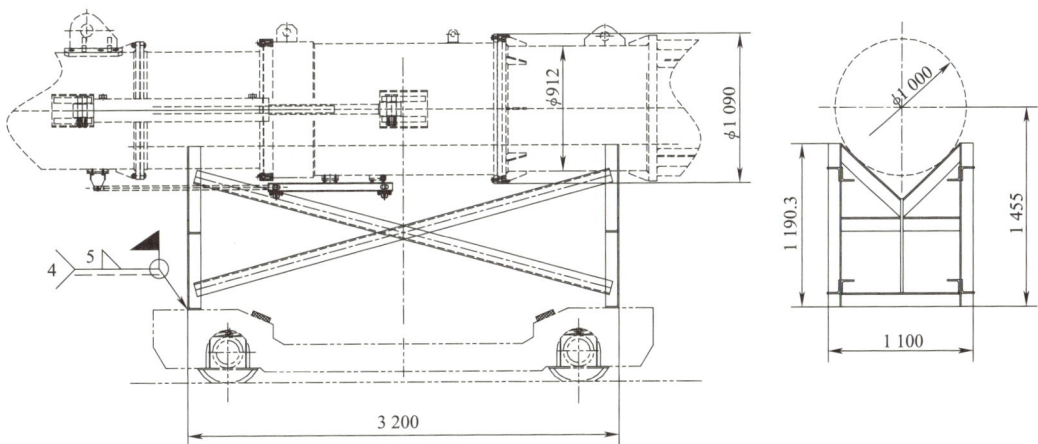

图 4-101　螺旋输送机组装工装示意(单位:mm)

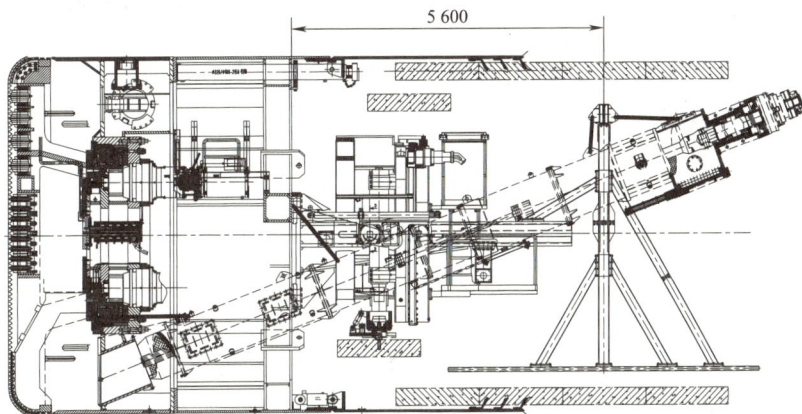

图 4-102　螺旋输送机组装示意(单位:mm)

将后配套整体前移,断开的管线重新连接。进行整机系统调试后,即可按照土压平衡模式向前掘进。至此,所有 TBM 模式至土压平衡模式转换工作完成,转换后的土压平衡模式主机如图 4-103 所示。

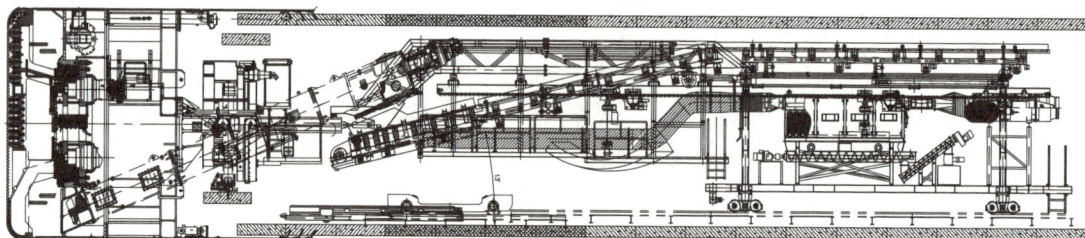

图 4-103　土压平衡模式转换完成后示意图(局部)

从土压平衡向 TBM 模式转换工作基本沿上述过程逆向进行,具体过程稍有差异,不再累述。

（2）大直径土压 TBM 双模盾构

大直径土压 TBM 双模盾构的主机皮带机和螺旋机同时布置在同一台设备上,在洞内转换时,由于主机皮带机和螺旋机同时布置在同一台设备上,因此在切换期间可将一套出渣系统后退缩回至盾体内部,另一套出渣系统伸出盾体外侧即可。

大直径土压 TBM 双模盾构具备土压盾构和开敞式 TBM 两种掘进模式。其中土压模式掘进适应于软弱地层,通过螺旋输送机出渣、中心回转接头通道进行渣土改良,实现平衡模式掘进,保证施工安全;此种模式具有常规土压平衡盾构所有功能及特点,如图 4-104 所示。

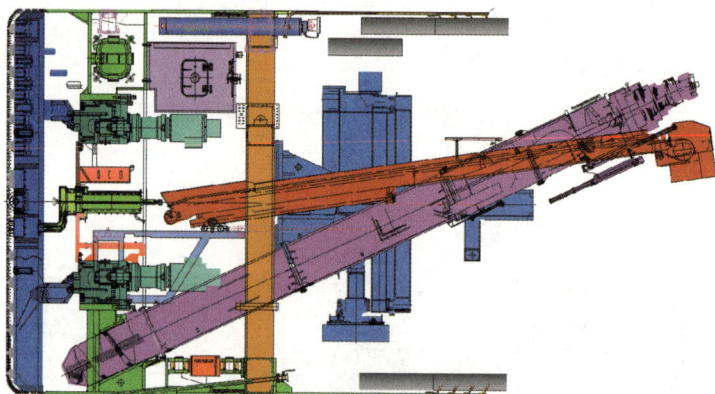

图 4-104　土压模式主机

而 TBM 模式掘进适用于在稳定地层中掘进,通过主机皮带机出渣。在施工耗材方面,采用 TBM 开敞模式掘进施工消耗极大降低,如图 4-105 所示。

两种模式可根据实际地层进行快速切换,以最适合具体地层的模式进行掘进,保证项目施工的快速高效。

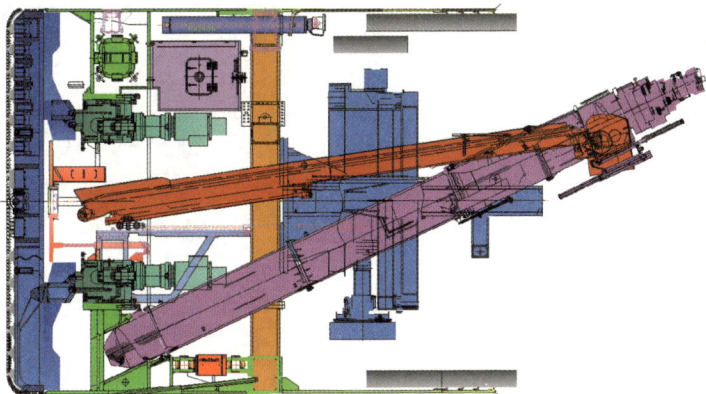

图 4-105　TBM 开敞模式主机

土压切换至 TBM 模式时,需注意以下问题:

①模式转换前确认土压传感器、保压系统、人舱、螺旋机闸门相关液压、应急排污泵等各系统正常,调试完成后方可进行开舱工作。

②模式转换前一般需准备以下工具:焊机 1 台、焊条 J422 若干、割枪、角磨机、强力气动冲击扳手、M30&M24 套筒、M24 内六角扳手、2T 手拉葫芦 4 套、工装保护板 & 盖板、土舱换刀平台、刀盘刮渣板 & 溜渣板、油管堵头若干、小回转接头、工人若干。

③确定最佳转换位置:根据围岩情况选择模式切换地点;盾构司机停止推进,将渣面降低一部分,观测顶部土压力变化值,选择压力不变的地质进行开舱检查确认掌子面是否满足常压切换。此工作需谨慎操作。

④提前准备好模式切换时需要的工具和器械。

⑤开舱确认掌子面稳定后停机,通过螺旋机缓慢将土舱渣土排至土舱底部,时刻观察掌子面情况。

⑥若土舱底部有积水,需要开启底部排水泵降水排出。

⑦螺旋机后退,关闭前闸门。

⑧确认地质状况后,打开土舱;将土舱换刀平台安装至隔板上;架装手拉葫芦,将刀盘上 L 型梁和两瓣扣上的螺栓拆除;将 L 型梁拆成两块,通过顶部人舱孔移动至人舱前平台上,之后将拆除下来的两瓣扣吊至平台上,如图 4-106 所示。

⑨从过渡舱和人舱内部将该部分结构运输至人舱前平台上;将回转接头内部所有管路断开,用堵头堵死后,拆除做好相应标识;将回转接头前端端盖、密封以及过渡环件拆除,做好相应保护吊至人舱内,防止异常碰坏。

⑩拆除回转接头(图 4-107):在主驱动隔板顶部架装导轨,架装手拉葫芦;拆除回转接头上所有流体液压管路,并用相应堵头堵死接口并做好相应标示;保护好尾部旋转编码器,尽量拆除下来;手拉葫芦将回转接头抬起,拆除定子固定端,将中心回转接头法兰螺栓拆除;将回转接头拆除至安置平台上,保护好回转接头前端面不受到意外磕碰。

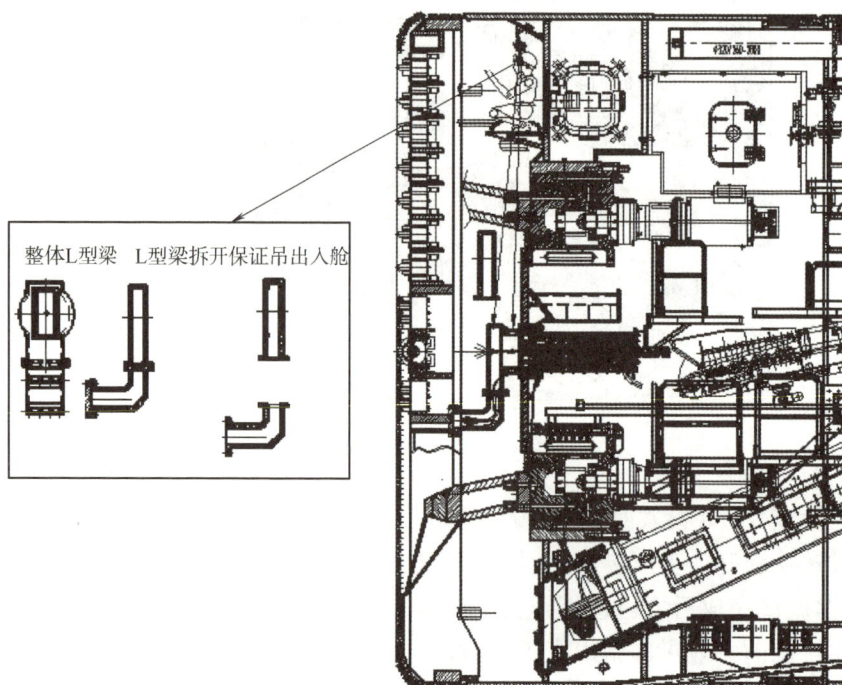

图 4-106　拆除 L 型梁

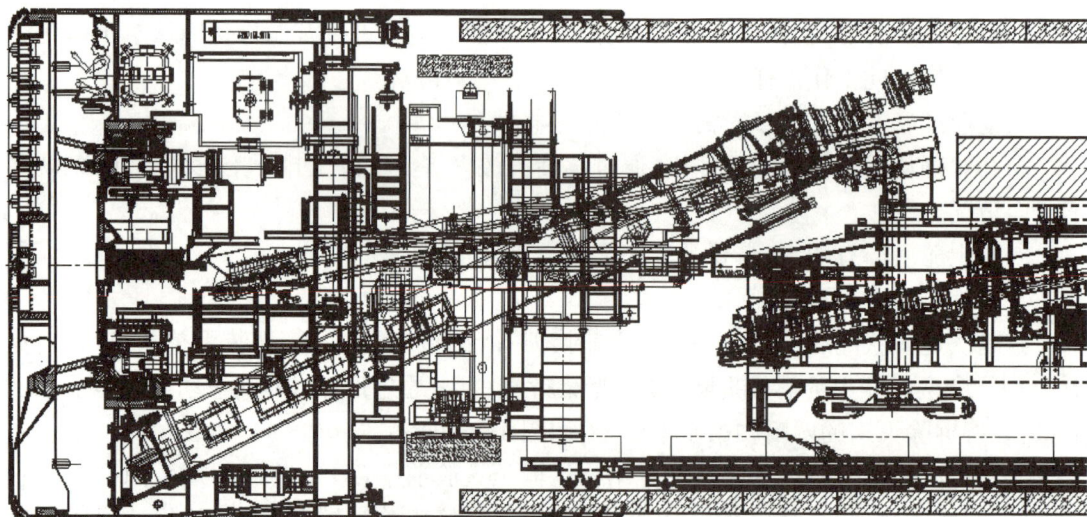

图 4-107　架装导轨,拆除回转接头

⑪将伸缩隔板前伸(图 4-108):将小回转接头安装至刀盘上,打紧螺栓;将原大回转接头支座前后保护板安装至相应位置,螺栓打紧;拆除伸缩式隔板周边上的螺栓;主控室操作伸缩隔板将隔板向土舱内部伸出,观察隔板伸出量,避免移动隔板撞上小回转接头;将结合面上涂抹润滑脂,然后将保护板分块运输至土舱内,逐块安装完成后将螺栓打紧。

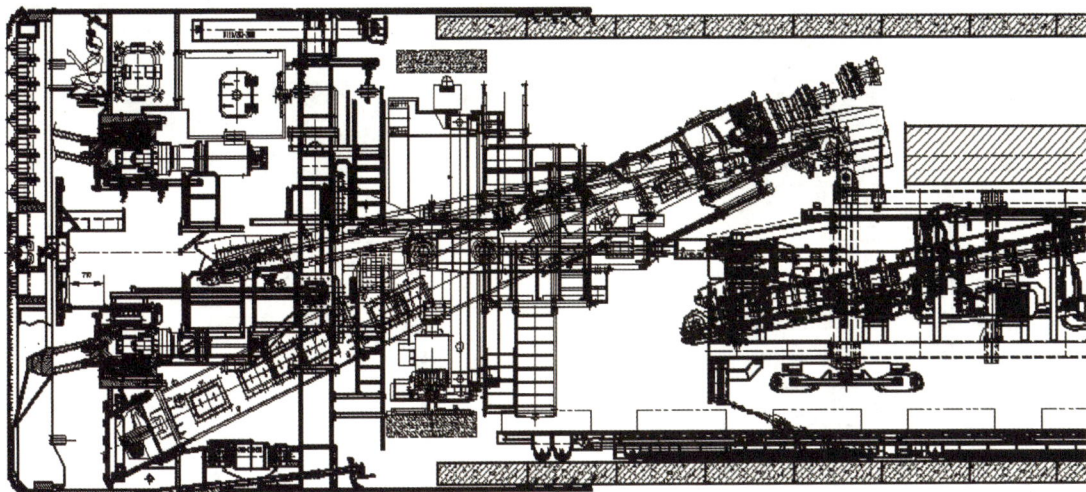

图 4-108　伸缩隔板前伸

　　主驱动伸缩隔板每次伸缩前需要做快速切换装置隔板密封保压试验,伸缩步骤如图 4-109 所示。

确定地质条件,准备相应工具器械,
土舱减压后螺机后退

拆除回转接头,安装防护工装
拆除紧固件6、7并妥善存放

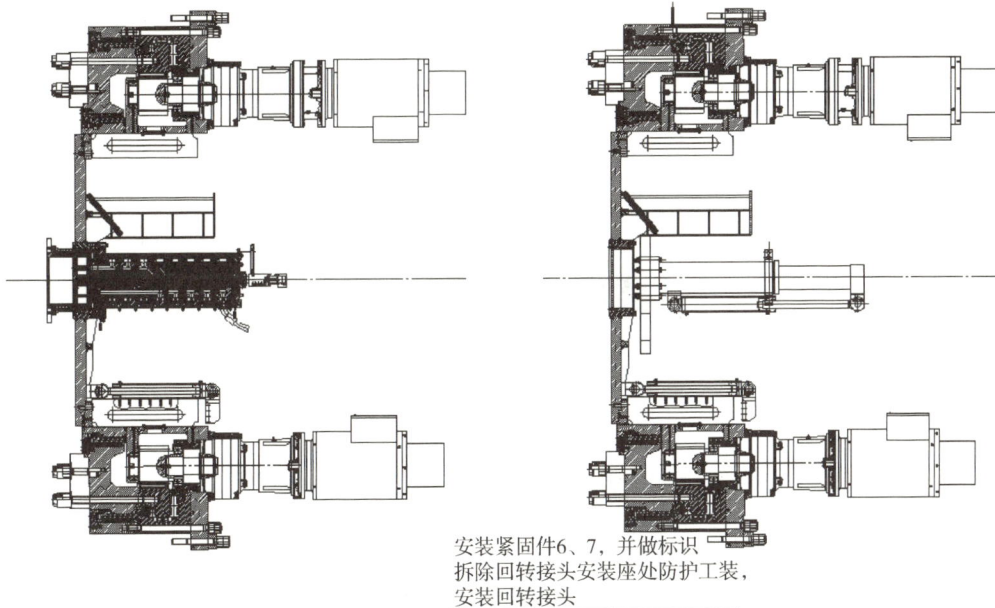

安装紧固件6、7,并做标识
拆除回转接头安装座处防护工装,
安装回转接头

(a)伸缩隔板伸缩步骤 1、2

图　4-109

伸缩油缸伸出带动伸缩隔板伸出 → 　　　检查密封1、2，在对应机构上安装防护工装4、5 →

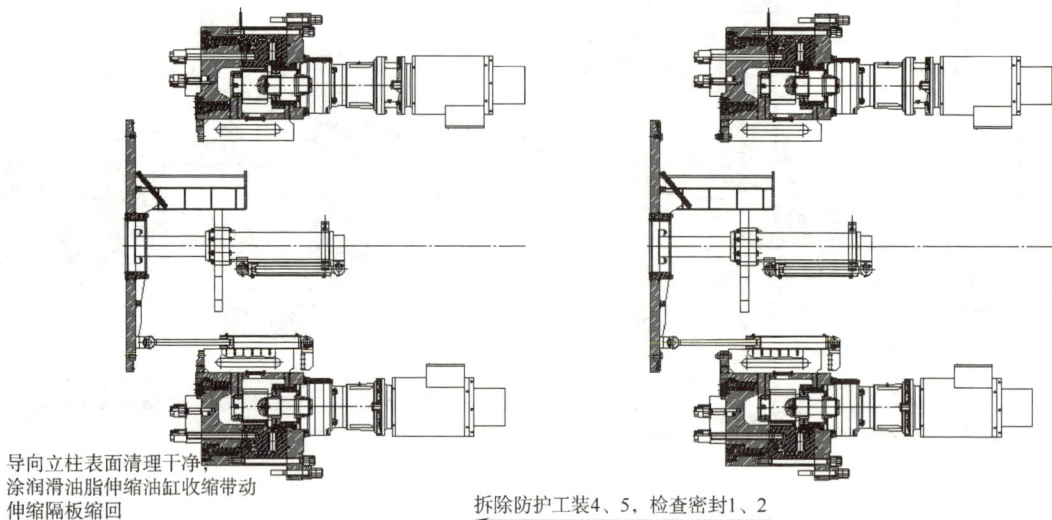

← 导向立柱表面清理干净，涂润滑油脂伸缩油缸收缩带动伸缩隔板缩回

← 拆除防护工装4、5，检查密封1、2

（b）伸缩隔板伸缩步骤3、4

将主机皮带机移动至对应位置　敞开掘进模式

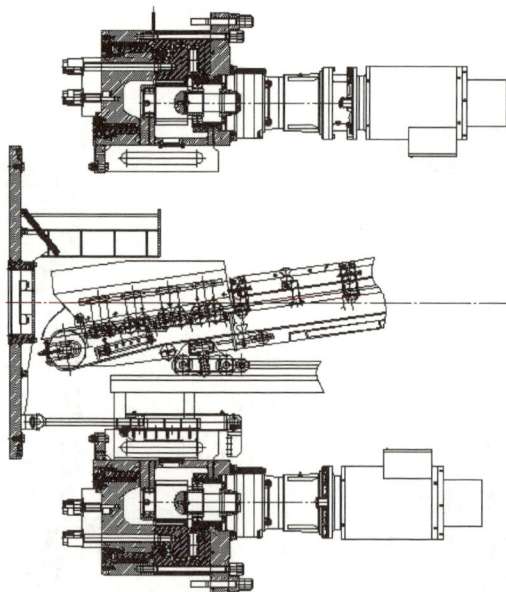

将主机皮带机后退至相应位置　确定地质条件，准备相应工具器械

（c）伸缩隔板伸缩步骤5

图4-109　伸缩隔板伸缩步骤（单位：mm）

⑫TBM 模式下刀盘焊接刮板(图 4-110、图 4-111)：在溜渣槽底部安装临时吊装导轨；通过主机皮带机通道右侧图框中的板件运输至主驱动内部,运输过程注意保护皮带不受损坏(皮带此时不能转动)；通过临时导轨一和溜渣槽下的导轨二将板件运输至土舱内,转动刀盘将副梁转至最底部；打磨焊接接口位置,定位将钣金件焊接完成(焊接质量满足相应要求)；将扭腿上底板、刮渣板按照图纸位置定位焊接并安装螺栓完成。

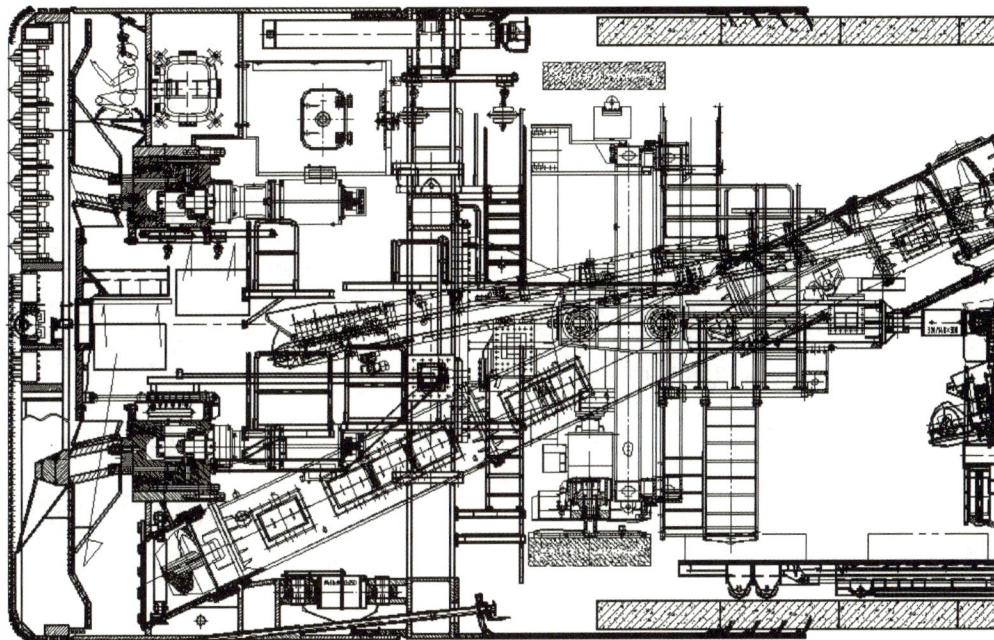

图 4-110　将 TBM 模式下筋板焊接至刀盘示意

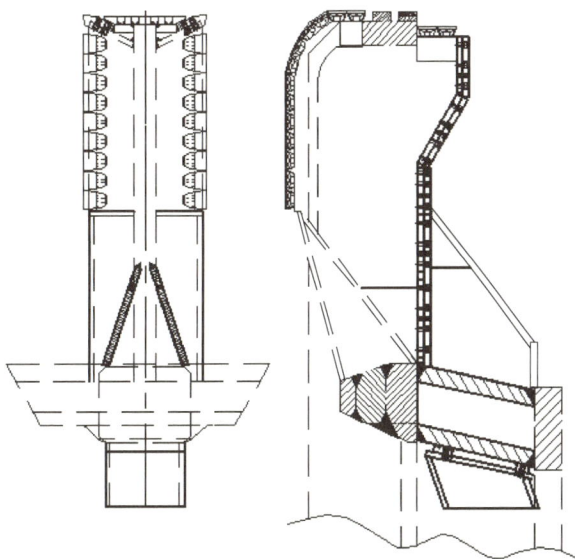

图 4-111　焊接刮板后刀盘示意

⑬主机皮带机伸缩（图4-112）：拆除主驱动和溜渣槽底部临时导轨，测量主机皮带机头部与伸缩隔板距离，保证间距大于主机皮带机油缸行程；拆除主机皮带机尾部支撑工装和机械限位，启动主机皮带机伸缩油缸，缓慢将主机皮带机伸至土舱内；调节主机皮带机张紧装置以及尾部接渣口，保证皮带机出渣落入转渣槽内；将隔板上被动搅拌棒拆除；联动调试主机皮带机。

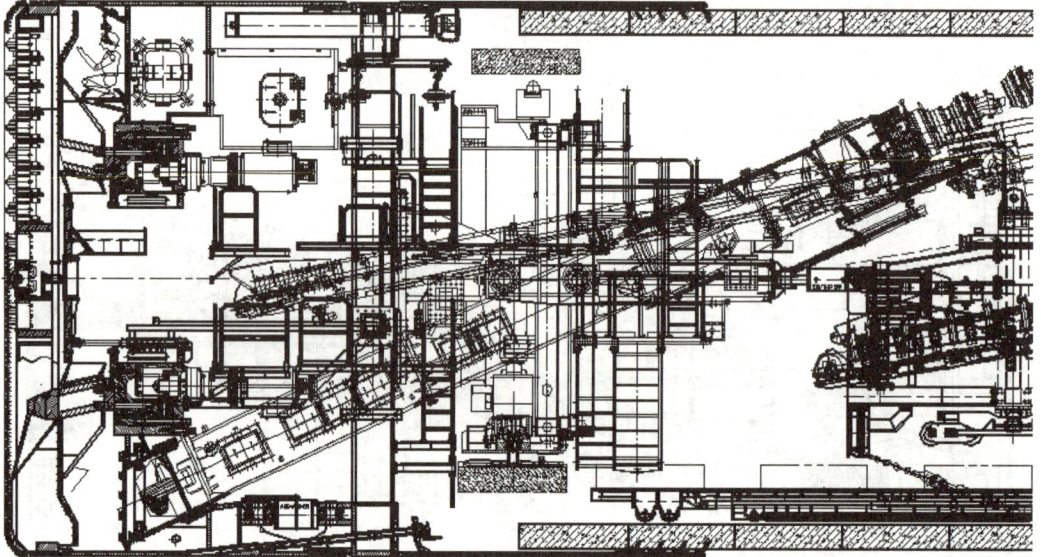

图4-112　将主机皮带机伸缩至土舱内

以上为土压模式切换成TBM开敞模式时需注意事项，在将TBM开敞模式切换成土压模式时，在选择地层稳定性较好的区域按照上述过程反做一次即可。其中，中隔板保压试验务必进行。

4.4.3　泥水TBM双模盾构

泥水TBM双模盾构也称为泥水—单护盾TBM双模式盾构或泥水—单护盾TBM双模式掘进机，这种双模盾构集成了泥水盾构和单护盾TBM的功能和特点。

根据盾构直径大小所决定的能够使用的空间条件，泥水相关和单护盾相关设备可以选择全部安装或部分安装。

（1）泥水模式

如图4-113所示盾构为泥水模式，此种模式下的盾构有以下特点。

①刀盘后部不必要的构件全部拆除，如溜渣槽、背板，以利于渣土快速进入泥水舱。

②刀盘中心的集渣环也被拆除，中心的皮带机和除尘风筒也被抽出，除尘系统不再工作，还要把主驱动中心封闭起来。

③隔板下部开口的闸门打开，渣土与膨润土混合后的泥浆就可以进入到后部的调压舱，被碎石器破碎后穿过格栅进入排浆管被泵松送出隧道。

④进泥管把膨润土注入泥水舱、调压舱，对刀盘、泥水舱、碎石器和格栅进行冲刷，防

刀盘　调压舱　人闸　推进油缸 管片拼装器　进泥管 储气罐　中心封闭　膨润土罐

泥水舱　隔板开口　碎石器　排浆管　管片　喂片机　皮带机

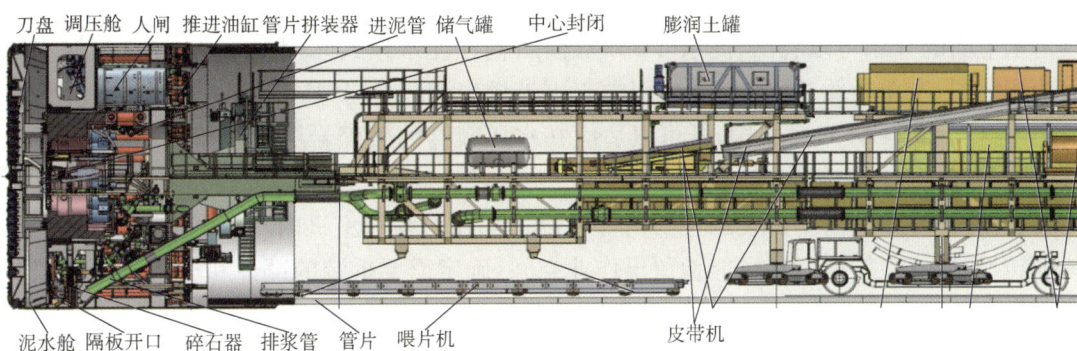

图 4-113　泥水 TBM 双模盾构的泥水模式

止堵塞。

⑤调压舱充满压缩空气,通过 SAMSON 系统自动调节泥水舱的压力与开挖面的压力平衡。

⑥管片拼装机和喂片机配合,在每一个掘进行程完成后拼装管片。

⑦人闸用于带压进舱换刀等作业。

⑧同步注浆系统及时填充围岩和管片之间的环形间隙。

(2)单护盾模式

如图 4-114 所示盾构为单护盾 TBM 模式,此种模式下盾构有以下特点:

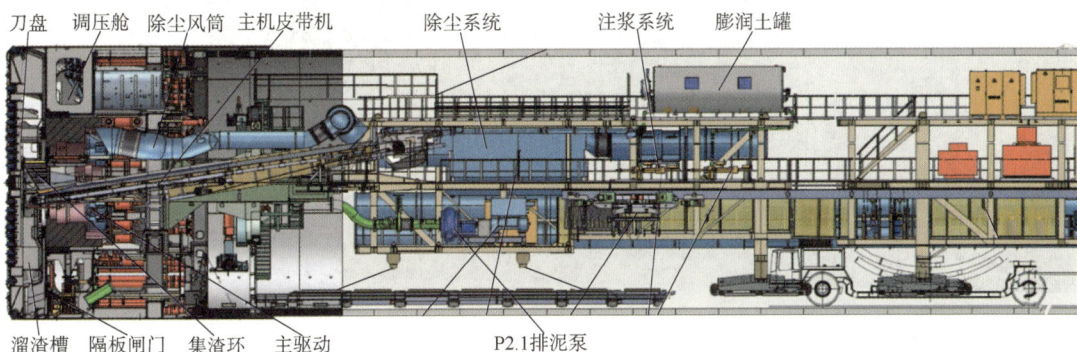

刀盘　调压舱　除尘风筒 主机皮带机　　除尘系统　　　注浆系统　膨润土罐

溜渣槽　隔板闸门　集渣环　主驱动　　　　P2.1排泥泵

图 4-114　泥水 TBM 双模盾构的的单护盾 TBM 模式

①刀盘后部的溜渣槽和背板等重新装上使渣土可以进入集渣环。

②主驱动中心的隔板拆除,刀盘中心的集渣环重新安装上,中心的主机皮带机重新装上并伸入就位,接载从集渣环进来的渣土;安装上除尘风筒。

③隔板下部开口的闸门重新关闭,后面的碎石器、格栅、排泥管、排泥泵都不再工作。

④拆除其他在主机内部的泥浆管路,为单护盾施工尽可能留出空间。

⑤调压舱充满压缩空气,通过 SAMSON 系统自动调节泥水舱的压力与开挖面的压力平衡。

⑥管片拼装机和喂片机配合,在每一个掘进行程完成后拼装管片。

⑦采用豆砾石回填和注浆系统及时填充围岩和管片之间的环形间隙。

从上面的介绍可以看出，泥水 TBM 双模盾构在泥水模式时用泥浆泵出渣，与泥水盾构功能相同；在单护盾 TBM 模式时用中心皮带机出渣，与单护盾 TBM 功能相同。所以，采用一台泥水 TBM 双模盾构，既可以适应在水压较高的破碎岩层或砂卵石地层，也可以适应无水压的全断面硬岩的地层。

在模式转换时，需要拆装的主要构件和设备都在刀盘和主机内。为了提高转换效率，减少转换时间，在转换后尽可能地留出作业空间，确定需要拆装的部件和拆装流程都需要精心设计。

4.5　可变密度盾构

4.5.1　工作原理

可变密度盾构是一种使用螺旋输送机从土舱排渣，可以快速在土压和泥水平衡工作模式之间进行转换，通过调节膨润土与渣土混合物的密度来平衡和支撑开挖面，既可以采用泥浆管路出渣，也可以采用皮带机出渣，以应对地层在黏土、砂卵石和硬岩之间频繁变化的高效率、强适应性多功能盾构，其结构如图 4-115 所示。

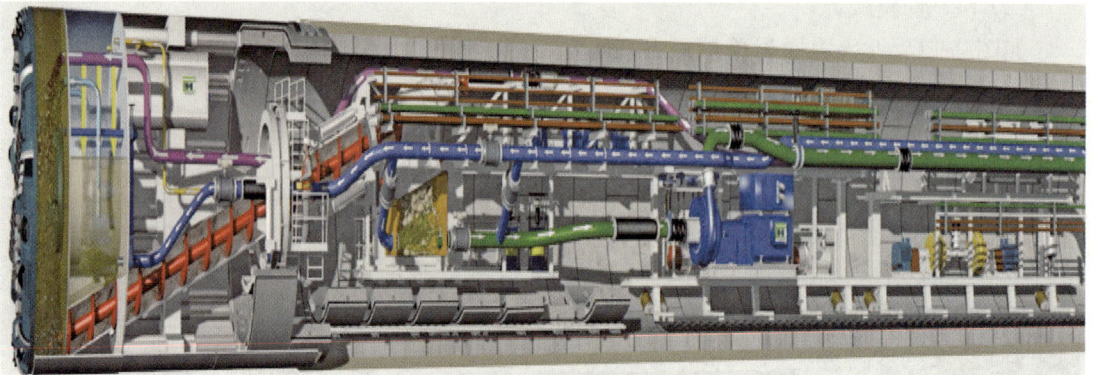

图 4-115　可变密度盾构结构原理

可变密度盾构和土压—泥水双模式盾构不同，其模式之间的转换可以在 1 小时至 1 周内完成，而且不需要带压进舱作业，而土压—泥水双模式盾构的模式转换则需要 1～2 个月，且往往需要带压进舱作业。

如图 4-116 所示，土压—泥水双模式盾构在泥水盾构模式时，螺旋机回缩固定，然后安装碎石器和格栅，改用泥浆泵出渣；在土压模式时则需要拆除碎石器和格栅，然后伸出螺旋机用来出渣。不管是哪一种转换，在带压的地层中进行均是一件费时费力的事情。

可变密度盾构可以同时配备土压平衡盾构和气垫调压式泥水平衡盾构的所有相关设备，如螺旋输送机、皮带输送机、泥浆泵、泥浆管路、气压调节装置和空压机等，这主要取决于盾构的空间是否足够以及在需要施工的隧道项目中是否需要使用到所有的模式。此

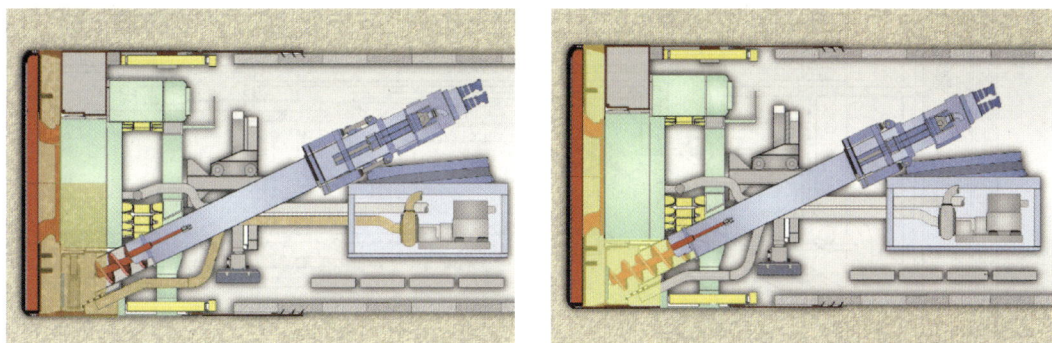

(a) 泥水盾构模式　　　　　　　　　　　　　(b) 土压盾构模式

图 4-116　双模式盾构的模式转换

外,还增加了两个独特的设备,用来适应土压-泥水这两种模式及其转换。这两个设备就是泥浆调节箱和后置式碎石器。泥浆调节箱的作用是利用稀膨润土与排出的渣土混合以降低其密度,以满足泥浆管路泵送对泥浆密度的需要;而后置式碎石器用来破碎排出的渣土中的大粒径石块,以满足泥浆泵和管路对泥浆粒径的需要。

可变密度盾构一般有 4 种工作模式,以适应不同的地质条件。

(1)模式 1:常规土压平衡模式

常规土压平衡模式,如图 4-117 所示。

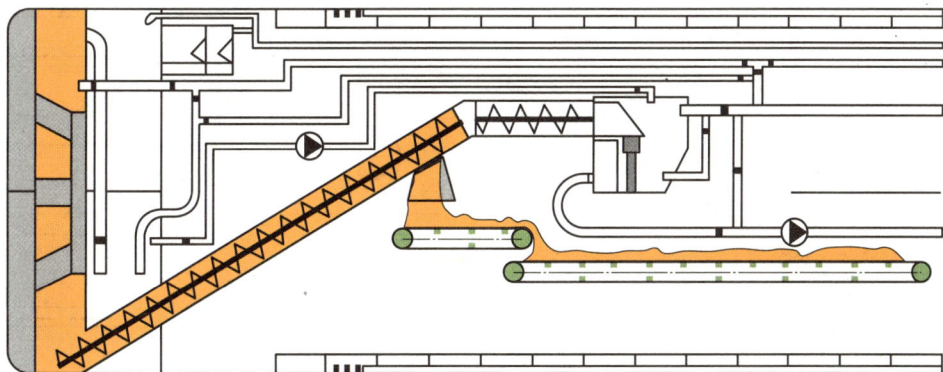

图 4-117　常规土压平衡模式示意

在这一模式下,可变密度盾构的工作原理和常规的土压平衡盾构没有区别,盾构机可以在开挖舱敞开、半舱或土压平衡模式下掘进,渣土通过 1 号螺旋输送机排送到皮带输送机上运出。2 号螺旋输送机、泥浆调节箱、后置式碎石器、泥浆泵及泥浆管路均不工作。

此模式可有效解决在黏土地层或有大量大粒径破碎岩石出渣困难的问题,也不会因为平衡压力过大导致地面喷涌。

(2)模式 2:加泥式土压平衡模式

加泥式土压平衡模式,如图 4-118 所示。

这一模式下的可变密度盾构是在模式 1 的土压平衡模式基础上增加了向开挖舱注入

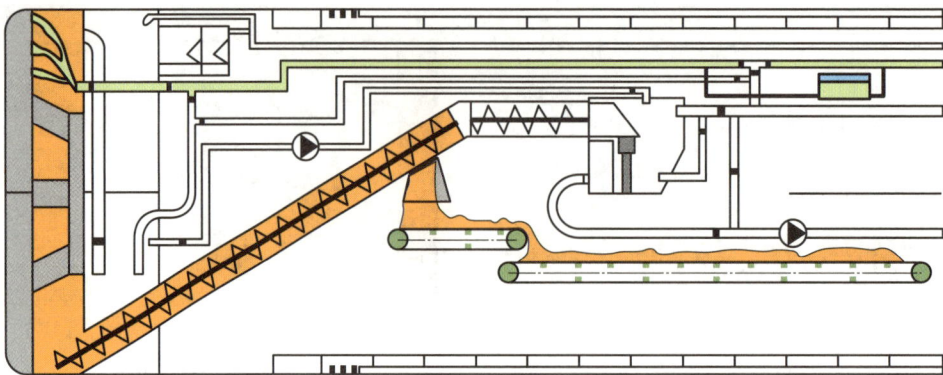

图 4-118　加泥式土压平衡模式示意

高密度膨润土的功能，以增加开挖面的稳定性。

　　该工作模式的出渣方式同模式 1 的常规土压平衡模式；此模式通过泥浆管道向开挖舱注入高密度膨润土进行渣土改良、封堵地下水并对掌子面提供支撑；该工作模式可在低水压地层有效解决卵石和破碎岩石地层出渣困难和地下水的流失造成沉降的问题。

　　（3）模式 3：常规泥水平衡模式

　　常规泥水平衡模式，如图 4-119 所示。

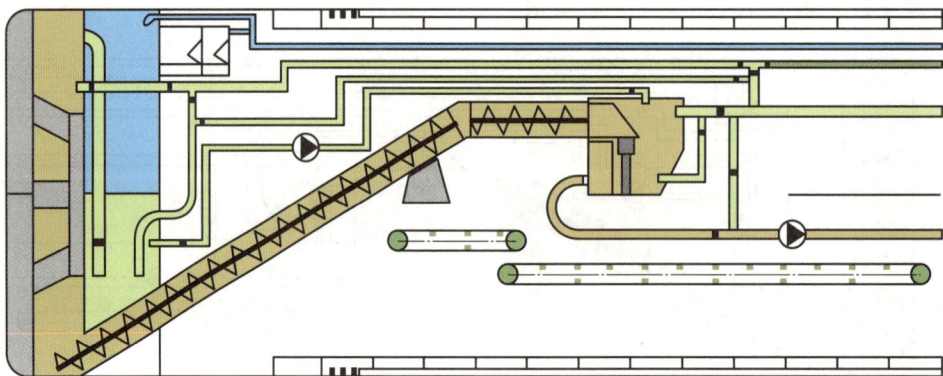

图 4-119　常规泥水平衡模式示意

　　这一模式下的可变密度盾构在开挖面稳定机理上和常规的气垫调压式泥水平衡盾构没有什么区别，开挖舱里充满了膨润土与渣土混合的泥浆，调压舱通过压缩空气对平衡压力进行自动调节；但是出渣方式与常规的气垫调压式泥水平衡盾构是有明显区别的，渣土依次通过 1 号螺旋输送机、2 号螺旋输送机、后置式碎石器、泥浆调节箱、泥浆泵及泥浆管路排出。泥浆调节箱和皮带机均不工作。

　　通过进浆管向开挖舱注入低密度泥浆、气垫舱充入压缩空气来保持开挖面平衡，该模式可解决地下水丰富、高水压时螺旋输送机喷涌问题，以及大量小粒径岩石和少量大粒径破碎岩石出渣困难的问题。

　　（4）模式 4：高密度泥水平衡模式

高密度泥水平衡模式,如图 4-120 所示。

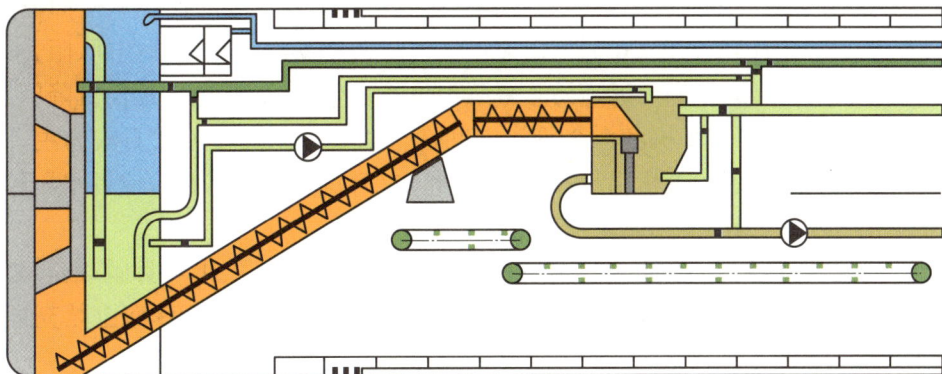

图 4-120　高密度泥水平衡模式示意

这一模式下的可变密度盾构是在常规的气垫调压式泥水平衡盾构的基础上增加了往开挖舱里注入高密度泥浆的功能,以增加开挖面的稳定。在螺旋输送机后部的泥浆调节箱可以降低泥浆的密度使其满足泥浆管路泵送的需要。

在此模式下,向开挖舱注入高密度膨润土泥浆,可有效解决泥浆地面突涌和遭遇溶洞群或地下空洞后开挖面失压造成的开挖面失稳和地表沉降。高密度膨润土对溶洞和裂隙起到填充和堵塞的作用,并具有一定的承载力。

4.5.2　地质适应范围

理论上来说,可变密度盾构可以用于任何地层。但万能的设备是不存在的,可变密度盾构在实际施工中也有一些限制。比如在没有水压的硬岩地层使用可变密度盾构无论是在经济上、掘进速度上和操作上与硬岩掘进机相比均没有优势。盾构选型是地质、风险、成本、工期和环保等多方面综合分析考量的结果。

从技术上来说,最适合可变密度盾构的地层有两种。

第一种:地下水位下的黏土与砂卵石、黏土与破碎岩层变换频繁的地层。

这样的地层需要盾构经常性改变工作模式来适应地质的变化。

在这样的地层里,如果选用单一功能的土压平衡盾构或者泥水盾构,均存在明显的缺陷。如果采用的是土压平衡盾构,在黏土地层施工当然没有问题,但是在砂卵石地层或者破碎岩层会存在严重的螺旋输送机喷涌的问题;如果采用的是泥水盾构,在砂卵石地层或者破碎岩层施工没有问题,但是在黏土地层会存在严重的结泥饼、管路堵塞和泥水分离困难的问题。

如果采用土压—泥水双模式盾构,频繁的模式转换将会导致频繁的长时间停机,而且频繁的带压进舱还存在安全隐患。

而可变密度盾构的模式转换(如果所有的设备均已配置齐全)可以在 1 小时内完成,还不需要带压进舱。这就意味着一旦地质条件发生变化,盾构可以马上转换模式来适应这一变化,盾构总是在最适应的模式下掘进,掘进效率自然大大提高。

第二种：地下水位下的溶岩地层，同时覆盖层为软土、对沉降要求高的区域。

在这样的溶岩地层最大的风险是开挖面失稳、失水或者土舱的泥浆从地面涌出导致地面沉降。如果采用可变密度盾构，可以通过注入高密度膨润土稳定开挖面、阻止开挖面地下水的流失、堵塞连通地面的通道防止冒浆现象的发生，从而避免了地面沉降问题的发生。出渣方式也可以在皮带机和泥浆管道之间选择。如果以黏土或大石块为主，而且水压不大时，可以选择使用皮带机出渣；如果以砂和中小粒径的石块为主，或者水压较大，螺旋机出渣困难时可以选择使用泥浆泵出渣。

对于可变密度多模盾构，遇到溶洞后掘进参数和出渣的变化比较明显，很容易判断。极端情况下，如果判断前方进入了大溶洞，只需停机持续注入高密度膨润土填充即可，然后掘进通过。

排除了大溶洞的风险后，可变密度盾构一般不需额外处理，不需要超前地质探测，不需要超前钻探，不需要对溶洞进行特别的处理，具有很好的安全性和易用性。

如果遇到超大溶洞，掘进参数和出渣的变化在2～3环后还没有变好或高密度膨润土消耗量持续增加，那么就需要用超前钻机探明后，再掘进或停机处理。

可变密度盾构结合了泥水盾构与土压平衡盾构两种盾构的优点，在掘进过程中不需要改变设备的结构就可在4种不同模式间转换，大大提高了盾构机的地质适应范围和现场施工的安全和效率，是盾构施工中的一种全新的技术。目前越来越多的复杂隧道项目采用了可变密度盾构。

可变密度盾构施工演示视频详见视频4-5（该视频由德国海瑞克公司提供）。

视频4-5　可变密度盾构施工演示动画

4.6　日系与德系盾构特点及中系盾构的崛起

作为制造强国，德国和日本制造的设备具有各自鲜明的特点。对盾构而言，德国和日本的盾构技术是当今盾构技术的两大主流，两国众多的厂家从20世纪70年代至今积累了丰富的经验、拥有了世界上最先进的盾构技术，实为集大成者。德国如海瑞克公司、维尔特公司，日本如小松、三菱、日立、石川岛等，各自具有明显的特点。那么这些特点是如何产生的呢？

盾构是一种根据地质条件设计的大型施工设备，所以，地质条件是盾构设计的基础。那么，对比德系盾构的发源地欧洲和日系盾构的发源地日本在地质上的什么不同即可理解日、德盾构的特点。

德国的盾构厂家实际上是欧洲盾构技术的继承者和创新者，而并不是在德国独立发

展起来的,而是整个欧洲盾构技术不断融合、淘汰和创新在市场条件下形成的,所以,准确地说,德国盾构应当叫欧洲盾构。本小节为了与日系盾构对应,而且目前德国盾构的确可以代表欧洲的盾构技术,故仍采用德系盾构这一说法。

4.6.1　欧洲的地质特点

欧洲位于东半球的西北部,北临北冰洋,西濒大西洋,南滨大西洋的属海地中海和黑海。欧洲东以乌拉尔山脉、乌拉尔河,东南以里海、大高加索山脉和黑海与亚洲为界,西隔大西洋、格陵兰海、丹麦海峡与北美洲相望,北接北极海,南隔地中海与非洲相望。在地理上习惯分为北欧、南欧、西欧、中欧和东欧五个地区。欧洲有近 50 个国家和地区,陆地面积约 1 016 万 km²,人口总计约 7.256 8 亿人,人口密度为 74.43 人/km²。欧洲民族主要有四支:日耳曼人、斯拉夫人、凯尔特人和拉丁人,但历史上长期的混战和国家的更迭使其远远比这复杂。

整个欧洲地形以平原为主,北欧有斯堪的纳维亚山脉;中欧有阿尔卑斯山,气温较低;南欧有喀尔巴阡山脉、亚平宁山脉和比利牛斯山脉。最高点位于大高加索山脉的厄尔布鲁士山,高度 5 642 m。阿尔卑斯山的勃朗峰海拔 4 807 m,成为西欧第一高峰。欧洲的河流湖泊众多,河网稠密,多为短小而水量充沛的河流,不少河流间有运河相连接。主要河流有伏尔加河、多瑙河、莱茵河、易北河、奥德河、塞纳河、卢瓦尔河、加隆河、窝瓦河、第聂伯河、乌拉尔河、泰晤士河、波河等。最长的河流是伏尔加河,长 3 690 km,第二大河是多瑙河,全长 2 850 km,是世界上流经国家最多的河。欧洲的海岸线十分曲折,有众多的半岛、岛屿、海湾和内海,北欧斯堪的纳维亚半岛是欧洲最大的半岛。欧洲的地形,大体上可以以波罗的海东岸至黑海西岸一线为界分为东西两部分:东部以平原占绝对优势,地形比较单一;西部则山地和平原互相交错,地形和地质构造比较复杂。在第四纪冰期时,欧洲存在着两个大的冰川中心,一为斯堪的纳维亚半岛的大陆冰川中心,一为阿尔卑斯山脉的山地冰川中心,前者对欧洲的影响很大,由于它的作用,欧洲北半部遍布冰川地貌。

欧洲的主要城市有伦敦、巴黎、柏林、莫斯科、日内瓦、马德里、哥本哈根、慕尼黑、维也纳、布拉格、米兰、圣彼得堡、阿姆斯特丹、巴塞罗那、布鲁塞尔、罗马、布达佩斯、华沙、法兰克福、伯明翰等,以内陆城市为主。超过 1 000 万 的城市只有三个,其中莫斯科人口约 1 415 万、伊斯坦布尔 1 385 万、巴黎 1 041 万。

欧洲的交通非常发达。主要城市之间均有航线。而火车作为欧洲工业革命的一个历史见证,本身也是个工程学奇迹。欧洲也是全世界铁路网最密集,站点最多,车次最频繁的大洲。火车站多达上万个,大小城市几无例外的由密集的铁轨相连接。而且欧洲的火车站多建在市中心,前往火车站的通勤极其便利。欧洲作为汽车的诞生地,车辆众多、路网发达,每个主要城市均有高速公路相连,公路更是通达每一个村庄。

在欧洲,最大的组织不是单个的国家,而是欧洲联盟,简称欧盟(EU),总部设在比利时首都布鲁塞尔,是由欧洲共同体发展而来的,初始成员国有 6 个,分别为法国、联邦德国、意大利、比利时、荷兰以及卢森堡。到 2014 年,欧盟有 28 个成员国,人口 5 亿,总面积 432.2 万 km²,GDP 约 16.106 万亿美元。欧盟的宗旨是"通过建立无内部边界的空间,加

强经济、社会的协调发展和建立最终实行统一货币的经济货币联盟,促进成员国经济和社会的均衡发展","通过实行共同外交和安全政策,在国际舞台上弘扬联盟的个性"。

4.6.2　日本的地质特点

日本位于亚洲东部、太平洋西北。由北海道、本州、四国、九州四大岛及数千个小岛组成,总面积 37.8 万 km^2,主体民族为大和族,还有少量的琉球族、阿伊努族。行政区划分为 1 都(东京都)、1 道(北海道)、2 府(大阪府、京都府)和 43 县(省),下设市、町、村。从地区上分为北海道地方、东北地方、关东地方、中部地方、近畿地方、中国地方、四国地方、九州地方和冲绳地方。

日本是一个多山的岛国,山地成脊状分布于日本的中央,将日本的国土分割为太平洋一侧和日本海一侧,山地和丘陵占总面积的 71%,大多数山为火山。国土森林覆盖率高达 67%。富士山是日本的最高峰,海拔 3 776 m。日本群岛地处位于亚欧板块和太平洋板块的交界地带,即环太平洋火山地震带;火山、地震活动频繁,危害较大的地震平均 3 年就要发生 1 次。日本的平原主要分布在河流的下游近海一带,多为冲积平原,规模较小,较大的平原有关东平原、石狩平原、越后平原、浓尾平原、十胜平原等,其中面积最大的平原为关东平原。日本平原面积狭小,耕地十分有限,大部分城市都建立在平原和江河入海口,人口密度大,主要集中在几个大城市。日本人口数量为约 1 亿 2 650 万(2018 年 4 月),平均人口密度为 334.66 人/km^2,而东京都市圈总人口为 4 200 万,人口密度为 19 489.56 人/km^2,是全球最大的都市区和都会区。主要城市有东京、大阪、名古屋、横滨、神户、京都、札幌、福冈、仙台、广岛等,以海滨城市为主,如东京、横滨、名古屋、大阪、神户都是重要的港口。

日本位于太平洋西岸,处于亚欧板块和太平洋板块的消亡边界,为西太平洋岛弧—海岸山脉—海沟组合的一部分,是一个由东北向西南延伸的弧形岛国,其海岸线十分复杂,全长 33 889 km。西部日本海一侧多悬崖峭壁,港口稀少,东部太平洋一侧多入海口,形成许多天然良港。西隔东海、黄海、朝鲜海峡,日本海与中国、朝鲜、韩国、俄罗斯相望。属温带海洋性季风气候,终年温和湿润。日本位于环太平洋火山地震带,地震、火山活动频繁。

日本的平原主要分布在河流的下游近海一带,多为冲积平原,规模较小。日本境内河流流程短水能资源丰富,最长的信浓川长约 367 km。

日本交通运输业发达,已形成以海运为主,海、陆、空密切结合的现代化交通运输体系。国内客运以铁路和公路为主;货运以公路和海运为主。城市以及城市间的陆路交通大部分依赖地铁、轻轨、铁路等轨道交通。

4.6.3　德系与日系盾构的主要区别

通过上面的比较,可以总结出欧洲与日本的主要区别,及各自对盾构技术和设计产生的影响。

(1)欧洲是多种族、多国家的大陆地区;而日本是单一种族、单一国家的岛国。欧洲与日本,无论是陆地面积还是居住人口均相差甚远。

(2)欧洲的盾构厂家均为专业型的中小企业;而日本的盾构厂家基本均为大集团下的

子公司,其产值比例在这个集团下几乎可以忽略不计。

(3)从盾构技术在欧洲的发展来看,初始阶段可以说是"百家争鸣、百花齐放",各国厂家此起彼伏,各种技术层出不穷,更新换代很快。同时,一个厂家如果想要占领市场,不但技术要先进,价格要合理,还需要满足众多国家不同的标准、不同地质、不同的施工习惯、不同的文化以及其他要求。竞争的最后结果是只剩下 2～3 个厂家,而且都是小而精的专业厂家。

(4)盾构技术起源于英国,发展于德国、日本。尽管盾构是欧洲人发明的,然而把这一技术发展起来而且发扬光大是日本,这主要得益于大集团可以在进入盾构市场初期能够提供的大量资金、技术和竞争力。同时,在大集团的资金支持下,抵抗市场波动的能力也是欧洲那些小厂家无法比拟的。在欧洲,一个厂家如果市场不景气或者经营不善,很快就会被淘汰掉,要么破产,要么被收购重组;而在日本却不会出现这样的情况,所以日本的主要盾构厂家一直延续到现在。

(5)欧洲城市众多,而且以内陆城市为主;而日本城市较少,而且以近海城市为主。为了满足不同城市的地质条件,欧洲厂家制造的盾构必须要适应各种地质条件,无论是在硬岩、软土、复合地层,还是穿山越岭、城区穿越、江河湖泊穿越的长大隧道。长期积累之下,其盾构的地质适应能力、寿命、可靠性、性能储备也就越来越强,并形成了相应的理论体系。反观日本,其应用市场以平原海滨城市为主,地质上主要是沙土和黏土为主,少有硬岩,所以日本的盾构擅长于单一地层的软土隧道,在硬岩和复合地层方面,与德系盾构相比就没有什么优势了。

(6)欧洲人口分布比较均匀;而日本人口主要集中在几个大城市。欧洲的隧道分布很广,无论是在城区、郊区,还是山区、海底、湖底,还是江底。采用的盾构数量大、直径范围大。在日本,隧道主要分布在几个大城市或周边,与欧洲的盾构相比,不论是数量和直径范围均有较大的差距。此外,日本由于人口过于集中,一些城市的地下空间已经开发到一个瓶颈了,这就导致在日本有很多的"非单圆形"盾构,即异形盾构,如双圆盾构、三圆盾构、子母盾构、矩形盾构等;当然这也得益于其单一的软土地层这一先天优势。在欧洲,地下空间没有那么紧张,且地质复杂多变,所以异形盾构还没有形成市场。

(7)欧洲地大物博、资源丰富,气候宜人;而日本资源匮乏,同时自然灾害频发。和汽车一样,欧洲的盾构也是结实耐用、技术先进、性能储备大、适应能力强,但价格较高。而日本盾构轻巧简洁、技术成熟、按单设计、地质针对性强,在价格上更经济。

(8)欧盟的成立,使欧洲成为世界上最开放、竞争最激烈的市场;而日本是发达国家和地区中相对较封闭的市场。没有竞争就没有进步。在大集体的羽翼和封闭市场的保护下,如今的日本盾构技术总体技术已经落后欧洲,尤其是在大直径、高埋深、高水压、长距离、复杂地层隧道盾构技术方面更是相差甚远。但是不可否认,日本在软土地层中的盾构技术仍然有其独到和创新之处。

4.6.4　德系与日系盾构设计案例

对于日系盾构和德系盾构的设计具体特点,下面举一个项目实例来具体说明。

广州地铁四号线小谷围站～新造站区间（以下简称"小～新区间"）左、右线分别采用日本小松盾构和德国海瑞克盾构施工，这在全世界的地铁盾构施工中都是罕见的。这也为分析德系盾构与日系盾构的设计特点，提供了一个可以直接对比的工程实例。

小～新区间地处广州市番禺区新造镇与小谷围岛之间，里程为 DK23＋401.8～DK21＋683.8。盾构从新造站北端盾构始发井始发，下穿 510 m 宽的珠江新造海、新造海北岸，最后到达小谷围站南端的吊出井。区间隧道主要由两个盾构区间隧道、三个联络通道、八个洞门、一段矿山法隧道，始发井和中间风井组成。本标段线路平面均为直线型，线间距 13 m；线路纵坡为 V 形节能坡，最大坡度为 50‰；隧道最大覆土厚度约为 30 m，最小为 3 m。

地质情况较复杂，该区间所处地貌单元总体属珠江三角洲河网交错的冲积平原区，其间夹有新造海河床，局部分布有侵蚀堆积成因的台间谷地。地形起伏稍大，地面高程为－9.53～26.18 m。风化基岩埋深浅，表层分布有坡积土层，新造海段河床及局部低洼地段分布有软土。穿越地层主要为第四系砂层〈2-3〉、〈3-2〉、〈4-3〉、〈5Z-1〉、〈5Z-2〉砂质黏土、〈6Z〉全风化混合岩、〈7Z〉强风化混合岩、中、微风化混合岩〈8Z〉、〈9Z〉，地层岩性从较软的粉质黏土到较硬的微风化混合岩，岩石单轴抗压强度从 3 MPa 到 60 MPa，最高抗压强度 200 MPa。其中〈2-3〉、〈3-2〉层主要分布在新造海河床一带，分布不太广泛，厚度不大，但与地表水具有水力联系，其涌水量较大。〈8Z〉、〈9Z〉地层分布广泛，厚度较大，其渗透性及涌水量取决于裂隙的发育程度，该地段的涌水量具有明显的不均匀性。隧道洞身范围内地层变化频繁，且普遍软硬不均，部分隧道断面上部是〈7Z〉强风化混合岩，而中下部是由〈8Z〉中风化混合岩和〈9Z〉微风化混合岩，构成的典型的"上软下硬"复合地层。

隧道洞身各地层围岩类别及渗水系数见表 4-5。

表 4-5   小～新区间地质

地层编号	岩土名称	所占比例（%）		渗透系数（10^{-5}m/s）
		左　线	右　线	
＜4－3＞	粉质黏土	1.01	0.95	0.02
＜5Z＞	砂质黏性土	31.62	17.15	0.02
＜6Z＞	全风化混合岩	22.03	11.12	0.02
＜7Z＞	强风化混合岩	21.96	47.64	0.3
＜8Z＞	中风化混合岩	10.85	9.49	0.6
＜9Z＞	微风化混合岩	12.53	13.65	

海瑞克、小松盾构主要参数对比见下表 4-6。

表 4-6   海瑞克与小松盾构主要参数对比

序号	系统名称	海瑞克盾构	小松盾构
1	盾构总体尺寸	—	—
2	标称直径（盾壳）	$\phi6\ 250$ mm（前盾）	$\phi6\ 146$ mm
3	总长度（包括拖车）	75 m	67 m

序号	系统名称	海瑞克盾构	小松盾构
4	总　重	5 200 kN	2 940 kN
5	最大推力	34 210 kN	37 730 kN
6	前　体	—	—
7	除耐磨层以外的直径	ϕ6 250 mm	ϕ6 146 mm
8	耐磨层	2×5 mm	无
9	前体长度	1 700 mm	3 300 mm
10	盾壳厚度	60 mm	45 mm
11	隔板厚度	80 mm	上部 36 mm,下部 70 mm
12	中　体	—	—
13	外　径	ϕ6 240 mm	ϕ6 146 mm
14	盾　尾	—	—
15	外　径	ϕ6 230 mm	ϕ6 146 mm
16	密封刷数量	4 排	3 排
17	人员舱	—	—
18	形　式	双　舱	单　舱
19	容纳人数	3 人＋2 人	2 人
20	推进油缸	—	—
21	油缸的回收速度	1 400 mm/min	974 mm/min
22	铰接油缸	—	—
23	总拉力	7 340 kN	34 596 kN
24	拖车拖动油缸	—	无
25	油缸行程	250 mm	—
26	前部稳定器	—	无
27	油缸推力	600 kN	—
28	刀　盘	—	—
29	刀盘开挖直径	ϕ6 280 mm	ϕ6 210 mm
30	刀盘标称直径	ϕ6 250 mm	ϕ6 200 mm
31	开口率	31％	40％
32	刀　具	—	—
33	硬岩用盘形滚刀	—	—
34	中心滚刀数量	4 把	8 把
35	双刃滚刀数量	无	8 把
36	双刃滚刀直径	无	17" 与中心滚刀相同
37	单刃滚刀数量	31 把	20 把
38	单刃工作最大推力	267 kN	220 kN
39	滚刀伸出刀盘面的高度	175 mm	110 mm

序号	系统名称	海瑞克盾构	小松盾构
40	中心双刃齿刀数量	4 把(可与中心滚刀互换)	1 把箭形刀与中心滚刀互换
41	窄齿刀数量	31 把(可与单刃滚刀互换)	4 把双齿刀与双刃滚刀互换
42	—	—	20 把单齿刀与单刃滚刀互换
43	切刀数量	64 把	106 把
44	切刀伸出刀盘面的高度	140 mm	75 mm
45	刀盘驱动	—	—
46	功　率	3×315 kW(945 kW)	9×75 kW(675 kW)
47	旋转速度范围	0～6.1 r/min	0.3～2.2 r/min
48	扭　矩		
49	标称扭矩	4 500 kN·m	5 773 kN·m
50	脱困扭矩	5 300 kN·m	6 880 kN·m
51	主驱动	—	—
52	类　型	液压马达驱动	电动驱动
53	主轴承直径	ϕ2 600 mm	ϕ3 600 mm
54	管片安装机		
55	自由度数量	6 把	4 把
56	纵向移动行程	2 000 mm	600 mm
57	伸缩长度	1 200 mm	550 mm
58	旋转角度	左右200°	左右200°
59	功　率	55 kW	37 kW
60	推力/提升力	150 kN/120 kN	216 kN/172 kN
61	螺旋输送机	—	—
62	功　率	315 kW	250 kW
63	标称直径	ϕ900 mm	ϕ711.2 mm
64	转速范围	0～19 r/min	0～20.6 r/min
65	最大扭矩	215 kN·m	62.2 kN·m
66	出渣能力	250 m³/h	219 m³/h
67	皮带机	—	—
68	功　率	30 kW	18.5 kW
69	运输速度	2.5 m/s	2.2 m/s
70	运输能力	450 m³/h	280 m³/h
71	带　宽	800 mm	650 mm
72	带　长	45 m	61 m
73	膨润土供应/加泥系统	—	—
74	运输能力	30 m³/h	10.2 m³/h

通过上表(表 4-5)的对比,可以看出德国海瑞克(代表德系)、日本小松(代表日系)在相同的地质条件下的盾构设计有很大的区别,主要说明如下:

(1)整机重量

在长度和直径相差不大的情况下,重量相差 2260 kN,海瑞克盾构的重量是小松盾构的 1.77 倍。德国海瑞克盾构的设计,整体结构更强,更耐用。

(2)主机直径变化

①海瑞克盾构从刀盘到前盾、中盾、盾尾直径的变化为:

6 280 mm-6 250 mm-6 240 mm-6 230 mm,前大后小,典型的阶梯型设计。

而小松盾构从刀盘到前盾、中盾、盾尾直径是:

6 210 mm-6 146 mm-6 146 mm-6 146 mm,盾体直径前后完全相同。

德国海瑞克盾体设计更适合在有硬岩的复合地层掘进;日本小松盾体设计适宜在软土或单一地层掘进。

(3)刀盘设计

开口率:德国海瑞克盾构 31%;日本小松盾构 40%;小松略大。

刀具布置:

①海瑞克盾构

a. 中心滚刀 4 把、单刃滚刀 31 把(直径 17 英寸[①],伸出刀盘面板的高度为 175 mm)。

b. 切刀 64 把(伸出刀盘面板高度为 140 mm)。

c. 刮刀 8 把。

d. 超挖刀 1 把。

②小松盾构

a. 中心滚刀 8 把、单刃滚刀 20 把(直径 17 英寸,伸出刀盘面的高度为 110 mm)。

b. 切刀 106 把(伸出刀盘面的高度为 75 mm)。

c. 刮刀 36 把。

d. 先行刀 30 把。

海瑞克的刀具配置更简洁、层次更清楚,刀具数量少得多,便于更换,刀具的超前量也明显更大,有利于开挖和防止刀盘二次磨损和结泥饼。海瑞克与小松的盾构刀盘对比如图 4-121 所示。

(4)主驱动设计

①驱动方式:海瑞克盾构是液驱,小松盾构是电驱。

②驱动功率:海瑞克盾构是 945 kW,小松盾构是 675 kW。

③主轴承直径:海瑞克盾构 2 600 mm,小松盾构 3 600 mm,小松的大很多,但影响了人闸和螺旋机的尺寸。

④额定扭矩:海瑞克盾构 4 500 kN·m,小松盾构 5 773 kN·m,小松盾构大很多。

⑤转速范围:海瑞克盾构 0～6.1 r/min,小松盾构 0.3～2.2 r/min,海瑞克盾构的转

---

①　1 英寸=2.54 cm。

(a) 小松刀盘刀具布置　　　　　　　　　(b) 海瑞克刀盘刀具布置

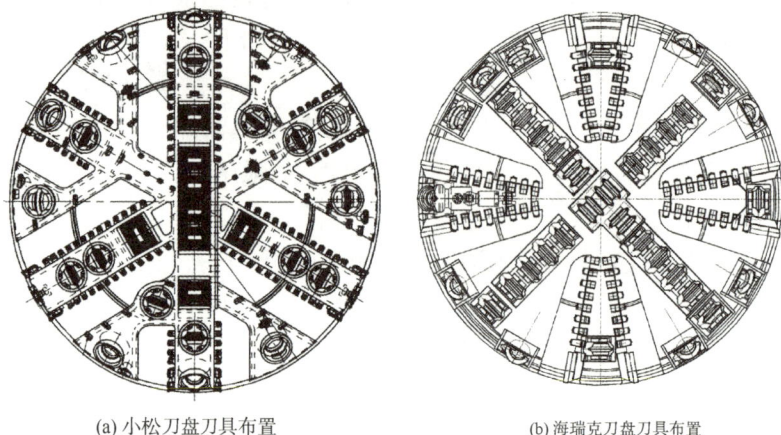

图 4-121　小松盾构与海瑞克盾构刀盘对比示意

速范围要大很多，且速度高，有利于硬岩破岩。

海瑞克盾构的设计，结构上更紧凑、布置上更均衡、地质适应能力更强，尤其是在复合地层和全断面风化岩地层；小松盾构设计更适合全断面软土地层。

（5）前盾设计

海瑞克盾构设计长度较短、盾壳钢板较厚、压力舱板也较厚。

（6）盾体铰接

海瑞克盾构是被动铰接设计，小松盾构是主动铰接设计。

（7）螺旋机设计

①通径：海瑞克盾构 900 mm，小松盾构 711 mm。

②驱动：海瑞克盾构 315 kW，小松盾构 250 kW。

③扭矩：海瑞克盾构 215 kN·m，小松盾构 61.2 kN·m，如图 4-122 所示。

④海瑞克盾构设计可通过粒径大，扭矩大，更适应有岩石的复合地层。小松盾构由于大主轴承的设计，下部没有空间安装更大的螺旋机，反而成了明显的短板。

（8）管片拼装机设计

海瑞克盾构设计有 6 个自由度，而且是全液压比例控制，与喂片机配合使用安装速度快，安装精度高。小松盾构设计只有 4 个自由度。

（9）人闸设计

海瑞克盾构为双舱设计，可容纳（3＋2）人，按照欧洲标准设计，配置丰富，材料和人员通道可分离，效率更高也更安全；小松盾构为单舱设计，只能容纳 2 个人，设计标准不明，配置简陋。

由于复合地层刀具损坏严重，无疑德国海瑞克盾构设计更适应频繁带压换刀。

（10）皮带机

海瑞克盾构皮带机带宽更大、运输能力更强，更适应复合地层掘进时渣土中夹带大块岩石和出渣量忽大忽小等不利情况。

(a) 小松主驱动扭矩-转速曲线

(b) 海瑞克主驱动扭矩-转速曲线

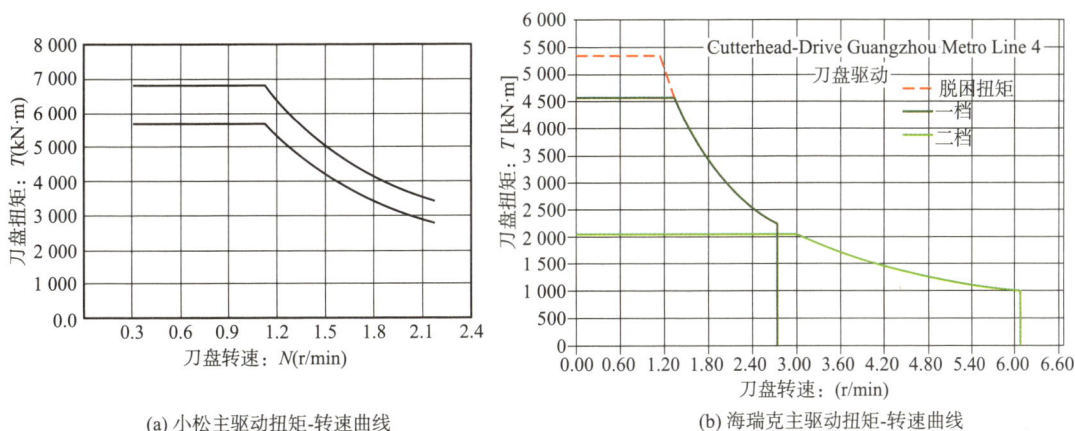

图 4-122　小松盾构与海瑞克盾构主驱动扭矩-转速曲线对比

小新区间两台盾构实际掘进情况见表 4-7。

表 4-7　海瑞克与小松盾构实际掘进情况对比

盾构厂家	始发时间	结束时间	掘进长度	停机时间	换刀时间	有效掘进时间
日本小松	2004.7.17	2005.8.28	1 200 m	68 天	157 天	155 天
德国海瑞克	2004.5.31	2005.1.22	1 637 m	12 天	47 天	177 天

在过江段,右线海瑞克盾构经过 79 天的掘进,安全顺利地穿越了新造海,成功抵达新造海北岸;而左线日本小松盾构在珠江新造海江底掘进时,由于刀盘与地层适应性不好,刀盘磨损严重,施工人员在江底从右线(在小松盾构刀盘前方 16 m 左右位置)向左线开挖出一个横通道(直径 2 m×2 m 的洞室),到左线刀盘部位对小松盾构刀盘面板进行修复。为了安全穿越珠江富水地段,现场又采用注双液浆分段止水、向刀盘内加泥、加高分子聚合物等新工艺,以及使用高效能盾尾油脂等措施,进行止水堵漏、改良渣土;为实现快速贯通,进行了盾尾刷修复、刀盘中心增设冲水回路、泡沫系统改进等多项工作。小新项目左线先后经历了 17 次大型换刀(其中 9 次带压换刀,8 次敞开式换刀)、一次大规模修复刀盘、二次接应施工(海瑞克盾构机调头接应左线 397.2 m 和 3 号联络通道处钻爆法接应51 m)。这其中大部分工作均是在江底完成,施工风险非常大,稍有不慎就会发生严重事故。在经历了为时 246 天的艰难掘进后最终穿越了新造海。

下面简单分析一下德国海瑞克盾构与日本小松盾构掘进结果差别如此之大的原因。

(1)刀盘设计

通过对比两台盾构刀盘与刀具设计数据可以发现:

①小松盾构开口率较大,整个刀盘的刚度明显不如海瑞克盾构刀盘。而该区间新造海段地层的特点正是"上软下硬",刀盘受力不均而刚度不够时,很容易发生刀盘局部变形现象,刀具受力条件恶化,不利于盾构掘进。

②小松盾构设计开挖直径较小,并且前盾、中盾和后盾的外壳直径相同,只要刀具略有磨损,就会发生盾壳与围岩磨擦现象,从而导致盾构推力过大或被"卡死"。

③刀盘配置刀具不同。海瑞克盾构采用"滚刀＋切刀"配置方式，配置简洁，而且滚刀均可更换为齿刀；而小松盾构采用"滚刀＋先行刀＋切刀"的方式，配置较为复杂。该区间工程实践证明，这两种配置在全断面软土或软岩中掘进都较为适应，但在硬岩中掘进时，小松盾构刀具磨损较快，而且先行刀没有参与破岩很快就磨损了。

④刀具的超前量差别较大。小松盾构的滚刀突出刀盘表面较少，从而导致滚刀间的岩石没有完全被挤破，剩余岩石则使先行刀和切刀崩损，同时会严重磨损刀盘。

⑤单刃滚刀的最大推力有差别。海瑞克盾构滚刀是 267 kN，小松滚刀是 220 kN，海瑞克盾构滚刀占明显优势；另外，海瑞克盾构采用背装式楔形锁止机构，螺栓受力好，倾覆力矩小，而小松盾构是采用常规的螺栓固定，螺栓受力不好，倾覆力矩大，容易掉刀。

⑥实际掘进中刀盘损坏和换刀次数及换刀数量充分说明了不同的设计，在复合地层中产生了不同的效果。

（2）螺旋机

海瑞克盾构的螺旋输送机很少发生机械故障；而小松盾构的螺旋输送机在施工中多次出现喷渣、堵舱及"卡死"等现象，主要原因如下：

①小松盾构主轴承直径高达 3 600 mm，刀盘采用周边支撑方式，其支撑臂、搅拌臂同时起到搅拌渣土的作用。由于搅拌臂外置，土舱内壁中部的渣土搅拌不良，形成聚集；同时因为轴承较大，小松盾构不得不选用内径 711 mm 的螺旋输送机，其进料舱门的周边区域空间也较小，容易形成渣土积聚，不利于渣土顺利排出，特别是在富水地层掘进产生喷渣时，只能将水喷出，容易发生渣土滞排堵舱的现象。

②海瑞克盾构采用的是 2 600 mm 的主轴承，刀盘采用中心支撑方式，螺旋机直径较大，其内径 900 mm，可通过最大尺寸 340 mm×520 mm 的石块、最大扭矩 215 kN·m，排渣能力强。同时螺旋机进料舱门区域的深度和主动排渣的空间也较大，不容易形成渣土积聚，堵舱的几率较小。由于小松盾构的螺旋输送机扭矩过小（最大扭矩 62.2 kN·m），通过粒径小，输送能力受制，容易经常造成螺旋输送机被卡。而海瑞克盾构的螺旋输送机则很少被卡。

（3）盾构尾刷

两台盾构的盾尾密封形式不一样，小松盾构安装了 3 道钢丝尾刷，海瑞克盾构安装了 4 道特制加厚型盾尾密封刷。小松盾构尾刷在掘进 500 环左右已出现严重损坏，尾刷出现涌水、涌浆现象，而海瑞克盾构在掘进 1 090 环后才对其尾刷进行更换。

（4）人闸

由于海瑞克盾构的主轴承较小，可以将人舱置于顶部，并可设计为双舱，同时配置齐全，给带压进舱换刀等作业提供了效率和便利。而小松盾构是单舱设计，而且布置在中心部位，再加上配置简陋，严重影响带压作业的效率和安全。

对这个项目进行总结分析，还会发现一个现象：小松盾构的主要技术参数从表面上来看，明显好于海瑞克盾构的主要技术参数，尤其是最关键的主轴承直径大很多、主驱动扭矩也大很多、推力大、滚刀刀间距小，刀具数量和种类都较多；主驱动是电驱，效率高，耗电

量低;开挖直径小,回填量也小,施工成本也低;采用的是主动铰接;设备轻,运输起重成本也随之降低;且价格还便宜。海瑞克盾构却恰恰相反,主轴承直径小,主驱动扭矩小、推力小、滚刀刀间距大,刀具数量和种类都少;主驱动是液驱,效率低,耗电量大;开挖直径大,回填量也大,施工成本也高;采用的是被动接;设备重,运输起重成本也高;最致命的是价格还贵。根据这些对比来看(事实上这也是大多数盾构招投标的评分原则),小松盾构更具"性价比"! 可是这个项目的实际情况却说明了这个"性价比"远远没有预想中那么可靠!

什么是性价比? 怎样评价一台盾构的性价比? 恐怕不仅仅是简单地比较一下几个关键参数、配置和价格那么简单,而是要真正地针对工程的难点进行地质适应性论证。

如果统计一下这两台盾构到目前为止都分别完成了多少个项目,都是什么样的项目,也许会更有趣。

4.6.5　中系盾构形成与崛起

本书第 2 章,详细介绍了"中国盾构发展历程"。中国盾构的发展主要经历了黎明期、创新期和跨越期。在 1953 年～2002 年期间,是中国盾构技术的黎明期,该时期致力实现"造中国人自己的盾构",谱写了中国盾构从无到有的历史。在 2002 年～2008 年期间,是中国盾构技术的创新期,该时期致力实现"造中国最好的盾构",谱写了中国盾构从有到优的历史;在这一时期,盾构研发列入国家"863"计划,以中铁隧道局为代表的盾构技术主要通过消化吸收五国八家(德国海瑞克、德国维尔特、美国罗宾斯、法国 NFM、加拿大罗威特、日本小松、日本 IHI、日本三菱)国外盾构先进技术,把日系盾构与德系盾构设计的主要理念同中国的具体地质条件和环境条件相结合,通过集成创新与自主创新的探索,形成了中国独具特色的中系盾构设计理念;在 2009 年至今,是中国盾构技术的跨越期,该时期以中铁装备和铁建重工为代表的中国盾构企业,致力实现"造世界最好的盾构",谱写了中国盾构从优秀到卓越并走向世界的历史跨越。

◆思考题◆

1. 简述敞开式盾构的概念及其技术特点。
2. 简述手掘式盾构的概念。
3. 简述半机械式盾构的技术特点。
4. 简述半械式敞口盾构的工作原理。
5. 简述机械式盾构的技术特点。
6. 简述挤压式盾构的适应范围。
7. 简述土压平衡盾构概念。
8. 简述土压平衡盾构系统的构成。
9. 简述土压平衡盾构的地质适应范围。

10. 简述土压平衡盾构开挖面稳定机理。

11. 简述土压平衡盾构工作原理。

12. 简述土压平衡原理。

13. 简述土压平衡盾构有哪几种掘进模式。

14. 简述渣土改良的目的。

15. 渣土改良常用的材料大致分为哪几三类？

16. 简述泡沫注入系统适应范围。

17. 简述膨润土注入系统适应范围。

18. 简述聚合物注入系统适应范围。

19. 简述刀盘刀具设计要点。

20. 对刀盘设计，重点要考察在哪几个方面是否与地质条件相适应？

21. 对盾体设计，重点要考察哪几个方面？

22. 在设计盾构推进系统时，必须考虑的主要阻力有哪些？

23. 螺旋输送机包括哪些主要部件？

24. 螺旋输送机常用的耐磨设计是什么？

25. 双舱式人闸一般配有哪些装置？

26. 简述泥水盾构开挖面的稳定机理。

27. 简述泥水盾构的构成。

28. 简述直接控制型泥水盾构的泥水系统工作流程。

29. 简述间接控制型泥水盾构的泥水系统工作流程。

30. 简述泥水盾构的地质适应范围。

31. 简述日系和德系泥水循环系统设计区别主要有哪些。

32. 简述泥水盾构常压换刀刀盘原理及其适应范围。

33. 土压泥水双模盾构的地质适用范围是什么？有什么局限性？

34. 简述土压泥水双模盾构的工作原理。

35. 简述土压泥水双模盾构的结构特点。

36. 简述间接控制型土压泥水双模盾构与间接控制型泥水盾构的差异性。

37. 简述土压泥水双模盾构模式转换方法。

38. 土压TBM双模盾构的地质适用范围是什么？有什么局限性？

39. 简述土压TBM双模盾构的工作原理。

40. 简述土压TBM双模盾构的结构特点。

41. 简述土压TBM双模盾构模式转换方法。

42. 简述泥水TBM双模盾构的地质适用范围。有什么局限性？

43. 简述泥水TBM双模盾构模式转换的主要内容。开挖直径对模式转换有什么影响？

44. 什么是可变密度盾构？

45. 简述可变密度盾构的四种工作模式。

46. 简述可变密度盾构的地质适应范围。

47. 可变密度盾构与土压—泥水双模式盾构有什么不同？

48. 简述欧洲的主要地质特点。

49. 简述日本的主要地质特点。

50. 简述德系盾构与日系盾构在设计上的主要区别。

51. 简述中系盾构的形成与崛起。

第5章 制造与组装

> **本章重点:**主要介绍刀盘、切口环、支撑环、盾尾、螺旋输送机、主驱动箱体及环件、管片安装机等制造工艺,介绍工厂组装调试的技术要点及盾构监造相关内容。

5.1 盾构制造

本节以"中国中铁 1 号"土压平衡盾构为例,介绍刀盘、前盾、中盾、尾盾、管片机、螺旋机及主驱动环件等主要结构件的制造工艺。

5.1.1 刀盘制造

5.1.1.1 刀盘制作工艺路线

刀盘制作工艺路线如下:法兰及法兰支撑锻压毛坯→法兰及法兰支撑粗加工→探伤检查粗加工的法兰及法兰支撑,合格后进入下一道工序→加工法兰支撑焊接破口→法兰支撑内部泡沫管拼焊及试压→法兰支撑与斜板焊接及探伤→中心小圆环下料组对→中心小圆环焊接探伤→法兰支撑、法兰及中心小圆环焊接→前面板下料组对→前面板拼接缝焊接探伤→前面板校正整体平面度→外圆环下料卷板,分四块拼接,卷板前留过桥→组对外圆环并校正圆环椭圆度→整体组对,内部隐蔽焊缝焊接→布置其余泡沫管路并试压,焊接剩余部分→去焊接应力退火,校正局部变形→抛丸处理、去毛刺及焊渣、防锈漆喷涂→划线,上立车,以前面板找平,以外圆环找正,车法兰面及止口,平外圆环端面→装夹车回转接头接合面及定位止口,保证断面圆跳动要求→车刀盘刀具定位基准→钻模划连接螺孔线,上落地镗加工螺栓孔及 4 个定位孔→机加工面涂防锈油→安装刀具定位样板,定位刀座并焊接刀座,安装刀具→表面喷涂处理。

5.1.1.2 刀盘制作难点

刀盘结构如图 5-1 所示。刀盘主要加工难点表现在以下几个方面:

(1)法兰支撑与法兰以及法兰支撑与前斜板的焊接要求达到一级焊接质量,需要超声波探伤焊接检查质量,保证能足够能力传递主驱动最大扭矩。

(2)刀盘结构件内泡沫管的布置及试压,需分几个部分组对焊接及试压,以防止焊接缺陷造成泡沫在管路中损失。

(3)刀盘前面板平面度 5 mm(铆焊结构件控制要求),给刀具安装留出尺寸空间,若前面板平面度较差,可能出现刀座的调节余量不能满足刀具安装要求。

(4)刀盘法兰上与主驱动的螺栓孔的加工,法兰上螺栓光孔直径较螺栓直径大 3 mm,

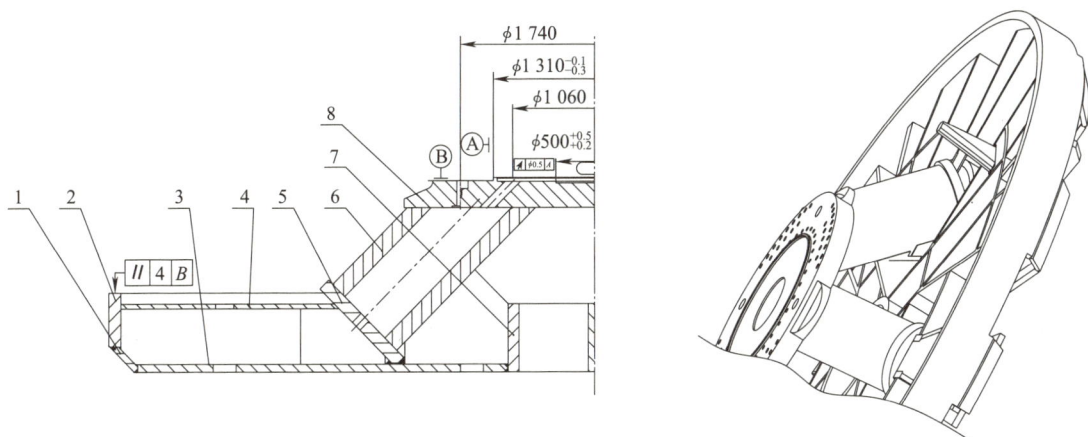

图 5-1 刀盘结构简图及三维图示意(单位:mm)

1—锥板;2—外圆环;3—前面板;4—背板;5—斜板;6—法兰支撑;7—中心小圆环;8—连接法兰

所以孔位置度要求 1 mm 必须保证,否则不能顺利安装螺栓。

(5)刀盘与主驱动连接法兰的止口与和连接回转接头的止口的圆跳动 0.5 mm,该项技术指标主要是保证刀盘在切削过程中,保证回转接头摆动量降低最低,从而延长了回转接头密封的使用寿命。

(6)刀具定位基准的加工,虽然加工该基准只是车一刀而已,也只需要四分之三圆见光即可,但这毕竟是一个基准。一旦不提前考虑该基准,刀具定位难度明显增加,定出来的刀具切削面肯定不能与刀盘旋转轴线垂直了。

5.1.1.3 刀盘制作工艺

(1)法兰支撑与法兰及斜板的焊接

在图 5-2 中,法兰支撑是壁厚为 110 mm 的钢管,因其受力特点,要求是经锻压后初加工而成的,右部法兰厚度 170 mm,也是锻压件。其连接的焊接要求均为Ⅰ级。因其结构原因,内部无法施焊,这就进一步增加了焊接难度。

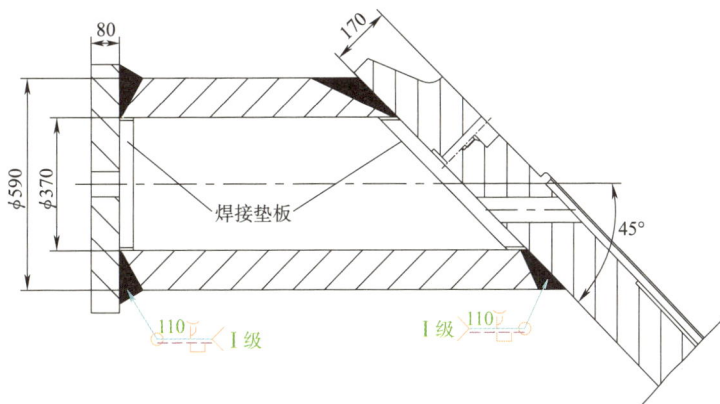

图 5-2 法兰支撑与法兰及斜板的焊接示意(单位:mm)

为了保证焊接质量，采用以下措施：

①焊接根部加垫板，保证钢管破口根部完全熔透。

②机械加工方式完成焊接破口加工，保证破口的质量。

③支撑左端焊接，焊前预热。采用自动埋弧焊焊接，焊接效率高，质量缺陷率低。

④法兰支撑与法兰的夹角为45°，其焊接破口角度约20°，所以不能在转胎上施焊，只能用手工焊接，其焊接缺陷出现的几率相对较高。焊接破口加工、自动埋弧焊及手工焊如图5-3～图5-5所示。

图5-3　加工焊接破口

图5-4　焊前预热

图5-5　转胎上自动埋弧焊施焊

图5-5所示焊接，其已实现自动焊接，焊接质量较易保证。而在图5-4中焊接支撑与法兰时，只能采用手工焊接，各支腿需要分步骤焊接。先预热焊接支撑1、支撑2，完成打底即可。再预热支撑3、支撑4，焊接至三分之一后停止，再焊接支撑1、支撑2，直至焊接完成，超生波探伤焊接完成的支撑1、支撑2，无焊接缺陷时再焊接支撑3、支撑4。若支撑1、支撑2探伤有不能被接受的缺陷，返工量小，支撑3和支撑4还有采取改进措施余地。

（2）内部泡沫管的布置及试压

刀盘的泡沫管路设计采用暗管设计思路，优点在于可以避免管路在土舱的磨损，缺点是制造安装困难，无法修复。所以泡沫管路在制造中需要保证无渗漏，需要焊后试压检查焊接质量。刀盘泡沫喷口布置为8个，其布置如图5-6所示，主要的管路布置均在4个支撑内。其中，孔2和孔3的管路在穿过支撑后，管路与支撑下部的筋板焊接，即与支撑连接的筋板中钻孔与管路焊接在一起，如图5-7所示。为了保证管路不泄露，先将接头1处的长直管装入法兰支撑内，将短管从支撑径向装入，焊接接头1，试压合格后组对斜板，焊接接头2，试压合格后进行整体组对（图5-8）。过度接头以上管路和回转接头连接法兰先

组对成总成,焊接试压合格后进行整体组对。接头 3 的组对在刀盘背盖板组对前完成。

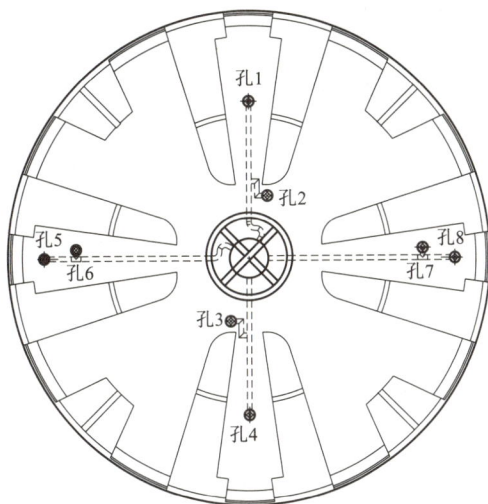

图 5-6　泡沫口布置示意

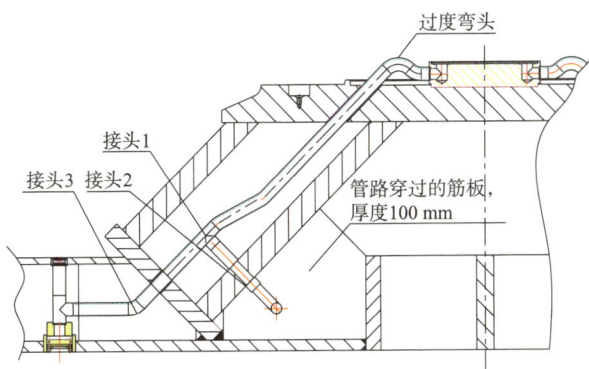

图 5-7　泡沫管路在刀盘内部布置示意

图 5-8　泡沫管组对

(3)刀盘前面板平面度要求 5 mm 误差

对于刀盘大型的结构件,其背部又有其他隔板,且焊接工作只在前面板背部单侧进行,平面度要求控制在 5 mm 内。加工时工艺主要将前面板先组对成一个整圆,焊接探伤合格后,火焰校平后进行整体组对。这样可以消除前面板焊缝焊接变形对整体平面度的影响。将前面板的背部筋板,在组对前进行火焰校正,以保证能较好和前面板贴合,减少因缝隙过大导致焊缝收缩而影响前面板的平面度,如图 5-9 所示。在整体焊接时,考虑焊接顺序,焊接完成后在平台上检查平面度,不满足要求的,需要进行火焰校正,如图 5-10 所示。

(4)刀盘法兰上与主驱动联接螺栓孔的加工

为保证刀盘法兰螺栓孔完整无误与主驱动连接,采取的措施是加工一个钻模作为钻孔的工装。整个钻模的加工是在数控镗床上完成的。刀盘法兰及主驱动的螺孔加工都以钻模为模板,以此保证螺栓孔加工的准确性。

(5)刀盘与主驱动连接法兰的止口和回转接头止口的圆跳动 0.5 mm。

图 5-9　筋板组对时火焰校正

图 5-10　刀盘结构焊后火焰校正

要满足圆跳动 0.5 mm 较容易实现，只需要在加工法兰时一次装夹，完成法兰止口和回转接头止口即可。但由于对回转接头与刀盘之间的关系没有考虑仔细，在粗加工刀盘法兰时，就将安装回转接头的止口加工到位了。但加工法兰止口需要以刀盘前面板平面为找平依据，以外圆环找正，所以无法兼顾回转接头连接止口，所以在加工法兰止口后，重新将回转接头止口加工一刀，以满足圆跳动要求。当然此时的回转接头止口的尺寸就需要做相应的修改了。

5.1.2　切口环制作

切口环内安装有主轴承等主驱动相关部件，下部安装螺旋输送机，上部配置人员舱，后部与支撑环相连，其结构如图 5-11 所示。

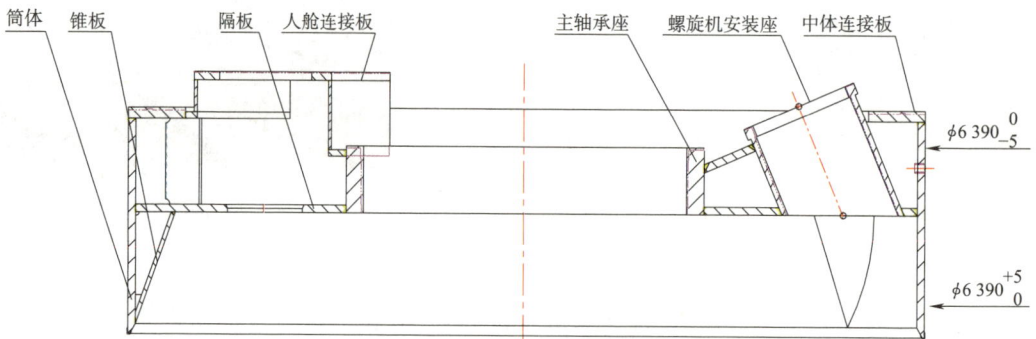

图 5-11　切口环结构示意（单位：mm）

5.1.2.1　切口环制作工艺路线

切口环制作的工艺路线如下：

主轴承座下料拼接，焊接后探伤合格后，退火卷板→主轴承座卷板后火焰校正，整圆组对，焊接探伤合格后待整体组对→筒体板刨前端耐磨层边，卷板并做好工艺支撑→螺旋机安装座筒体卷板，法兰组对并焊接探伤合格→隔板下料，倒破口组对成整圆，焊缝焊后探伤，外圆边倒破口→中体连接板下料，组对成整圆，焊缝焊后探伤→锥板下料，卷板→组对筒体火焰校正，组对成整圆，焊缝焊后探伤→筒体与隔板组对，两侧分次焊接隔板与筒体，火焰校正隔板不平度→组对主轴承座、筋板、螺旋机安装座及中体法兰→焊接主轴承

座与隔板焊缝,上转胎焊筒体和中体连接板焊缝及焊接筋板→组对锥板并焊接→去应力退火,校正局部变形→抛丸处理,清理焊渣及打磨,喷涂防锈漆→堆焊耐磨层→发机加工车间,以筒体找正,以焊耐磨层端找平,借中体连接板加工量,加工主轴承座内孔及上端面→加工中体连接法兰,加工定位止口,加工人舱连接面→划线中体连接法兰螺栓孔、人舱连接法兰螺丝孔、主轴承座螺栓孔→钻中体连接法兰螺栓孔、人舱连接法兰螺丝孔;上落地镗,攻主轴承座螺栓丝扣→装弯度铣头,加工螺旋机安装座止口及圆周螺孔→加工隔板上各传感器安装孔,泥浆门销孔→机加工表面涂防锈油,其余表面喷涂处理、包装。

5.1.2.2　切口环制作重难点

在切口环制造的工艺路线中,主要有以下几个方面:

(1)主轴承座的下料卷板和焊接。

(2)筒体、隔板及主轴承座之间的组对。

(3)主轴承座上螺丝孔的加工。

(4)螺旋机安装座的加工。

5.1.2.3　切口环制作工艺

(1)主轴承座的下料卷板和焊接

主轴承座是整个主驱动传递扭矩的第一个环节,也是最直接的部件,设计要求其满足《厚钢板超声检测方法》(GB/T 2970)中的Ⅱ级要求。所以先检验钢板,合格后再进行拼接。主轴承座最厚处为 129 mm,制作时选择了厚度 140 mm 的钢板作为毛坯料,其展开长度约 8.5 m,由两块拼接而成。宽度方向理论尺寸为 500 mm,下料尺寸为 515 mm。

卷板前需要将焊缝及钢板退火以消除内应力,避免在卷板过程中因内应力而出现裂痕。卷板完成后,其断面尺寸如图 5-12 所示。钢板断面卷板前是规则的矩形,在卷板过程中,钢板中心线右侧的材料受到挤压,钢板中部便向筒体内突起,宽度方向也向外伸展,使得内侧钢板宽度大于 515 mm,钢板中心线左侧收到拉伸,使筒体中部向内凹陷,宽度方向向内收缩,使得外侧钢板宽度小于 515 mm。这种现象随钢板厚度增加而变得明显。由此可见,主轴承座内外侧的宽度就有了误差,最大达到 8 mm。在制作中,其毛坯料的厚度应增加 5~10 mm,宽度方向也应增加 10 mm,这样对整体组对和机加工就有了更大的空间了。

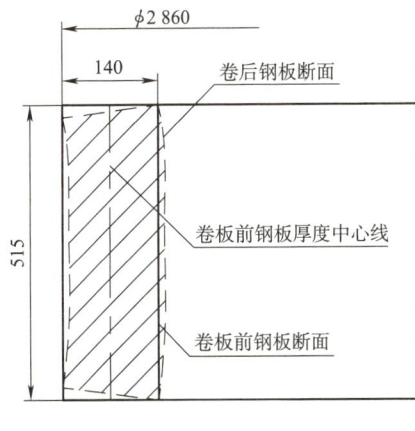

图 5-12　主轴承座卷板变形示意(单位:mm)

（2）筒体、隔板及主轴承座之间的组对

在整体组对前，首先需要将隔板和筒体组对焊接，探伤合格及火焰校正后与主轴承座进行组对，由于筒体外圆不需要加工，但在使用中是较重要的尺寸，所以以筒体为粗基准组对主轴承座。由于筒体是卷板后火焰校正，其椭圆度可以控制在 5 mm 以内。但是主轴承座卷板后呈现出图 5-13 中所述现象后，使得整体组对难度加大。在机械加工主轴承座内孔时证实，以切口环筒体 5 mm 找正时，主轴承座内孔却不能见光。唯一的办法只有牺牲筒体的椭圆度来实现，最终将筒体椭圆度放大到 8 mm，才能完成主轴承座内孔的加工。只有适当加大主轴承毛坯下料尺寸和重视整体组对，给机械加工留出合适的加工余量，才能使制造任务顺利进行。

（3）主轴承座上螺丝孔的加工

主轴承座上螺孔的螺纹是通过螺栓与主驱动系统连接的，所以螺栓是全部进口的螺栓，为保证所加工的螺纹能完全准确地和螺栓连接，加工螺纹的丝锥也采用进口的。为保证其螺纹表面质量，选择了内容削丝锥。该种丝锥所产生的铁削是通过其内部的通道排出孔外，铁屑不再与螺纹表面接触，从而保证螺纹表面质量，如图 5-14 所示。为保证螺纹能正确与主驱动箱上螺孔相对应，采用配号螺孔的办法来实现。

图 5-13　找正筒体加工主轴承座内孔

图 5-14　内容削丝锥

（4）螺旋机安装座的加工

螺旋机安装座轴线与切口环轴线成 23°夹角，制作时是将安装座的加工安排在主轴承座内孔及切口环与支撑环连接面加工后进行，目的是以其为找正基准，加工安装座的止口及周向螺纹孔。整个加工过程在数控落地镗上完成，各尺寸均很好地得到了保证。需要注意的是，在加工完螺旋机安装座后，检查一下螺旋安装座前部与切口环隔板的组对情况，最好是让两者在同一平面，否则泥浆门的密封性将收到影响。

5.1.3　支撑环制作工艺

支撑环加工相对切口环和盾尾较容易，工序也少，其工艺过程主要如下：

筒体下料，倒焊接破口，对接卷板成整圆，火焰校正门架零件下料，倒焊接破口，组对门架总成焊接门架总成推进油缸隔板数控下料，整圆组对并焊接，火焰校正平整超前注浆块、管及法兰等机加工前部法兰下料，组对成整圆，焊接并探伤焊缝，火焰校正铰接油缸座

组对焊接组对前部法兰、筒体及铰接油缸隔板、门架总成及中部筋板上转胎焊接前部法兰焊缝、铰接油缸隔板焊缝、超前注浆块焊缝、起吊耳座超声及着色检查各焊缝质量去应力退火，校正局部变形抛丸，毛刺及飞边处理，喷涂防锈漆以筒体找正、前部法兰找平，车后端面见平以后端面找平，筒体找正，车前部法兰至要求尺寸，加工止口，车铰接油缸前部定位线以后端面找平，筒体找正，车后部铰接部位至图纸要求尺寸，车门架的管片机安装板焊接面见平划线安装铰接油缸座并焊接用钻模钻前部法兰螺栓连接孔机加工表面涂防锈油，其余表面喷涂面漆、包装。

5.1.4　盾尾制作

盾尾如图 5-15 所示。盾尾加工难度较大，主要是控制其变形和注浆管的成型方法。盾尾筒体主要由 3 节组对而成，前部为铰接密封环后部为钢丝刷安装区域，中间部分为管片安装区域，即图 5-15 中 B-B 剖面部分，如图 5-16 所示。

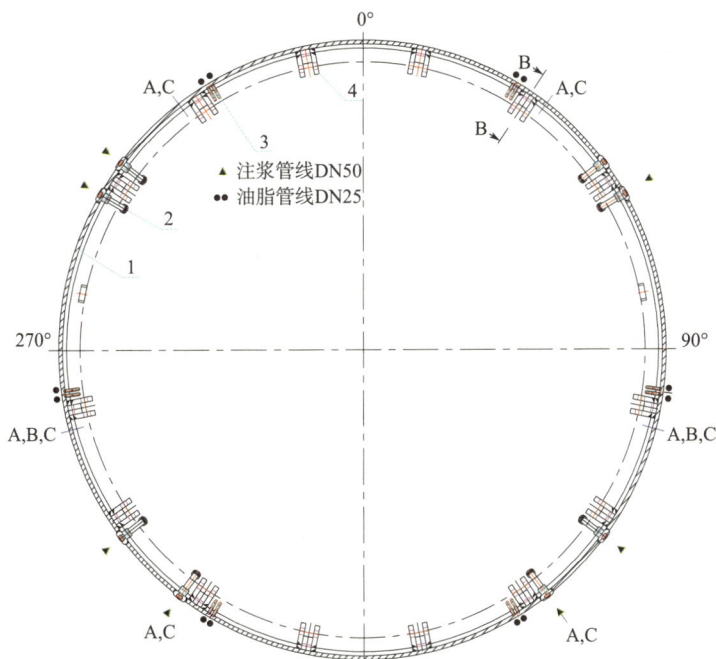

图 5-15　盾尾结构示意

1—筒体；2—注浆管；3—油脂管，4—铰接油缸座

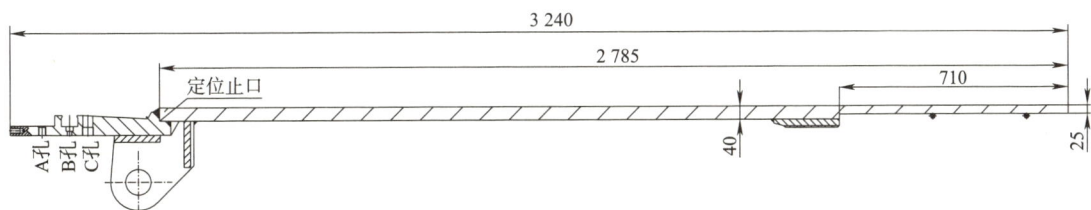

图 5-16　盾尾 B-B 剖视图示意（单位：mm）

5.1.4.1　盾尾加工工艺路线

盾尾加工工艺过程主要如下：

中间部分筒体分 4 块下料卷板后加支撑并加工油脂管槽→中间部分筒体组对成整圆，火焰校正，加环向支撑→注浆管的加工→铰接密封压块加工→铰接密封环下料，卷板对接并加支撑，焊缝探伤检查→铰接密封环粗加工，车定位止口→尾部筒体下料，卷板组对，焊后检查，加支撑→组对铰接密封环、中部筒体和尾部筒体，满足盾尾尺寸要求→组对钢丝刷安装块→焊接各焊缝，探伤检查合格，安装起吊耳座并焊接→抛丸处理、表面喷防锈漆、去毛刺飞边→以铰接环端面找平，筒体找正，车尾部端面见光→以尾部端面找平，筒体找正，车铰接环外径，保证与支撑环铰接部位 1 mm→装配支撑环、盾尾，配做铰接油缸耳座，并焊接检查→以尾部端面找平，筒体找正，车铰接环细部尺寸→以铰接密封压块配号铰接密封压块安装螺栓孔→钻安装铰接密封进气孔，润滑铰接部分。

5.1.4.2　盾尾加工重难点

在盾尾制造的工艺路线中，主要有以下几个方面：

（1）注浆管成型加工较困难，在加工过程中变更设计重新进行制作。

（2）整个筒体椭圆度要求 5 mm，需要通过多种工艺措施完成。

5.1.4.3　盾尾制作工艺

（1）注浆管的成型加工

图 5-17 是盾尾注浆管的一个剖视图，其主要由法兰、圆管、弯头、异型管及观察孔盖板组成。其加工难度在异型管的成型加工上。在 A-A 及 B-B 视图中，最薄处仅 5 mm。如何实现该异型管成型是制作中的难点。

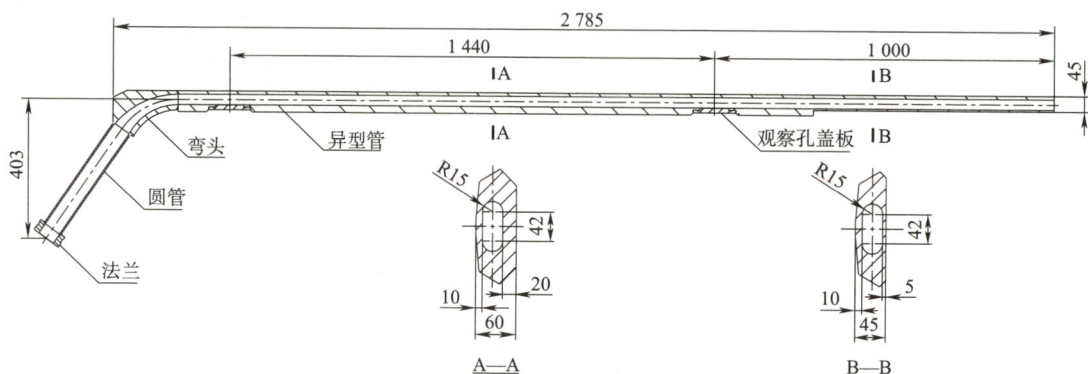

图 5-17　盾尾注浆管结构示意（单位：mm）

根据以上设计，在制作中考虑按两半对接而成，然后再通过机械加工实现成型，图 5-18a 所示。根据图 5-17 中 B-B 视图中，异型管最薄处只有 5 mm，所以为了保证强度，必须使焊接熔透，所以对接时焊接破口留 2 mm 钝边，但是在焊接一层后发现，接缝处虽有熔透，但是在接缝内侧有不同程度的焊瘤出现，推测产生的原因是：焊接为平焊，管内部为空心，焊接中熔池在重力的作用下产生下陷而导致焊瘤出现，如图 5-18b 所示。由于异型管长度 2.5 m 左右，焊瘤也无法彻底清理，必将导致砂浆在管路中堵塞。

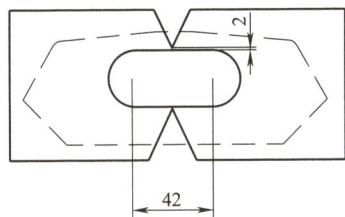

(a) 两半对接工艺方案(单位：mm)　　　　(b) 两半对接焊瘤情况

图 5-18　盾尾注浆管制作

对以上原因,在考虑新工艺时需要考虑的是满足使用时的强度要求,防止异型管内焊瘤出现,保证孔内整洁、光滑。由此按照图 5-19 所示工艺进行制作。这样的改进,让焊接时的熔池金属不能渗进管内形成焊瘤,也保证了焊接强度,实现了异型管的成型。图 5-20是按新工艺焊接完成的异型注浆管。

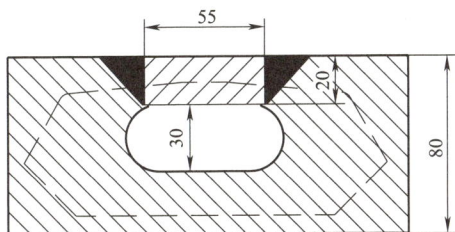

图 5-19　改进后的制作工艺方案示意(单位:mm)　　图 5-20　新工艺焊接后的注浆异型管

(2)多项工艺措施保证盾尾椭圆度 5 mm

①借助铰接密封环做定位基准

在图 5-16 盾尾 B-B 剖视图中,铰接密封环与中部筒体连接是一个止口,故先将铰接密封环粗加工时将止口加工完毕,给铆焊筒体中部提供圆度基准。

②筒体纵向加筋防变形

在筒体中部与铰接密封环组后,将尾部筒体与中部组对后,焊接前校正尺寸后,在纵向不同位置加三道环向筋板,以防止注浆管组对和整体焊接变形,如图 5-21 所示。

③注浆管组对在盾尾筒体组对成整体后进行

在盾尾组对成整体后,加了支撑和环向三道筋。当在其中一根注浆管位置组对注浆管时,将该位置按注浆管尺寸割开打磨,组对注浆管并点焊牢固,以此类推。组对注浆管时,盾尾的椭圆度始终在三道环向筋所保证的椭圆度范围内,如图 5-22 所示。

5.1.5　螺旋输送机制作

螺旋输送机主要是由前端节、固定节、伸缩内节、伸缩外节、出渣节及螺旋轴等总成组成。各节之间是通过止口定位和法兰连接。在加工各节法兰时,要点是以各节筒体为基

准找正,这样才能使整体装配后的椭圆度达到最小。

图 5-21 盾尾三道环向筋

图 5-22 注浆管组对后的盾尾

5.1.5.1 螺旋轴制作工艺路线

螺旋轴总长度为 10.2 m,为一焊接件,其结构如图 5-23 所示。焊接完成后加工驱动连接端面及各螺栓孔。其加工主要有以下工艺过程。

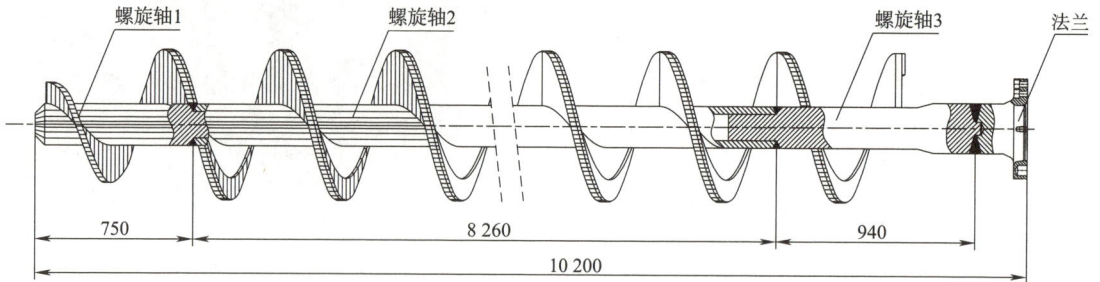

图 5-23 螺旋轴结构示意(单位:mm)

制作叶片基材成型模具,试成型搅拌叶片→螺旋轴各节的粗加工、倒焊接破口→组对螺旋轴 2 和叶片并焊接→组对螺旋轴序号 1、序号 3 与序号 2 并焊接,检验合格→组对螺旋轴 1 与叶片、螺旋轴 3 与叶片,并焊接检验合格→组对螺旋轴 4 连接法兰,焊接探伤合格→在工作平台上检查整轴的直线度,螺旋叶片的螺距,火焰校正轴的直线度在设计要求范围→组对耐磨叶片→上长卧车加工螺旋叶片外径→堆焊螺旋轴 1 部分耐磨层→上落地镗加工螺旋轴法兰端面螺丝孔。

5.1.5.2 螺旋轴加工重难点

在螺旋轴制造的工艺路线中,主要有以下两个方面:

(1)螺旋叶片的成型加工。

(2)螺旋轴 2 与叶片的焊接。

5.1.5.3 螺旋轴制作工艺

(1)螺旋叶片的成型加工

螺旋叶片的成型加工根据各加工厂的设备能力及经验有不同的成型工艺,进口盾构

机的螺旋叶片是通过铸造实现,耐磨叶片是通过螺栓连接。此次叶片是通过热压成型实现,耐磨叶片是采购成型的耐磨材料通过焊接完成。

由于加工数量不大,于是采用简易的螺旋叶片成型压模制作叶片。用取点法分段定位螺旋叶片上各点,连接各点形成螺旋叶片的曲线。考虑压制时叶片成型特点,整个叶片压制的下料难度较大,所以每次压制只按半个叶片成型制作,叶片成型的简易模具如图 5-24 所示。

设计的简易模具,通过试成型出来的叶片,需要先将两块叶片拼成一个螺距节,检查下料及成型效果是否符合设计要求。在实际制作中所展开的扇形下料图夹角过小,导叶片在对接时接缝不整齐,如图 5-25 所示。

图 5-24　螺旋叶片成型简易模具　　　　图 5-25　螺旋叶片成型后试拼情况

(2)螺旋轴与叶片的焊接

螺旋轴和叶片基材均是 Q345B 材料,它们的焊接性能都很好,可以很容易地进行焊接。但由于 Q345B 的钢管厚度要求 35 mm,市场上没有现货,若需要得定做,且也需要较大量才能定做。最后决定,采用市场上有现货的 45 号钢。但是 45 号钢的焊接性能较差,需要焊前加温焊后保温缓慢冷却。而螺旋轴 2 的总长为 8 260 mm,其焊接是沿其长度方向的焊接,预热和保温就不易实现了。在根据对螺旋轴 2 仔细观察后,有了一个很好的焊前预热焊后保温的办法:让加热火焰管伸入螺旋轴 2 的孔内加热,管另一端也是开放的,能给加热气提供燃烧氧。在整个焊接过程中,火焰随焊接位置的移动而移动,这样就达到了焊前预热焊后保温的目的。

5.1.6　主驱动箱体及环件制造

主驱动箱体及环件主要包括安装驱动马达的箱体、主驱动总成密封骨架及压条等。其中主驱动箱体的加工精度要求较高,其他环件加工只是在机械加工过程中由于都是薄壁环件而需要多加装夹支撑,吃刀量小些即可。

5.1.6.1　主驱动箱体工艺过程

主驱动箱体的加工,主要有以下工艺过程:

锻造主动箱体 190 mm 板,并粗加工后探伤满足图纸要求→中间筒体下料卷板,筋板下料、倒焊接破口→前面板下料,粗加工→组对前面板、筒体及后面板→上转胎焊接筒体与两

面板的焊缝，焊后探伤→火焰校正前后面板平整度，组对筋板并焊接→退火及抛丸处理，去毛刺、飞边，喷涂防锈漆→以前面板找平，后面板圆周上找正，车后面板外侧、外圆及内圆→以后面板外侧找平，圆周找正车前面板等至要求尺寸→上落地镗，以后面板的止口找平，后面板内圆找中心，镗 8 个马达安装孔及前面板上轴承支撑孔→钻各螺栓连接孔及润滑油孔。

5.1.6.2　主驱动箱体加工重难点

在主驱动箱体的制造工艺路线中，重难点主要有以下两个方面：

（1）筒体与前后两面板的焊接。

（2）主驱动马达安装孔加工。

5.1.6.3　主驱动箱体制作工艺

（1）筒体与前、后两面板的焊接

筒体与前、后面板焊缝要求为 I 级，如图 5-26 所示。而筒体外侧有 8 个筋板。若在组对时将筋板一起组对焊接，在筋板位置的筒体环焊缝频繁出现搭接，其焊接质量很难达到 I 要求。所以只有先焊接筒体和前、后面板，再组对筋板并焊接。

筒体与前、后面板焊接后，前、后面板的变形较大，通过火焰校正前后面板，效果不太明显。若前后面板之间的距离小于图纸尺寸要求，这样在装配时，主驱动的小齿轮就可能安装不上。所以最后决定将前面板靠中间侧加工至图纸尺寸要求。

（2）主驱动马达安装孔加工

主驱动箱体上的马达安装孔，是在马达安装后安装小齿轮，共 8 个小齿轮共同驱动一个带内齿圈轴承内圈。故在设计上就提出了 8 个马达安装座的中心所在的分度圆误差为 0.1 mm，且各自之间的误差也在该范围内。为保证要求，采用数控落地镗加工。根据总体结构确定以后面板止口作为加工的基准，其定位如图 5-27 所示。

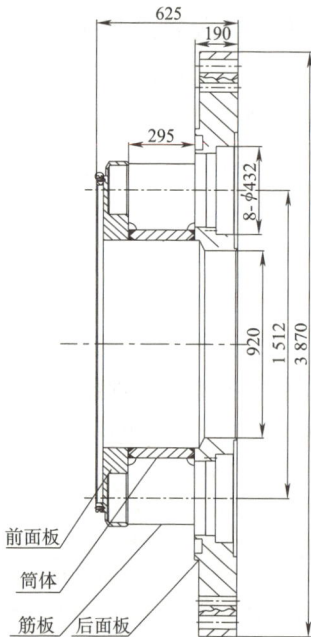

图 5-26　主驱动箱体结构（单位：mm）

图 5-27　主驱动箱体加工情况

5.1.7 管片安装机加工工艺

管片安装机主要由托梁、移动架、回转架、回转支撑及举重钳等部件组成,其中回转支撑购买专业生产厂家产品。回转架和举重钳加工较简单,托梁和移动架的加工较复杂。

5.1.7.1 托梁加工

(1)托梁加工工艺流程

托梁的加工,主要有以下工艺过程:托梁各零件下料,板料校正平整,倒焊接破口组对托梁上下翼板和中间腹板、侧面筋板,加支撑并焊接→火焰校正上下翼板的焊接变形,组对外侧腹板并焊接→组对上下翼板的筋板,焊接→按以上工序组对另一件,左右两件组对焊接,并加工艺支撑→组对并焊接中间连接梁→上落地镗旋转工作台,加工连接梁安装面,加基准支撑并见平→以基准支撑找平,左右梁找正,加工端面及各螺栓孔→旋转工作台,加工两侧移动架滚轮行走轨道面。

(2)托梁加工重难点

托梁加工的重难点是两侧移动架滚轮行走轨道加工,加工完毕的托梁如图 5-28 所示。

图 5-28 加工完毕的托梁

从托梁的结构看,其加工难度不大。主要是控制螺栓安装面和滚轮行走轨道的垂直度要求及左右两侧轨道的相对位置。前者精度控制就靠加工镗床的竖直轨道和水平轨道的精度保证,后者是通过回转工作台控制轨道的平行度要求,尺寸要求靠加工程序保证。

5.1.7.2 移动架加工

(1)移动架加工工艺流程

马达座、前盖板下料,粗加工→组对各环形板成整圆,加各筋板,焊接后火焰校正→组对滚轮安装座,焊接并火焰校正→以后盖板找平,前盖板找正,精加工前盖板止口,法兰及唇形密封槽→钻前盖板回转支撑连接螺栓孔→上落地镗靠弯板,以前盖板法兰螺栓连接面紧靠弯板,以止口外圆找中心→镗 2 个马达安装孔→铣滚轮支撑平面及安装槽尺寸。

(2)移动架加工重难点

①移动架马达安装孔加工

移动架上两个马达安装孔是安装 2 个驱动回转架的,是有马达安装小齿轮驱动回转

支撑内齿使回转架转动。所以马达安装孔的位置精度相对回转支撑的中心就有严格要求。为了保证设计要求，在加工马达安装孔时，必须以回转支撑定位止口为基准加工马达安装孔。且需要保证马达安装孔中心至回转支撑中心的尺寸公差。

②移动架滚轮安装位置加工

移动架滚轮安装位置加工主要是保证左右安装面的尺寸公差、平行度要求，同一边的两个马达安装面的共面要求、上下边的共面要求。这些尺寸关系到滚轮安装在移动加上后，能否顺利装入轨道，还有就是即便装入轨道，其受力情况也很大程度上取决于滚轮安装位置的加工精度。另滚轮安装位置的上下两个面的尺寸公差保证的目的是在滚轮装配后，移动架、回转架及管片等重量都是由滚轮安装位置的上下两个面承受的，而不是靠螺栓承力。加工完毕的移动架如图 5-29 所示。

图 5-29　加工完毕的移动架

5.2　组装调试

为了确保盾构工厂组装调试工作的有序、高效、优质进行，在组装调试工作开始之前，对组装调试的时间计划、资源组织及配置、相关程序、培训都应做出了相应计划。

5.2.1　场地布置

根据盾构的外形尺寸，大件重量及尺寸，车间内组装区分为主机组装区和后配套组装区，存放区分为主机大件存放翻身区和后配套设备存放区。

在主机存放翻身区，主要存放主机的大件：如刀盘、前盾、主驱动、中盾、盾尾、管片安装机等。

在后配套区，主要存放盾构后配套的辅助设备，如液压泵站、电动空压机、砂浆泵、变压器、电气柜、皮带机驱动、泡沫泵等。

5.2.2　风水电供应方案

5.2.2.1　供电方案

（1）空载试机功率

1 600 kVA 采用 10 kV 高压电直接供给盾构的变压器,其他采用 400 V 直接供给设备。

(2)车间设备所需功率估算

照明:10 kW;

空压机:5.5 kW×2=11 kW;

电焊机:10 kVA×2=20 kVA;

其他小型电动工具:10 kW;

桁吊:75 kW+30 kW+10 kW×2=115 kW;

设备同时使用率约为 60%,因此,总共所需 175 kW×0.6=105 kW。

(3)办公生活区所需功率估算

照明:15 kW;

办公室用电:20 kW;

食堂:50 kW;

同时使用率约为 70%,因此,所需 85 kW×0.7=60 kW。

(4)电缆布置

根据盾构具体用电要求,可以采用 10 kV 直接接到盾构的变压器上或 400 V 进入车间,再接入盾构设备的两种方案

5.2.2.2 供风方案

使用盾构后配套的自带空压机。

5.2.2.3 供水方案

外循环水采用 200 L/min 的离心泵和 8 m³ 水箱。软管采用移动布置,使用量为 ϕ100 mm 软管 110 m,球阀若干。

5.2.3 组装资源

5.2.3.1 组装人员及组织机构

组装劳动力在确保人员和设备的安全的前提下,保证组装质量和组装进度,采用每周工作 5 天,2 班工作制,电气组、液压组采用单班制(白班)。组织机构如图 5-30 所示。

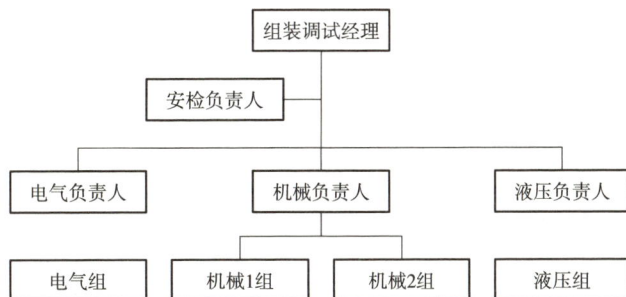

图 5-30 组装调试的组织机构示意

5.3.3.2 起吊设备

根据盾构的部件重量以及外形尺寸,组装工厂起吊设备能够满足工厂组装需要。在组装盾构开始之前,根据组装要求对组装过程中需要的工具和机具做出的计划。

5.2.4 组装培训

按照设备的组装、组装调试方案和工作计划,对所有参加组装调试的人员进行技术交底和技术培训。并分别针对不同的组装工作提出具体的要求。

(1)对于机械部件的组装,要求必须弄清其结构及安装尺寸的关系,螺栓连接紧固的具体要求等机械安装的基本常识,同时要求所有人员在整个组装过程中要自始至终保持所有组装件清洁的良好习惯。

(2)对于液压系统,要求必须提前检查泵、阀等液压系统原件的封堵是否可靠,如有可疑情况,要求必须进行现场清洗,在组装前如没有充满油液的管件,也必须进行严格清洗。

(3)对于高低压设备和电器元件的安装,要求严格执行公司有关标准和我国电力电气安装的有关规定和标准。

(4)对组装过程所使用的设备和工具,要求使用前必须进行安全检查,杜绝一切安全隐患,保证组装过程的顺利进行。

(5)在组装工作开始之前,对 100 t、32 t 桥吊进行安全运行检查,确保组装工作在安全可靠的环境下进行。

5.2.5 组装步骤

工厂组装分为主机及后配套两大部分同时进行,组装步骤如下。

5.2.5.1 划线找正

在组装区域先拉线将盾构组装中心线画出,并依据总装配图确认主机及后配套组装起始位置并划线。

5.2.5.2 主机组装

(1)装配主驱动(含驱动箱、主轴承及减速箱等):

①使用屏风等将组装场地围起来,并在地面铺塑料布,以保证组装场地清洁。

②使用洁净吊带吊装,禁止装配人员戴手套。

③组装用工具等小件不允许放置主驱动上,以防遗落。

④组装过程注意检查油道深度,以防安装错位油道堵塞。

⑤分两遍拉伸螺栓对角紧固。

(2)前盾装配。

安装前舱门(含油缸)、土压隔板所有接头及阀块等。

(3)主驱动与前盾装配。

调平前盾,使用 100T 桁吊四点吊装主驱动,其中两点使用 10T 倒链调平。主驱动法兰面距前盾约 100 mm 处,将孔位置大致对齐,由主驱动孔穿入 4 颗 500 mm 长工艺螺栓至前盾,将主驱动缓慢落下。查看所有螺栓孔是否对齐,若孔错位则使用 3T 倒链旋转主

驱动,直到所有螺栓可顺利旋入为止。分两遍对角紧固拉伸螺栓。安装电机。

(4)安装推进、铰接油缸及走台等附件。

调平中盾,制作工装放垂线定位推进油缸、安装铰接缸、安装走台梯子、定位安装阀块及配电柜等硬件。

(5)前盾翻身放置于事先划线位置并调平。

注意调整钢丝绳张开角度,以防前盾翻身过程中其与电机干涉。

(6)人舱与前盾装配。

(7)中盾翻身与前盾装配。

中盾支撑应较前盾支撑稍矮,以便调整。螺栓安装完毕后,将支撑与盾体间隙填实焊接。

(8)管片安装机梁与中盾装配。

(9)安装管片安装机。

(10)安装刀盘。

若刀盘法兰与主驱动孔错位,旋转 2～3 个主电机叶片,直至孔无错位,安装螺栓,并用敲击扳手打紧。

(11)安装螺旋输送机。

用 100T 桁吊分两点吊装,起吊前前端倒链收紧。起吊后缓慢松前端倒链,使螺旋输送机倾斜。桁吊前移至前端钢丝绳与中盾接触,在盾体内找吊点倒换前端绳索,经两次倒换即可将其安装到位。

(12)连接管线。

(13)检查纠错。

管路连接完成后,由机、电、液分项技术负责人一同检查安装情况,查缺补漏并纠正安装错误。

5.2.5.3　后配套组装

(1)地面组装拖车框架。

将拖车左右两部分对称放于地面,间距较图纸尺寸略大,将拖车顶部缓慢放入两侧中间,使用较长工艺螺栓将顶部与左右部分连接起来并拉紧,安装所有装配螺栓。调整拖车下部间距,紧固螺栓。拖车下部焊接横撑防止拖车变形。

(2)安装拖车行走。

将 4 组行走按照图纸尺寸摆放至地面上,拖车调至行走上方,微调行走安装螺栓。

(3)1 号拖车吊装至拖车支撑上。

将 1 号拖车放于较标记位置稍靠后 500 mm 左右位置,以便安装设备桥。

(4)安装设备桥。

将设备桥先与中盾装配,然后将 1 号拖车向前平移与设备桥连接。

(5)依次吊装 2 号～5 号至支撑上并连接。

(6)安装拖车附属设备。

(7)连接管线。

(8)检查纠错。

管路连接完成后,由机、电、液分项技术负责人一同检查安装情况,查缺补漏并纠正安装错误。

5.2.6　出厂调试

5.2.6.1　调试目的

根据技术参数及标准进行空载调试,使设备各系统功能齐全、运转正常。

5.2.6.2　主要调试内容

(1)盾构外形测量。

刀盘、前盾、中盾、盾尾及后配套系统与管片内壁干涉检查。

(2)液压系统。

推进系统、管片安装机系统,螺旋输送机系统、铰接系统、后配套牵引油缸、EP2 及 HBW 系统等。

(3)电气系统测试。

主驱动、皮带机、有害气体检测、紧急停止、联动互锁、土压传感器及其他。

(4)后配套设备测试。

泡沫系统、注浆系统、通风系统、膨润土系统及人舱。

图 5-31　盾构在工厂调试

5.2.7　出厂检验、拆卸、包装及运输

5.2.7.1　盾构出厂检验

严格按编写的"工厂验收大纲"进行检验。

5.2.7.2　拆机

(1)标示及拍照

盾构电气液压系统管线众多,分布于整机的各个部位,错综复杂。因此,在盾构拆卸

之前,应根据技术文件中的系统图制订标识方案,同时要仔细、认真填写标识登记表。标识登记表中应包括图名、图号、图代码、标识码、型号、长度、起止位置与走向八项内容。

为组装时便于查看、对照,盾构拆卸之前,要对各系统布置情况选取适当角度进行拍照,以准确表现位置关系,拍照过程应做好记录。照片登记表应包括照片编号、拍照部位或元件名称、标识码或标识牌、所在位置四项内容。

(2)拆卸工具、机具及耗材的准备

耗材:液压堵头、电缆接头包扎塑料袋及绑扎带等。

(3)拆机顺序

拆机工作仍分为主机及后配套两部分进行,结构拆卸前首先断开主机与后配套间管线,其次断开主机间及拖车间管线。

主机拆卸顺序为:刀盘→螺旋输送机→设备桥→管片安装机及梁(拆前两部分焊接限位块固定)→中前盾分离翻身。

后配套拆卸顺序:拖车顶部与侧面超高及超宽部件拆除→拖车依次吊至地面并拆卸行走。

(4)部件归类

清理过程中若发现的问题,对照技术文件统计损坏零部件的规格型号及数量,结合库存制订配件计划并及时定购,以确保再次组装的顺利进行。

5.2.7.3　包装

(1)拆卸后所有结合面均涂防锈油。

(2)所有管线绑扎牢固。

(3)所有未拆卸配电柜、电机、阀及泵等均使用双层塑料布包扎。

(4)盾体装车时底部需垫木板或橡胶垫。

(5)对所有部件进行补漆。

(6)对于连接件、小部件、贵重件、电器等分别用不同规格的木箱进行包装。

①木箱进行包装需采取防潮、防雨、防锈、防腐蚀、防振动及防止其他损坏的必要的保护措施,从而保证货物能够经受多次搬运、装卸的长途运输。

②对包装箱内和捆内的各散装部件均应系加标签,注明主机名称、部件名称以及部件在装配图中的位号、零件号。备件和工具除注明上述内容外,尚需注明"备件"或"工具"字样。

③在每件包装箱的邻接四个侧面上,用不褪色的油漆以明显易见的中文字样印刷以下标记:目的地、收货人、合同设备名称和项号、箱号/件号、毛重/净重(公斤)及尺寸等。

④根据设备的装卸、运输的不同要求,在包装箱上以中文明显的印刷"轻防"、"勿倒置"、"保持干燥"等字样以及其他国际运输中通用的标记。凡重量为 2 t 或超过 2 t 的设备,还应标明重量、重心及挂绳位置。

⑤在设备的每件包装箱内,应附有装箱明细单副本一式二份。

5.2.7.4　运输

(1)盾构长大件较多,形状各异,在拆卸时首先依照盾构结构件图纸熟悉吊点位置,掌

握吊装平衡工艺，起吊过程必须专人指挥，在确定吊具安装正确，人员安全撤离，连接件完全脱开后方可起钩移车。

（2）运输分三批：

①刀盘、前盾、中盾、盾尾及管片安装机等大型超宽件一批运输。

②拖车及设备桥等略超宽件为一批进行运输。

③螺旋输送机、人舱、管片输送小车、风筒等标准结构件及木箱一批运输。

（3）在运输或摆放时，需要用木板支垫平衡，中心位于汽车中心线上。运输车上还需绑导链加以稳固，运输车速严禁超过 40 km/h。

5.3　盾构监造

盾构监造也称盾构监理，是指在盾构制造过程中，盾构的采购单位对盾构制造的合同执行、质量、进度、安全、费用、文明施工等全过程进行监督的过程。

盾构监造人员应参与盾构制造的设计联络会，熟悉盾构的相关设计文件、图纸等技术文件和合同文件。盾构监造的服务范围如下：

（1）审查卖方的公司资质和质量、安全、文明施工管理体系。

（2）审查盾构制造分包单位的资质、施工人员执业资格证书等。

（3）审查盾构制造的设计文件、各类计划、方案等技术文件。

（4）审查盾构制造的总施工进度计划和分项工程进度计划，对进度变更计划进行监督与认定。

（5）对盾构的加工、制造、组装、调试进行全程的文件见证、现场见证或停工待检见证。

（6）对委外制造的设备，视情况到委托厂家进行巡视检查，见证设备的制造过程。

（7）审查进场的所有原材料和设备的型号、数量、合格证书等质量证明文件。

（8）对已经完成的项目进行检查验收，对发现的质量问题通过工作联系单或监理通知单的形式要求卖方进行整改；如果出现严重质量事故等问题，监理人员有权要求卖方停工，并及时上报总监理工程师和委托方，全程跟踪质量事故的处理过程，最终做出详细的事故处理报告，上报委托方和总监理工程师。

（9）对已经完工的项目及时进行验收并签认相关证书。

（10）参与盾构的工厂验收工作。

5.3.1　盾构监造方式

盾构监造人员按照盾构制造的采购合同、设计文件、图纸、质量管理体系和进度计划等资料编制盾构主要设备、工序监理方式计划。

（1）见证点见证

①停工待检点。监理人员与卖方在现场对见证项目实施会同检验，没有监理方参加并签字认可的，卖方不得自行检验并转入下一道工序。

②现场见证点。卖方在对盾构各个系统或重要部件加工、制造、组装前规定时间内通

知监理工程师参加各个系统或重要部件的加工、制造、组装过程,然后进行现场见证签证。

③文件见证点。盾构设计文件、图纸、相关合同和相关方案等资料,原材料和配件的采购计划和质量合格证书以及盾构制造过程中的记录和报告,在完成加工、制造或组装后监理人员应认真查阅、核实加工、制造或组装的原始记录、技术文件、工序质量检验单是否正确。

④如没有按约定时间参加现场见证,应重新商定见证时间;如不能实现现场见证的,应进行文件见证,如果监理人员有疑问,应重新进行现场见证。

(2)现场巡视

现场巡视分为日常巡视和委外巡视。委外巡视是监理对委外制造的设备按监理计划进行工厂巡视。合同中规定的派人赶赴工厂进行见证的项目,由卖方提前通知监理部,按合同中监理内容赶赴工厂进行文件核查、见证,并按要求填写盾构制造监理见证书或巡视记录。

日常巡视是监理人员的重要日常工作内容,为避免在报验验收过程中才发现问题,且有些问题在报验验收工作中已无法挽回的情况,巡视工作将实行制度化,监理人员的现场巡视工作应保持一定的频率,重要的非旁站点、见证点的工序在巡视过程中保持较高的比例。

(3)旁站监理

现场检测旁站项目:对需要旁站的重要部件或系统的现场检测项目,在试验或检验前,厂家要通知监理人员参加,必要时,监理人员可进行抽检或复测,核定各部分检测、试验数据,然后进行旁站见证签证,并存入厂家检测记录或报告。

(4)平行检测

"平行检测"是指制造单位对负责制造的盾构部件进行检查验收完成后,监理部在制造单位自检的基础上,按照一定的比例,进行独立检查和验收。

5.3.2 监造服务内容

监造服务内容是指监理单位在约定的监理服务范围内提供的服务,包括两方面内容:核心服务内容和咨询服务内容。

5.3.2.1 核心服务内容

根据项目特点和监理工作计划,拟将监理工作分国内和国外两大部分。国外监理点主要是关键进口件采购的监理工作,如进口的主轴承、主驱动、液压件等,主要通过掌握采购过程信息判断采购工作工期是否正常,发现问题及时处置。国内监理点主要包括组装调试工厂,加工制造工厂和外协工厂,其中组装调试工厂为常住监理点,其他为临时监理点。

(1)合同管理

合同管理是指盾构制造过程中配件、材料、设备采购合同和检查组装、调试过程的活动,包括:合同分析、合同交底、合同监督、合同协调、竣工验收管理。

①合同分析

监理人对委托监理的项目合同及委托分包专项合同的合法性、明确性、准确性、完整

性等进行审查。

②合同交底

合同交底即监理。由监理方对盾构制造厂家进行监理交底,根据实际情况监理交底可多次进行。监理交底应充分完整,包括监理范围和内容、依据、方式方法,特别是与被监理方的配合事项,包括相互配合制度。监理交底形成书面文件(如协议书或会议纪要)或记录,作为配合的依据。监理交底应充分完整,包括监理范围和内容、依据、方式方法,特别是与被监理方的配合事项,包括相互配合制度。监理交底形成书面文件(如协议书或会议纪要)或记录,作为配合的依据。

③合同监督

应对被监理方履行合同的行为能力和履行行为及其结果(包括质量和/或进度、费用、安全等)进行监督检查和诊断,对发现的问题应督促其采取措施纠偏。监督管理的一般过程主要包括以下内容:

a. 检查(预防性检查、见证性检查、结果检查):发现问题。

b. 诊断(状况评价、原因分析、责任分析):找出偏差原因和责任人。

c. 纠偏(与质量、进度、费用、安全等有关的偏差督促纠正)。

合同监督一般采取的方法:

a. 先报后查再审方法。

b. 巡视方法。

c. 全过程见证、现场检测旁站见证、文件见证等见证/验证方法。

d. 平行检测(需要时)。

④合同协调

协调管理以法规、合同、标准为依据,以总监为中心,对合同履行中诸多过程的衔接、矛盾和冲突,通过沟通、协商促使信息畅通,关系顺畅,配合默契,达到平衡,使项目合同履行有序进行。协调管理的类型如下:

a. 预见性协调:利用监理的专业经验对一些因考虑不周、理解不一、行为不规范、情势变化等原因产生的问题及早发现,提出预防措施。

b. 纠偏性协调:对合同履行中发现的偏差(质量、进度、费用、安全等)及时提出纠正措施。

c. 补救性协调:对已经造成的违反合同规定或设计要求的事实采取补救措施。

协调的方法:

a. 沟通策划:制定沟通管理计划,确定沟通对象、信息来源、沟通方式、时机、频率等。

b. 信息管理:建立信息管理系统并形成文件。

c. 沟通控制:以总监为核心控制沟通计划的制订和执行,使信息流畅通。

(2)信息管理

监理人根据有关监理规范,制定盾构制造过程中的监理资料管理制度。总监理工程师指定专门人员负责监理资料的收集、整理、归档及管理工作,并对各类报表的数据真实性负责。监理资料必须真实完整,整理及时,分类有序。信息、资料均以文字为凭、数字为据;采用文字、图表、照相、录像等多种媒体收集现场施工情况资料,监理资料的组卷、规

格、装订应执行国家及地方档案管理的统一规定,各种资料必须督促盾构制造厂家交付一手原始数据,并及时定期对相关文件签定确认。

(3)进度控制

进度控制的基本方法是检查、对比、分析、调整以确保总工期的动态管理方法,主要措施如下。

①事前控制

审核盾构制造厂家编制的施工总进度计划;审核各系统或重要部件的专项施工方案。主要审核施工方案的用工、耗时是否与总进度计划协调一致,分时段材料、配件供应是否满足进度计划的要求;审查盾构制造厂家提供的进度计划的保证措施。保证措施应有资源保证(设备材料和配件资源、人力资源、资金、场地与设施等)、技术与工艺保证(盾构制造的能力、人员的技术等级和水平、工艺工序的合理性和成熟程度及应对措施等)、行政与技术管理保证(过程中发生没有预见的事件或突发事件时、计划因策划计算失误而导致阶段工期延误时、制造工期延误时等,盾构制造厂家的应急处理预案),监理人应综合考察和复核盾构制造厂家的保证措施,发现问题应提出、交涉、更正。审核情况在监理周报中汇报。

②事中控制

审查盾构制造厂家根据总体施工进度计划编制的周、月度计划;监理人对实际施工进度的考察和报告。盾构制造厂家应每周为监理人提供即时的施工进度报告,监理工程师审核盾构制造厂家的进度表是否真实;报告的内容是否与实际情况吻合;报告提供的完成情况是否与施工进度计划预定的工期吻合。如果发现问题,及时协同盾构制造厂家分析原因,找出对策采取措施补救,并报告委托人。监理人对材料、配件到货进度的考察和报告。根据合同规定的国内外供货范围和到货时间,在相应的日期内要求盾构制造厂家提供装货日期、清单、出发和送达时间,并进行日期审查复核,发现问题应向盾构制造厂家指出并敦促其查明原因采取措施补救,复核实际到货情况,并及时向委托人报告有关情况。按照合同及设计联络会议纪要要求,及时要求盾构制造厂家提供技术图纸及资料,并填写技术资料交付统计表。监理人员每天填写监理日志,系统记录盾构制造、组装、调试过程中的各类各种事件、事实和相应的照片、视频等。以便对整体过程进行备忘和复查,并利于对各项工作进行全面的过滤,防止遗漏和延期。在监理日志的基础上进行概括性整理,形成监理周报,并于每周将监理周报报委托人。每月书写一份月度监理总结,列出目前的进度情况,存在问题以及建议的解决办法,按月向委托人报告。与盾构制造厂家之间的文件来往以工作联系单的形式做好收发文记录。

③事后控制

及时进行工程计量、验收及签证。当实际进度滞后于计划进度时,监理人及时组织相关方分析原因、采取弥补措施或调整计划。进度计划调整的原则是:必须保证本监理工程的总工期不突破。根据批准的进度调整计划,及时审核调整后的保证措施、配件供应计划。

(4)质量控制

①控制总则

质量控制方法以工序控制为中心,以事前控制及事中控制为重点,严把事后控制关。

监理人将在进场后制定监理细则，监理细则中详细规定对各个系统或重要部件从开始制造到调试验收的每一个中间环节（一道工序）进行检查验收。质量控制又要以事前控制（审查施工组织方案，专项施工方案、技术交底、施工工艺、人员配备、机械配备、材料供应等）和事中控制（施工过程中的控制）为主。事后控制则是分项工程的检查验收，坚持质量标准，用数据说话，保证向委托人提交合格满意的工程。

②控制措施

质量控制的监理工作手段以审查检测、见证、巡视和旁站为主，辅之以其他手段。

审查检测是监理工程师采用实测数据正确判断和确认分包单位资质、各种材料和配件质量的主要方法，主要检查以下内容：审核盾构制造分包单位的资质情况、实际生产能力和质量保证体系。监理人要求盾构制造厂家提供其分包项目和分包商清单；提供分包商相关资质证书；审核分包项目是否和分包商的资质相适应，禁止分包项目内容超出分包商的资质范围；必要时到分包商的所在地进行考察，核实分包商的资质与实况是否吻合。审查盾构制造厂家的施工组织方案、技术交底等技术资料；审查盾构制造的采购材料、配件的质量证明文件和检验报告，审查情况应填写原材料审查表和采购配套件审查表。对确认不符合要求的材料或配件，禁止投入使用。审查盾构制造厂家提供的供货商的供货范围，提供的供货范围是否按照合同约定购买，数量是否满足，厂家是否更换，型号是否满足等，填写供货范围审查表。

根据盾构制造施工组织设计方案和制造技术标准设立制造见证点。通过与委托人的沟通，在监理细则中对加工部件、委外部件以及盾构安装调试列出详细的见证点和见证点检查表，明确哪些点属于文件见证，哪些点应到现场检测旁站见证，哪些点一定要作为全过程见证。对盾构制造过程中的重要环节和关键节点下发监理交底，要求盾构制造厂家保证施工质量和安全。核心部件要全过程见证（如主驱动的装配、刀盘的组装等）；重要系统或部件的安装环节，必须现场检测旁站见证（如泥水循环系统的安装、液压电气系统的安装）；部分部件可采取文件见证结合现场见证（如变压器耐压检测、刀盘焊接质量监测、大型结构件尺寸监测等）。检查和监督盾构的制造、装配、调试、验收过程，监理人员全过程参与并详细记录，采取文字记录、图片、影像等方式。过程情况在监理周报中汇报，重大情况及时或即刻汇报。对于停工待检点，未经监理人员验收合格，不准进入下一道工序。对于验收质量不合格的工序或重要部件，监理人员下发监理工作联系单要求盾构制造厂家重新生产或装配并另行验收。在盾构运往现场前，监理人员检查盾构制造厂家对盾构运输所采取的防护和包装措施，并检查是否符合盾构运输、装卸的要求，以及检查相关的随机技术文件、装箱单和附件是否齐全，填写设备装箱发运表。盾构全部运到现场后，监理人员对合同规定的由盾构制造厂家进行的交接工作进行见证，开箱进行清点、检查、验收、移交，形成设备交接报告报总监理工程师和委托人。

盾构制造厂家在境内外自己制造或委托制造、检测的部件，监理人员可定期到境内外制造及检测工厂（车间）进行巡视，注意并及时发现影响质量因素的不利发展变化以及潜在的质量隐患等，以便及时提醒承包商予以纠正，确保工程质量。

质量控制的其他手段主要有给盾构制造厂家发工作指令、召开现场会、计量支付等。

指令文件是监理工程师对盾构制造厂家提出指示和要求的书面文件。监理人员对于发现的不合格的制造部件,不论是材料或配件质量原因、制造工艺等任何原因,只要监理工程师认定不合格,监理工程师立即发出书面工作指令,提出整改要求,要求采取重新制造、修复等措施。当时间紧迫时,也可先发口头指令,但事后必须予以书面确认。指令文件的使用具有相当的弹性空间,一些指令性文件如《监理工程师通知单》使用过频会导致承包商麻木不仁,过少又无法达到监理控制的效果。对一般质量问题或事项,口头通知设备制造商整改或执行,并用监理工程师通知单形式予以确认。通过监理工程师联系单提醒设备制造商注意事项。在巡视旁站等各种检查时发现的问题,用监理通知单书面通知设备制造商,并要求设备制造商整改后再报监理工程师复查。对设备制造商违规生产发生重大安全、质量事故或有经验的监理工程师预见到会发生重大安全、质量隐患,及时下达全部或局部暂停令(一般情况下宜事先与业主和设备制造进行沟通)。通过规定质量监控工作程序,来规定双方必须遵守的质量监控程序,进行质量控制,主要有材料进场报验程序;工艺工序报验程序;质量控制点检测申报程序;部件报验程序、调试验收申报程序、质量事故处理程序等。如设备制造商的设备质量或进度达不到要求的标准时,总监理工程师采取拒绝签署证书的手段,停止对设备制造支付设备款,并禁止设备出厂。对于具有共性的问题和典型性问题,监理人员可采用召开现场会的形式,用以肯定或否定某一项工序的施工工艺,以起到示范或引以为戒的作用。

③问题处理

监理人员在监理过程中发现的质量问题,首先要调查研究,对检验过程中发现的一般质量问题,监理人员应以工作联系单的方式通知盾构制造厂家,并要求盾构制造厂家及时回复处理措施。监理人员审查盾构制造厂家的处理措施,如问题继续存在或不能彻底解决,监理人员应及时向总监理工程师和委托人汇报并主动找盾构制造厂家协商。盾构制造厂家在监理人员的参与下尽快出具质量问题调查报告,制定质量问题处理方案,并跟踪检查,直至问题处理完毕并检查验收合格。质量问题调查报告应在监理人员处留存备案。监理人员写出质量问题处理结论并向总监理工程师和委托人汇报。

④事故处理

质量事故发生后,监理人员及时以工作联系单形式要求盾构制造厂家停工整顿,同时了解事故情况,初步判断事故性质,控制事故状态,避免事故扩大,并及时向总监理工程师和委托人汇报。监理人员对事故的重要痕迹、物证进行妥善保护,并及时做好标识、照片、影像资料和记录。监理人员经常与委托人保持联系,及时传递最新信息,初步确定事故的分类和级别,在规定时间内写出事故报告。监理人员参与盾构制造厂家组织的质量事故调查与分析,分析事故原因,判定事故性质,明确事故处置意见,形成质量事故调查报告,并参与制定处理方案,及时向总监理工程师和委托人汇报。

5.3.2.2　咨询服务内容

根据业主的需要,主要包含采购咨询和技术咨询。

(1)采购咨询

在项目实施的前期,业主经常需要监理单位提供咨询、顾问服务,如策划、询价、招标

文件或合同主要条款的拟定以及供应商评审等方面提出参考性意见和方案或解答有关技术问题等。

（2）技术咨询

一是就项目的技术问题为业主提供建议或答疑活动；二是对卖方生产中的技术行为做评价，并提出合理化建议的行为。

5.3.3　监造服务目标

（1）质量控制目标

①监督卖方对盾构每个系统或重要部件的加工、制造、组装过程的施工工艺和质量，监督各分包单位实现其合同提出的质量标准，确保盾构各系统制造达到盾构设计标准，满足盾构后续使用要求，调试之后投入运行正常。

②做好材料、配件进场检验，审查新购材料、配件的质量合格证书，杜绝质量不合格材料、配件进入施工现场。

检验进场的所有外购零部件（设备）的品牌，质量，生产场地，数量等信息要与设备采购合同一致。对加工件和外协件的质量见证点进行见证，达到设备采购合同的相关要求。经检验质量检验合格率达到100％，遏制盾构制造质量较大事故，减少盾构制造质量一般事故。最终实现监理设备提交验收合格率100％。

（2）进度控制目标

卖方生产的盾构制造工期满足合同计划工期的要求，如有变更以最后日期的有效文件为准。当工期出现拖延或延误时，及时督促卖方采取措施、调整计划，保证重要节点工期安排，并满足施工组织设计要求。

（3）安全控制目标

必须坚持"安全第一，预防为主"的方针。建立健全安全生产管理体系及各项管理制度，落实各项安全生产责任制；严格遵守各项安全法规，完善盾构制造过程安全控制，推进安全标准化建设，确保安全生产有序可控。

（4）投资控制目标

按照卖方签定的盾构生产的预算和相关合同约定，制定工作量审查验收计价制度，按照合同规定的节点，根据实际完成的工作量据实验收，计价，并支付相应款项，严禁超付或无计量支付。依据盾构的设计要求以及制造过程中实际配件采购计划等严格控制设备造价，并参与对投资过程控制的管理。

（5）文明施工控制目标

全面推行盾构制造标准化管理。严格按照国家和地方政府有关规定，创建具有浓厚文明施工氛围的环保、洁净工地。

5.3.4　组织机构及工作模式

由盾构采购单位组织成立监理部，负责盾构制造的监理工作，过程中由盾构设备管理单位、盾构设备使用单位负责加强监督和检查，盾构监理组织机构如图5-32所示。监理在

专家组的指导下进行盾构制造的有关监理工作。由监理部针对某具体的工程项目拟使用的盾构成立专门的盾构项目监理部,项目监理部采用总监理工程师负责制。项目监理部人员一般为5~6人,其中设总监理工程师1人,技术总顾问1人,机械液压监理工程师1人,电气监理工程师1人,外协件监理工程师1人,专家1人。项目监理部的人员结构由监理部和施工项目部及技术专家组成,施工项目部参与监理的人员数量根据施工项目部的需要安排调整,应尽量保持人员稳定。总监一般应由取得注册设备监理资格的人员担任,专业监理工程师一般应由取得设备监理证书的人员担任,其他人员由监理部另行确定。

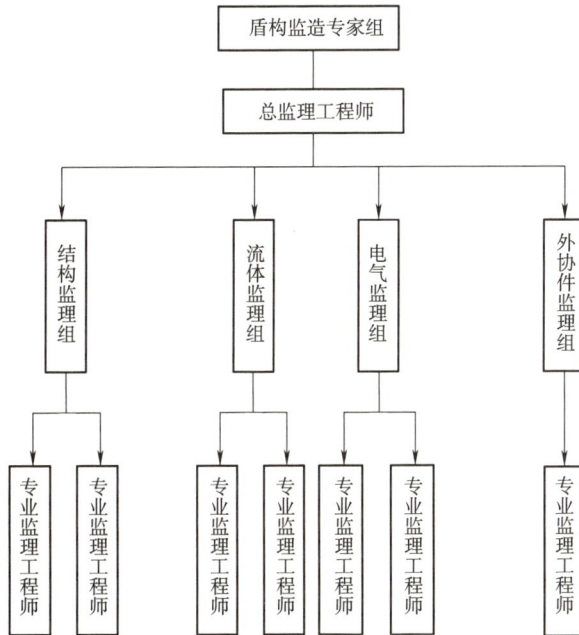

图 5-32　盾构监理组织机构示意

5.3.5　监理部岗位职责

(1)总监理工程师岗位职责

总监理工程师岗位职责主要包括:负责本项目监理合同的全面履行;确定监理部人员的分工和岗位职责,并进行检查和考核;主持编写项目监理质量计划、审批项目监理细则,并负责项目监理机构内部管理的日常工作;组织审核分包单位资质,并提出审查意见;协助业主组织对供应商的评审和招标采购有关的工作;组织对分包商质量管理体系的评审;检查和监督监理人员的工作,并根据驻厂代表的建议对不称职的人员进行调换;主持监理工作会议,签发监理部的文件和指令;组织审核项目部提交的质量管理体系、进度计划、安全管理体系;审核签发各系统或重要部件维修、制造的质量检验评定资料;组织审核签署项目部的申请、支付证书和竣工结算;主持或参与盾构制造质量事故的调查;协调盾构使用单位、制造单位和建设单位的合同争议、处理索赔、审核设备交货延期的合理性;组织编写并签发监理工作阶段报告、专题报告和项目监理工作总结报告;协助盾构使用单位和业

主组织盾构验收工作；审核项目部的出厂申请，组织监理人员对出厂前的盾构进行质量检查；主持整理盾构制造的监理资料；负责管理盾构制造过程的安全监理工作。

（2）总监理工程师代表（驻厂监理负责人）岗位职责

总监理工程师代表（驻厂监理负责人）岗位职责主要包括：负责总监理工程师指定或交办的监理工作；按总监理工程师的授权，行使总监理工程师的部分职责和权利；协助总监理工程师选择确定本项目部门的负责人员，并决定其任务和职能分工；协助总监理工程师主持监理工作会议；参加编制监理规划、检查各专业项目监理实施细则；审查卖方单位的资质，并提出审查意见；协助总监理工程师主持或参与质量事故的调查；审查卖方单位提交的计划、方案；审查设备变更；审查签认监理通知、工作联系单、验收大纲等，检查验评资料和设备的验收；定时或不定时巡视盾构制造现场，及时发现和提出问题并进行处理；组织编写监理报表、监理工作阶段报告、专题报告和项目监理工作总结；协助总监理工程师主持整理项目的监理资料；定期或不定期向监理总部汇报监理工作情况；认真执行监理总部的指示、决议和业主方符合监理合同所规定范围的指示。

（3）专业监理工程师岗位职责

专业监理工程师岗位职责主要包括：根据总监分配的管理体系条款，严格按照主要和重点部件的关键工序质量控制点计划表，按照文件见证、现场见证、停工点见证、平行检测、旁站记录，执行并进行日常检查和改进；负责编制盾构制造的监理细则；负责盾构制造监理工作的具体实施；审查项目部提交的涉及盾构制造的计划、方案、申请、变更等，并向总监理工程师提出报告；负责盾构制造范围的各系统或重要部件的关键工序质量验收；定期向总监理工程师提交盾构制造专业监理工作实施情况报告，遇到重大问题及时向总监理工程师汇报和请示；根据盾构制造专业监理工作实施情况做好监理日记；负责盾构制造专业监理资料的收集，汇总及整理，参加编写监理周报；审查主要原材料、配件清单并核查其原始凭证、检测报告等质量证明文件。

5.3.6　监理服务制度

（1）驻厂监理部管理制度

①每个设备监理项目均设驻厂监理部。总监理工程师负责驻厂监理部的各项工作。

②驻厂监理部设驻厂代表、若干专业监理工程师、综合管理员，按总监理工程师、驻厂代表、专业监理工程师三个层次进行监理工作。

③专业监理工程师，由总监理工程师根据盾构制造现场情况派往驻厂监理部工作。

（2）分包单位资质审核制度

①盾构供应商（以下称"供方"）向监理部申报其选择的分包单位的资质资料（包括等级、经历、信誉、技术力量、加工装备、管理人员资质、持证上岗人员证件等）及分包合同，由监理部审查。

②如发现供方所提供的分包单位资质资料有伪造不实情况，或经实际工作检验证明分包单位不具备承担分包工作的能力，总监理工程师向供方提出更换分包单位的建议。

③未经驻厂监理部审核同意的分包单位，不得承担盾构制造工作。

（3）主要原材料及配件检查与确认制度

①用于盾构制造的主要原材料及配件均属监理检查控制范围，要求供方报送质量合格证书等质量证明文件。

②采购部门应严格按设计文件要求和国家、行业质量标准采购，对其质量承担责任。

③主要原材料及配件包装上的标志，应符合以下要求：有产品质量检验合格证明、技术合格证或质量保证书；有文字表明的产品名称、生产厂名和厂址，出厂日期及产品编号；产品包装和商标样式应符合国家有关规定和标准要求；配件应有产品使用说明书、安装说明，电气设备应附有线路图。

④主要原材料及配件的合格证及检验报告的复印件，应盖有原件保存单位的公章和保存负责人的签名和签名日期，复印件提供单位应对其内容负责。

⑤供方因工期等原因急需要求紧急放行的，应填写紧急放行审批报告，供方应说明原因并作出明确标识和承诺，经供方技术负责人批准后，经总监理工程师审批后才能用于盾构制造。

（4）盾构制造质量验收制度

①盾构制造质量验收依据

盾构图纸及设计文件（包括设计变更、技术核定文件）、方案等技术资料；有关盾构制造的质量标准及法规文件；盾构制造质量保证资料；相关的盾构制造验收技术报表及资料。

②质量验收基本程序

质量验收分为材料或配件质量报验、加工质量报验、组装和调试报验。质量验收基本程序如下：供方自检合格后向专业监理工程师报送，供方质量验收记录作为附件；专业监理工程师审核、现场验收；检验合格，驻厂专业监理工程师签认，供方继续盾构制造工作；检验不合格，供方返工重做，在重做后监理人员应重新进行验收；盾构组装调试要检查各部件的拼装、吊装，油管及各管路的连接布置，检查各部件的功能性调试，能否正常运转，以及参数测试，并进行书面记录。

（5）监理总结制度

为总结经验，提高监理工作水平，在监理工作过程中，监理部编写监理日志、周报，并归入监理档案；对专项问题的总结内容，视问题具体情况而定，但应包括问题具体情况，处理经过，经验及教训，改进的建议等。

（6）现场监理会议制度

如因工作急需，委托方、监理方均可提出召开临时监理工作会议，以解决急需处理的问题；每次监理会议均由供方编印会议纪要，并经监理部审核后分发各有关单位。

（7）监理交底制度

加强监理技术交底及技术培训工作，杜绝重大监理责任质量事故，不发生因监理服务质量问题导致的重大顾客投诉。

对规章制度、设计图纸、现场管理、过程控制进行技术交底，使工程质量达到国家验收规范合格标准。

对进场监理人员全员进行质量、技术、行为意识岗前培训。

监理部根据施工进度和现场检查发现的质量问题进行不定期技术交底和质量培训。对专业性较强的、比较复杂的制造、拆装和调试项目，在开工前，总监对驻厂专业监理工程师进行技术交底，对各分项工程质量控制要点、控制措施、设计图纸和相关规范要求进行培训和交底。总监和各专业监理工程师对日常巡检和专项检查以及建设方、政府部门质量检查发现的质量问题进行培训教育和交底。每月、季度对监理部进行质量情况分析评价，总监召集监理部各专业监理工程师参加质量情况通报会，及时消除质量隐患。

（8）安全管理制度

将已处在加工制造状态下的设备在进行质量监控的同时应同步进行安全监控；应督促供方建立安全管理制度。

（9）监理考勤制度

各专业监理工程师按日填写工作日志，记录盾构制造过程中监理各类主要问题，总监理工程师或总监理工程师驻厂代表每天审阅，综合管理员负责整理归档。

（10）监理报告制度

监理工程师应每月编写监理月总结，以具体数字说明施工进度、施工质量、资金使用情况、重大安全质量事故情况、有价值的工作经验、社会环境情况、存在的问题及建议以及监理工作情况上报总监理工程师，总监理工程师审查后，汇总形成《监理月总结》，按规定时间上报给业主。

对施工中出现的安全、质量事故以及在监理权限内难以解决的施工问题应及时上报监理公司。监理工程师应认真落实上级下达的各项指令，监督供方完成下达各项整改要求，并将整改完成情况及时上报总监理工程师。当出现变更和影响进度的事项时，总监理工程师应组织专业监理工程师及时收集变更资料并分析原因，并如实上报给相关单位。对供方上报的相关情况，监理部要全面分析调查，并将相关情况上总监理工程师汇报。

（11）定期沟通汇报制度

总监或总监理代表应定期或不定期向业主驻厂代表汇报监理情况，一般情况下应每周不少于一次，如遇特殊情况或业主要求，应加大汇报频次。汇报可以以口头、书面、电子邮件等方式。

应坚持定期召开现场协调会，一般不少于每月一次，一般应邀请业主代表参加。遇到重大问题，总监理或总监代表应及时向业主先口头直接汇报，再根据需要进行其他方式汇报。

5.3.7　监理服务的前期准备工作

盾构监理部参加盾构的设计联络会，熟悉盾构相关图纸、制造技术标准等技术文件。监理部成员必须认真阅读、理解、掌握采购合同及各种会议纪要，熟知合同及附件中的各项条款的规定。监理部编制盾构监理质量计划，明确监理内容和任务，经盾构采购方有关领导审核批准后执行并备案。

专业监理工程师依据监理质量计划和盾构设计文件、图纸编制监理细则，并由总监理工程师审批；熟知并掌握监理过程中需要的文件报表的种类、格式。

5.3.8　监理服务设施

根据盾构监理服务的需要，一般应配置办公设施、测量器具等监理服务设施。

（1）办公设施

①监理自备设施：办公电脑，照相机，移动硬盘，扫描仪，复印机，文件夹等办公用品。

②盾构制造商提供的：办公室、办公桌椅、文件柜、等办公基础设施。

③交通工具：监理自备。

（2）测量器具

①监理自备器具：卷尺、游标卡尺、摄像机、红外线测厚仪、红外测温仪等。

②盾构制造商提供的器具：表面探伤材料和内部控伤设备；人舱耐压试验设施；测量电气液压的各种仪表。

③借用或租用第三方器具：振动仪、主轴承扫描仪、三维摄影测量仪（全站仪），费用由盾构制造商承担。

5.3.9　监理服务成果及交付

（1）盾构制造竣工验收

①盾构制造成果范围确认

根据盾构设计文件，监理部和委托方共同组成验收小组对盾构每个系统的制造、组装是否按照盾构设计文件要求全部制造、组装进行检查验收。

②盾构制造质量验收

根据盾构制造过程中卖方对各个系统或重要部件的加工、制造、组装质量报验表和停工待检质量报验表、新构材料和配件合格证书、监理旁站记录和巡视记录、质量缺陷与事故的处理文件，验收小组现场检查盾构整机调试情况并测量盾构各项运行参数形成盾构整机调试报告，对盾构制造的质量进行最终验收。

③监理总结报告（包括成果评价）：一般包括项目及进展概况，监理组织机构及人员情况，监理合同履行情况、成效，监理过程中出现的问题及其处理情况和建议等。另外，监理阶段性报告，如月/周报也可视为工作成果（阶段性成果）。

（2）资料存档

工程竣工验收后 3 个月内，由项目总监负责组织监理部成员按照质量管理体系文件和其他有关规程规范的要求，对在设备监理过程中形成的监理资料进行整理、编审及装订工作，总监必须保证资料完整、准确、真实。

◆思考题◆

1. 简述刀盘制作工艺路线。

2. 刀盘主要加工难点表现在哪些方面？

3. 简述切口环制作的工艺路线。

4. 简述支撑环制作的工艺路线。

5. 简述盾尾制作的工艺路线。

6. 简述螺旋轴制作的工艺路线。

7. 简述主驱动箱体制作的工艺路线。

8. 简述管片安装机加工工艺。

9. 简述盾构工厂组装步骤。

10. 简述盾构出厂调试主要内容。

11. 简述盾构监造的组织机构及工作模式。

12. 简述盾构监造的质量控制原则。

第6章 盾构选型

本章重点：主要介绍盾构选型原则、主要步骤、基本依据；介绍了盾构选型需解决的四大问题；介绍施工辅助设备的选择；创新提出了盾构选型三角理论。

6.1 盾构选型理论

盾构法是建造地下隧道最先进的施工方法之一，自从 1825 年开始，布鲁内尔在英国泰晤士河下首次使用手掘式矩形盾构开挖世界上第一条盾构法隧道以来，盾构技术至今（2020 年）经历了 195 年的应用与发展。布鲁内尔指导建成的穿越泰晤士河的水下隧道，是世界上第一条水下铁路隧道；但布鲁内尔发明的世界上第一台盾构仅仅掘进 370 m 长的隧道就历时 18 年，施工中经历了 5 次特大涌水，整个工程牺牲了 10 条生命，如图 6-1 所示。

图 6-1 布鲁内尔指导修建的穿越泰晤士河的水下隧道发生特大涌水

目前盾构法几乎能够适用于任何地质条件及环境条件下的地下暗挖隧道施工，无论是松软的，坚硬的；有地下水的，无地下水的；有地面建（构）筑物的，无地面建（构）筑物的；有地下障碍物或地下管线的，无地下障碍物或地下管线的；基本上都可采用盾构法。

盾构法隧道的施工技术在世界许多国家不断得到发展，但在推广与应用上出现了一些施工事故，不仅影响了整个工程的工期，还造成了极大的经济损失和不必要的人员伤亡。

如广州地铁一号线，因盾构对风化岩石地层施工的不适应性，具体表现为掘进速度低、刀具磨耗严重、地表沉降大、出现泥饼现象，并导致 3 栋 3～4 层楼房倒塌，如图 6-2 所示。

如广州地铁二号线施工时，由于盾构刀具配置不合理，刀具凸出刀盘面板层次不协调，装备扭矩不足，导致破岩效率低，盾构掘进速度慢；开口率不合理，刀盘经常形成泥饼，如图 6-3 所示。

如广州地铁三号线施工时,盾构在上软下硬地层掘进异常困难,导致防洪堤坍塌,地表沉降,地表房屋大量损坏,最大裂缝宽达 12 cm,如图 6-4 所示。

图 6-2　广州地铁一号线施工时导致楼房倒塌

图 6-3　广州地铁二号线施工时破岩效率低及刀盘结泥饼

图 6-4　广州地铁三号线施工导致防洪堤坍塌、地表沉降及房屋开裂

如广州地铁四号线小新区间左线施工时,由于刀盘与地层适应性不好,盾构在江底施工时,刀盘刀具磨损严重,最后不得已采用在右线相同位置开挖横通道,到左线刀盘部位进行刀盘面板修复,如图 6-5 所示。

图 6-5　广州地铁四号线施工导致刀盘刀具严重磨损

如深圳铁一号线施工中三次遇到地质突变,一次为上软下硬地质,两次为孤石侵入隧道,导致刀盘面板 14 处被磨穿,如图 6-6 所示;滚刀严重的弦磨和损坏;所有切刀刮刀损坏。

图 6-6　深圳铁一号线施工导致刀盘面板 14 处被磨穿

如北京铁路地下直径线施工时,合同中规定 2 027 m 不换刀,然而实际施工中仅掘进66 m,刀具就全部报废,最后不得不开挖临时竖井,对刀盘进行地质适应性设计和改造,如图 6-7 所示。

图　6-7

图 6-7　北京铁路地下直径线施工开挖临时竖井改造刀盘

如天津地铁 2 号线建国道至天津站区间，2011 年 5 月 6 日，右线螺旋机被水泥固结块卡死无法运转，在开启观察孔进行处理时，螺旋机观察孔突沙涌水，导致地面坍塌，致使左右线隧道发生局部管片变形破损开裂，最终左右线 2 台盾构被埋，建天区间左右线重新改线施工。

佛山地铁 2 号线一期一标段绿岛湖至湖涌盾构区间，2018 年 2 月 7 日，右线工地突发透水，引发隧道和路面坍塌，造成 11 人死亡、1 人失踪、8 人受伤，直接经济损失 5 324 万元，如图 6-8 所示。

图 6-8　佛山地铁 2 号线绿岛湖至湖涌盾构区间突发透水引发隧道和路面坍塌

盾构是根据工程地质、水文地质、地貌、地面建筑物及地下管线和构筑物等具体特征来"度身定做"的，盾构不同于常规设备，其核心技术不仅仅是设备本身的机电工业设计，还在于设备如何适用于所应用工程的各类地质条件和环境条件。盾构施工的成功率，主要取决于盾构的选型，决定于盾构是否适应现场的地质条件和施工环境，盾构的选型正确与否直接决定着盾构施工的成败。

6.1.1　盾构"类型"

盾构的"类型"是指与特定的盾构施工环境，特别是与特定的基础地质、工程地质和水文地质特征相匹配的盾构的种类。

根据施工环境,全断面隧道掘进机(包括盾构和岩石掘进机)的"类型"分为软土盾构、岩石掘进机(即通常所说 TBM,主要用于山岭隧道或岩石地层地铁隧道)、复合盾构三类。因此,盾构的"类型"分为软土盾构和复合盾构两类。

软土盾构是指适用于未固结成岩的软土、某些半固结成岩及全风化和强风化围岩条件下的一类盾构。

软土盾构的主要特点是刀盘仅安装切削软土用的切刀和刮刀,无需滚刀。

复合盾构是指既适用于软土、又适用于硬岩的一类盾构,主要用于既有软土又有硬岩的复杂地层施工。复合盾构的主要特点是刀盘既安装有用于软土切削的切刀和刮刀,又安装有破碎硬岩的滚刀,或安装有破碎砂卵石和漂石的撕裂刀。

6.1.2　盾构"机型"

盾构的"机型"是指根据工程地质和水文地质条件,盾构所采用的最有效的开挖面支护形式。

盾构按支护地层的形式主要分为自然支护式、机械支护式、压缩空气支护式、泥水支护式、土压平衡支护式五种机型。

根据这个定义,盾构的"机型"主要有敞开式盾构(采用自然支护式和机械支护式)、压缩空气盾构(压缩空气支护式)、泥水盾构(泥水支护式)和土压平衡盾构(土压平衡支护式)等四种。目前,敞开式盾构和压缩空气盾构已基本被淘汰。

6.1.3　盾构选型原则

盾构选型是盾构法隧道能否安全、环保、优质、经济、快速建成的关键之一。盾构选型应从安全可靠性、技术先进性、经济性等方面综合考虑,所选择的盾构要能尽量减少辅助施工法并确保开挖面稳定和适应围岩条件,同时还要综合考虑以下因素:

(1)可以合理使用的辅助施工法如降水法、气压法、冻结法和注浆法等。

(2)满足本工程隧道施工长度和线形的要求。

(3)后配套设备、始发设施等能与盾构的开挖能力配套。

(4)盾构的工作环境。

盾构选型的原则是安全可靠性、技术先进性、经济性相结合,其首要原则是安全可靠性第一,即以确保开挖面稳定为中心;为此,应注意地质条件(种类、强度、渗透系数、细颗粒含有率、砾径)及地下水条件,同时应充分明确场地条件、竖井周边的环境条件、施工线路上的地上及地下建(构)筑物条件、特殊场地条件等所要求的功能,在此基础上,必须连同技术先进性和经济性等一并考虑,才能选择出合适的盾构。如果盾构选型错误,就不得不采用多余的辅助工法,还可能引发重大工程事故。

不同形式的盾构所适应的地质范围不同,盾构选型总的原则是安全可靠性第一,以确保盾构法施工的安全可靠;在安全可靠的情况下再考虑技术的先进性,即技术先进性第二位;然后再考虑盾构的价格,即经济性第三位。盾构施工时,施工沿线的地质条件可能变化较大,在选型时一般选择适合于施工区大多数围岩的机型。

盾构选型时主要遵循下列原则：

（1）应对工程地质、水文地质有较强的适应性，首先要满足施工安全的要求。

（2）安全可靠性、技术先进性、经济合理性相统一，在安全可靠的情况下，考虑技术先进性和经济合理性。

（3）满足隧道外径、长度、埋深、施工场地、周围环境等条件。

（4）满足安全、质量、工期、造价及环保要求。

（5）后配套设备的能力与主机配套，满足生产能力与主机掘进速度相匹配，同时具有施工安全、结构简单、布置合理和易于维护保养的特点。

（6）盾构制造商的知名度、业绩、信誉和技术服务。

根据以上原则，对盾构的形式及主要技术参数进行研究分析，以确保盾构法施工的安全、可靠，选择最佳的盾构施工方法和选择最适宜的盾构。盾构选型是盾构法施工的关键环节，直接影响盾构隧道的施工安全、施工质量、施工工艺及施工成本，为保证工程的顺利完成，对盾构的选型工作应非常慎重。

6.1.4　盾构选型主要步骤

（1）在对地质条件、周围环境条件、工期要求、经济性等充分研究的基础上选定盾构类型。根据岩土的强度、自稳性和地下水情况对敞开式、闭胸式盾构进行比选；根据工程地质和水文地质条件对软土盾构、复合盾构进行比选。

（2）在确定选用闭胸式盾构后，根据地质条件（地层粒径分配、渗透系数、地下水压、土壤黏性）、环境条件（地表情况、地下情况、沉降控制要求）及可用辅助施工方法等因素对土压平衡盾构和泥水盾构进行比选。

（3）在土压平衡盾构和泥水盾构都不能满足开挖面稳定的要求时，应考虑分段采用不同类型的盾构或者选择多模式盾构。

（4）根据详细的地质勘探资料，对盾构整机及各主要功能部件进行选择、计算和设计（如刀盘驱动型式，主轴承直径，驱动功率，刀盘结构型式、开口率，刀具种类与配置，工作压力和静态压力，螺旋机形式与尺寸，皮带机输送能力，沉浸墙结构设计与泥浆门型式，破碎机布置与型式，进排泥泵输送能力及进排泥管直径等），并根据地质条件等确定、盾构主要技术参数。盾构主要技术参数在选型时应进行详细计算，主要包括刀盘直径，刀盘开口及开口率，刀盘转速，刀盘扭矩，刀盘驱动功率，推力，掘进速度，螺旋机功率、直径、长度，送排泥管直径，送排泥泵功率、扬程等。

（5）根据盾构的设计性能、设计参数及辅助工法，选择与之相匹配的盾构后配套施工设备。

6.1.5　盾构选型三角理论

如图6-9所示，盾构选型三角理论总则是：以开挖面稳定为中心，以地质条件和环境条件为基本点；以地层粒径、渗透系数、地下水压为基本依据，并综合考虑具体工程实际；确保所选择的盾构能解决"稳得住、掘得进、排得出、耐得久"四个最根本问题。

盾构法施工必须以开挖面稳定为中心，以地质条件和环境条件为基本点。盾构法开

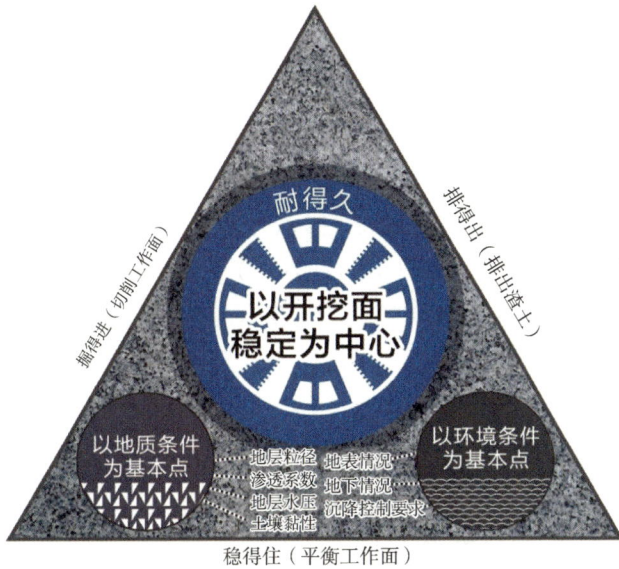

图 6-9　盾构选型三角理论示意

挖隧道,除了所选择的盾构要耐得久之外,还需要解决三个最根本的问题:即切削工作面(掘得进)、平衡工作面压力(稳得住)、排出土舱渣土(排得出)。

对于切削工作面(掘得进)的问题,在相同的地层和刀盘设计条件下,各种类型的盾构没有太大的区别,剩下的就是平衡工作面压力(稳得住)和排出土舱渣土(排得出)的不同。

盾构的开挖面稳定机构分为敞开式的和密闭式两种,两种盾构对解决开挖面稳定问题的方法不同,敞开式盾构是依靠开挖面土体的强度或利用安装在盾构中的挡土机构确保开挖面稳定,而密闭式盾构则是通过土压力(土压平衡盾构)或泥水压力(泥水盾构)来抵抗开挖面释放的荷载以保持开挖面的稳定。

6.1.5.1　敞开式盾构开挖面的稳定

在敞开式盾构中,利用安装在盾构中的挡土机构及开挖面的土体改良确保开挖面的稳定,向前掘进。

（1）挡土机构

敞开式盾构挡土机构由活动前檐、移动挡土板以及推进油缸组成。首先是将设在盾构前端的挡土前檐切入土体中,这样边防止开挖面坍塌边掘进,然后在已开挖处设置移动挡土板,边用挡土油缸撑住边向前推进。

（2）开挖面土体改良

开挖面土体改良工法包括:压气法;降水法;化学注浆法等,并可根据各工程的具体情况结合使用几种辅助施工方法。

①气压法是以滞水性有压气效果的地基为对象的,利用压缩空气的排水挡土效果来防止开挖面的涌水及防止开挖面坍塌的方法。该工法设备比较简单且容易进行压力管理,故在开敞式盾构中最多用。然而因其是在高压室内作业,故存在作业环境及作业效率

等问题，另外，由于地层不同必须制定防漏气，防喷发及防缺氧空气的溢出对策，所以现在并不常用。

②降低地下水位法是沿隧道的线路，从地上利用井点工法及深井工法排出开挖面处的地下水来加固地基，也有在隧道内利用井点等降低地下水位的工法。

③化学注浆法是在土体空隙处，强制注入化学浆液以提高地基的止水性和强度，从而保持开挖面稳定的一种方法。该工法施工性好，还可以只改良限定的范围，故应用较多。注入施工有两种，一种是先于盾构掘进进行注入，另一种是伴随着盾构掘进在隧道内进行注入。

6.1.5.2　密闭式盾构开挖面的稳定

密闭式盾构平衡开挖面的原理主要是土压平衡与泥水平衡。

图 6-10 是土压平衡原理图，通过该图可以看出，开挖面的水土压力是通过盾构推进速度和螺旋机排渣速度的变化来调节土舱里的渣土堆聚量来进行开挖面平衡的。为了达到很好的开挖面平衡效果，土舱里的渣土需要有足够的黏性和流动性。但由于压力调节的媒介是土舱里的渣土，具有滞后性，调压精度一般只能达到 100 kPa 级别。

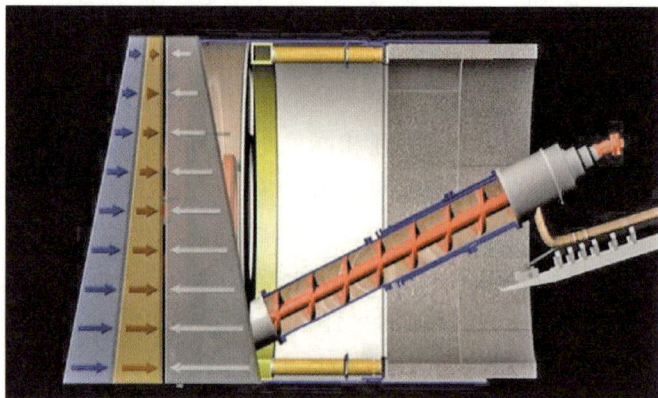

图 6-10　土压平衡原理

图 6-11 是泥水平衡原理图。通过该图可以看出，开挖面水土压力是通过盾构调压舱的压缩空气压力来进行平衡的。为了达到很好的平衡效果，土舱里的渣土同样需要有足够的黏性和流动性。由于气压调节的快速、精确，压力平衡调节可以达到 10 kPa 级别，因此，泥水盾构在开挖面稳定方面比土压平衡盾构具有先天优势。

（1）土压平衡盾构开挖面的稳定

土压平衡盾构的开挖面稳定机理的特征如下：

a. 在已开挖的渣土中加入添加剂，通过刀盘及搅拌叶片强制搅拌，改良成有塑性流动性及止水性的渣土。

b. 将渣土充满土舱室及螺旋输送机内，利用盾构推进油缸的推力对渣土施压，保持开挖面的土压及水压平衡。

所以，为了使土压稳定地作用在开挖面，可在确保开挖面稳定的状态下顺利地排出渣

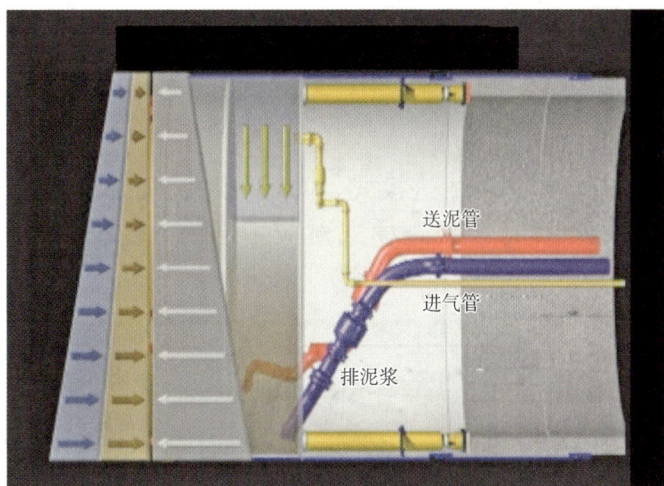

图 6-11　泥水平衡原理

土。同时为了可确保渣土的塑性流动性及止水性，必须做好渣土改良。

当被开挖的渣土含有 30％左右的细微颗粒且颗粒级配良好时只搅拌，就可以确保渣土的塑性流动性。但是，当砂子及砾石含量较多时且颗粒级配不好时，就必须在渣土中注入膨润土或黏土等添加剂进行混拌，调整颗粒级配。有时也添加泡沫或高分子材料来改良渣土的特性进行开挖。特别是当颗粒级配不好，只添加泡沫及高分子材料得不到理想的改良效果时，有时也同时添加膨润土及黏土等造泥材料。

①黏性土地层的开挖面稳定

在粉质砂层和砂质粉土层等黏性土地层，由刀具切下的渣土一般比原地层强度低，具有塑性流动性。即使是黏着力大不易流动的土，由于刀盘和螺旋输送机的搅拌作用，以及向土舱内注水等，也可使之具备流动性。就止水性而言，因黏性土的渗透系数较小，止水性好。

其次是必须使土舱内的渣土具有一定压力，以便与开挖面的水压力和土压力相抗衡。配合掘进速度，通过调整螺旋输送机的转矩、转数以及排土闸门的开度，使开挖土量和排土量平衡，以保持土压力的稳定。一般都在土舱内壁布置土压力传感器来控制开挖面压力。但应注意，有时因流动性差而无法准确测量土室内的土压力。

另外，如土舱内渣土过多，黏性土将会压密固化，开挖、排土均无法进行，此时需注入外加剂。

②砂性土地层的开挖面稳定

由于砂性土和砂砾土内摩擦角大，土的摩擦阻力大，难以获得良好的流动性。当切削下来的土充满土舱和螺旋输送机内时，将使刀盘扭矩、螺旋输送机扭矩、盾构推进油缸推力增大，甚至使开挖、排土无法进行。另外，此类地层渗透系数大，仅靠土舱和螺旋输送机内的压缩效应不能完全止水，在开挖面水压高时，排土闸门处易出现喷涌现象。因此，对这类地层，通常采用给开挖面或土舱内注入外加剂和加装搅拌叶片进行强制搅拌等方法，以使渣土具有流动性和止水性；通过设置旋转叶片进行机械处理或设砂垫层来解决止水

性问题。

与黏性土地层一样，通过控制开挖量和排土量来平衡开挖面的水压力、土压力，亦可达到保持开挖面稳定的目的。

③土压平衡盾构的三种工作模式

土压平衡盾构一般具有三种掘进模式，即敞开模式、局部气压模式和土压平衡模式（EPB）。如图6-12所示，每种掘进模式对应不同的开挖面稳定机理和地质适用条件。

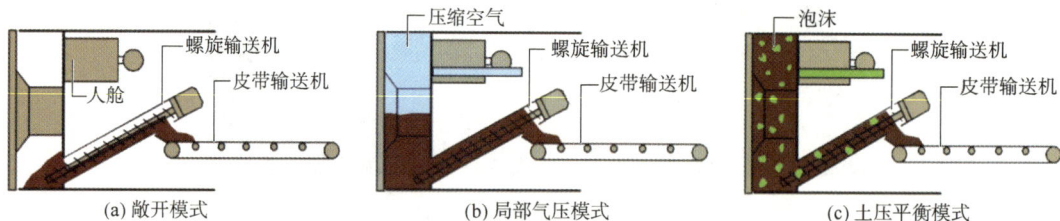

图6-12 土压平衡盾构的三种掘进模式示意

a. 敞开式

若开挖面是稳定性较好且含地下水较少的岩层时，土压平衡盾构可采用敞开式掘进，即无需调整土舱压力，也可在短时间内保证开挖面不失稳，土体不坍塌。该模式下，盾构切削下来的渣土被螺旋输送机立即排出土舱，故土舱基本处于清空状态，掘进中刀盘和螺旋输送机所受反扭力较小；此时，以滚刀破岩为主，采用高转速、低扭矩和适宜的螺旋输送机转速推进。同步注浆时，浆液可能渗流到盾壳与周围岩体间的空隙甚至刀盘处，为避免此类现象的发生，可采取适当增大浆液黏度、缩短浆液凝结时间、调整注浆压力、管片背后补充注浆等方法来解决。

b. 半敞开式（也称局部气压模式）

若开挖面具有一定自稳性，例如围岩稳定但富含地下水的地层、施工断面上除局部失压崩溃外大部分围岩稳定的地层，可以采用半敞开式快速掘进。该模式下，暂时停止螺旋机出土、关闭螺旋机出土闸门，使土舱的下部充满渣土；同时向开挖面和土舱中注入适量的添加材料（如膨润土、泥浆或添加剂）和压缩空气，使土舱内渣土的密水性增加，也使添加材料在压力作用下渗进开挖面地层，并在开挖面上产生一层致密的"泥膜"；通过气压和泥膜阻止开挖面涌水和坍塌现象的发生，再控制螺旋机低速转动以保证在螺旋机中形成"土塞"，可安全快速地通过不良地层。掘进中，土舱尚有一定的空间（渣土仅充满土舱的2/3），可通过向土舱内输入压缩空气与渣土共同支撑开挖面和防止地下水渗入。

此外，在上软下硬地层施工时，也多采用这种模式。施工时，以滚刀破岩为主破碎硬岩，以齿刀、刮刀为主切削土层。在河底段掘进时，则需要添加泡沫剂、聚合物、膨润土等改善渣土的止水性，以使土舱内的压力稳定平衡。

c. 土压平衡模式

对于开挖地层稳定性不好或富含地下水的软质岩地层,则采用土压平衡模式(EPB 模式)。该模式下,盾构以齿刀和切刀为主切削土层,以低转速、大扭矩推进,并将刀盘开挖下来的渣土填满土舱;利用刀盘后面及隔板上各自焊接的搅拌棒强制混合土舱内渣土,并借助盾构推进油缸的推力通过隔板进行加压,产生泥土压力。该压力可通过土压传感器进行测量,并通过控制推进力、推进速度、螺旋输送机转速来控制,以保证掘削土量与排渣量相对应,并使得土舱内的渣土压力与隧道开挖面上的水、土压力实现动态平衡。

④影响开挖面稳定的因素

a. 土舱内土压力、地层压力和水压力

盾构必须保持填充在土舱内的泥土压力,并不断调节排土量,以便能平衡开挖面的地层土压力和水压力。该过程可分为:当土舱内的土压力大于地层压力和水压力时,地表隆起;当土舱内的土压力小于地层压力和水压力时,地表下沉;当土舱内的土压力与地层压力和水压力平衡时,地表保持稳定。

b. 螺旋输送机排土量

排土量一般通过调节螺旋输送机的转速和出土闸门的开度予以控制。

c. 泥土流动性

为了保证开挖面的稳定,应使切削下来的土砂具有塑性流动性和止水性,并使土砂确实充满土舱内。

⑤渣土改良剂

用于土压平衡盾构渣土改良的代表性外加剂有如下几种。

a. 制泥材料

为了使渣土具有良好的流动性和止水性,必须有 30% 左右的微细颗粒。如开挖土中微细颗粒不足,则需注入膨润土、黏土等制泥材料,以补充微细颗粒的不足。制泥材料的浓度和注入量根据开挖土的级配、不均匀系数等确定。

b. 泡沫剂

向开挖面或土舱内注入用特殊气泡剂制成的剃齿状气泡,以使开挖土获得流动性、止水性。在砂性土和砂砾土地层中,由于气泡发挥了支承作用,增加了开挖土的流动性;而在黏性土地层中,气泡起着界面活性剂的作用,防止了开挖土附着于土室内壁。另一方面,由于微细气泡置换了土颗粒中的孔隙水,因而可提高其止水性。泡沫的注入量与制泥材料一样,也是根据开挖土的级配、不均匀系数决定的。

c. 水

向高黏性的渣土中注水,可在增加其流动性的同时,降低其黏着性,防止开挖土附着于刀头或土室内壁。

(2)泥水盾构开挖面的稳定

泥水盾构的开挖面稳定机理特征如下:

①在开挖面处形成一层难透水的泥膜,让泥浆压力有效地作用在开挖面。

②随着泥浆向土体渗透,泥浆中的细颗粒成分进入土体的空隙中,增加了土体的

强度。

③调节流体输送泵的转速,给泥水舱的泥浆施加压力,可控制开挖面的土压及水压。

所以,为了确保开挖面的稳定,就必须设定合适的开挖面的泥水压力,与此同时,为了使该压力产生有效作用,还必须管理好泥浆的品质。泥浆品质的管理项目有泥水密度、渗透系数、黏度、过滤特性、含砂量等。

泥水盾构开挖面稳定机理详见本书第4.3.5节"开挖面稳定机理"相关内容。

6.1.6 盾构选型依据

根据盾构选型三角理论,盾构选型应以开挖面稳定为中心,以地质条件和环境条件为基本点;以地层粒径、渗透系数、地下水压为基本依据,并综合考虑具体工程实际;确保所选择的盾构能解决"稳得住、掘得进、排得出、耐得久"四个最根本问题。盾构选型的基本依据是地层粒径、渗透系数、地下水压。

（1）依据地层粒径选型

土压平衡盾构在不进行渣土改良及泥水盾构在不使用添加剂时,盾构类型与地层粒径的关系如图6-13所示。图中,左边蓝色区域为黏土、淤泥质土及细砂区,为土压平衡盾构最适用的颗粒级配范围;右边黄色区域为粗砂及砂砾区,为泥水盾构最适宜的颗粒级配范围。

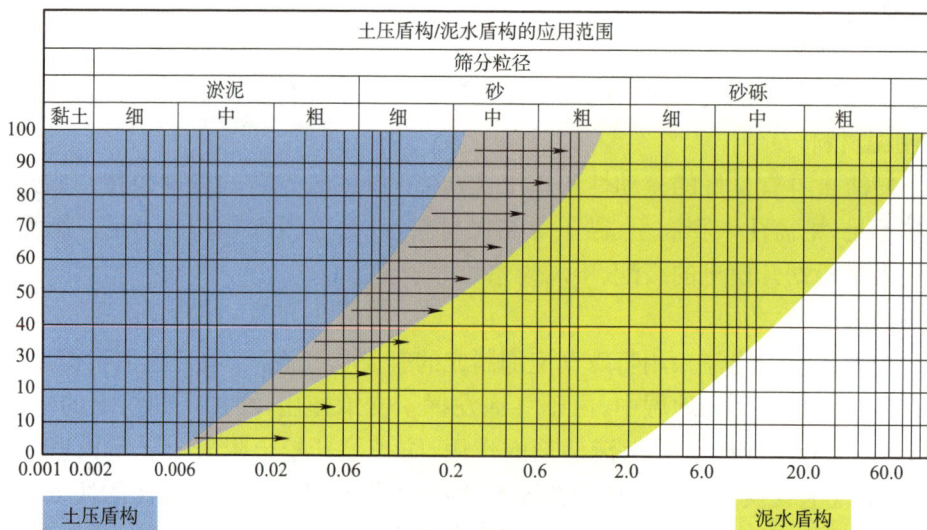

图6-13　盾构类型与地层粒径关系曲线示意

从图6-14可以看出,在不进行渣土改良的情况下,土压平衡盾构最适应的地层粒径范围为0.2 mm以下（蓝色区域）,最多可以上延到约1.5 mm（灰色区域）地层粒径范围;而泥水盾构的粒径适应范围下起0.01 mm,上至80 mm（黄色区域）。

土压平衡盾构主要适宜于粉土、粉质黏土、淤泥质粉土和粉砂等黏稠土壤地层施工,在黏性土层中掘进时,由刀盘切削下来的土体进入土舱后再由螺旋机输出,并在螺旋机内

形成压力梯降,以保持土舱压力稳定;一般来说,细颗粒含量多,渣土易形成不透水流塑体,容易充满土舱每个部位,能够在螺旋机内形成土塞效应,在土舱中可以建立压力来平衡开挖面的水土压力。一般来说,当岩土中粉粒和粘粒的总量达到 40% 以上时,通常宜选用土压平衡盾构;否则选择泥水盾构比较合适;粉粒的绝对大小通常以 0.075 mm 为界。

特别应注意的是,在依据地层粒径进行盾构选型时,应结合工程的具体情况,虽然土压平衡盾构和泥水盾构适应的地层粒径不同,如图 6-14 所示,在不进行渣土改良的情况下,土压平衡盾构适用于地层粒径范围为 1.5 mm 以下的黏土、淤泥、砂质地层;在不使用添加剂时,泥水盾构适宜的地层粒径范围为 0.01～80 mm 的淤泥、砂、砾石、卵石等多种地层。但若土压平衡盾构进行渣土改良或泥水盾构使用适当的添加剂时,则土压平衡和泥水盾构适应的范围是一样的。

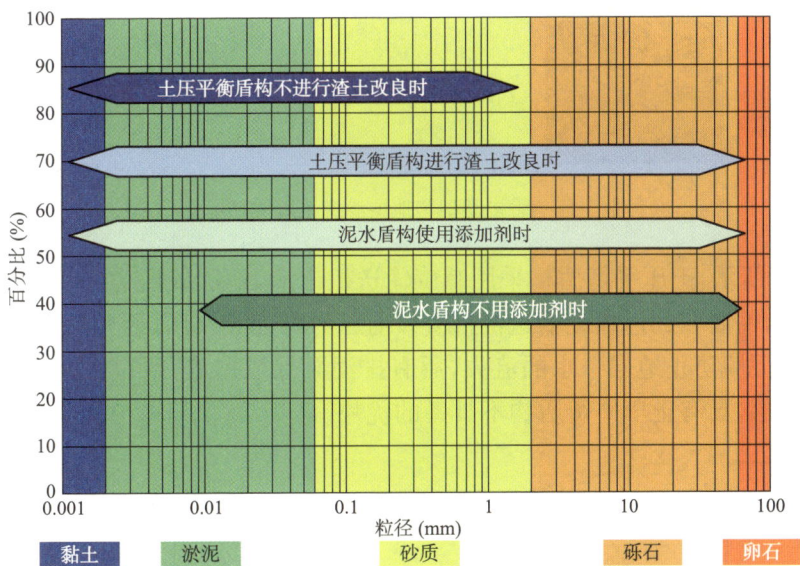

图 6-14　盾构类型与地层粒径关系曲线(实际)

(2)依据渗透系数选型

如图 6-15 所示,根据欧美的经验,当地层的渗透系数小于 10^{-7} m/s 时,宜采用土压平衡盾构;当地层的渗透系数大于 10^{-4} m/s 时,宜采用泥水盾构;当渗透系数在 10^{-7} m/s～10^{-4} m/s 之间时,既可采用泥水盾构,也可采用土压平衡盾构。

特别应注意的是,在依据渗透系数进行盾构选型时,应考虑具体的工程地质情况,根据日本的经验,当地层中黏土含量不足 10% 时,泥膜很难形成,开挖面易坍塌,这时,不宜采用泥水盾构,宜采用土压平衡盾构施工。

(3)依据地下水压选型

无论是地层粒径还是地层渗透系数,对土压平衡盾构的限制比对泥水盾构的限制要大,其根本原因是土压平衡盾构的压力平衡媒介是渣土、出渣方式是螺旋机。如果渣土的粒径太大、渗透系数太高就会造成两个主要后果:一是开挖面土层水的流失,不能建立压力平衡;二是螺旋机喷涌不能正常出渣。

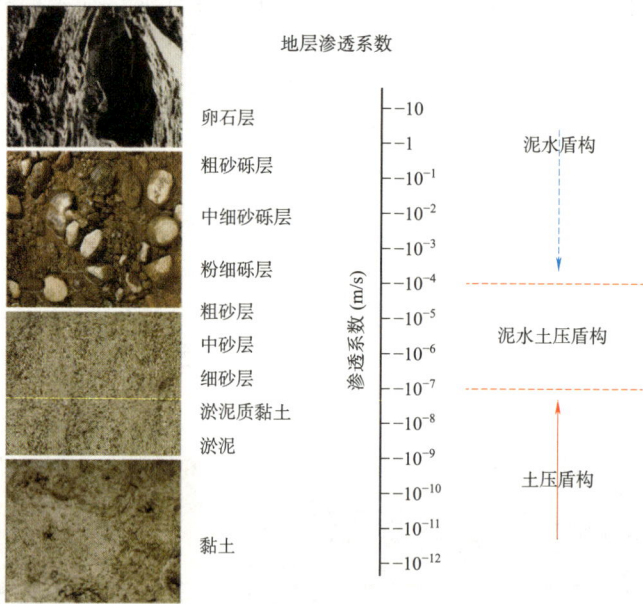

图 6-15   盾构类型与地层渗透系数关系示意

如图 6-16 所示，土压平衡盾构采用螺旋输送机出渣，地层的压力经过土舱、螺旋输送机逐步衰减后，需要在到达螺旋输送机排渣口前压力降为大气压，否则就会发生喷涌。而泥水盾构前有泥膜防止地层中水的流失，后有排泥泵保压出渣，所以泥水盾构对高水压、高渗透性的地层，具有土压平衡盾构不具备的优势。

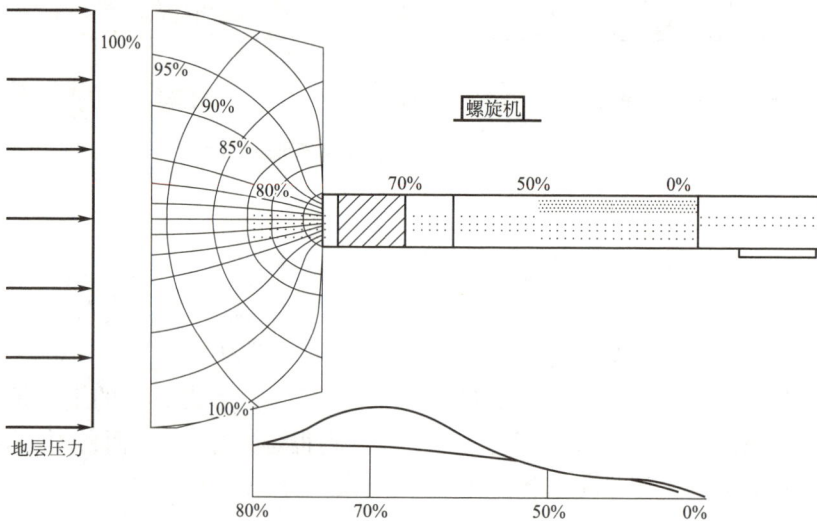

图 6-16   土压平衡盾构压力衰减示意

根据地下水压进行选型时，一般地，当地下水压小于 0.3 MPa 时，宜采用土压平衡盾构；当地下水压大于 0.3 MPa 时，宜采用泥水盾构。

特别应注意的是,在依据地下水压进行盾构选型时,应考虑具体的工程地质情况。一是当水压大于 0.3 MPa 时,如因地质原因需采用土压平衡盾构,则需增大螺旋输送机的长度,或采用二级螺旋输送机。二是当渣土改良效果不能满足土塞效应时,在地下水丰富时,即使地下水压小于 0.3 MPa,也不宜采用土压平衡盾构。在这类地层进行盾构法施工,虽然地下水压小于 0.3 MPa,若采用土压平衡盾构,盾构在该地层下掘进时,渣和水处于分离状态,渣土在螺旋输送机内无法阻塞减压,无法形成土塞效应,即使使用双螺旋输送机,一旦螺旋机舱门开启出渣,依然会在水压的作用下发生螺旋输送机喷涌,导致开挖面压力无法稳定。若采用保压泵,虽然可以稳定开挖面压力,但螺旋机输出来的渣土含有大量的大粒径石块,保压泵无法处理,渣土同样无法排除。

6.2　盾构选型需解决的问题

盾构选型必须以开挖面稳定为中心,以地质条件和环境条件为基本点;以地层粒径、渗透系数、地下水压为基本依据,并综合考虑工程具体实际;确保所选择的盾构能解决"稳得住、掘得进、排得出、耐得久"四个最根本问题。

以土压平衡盾构为例:掘得进就是刀盘结构合理,刀具选用及布置合理;排得出就是螺旋输送机设计合理;稳得住就是渣土改良系统设计合理;耐得久就是盾构的关键部件要高可靠性以适合长距离复杂地质及复杂环境隧道施工。

6.2.1　掘得进

掘得进就是刀盘结构与刀具布置应具有地质针对性,刀盘结构设计要合理,刀具选用及空间布置要合理,刀盘刀具系统要能快速有效开挖正面土体。

盾构刀盘结构与刀具布置需要进行针对性设计。砂层、砂砾层、小粒径砂卵石地层,宜采用辐条式刀盘,如图 6-17(a)所示,辐条式刀盘开口率大,易于进渣和控制土压平衡,减小刀具磨损;切削刀分层布置,加大合金尺寸以加强其耐冲击性能。黏土地层,宜采用小面板辐条式刀盘,如图 6-17(b)所示,黏土地层具有结泥饼堵舱的先天条件,小面板辐条式刀盘,中心管柱支撑结构,有利于减少中心泥饼的产生。大粒径卵石地层,宜采用辐条式复合刀盘,如图 6-17(c)所示,卵石地层对刀盘的磨损大,特别是大直径卵石不易破碎,辐条式为主的结构有利于减小刀盘扭矩,大开口有利于卵石的排出;采用滚刀可以起到破碎作用(排破结合),同时增加刀具的耐磨性。岩石地层,宜采用复合式刀盘,如图 6-17(d)所示,具有较强的破岩能力。

我国幅员辽阔,地质条件复杂多变,通过对盾构施工地质区间进行分类,常见问题进行归纳总结,在盾构施工"掘得进"方面,通过对我国不同地层的特点进行分析并结合盾构掘进的常见问题,盾构掘进效率的高低和不同地层的不同的刀具配置有很大关系。

根据地质勘查资料,将我国地层对刀盘刀具的磨损分为 4 个区:极易磨损区、易磨损区、中等磨损区和低磨损区。极易磨损区城市主要有北京、广州、成都、深圳;易磨损区城市主要有沈阳、厦门、武汉、福州、哈尔滨、大连、长沙、南宁、昆明、南京、东莞、乌鲁木齐;中等磨损区城市主要有南昌、西安、太原、宁波、兰州、合肥等;低磨损区城市主要有上海、天

津、郑州、长春、苏州、杭州、石家庄、无锡、贵阳、常州、温州、徐州、济南。

(a) 辐条式刀盘

(b) 小面板辐条式刀盘

(c) 辐条式复合刀盘

(d) 复合式刀盘

图 6-17   不同地层下的刀盘结构

　　将砂卵石含量很高、上软下硬、极硬岩和花岗岩球状风华体岩层等复杂地层划分为极易磨损区。该区卵石含量高于 50%，内摩擦角大于或等于 35°，石英含量很高，地层中孤石粒径大、强度高、分布多，基岩岩石饱和单轴抗压极限强度大于 150 MPa，刀具失效类型有滚刀磨损，切刀，周边刮刀磨损，齿刀磨损和中心刀磨损等。盾构刀具应配置滚刀、切刀、周边刮刀和超前刀，并增大刀盘开口率，允许破碎后的卵石通过刀盘面，以降低刀具磨损。

　　易磨损区特点主要有砾石、圆砾分布广泛，卵石含量低于 50%，内摩擦角 30°～35°，石英含量高，地层中含孤石，基岩岩石饱和单轴抗压极限强度较大（大于等于 100 MPa）。盾构刀具配置滚刀或切刀，增大刀盘开口率，允许较多大粒径卵石通过刀盘面，以降低刀具磨损。

　　中等磨损区的地层为局部含卵石的中粗砂且卵石含量较高（20%～30%）；粉质黏土层中黏粒含量高，极易在刀盘中心结泥饼，进而造成刀具偏磨。中等磨损区刀具失效类型有滚刀偏磨、刀圈断裂、刮刀脱落等。盾构刀具配置以切刀和刮刀为主，部分配置滚刀，调整刀盘开口率，允许存在的大粒径卵石通过刀盘面，以降低刀具磨损。

低磨损区软土地层以黏性土为主,地层均匀、单一,很少或不含粗粒土,或者砾石埋深较深。盾构在此类地层中施工时受力均匀,能顺利运转和前进。该区常发生刀盘中心结泥饼、刀具偏磨等。盾构刀具配置以刮刀为主,盾构施工中添加土体改良材料,避免发生结泥饼或开挖耐失稳,以降低刀具可能的损坏。

6.2.2 排得出

排得出就是螺旋输送机(土压平衡盾构)或排泥系统(泥水盾构)的设计要合理。排渣系统要能确保刀盘刀具开挖下来的岩土迅速排出。盾构施工效率不仅取决于刀盘刀具系统的开挖效率,渣土是否能够快速排出也至关重要,因此在盾构设备设计选型时应当充分考虑何种出渣方式。如在富水地层宜采用轴式螺旋机(下部双闸门出渣)或轴式螺旋机(尾部出渣方式)进行出渣。如果螺旋机排出的渣土过稀产生喷涌时,可通过双闸门装置交替开合进行排土。喷渣严重时,可不用皮带机出渣,改用保压泵渣系统出渣;在软土及砂层地层中采用轴式螺旋机(下部单闸门出渣)进行出渣;在大粒径卵石地层可以采用带式螺旋机进行出渣。

6.2.3 稳得住

稳得住就是要能有效支护正面土体,以确保开挖面稳定。盾构施工要以开挖面稳定为中心,良好的渣土改良是降低刀具磨损、增强开挖面稳定、排土顺畅,降低掘进时扭矩推力的最好方法之一。要想开挖面稳得住,必须具有适宜的渣土改良系统。渣土改良系统主要有泡沫系统、膨润土系统、加泥系统、聚合物系统。

泡沫注入系统常用于细颗粒比例较高的土壤,如黏土。主要用来提高渣土的流动性、保水性及止水性;具体来讲就是使改良后的渣土具有更好的可排性、能起到降低刀盘扭矩、减少地层中水的流失和结泥饼的风险。

膨润土注入系统常用于细颗粒比例较低的土壤,如砂卵石地层。主要用来增加土壤中细颗粒的比例,使土体具有更好的流动性和不透水性;其作用也是使渣土具有更好的可排性、降低刀盘扭矩和减少地层中水的流失;在注入时一定要使用较好的材料,掌握膨化时间,以达到添加效果。

聚合物注入系统适用于非黏性土,常用于含水较丰富的砂卵石地层。主要用来黏结水分,减少水土分离,增加土的黏性;体现出来的作用也是使渣土具有更好的可排性、降低刀盘扭矩和减少地层中水的流失。

6.2.4 耐得久

耐得久就是盾构的关键部件要高可靠性以适合长距离复杂地质及复杂环境隧道施工。盾构关键部件的高可靠、长寿命,是确保盾构"耐得久"的基本前提,主要体现在刀盘刀具高可靠、长寿命设计;螺旋输送机的高可靠性设计、耐磨设计;主轴承的高承载能力、高可靠性、高密封性能与长寿命设计;主驱动减速机高可靠性设计;盾构铰接密封、盾尾密封的可靠性设计;破碎机、排泥泵的高可靠性与耐磨性设计。

6.3 施工辅助设备选择

盾构及后配套拖车上的设备以外的设备称为施工辅助设备。施工辅助设备因围岩条件、施工环境及施工方法的不同而不同。一般包括材料堆放场、碴土运输设备、材料运输设备、电力设备、照明设备、通信设备、通风设备、竖井升降设备、给排水设备、消防设备、砂浆拌合设备、地基加固设备、起重设备、始发(到达)与调头设备、泥水处理设备等。施工辅助设备应结合工程的特点和施工环境进行优化配备。

通风设备应符合以下要求:一次通风宜采用压入式通风,风管采用软管,管径根据隧道断面、长度、出碴方式确定。根据计算风量和风压,结合通风方式及布置选择通风设备,宜采用轴流式通风机。长距离通风时,为满足风压的要求,宜采用相同型号的风机等距离间隔串联方式。施工区域的风速不宜低于 0.3 m/s。

◆思考题◆

1. 盾构选型时主要遵循哪些原则?
2. 盾构选型主要依据有哪些?
3. 简述盾构选型的主要步骤。
4. 盾构选型首要考虑的问题是什么?
5. 结合典型施工案例分析如何进行盾构选型?
6. 通过查阅资料,敞开式盾构和压缩空气盾构为何被淘汰?
7. 根据你的了解,如何根据地质条件合理配置刀具?
8. 简述盾构法施工辅助设备的选择原则。
9. 简述盾构选型三角理论。

第三篇 施 工 技 术

本篇共5章,第7章"盾构施工"介绍勘察技术、端头加固技术、盾构现场组装与调试、土压平衡盾构掘进技术、泥水平衡盾构掘进技术、管片拼装技术、施工测量技术、盾构带压进舱技术、刀具检查与更换技术、盾构调头技术、盾构到达技术、沉降控制技术;第8章"管片设计与制作"介绍管片设计理念与方法、管片接缝防水设计及管片制作技术;第9章"风险控制"介绍盾构施工风险分类与防控、盾构智慧工地建设、盾构施工大数据云平台建设;第10章"盾构管理与使用"介绍盾构的管理、使用、保养与维修;第11章"盾构安全操作"介绍土压平衡盾构与泥水平衡盾构操作关键技术。

第7章 盾构施工

本章重点：主要介绍勘察技术、端头加固技术、盾构现场组装与调试、土压平衡盾构掘进技术、泥水平衡盾构掘进技术、管片拼装技术、施工测量技术、盾构带压进舱技术、刀具检查与更换技术、盾构调头技术、盾构到达技术、沉降控制技术。

7.1 勘察技术

勘察的目的是以达到安全、快速、经济地进行盾构法施工为目的而实行，可分为总体调查、障碍物调查、地形及地质勘察。

勘察是为了获取规划、设计、施工及运营维护管理各阶段所需要的基础资料而实行。其结果用来选定隧道位置及线路走向，对工法和相关的环境保护措施进行论证，决定工程规模。而且竣工后作为维护管理资料，因此，勘察工作必须充分考虑这些内容而实施。

7.1.1 总体调查

总体调查主要对土地的现状和规划、道路交通现状及规划、环境和文物保护、地表水体、工程用地、用电和供水等控制性工程环境条件进行调查。总体调查主要对隧道经过区域的周边环境进行调查，主要用来选定线路、论证盾构法的可行性及确定隧道工程的规模。

土地的现状和规划调查是指根据各种地图和实地踏勘，调查农地、山林、河海等的利用和规划情况。在市区内，还要特别对该地区的土地规划（住宅、商业、工业）、现状、产权、开发的规模、工期和限制条件等进行调查，充分掌握隧道周围的地上、地下的各种制约因素，在选线、设计和施工中进行充分考虑。

在道路下使用盾构法时，应进行道路类别、重要程度，路面开挖和回填时的限制以及路面交通量以及道路红线等调查。

在施工中，竖井位置对道路交通影响最大，选址时应综合考虑竖井功能、道路交通疏导、场地布置、渣土处理和运输、机械和材料搬运等条件进行充分的考虑。

地表水体调查主要指对地面的河流和湖泊等较大的地表水体的河道断面、堤防结构、地质条件和桥梁、规划蓝线、航运等进行调查。

盾构法隧道对施工用地、用电、用水都有较高的要求，应对周边供应条件进行调查。

环境保护调查就是针对盾构施工会对周围环境可能产生的各种影响，在施工前和施

工中进行各种调查,作为设计及施工管理的资料进行使用。根据需要,有些项目在施工后仍要继续检测,以掌握对周围环境的影响。具体包括噪声和振动、地基变形、地下水、缺氧气体和沼气等有害气体、化学注浆等、渣土处理及运输等。

7.1.2 障碍物勘察

在选定线路前,必须对直接障碍物的有无以及位于施工影响范围内的各种设施进行详细调查。障碍物勘察必须包含以下内容:

(1)地上、地下结构物。

(2)埋设物。

(3)水井和旧井。

(4)建筑物及临时建筑物遗迹。

(5)其他。

障碍物勘察具有保护隧道周围各种设施和确保盾构施工安全的双重目的。主要是对结构物变形、水井枯水、水体污染、喷发、漏气、逸泥等施工影响以及隧道作用土压力、上载荷重等荷载条件进行论证。

关于地上、地下结构物勘察:对于地上结构物,应调查其结构型式(如为房屋,应调查是木造或钢筋混凝土造;如为桥梁,应调查是静定结构或超静定结构等)、基础形式、有无地下室及基础埋深。对于地下结构物(地下停车场,地下商店,地铁等),应调查结构型式,结构物底面的埋深等。同时,对这些建筑的使用情况进行调查也是非常重要的,尤其是对备有精密仪器的建筑物更要进行细致的调查。

关于埋设物勘察:对于煤气管道、上下水道、电力、通信电缆等埋设物,有必要预先进行沿线调查,对设置竖井的地点尤其要作充分的调查。除查阅管理者所有的技术档案等书面资料之外,还要在现场通过试坑或利用地质雷达等物探设备对地下状况进行探查,对埋设物的实际位置、规模、深度、老朽程度等情况进行确认。

关于水井和旧井勘察:主要是调查在盾构施工时是否会引起喷发、逸泥、缺氧空气的喷出等危险性。与其他盾构形式相比,在使用压气盾构时此项调查的范围应更为广泛。调查内容包括水井位置、深度、使用情况;缺氧空气的存在与否、缺氧程度等。存在引起枯水和污染的可能时,还应调查测试一年间的水位变化及水质情况。对于旧井,应以所有者提供的信息为基础通过与现场实际情况的对照进行确认。

关于建筑物及临时建筑物遗迹勘察:一般说来对建筑物和临时建筑遗迹的调查比较困难。但为了避免盾构推进过程中遇到意外障碍和由于旧建筑对周围地层产生过显著的扰动而引起危险,应尽可能地向土地管理人进行了解。另外,还应对残留物、回填情况、土壤和地下水的污染情况进行调查。

关于其他勘察方面:如正在计划修建结构物、埋设物时,应该对其规模、深度等进行调查。为了使其与盾构隧道不相互影响,应进行充分的协商决定其结构、施工方法和工期。

7.1.3　地形和地质勘察

地形和地质勘察目的是为了获取规划、设计、施工及维护管理各阶段所需要的基础资料。盾构法隧道地质勘察结果要用来选定隧道线路平面位置,确定可否采用盾构法施工,进行环境保护措施的论证,决定工程的规模、性质,隧道竣工后还将成为维护管理的资料。

7.1.3.1　勘察项目

由于地形和地质条件是影响盾构法设计以及施工难易的决定性因素,因此,对地形和地质勘察必须详细进行。地形和地质勘察一般包含下列各项。

(1)地形勘察

由于地形往往反映地下的围岩条件,故调查的第一步从观察和掌握地形开始。如果调查地点为丘陵和台地,其地下一般不会有冲积层存在,所以软弱地层较少。另外,即使是在冲积平原地区,也可通过对地形条件和环境条件的详尽调查,在某种程度上可以推断出地下围岩的地层构成。在有些地质条件下,当隧道线路与台地和平地的交界线平行或斜交时,会成为产生明显的偏土压状态的原因。

(2)地层构成勘察

首先,应该配合地形调查进行收集资料和踏勘,掌握包括比较线路在内、广阔范围内的地层构成。在进行盾构施工的地区,一般说已有资料都较丰富,可收集到非常多的有用资料。作为代表性的资料有地质图及土地利用图等。其次,通过伴随有标准贯入试验的钻孔进行基本勘察,绘制标明地层构成的地层断面图。根据这一结果,可以明确盾构施工时的土质问题,从而对这些问题进行必要的详细勘察。

(3)地质勘察

一般来说,使用闭胸式盾构对任何围岩地基都可以进行盾构施工。但当采用泥水盾构时,黏性土会附着在刀盘及压力舱中,造成堵塞而影响推进;在松散砂层内,由于较难形成完整的泥膜会出现开挖面坍塌从而造成地基下沉和地面下陷;在砾石层则有可能出现砾石的脱落使开挖面坍塌、使刀具磨损、折断或堵塞排泥管造成停工。因此要对颗粒组成,渗透系数等进行调查(砾石地层时,尤其要调查砾石的形状、大小;含量;硬度及不均匀系数)。采用土压平衡盾构时也同样,为了设计压力舱内的塑性流动化条件,刀具的材料、形状,刀盘开口的形状,螺旋机等参数,需要对粗大砾石的形状、大小、硬度及颗粒组成(尤其是细粒的含量)、渗透系数等进行调查。

根据施工条件,如果采用压气法在地下水位下的松散砂层中施工时,如果减小压气压力会在开挖面下部出现砂和水的同时流出;如果提高压气压力则会在开挖面上部出现砂土的过分干燥,丧失黏性,从而可能在极微小的冲击中出现流砂状态。尤其是在覆盖层较薄时,很难取得理想的压气效果,而且存在漏气喷出的危险。在可能出现上述危险的砂层中进行施工时,除测定 N 值外,还要进行颗粒分析试验、孔隙比测定、现场透水试验和最小孔隙比测定等。在 N 值为 $1\sim2$ 以下的粉土、黏土等软弱层中施工时,存在因地下水位

下降而引起固结沉降的危险,需进行固结试验。另外,对比较软弱的黏土层来说,除上述试验之外,最好能测定含砂率、含水率、黏聚力及稠度系数等。

(4)地下水勘察

通常在钻孔调查时需测定地下水位的位置,但由于这些含水层中的地下水压力并不一定是通常的静水压力,因此需要分别测定各含水层中孔隙水压。在山区、台地附近或在洪积扇的砂砾层中往往具有超过静水压力的承压水头。相反,在市区等地往往由于过去曾用深井进行过过度抽水,有时地层内的水头会低于静水压力,甚至出现投有水头的情况。这种地下水位和承压地下水头多随季节的变化或人为因素的影响而变动,故需确认测定的水头是在什么条件下的水头。

尤其要加以注意的是,在某些地形条件下,因季节变化,虽然根据颗粒组成也可得到渗透系数的大致范围,但最好还是通过现场透水试验来实测。另外,在调查地下水及承压水头的同时调查地下水的水质(有无含盐及含盐量)也很重要。

(5)缺氧空气及有害气体勘察

存在于不透水层下部,由于深井、过度抽水等原因而使地下水下降的砂砾层和砂层,在其孔隙中往往充满着缺氧空气和有害气体。缺氧空气是在不饱和土层中,由土颗粒中的铁和有机物与孔隙中的空气产生氧化作用消耗氧气而形成。由于外界的新鲜空气很难流入,土层内的孔隙中变为以氮气为主的缺氧状态。另外,因沼气的涌出、爆炸而发生的危险也时常发生。为保施工环境的安全,也应调查是否有有害气体的泄漏。在其他种类的有害气体中,还存在硫化氢、氧化氮气体等。当确认有硫化氢气体时,需留意衬砌的腐蚀问题。所以,当预计有上述气体存在时,应对孔隙中有害气体的成分进行调查。如果确有缺氧气体或有害气体存在时,有必要考虑通风措施,甚至防爆措施。

7.1.3.2 勘察阶段

地形和地质勘察可分为可行性研究阶段勘察、初步设计阶段勘察、施工图设计阶段勘察和施工前补充勘察。

(1)可行性研究阶段勘察主要通过收集既有资料以及踏勘、调查并配合少量必须的钻探或物探等手段来掌握全线地形、地质概略情况,了解地层构成及有无不良地质现象,以确定盾构法施工的可能性。

(2)初步设计阶段勘察以钻探为主,配合原位测试、土工试验和物探工作来大致确定盾构通过段的地层地质情况,大致确定各地层单元的主要物理力学性质。

(3)施工图阶段地质勘察要进一步详细查明盾构法隧道开挖面地层岩性及其物理力学参数,为施工图设计和盾构选型提供依据。

(4)施工前补充勘察为施工实施方根据工程勘察中需要细化或补充的部位或项目有针对性实施的局部勘查。

一般的盾构工程所要进行的地形、地质勘察的主要项目见表 7-1,可根据工程内容和规模进行部分省略或增加。

表 7-1　盾构工程的地形和地质勘察

勘察种类	可行性研究阶段勘察	初步设计阶段勘察	施工图阶段勘察
勘察目的	①把握地形、土质、地层构成情况； ②预测将成为问题的不良土质，为以后调查积累资料	①全线路的地层构成及地质条件的掌握； ②岩土工程性质的掌握； ③地质纵断面图绘制	①地质勘察的补充； ②对于设计施工中成为问题的土质进行详细调查； ③收集地震及其他特殊条件下的设计资料
勘察方法	①收集整理既有资料； ②文献调查； ③根据观场踏勘进行观察	①钻孔调查； ②标准贯入试验； ③试样采取； ④地下水位调查； ⑤孔隙水压测定； ⑥土工试验： 土的物理、力学性质试验	①钻孔调查； ②标准贯入试验； ③试样采取； ④孔隙水压测定； ⑤透水试验； ⑥土工试验； ⑦孔内水平载荷试验； ⑧缺氧空气、有毒气体、可燃气体调查； ⑨深基础的开挖调查
勘察内容	①地图等资料调查 地形、地质、地层断面图； ②土质调查记录； ③已有结构物施工记录； ④水井、地下水； ⑤现场踏勘对地形、地质、周围状况进行观察； ⑥地基下沉	①地层构成； ②N 值； ③渗透系数； ④地下水位，孔隙水压； ⑤试样； ⑥分布； ⑦含水率； ⑧土的相对密度； ⑨密度； ⑩无侧限抗压强度； ⑪液限、塑限； ⑫黏聚力； ⑬内摩擦角； ⑭固结特性； ⑮压缩系数； ⑯压缩模量	①N 值； ②渗透系数； ③地下水位，孔隙水压； ④试样； ⑤粒度分布； ⑥含水率； ⑦土的相对密度； ⑧密度； ⑨无侧限抗压强度； ⑩液限、塑限； ⑪压缩系数； ⑫压缩模量； ⑬黏聚力； ⑭内摩擦角； ⑮固结特性； ⑯地下水的流速、流量； ⑰砾石、卵石的大小； ⑱地基抗力系数； ⑲弹性波速度； ⑳抗震设计的基础资料

　　盾构法隧道的地质勘察采用综合勘察方法，详细查明盾构通过区段的地质情况。而综合勘察方法中又以钻探为主要勘察手段。

　　钻探的钻孔布置应根据地质复杂程度确定。盾构法隧道区间钻孔宜在隧道两侧交叉布孔，钻孔位置宜布置在隧道外侧 2～5 m。所有钻孔均不得布置在隧道、联络通道等永久结构的空间范围内。钻探、试验完毕，应及时回填封孔。钻孔间距可按表 7-2 确定。

表 7-2　钻孔间距(m)

类　别	区　间	竖　井
简单场地	100～200	50～30
中等复杂场地	50～100	30～20
复杂场地	<50	<20

一般性钻孔深度 H_1,按式(7-1)确定：

$$H_1 = H + D + 5 \qquad (7\text{-}1)$$

控制性钻孔深度 H_2,按式(7-2)确定：

$$H_2 = H + D + 2D \qquad (7\text{-}2)$$

式中　　H——隧道覆土厚度(m)；

　　　　D——隧道外径(m)。

物理勘探是盾构法隧道勘探的重要手段之一,在地形、地质条件适宜的地方,应充分发挥多种物探的作用,进行综合勘探。由于物探的局限性和资料成果的多解性,应结合钻探、槽探或坑探、调绘等地质资料,进行物理力学指标的测定、岩土层次划分和地下管线、构筑物的探测论证。地质勘察试验工作应符合下列要求：取样试验及原位测试孔数量不应少于钻孔总数的 1/2；对控制和影响盾构线路方案地段要根据具体工程的性质、要求,采集岩、土、水样进行分析试验；试验内容应根据具体地质条件及设计所需岩、土、水参数要求确定。

7.1.4　环境保护勘察

环境保护调查就是针对盾构施工会对周围环境可能产生的各种影响,在施工前和施工中进行各种调查,作为设计及施工管理的资料进行使用。根据需要,有些项目在施工后仍要继续检测,以掌握对周围环境的影响。为在隧道施工过程中保护周围环境,根据需要应对以下各项进行勘察。

(1)噪声、振动勘察

为了正确掌握伴随隧道施工所产生的噪声及振动的影响,不但要测定施工中的噪声和振动,对施工前的本底噪声及本底振动也应进行测定。为了满足法律、法规的要求,必须熟悉有关法律和法规。特别是对需要保持安静的医院、学校等设施,必须在开工前进行调查。

(2)地基变形勘察

为了正确地把握伴随隧道施工而产生的地基隆起、下沉等变形的程度,以及变形对附近房屋、结构物所产生的影响,应对施工前及施工中、施工后的地基变形以及房屋状况进行监测。

(3)地下水勘察

在预计影响范围内要对水井观测井及涌泉的水位、水质进行监测。

(4)关于缺氧气体和沼气等有害气体勘察

由于深井、过度抽水等原因使不透水层下部存在的砂砾层和砂层中地下水低下,在孔隙中,由于土颗粒中的铁和有机物与空气产生氧化作用消耗了氧气而形成缺氧空气。而盾构施工时,缺氧空气可能会漏出。因此,在开工之前必须调查预计影响范围内有无施工中必须调查是否有缺氧空气漏出的现象以及漏出沼气等有害气体的有无、储存情况和浓度,在施工前还应通过钻孔测定沼气等有害气体的有无、储存情况和浓度,在施工过程中

必须测定隧道内有害气体的浓度。

(5)化学注浆等勘察

由于化学注浆可能引起浆液泄漏,泥水盾构还可引起逸泥,因此对预计影响范围内的水井、河川要进行水质调查,并在施工过程中对其变化进行监测。

(6)施工副产物勘察

在盾构的规划、设计、施工中,为了能够顺利地施工和保证生活环境,必须努力抑制施工垃圾的产生和促进其再生资源化。因此对搬运路线和最终处理地应进行调查。

(7)环境保护其他方面勘察

为了考虑工程车辆的通行对竖井附近道路交通的影响,选定工程车辆的走行路线,应进行交通量调查。另外,在有些情况下,法律还规定了以保护环境为目的进行环境影响评价的义务,应熟悉了解相关法律。

7.1.5　勘察手段

在隧道工程勘察中,当需查明岩土的性质和分布,从地下采取岩土样供室内试验测定岩土的物理力学性质可采用挖探、钻探、地球物理勘探等勘探方法进行。

(1)挖探

①坑探——用机械或人力垂直向下掘进的土坑,或者称为试坑,深者称为探井。坑探断面根据开口形状可分为圆形、椭圆形、方形、长方形等。其断面积有 1 m×1 m,1.5 m×1.5 m 等不同的尺寸。它的选用是根据土层性质,用途及深度而定。坑探深一般为 2~3 m。

②槽探——挖掘成狭长的槽形,其宽度一般为 0.6~1.0 m,长度视需要而定,深度通常小于 2 m,槽探适用于基岩覆盖层不厚的地方,常用来追索构造线,查明坡积层、残积层的厚度和性质,揭露地层层序等。槽探一般应垂直于岩层走向或构造线布置。

(2)简易钻探

简易钻探是工程地质勘探中经常采用的方法。其优点是工具轻、体积小、操作方便,进尺较快,劳动强度较小。缺点是不能采取原状土样或不能取样,在密实或坚硬的地层内不易钻进。常用的简易钻探工具有小镙纹钻、钎探、洛阳铲等。

①小镙纹钻勘探

小镙纹钻的钻具结构包括螺纹钻头和钻杆等,用人工加压回转钻进,适用于黏性土及亚砂土地层,可以取得扰动土样,钻探深度小于 6 m。

②钎探

钎探又称锥探,是用钎具向下冲入土中,凭感觉探查疏松覆盖层的厚度或基岩的埋藏深度。探深一般可达 10 m 左右。常用来查明黄土陷穴、沼泽、软土的厚度及其基底的坡度等。

③洛阳铲勘探

洛阳铲勘探是借助洛阳铲的重力冲入土中,钻成直径小而深度较大的圆孔,可采取扰动土样。冲进深度一般为 10 m,在黄土层中可达 30 余米。

（3）钻探

在工程地质勘察工作中,钻探是广泛采用的一种最重要的勘探手段,它可以获得深部地层的可靠地质资料。一般是在挖探,简易钻探不能达到目的时采用。为保证工程地质钻探工作质量,避免漏掉或寻错重要的地质界面,在钻进过程中不应放过任何可疑的地方,对所获得的地质资料进行准确的分析判断。用地面观察所得的地质资料来指导钻探工作,校核钻探结果。根据钻进时破碎岩石的方法,钻探可分为:冲击钻进、回转钻进、冲击回旋钻进、振动钻进。

（4）地球物理勘探

凡是以各种岩土物理性质的差别为基础,采用专门的仪器,观测天然或人工的物理场变化,来判断地下地质情况的方法,统称为物探。

物探可分为电法勘探、电磁法勘探、地震勘探、声波探测、重力勘探、磁力勘探与放射性勘探等。在隧道工程地质中,较常用的有电法勘探,地震勘探、地质雷达勘探等。

电法勘探是通过仪器测定岩、土导电性的差异来判断地下地质情况。当地层间具有一定的导电性差异,所测地层具有一定的长度、宽度和厚度,相对的埋藏深度不太大;地形较平坦,游散电流与工业交流电等干扰因素不大时,电法勘探能取得较好的效果。

地震勘探是根据岩、土弹性性质的差异,通过人工激发的弹性波的传播,来探测地下地质情况的一种物探方法。地震勘探直接利用岩石的固有性质(密度与弹性),较其他物探方法准确,且能探测很大深度。在工程地质勘探中主要用于探测覆盖层的厚度、岩层的埋藏深度及厚度,断层破碎带的位置及产状等;研究岩石的弹性,测定岩石的弹性系数等。

地质雷达(电磁法勘探)是利用高频电磁脉冲波的反射,探测地层构造和地下埋藏物体的电磁装置,故又称探地雷达,通过发射天线向地下辐射宽带的脉冲波,在地下传播中遇到不同介质的介电常数和导电率存在差异时,将在其分界面上发生反射,返回地表的电磁波被接收天线接收,根据接收的回波来判断目标的存在,并计算其距离和位置,可用于空中,地面与井中探测,但主要用地面。

7.1.6　地质资料编制

盾构法隧道工程地质资料编制应包括下列内容:

(1)工程地质说明。

(2)隧道工程地质平面图,比例为1:1 000～1:2 000。

(3)隧道工程地质纵断面图,比例为横1:1 000～1:2 000,竖1:200～1:500。

(4)隧道洞身工程地质横断面图(联络通道处必须做,其他地段视需要做),比例为1:200～1:500。

(5)竖井工程地质平面图(必要时做),比例为1:200～1:500。

(6)竖井工程地质剖面图,比例为1:200～1:500。

(7)勘探,测试资料。

7.2　端头加固技术

7.2.1　端头加固方法

常见的端头加固技术主要有旋喷加固、深层搅拌加固、冷冻法加固和注浆加固等。

旋喷加固、深层搅拌加固一般在软土地层中采用，起到提高土体稳定性和承载力，隔水、置换土体中的不良土体的作用，从而确保盾构在始发与到达时开挖过程中的土体安全。采用旋喷、搅拌、冷冻均是在不良地层中起到提高土体的自稳性、承载力、隔水的作用，进行土层的改良，提高盾构在始发与到达端头井施工时的安全性。

在选择盾构隧道端头加固方案时，应根据加固的效果结合工程要求、地质条件以及施工条件因地制宜地选择经济合理的加固方式。加固应考虑地层的构成、各地层的特性、地下水等，确保加固质量。

7.2.1.1　旋喷加固

旋喷加固技术是指使用旋喷钻机将带有特殊喷嘴的注浆管送到预定的深度，然后慢慢地提升钻杆，边提升边旋转，边由喷嘴喷出具有一定压力的液体和气体的射流，使浆液流和土层混合，凝固成一体，形成具有一定强度的固结桩体加固地层的方法。

旋喷加固技术主要适用于第四纪冲积层、残积层及人工填土等。对于砂类土、黏性土、黄土和淤泥等都能加固。但对砾石直径过大、含量过多及有大量纤维质的腐植土加固质量稍差，有时甚至不如静压灌浆的效果。对地下水流速过大，喷射的浆液无法在灌浆管周围凝结，无填充物的岩溶地段，永冻土和对水泥有严重腐蚀的地基，均不宜采用旋喷注浆法。

旋喷加固技术是 20 世纪 60 年代后期由日本日产冻结有限公司首先创造的一种土体加固技术，最初发明的是单管旋喷法（日本称 CCP 法），并在大阪地下铁道工程建设中试用时获得了成功。单管旋喷法有地层加固质量易保证、施工速度快和成本低等优点，但有旋喷固结体较小的缺点。为了扩大旋喷直径，创造了二重管法、三重管法等旋喷工艺，三重管工法可使旋喷直径达到 2~3 m。20 世纪 90 年代后，日本鹿岛建设株式会社开发了"超级旋喷法"技术，可形成超大型旋喷桩加固地基，这种方法在 ϕ15 cm 的钻孔中，喷射含有水泥等硬化材料的超高压射流，通过旋转切削土砂，可在地层内形成直径为 5 m 的超大直径柱体。

旋喷加固最早出现的是垂直旋喷，但对于在深地层中修建隧道，只有采用水平旋喷工艺。水平旋喷法是由日本在 80 年代初期首创的，目前意大利的水平旋喷技术处于比较领先地位。

在国内，1972 年开始研究和应用旋喷加固技术，对旋喷设备、旋喷工艺、浆液配方等做了大量的研究工作，并进行了现场试验。1978 年开始进行三重管旋喷工艺的试验研究。在水平旋喷方面，目前国内正处于工程试验阶段。

旋喷加固法是在化学注浆法的基础上，应用射流切割原理创立的一种地基加固方法。旋喷加固法以高压射流直接冲击破坏土体，使浆液与土体自行拌合为均匀旋喷泥浆后形成固结体加固地层。旋喷加固法既适用于砂土，也适用于黏土，旋喷法具有成本较低、施

工速度较快,固结体强度大,可靠性高等优点。旋喷法是利用高速射流强制性地破坏土体形成固结体,在覆盖层中一般不存在可灌性问题;同时由于高速射流被限制在土体破碎范围内,因此浆液不易流失,能保证预期的加固范围和控制固结体的形状;能在钻孔中任何一段内施工,也可在孔底或中部喷射,此外,也可以水平方向喷射和倾斜方向喷射施工;旋喷法通常采用水泥浆液,不会造成环境和地下水污染,耐久性较好;施工噪声较小,单管和二管法施工较简便。

(1)旋喷加固的特点

一是应用范围:

①既可用于加固新建工程的地基,又可在工程修建中处理地基,提高地基强度,减少或整治建筑物的沉降和不均匀沉降。

②沉基坑侧壁挡土或挡水以保护邻近建筑物及保护地下工程建设。

③基坑底部加固,防止管涌与隆起。

④坝体的加固及防水帷幕。

⑤边坡加固及隧道顶部加固。

二是施工简便:

旋喷施工时,只需在土层中钻一个小孔(一般为 $\phi50$ mm～$\phi108$ mm),便可在土中通过旋喷作业形成直径为 0.4～3.0 m 甚至 5.0 m 的固结体。旋喷加固法能灵活成型,在孔深范围内可随意改变桩体直径,且在地层中偶尔遇到障碍物的情况下也能采用。

三是固结桩体强度高:

在黏土中采用水泥浆液形成的旋喷桩体的无侧限抗压强度可达到 5～10 MPa,在砂土中则更高,一般可达 10～20 MPa。此外,旋喷桩还有耐久性好、材料来源广、价格低廉、浆液流失少、设备简单和无公害无污染等特点。

(2)旋喷加固法的分类

旋喷加固法的分类如图 7-1 所示。

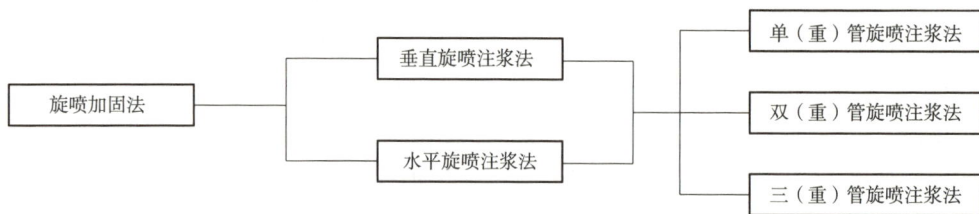

图 7-1　旋喷加固法的分类示意

旋喷加固法按钻孔和成桩的方向分,可分为垂直旋喷和水平旋喷,按喷射管路的数量可分为单(重)管旋喷注浆法、双(重)管旋喷注浆法、三(重)管旋喷注浆法,分别简称为单管法、双管法、三管法。

(3)旋喷成桩机理

高压喷射流破坏土体的作用是多方面的,包括射流动压、射流脉动负荷、水锤冲击力、空穴现象、水契效应、挤压力及气流液流搅动等因素,其中以喷射动压作用为主,由动量定

理,喷射流在空气中喷射时,其破坏力为:

$$F=\rho Q V_m \tag{7-3}$$

式中　F——破坏力(N);

　　　ρ——喷射介质的密度(kg/m³);

　　　Q——流量(m³/s);

　　　V_m——喷射流的平均速度(m/s)。

$$Q= V_m A$$

式中　A——喷嘴断面积(m²)。

式 7-3 可表示为:

$$F=\rho A V_m^2 \tag{7-4}$$

当喷射流介质密度和喷嘴断面积一定时,要取得更大的破坏力,就要增加平均流速,也就是要增加喷射压力,一般要求高压泵的工作压力在 20 MPa 以上,使喷射流有足够的能量冲击破坏土体。但单纯依靠增大喷射压力来提高喷射切割效果,在能量上浪费很大,不是获得较大桩径的最好办法。决定喷射切割效果的因素是冲量而不是速度,因此,应综合考虑各主要规程参数(喷嘴直径、压力、喷浆量和提升速度),以获得最好的效果。

在喷射过程中,有效射流长度内的土体结构被破坏至喷射流的终期区域,能量衰减很大,不能冲击切割土体,但能对有效射流边界的土产生挤压力,有挤密效果,并使部分浆液进入土粒之间的空隙中,使固结体与四周土联结紧密。

旋喷成桩机理为:旋喷注浆时,高压喷射流边旋转边缓慢上升,对注浆孔周围的土体进行切削破坏,周围土体被破坏后,一部分细小土颗粒被喷射浆液置换,并随着液流被携带到地表(俗称冒浆),其余的土颗粒则与浆液搅拌混合,在旋喷动压、离心力和重力的共同作用下,土颗粒在横断面按质量大小重新有规律地排列,小颗粒大多在中间部位,大颗粒多数向外侧或边缘部分移动,形成浆液主体,经过搅拌混合、压缩和渗透等作用过程,并隔一定时间后,浆液主体便凝固成强度较高、渗透系数较小的水泥土网络结构固结体,即旋喷桩。土质不同,形成的旋喷桩在横断面上的结构也略有不同,如图 7-2 所示。四周未被切削下来的土体被挤密压缩。在砂类土中,还有一部分浆液渗透到压缩层外,形成渗透层。旋喷桩体各部分的水泥含量和强度不同,一般水泥含量为 30%～50%,中心部分强度低,边缘部分强度高。

(4)浆液材料

水泥是高压旋喷注浆的基本材料,水泥类浆液可分为以下几种类型。

普通型浆液:一般采用普通硅酸盐水泥,不加任何外加剂,水灰比一般为 0.8∶1～1.5∶1,固结体的抗压强度(28 d)最大可达 1.0～20 MPa,适应于无特殊要求的工程。

速凝早强型:适于地下水位较高或要求早期承担荷载的工程,需在水泥浆中加入氯化钙、三乙醇胺等速凝早强剂。掺入 2%氯化钙的水泥土的固结体的抗压强度为 1.6 MPa,掺入 4%氯化钙后为 2.4 MPa。

高强型:喷射固结体的平均抗压强度在 20 MPa 以上。可以选择高标号的水泥,或选

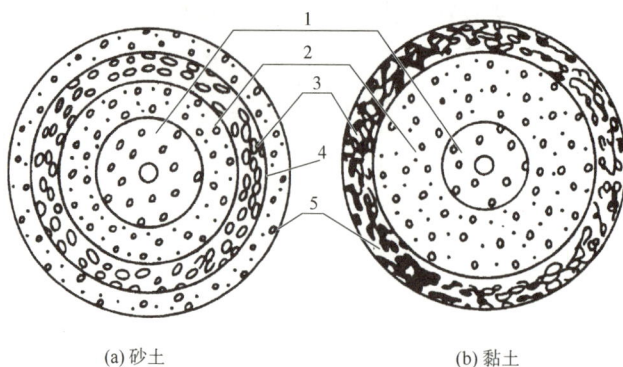

图 7-2　旋喷桩固结体横断面示意

1—浆液主体部分；2—搅拌混合部分；3—压缩部分；4—渗透部分；5—硬壳

择高效能的扩散剂和无机盐组成的复合配方等。

在水泥浆中掺入 $2\%\sim4\%$ 的水玻璃，其抗渗性有明显提高。如工程以抗渗为目的，最好使用"柔性材料"。可在水泥浆液中掺入 $10\%\sim50\%$ 的膨润土（占水泥重量的百分比）。此时不宜使用矿渣水泥，如仅有抗渗要求而无抗冻要求，可使用火山灰水泥。

（5）垂直旋喷工艺

垂直旋喷的工艺流程如图 7-3 所示。

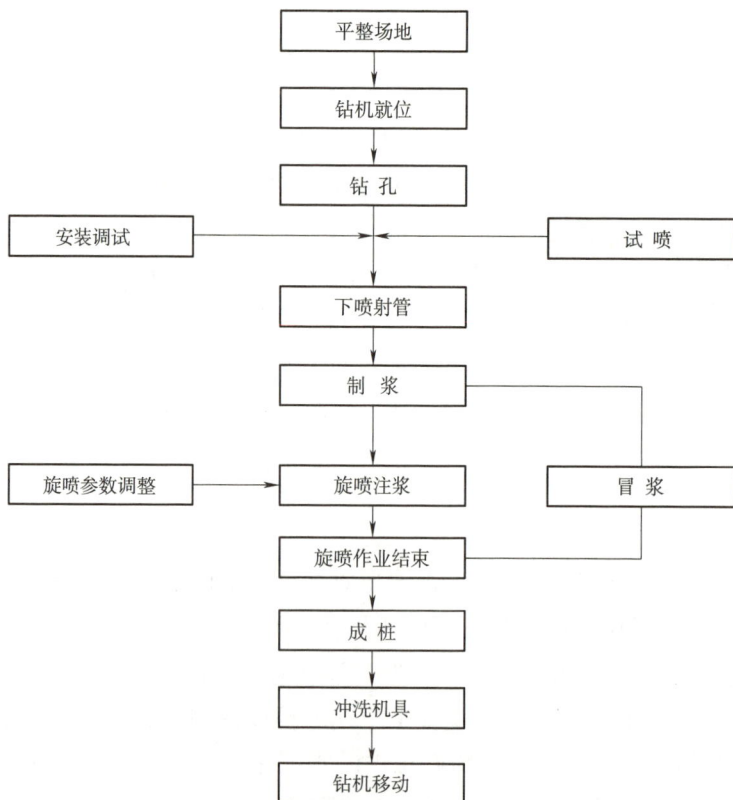

图 7-3　高压旋喷注浆工艺流程示意

垂直旋喷时,旋喷注浆工艺有单管、双重管和三重管旋喷注浆之分,且三种方法注入地层的浆液材料和种类和数量也不同,但其施工步骤却大体相同,都由钻机就位、钻孔、插管(下注浆管)、旋喷作业、冲洗等工序组成。

(6)水平旋喷工艺

水平旋喷是指在土层中设置基本水平的钻孔,水平或略向上仰地插入注浆管后进行旋喷注浆的施工方法。水平旋喷的喷射压力主要取决于旋喷桩的直径和土层的工程地质条件,一般在 60 MPa 左右。

与垂直旋喷相比较,水平旋喷的特点主要在于水平施工,包括水平钻孔和水平注浆。由于成桩条件不同,水平旋喷的工艺要求要比垂直旋喷高。与垂直旋喷相比,水平旋喷工艺具有以下特点:在加固深度范围内,尽可能减少中途接卸钻杆;要求将钻杆兼作注浆管;由里向外旋喷,注意使注浆管外拔速度尽量保持均匀;当旋喷直径要求较大时,可采用复喷(先喷水后喷浆)工艺,或加大喷射压力,或适当放慢外拔速度,使之达到预定的要求;旋喷浆液流失较多时,需补充浆液,可用流出的浆液在孔口进行回灌,浆液收缩较大时,应适时补浆,以免旋喷桩凹陷;当水平旋喷的长度过长,不能由一根钻杆一次钻进和旋喷时,也可分段旋喷,每一段仍用一根钻杆。一般情况下,水平旋喷桩可构成群桩拱体,在拱体保护下,进行地下工程的施工。分段旋喷时,除第一段为水平桩外,其余水平旋喷桩均略向上抬或略向外倾斜,使拱体呈放射状。倾斜角度主要由分段长度确定,各分段之间需有 2~3 m 的搭接长度。

水平旋喷工艺流程如下。

①钻机定位:先将钻机在注浆孔前就位,钻杆正对孔心。钻机应牢靠固定,以免在钻进过程中发生晃动,自身产生位移。

②钻孔:一般将注浆管(单管、双重管或三重管)兼作钻杆进行钻孔。钻孔应平直,孔底偏差距离应小于旋喷桩的半径。为了防止钻杆出现下垂现象,钻孔时可预先将钻杆上抬一定角度。

③旋喷注浆:兼作注浆管的钻杆钻进到规定深度后,立即进行高压喷射注浆。注浆管由里向外边旋转边徐徐拔出。

④注浆结束:对每个注浆孔在旋喷注浆作业完成后,迅速拔出注浆管,并立即打入一个木桩,封闭孔口。木桩用于止浆,也是完成注浆的标志。若浆液收缩较大,可适时补充一些浆液。

(7)质量检验

旋喷加固体强度增长较慢,检验时间应待旋喷注浆完成 28 天后进行。检验点的数量为施工注浆孔数的 2%~5%,对不足 20 孔的工程,至少应检验 2 个点,不合格应进行补喷。

①检验点的布置:检验点主要布置在建筑物荷载大的部位、防渗帷幕中心线上、施工中出现异常情况的部位、地质情况复杂及可能对旋喷注浆质量产生影响的部位。

②检测方法:主要有开挖检验、钻孔检查和载荷试验。

③开挖检验:待浆液凝结具有一定的强度后,即可开挖检查固结体垂直度、形状和质量。

④钻孔检查：

a. 抗渗试验。从固结体中钻取岩芯，进行室内物理力学性能试验。在钻孔中做压水或抽水试验，测定其抗渗能力；

b. 标准贯入试验。在旋喷固结体的中部可进行标准贯入试验。一般距注浆孔中心 0.15～0.20 m，每隔一定深度作一个。

⑤载荷试验：

载荷试验包括平板静载荷试验和孔内载荷试验。

a. 平板静载荷试验

分垂直和水平静载荷试验两种。垂直载荷试验时，需在顶部 0.5～1.0 m 范围内，浇筑 0.2～0.3 m 厚的钢筋混凝土层；水平推力载荷试验时，需在固结体加载荷受力部分，浇筑 0.2～0.3 m 厚的钢筋混凝土加载荷面。混凝土的等级不得低于 C18。

b. 孔内载荷试验

孔内载荷试验主要有两种方法。

方法一：气压或液压膨胀法

在钻孔中，用气压或液压使胶囊膨胀，从膨胀量可知横向荷重和位移关系，求得变形系数和地层反力系数。

方法二：载荷板法

载荷通过 $\phi 108$ mm 地质套管传给承压底盘，从其变形和载荷的关系求得承载量和沉降量。

7.2.1.2 深层搅拌加固

深层搅拌法，是指通过钻孔将水泥、石灰等材料作为固化剂的主剂送入地层，依靠深层搅拌机在地层中将软土和固化剂（浆液或粉体）就地强制搅拌，利用固化剂和软土之间产生的一系列物理化学反应形成深层搅拌桩，使软土的物理力学性能得到改善的地层加固方法。

盾构始发与到达端头井的施工深层搅拌加固桩径、间距的选择须跟据设计要求、地质报告及使用设备进行选择，搅拌注浆范围不得小于隧道外轮廓线上下各 3 m。

深层搅拌法按固化剂材料的种类及形态的不同主要可分为以下类型，见表 7-3。

表 7-3　深层搅拌法分类

分类依据	类　　别	主　要　特　点
固化剂材料种类	水泥土深层搅拌法	喷射水泥浆或雾状粉体
	石灰粉体深层搅拌法	喷射雾状石灰粉体
固化剂材料形态	浆液喷射深层搅拌法	喷射水泥浆
	粉体喷射深层搅拌法	喷射雾状石灰粉体或水泥粉体或石灰水泥混合粉体

深层搅拌法出现在第二次世界大战结束以后，由美国最早研究成功，然后日本进行了进一步的深入研究，研制出了性能各异的深层搅拌机，注入地层的固化剂从单一的水泥浆液拓宽到石灰粉和化学浆液。在国内，冶金部建筑研究总院和交通部水运规划设计院首先研究这类技术，并于 1977 年 10 月开始进行室内试验和搅拌钻机的研制。

（1）应用范围

深层搅拌法适用于饱和软黏土、淤泥质亚黏土、新填土、沼泽地带炭土、沉积粉土等土层的地基加固，用于提高软土地基的承载力，减少沉降量，还可用于提高边坡的稳定性，主要应用于以下方面：稳定隧道竖井外侧的土体，用于盾构进出洞的端头土体加固；作为建筑物或构筑物的地基；加固深基坑的边坡，以预防基坑边坡产生滑坡现象；加固道路或桥涵；作为地下防渗墙，阻止地下水渗透。

（2）深层搅拌加固的特点

基本不存在挤土效应，对周围地基的扰动小；可根据不同的土质和工程设计的要求，合理选择固化剂及配方，应用较灵活；施工无振动，无噪声，污染小，可在市区和建筑物密集地带施工；土体经加固后，重度基本不变，不致产生较大附加沉降；加固桩结构型式灵活多样，可根据工程需要，选用块状、柱状、壁状或格栅状。

（3）加固机理

深层搅拌法加固地层的机理与采用的固化剂和种类有关。固化剂有水泥、石灰、石膏、矿渣等多种，本小节仅介绍以水泥和石灰作固化剂的土体加固机理。

①水泥加固土体的机理

水泥与土搅拌后，发生一系列物理化学反应对土体起加固作用。这些物理化学反应与混凝土的硬化机理不同，混凝土的硬化主要是进行水解和水化作用，凝结速度较快；而在水泥土中，水泥掺量少，一般占被加固土重的 $7\%\sim15\%$。且水泥的水解和水化反应是在具有一定活性的土颗粒的包围下进行的，因而土颗粒将随时与水泥水化物发生化学反应，生成新的化合物。黏土颗粒与水泥水化物发生的作用主要有离子交换和团粒化作用、硬凝反应和碳酸化作用等。由于化学反应发生在水泥水化物和土颗粒之间，完成化学反应所需的时间必然较长，因此，水泥加固土体的硬化速度缓慢而且复杂，加固土的强度增长也较缓慢。

水泥加固土体主要产生水泥的水解和水化反应、黏土颗粒与水泥水化物的作用等反应。

普通硅酸盐水泥主要由氧化钙、二氧化硅、三氧化二铝、三氧化二铁及三氧化硫组成，由这些不同的矿物分别组成了不同的水泥矿物：硅酸二钙、硅酸三钙、铝酸三钙、铁铝酸四钙、硫酸钙。当用水泥加固软土时，水泥颗粒表面的矿物很快与软土中的水发生反应，生成氢氧化钙、含水硅酸钙、含水铝酸钙及含水铁酸钙等化合物。

a. 硅酸三钙

硅酸三钙在水泥中含量最高，约占总量的 50%，是决定强度的主要因素。

$$2(3CaO \cdot SiO_2) + 6H_2O = 3CaO \cdot 2SiO_2 \cdot 3H_2O + 3Ca(OH)_2$$

b. 硅酸二钙

硅酸二钙在水泥中含量较高，约占总量的 25%，主要产生后期强度。

$$2(2CaO \cdot SiO_2) + 4H_2O = 3CaO \cdot 2SiO_2 \cdot 3H_2O + Ca(OH)_2$$

c. 铝酸三钙

铝酸三钙约占水泥总量的 10％，水化速度最快，促进早凝。

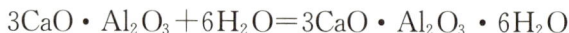

$$3CaO \cdot Al_2O_3 + 6H_2O = 3CaO \cdot Al_2O_3 \cdot 6H_2O$$

d. 铁铝酸四钙

铁铝酸四钙约占总量的 10％，水化速度最快，能促进早期强度。

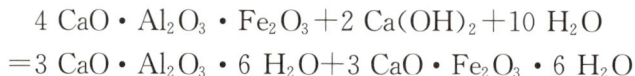

$$4CaO \cdot Al_2O_3 \cdot Fe_2O_3 + 2Ca(OH)_2 + 10H_2O$$
$$= 3CaO \cdot Al_2O_3 \cdot 6H_2O + 3CaO \cdot Fe_2O_3 \cdot 6H_2O$$

由上述反应生成的氢氧化钙、含水硅酸钙迅速溶于水中，使水泥颗粒表面重新暴露出来，再与水发生反应，使周围的水溶液逐渐达到饱和。溶液达到饱和后，水分子虽然继续深入颗粒内部，但新生成物不能溶解，只能以细分散状态的胶体析出，悬浮于溶液，形成凝胶体。

e. 硫酸钙

硫酸钙含量 3％左右。

$$3CaSO_4 + 3CaO \cdot Al_2O_3 + 32H_2O = 3CaO \cdot Al_2O_3 \cdot CaSO_4 \cdot 32H_2O$$

所生成的化合物 $CaO \cdot Al_2O_3 \cdot CaSO_4 \cdot 32H_2O$ 称为"水泥杆菌"，这种反应较迅速，能把大量自由水以结晶水的形式固定下来，使土中自由水的减少量约为水泥杆菌生成量的 46％。但硫酸钙掺量不能过多，否则水泥杆菌针状结晶会使水泥发生膨胀而遭到破坏。

黏土颗粒与水泥水化物的作用如下：

a. 离子交换和团粒化作用

黏土颗粒表面带负电荷，要吸附阳离子，形成胶体分散体系，表现出胶体的特征。黏土中的二氧化硅遇水后形成硅酸胶体微粒，其表面带有钾离子或钠离子与水泥水化生成的氢氧化钙中的钙离子（Ca^{2+}）进行当量离子交换，使土颗粒分散度降低，产生聚结，形成较大的团粒，提高了土体的强度。

水泥水化后生成的凝胶粒子的比表面积比水泥颗粒的比表面积约大 1000 倍，具有很大的表面能，吸附性很强，能使团粒进一步结合起来，形成水泥土的团粒结构，进一步提高水泥土的强度。

b. 硬凝反应

随着水泥水化反应的进行，溶液中析出大量的 Ca^{2+}，当 Ca^{2+} 的数量超过离子交换的需要量后，在碱性环境中，组成黏土矿物的二氧化硅与三氧化铝的一部分或大部分与 Ca^{2+} 产生化学反应，并逐渐生成不溶于水的稳定的铝酸钙、硅酸钙的结晶水化物。这些化合物在水中和空气中逐渐硬化，提高了水泥强度，且其结构比较致密，水分不易侵入，从而使水泥土具有一定的水稳定性。

c. 碳酸化作用

水泥水化物中游离的氢氧化钙能吸收水中和空气中的二氧化碳，发生碳酸化反应，生成水溶于水的碳酸钙：

$$Ca(OH)_2 + CO_2 = CaCO_3 \downarrow + H_2O$$

这种碳酸化反应能增加水泥土的强度，但增长较慢，幅度也较小。

②石灰加固土体的机理

石灰主要靠遇水后发生的物理化学反应加固土体。石灰遇水后发生石灰吸水后发热和膨胀组、与黏土颗粒发生离子交换作用及土微粒的凝聚作用及化学结合作用等三个反应。这三个反应过程在时间上有先后。完成这些反应过程后,土体性能可获得较大改善。生石灰通常能增加软黏土的透水性,可用于提高在软黏土中进行排水的效果,但对于深基坑,则不宜用石灰加固基底,以免引起承压水沿加固层渗入基坑。

(4)湿喷工艺

所谓湿喷,是指直接喷射浆液并将其与软土一起强制搅拌的深层搅拌法,工艺流程如图 7-4 所示。

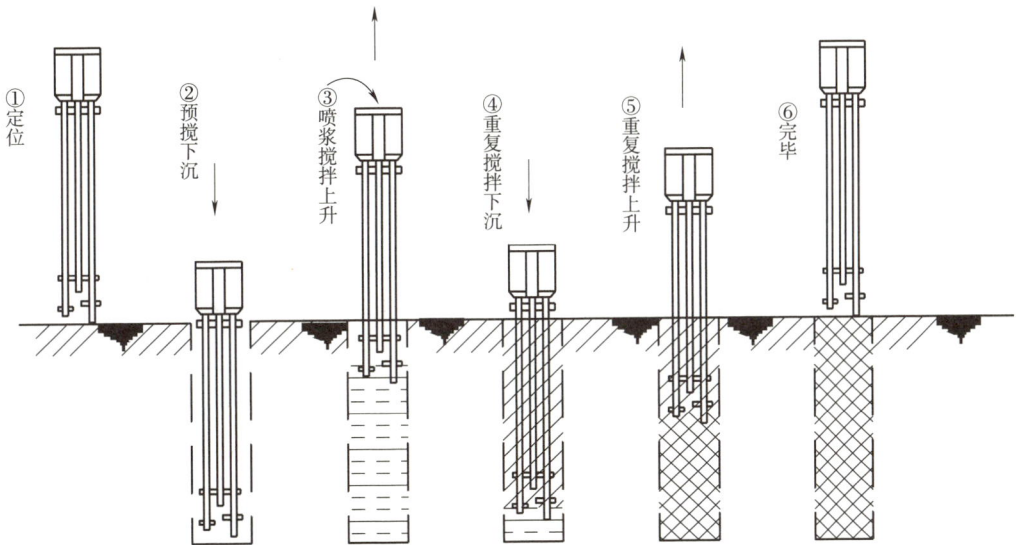

图 7-4　水泥土深层搅拌法施工工艺流程示意

施工步骤如下:

①设备安装

铺设走管与桩机平台,然后安装塔架,再安装导向架及搅拌轴、输浆管。电气系统必须安装接地装置,供浆系统应在离搅拌机 50 m 的范围内。

②搅拌机定位

用起重机或塔架悬吊深层搅拌机到达指定桩位,桩位对中误差不大于 50 mm,搅拌轴和导架的垂直度偏差不大于 1.5%。

③预搅下沉

待搅拌机的冷却水循环正常后,启动深层搅拌机的电机,放松起重机的钢丝绳,使搅拌机沿导向架搅拌切土下沉到设计位置,其间不注浆。

④喷浆搅拌提升

搅拌机下沉到设计深度后,开动灰浆泵,逐渐提升深层搅拌机,边提升、边喷浆、边搅拌。

⑤重复上下搅拌

重新将深层搅拌机下沉到设计位置，然后重新提升。在重新下沉和提升的过程中，同时进行搅拌作业。

⑥清洗机具

向贮浆桶中注入适量的清水，开启灰浆泵，清洗全部管路中残存的水泥浆，直到基本干净。

⑦移动机具

施工下一根桩。

(5)湿喷施工要点

①深层搅拌法加固软黏土，宜选用 525 号以上变通硅酸盐水泥作为固化剂，水泥掺量根据加固强度，一般为加固土重的 7‰～15‰，每 1 m³ 掺加水泥量约为 110～160 kg。

②改善水泥土性质和桩体强度，可选用木质素磺酸钙、石膏、氯化钠、氯化钙、硫酸钠等外加剂，还可掺入不同比例的粉煤灰。

③深层搅拌以水泥作为固化剂，其配合比为水泥∶砂＝1∶1～1∶2。为利于泵送，宜加入减水剂（木质素磺酸钙），掺入量为水泥用量的 0.2‰～0.25‰，并加入硫酸钠，掺入量为水泥用量的 1‰，以及加入石膏，掺入量为水泥用量的 2‰，水灰比为 0.41～0.50。

④依据地质勘察资料进行室内配合比试验，结合设计要求，选择最佳水泥加固掺入比，确定搅拌工艺。

⑤依据设计图纸，编制施工方案，做好现场平面布置，安排施工进度，布置水泥浆制备的灰浆池，有条件时将水泥浆制备系统安装在流动挂车上，便于流动供应，采用泵送浇筑时，泵送距离小于 50 m 为宜。

⑥施工前应平整场地，清理现场地下、地面及空中障碍物，以利施工安全。场地低洼时应回填黏土，不得回填杂填土。

⑦深层搅拌机应基本保持垂直，要注意平整度和导向架垂直度，搅拌轴和导架的垂直度偏差不大于 1.5‰。

⑧深层搅拌叶下沉到一定深度后，即开始按设计配合比拌制水泥浆。

⑨水泥浆不能离析，水泥浆要严格按照设计的配合比配置，水泥要过筛，为防止水泥浆离析，可在灰浆机中不断搅动，待压浆前才将水泥浆倒入贮浆桶中。水泥浆从灰浆机倒入贮浆桶前，须经过滤，将水泥块等杂物滤掉。

⑩要根据加固强度和均匀性预搅，软土应完全预搅切碎，以利于水泥浆均匀搅拌。压浆阶段不允许发生断浆现象，输浆管不能发生堵塞；严格按设计确定数据，控制喷浆、搅拌和提升速度；控制重复搅拌时的下沉和提升速度，以保证加固范围每一深度内，得到充分搅拌。

⑪在成桩过程中，由于电压过低或其他原因造成停机，使成桩工艺中断时，为防止断桩，在搅拌机重新启动后，将深层搅拌机下沉 0.5 m 后再继续成桩。停机超过 3 h，为防止浆液硬结堵管，应拆卸输浆管彻底清洗管路。

⑫相邻两桩施工间隔时间不得超过 12 h（桩状）。

⑬设计要求搭接成壁状时,应连续施工相邻桩,相邻桩体施工间隔时间不得超过 24 小时,且搭接长度应大于 100 mm。

⑭考虑到搅拌桩与上部结构的基础或承台接触部分受力较大,因此通常还可以对桩顶板～1.5 m 范围内再增加一次输浆,以提高其强度。

⑮在搅拌桩施工中,根据摩擦型搅拌受力特点,可采用变掺量的施工工艺,即用不同的提升速度和注浆速度来满足水泥浆的掺入比要求。在定量泵条件下,在软土中掺入不同水泥浆量,只有改变提升速度,通过提升速度检测仪检测。

⑯当施工现场表土坚硬,需要注水搅拌时,现场四周设排水沟及集水井。

(6)湿喷安全技术措施

①深层搅拌机冷却循环水在整个施工过程中不能中断,应经常检查进水和回水温度,回水温度不应过高。

②深层搅拌机的入土切削和提升搅拌,负荷太大及电机工作电流超过额定值时,应减慢提升速度或补给清水,一旦发生卡钻或停钻现象,应切断电源,将搅拌机强制提起之后,才能重新启动电机。

③泵送水泥浆前管路应保持湿润,以利输浆;水泥浆内不得有硬结块,以免吸入泵内损坏缸体,每日完工后彻底清洗一次,喷浆搅拌施工过程中,如果发生故障停机,宜拆卸管路,排除灰浆,进行清洗,灰浆泵应定期拆开清洗。

④深层搅拌机械及起重设备,在地面土质松软环境下施工时,场地要铺填石块、碎石、平整压实,根据土层情况,铺垫枕木、钢板等。

(7)粉喷工艺

粉体喷射深层搅拌法是利用粉喷机,使压缩空气携带粉体固化材料,经过高压软管和搅拌轴送到搅拌叶片背后的喷嘴喷出,通过和原位地基土强制搅拌混合,使地基土和加固材料发生化学反应,在稳定地基土的同时,提高强度的方法。

粉体搅拌法目前主要使用的固化剂为石灰粉、水泥以及石膏及矿渣等,也可使用粉煤灰作掺和料。粉喷与湿喷相比,具有以下特点:粉体固化材料可吸收软土地基中更多的水分,对加固含水量高和软土、极软土及泥炭土地基效果更显著;粉体比浆液更易于与原土充分搅拌混合,有利于提高加固土体的强度;粉喷的搅拌钻头在提升搅拌时能对加固体产生挤压作用,也有利于提高加固土体的强度;消耗的固化材料要少,且无地面隆起现象。

粉喷搅拌法施工设备由粉喷搅拌机、粉体发送器、空气压缩机、搅拌钻头等组成。粉喷搅拌机主要由电动机、钻架、卷扬机、液压泵、转盘、主动钻杆、变速箱等组成。

粉喷深层搅拌法工艺流程如图 7-5 所示,其施工步骤如下:

①搅拌机定位。根据设计,确定搅拌加固体的位置,搅拌机就位时,误差不应大于 50 mm。调节钻机支腿油缸,使导向架和搅拌轴垂直度偏差不超过 1%。

②下钻。启动搅拌钻机,使钻头边旋转边钻进。钻进时不喷射加固材料,但需喷射压缩空气,以免喷射口堵塞。

③钻进结束。钻至设计标高后停钻。

④提升喷粉搅拌。启动搅拌钻机,钻头反向旋转,边旋转边提升。同时,通过粉体发

送器将固化剂喷入被搅动的土体,使土体和粉料充分拌合。

⑤提升结束,桩体形成:钻头提升到离地面0.3～0.5 m时,粉体发送器停止向孔内喷射粉料,以免粉料溢出地面和污染环境。

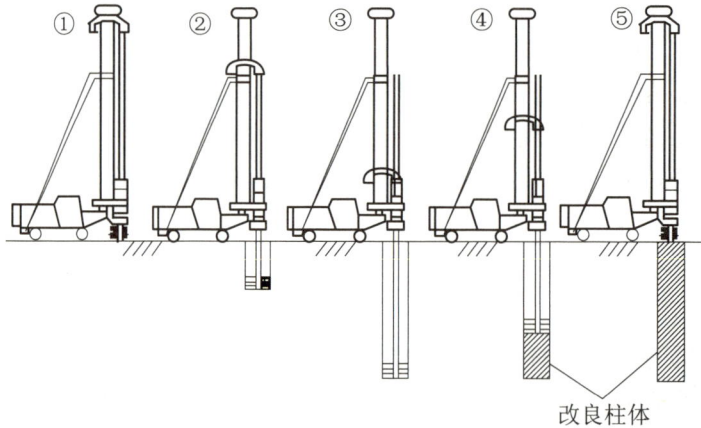

图7-5 粉体喷射搅拌法工艺流程示意

(8)粉喷施工要点

①粉体搅拌法目前主要使用的固化剂为石灰粉、水泥以及石膏、矿渣等,也可使用粉煤灰作掺和料。

②工作场地表层硬壳很薄时,需先铺填砂、砾石垫层,以便机械在场内顺利移动和施钻,如场内桩位有障碍物,例如木桩、石块等应排除。

③桩体喷粉要求一气呵成,不得中断。应按理论计算量往灰罐投料,投一次料,打一根桩,确保成桩质量。

④粉喷施工时,为避免钻机移动和管路过长,施工顺序宜先中轴后边轴,先里排后外排,钻机移动最长距离不超过50 m。

⑤施工过程中要注意防止因管内结块造成堵管,遇堵管时宜拆洗管路或向上提升再打。第二次复打时至少重叠1 m,以防发生断桩。

⑥送灰过程中如出现压力突然下降,灰罐加不上压力等现象,应停止提升,原地搅拌,及时查明原因。重新加灰复打时至少重叠1 m。

⑦设计要求搭接的桩体,须连续施工,一般相邻桩的施工间隔不超过8小时。

⑧控制好单位桩长的喷粉量,实际每米喷粉量与设计的喷粉量误差不超过5 kg。

⑨粉体生石灰桩技术要求:

a. 石灰应该是细磨的,在搅拌过程中,为防止桩体中石灰聚集,石灰最大粒径应小于2 mm。

b. 石灰应尽量选取纯净无杂质的,石灰中氧化钙和氧化镁的总含量不少于85%,其中氧化钙含量不宜低于80%,石灰的流性指数不低于70%。

c. 石灰的储存期,不宜超过三个月。

(9)深层搅拌加固的质量检验

根据工程的重要性和复杂程度可选择以下方法进行质量检验:

①搅拌桩在成桩后 7 d 内用轻便触探器钻取桩身加固土样,观察搅拌均匀程度。同时用轻型触探(N_{10})做桩与天然地基在相同标高处的对比试验,当 7 d 龄期 N_{10} 大于原天然地基土 N_{10} 值 1 倍以上时,桩身强度可满足设计要求。检验桩的数量应不少于已完成桩数的 2%,并不少于 6 根。

②取样检验。检验不同龄期水泥土(石灰柱)试块,测定其无侧限抗压强度。

③动测检验。当搅拌桩达到 28 d 龄期后,宜采用动测方法随机抽查 10% 的桩数,以确定是否出现断裂、蜂窝状结构及夹泥等搅拌不均匀的缺陷。

④静载荷试验。对工程地质条件复杂的场地或重要的大、中型工程,宜采用单桩或多桩复合地基静载荷试验及单桩竖向载荷试验方法。载荷试验应在 28 d 龄期后进行,检验点数每个场地不得少于 3 点。若试验值不符合设计要求时,应增加检验孔的数量。

⑤开挖检验。可根据工程设计要求,选取一定数量的桩体进行开挖,检查加固体的外观质量、搭接质量和整体性等,用打击物冲击应有坚实感。

7.2.1.3　冷冻法施工

冷冻法也称冻结法,是采用人工冻结的方法将土体温度降至零度以下,使土体固结形成较好的稳定土体,同时起到隔水作用,在冻土范围内进行构筑物的施工,施工完结后结束冷冻并进行融沉注浆的方法。冷冻法常用于地表有管线、建筑物等,在地面加固施工造成成本升高及地质条件较差,地处砂层、富含地下水等不良地质情况下。

冻结法是地基固结法的一种,在预定冻结区域里,以 60～100 cm 的间距埋设冷冻管,通过冷冻装置使冷却的盐水(氯化钙水溶液)在冷冻管内循环,使地基冻结固化。

(1)冻结施工法的特点

①利用了热传导原理,适用于从黏性土层到砂砾层地基。

②被冻结的土砂相当坚固,而且有较高的止水性能。

③对地基和地下水没有污染。

④易于冻结管理及预测冻结范围。

(2)冷冻站

冻结站如图 7-6 所示。

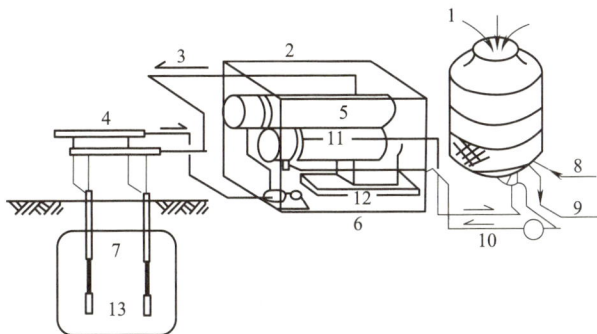

图 7-6　盐水方式冻结系统示意

1—冷却塔;2—冷冻装置;3—盐水;4—盐水集管;5—盐水冷却器,6—盐水泵;
7—冷冻管,8—给水;9—排水;10—冷却水;11—凝缩器;12—压缩器;13—冻土

冷冻站制冷设备,盐水泵、冷却水泵及其管路系统的安装,执行《制冷设备、空气分离器安装工程施工及验收规范》(GB 50274)、《机械设备安装工程施工及验收通用规范》(GB 50231)及《工业金属管道工程施工规范》(GB 50235)中的有关规定。配电系统安装及调试执行《电气装置安装工程盘、柜及二次线施工验收规范》(GB 50171)规定。冻结段开挖砌筑施工全部完成后,冷冻机方可停机,拆除冷冻站设备。

(3)地层冻结设计要点

地层冻结加固应在设计的时间内保证土方开挖和结构施工的安全,并使周围环境和建(构)筑物不受损害。

地层冻结设计应包括以下内容:

①冻结壁结构方案比较与选择。

②冻结壁的承载力和变形验算(Ⅰ类冻结壁除外)。

③冻结孔布置设计。

④冻结壁形成验算。

⑤冻结制冷系统设计。

⑥对冻结壁的监测与保护要求。

⑦可能对周围环境和建(构)筑物产生影响的分析。

⑧对周围环境和建(构)筑物的影响监测与保护要求。

在冻结壁形成期间,冻结壁内或冻结壁外 200 m 区域内的透水砂层中不宜采取降水措施。必须降水施工时,冻结设计应充分考虑降水产生的不利影响。

最低盐水温度应根据设计冻结壁平均温度、地层环境及气候条件确定。设计冻结壁平均温度低、地温高、气温低时取较低的盐水温度。

按下列要求控制盐水温度:积极冻结 7 天盐水降至 −18 ℃以下,积极冻结 15 天盐水温度降至 −24 ℃以下(设计最低盐水温度高于 −24 ℃时取设计最低盐水温度),开挖过程中盐水温度降至设计最低盐水温度以下。施工内支撑后可进行维护冻结,但维护冻结盐水温度不宜高于 −22 ℃。

开挖过程中,在保证冻结壁平均温度和厚度达到设计要求且实测判定冻结壁安全的情况下,可适当提高盐水温度,但不得高于 −25 ℃。

开挖时,去回路盐水温差不得高于 2 ℃。

冻结壁内力和变形计算可考虑设置有内支撑的工况,但必须对内支撑的结构形式、承载力及其施工时序等有明确的设计。设内支撑时,冻结壁的空帮时间不大于 24 h。

冻结孔布置参数包括冻结孔成孔控制间距、冻结孔开孔间距、冻结孔孔位、冻结孔深度和冻结孔偏斜精度要求等。冻结壁形成参数包括冻结壁交圈时间、预计冻结壁扩展厚度和冻结壁平均温度等。

冻结孔成孔控制间距应按冻结工期要求、设计盐水温度和冻结冻平均温度等确定,但不宜大于冻结壁设计厚度。多排冻结孔密集布置时,内部冻结孔成孔控制间距可取边孔的 1.2 倍。冻结孔偏斜精度要求可按表 7-4 选定。

表 7-4 冻结孔偏斜精度要求

冻结孔类型	水平或倾斜冻结孔			竖直冻结孔	
冻结孔深度 H(m)	≤10	10~30	30~60	≤40	40~100
冻结孔最大偏斜 R_p(mm)	150	150~350	350~600	150~250	250~400

冷冻站制冷系统由制冷剂循环系统、冷媒剂循环系统、冷却水循环系统三部分组成。

冷媒剂循环系统的溶液为氯化钙水溶液,氯化钙水溶液应符合下列规定:氯化钙水溶液的凝固点应低于设计盐水温度 8 ℃~10 ℃;氯化钙水溶液的比重不宜高于 1.27。

(4)冻结孔

①近水平冻结孔的开孔间距、钻孔偏斜率、相邻钻孔间距及钻孔深度应符合设计要求。

②在施工含水地层时,必须采用二次开孔方法开孔并安装孔口密封装置,防止钻透隧道管片时和钻进时孔口涌水涌砂。

③冻结孔的钻进应在刚开始钻进时轻压,钻进时逐渐加压,加压时应观察指示钻压的油压表,确保油压表不能超过允许值;并保持中速钻进。

④钻孔深度不得短于设计深度。

⑤全部钻孔应经验收合格后,方可拆除钻机。

(5)冻结管

①冻结管必须采用无缝钢管。

②冻结管的壁厚和外径:冻结管的壁厚不少于 5 mm,冻结管外径 89~127 mm。

③冻结管的连接可以采用丝扣连接并焊接,或采用加管箍焊接;当采用管箍焊接时,管箍的材质应与冻结管材相同。

④冻结管材质与连接方式:冻结管应用 20 号低碳钢无缝钢管,其连接方式分丝扣连接和内接箍对焊连两种。

⑤冻结管下放深度不得小于设计深度,每个冻结孔下放的每节冻结管应有长度、管径及编号记录,严禁冻结管内有任何杂物。

⑥冻结管下入钻孔后,必须进行试压。试验压力应为全冻结管内盐水柱与管外清水柱压力差及盐水泵工作压力之和的 2 倍,经试压 30 min 压力下降不超过 0.05 MPa,再延续 15 min 压力保持不变为合格。

⑦漏管处理:密封性不合格的冻结管必须进行处理达到密封要求,首选方案是下入小直径的冻结管,其次是堵漏法,最后是补打冻结孔法。

对实际孔位及冻结管、测温孔、水文孔的深度,最终测斜成果以及冻结管的试压资料,应由有关单位进行验收。对冻结孔最终测斜成果有质疑时,由第三方进行复测。

(6)冻结壁检测与判断

①测温孔检测:测温管内的测温元件设置后,管口应进行保护,防止测温元件及电缆被损坏;测温元件精度应达到±0.5 ℃;从冻结站运转至冻结壁形成,应每隔 8~24 h 观测一次;在开挖(打开洞门)至冻结壁内结构完成期间内,宜每隔 4~12 h 观测一次;在结构做完后宜每隔 1~3 d 测量一次,且监测点可以适当减少。有特殊要求时,观测应符合设计要求。所有观测应留有原始记录,并有观测者签字。

②卸压观测孔及其他观测孔：在冻结站运转前，必须了解地层情况。应做好卸压孔的压力测量工作，且应与原始资料吻合，发现异常必须查明原因进行处理。冻结站运转前期，应每隔24～48 h观测一次。在压力开始上涨后，宜每隔6～24 h测量一次。所有观测应有原始记录。在冻结壁形成后，卸压孔的压力至少应大于地压0.1 MPa。

③冻结壁形成的判断：含水层中卸压孔压力应高于对应地压0.1 MPa，并经二次以上卸压仍能维持，在没有卸压孔或冻结壁不是闭合状态情况下除外。根据测温孔温度计算冻结壁厚度、冻结壁的平均温度，以及开挖边界上的温度均应达到设计要求。冻结孔盐水去、回路温度温差应逐渐减小并稳定。在没有卸压孔或冻结壁不是闭合状态时，应对每个冻结孔的盐水流量及去、回路盐水温度进行监测并满足设计要求以确定冻结壁形成正常。必要时应对每个冻结孔进行纵向测温，确保冻结壁安全。

7.2.2　端头加固范围

7.2.2.1　端头加固纵向加固范围

（1）盾构始发端纵向加固长度

盾构始发端土体加固范围应根据始发端头的地层情况和盾构主机长度以及强度、整体稳定验算结果来综合确定。对于不受地下水影响或者受地下水影响较小的地层（黏土、粉质黏土层等），可直接根据强度验算和稳定性验算的计算结果和工程经验取值，对于用于地铁隧道施工的6 m级盾构，一般始发端头加固不小于6 m。

对于稳定性较差且受地下水影响较大的地层（如砂层、砂卵石层等），除了考虑强度验算和稳定性验算的结果外，还要考虑水土沿盾壳与土体间的间隙流入始发井的情况。当盾构始发端地层稳定性较差且受地下水影响较大时（特别是有承压水影响存在时），端头加固长度应该取盾构主机长度加上（1.5～2.0）m。端头加固长度大于盾构主机长度，如图7-7（b）所示，盾尾进入洞门圈并开始注浆后，盾构刀盘尚未脱离加固区，这样盾构刀盘出了加固区以后，由于同步注浆浆液的密封止水作用，不会有水土沿盾壳与土体间的间隙流入始发井；若端头加固长度小于主机长度，如图7-7（a）所示，当盾尾尚未进入洞门密封圈，同步注浆无法实施时，盾构刀盘已经脱离加固区，此时无法采取同步注浆，加固区前方的水土（特别是砂层或粉土层）会沿着盾壳与土体之间的间隙进入始发井，造成水土流失，从而引起较大的地表沉降，严重时可能造成盾构始发作业失败。

（2）盾构到达端纵向加固长度

盾构到达地层加固范围亦应根据到达端头的地层情况和盾构主机长度来综合确定。对于不受地下水影响或者受地下水影响较小的地层（黏土、粉质黏土层等），可根据工程经验和盾构施工方案的不同而灵活取值，对于用于地铁隧道施工的6 m级盾构，一般到达端头加固长度不小于3 m。

对于稳定性较差且受地下水影响较大的地层（如砂层、砂卵石层等）除了考虑经验取值外，还要考虑水土沿盾壳与土体间隙涌入接收井的情况。

地层稳定性较差且受地下水影响较大时（特别是存在承压水时），如图7-8（b）所示，盾构到达端加固长度应取盾构主机长度加上（1.5～2.0）m，这样当盾构刀盘顶到挡土墙

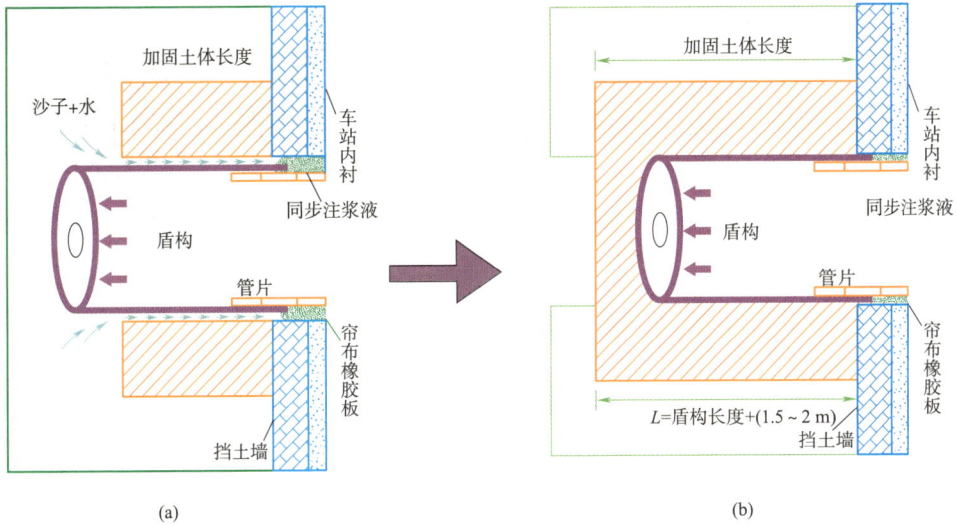

图 7-7　盾构始发端纵向加固范围示意

（桩）时，已经进行了 1.5～2.0 m 的同步注浆，初步凝固的浆液可以将盾壳和加固土体之间的空隙堵住，封堵可能的水砂涌入，确保盾构到达施工的安全。若端头加固长度小于盾构主机长度，如图 7-8（a）所示，由于盾构开挖直径大于盾壳直径，地下水（特别是含水砂层或粉土层）很可能沿着盾壳与加固土体的空隙流入接收井，造成水土流失、地表沉陷、隧道下沉、管片损坏，更严重时，可能造成整个隧道的结构失稳。

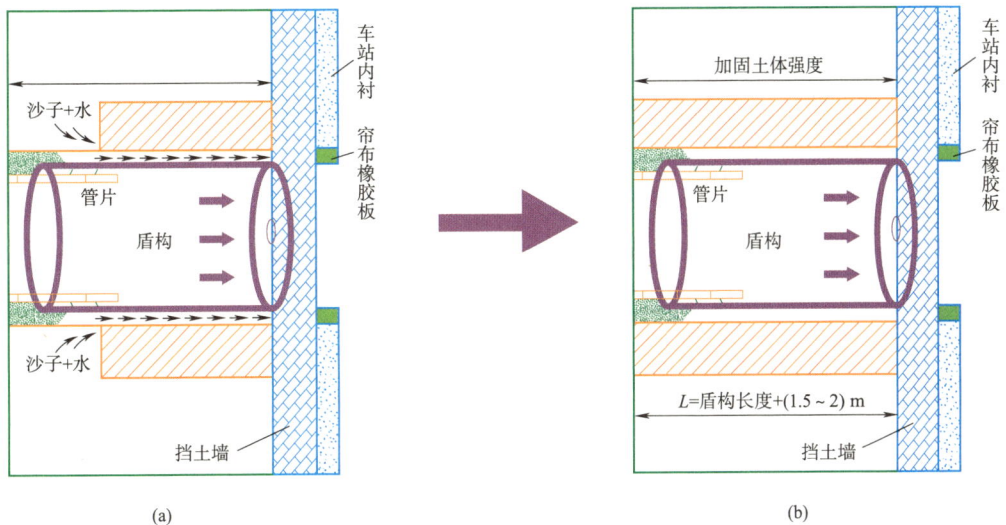

图 7-8　盾构到达端纵向加固范围示意

7.2.2.2　端头加固横向加固范围

盾构始发、到达横向加固范围一般根据各个地方的地层特性按照以往的施工经验选取，横向加固最小尺寸见表 7-5。

表 7-5　端头加固横向加固范围（m）

范围	$D<1$	$1{\leqslant}D<3$	$3{\leqslant}D<5$	$5{\leqslant}D<8$
L	1.0	1.0	1.5	2.0
H_1	1.0	1.5	2.0	2.5
H_2	1.0	1.0	1.0	1.0

盾构始发、到达端头上部加固除了起止水和稳定地层的作用外，还能减小始发、到达时的地表沉降量，对于 6 m 级的地铁隧道施工用盾构，上部加固高度 H_1 一般取 2.0～3.0 m。当始发到达端地表沉降要求较严格时，可以适当增加上部加固高度，以减小地表沉降。

盾构始发、到达端两侧加固主要起止水作用，对地层稳定性也起到一定的影响，两侧加固范围 L 一般取 1.0～3.0 m。

盾构始发、到达端底部不存在土体坍塌问题，主要确保抗渗性，底部加固厚度取值一般不小于 1.0 m 即可，对于大直径盾构可以适当增加底部加固厚度，但不宜大于 3 m，底部加固厚度太大会提高加固区底部的止水性，反而会增加工程成本。

7.3　现场组装与调试

7.3.1　盾构组装调试程序

盾构组装一般宜按下列程序进行：组装场地的准备→始发基座安装→行走轨道铺设→吊装设备准备并就位→将后配套各部件组装成拖车总成，包括结构、设备、管路等→将连接桥与后配套组装联结→主机中体组装→主机前体组装→刀盘组装→主机前移，使刀盘顶至掌子面→管片安装机轨道梁下井安装→管片安装机安装→盾尾安装→反力架及反力架钢环的安装→主机与后配套对接→附属设备的安装及管路联结。盾构组装调试流程如图 7-9 所示。

盾构的组装场地一般分成三个区：即后配套拖车存放区、主机及配件存放区、吊机存放区。

吊装设备一般采用履带吊 1 台，汽车吊 1 台，液压千斤顶 2 台，以及相应吊具，它们的吨位和能力取决于盾构最大部件重量和尺寸。

在组装前安装调试好门吊，使组装安排更加灵活，有利于缩短组装时间。

组装盾构所需工具设备可按下述项目准备：拉伸预紧扳手、液压扭力扳手、风动扳手、扭力扳手、棘轮扳手、重型套筒扳手、内六角扳手、开口扳手、管钳、普通台虎钳、导链、吊带、油压千斤顶、弯轨器、轨道小车、液压小推车等，其规格型号因盾构型号及制造厂家的要求而异。

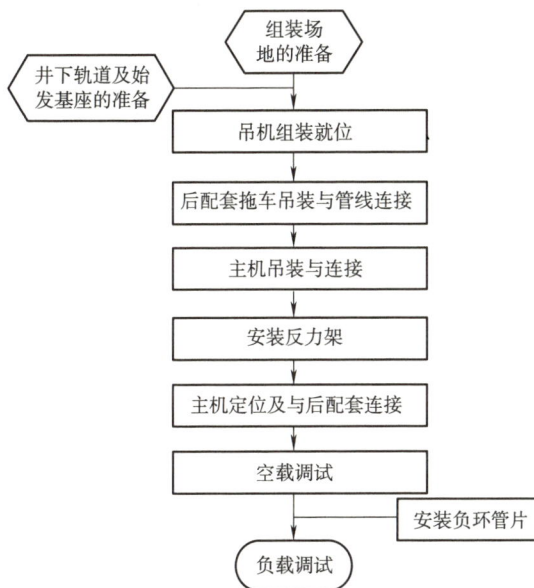

图 7-9　盾构组装调试流程示意

7.3.2　始发基座的安装

盾构始发基座(也称始发架)的形式如图 7-10 所示。盾构组装前,在组装井内精确放置始发基座并定位固定,然后铺设轨道。

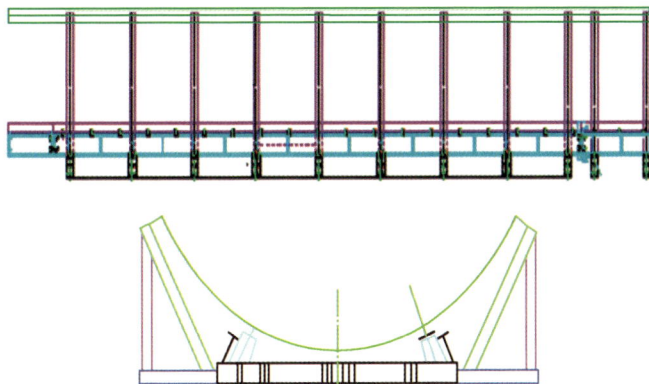

图 7-10　盾构始发基座示意

盾构始发基座一般采用钢结构,预制成榀。始发基座的水平位置按设计轴线准确进行放样。将基座与工作井底板预埋钢板焊接牢固,防止基座在盾构向前推进是产生位移。盾构始发基座的安装如图 7-11 所示。

盾构基座安装时应使盾构就位后的高程比隧道设计轴线高程高约 30 mm,以利于调整盾构初始掘进的姿态。盾构在吊入始发井组装前,须对盾构始发基座安装进行准确测

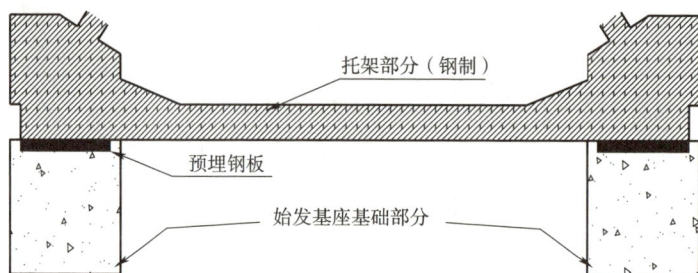

图 7-11　盾构始发基座的安装示意

量,确保盾构始发时的正确姿态。

(1)始发基座轴线安装测量

始发基座的轴线在吊入始发井时必须进行标记,当基座吊入始发井后,先对照始发井底部测量准确的轴线及始发井两端端墙上的中心标记,采用投点仪辅以钢丝的投点的方法对基座进行初步安放,然后在始发井圈梁上的轴线点同时架设经纬仪,将轴线点投入始发井底部,调节基座,使基座的轴线标记点与设计轴线点位于同一竖平面内。安装安成后,须用盘左及盘右进行检测,确保盾构始发基座轴线标志点的误差均在 3 mm 以内,达到相应规范的要求。

(2)始发基座高程安装测量

根据始发基座的结构尺寸,须计算出基座上表面的设计高程值。在始发基座轴线位置安装完成后,进行基座的高程测量。用水准仪将所需要的高度放样于始发井两侧侧墙上,并作上明显的标志。所放样的高程点要有足够的密度,盾构工作井共需标设 6 个高程标志点,6 个高程标志均匀的分布在始发井侧墙的两侧。高程标志完成后,对所在标志进行复核,任意两个标志间的高程互差不超过 2 mm,且与绝对高程的差值不超过 1 mm,为始发基座的精确安装提供保障。始发基座安装时,在相对应的高程标志间拉小线,进行基座的初步安装,完成后,用水准仪进行精测,对基座的高程进行微调,达到设计高程的精度要求(允许偏差为 0~+3 mm)。考虑到在进行轴线及高程微调时两者之间互相影响,在完成整个基座的安装后,须进行全面细致的复核,以确保盾构始发基座的准确安装。

7.3.3　盾构组装顺序

(1)后配套拖车下井

各节拖车下井顺序为从后到前的顺序,如盾构有 4 节拖车时,其下井顺序为:4 四号拖车→3 号拖车→2 号拖车→1 号拖车。拖车下井后,组装拖车内的设备及其相应管线,由电瓶机车牵引至指定的区域,拖车间由连接杆连接在一起,如图 7-12 所示。

(2)设备桥下井

设备桥(也称连接桥)长度较长,下井时须由汽车吊与履带吊配合着倾斜下井。下井后其一端与 1 号拖车由销子连接,另一端支撑在现场施焊的钢结构上,然后将上端的吊机缓缓放下后移走吊具。用电机车将 1 号拖车与设备桥向后拖动,将设备桥移出盾构组装

竖井，1 号拖车与 2 号拖车连接，如图 7-13 所示。

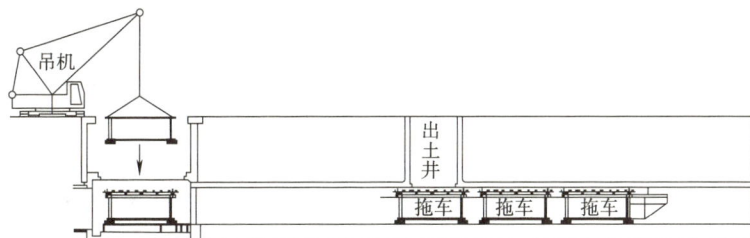

图 7-12　后配套拖车及设备桥下井示意

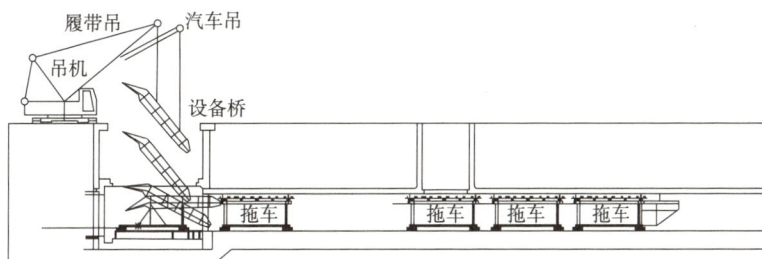

图 7-13　设备桥下井示意

（3）螺旋输送机下井

螺旋输送机长度较长，下井时须由汽车吊与履带吊配合着倾斜下井。2 台吊机通过起、落臂杆和旋转臂杆使螺旋输送机就位。螺旋输送机下井后，摆放在矿车底盘上，用手动葫芦拖至指定区域，如图 7-14 所示。

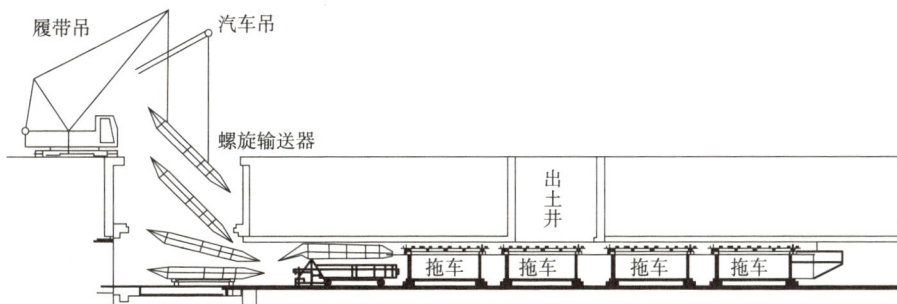

图 7-14　螺旋输送机下井示意

（4）中盾下井

中盾在下井前将两根软绳系在其两侧，向下吊运时，由人工缓慢拖着，防止中盾扭动，吊机缓慢下钩，使中盾自然下垂，由平放翻转至立放状态送到始发基座上，如图 7-15 所示。

（5）前盾下井

前盾翻转及下井同中盾，送到始发基座上后进行与中盾的对位，安装与中盾的连接螺栓。

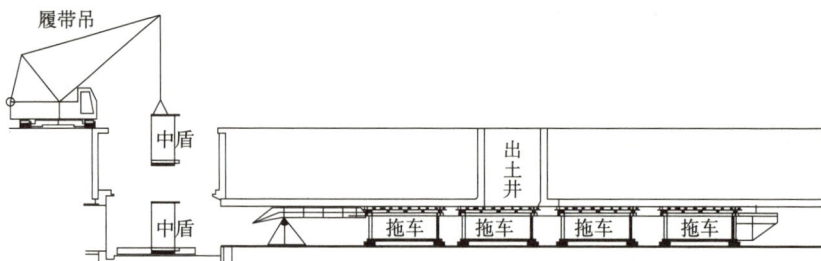

图 7-15　中盾下井安装示意

（6）安装刀盘

刀盘翻转及下井同中盾。送到始发基座上后安装密封圈及连接螺栓，如图 7-16 所示。

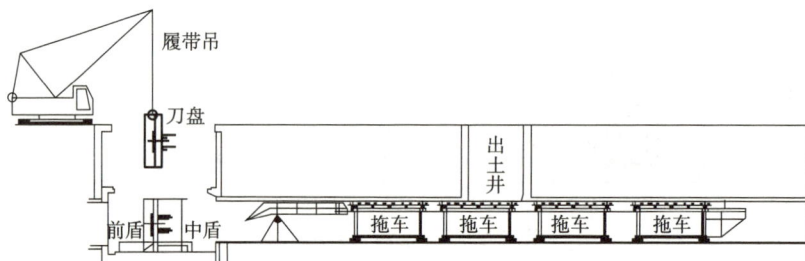

图 7-16　刀盘下井安装示意

（7）主机前移

主机前移，使刀盘顶到掌子面。在始发基座两侧的盾构外壳上焊接顶推支座，前移一般由两个的液压千斤顶完成。

（8）安装管片安装机

管片安装机翻转及下井与中盾同，下井安装后再进行两个端梁的安装，如图 7-17 所示。

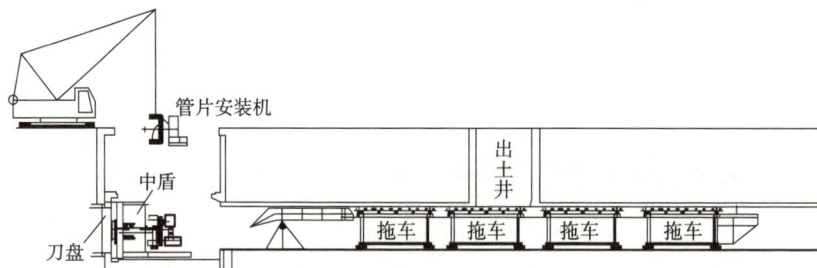

图 7-17　管片安装机的下井安装示意

（9）盾尾下井

盾尾焊接完成后，在汽车吊与履带吊配合下，倾斜着将盾尾穿入管片安装机梁，并与中盾对接，如图 7-18 所示。

（10）安装螺旋输送机

延伸铺设轨道至盾尾内部，将螺旋输送机与矿车底盘一起推进盾壳内。螺旋输送机

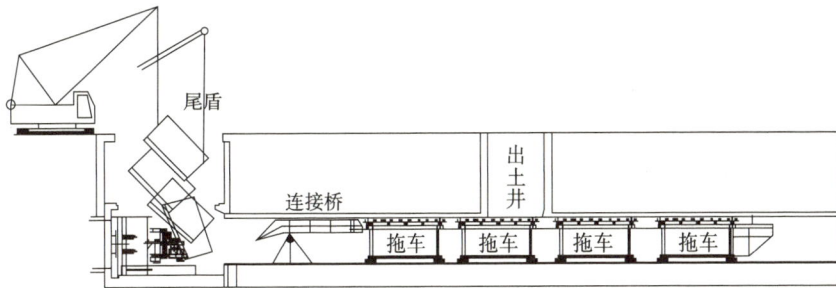

图 7-18 盾尾下井安装示意

前端用倒链拉起,使螺旋输送机前端通过管片安装机中空插到中盾内部。螺旋输送机与前盾连接处密封要装要求紧固,中体与螺旋输送机固定好,如图 7-19 所示。

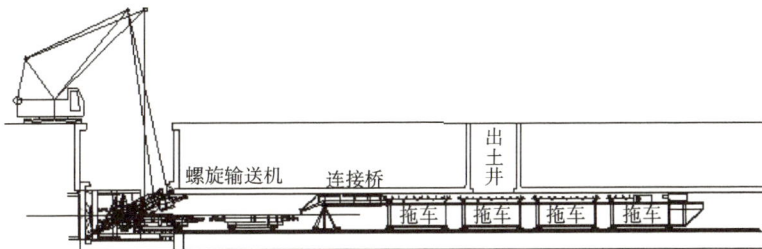

图 7-19 安装螺旋输送机示意

(11)反力架及负环钢管片的安装

在盾构主机与后配套连接之前,开始进行反力架的安装。反力架端面应与始发基座水平轴垂直,以便盾构轴线与隧道设计轴线保持平行。反力架与车站结构连接部位的间隙要垫实,保证反力架的安全稳定,如图 7-20 所示。

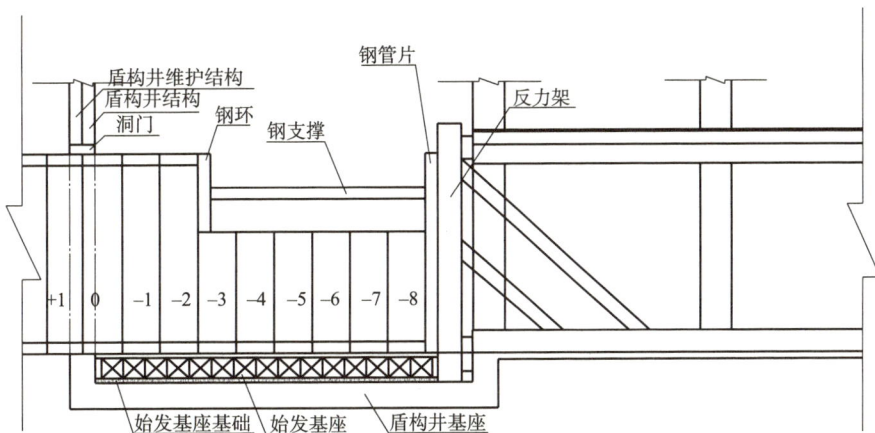

图 7-20 反力架及负环钢管片示意

盾构反力架的作用是在盾构始发掘进时提供盾构向前推进所需的反作用力,盾构始

发掘进前应首先确定钢反力架的形式,并根据盾构推进时所需的最大推力进行校核,然后根据设计加工盾构钢反力架,待钢反力架安装完毕后,方可进行始发掘进。

进行盾构反力架形式的设计时,应以盾构的最大推力及盾构工作井轴线与隧道设计轴线的关系为设计依据。

钢反力架预制成形后,由吊车吊入竖井,由测量给出轴线位置及高程,进行加固。反力架要和端墙紧贴,形成一体,保证有足够的接触面积。如出现反力架和端墙出现缝隙,在反力架和端墙之间补填钢板,钢板要分别和反力架与洞口圆环焊牢。安装完毕后要对反力架的垂直度进行测量,保证钢反力架和盾构推进轴线垂直。

盾构反力架安装质量的好坏直接影响初始掘进时管道的质量,其中钢反力架的竖向垂直及与设计轴线的垂直是主要因素,钢反力架安装必须注意以下事项。

①钢反力架中心放样

钢反力架中心的安装采用水准仪配合经纬仪进行。其中经纬仪架设于盾构始发端的圈梁轴线点上,后视另一轴线点,将轴线点投向反力架中心标志处,指挥反力架左右平移,直至与轴线重合;然后用水准仪测量中心标志的绝对高程,指挥钢反力架上下移动,达到设计的高程值,由于反力架的中心不是影响始发掘进的主要因素,安装时,反力架的中心误差控制在 15 mm 以内。

②钢反力架与轴线及自身垂直放样

钢反力架中心放样完成后,须使反力架面在竖直方向上垂直,且此面与盾构设计轴线垂直。放样时,首先使用水平尺使钢反力架在竖直方向上基本垂直。然后使用经纬仪将轴线引入始发井底部,在靠近反力架处的设计轴线上设站,后视另一轴线点,经纬仪置 0°,旋转 90°,在始发井侧墙一侧放样两点,然后用倒镜在始发井另一侧墙处同样放样两点。

放样后,须再旋转经纬仪 180°,检查是否与起初放样的点位于同上平面内,分别在侧墙上方及下方的两点间拉线,用直尺准确量出钢反力架不同部位与线之间的距离,以任一点为基准,调节钢反力架,使反力架表面与线组成的现面平行(线任意一部位到反力架表面的距离相等),使反力架处竖相垂直且反力架面与设计轴线垂直。

（12）管线连接

连接电器和液压管路,从后向前连接后配套与主机各部位的液压及电气管路。

7.3.4　盾构组装总体要求

（1）盾构组装前必须制定详细的组装方案与计划,同时组织有经验的作业人员组成组装班组,并在组装施工前对组装人员进行技术和安全培训。

（2）盾构的运输必须由具有资质的专业大件运输公司运输进场。

（3）盾构吊装由具有资历的专业队伍负责起吊。

（4）应根据履带吊机(一般采用 250 t)对地基承载力的要求,对其工作区域进行处理,如浇筑钢筋混凝土路面、铺设钢板等,防止地层不均匀沉陷。

（5）盾构主机吊装之前必须对始发基座进行准确的定位。

（6）大件组装时应对盾构始发井端头墙进行严密的观测,掌握其变形与受力状态,保

证始发井结构安全。

(7)大件吊装时一般以 90 t 汽车吊辅助翻转。

(8)组装前对所使用设备、工具进行安全检查,保证组装过程的安全顺利进行。每班作业前按起重作业安全操作规程进行技术交底,严格按有关规定执行。

(9)由专人负责大件运输和现场吊装、组装的秩序维护,确保组装安全。

(10)机械部件组装前需要弄清其结构及安装尺寸的关系,螺栓连接紧固的具体要求等,同时自始至终保持清洁。

(11)组装前必须检查泵、阀等液压件的封堵是否可靠,如有情况,必须进行现场清洗,管件在组装前如没有充满油液,也必须进行严格清洗。

(12)高低压设备和电气元件的安装,严格执行制造厂所提供的有关标准和我国电力电气安装的有关规定和标准。

7.3.5 盾构组装要点

(1)组装前必须熟知所组装部件的结构、连接方式及技术要求。

(2)组装工作必须本着由后向前、先下后上、先机械后液压、电气的原则。

(3)对每一拖车或部件进行拆包时必须做好标记,注意供应商工厂组装标记,如:VRT→表示隧道掘进方向,NL2 表示 2 号拖车,L 表示左侧,R 表示右侧。

(4)液压管线的连接必须保证清洁,禁止使用棉纱等易脱落线头的物品擦拭。

(5)组装过程中严禁踩踏、扳动传感器、仪表、电磁阀等易损部件。

(6)组装场内的氧气、乙炔瓶必须定点存放、专人负责。

(7)组装工具必须由专人负责,专用工具必须严格按照操作规程进行使用。

(8)对盾构所有部件的起吊,必须保证安全、平稳、可靠。

7.3.6 盾构调试

盾构调试按阶段划分为工厂调试和施工现场调试。现场调试又分为井底空载调试、试掘进重载调试。工厂调试阶段的工作是对设计、制造质量及主要功能进行调试;井底调试阶段的工作是在盾构吊到井底后按照井底调试大纲对其总装质量及各种功能进行检查和调试;试掘进重载调试是通过试掘进期间进行重载调试,经调试并验收合格后即可正式交付使用。

7.3.6.1 空载调试

盾构组装完毕后,即可进行空载调试。空载调试的目的主要是检查盾构各系统和设备是否能正常运转,并与工厂组装时的空载调试记录进行比较,从而检查各系统运行是否按要求运转,速度是否满足要求,对不满足要求的,要查找原因。主要调试内容为:配电系统、液压系统、润滑系统、冷却系统、控制系统、注浆系统以及各种仪表的校正。

以土压平衡盾构为例,空载调试的内容如下:

(1)确认每台电机的接线情况,各种管路、信号线路的连接情况。

(2)确认各种紧急按钮是否有效。

(3)确认液压油箱的油位和各个减速箱的油位。

(4)确认液压泵运转是否正常。

(5)在有危险的部位放置警示牌。

(6)排掉各活塞泵内的空气。

(7)接通电源,确认各个部分电压是否符合要求。

(8)确认各个漏电保护开关是否有效。

(9)检查各个电动机的转向是否正常。

(10)排掉润滑油管路内空气,并确认转换压力和各油路分配阀运行情况是否良好。

(11)依次对每台液压泵进行无负荷运转,直到泵内无空气混入的声音为止。

(12)通过控制室启动各个液压油泵和刀盘马达,检查运转是否正常。

(13)随时观察各种管路是否漏油。

(14)对推进和铰接系统,检查推进油缸和铰接油缸的伸缩情况,管路有无泄漏油现象,及其泵站的运转。

(15)对管片拼装机进行运行确认:

①对拼装机的控制系统即有线操作和无线操作进行确认,检查拼装机各机构运转及自由度情况。

②对旋转马达进行运转,检查是否灵活可靠,并将其内的空气排净。

③对拼装机伸缩、提升、支撑千斤顶的动作确认并排净其内的空气。

④检查拼装机上各种连接油管,检查是否有漏油现象及其泵站的运转情况。

(16)检查管片吊机和管片输送小车的操作遥控手柄,检查其运转情况。

(17)对螺旋输送机进行空载试车,检查检查螺旋输送机前后闸门伸开和关闭情况及螺旋杆伸缩情况,管路有无泄漏现象及其泵站的运转情况。

(18)在主控制室操作对刀盘进行旋转试验:

①在试验前,将刀盘位置处的盾构始发基座割去一块,以防止刀盘旋转时和始发基座发生碰撞。

②刀盘进行正、反方向旋转,检查是否正常。

(19)管片整圆器的调试:

①将整圆器液压油缸中的空气排净。

②检查其各个部分的油管是否漏油,滑道是否顺滑,行进是否灵活。

(20)皮带输送机的调试:在辊子摆放到位、皮带硫化完毕,检查皮带运转情况,及时调整皮带跑偏和刮板调整程度。

①检查皮带机的转向。

②检查各个滚轮转动是否灵活可靠。

③检查输送皮带有无裂纹和撬渣。

④调整输送皮带在滚筒上的位置。

⑤对盾构设备进行一次最后的全面检查及局部调整。

(21)泡沫系统和刀盘加水:泡沫系统参数设定好后,启动泡沫泵和风水供应,查看泡

沫发生器混合发生情况,刀盘前部泡沫喷射和混合效果。

(22)注浆系统:检查注浆泵运转和管路连接情况。

盾构设备经空载试验,确认各项性能达到设计要求后,方可进行试掘进施工。

7.3.6.2　负载调试

通过空载调试证明盾构具有工作能力后,即可进行盾构的负载调试。负载调试的主要目的是检查各种管线及密封设备的负载能力,对空载调试不能完成的调试工作进一步完善,以使盾构的各个工作系统及其辅助系统达到满足正常施工要求的工作状态。通常试掘进时间即为对设备负载调试时间。

7.3.7　盾构现场验收

盾构设备在现场组装和调试完成后,应进行验收。验收组由盾构设备的买方、卖方及设备使用单位的技术人员以及有关专家联合组成。验收组按照技术文件和图纸,共同进行检查和试验。并由买方和卖方的双方代表签署盾构设备的组装证书以及单机和系列机械和设备的调试证书。如果调试成功,盾构组装符合技术文件的要求,双方代表应签署竣工安装证书。验收合格后,进行盾构的始发与试掘进,试掘进长度按盾构采购合同的规定,试掘进完成后进行盾构设备的最终验收。最终验收的内容包括验盾构的制造质量、设备性能、安全、环保几方面。最终验收合格后,由买方和卖方的双方代表签署最终验收证书。

盾构的最终验收是盾构管理责任由制造商向使用单位完全转移的标志,是盾构掘进管理的重要环节。

盾构验收前盾构制造商需提供主要部件出厂合格证书、盾构检验证书、工厂调试报告、工地验收文件清单及相关表格、合同中规定的图纸和技术资料、验收标准等文件。合同设备应在规定的考核期内,实现全部保证指标和相关条款,则表示最终验收合格。

验收中应认真记录验收数据,填写验收报告,验收要有专项表格,设备和系统的各项验收数据必须达到性能指标才能通过验收。

设备最终验收的主要依据如下:

(1)盾构采购合同。

(2)盾构技术文件及技术参数。

(3)合同附件的相关条款。

(4)对新机需提供设计联络、监造、安装调试过程中及随后的掘进过程中的所签署的文件、备忘录等。

(5)调试有关参数记录。

(6)试掘进有关参数记录。

7.4　盾构始发技术

7.4.1　盾构始发流程

盾构始发是指利用反力架和负环管片,将始发基座上的盾构,由始发竖井推入地层,

开始沿设计线路掘进的一系列作业。视频 7-1 为土压平衡盾构始发工艺（该视频由中铁一局提供）。

视频 7-1　土压平衡盾构始发工艺

　　盾构始发施工，在施工中占有相当重要的位置。在 20 世纪 60 年代，手掘式盾构施工法鼎盛，始发施工方法是用来部分拆除竖井的临时墙等，顺次建设挡土墙以防止地层崩塌，同时进行开挖。进入 20 世纪 70 年代，泥水式、土压式等闭胸盾构得到广泛应用，这类盾构的前面为封闭结构，不能像手掘式盾构施工法那样施工，为此，必须全断面让盾构贯入地层，通过泥浆循环或土砂的塑性流动进行开挖。

　　盾构法施工的进步，在对地层进行保护方面贡献很大，但始发施工并未简化，反而更为复杂。目前，盾构隧道有埋深加大且大型化的趋势，施工周围的环境日趋严峻，在这种情况下，盾构始发施工对辅助施工法的依赖性越来越大，目前到了没有辅助施工法就几乎不能进行始发施工的地步。与此相应，辅助施工法也进步显著，现在不但强度大、可靠性高，而且在大深度场所也能施工。以前是以化学注浆施工法为主，目前逐渐采用了高压旋喷注浆和冻结法等更为安全的施工法。

　　盾构始发流程如图 7-21 所示。

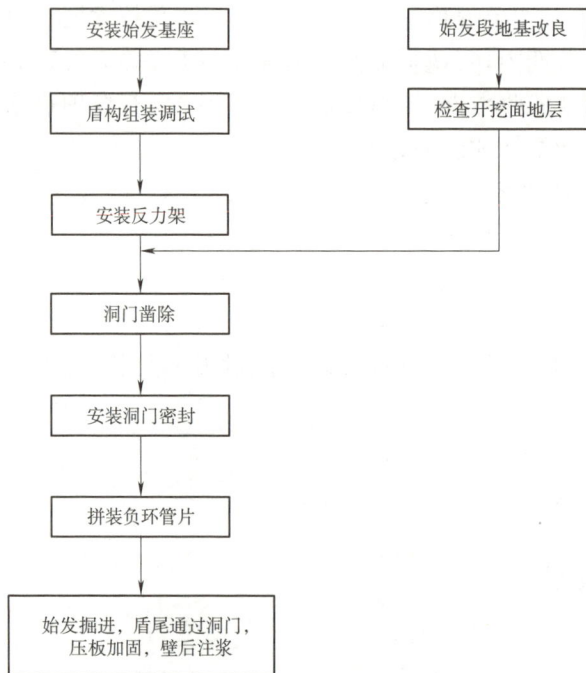

图 7-21　盾构始发流程示意

盾构始发是盾构施工的关键环节之一,其主要内容包括:始发前竖井端头的地层加固、安装盾构始发基座、盾构组装及试运转、安装反力架、凿除洞门临时墙和围护结构、安装洞门密封、盾构姿态复核、拼装负环管片、盾构贯入作业面建立土压和试掘进等。

7.4.2　端头加固

在始发掘进和到达掘进时,随着竖井挡土墙的拆除,端头土体的结构、作用荷载和应力将发生变化,对始发掘进和到达掘进的竖井端头地层需进行土体加固。地层加固的目的如下:防止拆除临时墙时的振动影响;在盾构贯入开挖面前,能使围岩自稳及防止地下水流失;防止开挖面坍塌;防止地表沉降。地层加固有化学注浆法、砂浆回填法、深层搅拌法、高压旋喷注浆法、冷冻法等。国内较常用的是深层搅拌法、高压旋喷注浆法、冷冻法,其相关内容详见"7.2 端头加固技术"。

盾构法隧道施工中,端头土体加固是盾构始发、到达技术的一个重要组成部分,也是盾构始发、到达事故多发地带,即端头土体加固的成功与否直接关系到盾构能否安全始发、到达。因此,合理选择端头加固施工工法和必要的加固监测,是保证盾构法隧道顺利施工的非常重要的环节。

端头土体加固与一般地基加固的不同之处是不仅仅要有强度要求,还要有抗渗透性要求,在此基础上,还要考虑经济的要求,这主要由加固长度、宽度、加固方法的选择决定。即加固方法是否存在风险性过大,或过于保守,加固范围过大等。

由于冻结法有造价高、解冻后存在沉降问题等缺点,旋喷桩加固虽然效果好,但其造价远高于深层搅拌桩。所以,端头加固采用较广的是深层搅拌法,并在搅拌桩加固体与连续墙间无法加固的间隙处采用旋喷法进行补充加固。

端头土体加固最常见的问题有二:一是加固效果不好,造成开洞门时土体坍塌;二是加固范围不当,造成始发时水土流失二种。

端头土体加固的效果不好是在始发过程中经常遇到的问题。采取的主要措施是必须根据端头土体情况选择合理的加固方法,而且要加强过程控制,特别是要严格控制一些基本参数。对于加固区与始发井间形成的必然间隙要采取其他方式处理。

出现开洞门失稳现象时,在小范围的情况下可采用边破除洞门混凝土,边利用喷素混凝土的方法对土体临空面进行封闭。如果土体坍塌失稳情况严重时,只有封闭洞门重新加固。

始发与到达端地层加固范围详见本章"端头加固技术"相关内容。加固后地层应具有良好的均匀性和整体性;在凿除洞门后能够自稳,且具有低渗透性。

端头加固完成后,应进行钻孔取芯试验以检查效果,取芯试件无侧限抗压强度应达到 $\sigma_{cu} \geqslant 1$ MPa,内聚力 $C > 0.5$ MPa;在加固区钻水平孔和垂直孔检查渗水量,水平孔分布于盾构隧道上、下、左、右部和中心处各一个,深 8 m,其渗透系数 $\leqslant 1.0 \times 10^{-8}$ cm/s,其渗水量总计不大于 10 L/min。垂直孔在加固区前端布 2 个孔和施工中钻孔误差较大的部位布设 1 个,其渗水量不大于 2 L/min。检查孔使用后,采用低强度水泥砂浆封孔。

7.4.3　洞门凿除

洞门混凝土凿除前,端头加固的土体须达到设计所要求的强度、渗透性、自立性等技术指标后,方可开始洞口凿除工作。

洞门壁混凝土采取人工用高压风镐凿除，凿除工作分二次进行，第一步先凿除外层 500 mm 厚混凝土并割除钢筋及预埋件，保留最内层钢筋；外层凿除工作先上部后下部，钢筋及预埋件割除须彻底，以保证预留洞门的直径。第二步，当盾构组装调试完成，并推进至距离洞门 1.0～1.5 m 时，凿除里层。里层凿除方法是根据断面大小的不同将其分割成 9～20 块。图 7-22 是分割为 12 块的施工方法，具体做法是，在洞门中心位置上凿三条水平槽，沿洞门周围凿一条环槽，然后开二条竖槽，洞门凿除顺序如图 7-22 所示。

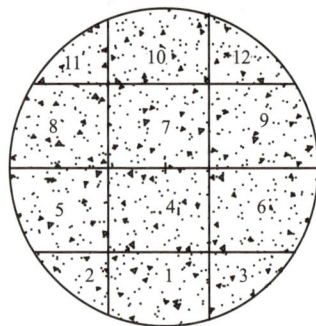

图 7-22　洞门凿除顺序示意

7.4.4　洞门密封

为了防止盾构始发或到达时泥土、地下水从盾壳和洞门的间隙处流失，以及盾尾通过洞门后背衬注浆浆液的流失，在盾构始发或到达时需安装洞门密封。

洞口密封的施工分两步进行，第一步是在结构的施工过程中，做好洞门预埋件工作，预埋件必须与结构的钢筋连接在一起。第二步是在盾构正式始发或到达前，应先清理完洞口的渣土，然后进行洞口密封装置的安装。

洞门密封装置由帘布橡胶、扇形压板、防翻板、垫片和螺栓等组成。安装洞门密封之前，应对帘布橡胶的整体性、硬度、老化程度等进行检查，对圆环板的成圆螺栓孔位等进行检查，并提前把帘布橡胶的螺栓孔加工好。然后将洞门预埋件的螺栓孔清理干净，最后按照帘布橡胶板、圆环板、扇形压板、防翻板的顺序进行安装。

盾构始发时，为防止盾构进入洞门时刀盘损坏帘布橡胶，可在帘布橡胶板外侧涂抹一定量的油脂。随着盾构向前推进需根据情况对洞门密封压板进行调整，以保证密封效果，如图 7-23 所示。

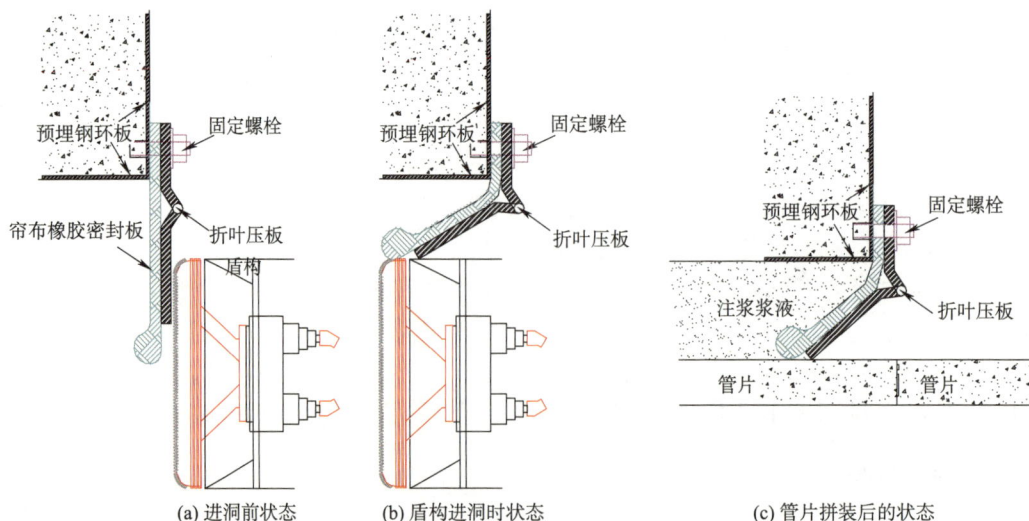

(a) 进洞前状态　　　(b) 盾构进洞时状态　　　(c) 管片拼装后的状态

图 7-23　土压平衡盾构始发洞门密封示意

泥水盾构始发时,除防止泥水盾构始发掘进时泥土、地下水从盾体和洞门的间隙处流失外,还要防止循环泥浆的流失,同时为建立一定的泥水压力,在盾构始发时一般需安装由两道相同密封组成的洞门临时密封装置,如图 7-24 所示。

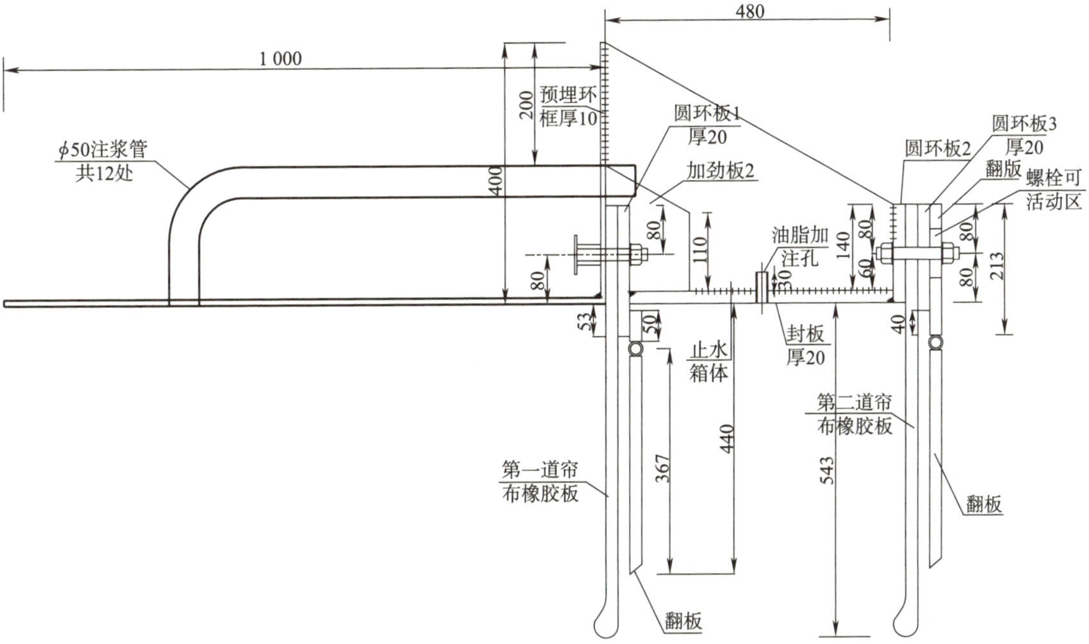

图 7-24　泥水盾构始发洞门密封示意(单位:mm)

盾构进入预留洞门前,在外围刀盘和帘布橡胶板外侧涂润滑油,当盾构刀盘全部通过第一道密封后,开始向泥水舱内加压,压力仅满足泥浆充满泥水舱,然后在两道密封间利用预留注脂孔向内注油脂,使油脂充满两道帘布橡胶密封间的空隙。当盾尾通过第一道密封且折叶板下翻后,进一步加注油脂,使洞门临时密封起到很好的防水效果。当盾尾通过第二道密封且折叶板下翻后,要及时利用注脂孔向内继续注油脂,使油脂压力始终高于泥水压力 0.01 MPa 左右,从而使盾构顺利始发并减少始发时的地层损失。

7.4.5　负环管片拼装

当完成洞门凿除、洞门密封装置安装及盾构组装调试等工作后,组织相关人员对盾构设备、反力架、始发基座等进行全面检查与验收。验收合格后,开始将盾构向前推进,并安装负环管片。

(1)在盾尾壳体内安装管片支撑垫块,为管片在盾尾内的定位做好准备,如图 7-25 所示。

(2)从下至上一次安装第一环管片,要注意管片的转动角度一定要符合设计,换算位置误差不能超过 10 mm。

(3)安装拱部的管片时,由于管片支撑不足,一定要及时加固。

(4)第一环负环管片拼装完成后,用推进油缸把管片推出盾尾,并施加一定的推力把

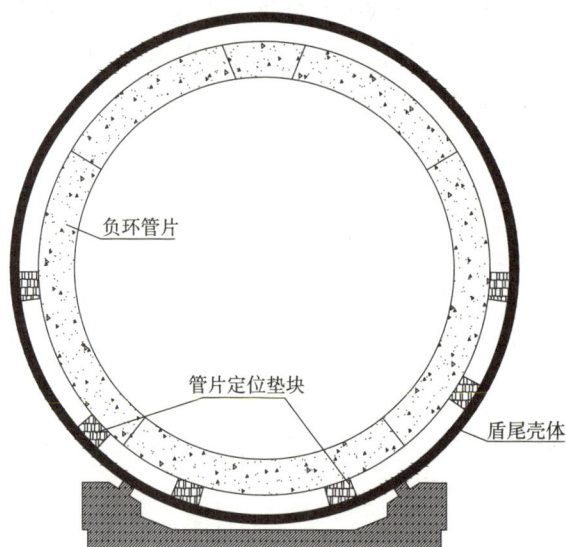

图 7-25   负环管片拼装示意

管片压紧在反力架上的负环钢管片上，用螺栓固定后即可开始下一环管片的安装。

（5）管片在被推出盾尾时，要及时支撑加固，防止管片下沉或失圆。同时也要考虑到盾构推进时可能产生的偏心力，因此支撑应尽可能的稳固。

（6）当刀盘抵达掌子面时，推进油缸已经可以产生足够的推力稳定管片，就可以把管片定位块取掉。

7.4.6   始发掘进要点

（1）盾构始发掘进时的总推力应控制在反力架承受能力以下，同时确保在此推力下刀具切入地层所产生的扭矩小于始发基座提供的反扭矩。

（2）在盾构推进、建立土压过程中应注意对洞门密封、始发基座、反力架及反力架支撑的变形、渣土状态等情况进行认真观察，发现异常，应适当降低土压力（或泥水压）、减小推力、控制推进速度。

（3）由于始发基座轨道与管片有一定的空隙，为了避免负环管片全部推出盾尾后下沉，可在始发基座导轨上焊接外径与理论间隙相当的圆钢，使圆钢将负环混凝土管片托起。

（4）在盾构内拼装好整环后利用盾构推进油缸将负环管片缓慢推出盾尾，直至与钢负环接触，并用管片螺栓连接固定。负环管片的最终位置要以推进油缸的行程进行控制，在第一环负环管片与负钢环之间的空隙用早强砂浆或钢板填满，确保推进油缸的推力能较好地传递至反力架上。第二环负环及以后管片将按照正常的安装方式进行安装。

（5）随着负环管片的拼装，应不断用准备好的木楔填塞负环管片与始发基座轨道及三角支撑之间的间隙，待洞门维护结构完全拆除后，盾构应快速地通过洞门进行始发掘进施工。

（6）当始发掘进至第50～60环时，可拆除反力架及负环管片。盾构施工中，始发掘进长度应尽可能缩短，但不短于以下两个长度中较长的一个：

①管片外表面与土体之间的摩擦力应大于盾构的推力,根据管片环的自重及管片与土体间的摩擦系数,计算出此长度。

②始发长度应能容纳后配套设备。

(7)始发前盾尾钢丝刷必须用 WR90 油脂进行涂抹,且必须达到涂抹质量,饱满、均匀,每一根钢丝上均粘有油脂。

(8)严禁盾构在始发基座上滑行期间进行盾构纠偏作业。

(9)盾构始发过程中,严格进行渣土管理,防止由于渣土管理控制不当造成地表沉降或隆起;开始掘进后,必须加强地表沉降监测,及时调整盾构掘进参数。

(10)当盾尾完全进入洞门密封后,调整洞门密封,及时通过同步注浆系统对洞门进行注浆,封堵洞圈,防止洞门密封处出现漏泥水和所注浆液外漏现象的发生。

(11)在始发阶段由于盾构设备处于磨合阶段,要注意推力、扭矩的控制,同时也要注意各部位油脂的有效使用。

7.5　土压平衡盾构掘进技术

7.5.1　土压平衡盾构施工流程

土压平衡盾构施工流程如图 7-26 所示。

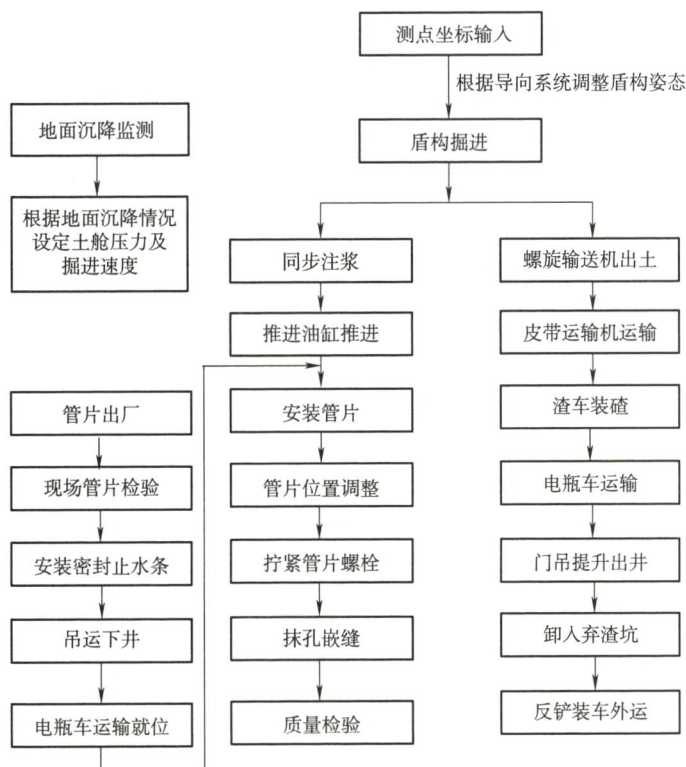

图 7-26　土压平衡盾构法施工工艺流程示意

视频 7-2 为土压平衡盾构掘进工艺(该视频由中铁一局提供)。

视频 7-2 土压平衡盾构掘进工艺

7.5.2 掘进管理原则

正式掘进施工阶段采用始发试掘进阶段所掌握的最佳施工技术参数,结合具体的地质情况,通过加强施工监测,不断完善施工工艺,控制地面沉降。掘进前由工程部土木工程师下达掘进指令与管片指令,主司机应严格按照掘进指令上的各种参数进行掘进,拼装管片应按照管片指令上所注明的管片布置形式进行安装。掘进过程中,应根据导向系统给出的坐标值严格地控制好盾构姿态,当盾构的水平位置或高程偏离设计轴线 20 mm 时,便要进行盾构姿态的纠偏。且在纠偏过程中,每一循环盾构的纠偏值水平方向不超过 9 mm,竖直方向不超过 5 mm。掘进过程中,严格控制和记录好各组推进油缸的行程。在直线段,各组推进油缸的行程差每循环不宜超过 20 mm。盾构在停止掘进时,土舱内应保持相应的压力,以防止在安装管片或停机时,掌子面发生坍塌。在掘进过程中,盾构的趋势不能突变,水平和高程的趋势改变量不能超过 2‰。在每个循环掘进之后,必须由土木工程师对盾尾间隙进行测量。将测量数据记录下来并将其输入导向系统,通过导向系统计算后预测出下几环管片的布置形式。背衬注浆与掘进应同时进行,背衬注浆是控制地表沉降的关键工序,所以应严格做到没有注浆就不能掘进。盾构掘进施工全过程须严格受控,工程技术人员应根据地质变化、隧道埋深、地面荷载、地表沉降、盾构姿态、刀盘扭矩、油缸推力、盾尾间隙、油缸行程等各种测量和量测数据信息,正确下达每班的掘进指令及管片指令,并即时跟踪调整。盾构主司机及其他部位操作人员必须严格执行掘进指令以及管片指令,细心操作,对盾构初始出现的偏差应及时纠正,绝对不能使偏差累积,造成超限。盾构纠偏时,纠偏量不要太大,以避免管片发生错台和减少对地层的扰动。

为了防止盾构掘进对地面建筑物产生有害的沉降和倾斜,防止盾构施工影响范围内的地下管线发生开裂和变形,必须规范盾构操作并选择适当的掘进工况,减小地层损失,将地表隆陷控制在允许的范围内(+1 cm/−3 cm)。

掘进时,严格按照启动顺序开机。开机前全面检查冷却循环水系统、压缩空气系统、推进系统、管片拼装系统、主轴承密封润滑系统、盾尾注脂系统等,确保系统正常方能启动操作。盾构掘进过程中,必须确保开挖面的稳定,按围岩条件调整土舱压力和控制出渣量。盾构掘进的推力必须在考虑围岩情况、盾构类型、超挖量、隧道曲线半径、坡度和管片反力等情况下,确保盾构掘进时的推力大小始终保持在适当的数值上。

7.5.3 土压平衡工况掘进

7.5.3.1 土压平衡工况掘进特点

土压平衡工况掘进时,刀具切削下来的土充满土舱,然后利用土舱内泥土压与作业面

的土压和水压相抗衡,与此同时,用螺旋式输送机排土设备进行与盾构推进量相应的排土作业,掘进过程中,始终维持开挖土量与排土量的平衡,以保持正面土体稳定,并防止地下水土的流失而引起地表过大的沉降。

7.5.3.2 掘进控制

掘进控制程序如图 7-27 所示。

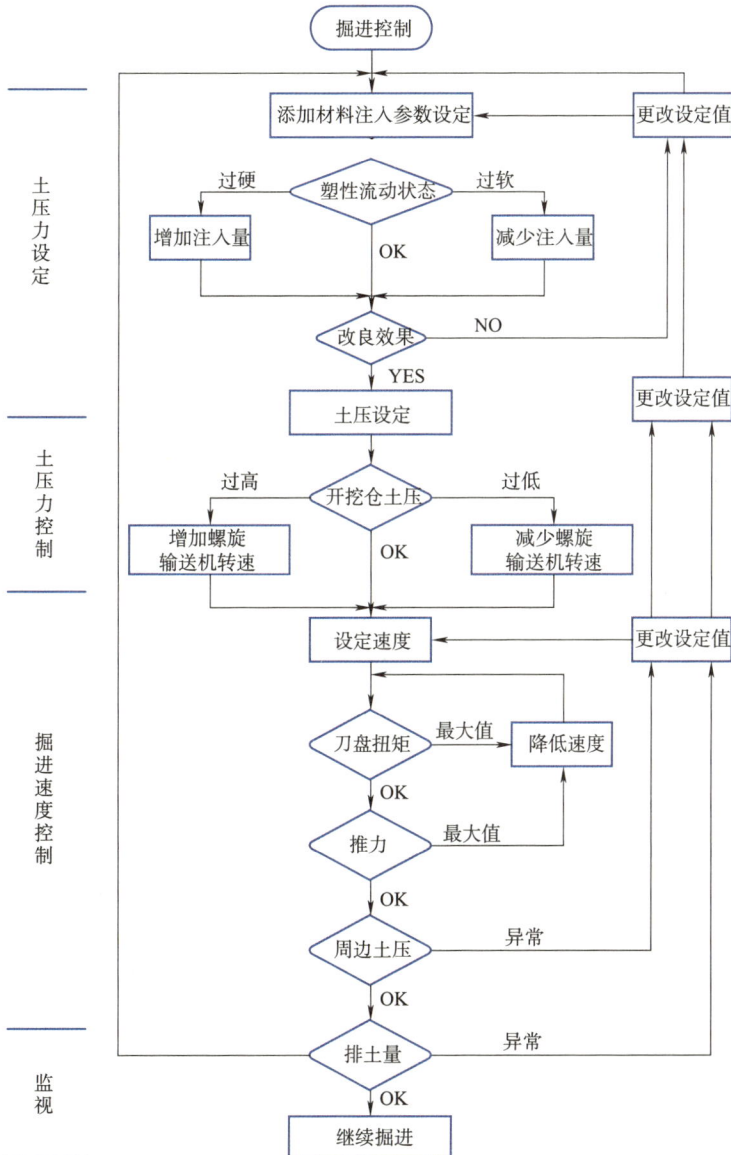

图 7-27 土压平衡盾构掘进控制程序示意

在盾构掘进中,保持土舱压力与作业面压力(土压、水压之和)平衡是防止地表沉降,保证建筑物安全的一个很重要的因素。

(1)土舱压力值的选定。

土舱压力值 P 值应能与地层土压力 P_0 和静水压力相抗衡,在地层掘进过程中根据地质和埋深情况以及地表沉降监测信息进行反馈和调整优化。地表沉降与工作面稳定关系以及相应措施对策见表 7-6。

表 7-6　地表沉降与工作面稳定关系以及相应措施与对策

地表沉降信息	工作面状态	P 与 P_0 关系	措施与对策	备　注
下沉超过基准值	工作面坍陷与失水	$P_{max} < P_0$	增大 P 值	P_{max}、P_{min} 分别表示 P 的最大峰值和最小峰值
隆起超过基准值	支撑土压力过大,土舱内水进入地层	$P_{min} > P_0$	减小 P 值	

(2)土舱压力的保持

土舱压力主要通过维持开挖土量与排土量的平衡来实现。可通过设定掘进速度、调整排土量或设定排土量、调整掘进速度两条途径来达到。

(3)排土量的控制

排土量的控制是盾构在土压平衡工况模式下工作时的关键技术之一。

理论上螺旋输送机的排土量 Q_S 是由螺旋输送机的转速来决定的,当推进速度和 P 值设定,盾构可自动设置理论转速 N:

$$Q_S = V_S \times N$$

式中　V_S——设定的每转一周的理论排土量。

Q_S 与掘进速度决定的理论渣土量 Q_0 相当,即:

$$Q_0 = A \times V \times n_0$$

式中　A——切削断面面积;

　　　n_0——松散系数;

　　　V——推进速度。

通常,理论排土率用 $K = Q_S / Q_0$ 表示。

理论上,K 等于1或接近1,这时渣土就具有低的透水性且处于良好的塑流状态。事实上,地层的土质不一定都具有这种特性,这时螺旋输送机的实际出土量就与理论出土量不符,当渣土处于干硬状态时,因摩阻力大,渣土在螺旋输送机中的输送遇到的阻力也大,同时容易产生固结、阻塞现象,实际排土量将小于理论排土量,则必须依靠增大转速来增大实际出土量,以使之接近 Q_0。这时 $Q_0 > Q_S$、$K < 1$。当渣土柔软而富有流动性时,在土舱内高压力的作用下,渣土自身有一个向外流动的能力,从而使实际排土量大于螺旋输送机转速决定的理论排土量,这时,$Q_0 < Q_S$、$K > 1$,必须依靠降低螺旋输送机的转速来降低实际排土量。当渣土的流动性非常好时,由于输送机对渣土的摩阻力减小,有时还可能产生渣土喷涌现象,这时,转速很小就能满足出土要求,K 值接近于0。

渣土的排出量必须与掘进的挖掘量相匹配,以获得稳定而合适的支撑压力值,使掘进机的工作处于最佳状态。当通过调节螺旋输送机的转速仍不能达到理想的出土状态时,可以通过改良渣土的塑流状态来调整。

(4)渣土具有的特性

在土压平衡工况模式下渣土应具有以下特性：

①良好的塑流状态。

②良好的黏—软稠度。

③低的内摩擦力。

④低的透水性。

一般地层岩土不一定具有这些特性，从而使刀盘摩擦增大，工作负荷增加。同时，密封舱内渣土塑流状态差时，在压力和搅拌作用下易产生泥饼、压密固结等现象，从而无法形成有效的对开挖舱密封和良好的排土状态。当渣土具有良好的透水性时，渣土在螺旋输送机内排出时无法形成有效的压力递降，土舱内的土压力无法达到稳定的控制状态。

当渣土满足不了这些要求时，需通过向刀盘、混合舱内注入添加剂对渣土进行改良，采用的添加剂种类主要是泡沫或膨润土。

7.5.3.3　确保土压平衡而采取的技术措施

(1)拼装管片时，严防盾构后退，确保正面土体稳定。

(2)同步注浆充填环形间隙，使管片衬砌尽早支承地层，控制地表沉陷。

(3)切实作好土压平衡控制，保证掌子面土体稳定。

(4)利用信息化施工技术指导掘进管理，保证地面建筑物的安全。

(5)在砂质土层中掘进时向开挖面注入黏土材料、泥浆或泡沫，使搅拌后的切削土体具有止水性和流动性，既可使渣土顺利排出地面，又能提供稳定开挖面的压力。

7.5.3.4　渣土改良

为了使刀盘切削下来的渣土具有好的流塑性、合适的稠度、较低的透水性和较小的摩阻力，通过盾构配置的专用装置向刀盘前面、土舱及螺旋输送机内注入添加剂如泡沫、膨润土或聚合物等，利用刀盘的旋转搅拌、土舱搅拌装置搅拌及螺旋输送机旋转搅拌使添加剂与土渣充分混合，达到稳定土压平衡的作用。

通过渣土改良可以达到渣土的流塑性以及较小的摩阻力，减少泥饼的形成；不同厂家为防止泥饼产生，在结构设计上有一些改进，这也是有益的措施。

(1)泡沫

无论盾构通过砂性土还是在黏性土地层，都可以通过向土舱内注入泡沫来改善渣土的性状，使渣土具有良好的流塑性；同时泡沫的加入可以起到防水的作用，防止盾构发生喷涌和突水事故。但由于泡沫的用量和价格都比较高，所以只有在加泥不满足要求以及发生喷涌、突水的情况下才使用。当泡沫注入后，可以将螺旋输送机回缩，控制好盾构推力将盾构刀盘进行空转，使泡沫充分地和土舱内的渣土拌和，使泡沫剂在改善渣土性状和止水方面发挥最大的功效。

泡沫系统由螺杆泵泵送泡沫剂与一定比例的水混合液，经过泡沫发生器，高压空气吹压发泡，产生大量的泡沫，通过管路输送到刀盘前面、土舱及螺旋输送机与渣土混合。泡沫具有如下优点：由于气泡的润滑效果，减少了渣土的内摩擦角，提高了渣土的流动性，从

而减少了刀盘的扭矩,改善了盾构作业参数;减少渣土的渗透性,使整个开挖土传力均匀,工作面压力变动小,有利于调整土舱压力,保证盾构掘进姿态,控制地表沉降;减少黏土的粘性,使之不附着于盾构及刀盘上,有利于出土机构出土;泡沫无毒,在2小时后可自行分解消失,对土壤环境无污染。

盾构通过向开挖面注入泡沫,使得开挖土获得良好的流动性和止水性,并保持开挖面稳定,扭矩明显下降。而在黏性土层中,由于其内摩擦角小,易流动,泡沫只起到活性剂作用,防止土粘在刀具和土舱内壁上,减少对刀具的磨损,提高了出土速度和掘进速度。

(2)膨润土

膨润土系统也是用来改良土质,以利于盾构的掘进。膨润土系统主要包括膨润土箱、膨润土泵、气动膨润土管路控制阀及连接管路。有的设备将膨润土系统与泡沫系统共用一套注入管路。需要注入膨润土时,膨润土被膨润土泵沿管路向前泵至盾体内,根据需要,将膨润土加入到开挖室、泥土舱或螺旋输送机中。

(3)聚合物

主要是利用聚合物本身高析水性能,使渣土产生塑性,用于防止喷涌发生。在高压富水地层中防止渣、水喷涌发生方面效果比较明显。

7.5.4　盾构掘进方向控制

盾构掘进施工中,盾构司机需要连续不断地得到盾构轴线位置相对于隧道设计轴线位置及方向的关系,以便使被开挖隧道保持正确的位置;盾构在掘进中,以一定的掘进速度向前开挖,也需要盾构的开挖轨迹与隧道设计轴线一致,而此时盾构司机必须即时得到所进行的操作带来的信息反馈。如果掘进与隧道设计轴线位置偏差超过一定限界时,就会使隧道衬砌侵限、盾尾间隙变小使管片局部受力恶化,也会造成地层损失增大而使地表沉降加大。

7.5.4.1　激光导向系统

盾构施工中,采用激光导向来保证掘进方向的准确性和盾构姿态的控制。导向系统用来测量盾构的坐标(X,Y,Z)和位置(水平、上下和旋转)。测量的结果可以在面板上显示,将实际的数据和理论数据进行对比,导向系统还可以存储每环管片安装的关键数据。

导向系统发展到如今,经历了三棱镜法到双棱镜法再到激光靶法,如图7-28所示。激光靶法由于技术先进,测量精度高,所需要的测量空间较小,故障出现几率低等优点被施工单位和业主单位优先选用,双棱镜法和三棱镜法则慢慢被市场淘汰。

棱镜法导向系统的技术核心是七参数坐标系转换,初始确定好棱镜1、棱镜2、倾斜仪与盾构的相对关系后,在盾构推进过程中实时测量棱镜1、棱镜2、倾斜仪的值通过七参数坐标系转换来求得盾构的位置信息和姿态信息,棱镜法导向系统原理如图7-29所示。

激光靶导向系统的技术核心是确定全站仪的入射激光与激光靶轴线之间的夹角,激光靶内置相机可以感应入射激光在相机内的成像位置,通过相关算法可以计算出入射激光与激光靶轴线的夹角,进而得到激光靶的方位角,通过测量激光靶上的棱镜可以得到激

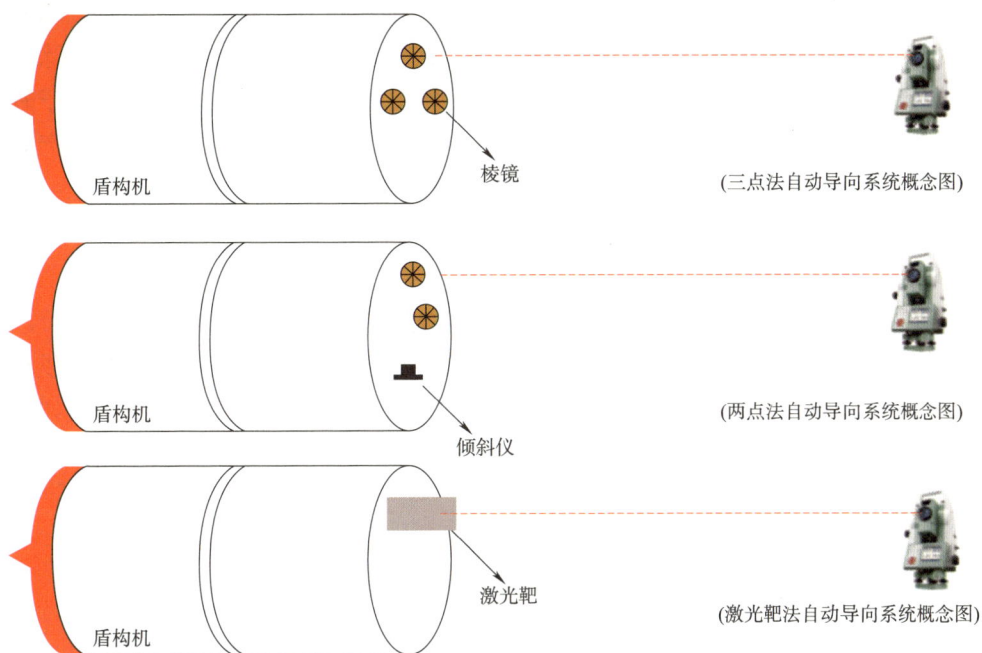

图 7-28　导向系统发展历程示意

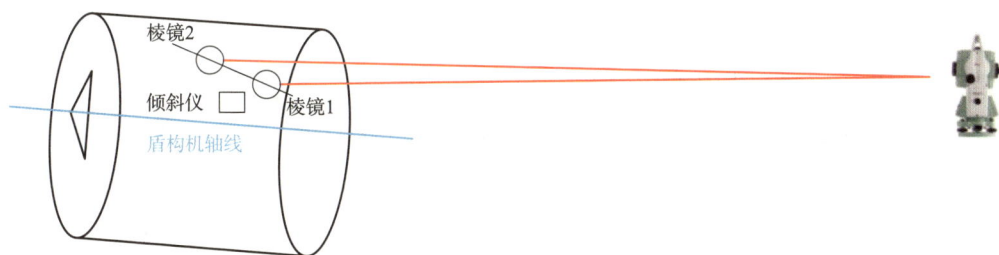

图 7-29　棱镜法导向系统原理示意

光靶的坐标,同时激光靶内置双轴倾斜仪可以得到激光靶的滚动角和俯仰角,通过初始激光靶和盾构的刚体关系可以求得盾构的位置信息和姿态信息,激光靶导向系统原理如图 7-30 所示。

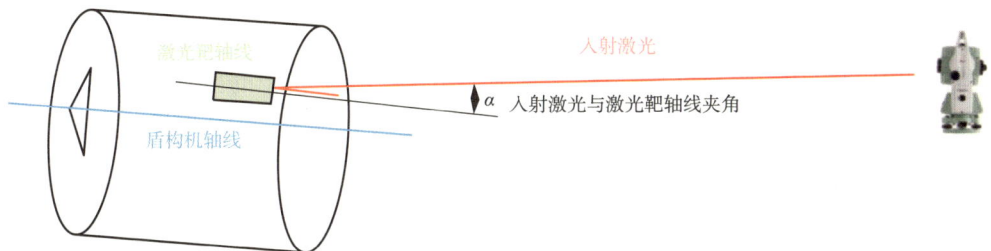

图 7-30　激光靶导向系统原理示意

目前市场上主流的导向系统主要有上海力信 RMS-D 导向系统,铁建重工 DDJ 导向系统,中铁装备 ZED 导向系统,德国 VMT 导向系统,日本演算工坊导向系统。除了演算工坊是棱镜法,其余均为激光靶法。国产导向系统原理,部件基本一致,区别在于软件算法,功能、界面和技术服务的差别,因此本节以上海力信 RMS-D 为代表介绍国产导向系统,同时上海介绍国外的 VMT 和演算工坊等导向系统。

(1)力信 RMS-D 导向系统

①系统概述

RMS-D 在对盾构施工现场以及施工的测量需求充分理解的基础上进行研发设计,实现施工导向测量的自动化。系统全站仪采用无线数据链通信,交、直流双重模式供电。测距采用进口瑞士徕卡自动全站仪,前视标靶采用力信自主研发激光靶,系统构成如图 7-31 所示。

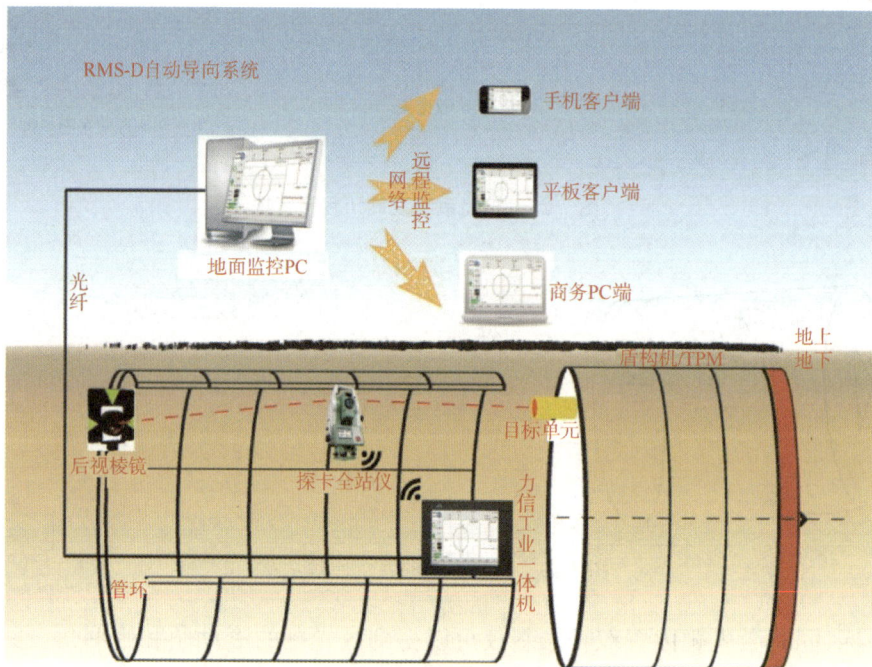

图 7-31   RMS-D 导向系统构成示意

②导向原理

激光靶内置相机和倾斜仪,在盾构掘进中全站仪测量激光靶的坐标,同时通过内置相机和倾斜仪,获取盾构滚动角和俯仰角的变化量以及红色激光(不可见激光)与激光靶轴线的夹角。激光靶如图 7-32 所示。综合以上参数,根据激光靶相对于盾构空间位置关系固定不变的原理,计算出在大地坐标系下盾构盾首和盾尾的坐标,与隧道设计线比较,计算出盾构姿态。

③坐标及偏差定义

在隧道测量工作中,所有测量都必须有一个基准坐标系,在 RMS-D 中用到了三种不

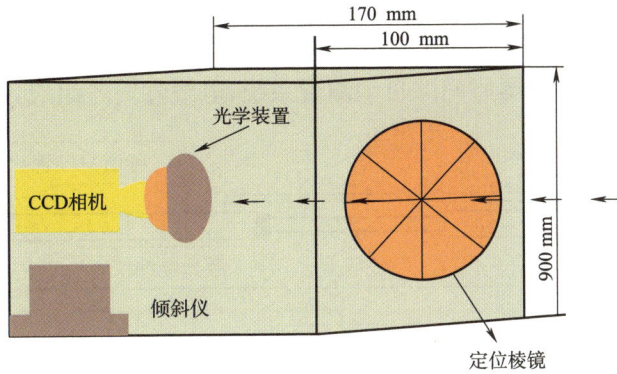

图 7-32　激光靶示意

同的坐标系统

　　a. 大地坐标系

　　大地坐标系是隧道施工测量的基础,地面导线测量、地下导线测量、吊篮坐标测量、现场放样、计算隧道中线的主桩坐标及测定盾构位置等都使用大地坐标系。盾构的位置通过 RMS-D 软件最终转换为位置偏差、方位偏差、坡度偏差和侧转等位置姿态信息。大地坐标系以东方向为 Y 轴,北方向为 X 轴,其 XOY 面平行于水平面的平面坐标系,如图 7-33 所示。

　　b. 刚体坐标系

　　该坐标系与盾构的轴线有关,用于确定初始激光靶和特征点与盾构的位置关系。这些数据由在工厂或者工地进行测定,如图 7-34 所示。

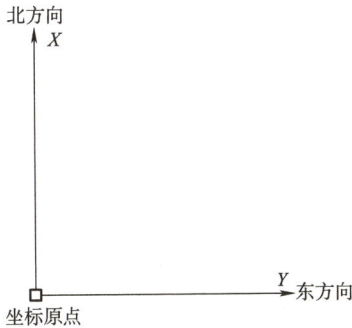

图 7-33　大地坐标系示意

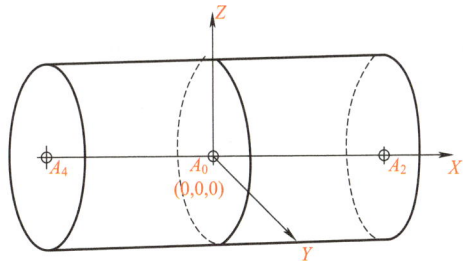

图 7-34　刚体坐标系示意

　　c. DTA 坐标系统

　　该坐标系用于确定盾构的位置,也就是盾构的前后参考点与 DTA 的位置关系。姿态以水平、垂直偏差和盾构的里程来体现。盾首、盾尾的平面偏差及高程偏差通过与 DTA 比较得出,滚动角为与盾构零位测量时比较发生的滚动,俯仰角表示盾构前后相对于大地水准面的俯仰角度。

　　(2) VMT 导向系统

①系统概述

VMT 导向系统由 PC 机、隧道掘进软件、激光经纬仪、电子激光靶、控制箱、调制解调器、激光发射器、盾构 PLC、尾盾间隙自动测量系统、电缆卷筒等组成，如图 7-35 所示。

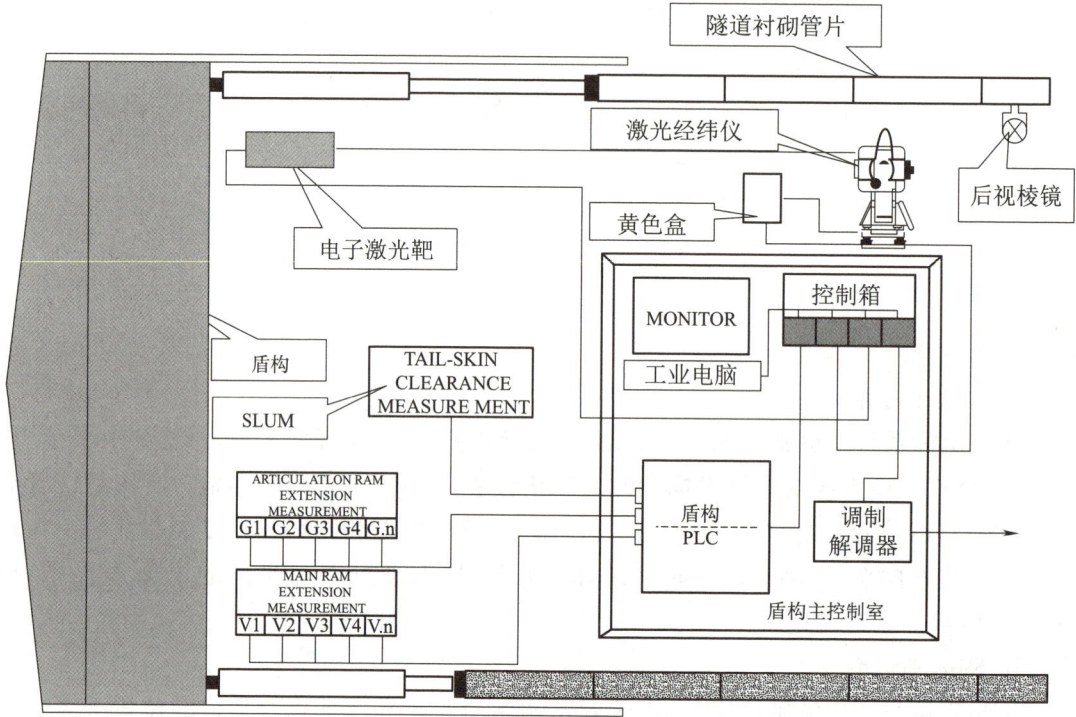

图 7-35　VMT 导向系统组成示意

②导向原理

VMT 导向系统是全站仪测量激光靶下面的小棱镜确定盾构的位置，然后通过加装的 GUS74 激光发射器发射激光至激光靶窗口，获取方位角偏差，基于激光靶和盾构位置关系，所有的数据经过导向软件计算处理而获得盾构姿态，VMT 导向系统原理如图 7-36 所示。

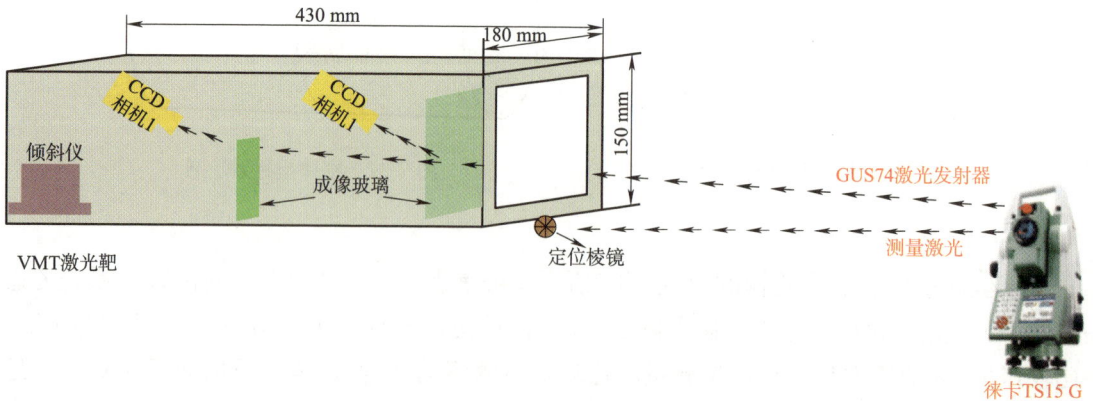

图 7-36　VMT 导向系统原理示意

（3）PPS 导向系统

PPS 导向系统如图 7-37 所示。该系统能够对盾构在掘进中的各种姿态、以及盾构掘进的方向和位置关系进行精确的测量和显示。操作人员可以根据导向系统提供的信息，快速、实时地对盾构的掘进方向及姿态进行调整，减小掘进偏差。PPS 导向系统和隧道掘进软件连续不断地提供盾构的三维坐标和定向的、连续的动态信息。导向系统附带的通信装置能够接收数据，由隧道掘进软件计算盾构的方位和坐标，并以图表和数字表格的形式准确的显示盾构的位置。

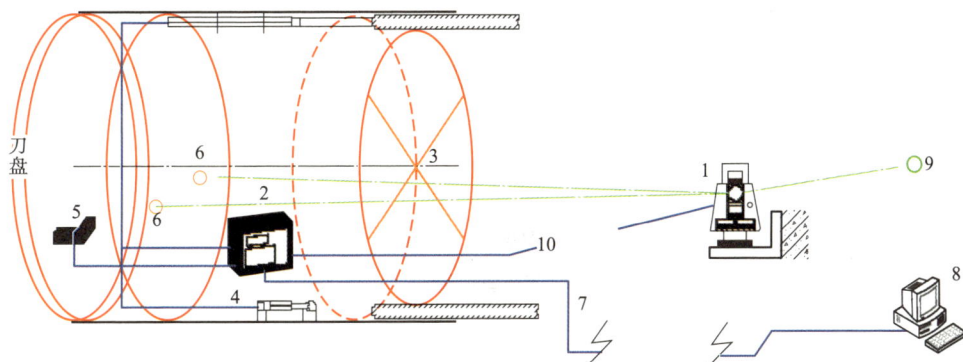

图 7-37　PPS 导向系统示意

注：1—全站仪；2—工业计算机；3—间隙测量装置（备用）；4—行程传感器（备用）；5—倾斜仪；
6—光靶；7—数据线（备用）；8—计算机（备用）；9—后视棱镜；10—无线连接（备用）

（4）演算工坊导向系统

演算工坊自动导向系统是通过全站仪测量设置再盾构中盾体上方固定座子上的三个目标棱镜的三维坐标（一般设置三个，其中一个备用，三号棱镜为必测目标），根据预先设定棱镜与盾构切口和盾尾的相对位置关系以及盾构的俯仰角、滚动角推算出切口和盾尾的三维坐标，和设计线进行对比，计算出盾构姿态。演算工坊导向系统组成如图 7-38 所示。导向系统主要由全站仪，后视棱镜、前视棱镜（三个小棱镜）、倾斜仪、通信线、电源线、黄盒子、白盒子、中央控制箱、电脑等组成。

7.5.4.2　盾构姿态调整

①推进油缸的分区控制

通过分区操作盾构推进油缸控制盾构掘进方向。盾构的推进机构提供盾构向前推进的动力，推进机构包括 n 个推进油缸和推进液压泵站。推进油缸按照在圆周上的区域被编为 4～5 个组。现一般为 4 组，如图 7-39 所示，分上、下、左、右可分别进行独立控制的 4 个液压区。在曲线段（包括水平曲线和竖向曲线）施工时，盾构推进操作控制方式是把液压推进油缸进行分区操作。每组油缸均能单独控制压力的调整，为使盾构沿着正确的方向开挖，可以调整 4 组油缸的压力，油缸也可以单独控制。

一般情况下，当盾构处于水平线路掘进时，应使盾构保持稍向上的掘进姿态，以纠正盾构因自重而产生的低头现象。

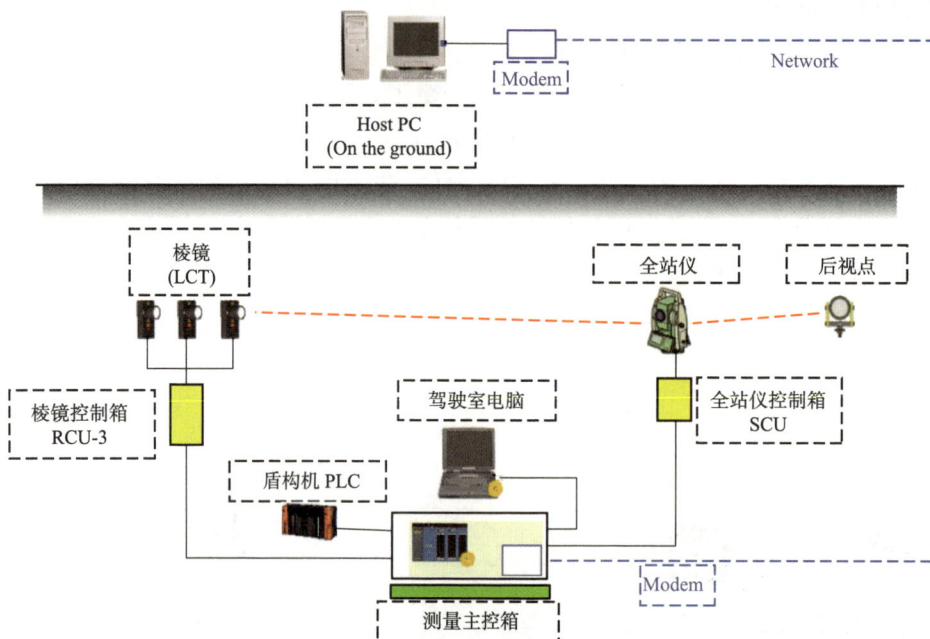

图 7-38 演算工坊导向系统组成

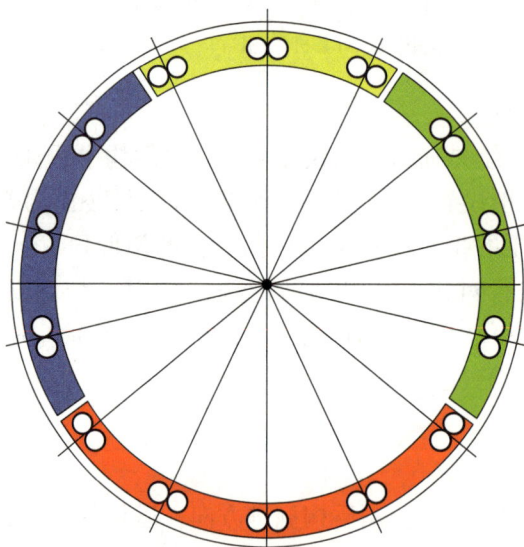

图 7-39 盾构推进油缸分组示意

通过调整每组油缸的不同推进速度、每组压力来对盾构进行纠偏和调向。油缸的后端顶在管片上以提供盾构前进的反力。

在上、下、左、右每个区域中各有一只油缸安装了行程传感器,通过油缸的位移传感器可以知道油缸的伸出长度和盾构的掘进状态。

②推进过程中的蛇行和滚动

在盾构推进过程中,蛇行和滚动是难以避免的。出现蛇行和滚动主要与地质条件、推进操作控制有关。针对不同的地质条件,进行周密的工况分析,并在施工过程中严格控制盾构的操作,减少蛇行值和盾构的滚动。当出现滚动时采取正反转刀盘方法来纠正盾构姿态。盾构推进时还需注意以下几个问题:

  a. 工作面的地层结构及物理力学特性的不均匀性。

  b. 推进系统性能的平衡性、稳定性。

  c. 监控系统的敏感性,可靠性和稳定性。

  d. 富水软弱地层对盾壳的环向弱约束性。

  e. 通过软硬变化地层时的刀盘负载与盾壳约束条件的不对称性(包括进出洞的类似情况)。

7.6　泥水平衡盾构掘进技术

7.6.1　泥水盾构基本原理

泥水盾构用于不稳定地层的开挖,这种不稳定地层可能是各种各样的,从渗透性一般到渗透性很强(如含有少量干细砂或流砂的砾石);泥水盾构被用于当隧道掘进要求对地层的干扰控制严格时,诸如沉陷和隆起等极其敏感的建筑物下进行的情况,因为这种技术能够精确地控制泥水压力(在±50 kPa)。泥水盾构使用液态介质来支撑掌子面能达到高的封闭压力(400~500 kPa,在特殊情况下可达到 800 kPa),因此当工程的静水压力比较大时,通常选择泥水盾构而不用土压平衡盾构。

泥水盾构是将一定浓度的泥浆,泵入泥水盾构的泥水室中,随着刀盘切下来的土渣与地下水顺着刀槽流入开挖室中,泥水室中的泥浆浓度和压力逐渐增大,并平衡于开挖面的泥土压和水压,在开挖面上形成泥膜或泥水压形成的渗透壁,对开挖面进行稳定挖掘。

为了使开挖面保持相对稳定而不坍塌。只要控制进入泥水室的泥水量和渣土量与从泥水室中排出的泥浆量相平衡,开挖即可顺利进行。

视频 7-3 为泥水盾构工作原理(该视频由中铁装备集团提供)。

视频 7-3　泥水盾构工作原理

视频 7-4 为泥水盾构土舱渣土流动动画(该视频由中铁工程装备集团有限公司提供)。

视频 7-4　泥水盾构土舱渣土流动动画

视频 7-5 为泥水盾构主机泥水循环动画（视频由中铁工程装备集团有限公司提供）。

视频 7-5　泥水盾构主机泥水循环动画

7.6.2　泥水盾构掘进管理要点

泥水盾构掘进管理要点如下：

（1）根据隧道地质状况、埋深、地表环境、盾构姿态、施工监测结果制定盾构掘进施工指令与泥浆性能参数设置指令。并准备好壁后注浆工作、管片拼管工作。

（2）施工中必须严格按照盾构设备操作规程、安全操作规程以及掘进指令控制盾构掘进参数与盾构姿态。掘进过程中，严格控制好掘进方向，及时调整。

（3）设定掘进参数，优化掘进参数。掘进与管片背后注浆同步进行。控制施工后地表最大变形量在 $+10 \sim -30$ mm 之内。

（4）盾构掘进过程中，坡度不能突变，隧道轴线和折角变化不能超过 0.4％。

（5）盾构掘进施工全过程须严格受控，根据地质变化、隧道埋深、地面荷载、地表沉降、盾构姿态、刀盘扭矩、推进油缸推力等，即时调整。初始出现的小偏差应及时纠正，尽量避免盾构走"蛇"形，在纠偏过程中，每一循环盾构的纠偏值水平方向不超过 9 mm，竖直方向不超过 5 mm，以减少对地层的扰动。

（6）施工中必须设专人对泥水性能进行监控，根据泥浆性能参数设置指令进行泥水参数管理。泥水管路延伸、更换，应在泥水管路完全卸压后进行。

（7）施工过程出现大粒径石块时，必须采用破碎机破碎、砾石分离装置分离。

7.6.3　掘进参数管理

掘进参数管理包括以下几个方面。

（1）切口水压的设定

盾构切口水压由地下水压力、静止土压力、变动土压力组成，切口泥水压力应介于理论计算值上下限之间，并根据地表建构筑物的情况和地质条件适当调整。

（2）掘进速度

正常掘进条件下，掘进速度应设定为 $20 \sim 40$ mm/min；在通过软硬不均地层时，掘进

速度控制在 $10\sim20$ mm/min。在设定掘进速度时,注意以下几点:

①盾构启动时,需检查推进油缸是否顶实,开始推进和结束推进之前速度不宜过快。每环掘进开始时,应逐步提高掘进速度,防止启动速度过大冲击扰动地层。

②每环正常掘进过程中,掘进速度值应尽量保持衡定,减少波动,以保证切口水压稳定和送、排泥管的畅通。在调整掘进速度时,应逐步调整,避免速度突变对地层造成冲击扰动和造成切口水压摆动过大。

③推进速度的快慢必须满足每环掘进注浆量的要求,保证同步注浆系统始终处于良好工作状态。

④掘进速度选取时,必须注意与地质条件和地表建筑物条件匹配,避免速度选择不合适对盾构刀盘、刀具造成非正常损坏和造成隧道周边土体扰动过大。

(3)掘削量的控制

掘进实际掘削量 Q 可由下式计算得到:

$$Q=(Q_2-Q_1)\times t$$

式中　Q_2——排泥流量($\mathrm{m^3/h}$);

　　　Q_1——送泥流量($\mathrm{m^3/h}$);

　　　t——掘削时间(h)。

当发现掘削量过大时,应立即检查泥水密度、粘度和切口水压。此外,也可以利用探查装置,调查土体坍塌情况,在查明原因后应及时调整有关参数,确保开挖面稳定。

(4)泥水指标控制

①泥水密度

泥水密度是泥水主要控制指标。送泥时的泥水密度控制在 $1.05\sim1.08$ $\mathrm{g/cm^3}$ 之间;使用黏土、膨润土(粉末黏土)提高比重;添加 CMC 来增大黏度。工作泥浆的配制分两种,即天然黏土泥浆和膨润土泥浆。排泥密度一般控制在 $1.15\sim1.30$ $\mathrm{g/cm^3}$。

②漏斗黏度

黏性泥浆在砂砾层可以防止泥浆损失、砂层剥落,使作业面保持稳定。在坍塌性围岩中,使用高黏度泥水。但是泥水黏度过高,处理时容易堵塞筛眼,造成作业性下降;在黏土层中,黏度不能过低,否则会造成开挖面塌陷或堵管事故,一般漏斗黏度控制在 $25\sim35$ sec。

③析水率

析水量是泥水管理中的一项综合指标,它更大程度上与泥水的黏度有关,悬浮性好的泥浆就意味着析水量小,反之就大。泥水的析水量一般控制在 5% 以下,降低土颗粒和提高泥浆的粘度,是保证析水量合格的主要手段。

④pH 值

泥水的 pH 值一般在 $8\sim9$。

⑤API 失水量

API 失水量 $Q\leqslant20$ mL(100 kPa,30 min)。

7.6.4　泥水压力管理

泥水盾构工法是将泥膜作为媒体,由泥水压力来平衡土体压力。在泥水平衡的理论

中,泥膜的形成是至关重要的,当泥水压力大于地下水压力时,泥水按达西定律渗入土壤,形成与土壤间隙成一定比例的悬浮颗粒,被捕获并积聚于土壤与泥水的接触表面,泥膜就此形成。随着时间的推移,泥膜的厚度不断增加,渗透抵抗力逐渐增强。当泥膜抵抗力远大于正面土压时,产生泥水平衡效果。

虽然渗透体积随泥水压力上升而上升,但它的增加量远小于压力的增加量,而增加泥水压力将提高作用于开挖面的有效支承压力。因此,开挖面处在高质量泥水条件下,增加泥水压力会提高开挖面的稳定性。

作用在开挖面上的泥水压力一般设定为:泥水压力＝土压＋水压＋附加压。

附加压的一般标准为 0.02 MPa,但也有比开挖面状态大的值。一般要根据渗透系数、开挖面松弛状况、渗水量等进行设定。但附加压过大,则盾构推力增大和对开挖面的渗透加强,相反会带来塌方、造成泥水窜入后方等危害,需要慎重考虑。此外,泥水压力的设定有各家理论,也有与开挖面状况不吻合的场合。因此,要从干砂量测定结果等进行推测和考虑,并需要通过试验来考虑对数值等的变更。

（1）直接控制型泥水盾构的泥水压力管理

直接控制型泥水盾构在掘进中的实际泥水压力值的管理,由图 7-40 所示流程作自动管理。其中,用压力信号发送器 NO.2 接受由 P1 泵送出的送泥压力,并送往送泥压力调节器,由自动调节来操作控制阀 CV-3,通过调节阀的开闭进行压力调整。用压力信号发送器 NO.1 接受开挖面泥水压力,并送往开挖面泥水压力保持调节器。在这里把它和设定压力的差作为信号送给控制阀 CV-2,通过阀的开闭进行压力调整。由此,对于设定压力的管理,控制在±0.01 MPa 的变动范围以内。

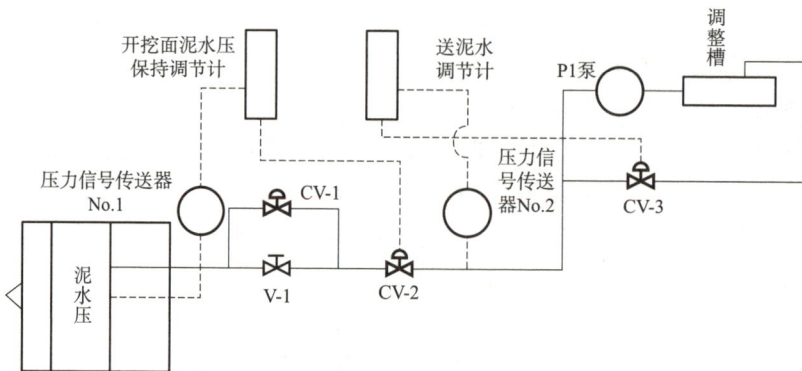

图 7-40　直接控制型泥水盾构泥水压力控制示意

（2）间接控制型泥水盾构的泥水压力管理

间接控制型泥水盾构的泥水压力的控制采用泥水气平衡模式。

如图 7-41 所示,在盾构的泥水室内装有 1 道半隔板,将泥水室分割成 2 部分,半隔板的前面称为泥水舱,半隔板的后面称为气垫舱（调压舱）;在泥水舱内充满压力泥水,在气垫舱内盾构轴线以上部分加入压缩空气,形成气压缓冲层,气压作用在气垫舱内的泥水液面上;由于在接触面上的气、液具有相同的压力,因此只要调节空气的压力,就可以确定开

挖面上相应的支护压力。

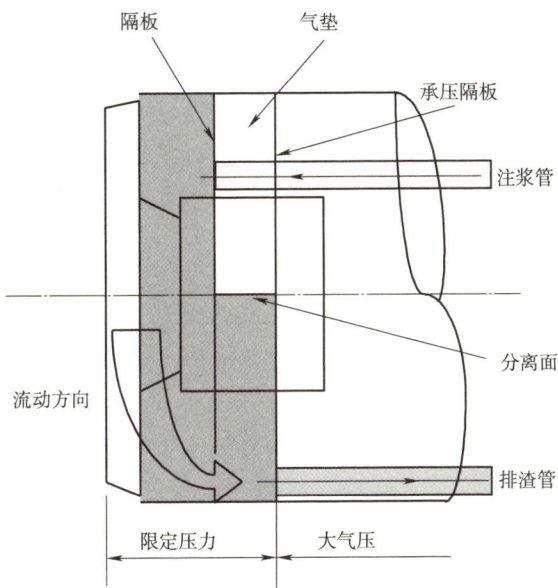

图 7-41 泥水气平衡示意

当盾构推进时,由于泥水的流失或盾构推进速度的变化,进出泥水量将会失去平衡,气垫舱内的泥水液面就会出现上下波动,为维持设定的压力值(与设定的气压值发生偏差,由 Samson 调节器根据在泥水舱内的气压传感器测得值与设定的气压值比较得出),通过进气或排气改变气压值,当盾构正面土压值增大时,气垫舱内泥水液位升高(高于盾构轴线),由于气垫舱内气体体积减少,压力升高,排气阀打开,降低气垫舱内气体压力,当气体压力达到设定的气压值时,关闭排气阀;当盾构正面土压值减少时,气垫舱内泥水液位降低(低于盾构轴线),由于气垫舱内气体体积增加,压力降低,进气阀打开,升高气垫舱内气体压力,当气体压力达到设定的土压值时,关闭进气阀。通过液位传感器,可以根据液位的变化控制进泥泵或排泥泵的转速,在保持压力设定值不变的状态下(由 Samson 调节器差分控制系统控制),使气垫舱内泥水液位恢复到盾构轴线位置。

间接控制型泥水盾构通过压缩空气来间接地自动调节土舱内悬浮液的压力,使之与开挖面的水土压力相平衡,从而实现支撑作用。压缩空气垫能够调节泥浆的平面高度,即使在发生漏水或水从开挖面进入的情况下,它起着一个吸振器的作用并最终可消除压力峰值。调压舱的压缩空气不断补偿悬浮液的波动,及时满足或补充掘进工作面对膨润土液的需求。这种调整可以达到比较精确的程度。如果平衡状态被打破,空气控制系统会自动迅速向调压舱内补充高压空气,或排出高压空气,保证压力的平衡状态。过压的高压空气通过安全阀或调节阀排出。

空气控制系统原理如图 7-42 所示,主要由气源 1、气源处理组件 2、减压阀 3、气动控制器 4、气动压力变送器 5、气动执行器 6、气动定位器 7、气动调节阀 8、气动调节阀 9组成。

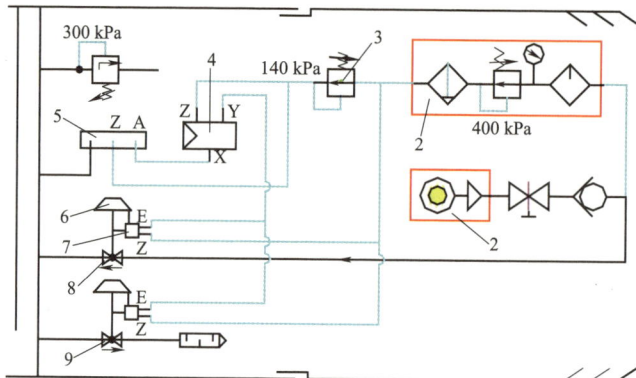

图 7-42   间接控制型泥水盾构泥水压力控制示意

7.6.5 泥水循环系统

泥水循环系统具有两个基本功能，一是稳定掌子面，二是通过排泥泵将开挖渣料从泥水舱通过排泥管输送到泥水分离站。掌子面的稳定性靠膨润土泥浆对掌子面的压力以及靠膨润土泥浆的流变特性来确保。泥水循环系统由送排泥泵、送排泥管、延伸管线、辅助设备等组成。在盾构推进过程中，地面泥浆池中的新泥浆通过送泥泵 P1.1 和隧道中的中继接力泵 P1.i 输送到开挖面。盾构内通往前舱的送泥管路分为 5 段：2 个在上部通向泥水舱，2 个在下部通向气垫舱，1 个在中央通过中心回转接头通向泥水舱，如图 7-43 所示。

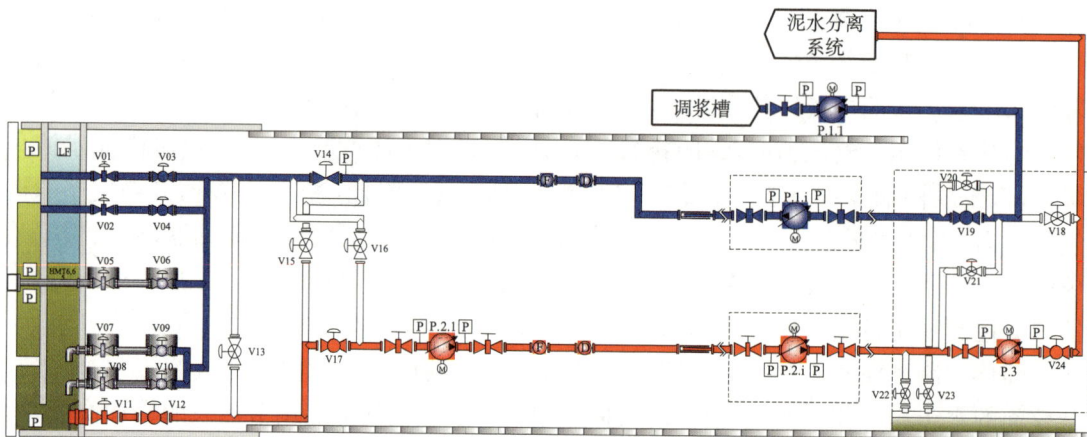

图 7-43   开挖模式下的泥水循环示意

排泥管路（盾构下部的一条管路）中配备有多个排泥泵：P2.1 泵和安装在隧道中的中继接力泵 P2.i 及安装在盾构竖井中的中继接力泵 P3，泥水密度和泥水流量分别由安装在每条管路上的伽马密度仪和电磁流量仪来测定；正面泥水量送泥泵来控制，排泥流量由排泥泵来控制。送泥泵 P1.i 将调制好的泥水通过送泥管输送到泥水舱；而排泥泵 P2.i 则将携带渣土的泥水排出，通过排泥管输送到地面的泥水处理设备进行分离。泥水循环系统的控制，共分为手动、半自动、自动 3 种方式，其中自动方式中包括开挖模式、旁通模式、隔离模式（接管

时)、反循环模式(也称逆洗模式,用于堵管或清洗管路)、停机模式等5种操作模式。

在泥水循环系统中安装有两个伽马密度测量仪(图7-44),用以测定送排泥管内的密度的"即时"值。密度值在显示屏上显示。如果送泥管或排泥管内的密度超过预先设定的数值,则产生警报信号,提示司机改变掘进的参数、或通知地面检查泥水分离系统的工作状况。如果密度超出设计的进泥密度和排泥密度过多,司机应当停机通知相关人员检查,找出原因。在一个行程结束时,密度的平均值将在掘进报告中给出,根据这个平均密度,可以进行密度分析,进行泥水改良工作。

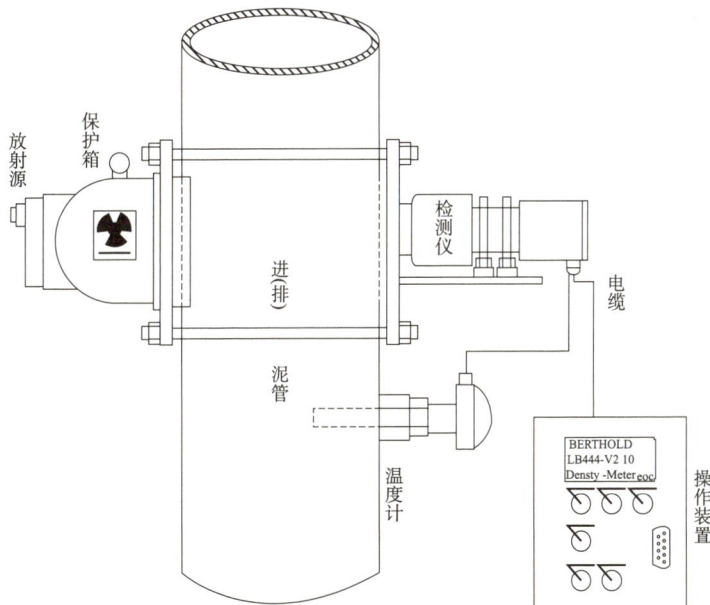

图 7-44 泥水密度测量仪示意

7.6.6 泥水分离技术

泥水盾构是通过加压泥水来稳定开挖面,其刀盘后面有一个密封隔板,与开挖面之间形成泥水舱,里面充满了泥浆,开挖土渣与泥浆混合由排浆泵输送到洞外的泥水分离站,经分离后进入泥浆调整池进行泥水性状调整后,由送泥泵将泥浆送往盾构的泥水舱重复使用。通常将盾构排出的泥水中的水和土分离的过程称为泥水处理。

泥水处理设备设于地面,由泥水分离站和泥浆制备设备两部分组成。泥水分离站主要由振动筛、旋流器、储浆槽、调整槽、渣浆泵等组成;泥浆制备由沉淀池、调浆池、制浆系统等组成。

(1)泥水分离站

选择泥水分离设备时,必须考虑两个方面:其一是必须具有与推进速度相适应的分离能力;其二是必须能有效地分离排泥浆中的泥土和水分。同时,在考虑分离站的能力时还应有一定的储备系数。

泥水处理一般分为三级。一级泥水处理的对象是粒径74 μm以上的砂和砾石,工艺比较简单,用振动筛或旋流器等设备对其进行筛分,分离出的土颗粒用车运走。二级泥水

处理的对象主要是一级处理时不能分离的 74 μm 以下的淤泥、黏土等的细小颗粒。三级处理是对需排放的剩余水作 pH 值调整，使泥水排放达到国家环保要求；三级处理采用的材料主要是稀硫酸或适量的二氧化碳气体。

（2）泥浆制备

泥水制作流程及控制措施如图 7-45 所示。

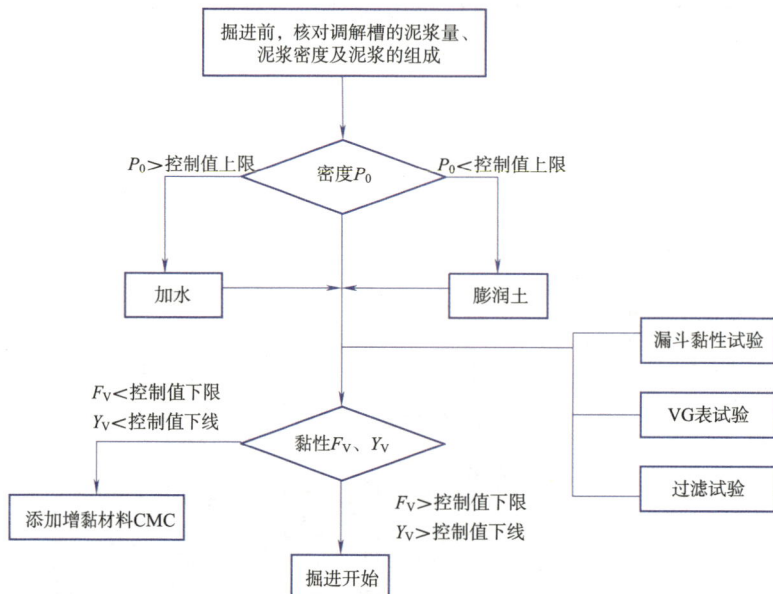

图 7-45　泥水制作流程示意

从泥水分离站排出的泥浆经沉淀后进入调整槽，在调整槽内对泥浆进行调配，确保输送到盾构的泥浆性能满足使用要求。制浆设备主要包含 1 个剩余泥水槽、1 个黏土溶解槽、1 个清水槽、1 个调整槽、1 个 CMC（增黏剂）贮备槽、搅拌装置等。

泥水制备时，使用黏土、膨润土（粉末黏土）提高密度；添加 CMC 来增大黏度。

黏性大的泥浆在砂砾层可以防止泥浆损失、砂层剥落，使作业面保持稳定。在坍塌性围岩中，也宜使用高黏度泥水，但是泥水黏度过高，处理时容易堵塞筛眼；在黏土层中，黏度不能过低，否则会造成开挖面塌陷。

7.7　管片拼装技术

视频 7-6 为管片转运及安装工艺动画（该视频由德国海瑞克公司提供）。

视频 7-6　管片转运及安装工艺

视频 7-7 为管片拼装作业要点(该视频由中铁一局城轨公司提供)。

视频 7-7 管片拼装作业要点

7.7.1 拼装准备

在拼装管片前,检查确认所安装的管片及连接件等是否为合格产品,并对前一环管片环面进行质量检查和确认;掌握所安装的管片排列位置、拼装顺序、盾构姿态、盾尾间隙(管片安装后,盾尾间隙要满足下一掘进循环限值,确保有足够的盾尾间隙,以防盾尾直接接触管片)等;盾构推进后的姿态应符合拼装要求。

7.7.2 管片拼装作业

管片的拼装从隧道底部开始,先安装标准块,依次安装相邻块,最后安装封顶块。安装封顶块时先径向搭接约 2/3 管片宽度,调整位置后缓慢纵向顶推。管片安装到位后,及时伸出相应位置的推进油缸顶紧管片,然后移开管片安装机。

管片每安装一片,先人工初步紧固连接螺栓;安装完一环后,用风动扳手对所有管片螺栓进行紧固;管片脱出盾尾后,重新用风动扳手进行紧固。拼装要点如下:

(1)管片拼装应按拼装工艺要求逐块进行,安装时必须从隧道底部开始,然后依次安装相邻块,最后安装封顶块。每安装一块管片,立即将管片纵环向连接螺栓插入连接,并戴上螺帽用电动扳手紧固。

(2)封顶块安装前,对止水条进行润滑处理,安装时先径向插入,调整位置后缓慢纵向顶推。

(3)在管片拼装过程中,应严格控制盾构推进油缸的压力和伸缩量,使盾构位置保持不变,管片安装到位后,应及时伸出相应位置的推进油缸顶紧管片,其顶推力应大于稳定管片所需力,然后方可移开管片安装机。

(4)管片连接螺栓紧固质量应符合设计要求。

(5)拼装管片时应防止管片及防水密封条的损坏,安装管片后顶出推进油缸,扭紧连接螺栓,保证防水密封条接缝紧密,防止由于相邻两片管片在盾构推进过程中发生错动,防水密封条接缝增大和错动,影响止水效果。

(6)对已拼装成环的管片环作椭圆度的抽查,确保拼装精度。

(7)曲线段管片拼装时,应注意使各种管片在环向定位准确,保证隧道轴线符合设计要求。

(8)同步注浆压力必须得到有效控制,注浆压力不得超过限值。

7.7.3 管片拼装控制标准

(1)轴线允许偏差:高程偏差±50 mm,平面偏差±50 mm。

(2)管片错台<3 mm,管片接缝开口<3 mm,管片拼装无贯穿裂缝,无大于 0.3 mm 宽的裂缝及剥落现象。

(3)水平直径和垂直直径允许偏差<50 mm。

7.8 施工测量技术

盾构隧道施工测量的目的保证盾构隧道掘进和管片拼装按隧道设计轴线施工;建立隧道贯通段两端地面控制网之间的直接联系;并将地面上的坐标、方位和高程适时地导入地下联系测量,作为后续工程(铺轨、设备安装等)的测量依据。

盾构施工测量应根据施工环境、工程地质条件、水文地质条件、掘进指标等确定施工测量与控制方案。盾构施工测量的内容主要应包括:隧道环境监控量测、隧道结构监控量测、盾构掘进测量、盾构贯通测量、盾构隧道竣工测量等。

7.8.1 交桩复核测量

对业主所交的水平控制网的点位和高程控制网的水准点,在开工前应复测一次。

水平控制网的点位主要有两部分组成,一部分是 GPS 控制点,另一部分是加密的导线点。导线点与在其旁边所作的附点组成闭合导线环进行复测,开工前复测一次,以后根据施工进度在复测洞内控制点时进行复测,或根据现场需要组织复测。

高程控制网的水准点,开工前复测一次,以后根据施工进度在复测洞内控制点时进行复测,或根据现场需要组织复测。

7.8.2 隧道环境监控量测

隧道环境监控量测,包括线路地表沉降观测、沿线邻近建(构)筑物变形测量和地下管线变形测量等。线路地表沉降观测,应沿线路中线按断面布设,观测点埋设范围应能反映变形区变形状况。宜按表 7-7 要求设置断面,地表地物、地下物体较少地区断面设置可放宽。

表 7-7　观测点埋设范围(m)

隧道埋设深度	观测点纵向间距	观测点横向间距
$H>2D$	20～50	7～10
$D<H<2D$	10～20	5～7
$H<D$	10	2～5

注:H 为隧道埋设深度,D 为隧道开挖宽度。

沿线邻近建(构)筑物变形测量,应根据结构状况、重要程度、影响大小有选择地进行变形量测。

地下管线变形量测一般应直接在管线上设置观测点。

盾构穿越地面建筑物、铁路、桥梁、管线等时除应对穿越的建(构)特进行观测外,还应增加对其周围土体的变形观测。隧道环境监控量测,应在施工前进行初始观测,直至观测对象稳定时结束。变形测量频率见表 7-8。

表 7-8　隧道环境监控变形测量频率

变形速度(mm / d)	施工状况	测量频率(次/天)
>10	距工作面 1 倍洞径	2 / 1
10～5	距工作面 1～2 倍洞径	1 / 1
4～1	距工作面 2～5 倍洞径	1 / 2
<1	距工作面>5 倍洞径	1 / >7

7.8.3　隧道结构监控量测

隧道结构监控量测包括:盾构始发井、接收井结构和隧道衬砌环变形测量,管片应力测量。隧道管片环的变形量测包括水平收敛、拱顶下沉和底板隆起;隧道管片应力测量应采用应力计量测;初始观测值应在管片浆液凝固后 12 小时内采集。

7.8.4　盾构掘进测量

(1)盾构始发位置测量

盾构掘进测量也称施工放样测量。

盾构始发井建成后,应及时将坐标、方位及高程传递到井下相应的标志点上;以井下测量起始点为基准,实测竖井预留出洞口中心的三维位置。

盾构始发基座安装后,测定其相对于设计位置的实际偏差值。盾构拼装竣工后,进行盾构纵向轴线和径向轴线测量,主要有刀盘、机头与盾尾连接点中心、盾尾之间的长度测量;盾构外壳长度测量;盾构刀口、盾尾和支承环的直径测量。

(2)盾构姿态测量

①平面偏离测量

测定轴线上的前后坐标并归算到盾构轴线切口坐标和盾尾坐标,与相应设计的切口坐标和盾尾坐标进行比较,得出切口平面偏离和盾尾偏离,最后将切口平面偏离和盾尾偏离加上盾构转角改正后,就是盾构实际的平面姿态。

②高程偏离测量

测定后标高程加上盾构转角改正后的标高,归算到后标盾构中心高程,按盾构实际坡度归算切口中心标高及盾构中心标高,再与设计的切口里程标高及盾尾里程标高进行比较,得出切口中心高程偏离及盾尾中心高程偏离,就是盾构实际的高程姿态。

盾构测量的技术手段应根据施工要求和盾构的实际情况合理选用,及时准确地提供盾构在施工过程中的掘进轨迹和瞬时姿态;采用 2 s 全站仪施测;盾构纵向坡度应测至 1‰、横向转角精度测至 1′、盾构平面高程偏离值和切口里程精确至 1 mm。

盾构姿态测定的频率视工程的进度及现场情况而定,理论上每 10 环测一次。

(3)管片成环状况测量

管片测量包括测量衬砌管片的环中心偏差、环的椭圆度和环的姿态。管片 3~5 环测量一次,测量时每个管片都应当测量,并测定待测管片的前端面。测量精度应小于 3 mm。

7.8.5　贯通测量

隧道贯通测量包括地面控制测量、定向测量、地下导线测量、接收井洞心位置复测等。隧道贯通误差应控制在:横向±50 mm,竖向±25 mn。

7.8.6　竣工测量

(1)线路中线调整测量

以地面和地下控制导线点为依据,组成附合导线,并进行左右线的附合导线测量。中线点的间距,直线上平均为 150 m,曲线除曲线元素外不小于 60 m。

对中线点组成的导线采用Ⅱ级全站仪,左右角各测三测回,左右角平均值之和与 360° 较差小于 5″,测距往返各二测回,往返二测回平均值较差小于 5 mm。经平差后线路中线依据设计坐标进行归化改正。

(2)断面测量

利用断面仪进行断面测量,每一断面处测点 6 个。根据测量结果确定检查盾构管片衬砌完成后的限界情况。地铁隧道一般直线段每 10 m,曲线段每 5 m 测量一个净空断面,断面测量精度小于 10 mm。

7.9　盾构带压进舱技术

带压进舱技术用于盾构在特殊环境下的换刀作业与紧急情况下的维修作业,工作气压可达 700 kPa 以上。盾构带压进舱采用饱和潜水技术和混合气体呼吸技术。

7.9.1　压力人舱的结构

为满足作业人员在带压情况下快速地进行检查、更换刀具以及检查、维修刀盘内其他部件的要求,一般需配置并列式双室人舱(图 7-46)。并列式人舱由应急舱(也称准备舱)和主舱组成,应急舱和主舱横向连接,它们之间由压力门隔开。主舱可容纳 3 人,应急舱可容纳 2 人。

应急舱的功能是在需要时,在降压状态下,医务人员可以从应急舱进入到主舱,同时也可向主舱内运送工具和材料等以提高工作效率。

压力人舱配有压缩空气阀(加压管阀)、带阻尼器的排气阀(减压管阀)、通信设备(对讲机、蜂窝电话)、工业水闸阀、加热器、照明系统、压力表、时钟、温度计、折叠椅、记录器、气体分析仪、控制面板。

主舱室(图 7-47)拥有单独使用的压缩空气供给和通风网络系统,使主舱能完全安全地独立使用。应急舱加压不能高于主舱。

图 7-46 并列式双室人舱

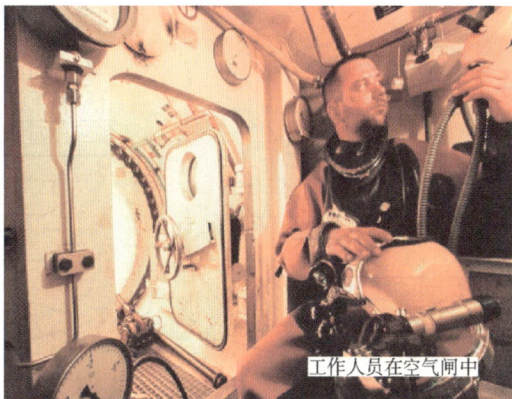

图 7-47 并列式人舱的主舱室

间接控制型的复合气垫式泥水盾构的人舱布置如图 7-48 所示。

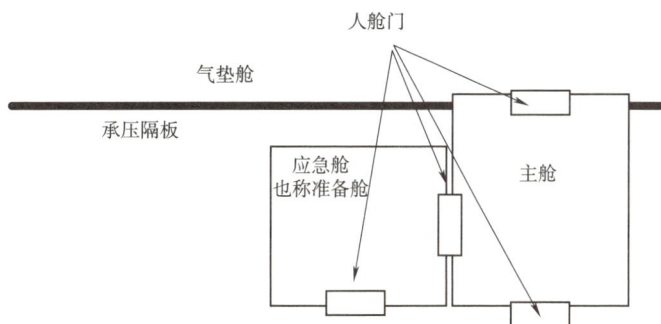

图 7-48 泥水盾构的人舱布置示意

7.9.2 带压进舱作业程序及要点

带压进舱作业程序如图 7-49 所示。

（1）一般要求

①人舱的操作应由受过训练的人舱管理员执行。

②只有通过了体检和带压测试并经过了相关培训的人员才能带压进舱。

③要做好带压进舱的技术交底工作。

④必须遵守所有人舱前部和内部的警示和信息标志。

⑤必须定期检查人舱所有部件（显示仪、条形记录器、热系统、钟、温度计、密封和阀）的功能。

⑥必须定期检查电话和紧急电话设备是否能按照规定要求工作。

⑦检查门密封和密封面是否干净和损坏，必要时更换密封。

⑧使用人舱时测试条形记录器是否能正常工作，供纸是否充足。

（2）主舱升压

①主舱未升压前应检查显示仪、条形记录器、加热系统、钟、温度计、电话、紧急电话和

```
┌─────────────┐          ┌──────────────┐          ┌──────────────┐
│  设备检查   │          │ 确保准备舱和  │          │   土舱内     │
└─────────────┘          │ 主舱间的门关闭 │          │  工作完成    │
       │                 └──────────────┘          └──────────────┘
┌─────────────┐                 │                          │
│ 开启记录设备 │          ┌──────────────┐          ┌──────────────┐
└─────────────┘          │人（材料）进入准备舱│       │人员、设备进入主舱│
       │                 └──────────────┘          │并关闭土舱密封门│
┌─────────────────┐            │                   └──────────────┘
│人员进入主舱，关闭主舱门│     ┌──────────────┐          │
└─────────────────┘      │ 关闭准备舱门  │          ┌──────────────┐
       │                 └──────────────┘          │ 开启人舱记录器 │
┌─────────────┐                 │                  └──────────────┘
│  主舱升压   │          ┌──────────────┐                 │
└─────────────┘          │  准备舱升压   │          ┌──────────────┐
       │                 └──────────────┘          │   主舱降压    │
  ◇主舱压力与              ◇准备舱与主舱          ◇主舱压力是否和
   土舱压力是否相等◇       压力是否相等◇          外面大气压平衡◇
       │是                   │是                       │是
┌─────────────┐          ┌──────────────┐          ┌──────────────┐
│ 开启土舱密封门│         │开启隔舱门，人员、│        │  打开主舱门   │
└─────────────┘          │ 材料进入主舱  │          └──────────────┘
       │                 └──────────────┘                 │
┌─────────────┐          ┌──────────────┐          ┌──────────────┐
│  进入开挖舱  │         │  关闭隔舱门   │          │人员、设备离开主舱│
└─────────────┘          └──────────────┘          └──────────────┘
                                │                          │
                         ┌──────────────┐          ┌──────────────┐
                         │ 人员、材料进  │          │停止记录器，将此次人舱│
                         │  入土舱      │          │使用情况输入人舱手册│
                         └──────────────┘          └──────────────┘

 (a) 人员进入土舱       (b) 人员、材料经过准备舱      (c) 人员离开土舱
                           进入进入土舱
```

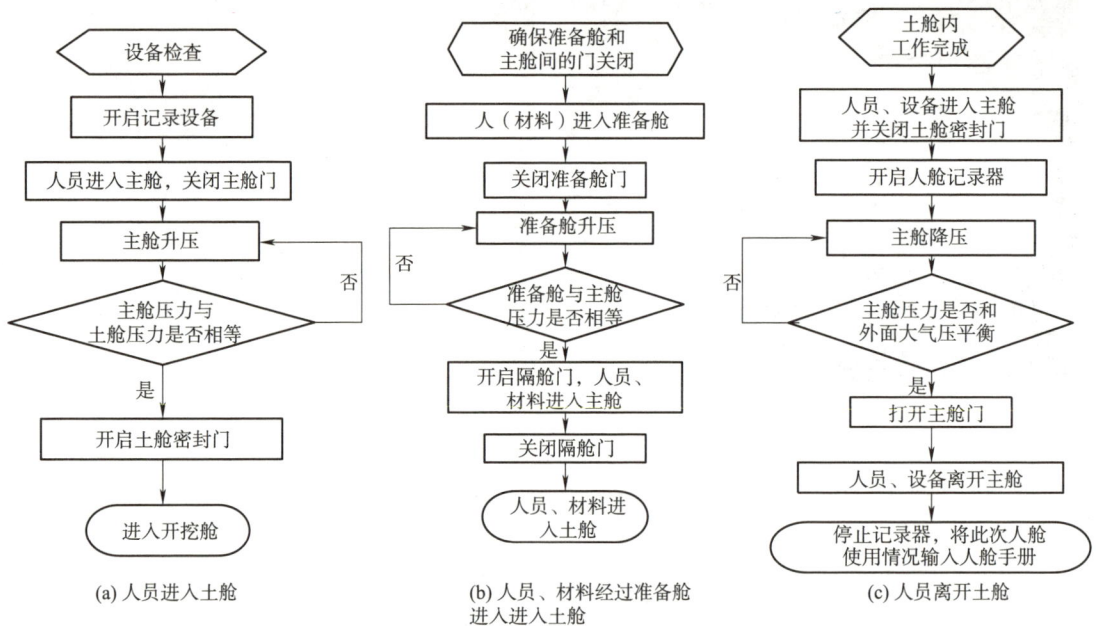

图 7-49　带压进舱程序示意

阀,密封是否干净。检查并保证主舱上的双倍条形记录器能正常工作,纸张充足。检查主舱和中隔板上的密封门是否关闭并正确锁好。

②人舱管理员要通过电话一直与空气舱中的人员联系。人舱管理员通过操作门阀使主舱室的压力值达到规定的操作压力。为保证人舱内人员的健康安全,应逐渐升高人舱的压力,将压力缓慢上升到操作压力值。人舱管理员应随时监测人舱中各人员的健康状况。一旦有人员出现任何微小的不适现象立即切断压缩空气中断人舱升压,并按操作程序减压,同时准备医疗救援。

③主舱室内的人员可按照要求调节加热系统。人舱和土舱(即开挖舱)之间的密封门只有在二者压力达到平衡时才可被打开。当人员进入土舱后人舱管理员停止条形记录器。

(3)主舱降压

①准备降压的人员离开土舱进入人舱后应立即关闭压力挡板上的小窗和压力补偿用的门阀。降压前应仔细检查人舱内的各密封门是否已关好。

②人舱内的人员通过电话向人舱管理员报告人员情况。人舱管理员通过操作门阀逐渐降低人舱中的压力,同时应注意观察测压计和流速计的读数是否正常。与此同时,人舱管理员通过调节门阀开始向人舱通风。

③通过调节门阀使压力稳定而缓慢的下降,直到压力舱内的压力变为正常为止。在降压过程中人舱内人员可打开加热系统以适应环境温度,推荐的温度范围在 15 ℃～28 ℃。

④降压完毕后人舱管理员停止条形记录器,将人舱的使用过程(日期、时间、压力、人

数等)输入人舱手册。

(4)带压进舱作业要点

①检查工具、备件、记录器、加热器、钟表、温度计、紧急电话、进气阀、排气阀以及人舱门是否工作正常并清洁人舱门密封。

②人员进入主舱室后,启动记录器检查功能及送纸是否工作正常。

③关闭主舱室闸门以及主舱室与应急舱室之间的闸门,并确认所有闸门均正确关闭。

④使电话处于在线状态,以便随时与舱外人员进行联系。

⑤缓慢打开进气球阀,使主舱室内的气压升高,直至达到操作压力。

⑥根据规定启动主舱室内的加热器,调整主舱室内的温度至适宜状态。

⑦微调进气球阀和排气球阀,使得主舱室内的压力与土舱(泥水盾构为气垫舱)内的压力完全一致(通过比较两舱室的压力表),关闭球阀,并小心地打开主舱室与土舱(泥水盾构为气垫舱)之间的闸门。

⑧打开闸门后,人员进入土舱(泥水盾构为先进入气垫舱,然后再打开气垫舱与土舱间闸门,人员再从气垫舱进入土舱)。

⑨人员在土舱内进行带压作业,保持闸门为打开状态。

泥水盾构带压进舱闸门开闭作业操作程序如图 7-50 所示。

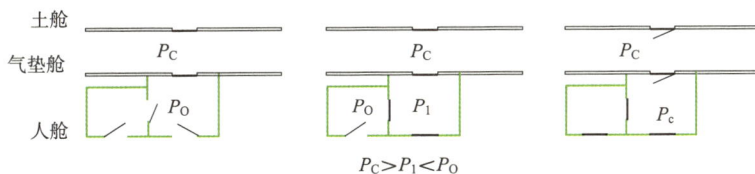

图 7-50　带压进舱作业操作程序示意

7.9.3　升压和带压作业过程中的安全注意事项

(1)舱内禁止存放可燃气体和氧气瓶。患有感冒或流感的人不能带压进入人舱,否则可能有耳膜破裂的危险。

(2)进舱人员要带些干燥的衣物,以备减压时穿,防止感冒。

(3)不要将可能膨胀的饮品或食物带入空气舱。

(4)人舱在压力下工作时由于安全原因准备舱一般是没有压力的,准备舱的两个门都是关闭的;为了空气舱内人员的健康必须逐渐升高空气舱的压力,将压力缓慢上升到操作压力值。

(5)定期检查流速计以确保人员舱通风;随时监测空气舱人员的健康状况;一旦空气舱人员出现任何不适现象时,要立即中断压缩空气并降压让不适人员离开空气舱。

(6)因在升压和带压作业过程中,压力舱/土舱内温度较高,因此在此期间要多饮水;否则,脱水会立即导致压缩空气病症,但加压前/加压期间禁止饮用二氧化碳饮料。

(7)由于压力越高人体吸入的气体越多,尤其是氮气首先就会在人体液体内溶解,然后溶解在人体组织中,其饱和程度取决于压力、维持的时间以及人体组织吸收氮气的能

力,胖的人体组织特别容易吸收,因此,肥胖人员一般不允许在有压下进舱。

(8)在带压作业过程中,为确保作业人员安全,舱内压力要随时保持基本恒定,其波动值要控制在 50 kPa 以内。

(9)在带压作业过程中,体能消耗要远远高于常压下作业,因此用力要适度,并注意做好自身的身体防护,尽量避免碰伤皮肤或发生身体扭伤现象。

(10)由于在需带压作业地段,地层稳定性较差,虽然采取了一系列封堵加固措施和通过压缩空气来平衡掌子面的水土压力,但仍存在许多不定因素,当界面条件发生变化时,掌子面仍存在有部分失稳或出现涌、漏水的可能,所以在检查刀盘和带压作业时仍具有一定的危险性,因此在这一过程中必须一直密切关注掌子面的稳定情况和涌水量的变化;出现异常情况时,应立即停止带压作业。

7.9.4　减压过程中的防病措施

减压期间必须释放溶解在体内的气体。减压期间必须按照减压方案减压,这样体内的气体就会通过血液循环和肺排出来。如果压力降低太快,会在人体液体和组织内形成气泡(二氧化碳—水反应),气体栓塞就是带压作业后最容易出现的组织病症根源。另外,释放的气体会造成暂时性或者永久性组织损伤。从压力状态下到常压下的转变周期过短,就会造成严重的压缩空气病症,经常会在减压期间或者几小时后出现。压缩空气病症主要体现为:肌肉和/或关节痛;皮肤骚痒和/或红蓝颜色;中央神经系统紊乱:眩晕、耳鸣、听力僵硬、呼吸困难、视力和语言紊乱、中风/麻痹、痉挛;手指和脚趾麻木等。因此在减压过程中,应注意以下事项:

(1)人员舱管理员必须认真履行带压作业人员的减压程序,并做好时间记录,坚决杜绝减少减压时间的现象与跳期减压的现象。

(2)为保证舱内作业人员的安全,减压过程中确保舱内通风量。

(3)减压期间注意事项:在减压期间舱内工作人员必须穿上干燥衣服,避免因冷感冒或者发抖,避免浅/轻呼吸,禁止非自然姿势;定期站立,移动胳膊/腿关节;如果有人出现压缩空气病症,或其他病症,必须立即停止减压,维持目前的压力状况,直到病症消失。几分钟以后,如果病症没有消失,就要将舱内压力升至原来的位置,同时人舱管理员必须立即通知值班医生,并仔细对病人减压。

(4)出舱后注意事项:工作人员减压后应禁止剧烈运动,注意多休息;禁止长时间热水浴;多饮水;加压后至少 24 小时后(完全没有压力了)才能乘坐飞机;带压作业后应随身携带应急工作卡,如果出现关节痛以及其他突发病症时要及时按照应急卡片联系负责医生,及时医治。

7.10　刀具检查与更换技术

刀具在掘进过程中,刀刃因磨耗超限或脱落、缺损、偏磨时,必须进行刀具更换。刀具可分为切刀、刮刀、撕裂刀和滚刀等,并分别适用于不同的地质条件。当地质条件发生变

化时,为保证盾构施工安全和加快施工进度,亦应更换适应于该地层条件的刀具。盾构运行时,刀盘上不同位置的滚刀磨损量不一样,因此在刀具检查中,根据磨损程度的不同,可进行位置的更换,以节约施工成本。

7.10.1　刀具检查与更换安全要点

刀具的检查与更换必须在确保安全的前提下进行。刀具更换是一项较复杂的工序,首先除去压力舱中的泥水、残土,清除刀具上黏附的泥沙,确认要更换的刀具,运入工具,设置脚手架,然后拆去旧刀具,换上新刀具。更换刀具停机时间比较长,容易造成盾构整体沉降,从而引起地层及地表沉降,损坏地表及埋设建(构)筑物,危及工程安全。为此,更换前应做好准备工作,尽量减少停机时间。更换作业尽量选择在中间竖井或地质条件较好、地层较稳定的地段进行。如必须在地质条件较差的地层进行时,必须带压更换或对地层进行预加固,确保开挖工作面及基底的稳定。

刀具更换时必须确保作业人员的安全。更换刀具的人员必须系安全带,刀具的吊装和定位必须使用吊装工具。尤其是在更换滚刀时要使用抓紧钳和吊装工具。所有用于吊装刀具的吊具和工具都必须经过严格的检验,以确保人员和设备的安全。需转动刀盘时,必须使进舱人员撤离至安全区域,由专人操作,任何人不得擅自启动。

换刀前要制定详细的换刀方案、步骤和要求,并做好技术交底和人员培训。同时,还要制定详细的应急预案。刀具更换必须实行土木和机电工程师值班制度;带压进舱作业要有严格的带压进舱方案;带压进舱作业要制定安全措施,并进行交底;刀具更换机具使用按照相关机具操作规程进行;刀具运输和更换注意安全做到自防、互防和联防;刀具更换所使用的废弃物应该统一回收,避免造成环境污染;更换刀具时必须作好更换记录,更换记录主要包括刀具编号、原刀具类型、刀具磨损量、修复刀具的运行记录、更换原因、更换刀具类型、更换时间和作业人员姓名等。

7.10.2　换刀前准备工作

换刀准备工作主要包括如下内容:

(1)总体规划。在日常的工作中负责刀盘的工程师与土木工程师密切沟通,加强对施工区段地质情况的了解,对地质资料中反映的施工重点和难点要特别留心。在制定刀具、刀具配件计划时,充分估计特殊区段对刀具的破坏程度,同时在制定换刀计划时,及时、有效的与土木工程师、掘进司机沟通,确定最佳的开舱地点。初步提出刀具的更换方案的同时,提前做好材料的准备,人员的培训等。

(2)设备物资供应。设备与材料的准备,是实现快速换刀的根本保证。在确保常用设备(机具)、材料到位的情况下,使用更为先进的工具,例如:风动吊机、手拉葫芦、风动扳手等。开舱换刀前对盾构各个系统进行检查,作好风水电等各个方面的协调工作,保证换刀过程中良好的工作环境。

(3)人员培训。必须经过专门培训的人员才能进舱进行刀具的更换。

(4)成立应急救援小组。换刀是一种非常危险的作业工序,必须成立应急救援小组,

并严格执行《应急准备和响应控制程序》防止意外发生。

(5)开舱审批。开舱技术方案经过工程部与设物部讨论,由机电总工程师和土木总工程师确认,报项目经理签发,业主和监理同意后方可开舱,责任落实到人,按严格的开舱程序进行。

7.10.3 常压换刀程序

当盾构在硬岩或自稳能力较强的地段(整体性较好的中风化、微风化地层)掘进时,不需带压进舱,这种情况下可在无压下直接进入刀盘作业。刀具更换程序应为:刀盘清理→刀具检查和磨损量的测量→制定换刀计划→刀具拆除→安装新的刀具→做好详细的刀具更换记录→整体检查。

7.10.4 带压换刀作业要点

在需要带压进舱换刀时,严格按照带压进舱作业程序进行,制定详细的升压、减压作业细则。人员舱升压与减压按国家《空气潜水减压技术要求》(GB/T 1251—2008)所规定的原则进行,不得随意调整。带压进舱作业要点如下:

(1)建立健全安全质量责任制,进舱、检查刀盘及换刀、减压作业、运输严格按规程操作。

(2)带压进舱的换刀人员必须经过岗前培训,培训合格方能持证作业,对作业人员上岗前针对进舱、检查刀盘及换刀、减压作业的特点进行安全交底,树立安全作业的意识。

(3)带压进舱前及换刀过程中监测人员应跟踪监测地面的变化情况;进舱人员应时刻注意观察刀盘内水位变换情况。

(4)实行主要领导24小时现场值班制度。

(5)保证现场材料供应,确保作业过程的有效运转。

(6)值班工程师现场24小时值班,并在值班过程中做好带压进舱作业的各种记录并收集、整理,第二天及时上报公司。

(7)带压作业过程中,加强各种检测仪表、空压机、气路电路的观测,如发现空压机故障,应立即启动另一台空压机;如发现停电,应立即启动内燃发电机;如发现管路漏气,应立即汇报并及时处理。以防意外情况发生。并将监测及时地上报值班领导。

(8)每班作业时,电工应加强用电管理,确保工地施工用电安全。

(9)人舱、自动保压系统及减压舱由专人负责操作,同时做好各项记录。

(10)作业人员作业时应佩戴好个人防护用品,防止意外伤亡事故的发生。

(11)舱内严禁携带易燃易爆物品、严禁使用明火,防止爆炸、造成事故。

7.10.5 刀具磨损监测

不需要进入到开挖舱,对刀具磨损的监测工作是在常压下进行的。监测切刀的磨损情况,是通过在刀具里预埋了线圈,当刀具磨损到一定程序时,线圈形成接通,信号通过感应传递到刀具支座上,一双线圈又从刀座传导到刀盘后部的诊断器上,警视报告刀具的磨

损情况,如图 7-51 所示。

也有在刀具上建立液压回路的方法来监测刀具的磨损。在每把检测刀上都设有一个钻孔通至靠近外表面的地方,通过手动泵来加压,如果刀具被磨损到一定程度,这个漏油孔就被打开,使压力断开,意味着刀具已磨损。这些监测工作都时在常压下进行的,不需要进入到开挖舱内部,如图 7-52 所示。

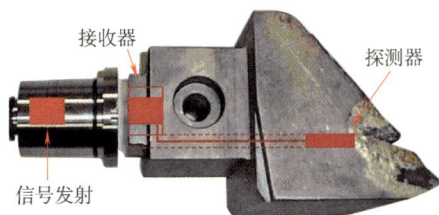

图 7-51　刀具磨损检测(电)　　　　　图 7-52　刀具磨损检测(液)

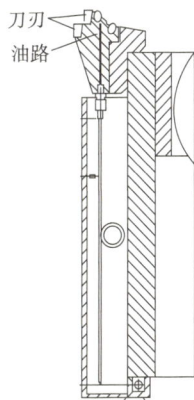

7.10.6　滚刀失效形式

(1)正常磨损

刀具进行破岩时,破岩效率与滚刀的刃口宽度有关,随着刀圈磨损量的增加,刃口的宽度增加,当达到一定范围时会影响掘进速度,甚至不能再掘进。滚刀的正常磨损是指刀圈刃口宽度超过规定值的均匀磨损。此类磨损使用测量仪进行测量。正常磨损是刀具失效的主要形式,重庆过江隧道施工中,由于刀具检查更换及时,从更换下来的刀具看,均属正常磨损。

(2)刀圈断裂

掘进过程中,由于地层突然变硬或刀盘某些部件脱落或其他铁件卡在刀刃与地层之间,会导致刀圈局部过载而使刀圈应力集中发生断裂,同时刀圈与刀体配合过盈量未达到要求也会造成刀圈断裂。

(3)平刀圈

平刀圈也称弦磨,是由于地质原因或刀具的轴承损坏引起的。当掌子面主要为抗压强度较软的塑性黏土层、砂砾层及全风化岩、强风化岩时,不能给滚刀回转提供足够的起动扭距(磨擦阻力),此外由于塑性黏土层黏性较大,滚刀及座孔被堵塞,刀盘面板处形成泥饼,使得滚刀相对掌子面不能良好转动,从而造成滚刀偏磨。如果滚刀的轴承损坏,滚刀也不能在隧道开挖面上滚动,使刀圈呈现单侧磨损。掘进过程中出现平刀圈如果没及时发现,不但会加速这把刀的磨损,并且会造成相邻滚刀过载失效,从而迅速向外扩展,直到整个刀盘上的刀具全部失效。刀盘强大的推进力使滚刀的贯入岩石,盘形滚刀自回转。当掌子面是上软下硬地层时,即盘型滚刀随刀盘回转至刀盘中上部时,由于全风化岩、强

风化岩地质较软，不能给滚刀刀圈回转提供足够的条件，又有泥饼的现状，使得盘形滚刀相对开挖面不能良好转动；当同一把滚刀转至刀盘中下部时，由于抗压强度较高的地层可以提供足够的回转条件，盘形滚刀又能相对掌子面良好转动。这样，在上软下硬的混合岩地层中切削围岩时，盘型滚刀时而回转时而不转，容易造成多边形偏磨。

（4）刀具漏油

油脂因密封损坏而从滚刀中泄漏出来。刀具发生漏油，主要原因是轴承损坏、刀具过载或浮动油封失效。

①轴承损坏：主要原因是轴承寿命已达极限或滚刀的装配不当，当刀盖的紧固力矩不足或对轴承内圈进行轴向定位的隔圈尺寸过大，都有可能造成轴承装配过松，降低了轴承的承载能力。轴承预紧度偏小时，轴承外圈相对于内圈产生轴向窜动，也会影响浮动密封的密封效果。

②刀具过载：地质条件发生急剧变化，作用于刀盘的推力超过了盘型滚刀的承载能力。

③刀具密封失效：刀具轴承及浮动密封的寿命已达极限。主要体现为润滑油泄漏，润滑油泄漏导致水、渣土渗入轴承，使轴承无法正常转动并导致轴承损坏。

（5）刀圈剥落

刀圈表面掉落整块的碎片，而整个刀圈没有断裂，称为"刀圈剥落"也称"刀圈碎裂"。刀圈剥落是由于刀圈表面产生疲劳裂纹，逐步扩展导致微观断裂，因磨损而剥落。如果剥落块较小，一般不影响刀具的正常运转。

（6）挡圈断裂或脱落

挡圈用于避免刀圈沿轴线方向的平行位移，如果挡圈断裂或脱落会引起刀圈位移。

7.10.7　盘形滚刀检查

（1）盘形滚刀外观检查

检查刀盘上所有盘形刀具螺栓是否有脱落或松动现象；检查滚刀挡圈是否断裂或脱落，检查刀圈是否发生移位；检查滚刀刀圈是否完好，有无裂纹、断裂及弦磨现象；检查滚刀刀体是否漏油或轴承损坏现象，并做好记录。

（2）盘形滚刀磨损的测量

盘形滚刀在没有刀圈断裂和损坏的前提下，正确地测量盘形滚刀刀圈的磨损量。中心滚刀和正滚刀刀圈最大磨损极限为 25 mm，最外边的几把边滚刀最大磨损极限为15 mm，达到最大磨损极限时必须更换。

7.10.8　盘形滚刀更换

从中心刀开始依次往外圈更换刀具；用 1.5 t 手动倒链悬挂在土舱顶部的吊耳上，依次更换吊点办法把旧盘形滚刀运送出；依次更换吊点把新刀运进土舱内安装新刀。使用紧固扭矩把手紧固螺栓。所有需要更换的盘形滚刀经过清洗并擦干；安装刀具时应事先将刀盘上的安装位置清理干净。

盘形滚刀更换的基本原则如下：

(1)中心刀的最大磨损极限为 25 mm,双刃正滚刀的最大磨损极限为 25 mm,单刃正滚刀的最大磨损极限为 25 mm,单刃边刀的最大磨损极限为 15 mm。换下的边滚刀可用在正滚刀位置。

(2)当刀具出现下列任一损坏情况时,必须更换:刀圈断裂、平刀圈、刀体漏油、刀圈剥落、挡圈断裂或脱落、刀轴或刀体损伤。

(3)相邻刀具的磨损量高差不大于 15 mm。

(4)更换刀具后,将固定刀轴的螺栓紧固至规定的扭矩,待掘进一环后,再进舱复紧刀具螺栓。

7.10.9　土压平衡盾构带压换刀作业

7.10.9.1　土压平衡盾构带压进舱条件

(1)实施带压地段的刀盘前方周围地层要保证不发生大的气体泄露或该段地层经加固处理后达到带压作业所需的气密性要求。

(2)刀盘前方没有股状水出露或经加固后刀盘前方没有股状流水。

(3)适用于工作压力 0.36 MPa 以内的带压作业。

7.10.9.2　带压进舱工法原理

经过对刀盘前方地层加固处理后,在保证刀盘前方周围地层和土舱满足气密性要求的条件下,通过在土舱建立合理的气压来平衡刀盘前方水、土压力,达到稳定掌子面和防止地下水渗入的目的,为在土舱内进行带压换刀或维修作业创造工作条件。

7.10.9.3　带压作业工艺流程

带压作业工艺流程如图 7-53 所示。

7.10.9.4　带压作业操作要点

(1)超前地层加固

为确保刀盘前方周围地层的气密性和有效封堵刀盘后部来水,带压作业前需利用设备自带的超前注浆孔对刀盘前周围地层进行注浆加固。在施工过程中注意以下几点:

①在注浆前需向刀盘及土舱内注满膨润土,注入压力稍高于掘进时的土舱压力,一方面以保证刀盘、刀具不被注浆体固结,同时可使泥浆能在可注性较好的地层有一定的扩散范围和在掌子面形成一层封闭泥膜,增强刀盘前方地层的气密性和提高掌子面的自稳能力。

②注浆管采用自加工的小导管,小导管按作业允许空间分节加工,通过设备自带的超前注浆孔分节打入地层,每节段间采用丝扣连接;每个孔注浆完成并等浆体初凝后,及时抽出注浆管。

③注浆浆液宜选用水泥—水玻璃扩散性好、凝结时间合理的双液浆,以达到充分加固地层和有效封堵刀盘后部来水(主要是对切口环及以后部位的封堵)的目的,提高掌子面地层在拟定压力范围的自稳能力和气密性。

```
                              ┌─────────────────────────────┐
     ┌──────────┐             │ 刀具磨损严重或刀盘前形成     │
     │   停机   │ ←---------- │ 泥饼造成掘进速度降低或渣     │
     └────┬─────┘             │ 温升高等掘进异常现象，经     │
          ↓                   │ 综合分析需停机进舱检查       │
  ┌───────────────┐           └─────────────────────────────┘
  │  土舱注膨润土  │
  └───────┬───────┘
          ↓
  ┌───────────────┐
  │ 超前注浆加固地层 │
  └───────┬───────┘
          ↓
  ┌─────────────────┐
  │ 出土至人舱口部以下 │
  └───────┬─────────┘
          ↓
      ◇─────────◇
  否  │ 气密性试验 │
 ←────◇─────────◇
          ↓ 是
  ┌───────────────┐
  │   压力确定     │
  └───────┬───────┘
          ↓
  ┌───────────────┐
  │   带压检查     │
  └───────┬───────┘
          ↓
  ┌───────────────┐
  │   带压作业     │
  └───────┬───────┘
          ↓
  ┌───────────────┐
  │   脱困掘进     │
  └───────┬───────┘
          ↓
  ┌───────────────┐
  │  恢复正常掘进  │
  └───────────────┘
```

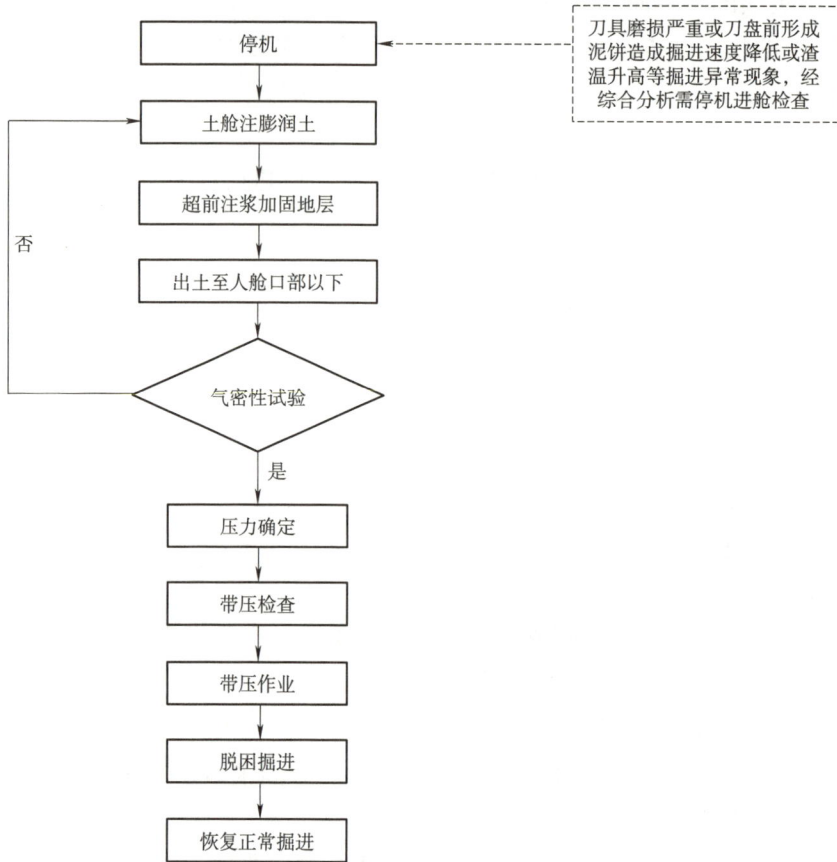

图 7-53　土压平衡盾构带压作业工艺流程示意

④要选择合适的注浆压力和终止压力，同时注意土舱压力变化，一方面保证地层的加固效果，另一方面不能因注浆压力过高而击穿盾尾、铰接密封（以注浆压力瞬间值不大于盾尾和铰接密封的额定压力值为标准）。

⑤注浆完成后等待龄期，一般为 8 h，这时应不停地转动刀盘，防止刀盘凝结无法转动。

（2）出土及气密性试验

为了确保带压进舱作业安全顺利进行，进舱前必须进行土舱压气试验、测定土舱渗水量和人员舱气密性试验等工作。

在超前注浆工作全部完成并等强后，即可进行刀盘前和土舱内的渣土输出，在出渣过程中，边出渣边补充气压，并随时注意土舱压力变化，以土舱压力不小于停机前掘进时的土舱压力，出渣至土舱渣土面低于人舱口部以下（不能全部出空，以免发生螺旋输送机漏气现象）。在出土和进行气密试验过程中注意以下几点：

①出土要分阶段进行。打开自动保压系统设定为设计值，将土舱中的渣土输出约三分之一，观察土舱压力值的变化，同时安排人员观察江面上漏气是否严重，若土舱压力无法保持，则重新恢复注浆，若土舱压力保持 2 h 没有变化，则继续出土至三分之二，观察土舱压力值的变化，若土舱压力保持 2 h 没有变化或不发生大的波动时（压力变化值＜

50 kPa),则表明土舱压气试验合格。

②土舱渗水量测定。注浆封水只能封堵盾壳周围岩层、管片背后岩层中的裂隙水,对于掌子面上较大的裂隙水在压气情况下仍会不断地进入土舱。根据现场经验,测定的渗水量若大于 0.5 m³/h,则不能安全地实施带压进舱作业,必须采取安全稳妥的排水措施。

③人员舱气密性试验。人员舱是人员出入土舱进行维修和检查的转换通道,出入土舱的工具和材料也由此通过,通常情况下人员舱处于无压模式,带压作业时处于加压模式,而气密性试验是通过升压、降压试验来检查人舱门、土舱门、舱壁上各种管路是否漏气。根据现场经验,从 0 升压(不装消音器)至设计值不超过 10 min 即为合格;降压操作过程中通常会出现土舱门漏气现象,造成气压降不到 0,现场实践得出若降压后气压能小于 30 kPa 则为安全,若气压降不到 30 kPa 以下,则需要带压进行土舱门密封的处理。

(3)带压进舱检查

为了进一步判断掌子面的地质情况和刀盘刀具磨损情况,首先要由专业工程技术人员带压进舱对掌子面的地质情况和稳定性进行检查、确认,同时对刀盘、刀具磨损情况进行检查,确定换刀方案和各种带压换刀前的各项准备工作。

地质检查的工作内容有:掌子面地质情况素描、地层加固效果验证、掌子面出露水情况、地层取样,并综合以上因素对掌子面稳定性进行判定,同时拍摄工程照片。

刀盘、刀具检查的工作内容有:测各种刀具的磨损量、测刀盘面板的磨损量,拍摄细部照片等,并根据检查结果制定下一步工作方案。

(4)带压进舱作业

根据技术部门制定的工作方案,施工人员在专业操舱和救生人员的配合下进行换刀、处理断螺栓、凿刀槽等工作。

①减压方案的确定

工程技术人员首先根据进舱检查情况和当前位置处的水土压力确定工作气压值,专业医务人员根据工作气压值、工作量大小、人员身体素质确定安全、稳妥的减压方案。

②更换刀具

刀具更换的原则是先易后难,螺栓拆除采用风动扳手,螺栓紧固采用省力扳手,确保刀具安装质量。

换刀过程中当遇到断螺栓时,一般采用以下两种处理方案:若断口在螺孔之外,则直接拆除;若断口在螺孔里面,则要用风动手钻打孔,用取丝器取出断螺栓,严禁采用电动工具。

当刀具发生偏磨后,在硬岩段掘进时就会在掌子面形成突出掌子面的岩石,为了使新安装的刀具在开始转动时以较小的贯入度切削岩石,同时避免新装刀具先接触岩面而出现局部偏载现象,因此必须将突出的岩石按技术要求凿除,否则就会很容易损坏新装刀具,将严重影响施工效率,甚至造成其他严重后果。

③减压出舱

一般情况下,每组有效带压作业时间为 3 h 左右(在带压情况下作业人体很容易疲劳),工作结束后按既定的减压方案进行减压、出舱,下一组人员进舱。

（5）完成收尾工作恢复推进

换刀工作完成后，作业人员将土舱内所有的铁制工具拿出舱外，机电技术人员对所有的刀具安装质量进行检查，确认无误后关闭土舱门恢复推进。

7.10.9.5　带压作业需配置的设备

因带压作业属特种作业，除盾构自带的气压设备外，还应准备以下设备和机具。

表 7-9　带压作业设备机具配备表

设备或机具名称		规　格	数　量	备　注
应急备用设备	内燃空压机	10 m³，压力 1.03 MPa	1 台	—
	电动空压机	10 m³，压力 1.03 MPa	1 台	—
	减压医疗舱	—	1 套	急救用
	对讲机	—	3 台	—
换刀机具	风动扳手	—	1 把	
	扭矩扳手	—	1 把	
	导　链	—	1 台	
	照明灯	—	若干	并备用手电筒 4 把

表中 10 m³ 内燃空压机是在当供风量不足、带压条件下须使用风动机具、突然停电须供风等情况时启用；10 m³ 电动空压机是在供风量不足、盾构自带空压机发生故障时启用；减压医疗舱（含供氧装置），自带人员舱减压发生故障时，进舱施工人员应迅速进入医疗舱减压。

7.10.9.6　对准备工作的技术要求

由于带压进舱作业的特殊性，要求施工前的各种准备工作必须做充分，并经过技术部门的严格检查、确认。

技术人员及操作工人对盾构上的自带设备进行检查、试运行；备用设备采用一列机车编组运至盾构拖车附近，正确连接后进行试运行。

对作业人员的身体检查、培训应委托有经验的专业单位完成，按照规范严格对进舱人员进行筛选；并对进舱人员进行带压作业注意事项的交底培训。

对带压进舱地段的地表（水下施工时为河床）进行声纳探测，其主要目的是为了探测地表（或河床）有无塌陷，确认带压进舱的边界条件有无发生变化，为下一步的注浆封水、注浆加固方案确定提供依据。

7.10.9.7　注浆封水、加固的质量控制

在带压作业前，首先要在盾构掘进过程中通过试验测定预定停机位置处地层的涌水量大小，并据此判断土舱与盾壳周围岩层、管片背后岩层的连通程度，从而确定注浆封水的工作量。注浆封水一般在两个部位进行，均采用水泥浆＋水玻璃双液浆。

（1）管片背后封水

对邻近盾尾的 1～3 环管片，利用吊装螺栓孔进行周圈定压定量注浆，以封堵管片背后岩层中的裂隙水。

（2）切口环部位封水

利用盾构前体上的超前注浆孔进行注浆，以封堵盾壳周围岩层中的水，必要时在拱顶部位的孔中打入注浆芯管，同时对地层进行加固，具体步骤如下：

①利用铰接油缸向前掘进，行程达到 80～110 mm 即停止，收缩铰接油缸使刀盘离开掌子面 50～80 mm，以便带压换刀。

②注浆前必须利用加泥系统将土舱内充满泥浆，泥浆量依据土舱压力来控制。

③自下而上利用超前注浆孔注浆，浆液采用定压不定量，凝结时间一般控制为 1 min。注浆过程中容易出现浆液流入土舱，凝结后造成刀盘无法转动，这时应采取保压注浆，即利用自动保压系统向土舱加入一定气压，气压值应选小于刀盘主轴承密封的承压值，略大于注浆设定的孔口压力值，防止浆液流入土舱，同时要不停地低转速转动刀盘。

④拱顶超前注浆孔注浆时要尽可能地将注浆芯管打入岩层，封堵切口环的同时对地层进行加固。

（3）浆液等强

注浆完成后等待龄期一般为 8 h，这时也要不停地转动刀盘，防止刀盘凝结无法转动。

7.10.10 泥水盾构带压换刀作业

7.10.10.1 带压进舱的条件

（1）开舱工作应在预定地点进行，并做好开舱前的所有准备。

（2）当盾构在 70～300 kPa 压力下工作时，带压进舱中技术人员或潜水员由压缩空气供给来呼吸，泥水盾构的潜水员在膨润土中工作。在泥水盾构中可以采用降低膨润土液位的方法，较自由地进入开挖舱，转动刀盘进行换刀作业。人员在压缩空气中最长工作时间为 70 kPa 时约为 4 小时，300 kPa 时约为 2 小时 45 分钟。

（3）当盾构在 300～500 kPa 压力下工作时，带压进舱中技术人员或潜水员由压缩空气或混合气体供给来呼吸，技术人员在压缩空气下工作，泥水盾构的潜水员在膨润土中工作。人员在压缩空气中最长工作时间 300 kPa 时为 2 小时 45 分钟，500 kPa 时为 1 小时，需要在换刀的地方，降低膨润土液位，能自由进入开挖舱。

（4）当盾构在 >500 kPa 压力下工作时，技术人员在压缩气下工作，潜水员在膨润土中工作，采用进入半饱和及饱和气压方法，由 2 台穿梭式运输舱（图 7-54）配合工作。需要在换刀的地方，降低膨润土液位，能自由进入开挖舱。

图 7-54 穿梭式运输舱

（5）适用于工作压力 690 kPa 以内的带压作业，超过 450 kPa 时需较高的潜水技术和设备。

7.10.10.2　泥水舱液面控制操作程序

进入开挖舱室内进行刀具更换作业，必须使用压缩空气调节系统保持泥水舱和气垫舱的压力，此外，还要进行泥水舱液面控制操作。

由于盾构正常掘进时，开挖泥水舱室内充满了泥浆，而气垫舱室内的液面处于中部正常位置，所以在带压进舱工作之前必须进行平衡开挖舱室和气垫舱室液面的高度，以便于作业人员的进入。起初，气垫舱室内液面高度充满处于中部，液面上部充满着压力为 P_c 的压缩空气；开挖舱室内充满泥浆，如图 7-55(a) 所示。

压缩空气由气垫舱室进入开挖舱室，气垫舱室内的液面高度逐渐升高，开挖舱室内的液面高度逐渐降低，原液面高度位置的压力逐渐增降为 P_a，如图 7-55(b) 所示。

当开挖舱室内的液面高度降至与气垫舱室内的液面高度一致时，两舱内的压缩空气的高度也达到了平衡，如图 7-55(c) 所示。平衡开挖泥水舱室和气垫舱室的液面高度的操作完成后，方可进行人员带压进舱作业。

当开挖舱室内的换刀作业完成后，再次开始掘进前，必须及时回注开挖室内的泥浆至满舱。起初开挖舱室内的液面高度与气垫舱室内的液面高度一致，两舱内的压缩空气的压力也一样。关闭闸阀(1)并打开闸阀(2)，如图 7-55(d) 所示。

当打开闸阀(2)后，开挖舱室内的压力降低，开挖舱室内的液面高度逐渐升高，气垫舱室内的液面高度逐渐降低，如图 7-55(e) 所示。

最后，开挖舱室内几乎充满泥浆，当泥浆从闸阀(2)流出后关闭闸阀(2)，开挖舱室内残留的少量压缩空气在正常掘进时可以随泥浆排除，如图 7-55(f) 所示。

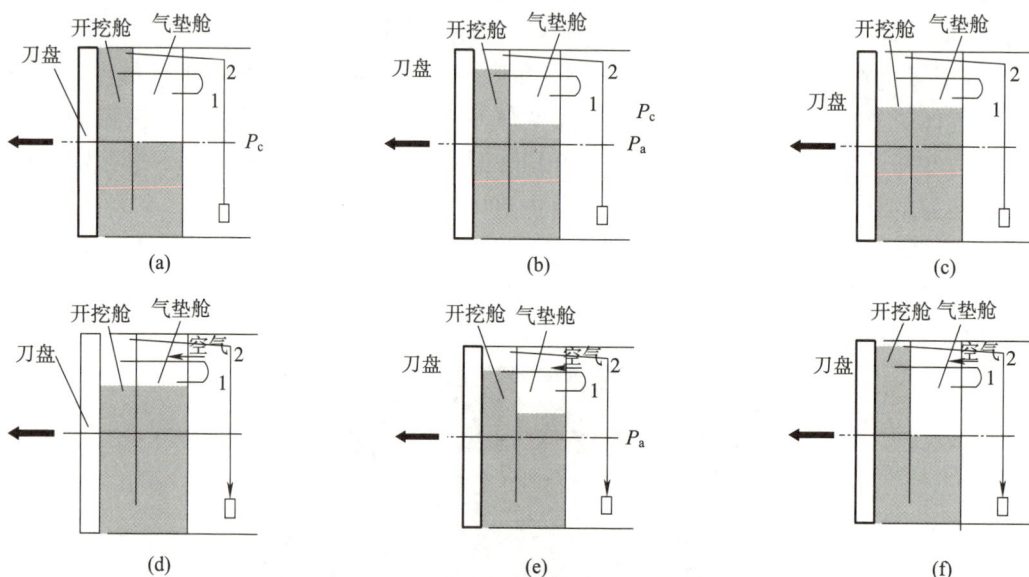

图 7-55　泥水舱液面控制操作程序示意

7.10.11 超大直径泥水盾构常压换刀作业

（1）常压换刀技术简介

中国幅员辽阔，大江大河纵横，多座城市沿江河建设，甚至跨江河而建，随着经济的飞速发展，城市交通、轨道交通、铁路、综合管廊跨越江河的需求急剧增多，与此同时，城市里越来越难以找出适合建设桥梁的空间。在此形式下，穿越江河的大直径盾构隧道工程将越来越多。此类工程一般具有一次掘进距离长、水土压力大、地质条件复杂等特点，通常选用大直径泥水盾构进行施工。在水下施工过程中，换刀作业不可避免。因水压大，传统的带压换刀作业风险巨大、成本高昂。为破解这一难题，将使用常压换刀这一特殊的装置及技术。

大直径泥水盾构常压换刀技术，是指在不采取地面或掌子面加固措施，开挖舱充满压力泥浆的情况下，作业人员在常压下进入特殊设计的盾构刀盘辐臂空腔内进行刀具检查或更换的技术。

高水压下的常压换刀作业，通过常压换刀装置实现。常压换刀装置适用于大直径长距离越江、越海或穿河隧道工程中高水压下的盾构刀盘辐臂内配有可常压检查、更换刀具设计的泥水盾构。可常压换刀的泥水盾构，其刀盘由几个空心辐臂组成，根据刀盘刀具分布位置不同，将部分刀座采用背装式，使这部分刀座上的刀具切削轨迹覆盖整个刀盘面，如图 7-56 所示。

图 7-56 超大直径可常压换刀的泥水盾构刀盘

背装式刀具刀腔内设置闸板，人员可直接进入辐臂内，从刀腔内抽出刀具，然后关闭刀腔闸板，将刀盘前方高压舱与刀臂常压舱隔开，待刀具检查或更换后，打开闸板，装回刀具，即实现了刀具的常压检查与更换，如图 7-57 所示。

常压换刀技术使得水底高水压环境下的刀具检查与更换不再需要耗时费力地进行地

图 7-57   超大直径泥水盾构常压换刀装置示意

层加固或采用效率极低成本极高的潜水作业；将刀具检查和更换纳入了日常工序。能够保证安全和工期，创造了巨大的经济效益；同时水下施工的盾构隧道掘进长度将不再受到刀具磨损的限制。对于在长距离、高水压条件下施工的水下大直径泥水盾构来说，常压换刀技术的优点十分突出：工期短、成本低、安全系数高、环境影响小等。

（2）常压换刀装置

①切刀常压换刀装置

切刀常压换刀装置有导向杆式和导向筒式两种形式。导向杆式切刀常压换刀装置如图 7-58 所示，结构组成如图 7-59 所示，通过导向杆和导向螺栓配合将刀具拔出并更换。

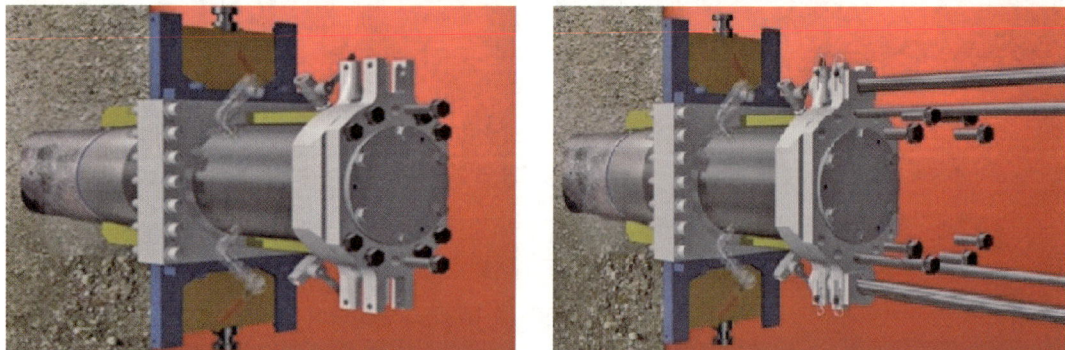

图 7-58   导向杆式切刀常压换刀装置示意

导向筒式切刀常压换刀装置如图 7-60 所示，通过导向筒和多级油缸将刀具拔出并更换。

②滚刀常压换刀装置

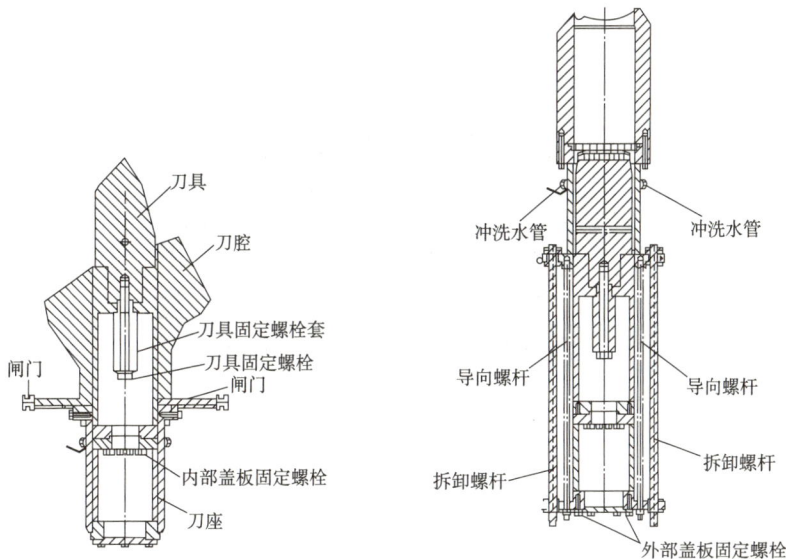

图 7-59　导向杆式切刀常压换刀结构示意

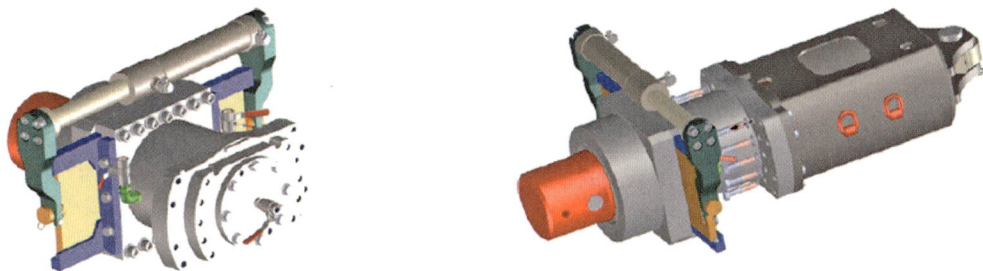

图 7-60　导向筒式切削刀常压换刀装置原理示意

　　滚刀常压换刀装置的原理与切刀常压换刀装置的原理相似,不同之处在于,为了布置更多的滚刀,将常规滚刀的轴缩短,把两把滚刀并排装进一个刀筒,刀筒可以在刀盘常压辐臂内拔出,然后关闭闸门,从而实现常压换刀,如图 7-61 和图 7-62 所示。

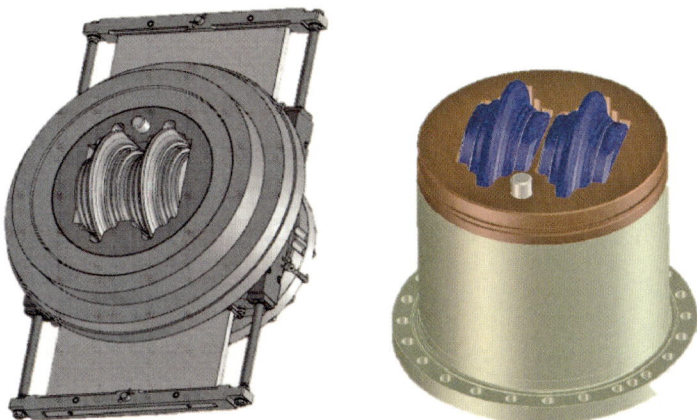

图 7-61　滚刀常压换刀装置结构示意

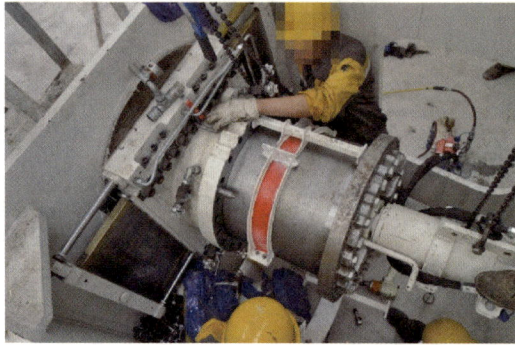

图 7-62　滚刀常压换刀装置

7.11　盾构调头技术

地铁隧道上下行线施工时,有时只投入一台盾构,施工完一条线后需反向掘进另一条线。盾构从区间隧道掘进到工作井时,将盾构平移调转到另一条隧道线位上,再做反向掘进的过程称为盾构调头。盾构调头与工作井的地面场地条件无关,盾构在竖井内调头时,盾构也无需解体,也不存在因再次拆卸而影响盾构的质量和使用寿命的问题,盾构调头作业具有降低工程费用与缩短工期的优点。盾构调头采用的设施一般有盾构接收架、盘式轴承、顶升油缸或浮式千斤顶、滑轮、倒链、卷扬机等。

7.11.1　盾构调头作业要点

(1)盾构调头前,应做好施工现场调查及现场准备工作。

(2)盾构设备重量大、体积大,因此起吊、移动调头工作时间长,必须预先编制调头作业方案,做到可靠、安全。调头设备必须满足盾构安全调头要求。

(3)盾构调头时必须有专人指挥,专人观察设备转向状态,避免方向偏离或设备碰撞。

(4)调头前应做好设备各种管线的标识工作,调头后按照标识做好盾构管线的连接工作,连接后严格按照规则试运行。

7.11.2　采用延长管线进行盾构调头

(1)接收准备工作包括:调头场地钢板的铺设;设备桥支撑门架的下井、安装;在调头场地内铺设临时轨道(采用自制钢凳架设临时轨线)将设备桥支撑门架下井并移至站台后部备用;反力架的下井、安装;接收架(始发架)的拆除、钢板焊接、运输、下井定位;调头材料机具的运输、下井。

(2)调头及定位。

(3)桥调头及延长管线连接。

(4)检修及保养。

(5)调试并始发。盾构整机调试按盾构调试报告进行,总的原则是先单机调试,再整

机联动。

(6)掘进。

(7)套调头及恢复正常掘进。

7.11.3　不采用延长管线进行盾构调头

(1)接收准备工作包括：调头场地钢板的铺设；设备桥支撑门架的下井、安装；在调头场地内铺设临时轨道(采用自制钢凳架设临时轨线)将设备桥支撑门架下井并移至站台后部备用；反力架的下井、安装；接收架(始发架)的拆除、钢板焊接、运输、下井定位；调头材料机具的运输、下井。

(2)主机平移。

(3)后配套调头。

(4)主机调头。设备桥后配套一般采用吊机等设备进行逐一掉头。

7.11.4　盾构调头施工

以南京地铁一期工程 TA15 标盾构调头为案例，具体介绍盾构调头施工。

南京地铁一期工程南起小行，北至迈皋桥，线路全长 16.9 km。其中 TA15 标由两个区间组成，采用 2 台土压平衡盾构进行施工。第 1 台盾构(开拓Ⅰ号)从许府巷站南端头井始发向玄武门站方向推进，至玄武门站后进行盾构调头，盾构从许～玄区间左线进入右线，向许府巷站推进，到达许府巷南端头后，拆卸、检修并转场至许府巷站北端头，向南京站方向推进。第 2 台盾构(开拓Ⅱ号)在许府巷站北端头井始发，向南京站方向推进，如图 7-63 所示。

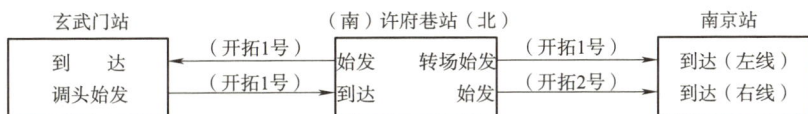

图 7-63　南京地铁 TA15 标盾构总体推进计划示意

第 1 台盾构从许府巷站南端头左线始发，到达玄武门站后，进行调头，调头后进入许～玄区间右线，在玄武门站二次始发。由于玄武门站结构及调头场地十分狭小(图 7-64)，仅仅提供了端头 12 m 的调头场地及 50 m 长的站台，而盾构总长为 65 m，且出渣列车最小长度为 12 m，所以不能满足整机始发的条件；同时，盾构主机及后配套拖车都是体积大、重量大的实体，后配套拖车不能进入净空仅为 4.2 m 的站台内，因此给盾构的调头工作增加了难度和复杂性。根据现场条件，同时考虑出渣速度和便于管片运输，调头时使用延长管线连接主机和后配套，分主机和设备桥调头、始发掘进、后配套调头，成功地完成了盾构在玄武门站的调头始发。

为保证盾构调头时，调头场地有足够的支撑面，在盾构调头井内铺设 5 mm 厚的细砂及 20 mm 厚的钢板，钢板间的接缝进行段焊，并保证接缝平整，有错台时进行打磨处理。

在调头场地内铺设临时轨道，将设备桥支撑架下井并移至玄武门站的站台后部备用。

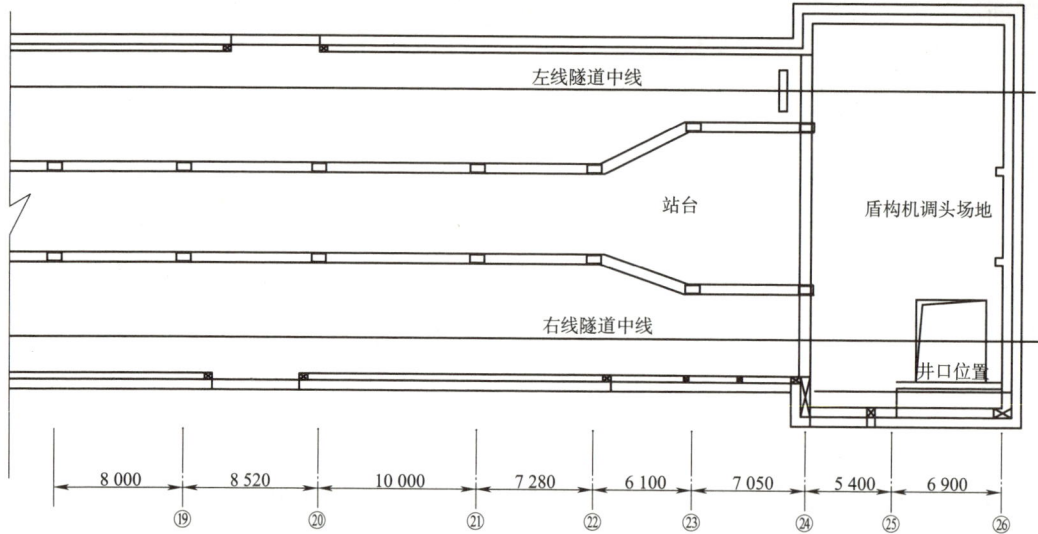

图 7-64　玄武门站底板俯视示意(单位:mm)

利用 80 t 汽车吊在调头井进行反力架、钢负环的下井、拼装,并利用 15 t 起道机平移反力架及钢环至调头场地后部定位,组装平移时应在反力架的前、后部加焊支撑,防止倾翻。

盾构主机的接收采用盾构始发时所使用的始发架,并且在始发架底部采用 20 mm 厚的钢板进行焊接封闭,以保证盾构调头时底部有足够的支撑面,焊接时应保证焊缝平整,错台部位进行打磨。采用 25 t 汽车吊将接收架下井,并用自制盘式轴承平移至隧道左线,检查并紧固接收架连接螺栓,应确保连接螺栓完好。采用钢板或型钢垫平接收架,应确保垫层牢靠,对接收架进行精确定位,并进行复测。精确定位后,采用 14 号工字钢对接收架进行固定,固定支撑在站台一侧,洞门侧和预埋件焊接,同时将接收架轨道延伸至洞门内,并加固。

盾构接收时控制好盾构姿态,避免损坏洞门环,脱离洞门密封前注浆要饱满,防止漏水。盾构进站时在应低速推进。进站时及时在盾体前部耐磨层处垫 4 mm 钢板进行支撑,防止耐磨层与轨道接触。检查接收架是否位移,变形,若有变形及时加固或调整。盾构进站后,拆除四号拖车皮带机驱动装置。在前体、中体两侧各焊接顶升支座,焊接时确保对称、牢固。支座采用 20 mm 厚的钢板制作,共 4 个,支座焊接加工误差为 ±3 mm,支座底板保持水平,如图 7-65 所示。当主机完全进站后,用型钢将主机与接收架焊接为一体,便于整体起升。

(1)盾构主机调头

盾构主机调头程序如下:

①设备桥中部焊接支撑架。

②用油缸分别将设备桥前部、后部顶升,并在支撑架底部安装 $\phi50$ mm 的钢管,如图 7-66 所示。

③主机与后配套脱离(拆除管线和拖拉油缸),并后移后配套拖车至主机与后配套完全脱离。

④采用 4 根 150 t 油缸将盾构顶升,接收架底部均匀安装自制盘式轴承(图 7-67),取出底部的垫块后将主机落至轴承上(主机顶升时注意油缸应保持同步,且应有专人指挥)。

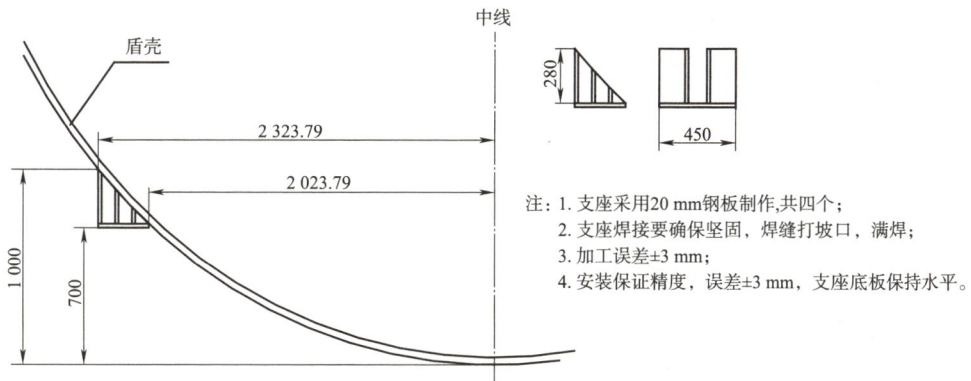

图 7-65　顶升支座示意(单位:mm)

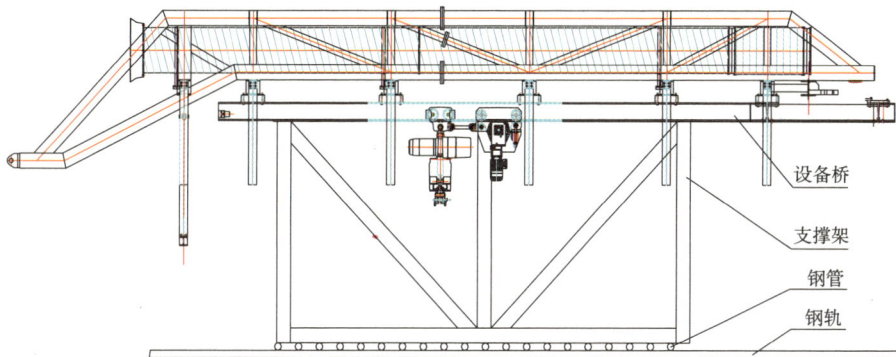

注:1. 支座采用20 mm钢板制作,共四个;
　　2. 支座焊接要确保坚固,焊缝打坡口,满焊;
　　3. 加工误差±3 mm;
　　4. 安装保证精度,误差±3 mm,支座底板保持水平。

图 7-66　设备桥调头支撑示意

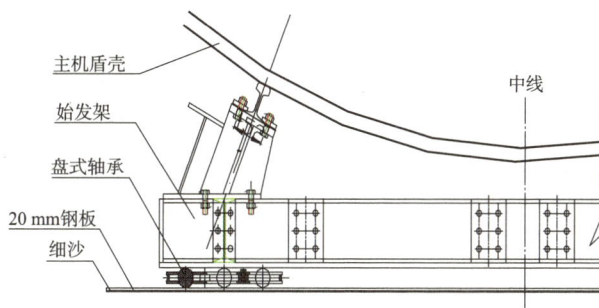

图 7-67　盘式轴承安装示意

⑤在底板的钢板上焊接顶推支座,并用 100 t 油缸及 150 t 油缸将主机连同接收架平移至调头场地中部并进行调头,调头时注意防止螺旋输送机与车站结构及反力架发生干扰。

⑥ 主机调头后平移至隧道右线前部。

⑦ 采用 4 根 150 t 油缸将盾构顶升,接收架底部用钢板或型钢支撑,进行精确定位,并将接收架轨线延伸至隧道内。

⑧ 反力架和钢环精确定位并焊接反力支撑。

⑨ 盾尾刷均匀涂抹 WR90 油脂。备用注浆管及超前钻机管内填充 WR90 油脂。

盾构主机调头示意如图 7-68 所示。

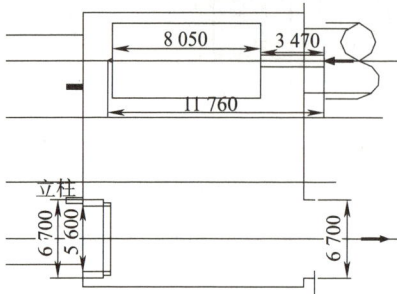

(a) 右线已安装好反力架、钢环，盾构机已经做好调头的一切准备。

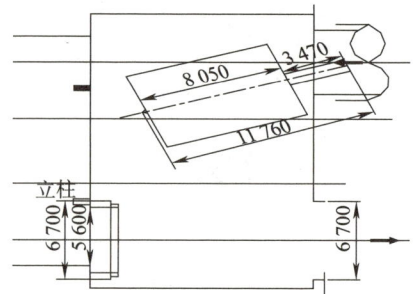

(b) 盾构机逆时针转动，并向调头场地中部移动。

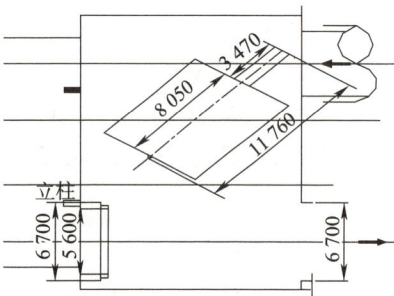

(c) 继续逆时针转动，直至螺栓输送机脱出左线。

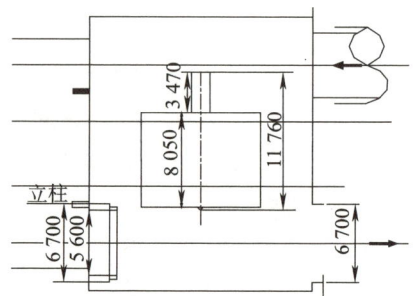

(d) 将主机逆时针旋转至90°位置。

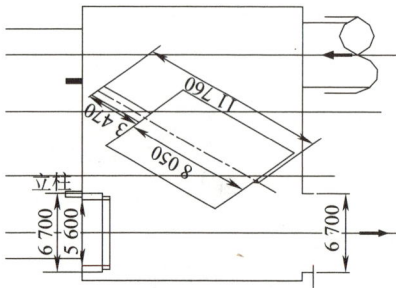

(e) 继续逆时针转动主机，直至螺栓输送机绕过站台侧的立柱。

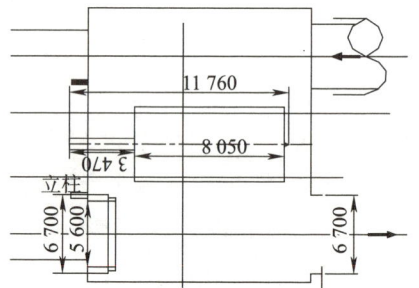

(f) 继续逆时针旋转主机至180°位置。

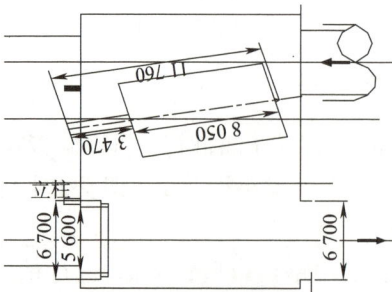

(g) 继续逆时针旋转主机，此时螺旋输送机高出站台，可利用站台空间。

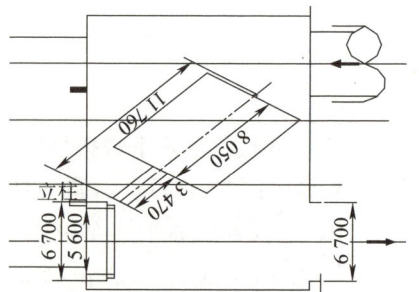

(h) 继续逆时针旋转主机至螺旋输送机绕过反力架立柱。

图 7-68

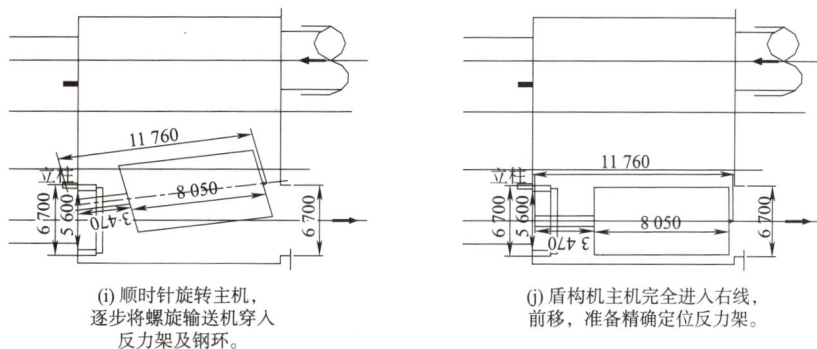

(i) 顺时针旋转主机,
逐步将螺旋输送机穿入
反力架及钢环。

(j) 盾构机主机完全进入右线,
前移,准备精确定位反力架。

图 7-68　主机调头示意(单位:mm)

(2)设备桥调头

设备桥调头程序如下:

①左线调头井铺设轨线,主机后部铺设轨线。

②将设备桥与后配套拖车脱离。

③拆解管片吊机轨道,拆除一号拖车后部的管片吊机控制柜及电缆卷筒并移至设备桥前部固定,以便于管片吊机接收时功能的恢复。

④采用 10 t 倒链将设备桥前移至站台内,并在 20-21 轴之间进行调头(图 7-69)。

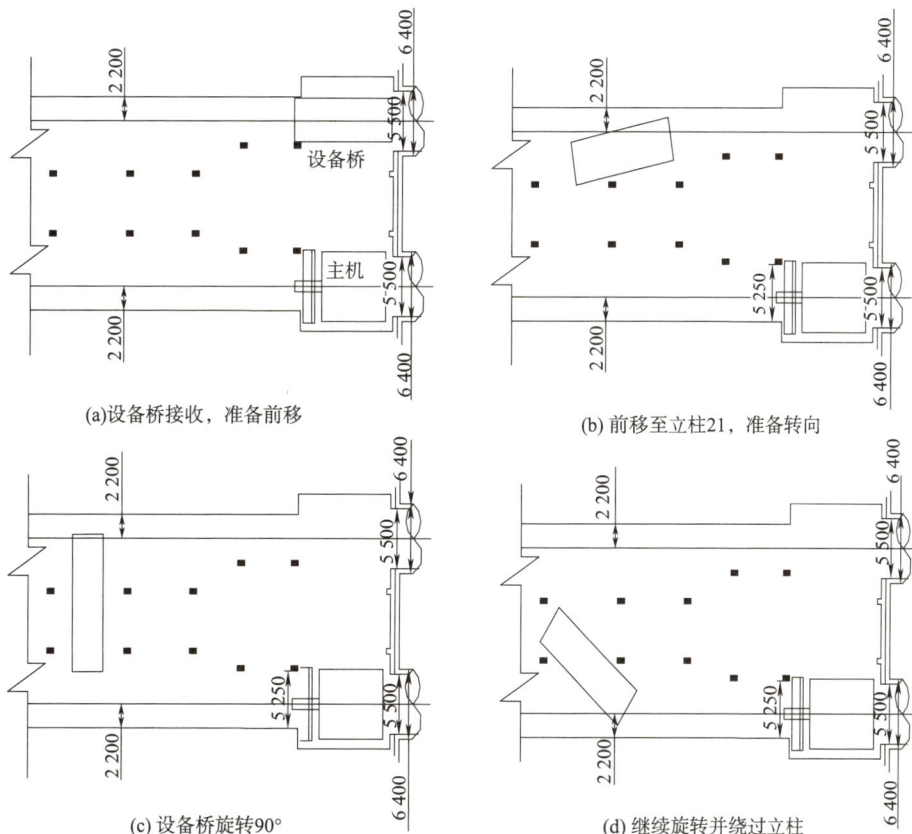

(a)设备桥接收,准备前移

(b) 前移至立柱21,准备转向

(c) 设备桥旋转90°

(d) 继续旋转并绕过立柱

图　7-69

(e) 旋转平移至右线   (f) 设备桥前移并与主机对接

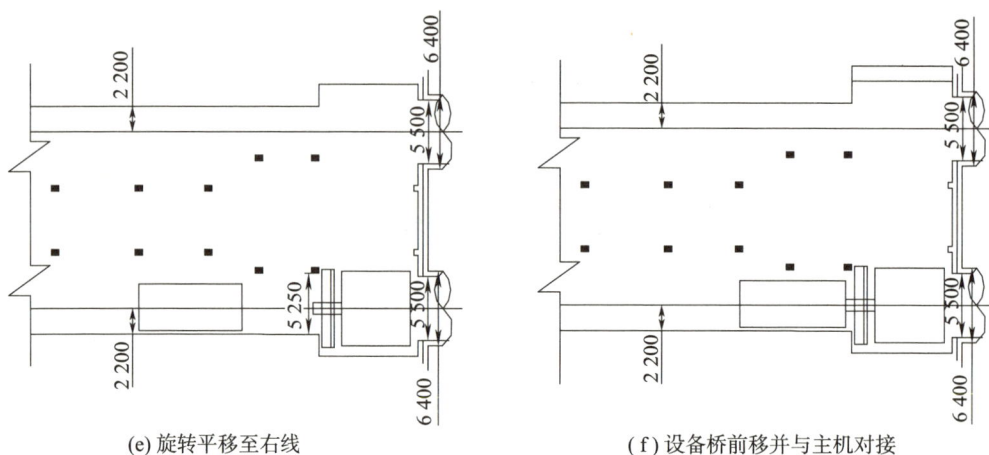

图 7-69　设备桥调头示意（单位：mm）

⑤设备桥调头后前移并与主机对接。

⑥将设备桥支撑架前移并与设备桥对接，并拆除中部支撑。

⑦安装皮带机驱动装置。

⑧安装管片安装机控制柜及电缆卷筒。

⑨ 安装皮带并进行皮带的硫化。

（3）主机始发掘进

主机始发掘进程序如下：

①安装延长管线。延长管线的连接从后配套拖车开始进行。由于洞门与 22 号立柱之间距离只有 25 m，延长管线较长，不易堆放。因此，应将后配套拖车后移 40 m，延长管线布置如图 7-70 所示。

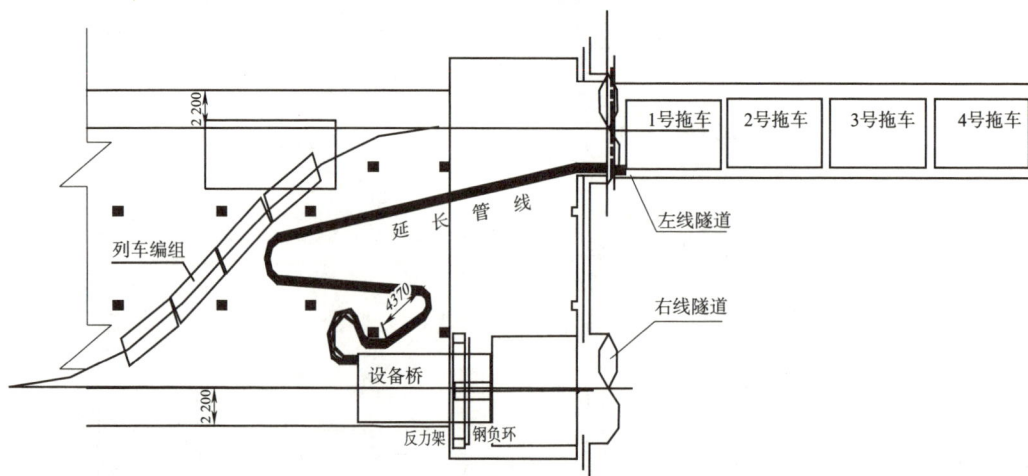

图 7-70　主机、设备桥始发状态示意（单位：mm）

②盾构调试。按调试程序进行盾构整机调试。总的原则是先单机调试，再整机联动。

③始发掘进。

安装洞门密封并焊接防扭支撑,割除洞门钢筋并推进,向刀盘内装添 3/4 容积的土坏以便于快速建立土压,当刀盘推至距洞门 700 mm 时,割除洞门最后一层钢筋,割除时必须保证迅速,割除并完全取出钢筋后,将刀盘推入洞门开始掘进。盾构沿始发架掘进时,推力尽可能小,刀盘油压不要超过 12 MPa。在始发掘进时,采用 3 列机车进行运输,机车布置在前部,第 1 列的编组形式为 1 辆牵引机车、1 辆渣车、1 辆管片车;第 2 列的编组形式为 1 辆牵引机车、1 辆渣车、1 辆管片车;第 3 列的编组形式为 1 辆牵引机车、1 辆砂浆车。

(4)后配套调头

当始发掘进至 53 环时,进行后配套调头工作。程序如下:

①停机。

②拆除延长管线。

③拆除皮带及设备桥支撑架。

④拆除负环。

⑤拆除左线轨线。

⑥平移始发架至左线并形成后配套接收轨线。利用 4 个 15 t 起道机将始发架顶升并在底部安装盘式轴承,通过牵引机车拖拉绕过结构墙上的滑轮拉点的钢丝绳将始发架平移至隧道左线,并将轨线延伸至洞内与拖车轨线连接。

⑦拆除反力架及钢环。利用起道机平移反力架及钢环至井口处,利用 80 t 汽车吊将钢环及反力架拆解吊出。

⑧后配套拖车解列并拆卸拖车间的管线。在拖车解列前必须将每节拖车用阻车器固定,防止溜车;拆解拖车间的电缆并回收至 1 号拖车上捆扎固定;拆解拖车间的连接胶管并及时封堵。拆解拖车间的拉杆。

⑨拖车前移并调头。用牵引机车牵引 1 号拖车前移至调头场地内的始发架上;用型钢将 1 号拖车与始发架焊接成一个整体以防止调头时倾翻;通过牵引机车拖拉钢丝绳将始发架平移至调头场地中部并调头(图 7-71);平移 1 号拖车及始发架至许玄区间右线并固定始发架;将始发架轨线与右线轨线连接,并将型钢割除;用机车将 1 号拖车拖入洞内并与设备桥对接。依此类推,将 2 号、3 号、4 号拖车调头后并对接。

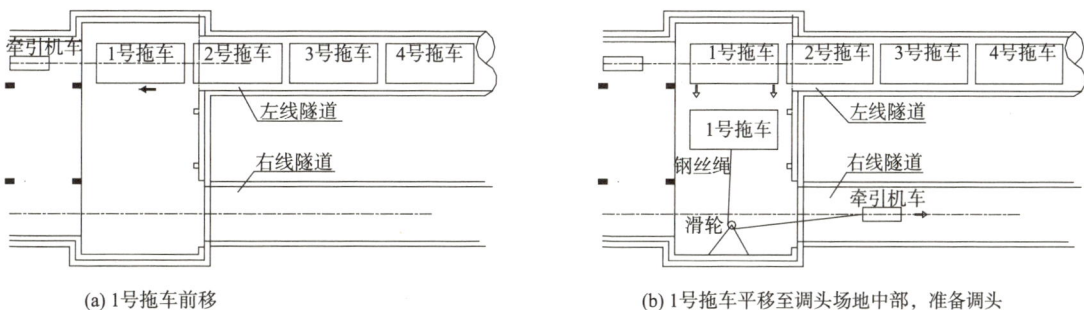

(a)1号拖车前移   (b)1号拖车平移至调头场地中部,准备调头

图 7-71

(c) 1号拖车调转180° 　　　　　　　(d) 1号拖车平移至右线就位

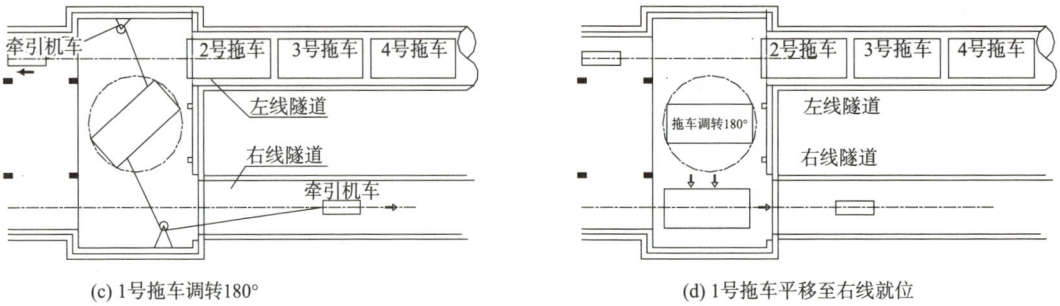

图 7-71　后配套拖车调头示意

⑩ 后配套管线连接及整机调试掘进。将 4 号皮带机移至井口时,安装皮带机驱动装置;连接拖车间的电缆;连接拖车间的胶管;安装皮带并进行皮带的硫化。盾构调试完毕后进行正常掘进。

7.12　盾构到达技术

7.12.1　盾构到达施工程序

盾构到达是指盾构沿设计线路,在区间隧道贯通前 100 m 至车站的整个施工过程。

盾构到达一般按下列程序进行:洞门凿除→接收基座的安装与固定→洞门密封安装→到达段掘进→盾构接收,如图 7-72 所示。

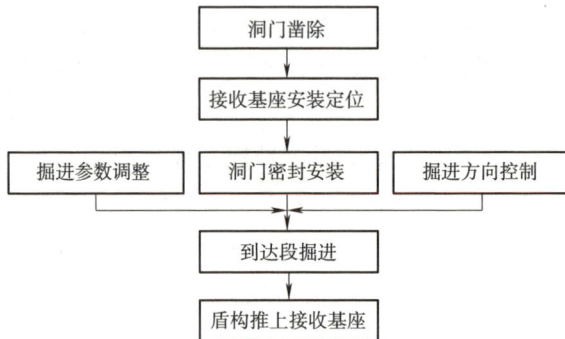

图 7-72　盾构到达施工程序示意

到达设施包括盾构接收基座(也称接收架)、洞门密封装置。接收架一般采用盾构始发架。

7.12.2　盾构到达施工主要内容

盾构到达施工主要内容包括:

(1)到达端头地层加固。

(2)在盾构贯通之前 100 m、50 m 处分两次对盾构姿态进行人工复核测量。

(3)到达洞门位置及轮廓复核测量。

(4)根据前两项复测结果确定盾构姿态控制方案并进行盾构姿态调整。

(5)到达洞门凿除。

(6)盾构接收架准备。

(7)靠近洞门最后 10～15 环管片拉紧。

(8)贯通后刀盘前部渣土清理。

(9)盾构接收架就位、加固。

(10)洞门防水装置安装及盾构推出隧道。

(11)洞门注浆堵水处理。

(12)制作连接桥支撑小车、分离盾构主机和后配套机械结构联接件。

7.12.3　盾构到达准备工作

盾构到达前,应做好下列工作:

(1)制定盾构接收方案,包括到达掘进、管片拼装、壁后注浆、洞门外土体加固、洞门围护拆除、洞门钢圈密封等工作的安排。

(2)对盾构接收井进行验收并做好接收盾构的准备工作。

(3)盾构到达前 100 m、50 m 时,必须对盾构轴线进行测量、调整。

(4)盾构切口离到达接收井距离约 10 m 时,必须控制盾构推进速度、开挖面压力、排土量,以减小洞门地表变形。

(5)盾构接收时应按预定的拆除方法与步骤,拆除洞门。

(6)当盾构全部进入接收井内基座上后,应及时做好管片与洞门间隙的密封,做好洞门堵水工作。

7.12.4　盾构到达施工要点

(1)盾构到达前应检查端头土体加固效果,确保加固质量满足要求。

(2)做好贯通测量,并在盾构贯通之前 100 m、50 m 两次对盾构姿态进行人工复核测量,确保盾构顺利贯通。

(3)及时对到达洞门位置及轮廓进行复核测量,不满足要求时及时对洞门轮廓进行必要的修整。

(4)根据各项复测结果确定盾构姿态控制方案并提前进行盾构姿态调整。

(5)合理安排到达洞门凿除施工计划,确保洞门凿除后不暴露过久。并针对洞门凿除施工制定专项施工方案。

(6)盾构接收基座定位要精确,定位后应固定牢靠。

(7)增加地表沉降监测的频次,并及时反馈监测结果指导施工。盾构到站前要加强对车站结构的观察,并加强与施工现场的联系。

(8)为保证近洞管片稳定,盾构贯通时需对近洞口 10～15 环管片作纵向拉紧。

(9)帘布橡胶板内侧涂抹油脂,避免刀盘挂破影响密封效果。

(10)在盾构贯通后安装的几环管片,一定要保证注浆及时、饱满。盾构贯通后必要时对洞门进行注浆堵水处理。

(11)盾构到达时各工序衔接要紧密,以避免土体长时间暴露。

7.12.5　到达位置复核测量

盾构到达施工位置范围时,应对盾构位置和盾构隧道的测量控制点进行测量,对盾构接收井的洞门进行复核测量,确定盾构贯通姿态及掘进纠偏计划。在考虑盾构的贯通姿态时须注意两点:一是盾构贯通时的中心轴线与隧道设计轴线的偏差,二是接收洞门位置的偏差。综合这些因素在隧道设计中心轴线的基础上进行适当调整,纠偏要逐步完成。

7.12.6　盾构到达段掘进

根据到达段的地质情况确定掘进参数:低速度、小推力、合理的土压力(或泥水压力)和及时饱满的回填注浆。

在最后10~15环管片拼装中要及时用纵向拉杆将管片连接成整体,以免在推力很小或者没有推力时管片之间的松动。

7.12.7　接收基座安装及盾构推上接收基座

接收基座的构造同始发基座,接收基座在准确测量定位后安装。其中心轴线应与盾构进接收井的轴线一致,同时还要兼顾隧道设计轴线。

接收基座的轨面标高应适应盾构姿态,为保证盾构刀盘贯通后拼装管片有足够的反力,可考虑将接收基座的轨面坡度适当加大。接收基座定位放置后,采用I25的工字钢对接收基座前方和两侧进行加固,防止盾构推上接收基座的过程中,接收基座移位。

在接收基座安装固定后,盾构可慢速推上接收基座。在通过洞门临时密封装置时,为防止盾构刀盘和刀具损坏帘布橡胶板,在刀盘外圈和刀具上涂抹黄油。

盾构在接收基座上推进时,每向前推进2环拉紧一次洞门临时密封装置,通过同步注浆系统注入速凝浆液填充管片外环形间隙,保证管片姿态正确。

7.12.8　洞门圈封堵

在最后一环管片拼装完成后,拉紧洞门临时密封装置,使帘布橡胶板与管片外弧面密贴,通过管片注浆孔对洞门圈进行注浆填充。注浆的过程中要密切关注洞门的情况,一旦发现有漏浆的现象应立即停止注浆并进行封堵处理。确保洞口注浆密实,洞门圈封堵严密。

7.12.9　钢套筒法接收技术

盾构接收是盾构法施工的最后一道关键环节,当遇到不良地质或全断面富水地层时,

很容易出现涌水、涌砂、坍塌等安全风险事故。

涌水、涌砂、坍塌是盾构接收时常遇到的事故现象，盾构接收过程中出现涌水、涌砂，其原因主要分为以下几个方面：一是端头加固质量较差；二是端头加固不到位；三是由于超挖刀的开启，造成开挖面积增加，形成过水通道，进而造成盾构在接收过程中出现洞门涌水、涌砂现象；四是全断面富水砂层自稳能力差、渗透系数高，盾构掘进过程中在地下水作用下出现流砂，在盾构接收过程中，围护结构被破除而形成水土压力释放区，洞口易产生漏水、漏泥以及流砂现象；五是洞门密封失效，形成洞门渗漏、涌水、涌砂。

盾构接收主要有三种方案：一是盾构常规接收方案，该方案主要依靠折页压板及橡胶止水帘布进行洞门密封，洞外基本不采取任何措施，洞内采取设置封闭环，加强同步注浆及二次注浆，或在洞门位置设置注浆孔等措施，以保证盾构施工安全。二是盾构土中接收方案，该方案首先将端头井接收位置采用钢筋混凝土封闭，在洞门围护结构凿除完毕后，接收井内进行填土回水作业，填土采用人工配合挖机回填夯实，凿除的洞门圈底部回填一定高度的中砂，防止盾构低头，填土完成后进行回水（图7-73）。三是钢套筒接收方案，钢套筒接收属于比较新颖的盾构接收配套技术，盾构接收钢套筒主要装置是一端开口、另一端封闭的圆柱形容器，开口端与洞门预埋环板相连，这样形成一个整体密闭的容器，容器内充满回填料，洞门回填素混凝土，封闭端设置反力架（图7-74）。

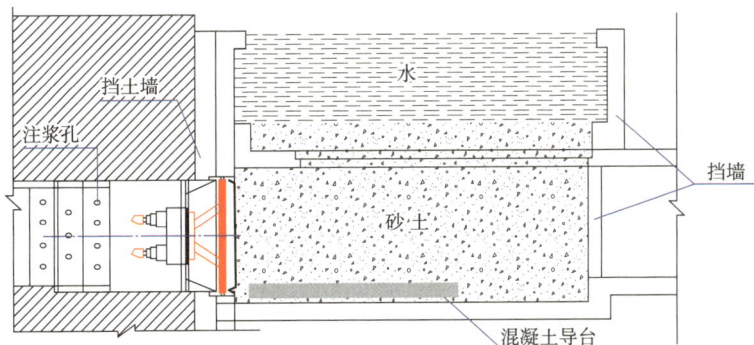

图 7-73　盾构土中接收示意

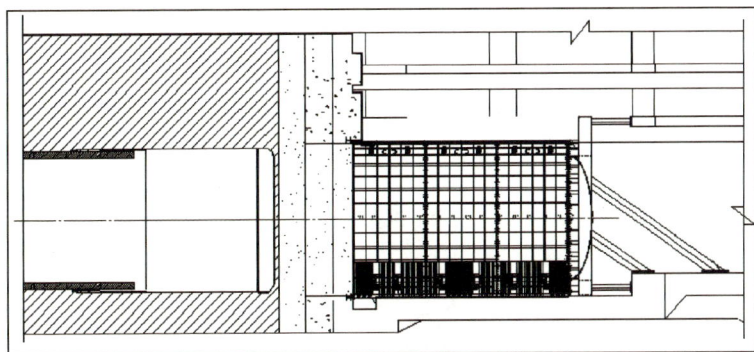

图 7-74　盾构钢套筒接收示意

钢套筒接收施工方案采用钢套筒接收，钢套筒筒体（图 7-75）采用钢板卷制而成。每段筒体的外周焊接纵、环向筋板以保证筒体刚度。筒体纵向及上下均采用法兰连接。每节钢套筒的顶部一般设置 4 个起吊用吊耳，1 个加料口，底部一般设置 3 个排浆管和 2 组顶推托轮组。在筒体底部制作托架，后盖板由椭球盖和平面环板组成，椭球盖采用厚钢板冲压加工制作，平面环板采用钢结构组焊而成，反力架是用于给钢套筒整体提供反力的装置，反力架紧贴后盖平面板安装。由于钢套筒为独立钢构体，不影响车站结构，且托架与钢套筒连接，盾构接收后可不拆除钢套筒，进行整体平移。

(a)　　　　　　　　　　　(b)

图 7-75　钢套筒筒体结构

钢套筒接收方案，由于钢套筒与车站端墙连接，基本与土中接收一样形成一个封闭的空间，在钢套筒施工完成后需进行密封压力试验，整体密封效果较好，且在钢套筒内回填砂土泥浆，后部设置反力架，对盾构进入钢套筒提供反力支撑，盾构接收过程中需严格控制盾构姿态，防止出现盾构顶住钢套筒现象，该方法施工风险低、安全性高。

采用钢套筒接收方案，钢套筒制作及运输时间大概需 2 个月，可在盾构掘进过程中同步进行加工，不占用工期，但钢套筒接收的工程总费用约为 500 万元。选用钢套筒接收施工风险可控、安全性高，施工难度小。

钢套筒尺寸设计根据成型主体结构尺寸进行设计，一般地，盾体长度＜筒体长度＜接收井长度；筒体直径与洞门预埋钢环板相同；筒体一般分四段，每段又分为上、下两块（图 7-76）；筒体一般采用 16 mm 厚的 Q235A 钢板制作，每间隔 550×600 mm 使用一块厚 20 mm、高 150 mm 的筋板进行纵、环向焊接，以保证筒体刚度。

钢套筒法盾构整体接收技术详见视频 7-8（视频由上海隧道盾构公司提供）。

视频 7-8　钢套筒法盾构整体接收技术

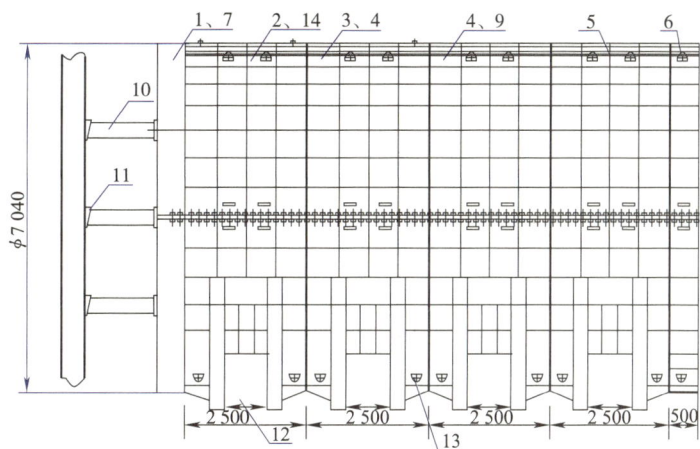

图 7-76　接收钢套筒筒体示意(单位:mm)

7.13　沉降控制技术

盾构法隧道技术是城市地下工程施工技术中对周围地层扰动最小的一种,但同其他施工工法一样,由于地质条件和施工工艺的限制,很难完全避免盾构推进对周围环境的扰动,因此也会存在发生地面沉降的可能。严重时,可能危及临近建筑物、道路和地下管网的安全,并最终引发下述施工事故一样的严重后果,如图 7-77、图 7-78 所示。本节重点阐述盾构掘进中对土体的施工扰动机理,并介绍地表沉降预测和控制的技术。

图 7-77　建筑物倾斜

图 7-78　地面开裂

7.13.1　盾构掘进土体扰动机制

随着盾构推进,地基下沉或隆起现象重叠发生,过程如图 7-79 所示,最后达到最终

值。其中,第 1 阶段和第 2 阶段是盾构通过前,第 3 阶段是盾构通过中,第 4 阶段和第 5 阶段是盾构通过后发生的现象。这些现象并非不可避免,只要盾构掘进模式和参数选择合适,隧道纵向的地基变形是可以控制在最小限度内的。各阶段沉降原因与机理见表 7-10。

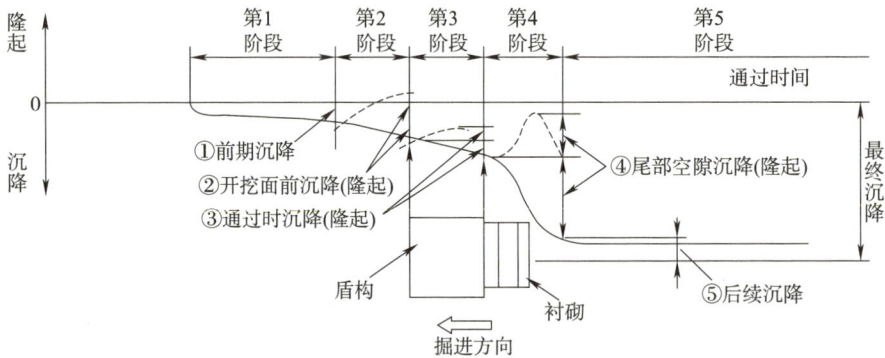

图 7-79   盾构推进时地基变形阶段示意

表 7-10   盾构施工引起变形的原因与机理

沉降类型	主要原因	应力扰动	变形机理
先期沉降	地下水位降低	孔隙水压力减少,围岩有效应力增加	压缩和压密、下沉
盾构开挖面沉降或隆起	工作面处施加压:过大时隆起,过小时沉降	围岩应力释放、扰动负荷土压力	弹塑性变形
盾构通过时沉降	施工扰动,盾构与围岩(土体)间剪切错动,出渣	扰动	压缩
盾尾空隙沉降	围岩(土体)失去支撑,管片背后注浆不及时	应力释放	弹塑性变形
后续沉降	结构变形、地层扰动、空隙水压下降等	土体固结	压缩和蠕变下沉

(1)先行沉降

先行沉降是自开挖面距地面观测点还有相当距离(数十米)直到开挖面到达观测点之前所产生的沉降,是随着盾构掘进因地下水水位降低而产生的,是由地基有效上覆土厚度增加而产生的压缩、固结沉降。地层软弱不同,先行沉降影响距离也不一样。

(2)开挖面前沉降或隆起

开挖面前沉降是自开挖面距观测点(约几米)起直至开挖面位于观测点正下方之间所产生的沉降,多由于开挖面的崩塌、盾构的推力过大等所引起的开挖面土压力失衡所致。是由土体应力释放或盾构反向土舱压力引起的地基塑性变形。隆沉大小主要与盾构正面压力平衡状态有关,盾构土舱内压力小于土体正面压力时,盾构开挖产生地层损失,盾构上方地面会出现沉降,相反,当土舱内压力高于土体正面压力,则盾构上方地面会出现升隆现象。

（3）盾构通过时沉降

从开挖面到达观测点的正下方之后直到盾构尾部通过观测点为止，这一期间所产生的沉降，主要是土的扰动和由盾构掘进直径与盾构直径差引起土体应力释放所致。

（4）盾尾空隙沉降

盾构的尾部通过观测点的正下方之后所产生的沉降，是盾尾空隙的土体应力释放所引起的弹塑性变形。沉降大小与盾尾同步注浆压力、浆液充填率密切相关，充填较理想时，沉降就小，反之就大。

（5）后期沉降

后期沉降是固结和蠕变残余变形，主要是地基扰动所致。

7.13.2　地表变形沉降影响因素

7.13.2.1　掘进地层自身属性

（1）隧道埋深

隧道埋深对地层位移的影响因地层情况各异，Attewell 得出如下关系式：

$$\frac{i}{R} = k \left(\frac{h}{2R} \right)^n$$

式中　R——隧道半径；

　　　h——隧道埋深；

　　　i——隧道轴线到地面沉陷槽曲线反弯点的距离；

　　　k、n——与地层特性及施工因素有关的常数。

（2）上部荷载

隧道上方竖直压力对地层沉陷的影响极大。Broms 和 bennermark 提出用稳定比 N_s 表示隧道施工的难易程度和地层位移的程度。在塑性黏土中，当隧道埋深不小于两倍隧道直径时，即 $\frac{z}{2R} \geqslant 2$ 时，N_s 将不大于 6，这时隧道的施工将不会有多大困难。在盾构法施工中，N_s 值越大，黏土侵入盾尾间隙的可能性越大。当 N_s 接近 7 时，盾构将变得难以控制。支护压力很大时，往往造成地表隆起，并使后期沉陷量增大，故稳定比应根据地层情况控制在一定范围内。N_s 由下式给出：

$$N_s = \frac{\sigma_z - \sigma_r}{c_u}$$

式中　σ_z——隧道中心埋深处的总竖直压力；

　　　σ_r——隧道的支护压力（包括气压）；

　　　C_u——土体的不排水抗剪强度。

（3）土体性质

土体压缩性、强度等性质也对地层位移产生了重要影响。

（4）盾构性能的影响

开挖面水压及土压不平衡，切削能力减弱，推进力下降等因素将引起开挖面坍塌、超

挖,隧道开挖出现偏差会引起尾部空隙增大,开挖面切削转矩及盾构推力过大会引起地层扰动。

(5)回填注浆质量和操作质量的影响

回填注浆是否充足、及时,管片拼装质量是否完善,土压是否适当,盾构推进时姿态控制是否良好,是否发生偏差、蛇行,施工工序是否合理,施工人员操作是否熟练,经验是否丰富等均影响到地层位移。

7.13.2.2 盾构掘进性能

盾构推进引起的地层损失和盾构隧道受扰动或受剪切破坏的重塑土再固结,是地面沉降的基本原因,现简要介绍如下。

(1)开挖面土体移动。因开挖造成地层原始应力状态的改变,从而引起地层尤其是开挖面土体的位移;又或者当隧道掘进时,开挖面土体受水平支护应力可能小于或大于原始侧压力,开挖面上前方土体会产生下沉或隆起。

(2)因地层损失引起地层位移。地层损失包括建筑空隙以及超、欠挖或其他土层流失,具体为:

①盾构工作面前方土体的挤入。

②盾构上方土体挤入因盾构外壳直径和拼装管片直径不同产生的建筑空隙。

③盾构纠偏所引起的土体超挖。例如,纠偏时改变盾构推进方向,引起盾构向上或向下倾斜,会使多余的土体被挖去,盾尾空隙增大。

④盾构推进有曲率时所造成的土体损失。

⑤盾构推进时,切口环上的突缘引起的超挖。

⑥ 土体挤入盾尾空隙。盾构法隧道的管片脱离盾尾后,在隧道开挖壁面和管片外周围形成一环形空隙;由于背衬注浆不及时,压浆量不足,注浆压力不适当,使盾尾后隧道周边土体失去原始三维平衡状态,土体将向这一空隙产生位移,从而引起地面沉降。在含水不稳定地层中,这往往是引起地层损失的最主要因素。当盾构外周黏附一层黏土时,盾尾后隧道管片外周环形空隙会有较大的增加,如不相应增加压浆量,地层损失必然增加。

(3)因盾构的推进,引起的土体孔隙水压力变化,或因降水引起地下水位下降,引起土体的固结沉降。

(4)管片结构变形及土体(尤其是在饱和软土地层中)的次固结和流变。在周围土体压力作用下,管片要产生变形,同时管片对周围地层也产生相反方向的作用力,地层变形是土体与管片的相互作用的综合表现。由于盾构推进中的挤压作用和盾尾后的压浆作用等施工因素,使周围地层形成正值的超孔隙水压区,其超孔隙水压力,在盾构隧道施工后的一段时间内消散复原,在此过程中地层发生排水固结变形,引起地面沉降(固结沉降)。土体受到扰动后,土体骨架还发生持续很长时间的压缩变形。在土体蠕变过程中产生的地面沉降为次固结沉降。在孔隙比和灵敏度较大的软塑和流塑性地层中,次固结沉降往往要持续几年以上,所占总沉降量的比例可高达 35% 以上。

(5)盾构后退。在盾构暂停推进时,由于盾构推进千斤顶漏油回缩可能引起盾构后退,使开挖面土体坍落或松动,造成地层损失。

（6）隧道管片衬砌沉降较大时，会引起不可忽略的地层损失。同时饱和松软地层衬砌渗漏亦引起沉降。

（7）改变推进方向。盾构在曲线推进、纠偏、抬头或叩头推进过程中，实际开挖断面不是圆形而是椭圆，因此引起地层损失。盾构轴线与隧道轴线的偏角越大则对土体扰动和超挖程度及其引起的地层损失越大。

7.13.2.3　泥浆性质

泥水盾构维持掌子面稳定的主要方法是泥浆在渗透压的作用下向地层中渗透，泥浆中颗粒淤堵地层孔隙或淤堵在地层表面，形成微透水或不透水的泥膜，泥膜的存在使部分泥浆压力转化为有效应力作用在地层颗粒上，从而保证开挖面的稳定。当盾构处于动态掘进过程中时，泥膜处于"形成——稳定——破坏——形成"的循环过程中。因此，单从减小土体扰动的角度来判断泥浆质量的标准为：泥浆渗入土层的泥浆的流失量小，泥膜的厚度及其形成的速度必须保证在掘进过程中刀盘前面始终存在稳定的泥膜。

此外，刀盘直径略大于盾体，导致盾体与土层之间存在一定的空隙。这部分空隙将由泥水舱中的泥浆和部分塌落的土体来充填。如果能加大这部分土体的流动性就能减小盾体对周围土层的摩擦剪切作用，从而减弱对土体的扰动。

7.13.2.4　同步注浆压力

将盾尾通过时地表隆起反弹量 Δs 作为覆土厚度、地质参数、管片外径 D_2、同步注浆超压率 $\Delta P/P_{静止}$ 的函数，由 Peck 公式推导获得了同步注浆压力与地表沉降的关系式：

$$\Delta s = \frac{V}{\sqrt{2\pi i}}$$

$$V_1 = \frac{\pi}{4}(D_y^2 - D_2^2)$$

$$D_y = (1 + m\Delta P/P_{静止})D_2$$

式中　D_y——超压等效半径；

$\quad\quad m$——超压率修正系数。

7.13.2.5　其他施工参数

刀盘推力是维护开挖面稳定的重要因素之一，其值的选取仍是个难题。通常在施工过程中，切口压力的设定也并未将其考虑在内，仅把它作为安全储备。其实，在隧道掘进过程中，刀盘对开挖面的支护作用是不可忽视的。如何发挥刀盘对维持开挖面稳定的支护作用，对减小土体的扰动有重要意义。

对于推进速度而言，盾构在掘进过程中对土体的扰动度会随着时间而增大，而且地表沉降、土性变异都有一定的滞后性，因此适当加快推进速度能减小对土体的扰动。

7.13.3　地层位移预测方法

地层位移预测方法主要包括经验公式、数值模拟、模型试验、专家系统和灰色理论等。其中，专家系统和灰色理论为近年来热点研究课题，是一种对变形预测的新思路，但该法考虑因素繁多，模型复杂，在工程上应用较困难；模型试验方法费用高，可控性差；以实际

量测资料统计分析为基础的经验估计法模型简单实用,能够在设计阶段大致估计出可能产生的变形的大小,对施工有较好的指导作用;数值模拟方法在研究隧道开挖地层位移规律中占据重要地位,是一种有效方法。

7.13.3.1 经验公式

经验预估法主要通过对地表沉陷进行观测,将观测数据进行数学处理后用数学形式对沉陷规律加以表现,进而对地表最大沉陷量和沉陷分布进行理论上和经验上的推断。工程实践中实用的是 Peck 公式和一系列修正的 Peck 公式。Peck 假定施工引起的地面沉降是在不排水的情况下发生的,所以沉降槽体积等于地层损失的体积。地层损失在隧道长度上是均匀分布的。地面沉降的横向分布类似正态分布曲线,如图 7-80 所示。

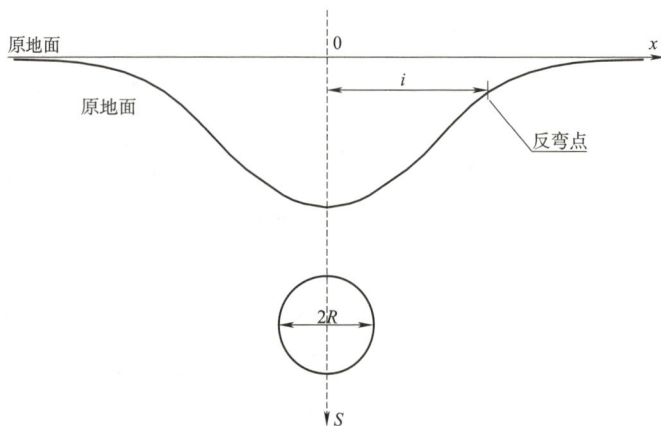

图 7-80 隧道上部沉降槽形状——正态分布曲线示意

Peck 横向分布公式为:

$$S_{(X)} = S_{max} \cdot \exp\left(-\frac{x^2}{2 \cdot i^2}\right)$$

$$S_{max} = \frac{V_s}{\sqrt{2\pi} \cdot i} \approx \frac{V_s}{2.5 \cdot i}$$

式中　$S_{(X)}$——距离隧道中线处的地面沉陷量;

　　　S_{max}——隧道中线的地面沉陷量;

　　　x——距离隧道中线的距离;

　　　i——沉陷槽的宽度系数;

　　　V_s——开挖 1 m 隧道引起的地层损失量。

$$i = \frac{z}{\sqrt{2\pi} \cdot \tan\left(45 - \frac{\varphi}{2}\right)}$$

式中　φ——隧道周围地层的内摩擦角;

　　　β——地面沉陷槽宽度,$B \approx 2.5i$。

Attewell 对宽度系数 i 进行了修正,提出横向沉陷槽宽度系数 i,取决于接近地表的地层强度、隧道埋深和隧道半径,可近似写为:

$$\frac{i}{R} = k \cdot \left(\frac{z}{2R}\right)^{n}$$

$$\delta_{\max} = \frac{V}{\sqrt{2A \cdot i}}$$

式中　z——隧道开挖面中心到地面距离；

　　　R——盾构外半径；

　　　A——隧道横截面；

　　k、n——试验系数；

　　　V——沉陷槽体积；

　$\delta_{\max}$——隧道中线的地面沉陷量。

英国的 Clough 和 Schmidt(1974)提出饱和含水塑性黏土中地面槽宽度系数 i 的计算公式为：

$$\frac{i}{R} = \left(\frac{z}{2R}\right)^{0.8}$$

式中　z——地面到隧道中心深度；

　　　R——隧道半径。

O'Reilly-New 对英国黏性地层中 11 处 19 例,以及砂性土和回填土层 6 处 16 例的最大沉降值、沉降槽容积、反弯点距离的实测值进行分析,假定沉陷槽形状为正态分布曲线,认为对黏性土层,有：

$$i = k \cdot z$$

$$\delta_{\max} = \frac{V_s}{\sqrt{2\pi i}}$$

对于硬黏土式中的 k 取 0.4,软黏土取 0.7,中等软硬的黏土则取 0.5。此外,还有用统计方法整理出横向最大沉降量的估计公式。

对砂性土：

$$S_{\max} = 1.032 \exp\left(\frac{7.865\ 5}{z/2R}\right)$$

对黏性土：

$$S_{\max} = 29.086 - \frac{12.173}{\ln\left(\frac{z}{2R}\right)} + 7.423\ 3 \cdot N^{1.155\ 6}$$

沉降影响范围估算公式为

$$w = 1.5 \cdot R \cdot k \cdot \left(\frac{z}{2R}\right)^{n}$$

式中　k、n——参数,采用土压平衡盾构时,对黏性土：$k = 1.3$、$n = 0.70$；对于砂性土：$k = 0.65$、$n = 1.2$。

7.13.3.2 数值模拟

数值模拟方法是预测地面沉陷的另一重要途径。虽然工艺水平参数在施工之前不可能精确确定，但这个参数的合理变化对地表和隧道周围地层位移的影响是可以评价的。通过模拟土的各向异性和地层内的塑性，便可获得沉陷的合理分布，还可以对隧道工程中关键断面土体位移在水平向和竖向的分布加以预测。常采用的数值模拟技术包括有限元法、边界元法等，并涵括了二维平面应变、三维弹塑性问题等。

7.13.3.3 模型实验

针对相关工况，采用模型试验进行施工模拟，得出施工参数和土体位移的变化规律，并提出相应的技术控制措施或要求，是降低施工风险、确保安全的有效手段。目前，关于盾构法施工模型试验主要分为离心场模型试验和重力场模型试验两类。其中，离心模型试验具有相似比精确，与实际吻合程度高，但试验技术复杂等特点；采用重力场模型试验，虽然参数指标特别是相似比不能完全准确地设置和还原，但根据工程实际情况，保证所研究参数的相似比正确合理，同样可以取得较好的试验效果，达到研究目的，且试验技术相对简单、过程易于控制。考虑到工程实际和试验研究条件，一般采用重力场模型试验进行预测研究。

Lee and Rowe(1982)、Rowe et al(1983)提出了预测地表和地层不同深处沉降的方法，引入了地层损失参数 GAP（也称总间隙参数），用于不排水饱和黏土的沉降预测。GAP 描述了大于隧道管片外径的超挖土体的量，包括开挖面在力作用下的三维运动造成的超挖土体损失及施工因素造成的土体损失。GAP 的大小等于盾构开挖的拱顶位置到管片衬砌顶的距离，如图 7-81 所示。

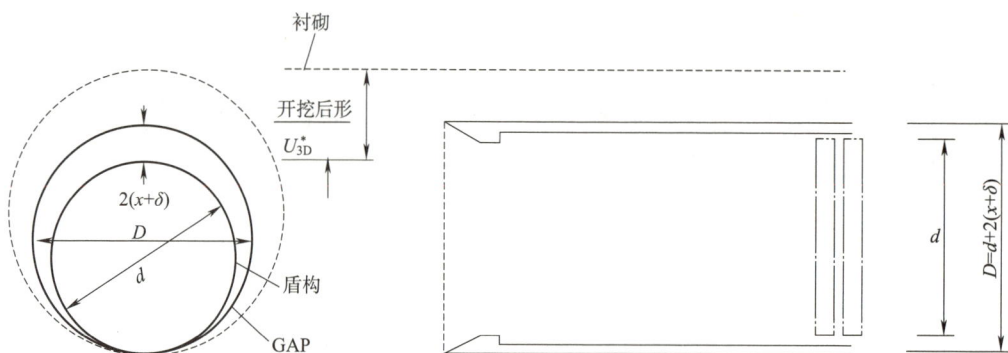

图 7-81 盾构地层损失参数 GAP 定义

根据 Lee 的定义：

$$GAP = G_P + U_{3D}^* + \omega$$

式中 G_p 为盾构外径和管片外径之间的几何净空，由盾尾厚度 δ 和盾尾间隙 x 构成。即：

$GP = D - d = x + \delta$；

D——盾构外径；

d——管片外径。

盾尾间隙 x 便于盾构偏离设计轴线时进行水平及垂直方向的纠偏、便于管片拼装工作的进行。x 的取值为 $25\sim 60$ mm 左右。一旦选定了盾构和管片,G_P 的大小也就确定了。

U_{3D}^* 为开挖面推进引起的等效三维径向位移,是指由于开挖面应力释放导致土体的三维变形,使得土体塌落到开挖面造成的超挖土量。ω 是指施工因素(包括盾构的纠偏、上抛、叩头、后退等)产生的土体损失。ω 值的计算公式如下:

$$\omega = L \times \alpha$$

式中　L——盾构长度;

　　　α——盾构上抛时的仰角。

盾构推进引起地层损失的原因是多方面的,表 7-11 列出了黏性土中各种地层损失的预估公式及相应的 GAP 的取值。

表 7-11　**GAP 计算中的考虑因素**(适用于黏性土地层)

地层损失因素		隧道单位长度内的最大地层损失值	地层损失率	相应的 GAP 取值
开挖面地层损失		$\pi R^2 h$	$0\sim 0.2\%$	Rh
切口超挖的地层损失		$2\pi R$	$0.1\%\sim 0.5\%$	$2t$
沿盾壳的地层损失		$0.1\pi R^2$	0.1%	$0.1R$
盾尾后的地层损失	地下水位以上	$2\pi R(R-R_1)$	$0\sim 4\%$	$2(R-R_1)$
	地下水位以下	$\pi R(R-R_1)$	$0\sim 2\%$	$R-R_1$
纠偏的地层损失		$\pi R \cdot L \cdot \alpha$	$0.2\%\sim 2\%$	$L \cdot \alpha$
曲线推进的地层损失		$L^2 R/[8(R+R_c)]$	$0.3\%\sim 1\%$	$L^2/[8R(R+R_c)]$
正面障碍引起的地层损失		A	$0\sim 0.5\%$	$A/(\pi R)$

注:表 7-11 中,R 为盾构外半径,R_1 为管片外半径,t 为超挖量,L 为盾构长度,α 为仰角,R_c 为开挖面土体在盾构推进单位长度时向后的水平位移,h 盾构推进曲线半径,A 为盾构正面障碍物体积,$V\%=$ 地层损失值 $/(\pi R^2)$。

U_{3D}^* 和 ω 对于不同的盾构施工法和不同的施工,实际取值不一样,通过表 7-11 中不同值的组合可以把地层损失分为不同的模式,地层损失模式不一样,GAP 的计算方法也不一样。由于盾构施工中运用同步注浆工艺,从而抑制地层损失的发展,因而在考虑地层损失模式时必须计入注浆率($n\%$)的影响,所谓注浆率是指浆液填补的实际间隙量与理论地层损失量的比值。

模式一:用于盾构械性能好、工作人员经验丰富的盾构正常直线推进时。此时,盾构纠偏、上抛、叩头量很小,由此引起的超挖不作单独考虑;考虑盾构推进中正常的蛇形前进,这部分土体损失值 ω_1 用超挖刀的超挖量计算;认为盾构密封舱内土压力与开挖面水土压力保持平衡,则开挖面地层损失引起的 U_{3D}^* 为 0;不考虑盾壳周围的土体损失;考虑 G_P 的影响;考虑同步注浆。衬砌周围的地层损失参数:

$$GAP = (1-n\%) \cdot (G_P + \omega_1)$$

盾壳周围的地层损失参数:

$$GAP = (1-n\%) \cdot \omega_1$$

模式二:用于盾构在一些特殊地层、地段中施工的情况。例如盾构在砂性土层或覆土

浅的土层中推进时上抛,或在盾构出洞后因千斤顶推力设置不合理而偏离轴线,或盾构作曲线推进。考虑刀盘超挖和盾壳周围的土层损失,同时考虑开挖面土体三维运动引起的地层损失 U_{3D}^*,则衬砌周围的地层损失参数:

$$GAP = (1-n\%) \cdot (G_P + \omega_2 + U_{3D}^*)$$

盾壳周围的地层损失参数:

$$GAP = (1-n\%) \cdot (\omega_2 + U_{3D}^*)$$

模式三:主要用于盾构推进过程中开挖面失稳时。当盾构正常推进时,开挖面土体三维变形引起的地层损失一般很小。但如果盾构后退或发生涌水使开挖面坍塌时,引起的地层损失就比较严重。此时假定开挖面自由,开挖面土体原始地应力完全释放,这样就得到最大的开挖面地层损失 $(U_{3D}^*)_{max}$,此时衬砌周围的地层损失参数

$$GAP = (1-n\%) \cdot (G_P + (U_{3D}^*)_{max})$$

盾壳周围的地层损失参数

$$GAP = (1-n\%) \cdot (U_{3D}^*)_{max}$$

7.13.3.4　地层位移预测的专家系统和灰色理论

虽然经验公式和数值方法已经成为隧道开挖地层预测的两个重要手段,但它们在应用上也有很多困难,如在经验公式的应用受到隧道的几何形状、地层条件、施工方法、施工质量等有着很大差异的因素的限制,而专家系统提供了一条解决问题的新思路。通过总结以往的工程经验和研究结果,把它提炼为条理化的经验法则,上升到专家系统的知识库,在计算机上模拟专家的推理方式,这不仅可以避免硬科学遇到的种种困难,而且可使预测结果更具有指导意义。同济大学(1990 年)在总结二十多年来研究成果的基础上,提出了把专家系统用于隧道沉陷预估的设想,并于 1990 年建立了地面沉陷预估的专家系统原形,1991 年将其应用于上海地铁一号线的施工监测,在应用中取得了较为满意的结果。

7.13.4　地表变形沉降控制

地表变形的大小取决于地层和地下水条件、隧道直径、埋深和施工条件等,选择合适的掘进参数及辅助施工方法对地表变形沉降控制具有重要的意义。

7.13.4.1　盾构法施工前控制

盾构法施工前,首先要对隧道的整个线路进行地质勘探,然后根据不同的地质条件选定所需的盾构类型及辅助施工方法。在选择盾构时,除应考虑施工区域地层的地质情况、隧洞沿线的地面情况、隧道长度、隧道断面形状、工期和使用条件等各种因素外,还要充分考虑开挖和衬砌等施工问题,选定能安全、经济地进行施工的盾构类型。

此外,为了减少地基变形,盾构推进前根据以往施工经验和有限元法等进行预测,以预测结果为依据来设定管理基准值。同时,在推进时,要在隧道中心向上及其两侧范围内设定监测点,进行水准测量,并根据监测结果指导施工,调整施工参数,总结经验,应用到后续区段的施工管理中。

7.13.4.2　掘进过程参数控制

在盾构推进时,需要尽量减小超挖和对周围地层的扰动,通过掘进参数的优化和匹配使盾构达到最佳推进状态,即对周围土层扰动小、地层损失小、超孔隙水压力小,以控制地面的沉降和隆起,保证盾构推进速度快、隧道管片拼装质量好。

施工掘进阶段,根据盾构法隧道的施工过程和施工特点,盾构法隧道施工引起地表变形的基本原因可归纳如下:

①开挖面土体的移动。当隧道掘进时,开挖面土体受水平支护应力可能小于或大于原始侧压力,开挖面上前方土体会产生下沉或隆起。

②土体挤入盾尾空隙。盾构法隧道的管片脱离盾尾后,在隧道开挖壁面和管片外周围形成一环形空隙,土体将向这一空隙产生位移,从而引起地面沉降。

③土体与管片的相互作用。在周围土体压力作用下,管片要产生变形,同时管片对周围地层也产生相反方向的作用力,地层变形是土体与管片的相互作用的综合表现。

④改变推进方向。盾构向上或向下倾斜,使多余的土体被挖去,盾尾空隙增大。

⑤受扰动土体的再固结是地层变形的另一主要原因,尤其是在饱和软土地层中。

因此在掘进施工中为了对地表变形沉降控制需要重点关注以下几方面。

(1)掘进参数控制

盾构向前推进主要依靠推进油缸的推力作用。在盾构前进过程中要克服正面土体的阻力、盾壳与土体之间的摩擦力、盾尾密封与管片的摩擦力、后配套拖车与钢轨的摩擦力,盾构总推力要大于正面推力与总摩擦力之和,但推力过大会使正面土体因挤压而前移和隆起,而推力太小又影响盾构前进的速度。通常,盾构的总推力应满足关系式:正面土体主动土压力+水压+总摩擦力<盾构总推力<正面土体被动土压力+水压+总摩擦力。

盾构推进时还应控制好推进速度,并防止盾构后退。推进速度由推进油缸的推力和进出土量决定,推进速度过快或过慢都不利于盾构的姿态控制,速度过快易使盾构上浮,速度过慢易使盾构下沉。在拼装管片时,缩回推进油缸易使盾构后退,后退引起土体损失势必造成开挖面上方的土体沉降。

在土压平衡(或泥水盾构)施工中,要对土舱内的土压力(或泥水压力)进行合理设定,以使密封土舱内的土体压力(或泥水压力)与开挖面的水土压力大致相平衡,这是维持开挖面稳定的关键所在,也是土压平衡盾构和泥水盾构施工最主要的技术环节。

(2)姿态和纠偏量控制

盾构姿态包括推进坡度、平面方向和自身的转角三个参数。影响盾构姿态的因素有:出土量的多少、覆土厚度、推进时盾壳周围的注浆情况、开挖面土层的分布情况、推进油缸作用力的分布情况等。例如盾构在砂性土层或覆土层比较薄的地层推进容易上浮。解决办法主要是依靠调整推进油缸的合力位置。

盾构前进的轨迹一般为蛇形,要保持盾构按设计轴线掘进,必须在推进过程中及时通过测量,并进行纠偏。纠偏量不能太大,过大的纠偏量会造成过多的超挖,影响周围土体的稳定,要做到"勤测勤纠"。

(3)土舱压力控制

在盾构掘进中,保持土舱压力与作业面压力(土压、水压之和)平衡是防止地表沉降、保证建筑物安全的一个很重要的因素,土舱压力 P 值应能与地层土压力和静水压力相抗

衡，设刀盘中心地层静水压力、土压力之和为 P_0，则 $P = K \times P_0$，在黏性土中 K 一般取 1.0，并根据实际情况作级差为 0.005 MPa 的调整，砂性土中 K 一般取 1.3，而级差调整以 0.01 MPa 为佳。土舱压力 P 的调整根据掘进过程中地质、埋深及地表沉降监测信息，通过维持开挖土量与排土量的平衡来实现。可通过设定掘进速度、调整排土量或设定排土量、调整掘进速度两条途径来达到。

（4）出渣量控制

在盾构施工过程中，挖土量的多少是由切削刀盘的转速、切削扭矩以及推进油缸的推力决定的；排土量的多少则是通过螺旋输送机的转速（或排泥泵的流量）来调节的。因为土压平衡盾构和泥水盾构是借助土压力或泥水压力来平衡开挖面水土压力的，为了使土舱压力或泥水压力波动较小，必须使挖土量和排土量保持平衡。渣土的排出量必须与掘进的挖掘量相匹配，以获得稳定而合适的支撑压力值，使盾构的工作处于最佳状态。在出渣量异常和出渣量较大的地段，沉降也相对较大。

（5）注浆控制

随着盾构推进，在盾壳外径与管片外径之间会产生建筑空隙。建筑空隙的充分充填和及时充填是减少地表沉降的关键环节。确定同步注浆压力时应避免过大的注浆压力引起地表隆起或破坏管片衬砌，并防止注浆损坏盾尾密封，理论上注浆压力略大于地层土压与水压。

注浆要做到及时、足量、且浆液体积收缩小，才能收到预期效果。注浆时压入口的压力要大于该点的静止水压力与土压力之和，尽量使其填充而不是劈裂。注浆压力过大，管片外的土层被浆液扰动而造成较大的后期沉降，并容易跑浆。反之，注浆压力过小，浆液填充速度过慢，填充不足，也会使地表沉降。

（6）其他施工工序中地面沉降预防

针对盾构法施工不同阶段，可采取如下针对性措施：

①盾构施工的始发与到达

为了减少推进过程中盾构与围岩之间的摩擦，盾构机型设计为前大后小。刀盘开挖出来的轮廓比盾体外径大，掌子面的地下水会流向盾尾方向。因此首先必须保证始发与到达洞门橡胶帘布的密封效果，其次管片脱出盾尾后应及时注浆充填。

②施工过程中的刀具更换

施工过程中刀具磨损到一定的程度或者为了适应不同的地层，都必须进行换刀。换刀通常在欠压状态下进行，此时容易造成开挖面失稳，甚至发生塌方、地基变形。因此，必须选择具有合适地质条件和地面环境的地点进行换刀，或者预先对地层进行加固后换刀，又或者采用压气作业等措施进行换刀。

③过重点保护建构筑物

重点保护建构筑物（构造物）离隧道较近时，对地基变形很敏感，控制不好容易发生较大的沉降或隆起而遭到损坏，盾构穿越建筑物（构造物）应加强施工管理。为了保护地表建筑物、地下设施的安全，首先必须进行施工监控量测；在监测的基础上提出控制地表沉降的措施和保护周围环境的方法。减少对开挖面的扰动，在施工中采取灵活、快捷、合理

的正面支撑或适当的气压防止土体坍塌,保护开挖面的扰动。严格控制盾构掘进过程中开挖面的出土量。防止超挖,控制盾构推进一环时的纠偏量。提高施工速度和连续性等。此外在盾尾建筑空隙填充压浆,尽可能的缩短衬砌脱出盾尾的暴露时间,以防止地层塌陷,确保压注浆数量,控制注浆压力。和其他地下工程保护附近建筑物的方法相同,保护方法可以分为基础托换、结构补强、地基加固、隔断法、冻结法等方法。

7.14　克泥效工法在盾构施工中的应用

7.14.1　克泥效材料简介

"克泥效"材料是由合成钙基黏土矿物、胶体稳定剂和分散剂合成的粉剂材料。该材料与一定比例的水拌合成浆液后,与水玻璃按一定比例混合搅拌,胶结成不易被水稀释、有一定支撑力、低强度的永不凝固的黏土,如图 7-82、图 7-83 所示。

图 7-82　克泥效粉剂拌合的 A 液浆与 B 液(水玻璃)

图 7-83　A 液与 B 液混合后形成的永不固化的可塑状黏土

克泥效与水玻璃形成的黏土十字板剪切实验如图 7-84 所示。

图 7-84　克泥效与水玻璃形成的黏土十字板剪切实验

表 7-12　克泥效与水玻璃剪切实验配比

试样编号	1	2	3	4	5
克泥效粉(g)	400	350	300	250	200
水(mL)	846	865.5	884.6	904	923
抗剪强度(kPa)	1.705	0.681 6	0.468 6	0.170 4	0.042 6

7.14.2　克泥效在盾构施工沉降控制中的应用

7.14.2.1　盾构施工过程中沉降阶段分析

盾构施工过程中的沉降阶段共有 5 个，如图 7-85 所示。

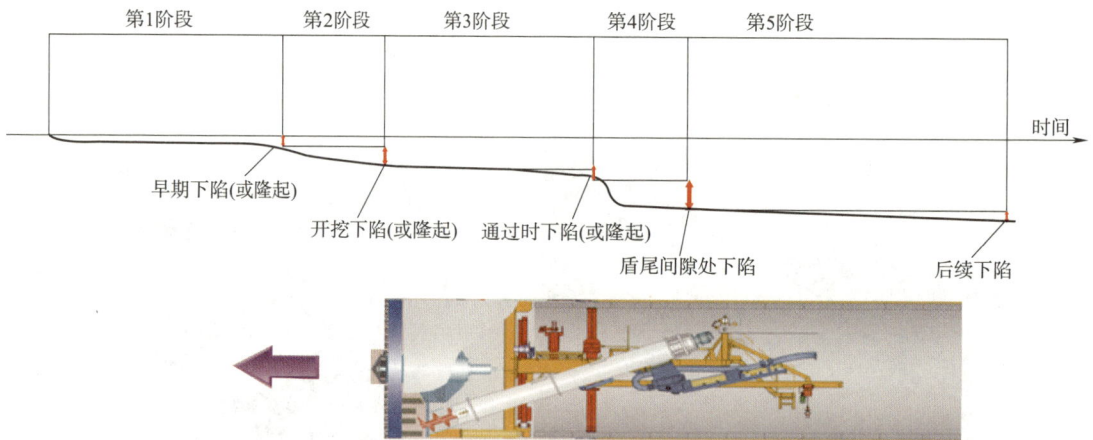

图 7-85　盾构施工引起沉降示意

第 1 阶段沉降：先行沉降

盾构到达前，盾构推进，土压力波动、地下水位下降等因素产生固结沉降。

第 2 阶段：盾构到达时沉降

盾构到达时，土压或者泥水压不足或者过高，引起开挖面土体弹塑性变形，造成地层的隆起或下陷。

第 3 阶段：盾构通过时的沉降

盾构开挖直径大于盾尾直径，造成盾构掘进过程中壳体外产生间隙（图 7-86），从而使盾构壳体上方土体发生沉降；此外，围岩土体之间剪切的错动，也会发生沉降。

第 4 阶段：盾构盾尾脱出管片时的沉降

由于围岩土体失去支撑后，管片背面没有及时注入浆液或者注入的饱和度不够，导致间隙沉降。

第 5 阶段：后期沉降

前期土层扰动固结引起的沉降；同步注浆散失引起的沉降。

7.14.2.2　盾构通过时的沉降分析与克泥效应用

在盾构施工过程中，盾构外壳外表面存在因为开挖产生的间隙。该间隙会引起土体

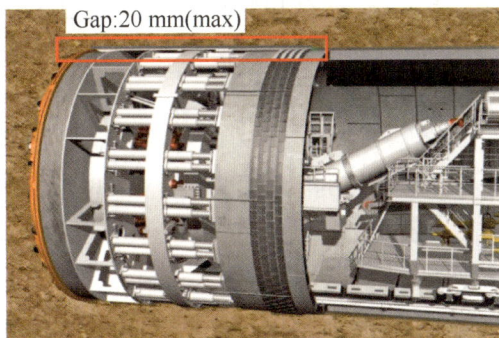

图 7-86　盾构掘进过程中壳体外产生间隙

沉降，尤其软弱地层浅覆土施工或盾构下穿构筑物时，为减少上方土体扰动，在间隙填充一些材料可以控制土体的沉降，这些填充材料应具备以下特征：

(1)材料在必须有良好的流动性。如材料缺乏良好的流动性，就无法流淌到盾构外壳所有的间隙，不能对盾构外壳进行有效包裹。而如果用塑性材料直接向盾构外壳外间隙压注，材料只能在盾构外壳径向周围扩散，注入压力难以控制，并且容易造成土体隆起，在下穿基础差的构筑物时，土体隆起的危害往往会大于土体沉降的危害。

(2)材料填满间隙后，应具有一定支撑力，以支撑住土体的下沉。但强度要低，如果强度高，会大幅度增加盾构推力甚至卡住盾构。

(3)材料胶结成塑性体后应具有一定的防水性，不易被水稀释。

(4)需要有一定润滑性，减少土体之间剪切的错动，减小盾构推力。

7.14.2.3　克泥效材料特点和优势

克泥效材料能够完全满足上述要求的条件，其特点和优势如下：

(1)"克泥效"是一种双液注浆材料：在施工时，先将克泥效粉料与水按一定比例拌合成浆液，然后与水玻璃边混合边向盾构外壳外间隙进行填注，填注后 4～5 s 开始塑化胶结，混合液在填注时流动性很强，极易对盾构外壳外间隙进行有效填充。注浆设备如图7-87 所示。

图 7-87　克泥效注浆设备

（2）在填注 20～30 s 后"克泥效"材料开始塑化胶结成塑状黏土。在应用于沉降控制时，"克泥效"胶结后的黏度一般可通过配比调整在 300～350 dPa·s，其黏度相当于牙膏（300 dPa·s）和发蜡（400 dPa·s）。强度比较低。

（3）胶结后的"克泥效"材料不易被水稀释，且具有一定润滑性，有利于盾构的掘进。

（4）盾构外壳外的材料填充，有效的阻隔了同步注浆串浆到刀盘；盾构壳体外形成的克泥效泥膜会与土层胶结在一起，减少了盾构同步注浆的浆液渗透到土层中，使同步注浆能达到更好的填充作用，从而达到辅助第四阶段的沉降控制效果。

7.14.2.4　盾构壳体外克泥效浆液填充间隙计算

盾构壳体外壳泥效浆液填充间隙计算方法如下：

$$\frac{D_1^2 - D_2^2}{4} \times \pi \times \alpha$$

式中　D_1——刀盘开挖直径；

　　　D_2——盾尾直径；

　　　D_3——填充系数（填充系数是根据不同的地质与克泥效浆液配比的不同而做选择，克泥效配比是根据地质和盾构壳体外的间隙做调整）。

7.14.2.5　克泥效工法应用案例

桃园机场捷运 CU02A 标位于桃园县大园乡，东起南崁溪东侧之明挖覆盖隧道，穿越南崁溪后进入桃园机场下方，穿越东、西滑行道并经过一、二航站及塔台等，西至埔心溪西侧明挖覆盖隧道，全长约 5.5 km 皆为地下工程，其中包含 3 座地下车站站体挡土开挖、10 条盾构隧道（上、下行各 5 段）及 5 处明挖覆盖隧道。该项目采用 8 台 6.24 m 土压平衡盾构施工。下穿机场跑道段卵砾石地质，水位为 −8 m，隧道顶部覆土约 25 m。

盾构正常掘进时，前方和中心沉降量在 1.3 mm 左右；掘进到 57 环时由盾构中盾 12 点位置的径向孔注入克泥效材料，经过 15 环左右的盾构壳体填充，沉降值控制在 0.2～0.3 mm。使用克泥效工法前后地层沉降量检测结果如图 7-88 所示。

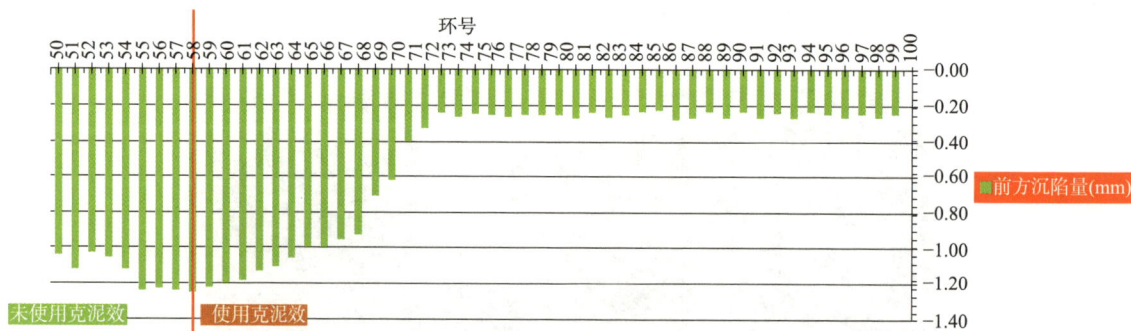

(a) 克泥效工法使用前后盾构前方沉降量

图　7-88

环号

中心沉陷量(mm)

未使用克泥效　　使用克泥效

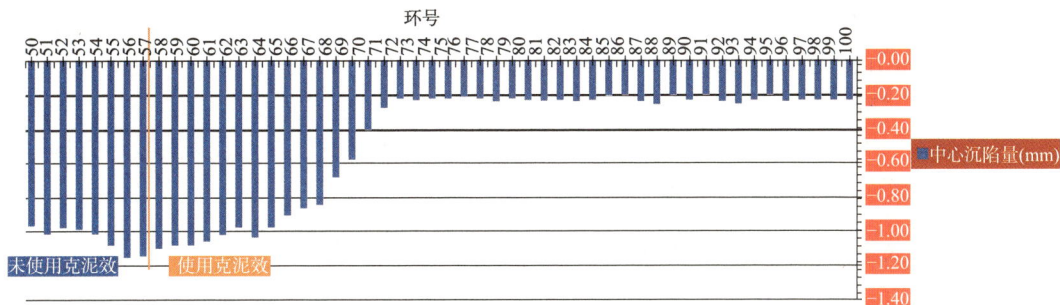

(b) 克泥效工法使用前后中心沉降量

图 7-88　使用克泥效工法前后地层沉降量检测结果示意

7.14.3　克泥效在土压平衡盾构始发中的应用

在软弱地层进行盾构隧道施工过程中,盾构始发阶段,刀盘刚进入土层进行破岩,土体应力在瞬间得到释放,而土舱从空舱掘进到建立主动土压力来平衡水土被动压力还需要一个过程,此时,土压处于不断调整的阶段,在土压调整的过程中,未能建立真正的土压平衡。因而,在始发阶段极易造成土体"不稳",出现大量的涌砂、涌水现象,影响始发质量,严重者可能造成盾构被掩埋。

克泥效因为其有排水效果、易于泵送、有支撑力、胶结后压缩比小等特性,在软弱地层中,可以利用克泥效作为盾构始发前的土舱建压;洞门钢箱内采用双层帘布设置,钢箱外预留注浆孔进行克泥效注浆保压。

克泥效工法应用于盾构始发流程:

(1)当盾构刀盘紧贴掌子面时,盾构停止掘进;通过盾构土舱加泥孔向土舱注入克泥效,如图 7-89、图 7-90 所示;土压建立数据可以通过刀盘顶部和底部土压合力的平均值计算得出。

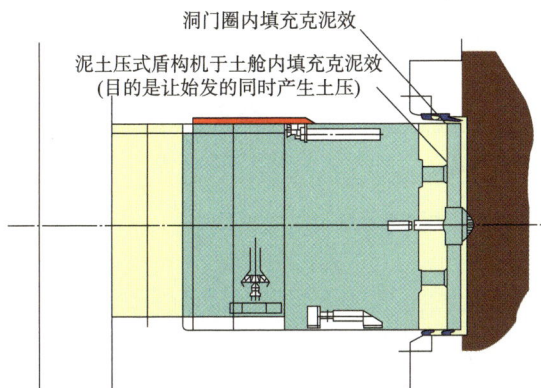

洞门圈内填充克泥效

泥土压式盾构机于土舱内填充克泥效
(目的是让始发的同时产生土压)

预留注浆孔

洞门钢箱

图 7-89　克泥效应用于土压平衡盾构始发　　　图 7-90　盾构始发采用克泥效工法(天津地铁)

（2）通过钢箱注入孔向盾壳与洞门钢圈以及掌子面的空隙部位注入克泥效，全部注满为止，以防水从洞门向外溢出，同时有效压住洞门钢箱第二道止水板，使之与盾壳处于密闭状态。

（3）钢箱内注满克泥效。

（4）盾构开始始发掘进，掘进过程中，通过盾构前盾径向孔注入克泥效，填充盾构壳体外因刀盘开挖产生的间隙。

7.14.4　盾构长期停止时的土压保持

在土压平衡盾构工法中，保持挖掘面土压是非常重要的。盾构的掘削一旦停止，土压平衡工法中的土压保持就无法像泥水加压工法般容易。此时，会考虑使土舱土压跟加泥泵来进行连动以保持所需的正常泥土压。在软弱地盘，加泥材料会有超量注入发生的可能性，这是由于挖掘面的前方的土质松软所造成的。此时，为了达到土舱内的土砂改良以及改善挖掘面前面松软土质的目的，可将克泥效注入土舱内，并启动切削刀头回转，进行土砂搅拌，这将能够有效地实现土压的保持。

盾构掘削停止之前，会自靠近螺旋机位置的注入口处或土舱的注入口处注入克泥效，这样做除了可以让土舱内部获得完全的填充外，也能确保再掘削时施工的顺利进行。注入克泥效的原因在于：当盾构处于停工阶段，螺旋机闸门处会出现少量漏水，土砂会逐渐沉淀后堆积在土舱的下半部，再次掘进时，会造成切削刀或螺旋机的扭矩过负荷。若使用克泥效进行填充，将能很好地提升施工性。

7.14.5　盾构姿势控制

在软弱地层或由于盾构的长度或重量不平衡而导致栽头向下，在此情形下，若是勉强扬起机头角度的话反而会导致地质下沉更大。在通常情况下，盾构会根据所选定的千斤顶来控制姿势并进行掘进。可是，有时因周边地质松软或盾构自重的关系，使得盾构头部发生叩头的状况，遇到这种情况，即使操作千斤顶或使用铰接装置，控制也相当困难。此时，可用高黏性的克泥效从盾构下方（前盾比如5点钟或者7点钟方向的径向孔或者超前注浆孔）注入，调整盾构推进油缸上部和下部的参数，经多环掘进后可以调整盾构姿态，如图7-91所示。

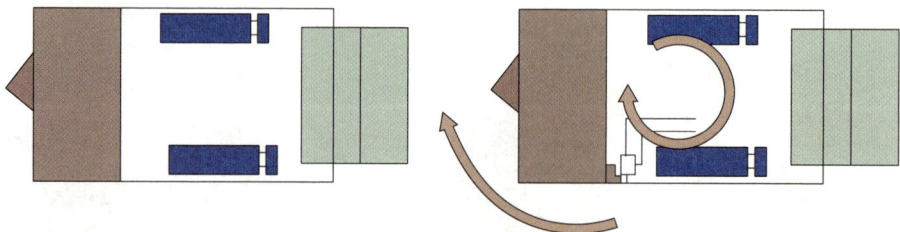

图7-91　使用克泥效控制盾构姿态示意

7.14.6　盾构到达时止水

盾构在进入加固区之前，一边向四周注入克泥效一边掘进，这是因为盾构刀盘开挖在盾构壳体外形成了间隙，此间隙容易形成水道，造成通常说的"后方来水"，"克泥效"可以有效封住该水道并且可以避免盾构壳体上方沉降，如图7-92所示。

盾尾进入加固区,若采用的是同步单液注浆,可以停止注浆;改成早强型双液注入,早强性双液浆会迅速把管片与加固区胶结在一起,起到第二道防水作用。

7.14.7　空洞填充及防止喷涌

土压平衡盾构的施工过程中,在沉泥、黏土成份含量极少的砂砾层中经常会发生喷涌现象。为了应对这样的情形,施工中添加高浓度、高黏性的加泥材是非常必要的。但普通的高黏度的加泥材料很难被搅拌,也很难被运送较长的距离,所以实际上很难得到有效利用。

图 7-92　克泥效应用于盾构
到达时止水示意

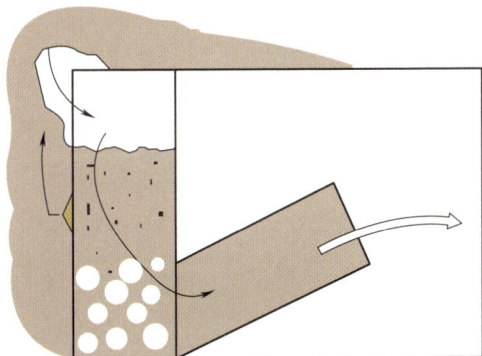

此时"克泥效"做为有助于长距离运送并只在注入前才混合的高黏度加泥材料,在任何情况下都能使用。"克泥效"可以由土舱加泥孔注入;也可由螺旋机反转输送至土舱。在土舱压力高于前方水压 0.2～0.3 MPa 时,喷涌状况会得到很好的缓解,如图 7-93、图 7-94 所示。

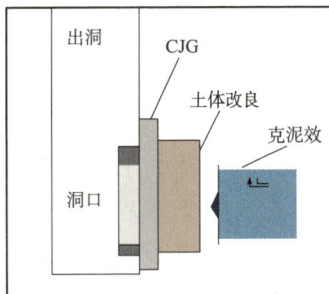

图 7-93　水量过多时添加可以防止喷涌示意

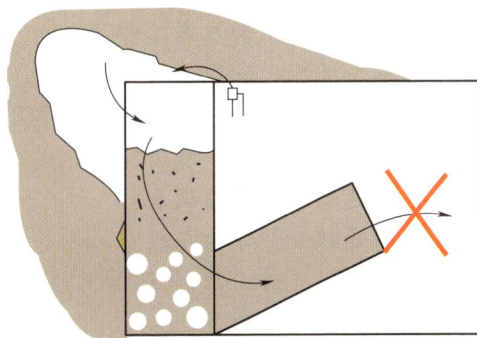

图 7-94　空洞过大时添加可以防止下陷示意

克泥效工法近两年来在国内盾构始发与到达、沉降控制、渣土改良、协助开舱、喷涌处理、封堵有害气体等方面都得到了很多应用。在盾构施工中,克泥效作为一种新材料不能起到绝对性的作用,施工中"人""机""材"的结合才是解决施工难题的根本。

◆思考题◆

1. 简述勘察的目的与勘察方法。
2. 端头加固主要有哪些方法?
3. 简述旋喷加固的技术要点及适用范围。
4. 简述深层搅拌加固的技术要点及适用范围。
5. 简述冷冻法加固的技术要点及适用范围。
6. 盾构始发与到达端头加固范围怎么确定?
7. 简述盾构现场组装与调试程序。
8. 简述土压平衡盾构现场组装的顺序。

9. 简述盾构反力架的安装技术要点。

10. 试述盾构反力架的作用及设计依据。

11. 简述盾构组装的总体要求。

12. 简述盾构组装要点。

13. 根据你的了解,盾构调试时,对刀盘主要调试哪些指标?

14. 土压平衡盾构空载调试的内容有哪些?

15. 盾构现场验收的主要依据有哪些?

16. 论述端头加固的技术要点。

17. 试述盾构始发关键技术及流程。

18. 简述盾构始发掘进要点。

19. 在土压平衡工况模式下渣土应具有哪些特性?

20. 简述土压平衡盾构中土舱压力值的选定原则。

21. 简述土压平衡盾构的掘进模式及适用条件。

22. 确保土压平衡采取的技术措施有哪些?

23. 简述导向系统发展历程?

24. 简述泥水盾构的基本工作原理。

25. 泥水盾构掘进管理要点是什么?

26. 简述直接控制型泥水盾构的泥水压力管理。

27. 简述间接控制型泥水盾构的泥水压力管理。

28. 怎样选择泥水分离设备?

29. 泥水处理一般分为几级? 简述每一级的作用。

30. 结合实际隧道工程,简述管片拼装控制标准。

31. 壁后注浆的目的是什么?

32. 简述同步注浆的概念及控制的参数包含哪些?

33. 简述带压进舱作业程序及要点。

34. 升压和带压作业过程中的安全注意事项有哪些?

35. 带压进舱的减压过程中,应注意哪些事项?

36. 简述带压进舱作业人员需要掌握的基本要领。

37. 简述刀具检查与更换的安全要点。

38. 简述超大直径盾构常压换刀作业要点。

39. 通过查阅资料,简述目前常用的刀具磨损检测装置有哪些。

40. 查阅最新资料,分析刀圈断裂的原因及采取哪些改善措施?

41. 论述盾构采用地中对接技术的主要原因。

42. 简述采用延长管线进行盾构调头的程序。

43. 简述不采用延长管线进行盾构调头的程序。

44. 盾构到达施工包括哪些主要内容?

45. 简述盾构到达施工要点。

46. 简述盾构到达使用钢套筒接收的技术要点。

47. 简述克泥效工法在盾构施工中的应用。

力信测量（上海）有限公司
RAISING MEASUREMENT (SHANGHAI) CO., LTD

力信测量（上海）有限公司（下称：力信或公司）成立于2006年初，总部位于上海张江，设有上海（软件及大数据）、天津（硬件研发与生产）、长沙（系统集成与测试）、济南（TBM检测及智能掘进）、北京（石油随钻系统）共五大基地，同时在意大利米兰和加拿大多伦多设有负责国际业务拓展的办事处，现有员工100余名。

力信主要从事盾构、采煤机、石油钻机等大型地下掘进装备的自动导向及智能辅助掘进系统，同时涉足高精度三维工业测量与检测领域。产品贯穿盾构制造、隧道掘进、石油钻探的全生命周期，采用"研发设计、生产制造、系统集成、销售服务及工程咨询"的全产业链自主化经营模式。同时，公司还承担着GB《盾构法隧道施工及验收》等十多部国家级相关规范标准的修订。

经过十多年的发展，在盾构、采煤机、石油钻机等大型地下掘进装备领域，力信已经成为世界三大导向系统提供商之一，也是业内为数不多的能提供导向及掘进智能化一揽子解决方案的供应商之一。迄今为止，力信导向及智能化产品已累计销售500余套（包括欧洲和美洲），国内市场占有率超过25%，产品应用于国内四十多个城市的地铁、煤矿、水务、石油、公路、铁路和市政管廊等领域，为几千条地铁和隧道建造提供全面贯通保障。

■ 盾构/TBM隧道智能化
- 盾构/TBM自动导向系统
- 间隙测量及管片管理系统
- 渣土测量及电瓶车防溜车系统
- 盾构/TBM掘进管理系统及大数据平台

■ 煤矿采掘无人化
- 智能激光指向仪、矿用陀螺
- 掘锚机/连采机自动导向系统
- 综采工作面直线度矫直系统
- 连采/综采掘进管理及大数据平台

■ 特种装备智能化
- 石油钻机随钻系统
- 直线/曲线顶管自动导向系统
- 多臂凿岩台车引导控制系统

■ 测量设备及检测系统
- 激光靶、激光雷达、测量机器人
- 盾构/TBM/管模三维检测系统
- 隧道/轨道综合检测小车系统

电话：021-56807268　　　网站：http://www.sh-raising.com

邮箱：rms@sh-raising.com　　地址：上海市浦东蔡伦路1690号2幢501

UGood® ENTERPRISE

台湾中华优固集团

台北总公司：台湾中华优固企业有限公司
优固华实业有限公司
总经理：刘启成 +886 933 222 292
杭州分公司：阳铁机械(杭州)有限公司
总经理：刘启成 +86 150 8875 3322
新加坡公司：U-Good(Asa)Pte.Ltd.

台湾中华优固集团(U-Good Enter prise Co.)以质量优先、技术至上、专业指导、责任第一的经营方针，成立于2002年6月，总公司设立于台北市内湖区。

祖国大陆地区设有阳铁机械（杭州）有限公司,亚太地区设有新加坡U-Good(Asia),目前在国内代理日本TAC(特固)株式会社双液注浆技术、西班牙Zitro(御铁龙)隧道通风机,并持续将优良的产品及技术推广至全中国。

克泥效（CLAYSHOCK）

用于：沉降控制、盾构机姿态调整
　　　常压及带压开舱、长时间土舱保压
　　　盾构机始发接收、防止喷涌及空洞填充

克泥效中国代理商:
福建中天交通工程技术服务有限公司
张岩涛18605085888

速泥效（THROUGH）

用于:渣土改良、稳定挖掘、防止喷涌、出土顺畅

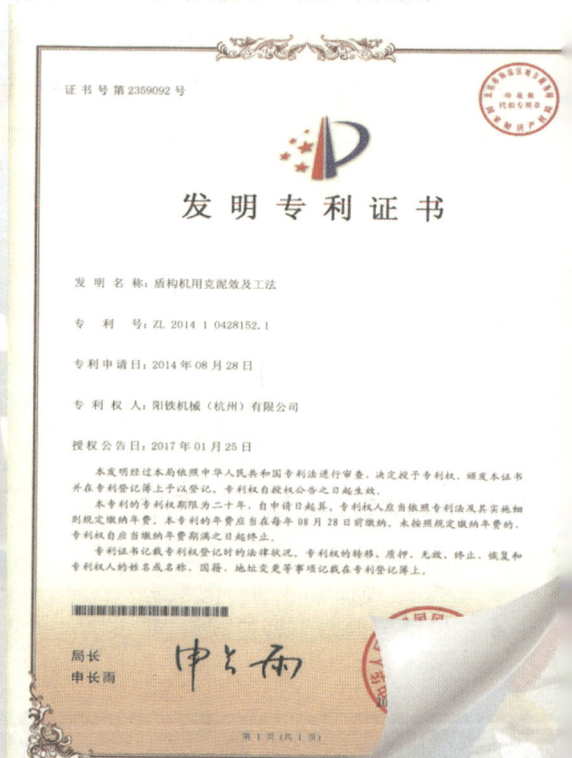

发明专利证书

行业先锋
携手开拓
地下空间

海瑞克集团是机械化隧道掘进领域的技术和市场领军者，遍布全球的项目经验累计超过4 100个。海瑞克是一家目前能够提供适应各种地质条件的、直径从0.1米至19米的尖端隧道掘进设备供应商。公司致力于为客户度身定制用于交通隧道以及供给和排放隧道的各种掘进设备、管道铺设技术方案、竖井与斜井掘进设备以及深井钻机。

海瑞克集团在2019年的营业收益达11.45亿欧元。作为一个家族企业，海瑞克集团在全球范围内总共拥有超过5 000名员工，其中包括约200名培训生。集团在德国以及海外共有约80家子公司和相关行业领域的联营公司，能够为全球客户及其项目及时提供全方位技术服务。海瑞克连同其下属机械隧道掘进各个领域的专家团队，组成了强有力的联盟，能根据客户所需为隧道建设提供涵盖配套设备及服务的一揽子解决方案，包括：泥水分离站、皮带输送系统、导向系统、轨道运输系统、管片模具以至交钥匙管片生产工厂。

作为可靠的合作伙伴，海瑞克公司能够在整个项目期间贯穿始终地为客户提供全面的支持。从最初的项目设计规划到设备生产、运输、工地组装、隧道施工支持、备件服务以及设备拆卸，海瑞克团队始终在施工现场配合客户。根据客户需求，海瑞克公司也可以为工地现场提供临时的现场施工人员解决方案。公司拥有40年隧道掘进行业经验以及称职的服务专家团队，可以同时为全球约300个施工现场提供支持，根据项目要求提供一站式服务方案。

交通隧道领域：建设高效的公路、地铁和铁路网络。 到本世纪中，世界人口预计达到90亿，而其中三分之二将居住在大都市中。为了使人们出行方便、物流通畅，高效的基础设施需要向地下发展。凭借最先进的技术，即便是在空间有限以及地质复杂的施工环境下，也能在特定所需的地点建造出优质高效的基础设施。海瑞克隧道掘进技术不断扩大了地下工程项目的可行性，并为全球隧道建设项目树立了新标准。海瑞克先进的隧道掘进技术可用于对现有交通网络的扩展，横穿山脉底部或河流深处为城乡之间创建新的连接隧道。

公用事业隧道领域：提供创新的供给和排放系统解决方案。 无论是在发展中国家还是发达国家的城市中心，随着人口迅猛增长，人们对公用事业隧道的需求也不断增加。这也是目前有超过850台海瑞克公用事业隧道掘进机正在全球繁忙作业的原因。我们的公用事业隧道掘进设备用于建造和铺设给排水、输气、输油、输电和通信管道。与传统隧道掘进方法相比较，非开挖隧道技术具有众多明显的优势。小型隧道掘进机、水平定向钻机 (HDD) 以及下沉式竖井掘进机几乎都不会对交通、商业与环境造成影响。创新的直接铺管 (Direct Pipe®) 技术，为非开挖铺管技术创立了新的工程建设标准。全新的 E-Power Pipe® 技术，可以安全而快速地铺设更长的小直径地下电缆套管。创新的水平定向钻进钻具在关键的工序中简化了管道铺设作业。另外，海瑞克公司在采矿领域（用于原材料开采所需的地下空间建设）与勘探领域（开发石油、天然气与地热能源），也提供一系列广泛的产品。

HERRENKNECHT AG
77963 Schwanau
Germany
Phone +49 7824 302-0
Fax +49 7824 3403
pr@herrenknecht.com
www.herrenknecht.com

海瑞克股份公司
德国 Schwanau 77963
电话 +49 7824 302-0
传真 +49 7824 3403
pr@herrenknecht.com
www.herrenknecht.com

海瑞克股份公司北京代表处
中国 100022
电话 +86 10 6567 0389
传真 +86 10 6567 6769

HERRENKNECHT
Tunnelling Systems

"一带一路"科技文化专项基金支持

全国盾构 TBM 从业人员执业资格培训精讲教程

国家 863 计划项目资助(2012AA041802)

中国铁路总公司重大课题(2016G004-A)

盾构施工关键技术

Key Technologies in Tunnelling by Shield Machine

（下　册）

张宗言　总策划

钱七虎　杨华勇　李术才　伍　军　主　审

陈　馈　谭顺辉　王江卡　蒲晓波　编　著

卓普周　牟　松　张岩涛　等　　　副主编

中国铁道出版社有限公司

2020年·北京

内 容 简 介

本书重点介绍各种类型盾构的工作原理及各种复杂地质和复杂环境条件的盾构施工关键技术,全书五篇18章。第一篇"总论"共3章,主要介绍盾构起源与发展、中国盾构发展历程、盾构法概论;第二篇"盾构设备"共3章,主要介绍敞开式盾构、土压平衡盾构、泥水盾构、双模式盾构、可变密度盾构等典型盾构的工作原理及构造、开挖面稳定机理与地质适应范围,介绍盾构制造、工厂组装调试及盾构监造等技术要点,介绍盾构选型理论与实践;第三篇"施工技术"共5章,主要介绍勘察技术、端头加固技术、盾构现场组装与调试、土压平衡盾构掘进技术、泥水盾构掘进技术、管片拼装技术、施工测量技术、盾构带压进舱技术、刀具检查与更换技术、盾构始发与到达技术、盾构调头技术、沉降控制技术,介绍管片设计理念与方法、管片接缝防水设计及管片制作技术,介绍盾构施工风险分类与防控、盾构智慧工地建设、盾构施工大数据云平台建设,介绍盾构的管理、使用、保养与维修及土压平衡盾构与泥水盾构操作关键技术;第四篇"施工案例"共6章,主要介绍软土地层、无水砂卵石地层、富水砂卵石地层、上软下硬复合地层、岩石地层、岩溶地层等盾构施工特点,通过具有代表性的具体施工案例,介绍盾构施工难点与对策;第五篇"施工视频"主要收录了国内外有关盾构施工视频或动画,通过手机扫描书上的二维码即可观看精彩的盾构施工视频,有助于帮助读者更直观的了解盾构施工。

全书图文并茂,视觉震撼,深入浅出,资料翔实,参考性强,可供盾构设计、施工、监理、工程管理、教学、科研等专业技术人员学习参考。

图书在版编目(CIP)数据

盾构施工关键技术/陈馈等编著. —北京:中国铁道
出版社有限公司,2020.1(2020.7 重印)
全国盾构 TBM 从业人员执业资格培训精讲教程
ISBN 978-7-113-26450-5

Ⅰ.①盾… Ⅱ.①陈… Ⅲ.①盾构-工程施工-技术
培训-教材 Ⅳ.①U455.43

中国版本图书馆 CIP 数据核字(2019)第 270497 号

书　　名:	全国盾构 TBM 从业人员执业资格培训精讲教程 **盾构施工关键技术(下册)**
作　　者:	陈　馈　谭顺辉　王江卡　蒲晓波

策划编辑:	高　楠		
责任编辑:	高　楠　赵昱萌	编辑部电话:010-51873347	电子信箱:13522756157@163.com
封面设计:	郑春鹏		
责任校对:	孙　玫　焦桂荣		
责任印制:	高春晓		

出版发行: 中国铁道出版社有限公司(100054,北京市西城区右安门西街 8 号)
网　　址: http://www.tdpress.com
印　　刷: 中煤(北京)印务有限公司
版　　次: 2020 年 1 月第 1 版　2020 年 7 月第 2 次印刷
开　　本: 787 mm×1 092 mm　1/16　印张: 47.75(上下册)　字数: 1 170 千
书　　号: ISBN 978-7-113-26450-5
定　　价: 287.00 元(上下册)

目　录

上　册

第一篇　总　论

第二篇　盾构设备

下　册

第四篇　施工案例

第五篇　施工视频

第8章 管片设计与制作

本章重点:主要介绍管片设计方法、管片设计模型、管片荷载计算、管片抗震性论证方法、管片配筋分析、管片接缝防水设计及管片制作等关键技术。

8.1 管片设计理念与方法

国内外盾构隧道管片设计的理念均是要注重安全性、经济性和安装适用性。管片设计是从隧道横断方向和纵断方向两个方面进行。通常,针对前者的设计决定了管片断面,而后者的设计一般决定了隧道抗地震和抵抗地基沉降的能力。而关于盾构隧道管片的设计方法及计算方法,目前国内外尚无统一理论,本节就盾构管片的设计方法、管片模型、管片抗震以及管片配筋进行总结与对比。

8.1.1 管片设计方法

目前国内盾构隧道管片结构的内力计算方法有经验类比法、收敛限制法、荷载结构法及地层结构法。由于经验类比法缺少理论依据和计算结果,该法常对其他计算方法进行判断和补充,而收敛限制法的计算原理仍有待于进一步研究和完善,常用于结合施工现场监测数据指导施工。地层结构法和荷载结构法均为理论计算方法,具有较严密理论体系,计算结果能够进行结构设计,常作为设计依据。在我国相关的设计规范中,推荐采用荷载结构法进行常规设计,对于特殊情形,可以采用地层结构法进行验算。

对于一般的中、小直径(隧道外径 $D<10$ m)盾构隧道,管片结构的计算方法通常采用荷载结构法,但在计算模型选择方面又多种多样,最常用的有均质圆环模型、等效刚度均质圆环模型、弹性铰圆环模型和双环梁—弹簧模型。

均质圆环模型不考虑管片接头刚性降低而把管片认为等刚性环,直接进行结构分析。水土荷载计算时根据地层渗透能力按水土合算或水土分算进行,竖向土压力按隧道埋深及地层性质确定采用全覆土土压力或松弛土压力,计算松弛土压力时可采用太沙基公式计算,水平土压力按垂直土压力乘土体侧压力系数计算。竖向地基反力根据竖向平衡条件确定,水平地基反力沿结构中心上下各 45°范围内按等腰三角形分布规律考虑,其大小根据水平变形与地基抗力系数相乘确定。该模型最早源于日本,故称之为日本惯用法模型。

等效刚度均质圆环模型在计算中不直接考虑管片接头的存在,内力计算时引入刚度有效率 η 和弯矩增长率 ζ 来体现管片环、纵向接头对内力的影响,是一种对盾构隧道衬砌结构近似简化的模型。其中 η 是用以反映因管片接头的存在对衬砌环刚度降低的影响,ζ 是用以反映错缝拼装时相邻衬砌环通过环间接缝互相支持而增加的刚度增量,模型中水

土荷载及地基反力的计算与均质圆环模型相同。对于 η 及 ζ 的取值,日本经过一些实验,针对不同直径、不同接缝方式,给出了推荐值,故此种模型又称为日本修正惯用法模型。

弹性铰(多铰)圆环模型将管片接头模拟为具有一定刚度的旋转弹簧或直接简化为铰接,不考虑各环管片间的影响,弹性铰(多铰)圆环自身属机动结构,在周边围岩反力作用下才能稳定,因此这种结构一般在围岩状况比较良好时方能使用。另外,当采用弹性铰圆环模型时,其计算的准确与否与旋转弹簧的转动刚度取值有着直接的联系。该模型中土荷载的计算与均质圆环模型基本相同,而水压力按水头高度确定大小后指向管片形心,土层抗力采用地基弹簧模拟。

双环梁—弹簧模型采用旋转弹簧模拟每环管片间的接头,对于错缝拼装的隧道,采用径向剪切弹簧及切向剪切弹簧模拟环间接头,对接头的模拟更为全面,但与弹性铰圆环模型相似,双环梁—弹簧模型计算结果的准确性同样依赖于接头刚度的正确取值。该模型中水土荷载与土层抗力的计算与模拟与弹性铰圆环模型相同。

2010 年以来,大直径($D{\geqslant}10$ m)及超大直径($D{>}15$ m)盾构隧道如雨后春笋般出现,由于隧道变大时衬砌厚度的增加速率低于其直径的增加速率、管片分块数增加导致纵缝变多,大直径及超大直径盾构隧道衬砌结构的抗弯刚度比小直径盾构隧道整体降低,隧道周边土体的抗力分布不再局限于水平向正负 45° 范围,计算模型需根据模型试验或足尺实验,确定环向与纵向接头刚度,采用梁—弹簧模型的荷载结构法或地层结构法进行计算。

日本隧道横断方向管片设计的基本流程如图 8-1 所示。表 8-1 为除日本之外其他国

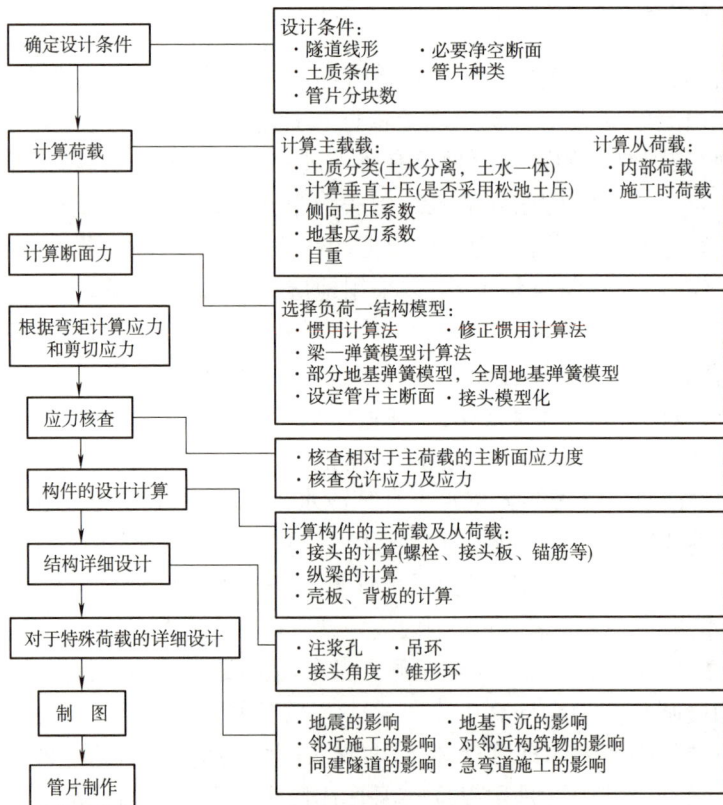

图 8-1　管片设计基本流程示意

家采用的隧道横断方向管片设计方法。表 8-2 为日本和德国的管片设计方法比较,可作为使用参考。

表 8-1　日本以外其他国家盾构隧道设计方法

国　名	设计模型	设计土压、水压	地基反力系数
澳大利亚	全圆周弹簧模型 (Moir Wood. Curtis 法)	$\sigma_v=$覆盖土层总荷载 $\sigma_H=\lambda\sigma_v+$静水压 $\lambda\geqslant\mu/(1-\mu)$,$\mu$ 为泊松比	平板荷载试验或根据测量结果反算切线方向是与围岩完全结合或以摩擦力为上限结合
奥地利	全圆周弹簧模型	浅埋隧道: $\sigma_v=$覆盖土层总荷载 $\sigma_H=\lambda\sigma_v$(考虑地下水压) 深埋隧道采用 Terzaghi 的松动土压公式	$k=E_S/r$ 只考虑半径方向的反力
比利时	Schulze-Duddeck 法 采用有限单元法校核	Schulze-Duddeck 法	没有正确确定系数的方法
德国	覆盖土厚≤2D 时采用部分弹簧模型(不包括顶部) 覆盖土厚≥2D 时采用全圆周弹簧模型	$\sigma_v=$覆盖土总荷载 $\sigma_H=\lambda\sigma_v(\lambda=0.5)$	$k=E_S/r$
法国	全圆周弹簧模型或有限单元法	$\sigma_v=$覆盖土总荷载或 Terzaghi 公式 $\sigma_H=\lambda\sigma_v$ λ——经验值	$k=E'/(1+\mu)R$
中国	经验方法	$\sigma_v=$覆盖土总荷载 $\sigma_H=\lambda\sigma_v$ λ——经验值	用垂直或水平荷载板试验求解
西班牙	考虑了围岩和衬砌相互作用的 Buqera 方法	黏着力忽略不计的 Terzaghi 公式 $\lambda=1.0$	只考虑半径方向
英国	一般为弹簧模型 Moir Wood 方法	$\sigma_v=$覆盖土总荷载(+水压) $\sigma_H=(1+\lambda)/2\sigma_v$(+水压) $\lambda=K_0$	采用类似条件下的测量结果
美国	弹性支承环	$\sigma_v=$覆盖土总荷载 $\sigma_H=\lambda\sigma_v(\lambda=0.4\sim0.5)$及水压 (隧道衬砌的设计及细则不通过数学计算来确定)	根据室内试验求解,不考虑摩擦力

表 8-2　日本和德国的管片设计方法比较

项　目		日本(平板型钢筋混凝土管片)	德国(平板型钢筋混凝土管片)
荷载	垂直土压	优质地基采用松动土压(但 $H\geqslant1.5D$)(根据土质将土水一体或分离)	总土压($H>3D$ 时)根据土质采用松动土压(根据土质将土水一体或分离)
	水平土压	$q_e=\lambda P_e$ 根据土质、N 值,侧向土压系数 λ 在 0.4~0.9 范围内	$q_e=K_0P_c$ 一般,侧向土压系数 $K_0=0.5$(有时根据土质按 $K_0=1-\sin\varphi$ 计算)
	水　压	垂直、水平方向的荷载	计算时换成径向荷载
	土反力	采用根据地基反力系数计算出的三角形荷载(管片自重不考虑地基反力)	按地基弹簧考虑(管片自重要考虑地基反力)
	自　重	管片单位体积重量 $r_c=2.6\times10^4$ N/m³	管片单位体积重 $r_c=2.5\times10^4$ N/m³

项　目		日本(平板型钢筋混凝土管片)	德国(平板型钢筋混凝土管片)
施工荷载	推进油缸推力	考虑偏心	不考虑偏心
使用材料	混　凝　土	设计标准强度 $\sigma_{ck}=480\times10^5$ Pa(圆柱体试件)	B45:标称强度 $\sigma_{ck}=450\times10^5$ Pa,立方体试件,换算成圆柱体强度 $\sigma_{ck}=380\times10^5$ Pa
	钢　　筋	SD295(SD30) (屈服强度 $\sigma_{sy}=0.3\times10^9$ Pa)	$B_{st}=500/550$ (屈服强度 $\sigma_{sy}=5\times10^7$ Pa)
变形系数	混　凝　土	$E_c=3.9\times10^{10}$ Pa	$E_c=3.7\times10^{10}$ Pa
	钢　　筋	$E_c=2.1\times10^{11}$ Pa	$E_c=2.1\times10^{11}$ Pa
容许应力 (设计用值)	混凝土钢筋	$\sigma_{ca}=170\times10^5$ Pa $\tau_{a1}=6.3\times10^5$ Pa $\tau_{a2}=6.3\times10^5$ Pa $\sigma_{sa}=180\times10^6$ Pa	$\sigma_{ca}=230\times10^5$ Pa $\tau_{01}=11\times10^5$ Pa $\tau_{02}=27\times10^5$ Pa $\tau_{03}=45\times10^5$ Pa $\sigma_s=2\,860\times10^5$ Pa
钢筋保护层(纯保护层)		对标准管片,最小厚度为 13 mm	主筋:$C=3.0$ cm 次要构件:$C=1.5$ cm
截面力计算方法		常规计算法(采用 $\eta=0.8$,$\xi=0.2$,按均匀刚性计算)	弹性梁模型(管片接头、环接头、地基弹簧都考虑)
地基反力系数		根据土质,N 值,地基反力系数 K 取 $0\sim8\times10$ N/cm³	根据地基变形系数和隧道直径计算 $K=E_s/R_c(H>3D$ 时,$K=0.5E_s/R_c)$
管片主体校核	弯　　曲	按钢筋混凝土计算(弹性模量比 $\eta=15$)	按钢筋混凝土计算(弹性模量比 $\eta=10$)
	剪　　切	按钢筋混凝土计算	按钢筋混凝土计算
接头校核	管片接头	将螺栓看作钢筋,按钢筋混凝土计算	按照劈裂力进行校核
	环　接　头	不可能校核,用与管片螺栓相同的连接件	根据剪力进行校核(根据榫的剪力校核)
		按千斤顶推力的支承压力校核	按千斤顶推力产生的劈裂力校核
管片环的变形校核		在《盾构隧道设计施工指南(草案)》中,容许变形量 $\sigma_a\leqslant R_c/150$	容许变形量 $\sigma_s\leqslant R_c/200$

一般认为,虽然盾构掘进隧道的地基条件很重要,但还因断面形状和施工方法的不同,导致其力学性状也不相同,自然选用的管片设计方法也不同,在此必须根据这些特点对衬砌进行设计。从以往的实践情况看,绝大多数隧道都是圆形断面,因此本文主要介绍圆形断面的设计方法和经验。

8.1.2　管片设计模型

8.1.2.1　管片简化假设模型

较为典型的管片简化假设模型有:将管片环视作抗弯刚度均匀的圆环、将管片环视作多铰圆环、将管片环视作具有旋转弹簧的圆环。对于前述第一种管片简化假设模型而言,有常用设计方法和修正常用设计法可供使用;对于第二种有多铰圆环解析法;对于第三

种,则有梁—弹簧模型解析法。目前,除前述三种典型的管片设计计算方法外,利用剪切弹簧来评价交错拼接效果的设计方法也已进入实用阶段。

(1)常用设计方法

该方法不考虑管片接头刚度的降低而将其视作刚度均匀的圆环。计算时,假定土体随管片环的变形而产生地基反力,求解弹性方程。常用设计方法是当前日本一般采用的设计方法。表 8-3 列出了该设计方法的具体计算公式。

表 8-3　常用设计法的管片载面力计算公式

荷载	弯　矩	轴 向 力	剪　力
垂直荷载 $P_{e_1}+P_{w_1}$	$M=\dfrac{1}{4}(1-2\sin^2\theta)\times(p_{e1}+p_{w1})R_c^2$	$N=(p_{e1}+p_{w1})R_c\sin^2\theta$	$Q=-(p_{e1}\pm p_{w1})$ $R_c\sin\theta\cos\theta$
水平荷载 $q_{e1}+q_{w1}$	$M=\dfrac{1}{4}(1-3\cos^2\theta)\times(p_{e1}+p_{w1})R_c^2$	$N=(q_{e1}+q_{w1})R_c\cos^2\theta$	$Q=(q_{e1}+q_{w1})R_c\sin\theta\cos\theta$
水平三角形荷载 $q_{e2}+q_{w2}-P_{e1}-P_{w1}$	$M=\dfrac{1}{48}(6-3\cos\theta-12\cos^2\theta+4\cos^3\theta)\times$ $(q_{e2}+q_{w2}-q_{e1}-q_{w1})\times R_c^2$	$N=\dfrac{1}{16}(\cos\theta+8\cos^2\theta-4\cos^3\theta)$ $\times(q_{e2}+q_{w2}-q_{e1}-q_{w1})\times R_c$	$Q=\dfrac{1}{16}(\sin\theta+$ $8\sin\theta\cos\theta-4\sin\theta\cos^2\theta)\times$ $(q_{e2}+q_{w2}-q_{e1}-q_{w1})\times R_c$
水平地基反力 $K\delta$	当 $0\leqslant\theta\leqslant\dfrac{\pi}{4}$ 时 $M=(0.2346-0.3536\cos\theta)K\delta R_c^2$; 当 $\dfrac{\pi}{4}\leqslant\theta\leqslant\dfrac{\pi}{2}$ 时 $M=(-0.3487+0.5\sin^2\theta+$ $0.2357\cos^2\theta)K\delta R_c^2$	当 $0\leqslant\theta\leqslant\dfrac{\pi}{4}$ 时 $N=0.3536\cos\theta K\delta R_c$; 当 $\dfrac{\pi}{4}\leqslant\theta\leqslant\dfrac{\pi}{2}$ 时 $N=(-0.7071\cos\theta+\cos^2\theta+$ $0.7071\sin^2\theta\cos\theta)K\delta R_c$	当 $0\leqslant\theta\leqslant\dfrac{\pi}{4}$ 时 $Q=0.3536\sin\theta K\delta R_c$; 当 $\dfrac{\pi}{4}\leqslant\theta\leqslant\dfrac{\pi}{2}$ 时 $Q=(\sin\theta\cos\theta-0.7071$ $\cos^2\theta\sin\theta)\times K\delta R_c$
自重 g	当 $0\leqslant\theta\leqslant\dfrac{\pi}{2}$ 时 $M=\left(\dfrac{3}{8}\pi-\theta\sin\theta-\dfrac{5}{6}\cos\theta\right)gR_c^2$; 当 $\dfrac{\pi}{2}\leqslant\theta\leqslant\pi$ 时 $M=\left[-\dfrac{1}{8}\pi+(\pi-\theta)\sin\theta-\right.$ $\left.\dfrac{5}{6}\cos\theta-\dfrac{1}{2}\pi\sin^2\theta\right]gR_c^2$	当 $0\leqslant\theta\leqslant\dfrac{\pi}{2}$ 时 $N=\left(\theta\sin\theta-\dfrac{1}{6}\cos\theta\right)\times gR_c$; 当 $\dfrac{\pi}{2}\leqslant\theta\leqslant\pi$ 时 $N=\left(-\pi\sin\theta+\theta\sin\theta+\pi\sin^2\theta-\dfrac{1}{6}\cos\theta\right)$ $\times gR_c$	当 $0\leqslant\theta\leqslant\dfrac{\pi}{2}$ 时 $Q=-\left(\theta\cos\theta+\dfrac{1}{6}\sin\theta\right)gR_c$; 当 $\dfrac{\pi}{2}\leqslant\theta\leqslant\pi$ 时 $Q=$ $\left[(\pi-\theta)\cos\theta-\pi\sin\theta\cos\theta-\dfrac{1}{6}\sin\theta\right]$ gR_c
管片环水平直径点的水平位移 δ	$\delta=\dfrac{[2(p_{e1}+p_{w1})-(q_{e1}+q_{w1})-(q_{e2}+q_{w2})]R_c^4}{24(\eta EI/h+0.0454kR_c^4)}$		

(2)修正常用设计法

管片环有接头,因而刚度有所降低。在常用设计方法的基础上,进一步考虑接头影响进行计算,则该过程可称之为修正常用设计法。

即使把管片环相互交错拼接,因管片存在接头,因此修正常用设计法将管片环抗弯刚度假定为比管片整体抗弯刚度 EI 低的均匀抗弯刚度 ηEI($\eta\leqslant 1$)来计算圆环截面力(M,N,Q),参数 η 称为抗弯刚度的有效率。

管片接头具有某些铰接特性，所以可以认为弯矩并非全部由管片接头传递，部分弯矩传给了交错拼接的相邻管片，如图 8-2 所示。

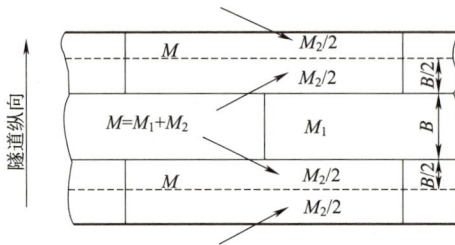

图 8-2　弹性铰环法基本结构示意

该方法求截面力时，仅加大弯矩，假定为 $(1+\xi)M$，与轴向力 N 组合进行设计，这是合理的。参数 ξ 为传给相邻管片的弯矩与计算弯矩之比，称为弯矩加大率。此外，在这种情况下，管片接头的设计弯矩和轴向力可以分别假定为 $(1-\xi)M$ 和 $(1-\xi)N$。

参数 η 值和 ξ 值因管片种类、管片接头的结构形式、环相互交错拼接的方法和结构形式而有所不同；此外，受周边地层的影响也特别大。目前还未从理论上建立计算方法，但是，据推测，这两个参数相互具有联系，即若 η 值接近于 1，则 ξ 值就趋于 0。用修正常用计算法计算截面力时，η 值取得过小，就会对地层的地基反力估计过高。同时会对管片环的截面力估计过小，因此这些参数的取值需要认真考虑。目前的实际情况是，参数 η 值和 ξ 值是根是根据试验结果和经验来确定的。

有鉴于此，在日本《盾构工程用标准管片》中规定，一般 η 取 1.0，而 ξ 取 0。为参考起见，部分工程 $\eta=0.8$、$\xi=0.3$。表 8-4 所列是 η 与 ξ 组合的实例。

表 8-4　η 值与 ξ 值

管片类型		$\eta(\%)$	$\xi(\%)$	备　注
日本土木工程学会和日本下水道协会	平板型管片 钢筋混凝土管片 钢管片	100 (00)	0 (30)	( )内为参考值
日本国铁盾构工程	平板型管片 钢筋混凝土管片①　A	10～30	50～70	A 型：接头位于断面中间
	B	30～50	30～60	B 型：接头位于内外边缘
	中子型管片② 钢筋混凝土管片	—		接头形式为螺栓
	球墨铸铁管片	50～70	10～30	接头形式为螺栓
地面的错缝拼接试验结果③		60～80	30～50	在地层内 η>60～80 ξ<30～50

注：①一般 η 变小，ξ 就增大；
　　②虽然在国铁还没有实施事例，但据预测 η 值和 ξ 值均在平板型钢筋混凝土管片和球墨铸铁管片之间；
　　③是在土木工程学会和日本下水道协会合编的《盾构工程用标准管片（1982 年修订版）》中刊登的荷载试验结果。

（3）多铰环解析法

该计算法是一种把接头作为铰接结构的解析法。多铰环本身是不稳定结构，但考虑到依靠隧道周边地层大面积的反力可以变为稳定结构物。假定沿圆环分布有均匀的径向

地基反力。

采用这种计算方法时,因依赖隧道周边地层的反力,故需要注意选择合适的地基。此外,在管片拼装过程中和刚从尾盾脱出后地基反力尚未充分发挥作用时,为使管片环能够自承,需要研究采取辅助手段,或者使管片接头具有一定的刚度,自身能够保持环状。由此可见,这种解析法通常用于地层条件较好的场合。

(4)弹性铰环法

由于盾构隧道的管片环是由多块预制的管片拼装而成,故管片与管片之间可做成各种形状的接头,必要时加以螺栓连接。拼装接头不可能与整体现浇钢筋混凝土结构刚度相同。事实上,各管片接头处存在一个能承担一部分弯矩的弹性铰,它既非刚接,也不是完全铰,其承担弯矩的多少与接头刚度 K 有关。内力计算时将管片环视作在管片接头处设置的弹性铰环状结构。接头刚度 K 一般由经验和试验确定。各截面的内力值可由图 8-3 所示基本结构用解析法求得。

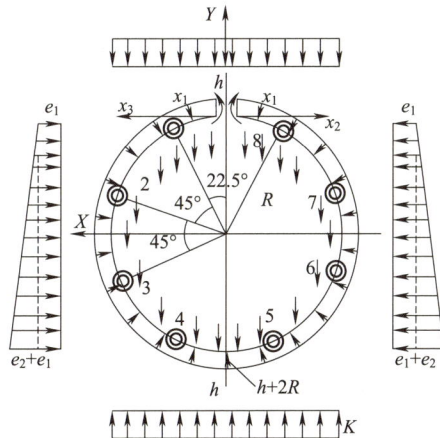

图 8-3　解析法求解各截面内力值示意

(5)梁—弹簧模型解析法

这种解析方法的特点是,将管片环模拟为梁的构架(直梁或曲梁),用旋转弹簧和剪切弹簧分别模拟管片接头和环间接头,将其弹性性能用有限元法进行构架分析,计算截面力。这种解析方法是一种解释管片环承载机理的有效方法。

采用这种方法时,在管片环对接、两环或三环交错联结的情况下,也可以计算截面力,并能直接求出环间的剪力。此外,当管片接头的旋转弹簧常数为 0 时,与多铰环相同;如果为无穷大,则与刚度均匀环相同。

8.1.2.2　管片设计创新性模型

近年来,国内许多学者对管片设计进行了研究,得出具有创新性的模型,弥补了简单模型的不足之处。

(1)三维壳—弹簧模型

采用一个整环和两个半环结构组成的整环衬砌模型,以中间整环为研究目标,前后两

个半环即作为错缝拼装受力环结构也作为中间整环的边界条件。建立载荷—结构模式,壳面衬砌模型如图 8-4(a)所示,采用弹簧模拟径向和切向地层抗力,考虑土层抗力仅受压,从而设定径向地应力弹簧受拉情况下自动脱落,地应力弹簧单元布置如图 8-4(b)所示。管片接头采用旋转弹簧模拟,密布设置在管片接头端面所有节点上。该弹簧能够完成输入弯矩、轴力和转角关系曲线非线性参数。与经典的梁—弹簧模型相比,其结构形式和载荷模式基本一致,主要突破是分析出结构内力沿幅度的分布。

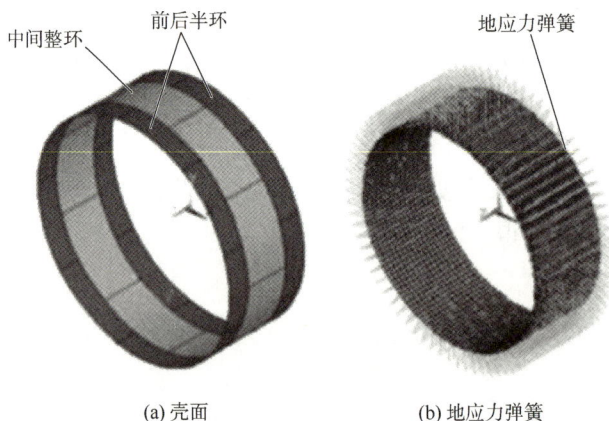

(a) 壳面　　　　　　　　　(b) 地应力弹簧

图 8-4　三维壳—弹簧模型示意

(2)载荷—结构模式的壳—弹簧—接触模型

在载荷—结构模式的壳—弹簧—接触模型中,地层对管片的抗力作用是通过径向和切向地基弹簧实现的。这种模型考虑了管片间接缝处的挤压作用、管片与螺栓接头之间的咬合作用、地层对管片径向与切向抗力作用、环向接头的正负抗弯刚度差异以及封顶快块的插入角等因素,采用壳厚、弹簧、空间实体和接触单元分析盾构隧道管片衬砌的内力状态,能够模拟管片内三维分布状态,弥补了梁—弹簧模型在隧道纵向计算中的不足,同时考虑纵向变形时环缝处螺栓受拉和防水材料受压的力学机理,为纵向变形分析提供了条件。这种方法可模拟目前普遍采用通用通用挂念换的随机拼装方式,如图 8-5、图 8-6 所示,计算更准确。

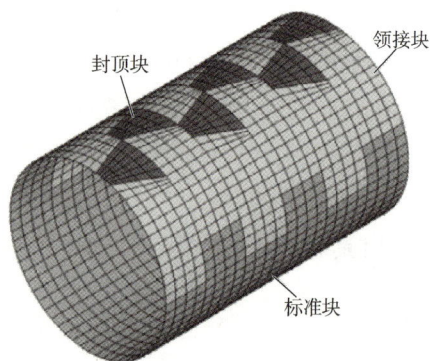

图 8-5　管片单元划分

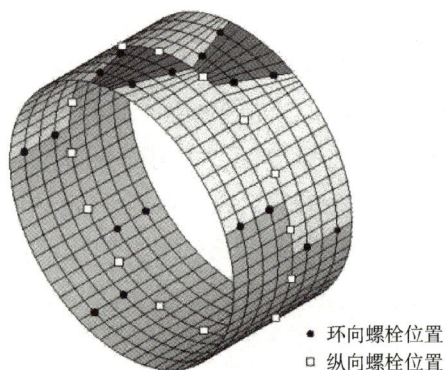

图 8-6　螺栓连接位置

（3）地层—结构模型的壳—弹簧—接触模型

地层—结构模式的实质是考虑在原始应力场开挖后的洞应力释放效应以及围岩与结构共同承担地层压力的作用。从计算好的自重应力场中提取洞周等效节点力并考虑应力释放进行折减，然后施加在洞周实体单元节点上，通过基础单元传递到隧道结构，实现围岩与结构共同承载，过程与采用平面有限元法进行地层—结构模式计算类似。围岩土体单元划分如图 8-7 所示。

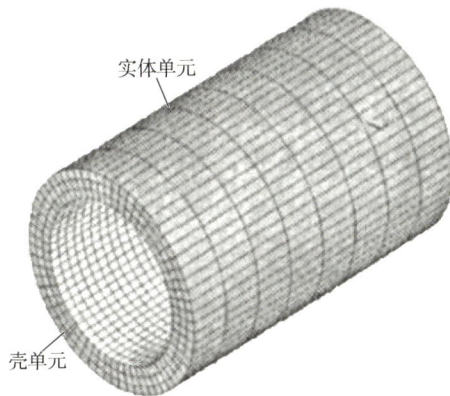

图 8-7　实体单元划分

（4）纵向变形附加应力的壳—弹簧—接触模型

基于有限元构建纵向壳—弹簧—接触模型，采用强制位移法对盾构隧道发生纵向变形后的三维结构附加内力和变形进行分析。沿用盾构隧道横向内力分析的壳—弹簧—接触模型的思路，使用壳单元、抗压弹簧单元、剪切弹簧单元、转动弹簧单元和接触单元建立起隧道纵向壳—弹簧—接触模型。

8.1.3　管片荷载计算

8.1.3.1　荷载种类及其组合

衬砌设计时所考虑的荷载种类较多，且其值存在许多不确定的因素，故应根据不同的条件和设计方法进行设定，并根据隧道的用途组合这些荷载。隧道用途不同，这些荷载的作用组合也不同。有时甚至需要根据每个施工阶段及使用阶段可能出现的最不利情况进行载荷组合，例如选择使衬砌结构的荷载效应为最大、工作状态为最不利的荷载组合进行设计。表 8-5 列出了管片设计所采用的荷载种类。

表 8-5 中，主要荷载是管片设计时通常必须考虑的基本荷载。附加荷载是施工过程中和隧道完工后所承受的荷载，这是必须根据隧道用途加以考虑的荷载。此外，特殊荷载，则是根据地层条件、隧道的使用条件等必须予以特别考虑的荷载。

表 8-5　管片设计所采用的荷载种类

序号	作用分类	结构受力及影响因素	荷载分类	
1	永久荷载	结构自重	恒载	主要荷载
2		垂直土压力和水平土压力		
3		水 压 力		
4		上覆荷载的影响		
5		地层压力		
6		地层抗力（地基反力）		
7		内部恒载		
8		混凝土收缩和徐变的影响		
9	可变荷载	地面活载所产生的土压力	活载	
10		列车活载及其动力作用		
11		公路车辆活载及其动力作用		
12		人群荷载		
13		温度变化的影响	附加荷载	
14		盾构施工荷载		
15	偶然荷载	落石冲击力	特殊荷载	
16		地 震 力		
17		平行或交叉隧道设置的影响		
18		近接施工的影响		
19		地基沉降的影响		
20		其 他		

图 8-8 为盾构隧道主要荷载的分布示意。

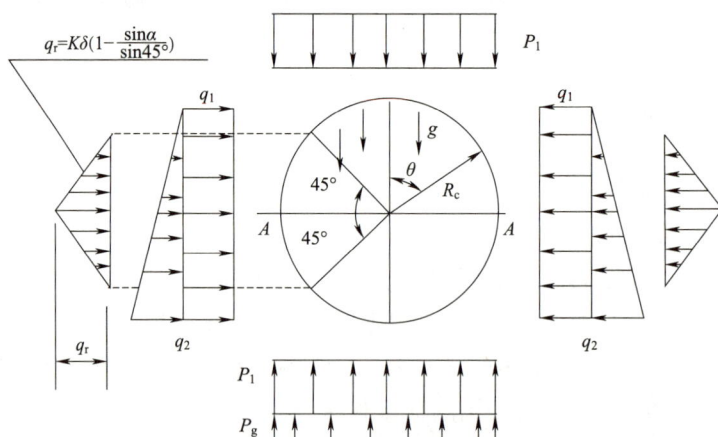

图 8-8　盾构隧道主要荷载的分布示意

图 8-8 中：

$$P_1 = P_e + P_w$$

$$q_1 = q_{e1} + q_{w1}$$

$$q_2 = q_{e2} + q_{w2} - q_1$$

$$q_r = K\delta$$

$$P_g = \pi g = \pi \cdot \frac{W}{2\pi R_c} = \frac{W}{2R_c}$$

式中　P_e、P_w——分别为垂直土压和水压(kPa)；

　　　q_{e1}、q_{e2}——水平土压(kPa)；

　　　q_{w1}、q_{w2}——水平水压(kPa)；

　　　　　q_r——水平向土体抗力(kPa)，分布在水平直径上下各 45°范围内；

　　　　　K——水平土体抗力系数(kN/m³)；

　　　　　δ——A 点的水平位移(m)；

　　　　　P_g——结构自重反力(kPa)；

　　　　　W——管环单位长度的重量(kN)。

8.1.3.2　土压力

管片设计计算用的土压力由垂直土压力和水平土压力组成，其值与隧道的变形无关。此外，隧道底部的土压力可看作是反向土压力，作为地基反力处理。

计算土压力有两种方法，一种是将水压力作为土压力的一部分来考虑，另一种是将水压力与土压力分开计算。通常前者适用于黏性土，后者适用于砂质土。对于中间土来说，现在还没有明确的判断标准，但可以将渗透系数 $10^{-4} \sim 10^{-3}$ cm/s 作为分界值。土的容重，在水压和土压合算时，地下水位以上用湿容重，而地下水位以下用饱和容重；在水压土压分算时地下水位以上用湿容重，地下水位以下用浮容重。

(1)垂直土压力

根据隧道位置和地基条件，垂直土压力可采用总覆土压力或者松动土压力。通常，覆土厚度都大于隧洞外径，故在砂质土或硬黏土情况下，用松动土压力；在其他地层，因不能获得土的成拱效果，故采用总覆土压力。计算松动土压力时，通常采用如图 8-9 所示的尺寸及 Terzaghi 公式：

$$\sigma_v = \frac{B_1 \gamma - c}{K_0 \tan\varphi}(1 - e^{-K_0 H \tan\varphi / B_1}) + P_0 e^{-K_0 H \tan\varphi / B_1}$$

式中　B_1——通过计算得到，$B_1 = K_0 \cot(\frac{\pi/4 + \varphi/2}{2})$；

　　　σ_v——Terzaghi 的松弛土压力；

　　　h_0——土的松弛高度；

　　　K_0——水平土压与垂直土压的比(常取 $K_0 = 1$)；

　　　φ——土的内摩擦角；

　　　P_0——上覆荷重；

　　　γ——土的重度；

　　　c——土的黏聚力。

在 P_0/γ 小于 h_0 时，用下式计算：

$$\sigma_v = \frac{B_1 \gamma - C}{K_0 \tan\varphi}(1 - e^{-K_0 H \tan\varphi / B_1})$$

$$h_0 = \frac{B_1(1-C/B_1\gamma)}{K_0\tan\varphi}(1-e^{-K_0 H\tan\varphi/B_1}) + \frac{P_0}{\gamma}e - K_0 H\tan\varphi/B_1$$

在 P_0/γ 小于 H 的情况下,则采用:

$$h_0 = \frac{B_1(1-C/B_1 \cdot \gamma)}{K_0\tan\varphi}(1-e^{-K_0 H_1\tan\varphi/B_1})$$

式中 H_1——换算覆盖层厚度,$H_1 = H + P_0/\gamma$。

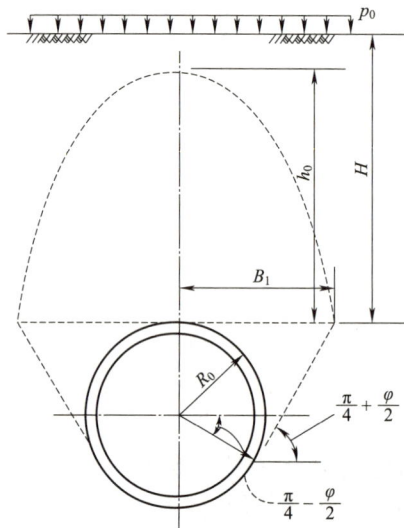

图 8-9 松动土压力计算模型示意

(2)水平土压力

水平土压力与垂直土压力的情况相同,要准确地进行推算比较困难。设计中水平土压力值一般采用计算垂直土压力与侧向土压力系数相乘。

在无地基抗力的条件下,可以选择考虑到施工条件的静止土压力作为侧向土压力系数。

在可以得到地基抗力的条件下,使用主动土压力系数作为侧向土压力系数,或者对静止土压力系数适当折减进行计算。侧向土压力系数不但应该考虑到土的性质,也要考虑与设计计算方法和施工方法的关系进行决定。但是要进行恰如其分的设定是非常困难的,可参考表 8-6 确定。

表 8-6 侧向土压力系数(λ)地基抗力系数(K)

水土压力计算	土的种类	λ	$K(kN/m^3)$	N 值的大致范围
水土分算	密实砂性土	0.35~0.45	30~50	$30<N$
	中密砂性土	0.45~0.55	10~30	$15<N\leqslant30$
	松散、稍密砂性土	0.50~0.60	0~10	$N\leqslant15$
	固结黏性土	0.35~0.45	30~50	$25\leqslant N$
	坚硬、硬塑黏性土	0.45~0.55	10~30	$8\leqslant N<25$
	可塑黏性土	0.50~0.65	0~10	$4\leqslant N<8$
水土合算	可塑黏性土	0.55~0.65	5~10	$4\leqslant N<8$
	软塑黏性土	0.65~0.75	0~5	$2\leqslant N<4$
	流塑黏性土	0.70~0.85	0	$N<2$

管片的设计断面应力会由于垂直方向荷载和水平方向荷载之间微妙的平衡关系而发生变化。侧向土压力系数(λ),地基抗力系数(K)要在充分考虑地基条件和隧道的用途之后,慎重地进行确定。

(3)水压力

水压力是计算土压力时,考虑将水和土压分开的情况下给定的,竖向水压力之差是作为浮力作用的,因此,需要根据其他荷载和衬砌顶部地基的状况,对隆起加以研究。

水压力可根据施工阶段以及长期使用过程中地下水位的变化确定水位,区分不同的地层条件,按静水压力计算或把水作为土的一部分计入土压力。

作用在隧道衬砌上的水压力,原则上采用孔隙水压力,但孔隙水压力的确定非常困难,从实用及偏于安全的角度考虑,水压力一般都按静水压力确定。

一般垂直方向的水压力按均布荷载计算,作用在衬砌顶部的水压力等于作用在其顶点的静水压力值,作用于底部的水压力等于作用在衬砌最低点上的静水压力;水平方向的水压力作为梯形分布荷载,其大小与静水压力相同。

另外,在隧道长期使用过程中由于自然或人为等因素的影响会使地下水位发生变动,确定地下水位也非常困难。在圆形盾构隧道的设计计算中,采用较高的地下水位并不等于一定是偏于安全的设计;相反采用较低的地下水位可能会是最不利的荷载组合工况。因此,在确定地下水位时,应分别按最高水位和最低水位进行计算。

8.1.3.3　土体抗力

土体抗力也称地层抗力或地基反力。土体抗力的确定一般有两种方法:一种是认为地层抗力与地层变形(位移)无关,是一种与作用荷载相平衡的反作用力;另一种是认为地层抗力与地层变形(位移)有关,从属于地基的位移;在荷载作用下,衬砌结构的一部分会发生向着围岩方向的变形,由于隧道周边围岩具有一定的刚度,必然会对衬砌结构产生反作用力(即地层抗力)来抵制其变形。目前,多以"温克尔(Winkler)"假定为基础的局部变形理论确定。

地层抗力会随着所采用的计算模型及计算方法的不同而不同,其中常用计算方法有:

(1)日本惯用计算法

假定垂直方向的地基抗力按与地基位移无关,取与垂直荷载相平衡的均布反力作为地基抗力。

考虑衬砌向围岩方向的变形,认定水平方向的地基抗力作用在衬砌水平直径上下各45°中心角的范围内,并假定其以水平直径处为顶点,呈三角形分布。其中,水平直径处的地层抗力最大,其大小可根据与衬砌向着围岩方向的水平变形成正比关系进行计算确定。地基抗力系数可根据地层条件进行取值。

$$q_r = K\delta$$

式中　K——地基反力系数(水平土体抗力系数 kN/m³);

δ——衬砌的水平位移值(m)。

(2)弹簧模型法

假定地层抗力沿衬砌环、径向分布,将衬砌与地层间的相互作用等效成弹簧,并将地基抗力考虑为管片向地基方向变形时所产生的反力。

在欧美各国多采用全周地基弹簧模型。日本多采用部分地基弹簧模型，而且多不考虑切线方向弹簧，只将半径方向弹簧作为有效弹簧，地基弹簧系数大多参考惯用计算法的地基抗力系数进行确定。

对于管片自重变形所产生的地基抗力，宜根据施工方式确定是否考虑。若壁后注浆材料有较好的早期强度，或管片脱出盾尾后真圆度保持较好（盾构采用真圆器或推进油缸推力控制较好），可以考虑由管片自重变形所产生的地基抗力。尤其是隧道外径较大时，与土水压力所产生的断面应力相比，自重所引起的断面应力要大得多（$D \geqslant 12$ m时，占 $60\% \sim 80\%$）。

8.1.3.4 管环自重

管片自重荷载是沿衬砌轴线分布的竖向荷载，一般按下式计算：

$$g = \frac{W}{2\pi R_c}$$

式中 g——管片自重荷载（kPa）；

W——衬砌单位长度重量（kN/m）；

R_c——衬砌环半径（m）。

8.1.3.5 内部荷载

内部荷载包括施工过程中作用的荷载和隧道完工后作用的荷载。作为施工过程中所作用的内部荷载，有盾构的后配套拖车和出渣车等与施工有关的各种机械设备。当这些荷载作用于壁后注浆材料尚未硬化的管片环上时，必须检查管片环的稳定性，但是，在壁后注浆材料充分硬化之后，一般可以认为这些荷载是由周围地基支持的。因此，实践中并不对这些内部荷载进行研究，而是采取不将这些设备放置在壁后注浆材料尚未硬化的管片环上的方法。

此外，隧道完工后产生作用的内部荷载，因隧道的使用目的不同而异，例如铁路车辆、公路路基的反力、隧道内的悬挂设施和内水压力等。其中，像铁路车辆那样的作用于隧道底部的荷载，可以认为与施工过程中的内部荷载一样是由隧道周围地基直接承受的；但其他内部荷载对衬砌有影响，所以必须根据实际情况设定荷载和进行适当的研究。

8.1.3.6 施工荷载

盾构施工荷载是指从管片组装开始到盾尾建筑空隙中的壁后注浆材料硬化为止，作用在隧道衬砌上临时荷载的总称。盾构施工荷载包括推进油缸推力、壁后注浆压力、管片拼装机的操作荷载和其他施工荷载等。施工荷载因围岩条件和施工条件的不同而异，须将施工荷载对管片的影响控制到最低程度以及合理地把施工荷载反映到设计中。另外，施工技术水平的高低对隧道衬砌的设计也是一个重要的影响因素。

（1）推进油缸的推力

盾构掘进过程中作用于隧道衬砌上的盾构推进油缸的推进反力，在所有施工荷载中，该荷载对衬砌影响最大。推进油缸推力的偏心距应根据盾构非常规掘进状态（平曲线掘进、竖曲线掘进、蛇行修正等）进行确定，并考虑适当的富余量，在设计上一般考虑为10 mm。但是，对于外径为 $2 \sim 3$ m 左右的中小直径盾构，实际上偏心量为 $30 \sim 40$ mm 的实例很多。如果推进油缸的偏心距过大，由推进油缸推力所形成的偏心弯矩会使管片衬砌环部分结构产生拉应力，管片就非常容易开裂。另外，盾构在曲线段掘进时，由于盾构推

进油缸产生的偏心荷载,会使隧道两侧的压力出现暂时性的不平衡,从而形成复杂的纵向弯曲应力状态;环与环之间承受弯曲应力的连接螺栓容易发生剪切破坏;作用在管片衬砌上的过大压应力,会使管片发生局部破坏。对以上出现的施工荷载在设计时需慎重考虑。

由于管片单片的推力试验很难反映管片环整体的工作情况,当推进油缸的设计推力与盾构实际装备的推力不同时要特别注意。

(2)注浆压力

在向盾尾建筑空隙进行注浆时,会在管片注浆孔周边形成一个临时性的偏心荷载。此荷载容易使管片发生变形甚至破坏,如径向插入型封顶块(K 块)的错台、接头螺栓的破坏、衬砌环的变形等。

注浆压力一般是根据开挖面的围岩及埋深情况计算的水、土压力来确定,但还需根据盾构施工的实际条件来确定注浆压力,并在这一注浆压力作用下,对管片结构进行验算。

(3)管片拼装机的操作荷载

管片拼装过程中,除起吊环承受吊装荷载外,管片承受拼装夹具的反作用力。设计中应根据拼装夹具的额定能力与动态效应对管片装配过程中的结构受力进行计算分析。对于混凝土类管片,常将螺栓孔或注浆孔预埋件作为管片起吊环使用,其抗拔承载力应根据装配器的性能而定,一般达到 3 倍管片环重量以上,施工中必须对起吊环的抗拔承载力进行验证。另外,若螺栓孔或注浆孔内安装拉杆作为反力座在施工时进行设备材料吊装或防止管片环变形用,应对预埋件和其抗拔承载力进行分析验证。

(4)其他施工荷载

作为施工荷载,除上述内容外,还有部分荷载应予以考虑,例如后配套拖车自重的影响、真圆保持器等千斤顶荷载、刀盘旋转力的影响、盾构型式及开挖面的各种设备等,有时渣车及管片运输车的荷载也会对管片产生影响。另外在软黏土及松散的砂层中,随着管片从盾尾脱出时,上部围岩塌落至管片环顶部形成偏心荷载。如果这些荷载对结构影响较大时,应根据施工情况设定合适的荷载,对结构受力进行分析。

8.1.3.7　特殊荷载

特殊荷载是根据周围地基条件、施工条件和隧道使用条件等必须特别考虑的荷载,主要包括地震影响、平行或交叉隧道设置的影响、近接施工的影响、地基沉降的影响等。

当隧道近距离平行设置时,应根据相互间的位置关系、地质条件、隧道外径、盾构型式、施工时序等条件,对施工和运营期间的相互干扰和相互影响进行论证,必要时应采取保护措施。

(1)平行或交叉隧道设置的影响

近年来,多条隧道平行小间距设置的实例越来越多,其在横断面方向或纵断面方向的位移及应力与单条隧道显著不同。必须对多条隧道相互干扰而产生的地基松弛或施工荷载的影响进行分析,必要时采取衬砌或地基加固、或防止隧道变形等措施。

①隧道之间的相互位置关系

平行设置隧道的位置无论是在水平方向还是垂直方向,只要其相隔距离小于后续隧道外径(1D)的话,就有必进行分析,而且相隔距离越小其影响就会越大,尤其是相隔距离小于 0.5D 时,就必须进行详细的论证。隧道在上下方向平行设置时,后续盾构的施工荷

载、土体开挖所伴随的卸载对先行隧道影响较大,尤其是后续隧道在下部施工时,上部的隧道会由于开挖时的地基松弛导致垂直荷载的增加,并产生不均匀沉降。这时对有必要先行隧道横向和纵向受力及变形进行论证。

②地质条件

平行设置隧道的相互干扰以及施工荷载的影响随围岩条件不同而不同。

在敏感性高的黏性地层或自立性差的松散砂性地层中,其影响最为显著。这时有必要对地基松弛引起荷载变化进行慎重地研究。

即使地层比较好或已经过地层加固处理,若隧道间的相隔间距较小,施工荷载的影响也是很大的,采用闭胸式盾构时影响更为显著。

③隧道外径

平行设置隧道施工时,与先期施工隧道的外径相比,后续施工隧道的外径的影响是支配性的,后续施工隧道的外径越大其影响也越大。

④盾构型式

平行设置隧道进行施工时,后续盾构对先期施工隧道的影响由于盾构型式的不同而发生很大差异。

隧道在水平方向上平行设置时,闭胸式盾构对隧道的影响是开挖面通过时盾构推力所产生的偏心压力,而敞开式盾构一般不产生推力的影响,多由于开挖面敞开出现暂时性的侧向土压力及地基抗力的减少。因此,闭胸式盾构隧道一般表现为后续隧道对先期施工隧道产生一个外推的效应,而敞开式盾构隧道一般表现为后续隧道对先期施工隧道产生一个近似内拉的效应。

因此在考虑平行设置隧道施工的影响时,对地质条件、隧道之间的位置关系以及盾构型式所引起的差异都要进行详细慎重的分析。

⑤后建隧道的施工时序

一般后建隧道宜等到先行施工隧道围岩稳定后再行施工,但实际施工时很难做到。在先期施工隧道的影响还未消失就进行后续隧道的施工时,隧道施工相互间的影响更为显著,此时有必要对隧道相互间的施工时序进行充分的研究。

⑥施工时的荷载

对先期施工隧道产生影响的因素主要为后建隧道施工时的荷载,包括推力、壁后注浆压力、泥水压力及泥土压力等,这些荷载通过夹持土体作用于先行隧道上。在偏心压力作用下,先行隧道横断面及纵断面方向上产生异常的位移和应力。虽然施工荷载为临时荷载,但是盾构掘进时推力对隧道间土所产生的荷载即使在盾构通过以后也很难急速地减小,有时会长时期内残留,因此在考虑施工荷载时要充分加以注意。

(2)近接施工的影响

在已施工完成的隧道附近兴建其他结构物时会对隧道周边的围岩产生扰动,作用于隧道上的荷载也会发生变化,因此根据需采取相应的衬砌加固、地基加固等适当的防护措施。若具备条件,应尽可能根据规划情况在进行隧道设计时加以考虑,采取相应措施。

尤其是在以下的情况下近接施工的影响比较大,因此在合理地评价荷载的同时,有必

要使用能够考虑荷载随时间变化的计算方法(荷载历史及衬砌的应力历史)。另外,如果对于将来发生的荷载变化将二次衬砌作为结构组成部分来考虑的话,有必要对结构模型进行充分的论证。

①隧道的顶部或顶部附近建造新的结构物,上部荷载发生大的变化。

②隧道的下部或下部附近进行开挖工程,垂直土压力和水平土压力等荷载条件以及地基抗力系数等围岩的性质发生大的变化。

③隧道的侧向地基受到扰动,侧向土压力及地基抗力发生大的变化。

④作用于隧道的水压力发生大的变化。

上述情况中其影响有暂时性的和长期性之分,进行论证时必须对此进行慎重的区分。

(3)地基沉降的影响

在软弱地层或地层变化较大的地层修建隧道时,除考虑隧道施工原因造成的地基下沉外,还须考虑原有地层自身原因产生的沉降。地基下沉主要表现在对隧道本身及隧道与其他结构物的连接部位的影响,因此必须对其影响充分研究。

①隧道本身

在正在固结过程中的地基中修筑隧道,隧道所在位置与周围的地基相比,相当于隧道断面高度的部分土的固结沉降量不同,因此隧道会发生相当于这一差异沉降的强制位移。

另一方面,隧道纵向的刚度变化部位、地基软硬界限部位、甚至在正处于固结沉降过程中或将来会发生固结沉降的软弱地基中,隧道下部软弱地基层厚变化较大的部位,不均匀沉降对隧道的影响皆应加以考虑。

在上述情况下,隧道的力学机理尚不明确,一般采用隧道横向结构模型,通过增加垂直土压或对地基弹簧强制位移来加以考虑,对衬砌的强度进行验证。对于隧道纵向不均匀沉降,通过将隧道所在位置的地基沉降量通过地基弹簧进行加以考虑,模拟地基不均匀沉降时隧道的追随过程,并根据需要采取降低隧道纵向刚度、通过地基加固减少沉降量、扩大隧道净空断面等措施。

②隧道和竖井连接部分

在隧道与竖井连接处,由于是两种不同的结构相接,所以易于产生相对位移,应根据需要将连接部作成可挠性结构,以防止应力集中。或者竖井基础进行处理,以减少不均匀沉降的影响。另外,为保证净空,将断面加大也是有效方法。

(4)地震的影响

当考虑地震的影响时,应根据隧道的重要程度,考虑隧道的周围环境、围岩条件、所在地区的地震烈度、隧道的结构、形状等进行慎重研究,采取必要的抗震措施。

地下结构由于受到地层的约束,因此震害明显低于地上结构,当隧道的覆土厚度达到一定程度的话,可以认为隧道和地基基本产生相同的振动,而且盾构隧道与其他隧道相比,由于接头的存在使隧道的刚度有所减小,有利于抗震。但是,在以下条件下,地震对隧道的影响较大,需慎重研究。

①地下连接部位以及与竖井的连接部位等衬砌结构发生变化的时候:隧道的结构发生变化,在结构变化部发生断面应力。

②隧道位于软土地基中,在地震或其他反复荷载作用下可能会因其强度降低和基底土的侧向流动产生显著的沉降,即所谓"震陷",须结合具体的场地条件对震陷问题进行专门分析。

③地质、覆盖层厚度、基岩深度等地基条件发生突变时:在隧道纵向地基的变形不同在隧道纵向上发生断面应力。

④急转弯的曲线部:地震波的入射方向与隧道轴向之间的方向急剧变化而在轴向上发生断面应力。

⑤在松散的饱和砂质地基,有发生液化的可能性时:液化会引起起隧道的上浮,此时地震的影响不能忽视。

尤其是地震时,在隧道结构与竖井结构连接部位,由于与隧道其他部位的结构完全不同,难免会产生相对较大的断面应力。因此,为了降低这一部分隧道纵向的刚度,最好设置可挠性管片或在管片环间使用橡胶垫片或弹性垫片使其成为柔性接头。

8.1.4　管片抗震性论证方法

（1）隧道以及隧道周围地基的稳定性论证

隧道若位于有发生液化危险的地基中的话,液化后土体失去强度,或由瞬时性超静孔隙水压力形成由下向上的渗流场。这使得隧道上方作用土荷载出现减少,隧道对于所承受的浮力失去抵抗力,随而产生隧道上浮的可能性。

（2）隧道横断面方向的力学论证

当前我国地下隧道横断面的抗震分析多按地震系数法进行。这一方法的基本出发点是,认为地震对地下结构的作用主要包括两部分,一是结构及其覆盖层重量产生的与地表地震加速度成比例的惯性力,二是地震引起的主动侧压力增量。

由于隧道的表观重度（隧道1m延长的重量/隧道断面积）与围岩的重度相比都比较轻,或者基本相同,所以一般作为地震的影响,伴随地震动在周围地基中产生的变形、位移等是很重要,惯性力的影响则可忽略不计。以这一概念建立起来的抗震分析方法称为"反应位移法"或"地震变形法"。其特点是以地下结构所在位置的地层位移作为地震对结构作用的输入。反应位移法是对隧道位置的地基位移量进行计算,将所有的位移或部分位移作用于隧道,对隧道的断面应力和变形量进行计算的方法。

（3）隧道纵断面方向的力学论证

隧道纵断面方向的抗震计算多采用反应位移法。计算时,根据隧道所在位置地基的情况确定波长,假定通过反应位移法所得到的地基位移为正弦波,将其作用于隧道而求得隧道纵向上的断面应力和变形量,这也是一般常用的计算方法。

对于隧道的刚度,要考虑一次衬砌的接头引起的刚度降低,有二次衬砌时也要考虑其影响等,充分考虑隧道结构之后进行决定。必须验算的项目主要有一次衬砌的接头部位以及接头部位的二次衬砌的断面应力和变形量,竖井接合部位的断面应力和位移量。

（4）动力分析方法

地震系数法和反应位移法都是将随时间变化的地震作用用等代的静力荷载或静位移代替,然后再用静力计算模型求解结构的反应。使用结构物和地基共同作用的计算模型进行动力计算的例子逐渐增多。如果能够确切地假定结构材料和结构杆件的非线性特性,可以用动力计算求出结构物各部分在地震时的动态。但由于计算模型、输入的地震波

的合理性、对计算结果的解释等都较复杂,因为目前还没有一个定论的计算方法,故尚未达到全面采用的程度。

8.1.5　管片配筋分析

(1)国内地铁盾构管片钢筋含量

近 20 年来,国内修建大量的地铁盾构区间,其结构配筋较具有代表性,能基本反映出我国当前的设计水平,为弄清国内不同地区、不同地质、不同直径情况下地铁盾构隧道管片的钢筋含量,对国内 21 个城市 38 条地铁线盾构区间管片配筋进行了调研。经统计,大部分含钢量在 140~200 kg/m² 之间,最低的是重庆地区,隧道处于中风化砂质泥岩中,其最小含钢量为 120 kg/m²,最高的是杭州地区处于粉质黏土及淤泥等软土地层中的地铁盾构隧道,其含钢量达 252 kg/m²,具体情况见表 8-7。

表 8-7　国内地铁区间配筋调研

序号	城市	盾构项目名称	地质概况	管片(直径/厚度,m)	含钢量(kg/m²)
1	广州	八号线	泥质粉砂岩的全~微风化层	6/0.3	175
		十一号线	泥质粉砂岩、粉砂岩、细砂岩等的全~微风化层	6/0.3	175
2	南昌	地铁 3 号线	中风化泥质粉砂岩	6/0.3	178
			砾砂层	6/0.3	148
3	东莞	轨道 R2 线	残积土层及全、强风化混合片麻岩层	6/0.3	161
4	南宁	1、2、3 号线工程	粉质黏土、砂层、圆砾	6/0.3	159/166/173/201
5	北京	地铁 16 号	卵石层,粒径 10~30 cm	6.4/0.3	142
		地铁 8 号	砂卵石层及黏性土为主,局部为粉土层	6/0.3	138
		地铁 6 号线	穿越卵石,局部夹杂粉质黏土、粉细砂	6/0.3	170
		地铁 7 号线	卵石层	6/0.3	176
6	沈阳	沈阳地铁 2、9、10 号线	砾砂、圆砾地层	6/0.3	135
7	天津	2/4/6/10 号线	粉质黏土、粉砂和粉土	6.2/0.35	135/170/229
					141/180/234
		滨海新区 Z4、B1 线	粉质黏土层	6.6/0.35	200
8	大连	地铁 1 号线	卵石层、强~中风化板岩	6/0.3	128
9	石家庄	地铁 1 号线	黄土状粉质黏土、黄土状粉土、粉细砂、中粗砂	6/0.3	159~182
10	哈尔滨	地铁 2、3 号线	以中砂,细砂为主	6/0.3	165/175/185
11	长春	繁荣路站~卫星广场站区间	粉质黏土和黏土中	6/0.3	150
12	重庆	重庆西站~上桥站区间	砂质泥岩,岩体呈中等风化状态	6.6/0.35	120~169
13	郑州	1 号线 02 标	粉土、粉质黏土	6.28/0.3	180
		2 号线 04 标	粉土、粉砂	6.28/0.3	179
		5 号线 05 标	黏质粉土、粉质黏土	6.45/0.35	159

序号	城市	盾构项目名称	地质概况	管片（直径/厚度，m）	含钢量（kg/m²）
14	武汉	未来三路站～左岭站区间	粉质黏土、残积土、弱胶结泥质砂岩、中等胶结泥质砂岩中等胶结砂岩	6.2/0.35	148/168/189
15	无锡	地铁3号线土建设计05标	粉土、粉砂、粉质黏土、黏土层	6.2/0.35	144/161/172/200
16	苏州	5号线	粉砂夹粉土，粉质黏土，粉土夹粉砂	6.7/0.35	154/158/173
17	厦门	三号线陆域盾构段	强、全风化花岗闪长岩及残积砂质黏性土地层	6.2/0.35	165/194
		三号线海域盾构段	强风化花岗闪长岩，黏土及粉质黏土，砾砂层	6.7/0.35	178
18	青岛	地铁2号线	洞身穿越部分强风化破碎带和微风化岩脉	6/0.3	162
19	南京	地铁3号线胜太西路站～天元西路站区间	地层均有软硬不均的特点	6.2/0.35	140/166/187
		地铁3号线浦珠路站～滨江路站区间	穿越地层高富水性、透水性强，受扰动后易变性	11.2/0.5	145/158/192
20	杭州	地铁2号线	地层主要为软土，地层富水性、渗透性差异大，地下水相对较为丰富	6.2/0.35	139/173/208/232
		地铁5号线		6.2/0.35	136/173/210/252
21	长沙	2号线一期	强、中风化板岩	6/0.3	165

（2）国内外地铁盾构区间管片配筋的差异对比

我国参与国外地铁项目建设的设计与施工企业相对较少，很难获取大量国外较为真实的设计参数。2015年，中铁隧道局集团有限公司承接了以色列特拉维夫市红线地铁西段地铁区间的施工与设计总承包任务，其设计完全按欧标进行，该项目的盾构隧道直径为7.2 m，管片厚度3.5 m，主要穿越地层为粉细砂及全、强风化Kurkar（类似于砂岩）地层，设计地下水位在隧道顶1～8 m，其含钢量120 kg/m²左右，根据其设计参数，与国内类似工程进行对比如下：

①其地铁管片外径较大，达到7.2 m，国内普遍为6 m和6.2 m，最大为6.7 m。

②其地铁管片厚度为0.35 m，与国内基本一致。

③其管片配筋采用网片式，端部采用面筋与立筋构成钢筋笼，一般只在螺栓孔处设置吊筋，国内采用主筋弯起对焊及立筋组成钢筋笼，且在顶面、螺栓孔、螺栓预埋处以及拼接的端面均配有构造钢筋，有些管片为了增加接缝处管片的抗压能力，配有闭合箍筋。

④其管片主筋为T14，平均间距150 mm，国内主筋一般为16 mm及以上直径的钢筋，平均间距125 mm。

⑤其管片分布筋为T10，平均间距160 mm，国内分布钢筋一般为12 mm或14 mm，平均间距160 mm。

（3）差异原因分析

①国内各条地铁线建设时施工标段一般划分为3～5个标段，为了方便施工单位之间的管片调配，通常根据每条地铁线的地质条件，按不同的埋深给出1～4种配筋通用图，各工点设计单位根据各自区间的具体情况通过复核计算在通用图中选取不同的管片配筋，

考虑到配筋的包容性,往往造成采用的配筋类型大于自身的需要;

②国内地铁盾构区间管片的内力计算一般采用日本惯用修正法(荷载—结构模型),以色列特拉维夫市红线地铁采用的是地层结构法(岩土—结构模型),前者对管片接头刚度进行了弱化,对管片中间的弯矩进行了加大,而后者不考虑管片结头的影响,按均质圆环考虑,从计算内力结果来看,前者大于后者。

③国内设计人员在采用日本惯用修正法进行内力分析之后,配筋时常对设计轴力值折减或以标准轴力值替代设计轴力值进行承载能力计算,甚至按纯弯构件进行计算,导致配筋量较大。而对于盾构隧道这种圆形结构,轴力对配筋结果影响很大。之所以按上述方式进行配筋计算,是因为地质参数不详或参数区间过大不易确定,设计人员对地质参数的选取有顾虑。

④我国地铁项目的建设周期相对较短,用于地质勘察的时间更短,一条地铁线的勘察时间经常不足 1 年,而特拉维夫市红线地铁仅地勘工作前后累计进行了 5 年以上,舍去较国内更多的协调时间,用于现场勘察与实验的工作就不少于 3 年。国内在很短的时间内完成工程勘察,仅满足了现行规范的要求,在样本数、室内与现场试验方面较国外少,同时勘察技术人员担心地下工程地质的多变性,提交的地质参数较为保守,造成结构内力计算结果偏大。

⑤2010 年之前,国内地铁工程使用的受力钢筋为 HRB335,其设计强度相对较低,而欧标中钢筋的屈服强度在 400～600 MPa,相同的设计内力,我国的用钢量就要大一些。随着我国经济与技术的发展进步,钢筋的性能得到提升,目前受力钢筋大多采用了 HRB400,相当于屈服强度达到 400 MPa。虽然钢筋性能提高了,但由于多年的设计惯性,有些地区管片配筋的间距并没有得到调整,配筋的直径仍然从 16 mm 开始,造成当前部分地区现有管片配筋量并没有随着材料性能的提高而降低。近 2 年,许多设计单位已经发现这些问题,新建设的盾构区间管片含钢量也有所降低,例如重庆、大连、沈阳等地,管片含钢量已调整在 120～135 kg/m² 之间。

8.2　管片接缝防水设计

对于盾构隧道这类采用螺栓连接,具有众多接缝的地下结构,由于管片制作和安装误差、接头端面不完全平整使得结构存在不连续性,同时,地层作用使隧道管片结构变形,前期误差及变形的累积造成管片接缝张开,由于接缝防水材料失效等种种因素的存在,盾构隧道目前还无法做到滴水不漏。

目前国内外盾构防水体系主要包括管片外注浆防水、混凝土管片自防水、接缝防水、二次衬砌防水等四大部分,除混凝土管片自防水外,其中最为关键的是管片接缝防水。管片接缝防水包括管片间的密封垫防水、衬垫防水、隧道内侧相邻管片间的嵌缝防水以及螺栓孔、吊装孔防水等,而密封垫防水最重要也最可靠,是接缝防水的重点。密封垫防水的原理是密封垫接触面的法向应力大于外水压力在环、纵缝处产生的径向应力,其设计的重点密封垫的道数、形状、尺寸及材料。

8.2.1　密封垫道数选择

据调研,国内外绝大多数盾构采用一道密封垫进行接缝防水,中小直径盾构隧道直接采用单道密封垫或遇水膨胀密封垫,如我国大量修建的地铁盾构区间,大直径盾构隧道如日本东京湾海底隧道(外径13.9 m)、丹麦斯多贝尔特海峡隧道(外径8.5 m)、上海市长江隧道(外径15 m)、杭州市庆春路隧道(外径11.3 m)、长沙市南湖路隧道(外径11.3 m)等,也只采用一道密封垫防水或采用一道密封垫辅以遇水膨胀橡胶条防水,如图8-10所示。

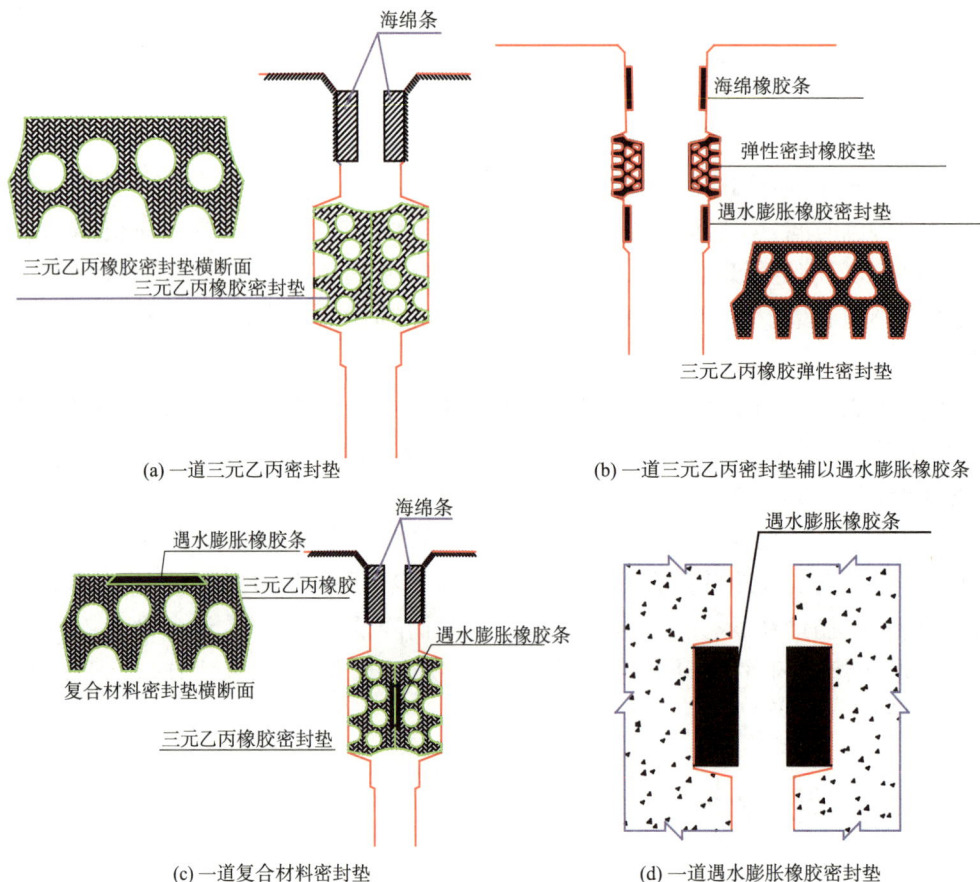

(a) 一道三元乙丙密封垫　　　　(b) 一道三元乙丙密封垫辅以遇水膨胀橡胶条

(c) 一道复合材料密封垫　　　　(d) 一道遇水膨胀橡胶密封垫

图 8-10　一道密封垫防水示意

而采用两道防水条的案例,国内外均有出现,例如武汉市长江隧道(外径11 m)、广深港狮子洋隧道(外径10.8 m)、南京纬七路长江隧道(外径14.5 m)、汉堡易北河四隧(外径13.75 m)等,其密封垫布置如图8-11所示。

采用两道密封垫,虽然可以对盾构管片防水进行加强,但由于内侧密封垫防水功能难以得到充分发挥,其内侧密封垫对于接缝的防水作用是有限的。同时,两道密封垫在拼装时(尤其是纵缝)需要提供较大的闭合压缩力才能将密封垫完全压入密封槽内,对拼接不便,易于产生其他负面影响,且工程造价明显增加。

经对已建成大、中、小直径盾构的现场调研,采用两道密封垫隧道的渗漏水情况并不

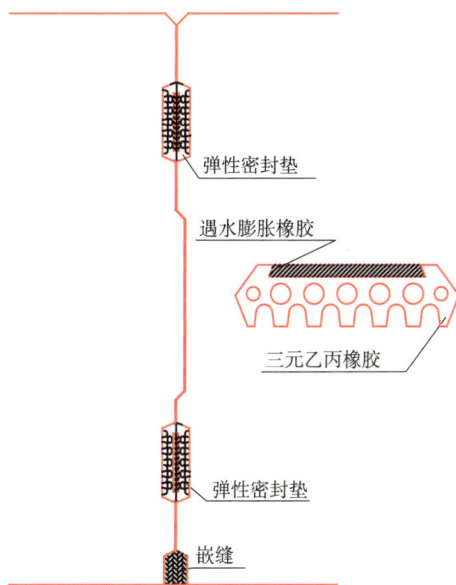

图 8-11　两道密封垫防水示意

比采用一道密封垫隧道的少多少,从渗漏点分布来看,主要集中在部分管片本体及管片接缝出现严重错位的地方。因此,在合理设计密封垫断面形式,采用合适的防水密封垫材料,保证管片本体自防水,严格控制管片拼装质量的前提下,除高水压超大直径盾构隧道(外径大于 15 m),一般不提倡双道防线。对于采用双道密封垫的盾构隧道,建议在双道密封垫间设置密封济孔,运营期在出现渗漏处注入密封剂,使注入的密封剂在封闭的环境下封堵渗漏点。

8.2.2　密封垫设计

密封垫的防水效果与其尺寸和形状息息相关,设计时需从以下方面进行分析研究。

8.2.2.1　密封垫设计原则

密封垫依靠自身受压回弹提供表面接触应力,其必须有一定的体积,以便提供足够的回弹力,但体积过大,将给管片的拼装施工带来难度,综合国内外相关工程和材料研究的成果,管片接缝密封垫的设计应考虑如下原则:

(1)短期防水要求密封垫压缩产生的接触面应力大于设计水压力,长期防水要求接触应力不小于设计水压力,且保证具有足够的防水安全系数,接缝处不允许出现渗漏。

(2)密封垫片的体积应适当,即能提供足够的接触应力,满足盾构接缝防水的效果,又不宜过大,避免造成装配压力过大,出现应力集中。

(3)设计时应考虑张开量和错位量。

(4)在千金顶推力和管片拼装的作用力下,不致管片端面和角部损伤的弊病发生。故在满足防水要求的情况,尽量减小其闭合压力(指密封垫完全压入管片沟槽内的总压力),以便于施工。

(5)应考虑远期的应力松弛和永久变形量。

8.2.2.2　管片接缝张开量和错位量的确定

盾构管片在制作、安装及工后过程中,在接缝处难以避免产生错位和张开,其直接影响因素如下:

(1)管片的制作误差:±2 mm。

(2)管片的形位公差:±2 mm。

(3)缓冲材料厚度:1～2 mm。

(4)盾构械能力误差:±5 mm(环向接缝)。

(5)纵向扭力:±2 mm。

(6)人为因素、环境影响因素:±2 mm。

(7)密封垫接触面尺寸误差:±1 mm。

上述影响因素累计最大张开量为 8 mm,最大错位量为 15 mm。相关文献也给出了密封垫在设计水压力作用下允许张开量的半解析式:

$$\Delta \leqslant BD/(\rho_{min}-0.5D)+\Delta_0+\Delta_s$$

式中　Δ——环缝中弹性防水密封垫在设计水压力允许的接缝张开量(mm);

　　　ρ_{min}——隧道纵向挠曲的最小曲率半径(mm);

　　　D——衬砌外径(mm);

　　　B——管片宽度(mm);

　　　Δ_0——生产、施工中可能产生的环缝间隙(mm);

　　　Δ_s——后期接缝张开值(mm)。

8.2.2.3　防水安全系数及防水能力指标

据相关文献,防水安全系统—接触应力与设计水压力之比大于 1.15 时,即能满足水密性要求,在实践过程中,防水的安全系数建议在 1.2～1.4 之间取值,高水压时取大值,低水压时取小值。

防水能力指标,即接触面应力大小,其值为安全系数×设计理论水压值÷密封垫应力衰减及老化损失后的应力保持率,表述式如下:

$$\sigma > \frac{K\sigma_w}{\gamma} \quad (近期)$$

$$\sigma > K\sigma_w \quad (远期)$$

式中　σ——防水设计指标,即密封垫的表面接触应力,应是考虑管片接缝错开量和张开量后的值;

　　　K——防水安全系数;

　　　σ_w——设计理论水压值;

　　　γ——密封垫应力衰减和材料老化造成的压缩应力保持率,据统计,以三元乙丙橡胶硫化胶为例,其在 100 年以内压缩应力保持率为 65%,初步设计时可作为参考,实施阶段应以实验成果为准。

8.2.2.4　密封垫尺寸与形状设计

密封垫尺寸与形状设计是一个不断进行优化的过程,过程中受两个因素控制,一是在最不利工况下能够达到设计的防水性能要求,二是在满足防水要求的前提下尽可能的减小装配闭合压力。这是因为管片拼装压力越大,轻则影响施工进度,重则导致封顶块密封垫挤出或拉裂,甚至可能导致混凝土管片出现裂缝,造成防水失败。

目前国内外在密封垫尺寸与形状设计方面的理论较少,通过试验很难获取密封垫内部及接触应力,因此在设计时普遍采用有限元进行数值模拟计算,先得到接触应力及内部应力的数值及分布情况,通过应力对比,初步确定密封垫尺寸与形状,之后经过密封性压水试验,验证其防水效果。

密封垫尺寸与形状设计的关键点如下:

(1)密封垫的宽度

密封垫的宽度影响压力水的渗漏路径,根据国际经验,密封垫接触面宽度达到最大错缝的 3 倍时,可以满足防水要求,公式表达如下:

$$b = 3s$$

式中　b——密封垫的宽度(mm);

　　　s——拼装最大错位量(mm)。

若拟定最大错位量为 15 mm,则密封垫在 45 mm 时,密封垫可以满足防水要求。另外,经现场对比,在管片环、纵缝设置凹凸榫时,管片拼装错位较小,接缝两侧密封垫均充分接触后,设置凹凸榫的管片密封垫宽度比同样条件没有设置凹凸榫的密封垫宽度要小,因此,对于大直径盾构管片,建议在管片接缝处考虑设置凹凸榫。

(2)密封垫的高度

在考虑最大张开量的同时,密封垫的高度需考虑密封垫应力衰减、松弛和材料老化的影响。根据管片接缝处密封垫沟槽的形式,设计的密封垫截面形式(齿槽型、中空型等)需与之匹配。密封垫沟槽深度与密封垫高度可按如下公式计算,式中符号如图 8-12 所示。

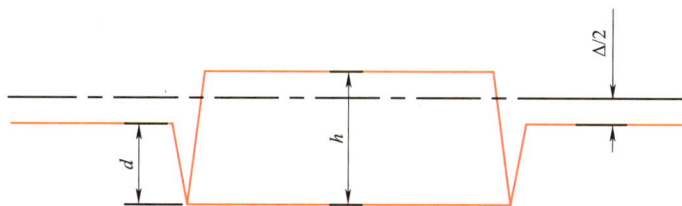

图 8-12　密封垫沟槽及其形状示意

$$\varepsilon_{max} = (h - d)/h$$

$$\varepsilon_{min} = (h - d - \Delta/2)/h$$

$$E\varepsilon_{min} = \sigma > \frac{K\sigma_w}{\gamma}$$

式中　ε_{max}——密封垫的最大压缩率,即接缝压缩到间隙为 0 时的压缩率,根据设计指标,
　　　　　　经对密封垫进行计算和试验后确定,一般不小于 40%;

　　　ε_{min}——密封垫的最小压缩率,经考虑接缝的张开量和错位量确定,一般不小

于 30%；

Δ——设计允许接缝张开量；

d——设计密封垫沟槽深度；

h——设计密封垫的高度；

E——密封垫的变形模量。

图 8-13 所示为某密封垫压缩变形曲线，从中可以看出，压缩量增大到一定程度，压力随压缩量呈现非线性递增关系，压缩量的微小增加会导致压力呈指数递增，因此弹性密封带的最大压缩量不宜设计过大。施工中密封垫的压缩量不宜超过在其最大压缩率时的压缩量，这是因为过大压缩将使材料老化加快、应力松弛加大，从而影响密封垫的使用寿命，更不能低于最小压缩率时的压缩量，这将不足以抵抗设计理论水压，造成隧道渗漏水。

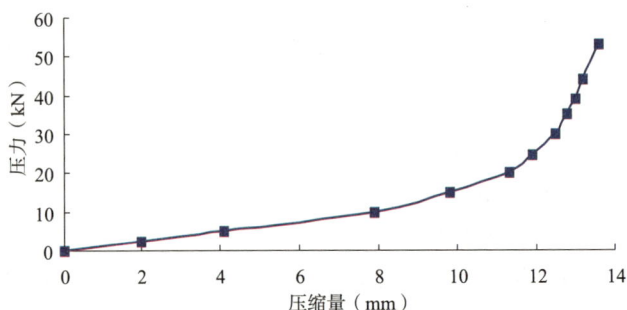

图 8-13　橡胶密封垫压缩变形曲线示意

（3）密封垫形状设计

密封垫的压缩性能与其形状及内部构造有关，形状设计时主要考虑以下问题：

①内部孔洞协调变形能力。

②开孔后，密封垫内部产生薄弱点，设计应考虑薄弱处的应力集中及塑性化。

③根据需要的密封垫压缩后的接触应力及盾构装配推力，在密封垫内合理布孔。

④根据理论计算结果中接缝在最大错位、最大张开时接触应力的分布及大小，调整孔洞的个数及位置。

⑤考虑孔洞布置不同样式中应力集中情况。

⑥考虑长期应力松弛和蠕变对长期防水性能的影响。

近 10 年来，国内对于密封垫开洞的个数、大小、样式以及密封垫的样式（齿状或非齿状）都有大量的研究，但系统理论尚不完善，设计的主要手段还是主要借助已有工程经验、数值模拟及工程实验。国内常见的密封垫样式如图 8-14 所示。

（4）密封槽尺寸设计

管片接缝处密封垫应被完全压入密封槽内，根据《地下工程防水规范》（GB 50108），密封槽在张开量为 0 时，密封槽的截面积应大于等于密封垫的截面积，其关系宜符合下式：

$$A=(1\sim 1.15)A_0$$

式中　A——密封垫沟槽截面积；

A_0——密封垫截面积。

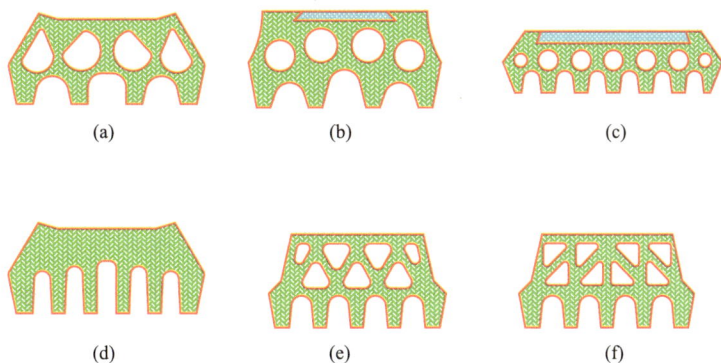

图 8-14　国内常见密封垫断面样式

　　密封槽设计时,尺寸不宜过大,过大的密封槽对密封垫侧向限制作用减小,密封垫侧向自由变形,将降低缝间密封垫的接触应力,达不到设计防水的效果;同时也不能过小,当 $A/A_0 < 1.0$ 时,为了达到设计防水指标,需增大管片装配推力,这对管片拼装精度影响很大,同时也增加了能耗和施工难度,甚至导致密封垫溢出密封槽,出现所谓的"挤隙"现象。造成挤出的极薄密封垫发生塑性变形,形成渗水通道,丧失止水功能。

8.2.3　密封垫材料选择

　　密封垫材料一般有依靠黏结力防水的非硫化异丁橡胶、依靠自身压缩回弹力的三元乙丙橡胶及依靠遇水膨胀产生膨胀力的遇水膨胀橡胶。

　　非硫化异丁橡胶是比较成熟的防水材料,但因其价格较高,且耐热性能不如三元乙丙,目前使用较少,有逐渐被淘汰的趋势。

　　遇水膨胀橡胶条主要在日本、韩国等亚洲国家使用,我国也有使用此种材料作为盾构防水条的较多案例。根据国内外使用实例来看,遇水膨胀橡胶止水条使用的时间相对于弹性密封垫较短,属于一种较新的产品,其在膨胀橡胶的膨胀方向、膨胀材料的析出、材料的耐久性等方面存在疑问,同时因吸水性树脂等膨胀材料品质的差异、膨胀后氯丁橡胶等基材的长期强度与变形性能的下降以及膨胀剂的溶出和膨胀压性能的低下等原因,实际使用中遇水膨胀材料的性能难以到预期效果,现阶段逐渐退化为辅助性材料。

　　三元乙丙橡胶在欧美国家使用了五六十年,近十年来在我国的使用逐渐增多,经长期对其应力状态和耐久性的研究,其各项指标良好,成为盾构隧道接缝防水的优先选择材料。近几年来,三元乙丙橡胶与遇水膨胀橡胶构成的复合式弹性橡胶密封垫在盾构隧道特别是大直径盾构隧道中常有应用,但在试验中多次发现遇水膨胀橡胶从密封垫表面脱出的现象。原因是基于目前的橡胶生产工艺,绝大多数生产厂家将三元乙丙橡胶与遇水膨胀橡胶分开硫化,然后采用人工作业把遇水膨胀橡胶嵌入三元乙丙橡胶内,两种橡胶实际并未真正合为一体,因此遇水膨胀橡胶在遇水产生体积膨胀后,与三元乙丙橡胶分离。目前,国内外已有生产厂家研发出三元乙丙橡胶与遇水膨胀橡胶一次硫化成型技术,此举

可保证遇水膨胀橡胶与三元乙丙橡胶结合的完整性,今后可推广应用。

8.3　管片制作

8.3.1　场地布置

主要包括养护池、生产车间、钢筋车间、搅拌站、管片存放场的设计与规划。图 8-15 为城陵矶长江穿越隧道(管片内径为 2 440 mm,外径为 2 940 mm)管片厂场地规划图。

(1)养护池

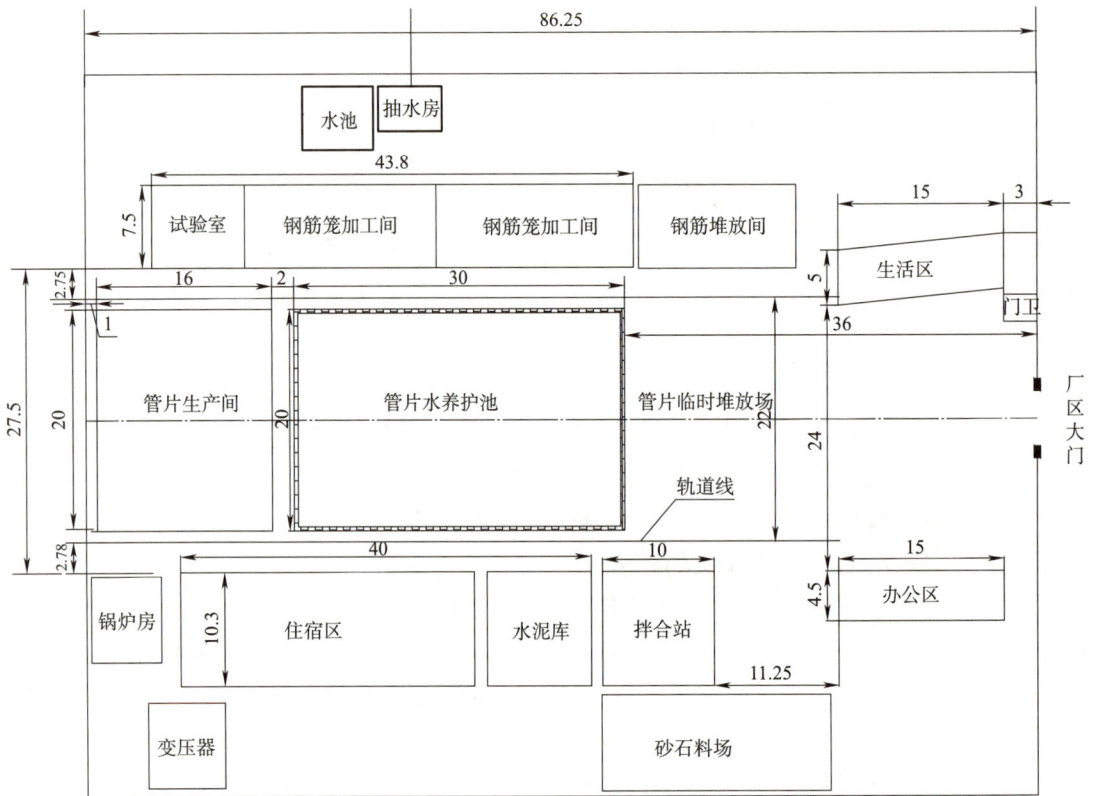

图 8-15　管片厂场地规划实例(单位:m)

养护池(图 8-16)面积应能储存 7 天所生产的管片,并有一定富裕量。管片在水中养护时(图 8-17),养护间距一般为纵向 0.35 m,横向 0.4 m。在计算养护池的面积时,应充分考虑管片的养护间距。

(2)车间

管片生产车间(图 8-18)主要应考虑模具占地、车间内的通道和管片在车间的临时存放所需要的面积。模具间距一般应大于 1.2 m,车间内通道主要应包括混凝土运输道路、管片运输道路和钢筋笼运输道路所需面积。临时存放场主要是考虑管片脱模后需要在车间进行管片编号、修补的需要。采用简易车间时,主要使用门吊为起重设备,生产车间的

图 8-16　管片养护池全景

图 8-17　管片水中养护

面积应考虑到门吊轨线距厂房基础约 2 m 的安全距离。

钢筋车间(图 8-19)占地面积根据钢筋用量按需要考虑。

图 8-18　管片生产简易车间

图 8-19　钢筋加工简易车间

(3)管片存放场

管片存放场地的面积按储存管片数量所需要的面积考虑,并需考虑场内运输道路和管片装运方面的必要面积。

8.3.2　配合比设计

根据混凝土等级要求,将原材料(一般应由监理见证取样)委托当地具有一级试验资质的质量检验测试中心进行配合比设计。

混凝土配合比应根据《普通混凝土配合比设计规程》(JGJ 55-2011)设计并需监理工程师批准,向监理提供完全压实后的每一立方混凝土中全部混凝土成分详细资料,以及每种成分拟定的数量;在工程中按测试所得的数据采用相同材料;提前 24 h 将这种试验通知监理工程师以使其能够到场;在每次试拌前按规定制作三批不同的混凝土试样,对此三批混凝土进行 28 d 龄期测试;未经监理工程师事先允许,不得更改已认可的试配比例和任何混

凝土成分的供货来源；在要求变更拟使用的材料或所用材料的比例之前，监理工程师可以要求进行试配，试验室配合比设计按《混凝土强度检验评定标准》(GB/T 50107—2010)。

在混凝土的试验结果及试配详细资料上报监理工程师认可之后，方可开始浇筑混凝土。与强度有关的试验方案应经监理工程师批准。设计的配合比应满足施工和管片生产质量要求，而且应在保证质量的前提下考虑合理的经济性。

8.3.3 主要原材料及标准

管片生产所用水泥、砂石料、钢材、外加剂等原料按有关规范和标准进行采购、保存、检验，并需业主和监理工程师的认可和批准，且必须附有生产厂家的产品质量保证书。一般选用普通硅酸盐水泥。砂、碎石应符合规范要求并符合下列要求：①砂在 2.36 mm 筛中的空壳筛余率，不超过 3％；②粉细物质含量（黏土、粉沙、尘埃），按重量计不超过 2％；③按规范测得的砂、碎石的含水率应不超过 2％；④碎石的压碎性指标不应超过 30％，骨料最大标称尺寸应不超过 25 mm。

采用清洁的不含有害物质且符合规范要求的用水，水灰比一般不得超过 0.40。

钢筋表面应清洁，不得有易脱落的锈皮、油漆等污垢；钢筋必须顺直，调直后表面的伤痕及锈蚀不应使钢筋截面积减少。钢筋笼架接头焊缝高度不小于 $0.3d$（d 为钢筋直径），宽度小于 $0.7d$，搭接长度双面焊应 $>5d$，单面焊应 $>10d$。

8.3.4 管片生产工艺

管片制作工艺流程如图 8-20 所示。

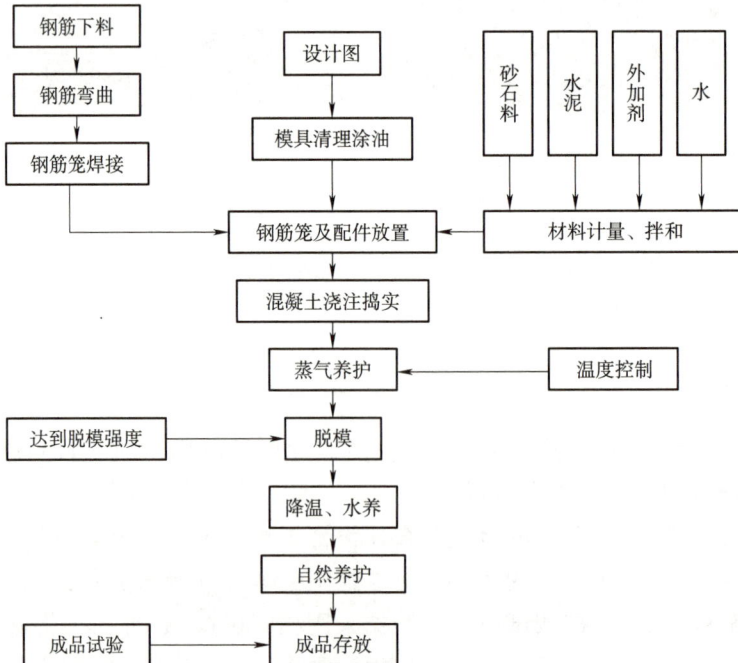

图 8-20 管片制作工艺流程示意

8.3.4.1　钢筋笼的制作

（1）工艺流程

钢筋原材料检验→调直→断料→弯弧、弯曲→部件检查→部件焊接→钢筋骨架成型焊接→钢筋笼检验（图 8-21、图 8-22）。

图 8-21　钢筋弯曲机

图 8-22　钢筋骨架成型焊接

（2）工序控制

①材料进场检验

钢筋进场时应有出厂质量证明书（试验报告单），进场后按炉罐（批）号及直径分批堆放，分批查对标牌。

每盘盘条必须由一整根盘成。盘条表面不得有裂缝、折叠、结疤、耳子、分层及夹杂。允许有压痕及局部的凸块、凹坑、划痕、麻面，但其深度和高度不得大于 0.2 mm。

月牙肋钢筋表面不得有肉眼可见的裂缝、结疤和折叠。钢筋表面允许有凸块，但不得超过横肋的高度。钢筋表面不得沾有油污及其他杂物。

钢筋的大量除锈，通过钢筋冷拉或钢筋调直机调直过程完成，少量的钢筋除锈可采用电动除锈机或喷砂方法完成，钢筋局部除锈可采取人工用钢丝刷或砂轮完成。

②调直及断料

利用钢筋调直切断机对盘条进行调直，对月牙肋钢筋的局部曲折、弯曲可采用弯曲机，平直锤或人工锤击矫直。

断料前应由 2 人以上配合，轻吊轻放，将钢筋原材料放置在承料架上，承载量不得大于 3 t。下料根据配料表及生产任务单进行切断。

每次断料前必须对机器刀片及刀口位置进行检查，每种型号、规格的钢筋经过检测无误后进行批量下料。

切断后的材料必须按规格整齐堆放在指定位置（图 8-23），并由运输小车送到下一道工序。每日班后必须对调直机、切断机进行清洁、保养。

③弯弧、弯曲

根据弯弧、弯曲钢筋的规格调整从动轮的位置及芯轴的直径。根据配料表对钢筋进

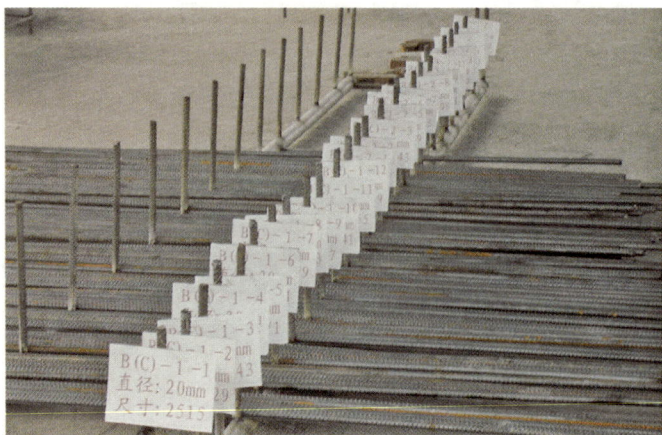

图 8-23　钢筋按规格堆放

行试弯,并与标准样校核合格后,再进行弯弧、弯曲操作。弯弧前必须检查设备完好状况,发现异常及时修理。弯弧操作进料时必须轻送,出料口操作者用双手往靠身处压送。弯曲前操作者需检查芯轴挡块、转盘有无损坏及裂纹,将防护罩紧固可靠经运转确认正常后,方可作业。弯曲操作时严禁超过本机规定的钢筋直径、根数及额定转速工作,弯曲后钢筋先放在运料小车上,送到半成品堆放区指定位置。操作完毕后切断电源,进行机器清洁,保养工作,严格执行弯弧机、弯曲机的操作规程。加工钢筋允许误差见表 8-8。

表 8-8　加工钢筋的允许误差

项　　　目	允许误差(mm)
受力钢筋长度	±10
弯起钢筋的弯折位置	±20
箍筋部位长度	5

④部件焊接

根据钢筋配料表对横向矩形箍筋进行焊接,焊接在成型架上进行,焊机电流不得超过额定电流,以免出现烧伤现象。按照图纸规定的焊点焊接。焊接时必须将部件放平、焊牢,严禁出现扭曲现象。

⑤钢筋骨架成型焊接

钢筋骨架成型在符合设计要求的钢筋笼成型胎模(图 8-24、图 8-25)或焊台(图 8-26、图 8-27)上进行制作。一般中大型管片采用胎模,小型管片采用焊台。

焊接前必须对部件检查,合格后摆放到胎模上的指定位置。各部件安放后,经测量调整和检验各项尺寸均符合要求,才可进行焊接工作。焊接时焊点的位置要准确,不得漏焊,焊口要牢固,焊缝表面不允许有气孔及夹渣。

焊接顺序:先焊牢端部有定位档板一端的上下主筋,再摆正另一端焊牢连接点位。主筋与箍筋应从中间位置依次分别向两端进行焊接。端部构造附筋按图纸等间距点焊。

焊接以牢固而不伤主筋为标准,凡焊接烧伤主筋 1 mm 以上均为不合格。焊接时,采

图 8-24　钢筋笼成型胎模

图 8-25　钢筋骨架吊至水平地面上

图 8-26　钢筋笼成型焊台

图 8-27　在焊台上制作的钢筋骨架

用 CO_2 气体保护焊机根据操作规程施焊。焊后氧化皮及焊渣必须及时清除干净，保证焊接质量。焊接成型后的钢筋骨架吊离胎模，放在水平地面上。由专职检测人员测量其弧长、拱高、扭曲度、主副筋间距等尺寸均合格后，挂上绿色标识牌，填写记录，例如："A1R 焊工李某，质检王某，日期"。以便于发生不合格时，追溯焊接者退回返修，直至合格为止。再用四点吊钩将钢筋骨架吊至指定区域堆放整齐。钢筋骨架制作允许误差值见表 8-9。

表 8-9　钢筋骨架制作允许误差值

项　　目	允许误差(mm)
主筋间距	±10
箍筋间距	±10
分布筋间距	±5
骨架长、宽、高	+5/−10

8.3.4.2　管片制作

（1）工艺流程

模具组装→模具调校→钢筋骨架入模及预埋件安装→混凝土浇筑成型→蒸汽养护→脱模→成品检验、修补及标识→运至水池养护。

(2)工序质量控制

①模具组装

严格按照先内后外、先中间后四周的顺序,用干净的抹布彻底清理模具内表面附着的混凝土残留物及其他杂物。吊装孔座、手孔座等关键部位必须采用专用工具清除孔内积垢。最后利用压缩空气吹净模具内外表面的残碴。

由专人负责涂抹脱模剂,涂抹前先检查模具内表面是否清理干净,不合格立即返工清理。涂抹时使用干净抹布均匀涂抹,不得出现流淌现象。如出现则采用棉纱清理干净。

将端模板向内轻轻推进就位,用手旋紧定位螺栓,使用端模推上螺栓将端模推至吻合标志,把端模板与侧模板联结螺栓装上,用手初步拧紧后用专用工具均衡用力拧至牢固,特别注意应严格使吻合标志完全对正位,并拧紧螺栓,不得用力过猛。

把侧模板与底模板的固定螺栓装上,用手拧紧后再用专用工具从中间位置向两端顺序拧紧,严禁反序操作,以免导致模具变形。

②模具调校

组装好模具后,由专职模具检测人员对其宽度、弧长、手孔位进行测量,不合格进行及时调校,必须达到模具限定公差范围,以保证成品精度。检测方法为:

a. 利用0～1 800 mm量程的内径千分尺检测钢模的宽度,误差为＋0.2/－0.4 mm。

b. 利用0～5 m量程的钢卷尺检测钢模底板的弧长,误差为±1 mm。

必须注意,检测宽度时,内径千分尺的测头必须在指定检测点方能进行;检测弧长时,钢卷尺必须紧密贴附在钢模底板上,且对准钢模的边线;在模具投入生产后,每天必须对产品进行宽度、对角线的测量。如发现尺寸有超差,马上对钢模进行检测。

钢模橡胶止水条属易损件,应每天检查并有足够的备用件。检查方法是:每个工作日由组模人员目视检查,如有破损现象,立即调换新的止水条,避免因止水条破损而引起漏浆。

③钢筋骨架入模及预埋件安装

由专人按模具的型号规格将钢筋骨架、预埋件、螺旋构造钢筋、弯曲螺栓分别摆放在模具指定位置。

检查钢筋骨架是否具备绿色标识牌,然后安装上保护层垫块。垫块根据不同部位分别选用齿轮形和支架形。支架形用于底部,按设计要求进行设置,无特别要求时,一般每块管片对称设垫6只(封顶块对称设垫4只);齿轮形用于侧面,按设计要求进行设置,无特别要求时,一般每块管片两侧面设垫6只(封顶块设垫4只),端面每块两侧设垫均为4只。

用四点吊钩将合格的钢筋骨架按模具规格对号入模。起吊过程必须平稳,不得使钢筋骨架与模具发生碰撞。

安放预埋管时,先将管套上螺旋钢筋,将螺杆插入模具后进入预埋管管内,对准手孔座孔位处事先安放的垫圈,固定螺杆。

螺杆头部必须全部插入到手孔座的模孔内,防止连接不紧出现缝隙造成漏浆现象。

由专人检查各附件是否按要求安放齐全、牢固,不符合要求必须进行修正。

检查钢筋骨架保护层垫块是否安放正确,保证主筋保护层为 50 mm,侧面箍筋保护层为 25 mm。

对手孔垫圈锚固脚与钢筋骨架进行焊接,焊口要牢固。如附件、附筋与骨架碰不上,可加焊短钢筋连接,焊接时要用特殊纸皮承接掉落的焊渣,以免烫伤模具内表面,降低光洁度。

④混凝土浇筑、振捣

定期检验混凝土搅拌站上料系统和搅拌系统电子计量系统,保证机器运行精度。由试验工程师负责检查混凝土的搅拌质量,坍落度一般控制在 70～90 mm 为宜。

管片模具为附着式振动方式,为确保振捣质量,采取边浇筑边振捣的施工方法。

混凝土浇筑采用分三层下料方式可减少表面气泡。第一次浇入模具端部凹凸槽位置,约厚度 2/5 处,打开中间振动器振动 1 min 左右;第二次浇入模具端部止水带位置,约厚度 4/5 处,打开所有振动器振动 1 min 左右;再将混凝土全部浇入振动 3～4 min,关掉所有振动开关。实际操作时,振动时间根据混凝土的流动性掌握,目视混凝土不再下沉或出现气泡冒出为止。

振捣过程中须观察模具各紧固螺栓、螺杆以及其他预埋件的情况,发生变形或移位,立即停止浇筑、振捣,尽快在已浇筑混凝土凝结前修整好。

⑤混凝土抹面

打开顶板的时间一般在混凝土浇筑后 45 min 左右,具体时间随气温及混凝土凝结情况而定。打开顶板时注意插牢顶板插销,以防顶板落下伤人。

粗抹面:使用铝合金压尺,刮平去掉多余混凝土(或填补凹陷处),使混凝土表面平顺。

中抹面:待混凝土表面收水后使用灰匙进行光面,使管片表面平整光滑。

精抹面:以手指轻按混凝土有微平凹痕时,用长匙精工抹平,力求表面光亮无灰匙印。

在混凝土浇筑完 1 h 左右拔出螺杆并及时清洗干净,涂抹黄油后放在模具的指定位置。

⑥蒸汽养护

蒸汽养护能提高混凝土脱模强度、缩短养护时间,加快模具周转。养护分两班进行,每班 12 h,设专人负责。

混凝土初凝后合上顶板(不用拧紧螺栓),在模具外围罩上一个紧密不透气的帆布罩(图 8-28),进行蒸汽养护。

顶板作为支架支承帆布罩,顶板不能与混凝土表面接触,应有 10～15 cm 的距离,让蒸汽在此空间流动,帆布罩应紧贴地面,压上重物,以免蒸汽逸出。

图 8-28　进行蒸汽养护的帆布罩

　　管片蒸汽养护参数参见表 8-10。混凝土浇注完成后静置约 2 h,加盖养护罩,引入饱和蒸气进行养护。升温时间控制在 2～3 h,为防止温度升高过快造成混凝土膨胀损害内部结构,在自然温度下,每 1 h 升温 10 ℃～15 ℃,不得超过 20 ℃。恒温阶段一般在 1.5 h 左右。蒸汽养护温度为 50 ℃～60 ℃,最高不超过 60 ℃。降温时间必须控制在 1.5 h 以上,到达规定的蒸养时间后关上供汽阀,部分掀开帆布罩,让模具和混凝土自然冷却 1 h 后,再全部揭开帆布罩,半小时后开始脱模。

表 8-10　管片蒸汽养护

项　　目	参　　数
管片静停时间	2 h
升温梯度	10～15 ℃/h
蒸养最高温度	不大于 60 ℃
恒温时间	1.5 h(根据季节温度定)
降温梯度	不大于 10 ℃/h
脱模时与外界的温差	不大于 20 ℃

　　蒸汽养护曲线如图 8-29 所示。管片出模后要加强水养护,以提高混凝土后期强度。

　　⑦脱模

　　混凝土降温后将混凝土试块送试验室进行试压。强度达到 15 MPa 以上时,接试验室通知后开始脱模。

　　脱模顺序:松开灌浆孔固定螺杆→打开模具侧模板→打开模具端板→用吊具联接管片→振动脱模。

　　脱模必须使用专用吊具,将吊具吸盘固定在管片的指定位置,由专人向门吊司机发出起吊信号,1 人稍微开启中间振动阀,使管片与模具脱离。将管片吊至翻片机上进行 90°翻转,再用专用吊具将侧立的管片吊至平板车上。脱模过程中严禁锤打、敲击。

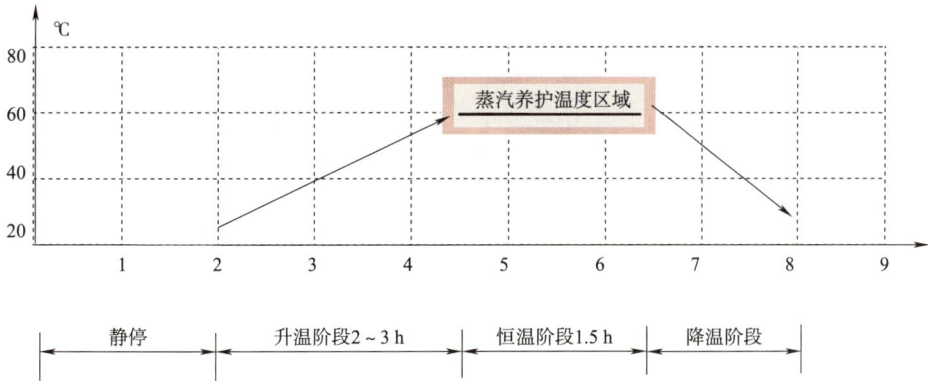

图 8-29 蒸汽养护曲线示意

⑧成品检验及修补、标识

a. 成品尺寸检验

用大于管片宽度量程的游标卡尺测量管片的宽度,用大于管片厚度量程的游标卡尺测量管片的厚度。用 5 m 规格的钢卷尺测量管片弧长。用直径为 1 mm,长度为 7 m 的尼龙线对扭曲变形情况进行检验。成品质量检验标准见表 8-11。

表 8-11 管片成品质量标准

序 号	内 容		检测要求	允许误差(mm)
1	外型尺寸	宽 度	测三点	±1
		弦长、弧长	测三点	±1
		厚 度	测三点	+3,−1
2	混凝土强度	—	—	≥设计标号
3	混凝土抗渗	—	—	≥设计标号

每块管片都进行外观质量检验,管片表面应光洁平整,无蜂窝、露筋、无裂纹、缺角。轻微缺陷进行修饰,止水带附近不允许有缺陷,灌浆孔应完整,无水泥浆等杂物。

b. 产品修补

深度大于 2 mm,直径大于 3 mm 的气泡、水泡孔和宽度不大于 0.2 mm 的表面干缩裂缝用胶粘液与水按 1∶1~1∶4 的比例稀释,再掺进适量的水泥和细砂填补,研磨表面,达到光洁平整。

破损深度不大于 20 mm,宽度不大于 10 mm,用环氧树脂砂浆修补,再用强力胶水泥砂浆表面填补研磨处理。

c. 合格管片标识

标识内容:分别为产品的型号、产品型号的生产累积号、产品的生产日期。

标识位置:内弧面右上角;正对内弧面的右上侧端面,如图 8-30 所示。

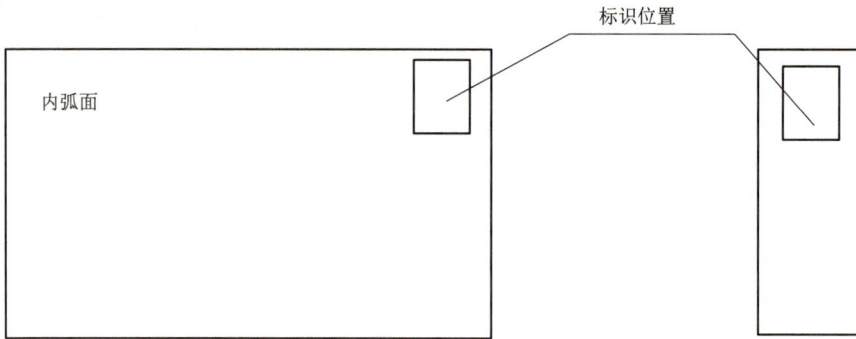

标识位置

内弧面

标识内容：管片型号

本型号生产累计数

生产日期：年－月－日

图 8-30   管片标识示意

标识符号见表 8-12。

表 8-12   管片型号标识符号

型 号	标 识	封顶块标识	邻 接 块	标准块标识
标准环	T	KT	BT CT	A1T A2T A3T A4T A5T …
左转弯环	L	KL	B1L B2L	A1L A2L A3L A4L A5L …
右转弯环	R	KR	B1R B2R	A1R A2R A3R A4R A5R …

管片最终检验由安质部质量监督员负责,车间质检员发现产品质量问题向安质部报告。不合格的产品及时标识和隔离。所有产品检验数据应填表记录。

管片出厂前应对如下项目按如下频率抽检：

a. 管片单体弯曲试验,每 1 500 块一次,使用标准片。

b. 管片接合破坏试验,每 500 环一次,使用标准片或邻接片接合。

c. 管片单体推力试验,每 500 环一次,使用封顶片。

以上各项若每季生产量不足 500 环时,每季试验一次。"a"项管片试验不合格时,可再取两片重新试验、如再不合格则此批管片应不予使用。

螺栓、螺帽等组件,每 500 个或一批货抽样取两个做外观、形状、尺寸及螺栓精度检查,如不合格则此批螺栓、螺帽应不予使用。每 5 000 个或一批货抽样取两个做机械及物理性能试验,试验不合格时,可再取两个重新试验、如再不合格则此批螺栓、螺帽应不予使用。

管片生产正常后应对每日生产的不同类型的管片分别抽检两块检漏,检漏标准为:按设计抗渗压力恒压 2 h,渗流线不得超过管片厚度的 1/3。

管片水平拼装检验应符合下列规定:由三环管片进行水平组合拼装,并经检验合格方可投入正式生产。

管片投入正式生产后,对每套钢模生产的管片按如下规定作水平拼装检验:管片开始生产 50 环后进行水平拼装一次;开始生产 100 环后,再经一次水平拼装检验合格后可定为每生产 100 环作一次水平拼装检验。水平拼装的检验标准应符合表 8-13 的要求。

表 8-13　管片水平拼装检验允许误差表

项　　目	检测要求	检测方法	允许误差(mm)
环向缝间隙	每环测 3 点	插　片	≤2
纵向缝间隙	每条缝测 3 点	插　片	≤2
成环后内径	测 4 条(不放衬垫)	用钢卷尺	±2
成环后外径	测 4 条(不放衬垫)	用钢卷尺	−2,+6

8.3.4.3　管片养护、储运

(1)工艺流程

水池养护→储存→美容→出厂。

(2)工艺质量控制

①管片检测合格打上标识,待管片温度与室外温度相差 10 ℃以下时,由平板车运至养护池,由门式吊车吊入养护池进行水养。管片移入养护池前,应确定其管片混凝土表面温度和水温之差不大于 20 ℃,避免因温差过大致使管片表面产生收缩裂纹。

②管片进入养护池按生产日期及型号侧立排放整齐,并作好记录。养护池底部应铺设枕木,避免管片吊入养生区时因碰撞而受损。

③水池养护须记录水温、管片下水前温度及水养护时间。管片在养护池中一般养护 7 d 后,起吊由翻身架翻转 90°后,用叉车运至储存场。

④管片移入储存场依生产日期分批放置储存,储存场地面应坚实平整。

⑤存放时管片应内弧面向上平稳地堆放整齐,管片下及管片之间应垫有柔性材料,垫条应对称放置,使管片间无碰撞,堆放高度不得超过四层。

⑥管片放置干冷的储存场进行强度养护,混凝土强度达到设计强度的 100% 管片方可出厂。

⑦管片出厂前需盖合格印。

⑧运输管片用叉车装车,管片内弧面向上平稳地置放于运输车辆上,管片底及管片之间垫有柔性木垫(方木),只可堆放三层高,防止运输过程中碰撞。

⑨ 管片用平板汽车运到施工现场,用门吊从车上吊下,施工现场管片存储场地应用混凝土硬化,地面坚实平整,存放时管片应内弧面向上平稳地堆放整齐,堆放高度不超过四层。

◆思考题◆

1. 简述管片设计方法。

2. 简述管片设计基本流程。

3. 简述管片设计模型。

4. 简述管片设计所采用的荷载种类。

5. 简述管片抗震性论证方法。

6. 简述管片接缝防水设计要点。

7. 管片制作的场地布置主要包括哪些?

8. 简述管片生产的主要原材料及标准。

9. 试述管片制作工艺流程主要包括哪些?

10. 简述管片养护、储运的工艺流程与质量控制措施。

11. 简述管片蒸汽养护的技术要点。

12. 简述管片制作的质量管理体系。

第9章 风险控制

> **本章重点:**主要介绍盾构施工风险分类与防控、盾构智慧工地建设、盾构施工大数据云平台建设等关键技术。

9.1 盾构施工风险分类与防控

盾构施工的风险,总是在"地质和环境的复杂性"、"盾构设备的不适应性"、"盾构从业人员认知的局限性、方案和措施的不合理性"等薄弱环节引发工程事故。因此,盾构施工的风险主要分为三类:地质环境风险、盾构设备风险和从业人员风险。

影响盾构施工的主要风险因素及其所占比例为:

(1)地质环境风险——40%。详细可靠的工程地质、水文地质及施工环境资料是盾构工程成功的基本条件,直接决定了盾构工程的成败。地质条件、环境条件决定了采用盾构是否可行,决定了盾构的选型,决定了盾构的主要参数,决定了辅助施工设备的选择和应急预案的制订。

(2)盾构设备风险——30%。技术先进、质量可靠的盾构设备和经验丰富、服务专业的盾构制造商是盾构工程成功的关键因素。盾构要求专业制造,专业服务。专业制造包括技术先进、质量可靠。只有技术先进才能施工更安全、施工效率更高,这是保证工期的关键因素之一;专业服务包括经验丰富和服务专业,因为隧道工程风险需要丰富经验应对,因此,要求盾构制造商具丰富的经验;服务专业包括技术支持及时和备件供应及时。

(3)从业人员风险——30%。经验丰富、管理科学、专业高效的盾构从业人员是盾构工程成功的根本因素。地下工程的风险需要丰富的经验应对,因此,要求施工队伍经验丰富;盾构施工项目工期紧,科学的管理才能充分发挥盾构的效能,节约成本、创造效益,因此,要求施工队伍管理科学;盾构施工工序安排紧凑,高效先进的盾构需要高效的专业作业人员,是保证安全、质量与工期的关键因素之一,因此要求施工队伍必须专业高效。

9.1.1 盾构施工风险分类

(1)地质环境风险

盾构施工的主要地质风险如下:

①复合地层(主要分布在广州、深圳、南京等地区)。

②富水断裂带或破碎带(主要分布在广州、南京等地区)。

③溶洞、土洞（主要分布在广州北部、佛山、深圳北部等地区）。

④极其耐磨的硅质、铁质岩屑（主要分布在广州、南京等地区）。

⑤含承压水的粉细砂层（主要分布在广州、佛山、上海、南京、苏州、杭州等地区）。

⑥瓦斯、煤成气（主要分布在广州、西部、南部、杭州、武汉等地区）。

⑦球状风化体和网格状或构造风化硬岩（主要分布在广州东部、深圳、南京和北京等地区）。

⑧砂砾石地层（主要分布在沈阳、北京、成都、南宁、南昌、西安和广州等地区）。

⑨黏性土及泥岩结泥饼、砂岩泥岩互层软硬不均及破碎（主要分布在重庆、广州、深圳、南昌、合肥等地区）。

（2）盾构设备风险

盾构设备风险主要如下：

①盾构选型不合理和功能性缺陷，主要体现盾构选型错误、驱动力及扭矩的设计值不合理、开口率不合理、刀具配置与刀型的选择不合理、刀间距与刀刃差设计不合理、渣土改良装置、同步注浆系统、带压进舱系统等设计不合理。

②主轴承或主轴承密封损坏。

③铰接密封或盾尾密封损坏。

④刀盘损坏（解体、开裂、磨损），刀具磨损。

⑤螺旋机损坏或破碎机或排泥泵损坏。减速箱及齿轮传动系统损坏。

（3）从业人员风险

盾构从业人员风险主要如下：

①认知的局限性，主要表现在不能全面系统地了解地质变化和盾构性能。

②施工组织及责任心不到位。

③施工方案和措施的不合理。

9.1.2　盾构施工主要风险

（1）地质与环境勘察准确度

地质与环境勘察准确度在盾构法隧道施工中尤其重要，准确地勘察出隧道区间地质与环境情况，对盾构的选型起决定性因素，地下水位、岩石抗压强度和土层的物理特性决定了盾构的选型与动力配置，地质勘察在隧道施工中目前30 m一个测孔比较多见，也可以做详勘，根据要求确定间隔距离，甚至10 m一个孔。（属地质环境风险）

（2）盾构的地质适应性

盾构的地质适应性在工程开建前要组织专家评审论证，以确保所选择的盾构满足该工程施工要求，包括盾构是泥水还是土压、刀盘的设计、刀具的配置、动力系统、转弯能力等，盾构的选型问题是盾构法施工中的关键问题。（属盾构设备风险）

（3）盾构始发与到达

盾构始发与到达是盾构法施工过程中最需要解决的关键问题。洞门加固区域一定要按设计要求加固，完成后需要打水平探孔检测加固效果，在满足要求后才能始发；到达也

一样,如果加固效果不理想,是不能轻易进行到达施工的,否则有可能导致洞门土体坍塌,盾构始发与到达一定要加固到满足设计要求的强度、宽度、长度和深度,另外控制盾构姿态也是盾构顺利始发与到达必不可少的因素。(属从业人员风险)

盾构始发和到达作业是盾构施工中最容易出事故的两道工序,也是最关键的两道工序。

根据盾构法施工事故统计,盾构施工重大事故多发生在始发、到达阶段,特别是在软弱富水饱和粉砂层地质中,涌水涌砂等重大事故较容易发生,发生事故除工程本身受损以外,对周边环境造成的影响及损失十分巨大。

(4)开挖面稳定

盾构法隧道施工好坏的一个重要指标是对周围环境造成的影响程度,这点在市区内隧道工程中表现更为突出,施工中开挖控制是影响施工质量的一项关键技术。支护压力过小导致开挖面前方土体大量进入压力舱,引起地表发生过大沉降,甚至地表坍塌;而支护压力过大,则容易产生地表隆起问题,这些都将给周围构筑物带来不良影响。同时压力舱内施加支护压力的支护介质受到原有地层条件影响而使得支护压力处于不断波动,进一步影响开挖面的稳定。(属地质环境风险+从业人员风险)

(5)盾尾密封失效

盾尾密封失效风险从目前施工案例看,发生概率较低,但一旦发生,如处理不及时,可能造成机毁人亡和地面建筑物损坏的严重后果,盾尾密封将被外部水土压力击穿,产生透水涌砂通道,一方面导致隧道结构破坏,另一方面大量泥砂迅猛涌入隧道,地面因泥水流失而产生较大沉降;如果在江底施工,严重时发生江底冒顶而危及整个隧道。因此该风险事故一旦发生,必须采取有效应对措施,消除风险隐患。如果在水底或富水地层施工,必要时采用冻结法更换盾尾刷。(属盾构设备风险+从业人员风险)

(6)软硬不均地层掘进

盾构在软硬不均且差异性较大地层掘进施工过程中,盾构姿态控制难度大,根据地质情况对推进油缸进行分区控制,硬的区域加大油压,软的区域减小油压,找到最佳的推进油缸压力差,以控制盾构姿态平稳,同时推进速度不宜过快;现场条件具备的情况下,应对不良地层进行预处理(如预裂爆破),以降低盾构施工风险及盾构施工成本。(属三类风险并存的综合风险)

(7)建(构)筑物下方更换刀具

盾构穿越建(构)筑物下方时更换刀具施工难度大。盾构穿越建(构)筑物下方时,原则上需盾构快速通过,即时注浆,减少建(构)筑物的沉降量。如果在其下方更换刀具,必须对建(构)筑物的基础进行分析,看是否有需要对其进行注浆加固;在换刀时,要根据围岩稳定情况来决定是否带压作业,且换刀过程中应密切关注建筑物沉降量(监测),超过预警值时必须马上安排换刀人员出舱关闭舱门,建立土舱压力,迅速推进,并同步注浆减小建(构)筑物沉降量;换刀过程中如需带压动火时,应有经过专家论证的带压动火方案及应急预案。(属三类风险并存的风险)

(8)地层损失和不均匀沉降

盾构在掘进过程中,地层损失和不均匀沉降的风险主要是由于盾构掘进过程中超

挖所引起的,控制好出土量,从而减小盾构在掘进过程中对地层造成的损失及不均匀沉降的后果,控制好碴土改良,减小水土流失,控制好地层的不均匀沉降。(属从业人员风险)

(9)开挖面有障碍物(如孤石等)

地下障碍物的存在会给盾构正常推进带来不利影响:首先导致刀盘及刀具严重磨损,从而不能正常开挖,影响工期。如果刀盘损坏,更换刀盘不仅耗费不必要的资金,而且由于地下隧道特殊的条件,使刀盘更换难度增加;其次,障碍物可能致使扭矩突然增大,导致主驱动损坏。发生此类事故的原因是地质勘探不完全反映穿越地层以及历史资料收集不完整等。(属地质环境风险)

(10)隧道上浮

盾构隧道在江中段或覆土较浅或水压较大时,隧道整体上浮的可能性较大,要防止上浮量过大。(属地质环境风险＋从业人员风险)

影响管片上浮的因素有盾构与管片姿态、推进油缸推力、同步注浆配比及压力、管片接头特征等。

①盾构姿态:盾构轴线相对隧道轴线下倾,管片承受较大的偏心荷载及盾尾向上的作用力,主要受地层性质、盾构操作水平、隧道纵向坡度等影响。

②隧道纵向刚度:管片纵向刚度与管片接头形式、管片拼装方式等有关。

③浆液未凝固段长度及浆液对管片的浮力:浆液未凝固段长度与浆液凝固时间与施工速度有关,浆液对管片的浮力主要受浆液性质(黏度、塌落度等)、地下水状况影响。根据实际情况,确定浆液凝固时间及浆液对管片浮力的大小非常困难。

④地层性质与地下水状况:地层越软弱,地层抗力系数越小,管片越容易变形;越软弱地层透水性越差,易产生超孔隙水压力,管片将承受较大浮力。若富含水的地层透水性强,地下水将稀释浆液,影响其胶凝时间及浆液性质。

防止上浮量过大采取措施有:

①采用胶凝时间可调的浆液或含砂率较大的可硬性浆液。同步注浆施工一般采用惰性浆液,这种浆液泌水量大,无强度,会造成管片上浮,隧道后期沉降量大、地面房屋开裂等后果。

②根据地层情况采用适当的接头形式。

③控制盾构姿态。

④根据测量到的隧道上浮情况,在推进过程中,为了保证隧道轴线偏差控制在设计允许的范围内,盾构掘进轴线可适当低于隧道设计中线。

⑤盾尾后3环管片进行二次壁后注浆(每3~5环注1次双液浆),以减小隧道上浮。

(11)卡盾

盾构在掘进过程中,由于地层压力变化,盾体外围的土体收缩,引起盾构壳体与土层之间的摩擦力过大而出现盾体卡滞。(属地质环境风险＋盾构设备风险)

比较常见的卡盾现象是尾盾被卡,根据具体情况,一般有三种解决办法:使用液压千斤顶增加顶推力;为盾构铰接系统设计一套增压回路,以增大铰接油缸对盾尾的拉力;用

爆破法清除盾构上部的岩层脱困。

9.1.3 盾构施工风险防控

盾构施工风险管控的关键是要解决地质环境、盾构设备、盾构从业人员三者难以有效和谐的难题,其中地质环境是基础,盾构设备是关键,从业人员是根本,如图 9-1 所示。

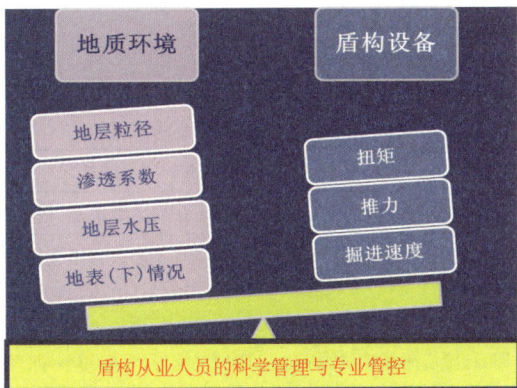

图 9-1 盾构施工风险管控

盾构施工风险防控,主要遵循"三从四得"风险防控理论体系,即:
从加强地质勘探入手——控制地质环境风险(简称地质风险);
从盾构适应性设计挖潜——控制盾构设备风险(简称设备风险);
从科学的专业管控抓效——控制从业人员风险(简称人为风险)。
其中,盾构设备的地质适应性设计应满足"四得",即保证盾构"掘得进、稳得住、排得出、耐得久",如图 9-2 所示。

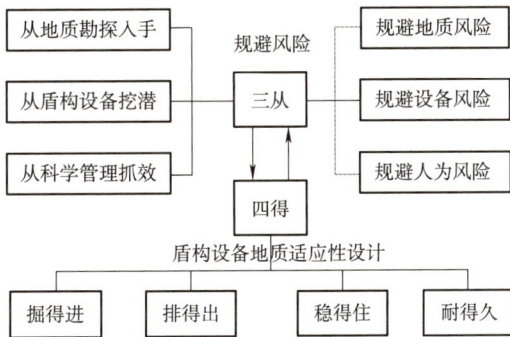

图 9-2 盾构施工"三从四得"风险防控理论示意

针对盾构施工过程中的地质风险、设备风险和人为风险。需要通过加强地质勘探和地质补勘规避地质风险,通过盾构设备的地质适应性设计规避设备风险,通过专业管理控制措施和科学管理规避人为风险,即盾构施工的关键之一,就是"三从"——从地质

勘探入手、从盾构设备挖潜、从科学管理抓效。此外，盾构是一种特殊装备，与地质的适应性息息相关。盾构的地质适应性设计是盾构工程成败的关键。盾构需要针对具体工程地质、水文地质和环境条件进行"量体裁衣"式设计，盾构设备的地质适应性往往决定整个工程的成败，必须确保所设计的盾构在施工中满足"掘得进、排得出、稳得住、耐得久"的要求，即盾构施工的关键之二，就是"四得"——"掘得进、稳得住、排得出、耐得久"。

9.1.3.1 地质环境风险及防范

盾构施工常见地质风险见表 9-1。

表 9-1 盾构施工常见地质风险

序号	类　　别	存在的主要地质风险
1	人工填土	由于其松散性和不均匀性，人工填土往往会给地基、基坑边坡和围岩稳定性带来风险
2	人工空洞	城市地区浅表层受人类工程活动影响，易形成人工空洞。人工空洞对地下工程的施工带来潜在风险。容易形成空洞的地段一般包括：雨污水管线周边、深基坑工程附近、地下水位动态变化较大地段、原有空洞部位、管线渗漏地段、砂土复合地层结构地段等
3	卵石、漂石地层	卵石、漂石地层中的漂石会给围护桩施工、管棚和小导管施工以及盾构施工带来困难和风险；卵石、漂石地层的高渗透也会给工程降水和注浆带来困难
4	饱水砂层透镜体	饱水砂层透镜体由于其分布的随机性，详细勘察阶段不容易被发现，施工时，隧道开挖范围遇到它会造成隧道涌水和流砂
5	上层滞水	上层滞水由于其分布的随机性和不稳定性，又因详细勘察距离施工时间较长，造成其不容易被查清，给施工带来一定风险
6	岩溶和溶洞	在岩溶地区，岩溶和溶洞分布无规律，且不易勘察，易给后期施工带来难以预见的风险。饱水的大型溶洞还易造成施工中的地下水突涌
7	断层破碎带	在各断裂的断层破碎带之中，隧道在破碎地层中增加塌方风险，基坑开挖施工容易受到地质断裂带中沿岩石裂隙面滑动的滑动力不利影响，这种滑动也会带来很大的风险
8	活动地裂缝	在黄土地区存在的活动地裂缝上下盘升沉速率快，地裂缝内易涵养地下水（上层滞水或其他水层），对工程的影响较大，易造成后期的工程建设风险
9	高承压水 高压裂隙水	软土地层的高承压水易导致地下工程涌水和失稳等风险；岩石地层的高压裂隙水会造成地下工程的突水风险
10	有害气体	赋存于地层中的可燃或有毒气体易造成隧道施工中的爆燃或施工人员中毒等风险
11	膨胀围岩	膨胀围岩在开挖或遇水后的膨胀会造成地下结构受力和变形超标等风险
12	湿陷性地层	湿陷性地层在不同含水量时的承载能力和变形特性差异较大，其所采用的加固方法和措施方面具有风险
13	高灵敏度淤泥质地层	此类地层对工程活动的扰动敏感，稳定性差，易出现基坑等工程失稳等风险
14	活动地震断裂带	存在活动断裂带活动变形的风险
15	液化地层	液化地层中的城市轨道交通结构易在地震和列车运行振动作用下出现基底变形下沉风险
16	高地压地（岩）层	高地压地（岩）层条件下易出现岩爆等风险
17	高硬度岩层	高硬度岩层在施工时存在设备适应性风险
18	粉细砂地层	含水的粉细砂地层易产生流砂等风险
19	不明水源	地下（废弃）水管、化粪池等渗漏引起的建设风险

盾构施工常见环境风险因素及风险事件见表 9-2。

表 9-2　盾构施工常见环境风险因素及风险事件

类　型	风险因素	可能导致的安全风险事件
受工程施工附加影响	受地层加固影响的既有城市轨道交通工程、周边的房屋、道路、桥涵等	建构筑物不均匀沉降、倾斜、坍塌、影响运营
	受堆载影响的既有城市轨道交通工程、周边的房屋、道路、桥涵等	建构筑物不均匀沉降、倾斜、坍塌、影响运营
	受车站及竖井等明挖施工影响的既有城市轨道交通工程、周边的房屋、道路、桥涵等	建构筑物不均匀沉降、倾斜、坍塌、影响运营
	受盾构、暗挖等隧道施工影响的既有城市轨道交通工程、周边的房屋、道路、桥涵等	建构筑物不均匀沉降、倾斜、坍塌、影响运营
建(构)筑物、桥梁保护措施	基坑邻近既有城市轨道交通工程,无加固、隔离等保护措施	不均匀沉降、开裂、耐久性降低、影响运营
	基坑邻近砖混或框架结构建(构)筑物,无加固、隔离等保护措施	建(构)筑物沉降、开裂、耐久性降低、影响正常使用
	下穿、近距离侧穿既有城市轨道交通工程	不均匀沉降、开裂、耐久性降低、影响运营
	下穿、近距离侧穿浅基础砖混或框架结构建(构)筑物	建(构)筑物沉降、开裂、耐久性降低、影响正常使用
	下穿、近距离侧穿桩基础(桩底位于隧道以上)砖混或框架结构建(构)筑物	建(构)筑物沉降、开裂、耐久性降低、影响正常使用
	下穿既有桥梁,桥基位于隧道施工强烈影响区	桩基沉降、变形、耐久性降低、影响正常使用
穿越既有轨道交通设施、市政道路或高速公路保护措施	邻近交通繁忙的市政道路	路面沉降、变形甚至开裂
	下穿既有高速公路、铁路干线	路基沉降、变形
	下穿交通繁忙的市政道路	道路沉降、开裂
高架桥上跨既有轨道交通、市政道路或高速公路保护措施	邻近地铁线路	隧道沉降、变形甚至开裂
	上跨既有高速公路、铁路干线	路基沉降、变形
	上跨交通繁忙的市政道路	道路沉降、开裂
高架线临近高压走廊	邻近 110 kV 以上高压走廊	电击
邻近或下穿地表水体保护措施	下穿地表水体	工作面渗漏、突涌
	基坑邻近地表水体	工作面渗漏、突涌

（1）技术要求

因为盾构施工的风险,总是利用或寻找"地质和环境的复杂性"作为突破口,引发工程事故。为了有效防控地质环境风险,必须详细掌握工程地质、水文地质及施工环境条件等资料,要特别注意以下技术要点:

①要通过详勘和补勘,尽可能精确掌握地质情况。

②要深化对地质条件、主要地质特点的认识。

③要掌握地质对盾构设备的要求或盾构对该地质的适应性。

④要深入了解主要地质风险及做好不良地质的处理。

⑤要针对性进行渣土改良。

⑥施工中要密切注意地质的变化，及时改变技术措施。

⑦要深入了解施工中地质变化对盾构的影响。

（2）典型地质

必须特别注意以下几种典型的地质：

①上软下硬复合地层，隧道区间内，不同地段有不同地质；隧道一个断面上，存在不同地质；隧道断面有较硬地层，且软硬不均。

②地层分界断面。

③特别坚硬地层。

④砂卵石地层。

⑤有大漂石的地层。

⑥全断面砂层。

⑦含有溶洞、瓦斯地层。

⑧含水量高、承载力低、可压缩性大的淤泥质地层。

（3）预防措施

在地质补勘详勘之后，对典型的地质条件应采用以下预防措施：

①淤泥质地层主要考虑地层承载力与运营期间工后沉降，可预加固。

②全断面硬岩地层可考虑选用 TBM 施工。

③全断面砂层采用膨润土浆液改良。

④上软下硬复合地层临近分界断面应降低贯入度，溶洞必须提前填充与加固。

⑤下面为微风化的上软下硬复合地层可采用预裂爆破。

⑥上软下硬复合地层局部全断面硬岩可采用矿山法施工，盾构空推技术。

⑦穿越建筑物或大江大河的富水砂卵石地层一般选用泥水盾构。

⑧有孤石、大漂石地层一般考虑处理措施，防止刀具损坏。

9.1.3.2　盾构设备风险防范

盾构设备风险防范总的原则是正确选型，严格监造，规范操作，状态监测，强化保养。

（1）正确选型

盾构选型总则：以开挖面稳定为中心；以地质条件和环境条件为基本点；以地层粒径、渗透系数、地下水压为基本依据，并综合考虑工程具体实际；以确保所选择的盾构能解决"稳得住、掘得进、排得出、耐得久"四个最根本问题。具体详见本书盾构选型有关内容。

盾构选型不能仅限于土压、泥水、双模或多模式盾构的选择，必须包括对各种参数、性能以及刀具、配套设备的选型设计与计算。盾构选型不能仅仅看厂家提供的参数表和表述，更要看实际工程业绩和施工效果与评价。

（2）严格监造

新盾构必须严格监造，把问题解决在工厂。

（3）规范操作

盾构主司机应规范操作,要经过专业培训,这是盾构施工与风险控制的核心。盾构其他从业人员也必须经过相关技术培训并按照操作规程操作。

（4）状态监测

对盾构的状态必须随时监测,以确保盾构保持在良好状态,有故障即时维修。

（5）强化保养

加强对盾构的强化保养,特别在过特殊地段时,更加要提前保养,确保通过时不发生长时间停机。盾构的强化保养具有良好的经济价值和实用价值。

①经济效益明显

一台新盾构如果能进行良好的使用维修与保养,一般能延长使用寿命 3～5 年,一台旧盾构如果经过再制造,花费 1/3 甚至更少的代价,也能够再使用 5～8 年,这是最划算的投资行为。

②增加安全性

机械、橡胶密封、传感器等部件是有使用次数和使用寿命的。对于组装时预警的刀盘螺栓和其他紧固件、主轴承密封、盾尾密封刷等需要定期检查更换的必须按照规定更换。

③保证施工进度

盾构施工过程中如果总是小毛病不断,每次都需要长时间停机,不仅工期延误,电费增大,管理成本增加,信誉下降,而且影响下次中标。

盾构维修保养制度是预防维修:强制保养、状态监测、按需维修相结合。前提是熟悉机器结构、性能、维护保养规定。掌握基本技能、提高分析能力、采取有效措施。重点是运动部件、连接部位、密封部位、润滑部件、管路电缆、可调部件、传感器件。方法是预防为主、保养,维护,监测,检测、维修。制定维修保养操作规程,科学维修。及时发现故障苗头,防止故障扩展。分析故障原因,防止类似故障再次发生。

9.1.3.3　从业人员风险防范

盾构从业人员风险防范:提高盾构从业人员的技术水平,加强沉降控制,加强施工监控,加强科学管理与专业管控;同时还要对风险源施工,有一种判断力;对各种前兆苗头,有一种敏感度;对自然与地下工程,有一颗敬畏之心。

隧道地质情况隐蔽复杂,盾构施工出现隧道坍塌、地面塌陷、突水突泥等甚至人员伤亡事故并不少见,隧道衬砌管片错台甚至开裂、渗漏水等质量问题亦常见,施工过程风险防控仍十分重要。目前,我国盾构法施工安全事故多发、质量通病突出,提升盾构从业人员的专业技术水平是大势所趋,对盾构从业人员进行专业技术培训和实施持证上岗非常必要。

盾构法施工安全事故多发。究其原因,客观上是地质的复杂性和盾构的不适应性;主观上是安全防范意识不牢、技术措施不落实、施工管理不标准、作业不规范等造成的。

盾构法施工一方面迫切需要提升盾构设备的地质适应性，以降低盾构设备风险；同时也迫切需要提升盾构从业人员的技术水平，以规范盾构作业行为，防控施工事故及提高质量效益，以降低从业人员风险。

从三方面规避盾构施工风险：从加强地质勘探入手，规避地质环境风险；从盾构适应性设计入手，规避盾构设备风险；从专业管控入手，规避从业人员风险。获得详细、可靠的地质水文及环境资料是盾构安全、高效施工的前提；采用具有地质针对性设计的技术先进、质量可靠的盾构设备是盾构法隧道工程成功的关键；拥有一支经验丰富、管理科学、专业高效的盾构从业人员施工队伍是盾构安全、高效施工的根本保证。

9.2　盾构智慧工地建设

9.2.1　智慧工地建设背景

当今社会，数据量正在以爆炸方式迅猛增长，云计算、三网融合、物联网、移动互联网的出现，更加催生了大数据时代的产生。数据是国家基础性战略资源，是 21 世纪的"钻石矿"。大数据已成为塑造国家竞争力的战略制高点之一，各国纷纷将大数据作为国家发展战略，将产业发展作为大数据发展的核心，实施国家大数据战略是加快建设数据强国，实现制造强国和网络强国战略的重要支撑。

当前，中国建造已从 2.0 版向"以数字化、智能化为主要特征"的 3.0 版迈进。但建筑施工企业产业链面临竞争加剧、成本提高的困境，而当前工地人员、设备物料环的安全、质量进度协同方面也遇到诸多问题，急需大集成、数据全移动的过程可量化、风险可预估、反馈更及时、管理更便捷的精益施工，通过提升效率的方式在存量基础上创造更大营收空间和竞争力。住建部《2016～2020 年建筑业信息化发展纲要》中明确指出建筑行业要大力发展大数据、云计算、物联网、3D 打印、智能化等五项技术，探索信息技术在建筑业中的集成应用，促进智慧建造和智慧企业发展。越来越多的建筑企业正借助互联网技术的快速发展，大力应用智慧工地和探索数字化管理，作为建筑企业提质增效的重要手段。

9.2.2　智慧工地建设

9.2.2.1　智慧工地概念

智慧工地是指以互联网和 BIM 技术为基础，以云技术、大数据、物联网传感器、移动通信、智能化等技术手段为驱动，通过信息化管理平台，实现对工程项目的"人＋机＋料＋法＋环"等各关键要素的信息化、智能化和可视化管理，为建设单位、施工单位等提供数字化管理服务，实现工程项目过程业务数据和管理数据的互联互通和深度分析，以达到提高施工质量、安全、进度和效益的目的。郑州地铁智慧工地如图 9-3 所示。

图 9-3　郑州地铁 6 号线 1 标项目智慧工地

9.2.2.2　智慧工地主要功能

智慧工地功能涵盖面广,不同的企业使用的智慧工地功能各有特点,但其核心功能主要有人员管理、材料管理、设备管理、安全管理、技术管理、进度管理、环保管理、安全生产视频指挥系统、党建管理等,其设计思路和基本功能如图 9-4、图 9-5 所示。

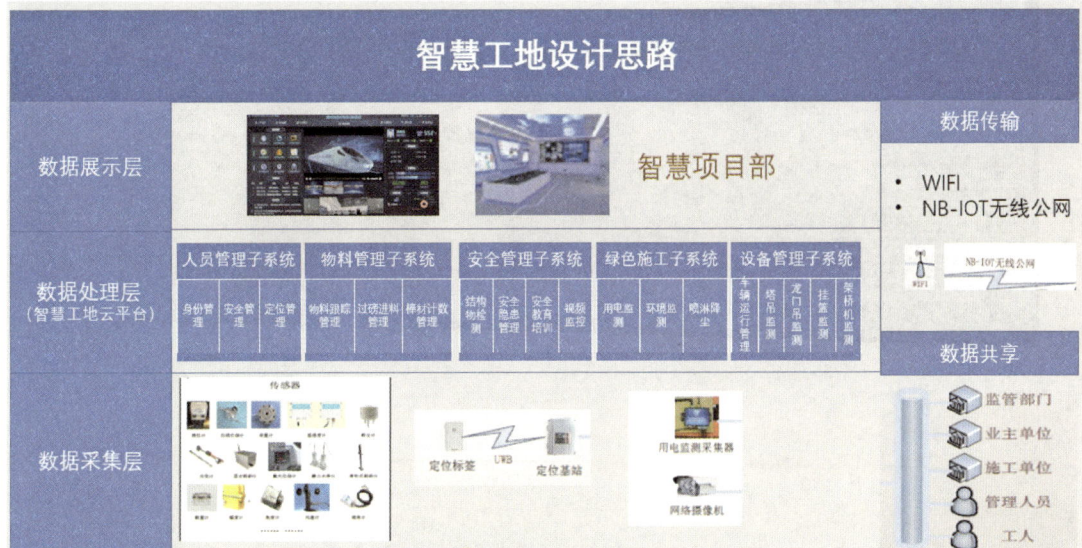

图 9-4　智慧工地设计思路

(1)人员管理

通过人脸识别、智能芯片、闸机、定位设备等硬件可实时采集现场人员数据,并根据管

图 9-5　智慧工地的基本功能

理需求生成各类统计报表、图表。管理人员可实时掌握现场用工人数、不同工种人数、不同班组人数、工效指数、人均工时等相关现场人员管理数据，同时可以实时定位人员位置，实现对现场人员的有效管理，如图 9-6 所示。

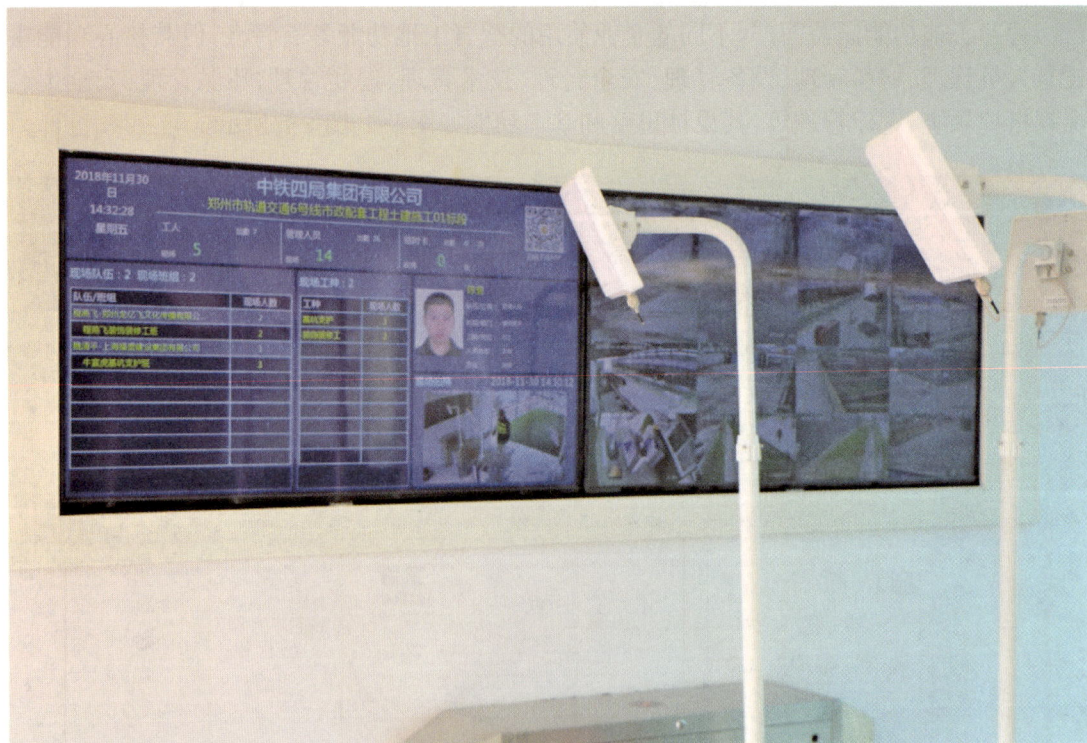

图 9-6　人员定位

（2）物料管理

建立物料现场收发料、盘点、质量验收管控系统，实现物资进出场全方位精准管理，运用

物联网技术,自动采集精准数据,及时掌握现场数据,有效积累、保值、增值物料数据资产;运用互联网和大数据技术,多项目数据监测,全维度智能分析;减少进场、结算、处置环节的不必要损耗,提高收发料数量管理,报表数据生成自动化,实现风险和漏洞的有效防控。

（3）设备管理

按照车辆 GPS 定位系统与油料监控系统,实现对车辆、人员运行轨迹及油耗的实时监控、报警等功能,清晰地反映和记录车辆运行全过程状态。管理人员通过后台监管,可全面掌握项目施工中车辆行驶线路、油料消耗异常、工作期间长时间停车、运转时间与实际工作量不符等情况,为及时查找、分析和堵塞管理漏洞提供有效支撑。

（4）安全管理

通过安全教育课堂系统、安全培训工具箱、安全隐患排查系统、基于 BIM 的 VR 安全体验软件等管理手段实现对工地现场人员进出场的过程管理。

安全教育课堂:可通过手机即时在线学习、观看施工安全质量微课视频、查看管理文件、分析事故案例,如图 9-7 所示。

安全培训工具箱:多媒体安全培训工具箱是集建档、考勤、培训、考试、阅卷、发证等功能于一体的培训工具,满足安全培训各环节的需求。内容包括入场安全教育培训、安全用电、消防安全、机械作业施工等模块,如图 9-8 所示。

图 9-7　中铁四局安全教育课堂

图 9-8　安全培训工具箱

安全隐患排查系统（图 9-9）实现对重大危险源、安全隐患信息的登记、审查、评估、分类、统计、分析和处理,实现以安全隐患排查整治业务流为主线,以排查整治流程为干线,对隐患排查整治信息及时、有效地进行跟踪、整改,并将统计数据及时上报,形成各职能部门协同工作的应用体系。

图 9-9　安全隐患排查系统

VR 安全体验是通过基于 BIM 的虚拟现实技术模拟施工现场类似的环境，使人能身临其境地经历工程建设施工中火灾、电击、坍塌、机械事故、高空坠落等几十项工程事故，具有真实、互动、情节化的特点，让体验者亲身去经历、去感受施工过程中可能发生的各种危险场景，并掌握相应的安全防范知识及应急措施，如图 9-10 所示。

图 9-10　VR 体验中心

基坑自动监测：利用高精度仪器设备及相应配套传感器对深基坑、周边建筑物及周边管线等监测对象实现水平位移监测、竖向位移监测、水位监测、裂缝监测、应力监测及倾斜监测的自动监测，利用无线传输设备将监测数据传送至后端网络处理平台，自动生成各种

监测报表、实时将监测预警信息自动发送至客户端。

（5）技术管理

通过技术管理系统实现集 BIM 可视化技术交底、施组方案、技术管控、科研管理、科技成果展厅等为一体的信息化管理，实现技术工作的咨询、审核、审批一体化，如图 9-11 所示。

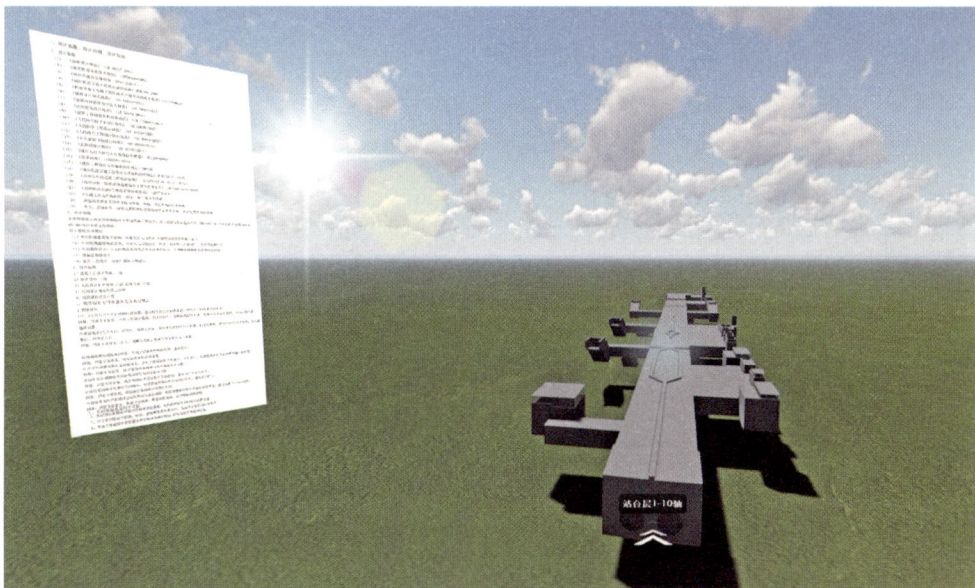

图 9-11　BIM 可视化交底界面

（6）进度管理

将现场实际进度信息通过系统与 BIM 模型关联，管理人员通过访问即可查询实时生产进度情况，实现虚拟与现实的进度信息交互，达到项目进度管理的可视化，如图 9-12 所示。

图 9-12　BIM 进度模型

（7）环保管理

扬尘监测及自动喷淋系统通过现场的扬尘监测监控装置（图 9-13）实时监测扬尘含量，数据上传物联网平台，形成扬尘排放时间曲线图，当 PM2.5 或 PM10 的浓度达到警戒值后有报警提示，喷淋系统自动启动，当浓度降到警戒值以下后自动关闭，同时可手动设置启动及关闭。在施工现场出入口处设置自动化洗车平台（图 9-14），可有效减少和避免工程车辆在城市道路上带来的扬尘、渣土问题。

图 9-13　环境监控装置

图 9-14　车辆冲洗装置

（8）安全生产视频指挥系统

包含视频监控、智能化中央控制、视频会商、语音调度、设备参数实时显示、门禁等多个子系统，可将分布在世界各地项目部的施工生产情况通过互联网传输至企业总部安全生产指挥中心（图 9-15），加强对项目安全生产的监控和管理。全方位掌握项目工程进展情况、施工重难点及所存在的风险源，确保项目施工安全可控。

图 9-15　安全生产指挥中心

（9）智慧党建

按照党的十九大对国有企业党建工作的总体要求，本着"务实、高效、便捷"原则，运用"互联网＋党建"模式，建设集管理、学习、服务、互动于一体的信息平台，建设党建工作标准化、实用化、智能化的管理平台，拓展党建工作空间，并延伸至群团工作，以创建项目党建、群团工作多维模式，如图 9-16 所示。

图 9-16　智慧党建平台界面

9.2.3　数字化管理

大数据是一场企业管理革命，"用数据说话、用数据决策、用数据管理、用数据创新"给企业管理方式带来根本性变革，已成为企业超越竞争对手的有力武器。建筑企业面临激烈的外部竞争和发展过程中内部管理上的困扰，不进则退，要发展必须进行管理突破。从最近几年的发展趋势来看，建筑企业越来越重视数字化管理，各种智慧工地平台、互联网＋、BIM 管理平台、设备管理系统等得到广泛应用，建筑企业正通过信息化、数字化来助力提升管理。

9.2.3.1　数字化管理平台特点

（1）信息收集一体化

通过信息化手段，全方位、全业务、全周期、全维度收集项目管理全过程数据。

（2）分析决策一体化

打破部门壁垒、业务壁垒，建立数据标准化规则，实现数据互联互通，实时分析，及时发现问题，及时决策。

(3)行动实施一体化

业务系统高度融合,实现平台化办公,针对问题预警,进行联合行动,直到问题得到有效处理。

(4)资源保障一体化

资源管理由"粗放"到"集约",管理目标分解后调动生产要素,为管理目标的达成提供有力支撑,如图 9-17 所示。

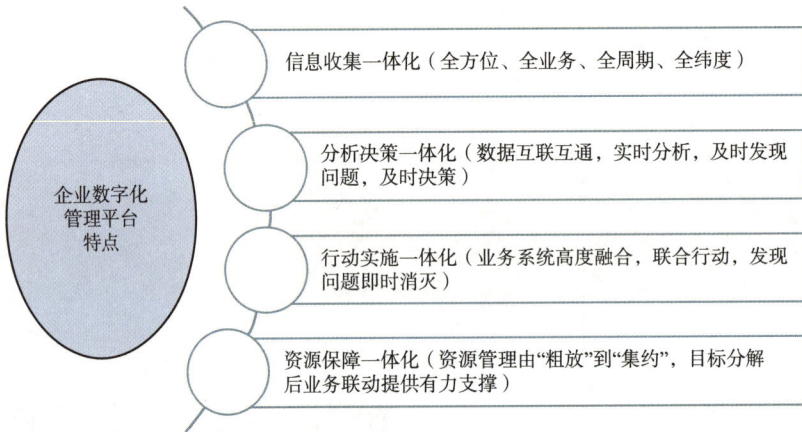

图 9-17　数字化平台特点示意

具备以上四个特点的数字化平台能够有效地把企业总部、项目部多个部门孤立的数据进行收集互联,将管理需求通过系统实时分析展现,真实地反映出项目运行全貌,各级管理人员实现平台化办公,高效联动,必将成为企业进行项目管理的重要数字化管理工具。

9.2.3.2　建筑企业的"三个管理中心"

(1)信息管理中心

对项目运行的数据进行全方位、全时段、全维度收集,做到信息互联互通。

(2)分析管理中心

把公司管理制度和业务规则内嵌到系统,通过系统的自动分析,提供管理决策。

(3)决策管理中心

通过责任分解、关联,实现决策信息清晰明了,实现透明化决策。管理人员根据岗位职责执行、落实。执行的结果再次进入平台信息中心进行评估,验证通过后形成管理闭环。

通过"三个管理中心"的搭建,实现企业总部业务部门、项目部及关键岗位人员平台化办公,如图 9-18 所示。

9.2.3.3　工程应用

由中铁四局城市轨道交通工程分公司开发的"城轨云"管理平台,截止 2019 年 6 月

图 9-18 三个管理中心运行示意

底已完成在建 40 多个盾构项目成功上线,实现了产值、节点、物资机械、人力资源、财务、办公资产、盾构施工、收入成本、毛利率、绩效等核心管理数据的采集、分析和展示功能,实现了"一张面板看公司、一张图表诊项目、一个模型评价人、一个规则保目标"的功能,如图 9-19~图 9-22 所示。

图 9-19 行业专家观摩中铁四局"城轨云"

中铁四局城轨公司基于平台数据建立数据监控中心,对涉及项目管理的全过程数据进行重点监控,对全公司创收创利能力、资产管理能力、团队管理能力、资源调配能力等核心数据纳入监控,同时对施工管理、收入成本、物资机械、财务管理等业务系统数据纳入监控。《轨道交通施工企业基于"全景式"的成本动态管理》详见视频 9-1(该视频由中铁四局提供)。

视频 9-1 《轨道交通施工企业基于"全景式"的成本动态管理》

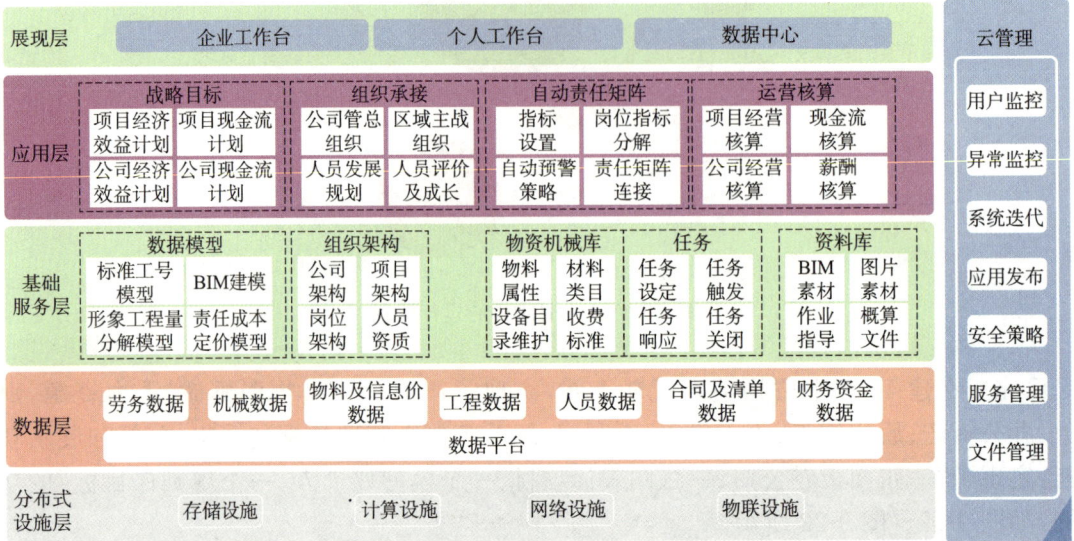

图 9-20 "城轨云"数字化管理平台架构图

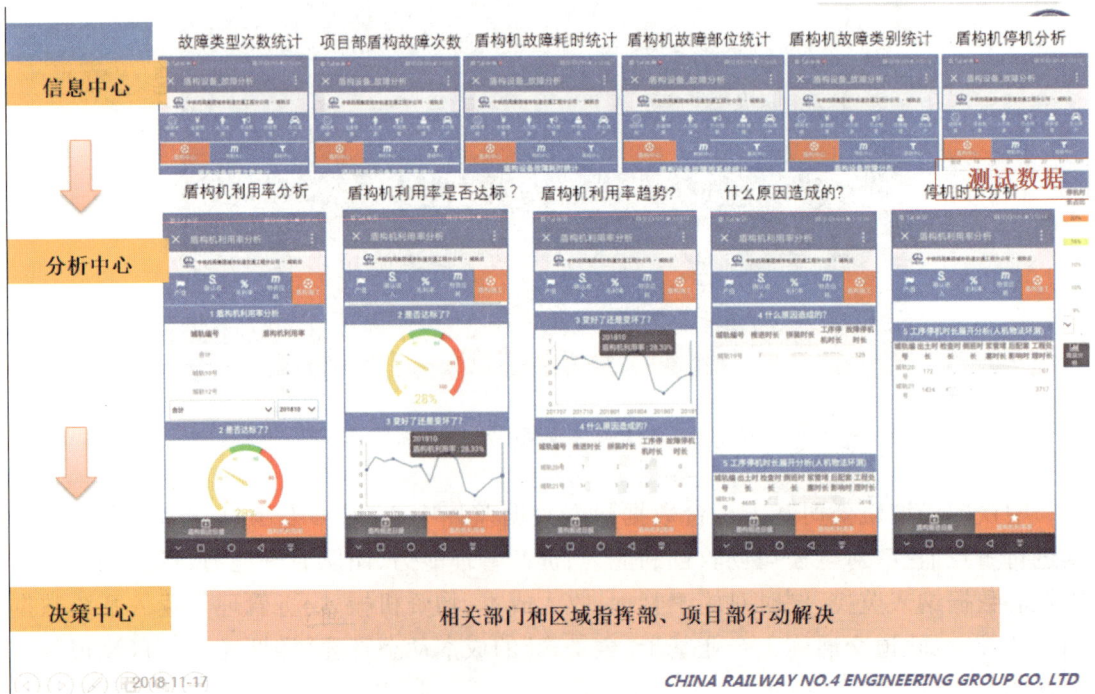

图 9-21 设备管理在"城轨云"数字化管理平台的应用

图 9-22　"城轨云"数据中心大屏

9.2.4　智慧工地未来趋势

（1）随着信息化和 5G 技术的深入推广，智慧工地平台建设功能将越来越完善，同时由项目级逐渐到企业级、集团级应用。建筑企业数字化管理水平将快速提高，成为企业未来战略发展的有力支撑。

（2）平台接口和数据接口的标准化将进一步规范，数据互联互通性不再存在障碍，大数据挖掘的价值逐步为企业管理保驾护航。

（3）建筑行业内将形成一定数量具备很强数字化管理文化的企业。

9.3　盾构施工大数据云平台

9.3.1　盾构施工大数据的作用与意义

世界经济加速向以网络信息技术产业为重要内容的经济活动转变，要把握这一历史契机，以信息化培育新动能，用新动能推动新发展。加强信息基础设施建设，推动互联网和实体经济深度融合，加快传统产业数字化、智能化，做大做强数字经济，拓展经济发展新空间。

（1）对提升我国工业"顶天立地"水平意义重大。

国务院发布的《促进大数据发展行动纲要》将大数据发展确立为国家战略。党的十八届五中全会明确提出，实施"互联网＋"行动计划，发展分享经济，实施国家大数据战略。大力发展工业大数据和新兴产业大数据，利用大数据推动信息化和工业化深度融合，从而推动制造业网络化和智能化，正成为工业领域的发展热点。明确工业是大数据的主体，工

业大数据的价值正是在于其为产业链提供了有价值的服务，提升了工业生产的附加值。工业大数据的最终作用是为工业的发展、为工业企业的转型升级提供有价值的服务。要实现"中国制造 2025"的目标，中国工业企业必须做好两件事：在"顶天"方面，掌握高端装备行业的工业数据，在高端制造领域完全实现中国智造；在"立地"方面，掌握中国制造行业的工业大数据，通过运用工业大数据，提升中国制造企业的效益，实现节能降耗，进一步提升中国制造产品质量。为了确保"顶天立地"目标的实现，必须狠抓人才、知识、工具三方面工作。目前，美国在信息物理系统方面尚缺乏大约 19 万名工程师，而中国在这方面的人才缺口更大；此外，大数据知识开放和工具升级也很迫切。盾构大数据是众多智能化产品之一，也是国家制造战略产品，盾构大数据建设是工业大数据的重要组成部分，重视盾构大数据建设，对提升我国工业"顶天立地"水平有重要意义。

（2）是智能化装备升级及智能化施工建设的前提。

随着信息技术及互联网技术快速发展，信息技术及互联网技术不断革新施工装备与施工技术。盾构法施工作为地下工程施工的最先进工法，盾构装备从过去的自动化时代已经迈入数字化时代，信息技术及互联网技术的成熟，施工数据传统的积累、归档、总结已经远远不能满足装备升级和施工建设的需要，为推动盾构行业技术发展，数据的存储、分析、挖掘是盾构智能化制造、智能化施工的前提。

（3）对实现集中管理、统一调度意义重大。

随着国家基础建设的蓬勃发展，中国盾构的数量已超过 2 000 台。从最开始的上海市、广州市、北京市，扩展到全国近 50 个城市和地区；从北上广沿海城市逐渐向西部和内陆辐射；从完全是国内市场，到进入国际市场；从最开始的地铁隧道，延伸到公路、铁路、水利、电力、市政、燃气、污水等各个领域；从上海的单一软土地层，应用到高水压地层、硬岩地层、硬岩软土复合地层、卵石地层、孤石球状风化岩地层、上软下硬地层等各种复杂地层；从单一的圆形盾构，发展到矩形、类矩形、马蹄形等异形断面盾构；区间隧道长度也从 1 km 左右的地铁区间隧道，增加到 7～8 km 甚至 10 km 以上的过江隧道；盾构直径也从 6 m 多扩展到下至 3 m 左右的小直径盾构、上至 15.80 m 的超大直径盾构。中国已经是世界上盾构和盾构法隧道数量和里程最大、项目最多、投资和发展最快的国家。由于盾构的分布区域广泛，给盾构装备管理及施工管理带来了难度。建设一套能够稳定有效地将国内外各个地区不同厂家制造的盾构实行统一监控和管理的大数据平台，既有利于对现场施工情况进行监控、管理决策和施工技术数据的保存，有利于有效控制盾构施工风险，又有利于实现信息共享、统筹调度、一体指挥和盾构智能化研究。

（4）盾构大数据挖掘分析，能有效规避工程风险，实现风险综合管控。

"信息孤岛"的现象在盾构装备制造及施工技术行业中是普遍存在的。地下工程的施工和建设隐蔽工程多，未知风险多，技术存在不可预知的盲点。因此，大数据分析应用技术能够把行业各地域各地层装备施工的数据收集起来，让这些数据交互分析，让盾构技术行业大数据共享成为现实，为行业服务。谁能掌控数据谁就能掌控市场，大数据的分析和处理对企业来说是非常重要的。企业通过对数据的搜集和分析，以获取对企业发展价值的信息，然后预测消费者和市场的需求，进行更加智能化的决策分析。采取先进数学方

法,开展盾构施工大数据分析挖掘研究,不仅能提高盾构掘进效率,降低施工风险,利于盾构行业的整体绿色发展,而且还能填补国内在盾构掘进自动化、智能化管理方面的空白,提高我国盾构装备的国际竞争力。对企业而言,大数据管理平台的应用可以提升施工企业管理水平和决策效率,减少盾构的故障发生机率,提高设备使用率和寿命,降低施工成本和施工风险。

(5)盾构大数据标准化是后续数据挖掘应用的前提,是行业的财富。

数据量化与数据共享是大数据的核心,盾构大数据采集多厂家、多地质、多型号盾构数据、施工数据、位置数据,并对其进行标准化处理,打造盾构行业统一的数据标准;设立盾构行业数据字典;建设集施工、装备状态、故障数据及科研应用于一体的国家级行业标准化的盾构大数据应用平台,为全行业的盾构工业大数据应用进行积累并提供开放式平台,是行业的财富。

9.3.2　盾构大数据平台架构

盾构大数据应用平台建设需要面向盾构及掘进技术行业,开展多厂家、多地质、多型号盾构数据及施工数据提取,建设盾构大数据平台需要满足以下需求:

(1)大数据平台建设立足盾构施工现场,服务工程现场,实现工程风险管控。

(2)大数据平台建设针对盾构技术行业,要架好盾构装备领域与盾构施工领域的桥梁,真正解决盾构装备"水土不服"的难题。

(3)大数据平台建设要以提升行业企业决策力为目标,实现信息互联互通,综合服务盾构行业领域,提升中国盾构的国际影响力。

(4)大数据平台建设要具有规范性、开放性、先进性、实用性、可靠性、灵活性与扩展性、安全性、经济性、易用性、可管理性、准确性、实时性的有机统一。

盾构大数据应用平台架构应包含硬件资源层、系统管理层、核心服务层以及用户与系统管理等,基本架构如图 9-23 所示。盾构大数据应用平台的核心在于核心服务层,主要包括盾构大数据采集平台、计算仿真与智能决策平台、盾构隧道施工协同作业与监控平台、盾构工程大数据发布平台等。

9.3.2.1　盾构大数据采集平台

盾构大数据采集平台采用物联网和移动互联网技术,将施工现场的各种检测、监测仪表连接在一起,实现对施工现场地质环境和施工机械运行状态的全面感知;技术人员的设计文档、施工作业及各种指令的实时记录;并实时地将数据传输至数据中心,并按照工程标准对数据进行加工,存储,为各类专业人员协同施工提供可靠的信息服务。

9.3.2.2　盾构工程大数据管理平台

盾构工程大数据管理平台需要建立集成覆盖盾构工程领域的基础数据库,包括盾构装备数据库、工程案例数据库、施工现场数据库、工程分析和智能决策动态数据库等,并拥有一个基于云计算和互联网的,进行远程、异构数据操作的数据库管理系统。盾构工程大数据库群具体包括:

(1)基础数据库群——基础性的工程地质数据库,岩体—土体—砂卵石数据库,工程

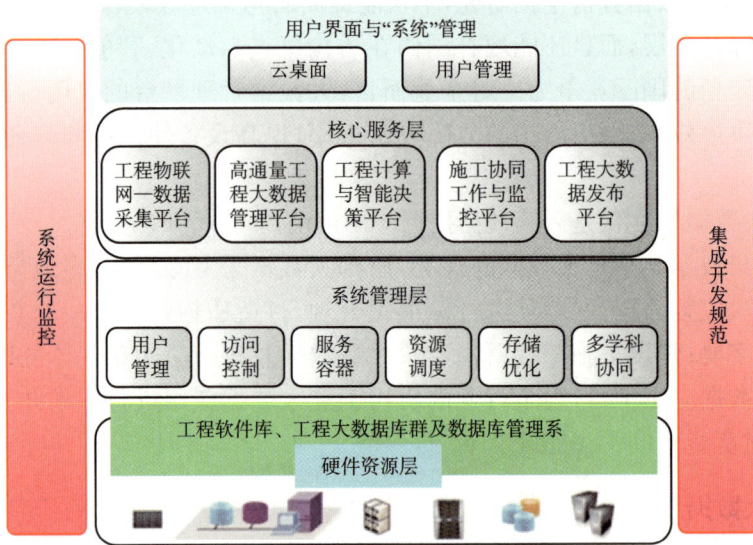

图 9-23　盾构大数据应用平台架构示意

标准、规范与法规库，盾构工程专业知识库等。

（2）建筑材料及相关构件数据库群——建筑材料库、典型构件（例如管片）力学性能数据库。

（3）盾构装备数据库——可以按功能分类构建盾构装备数据库，例如盾构及其附件（刀盘、刀具）数据库群，检测与监测仪表数据库等。

（4）典型构件力学性能实验、现场监测与计算数据库群。

（5）盾构工程案例数据库——按照工程地质环境可以分别构建岩体地质、砂卵石地质和软土地质（高含水和低含水）的盾构工程案例数据库，对每一类还可进行细分类，构建层次性的盾构工程案例数据库。

（6）施工现场数据库群——专用于盾构施工现场数据采集、存储，施工现场分析、决策的数据库群。

（7）工程分析和智能决策动态数据库群——为工程设计、计算、分析和智能决策软件提供高通量大数据服务的动态数据数据库。

（8）目录索引库——本地数据库的目录索引库与基于互联网共享数据库的目录索引库。

9.3.2.3　计算仿真与智能决策平台

无论是盾构隧道设计、施工还是安全评估，都需要大通量的计算分析、模拟仿真，以及基于大数据的知识挖掘和智能决策；计算仿真与智能决策平台为此提供高通量的计算能力，主要由高通量的计算分析和知识挖掘辅助决策的算法软件库及功能性子系统组成。

9.3.2.4　盾构施工协同作业与监控平台

盾构施工协同作业与监控平台主要由岩体地质盾构隧道施工作业与监控子系统、软土地质盾构隧道施工作业与监控子系统、砂卵石地层盾构隧道施工作业与监控子系统、复

杂工程(穿越既有运行隧道和建筑物)盾构隧道施工作业与监控子系统等,如岩体地质盾构隧道施工作业与监控子系统构成如图 9-24 所示。

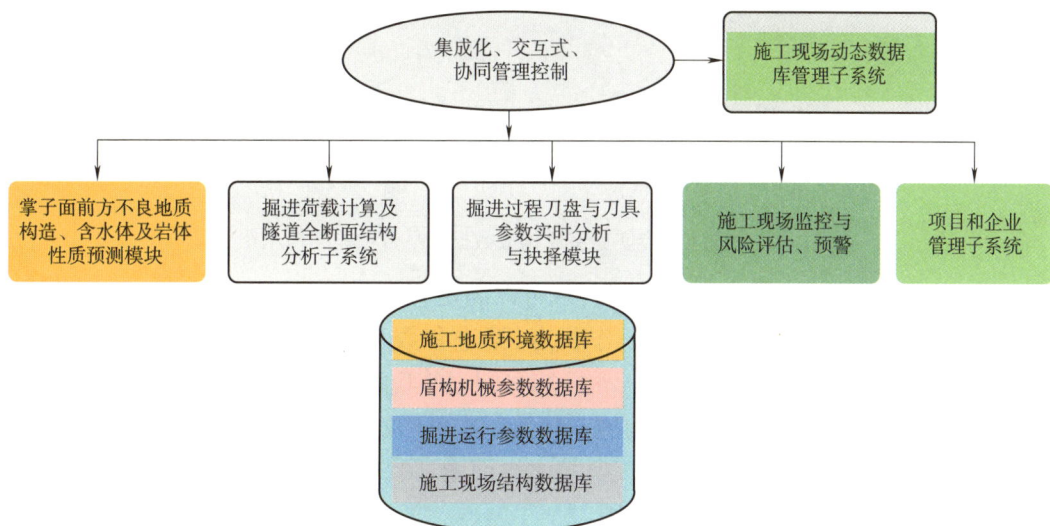

图 9-24 岩体地质盾构隧道施工作业与监控子系统架构示意

9.3.2.5 盾构工程大数据发布平台

盾构工程大数据发布平台是按照工程数据管理规范,实时地搜集、整理、集成形成公众数据库,供用户查询。公共信息主要包括:系统的规章制度、统计报表数据库、基础数据库群、盾构隧道工程知识库等。需要分类制定数据提取标准、规范,建立入库模式及服务的规章、制度,运行管理体制。

9.3.3 国家重点实验室盾构大数据云平台

9.3.3.1 功能简介

盾构及掘进技术国家重点实验室自主研发的盾构大数据云平台主要面向盾构 TBM 技术行业,立足盾构 TBM 工程实际,开展多厂家、多地质、多型号的盾构 TBM 机器数据及施工数据提取,应用 Hadoop、Spark 等大数据技术进行开发,配置专业高性能服务器集群,进行数据存储、计算、分析及信息发布,满足企业业务管理需求,集施工、装备状态、故障数据及科研应用于一体,为全行业盾构 TBM 装备制造企业及应用企业提供开放式运维服务,具有"自主可控"的工业大数据核心分析能力。平台功能架构如图 9-25所示。

9.3.3.2 智能监控模块

智能监控模块可以实现对不同厂家、不同类型的盾构 TBM 施工状态进行远程实时监控,实现对关键掘进参数等信息远程在线实时监测,实现对施工现场视频监控,提高盾构施工信息化程度和管理水平,有效保证施工安全。该平台以行业地图、企业地图和项目地

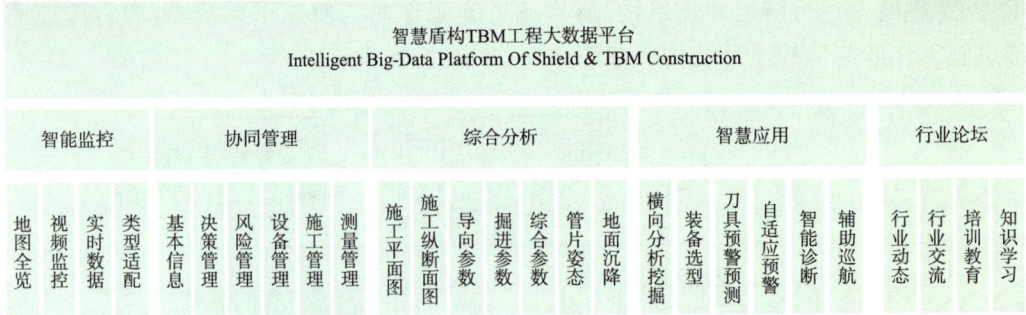

图 9-25　国家重点实验室盾构大数据云平台功能架构示意

图三级地图巡航模式查找所需要监控项目，可以满足管理人员和专家随时随地可通过计算机或手机查看盾构 TBM 的实时工作状态、掘进参数和运行记录，对盾构施工进行指导，减少误操作，提高盾构施工效率。通过对盾构施工关键掘进参数实时监控和预警，发现异常并及时处理，大大减少盾构施工风险，避免不必要的损失。

图 9-26 所示为土压平衡盾构施工监控主界面图，图 9-27 所示为泥水盾构施工监控主界面，图 9-28 所示为项目形象进度地图。

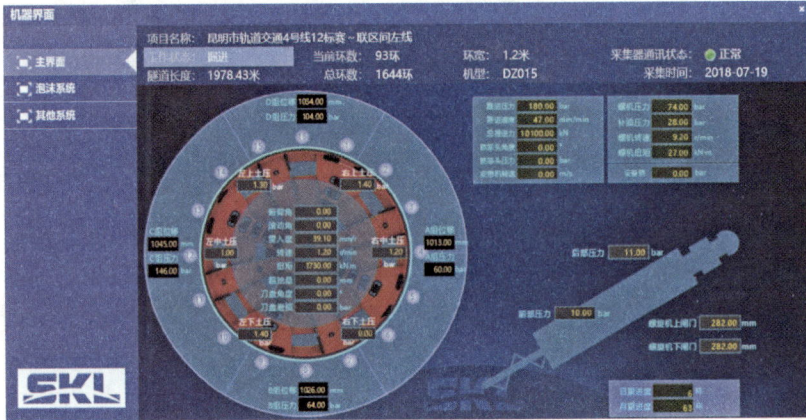

图 9-26　土压平衡盾构施工监控主界面

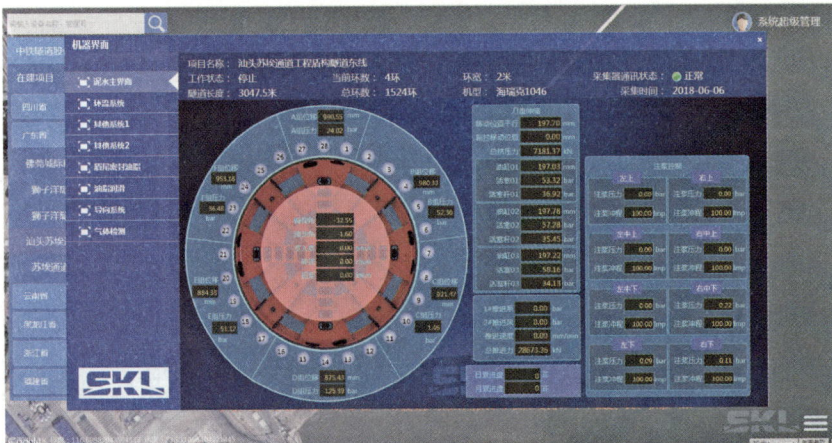

图 9-27　泥水盾构施工监控主界面

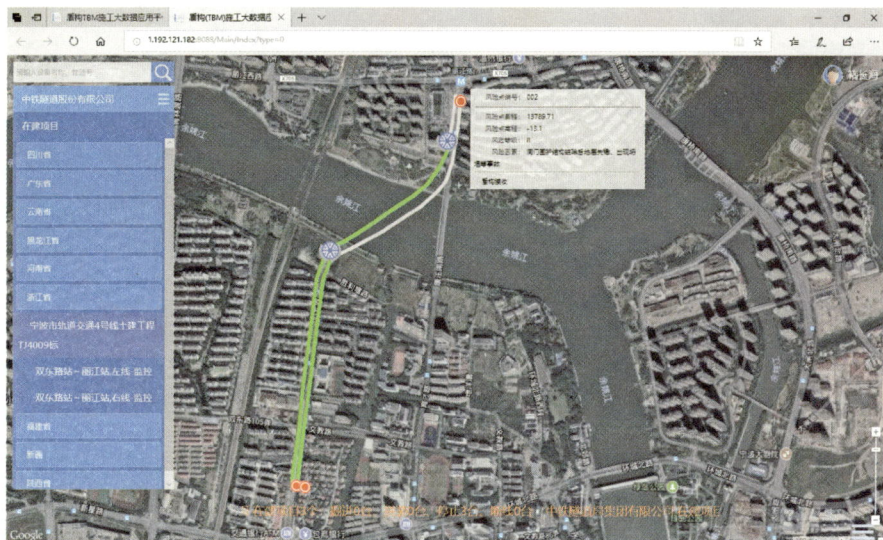

图 9-28　项目形象进度地图

9.3.3.3　综合分析模块

综合分析模块实现对工程平面图、纵剖图、关键参数、工程数据、地质数据等信息进行查询,将施工情况数字化、表格化、图像化,管理人员可对同一项目不同环数的关键参数和业务管理数据进行运行趋势、相关性进行详细对比分析,及时发现、解决施工中存在的问题,对盾构 TBM 施工具有积极指导作用。在掘进数据分析中对掘进参数、导向参数、综合参数、管片姿态、地面沉降等参数进行关联性分析,总结掘进的规律,以此来判断掘进情况的合理性,为盾构 TBM 施工提供技术支持,提高掘进效率,如图 9-29、图 9-30 所示。

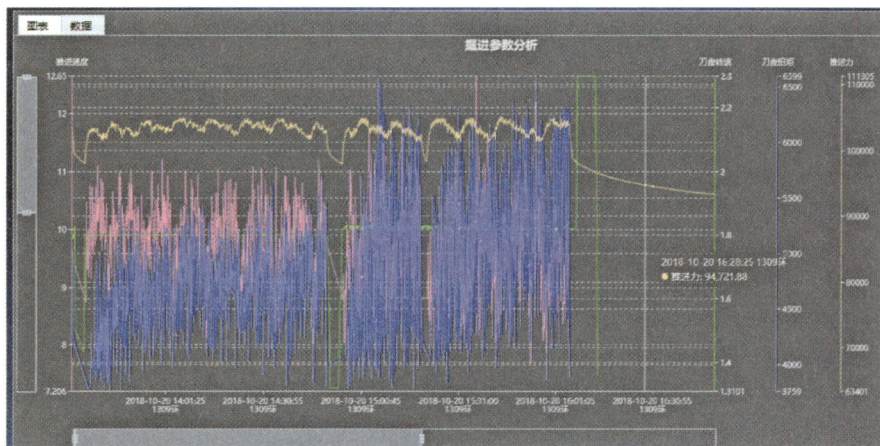

图 9-29　盾构掘进参数关联分析

9.3.3.4　协同管理模块

协同管理模块主要包括决策管理、设备管理、施工管理、风险管理、测量管理和智能运维管理,满足多层级管理部门业务需求,开展各层级日常业务的在线管理,如领导决策报表,盾构 TBM 掘进预警和报警、进度和风险管理、设备履历查询、平台健康管理等。通过业务管理

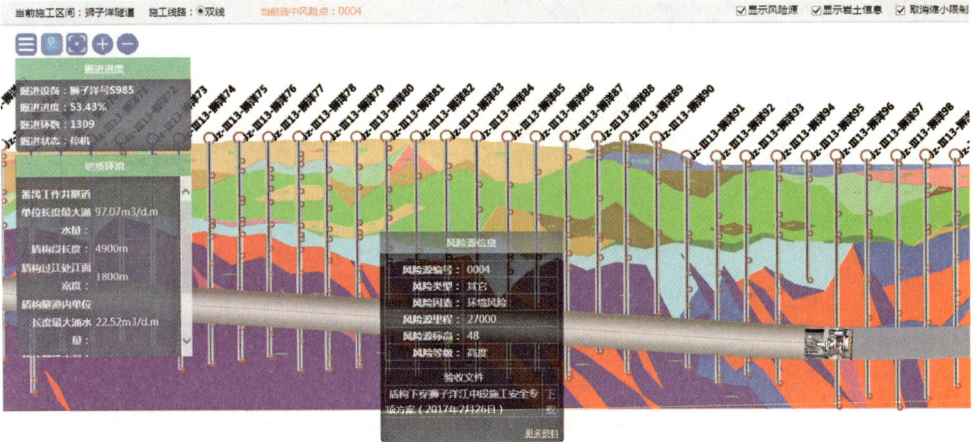

图 9-30　盾构地质状况分析

模块可提升信息化和精细化管理水平,降低管理难度,减少管理人员的工作量,有效保证项目施工工期,提高规避风险能力,优化施工资源。

9.3.4　中铁一局盾构远程监控智能管理中心

中铁一局集团自主开发的盾构远程监控智能管理中心是为适应盾构施工项目分部面广、同时在建项目多、施工环境复杂、安全性要求高等要求而建立。该管理中心融合了计算机、自动控制、网络通信、人工智能、大数据等技术,包含盾构工程概览、盾构掘进数据监控、视频监控数据、盾构施工管理、智能分析等模块。系统采集施工现场视频监控数据、盾构实时数据、施工数据、地质数据等信息并进行智能化分析处理,以列表、图表、三维导引视图、GIS 地图、CAD 等可视化形式展示,能快速直观地帮助管理层掌握盾构施工状况,实现盾构施工远程监控。针对异常的情况,该系统自动发出参数预警、风险警告等,及时有效提醒所预测的风险,并将预测结果返回给盾构工程现场指导施工。该系统实现了盾构施工安全风险、成本风险、工期进度风险、质量风险等的有效可控,提高了盾构施工效率,降低了盾构施工风险。

用手机扫描二维码即可观看视频 9-2《盾构施工大数据云平台》(该视频由中铁一局提供)。

视频 9-2　盾构施工大数据云平台

9.3.4.1　盾构工程概览

通过公司所有在建项目地图分布可查看各项目信息,提供公司工程概览信息、项目盾构始发到达逾期及风险提示、项目盾构机设备运行状态及风险源状态,如图 9-31 所示。

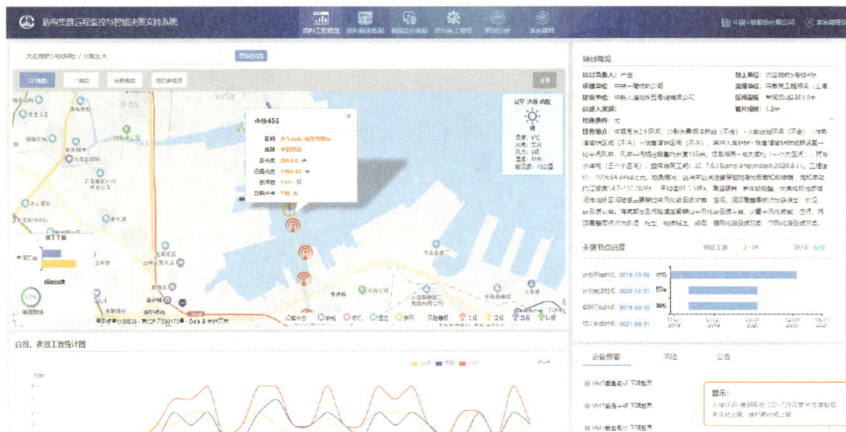

图 9-31　在建盾构项目工程概况图

基于业务需求和施工管理层级特点,结合系统目标需求,从框架上分为三层,各层主要功能包括:

(1)公司层。为各项目提供以计算机辅助施工计划制定为核心的各项业务功能,包括项目分部、项目施工主进度预警、始发到达提醒、施工风险预报、设备运行状态分析、施工质量监控、施工现场视频监控等。为公司各相关部门提供业务应用和绩效分析支持,包括针对单个和所有施工项目的施工计划及进度查询,项目施工绩效统计及对比分析。与大数据平台集成,获取安全、质量、设备等预测分析数据,可通过施工精细化管理系统,将预测分析做出的作业指导、工艺参数、应急预案等下发到项目部层。提供施工精细化管理系统的数据存储和访问功能。

(2)项目部层。为具体项目部提供以实时、动态管控为目标、计算机辅助的施工作业调度管理为核心的多项业务功能,实现针对具体施工项目的数字化、信息化、智能化管控提供系统应用。完成项目施工作业制定和排序,施工进度追踪等。通过施工作业调度系统,实现对施工安全、质量、设备等的实时应急监控。

(3)边缘计算层。主要实现项目现场设备控制器、智能传感器等就近的数据采集、实时计算、异常报警和实时状态统计等功能,以及接受来自上层施工精细化管理系统下发的施工作业指导、施工参数等,服务于施工现场的数字化、信息化监控管理。可集成智能感知平台数据,实现对施工过程各要素信息的实时监控、异常状态实时报警和本地化数据计算。通过可视化界面,以图形化、曲线图表等方式动态展示数据和信息。

9.3.4.2　盾构掘进数据

查看公司各项目盾构机施工运行状态,通过各实时参数监控数据反应施工状态,如图9-32所示。

9.3.4.3　视频监控影像

查看公司各项目各点位监控视频,对项目区间线路进行实时查询和跟踪管理,如图9-33所示。

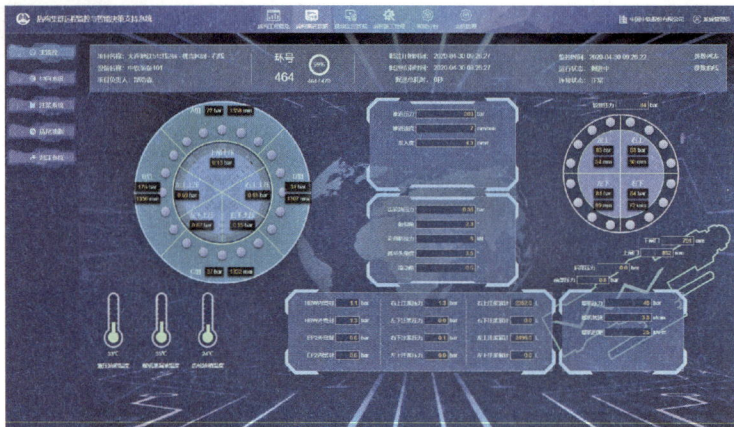

图 9-32　盾构机主监控系统图

图 9-33　盾构施工监控视频图

9.3.4.4　进度管理

提供公司当日及当月掘进环数、盾构机运行效率,具体各项目区间线路掘进环数、当日环比、月度环比、片区排名等展示功能,统计各项目进度情况,如图 9-34 所示。

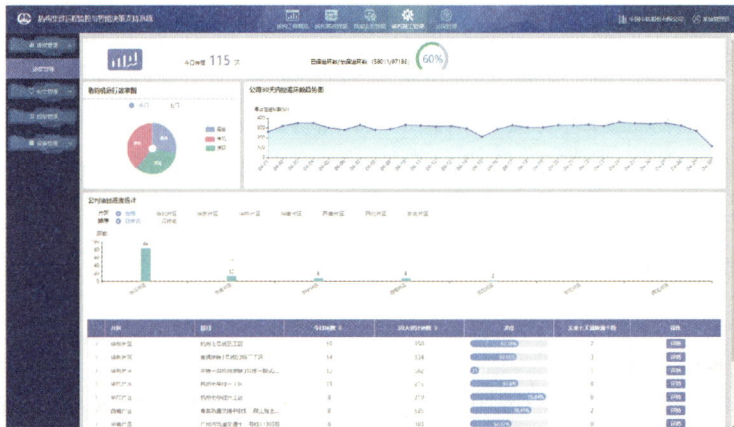

图 9-34　盾构日掘进环数图

9.3.4.5　安全管理

提供各项目风险、排名等分类统计分析服务,汇总查看各项目沉降风险数据,查询并统计各项目特种人员和需求,观测每环掘进渣土情况,提供单环形变和环直径形变查询功能,针对不符安全要求的检查点,提供待整改、待复查情况统计功能。

9.3.4.6　质量管理

提供对不同片区各项目管片质量情况查询功能,实现分片区、分项目管片质量评级,如图 9-35 所示。

图 9-35　监测拼装管片质量图

9.3.4.7　设备管理

对公司所有盾构机运行状态、故障设备数量、停机原因进行统计,以图表形式简明展示公司盾构设备信息,便于对故障设备及时维护管理,如图 9-36 所示。

图 9-36　盾构设备管理图

9.3.4.8　智能分析

对施工现场盾构机实时数据的分析处理,获取当前机器的运行状态、设备姿态、刀盘道具监控状态、掘进工况、隧道线形的判断,对施工作业进行指导和预警。

(1)盾构刀具磨损评估预测

使用可视化检查数据质量,如数据是否包含非预期值或其他数据。观察数据倾斜情况,如大部分数据集中在某个数值或连续体的一端。对原始数据进行预处理,基于地质特

性和掘进参数对盾构工况数据进行聚类分析，根据聚类分析结果构建不同的模型训练数据集。以刀具磨损机理分析和故障影响因素定量关联模型分析结果为参照，结合机器学习、深度学习等算法对传感器采集到的刀盘系统运行状态数据进行特征提取，构建刀具磨损特征集。采用机器学习算法建立刀具磨损状态监测模型、刀具健康评估模型，对模型进行优化。实现刀具的实时状态监测和健康评估。

以历史数据集作为刀具健康评估模型的输入，得到刀具的历史健康状态曲线。结合地质勘探结果、掘进控制参数，建立刀具健康状态水平的预测模型，预测刀具健康状态曲线未来一段时间的发展趋势。采用多个算法建立不同的预测模型，综合多个模型的预测结果筛选确定精度最高的预测结果。通过对历史故障数据的分析，确定刀具磨损极限状态下的健康状态水平阈值。在刀具的健康状态水平接近设定阈值前进行故障预警，提醒开舱换刀作业。

（2）地表沉降预测

施工区域地质情况对地面沉降的影响：盾构在掘进过程中，必然会受到施工区域地质情况的影响。不同的地质情况通过土体物理特性的不同来进行区分，对不同土体物理特性下的土质进行掘进施工发现盾构在黏性土层中引起的地表沉降值小于砂层、卵石层中引起的地表沉降。在掘进过程中，刀盘会由于卵石的作用而瞬时产生较大的扭矩，扭矩的突然变化也会造成开挖面的不稳定导致沉降。在砂层中砂粒粒径的大小或颗粒级配会影响刀盘对土体切削的难易程度。当粒径小且级配好时，盾构在掘进中对土体的扰动较小；反之，当砂粒的直径大时，盾构掘进需要的推力和刀盘扭矩也需要增大，从而对土体产生较大扰动。当衬砌脱出盾尾后，由于沙土的自稳性较差，则在注浆前砂土就会产生局部塌落，造成地层损失。在砂性土中进行隧道的开挖尤其需要注意掘进参数的控制，因为砂性土的抗拉、抗剪性能较差，施工参数设置不当极其容易产生较大地面沉降。

通过机器学习、深度学习算法等构建地面沉降预测模型，进而实现对盾构施工过程中地面沉降量的预测，通过对地表沉降量的预测结果进行智能检测与判断，如果大于地表沉降量的最大阈值，则超前智能预警，及时采取有效措施以避免重大安全事故。再对沉降量进行整体分析，挖掘预测监测点的沉降量对周围监测点沉降量的影响。

（3）轴线偏差智能报警及预测分析

实现智能采集轴线偏差相关数据，可视化监测轴线偏差相关数据，实时监测盾构掘进路线是否偏离原始设计轴线，通过对数据的分析处理结合盾构掘进趋势，删除无效预警，进行智能化报警。利用影响轴线偏差的关键施工参数进行轴线偏差量的预测。分析施工参数和轴线偏差之间的关联规律，在保证轴线偏差量不超标的情况下，推荐出合理的施工参数范围，基于施工参数的匹配规律和轴线偏差量预测结果，依据专家经验，对施工参数推荐的合理性进行验证和修正。

城市地下空间工程大数据资源，可以实现城市地下空间信息共享；深化城市地下空间数据资源应用；打造地下城市空间工程大数据生态系统；该平台和服务也可逐步拓展到城市地下交通、管网等城市管理与服务领域，服务于智慧城市建设和发展。

（4）渣土体积测量

利用点云数据分析及图像识别技术，测量每环的出土量，及时预警，防止多出土，可有效确保施工安全，如图9-37所示。

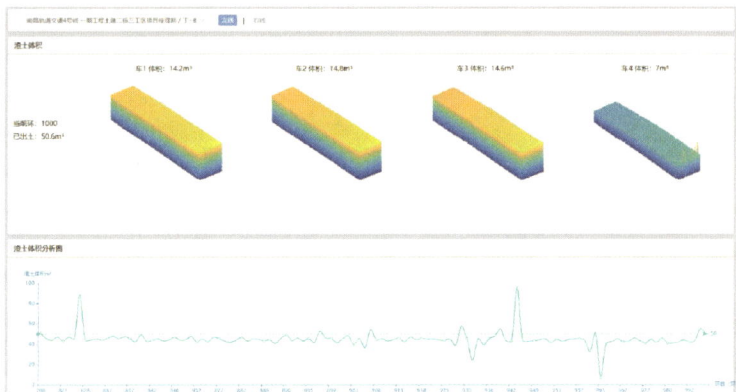

图 9-37 渣土体积测量图

9.3.4.9 中国工程机械在线租赁平台

中国工程机械在线租赁平台是着眼于工程机械价值最大化，以工程机械租赁双方供需服务提供为导向，为工程机械供需双方建立可靠的设备租赁业务对接渠道，提供工程机械租赁撮合服务。

通过建立"互联网＋租赁"模式为工程机械租赁的供需双方搭建起业务对接的桥梁，解决双方信息沟通不畅的难题，真正做到"需求发布、即时响应"，为工程机械租赁行业提供服务支撑。

◆思考题◆

1. 盾构施工风险分为哪几类？
2. 盾构施工主要风险有哪些？
3. 简述盾构施工风险防控理论体系。
4. 盾构施工常见地质风险有哪些？
5. 盾构施工常见环境风险有哪些？
6. 怎样防控地质环境风险？
7. 盾构设备风险如何防范？
8. 从业人员风险如何防范？
9. 简述智慧工地的概念。
10. 智慧工地主要功能有哪些？
11. 数字化管理平台具有哪些特点？
12. 简述建筑企业的"三个管理中心"。
13. 简述盾构施工大数据的作用与意义。
14. 盾构大数据应用平台主要包括哪些平台？
15. 国家重点实验室盾构大数据云平台功能架构包括哪些模块？
16. 盾构远程监控智能管理中心是怎样进行盾构刀具磨损评估预测的？
17. 盾构远程监控智能管理中心怎样进行地表沉降预测？
18. 简述轴线偏差智能报警及预测分析。

第 10 章 盾构管理与使用

本章重点:主要介绍盾构设备的管理、使用、保养与维修等关键技术。

10.1 盾构设备管理

10.1.1 管理的内容

盾构设备管理的范围包括对盾构(含盾构主机及后配套设备)、施工辅助设备(也称常规设备)、施工辅助设施、材料、配件及施工人员的管理。

盾构设备管理的对象包括盾构、常规设备及施工作业人员,管理内容包括盾构、施工辅助设备、施工辅助设施的管理、使用、保养、维修、配件、外加工等六个方面。

10.1.2 管理的组织机构

盾构设备的有效管理是通过有效的组织机构来实现的。组织机构是管理的载体,是实现有效管理的保证。盾构法施工项目部必须建立盾构设备管理组织机构,明确岗位职责。确保对盾构、施工辅助设备、施工辅助设施及施工作业人员进行有效的管理。盾构项目部设备管理的组织机构一般按图 10-1 设置。

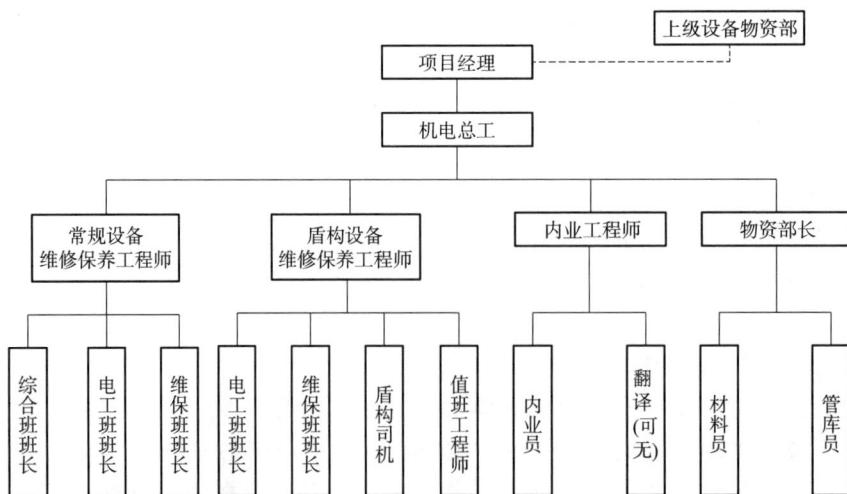

图 10-1　盾构法施工设备管理组织机构示意

10.1.3 现场管理

(1)设备台账

建立盾构及后配套设备、施工辅助设备的台账,并由内业员管理,定期对账,做到账物相符。

构成固定资产的施工设备均应建立履历簿。履历簿中应详细记录该机简历、变动、事故、运转、修理、保养、技术改造、油质测试、状态检测等情况。履历簿由内业员及时认真填写。

机械使用说明书、出厂合格证、图纸、配件目录、设计资料、电子文档等随机技术资料,由内业员妥善保管,按规定存档。

机械运转记录由操作司机填写,将该机的运转小时、油料消耗、完成工作量等认真如实记录,按月汇总并由机电部内业员存档。

内业员要认真履行职责,及时收集资料,规范、正确地填写各类机械报表。要加强设备管理方面的信息积累和统计分析,各种原始凭证、数据资料要齐全、准确,并认真作好固定资产创净值率、主要生产设备完好率、设备大修计划完成率、净产值设备修理费用、设备事故和设备故障停机等主要技术经济指标的统计分析工作。

(2)配件管理

配件管理实行工程师签认制度。盾构设备的配件管理坚持"以修为主、国产为辅"方针,严格控制昂贵进口配件的发放。

配件计划由维修保养工程师制定,经项目部机电总工审核后,于每月 25 日前报经理审批。管库员发放配件时,一律坚持以旧换新的原则,对于损坏的进口配件必须由维修保养工程师签认方可领用。各施工设备的司机、修理工、配件库管人员应主动及时向维修保养工程师反映配件的使用与消耗情况。配件采购后,必须经维修保养工程师验收合格后方可入库,严格点收制度。配件入库后,管库员按规定存放,每月 25 日将配件库存动态表上报维修保养工程师。

(3)油水管理

建立严格的油水管理制度,定期、定点抽取油样进行化验分析,并以检测结果来指导油水管理工作。

使用过程中,应每月进行油质检验,以确定最佳换油时间,确保盾构正常运转。应配备基本的油水检测设备、仪器及化验人员,如条件不具备时,必须委托有油水化验资质的单位进行。内业员将盾构油质的检测时间、检测结果以及按检测结果换油情况记入机械履历簿,并将油质检测报告存档。

严格盾构用油的标准化管理,认真把好油料的采购"进货关"、验收"保管关"和"使用关"。物资部门负责油料的采购、入库检验、保管及超期储存(六个月)的复验等,检验单作为入库凭证之一存查。必须采购盾构生产商推荐品牌或国家批准定点生产企业的名优产品,并负责提供油品技术证件,保管期限和本部门的复检证明,作为质量依据。

冷却水必须用软水,冷却水池要保证水量充足,散热良好,定期换水,定期清洗水池,

保证清洁。

（4）设备状态评估

为了加强对盾构及施工辅助设备的管理，保证施工设备技术状况良好及安全运行，切实做好维修保养工作，应成立施工设备状态评估组，每月对施工设备进行状态评估。盾构完成全部掘进任务前，应由状态评估组对盾构及施工辅助设备、管片模具和配套设备的技术状况进行全面的退场前评估。评估工作一般在剩余 3 环的时候进行，目的是记录盾构在掘进状态下的各种技术参数。同时，要进行油水检测。评估结束后形成盾构状态评估报告。对状态评估中提出的问题应及时进行解决。

盾构正常使用过程中的定期状态评估由项目部组织实施，项目部、工区和有关管理单位人员参加；盾构完成全部掘进退场前的状态评估，由盾构管理单位组织，项目部和工区配合，有关部门派员参加。状态评估的内容、范围、时间及实施的相关工作，参加状态评估人员的责任和权利由组织实施单位确定。状态评估完成后要提交完整的评估报告。使用单位要按照评估报告要求，制定维修方案；盾构管理单位要对使用单位的维修保养进行监督指导。

（5）操作管理

操作管理项目主要包括开挖面管理、推进管理、出渣管理、管片拼装管理、壁后注浆管理、二次衬砌管理。

盾构掘进参数必须由土木工程师根据地质状况下达指令，操作人员应根据土木工程师的指令操作盾构。

盾构施工过程中，随时注意开挖面状态、盾构姿态、盾构尾部的管片有无变形与破损、漏水和地表沉降等，在进行各种调查、测量等作业时要慎重，使工程严格按技术规范完成。

（6）安全管理

管理人员和施工作业人员必须树立"安全第一"的思想。盾构项目部应成立安全管理委员会，建立事故报告制度，建立安全预防措施和应急预案，配备防火、防洪、防漏电、防坍塌用品或设施，制订盾构及其他常规设备的安全操作规程。

安全管理委员会一般应设置 1 名专职安全员。盾构司机、管片安装机司机、注浆泵司机、电瓶车司机、门吊司机及盾构维修保养人员必须持证上岗。

（7）成本管理

根据合同及承包价的验工指标，预算成本费率。根据项目责任成本和分解资料编制项目利润、项目管理费和间接费计划，准确核算实际成本，正确归集摊销各项费用。在实践中不断总结，建立盾构工程的施工消耗定额，搞好成本控制，做好盾构的成本分析，建立完整的成本管理制度。

（8）环境管理

盾构法施工环境管理的原则是：整理、整顿、清扫、清洁、身美，即"5S 管理"。

"整理"是把要与不要的材料、工具、设备、报表分开放置，然后再将不要的物品处理掉，这是改善环境的第一步。

"整顿"是把要的物品定量定位。材料、工具、油料要摆放整齐；管片、钢轨、钢枕堆放

整齐;设备分类停放,待修的机械停放指定位置。

"清扫"是将施工场地、环境、设备、材料的灰尘和污垢清扫干净,确保设备和施工现场的整洁。

"清洁"是在"整理"、"整顿"、"清扫"之后的彻底维护。清洁是安全生产的第一步。

"身美"是指员工统一着装。

(9)信息管理

建立盾构管理的信息系统,实现盾构管理的信息化、网络化与远程化,对盾构管理全过程进行跟踪和控制。做好盾构施工过程中各项技术参数的信息采集和记录,并对所采集的数据进行汇总和分析。

信息采集的内容要齐全,如盾构主要包括:盾构土舱压力、泥水压力、泥水状态、推力、扭矩、转速、姿态、排土量、温度、地下水位,地表及建筑物、地基变形等。采集的信息和记录要保存完整,建立信息数据库,各种信息和记录应有电子文档和书面记录两种方式,有专人保管,以便作为今后盾构施工技术改进、发展的参考资料。

盾构的数据采集系统是一个比较完善的自动采集与监控系统,在任何情况下应充分保证数据采集系统的正常运行。计算机在盾构正常施工阶段应保持每天 24 h 开机,并定期对计算机的采集数据与软件系统进行备份。

未经允许,严禁对数据采集计算机系统进行任何软、硬件方面的改动。由于采集系统是通过程控电话系统来对隧道内的 PLC 系统进行连接的,所以应对数据采集系统的连接电缆进行日常的检查与保养,发现问题应立即修复;由于数据采集系统存在随时掉线的可能,其采集的环数可能和实际的不符。应每天有专人对数据采集系统计算机上的环数与实际环数进行核对,发现有误时应立即修改数据采集系统环数,以保证采集数据的正确性。

对掘进过程中采集的信息,必须进行分析,发现问题及时反馈,以指导生产。

10.1.4　岗位职责

盾构项目部必须建立健全岗位责任制,明确各个岗位的职、责、权,分工明确,实现职、责、权三者的统一。

盾构项目部是盾构管理、使用的责任主体单位,负责盾构的现场管理、使用、保养、修理、保管等工作。项目经理负责盾构的全面管理,对盾构的机械状况和寿命负责。机电总工程师在项目经理的领导下,具体实施各项管理制度、机械维护以及成本核算等。机械技术人员在机电总工程师的领导下,具体执行各项管理制度。

(1)机电总工程师的职责

①在项目经理的领导下,主管盾构及辅助设备的技术管理工作,领导盾构操作司机、维修保养工程师、内业工程师、物资部长的工作。

②组织实施盾构的组装、调试、始发(步进)、掘进、到达、调头、转场、拆机、包装、存放、运输工作。

③组织编制设备管理制度和规程,检查和监督操作人员严格按规程进行作业。审查

有关设备维修保养计划，并监督执行。

④组织对盾构和辅助设备的操作人员和维修保养人员进行培训。

⑤组织设备管理工作，组织设备、计算机管理的技术攻关。每月组织一次盾构状态评估与油水检测工作。

⑥组织对施工中的材料和配件管理，审核修旧利废的技术方案，保证施工材料和配件供应。

⑦编制年度技术工作计划。组织编制盾构的维修保养计划、配件材料需求计划、油水检测计划，并按时下达到班组。

⑧组织对盾构设备和施工技术的研讨活动，主持盾构施工技术工作会议，并检查落实技术会议决议的执行情况。

⑨协调盾构施工作业和设备维修保养的关系，处理好使用和维修保养的关系。

⑩对机械技术人员的工作情况进行考核。

（2）盾构维修保养工程师的职责

①负责盾构及后配套设备的维修保养规程和安全操作规程的编制。

②负责盾构及后配套设备的维修保养工作。负责对维修保养班下达维修保养任务，指导维修保养班和电工班的工作。

③每天至少2次对盾构及后配套设备进行巡视，对盾构及后配套设备的保养结果进行检查，并将检查结果报机电总工程师。

④负责制定每周维修保养计划和配件材料供应计划，交机电总工程师审批。

⑤负责并参与维修保养班每周的周检，并将周检及维修保养结果报机电总工程师。

⑥每天对操作人员填写的运转记录和维修班填写的点检报表进行检查确认。负责收集整理有关报表。

（3）掘进班长的职责

①对本班及本机组全面负责，保证盾构及后配套设备的正常运转。

②指导盾构主司机、管片吊机操作员、管片安装机操作员、注浆泵操作员的工作。

③有权拒绝无操作合格证的人员上机操作，组织、领导、监督机组人员对盾构及后配套设备搞好使用、保养及维修工作。主动向维修保养工程师及时反映情况，并提出合理化建议。

④负责盾构施工工序的协调组织。

⑤收集和总结盾构施工中及维修保养中的技术问题。

⑥参与事故的分析和处理。

（4）盾构值班工程师的职责

①负责制定《盾构作业指导书》。

②负责对盾构巡视，并将巡视结果报机电总工程师。巡视内容如下：检查盾构及后配套设备状况，检查盾构司机、管片安装机操作员、注浆泵操作员等盾构操作人员是否按《盾构安全操作规程》和《盾构作业指导书》进行安全操作，检查掘进班对盾构的清洁保养情况。

③负责对盾构司机进行现场技术指导,并处理工作中发现的违章作业行为。

④指导并参与盾构的组装与调试,始发、调头、转场和拆机工作。

⑤负责向维修保养工程师或机电部内业工程师报告值班过程中的设备存在的问题,并及时对值班中所发生的问题进行处理。

⑥提供值班记录、盾构掘进参数、技术总结。

(5)盾构司机岗位职责

①严格遵守盾构安全技术操作规程,服从维保工程师、土木工程师的指导。当盾构有发生事故的可能时,必须立即报告值班工程师,并及时采取有效措施,确保安全生产。

②保证盾构的安全运转及附件、工具、原始资料的完整齐全,严禁拆除盾构上的任何部件。

③掘进过程中盾构掘进参数严格按照土木工程师提供的施工指令,严禁擅自更改。如遇指令与地质状况不符时,应停止掘进,并将情况及时反馈给土木工程师。

④认真填写盾构运转记录和掘进报表,做好交接班工作。

⑤控制好盾构姿态,监控盾构的故障显示并反馈给维保工程师。

⑥作好操作室的清洁工作,保持良好的施工作业环境。

(6)内业工程师的职责

①在机电总工程师的领导下,对盾构的技术资料、技术文件进行管理,制定并执行技术资料和文件管理办法。

②及时收集原始资料,规范、正确填写有关盾构及施工辅助设备的报表。

③负责设备管理的信息收集、整理、汇总、处理、分析。

④负责内部资料、档案的分类、整理并保存。

⑤定期上报合格分供方调查、配件消耗统计、电力消耗统计、机械使用成本等规定的资料。

⑥负责计算机的管理及计算机的日常维护。

(7)常规设备(施工辅助设备)维修保养工程师职责

①负责解决施工辅助设备存在的问题。

②负责制定施工辅助设备的作业指导书。

③检查施工辅助设备使用、保养、维修执行情况。

④负责施工辅助设备巡视工作,检查维修保养结果。

(8)安全员的职责

①进行安全宣传和对职工进行安全知识培训。

②会同维修保养工程师进行事故分析处理。

③研究防止安全事故发生的措施。

④每天对施工设备的操作与运转情况进行安全巡视。

10.1.5　岗位考核

为确保各岗位认真履行本职工作,确保盾构施工的顺利进行,必须制定相应的岗位考

核办法和奖惩制度。

只有制定严格的岗位考核办法,才能确保管理有目标,考核有依据,奖惩有标准。

岗位考核记分与当月奖金挂钩,严格考核、奖惩兑现、赏罚分明,确保各项工作有条不紊。检查考核过程中发现的问题给责任部门或责任人发放限期整改通知单,要求认真进行整改,并对整改结果跟踪检查。

10.1.6　技术培训

建立有效的培训制度,开展对盾构司机、盾构维修保养人员、安全员的技术培训,使其技术素质、技术水平、管理水平、操作维修水平不断提高。

盾构技术培训主要包括以下内容:盾构的结构原理、工作原理;导向系统的操作;数据采集系统的操作;泥水处理技术;现场用电技术;油水检测与状态监测技术;盾构法施工新技术、新工艺。盾构操作人员、维修人员等要经培训考试合格后持证上岗。

10.2　盾构设备使用

10.2.1　施工组织设计编制

盾构施工前应编制详细的实施性施工组织设计。如:盾构工程实施性施工组织设计主要包括盾构的构造、特性及适用范围;施工沿线地表环境调查报告;施工沿线地下障碍物的调查报告;工程地质与水文地质勘查报告。隧道沿线探孔间距一般不应大于 50 m,地质变化地段应加密。设计文件对工程的技术要求与规定;施工现场平面布置图;盾构的现场组装、安装及吊装方案;工作竖井的施工方案与检查井的施工方案;盾构法施工的临时给水、排水、照明、供电、消防、通风、通信等设计;管片制造、运输、贮存、防水、拼装与同步注浆、二次补充注浆方案;配套辅助施工机械设备的选型、规格、数量与现场及工作井垂直运输及水平运输等机械设备布置;盾构的始发、掘进、到达的条件以及掘进与运土方案;测量与监控方案;防漏电、防缺氧、防爆、防毒等安全监测和保护措施。

10.2.2　安全操作要求

(1)盾构操作要求

坚持施工生产"安全第一"的方针,建立事故报告制度,建立安全预防措施和应急预案,根据施工中所使用的盾构类型、盾构使用说明书制定详细的《盾构安全操作规程》,并充分发挥安全管理委员会(安全监察机构)和群众性的安全组织的作用,严格监督安全操作规程的贯彻执行。

盾构司机、管片安装机司机、注浆泵司机、电瓶车司机、起吊司机、盾构维修保养人员必须持证上岗。项目部和工区要制定安全预防措施和应急预案,配备安全管理和指挥人员。建立事故报告制度,任何人发现设备事故或事故苗头时,应立即报告安全员或值班工程师。工地要配备预防火灾、水淹、漏电、坍塌、物体坠落的用品或装置,保证人员和盾构

的安全。

在盾构不同岗位上的操作人员,必须进行岗前专业培训,经考核合格后发给上岗证,持证上岗。特殊工种的工作人员如电气、吊车司机、机车司机、电焊工、装载机司机、机械维修人员等应同时遵守相关行业的安全操作规程。在人舱内工作的人员必须通过医学适应性体检。在控制室内操作的人员要求无色盲。电力设备的维修保养必须由具有此资格的电工人员进行,且须在有资格的负责人监督和指导。操作和维护高压设备的人员必须是经过特殊培训的,且具有高压操作资格证书。操作空气压缩设备和液压设备的工作人员必须具有相应的专业知识和一定的工作经验。

在盾构内工作的相关人员应十分熟悉盾构上的所有安全保障设备,以便在可能发生危险时能利用这些设备来避免和消除危险的发生。在工作区域的所有人员应十分熟悉盾构上所有的警示灯、警报器、紧急停止按钮、消防系统等。工作人员应熟悉盾构内的联络系统,并经常检查以保证这些通信设备能正常使用。

(2)操作注意事项

盾构在掘进操作过程中,要始终注意掘进参数变化。特别是对于盾构,必须保证盾构正面土体处于稳定状态。

盾构正面土体稳定的效果将直接影响地层变形。平衡压力过大、过小,进土量过多、过少等情况将导致正面稳定不佳的情况产生。

盾构正面土体稳定控制包含着推力、推进速度和出土量三者的相互关系,对盾构施工轴线和地层变形量的控制起主导作用。保证盾构正面土体稳定,有效地控制轴线和地层变形的措施如下:

①在盾构施工中根据不同土质和覆土厚度、地面建筑物,配合监测信息的分析,及时调整平衡点。

②控制每次纠偏的量,减少对土体的扰动。

③及时调整注浆量和注浆压力。

盾构掘进时,可能会遇到的几种情况:对地层情况调查不细而遇到障碍物;对水文地质条件掌握不全而遇到流沙、暗浜、回填土层、承压水或地层土体软硬不均匀;对盾构自重方向、出土或仪表控制不当;对注浆控制不当;或是盾构处在小半径曲线区间段等。当出现以下几种情况时,应停止盾构掘进并采取措施:

①盾构前方发生坍塌或遇有障碍。

②盾构自转角度过大。

③盾构位置偏离过大。

④盾构推力比预计的大。

⑤可能发生危及管片防水、运输及注浆设备故障等。

10.2.3　盾构操作

(1)盾构主机操作

开机前全面检查冷却循环水系统、压缩空气系统、推进系统、管片拼装系统、主轴承密

封润滑系统、盾尾注脂系统、泥水系统等，确保系统正常方能启动操作。并确保开机前无人停留在盾构的危险区域。

严格按照启动顺序开机。掘进过程中，主司机应时刻监视主机室内操作面板上的各种参数，并严密监视出碴情况，应随时根据导向系统的参数调整盾构姿态。副司机应随时巡检盾构设备状态，如泵站噪声、液压系统管路连接有无松动及是否有渗漏油、油脂添加系统原料是否充足、轨道是否畅通、注浆是否正常等。盾构操作必须做到：①没有注浆或注浆量不能保证时不能掘进；②没有方向量测时不能掘进。

盾构掘进过程中，必须确保开挖面的稳定，必须按围岩条件调整土舱压力（泥浆压力、泥浆性质）和控制出渣量（送排泥量）。保持适当的推进压力，不可过大或过小。盾构掘进的推力必须在考虑围岩情况、盾构类型、超挖量、有无蛇曲修正、隧道曲线半径、坡度和管片反力等情况下，确保盾构掘进时的推力大小始终保持在适当的值上。

（2）管片安装操作

管片安装须按正确的安装程序进行。管片拼装质量直接影响弹性密封垫的防水作用。拼装时应注意控制管片成环的椭圆度和管片环面的平整度。椭圆度过大会引起环缝张开量增大，易造成漏水。拼装后的初始椭圆度应按照规范要求控制，管片脱离盾尾后应尽量限制椭圆度的增大，应复紧管片联接螺栓。环面不平整度一般是因管片制作和拼装精度不够，推进油缸推力不均衡引起，环面不平整度应控制在 5 mm 内，若超出应用垫片填平补齐。

管片安装必须从隧道底部开始，然后依次安装相邻块，最后安装封顶块。封顶块安装前，应对止水条进行润滑处理，安装时先径向插入，调整位置后缓慢纵向顶推。管片块安装到位后，应及时伸出相应位置的推进油缸顶紧管片，其顶推力应大于稳定管片所需力，然后方可移开管片安装机。

管片吊运时管片下严禁站人或人员身体某部位处于管片下方。进行管片安装时，安装区域下放严禁站人或人员身体某部位处于管片下方。管片输送小车前移管片时移动区域不能有人员或设备。操作前的检查中发现任何不正常的问题，都必须经相关人员检查确认正常后才能进行工作。在使用操作中，出现任何不正常问题，工作人员必须离开危险区域，在将管片等放到安全位置，经相关人员检修确认后，才能进行工作。具有电工特种作业操作证人员才能开箱进行电气检查。

在管片安装过程中，如出现过载工作，须立即采取紧急制动和按下紧急按钮，人员离开危险区域后，再将管片旋转到安全位置；若无法将管片旋转到安全位置，则需采取木头垫起或安全吊索链的方法保护后，进行相应的检查和处理后重新工作。在管片安装时，出现以下情况时，须立即按下紧急按钮停止工作，检查和处理后重新启动：

①系统油缸和管路出现损坏破裂时。

②油泵或电机出现异常现象时。

③定位螺栓和抓取器或其他部位有损坏时。

（3）壁后注浆

盾构推进过程中，应及时进行同步注浆，使管片衬砌尽早支承地层，防止地层沉降。

同步注浆一般采用水泥砂浆。应注意控制管片背衬注浆部位、注浆量和注浆压力。每环推进前对同步注浆的浆液进行小样试验,严格控制初凝时间。在同步注浆过程中,合理掌握注浆压力,使注浆量、注浆速度与推进速度等施工参数相匹配。

每班注浆作业完毕后,及时清理搅拌机、砂浆罐、注浆泵和注浆管路。要定期清理贮浆罐,清除结块。清洗管路时,释放管道及设备中的压力,防止高压伤人。使用高压清洗机清洗设备时应严格按照清洗机操作规程进行操作。因故长时间停机或出现堵管现象时要及时清洗管路,防止管内砂浆凝结,尤其是盾尾暗置注浆管。

（4）导向系统操作

导向系统必须由经过严格培训的专业测量人员操作。导向系统自动检测盾构的姿态,实时测量与设计线形的偏移量。应正确输入隧道设计线路数据,数据输入前必须至少经过两个人的复核,输入计算机后也必须至少经过两个人的复核。应随时保证测站点和后视点的坐标正确。每周至少应进行一次站点与控制点复测,必要时应对站点数据进行修正。定期用人工测量方法对导向系统的数据进行复核,包括系统的测量结果、测点坐标等。系统的测站点和后视点均安装在隧道管片的固定支架上,应保证支架安装稳固,不能有晃动。在施工过程中,尤其要注意不能有物体触碰、撞击它。经常对导向系统的各部分进行巡视、检查及维保。确保导向系统处于正常状态。移动站点前,应首先检查原来的测点是否被碰撞、移动,应在确认原有测站点和后视点无误的前提下再进行新测站点的测量工作。移动时要确保全站仪和棱镜安全,防止振动与损伤。

（5）人舱操作

人舱的操作应由受过训练的人舱管理员执行。只有通过了体检和带压测试并经过了相关培训的人员才能带压进舱。所有人舱管理员需要用到的操作和显示元件均安装在空气舱的外面。要做好带压进舱的技术交底工作。

必须定期检查人舱所有部件（显示仪、条形记录器、热系统、钟、温度计、密封和阀）的功能。必须定期检查电话和紧急电话设备是否能按照规定要求工作。检查门密封和密封面是否干净和损坏,必要时更换密封。使用人舱时测试条形记录器是否能正常工作,供纸是否充足。

患有感冒或流感的人不能进入人舱,因为有可能造成耳膜破裂的危险。人员进出人舱时必须穿干衣服。必须遵守所有人舱前部和内部的警示和信息标志。

（6）后配套管线延伸

盾构施工用水、用电及高压空气等通过在后配套拖车上的水管卷筒、高压电缆卷筒、风管卷筒等采用管线与隧道外连接,随着盾构的推进,卷筒上管线存贮长度不断减少,应适时进行管线的延伸。

水管延伸在有压力的情况下不能进行。在进行延伸前,必须检查管线是否已经卸压。延长管线时机器上和隧道里管道的阀门都必须关闭,只有在管线卸压后才可拆开管道并安装另一段管道。完成管道的延伸后将管道上所有的阀门再重新打开,不必放掉水管中的水。应经常检查水管卷筒,以保证卷筒上有足够的存贮量。为了便于电缆的卷起和伸长,并能很好地保护高压电缆,最好利用带滚筒的挂钩将电缆挂在隧道洞壁上。应经常检

查高压电缆卷筒,以保证卷筒上有足够的存贮量。应及时进行高压电缆的延伸。在进行电缆延伸期间应派专人在变电站守候防止意外事故的发生。在高压电缆延长的过程中,除应急灯外,其他设备都应处于断电状态。当电缆延伸完成后,在送电前应仔细检查盾构的各用电设备是否处于断电状态,以防送电时产生的电流冲击损坏电气设备。

(7)数据采集系统操作

盾构施工过程中通过数据采集系统进行各项技术参数的信息采集和记录,在任何情况下应充分保证数据采集系统的正常运行。

数据采集系统在盾构正常施工阶段应保持每天 24 小时开机,不得无故停机或关机。由于数据采集系统是通过程控电话系统来对隧道内的 PLC 系统进行连接的,所以应对数据采集系统的连接电缆进行日常的检查与保养,发现问题应立即修复。

由于数据采集系统存在随时掉线的可能,其采集的环数可能和实际的不符。应每天有专人对数据采集系统的计算机上的环数与实际环数进行核对,以保证采集数据的正确性。

数据采集系统的计算机随时有发生故障的可能,应定期对计算机的采集数据进行备份。

(8)应急预案

必须预先制定发生紧急事故或灾害时所应采取的措施和对策,以备在紧急或发生灾害时应用。为防备紧急事故发生,需对隧道内外所需机械、设备及通信联络设备采取备用措施。同时需建立与隧道内外的各作业场所、相关部门等立即取得联络的体制。

隧道内发生火灾、开挖面坍塌、涌水等紧急事故时,或者因有害气体、缺氧、可燃气体的涌出中毒、瓦斯爆炸事件时,必须立即停止作业,采取切实可行的措施,使作业人员迅速退到安全地带。

①通信联络设备:必须重视隧道内外的通信设备、报警设备和备用装置的配置、检查维修等。必要时,除通常的通信设备外,也可考虑设置无绳通话设备。

②避难用设备器具:根据需要,在合适的地方配备空气呼吸器、氧呼吸器等呼吸保护用具和携带式照明器具等避难器具。除采取确保避难通道通畅的措施外,还必须使作业人员对此有详细的了解。用于可能出现可燃性气体涌出地段的携带式照明器具应采用防爆型和用化学发光剂发光的制品。除了经常保持避难、救护设备随时处于可使用的状态之外,还需对作业人员进行避难、救护方面的教育及训练。特别是对于呼吸用保护用品,带压状态使用的环境条件不同,其性能变化较大,故需熟知其性能及正确的使用方法。

③急救措施:作业人员负伤或生病时,必须采取最有效的急救措施。事先准备好隧道内外的护送设备,制定护送方案。施工现场设立医务室及配备相关医疗设备,配备具有医疗急救经验的医生,满足日常医疗及急救服务。与距工地较近的医院签定急救医疗服务合同,以便及时提供医疗和急救服务。

④急救设备、器材:当敞开式盾构在暂时或长期的停止开挖时,应将开挖面全部封闭,需事先备好挡土板及填充围岩空隙的材料。

⑤应急医疗设备:在 100 kPa 以上的压力下工作时,应设有应急医疗设备。其构造规

格应符合法令的规定,必须具有送、排气设备、与外部进行联系的设备、暖气设备及消防设备等。

(9)掘进报告的填写

作好盾构使用过程中的运转记录,每掘进一环填写掘进报告。掘进报告主要包括:掘进环号、掘进里程、掘进起止时间、掘进参数、盾构运转状况及运行中存在的问题。

10.3　盾构保养与维修

10.3.1　一般规定

为了确保盾构的技术状况,使盾构的完好率和利用率达到较高的水平,必须对盾构及后配套设备进行日常保养和定期维修保养。

盾构的维修保养,遵照"养修并重,预防为主"的原则,以开展设备诊断和状态监测为基础,采用日常保养、定期保养和强制保养相结合的方式进行。

(1)充分利用盾构上的在线故障监测及数据采集系统,与常规的振动分析和油样检测等手段相结合,开展故障诊断和状态检测工作,进行盾构的磨损监测、振动监测和油液分析,及时预防故障。诊断出的故障应及时进行修理,并将故障的部位、原因及修理后的状况记录存档。盾构的故障诊断和状态监测工作必须纳入维修保养计划中。

(2)盾构的保养包括"日检""周检""强制保养",工地转移前的维修保养。

(3)机电总工要根据盾构的具体情况,施工环境等,制定盾构的保养规范。维修保养工作必须按照规范强制执行。维修保养实行工程师签认制度,所有维修保养工作内容都要有书面记录,并且由维保工程师检查签认。

(4)严禁以修理代替保养工作。保养工作必须有专人负责,保养程序合理,保养方法正确,保养过程有人监督。进行保养工作时,一定要按照设备的工作顺序,在保证安全的情况下进行,必要时停机进行保养。

(5)维修工作必须做到随坏随修,及时恢复机械的技术性能,确保设备处于良好状态。维修保养中需要更换的重要配件,应达到原机的要求,不得降低标准使用。

(6)严禁擅自拆除和变更盾构上的部件,严禁将不同用途的部件随意改用,严禁拆套互换液压、电气控制等元件,严禁拆卸安全性、指示性的传感器、安全阀、仪表、溢流阀等,如有损坏或失准,应及时更换。

(7)如需在盾构上安装、拆除、技术改造部件或系统时,必须经过技术论证,并经有关管理部门研究批准后方可实施,任何人不得随意决定。对电器和液压系统的任何修改(包括临时接线等)要书面请示项目部机电总工,并由项目部报请有关部门批准后方可实施,同时应记入设备的记录表中备查。要及时恢复损坏、丢失的液压管路和电气线路的标识符号。

(8)盾构的保养应以保为主、以保带养。保养内容主要是:清洁、紧固、调整、润滑、防腐,亦称"十字作业法"。

(9)盾构发生故障或有故障迹象时,司机必须立即停机,并报告维修保养工程师,由维保工程师安排修理工进行处理。

(10)维修保养工程师每天对盾构的运转状况进行巡视,对盾构操作人员填写的运转记录和维修班填写的点检报表进行检查确认,及时发现故障隐患,做好预防性维护,以保持盾构技术状态良好;值班工程师每班对盾构及后配套设备的运转状况和安全操作情况进行巡视检查,对巡视中发现的问题提出处理意见,并以书面形式通知掘进班长和机电总工程师。

(11)盾构的维修工作必须在确保安全的前提下进行。只有当盾构停止运转后,才能进行盾构的维修工作。维修时要断开电器开关,悬挂"禁止合闸"警示牌,维修结束后由悬挂警示牌的电工确认并取下警示牌后,方可合闸。对高压电气设备维修时应先放电。液压系统维修前必须关闭相关阀门并降压,防止液压油缸的缩回和液压马达的意外运行。液压系统的维护必须注意清洁,严禁使用棉纱等易起毛的物品清洁管接头内壁、油桶、油管等。

(12)维修与保养工作中,必须做好记录。维修与保养记录由维修保养人员认真填写,由维修保养工程师及机电总工签认后,归档保存。

(13)试掘进期完成后应进行一次全面的检查和保养,更换液压系统滤清器,更换刀盘驱动的齿轮油。在试掘进期内要加强设备的检查,增加检查的频次。

(14)盾构的维修保养计划为强制性计划,是工程进度、质量、安全的重要保证,必须严格执行。

10.3.2   油水监测与状态监测

对盾构设备管理是事前的,不是等设备出现故障或被迫停机后的修理,强调加强对设备使用过程中的保养和检测。施工中,对设备的所有过程进行监控,利用检测仪器、设备进行科学的分析、化验,掌握设备的实际状态,有针对性地进行保养和预测可能的故障,保证设备正常工作,减少因突发故障的停机,提高掘进效率。

盾构是一种集机、电、液、传感等技术于一体的集中控制的大型专用设备,盾构的油水检测及状态监测至关重要。正确地选用盾构各系统油品并及时进行油水检测和采用先进的检测仪器进行状态监测与故障诊断,是盾构等大型复杂专用设备管理工作的重中之重。

油水检测与状态监测是确保盾构技术状况,延长盾构使用寿命的重要途径,是盾构管理的最主要内容之一。

盾构上配置的设备数量多,关联性强,任何一套单独设备出现故障都将不同程度地影响盾构的掘进,增加工程成本。因此,必须建立严格管理制度。

常用的状态监测与故障诊断技术有:感官检查诊断技术、温度监测技术、油样检测分析技术、旋转机械振动测试技术。

使用单位应配置故障诊断仪器,定期进行故障诊断;使用单位应配备基本的油水检测设备和仪器以及化验人员,如条件不具备时,必须委托有油水化验资质的单位进行。定期、定点抽取油样进行化验分析,检测内容尽可能详细,并以检测结果来指导油水管理工

作。严禁以事后补检代替日常油水检测工作。

（1）油水检测

油水检测是盾构设备管理的最主要的内容之一，必须建立严格的油水管理制度，配备基本的油水检测设备、仪器及化验人员，定期、定点抽取油样进行化验分析，并以检测结果来指导油水管理工作。

在盾构设备的机械运动中，大部分摩擦副产生的磨粒进入润滑油或液压油中，油液中携带着来自磨损表面的碎屑，作为一种诊断媒介，对磨粒的分析可提供设备状态的重要信息，了解油液中磨粒的成分、数量、形态，能够及时准确地了解机械的磨损程度和磨损性质，从而判断机械的技术状态和故障趋势。

盾构的各类油液检测，主要采用油质检测仪和污染度测试仪，对油质的理化性能指标进行检测，并结合铁谱、光谱分析技术，对磨损磨粒进行定性和趋势分析，对油质的理化性能指标和磨损磨粒进行检测和分析。

油液污染度、水分、斑点、黏度分析等理化分析方法可以直观地判断盾构各类油质的劣化程度；铁谱分析可以清楚地辨别油液磨粒的种类、大小、磨损性质和油品的老化程度，尤其是对异常磨损的较大磨粒的分析判断；光谱分析虽然对较大磨粒不很敏感，但仍可以精确地测定油液中所含微量元素的含量和属性，并据此判断油液中磨损物的来源是外界侵入还是机件的表面磨耗。

常用的监测手段及仪器包括：油液的理化指标，油液的铁谱、光谱分析，振动分析，温度分析，听诊器及转速分析，压力表测试，盾构的机载 PLC 在线监测与诊断系统（数据处理系统）进行在线监测与自诊断等。油样检测分析技术主要为理化性能分析和油液磨粒分析（铁谱、光谱分析）。

进行油液监测的主要设备有：油泵、马达、齿轮、主轴承、主泵站、辅助泵站、注浆泵、管片安装机、皮带运输机等。分析化验的油品为齿轮油、液压油等。

实施方案主要为两大类：一类是理化性能检验，即测定油液的粘度、水分、酸值、pH 值等是否超标，从而确定油品是否合格、能否继续使用。另一类是通过对油品的磨粒分析即铁谱分析和光谱分析，来判断设备运转是否正常、是否产生严重磨损。通过对油中磨损磨粒的分析与监视，结合其他监测手段来综合判断盾构的运行状态和磨损情况。

取油样采用专用取样工具，在机械充分运转达到正常油温时，在固定的取样位置进行取样，取样后应及时对取样工具进行保养。取样工具主要有专用抽油器、透明塑料油管、专用油样瓶、化纤手巾等；化纤手巾用于擦拭外露油管表面积尘和取油口脏污，禁止使用带毛的棉纱。为防止不规范取油造成的多重污染，凡油样瓶、透明塑料油管，均为一次性无污染用品，取油前塑料袋封装严密，取油后不得重复使用，必须丢弃。为使所取油样能够代表运转部件润滑的真实状况，不得在机械停机时抽取油样，必须使机械充分运转、达到正常运转油温，使油箱中油液充分混合、油中各种磨粒完全呈悬浮状态时，才能取样。对于盾构各油箱，应区分该系统泵站是否在工作，确认后取油。主机油箱取油，一般在 2～3 循环后开始。如油位较低需补油，然后将机器空载转动 5 min 左右取样，否则，影响分析结果的准确性。为保证取油的规范性，取样时必须确定固定部位的取油口。对同一设备，

每次要在同一部位取油，以保证油样分析结果的可比性。取油前擦净油口周围的粉尘和脏污，用专用抽油器取油；尽量避免在截止阀放油口处直接放油，以免油中混入泥沙，透明塑料油管应深入油面 10 cm，不得直插到底。吸入油箱底面的油泥，以免影响分析结果的准确性。取样后应清洗采样泵，以免污物滞留在泵内，清洗取油器时用布或纸巾擦净即可。

油液分析技术分为油液本身的物理化学性能分析和油液中不溶物质的分析技术。油液中不溶物质的分析技术也称为磨损磨屑检测技术。检测手段有两种，一种是油液理化指标的常规分析仪器，一种是对润滑油所含各种微粒物质进行测量分析的精密仪器。用于检测油水理化性能指标和污染度的仪器有快速油质分析仪、润滑油现场测定仪、润滑油现场分析仪、润滑油污染测定仪、发动机冷却水质检测仪、电瓶液、防冻液测定仪、油样分析取样器等。润滑油磨损磨屑检测方法有光谱分析法、微粒计数器法、磁塞法、过滤器法、铁谱分析法，最常用的是铁谱分析法和光谱分析法。铁谱检测采用分析式铁谱仪及直读式铁谱仪；光谱检测分析一般委外进行。

TBM 各关键部件的取样按下列要求进行：主轴承润滑系统每月在润滑油回油截止阀处取样，取样量 200 mL，用于铁谱、光谱、理化指标和污染度分析；主轴承密封系统每月分别从刀盘护盾下部的左右密封油箱回油处取样，取样量 200 mL，用于铁谱、光谱、理化指标和污染度分析；液压系统主油箱每月从大油箱内用专用抽油器抽取 150 mL 油样，用于作污染度和理化指标分析；锚杆钻机每月从锚杆钻机油箱处抽取 150 mL 油样，用于污染度和理化指标分析；齿轮箱每月从变速箱中旋开观察镜顶部的放油螺钉，从此孔内深入油腔抽取 200 mL 油样，用于污染度、理化指标、铁谱和光谱分析；辅助泵站每月从油箱内抽取 150 mL 油样，用于理化指标和污染度分析；仰拱块吊机每 2 月从油箱处抽取 150 mL 油样，用于污染度和理化指标分析；材料吊机每 2 月从油箱处抽取油样，用于污染度和理化指标分析；管片安装机每 2 月从减速机注油口处抽取油样，用于污染度和理化指标分析。

（2）状态监测

常用的状态监测技术主要有：感官检查诊断技术；温度检测技术，分为常规测温技术和红外测温技术；无损检测技术，使用工业内窥镜；性能参数趋势检测技术，检测的参数主要有：压力、转速、流量、温度、频率、振动量、电压、电流阻值、功率、沉降量等；油样检测分析技术。分为磨损残余物检测和润滑剂状态监测。监测手段采用污染度、运动黏度、水分、机械杂质、斑点、铁谱、光谱等化验分析技术。

①温度

设备在运转过程中密切注意其温度传感器及温度计等的显示，工地检测站可配备一台红外测温仪，根据工地所采用设备的实际情况，向生产厂家了解其允许的温度范围，定期对各受控设备进行温度检测。

②振动检测

各旋转设备在运转时，故障出现前都会有故障初期振动特征信号产生，对各特征信号进行采集、处理并分析，便会大大提高故障预报的准确率。在进行设备振动诊断时，采用 HG-3518 数据采集仪，可实现设备状态参数（振动加速度、速度、位移）振动波形的现场采

集与分析,并与计算机结合,可对各种故障信号进行处理,早期预报及诊断。设备的振动具有加速度、速度、位移三个描述参量,通常基于振动的设备运行状态判定标准相应的有加速度、速度、位移标准,由于低频时的振动强度由位移值度量;中频时的振动强度由速度值度量;高频时的振动强度由加速度值度量,在进行轴承与齿轮部件的中频与高频振动时,一般采用速度判断与加速度的判断,选用能够客观地评定振动大小的绝对单位制(即MKS 制)进行状态评估,速度 v 的单位以 m/s 表示,加速度 a 的单位以 m/s^2 表示。

根据旋转机械振动诊断的国际标准 ISO2373,结合各大型设备在实际施工中的本身技术要求、不同的工况与现场多次测试的结果给予修正,制定出了企业标准,以便提高设备的诊断能力,减少设备故障的发生。

利用振动信号对故障进行诊断是一种行之有效的方法。机械部件在运动过程中的振动及其特征信息是反映该系统状态及其变化规律的主要信号,通过采集这些信号并加以分析处理,从而判别机械故障的原因、部位。振动检测主要包括振动的加速度、速度、位移分析、功率谱分析、幅值谱分析、时域分析、频域分析等。

振动分析比较适合于盾构的主驱动电机及油泵、泥浆泵、管片机、主驱动减速器、各类水泵等旋转机械的监测与诊断。

③听诊技术

根据设备运转的噪声来判断设备的动行状况。依据日常检测监视中发现的不正常现象,和通过对设备状态监测数据的统计分析以及对重要设备系统磨损规律和故障发生趋势的研究,每周对设备关键系统的故障发生可能性和发展趋势预报一次。

每月对各种油品检测数据以及其他监测数据进行统计分析,由机电总工主持召开机况分析会,检测人员和负责维护的技术人员共同进行机况的分析及故障预测,根据分析结果写出机况分析报告。

检测人员依据各项检测数据以及机械设备的结构特点、性能及操作、维修保养的特殊要求,判断出故障隐患,并和维修工程师、维保工人一道,以不拆卸或局部解体的方法,借助于仪器测定,找出故障原因及准确部位。将故障原因、诊断依据和处理建议等写成报告,并将报告发给负责工程师、机械总工和公司领导审批。

10.3.3　盾构的日常保养

日常保养在每班作业前后及运转中进行,由盾构维修保养班负责进行。日常保养的中心内容是检查,主要检查重要部位和易损部位,并对检查中发现的问题及时处置。

维修保养人员对盾构运转状况进行外观目测和仪表数据观测,采用视、听、触、嗅等手段,检查盾构及后配套设备的运转情况,观测主控室的运转参数,检查机件的异响、异味、发热、裂纹、锈蚀、损伤、松动、油液色泽、油管滴漏等,初步判断盾构的工作状态。

盾构的日常保养由保养班在掘进班作业时按《盾构每天保养表》中规定的内容进行,检查表上"正常"划"√","变化待观察"划"○","需调整修理"划"×",并在备注栏用文字说明已完成的具体保养内容。日常保养主要包括以下工作:

(1)各部位的螺栓、螺母松动检查并紧固。

（2）异常声音、发热检查；液压油、润滑油、润滑脂、水、气的异常泄漏检查。

（3）各润滑部位供油、供脂情况检查并补充；油位检查及补充。

（4）电源电压及掘进参数检查确认。

（5）电气开关、按钮、指示灯、仪表、传感器检查并处置。

（6）液压、电气、泥浆、注浆、水、气等管线检查确认并处置。

（7）安全阀设定压力检查并确认；滤清器污染状况检查确认并处置。

（8）铰接密封是否漏气、漏浆，必要时调整压板螺钉以缩小间隙。

（9）盾尾密封情况。

（10）推进油缸靴板与管片的接触情况。

10.3.4   盾构定期保养

盾构在使用过程中，必须进行定期保养。定期保养是指按规定的运转对盾构及后配套设备进行检查和维护。定期保养包括每周保养和强制保养、工地转移前的保养和存放保养。

（1）每周保养

每周保养主要包括以下内容：

①检查旋转接头，并对轴承注脂。检查泡沫管是否有泄漏。

②检查螺旋输送机（土压盾构）轴承、后闸门、伸缩油缸等并注脂。

③对刀盘进行检查：刀盘磨损情况、刀具磨损量、耐磨格栅等。

④检查油位，油滤清器，检查有无泄漏。

⑤清理电动机、液压油泵的污物。

⑥检查推进油缸、铰接油缸，对润滑点注脂。

⑦润滑管片安装机、管片吊机、管片输送机的润滑点，润滑所有轴承和滑动面。

⑧检查送排泥泵的密封及送排泥管道的磨损情况（泥水盾构）。

⑨检查空压机温度；检查凝结水和冷却器污染。

⑩液压油箱油位开关操作测试。

⑪检查皮带输送机各滚子的转动、刮板磨损情况（土压平衡盾构）。

⑫检查壁后注浆系统所有接头处的密封情况，润滑所有润滑点，彻底清理管线。

⑬检查并清洁主控室 PLC 及控制柜，检查旋钮、按钮、LED 显示的工作情况。

⑭检查并清洁风水管卷筒及控制箱、高压电缆卷筒及控制箱、传感器及阀组、接线盒及插座盒、送排泥泵站、照明系统等。

⑮检查变压器的油温、油标，清除变压器上的水及污渍，监听变压器运行声音。

⑯其他部位按照《盾构每周保养表》中规定的内容进行。

（2）强制保养

盾构维修保养采用日常保养、每周保养和强制保养相结合的方式。盾构的保养除了在盾构工作间隙中进行"日检"和"周检"保养外，每两周应停机 8～12 h 进行强制性集中维修保养。在强制保养日，维修保养工程师组织修理工在盾构司机的配合下对平时难以全面

保养的部位进行保养和维修。除每周保养的内容外,强制保养包含的主要内容如下:

①润滑人舱的铰链。

②检查螺旋输送机的螺旋管的壁厚(土压盾构)。

③检查皮带输送机变速器油位,皮带张力(土压盾构)。

④刀盘驱动主轴承、刀盘驱动行星齿轮、液压油箱进行油质取样检测,按质换油。

⑤检查管片安装机轴承的紧固螺栓。

⑥空压机检查皮带、更换机油过滤器、按质换油。

⑦润滑后配套拖车行走轮的调节螺栓和轮轴。

⑧检查注浆压力表及传感器工作情况。

⑨检查蓄能器氮气压力,必要时添加。

⑩检查刀盘驱动装置行星齿轮的冷却水流量。

⑪润滑膨润土泵轴承(土压盾构)。

⑫更换油脂泵齿轮油。

⑬后配套吊装装置,抽取油样,测试油的污染程度和含水量。

⑭更换后配套空压机空滤器、油滤器,检测溢流阀,紧固电气接头。

⑮检查循环水回路的水质。

⑯润滑送排泥泵的轴承(泥水盾构)。

⑰用超声探测仪检查送排泥弯管、送排泥泵壳体的壁厚(泥水盾构)。

⑱测量送排泥泵电动机的绝缘电阻(泥水盾构)。

⑲按期更换油滤清器。

⑳检查刀盘驱动的齿轮油,必要时更换。

㉑检查电缆卷筒、水管卷筒、风管卷筒传动装置油位;检查链条张紧力并润滑。

㉒用压缩空气清洁后配套空压机溢流阀。

㉓注浆泵进行安全检查,检查主轴承密封。

㉔按期更换空压机空滤器,检查油水分离器,按质换油。

㉕润滑电缆卷筒、水管卷筒及风管卷筒的轴承,按质更换变速箱齿轮油。

㉖停电后检查紧固变压器接头,用干燥压缩空气清除灰尘。

㉗更换皮带输送机齿轮油(土压盾构)。

㉘后配套拖车操作运行安全检查。

(3)退场保养维修

工程完工后,应对盾构进行一次全面的检查、维修、保养,使设备的技术态况达到二类及以上标准,并将保养维修报告报上级主管部门,经验收合格后方可办理退场手续。

盾构掘进完成后,要做好拆机、清洁、检查、登记工作,参照盾构退场前的状态评估报告制订详细的维修保养计划,并按照经审查批准的维修保养计划进行退场维修保养,以全面恢复盾构的技术状况。

(4)停放保养

盾构长期停用时,应进行必要的检查维护,做好下列工作:存放场地应硬化,应有防雨防晒的顶棚;暴露于空气中的接合面上涂抹油脂,用油毡贴在接合面上,并用防雨布进行覆盖;定期润滑维护;作好防寒防冻工作。

10.3.5 盾构刀具维修

更换下来的刀具应及时进行维修,特别是滚刀。滚刀的维修主要包含清洗、检查、拆卸、组装等过程,维修程序如图 10-2～图 10-57 所示。如果通过检查后,确认刀具的轴承和密封都未损坏时,则只更换刀圈,进行到图 10-12"清理刀圈的配合面"程序后,将加热的刀圈套入刀体即完成滚刀的修理工作。

图 10-2　清洗

图 10-3　检查刀圈磨损状况

图 10-4　检查刀具油脂状况(1)

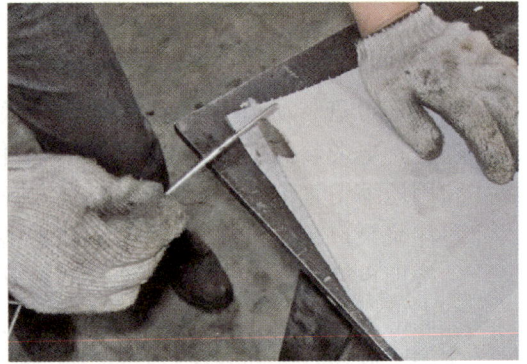

图 10-5　检查刀具油脂状况(2)

图 10-6　检查刀具油脂状况(3)

图 10-7　刀具密封状态检查

图 10-8　刀具扭矩检查

图 10-9　填写刀具检查报告

图 10-10　刨开挡圈

图 10-11　切开报废的刀圈

图 10-12　清理刀圈的配合面

图 10-13　松刀具锁紧螺母

图 10-14　取出锁紧螺母

图 10-15　检查刀具前端的密封环

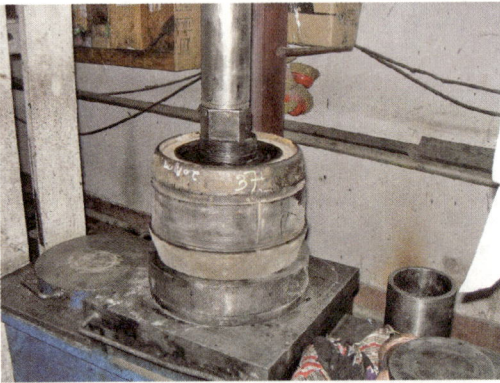

图 10-16　压出刀轴

图 10-17　刀体翻身压出前端内密封环、轴承

图 10-18　取出后端盖轴承并检查

图 10-19　取出后端盖,检查后端密封环

图 10-20　取出前端盖轴承

图 10-21　检查前端轴承

图 10-22　可用件按原刀号及位置摆放

图 10-23　新刀圈加热

图 10-24　将加热的刀圈放入刀体

图 10-25　在轴承外圈的配合面涂抗咬合剂

图 10-26　将轴承外圈压入

图 10-27　安装挡圈

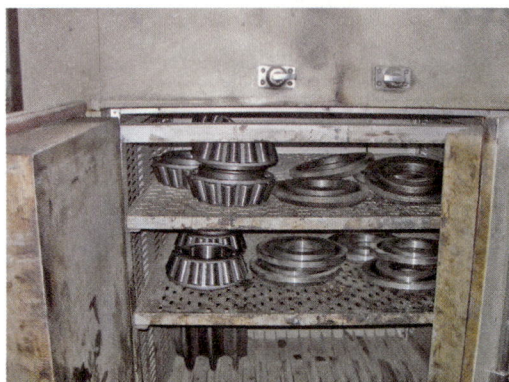

图 10-28　加热轴承内圈、后端盖

图 10-29　在刀轴表面涂抗咬合剂，将后端盖套入

图 10-30　用压机给后端盖定位

图 10-31　清洗刀体内腔

图 10-32　清洗内密封环

图 10-33　给后端盖装密封环

图 10-34　给内密封环装密封环

图 10-35　放入后轴承

图 10-36　压入后端内密封环

图 10-37　清洁密封环表面

图 10-38　将刀轴组件放在压机

图 10-39　刀体组件套入刀轴组件

图 10-40　压后轴承使其定位

图 10-41　压后轴承使其定位

图 10-42　涂抗咬合剂

图 10-43　放入前轴承

图 10-44　压入前端内密封环

图 10-45　清洁密封环表面

图 10-46　涂抗咬合剂

图 10-47　密封环表面滴油

图 10-48　套入前端盖

图 10-49　套入锁紧螺母

图 10-50　压前端盖

图 10-51　紧螺母

图 10-52　加力杆紧螺母

图 10-53　测扭矩

图 10-54　边紧螺母，边测扭矩，完成校调后吊下

图 10-55　气压测试

图 10-56　注油

图 10-57　完成刀具的修理

10.3.6　盾构主要部件和主要系统的维修保养

（1）刀盘及刀具

刀盘是盾构的主要部件，施工中应根据地质条件对刀盘及刀具进行检查。

在盾构始发后，应对刀盘及刀具进行首次检查，此后，根据地质情况定期进行检查。

主要检查内容为：检查刀具、耐磨条、耐磨格栅、搅拌棒的磨损情况，必要时更换刀具。检查刀具螺栓有无松动，检查刀盘有无裂纹，检查添加剂通道是否堵塞，并将检查情况作详细的记录。

刀盘有裂纹时，应及时补焊。检查所有刀具安装螺栓的紧固情况，用规定扭矩的扳手进行紧固。

（2）旋转接头

经常检查旋转接头的泡沫管是否有渗漏，并及时进行处理。手动加注口（位于旋转接头外侧）每周加注一次，注意控制加入量。

每天对旋转接头部分的灰尘进行清理，防止灰尘进入刀盘轴承内密封。检查旋转接头润滑脂的注入情况，将油脂注入管拧下应有润滑油脂涌出。如有堵塞应及时处理。经常检查旋转接头的转动情况，如有异常须立即停机并进行处理。

（3）仿形刀与稳定器

在仿形刀工作前应检查油箱油位，定期对仿形刀和稳定器作功能性测试。

油量要处于油箱总容量的 4/5 左右，必要时加注液压油。每周对仿形刀作功能性测试，检查其伸出和缩回动作的工作压力。每周对稳定器作功能性测试，检查其工作情况。

（4）盾体

及时清理盾壳内的污泥和砂浆，检查铰接密封有无漏气和漏浆情况，必要时调整铰接密封的压板，按说明书规定对润滑及密封部位进行注脂。

每掘进循环必须及时清理盾壳内的污泥和砂浆。按说明书规定每天给铰接密封各注脂点注脂，直到有油脂从铰接处冒出。

推进油缸与铰接油缸的球头部分加注润滑脂，检查推进油缸靴板与管片的接触情况，如有较大偏差应及时调整推进油缸的定位螺栓。用机油润滑推进缸定位调整螺栓，防止锈蚀。检查盾尾密封情况，如有漏水和漏浆应及时处理，并检查盾尾油脂密封系统的工作情况。

在每环管片安装之前必须清理管片的外表面，防止残留的杂物损坏盾尾密封。

（5）螺旋输送机（土压平衡盾构）

检查有无漏油、检查油位、检查电机温度，定期检查磨损情况，及时进行清洁和润滑。检查要点如下：

检查螺旋输送机油泵有无漏油现象，如漏油则须停机并进行处理。检查螺旋输送机驱动及液压管路有无漏油现象，如漏油即停机进行处理。检查螺旋输送机油泵电机温度，一般温度应低于70 ℃。如果温度过高应立即停机并查明原因进行处理，每周润滑螺旋输送机驱动电机。检查变速箱油位，正常油位应位于油箱油位的1/2左右。如果变速箱油位过低，须添加齿轮油。检查轴承，闸门，伸缩缸的润滑情况，及时清理杂物并添加锂基润滑脂。检查螺旋片磨损情况，如耐磨条磨损完时，必须及时补焊耐磨层。

对螺旋输送机的各手动人工注脂点要特别注意，认真按照说明书规定的时间、数量注脂。

（6）管片吊机与管片输送机

及时进行清洁和润滑，定期检查吊具的磨损情况。对真空式，每天检查密封和空气滤芯。

经常清理管片吊机行走轨道，清洁吊链并检查和添加链箱中的润滑油。检查控制盒按钮、开关动作是否灵活正常，必要时检修或更换。检查电缆卷筒和控制盒电缆线滑环，防止电缆被卡住、拉断。

（7）管片安装机

对管片安装机及时进行清洁，定期进行润滑、调整。

每个掘进循环应清理工作现场杂物、污泥和砂浆。检查油缸和管路有无损坏或漏油现象，如有故障应及时处理。检查电缆、油管的活动托架，如有松动和破损要及时修理和更换。

每周检查并给液压油缸铰接轴承，旋转轴承，伸缩滑板等润滑部位加润滑脂。每周检查管片安装机驱动马达旋转角度编码器和接收机工作是否正常，如有必要应对角度限位进行调整。检查抓取机构和定位螺栓，是否有破裂或损坏，若有必要应立即更换。每周检测抓取机构的抓紧压力，必要时进行调整。检查各按钮、继电器、接触器有无卡死、粘连现象，测试遥控操作盒，如有故障及时处理。检查充电器和电池，电池应及时充电以备下次使用，电池充电前应尽量将余电用完，每月应对电池进行一次完全放电维护以延长电池的使用寿命。检查控制箱、配电箱是否清洁、干燥，无杂物。

（8）注浆系统

每次注浆前应检查管路的畅通情况，注浆后应及时将管道清理干净，防止残留的浆液不断累积堵塞管道。每次注浆前必须对注浆口的压力传感器进行检查，紧固其插头和连

线。注浆后及时清理和润滑注浆系统。

（9）空压机

空压机的所有维护保养工作必须在停机并卸压的状态下进行。经常检查出气口温度、润滑油油位、皮带松紧度,定期更换润滑油、空气滤清器、油过滤器、油水分离器及安全阀等。

检查空压机管路的泄漏和出气口的温度,如有异常应及时排除。保持机器的清洁,防止杂物堵塞顶部的散热风扇。在任何情况下,都不应使用易燃液体清洗阀、冷却器的气道、气腔、空气管道以及正常情况下与压缩空气接触的其他零件。在用氯化烃类的非可燃液体清洗零部件时,应注意将残液清理干净。防止开机后排出的有毒蒸气,不允许使用四氯化碳作为清洗剂。

（10）储气罐及输气管

用于气体保压的储气罐是压力设备,要经常检查其泄漏情况并及时维修。

储气罐的泄水阀每日打开一次排除积水。经常检查管路和阀门有无泄漏,并及时进行修复。每月对保压系统做功能性检测,确保其正常工作。每年对储气罐上的安全阀进行校准。

（11）人舱

使用与维修时应注意防火、防静电。

检查测试气路、电话和有线电话,如有故障和损坏要及时修理和更换。检查压力表、压力记录仪、空气流量计、加热器、照明灯工作是否正常。给压力记录仪添加记录纸,并做功能性测试。检查舱门的密封情况,首先清洁密封的接触面,如有必要可更换密封条,清洁整个密封舱,清洗消声器和水喷头。

人舱使用后如近期不再使用,可将人舱外部的压力表、记录仪拆除,并清洗干净。同时应将人舱清洗干净,并将人舱门、密封门关紧。

人舱内及作业人员不得携带易燃物品。人舱内应配备灭火器,应装有水枪。进行焊接、气割及明火或高温作业时,在附近不应放置易燃物品。人舱内作业人员不能穿化纤衣服,以防静电。

（12）主轴承

经常检查齿轮油的油位和油温,每月提取油样进行油质检测,按质换油。检查要点如下:

每天检查主轴承齿轮油油位,并作记录。保证油位处于油总量的 1/2 左右。检查刀盘轴承齿轮油温度,一般应低于 60 ℃。如温度不正常须立即停机并查找原因。检查刀盘轴承密封油脂分配马达动作是否正常,在检查刀盘时,进入土舱实际检查刀盘轴承密封油脂的溢出情况。检查刀盘轴承齿轮油分配马达工作是否正常。检查刀盘轴承外圈润滑脂注入情况。

主轴承密封非常重要,必须每天检查油脂泵的工作情况,密封腔内的润滑油脂的压力设定要略高于开挖面平衡压力,并经常检查油脂压力。

经常检查轴承的润滑情况,对轴承的润滑油定期取样检查。每月提取刀盘轴承齿轮

油油样送检，根据检查结果确定是否要更换齿轮油或滤芯，具体标准按液压设备供货商所提供的标准执行。更换齿轮油必须同时更换滤芯。每半年检查齿轮油滤芯，并根据压差开关反映的情况判断是否更换滤芯。必要时检查刀盘轴承与刀盘螺栓连接的紧固情况。

（13）变速箱与刀盘驱动马达

经常检查变速箱油位和油温，每月提取油样进行油质检测，按质换油。检查要点如下：检查变速箱油位，正常时油位应处于油量指示器的 2/3 左右。如油位过低应先找出漏油故障，解决故障后补充齿轮油。检查变速箱温度是否在正常范围（一般应低于60 ℃），观察冷却水的流动情况。检查变速箱的温度开关，每周清除上面的污垢。首次工作 50 小时后更换所有齿轮油。检查马达的工作温度和泄漏油温度，应低于 65 ℃。每周检测马达的工作压力。每周检查马达的转速传感器和位置传感器，紧固其插头和连线。

（14）液压系统

检查液压油箱油位，检查油温和运行声音，每月提取油样进行油质检测，按质换油。检查要点如下：

检查油箱油位，必要时加注液压油。检查阀组、管路和油缸有无损坏或渗漏油现象，如有必要及时处理。

每半年检查所有过滤器工作情况，并根据检查结果和压差传感器的指示更换滤芯。每月取油样送检。经常监听泵的工作声音，发现异常应及时停机检查。经常检查泵、马达和油箱的温度，温度一般应在 70 ℃以下。发现异常要及时检查处理。经常检查液压油管的弯管接头，发现松动要及时上紧。

经常检查冷却器的冷却水进/出口的温度和油液的温度，必要时清洗冷却器的热交换器。进水口温度应保持在 28 ℃以下，如温度过高应加强水循环。油液温度应低于 60 ℃，如温度过高应停机冷却。

每月检查液压系统的压力，并与控制室面板显示值相比较。在对液压系统维修前，必须确保液压系统已停用并已经卸压。特别是在清空蓄能器时要特别注意。液压系统的加油和换油必须严格按照盾构说明书规定的程序执行。尽量采用厂家推荐的品种，严禁将不同规格品牌的油混合使用。每次加油前必须对所选用的油品进行抽样检测，检测合格方可使用。换油时更换所有液压油。

液压系统的维修应按以下标准：

①液压系统一旦发现泄漏必须立即维修，维修过程中应采取措施严防油液污染，必须保持液压系统的清洁。

②维修工作结束后，在重新开动机器前必须确定阀门（进油阀、回油阀）已打开，特别是蓄能器的阀门。

③液压管被碾压或过度弯曲都可能造成保护外皮的损坏。如果其保护外皮受损就有可能影响其最大工作压力，致使发生险情。碾压和过度弯曲液压管还可能造成压力损失和回油压力过高。

④液压管线的拆卸必须做到随时拆卸，随时封口，防止异物进入液压系统。各维修工

必须随身携带一条干净纯棉毛巾及干净白绸布。

(15)泡沫系统(土压平衡盾构)

定期清洁清洗泡沫箱和管路,检查泡沫泵的磨损情况,定期给润滑部位注油(脂)。检查要点如下:

检查泡沫泵的工作情况,每周给需要润滑的部分加注润滑油或润滑脂,加注量视情况而定。检查水泵压力开关的预设值,必要时进行校正。检查压缩空气管路情况,必要时清洗管路。检测泡沫发生情况,清洗泡沫发生器,必要时更换内部石英砂。检查电动阀和流量传感器的工作情况,电动阀开闭动作是否正常,流量显示是否正确,如有必要进行维修或更换。每周检查旋转接头处的泡沫管路有无堵塞,如发生堵塞要及时清理。检查泡沫剂储量,及时添加。

(16)膨润土系统(土压平衡盾构)

润滑膨润土泵的轴承和传动部件,检查并清理膨润土管路和膨润土箱,检查流量调节阀和压力传感器。检查要点如下:

检查气动泵动作是否正常。检查油水分离器和管路,每周给油水分离器加油,加油至油水分离器储油瓶的标志线处。检查膨润土管路,清理管路的弯道和阀门部位,防止堵塞。检查流量调节阀和压力传感器。每月清理膨润土箱和液位传感器。

(17)通风系统

检查通风机工作是否正常,有无异响。检查通风管有无破损,及时修补或更换。

(18)水系统

经常检查进水压力和温度,定期检查水过滤器和清洗滤芯。检查要点如下:

每月清理自动排污阀门。检查水管路上的压力和温度指示器,如有损坏及时更换。检查水管卷筒、软管,如有损坏应及时修理。对易损坏的软管作防护处理。检查水管卷筒的电机、变速箱及传动部分。如有必要加注齿轮油,并为传动部分加注润滑脂。每周检查刀盘驱动的马达变速箱、冷却器和马达的温度传感器。清除传感器上的污物。每周检查热交换器,并清除上面的污物。必要时使用 60 ℃的清水反冲清洗热交换器。每天检查排水泵,如有故障应及时修理。每天检查所有的水管路,修理更换泄漏、损坏的管路闸阀。

(19)油脂泵站

检查油脂储量,检查气压,监听有无异响。检查要点如下:

经常检查油脂泵站的油水分离器,加注润滑油至油水分离器储油瓶的标志线处。检查油脂泵的工作情况,注意监听是否有异常声响。检查气动油脂泵的气动压力,将压力控制在规定的范围。检查油脂泵的气管是否有泄漏现象,如有泄漏应及时修理或更换。更换油脂桶时应对油脂量位置开关进行测试。检查刀盘轴承密封油脂注入脉冲次数是否正常,必要时调整油脂泵压力。检查盾尾密封注脂次数或压力是否正常,不正常时应检查油脂管路是否堵塞。特别是重点检查气动阀是否正常工作。经常检查盾构润滑油脂工作是否正常,检查油脂溢流阀。观察油脂消耗,如低于正常消耗量应检查密封情况,必要时紧固或更换。

(20)供电系统

电气作业必须坚持"安全第一"的方针,所有维修保养工作必须在断电下进行。检查

要点如下:

检查高压电缆外表有无破损,如有破损要及时处理。检查高压电缆铺设范围内有无可能对电缆造成损坏的因素,要及时采取防范措施。在电缆收放时对高压电缆进行绝缘检查,现场制作电缆接头与电缆连接时必须按电工规范进行。接头作完后必须进行耐压试验,达到要求才允许使用。

检查电缆卷筒变速箱齿轮油油位,及时加注齿轮油。检查电缆卷筒链轮的链条,注意加注润滑脂。每月检查电缆卷筒滑环和碳刷的磨损情况,注意清洁滑环和碳刷。检查碳刷的弹力以及碳刷与滑环的接触情况,必要时进行修理或更换。检查电缆接头的紧固情况,必要时紧固接头。检查绝缘支座和滑环的绝缘情况,必要时进行清洁处理。

收放电缆时进行高压开关柜的分断、闭合动作试验。检查其动作的可靠性。检查六氟化硫气体压力是否正常。检查高压接头的紧固情况。

变压器应有专人维护保养,并定期进行维护、检修。监视变压器是否运行于额定状况,电压、电流是否显示正常。注意监听变压器的运行声音是否正常。观察变压器的油标,油面不得低于最低油位。检查油温是否超标,油色有无变化。检查是否有油液的渗漏现象。检查接地线是否正常。检查配电柜电压和电流指示是否正常。检查电容补偿控制器工作是否正常。检查补偿电容工作时的温升情况,温度是否在允许的正常范围内。检查补偿电容有无炸裂现象,如有需要,予以更换。检查补偿电容控制接触器的放电线圈有无烧熔现象,如有,要尽快更换。

检查配电柜内的温度是否正常,检查配电柜制冷机是否正常工作,检查制冷机的冷却水流量是否正常。检查低压断路器过载保护和短路保护是否正常。检查大容量断路器和接触器工作时的温升情况,如温度较高说明触点接触电阻较大,需要进行检修或更换。检查柜内软启动器,变频器显示是否正常。对主开关每半年进行 ON/OFF(开/关)动作试验,检查其动作可靠性。经常对配电柜及元件进行除尘。每周对电缆接线和柜内接线进行检查,必要时进行紧固。

(21)主机控制系统

检查 PLC 插板及连接线,定期清洁 PLC 及控制柜内的灰尘;定期进行 PLC 的冷启动和定期备份 PLC 程序;定期对控制面板上的 LED 显示进行校正。检查要点如下:

检查 PLC 插板是否松动及连接线是否松动,紧固接线端子。检查 PLC 通信口插头连接是否正常。每周清洁 PLC 及控制柜内的灰尘。定期进行 PLC 的冷启动。备份 PLC 程序。检查 IPC 与 PLC 的通信线连接是否可靠。

每周清洁 IPC 电脑和控制柜内的灰尘。备份 IPC 电脑的程序。检查面板内接线的安装状况,必要时进行紧固。每周清洁灰尘。每周检查按钮和旋钮的工作情况,如有损坏及时更换。检查控制面板上的 LED 显示是否正常。

定期对控制面板上的 LED 显示进行校正。校正时要使用标准信号发生器,先校正零点再校正范围,二者要反复校正。每周对推进油缸和铰接油缸行程显示与油缸实际行程进行测量校对,如有误差应及时校准。检查各种传感器的接线情况,如有必要紧固接线、插头、插座。清洁传感器,特别是接线处或插头处要清洁干净。防止水和污物造成故障。

检查传感器的防护情况,如有必要须采取防护措施。防止损坏传感器。每月用压力表对压力传感器在控制面板上的显示情况进行检查和校准。

（22）皮带输送机（土压平衡盾构）

经常检查变速箱油位、皮带的磨损、滚筒的转动、轴承的润滑情况,定期清洁皮带机。检查要点如下：

检查各滚子和边缘引导装置的滚动情况,如滚动不好,即清洗并润滑。检查皮带的磨损情况,如皮带磨损严重,即更换皮带。检查皮带是否有跑偏现象,如皮带跑偏需进行校正。

检查驱动装置变速箱油位,如果变速箱油位过低更换全部齿轮油。检查各轴承润滑,添加润滑脂。检查皮带松紧情况,必要时增加皮带张力。清洁电路,电机。检查电路接线端子有无松动,如松动则需紧固。检查断路器、接触器、继电器触点烧蚀情况,如烧蚀明显则用细砂纸打磨平;如严重烧蚀,则需更换触点。每周检查和清洁所有零件。

（23）后配套拖车

注意清扫、清洁,经常检查拖车行走机构的跨度和润滑情况。检查要点如下：

经常检查拖车行走机构的工作情况,按规定定期加注润滑脂。每周检查各拖车间的连接销、联接板,防止意外断裂或脱开。经常检查拖车走行机构的跨度与钢轨的轨距是否合适,不合适应及时调整。

（24）送排泥管（泥水盾构）

经常检查泥浆管状况（包括减震器、橡胶管和钢管）,必要时提前更换和补焊。定期监测泥浆管最前部的磨损情况,决定是否需要补焊或更换。

◆思考题◆

1. 盾构设备管理的范围包括哪些？
2. 盾构现场管理包括哪些内容？
3. 盾构保养与维修的一般规定有哪些？
4. 常用的状态监测与故障诊断技术主要有哪些？
5. 简述盾构的日常保养技术要点。
6. 怎么开展盾构的强制保养？盾构的强制保养包含哪些主要内容？
7. 简述盾构控制系统的维修保养内容。
8. 简述液压系统的维修标准。
9. 简述滚刀的维修技术要点。
10. 简述主轴承的维修保养要点。

第11章 盾构安全操作

> **本章重点:** 主要介绍土压平衡盾构、泥水盾构的操作、安全操作规程及掘进操作技巧等盾构安全操作关键技术,为盾构主司机安全、标准与规范操作提供指导与参考。

11.1 土压平衡盾构安全操作

11.1.1 土压平衡盾构操作

土压盾构的操作面板主要包括电机操作区、螺旋输送机操作区、刀盘操作区、推进油缸操作区、盾壳铰接油缸操作区、盾尾密封操作区、泡沫控制操作区、膨润土操作区、皮带输送机操作区、一般性操作区与卷筒设备操作区等。图11-1为土压盾构主控室操作面板。

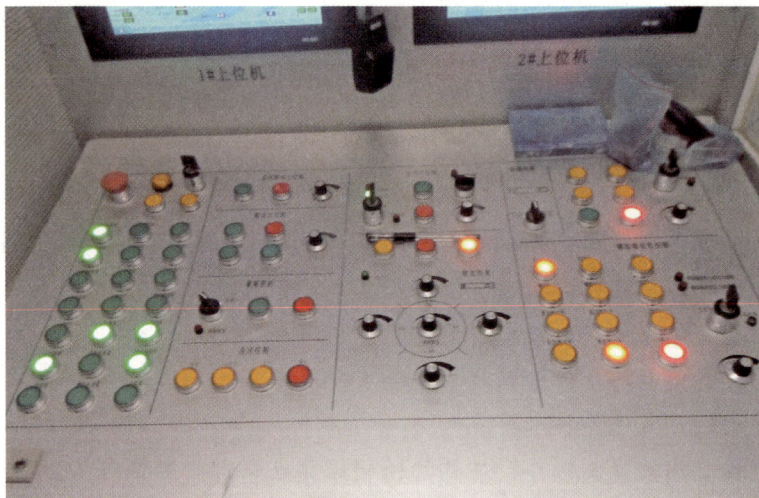

图11-1　土压盾构主控室操作面板

(1)电机操作控制面板

土压平衡盾构的电机操作主要包括过滤泵、冷却泵、润滑油脂泵、超挖刀、增压泵、污水泵等动力源的启停控制。图11-2为某型土压平衡盾构的电机操作控制面板。

①过滤冷却泵

启动前准备工作:保证液压油箱中有足够的液压油(应不低于最低液位),检查用于液压油冷却的冷却水是否足够。

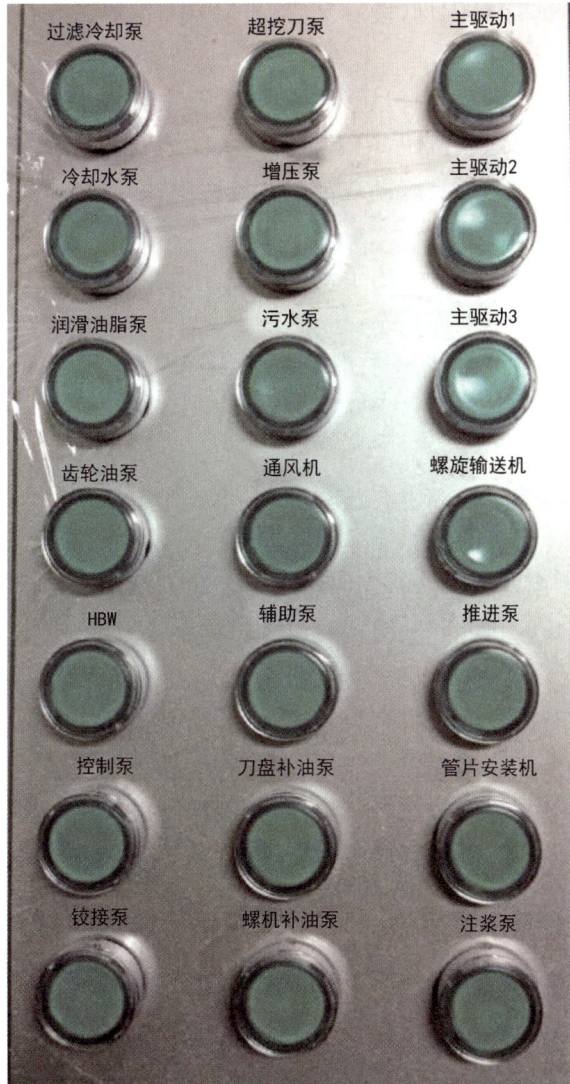

图 11-2　土压平衡盾构电机操作控制面板

工作状况显示及作用：绿色按钮，用于打开和关闭液压油箱的过滤冷却管线。

绿灯快速闪烁：故障；绿灯闪烁(慢)：泵启动过程中；绿灯常亮：正常运行。

②冷却水泵

启动前的准备工作：保证内循环水箱有足够的水(不低于最低液位)。

工作状况显示及作用：绿色按钮，用于打开和关闭冷却水泵(拖车5)。

绿灯快速闪烁：故障；绿灯闪烁(慢)：泵启动过程中；绿灯常亮：正常运行。

③润滑油脂泵(EP2)

启动前的准备工作：气动泵进口的手动球阀处于开启状态；EP2油脂润滑桶油位正常；现场控制盒拨动开关处于工作状态。

工作状况显示及作用：绿色按钮，用于打开和关闭螺旋输送机和刀盘驱动的轴承润滑泵(拖车1)。

绿灯快速闪烁：故障；绿灯闪烁（慢）：泵启动过程中；绿灯常亮：正常运行。

④齿轮油泵

启动前的准备工作：齿轮箱中有足够的油（不低于最低液位）。

工作状况显示及作用：绿色按钮，用于打开和关闭齿轮油泵（盾体）。

绿灯快速闪烁：故障；绿灯闪烁（慢）：泵启动过程中；绿灯常亮：正常运行。

⑤气动泵（HBW）

启动前的准备工作：气动泵进口的手动球阀处于开启状态；HBW 油脂润滑桶油位正常；现场控制盒拨动开关处于工作状态。

工作状况显示及作用：按钮，用于打开和关闭 HBW 的气动球阀。

绿灯快速闪烁：故障；绿灯闪烁（慢）：泵启动过程中；绿灯常亮：正常运行。

⑥控制泵

启动前的准备工作：液压油箱中有足够的油（不低于最低液位）；液压油箱油温不高于上位机设置的极限值。

工作状况显示及作用：绿色按钮，用于打开和关闭刀盘驱动及推进的控制泵。

绿灯快速闪烁：故障；绿灯闪烁（慢）：泵启动过程中；绿灯常亮：正常运行。

⑦辅助泵

启动前的准备工作：液压油箱中有足够的油（不低于最低液位）；液压油箱油温不高于上位机设置的极限值；推进注浆辅助急停系统正常。

工作状况显示及作用：绿色按钮，用于打开和关闭辅助泵。

绿灯快速闪烁：故障；绿灯闪烁（慢）：泵启动过程中；绿灯常亮：正常运行。

⑧螺旋输送机

启动前的准备工作：液压油箱中有足够的油（不低于最低液位）；液压油箱油温不高于上位机设置的极限值；螺旋输送机急停系统正常。

工作状况显示及作用：绿色按钮，用于打开和关闭用于螺旋输送机的液压泵。

绿灯快速闪烁：故障；绿灯闪烁（慢）：泵启动过程中；绿灯常亮：正常运行。

⑨推进泵

启动前的准备工作：液压油箱中有足够的油（不低于最低液位）；液压油箱油温不高于上位机设置的极限值；推进油缸液压泵急停系统正常。

工作状况显示及作用：绿色按钮，用于打开和关闭推进油缸液压泵。

绿灯快速闪烁：故障显示；绿灯闪烁（慢）：泵启动过程中；绿灯常亮：正常运行。

⑩注浆泵

启动前的准备工作：液压油箱中有足够的油（不低于最低液位）；液压油箱油温不高于上位机设置的极限值；注浆系统液压泵急停系统正常。

工作状况显示及作用：绿色按钮，用于打开和关闭注浆系统液压泵。

绿灯快速闪烁：故障；绿灯闪烁（慢）：泵启动过程中；绿灯常亮：正常运行。

⑪管片安装机

启动前的准备工作：液压油箱中有足够的油（不低于最低液位）；液压油箱油温不高于

上位机设置的极限值;管片安装机急停系统正常。

工作状况显示及作用:绿色按钮,用于打开和关闭管片安装机的液压泵。

绿灯快速闪烁:故障;绿灯闪烁(慢):泵启动过程中;绿灯常亮:正常运行。

⑫增压泵

启动前的准备工作:确保有足够的水供给。

工作状况显示及作用:绿色按钮,用于打开和关闭增压水泵。

绿灯快速闪烁:故障;绿灯闪烁(慢):泵启动过程中;绿灯常亮:正常运行。

按钮:用于打开和关闭二次通风机。

绿灯快速闪烁:故障;绿灯闪烁(慢):泵启动过程中;绿灯常亮:正常运行。

⑬加水系统

启动前的准备工作:拖车上的加水箱有足够的水。

工作状况显示及作用:绿色按钮,用于打开和关闭加水系统泵。

绿灯快速闪烁:故障;绿灯闪烁(慢):泵启动过程中;绿灯常亮:正常运行。

⑭通风机

工作状况显示及作用:按钮,用于打开和关闭二次通风机。

绿灯快速闪烁:故障;绿灯闪烁(慢):泵启动过程中;绿灯常亮:正常运行。

(2)螺旋输送机控制面板

螺旋输送机控制主要包括螺旋输送机前后舱门,螺旋输送机主轴正反转、转速、高低速选择及螺旋轴的伸缩控制。操作在主机室进行,也可在螺旋输送机处进行维修操作。图 11-3 为某型盾构的螺旋输送机控制面板。螺旋输送机控制面板按钮功能见表 11-1。

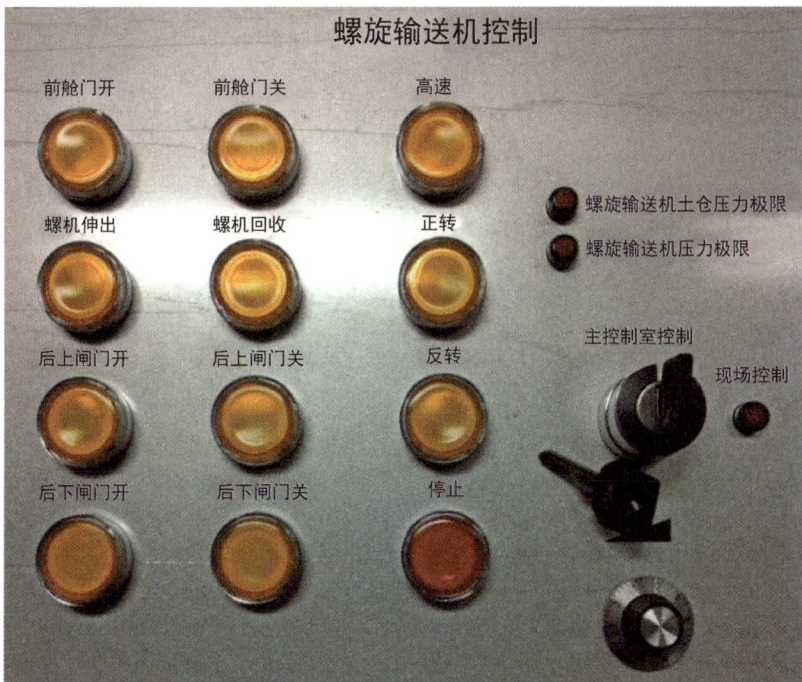

图 11-3　某型土压平衡盾构螺旋输送机控制面板

表 11-1　螺旋输送机控制面板按钮功能

名　　称	功　　能	状态/操作
螺旋输送机土舱压力极限	LED信号灯。信号灯亮：土舱压力过上位机设置	状态： ⇒过滤器和冷却泵工作状态 ⇒主轴承润滑油脂泵处于工作状态 ⇒螺旋输送机泵工作 ⇒皮带输送机工作 ⇒设备桥紧急停止功能处于非工作状态 步骤/传输 ⇒调节旋转电位器到"0" ⇒"停止"灯灭 ⇒按"正转"按钮 ⇒打开后上舱门及后下舱门 ⇒打开后舱门 ⇒用电位器顺时针缓慢旋转，螺旋输送机旋转 ⇒调节旋转电位器到"0" ⇒关闭后舱门 ⇒"停止"按钮停止旋转 ⇒按钮"反转" ⇒打开后舱门 ⇒用电位器顺时针缓慢旋转，螺旋输送机旋转 ⇒调节旋转电位器到"0" ⇒关闭后舱门
螺旋输送机压力极限	LED信号灯。信号灯亮：螺旋输送机压力过上位机设置	
前舱门开/关	黄色按钮/打开和关闭螺旋输送机前舱门。常亮：指示是否开/关到位；按下闪烁：开/关过程中；常灭：开/关都没有到位	
螺机伸出/回收	黄色按钮/伸出和回收螺旋输送机。常亮：指示是否伸/缩到位；按下闪烁：伸/缩过程中；常灭：伸/缩都没有到位	
后上舱门开/关	黄色按钮/打开和关闭螺旋输送机后上舱门。常亮：指示是否开/关到位；按下闪烁：开/关过程中；常灭：开/关都没有到位	
后下舱门开/关	黄色按钮/打开和关闭螺旋输送机后下舱门。常亮：指示是否开/关到位；按下闪烁：开/关过程中；常灭：开/关都没有到位	⇒"停止"按钮停止旋转 ⇒关闭后上舱门 ⇒关闭后下舱门
后舱门开/关	黄色按钮/打开和关闭螺旋输送机的泄渣舱门。常亮：指示是否开/关到位；按下闪烁：开/关过程中；常灭：开/关都没有到位	
正转/反转	黄色按钮/选择泄渣方式	
停止	红色按钮/停止泄渣。常亮：旋转条件不满足；常灭：旋转条件满足	
脱困（高速）	黄色按钮/特殊情况下螺旋输送机高速旋转	
速度控制（电位器）	电位器/调节螺机旋转速度0～最大	
主控制室控制/现场控制	主控制室：主控室操作螺旋输送机 现场控制：启动螺旋输送机现场控制面板，现场控制螺旋输送机以便维保或维修	
现场控制	指示灯。灭：主控室控制；闪烁：主控室现场均不能控制；亮：现场维保控制	

（3）刀盘控制面板

刀盘控制主要包括刀盘转向控制、转速控制。操作可以在主机室和本地连锁分别进行。图 11-4 为某型土压平衡盾构刀盘控制面板。刀盘控制面板的按钮功能见表 11-2。

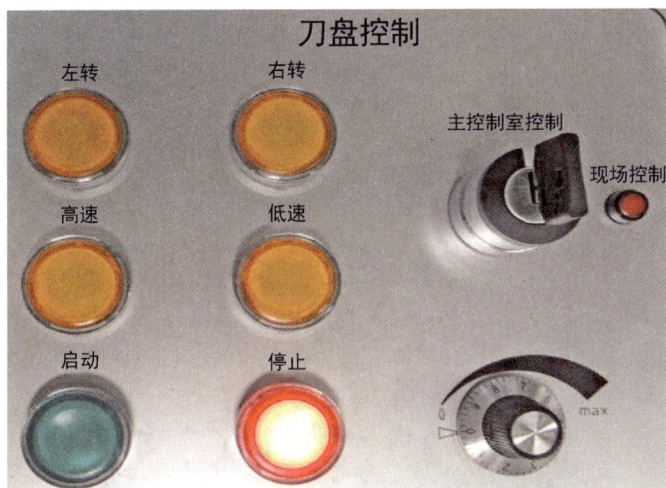

图 11-4　某型土压平衡盾构刀盘控制面板

表 11-2　刀盘控制面板按钮功能

名　　称	功　　能	状态/操作
速度（电位器）	电位器/调节刀盘转速	状态： • 过滤器和冷却泵工作状态 • 齿轮油泵工作 • 油脂润滑工作 • HBW 工作 • 滑差模式选择 • 至少一组对称电机预选 • 主控室的控制面板处于工作状态 步骤： ⇒逆时针电位器到"0" ⇒选择左转或右转 ⇒按下启动按钮，启动灯亮 ⇒顺时针调节电位器，调节转数 ⇒逆时针调节转度，转速归零 ⇒"停止"按钮关闭刀盘旋转
左转/右转	按钮/预选左或右旋转方向	
启动/停止	按钮/启动和停止刀盘的旋转	
复位/保留	按钮/复位变频器故障	
主控制室控制/现场控制	主控制室控：正常工作状态 现场控制：控制板启动刀盘以便维保或维修	
现场控制	指示灯： 灭：主控室控制 闪烁：主控室现场均不能控制 亮：现场维保控制	

（4）推进油缸控制面板

推进系统控制主要包括模式选择（推进/管片安装）、分区推进压力调整、总体推进速度调整。图 11-5 为某型土压平衡盾构推进系统控制面板。推进油缸面板按钮功能见表 11-3。

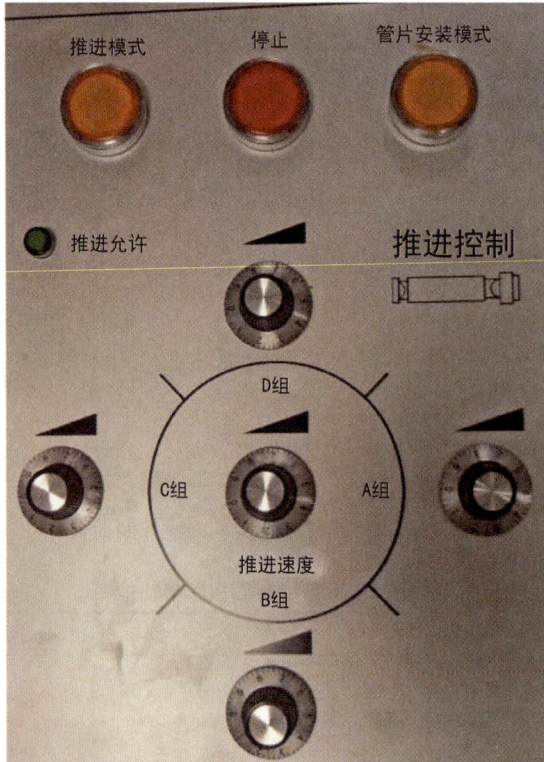

图 11-5　某型土压平衡盾构推进系统控制面板

表 11-3　推进油缸面板按钮功能

名　称	功　能	状态/操作
推进液压缸		
推进速度（电位器）	电位器/顺时针（0～max）调节前进速度	
A—D压力组压力（电位器）	电位器/顺时针（0～max）调节前进压力	
推进模式	按钮/选择盾构状态。在推进模式下，推进油缸只为推进机的掘进服务。此操作通过主控室内的控制板实现	状态： · 过滤器和冷却泵工作状态 · 控制泵处于工作状态 · 推进泵处于工作状态 · 皮带输送机处于工作状态 · 螺旋输送机处于工作状态 · 盾尾油脂处于工作状态 · 刀盘达到上位机设置最低转数 · 刀盘驱动压力小于上位置设置值

名　　称	功　　能	状态/操作
推进模式	按钮/ 选择盾构状态。 在推进模式下,推进油缸只为掘进机的掘进服务。此操作通过主控室内的控制板实现	步骤: ⇒将电位器调节到"0" ⇒按"推进模式"按钮 ⇒顺时针调节电位器调节推进油缸压力 ⇒顺时针调节电位器调节推进油缸速度 ⇒用"停止"按钮停止掘进
管片安装模式	按钮/ 选择管片安装状态 在管片安装模式下推进油缸为管片安装服务。通过主控室内的按钮将推进油缸操作控制转移到管片安装机控制板上	状态: • 过滤器和冷却泵工作状态 • 控制泵处于工作状态 • 推进泵处于工作状态 步骤: ⇒按"管片安装模式"按钮 ⇒通过"停止"按钮停止掘进
停止	按钮/在掘进状态停止推进油缸的运行模式	
推进允许	指示灯: 亮:主控室及现场能操作油缸 灭:推进条件不满足	

（5）盾壳铰接油缸控制

铰接系统操作主要包括铰接油缸回收和释放控制。图 11-6 为某型土压平衡盾构铰接系统控制面板。盾壳铰接系统控制面板按钮功能见表 11-4。

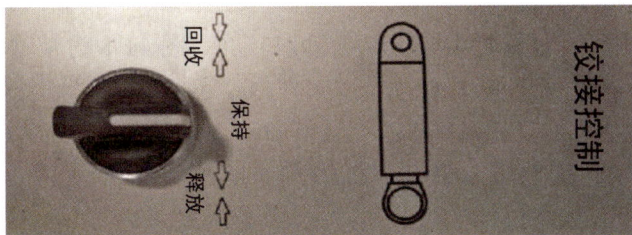

图 11-6　某型土压平衡盾构铰接系统控制面板

表 11-4　盾壳铰接系统控制面板按钮功能

名　　称	功　　能	状态/操作
保持/ 回收/释放	两位选择开关:切换到回收,使盾尾朝向盾壳切换到释放,释放铰接油缸中的压力	

(6)盾尾密封控制面板

盾尾密封系统控制主要包括模式选择（手动/自动）及泵的启停控制。图 11-7 为某型土压平衡盾构的盾尾密封系统控制面板。盾尾密封控制面板按钮功能见表 11-5。

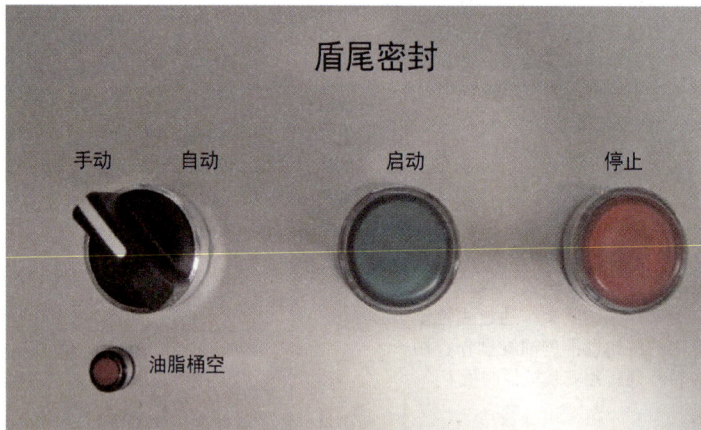

图 11-7　某型土压平衡盾构的盾尾封系统控制面板

表 11-5　盾尾密封控制面板按钮功能

名　　称	功　　能	状态/操作
启动/停止	按钮/打开和关闭油脂泵	
手动/自动	旋转开关/在手动和自动模式间选择	
油脂桶空	指示灯/指示油脂桶状态	

(7)泡沫控制面板

泡沫系统操作主要进行选择（手动/半自动/自动）。图 11-8 为某型土压平衡盾构的泡沫系统控制面板。泡沫控制面板按钮功能见表 11-6。

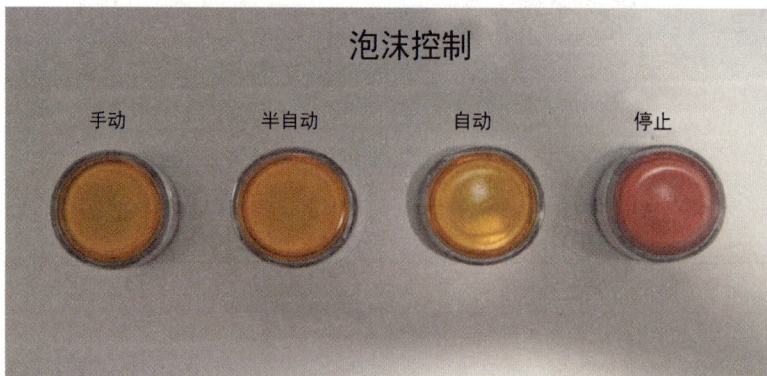

图 11-8　某型土压平衡盾构泡沫系统控制面板

表 11-6　泡沫控制面板按钮功能

名　称	功　能	状态/操作
手　动	按钮:用于手动模式下的空气和液体调节	状态: • 足够的液体和压缩空气供应 步骤: ⇒在上位机激活管路 1-3 ⇒预选"手动" ⇒在上位机上实现混合液及控制的流量控制
半 自 动	按钮:用于半自动模式下的空气和液体调节当管片安装开始时泡沫设备将自动停止,操作员可重新打开它	状态: • 足够的液体和压缩空气供应 步骤: ⇒在上位机激活管路 1-3 ⇒预选"半自动" ⇒在上位机上输入混合液及控制设置流量 ⇒当管片安装开始时泡沫设备自动停止
自　动	按钮:用于自动模式下的空气和液体调节自动系统将自动调节泡沫注入量以适应掘进速度。通过泡沫设备和掘进的联系,当掘进停止时,它也将自动停止(例如管片安装);当绝境重新开始时它将重新启动	状态: 足够的液体和压缩空气供应 步骤: ⇒在上位机激活管路 1-3 ⇒预选"自动" ⇒显示屏上输入的泡沫注入总量的百分比分配 ⇒输入的 FER 值和显示屏上的 FIR 值 ⇒泡沫设备独立于掘进速度开始和停止
停　止	按钮:停止泡沫系统	

(8)膨润土控制面板

膨润土操作主要进行泵的启停、流量控制及注入管路选择。图 11-9 为某型土压平衡盾构膨润土系统控制面板。膨润土控制面板按钮功能见表 11-7。

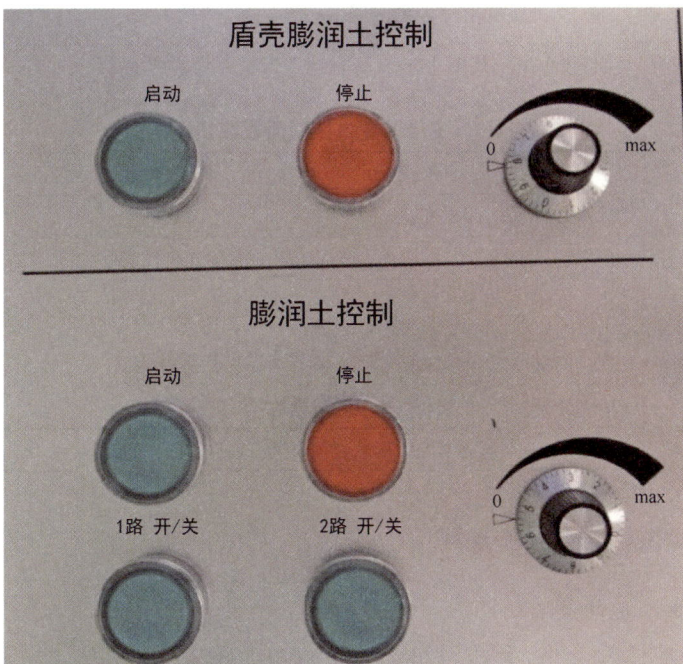

图 11-9　某型土压平衡盾构膨润土系统控制面板

表 11-7　膨润土控制面板按钮功能

名　　称	功　　能	状态/操作
启动/停止	按钮/打开和关闭膨润土泵	状态： ·膨润土罐中足够的膨化后的膨润 步骤： ⇒调节电位器到"0" ⇒按下"启动"按钮 ⇒顺时针调节电位器调节流量 ⇒"停止"按钮停止膨润土
速度（电位器）	顺时针调节电位器调节膨润土流量调节	

（9）皮带输送机控制面板

皮带机操作主要包括皮带机的启动与停止机转速控制，同时可以显示渣车状态，如果连锁选择有效则皮带机控制与螺旋输送机状态连锁起作用。图 11-10 为某型土压平衡盾构皮带机系统控制面板。皮带输送机控制面板控钮功能见表 11-8。

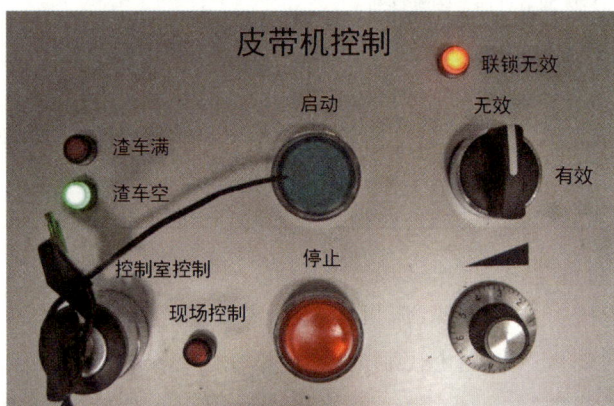

图 11-10　某型土压平衡盾构皮带机系统控制面板

表 11-8　皮带输送机控制面板按钮功能

名　　称	功　　能
启动/停止	按钮/打开或关闭皮带输送机
渣车满、渣车空	信号灯/显示渣车已满或是已准备好，由皮带输送机控制板控制
主控制室控制/ 现场控制	指示灯/闪烁为主控制室控制，灭为现场控制 主控制室控制：正常工作状态 现场控制/主控制室控制无效，启动现场控制面板
联　　锁	旋转开关/ 皮带输送机与螺旋输送机的联锁选择
联锁无效	指示灯/ 皮带输送机与螺旋输送机联锁无效时常亮

11.1.2　土压平衡盾构安全操作规程

11.1.2.1　对作业人员的要求

（1）作业人员应体检合格，无妨碍作业的疾病和生理缺陷。

（2）作业人员应经过严格的技术培训，熟悉盾构结构、原理、性能及操作、维修保养等

要求,了解盾构的基本参数,经培训并考核合格取得有关部门颁发的操作证。学员应在有操作证的专人指导下进行工作。

(3)作业时,作业人员应精力集中,严禁在作业过程中聊天、阅读、饮食、嬉闹及从事与工作无关的事情。

(4)作业人员应具备防火、防电、安全操作等安全防范意识。

(5)盾构司机应熟悉各种地质的特性,土压的简单计算,推力的简单计算,扭矩的组成,转弯半径等。

(6)盾构司机应熟悉"三图一表",即:地质纵断面图、地表建筑物图、地面测量监测点布置图及测量沉降监测报表,加强对地层及地质情况的认知,以指导盾构掘进。

11.1.2.2　盾构安全操作总体要求

(1)盾构操作必须以保证工程质量和操作安全为出发点,充分保证盾构隧道的衬砌质量,保证线路方向的正确性,应尽量减小因盾构施工而引发的地表沉降。必须做到:注浆量无法保证时不能掘进;没有方向测量时不能掘进;严格执行专业技术人员下达的土压指令,对掘进中的出土量突现异常要马上报告,有问题及时提出。

(2)盾构操作要合理利用盾构的各种功能,严禁为了赶进度而拼设备;严格执行盾构制造厂家编制的《盾构使用说明书》所述的各种安全操作要求,严格遵守专业技术人员下达的参数指令。

(3)非操作人员严禁操作盾构。

11.1.2.3　操作注意事项

(1)严格按照安全技术操作规程操作设备,避免造成人身伤害与设备损坏。

(2)严格执行交接班制度,认真填写设备运转记录。

(3)盾构主机室、盾体内和皮带机设有紧急停止开关,以备出现异常事故时使用,盾构上工作人员不得随意使用,避免造成设备的不正常停机而损坏设备。

(4)主司机启动顺序为:皮带机—刀盘—推进—螺旋输送机。

(5)两台盾构同时掘进时,前后距离不得小于 100 m。

11.1.2.4　开机前的检查

(1)检查延伸水管、电缆连接是否正常。

(2)检查供电是否正常。

(3)检查循环水压力是否正常。

(4)检查滤清器是否正常。

(5)检查皮带机、皮带是否正常。

(6)检查空压机运行是否正常。

(7)检查油箱油位及油温是否正常。

(8)检查油脂系统油位是否正常。

(9)检查泡沫剂液位是否正常。

(10)检查注浆系统是否已准备好。

(11)检查后配套轨道是否正常。

(12)检查出渣系统是否已准备就绪。

(13)检查盾构操作面板状态:开机前应使螺旋输送机前门处于开启位,螺旋输送机的螺杆应伸出,盾构处于掘进模式,无其他报警指示。

(14)检查测量导向系统是否工作正常。

(15)确认注浆系统已经开始工作。

11.1.2.5　各系统的启动

(1)根据工程要求选择盾尾油脂密封的控制模式,即选择采用流量控制或采用压力控制模式。

(2)参照工业电脑,检查是否存在当前错误报警,如有,应首先处理。

(3)将操作面板螺旋输送机转速调节旋钮、刀盘转速调节旋钮、推进油缸压力调节旋钮、盾构推进速度旋钮等调0。

(4)启动液压泵站的冷却循环泵,并注意泵启动时声音和振动情况等是否正常。

(5)依次启动润滑脂泵、齿轮油泵。

(6)依次启动补油泵、控制油泵。

(7)依次启动主驱动泵、推进泵及螺旋输送机泵。

(8)启动主轴承密封油脂泵,调整油脂泵使其保持在设定的泵送油脂量和气动压力。

(9)选择手动或半自动方式启动泡沫系统。

(10)启动盾尾油脂密封泵,并选择自动位。

11.1.2.6　盾构掘进

(1)启动皮带机。

(2)启动刀盘:

①选择刀盘的档位,一般在软土(岩)地段选择低速档位;在扭矩比较小的硬岩地层中可选择高速档位,具体要根据实际情况来决定。

②根据测量系统面板上显示的盾构目前滚动状态选择盾构刀盘旋向按钮,一般选择能够纠正盾构滚动的方向。

③选择刀盘启动按钮,并慢慢顺时针旋转刀盘转速控制旋钮。严禁旋转旋钮过快,以免造成过大压力冲击,损伤液压设备。注意主驱动压力变化,若因压力过高而使刀盘启动停止,则先把速度旋钮至最小再重新启动。

(3)推进。按下推进按钮,根据测量系统屏幕上指示的盾构姿态,调整各组推进油缸的压力至适当的值,并逐渐增大推进系统的整体推进速度。

(4)启动螺旋输送机。慢慢开启螺旋输送机的出渣口舱门;启动螺旋输送机按钮,并逐渐增大螺旋输送机的转速。

(5)盾构掘进模式的选择。

对于稳定性较好的地层,可采用敞开式掘进,不用调整土舱压力,以较大的开挖速度为原则;对于具有一定自稳性的地层,可采用半敞开式掘进,这样需调节螺旋输送机转速,使土舱内保持一定的渣土量,一般约保持2/3左右的渣土;对于稳定性不好或有较多地下水的地层,需采用土压平衡模式掘进,此时根据开挖地层的不同,保持不同的土舱压力,但

最大土舱压力值必须低于盾构主轴承密封的最大抗压能力,否则有可能损坏主轴承密封;对于地层稳定性很差及软硬不均地层,必须采用土压平衡模式掘进,并严格控制出土量。

若土舱压力过大时可以采取以下措施来降低压力:

①加快螺旋输送机转速,增加出渣速度。

②适当降低推进油缸推力。

③降低泡沫和空气注入量。

④适当排除土舱内一定量的空气或水。

若土舱压力小时可采取以下措施来增大压力:

①降低螺旋输送机转速,减低出渣速度。

②适当增大推进油缸推力。

③增大泡沫和空气注入量。

(6)盾构推进方向的调整。盾构方向的调节,是通过调整推进系统几组油缸的压力来进行的,一般的调节原则是使盾构的掘进方向趋向隧道的设计中心线;当盾构推进油缸左侧压力大于右侧时,盾构姿态趋势自左向右偏移;当推进油缸上侧压力大于下侧压力时,盾构姿态趋势自上向下偏移,依次类推即可调整盾构姿态;为了保证盾构的铰接密封、盾尾密封工作性能良好,同时也为了保证隧道管片不受破损,盾构在调向的过程中不能有太大的趋势,一般在测量系统屏幕上显示的任意趋势值不应大于规定的偏差;一般情况下,当盾构处于水平线路掘进时,应使盾构保持稍向上的掘进姿态,以纠正盾构因自重而产生的低头现象。

(7)盾构滚动的调整。为了保证盾构在推进过程中正确的受力状态,盾构不能有太大的自转,一般不能大于测量系统屏幕上显示的允许滚动值。通过调整盾构刀盘的转向可以调整盾构的自转。

改变盾构刀盘转向按以下操作:按停止按钮停止掘进,将刀盘转速调至最小,重新选择刀盘转向,按开始按钮,并逐渐增大刀盘转速即可。

(8)刀盘扭矩的调整。当刀盘扭矩过大时,加大渣土改良物质的注入量,适当降低推进油缸的推力,适当减少刀具的贯入量等。

(9)铰接油缸操作的调整。铰接油缸的作用是为了使盾构能够很好地适应蛇形前进,特别是为了使盾构更好地适应隧道的曲线掘进。当旋钮在“回收(PULL)”位时盾尾缩回,当处于“保持(HOLD)”位时铰接油缸处于锁定位,当处于“释放(RELEASE)”位时,铰接油缸处于浮动位,此时盾尾能根据前盾和管片的位置自动调整姿态。

(10)仿形刀的操作。当盾构在转弯半径较小的曲线上掘进时,有时会用到仿形刀进行辅助掘进。仿形刀可以根据工业电脑的设定实现在一定的角度范围伸缩。当需要使用仿形刀时,首先启动仿形刀油泵,然后选择仿形刀控制旋钮到自动位,仿形刀即可按照预先设定的值进行工作。当需要停止时,需先选择到手动位,把仿形刀缩回,然后再停止仿形刀油泵。

(11)泡沫系统的操作。泡沫系统一般有三种操作模式,即自动、半自动、手动。当各种条件都比较理想时可采用自动模式,否则采用半自动或手动模式。根据实际情况,一般

采用半自动或手动模式。此时操作司机根据盾构掘进参数，如刀盘扭矩、土舱压力及出渣情况等，依据经验对泡沫剂或空气的流量进行手动调节，按"＋"钮增大流量，按"－"钮减小流量。当掘进结束时，按停止按钮停止泡沫系统。

（12）膨润土系统的操作。膨润土的作用是为了改良渣土的特性，使其更利于掘进和出渣。当需要使用膨润土时，首先要在洞外将膨润土搅拌好并运输到洞内的膨润土罐内，然后启动搅拌和输送泵，并调整膨润土的泵送流量即可。停止输送时直接停止输送泵，但罐内还有膨润土时不能停止搅拌。

（13）盾尾油脂密封阀的手动操作。当盾尾密封阀在手动位时，可以按下每个位置的注脂按钮来进行手动注脂，这个功能主要用于对盾尾油脂密封阀检修或自动功能暂时有故障时。

（14）注浆操作：

在手动模式下，首先调整好注浆泵开始和停止压力（设定值），注浆泵由控制板的按钮和电位计单独控制；泵的速度由比例控制其起动装置的电位计旋向位置决定；如果管片背部注浆压力大于相应的设定值，相应的注浆泵即停止工作，直至压力反馈小于设定值。

在自动模式下，首先调整好注浆泵开始和停止压力（设定值），注浆泵的启动和停止由控制板自动控制，并且几组注浆泵的启动和停止是一致的。

（15）掘进过程中的安全要点。在盾构掘进过程中，应有一名管理人员随时注意巡检盾构的各种设备状态，如泵站噪声情况，液压系统管路连接是否松动及是否有渗漏油，油脂及泡沫系统原料是否充足，轨道是否畅通，注浆是否正常等。操作室内司机应时刻监视螺旋输送机出土口的出渣情况，根据测量系统屏幕上显示的值调整盾构的姿态。发现问题立即采取相应的措施。盾构掘进过程中，司机必须严格按照要求填写有关部门规定的各种数据表格，以及详细的故障及故障处理办法。

（16）掘进结束时的安全要点。

当掘进结束时，按以下顺序停止掘进：

①停止推进系统。

②逐步降低螺旋输送机转速至零，停止螺旋输送机。

③关闭螺旋输送机出渣口舱门。

④停止皮带输送机。

⑤若刀盘驱动压力较大，可持续转动刀盘，适当搅拌土舱内的渣土，当驱动压力降低至一定程度时减小刀盘转速至零，并停止刀盘转动。这样有利于刀盘下次启动时扭矩不至于太大。

⑥依次停止主驱动泵、补油泵、螺旋输送机泵、控制泵、仿形刀泵、油脂密封系统、泡沫系统，通知有关人员进行下一工序的工作。

⑦若马上准备安装管片，则按下管片安装按钮。

（17）掘进报告的填写。

为了积累盾构施工经验，更好地进行盾构施工总结，以及留下必要的施工考证依据，盾构施工过程中，必须严格按照要求填写盾构掘进报告（可参考表11-9）。

表 11-9　盾构掘进报告

隧道：_____线　环号：_____　日期：_____年_____月_____日　班次：_____　天气：_____

1. 地质及地面状况：_____ 地面情况：_____
2. 线路特点：_____ 实测纵度：_____
3. 管片类型及掘进参数

管片类型_____ 俯仰角（度）_____

封顶块位置_____ 滚动角（度）_____

总推力(kN)_____ 水平偏差（mm/m）_____

刀盘扭矩(kN·m)_____ 注浆压力（MPa）1 _____ 2：_____

刀盘转速(r/min)_____ 3 _____ 4：_____

掘进速度(mm/min)_____ 注浆量（理论_____ m³）_____m³

螺旋输送器转速(r/min)_____ 土舱压力（MPa）设定：_____

螺旋机扭矩(kN·m)_____ 上：_____ 下：_____ 左：_____ 右：_____

螺旋机门开度(mm)_____ 实际出土量（理论_____ m³）：_____m³

铰接油缸设置_____ 发泡剂比例：_____

4. 盾构位置：

掘进前轴线偏差(mm)：水平(前点/后点)_____ 竖直(前点/后点)_____

掘进后轴线偏差(mm)：水平(前点/后点)_____ 竖直(前点/后点)_____

5. 推进油缸行程(mm)

管片安装前
管片安装后

(1) 推进油缸行程　　　　　　　　　　(2) 铰接油缸行程

6. 盾尾间隙(mm)：

管片安装前
管片安装后

7. 掘进时间：_____

8. 管片安装时间：_____

9. 地质描述：_____

10. 掘进里程：_____

故障 简述	1. 2. 3.

盾构司机：　　　　　　技术主管：　　　　　　项目负责人：

11.1.2.7 液压系统作业规程

(1)液压系统启动前的检查

①所有管路连接、管线布置完好。

②所有元件安装完好。

③没有工作人员在对系统进行维修等作业,没有其他人员或物品在危险区域范围内。

④检查液压油箱内油液是否充足,不足时应补充。

补充油液应注意以下事项:所补充的油料必须是和原油箱内油料同牌号的有合格证的合格油品;加油前应将油箱静置一段时间,使其充分沉淀;加油时应通过有过滤器的加油器进行加油,不允许直接向系统注油。

(2)系统启动及运行

①系统启动应按系统说明书上的启动程序进行启动。

②尽量避免对系统进行频繁启动。

③系统启动后应检查其压力、流量等参数是否正常,泵站和其他各元件的工作状况是否正常,如有异常应停机检查。

④在系统运行中禁止对系统进行维修作业。

⑤在系统运行中应随时注意油箱和各元件的温度,油箱油温一般不超过60 ℃。如出现油温过高则应检查系统各元件的工作是否正常,水冷却系统是否正常。

(3)液压系统维修时注意事项

①对液压系统的任何维修工作都必须在系统停止运转后才能进行。

②对各元件的拆修、调试应做好标记。

③在对系统进行拆修前,应反复几次将系统内的油压释放完全,以免高压油伤人。

④对液压元件的维修工作应在清洁、干净的环境下进行。

⑤更换油管时,禁止将油管的端口对准人。

⑥清洁用油要用煤油、专用的清洁剂、干燥的高压风进行清洁。清洁用物品要用绸缎,而不宜采用毛巾、绵纱等类似物品。

⑦油管接头的密封不能采用生胶带之类的物品进行处理。

⑧不许对刚刚停止运转的元件进行拆检等作业,必须等到其温度降到人体可以承受的温度以下时方可进行作业。

⑨在装配阀、泵、马达等液压元件时,应将各运动部件油液中浸泡后再进行装配,禁止将干燥的阀芯、泵和马达的运动部件直接装配。

⑩定期对液压油取样进行油品检测,如发现液压油中杂质及水含量较高,应对油品进行更换。

11.1.2.8 水系统作业规程

(1)水系统的安全操作

①在每次保养或者维修水泵时,要确保水泵电源已被切断。

②当启动泵时,要确保人员不能将手伸入水泵旋转部件中。

③当水泵处于有爆炸危险的环境中时,不能启动水泵。

④当水泵发出不正常声响时,须立刻停泵进行检修。

(2)水系统的保养

①首次运行 3~5 个循环后,清洗滤芯。

②每 2 个月清洗滤芯,若比较脏,应缩短清洗周期。

③进水主滤清器应每天清洗。

11.1.2.9　电气作业规程

(1)变压器的安全操作

①变压器在安装时应注意各部分不要受潮,导线各部分连接要可靠。

②高压侧接通后,先让变压器空载运行一段时间后,再接入负载。

③在接入负载前,先测量各路的相序是否正确。

④变压器在运行时,要经常注意变压器的温度和声音。

⑤隧道中的灰尘较大,应尽量保持不要让灰尘进入变压器内,变压器的绕组和铁芯会因表面的灰尘较多而冷却效果受到影响,变压器会因过热或绝缘老化而引起匝间短路损坏。

⑥如果遇到围岩渗水,变压器要注意保护,不要让水进入变压器中。

⑦值班人员要注意巡视检查变压器,发现异常情况要及时报告,以关注是否及时解决,在交接班时要做好相应的记录。

(2)电机的维护保养

①电机的维护保养必须由指定人员操作。

②操作前,应做好必要的防护以及相关标识。

③保养前,确保电机已经断电,并对地短路。

④电机的清理:不能用水或其他液体清洗电机;要经常检查冷却水通道;当灰尘沉积时,可以用风式或热蒸汽清洗;处理过程中应符合绝缘规定。

⑤要定期检查主电机中加热器和 PLC 的连接线路。

⑥做好交接班记录,上一班若发生故障或进行接线等作业时,当班人员一定要在掘进报告中注明,并向下一班人员进行交底。

(3)配电柜的安全操作

①检查母线及接头是否正常。

②绝缘瓷瓶是否脏污、破损、有无放电的痕迹。

③电缆及终端头有无异常。

④二次系统的设备如仪表、继电器的工作是否正常。

⑤接地装置及 PE 线和 PEN 线连接有无松脱、断线的情况。

⑥整个配电装置的运行状态是否符合当前的运行要求,停电检修时要放置警示标志,必要时要使用临时接地。

⑦配电柜的本身及周围有无影响安全运行的异物和异常现象。

⑧在巡视中发现的异常现象应记入专用记录中,应及时处理。并向下一班组交待清楚,重要情况要及时上报。

⑨配电柜禁止使用水冲洗,配电柜的温度应密切注意,当发现异常现象时,应及时处理并上报。

(4)隧道延伸电缆的操作保养

①进洞电缆须沿洞壁敷设,应有一定的高度,电缆挂钩应套上绝缘胶管,并注意以防其他施工机械损伤。

②进洞沿墙敷设的电缆之间必须有足够的安全距离。

③电缆在敷设时可考虑适当的余量,以作以后检修时备用。

④电缆在沿途敷设时尽量避免与其他管道交叉。

⑤在盾构上使用电焊和气割时,一定要注意对周围的电缆进行保护。

⑥高压电缆之间是用快速接头连接的,在延伸电缆时应注意不要损伤电缆及接头,电缆接头要注意干燥。

⑦制作高压接头时,操作人员要严格按照规定操作。

⑧在延伸高压电缆前,一定要对电缆进行绝缘测量和耐压试验。

⑨值班人员要加强对电缆巡视,发现问题及时汇报,并尽快解决,值班人员要做好巡检和交接班记录。

(5)监视系统的操作保养

①保持屏幕表面干净,否则会使光感器件失效。

②摄像头必须使用220 V电源。

③不要将摄像头正对强可见光源。

④不要用强腐蚀剂溶剂,涂擦玻璃等屏幕。

⑤按技术参数在规定电压区、电流区范围内使用。

⑥值班人员要定期紧固摄像头基座的螺栓。

⑦值班人员要加强巡视,发现问题要及时解决,并做好交班记录。

11.1.2.10 管片拼装操作规程

(1)应由专业人员操作,操作者应懂结构、懂原理、懂性能、会使用。

(2)管片安装过程中,应收回管片安装区域的推进油缸,注意保持推进油缸回收时活塞杆的清洁。

(3)操作管片拼装机的抓举器,旋紧螺栓抓紧管片。

(4)管片拼装机沿滑道运行到管片所需安装的位置。

(5)管片拼装机的旋转紧绕盾构的中心线左或右旋转,伸缩升降油缸把管片放到准确位置。

(6)进行管片连接后,推进油缸顶紧管片,拼装机释放管片,紧固管片连接螺栓。

(7)管片安装必须从隧道底部开始,先安装标准快,然后安装邻接块,最后安装封顶块。

(8)封顶块安装前,应先对止水条进行润滑处理,安装时先径向插入,调整位置后缓慢纵向顶推。

(9)严格对管片螺栓进行三次复紧。

（10）管片安装过程中，禁止任何人进入安装机旋转范围内。

（11）检查限位器，保证管片拼装机的旋转角度不能超过设定的旋转角度范围。

（12）在安装管片过程中，严禁站到管片安装机下面，确保安装机运行轨迹的正下方无人通过。

（13）运行中，操作人员的手不得离开控制器，运行中忽然发生故障时，应采取措施将重物安全降落，然后切断电源，进行修理。严禁在运行中进行检修保养。

（14）管片安装过程中，严禁收回超过安装需要的支撑油缸，以避免安装好的管片环倒塌。

11.1.2.11　双吊机操作规程

（1）操作人员应熟识和掌握装吊工一般知识及操作规程，并经培训合格。

（2）检查作业场所的环境、安全设施等，确认符合有关安全规定，方可进行作业；作业时，按规定正确佩戴和使用劳动防护用品，如安全帽、安全带、手套等。

（3）操作人员的手不得离开控制器，跟在设备后保持 2 m 距离，运行中忽然发生故障时，应采取措施将重物安全降落，然后切断电源，进行修理。严禁在运行中进行检修保养。

（4）在使用吊机作业时，应严格遵守安全操作规定，不得违章起吊。

（5）管片起吊前，检查管片螺栓与挂钩连接是否可靠牢固。

（6）管片起吊时，先将物件提升离地面 10～20 cm；经检查确认无异常现象时，方可继续提升，待管片提升到位才能行走。

（7）放置管片时，确认管片放置平稳牢靠，方可松钩，以免物件倾斜翻倒伤人。

（8）起吊物件时，所涉及区域内和重物的下方，严禁站人，不准靠近被吊物件和将头部伸进起吊物下方观察情况，也禁止站在起吊物件上。

（9）起吊物件时，应保持垂直起吊，严禁用吊钩在倾斜的方向拖拉或斜吊物件，禁止吊拨埋在地下或地面上重量不明的物件。

（10）吊完管片，应将吊钩收回，停放到适当位置。

（11）不允许改动和修改吊机。

（12）不允许在物体的边缘起吊。

（13）应定期测试吊机各个功能参数。

（14）不允许拆除机械与电器的限位装置。

（15）每天开始工作前，检查限位装置、吊机悬挂装置和一些机械装置。

（16）检查行走装置与起升装置是否连接完好。

11.1.2.12　皮带机操作规程

（1）操作人员必须经过一定培训，掌握操作技术，了解皮带机的性能、构造和维修要求，其他人员严禁操作。

（2）皮带机通过主控室来启动。

（3）接渣处的操作人员在渣车停放到位，准备工作就绪，满足出渣条件后，按下警铃，主控室主司机接收到信息后方可操作。

（4）主控室主司机先按下按钮警铃，确认皮带周围无作业人员后，方可启动皮带。

（5）主司机将开关旋转到"正转"处，皮带机启动。

（6）主司机将开关旋转到"停止"时，可关闭皮带机。

（7）运行皮带机是启动刀盘的前提。

（8）皮带机运行过程中，工作人员禁止在皮带机上行走。

（9）皮带机运行轨迹上有尖锐铁片等杂物有可能损坏皮带机时，皮带机不能启动或者应马上停止，清除杂物后，方可继续工作。

（10）出现异常情况，通过皮带机上的紧急按钮停止皮带机运行。

11.1.2.13　空气压缩机操作规程

（1）开机前，应先检查管路出口，阀门应全部打开（排污阀门除外），启动除水设备。

（2）检查压缩机冷却油油位，停机状态下油位应为油标管的 4/5 以上，最低不能低于 1/3 处。

（3）送电，打开空气开关，非常停止按钮复位。

（4）顺时针旋转急停按钮，直到自动弹出，然后按绿色 ON 启动键，压缩机自动启动加载。

（5）停机：按下 OFF 键，可停运空压机。

（6）保持工作现场清洁。

（7）由专人管理维修压缩机；维修时必须先断电，并挂上"正在维修；严禁开机"字样。

（8）操作人员不允许随便改动 PLC 的内部参数。

（9）非专业人员不允许随意拆卸压缩机任何部件。

（10）开机时不可将任何杂物放置在压缩机附近。

（11）运行时，严禁将手或其他物品靠近吸气孔。

（12）故障停机后，开机前必须记录当时状况及各项参数，排除故障后再启动设备。

（13）应避免频繁启停设备。

11.1.2.14　注浆系统操作规程

（1）司机必须经过一定培训，掌握操作技术，了解注浆系统的性能、构造及维修要求。

（2）浆液在地面拌合站搅拌好后，下放到列车编组中的浆车中。列车编组及浆车同时进入掘进工作面，通过浆车上的砂浆泵将浆液注入盾构台车上的储浆罐。

（3）为防止砂浆发生凝结和离析，罐内的砂浆要一直搅拌。

（4）掘进开始后，按下相应泵启动按钮，将注浆控制手柄放在注浆位，根据掘进速度选择合适的注浆速度。

（5）掘进过程中应控制好注浆压力和注浆量，记录每环注浆数据。

（6）掘进过程中，注浆压力超过系统设定注浆压力时，应停止注浆。

（7）注浆时，要保证盾尾油脂不断注入，防止浆液漏浆及盾尾刷损坏。

（8）注浆结束后，应及时对注浆管路进行清洗，防止管路堵塞。

（9）注浆人员作业时，必须戴防护眼镜，以防因高压喷射造成人身事故。

（10）所有的水管、液压管和螺栓必须检查，确保完好，发现有损坏部件，立刻停机进行修理。

(11)如果工作过程中出现较长时间停顿,应将注浆泵活塞杆回到末端位置。

(12)工作过程中不允许将搅拌机盖板移开。

(13)防止水泥袋等杂物落入水泥浆搅拌罐。

(14)在搅拌过程中,严禁将手及其他物品伸入搅拌罐内,以免造成人员及机器伤害。

(15)注浆结束拆除管路时,必须先卸压后拆管,以免压力水泥浆喷出伤人。

11.1.3　土压平衡盾构掘进操作技巧

衡量一个盾构主司机水平的高低,通常由许多方面来综合评判,但最主要的两个评判标准就是渣土改良的好坏和盾构姿态控制是否精准。

盾构掘进最重要的两个方面:

第一是渣土改良。渣土改良在土压平衡盾构掘进中起着举足轻重的作用,土压平衡盾构掘进出现的许多问题往往都是因为渣土改良不到位引起的。

第二是姿态控制。姿态控制是决定盾构成型隧道是否满足设计要求,是影响着盾构隧道管片拼装质量的最重要因素。

11.1.3.1　淤泥地层盾构掘进方法与技巧

(1)淤泥地质特点与盾构刀盘选型

淤泥地质的特点是地质松软、颜色灰褐色、地层较均匀,无大硬块出现,地表沉降反应较快,地层稳定性较差。含水量充足,地层密封性较差。

在盾构刀盘选型方面,主要根据淤泥地质特点,一般选用刀盘开口率较大的辐条式刀盘,刀盘一般配置中心鱼尾刀、切刀和周边刮刀等,如图 11-11 所示。

图 11-11　淤泥地层盾构刀盘

(2)淤泥地质盾构掘进参数控制

在掘进淤泥地质时,由于地层稳定性较差,一般选择土压平衡模式掘进(满舱全土压掘进),通常情况下土舱土压保持较高,以地铁盾构为例,上部土压一般在 0.2 MPa 左右。盾构在掘进淤泥地质时,刀盘扭矩一般较小,通常在 1 600～2 000 kN·m 左右,盾构推力通常在 10 000～12 000 kN 之间。刀盘转速在 0.8～1.2 r/min 之间,在掘进淤泥地层时,掘进速度一般控制在 40～50 mm/min 即可,注意速度不宜过快。

(3)淤泥地质掘进渣土改良

少量加水改良或不用改良,遇淤泥质黏土地层时一般添加少量泡沫剂进行改良。

淤泥地层流动性强,且没有块状,在掘进淤泥地层时,通常只需要通过加水来对渣土进行改良,甚至有时不需要改良就能够有很好的掘进状态。

掘进时,需要注意,刀盘面板上的泡沫孔,膨润土孔,间隔一段时间需要开启冲刷一下,以避免长时间不用时被堵塞。

在遇到淤泥质黏土时,由于黏土成块状淤泥包裹在黏土表面,容易出现皮带打滑现象,这时,需要添加少量泡沫剂进行改良。

（4）淤泥地质盾构掘进控制要点

①盾构姿态控制:在掘进淤泥地层时,由于地层较松软,盾构容易出现栽头现象。因此在掘进过程中,尤其要注意盾构姿态的控制。通常在安装管片时,盾构姿态会往下掉,且趋势较大,非常明显。因此,通常在掘进过程中都必须保持抬头趋势向前掘进,在淤泥地质条件下,通常要保持"+4"的俯仰角往前掘进,才能保持掘进时盾构姿态不往下掉。

②地表沉降控制:在掘进淤泥地质时,地表沉降控制非常重要。由于地层流塑性强,地质不稳定,地表沉降反应灵敏,且反应非常迅速,因此在掘进过程中除了按要求保证土压外,还需要保证土压的波动值不宜过大,控制螺旋输送机转速保持土压稳定。通常在掘进时刀盘前方地表保持隆起1~2 mm,这样,盾尾通过稳定后,地表沉降值才不会过大,才能满足施工要求,通常地淤泥地质地表反应灵敏,土压稍大就会隆起,土压稍不足就会沉降。同样,如果盾尾同步注浆过量,地表就会隆起,注浆量不足,就会沉降。因此在掘进过程中一定要注意土压平衡的控制及注浆量和注浆压力的控制。

（5）淤泥地质盾构掘进常见问题与解决方法

①常见问题一:盾构栽头现象。

在掘进淤泥地质时,盾构极易出现栽头现象。盾构在掘进时,由于地质较软,盾构容易出现栽头下沉现象。在掘进时由于盾构主司机操作判断不及时,掘进结束拼装管片后,盾构姿态下降,在下一环掘进开始时,未能及时将姿态抬回原来的位置;另外,盾构司机掘进速度过快,螺旋输送机转速过快,导致下部推进油缸油压由于反作用力下降而自动下降,主司机未能及时判断,造成盾构姿态形成严重向下趋势,引发严重后果,因此在掘进淤泥地质时,虽然盾构推力扭矩都很小,但掘进速度不宜过快,且速度要尽量保持匀速。

预防盾构栽头的措施:预防为主,在掘进淤泥地层时,为预防盾构出现栽头现象,通常在水平掘进时应保持盾构抬头趋势,且趋势较其他地层应稍大 。在拼装管片结束后,盾构姿态下掉,在下环掘进初,应尽快将姿态抬高到上环掘进结束时的位置。掘进速度不宜过快,保持稳定匀速,土舱压力保持稳定,注意观察下部推进油缸油压的变化,及时进行调整。如果已经出现了向下趋势,盾构主司机难以控制时,应及时停机向上级领导汇报,在刚出现趋势时及时采取相应措施能比较容易将姿态控制住,有利于把姿态调整回来。如果等到趋势较大时再采取措施将非常棘手,难度较大。

盾构栽头严重时通常采取的措施:将上部推进油缸选择性地回收不用,减少抬头时盾构上部作用力;加大下部推进油缸推力,增大液压油的压力,在将盾构本身下部推进油缸油压加完还不能将盾构抬起时,可采取在下部增加液压泵站和油缸数量,在掘进时同时开

启泵站增大盾构下部推力;在抬头时,盾尾管片要做相应调整,首先将上部盾尾间隙调整大,有利于盾尾下降。但盾构上下油缸行程差较大时,不利于盾构抬头,这时可以在下部油缸撑靴和管片之间增加钢垫块来缩小油缸形程差,再继续往前掘进,当盾构抬头趋势出现时,盾尾管片选型应以缩小油缸形程差为目标,即调整为向上趋势。

②常见问题二:盾构自转现象。

盾构在掘进淤泥地层时,由于刀盘扭矩很小,一般盾构每环掘进盾构自转都很小,但容易出现往一个方向转的情况,且不容易纠回。当刀盘往反方向转时,盾构自转角度没有减小反而越来越大。由于地层与盾构外壳摩擦力小,出现这种情况时,往往大都是因为管片旋转带动盾构旋转,管片旋转一般在施工过程中经常出现,但能影响到盾构自转的情况在淤泥地层中很容易出现。盾构内设备布置重量不平衡,盾构的重心不在垂直的中心线上而产生了旋转力矩。在施工过程中刀盘或旋转设备连续同一转向,导致盾构在推进运动中旋转。

盾构自转预防措施:安装于盾构内的设备进行合理布置,并对各设备的重量和位置进行验算,使盾构重心与中线上或配置配重调整重心位置于中心线上;经常纠正盾构转角,使盾构自转于允许范围内;根据盾构的自转角,经常改变旋转设备的工作转向。在拼装管片时,注意管片旋转情况,出现管片旋转时,要刻意调整回来,不能继续旋转过大,当旋转过大时就会引起盾构自转,通常发现出现这种情况时盾构自转的方向跟管片旋转的方向是一致的。这时无论刀盘往哪个方向转,盾构自转都向着同一个方向转。因此,在淤泥地层掘进时,一定要控制好管片的旋转。当出现盾构后配套及车架倾斜时,通常会发现拖车边轨所使用的三角是固定在管片螺栓上的,当管片旋转时边轨也跟着管片旋转,导致后配套及拖车倾斜,对盾构自转造成很大影响,因此应采用不固定在管片上的三角来承载边轨。同时还可以在盾体内部在盾构自转相反一边增加压块以提高一侧的重量。还可以通过增大刀盘扭矩,通过调整刀盘转向来调整盾构自转角度,由于掘进淤泥地层时刀盘扭矩过小,可以在刀盘前面地段实行注浆加固,以提高刀盘扭矩。实现盾构自转的调整。还可以通过改变刀盘或旋转设备的转向或改变管片的拼装顺序来调节盾构的自转角度。

③常见问题三:管片上浮。

在掘进淤泥地层时,管片整体上浮量较其他地层较大,有时到达 6～15 cm,通常在掘进过程中盾构姿态保持在−40～−60 mm 之间掘进,但即使是这样,管片上浮量还在 4～6 cm 之间,因此在掘进时,同步注浆一般只采取上部两路注浆管注入,同时,砂浆的配比应合理调整,缩短浆液的初凝时间,让其能尽快稳定住管片。严重时,可采用管片上部注入双液浆的方法使其迅速凝固。

11.1.3.2 黏土地层盾构掘进方法与技巧

(1)黏土地质特点与盾构刀盘选型

黏土地层的特点是地层密实、透水性差、含水量小,密封性好,渣土成黄色、黄褐色,渣土非常黏手且大块硬块较多,地层较为稳定。

在盾构刀盘选型方面,一般情况下选用开口率相对适中的刀盘来掘进黏土地层,黏土地层掘进土质非常黏,极易出现糊刀盘和糊土舱现象,因此选用适当开口率的刀盘,刀盘

上应至少设计 3～5 路泡沫喷射孔和 2～4 路加水孔以及刀盘中心冲刷系统,黏土地层盾构刀盘如图 11-12 所示。

图 11-12　黏土地层盾构刀盘

（2）黏土地质盾构掘进参数控制

掘进黏土层时,一般情况下采取三分之二土舱进行掘进,上部三分之一为泡沫空气。以地铁盾构为例,上部土压一般在 2.0 在 800～1 500 MPa 之间,刀盘扭矩在 2 000～2 800 kN·m 之间较为正常,推力在 10 000～13 000 kN 之间比较正常,通常情况下,掘进黏土层的掘进速度在 50～80 mm/min 之间。

（3）黏土地质掘进渣土改良

黏土地质掘进时,一般以泡沫改良为主,以适量加水为辅进行渣土改良。在黏土地层掘进时,容易出现刀盘结泥饼,糊土舱的现象,在掘进过程中尤其需要注意对渣土进行改良,渣土改良的好坏直接影响着盾构的掘进效率。通常情况下,在掘进黏土层时需要添加泡沫剂对渣土进行改良,在泡沫剂流量不够的情况下,允许向刀盘前方加水来改良。由于黏土的黏性,通常选用分散型泡沫剂,一般发泡率在 1∶10 到 1∶14 之间效果最佳。

（4）黏土地质盾构掘进控制要点

①合理进行渣土改良。在黏土地层中的渣土改良比其他地层中显得更为重要,渣土改良不好容易出现糊刀盘、糊土舱、卡螺旋输送机、螺旋输送机出渣口卡渣以及渣土在皮带上打滑上不去等一系列问题。因此在掘进黏土地层时,渣土改良应放在最主要的控制要点,是重中之重。

②严格控制地表隆起。在黏土地层掘进时,由于黏土地层密封效果非常好,在土舱内的土压保持能力持久,停机后一般长时间内泄压很小,因此在掘进时,如果螺旋输送机出渣不顺或者螺旋输送机出渣口卡渣,皮带打滑等现象时,土舱内的土压会急剧升高,地表容易隆起。比平时掘进其他地层时土压升高的速度较快,而且泡沫系统加入的空气很难从地层缝隙散走,只能随螺旋输送机出渣一起排出,因此在遇到问题时应立即停止掘进,

停止泡沫和水的注入,等到出渣顺畅之后再开始掘进。

③确保泡沫系统和加水系统状态良好。在掘进黏土地层时,由于渣土改良主要靠泡沫剂和水,因此,为了更好地达到渣土改良效果,应随时保证刀盘上泡沫孔和加水孔的通畅,避免堵塞。应经常检查泡沫发泡效果和泡沫管路,保持通畅。

(5)黏土地质盾构掘进常见问题以及方法和技巧

①常见问题一:刀盘结泥饼。

在黏土地层掘进时,由于渣土特性,极易出现刀盘结泥饼现象,为了避免刀盘结泥饼,通常在掘进过程中采取下面几种预防盾构刀盘结泥饼的措施来减小刀盘结泥饼的几率。

预防盾构刀盘结泥饼的措施:在盾构选型时,优先选用开口率较大的刀盘,同时盾构泡沫系统采用单管单泵模式,刀盘上泡沫孔及加水孔的数量够应足够多,配备有刀盘中心冲刷系统;在掘进时泡沫系统保持常开状态,尤其是刀盘中心位置的泡沫管路,盾构每环掘进时,间断性地开启刀盘中心冲刷系统,对刀盘进行冲刷;泡沫和水要保证是通过刀盘面板加入到掌子面的,而不是加入到土舱,在掘进黏土地层时要保证在刀盘切削开挖面的时候改良好渣土流朔性;当刀盘结泥饼时,首先打通中心泡沫管路,开启泡沫和刀盘中心冲刷,反复正反转刀盘进行冲洗。

②常见问题二:糊土舱。

在掘进黏土地层时,当渣土改良不好,且螺旋输送机出渣不畅时,极易出现土舱渣土堆积现象,这时,土压急剧升高且再加上黏土的黏性作用,很容易造成渣土黏在土舱壁上越积越多的现象。当出现糊土舱时,会出现如螺旋输送机出渣困难,土舱压力急剧升高或者急剧降低且波动范围较大的现象。因此,在掘进过程中要保持土压值稳定,不应过高。避免土舱憋渣现象。泡沫是渣土改良的关键,要经常检查泡沫是否注入以及泡沫的发泡效果。

③常见问题三:卡螺旋输送机。

在黏土地层掘进时,盾构主司机很难把握住渣土改良时加水的量和加泡沫的量,会经常出现渣土一会儿干一会儿稀的现象,当渣土稀时,盾构主司机应立即减小加水量和加泡沫的量,有时甚至可关掉不加,掘进一会儿后渣土就变干了。当渣土变干时,很容易出现卡螺旋输送机现象,螺旋输送机油压和螺旋输送机扭矩快速升高且螺旋输送机跳停。这种情况在掘进过程中经常会遇到。出现这种情况的主要原因是因为渣土改良没有到位。为了避免这种情况发生,应控制好泡沫的加入量,水的加入量,使之与盾构掘进速度相匹配。当出现卡螺旋输送机现象时,通过螺旋输送机伸缩功能和正反转螺旋输送机来解决问题,另外可以打开螺旋输送机中部的泡沫加入孔加入泡沫,这样有助于很快恢复螺旋输送机正常旋转。

④常见问题四:螺旋输送机出渣口卡渣,渣土在皮带上打滑。

掘进黏土地层时,最容易出现螺旋输送机出渣口卡渣和渣土在皮带机上打滑现象。由于黏土地层的性质,当用水进行改良时,螺旋输送机出渣的时候就会出现大块泥土,这时螺旋输送机舱门开多大,出来的渣就多大,极易造成螺旋输送机出渣口卡渣,常常需要

人工用铁锹等工具把渣切割成小块。另外,由于黏土特性,加入的水和泡沫渗透小,通常螺旋输送机出渣时造成水是水,泥土是泥土,水在泥土的表面,泥土的里面又干又硬,这样当渣土在皮带上时极易打滑上不去。这些现象的出现,都与渣土改良不到位有关。在掘进黏土地层时,主要以泡沫改良为主,在刀盘前方开挖面第一次改良就改良好,让渣土跟泡沫、水在土舱内充分搅拌。

11.1.3.3　砂质地层盾构掘进方法与技巧

(1)砂质地层特点和盾构刀盘选型

砂质地层分细砂、中砂、粗砂层,地质较松散,透水性强,极易出现坍塌,涌水,涌砂等现象。

在盾构刀盘选型方面,砂质地层一般选择开口率适中的辐条式刀盘,且刀盘上泡沫孔数量不少于3路,膨润土孔数量不少于2路。盾构应配备盾壳膨润土注入系统,螺旋输送机上应设计有膨润土和泡沫加入孔。

(2)砂质地层盾构掘进参数控制

砂质地层盾构掘进时,刀盘扭矩大,推力大。以地铁盾构为例,推进速度宜控制在30~40 mm/min之间,刀盘扭矩一般在3 200~4 000 kN·m之间,推力在15 000~18 000 kN之间,盾构姿态易出现栽头现象。

(3)砂质地层掘进渣土改良

砂质地层以膨润土改良为主,泡沫为辅进行渣土改良。

砂质地层在掘进时,易出现喷渣、喷涌等现象。出现这种情况,出渣量极难控制,因此,在砂层掘进时,渣土改良是重点,由于砂质地层的特性,盾构刀盘扭矩高,推进阻力大,且由于地层松散,为确保地表稳定性,通常土压保持较高,对盾构掘进渣土改良带来很大影响。通常掘进砂层时,既要添加膨润土又要添加泡沫剂进行改良。砂质地层渣土改良是关键,直接影响到掘进效率。

(4)砂质地层盾构掘进控制要点

①刀盘扭矩的控制。当掘进砂层时,刀盘扭矩比较大,通常达到总扭矩的80%左右,稍不注意就有跳刀盘的现象,如果是电驱的盾构,还会发生电机脱扣的现象。因此,盾构主司机在掘进时要密切关注刀盘扭矩的大小,适当时减小掘进速度,降低刀具贯入度以达到减小刀盘扭矩的目的,避免刀盘跳停。

②密切关注土压值的波动。由于砂层的不稳定性,为避免地表沉降,在掘进时,要密切关注土舱的土压值,不能有较大的波动,严格按照技术交底的土压值掘进,严禁出现欠压掘进现象,同时还要避免多出渣现象发生。

③合理进行渣土改良。对于砂层掘进来说,渣土改良是盾构掘进的重中之重。对于盾构主司机来说这却是个难题、加水量、加泡沫量、加膨润土量,如果稍有把握不好,就会出现一系列的问题,包括出现刀盘卡死、糊土舱、卡螺旋输送机、喷涌等很多不良后果。为了降低刀盘扭矩,通常刀盘泡沫至少3路同时开启,刀盘膨润土2路开启,根据掘进情况调节膨润土流量的大小,泡沫大小不变,当感觉膨润土流量不够时,可适当开启刀盘加水。即使渣土改良看起来很好时,盾构的掘进速度还是保持在30~40 mm/min

之间比较合适。膨润土膨化要有足够的时间，膨化效果良好，这对在砂层掘进时有良好的效果。

④密切关注铰接压力的大小。在掘进过程中，盾构主司机不仅要时刻关注刀盘扭矩和土压值的大小；同时，还需要密切关注铰接压力的大小。在砂层中容易发生卡盾现象，铰接压力的变化会引起总推力的变化，因此，在砂层掘进时不能忽略铰接压力这个关键参数。同时还需要关注泡沫管路和膨润土管路是否畅通。

⑤密切关注螺旋输送机扭矩的大小。在掘进砂层时，螺旋输送机扭矩变化的现象可以反映出螺旋输送机的实时运行状态，也间接反映出渣土改良效果的好坏，因此螺旋输送机扭矩也需要在掘进过程中时刻关注。螺旋输送机扭矩较高时，易出现卡螺旋输送机现象；较低时，易出现喷渣现象。在砂层中掘进时渣土改良的好坏在螺旋输送机扭矩的大小反映上是非常明显的。

（5）砂质地层盾构掘进常见问题与解决方法

①常见问题一：卡刀盘。

掘进砂层时，由于砂层不稳定，掘进时刀盘扭矩大，极易出现卡刀盘现象。通常在上一环掘进结束到下一环掘进开始时，刀盘启动不起来，或者启动扭矩非常大。盾构施工中，仅仅是间隔了拼装管片的时间，就出现卡刀盘现象。因此在每一环掘进结束时，一定要让刀盘扭矩降到最低时，再慢慢停止刀盘转动。在停机过程中，应每隔一个小时转动一次刀盘。同样等刀盘扭矩降低到最低时再停止刀盘，在转动刀盘前，应开启泡沫和膨润土系统，避免刀盘面板上的孔堵塞。

②常见问题二：卡盾壳或卡盾尾。

在砂层停机过程中，或者在设备故障需要长时间停机后，再次恢复掘进时，往往会出现推力过大，推不动的现象，这时就是出现了卡盾壳或卡盾尾现象，此时会发现铰接压力很大，铰接位移也很大，推力大，速度慢甚至没有速度。为了避免这种情况的发生，在停机时通过盾壳上的注入孔，利用盾壳膨润土系统向盾壳四周注入膨润土或克泥效，起到润滑作用。另外，在停机过程中，主司机应该根据停机时间，每隔 4 个小时将盾构向前推进 10~20 mm，以避免盾构被砂质地层抱死。如果已经出现了此类现象，通常应加大推力，将铰接油缸锁死，向前推进，并同时向盾壳四周注入膨润土或克泥效进行润滑。如果推力不够，还需要采用液压泵站辅助油缸进行脱困。在脱困过程中，刚开始是慢慢向前掘进，一般在掘进 1~2 m 后，基本能恢复到正常状态。

③常见问题三：卡螺旋输送机。

在砂层掘进过程中，存在着这么一个现象，当掘进一环结束后，在掘进下一环的时候，螺旋输送机启动时的扭矩很大，如果停机时间过长，螺旋输送机甚至转不起来。出现这种情况的原因是因为在停机期间，螺旋输送机里的渣土失水造成的。通常解决方法是通过螺旋输送机正反转和螺旋输送机伸缩并通过螺旋输送机上的孔向螺旋输送机里注入膨润土或者泡沫。严重的时候，需要螺旋输送机回收，关闭前舱门，打开螺旋输送机观察窗盖板进行人工清理。为了预防这种现象的发生，通常在一环结束后，反转螺旋输送机，将螺旋输送机内的渣土反转送回土舱，这样，即使停机时间再长，也不会发生

上述现象。

④常见问题四：土舱沉积。

在砂层掘进过程中，由于长时间停机，土舱内的砂子沉积造成在恢复掘进时，土舱内搅拌棒搅拌不到的地方结成了饼，使得土舱内渣土的流动空间越来越小，容易造成刀盘扭矩高，推力速度慢，螺旋输送机喷涌等现象。因此，在停机过程中，需转动刀盘来搅拌舱内渣土，使其发生这种现象的机率降到最低。

⑤常见问题五：螺旋输送机喷涌。

螺旋输送机喷涌现象在砂层地质掘进中时有发生，严重时会造成地表塌方现象。通常在掘进过程中，当螺旋输送机舱门打开时，不需要转动螺旋输送机，渣土就往外涌，这时候喷涌很快就会到来，主要原因还是渣土改良不到位的问题，加水和加泡沫的量没有掌握好，没有根据掘进速度，刀盘扭矩这些参数进行调整，时间长了就造成渣土就过稀产生喷涌或者过干卡螺旋输送机现象。总的来说在掘进砂层时由于地质本身原因造成的喷涌还是比较少见，主要还是因为渣土改良没有到位。因此在掘进砂层时，渣土改良是盾构主司机需要研究和学习的重要内容。

11.1.3.4　砂卵石地层盾构掘进方法与技巧

（1）砂卵石地层特点和盾构刀盘选型

砂卵石地层，地质情况较复杂。无水砂卵石地层地质特点详见本书第 13 章相关内容，富水砂卵石地层地质特点详见本书第 14 章相关内容。

在盾构刀盘选型方面，通常情况下，在掘进富水砂卵石地层时，一般采用面板式刀盘，刀盘开口率 36% 左右为宜。在掘进无水砂卵石地层时，刀盘开口率根据具体地质情况定，北京无水砂卵石地层采用的盾构刀盘，既有面板式的，也有辐条式的，面板式刀盘其开口率一般在 28%～50% 之间，辐条式刀盘其开口率较大，一般达到 68% 左右。成都和北京无水砂卵石地层盾构刀盘如图 11-13～图 11-20 所示。

图 11-13　用于成都富水砂卵石地层的中铁装备盾构刀盘

图 11-14　用于北京富无水砂卵石地层的中铁盾构刀盘

图 11-15　用于北京地铁的日立盾构

图 11-16　用于北京地铁的海瑞克盾构

图 11-17　用于北京地铁的三菱盾构

图 11-18　用于北京地铁的中铁隧道盾构刀盘

图 11-19　用于北京地铁的海瑞克盾构

图 11-20　用于北京地铁的日本 IHI 盾构

（2）砂卵石地层盾构掘进参数控制

在掘进砂卵石地层时，刀盘扭矩高是一个普遍问题，有时会达到盾构刀盘扭矩的90％，对盾构刀盘的驱动系统来说负荷相对较高。而在砂卵石地层掘进时不同于砂层的是，盾构的掘进速度相对较高，富水砂卵石地层推进速度一般在 30～55 mm/min，无水砂卵石地层推进速度一般在 40～70 mm/min。如何控制好刀盘扭矩不超标又能保证掘进速度，通常成了盾构主司机面对的普遍难题。而地层的松散和不稳定又要求盾构在掘进时，土舱压力要保持平衡，很多时候都采取全舱纯土压掘进。而为了保证出渣量不超，螺旋输送机出渣的转速和掘进速度的匹配很关键。在掘进过程中，砂卵石极易出现糊舱现象，卵石容易在土舱内沉积和堆积，这又对掘进这一地层时渣土改良提出了更高要求。因此在掘进中，对泡沫系统参数的控制也很关键。盾构在掘进砂卵石地层时，盾构的推力相对于沙层时稍小，但同样易出现卡盾尾现象，铰接压力也相对较高。在掘进时，主司机需要密切关注相关参数。

以成都地铁施工为例，成都地铁盾构经过 1、2、3、4 号线各区间的掘进，普遍形成的正常工况为：刀盘扭矩约在 3 500～5 500 kN·m 之间，转速约在 1.0～1.5 r/min 之间，盾构推力约在 8 000～14 000 kN 之间，推进速度约在 30～55 mm/min，土舱顶部压力约在 300～700 kPa 之间。

北京地铁采用日本 IHI 辐条式土压平衡盾构施工时，盾构最大推力接近 34 000 kN，正常掘进一般为 16 000～23 000 kN 左右；刀盘扭矩最大达到 5 100 kN·m，正常约在3 500 kN·m 左右；正常掘进时土压为 800～1 200 kPa 之间；正常掘进速度控制在 40～70 mm/min 左右。

（3）砂卵石地层掘进渣土改良

砂卵石地层掘进以泡沫改良为主，加水或膨润土为辅进行渣土改良。在砂卵石地层盾构掘进时，渣土改良是重难点，不同于砂层的是通常主要使用泡沫剂进行渣土改良，而很少使用膨润土进行改良。通常都是以泡沫改良为主，辅助加水，根据出渣状态调节加水量的大小，需要注意的是，砂卵石地层对加水量的高低较其他地层反应特别灵敏，稍加多一点，很快就会出现喷涌现象，加少一点，渣土较干又不利于螺旋输送机出渣。因此，盾构

主司机控制加水量的大小是很关键的,主要通过观察刀盘扭矩的大小和螺旋输送机扭矩的大小,应根据掘进速度进行预判,判断出舱内渣土情况,从而控制加水量的大小。在掘进砂卵石地层时,要尽量避免喷涌现象,因为出现喷涌现象后,出渣量就难以控制将导致地表沉降和塌陷。而预防喷涌发生的方法也可以通过渣土改良,因此,渣土改良在砂卵石地层掘进中同样尤为重要。

(4)砂卵石地层盾构掘进控制要点

①刀盘扭矩的控制。在掘进砂卵石地层时,由于刀盘扭矩较高,且刀盘扭矩波动范围较大,因此,刀盘经常容易出现扭矩到达设置值而跳停,刀盘驱动电机极易出现脱扣现象,而对于液压驱动的盾构来说,主驱动进油管也极易出现爆管和密封损坏等现象。在掘进过程中,要严格控制好刀盘扭矩的大小,随时观察波动范围,在扭矩过大时应减小推进力,降低掘进速度以达到减小刀盘扭矩的目的,避免刀盘出现跳停现象。

②泡沫管路压力大小和刀盘加水管路压力大小。在掘进过程中,刀盘上的泡沫孔和加水孔极易出现堵塞现象,盾构主司机在掘进过程中要随时观察泡沫管路和加水管路压力大小,以及是否畅通,流量是否足够。如果压力较大发生堵塞现象,极易出现爆管,断接头等现象。在发现管路压力高,流量小时,立刻停机处理,冲洗,做到早发现,早处理,避免由于管路堵塞引起的渣土改良效果不理想造成糊刀盘等一系列不良后果。

③螺旋输送机扭矩的大小。由于砂卵石地层的特性,通常螺旋输送机扭矩不是很高,但螺旋输送机扭矩的波动范围较大,极不平稳。卵石粒径的大小影响着螺旋输送机扭矩的波动范围,当较大粒径卵石进入螺旋输送机时,螺旋输送机扭矩会瞬间波动较大,严重时,甚至会出现螺旋输送机卡停和螺旋输送机螺杆断裂等严重后果。在砂卵石地层掘进时,不但要关注刀盘扭矩的大小和波动,同样需要时刻关注螺旋输送机扭矩的大小和波动,当出现扭矩波动较大时或螺旋输送机压力急剧升高时,应第一时间发现并立刻降低螺旋输送机转速,并停止螺旋输送机。这时,可反转螺旋输送机,观察螺旋输送机反转扭矩和压力,将螺旋输送机内大粒径卵石反转回送到土舱内,然后再正转螺旋输送机出渣。注意,此时需缓慢低速旋转螺旋输送机,观察螺旋输送机旋转时的扭矩和压力波动情况,如果反复几次不能将大粒径卵石排出,则需要停机处理。切记勿强行旋转螺旋输送机,以免造成螺旋输送机轴断裂。

(5)砂卵石地层盾构掘进常见问题与解决方法

①常见问题一:喷涌。

在掘进砂卵石地层时,特别是富水砂卵石地层,极易出现喷涌现象,比在砂层中掘进时还容易出现喷涌,主要是由于富水砂卵石的流动性较好,跟泥石流一样,稍微土舱压力高点,水加的稍微多点就出现喷涌,常常螺旋输送机不运转时也会往外流,严重时螺旋输送机舱门都不敢打开,主司机在遇到喷涌时往往不能较好地进行处置,从而导致掘进出渣量严重超方。因为喷涌时,主司机不能通过控制螺旋输送机转速来控制出渣量,往往很多时候地表沉降和塌方,最先都是由于螺旋输送机喷涌造成的。在掘进砂卵石地层时,渣土改良可以稍干一点,不宜太稀。

②常见问题二:螺旋输送机卡舱门,不能完全关闭。

在掘进砂卵石地层时，由于卵石粒径大，卡在了螺旋输送机舱门口，使螺旋输送机舱门不能够关闭。这种现象，在喷涌时发生的概率更大，当喷涌发生时，主司机不能将螺旋输送机舱门完全关闭，导致渣土一直往外喷，严重时下方管片小车淹没造成清渣难，更重要的是土舱内土压急剧下降，掌子面失稳，导致地表下沉或坍塌。当遇到这种情况时，主司机在关闭螺旋输送机舱门时，发现关不死的情况下，可以将舱门打开一点再快速关闭，让卡在螺旋输送机舱门口的卵石排掉，这样就能将螺旋输送机舱门给关闭。需要注意的是，主司机要关注螺旋输送机舱门开口度的大小，迅速做出判断螺旋输送机舱门口是否卡有卵石，在第一时间发现之后要快速反应，以将螺旋输送机舱门关闭，避免长时间喷涌。

③常见问题三：螺旋输送机轴断裂。

由于地层中卵石粒径大小的不确定性，通常容易出现螺旋输送机被卡现象，在掘进过程中也会经常出现螺旋输送机扭矩波动较大的现象，这都是由于卵石进入螺旋输送机时造成的正常现象，但当出现粒径较大卵石时，超出螺旋输送机排渣粒径大小，很容易卡在螺旋输送机里，这时如果主司机未能及时发现，很有可能造成螺旋输送机轴断裂，而这个过程通常又是一个瞬间发生的现象，主司机稍不留意，就很难发现。在成都地铁3号线砂卵石地层掘进过程中，某标段就发生过螺旋输送机轴断裂的情况，而且不止一次。地层中的卵石粒径大小一般不能判断，只能通过观察螺旋输送机运转时的扭矩大小、声音和出渣是否顺畅来判断螺旋输送机里是否存在大粒径卵石。在发现有卡滞现象时，应立刻将螺旋输送机转速调低或者停止转动，然后反转螺旋输送机，通过反复正反转螺旋输送机将大粒径卵石排出，需要注意的是这个正反转螺旋输送机都是缓慢转动螺旋输送机，切忌高速运转。

④常见问题四：刀盘扭矩过高，推力过大。

在砂卵石地层中掘进，同样会遇到与砂层掘进时相类似的情况，刀盘扭矩高，地层收缩卡盾壳使推力过大。砂卵石地层中掘进，刀盘扭矩较砂层时还要高，但砂卵石地层盾构掘进速度比砂层掘进速度快，刀具的贯入度较大，一旦发生刀盘扭矩过高卡死跳停，将很难再让刀盘转起来。在掘进砂卵石地层时，刀盘由于扭矩过高而跳停的现象非常频繁。因此主司机在掘进时应尽量保持掘进速度的平稳，使刀盘扭矩的波动范围减小，不能时快时慢或者为了赶时间而提高掘进速度，使刀盘扭矩极限跳停。造成推力过大的现象通常出现在停机以后复推的情况下，由于掘进砂卵石地层很少使用膨润土进行渣土改良，地层稳定性极差，在正常掘进状态下，盾构的推力一般都不是很大，保持平稳，但一旦盾构出现故障或者其他原因要求停机，特别是停机时间较长（3天以上）时，在停机结束复推时，推力很大，有时甚至超过盾构总推力极限，这都是由于地层收缩把盾构外壳牢牢抱死造成的。在停机时间特别长的情况下，应通过盾壳膨润土系统向盾壳四周注入膨润土或克泥效，如果不是盾构故障引起的长时间停机，盾构应在每隔5小时向前推进3～5 cm，以保证盾构不会被四周的地层抱死，在复推时，盾尾铰接压力较高，铰接被拉伸出来。因此在盾构能缓慢向前掘进的过程中，尝试将铰接反复释放回收，让盾尾与地层之间相互活动，减小摩擦力，以达到减小盾构推力的目的。

⑤常见问题五：刀具磨损。

在砂卵石地层掘进,通常刀盘采用滚刀和切刀相结合的方式,砂卵石地层对刀具的磨损通常也较严重,在掘进过程中存在换刀的可能,而砂卵石地层的不稳定性又加大了盾构换刀的风险,因此在隧道掘进施工之初,就应该提前规划换刀方案和换刀地点,对换刀地点的地层进行加固处理,以降低换刀风险。通常在掘进砂卵石地层时,刀具在掘进 600～800 m 时需要进行更换,砂卵石地层掘进不仅对刀具有较大的磨损,对刀盘面板也有较大的磨损,因此需要对刀盘面板关键部位进行磨损检测,以掌握磨损情况。

⑥常见问题六:地表沉降,塌陷。

砂卵石地层掘进过程中,地表沉降很难控制,这跟砂卵石地质特点有关,同时也与主司机的操作控制水平有很大的关系,特别是出渣量的控制尤其重要。有时候即使出渣量没有多出甚至少出的情况下,地表依然下沉塌陷,这足以说明砂卵石地层掘进之难。地层是否松散或者密实都影响着掘进时的每环出渣量,在判断出渣量是否多出时要综合考虑各种因素,掘进之初和掘进过后都需要密切关注地表沉降情况,需要加强探孔数量,探知地表下是否存在空洞和塌陷。在正常掘进过程中一般不会出现多出渣的现象,但在掘进时如果发生喷涌现象时,极易出现出渣量超方现象。在喷涌发生时,主司机不能通过控制螺旋输送机转速来很好地控制出渣速度,因而出现超方。在掘进砂卵石时,主司机应控制好渣土改良效果,及时调整加水量和泡沫注入量的大小,以避免螺旋输送机喷涌现象发生。

11.1.3.5　砂岩地层盾构掘进方法与技巧

(1)砂岩地层情况和盾构刀盘选型

砂岩地层主要分为中风化砂岩,强风化砂岩,全断面砂岩地层。在盾构施工中,砂岩地层相对比较稳定,盾构掘进渣土呈褐色或灰色。

在掘进砂岩地层时,盾构刀盘选型通常选用滚刀、切刀、周边刮刀相结合的面板式复合刀盘,刀盘中心开口率较大,配备完善的泡沫系统和刀盘中心冲刷系统。

(2)砂岩地层盾构掘进参数控制

在砂岩地层盾构掘进时,通常盾构各项参数都比较稳定,刀盘扭矩一般在 2 500～3 500 kN·m 之间,掘进速度在 35～45 mm/min 之间,盾构总推力相对较小,在 9 000 到 10 000 kN 之间。在盾构掘进过程参数控制方面,最主要是要控制推进油缸分组油压的大小,控制好盾构的掘进姿态;另外在砂岩地层掘进时,泡沫和水的注入量相对较大,主司机在掘进前应提前检查泡沫原液箱液位和水箱液位。

(3)砂岩地层掘进渣土改良

渣土改良以泡沫改良为主,加水为辅。在砂岩地层掘进时,渣土改良效果不太明显,加入水和泡沫主要是根据刀盘扭矩的大小来调整,其作用主要是降低刀盘刀具的磨损。渣土改良效果,主要通过螺旋输送机出渣来判断,对于砂岩地层掘进来说,渣土改良稍稀比较好,通过刀盘中心冲刷系统可以很好地避免刀盘中心糊刀和结泥饼现象的发生。

(4)砂岩地层盾构掘进控制要点

①刀盘扭矩控制:在掘进过程中,注意刀盘扭矩的波动。在砂岩地层掘进时,刀盘扭矩一般通常保持在 2 500～3 500 kN·m 之间,掘进速度在 40 mm/min 左右。通常刀盘扭

矩波动不大,刀盘扭矩会随着掘进速度的增加而增大。在正常掘进时,由于砂岩地质特点,通常用于渣土改良的加水量较大,砂岩渣土吸水能力较强,如果出现刀盘扭矩升高的现象,可以判断是否加水量不够,导致土舱内渣土较干而引起的刀盘扭矩升高。盾构主司机可以通过刀盘扭矩大小变化能很好地控制加水量,从而得到很好的渣土改良效果。同时,刀盘扭矩的大小也可以用来衡量刀具磨损情况。因此,在掘进砂岩时,刀盘扭矩是盾构主司机关注的重要参数。

②加水量控制:在掘进砂岩过程中,由于砂岩特性,在改良渣土时,往往需要加入大量的水进行改良,这时候加水量的大小成了关键,刀盘中心冲刷系统的水通常需要常开,而通过膨润土系统加入的水需要根据刀盘扭矩的大小和出渣情况进行调节,在破碎砂岩时往往将砂岩破碎成了砂粒,在这个破碎过程中砂粒会吸收大量的水份。

③盾构姿态控制:无论掘进什么地层,盾构姿态的控制都是重中之重。在砂层中掘进时,盾构姿态波动大,不易控制,盾构主司机如果控制不当,会造成盾构姿态上漂的现象。

④刀具磨损检测:在掘进砂岩地层时,盾构刀具的磨损异常厉害。在正常磨损情况下,砂岩地层较别的地层对刀具的磨损稍大,在掘进时除了通过掘进参数来判断刀具的磨损程度外,应该总结出刀盘上每个位置的刀具所能掘进的环数,提前做好换刀准备,进行科学的刀具管理。

(5)砂岩地层盾构掘进常见问题与解决方法

①常见问题一:盾构姿态难以控制。

在掘进砂岩地层时,盾构姿态波动较大且难以控制,这是由于刀盘在掘进时震动过大引起刀盘在震动的过程中旋转,造成开挖直径比正常时开挖直径稍大,就会很容易出现盾构姿态上漂的情况。为了避免盾构姿态上漂情况的发生,在掘进时主司机通常需要压着头掘进,同时减小刀盘扭矩。在掘进过程中主司机要根据姿态变化量提前预判对盾构姿态加以控制。

②常见问题二:糊刀盘。

在掘进砂岩地层时,糊刀盘的几率仍比较大。主要是由于刀盘面板中心部位的开口较小引起,其次是由于刀盘安装滚刀的原因,往往滚刀容易被糊住。为了减少这种情况的发生,刀盘面板上的加水孔和泡沫孔要布置合理,且在掘进过程中要防止堵塞,刀盘中心冲刷系统需要经常开启并对刀盘中心部位进行冲刷。

③常见问题三:滚刀偏磨。

在掘进砂岩地层时,由于砂岩在掘进时破碎成砂粒或碎块后进入刀箱损坏轴承,或者是由于糊刀盘引起滚刀不能转动,这两种情况均会导致滚刀偏磨。为了能更好地保护刀具,首先是要降低糊刀盘的可能性,并在掘进过程中,刀盘的旋转方向需定时进行更改。

④常见问题四:刀盘面板磨损。

在掘进砂岩过程中,由于未能及时发现刀具的磨损与损坏情况,未能及时对刀具进行更换,会导致刀盘面板磨损。在刀具损坏的情况下,刀盘面板在很短的时间内就会磨损严重,因此在掘进砂岩地层时,要及时根据掘进参数和刀具使用时间和运转里程判断刀具是否应该更换。

11.1.3.6　泥岩地层盾构掘进方法与技巧

(1)泥岩地层情况和盾构刀盘选型

泥岩地层在盾构掘进中也常常遇到,而大部分泥岩均为风化岩,分中风化,微风化和强风化,强度较砂岩要低,且验收呈褐红色。

在掘进泥岩地层时,盾构刀盘选型通常选用滚刀、切刀、周边刮刀相结合的面板式复合刀盘,刀盘中心开口率较大,配备完善的泡沫系统和刀盘中心冲刷系统。

(2)泥岩地层盾构掘进参数控制

在泥岩地层掘进时,通常盾构各项参数都比较稳定,刀盘扭矩通常在 2 000～2 800 kN·m之间,掘进速度通常保持在 45～50 mm/min 之间,盾构总推力相对较小,在 11 000～13 000 kN 之间。在盾构掘进过程参数控制方面,重点要控制推进油缸分组油压的大小,控制好盾构掘进姿态,另外在泥岩地层掘进时,应根据地层情况进行泡沫和水的注入。

(3)泥岩地层掘进渣土改良

渣土改良以泡沫改良为主,加水为辅。在泥岩地层掘进时,渣土改良效果不太明显,加入水和泡沫的量主要根据刀盘扭矩的大小来调整。渣土改良的目的是降低刀盘刀具的磨损和避免刀盘结泥饼。渣土改良效果,主要通过螺旋输送机出渣来判断。对于泥岩地层掘进来说,最主要的是避免刀盘结泥饼的情况发生,因此刀盘面板上的加水孔和泡沫孔要保持通畅。

(4)泥岩地层盾构掘进控制要点

①加水量控制:在掘进泥岩地层时,往往伴随着地下水的存在,对渣土改良有着较大的影响,而当地下水较大时,会出现喷渣现象。如果没有地下水存在,掘进时又需要加入大量的水进行改良。盾构主司机往往很难掌握加水量,通常根据刀盘扭矩,螺旋输送机扭矩和出渣情况进行综合判断,再根据掘进速度对加水量进行调节。

②盾构姿态控制:在泥层中掘进时,盾构姿态波动较大,不易控制。盾构主司机如果控制不当,会造成盾构姿态上漂的情况。为了避免盾构姿态上漂情况的发生,在掘进时主司机通常应压着头掘进,要根据姿态变化量提前预判盾构姿态并加以控制。

③刀具磨损检测:在掘进泥岩地层时,盾构刀具的磨损同样需要密切注意。在正常磨损情况下,虽然没有砂岩地层对刀具的磨损严重,但也要重视。在掘进时除了通过掘进参数来判断刀具的磨损程度外,泥岩地层糊刀盘造成刀具不旋转引起刀具偏磨的现象居多。

(5)泥岩地层盾构掘进常见问题与解决方法

①常见问题一:盾构姿态难以控制。

在掘进泥岩地层时同砂岩地层一样,盾构姿态不易控制。在掘进过程中要根据地层情况以及在掘进过程中姿态在此地层中的变化规律控制好上下推进油缸的压力,使其能保持较好的掘进姿态。

②常见问题二:糊刀盘。

在掘进泥岩地层时,糊刀盘的几率相当大。主要是由于泥岩地质特性和刀盘面板中心部位开口率较小引起,另外由于刀盘安装滚刀的原因,往往滚刀容易被糊住。为了减少这种情况的发生,刀盘面板上的加水孔和泡沫孔要布置合理且在掘进过程中要防止堵塞,

刀盘中心冲刷系统需要经常开启并对刀盘中心部位进行冲刷,以避免糊刀盘情况出现。

③常见问题三:螺旋输送机喷涌。

在掘进泥岩地层时,如遇到地下水较大时,极易出现螺旋输送机喷涌现象。在盾构停机拼装管片的时候,地下水涌入土舱,造成螺旋输送机舱门一打开就喷涌。这种情况的发生,往往是因为土舱内的压力值低于地下水的压力。为了避免这种现象,通常将土舱内的压力提高到稍高于地下水压力,让水不能流入土舱。泥岩地层中,土舱内的土压过高会引起糊刀盘等现象,而过高的土压也不利于盾构掘进,因此,通常可以向土舱内充入气压来补充土压值的不足,让地下水不能流入土舱内。

11.1.3.7　全断面硬岩地层盾构掘进方法与技巧

(1)全断面硬岩地层特点和盾构选型

根据岩石的单轴抗压强度,将岩石分为三类:坚硬岩石($R_c > 60$ MPa)、半坚硬岩石($R_c = 30 \sim 60$ MPa)和软弱岩石($R_c < 30$ MPa)。通常所说的硬岩是指岩石的抗压强度超过 60 MPa 的岩石。

全断面硬岩施工,既可采用 TBM(本书不介绍),也可采用复合式刀盘的盾构。

(2)全断面硬岩盾构掘进参数控制

在全断面硬岩掘进时,通常盾构各项参数都比较稳定,刀盘扭矩通常在 2 000 ~ 2 800 kN·m 之间,掘进速度通常保持在 20 ~ 30 mm/min 之间,根据掘进情况刀具的贯入度不宜过大,盾构总推力相对较小,在 11 000 ~ 13 000 kN 之间。在盾构掘进过程参数控制方面,最主要是控制好推进油缸分组油压的大小以及总推力的大小,控制好盾构的掘进姿态,控制好刀盘扭矩的波动,并且需要在掘进过程中添加泡沫和水进行渣土改良以达到良好的掘进参数状态和降低刀具磨损的作用。

(3)全断面硬岩掘进渣土改良

全断面硬岩掘进以加水为主,泡沫为辅进行渣土改良。全断面硬岩掘进时,渣土改良的目的主要是为了降低刀盘扭矩,降低刀具磨损以及起到降低刀盘刀具温度的作用。主要以加水为主,且水和泡沫必须喷到掌子面上,这样起到的效果最佳。

(4)全断面硬岩盾构掘进控制要点

①总推力的大小以及各分组油缸油压的大小。在掘进全断面硬岩地层时,盾构总推力的大小是一个重要参数,推力过大会造成盾构刀具崩刃或爆刀严重,会造成刀具轴承和盾构主轴承的损坏。在规定的掘进速度和刀具贯入度下,盾构总推力要合理分配到几组推进油缸中,分组油缸的推进压力相差不能过大,特别是在盾构姿态调整的过程中更应注意分组油缸压力的调节。

②刀盘扭矩的大小及波动。在全断面硬岩地层中掘进时,为了减少刀具的不正常损坏以及掌握刀具磨损情况,盾构主司机通常通过刀盘扭矩的大小以及波动范围来判定。在掘进过程中,控制刀盘扭矩在正常的范围内且波动值不宜过大,盾构主司机应严格控制盾构总推力和掘进速度以保证刀盘扭矩正常。如果刀盘扭矩出现异常,需分析是否是因为刀具磨损或损坏造成,必要时更换刀具。

③盾构姿态控制。在掘进全断面硬岩地层时,由于盾构刀盘震动,刀盘扭矩波动大,

导致盾构掘进姿态跳动较大,盾构姿态的控制在掘进中比较难以掌握,特别是在盾构姿态纠偏的过程中,容易出现卡刀盘,卡盾壳的现象。对于盾构姿态控制,盾构主司机一定要做到早预控,早发现,早处理,且在调向的过程中要做到长距离缓慢调整,不宜过急。

(5)全断面硬岩盾构掘进常见问题与解决方法

①常见问题一:卡刀盘,卡盾壳。

在全断面硬岩掘进过程中,偶尔会出现卡刀盘,卡盾壳的现象。在掘进过程中,不可避免有大块岩石卡在盾构刀盘泻渣槽里或者刀盘的空隙中随着刀盘旋转而旋转,或者是因为刀具贯入度太大造成扭矩过大。盾构主司机在掘进过程中除了保证扭矩的大小和平稳外,还应该在停机时反复正反方向旋转刀盘,将刀盘扭矩降至最低时再停止刀盘。在管片拼装过程中,合理设置推进油缸压力,既保证管片拼装质量,又不至于导致在拼装过程中盾构前移让刀具紧贴掌子面使其在下一环掘进时启动刀盘困难。卡盾壳的现象在全断面硬岩掘进过程中也容易出现,主要是由于地层围岩坍塌,卡在盾壳四周使其推力增大,或者是由于盾构姿态调整过急过快,造成盾构推力增大。在掘进过程中,盾构主司机需要对盾构姿态做到早发现、勤调整、缓纠偏,以避免造成卡盾壳不能正常掘进和停机的严重后果。

②常见问题二:刀具异常损坏。

在全断面硬岩掘进过程中,正常情况下刀具磨损较其他地层相对严重些,更换刀具的次数及数量也相对较多,这种正常磨损是不可避免的,但往往刀具有很多都是不正常损坏,往往刚装上新刀掘进一环就损坏了,如刀圈崩刃、轴承损坏等,这些都属于不正常损坏。为了减少这些不必要的非正常损坏和换刀,除了刀具本身的质量和安装工艺外,在掘进过程中,盾构主司机需要严格按照技术参数进行控制掘进,控制好盾构总推力,推进速度,刀盘扭矩等关键参数,减少不必要的刀具损坏。

11.1.3.8　软硬不均地层盾构掘进方法与技巧

(1)软硬不均地层的地质特点

软硬不均地层比较复杂,主要有上软下硬、上硬下软或中间硬上下软的复合地层。各种软硬地层在盾构开挖面所处的位置和所占比例不同,会导致盾构掘进时的掘进参数不同,渣土改良的方法也不同。

(2)软硬不均地层盾构掘进参数控制

在软硬不均复合地层掘进时,根据具体情况制定相应的盾构控制参数,通常需要注意的是需要控制好土舱压力以避免地面沉降,控制好刀盘扭矩的波动以避免刀具不正常损坏,以及控制好盾构姿态以避免盾构掘进轴线偏离隧道设计轴线。

(3)软硬不均地层掘进渣土改良

根据地层情况以及所占比例加入适当的水和泡沫进行改良。软硬不均地层掘进时,渣土改良是一个难题。往往上一环加水量和加入的泡沫量还合适,下一环就改良不好。在掘进过程中,要随时根据地层情况和刀盘扭矩、螺旋输送机扭矩等参数进行调整。

(4)软硬不均地层盾构掘进控制要点

①土压平衡控制。在掘进软硬不均地层时,由于地层原因,为了避免地表沉降以及地

面坍塌,开挖面的土舱压力平衡是关键。盾构主司机应根据技术交底要求,保证土舱压力值,且应避免较大的波动,同时还要控制好出渣量,并根据推进油缸位移长度判定出渣量是否符合要求,并及时做出调整。

②控制总推力的大小及分组油缸油压的大小。在掘进软硬不均地层时,由于地层不均匀,且强度差异太大,盾构总推力的大小和各分组油缸油压的大小控制就非常重要。各分组油缸油压值需根据地层情况、刀具受力情况以及盾构姿态等因素进行综合考虑而确定。

③控制刀盘扭矩的大小及波动。由于地层情况复杂,软硬不均地层大多数都是在不同地层的交界处,刀盘旋转过程中,刀具在软硬不均的交界处周期性的碰撞,导致刀盘震动大,扭矩波动大,刀盘和刀具受到的冲击力大,从而会导致刀具的不正常损坏以及降低盾构主轴承的寿命。在掘进过程中,盾构主司机应通过减小推力、减小掘进速度、减少刀具贯入度、降低刀盘转速、增大泡沫的注入等方法来控制刀盘扭矩的平稳以及控制其波动值的大小。

④盾构自转及盾构姿态控制。在软硬不均地层中,盾构发生自转的现象较其他地层中掘进时幅度较大且自传的速度较快。盾构主司机在掘进一环的过程中,一般要好几次改变刀盘转向。由于地层极不均匀,导致盾构自转时容易出现往一个方向旋转得较快,而反方向旋转却极难,在掘进中要及时关注盾构的自转并及时改变刀盘转向进行调整。在软硬不均地层中掘进时,由于地层原因导致推进油缸油压值波动较大,盾构姿态极难进行控制,容易引起盾构施工轴线偏离设计方向,且在纠偏过程中也极难纠回。导致姿态跑偏的原因是多方面的,主要包括地层原因、盾构自传及操作控制不当等。在掘进软硬不均地层时,姿态控制要格外注重,要有敏锐的嗅觉和超前的判断力,要及时勤纠慢调,避免造成严重的后果。

(5)软硬不均地层盾构掘进常见问题与解决方法

①常见问题一:地表沉降或塌陷。

在软硬不均地层施工过程中,尤其是在上软下硬地层中,有许多地面沉降和地表坍塌的案例,为盾构施工提供了经验和教训。盾构在硬岩地层中掘进时,一般采用敞开模式或半敞开模式掘进,如果采用土压平衡模式掘进,会造成掘进效率低下,刀具磨损加剧,糊刀盘等一些不良后果。盾构在地层条件较差的软土地层中掘进时,必须采用土压平衡模式掘进。在软硬不均地层掘进时,应根据具体情况选择合理的掘进模式,以避免造成地表沉降或塌陷等不良后果。

②常见问题二:盾构姿态偏离设计轴线。

在软硬不均地层中掘进,土体性质极不均匀,盾构姿态极难控制,容易出现盾构上漂、栽头、偏离或自转过大等现象。为了避免这些情况的发生,盾构主司机的操作非常关键,盾构主司机应提前做出预判,在刚开始有趋向的时候就要及时进行调整,以避免趋势扩大而导致严重后果。

11.2 泥水盾构安全操作

11.2.1 泥水盾构操作

控制室操作盘的保护等级为 IP55,70 dB 噪声防护。控制室装有门窗,并安装有空

调。控制室包括所有的遥控设施及用于安全操作及环境安全的显示器,还有所有操作参数指示装置。按钮键可以控制所有功能。控制面板的布置符合人体工程学原理。泥水盾构操作面板主要包括电机操作区、泥水循环操作区、破碎机操作区、换管装置操作区、收浆系统操作区、刀盘操作区、推进油缸操作区、同步注浆操作区、管片安装操作区等,其中刀盘操作区、推进油缸操作区、同步注浆操作区、管片安装操作区等与土压盾构操作相似,本节主要以电机操作区、泥水循环操作区、破碎机操作区、换管装置操作区、收浆系统操作区等进行介绍。图 11-21 为中铁装备制造的泥水盾构控制室。

图 11-21　泥水盾构控制室示例

11.2.1.1　电机操作控制面板

电机启动区一般进行盾构装备各系统动力源的启动和关闭,包括:

(1)液压系统油源系统。过滤冷却泵、推进泵、破碎机泵(过滤泵)、管片安装泵(应急泵)、液压球阀泵、控制泵、辅助泵、超挖刀泵等。

(2)水源系统。冷却水泵、冷冻机循环水泵(若有)、增压水泵、污水泵等。

(3)工业风及隧道通风系统。空压机、二次通风机等。图 11-22 为泥水盾构操作面板电机启动区示例,表 11-10 为操作面板按钮功能说明。

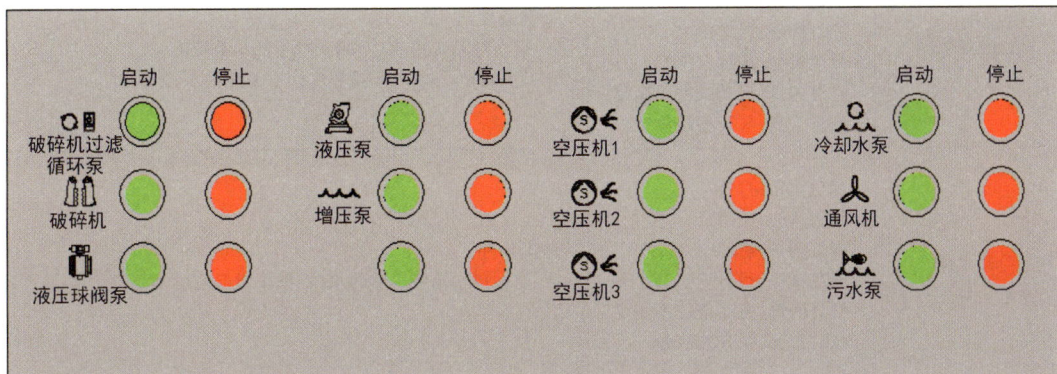

图　11-22

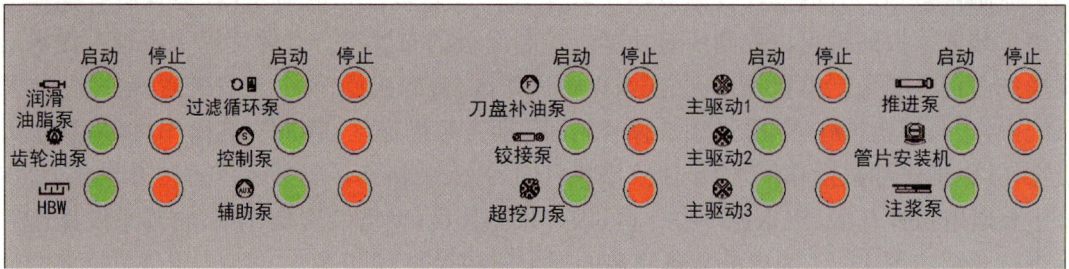

图 11-22　泥水盾构操作面板电机启动区示例

表 11-10　泥水盾构电机操作面板按钮功能

名　称	功　能	状态/操作/前提条件
过滤冷却泵	绿色按钮：打开 红色按钮：关闭 绿灯闪烁：启动中 绿色常亮：运行 红灯闪烁：启动条件不满足 红灯常亮：泵开关故障	前提条件： • 液压油箱 1 中有足够的油（不低于最低液位） • 足够的冷却水和环境温度用于液压油 1 冷却
破碎机过滤冷却泵	绿色按钮：打开 红色按钮：关闭 绿灯闪烁：启动中 绿色常亮：运行 红灯闪烁：启动条件不满足 红灯常亮：泵开关故障	前提条件： • 液压油箱 2 中有足够的油（不低于最低液位） • 足够的冷却水和环境温度用于液压油 2 冷却
破碎机泵	绿色按钮：打开 红色按钮：关闭 绿灯闪烁：启动中 绿色常亮：运行 红灯闪烁：启动条件不满足 红灯常亮：泵开关故障	前提条件： • 液压油箱 2 中有足够的油（不低于最低液位） • 足够的冷却水和环境温度用于液压油 2 冷却 • 破碎机回路急停正常
液压球阀泵	绿色按钮：打开 红色按钮：关闭 绿灯闪烁：启动中 绿色常亮：运行 红灯闪烁：启动条件不满足 红灯常亮：泵开关故障	前提条件： • 液压油箱 1 中有足够的油（不低于最低液位） • 足够的冷却水和环境温度用于液压油 1 冷却
冷却水泵	绿色按钮：打开 红色按钮：关闭 绿灯闪烁：启动中 绿色常亮：运行 红灯闪烁：启动条件不满足 红灯常亮：泵开关故障	前提条件： • 内循环水箱有足够的水（不低于最低液位）

续上表

名　　称	功　　能	状态/操作/前提条件
空 压 机	绿色按钮:打开 红色按钮:关闭 绿灯闪烁:启动中 绿色常亮:运行 红灯闪烁:启动条件不满足 红灯常亮:泵开关故障	前提条件: • 内循环水启动运行
冷冻机循环水泵	绿色按钮:打开 红色按钮:关闭 绿灯闪烁:启动中 绿色常亮:运行 红灯闪烁:启动条件不满足 红灯常亮:泵开关故障	前提条件: • 冷冻箱循环水箱有足够的水(不低于最低液位)
润滑油脂泵(EP2)	绿色按钮:打开 红色按钮:关闭 绿灯闪烁:启动中 绿色常亮:运行 红灯闪烁:启动条件不满足 红灯常亮:泵开关故障	前提条件: • 气动泵进口手动球阀处于开启状态 • EP2 油脂桶内有足够油脂(不低于最低极限) • EP2 油脂润滑桶处于非换桶状态(油位正常,现场控制盒拨动开关处于工作状态)
齿轮油泵	绿色按钮:打开 红色按钮:关闭 绿灯闪烁:启动中 绿色常亮:运行 红灯闪烁:启动条件不满足 红灯常亮:泵开关故障	前提条件: • 齿轮箱中有足够的油(不低于最低液位)
HBW	绿色按钮:打开 红色按钮:关闭 绿灯闪烁:启动中 绿色常亮:运行 红灯闪烁:启动条件不满足 红灯常亮:泵开关故障	前提条件: • 气动泵进口手动球阀处于开启状态 • HBW 油脂桶内有足够油脂(不低于最低极限) • HBW 油脂润滑桶处于非换桶状态(油位正常,现场控制盒拨动开关处于工作状态)
控 制 泵	绿色按钮:打开 红色按钮:关闭 绿灯闪烁:启动中 绿色常亮:运行 红灯闪烁:启动条件不满足 红灯常亮:泵开关故障	前提条件: • 液压油箱中有足够的油(不低于最低液位) • 液压油箱油温不高于上位机设置的极限值 • 刀盘转速低于 0.1 • 主驱动变频器未运行
辅 助 泵	绿色按钮:打开 红色按钮:关闭 绿灯闪烁:启动中 绿色常亮:运行 红灯闪烁:启动条件不满足 红灯常亮:泵开关故障	前提条件: • 液压油箱中有足够的油(不低于最低液位) • 液压油箱油温不高于上位机设置的极限值 • 推进注浆辅助急停系统正常

名　　　称	功　　　能	状态/操作/前提条件
铰 接 泵	绿色按钮:打开 红色按钮:关闭 绿灯闪烁:启动中 绿色常亮:运行 红灯闪烁:启动条件不满足 红灯常亮:泵开关故障	前提条件: • 液压油箱中有足够的油(不低于最低液位) • 液压油箱油温不高于上位机设置的极限值 • 铰接压力未超过极限值
超挖刀泵	绿色按钮:打开 红色按钮:关闭 绿灯闪烁:启动中 绿色常亮:运行 红灯闪烁:启动条件不满足 红灯常亮:泵开关故障	前提条件: • 液压油箱中有足够的油(不低于最低液位) • 液压油箱油温不高于上位机设置的极限值 • 主驱动急停正常
推 进 泵	绿色按钮:打开 红色按钮:关闭 绿灯闪烁:启动中 绿色常亮:运行 红灯闪烁:启动条件不满足 红灯常亮:泵开关故障	前提条件: • 液压油箱中有足够的油(不低于最低液位) • 液压油箱油温不高于上位机设置的极限值 • 推进注浆辅助急停系统正常
管片安装机	绿色按钮:打开 红色按钮:关闭 绿灯闪烁:启动中 绿色常亮:运行 红灯闪烁:启动条件不满足 红灯常亮:泵开关故障	前提条件: • 液压油箱中有足够的油(不低于最低液位) • 液压油箱油温不高于上位机设置的极限值 • 管片安装机急停系统正常
管片安装机应急泵	绿色按钮:打开 红色按钮:关闭 绿灯闪烁:启动中 绿色常亮:运行 红灯闪烁:启动条件不满足 红灯常亮:泵开关故障	前提条件: • 管片安装机遥控器急停正常 • 管片安装机应急泵开关正常
增压水泵	绿色按钮:打开 红色按钮:关闭 绿灯闪烁:启动中 绿色常亮:运行 红灯闪烁:启动条件不满足 红灯常亮:泵开关故障	前提条件: • 工业进水管路中有足够的水(不低于最低液位)
污 水 泵	绿色按钮:打开 红色按钮:关闭 绿灯闪烁:启动中 绿色常亮:运行 红灯闪烁:启动条件不满足 红灯常亮:泵开关故障	前提条件: 工污水箱内有足够的水(不低于最低液位)

续上表

名　称	功　能	状态/操作/前提条件
二次风机	绿色按钮:打开 红色按钮:关闭 绿灯闪烁:启动中 绿灯常亮:运行 红灯闪烁:启动条件不满足 红灯常亮:泵开关故障	前提条件: · 二次通风开关正常

11.2.1.2　泥水循环控制面板

泥水循环操作面板,一般包括:

(1)泥浆泵操作区,根据隧道长度,控制系统可以根据用户需要配置足够数量的进浆泵及排浆泵,泵的转速可以通过操作面板电位计进行调整。

(2)泥浆流量显示:主要通过流量传感器,通过数据自动采集,将进浆流量和排浆流量显示在循环控制面板上。

(3)舱内信息显示:主要包括气垫舱液位显示、泥水舱压力显示及报警。

(4)舱内冲刷系统:主要包括冲刷泵、管理、阀类组成,主要进行刀盘舱或者气垫舱(若有)局部位置冲刷。

(5)阀类操作区:开关控制不同泥浆阀类,可实现泥水循环不同模式的调整。

图11-23为泥水盾构泥水循环操作面板示例。

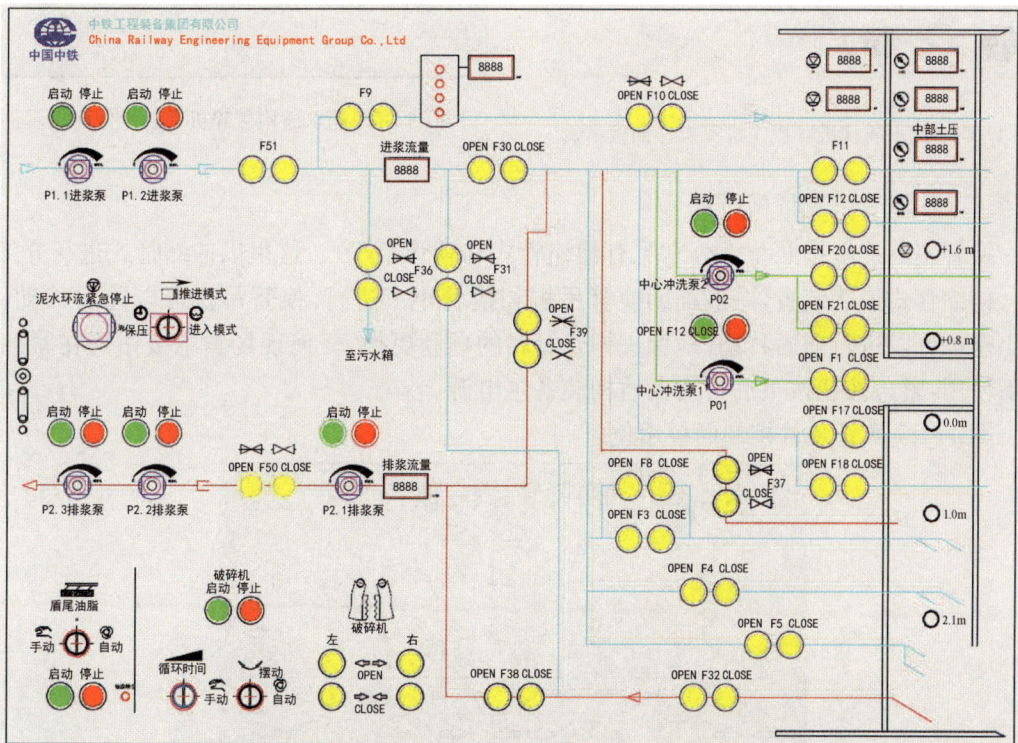

图11-23　泥水盾构泥水循环操作面板示例

11.2.1.3　破碎机控制面板

破碎机的操作一般包括手动/摆动/自动等三种模式,并且可以进行循环时间的设定,循环时间设定可以在上位机设置界面进行设置。手动模式下,人工选择破碎机左右侧的开关按钮,长按 3S 进行开关操作;自动模式下,选择适合的循环周期,按启动/停止按钮进行启停自动程序;摆动模式:按启动/停止按钮进行启停摆动程序。

同时破碎机操作一般具有主控室/现场分别操作的功能,将控制旋钮旋转到相应操作位置,即可进行操作。

图 11-24 为泥水盾构破碎机主机室操作面板示例;图 11-25 为泥水盾构破碎机现场操作面板示例。

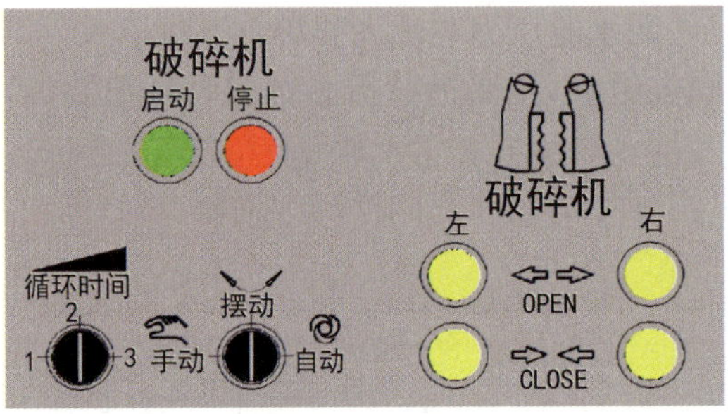

图 11-24　泥水盾构破碎机主机室操作面板示例

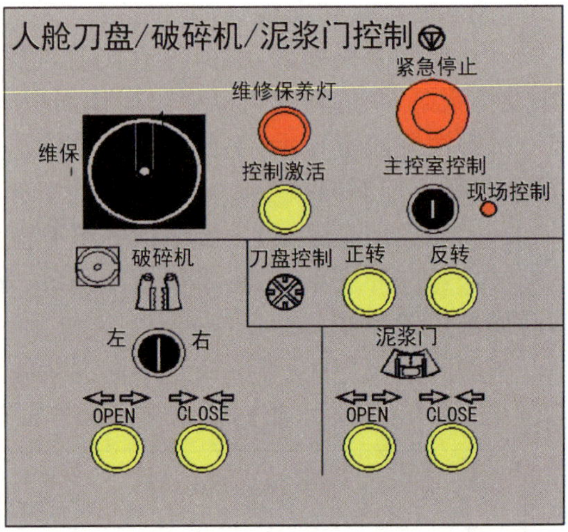

图 11-25　泥水盾构破碎机现场操作面板示例

11.2.1.4　换管装置控制面板

换管装置一般按照型式分常见有伸缩管式和软管小车式,这里以伸缩管式进行介绍。

伸缩管式换管装置,一般辅助换管吊机和换管小车进行,换管吊机可以前后移动,换管小车也可以进行前后移动,确保进排浆管路的顺利更换,任何现场紧急按钮均在紧急情况下使用,紧急按钮按下后将切断盾构装备主电源。

图 11-26 换管装置控制面板示例。

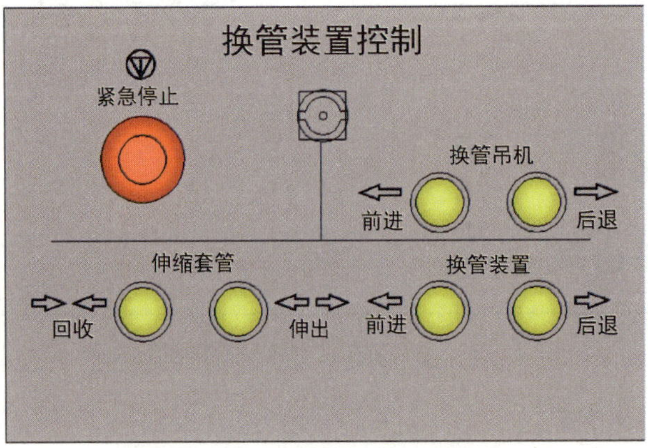

图 11-26　换管装置控制面板示例

11.2.1.5　收浆系统控制面板

在进行进排浆管路更换时,为尽量减少废浆排放,污染隧道环境,盾构装备一般配置收浆系统,收浆系统一般包括渣浆泵、废浆储存罐、阀类、管路等组成,控制一般分为主机室及现场控制两种,根据需要选择相应的控制模式,控制相应的阀类,进行废浆的回收。

图 11-27 为收浆系统控制面板示例。

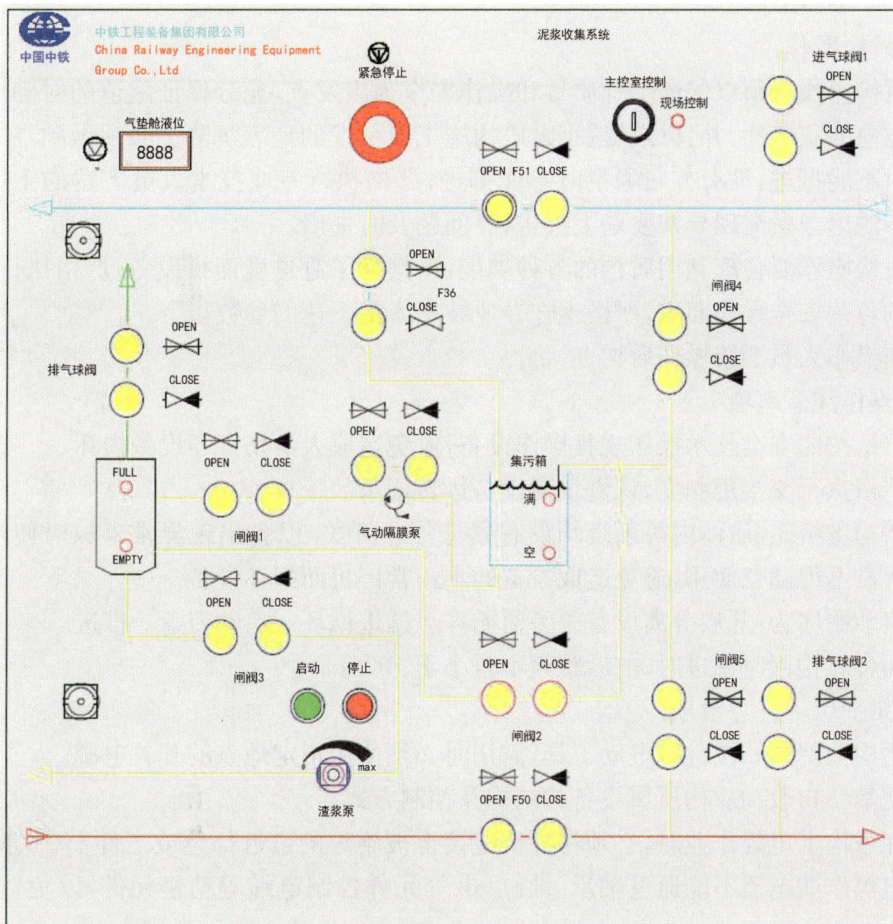

图 11-27　废浆收浆系统控制面板示例

11.2.2　泥水盾构安全操作规程

11.2.2.1　作业人员的要求

(1)作业人员应体检合格,无妨碍作业的疾病和生理缺陷。

(2)作业人员应经过严格的技术培训,熟悉盾构结构、原理、性能及操作、维修保养要求,了解盾构的基本参数,经考核合格取得有关部门颁发的操作证。学员应在专人指导下进行工作。

(3)作业时,作业人员应精力集中,严禁在作业过程中聊天、阅读、饮食、嬉闹及从事与工作无关的事情。

（4）作业人员应具备防火、防电、安全操作等安全防范意识。

（5）盾构操作手应熟悉各种地质的特性、土压的简单计算、推力的简单计算、扭矩的组成、转弯半径等。

（6）盾构操作手应熟悉"三图一表"，即：地质纵断面图、地表建筑物图、地面测量监测点布置图及测量沉降监测报表，加强对地层及地质情况的认知，以便指导盾构掘进。

11.2.2.2 总体要求

（1）盾构操作

①盾构操作必须以保证工程质量和操作安全为出发点，充分保证隧道的衬砌质量，保证线路方向的正确性，并且尽量减小因盾构施工而引发的地表沉降。必须做到：注浆量无法保证时不能掘进；没有方向测量时不能掘进；严格执行专业技术人员下达的土压指令，对掘进中的出土量突现异常要马上报告，有问题及时提出。

②盾构操作要合理利用盾构的各种功能，严禁为了赶进度而拼设备；严格执行盾构说明书上的各种安全操作要求，严格遵守专业技术人员下达的参数指令。

③非操作人员严禁操作盾构。

（2）操作注意事项

①严格按照安全技术操作规程操作设备，避免造成人身伤害与设备损坏。

②严格执行交接班制度，认真填写设备运转记录。

③盾构主机室、盾体内等系统均设有紧急停止开关，以备出现异常事故时使用，盾构上工作人员不得随意使用，避免造成设备的不正常停机而损坏设备。

④启动顺序为：开启分离设备—旁通循环—掘进循环—启动刀盘—推进。

⑤两台盾构同时掘进时，前后距离不得小于 100 m。

（3）维护保养注意事项

①盾构上严禁私拉乱接电动工具，需用时必须使用指定地点的开关电源。

②严禁私自改动盾构所属设备的结构及控制方式。

③在盾构上电焊作业时，必须将搭铁线接至被施焊的最近部位或工件上（一般在 1 m内），使电焊作业电流不能通过轴承、油缸，电气元件控制电缆等精密元件，以免造成元件损坏。

④确保各关键部位（如主轴承紧固螺栓、刀盘紧固螺栓、盾体连接螺栓等）紧固螺栓紧固状态良好。

⑤在设备出现故障时应由专职修理人员进行修理，严禁私自在不懂结构、不懂原理的情况下进行维修，以免造成设备的进一步损坏。

⑥在维修保养作业中，必须与操作司机取得联系，切断一切有可能触及安全事故发生的电源，并且有专人看护，确保维修保养过程的安全。

⑦维修保养结束后应将现场清理干净（包括垃圾、油料等）。

⑧设备的每次维修保养应由修理人详细记录在设备运转记录上备查。

（4）其他注意事项

①主机操作室是盾构的控制中心，不允许与之无关的人员进入，维修人员在工作需要

时可以进入,正常情况下只允许主司机与工程师进入。

②盾构拖车两侧为紧急通道,不得堆放杂物占用。

③盾构上不得存放危险物品(易燃易爆等物品)及其他杂物。

11.2.2.3　开机前的准备

(1)确保各操作系统的参数已设定在合理的范围内。

(2)检查延伸水管、电缆连接是否正常。

(3)检查供电是否正常。

(4)检查循环水压力是否正常。

(5)检查滤清器是否正常。

(6)检查进排浆泵、泥浆管是否正常。

(7)检查空压机运行是否正常。

(8)检查油箱油位及油温是否正常。

(9)检查油脂系统油位是否正常。

(10)检查注浆系统是否已准备好并运行正常。

(11)检查后配套轨道是否正常。

(12)检查盾构操作面板状态:开机前应使延伸系统泥浆管路阀门处于开启位,管片安装按钮应无效,无其他报警指示。

(13)检查导向系统是否工作正常。

(14)若以上检查存在问题,首先处理或解决问题,然后再准备开机。

(15)请示土木工程师并记录有关盾构掘进所需的相关参数,如土舱保持压力,线路数据,注浆压力等。

(16)请示机械工程师并记录有关盾构掘进的设备参数。

(17)若需要则根据土木工程师和机械工程师的指令修改盾构参数。

11.2.2.4　掘进操作步骤

(1)开启分离设备

泥水分离厂首先要进行调制浆工作,在盾构开始掘进前盾构控制室电话通知泥水处理厂开启泥水分离设备。

(2)旁通循环

启动 P1.1 泵、P2.1 泵开始旁通循环,这里要注意一定要确保旁通阀是打开的,否则会发生严重后果。泥浆管延伸到一定距离加设 P2.2 泵后,还要开启 P2.2 泵。

(3)掘进循环

首先开启进浆和出浆阀,然后关闭旁通阀开始工作泥浆循环,这里一定要注意阀的开关顺序,否则会引起管路破裂。

(4)启动刀盘

①根据测量系统面板上显示的盾构目前滚动值选择刀盘旋转方向。滚动值为正选择正转,滚动值为负选择反转。

②按下刀盘启动按扭。

③旋动刀盘加速按钮慢慢给刀盘加速,转速要分几次加上去,以免造成过大冲击,损伤设备。

(5)推进

①使盾构进入掘进模式。

②打开推进控制按钮。

③旋动推进速度控制按钮把速度定在一定的速度,开始掘进。

④掘进时要根据盾构姿态调整油缸的推力。

⑤掘进期间主司机要时刻注意气垫舱的液位和顶部压力,控制进、排浆的流量。

⑥掘进过程中要同步注入砂浆。

(6)掘进结束

当掘进结束时,按以下顺序停止掘进:

①停止推进系统。

②待扭矩减小到一定值后停止刀盘。

③减小 P1.1、P2.1、P2.2 泵的功率。

④打开旁通阀,快速关闭通往前面的所有阀,进入旁通循环(注:这里顺序一定要注意)。

⑤继续慢慢减小 P1.1、P2.1、P2.2 泵的功率直至关闭。

⑥关掉碎石机泵。

⑦泥水分离厂逐渐关闭各设备。

⑧若马上准备安装管片,则使盾构进入安装模式。

⑨通知有关人员进行下一工序的工作。

⑩管片安装完毕进行下一循环掘进,如果泥浆管、钢轨、水管、风筒用尽,则要相应延伸泥浆管、钢轨、水管、风筒后再掘进。

11.2.2.5　掘进中的辅助操作

(1)压力调整

①气垫式泥水平衡盾构的压力是靠气体保压系统自动控制,掘进前需根据前面地层的不同设定不同的土舱压力,具体压力值应由土木工程师决定。掘进过程中需要控制调节的是气垫舱泥浆液位。

②液位低时可以采取以下几个措施来增加:

a. 方式一:保持排浆泵流量,增加进浆泵流量。

b. 方式二:保持进浆泵流量,降低排浆泵流量,同时降低推进速度,配合出浆流量。

c. 方式三:增加进浆泵流量,降低排浆泵流量。

③液位高时可以采取以下几个措施来降低:

a. 方式一:保持排浆泵流量,降低进浆泵流量。

b. 方式二:保持进浆泵流量,增加排浆泵流量。

c. 方式三:增加排浆泵流量,降低进浆泵流量。

（2）盾构姿态的调整

①采用自动导向系统和人工测量辅助进行盾构姿态监测

自动导向系统配置了导向、自动定位、掘进程序软件和显示器等，能够适时显示盾构当前位置与隧道设计轴线的偏差以及趋势。据此调整控制盾构掘进方向，使其始终保持在允许的偏差范围内。

②盾构掘进方向控制

根据线路条件所做的分段轴线拟合控制计划、导向系统反映的盾构姿态信息，结合隧道地层情况，通过分区操作盾构的推进油缸来控制掘进方向。盾构方向的调整是通过推进系统几组油缸的不同压力来进行调节的。一般调节的原则是：使盾构的掘进方向趋向隧道的理论中心线。

调节盾构推进油缸每组压力对盾构掘进方向的影响一般是：当盾构油缸左侧压力大于右侧时，盾构姿态自左向右摆；当上侧压力大于下侧压力时，盾构姿态自上向下摆；依次类推即可调整盾构的姿态。

当盾构处于水平线路掘进时，应使盾构保持稍向上的掘进姿态，以纠正盾构因自重而产生的低头现象。

在上坡段掘进时，适当加大盾构下部油缸的推力；在下坡段掘进时则适当加大上部油缸的推力；在左转弯曲线段掘进时，则适当加大右侧油缸推力；在右转弯曲线掘进时，则适当加大左侧油缸的推力。

在均匀的地质条件时，保持所有油缸推力一致；在软硬不均的地层中掘进时，则应根据不同地层在断面的具体分布情况，遵循硬地层一侧推进油缸的推力适当加大，软地层一侧油缸的推力适当减小的原则来操作。

为了保证盾构的铰接密封、盾尾密封工作良好，同时也为了保证隧道管片不受破坏，盾构在调向过程中不能有太大的趋势，一般在导向系统上显示的任一方向的趋势值不应大于 10。

通常盾尾位置每循环调节量不大于 10 mm。

③盾构自转的调整

为了保证盾构在推进过程中正确的受力状态，盾构不能有太大的自转，一般不能大于导向系统面板上显示的转动值 10。通过调整盾构刀盘的转向可以调整盾构的自转。改变盾构刀盘转向按以下操作：按停止按钮停止掘进，将刀盘转速旋钮调至最小，重新选择刀盘转向，按开始按钮，并逐渐增大刀盘转速即可。

（3）其他辅助措施的操作

①盾尾油脂密封阀的手动操作：当盾尾油脂密封在手动位时，可以按下每个位置的注脂按钮来进行手动注脂，这个功能主要用于对盾尾油脂密封阀检修或自动功能暂时出现故障时应用。

②刀盘冲刷操作：在黏土等地层掘进时可以开启 P0.1 泵和 P0.2 泵对刀盘进行冲刷。

11.2.2.6　掘进时注意事项

（1）调整推进油缸的掘进速度时，必须先让刀盘旋转，并确实接触开挖面后，再慢慢调

整推进速度。

(2)推进油缸停止后,再停止刀盘旋转。

(3)变更刀盘旋转动方向时,先要使切削刀盘完全停下来后,再变更旋转方向。

(4)泥水循环系统掘进模式未运行,不可向前推进。

(5)掘进前必须保证主驱动齿轮油温度在 65 ℃以下。如在 65 ℃以上运行,有可能损坏密封。

(6)防止电机堵塞,由于电机风扇周围堵塞而不能散热,有损伤电机内部线圈、发生火灾的可能,因此请保持电机风扇周围空气的流通。

(7)推进油缸靴撑和管片间有夹住手脚的危险。注意不要把手脚置于其间。

(8)承受土压、泥水压的盾构,在进行推进油缸缩进操作时,盾构有后退的危险,因此,推进油缸不能全部缩回。

(9)要时刻监视盾构姿态(倾向、侧滚、偏转)发现偏离隧道设计路线时,要迅速修正。(延误修正,有时会导致盾构难以回到隧道设计路线)。

(10)防止盾尾注浆材料流入土舱内。

盾尾注浆的注入压力不要超过设定值。机器未掘进时,一般不要注浆。

(11)机器异常的早期发现。

与通常掘进时的参数相比较,推进油缸推力、切削刀盘扭矩、进排浆比重是否变化较大。

设备运行过程中,注意异常声音及异常情况,如果对设备的异常声音及异常情况不加以注意,零部件将可能破损飞散,并有因部件飞散而造成人员伤害的危险。设备发生异常声音及异常情况请立即中止掘进,进行检查、维修。

(12)掘进中注意后配套拖车。

如后配套拖车运行轨道及隧道上有障碍物时,会造成拖车脱轨、倾覆,可能造成人身事故,请确认无障碍物。有障碍物时,请立即排除。

随着盾构的掘进,后续拖车也前进,手指和身体有被车轮、车体挟住的危险,所以,掘进中,请勿接近车轮及倚在拖车上等。

后续拖车会因隧道的坡度而自行前进、后退,从而挟住身体,请注意。

在弯道施工中,请检查后续拖车与管片是否相干涉。曲线部分的轨道请使用与曲线的曲率半径相吻合的导轨,以免脱轨、倾覆。

11.2.2.7 掘进报告的填写

为了积累盾构施工经验,更好地进行盾构施工的总结,以及留下必要的施工考证依据,在盾构施工的过程中必须严格按照要求填写掘进报告。

对于简单的停机可以在掘进报告的给定位置简单说明,对于长时间影响掘进的故障或事故,必须另外记录清楚。

对于在掘进过程中发生的任何设备故障都应该有详细的记录。

11.2.3　泥水盾构掘进操作技巧与风险防控

11.2.3.1　粉质黏土中泥水盾构掘进

（1）粉质黏土

黏性土层是粉质黏土矿物经相互间电化学结合而形成的,近似变质了的琼胶块状体,所以由泥水比重和加压带来的力就容易形成对开挖面的稳定,不论黏性土层的软弱状态如何,都适合于用泥水加压盾构工法施工的地层。

（2）盾构施工技术难点

在这类地层中进行盾构施工,有若干技术问题必须得以很好地解决,才能保障盾构施工安全、高效、顺利地完成,其中最主要的问题是:

①粉质黏土可塑性高,容易黏附刀盘。块状黏性土易堵管,造成压力突变冲破地层、损坏泥浆管路。

②粉质黏土层可渗透性较低（水平渗透系数 7.36×10^{-7}、垂直渗透系数 7.96×10^{-8}）,压力设定不适当易造成地表隆起甚至冒浆、泥水后窜。

③向着已经开挖的隧道方向存在着潜在的诱发位移的势头,会使已经开挖地层和初始衬砌之间的空隙发生塑性闭合,从而引起地面沉降。

④潜在的变形势头会引起隧道初始衬砌的水平直径增大和垂直直径减小。

⑤隧道管片上浮。

（3）处理措施

针对以上施工技术难点,经过方案优化、论证,制定相应的处理措施。

①组织相关技术人员进行培训,安排经验丰富,责任心强,现场处理问题迅速、反应敏捷的盾构主司机和值班工程师从事掘进施工工作。现场值班工程师及时、认真记录掘进参数并进行汇总,技术管理人员对掘进参数进行分析、论证、总结,为下一步的盾构掘进工作提供理论指导依据。

②较低掘进速度、较高转速推进,提高进出浆流量。均匀快速穿越粉质黏土层,掘进中宜减少停机时间,匀速掘进。各工序间有效结合,统筹安排,总体规划。掘进速度过快,易黏附刀盘,且不利于泥水分离,泥浆比重大,出渣量大易造成堵管和增大泥浆管路摩擦。块状黏性土易堵泵,出浆泵被吸空,泵体空载震动大,管路震动,接头部位被损坏,破损处泥浆飞溅危及施工作业人员安全和影响掘进施工。

③压力选择合适、压力波动小（控制在 ± 0.02 MPa 内）,减小对地层扰动,加强对河床冲刷槽的位置、深度监测,监测数据及时反馈到现场值班工程师处,现场值班工程师对监测数据及时进行分析,确定合适的压力。

④调整盾构姿态,使隧道轴线控制在设计允许偏差范围内,正确选择封顶块点位,均匀调整盾尾间隙量。设定油脂腔压力,保障注入油脂量,防止因堵管压力突变,泥水压力后窜,损坏盾尾密封系统,造成盾尾漏浆危及盾构施工质量。

⑤利用中部及上部 4 个注浆管注浆,注浆采用一定稠度的水泥砂浆,在盾构掘进后5 min 至掘进完成前 5 min 内,均速注浆,控制注浆量在 1.5～1.8 倍建筑空隙,防止地面

变形过大和控制隧道管片上浮量。

重点黏性土层中掘进参数的设定，结合盾构本身参数制定适合盾构施工的相应参数，用于指导盾构掘进施工。

①掘进速度控制：

正常掘进速度为 $30\sim40$ mm/min，在粉质黏土中掘进速度宜适当放慢，控制在 $15\sim25$ mm/min；平均每环掘进时间控制在 2 个小时左右，掘进速度太快，切削土体过多，需排出渣土较多，容易发生管路堵塞、刀盘固结泥饼等问题。

②刀盘转速控制：

双向转速 $0\sim2.3$ r/min（连续可调），粉质黏土中转速控制在 $40\%\sim45\%$（$0.90\sim1.20$ r/min）；

③推力及扭矩控制：

推力控制在 $30\,000\sim50\,000$ kN，扭矩控制在 $3\,500$ kN·m$\sim4\,500$ kN·m；

④泥浆循环控制：

进浆泵（P1.1）流量控制在 $1\,000$ m³/h 左右（掘进期间），$1\,144$ m³/h（旁通时）；排渣流量（P2.1）$1\,150$ m³/h（掘进期间和旁通时）。

⑤同步注浆压力控制：

同步注浆压力为 $1.1\sim1.2$ 倍的静止土压力与静止水压力之和。

经实践表明，在粉质黏土层盾构掘进施工中制定切实可行的技术方案指导施工，避免因粉质黏土黏附刀盘、堵塞泥浆管路和排浆泵等，造成管路破损、泥浆流失、地表隆起突变、泥水后窜损坏盾尾密封系统等现象。掘进施工中及时、认真记录掘进参数并进行汇总，对掘进参数进行分析、总结，寻找适合该地层中施工的相关技术。

11.2.3.2　盾尾密封泄漏的风险防控

盾尾密封主要是防止地下水、泥水和壁后注浆浆液渗入盾壳后部，确保开挖面的稳定和盾构的正常掘进，存在的主要风险如下：

（1）泥水、砂浆等击穿盾尾密封，涌入隧道，轻则严重影响施工，重则淹没盾构。

（2）可能产生冒顶，从而危及防洪大堤等构筑物以及盾构安全。

（3）同步注浆将失去意义，隧道变形及漏水将会非常严重。

风险防控措施如下：

（1）提前对盾尾密封的保护做了系统研究，归纳总结了所有可能造成盾尾泄漏的原因，并逐项采取了应对措施。

（2）盾尾密封的保护，其实是一个系统的管理的问题，必须将所有可能的原因全部找到，并在施工中持之以恒的予以完善的管理，任一点的疏忽都会造成灾难性的后果。

（3）分析出可能造成盾尾泄漏原因：盾尾刷安装方式不科学；始发时油脂涂抹不到位；盾构姿态不理想；管片外环面不平整；管片外环面纵缝的间隙；同步注浆管理失控；盾尾密封油脂注入管理失控；长距离掘进的正常磨损。

11.2.3.3　长时间停机掌子面失稳的风险防控

盾构发生突发状况如刀盘磨损或较大故障时，较长时间的停机不可避免。掌子面面积巨大，若不采取有效措施，将面临掌子面失稳，进而导致覆土塌方，大量覆土涌入土舱，会造成刀盘被包死无法转动的恶性后果。

应对措施：

(1)配置黏度和比重最易于形成泥膜的高质量泥浆,提升一定的切口压力,在掌子面上形成足够密闭泥浆甚至空气逃逸的致密泥膜,对掌子面形成良好支撑。

(2)通过定期更换高质量泥浆,始终维持掌子面处的泥浆处于良好的有效状态。

11.2.3.4　穿越浅覆土段冒顶、塌方的风险防控

泥水盾构在穿越覆土较浅地段,由于泥水压力过大,容易出现冒顶、塌方的风险。

应对措施：以"高黏优浆、合理低压、精细控制、平稳推进、快速拼装、禁止停机、一次通过"的原则进行推进,力争将穿越浅覆土段的时间缩到最短;掘进采用优质泥浆形成密泥膜,封闭掌子面;根据软弱地层参数计算泥水压力,给掌子面提供足够的支撑压力。同时严控泥水压力和注浆压力(波动 ± 10 MPa),防止压力过大击穿覆土层;掘进时按照每环的设计偏移量进行均匀转向,防止出现急转现象。为保证盾尾间隙不出现恶化,每环分 0.5 m、1 m、1.5 m、2 m 四个里程段对盾尾间隙选取 10 个点进行测量,并根据盾尾间隙的测量数据,在掘进过程中及时进行慢慢修正,严禁过度纠偏。

11.2.3.5　粉细沙沿注浆管倒流的风险防控

粉细砂层,当其受到盾构掘进扰动后,易发生液化及坍塌;盾尾密封效果不佳或清洗注浆管时,可能发生涌水涌砂现象。实际推进过程中发生过粉细沙堵塞注浆管,清通后发生涌砂现象的情况。

应对办法：

(1)掘进参数上采取合理的掘进速度和刀盘转速的方式,将扰动降到最小。

(2)采用高质量泥浆形成致密泥膜,封闭掌子面;同时通过泥膜形成过程将黏性颗粒渗透入粉细砂层,也可改良粉细砂层的液化现象,消除与刀盘接触土体的液化作用。

11.2.3.6　盾构始发与到达风险防控

盾构在进出洞时工作面可能产生突然涌水、涌砂,不能及时形成压力平衡,大幅度地面沉陷,盾构被掩埋,工作井周边构筑物损坏。始发基座定位不够准确、反力架刚度不够,可能使盾构一出洞就偏离设计轴线。

应对措施：

(1)采用冷冻法和地下连续墙综合使用的方法加固地层,在吊出井再用灌水的方法防止盾构出洞的刹那失稳情况。

(2)防止洞门密封泄露,做好洞口防水密封。

(3)对近洞口的 10 环管片采用 14 槽钢通过管片预埋钢板进行拉紧,确保在盾构反推力较小的情况下,管片环间的缝隙不至于加大,避免管片间因密封失效而发生泄漏。

(4)加强盾构在进出洞段的掘进控制。保证泥水参数正常、同步注浆回填密实的情况下,尽量快速完成盾构的进出洞。

◆思考题◆

1. 土压平衡盾构的电机操作主要包括哪些动力源的启停控制?

2. 简述螺旋输送机的控制要点。

3. 简述土压平衡盾构刀盘控制要点。

4. 简述推进油缸控制要点。

5. 简述铰接油缸控制要点。

6. 简述盾尾密封系统控制要点。

7. 简述泡沫系统操作控制要点。

8. 简述膨润土系统控制要点。

9. 简述皮带输送机控制要点。

10. 简述土压平衡盾构操作注意事项。

11. 土压平衡盾构开机前应检查哪些内容?

12. 简述土压平衡盾构掘进过程中的安全操作要点。

13. 简述土压平衡盾构掘进结束时的安全要点。

14. 简述管片拼装操作规程。

15. 简述皮带机操作规程。

16. 简述注浆系统操作规程。

17. 简述淤泥地层土压平衡盾构掘进方法与技巧。

18. 简述黏土地层土压平衡盾构掘进方法与技巧。

19. 简述砂质地层土压平衡盾构掘进方法与技巧。

20. 简述砂卵石地层土压平衡盾构掘进方法与技巧。

21. 简述砂岩地层土压平衡盾构掘进方法与技巧。

22. 简述泥岩地层土压平衡盾构掘进方法与技巧。

23. 简述全断面硬岩地层土压平衡盾构掘进方法与技巧。

24. 简述软硬不均地层土压平衡盾构掘进方法与技巧。

25. 泥水盾构的电机操作主要包括哪些动力源的启停控制?

26. 泥水循环操作面板主要包括哪些控制内容?

27. 简述破碎机控制要点。

28. 简述换管装置控制要点。

29. 简述收浆系统控制要点。

30. 泥水盾构开机前应检查哪些内容?

31. 简述泥水盾构的掘进操作步骤。

32. 简述泥水盾构掘进中的辅助操作要点。

33. 泥水盾构掘进时的注意事项有哪些?

34. 简述粉质黏土中泥水盾构掘进技巧。

35. 简述盾尾密封泄漏的风险防控措施。

36. 简述长时间停机掌子面失稳的风险防控措施。

37. 简述穿越浅覆土段冒顶、塌方的风险防控措施。

38. 简述粉细沙沿注浆管倒流的风险防控措施。

39. 盾构始发与到达风险防控措施。

第四篇 施工案例

本篇包含6章,具体为第12章至第17章,依次介绍了软土地层、无水砂卵石地层、富水砂卵石地层、上软下硬复合地层、岩石地层、岩溶地层等盾构施工特点,通过具有代表性的具体施工案例,介绍了软土地层、无水砂卵石地层、富水砂卵石地层、上软下硬复合地层、岩石地层、岩溶地层的盾构施工难点与对策。

第12章 软土地层盾构施工
第13章 无水砂卵石地层盾构施工
第14章 富水砂卵石地层盾构施工
第15章 上软下硬复合地层盾构施工
第16章 岩石地层盾构施工
第17章 岩溶地层盾构施工

第 12 章　软土地层盾构施工

本章重点：主要介绍软土地层盾构施工特点，通过具有代表性的具体施工案例，介绍了软土地层的盾构施工难点与对策。

12.1　软土地层盾构施工特点

软土一般是指在静力或缓慢流水、缺氧、多有机质的条件下生成的以细颗粒为主的近代沉积物。其颗粒小于 0.1 mm 部分一般占土样重量的 50% 以上。这类土大部分是饱和的，含有机质，天然含水量大于液限，孔隙比大于 1。当天然孔隙比大于 1.5 时，称为淤泥，天然孔隙比大于 1 而小于 1.5 时，则称为淤泥质土。工程上将淤泥、淤泥质土、泥炭、泥炭质土、冲填土、杂填土和饱和含水黏性土统称为软土。软土地层还包括软土与砂土、碎石土、角砾土及块土等形成的互层。绝大部分软土生成于全新世的中晚期，也有软土层埋藏在密实的硬土层之下，生成期较早。在各种土质中，软土是比较年轻的沉积物，甚至还存在正在继续沉积的欠固结软土。

软土天然含水量大、孔隙比大、压缩系数高、强度低等，具有蠕变性、触变性等特殊的工程地质性质，工程地质条件较差。盾构在软土地层中施工时：①盾构选型应满足密封性及抵御水土压力的要求；②盾构始发与接收端头需对地层进行加固；③容易引起地表沉降过大；④掘进过程中盾构姿态不易控制等。

软土地层盾构掘进要点有以下几方面：

(1)软土地层盾构选择，要依据工程地质与水文地质条件、隧道断面形状、隧道外形尺寸、隧道埋深、地下障碍物、地下管线及构筑物、地面建筑物、地表隆沉要求等，经过技术、经济比较后综合确定。由于软土地层地基承载力小，含水量大，容易造成盾构头部下载盾尾上浮的"栽头"现象。要结合软土地层特点进行盾构选型，应注意盾构重心位于合适位置，盾构重量分布相对均匀。

(2)软土地层掘进中盾构易栽头，需要保持较大的上下推力差才能维持盾构垂直姿态。如果实际掘进中总推力较小，不足以提供大的力差，则可适当提高土舱压力，增大总推力。

(3)盾构铰接一般可用于辅助纠偏和拟合设计曲线。当姿态出现偏差较大，靠推力差无法扭转时，可结合偏差大小打开铰接，辅助纠偏。在线路曲线半径较小的情况下，为了拟合曲线，减小推进阻力，降低盾构推进对地层扰动，在推进时可打开铰接到适当角度。

(4)开启超挖刀和使用仿形刀对盾构也有纠偏作用。当盾构出现偏差时，在反方向区

域开启超挖刀,实现纠偏。

(5)盾构停机过程中,会出现不同程度的下沉和栽头。当盾构停机时间过长,需及时减压,使土舱压力维持在一定数值。

(6)在软土地层中,盾构趋势受成型管片趋势影响较大。拼装管片的趋势影响盾构姿态。正确计算管片趋势,合理选择点位,是控制盾构姿态的关键。在选择点位时,要做到精细化操作,分析行程差、盾尾间隙和盾构姿态,计算管片趋势,结合盾构走向和设计轴线确定点位。

(7)由于管片从刚拼装完成到隧道变形稳定后,会出现一定的位移。为保证成型隧道线型在允许范围内,推进时应根据管片实测位移量确定盾构掘进姿态。

(8)严格控制同步注浆质量,尽量缩短浆液凝结时间,注浆量要达到设计要求,保证管片衬砌环能够与土体密贴,给盾构提供足够的抗扭转摩阻力,防止盾构产生过大滚动,保证管片环自身稳定。优先选用双液浆,加强土层的承载力和提高盾壳与周围土体的摩阻力。注浆过程中,可根据实际需要确定注浆孔位及每个注浆孔的注浆压力和注浆量。注浆过多引起盾构上浮时,应适当减少浆液的注入量。

12.2   上海软土地层盾构施工难点与对策

12.2.1   工程简介

上海轨道交通 9 号线某区间采用盾构法施工,隧道埋深 9.8～21.7 m,最大纵坡 28‰,最小平面曲线半径 500 m。隧道施工范围内主要地层为灰色淤泥质黏土、灰色黏土、灰色粉质黏土、暗绿～草黄色粉质黏土,局部涉及土层为灰色淤泥质粉质黏土夹粉性土,始发前 400 m 位于古河道沉积软土地层。盾构在始发后,坡度要在 50.4 m(42 环)的距离从 −2‰ 变坡至 −28‰,平均每环管片下降 0.62‰ 的坡度。同时,水平方向由直线缓慢变化为 500 m 半径的圆曲线。上海地区管片拼装形式为通缝拼装。管片仅在水平方向设置 26.4 mm 的楔形量,垂直方向未设置楔形量。盾构在纵向坡度及竖曲线段掘进过程中,成型隧道轴线拟合盾构轴线控制较难。

12.2.2   施工重难点

12.2.2.1   存在问题

在始发掘进至 150 环的过程中,出现不同程度的渗漏水、管片破损以及上浮象。其中 1～81 环平均上浮量 5 cm,82～111 环平均上浮量达到 7 cm,管片在脱出盾尾 50 环以后上浮量趋于稳定。管片上浮的同时,伴随有隧道渗漏水以及管片破损等现象发生。

12.2.2.2   原因分析

盾构在该阶段掘进过程中位于古河道沉积软土地层,主要穿越地层为④灰色淤泥质黏土、⑤1-1 灰色黏土、⑤1-2 灰色粉质黏土。其中,④层灰色淤泥质黏土、⑤1-1 层灰色黏土均属于高含水量、高压缩性、低强度、低渗透性的饱和黏性土,具有较高的灵敏度,明显

的触变特性以及较低的土体抗剪切性能,在刀盘扰动以及注浆压力的作用下极易破坏土体结构,产生土体压缩,加剧管片的上浮。

古河道沉积软土地层土性较差,由正常沉积区进入古河道沉积软土地层时,会造成盾构突沉,严重时会使盾构失稳。盾构掘进过程中为防止盾构栽头,下部推力较上部推力大,对管片存在一个向上的分力。

上海地区盾构掘进施工中的同步注浆采用的是厚浆,该浆液属于惰性浆,初凝时间较长,管片在脱出盾尾后处于悬浮状态,根据理论计算得知,管片受到浆液向上的浮力大于每环管片自重,管片存在向上的作用力。

中铁装备盾构主机总重约 365 t,较小松、海瑞克、石川岛等盾构重约 50 t,且实际重心在几何重心前 787 mm 位置。该盾构在上海软土地层推进过程中易发生"栽头"现象,为避免盾构"栽头",需加大上下油缸推力差。但在实际推进过程中,若上下推力差超过 150 t 后,管片易产生上浮甚至破损现象。

12.2.3　解决方法

12.2.3.1　严格控制盾构姿态

逐步压低盾构的垂直姿态,抵消部分管片上浮量。通过管片上部贴片调整管片的前超量,使管片在轴线方向有 1~2 mm 向下的趋势,当管片达到这一趋势后,将盾构垂直姿态整体缓慢的、均匀的按照每环 2~3 mm 的速度向轴线下方(负值)调整,调整的垂直姿态范围为为 -20~-30 mm。据现场数据分析研究,当盾构坡度大于设计坡度的 2‰~3‰,垂直姿态前后高差在 5~10 mm 之间时,管片不易发生破损。因此在掘进过程中确保盾构坡度大于设计坡度的 2‰~3‰,盾构姿态保持平顺,垂直姿态前后点高差控制在 5~10 mm 之间。

12.2.3.2　严格控制盾构掘进速度

上海古河道沉积软土地层盾构掘进应保持匀速、均衡、快速通过,掘进速度宜控制在 30~40 mm/min,以减少盾构掘进对地层造成的扰动。同时采用单管单泵四点同时注浆的方式来及时填充土体与盾构之间的建筑空隙,严格控制注浆量及注浆压力,并通过在每方惰性浆液中分别加入 50 kg、100 kg 水泥的方式使浆液的初凝时间缩短到 11 h 和 8.5 h,使同步注浆浆液能够及时包裹并固结管片。

12.2.3.3　严格控制盾构掘进上下推力差

推力差是控制盾构姿态的基本要素。尤其是在古河道沉积软土地层盾构掘进施工中,盾构对推力差反应很敏感,推力差控制尤为重要。古河道沉积软土地层盾构掘进总推力一般控制在 800~1 000 t 范围内。地层较软、埋深较浅时,盾构容易栽头。本工程最大纵坡为 28‰,盾构掘进过程中为了保持盾构姿态稳定,一般控制下部油缸推力大于上部油缸推力差。根据现场数据分析研究,盾构掘进过程中当上下油缸推力差大于 150 t 时,管片上浮量较大,且易出现管片破损现象,盾构施工过程中需严格控制上下油缸推力差小于 150 t。

12.2.3.4 二次注浆

为及时固结脱出盾尾的管片,对盾尾后方10环以后的管片每3～5环注入双液浆,采用环箍固定管片的方式,使管片脱出盾尾后不再处于游离状态,从而控制管片的上浮。双浆液的配比为:水泥:水=1:1,水泥浆:水玻璃=1:1,水:水玻璃=1:1,水玻璃波美度B=40 Be,浆液初凝时间为30 s。

12.2.3.5 堆载重物

由于古河道沉积软土地层含水量较大,土体抗剪能力较差,在管片受到向上作用力时易产生土体压缩,从而将加剧管片的上浮。因此,可采取在台车桥架处的管片底部增加铁锭堆载,通过额外增加管片重量的方式来抵抗部分上浮力。通过试验,每环管片增加400 kg铁锭可有效抑制管片的上浮。

12.2.3.6 盾构优化改造

(1)盾构主机重心及主机长度的优化

中铁装备盾构原设计主机长度为8.551 m(不含刀盘),主机总重量约为365 t。根据对盾构主机的重心进行分析,得出主机重心在几何重心前787 mm位置,如图12-1所示。

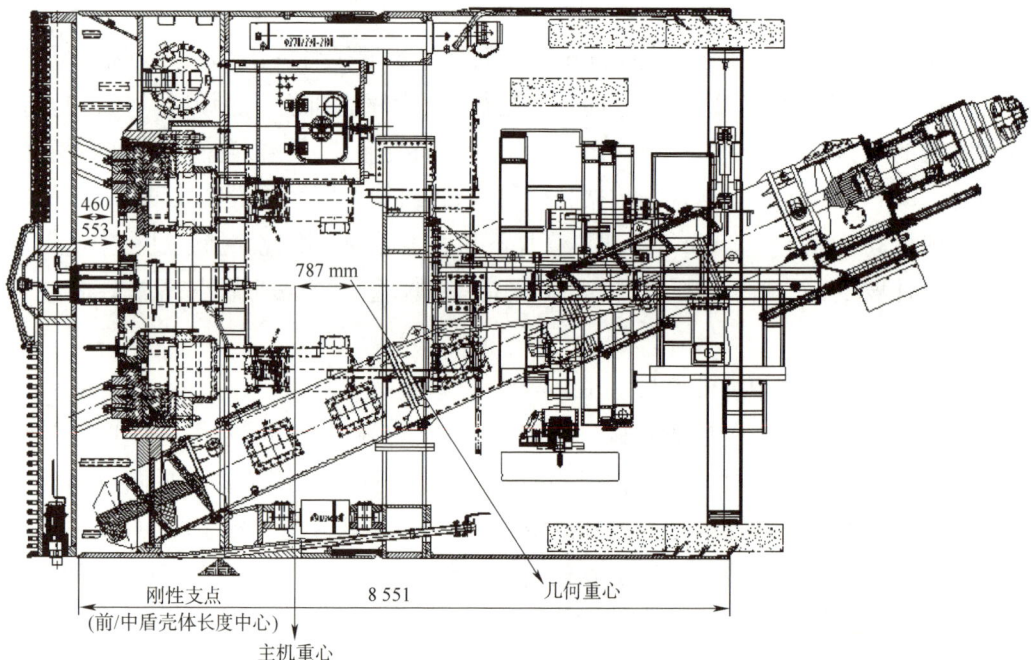

图 12-1　盾构主机示意(单位:mm)

优化方案:新做主机前盾,主机长度缩短至8.320 m(不含刀盘);优化前盾结构,新做前盾钢结构减轻约6 t;优化刀盘结构,将6块小面板减薄,减轻约2 t;优化刀具布置,减去14把切刀和10把先行刀,减轻0.45 t;去除主驱动扭矩限制器,减轻约2 t(上海软土地层掘进扭矩小,不需要扭矩限制器),如图12-2所示。以上优化共减轻盾构主机约10.5 t。

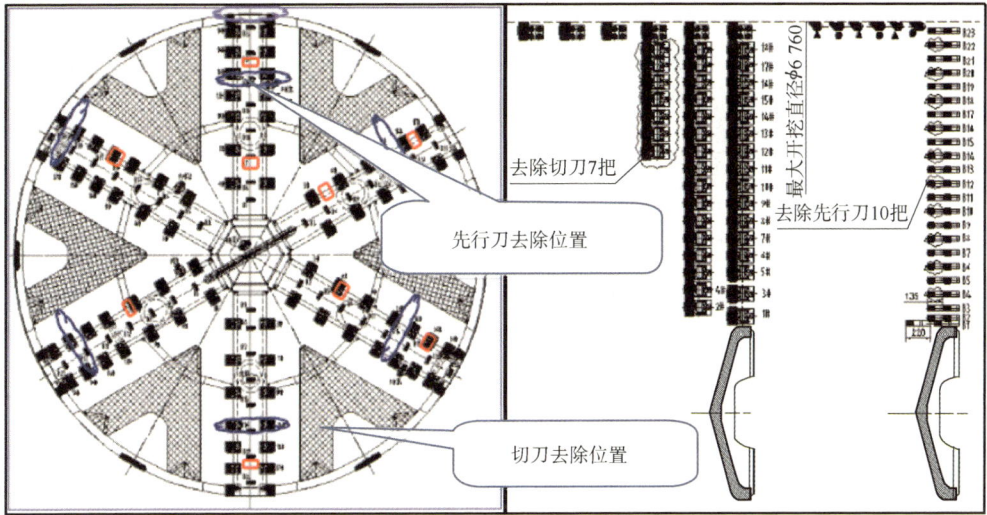

图 12-2　盾构刀盘优化示意

盾构主机经优化后，主机总长由 8.551 m 缩短至 8.32 m，共缩短 231 mm，重心后移约 170 mm，如图 12-3 所示。

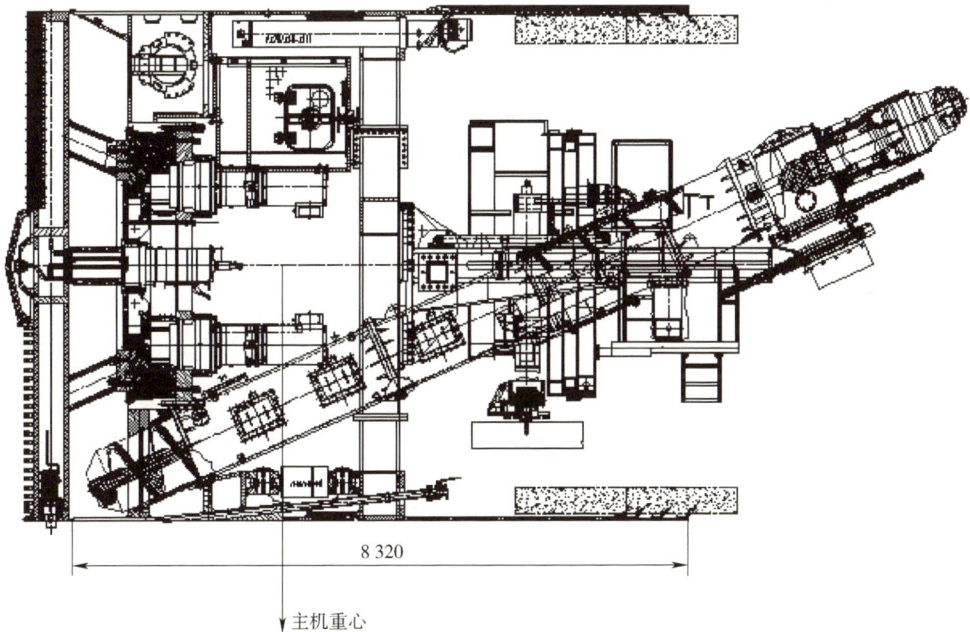

图 12-3　盾构主机优化示意（单位：mm）

（2）推进油缸布置优化

盾构推进油缸共分为 4 组，分组示意如图 12-4（a）所示，其中邻接块靠近封顶块处为一组双缸，根据现场研究分析，当管片脱出盾尾 5～6 环后此处管片偶尔会出现破损。

优化方案:结合设备特点以及盾构掘进情况,将原1点位和15点位双缸拆分为单缸,并屏蔽其中的一根单缸,以减轻易破损处管片受力,如图12-4所示。

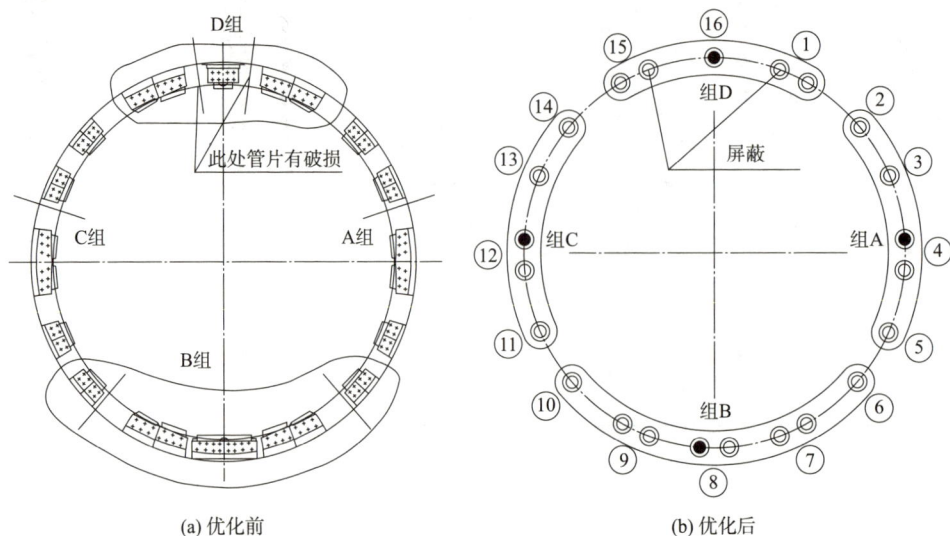

图 12-4　盾构油缸分布示意

(3)盾构整机长度优化

中铁装备盾构整机长度约为83 m,包含注浆系统、液压系统、膨润土系统、污水系统、供电系统、泡沫系统等。

优化方案:根据上海轨道交通车站结构设计以及城区盾构施工场地小的问题,将原盾构3号台车去掉(包括主控制柜),并重新制作两个小控制柜放置于2号台车;去掉原7号台车,将电缆箱缩小,并将原7号台车水管卷筒放置原6号台车,将原3号台车膨润土系统移至原6号台车左侧;皮带机出渣位置移动至原5号台车位置(现场出渣只用3节渣土车),原5号台车中部平台重新制作,盾构整机长度缩短至65 m。

盾构经优化改造后,能够更好的适应上海软土地层盾构掘进施工,尤其体现在盾构姿态控制方面。盾构姿态控制较为稳定,在上海软土地层掘进过程中,尚未出现盾构"栽头"或者是盾构"漂移"等盾构姿态变化较大的情况,掘进各项指标均控制在规范及设计要求范围内,成型隧道质量控制较为理想。

12.2.4　施工总结

上海软土地层盾构姿态及管片上浮控制是盾构修建及成型隧道质量控制中的重要环节。本工程针对古河道沉积软土地层情况,对管片上浮展开研究分析。

(1)根据监测数据显示,管片的上浮从脱出盾尾开始,上浮量随时间的推移逐渐增大,在管片脱出盾尾20 h内上浮量增长迅速,20 h后上浮量增长缓慢,48 h后上浮量基本趋于稳定。上浮量最小为29 mm,最大为100 mm,主要集中于50~80 mm范围内。

(2)项目部采取相应措施后,管片上浮量基本能够控制在40 mm以内。同时,管片的渗漏水及破损现象极少,成型隧道质量良好。

（3）自我单位在上海轨道交通建设中使用中铁装备盾构很好的完成了合同任务量并提出盾构优化方案后，中铁装备盾构在上海地区已经取得了初步的认可。目前，上海地区已引进多台经优化改造后的中铁装备盾构。

12.3　天津软土地层盾构施工难点与对策

12.3.1　工程简介

天津地铁 2 号线建国道站～天津站区间隧道采用盾构法施工，覆土厚度 17～21 m，盾构隧道净间距最小为 0.98 m，最小曲线半径为 300 m。隧道外径 6.2 m，内径 5.5 m，管片衬砌为单洞圆形隧道，采用错缝拼装。盾构穿越地层主要为⑤1 粉土、⑥1 粉质黏土、⑦2 粉土层，其中⑦2 粉土中地下水较丰富，水压较大。该地层土质强度低、压缩性大，并具有较大的流塑性。隧道下穿包括京山线、京津城际铁路在内多条铁路线，该段铁路线处于进站区，行车密度大，特别是京津城际铁路（高速铁路），行车速度很高，施工难度非常大。

12.3.2　施工重难点

本工程采用两台加泥式土压平衡盾构。盾构从建国道站大里程井始发，在天津站解体吊出，施工期间遇到以下几个问题：

（1）盾构接收端地层自稳性差、含水量大，外加接收端距离国铁站距离较近，隧道间距较小，盾构接收风险性极高。

（2）软土地层透水性较差，属高含水量、中等灵敏度、中～高压缩性、低强度、低渗透性的饱和黏土上，蠕变量大，土层的蠕动易造成开挖面失稳，地层沉降控制难度大。

（3）软土中局部含砂粒，有机质较少，结构疏松，此类地层进行盾构法施工，盾构本身自重和掘进刀盘扰动的影响，造成盾构载头严重，姿态控制困难。

（4）区间最小曲线半径 300 m，再加上富水软土地层的特点，使盾构姿态控制难度加大，成型隧道质量问题突出，如隧道管片的破损、错台等。

综合以上分析，本工程着重从接收端头加固、盾构掘进参数控制及成型隧道质量控制为施工重难点。

12.3.3　解决方法

12.3.3.1　接收端土体冻结法加固

通过对接收端外部风险源分析、端头加固方案比选及天津市类似施工经验，本工程最终选用了冻结法加固接收端土体。在车站内外钻设水平孔和垂直孔，安设冷冻管。冻结范围为"杯状"形式，加固长度为 11 m，前 3 m 为全断面加固区，后 8 m 为环形加固区。加固区共布置四圈冻结孔，其中第一圈（外圈）冻结孔共 31 孔，圈径 7.5 m，长度 11 m。在第一层冻土圈作用下，土体形成杯壁厚 1.2 m、长 8 m 的冻土。第二至第四冻结孔布置圈上

冻结孔共 22 孔,在其作用下,土体形成杯底 3 m 厚冻土。冻结 32 天后,根据测温数据分析,冻结各项参数达到了设计要求,达到了冷冻施工的最终目的,满足了破槽壁盾构进洞要求。

12.3.3.2　接收井明洞回填

为降低盾构接收风险,根据盾构和车站结构尺寸,在盾构接收井内施作长 18 m,宽 12.26 m,高 8.84 m,壁厚 0.8 m 的混凝土明洞,然后采用 M1.5 砂浆进行明洞回填,砂浆配合比为每方用量:水泥 200 kg、砂 1 400 kg、水 215 kg、掺合料 90 kg、外加剂 7.8 kg。接收时盾构直接推进至明洞内,然后凿除回填区域将盾构拆解吊出。通过实践证明,基于冻结法端头加固＋明洞回填砂浆的施工方案,使盾构接收达到了无水接收的目的,规避了盾构接收时洞门高富水软土坍塌的风险。

12.3.3.3　盾构掘进

盾构蛇形走位是软土地层中最为常见的问题之一,在本工程盾构施工前,技术人员充分研究盾构的隧道坡度以及曲率的设计情况,在施工过程中严格控制盾构油缸行程差和方位的变化,发现问题及时处理,避免出现较大偏移量,掘进期间对于姿态的控制要做到"勤纠、少纠"。

为防止盾构出现栽头现象,采取以下措施:

(1)掘进期间适当地降低盾构推进速度,加大盾构下部油缸的推力,前点姿态控制在Ⅰ、Ⅱ象限,后点姿态控制在Ⅲ、Ⅳ象限。

(2)根据情况适当减小土舱压力,消除盾构的前端重量。在管片姿态好的情况下,利用转弯环抬高盾体,调整盾构的垂直姿态。

(3)利用盾构壳体上的径向注浆孔向盾壳下周圈进行径向注浆,以抬高盾构姿态。

12.3.3.4　其他掘进参数

在天津等软土地层掘进期间除了控制好盾构姿态,还应关注土舱压力、推力、推进速度、出土量等参数。土舱压力经过计算得出,盾前地面隆起 0～2 mm 之间是相对合理的(此数值与土层和隧道埋深等密切相关),如隆起过大则应适当调低土压力设定值,如发生沉降则应适当调高土压力设定值;推力在正常段取值约为 10 000～13 000 kN;推进速度正常掘进段控制在 30～50 mm/min;出土量控制在 98％～100％,每环为 313～32 m³。

12.3.3.5　地层沉降控制

由于富水软土地层抗力小、流塑性大,在盾构扰动下地层不稳定,根据前期施工监测数据发现地表极易出现沉降超限,地层沉降不好控制。施工中采取了如下措施:

(1)根据盾构隧道沿线的实际土质情况、隧道埋深变化、水文情况、地面建筑物荷载、地面动载情况和试掘进的具体经验,建立土压管理表。根据地表沉降监测结果来判断土压力设定值是否合理及其与自然土压力的吻合程度,根据监测数据合理调整。

(2)通过分析得出,盾构同步注浆位于盾尾处,仅对后方后建筑缝隙进行填充,对前方开挖面下陷和盾构正上方土体沉降并没有明显效果,所以采用在盾构掘进时通过盾体径向注浆孔注入泥浆的措施,对盾壳和土间的缝隙先行填充,减缓盾体正上方的地层沉降。

（3）在过风险源区域盾构同步注浆必须达到 1.5 倍以上注入率，并通过管片注浆孔进行二次补浆，控制沉降。

12.3.3.6　成型隧道质量控制

本工程在试掘进期间管片错台、裂缝问题较为突出，施工中采取以下技术措施：

（1）在掘进时严格控制盾构姿态，避免大幅度纠偏，保证盾尾间隙的最低要求，为盾构提供足够的活动空间。

（2）加强管片选型，管片选型综合考虑盾尾间隙、油缸行程差、盾构姿态，尽量做到隧道设计轴线、盾构轴线及管片轴线的拟合，避免因拼装不到位产生的错台，同时将复紧螺栓这道工序做到位。

（3）在小半径曲线掘进时，一是要严格控制盾构油缸行程差，避免油缸的推力与隧道轴线形成较大的夹角，导致推力在径向上的分力造成管片应力集中。在加大油缸推力的同时，一定要注意管片的承受能力，避免由此造成的管片破裂。二是适当使用超挖刀，保证盾构在超挖少、对周边土体干扰小的条件下，实现曲线推进和顺利转弯及纠偏。三是根据地质情况和线路走向趋势，使盾构提前进入相应的预备姿态，将盾构姿态往曲线内侧（靠圆心侧）偏移 15～20 cm，形成反向预偏移，这样可以抵消之后管片的往曲线外侧（背圆心侧）的偏移。

（4）加强盾构同步注浆和二次注浆管理，通常同步注浆压力比土压力高 0.1～0.2 MPa，所用浆液要确保饱满、初凝时间调整到最优，使所注浆液能尽快凝固且起到巩固隧道管片的作用。采用二次注浆主要解决管片裂缝渗漏水和管片上浮问题，确保成型隧道质量。

12.3.4　施工总结

根据本工程施工经验，天津软土地层盾构施工主要控制以下几个方面：

（1）天津软土地层盾构始发和接收风险性较大，为保证盾构进出洞的安全、可靠，端头土体加固的效果较为关键，施工过程中要重点关注加固质量和效果检查工作。

（2）针对天津软土地层盾构施工引起的地层沉降问题，首先应严格控制土舱压力及出土量，防止超挖及欠挖。其次要做好同步注浆压力和注浆量的管理。最后，施工中若遇到沉降突发情况，应及时采取应急补救措施，采取管片壁后二次注浆、地面跟踪注浆等措施。

（3）对于软土地层盾构施工存在的管片较大错台、破损等质量通病，应从盾构姿态、盾尾间隙、推进参数、管片选型和注浆这几个方面进行重点分析并处理。

12.4　杭州软土地层盾构施工难点与对策

12.4.1　工程简介

丰潭路站～文华路站区间平面最小曲线半径 278 m，平面最大曲线半径 2 000 m，纵断面设置"V"字坡，最小纵坡 4.212‰，最大纵坡 24‰。区间隧道最小埋深 10 m，最大埋深 17.2 m。区间位于杭州市西湖区文二西路、古墩路上。区间两侧多为绿地、已建多（高）层

建筑物等。除地面桥梁接坡处地形略有起伏外，现场地势较平坦，地面标高 3.66～6.03 m。本工程地貌单元属于第四纪滨海湖沼相沉积-剥蚀平原。

本项目盾构区间采用的是预制钢筋混凝土管片（标准环＋左、右转弯环，楔形量为49.6 mm），管片外径 6 200 mm、内径 5 500 mm、宽度 1 200 mm、厚度 350 mm。每环管片纵向共 16 只 M30 螺栓，环向共 12 只 M30 螺栓，错缝拼装。按照隧道埋深不同，管片配筋相应有差别，按照隧道埋深不同将管片分为 P1、P2、P3、P4 四类，即浅埋、中埋、深埋、超深埋环，浅埋覆土厚度 $h \leqslant 10$ m，中埋 $10 < h \leqslant 15$ m，深埋 15 m $< h \leqslant 20$ m，超深埋 $h > 20$ m。混凝土强度等级为 C50 高强混凝土，抗渗等级为 P10。一级钢筋为 HPB300，三级钢筋为HRB400，均为热轧钢筋。

管片端面环缝采用凹凸榫槽结构（管片环缝结构如图 12-5 所示），纵缝采用平面式，衬砌间连接件采用双头弯螺栓，连接件采用锌基铬酸盐涂层＋抗碱涂层处理。衬砌纵、环缝防水采用多孔特殊断面的三元乙丙橡胶弹性密封垫，外侧加贴遇水膨胀止水条，形成双道防水。为避免管片拼装时因应力集中而破坏，在管片环缝设传力衬垫。管片拼装采用错缝拼装，在管片整体刚度、整体均匀受力以及防水等方面具有优势。

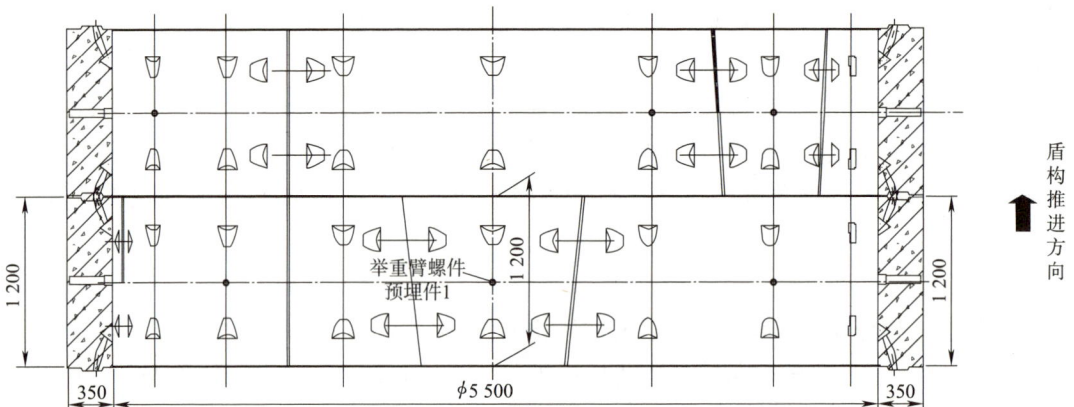

图 12-5　管片结构示意（单位：mm）

12.4.2　施工重难点

丰文区间部分管片的内弧面出现开裂现象。经过现场调查、统计、分析，并结合具体施工实际、地层及设计情况，归纳出管片开裂主要表现为三种形式。

12.4.2.1　隧道管片凹槽侧内弧面环向开裂

隧道管片凹槽侧内弧面环向开裂（图 12-6）状况表现以在下几个方面：

（1）主要是位于背向推进油缸的凹槽侧内弧面的环向裂缝。

（2）此种开裂数量占全部总开裂数量的 95% 以上。

（3）开裂范围 90% 以上位于 1、2、3、14、15、16 点位。

（4）盾构姿态不好、转弯、变坡等情况时开裂严重。

（5）盾构姿态与管片姿态相互间有恶化趋势且超限不严重时，管片 90% 以上出现在脱

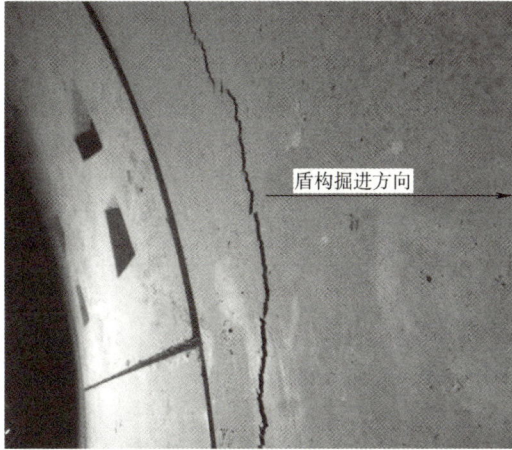

图 12-6　隧道管片凹槽侧内弧面环向开裂

出盾尾后 1～3 环开裂；当盾构姿态与管片姿态相互间已经恶化且超限严重时，管片位于盾尾内开裂和位于盾尾外开裂各占 50%。

（6）管片发生开裂后，初始时缝隙较小，推进几环后裂缝变大。

12.4.2.2　隧道管片凸榫侧内弧面环向开裂

隧道管片凸榫侧内弧面环向开裂（图 12-7）状况表现为以下几个方面：

（1）主要是位于迎向推进油缸的凸榫侧内弧面的环向裂缝。

（2）开裂范围主要位于 10、11、13、14 点位。

（3）裂缝主要出现在缓和曲线与圆曲线变化的转弯侧。

（4）裂缝开裂范围较小。

（5）主要是推进过程中发生开裂，往往在每环掘进出 0.4 m 时开裂。

图 12-7　隧道管片凸榫侧内弧面环向开裂

12.4.2.3　隧道管片迎推进油缸侧内弧面纵向开裂

隧道管片内弧面纵向开裂(图12-8)情况有以下几个方面：

(1)主要是位于迎推进油缸侧管片内弧面的纵向裂缝。

(2)开裂范围主要位于1、2、15、16点位。

(3)开裂长度超过15 cm时,往往伴有渗水现象。

(4)一般在盾构姿态与管片姿态相互间已经恶化且超限严重时纵向裂缝才出现。

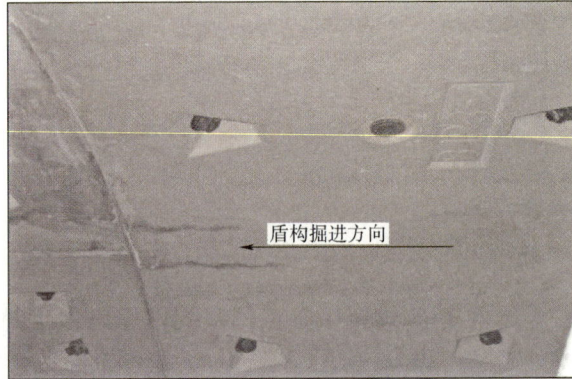

图12-8　隧道管片迎推进油缸侧内弧面纵向开裂

12.4.3　原因分析

12.4.3.1　盾构姿态及管片拼装

由于盾构姿态难以控制,出现盾构上浮,导致在施工过程中与管片姿态不相吻合,盾尾间隙偏小,推进过程中,造成盾构推进油缸与管片横断面不垂直接触,产生径向分力,同时盾构盾尾对管片产生挤压,导致管片出现开裂。管片在组装时如发生错缝或开缝,那么组装中的管片和已组装好的管片的角部就可能呈点接触或线接触,这些地方一旦承受推进油缸的压力就会发生残缺或开裂(图12-9),当盾构的方向与管片的方向产生差异时,会发生盾构与管片争高低(挤压)的现象,导致管片的损伤或变形,管片宽度越大发生这种现象的概率就越高。

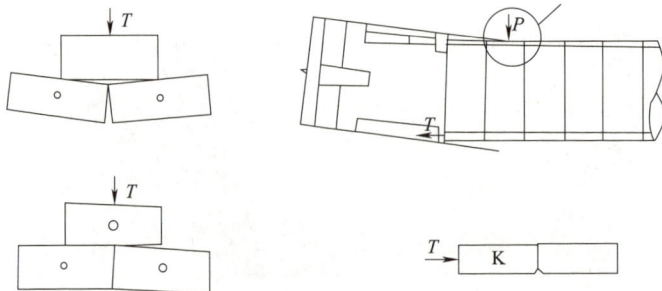

图12-9　管片开裂和破损的主要原因示意

12.4.3.2　管片质量

目前使用的管片本身凹槽侧内弧面素混凝土过厚,有的能达 9 cm,管片在此处抗剪能力差,致使管片在凹槽处受径向剪切力时,凹槽处易发生开裂现象。

12.4.3.3　管片浮力

管片脱出盾尾过程中因自身上浮,管片存在错台趋向,先拼管片凸榫对新拼管片凹槽产生径向剪切,当盾构推进油缸对后拼管片施加推力进行盾构掘进时,先拼管片凹槽侧发生开裂。

每环管片所受浮力计算值约为 35～40 t(根据阿基米德原理计算),每环管片自重约 19.3 t,每环管片竖向摩阻力 3～6 t,所以管片上浮可能性较大,如果在管片拖出盾尾后,同步注浆浆液凝固时间很长,管片就会产生上浮现象,根据工程情况和施工质量,将会产生不同程度上浮值,理论上浮最大极限值为 8～12 cm,连续的推进和加快注浆凝固时间和浆液黏稠度都可以减缓管片上浮量,管片上浮示意如图 12-10 所示。

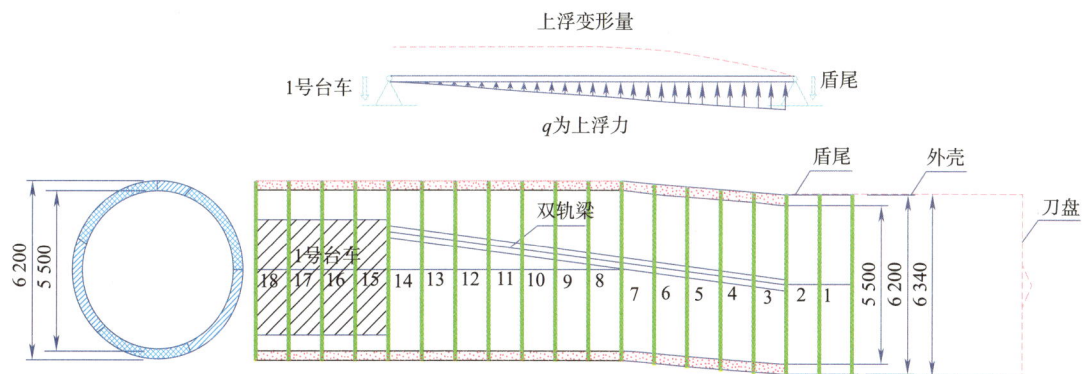

图 12-10　管片上浮示意(单位:mm)

12.4.3.4　浮力作用下盾构管片内力特征

根据浮力及外界土压力情况下盾构隧道所受荷载,采用 ANSYS 对盾构隧道管片结构进行受力分析,研究在外界土压力与浮力共同作用下盾构隧道管片及接头处的内力特征。选取 3 环错缝拼装管片,根据现场管片分块情况及接头参数建立二维数值计算模型,结合当地水文地质情况计算出盾构隧道所受静力荷载,研究静力作用下盾构隧道管片结构的内力特征,指出在当前拼装情况下盾构隧道管片结构的不足,如图 12-11～图 12-14 所示。

从图 12-11～图 12-14 可以看出,隧道顶部管片所受弯矩较大,轴力相对较小,管片偏心距小,且在接头附近产生应力集中导致隧道管片产生隧道管片迎推进油缸侧内弧面纵向开裂。同时由于拱顶处剪力大容易产生隧道管片凹槽侧内弧面环向开裂。从轴力图上可以看出在管片结构两个侧面轴力均较大,在推进油缸及浮力作用下盾构管片结构很容易开裂。

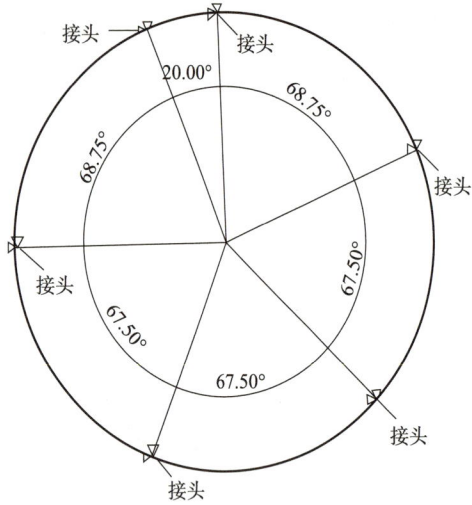

图 12-11　管片接头模型示意

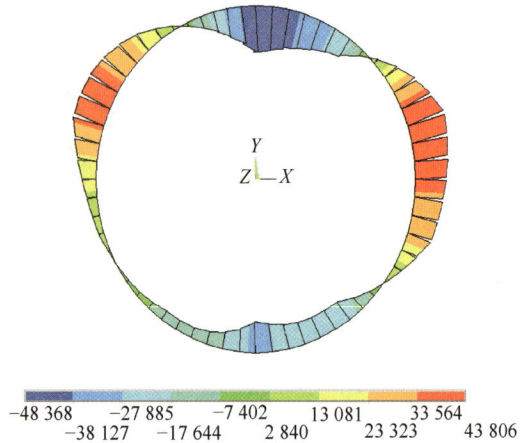

图 12-12　浮力作用下盾构管片弯矩示意

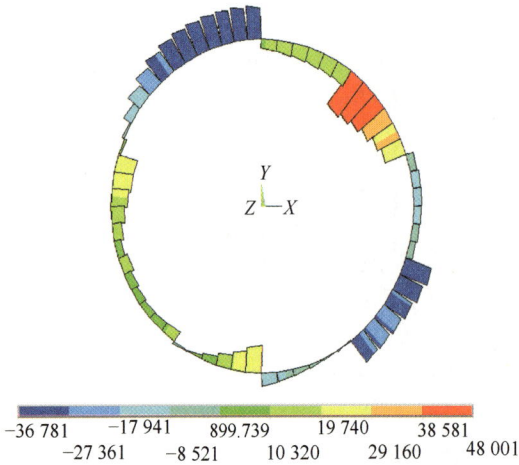

图 12-13　浮力作用下盾构管片剪力示意

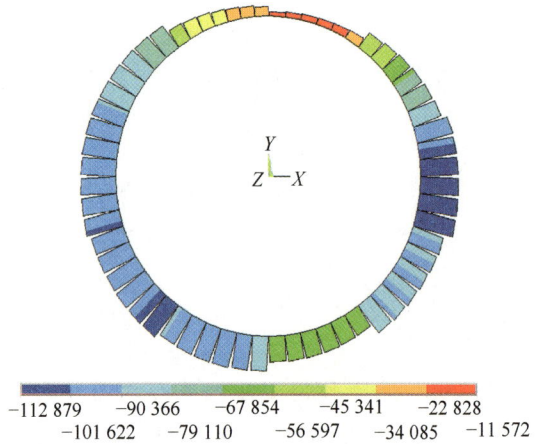

图 12-14　浮力作用下盾构管片轴力示意

12.4.3.5　浮力及推进油缸推力共同作用下管片裂缝发展过程研究

根据管片衬砌在顶推力和浮力作用下的作用性态,采用 ABAQUS 对管片结构进行受力分析,研究结构在顶推力和浮力共同作用下裂缝的形成和发展过程。

研究对象选择单块管片结构,选择典型断面设定管片结构所承受的浮力,同时,改变作用在结构上的顶推力,研究不同顶推力作用下管片结构裂缝形成和发展,如图 12-15 所示。

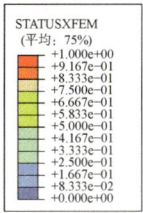

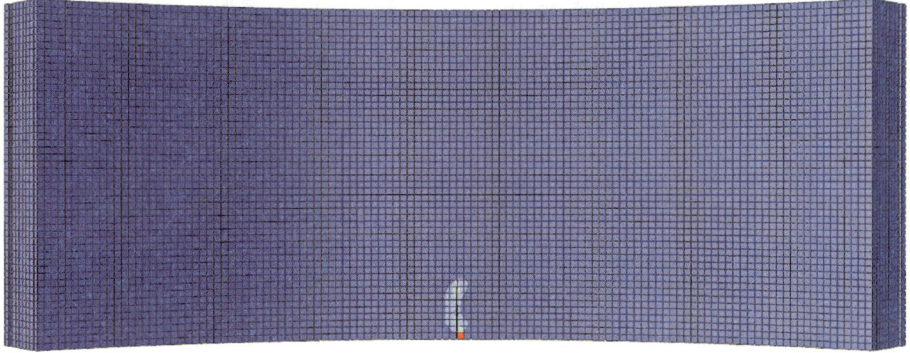

(a) 顶推力45% 裂缝宽度达到3 mm

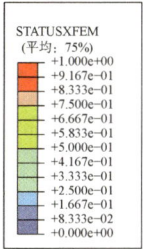

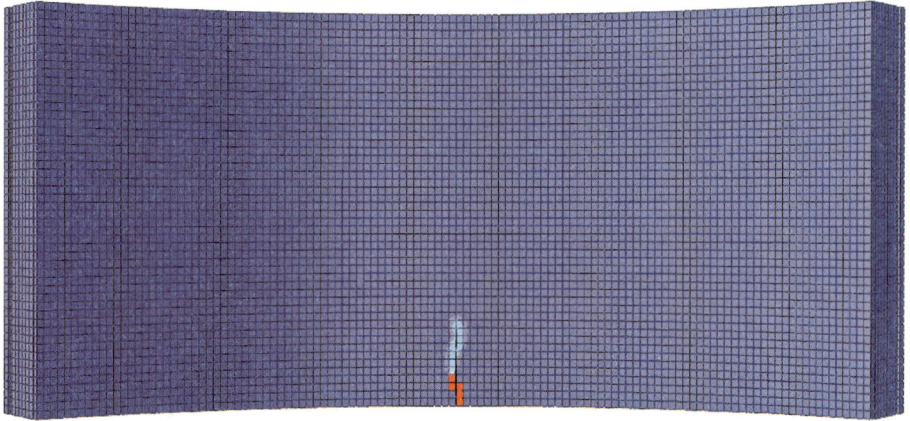

(b) 顶推力60% 裂缝宽度达到12 mm

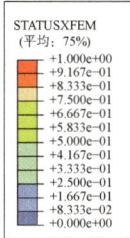

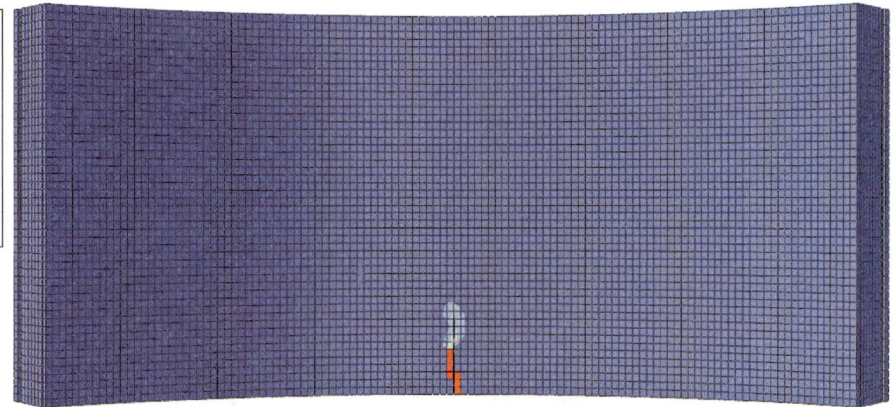

(c) 顶推力70% 裂缝宽度达到18 mm

图　12-15

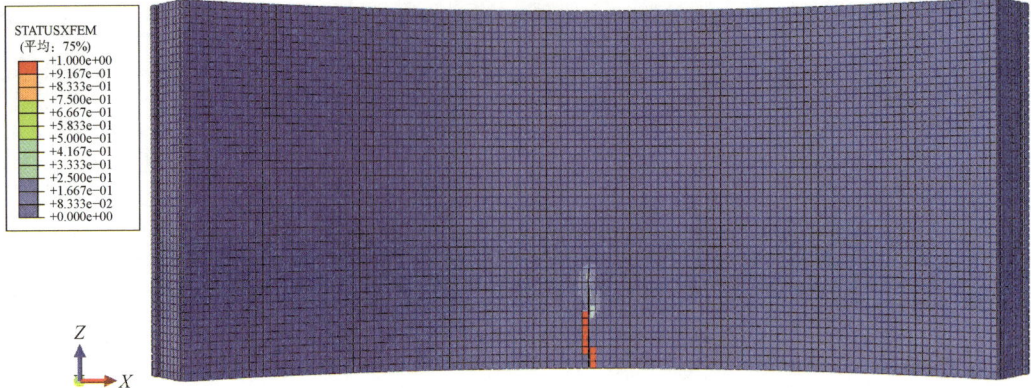

(d) 顶推力80% 裂缝宽度达到24 mm

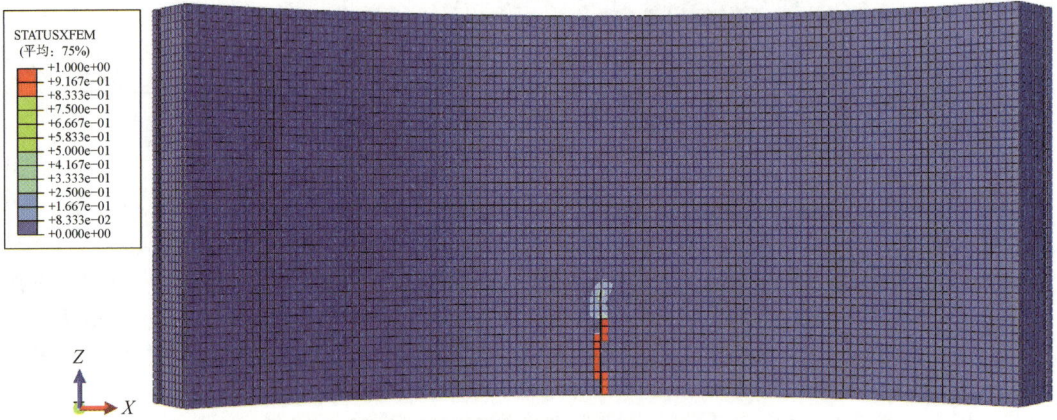

(e) 顶推力90% 裂缝宽度达到30 mm

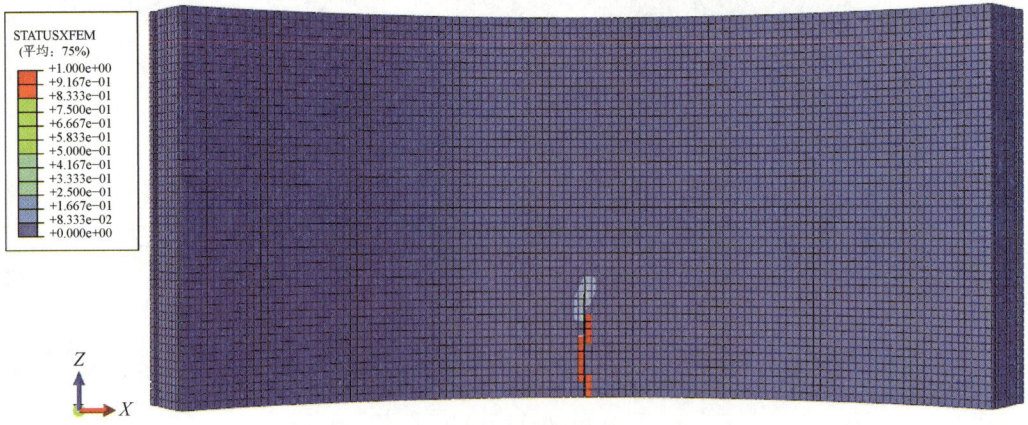

(f) 顶推力95% 裂缝宽度达到33 mm

图　12-15

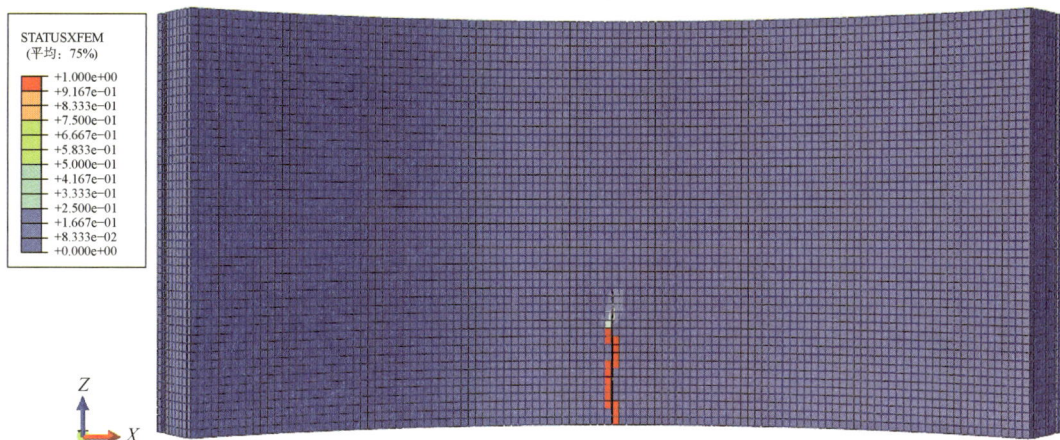

(g) 顶推力100% 裂缝宽度达到36 mm

图 12-15　顶推力和浮力作用下管片结构裂缝的形成和发展过程

根据图 12-15 计算结果可以发现,管片结构在承受一定浮力作用下,不同顶推力将会导致管片结构裂缝的进一步形成和发展。在盾构实际掘进过程中,尤其应注意盾构顶推力的控制和调整,避免因顶推力不匹配而导致管片结构出现较大裂缝。

12.4.4　解决方法

(1)纠偏

纠偏施工应首先以调整盾构姿态为主,管片姿态要逐步拟合盾构姿态,防止纠偏过急。充分摸清后续盾构掘进地质情况,加强盾构姿态控制,做到勤纠、少纠。每环纠偏量不大于 5 mm,且严禁出现单环盾构纠偏量过大情况出现,并根据盾构姿态、设计线路、管片点位,制定详细的纠偏计划,为施工过程提供数据依据。

纠偏过程中,为确保盾构有向下的趋势,以保证更利于纠偏,可以根据实际掘进情况开启铰接角度。遇到设计线路线性发生变化,应提前参考盾构推进姿态,制定详细计划,模拟盾构后续掘进,以保证不因设计线路线性的改变,而引起盾构掘进时自身姿态、管片姿态与线路线形无法拟合。盾构掘进时,如果线性有变化,提前进行计算,并提前开始拟合线性。

(2)管片拼装控制

做好管片选点工作,提高管片拼装质量,避免管片拼装错台现象出现。纠偏过程中,及时调整管片楔形量,保证每环管片上超前量控制在≥60 mm,确保纠偏过程中管片与盾构姿态相互吻合。盾构姿态正常掘进时严格控制每环行程差在 20 mm 以内。纠偏过程中行程差控制在 30 mm 以内,当行程差大于 40 mm,必须及时调整,防止因管片姿态不能拟合盾构姿态,造成管片开裂现象发生。

在拼装管片时将管片向外喇叭趋势拼,这样有利于下一环的拼装,且不会因为预留 F 块空间不够,造成邻接管片破损。

（3）盾构推力控制

盾构推进过程中，调节油缸分区油压，根据实际推进情况增加上部分区（A区）推力，以保证推进过程盾构的向下倾斜角度。下部分区（C区）推进油缸推力一般不低于100 t，防止下部管片因推力过小，管片失稳，出现管片拉出现象，影响超前量控制。在盾构姿态受控情况下，逐步减小上下力差。

（4）管片质量控制

采用凹槽处保护层已设置抗剪钢筋的管片，提高管片自身抗剪能力，控制管片开裂情况发生。将原1.5 mm丁腈软木橡胶垫片增加至3 mm，加强管片凹凸榫槽位置缓冲，预防管片开裂现象。如果姿态过差，可间隔2～3环加6 mm丁腈软木橡胶垫片位置，按变形缝防水方法，追加一层遇水膨胀橡胶皮，确保隧道防水质量。

（5）螺栓连接控制

建立管片上浮数据模型，计算管片螺栓链接需客服管片上浮力，最终确定选采用2 600 kN/m风镐（图12-16），管片在盾尾内拼装完成后进行初次拧紧，在推进下一环管片至1 m（即将脱出盾尾时）进行再次复紧（即在盾尾内将管片彻底拧紧，规范做法是进行螺栓的3次复紧），防止因管片脱出盾尾后自身上浮，造成管片环与环之间出现错动、破损。

图12-16   2 600 kN/m风镐施工图

（6）同步注浆

同步注浆浆液强度，控制浆液初凝时间在3～4 h以内，保证脱出盾尾管片稳定性，并在管片拖出盾尾第6环时，注双液浆，缩短浆液凝固时间，增加管片在地层中的稳定性，防止因管片浮动，发生错动，造成管片开裂。

通过采取以上措施后，在本项目丰文区间施工时只有少量的管片开裂。

12.4.5   施工总结

根据在杭州软弱地层中掘进的施工情况，总结以下几点经验：

（1）对于土压的设定：以静止土压力为基准，刀盘前方沉降2 mm为依据进行土压的设

定(由于开挖面土体为高压缩性,防止前方地表隆起后,土体受被动土压力后压缩变形,形成较大建筑空隙,造成后续同步注浆数量较难控制),同时根据地表监测数据将土压进行动态调整。

(2)上、下部推力差在 200 t 左右。

(3)优选主动铰接,利于在软弱地层中的姿态控制。

(4)盾构始发定位较洞门中心下方 2 cm,防止在淤泥质地层中盾构始发后管片上浮较大引起后续隧道纠偏困难。

(5)采用惰性浆液(俗称厚浆),泌水性好,填充率高,可有效填充建筑空隙。

(6)选用三轴线拟合法作为管片选型的理论基础,即隧道中心线、盾构轴线、管片轴线三线拟合。

(7)对成型隧道管片上浮量的监测尤为重要,是作为盾构垂直姿态下放数量的参考依据。根据施工经验,在淤泥质土层中,管片上浮量一般在 7~10 cm,盾构在正常掘进段垂直姿态较设计轴线下放 7 cm,并根据管片上浮量进行动态调整。

(8)优选盾尾间隙较大的盾构,提高盾构姿态控制。

(9)盾构重心尤为重要,杭州地层表现较好的盾构(小松 641 型)重心到刀盘扭矩为 160 kN·m,在盾构选型上可作为重要的参考依据。

(10)在曲线段上,先掘进内弧线路,防止盾构向外弧的推进分力造成外弧隧道的过大变形、位移。

(11)由于杭州选用凹凸榫槽结构的管片,加之地层软弱,成型管片不稳定、易上浮,因此对拼装质量要求较高,选用技术优良的拼装手尤为重要。

12.5 苏州软土地层盾构施工难点与对策

12.5.1 工程概况

苏州市轨道交通 3 号线工程土建施工项目Ⅲ-TS-15 标共包含 2 站 2 区间,娄江大道站、跨阳路站、娄江大道站～跨阳路站区间、跨阳路站～汇隆街站区间。

娄江大道站为全线的第 28 座车站,车站位于星港街高架北侧,星港街西侧地块内,于规划道路纬一路与规划道路经二路交叉口南侧南北向布置。车站为地下两层明挖站,站前设置单渡线,共设二个出入口、二组风亭、一个消防疏散口。车站主体长 283.00 m,标准段宽 19.70 m,端头井基坑深 19.89 m,标准段基坑深约 18.30 m,跨阳路站为全线的第 29 座车站,位于跨阳路与荸亭大道、星港街交叉路口,沿荸亭大道东西向布置于路下,为地下三层岛式明挖站,共设 4 个出入口、3 组风亭。车站主体长 267.6 m,标准段宽 24.7 m,基坑深 25.7 m。

12.5.2 地质水文情况

娄江大道站～跨阳路站盾构区间隧道盾构掘进范围内土层为软塑状为主的④/1 粉质

黏土层、④/2 粉土夹粉砂层、⑤/1 粉质黏土层、⑥/1 黏土层以及⑥/2 粉质黏土层。在上述土层中掘进时应注意的岩土工程问题主要有:④/1 粉质黏土层、⑤/1 粉质黏土层工程性质一般、土体相对软弱,应注意盾构施工可能产生的开挖面失稳和土体回弹。④/2 粉土夹粉砂层透水性较强,在一定的水力梯度作用下易产生流土,可能导致盾构掘进面的不稳定,且该层为微承压含水层,在盾构施工时易发生微承压水的突涌。⑥/1 层具有较高的强度,穿越软硬不均的土层时,应注意上下土层强度差异可能会引起盾构工作面不稳定,易造成盾构在线路方向上的偏离;平行隧道后续盾构施工时必须采取相应的技术措施,如控制盾构掘进速率、保证注浆均匀适量等;盾构在过河前需将盾构姿态和管片姿态调整到位,最大程度减少对周围土体的扰动;由于盾构底部纵向分布的土层性质不同导致区间隧道纵向会发生不均匀沉降,应引起注意;衬背注浆时应在浆液性能的选择上依据不同地质、水文、隧道埋深等情况的变化而调整,以控制地表的沉降和保证管片的稳定;局部地层存在浅层气分布的可能性,故施工过程中仍需予以注意;盾构施工中应建立严格的监测控制系统,地下障碍物定期进行监测,确保隧道结构和周围环境的安全。

跨阳路站~汇隆街站盾构区间掘进范围内土层为软塑状为主的③/3 粉土层、④/2 粉砂夹粉土层、⑤/1a 粉土层、⑤/1 粉质黏土层以及⑥/1 黏土层,在上述土层中掘进时应注意的岩土工程问题主要有:⑤/1 粉质黏土层工程性质一般、土体相对软弱,应注意盾构施工可能产生的开挖面失稳和土体回弹;③/3 粉土层、④/2 粉砂夹粉土层和⑤/1a 粉土层为微承压含水层,透水性较强,可能导致盾构掘进面的不稳定,在盾构施工时易发生微承压水的突涌;⑥/1 层具有较高的强度,盾构推进穿越软硬不均的土层时,应注意上下土层强度差异可能会引起盾构工作面不稳定,易造成盾构在线路方向上的偏离;盾构在过河前需将盾构姿态和管片姿态调整到位,最大程度减少对周围土体的扰动;由于盾构底部纵向分布的土层性质不同,导致区间隧道纵向会发生不均匀沉降,应引起注意;衬背注浆时应在浆液性能的选择上依据不同地质、水文、隧道埋深等情况的变化而调整,以控制地表的沉降和保证管片的稳定;本场地沿线对工程有影响的主要有:盾构施工中应建立严格的监测控制系统,对地下障碍物定期进行监测,确保隧道结构和周围环境的安全。

12.5.3 施工重难点

盾构区间在上述软土地层中长距离掘进困难,其中,掘进参数的精确控制、防止涌水涌砂、防止控制地面沉降、防止刀具等关键部件过度磨损、碴土改良以防结泥饼等是施工中的重难点,主要原因如下:

(1)由于土层摩擦阻力大,导致刀盘及推进油缸推力波动较大,掘进速度和刀盘扭矩经常需要及时调整。盾构削土困难,推力大,推进速度较低,施工时,盾构掘进参数难以控制。

(2)地面沉降要严格的控制,避免注浆不足或者管片上下浮动太大导致地表发生沉降,严重时可能造成施工中断以及重大经济损失。

(3)盾构掘进时刀盘及主轴承扭矩、推进油缸推力太大,施工进展较慢,同时导致刀具、螺旋机过度磨损。

（4）本标段盾构隧道有一段上下的重叠隧道施工，间距小，盾构施工过程中要保证此重叠段的安全与质量的控制。

（5）除注浆技术不符合要求、超挖、地下水含量不同等因素外，复杂的地质因素也是造成上浮和错台的主要原因。

12.5.4　施工关键技术

12.5.4.1　软土地层中关键掘进参数控制和注浆技术

（1）控制掘进速度

掘进速度以及推力的选定应以维持土舱压力为目的。在前 10 环掘进速度宜在 20 mm/min 左右，以保证盾构姿态和试炼阶段。正常掘进后推进速度宜保持恒定，一般为 20～50 mm/min。对于具体的地层，应根据其特征作进一步的优化：遇到刀盘扭矩过大，掘进速度降低，需加大膨润土和泡沫用量，以降低扭矩过大的问题。

（2）同步注浆

施工过程中严格控制同步注浆量和浆液质量。采用双泵四管路（四个注入点）对称的同步注浆。同步注浆材料为水泥砂浆。

①注浆压力。为保证达到对管片外围四周空隙的有效充填，同时又能确保管片结构不因注浆产生变形和损坏。

②注浆量。根据经验公式计算，注浆量取环形间隙理论体积的 1.3～1.8 倍，即每环注浆量 $Q=4.1～5 \ m^3$。

③注浆速度。同步注浆速度应与掘进速度相匹配。

④施工时根据地表沉降监测反馈信息，结合出渣量确定管片衬砌背后有无空洞，综合判断是否需要进行二次注浆。

（3）二次注浆

①完全填充管片背面空腔，控制地面沉降

同步注浆结束后，因浆液发生流失等因素会造成在管片背面会形成空腔。由于空腔的存在，此处地层易发生坍塌变形，会引起地面沉降。用二次注浆及时填充管片背面形成空腔，使地层没有发生变形的空间，有效控制地面下沉。

②防水、堵漏，提高隧道抗渗效果

盾构隧道成形之后，由于同步注浆不饱满或因浆液凝固体积缩小，管片背面形成空腔，在富水层里，地下水会在此汇集形成水囊，如果管片止水条松动或止水条处混凝土开裂掉块，形成渗水通道。水囊里的水就会从渗水通道进入隧道，造成隧道渗水。通过二次注浆，用浆液完全填充空隙，把水囊隔断、缩小或消灭，使管片背面的空隙水压减小，可有效控制渗水，达到防水效果。

③制造止水环，减少掌子面的水量，加快盾构掘进速度

由于同步注浆不饱满或因浆液凝固体积缩小，管片背面形成空腔，在富水层里，地下水会顺着空腔流到刀盘掌子面处，造成掌子面处水量增大，从而带来一系列负面影响。使用二次注浆方法，用双液浆在管片背后制造一个止水环，阻止后面的水流向刀盘，减少掌

子面的水量。

12.5.4.2　盾构渣土改良控制技术

（1）在渗透性和摩擦阻力不是太大的时候，且对地面沉降要求不是很高的区间施工时，可以从经济的角度考虑而采用膨润土（也可采用肥皂水添加剂，黏土添加剂）。

（2）在渗透性和摩擦阻力较大，且施工要求高的区段应采用成本较高的泡沫添加剂。

（3）对于以砂层为主地方，应采取加膨润土泥浆与泡沫剂改良。

12.5.4.3　特殊地段盾构施工技术

娄江大道站～跨阳路站盾构区间有一段上下重叠段隧道，水平线间距 S 为 0.1～6.2 m，竖向净距 D 为 2.0 m，为 2 m，在苏州地区尚属首次，为保证施工质量和安全，决定先让下方右线隧道先完成盾构施工，然后在右线隧道内架起支撑台车（支撑台车随左线施工进度逐步向前前移），并在原有施工监测方案的基础上，增加了重叠隧道段自动化监测项目。加强左线盾构推进阶段进行严格的监控测量，在推进过程中引起的一系列动态变化信息及时反映，使之能够在现场及时调整掘进参数，优化改进施工方法。确保盾构施工安全。应对措施如下：

（1）在穿越重叠段之前，配备足够人员，在现场配备监测人员，在洞内配备值班人员和自动化监测设备以及支撑台车，洞内与现场人员通过电话进行联络，及时将监测信息传达给上方左线洞内值班工程师及主司机，指导盾构施工；对所有施工人员进行技术交底，使每个参加施工的工作人员清楚上下重叠段相对位置以及采取的技术措施。

（2）确保设备状态。在盾构刀盘到达之前，对盾构进行机械设备和压浆管路进行一次全面检查和维护，对于存在故障和故障隐患的机械进行维修或更换，对压浆管路进行一次彻底的清洗，确保盾构在穿越时不发生非正常停机。

（3）施工参数优化。在盾构穿越重叠段之前的掘进过程中，通过监测结果不断优化盾构推进参数（如刀盘前方地表是否有下沉，盾尾后有下沉增加注浆量等），完善施工工艺，控制地表变形，及时总结出盾构穿越该土层的最佳参数，紧密依靠地表变形监测，及时调整盾构掘进参数，将地表变形控制在最小范围内。

（4）监控量测：

①监测仪器及监测点位的保护须重点考虑。

②上方隧道施工期间，下方有台车支撑，给监测点采集带来一定的影响，监测仪器及监测点位置的选择一定要合理。

③隧道内没有移动信号，给自动化监测信号传输带来一定的困难，需另行进行通信连接。

④在隧道内实施自动化监测，在前期自动化监测设备的安装、调试需要多方配合及协调。

⑤对于施工过程中支撑台车遮挡的监测点，可采取人工测量的方式补漏。

⑥采用人工测量的时候对人工测量的难度以及测量人员的安全有较高的要求。

（5）严格控制盾构正面平衡压力。在施工过程中根据地表监测按照实际情况进行土压力控制。盾构可以直接准确量测出前方土体的实际土压，根据地面监测信息的反馈及时调整土压力。在实际施工过程中土压力与出土量紧密联系，及时总结得出最合理的土压力及出土量，尽量减小对土体的扰动，使土体保持原状。

（6）出土量控制。盾构穿越重叠段，将出土量控制在理论出值的 98％，保证盾构切口上方土体能有微量隆起，抵消一部分土体的后期沉降量。出渣时对渣车进行标线定位。

（7）同步注浆。施工过程严格控制同步注浆量和浆液质量，同步注浆浆液选用好的浆液，严格控制浆液配比，使浆液和易性好，泌水性小，为减小浆液的固结收缩，采用添加减速水剂，实验室定期取样试验，进行通配合比的优化。同步注浆尽可能保证匀速、匀均、连续的注入，防止推进尚未结束而注浆停止的情况发生。注浆量和压浆点视压浆时的压力值和地表沉降监测数据而定。

（8）严格控制盾构纠偏量。在盾构进入影响范围之前，盾构姿态尽可能地保持良好，并且保持良好的姿态穿越。在盾构穿越的过程中尽可能匀速推进，推进速度不宜过快，以 2 cm/min 为宜，确保盾构均衡、匀速地过去，减小盾构推进对前方土体造成扰动。盾构姿态变化不可过大、过频（每环调整值不超过 0.1％），以减少盾构施工对地层的扰动影响。

（9）管片拼装速度。在盾构推进结束之后进行管片的拼装，回缩的推进油缸数量尽可能少，以满足管片拼装即可。在管片拼装过程中，安排最熟练的拼装工进行拼装，减少拼装的时间，缩短盾构停顿的时间，减少土体沉降。

（10）二次注浆。视实际情况需要，在管片脱出盾尾 5 环后，可采取对管片后的建筑空隙进行二次注浆的方法来填充，根据情况可选用水泥—水玻璃双液浆等。浆液通过管片的注浆孔注入隧道外土层，并在施工时采取推进和注浆联动的方式，注浆未达到要求，盾构暂停推进。

12.6　无锡软土地层盾构施工难点与对策

12.6.1　工程概况

大王基站～梁溪大桥站区间下穿京杭大运河，在运河以西沿梁溪路呈东西方向走向，道路北侧多为采用浅基础及筏板基础的多层民房、休闲中心、企事业办公楼。运河以东下穿公路区间线路平面线间距为 11.2～14 m，其中线路左线包含 $R=800$ m 和 $R=350$ m 的两组半径曲线，线路右线包含 $R=800$ m 和 $R=360$ m 的两组半径曲线。本区间出大王基站后左（右）线先以 2‰ 的坡度下行，又以 24‰ 和 10‰ 的两组坡度下行至最低点，再以 5.89‰ 的坡度上行穿越京杭大运河，最后以 23.83‰ 坡度上行到达梁溪大桥站。区间隧顶埋深约为 10.12～16.15 m。

梁溪大桥站～五爱广场站区间下穿烧香浜、护城河，沿五爱路呈东西方向走向，沿线为城中繁华商业区。道路两侧多为民房、商业大厦，地形基本平坦，烧香浜河道宽约为 10 m，上部有通源桥，为 4 m 暗涵；护城河河道宽约为 20 m，上部有通德桥，20 m 简支梁桥，地面标高约在 3.42～4.66 m 之间。区间线路平面线间距为 13～14 m，其中线路左线包含 $R=350$ m 和 $R=2\,000$ m 的两组半径曲线，线路右线包含 $R=350$ m 和 $R=2\,000$ m 的两组半径曲线。本区间出梁溪大桥站后左（右）线先以 2‰ 的坡度上行，又以 13‰ 坡度下行至最低点，再以 4.19‰（4.12‰）的坡度上行穿越通德桥，最后以 2‰ 坡度下行到达五爱广场站，区间隧顶埋深约为 9.12～11.67 m。

12.6.2　施工重难点

大~梁区间右线(左线)以 5.74‰ 的坡度下行下穿京杭大运河,穿越段长短约 112 m,运河河床底标高为 -3.2 m,距隧道顶最小间距为 7.5 m。在运河两岸有混凝土驳岸桩,驳岸桩底标高为 -7 m,距隧道顶为 4.2 m。京杭大运河河道运输繁忙,在河底掘进时确保河床的稳定是至关重要。梁~五区间下穿烧香浜及外城河,五~三区间下穿古运河,且由于河道形成年限较短,河床不稳定,盾构掘进过程中控制不好参数,容易发生冒顶现象。

12.6.3　各河道与隧道的关系

(1)京杭大运河与隧道关系

大王基~梁溪大桥区间左右线以 5.89‰(5.74‰) 的坡度上行下穿京杭大运河,穿越段长约 112 m,运河河床底标高为 -3.2 m,距隧道顶最小间距为 7.58 m,满足隧道抗浮要求。根据地勘资料提供桩底标高为 -7 m,距隧道顶为 4.2 m,如图 12-17 所示。根据地质勘察报告,京杭大运河河底至隧道顶地层依次为③2 粉质黏土层、④1 粉土层、⑥1A 粉质黏土层,③2 粉质黏土层厚 1.3 m,④1 粉土层厚 5.3 m,隧道洞身位于⑥1A 粉质黏土层中。根据基坑开挖经验,⑥1A 粉质黏土层具备较高的隔水效果,但是其上覆层较薄(0.9~1.2 m),在盾构掘进中若土压控制不良,则会击穿此层隔水层,使地下水进入掌子面。

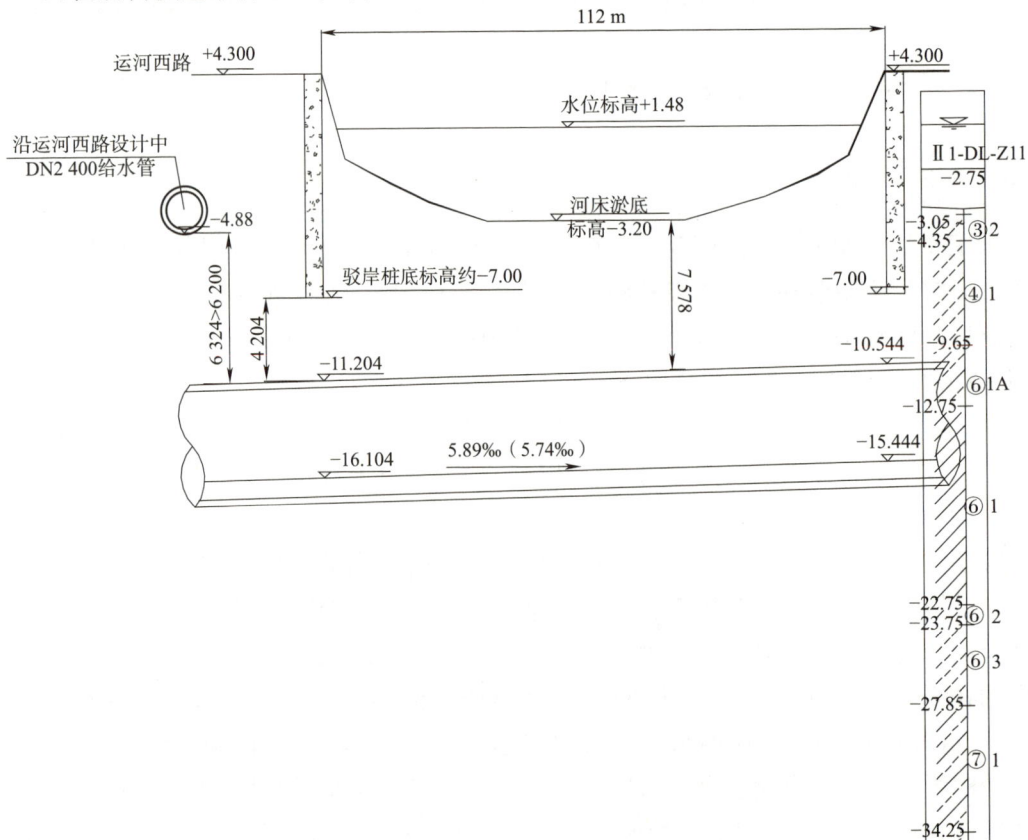

图 12-17　隧道与京杭大运河关系剖面示意(单位除高程和标高以 m 计外,其余均为 mm)

（2）外城河与隧道关系

梁溪大桥站～五爱广场站区间隧道下穿外城河,外城河河宽约 20 m,河底距隧道顶距离为 7.7 m,盾构穿越地层为粉质黏土层,如图 12-18 所示。

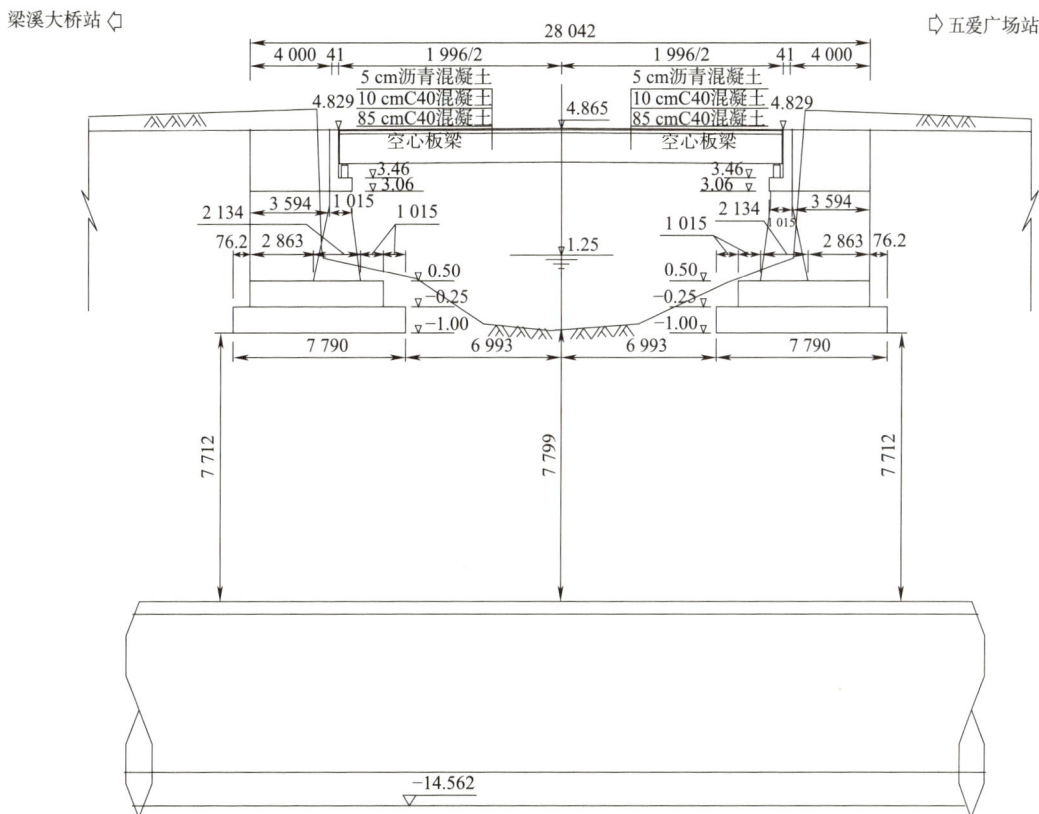

图 12-18　外城河与线路关系剖面示意(单位除标高以 m 计外,其余均为 mm)

（3）古运河与隧道关系

五～三区间隧道下穿古运河,古运河河床底标高−3.35 m,淤泥底标高为−1.4 m,盾构顶覆土 10.3 m,河床宽约 39 m,盾构穿越地层为⑤1 层粉质黏土,如图 12-19 所示。

12.6.4　盾构穿越河流主要技术措施

盾构过河流时,由于每环的覆土厚度均不相等,过河段覆土厚度较薄,为了保证盾构顺利穿越河道,在整个施工过程中必须运用信息化施工、控制隧道变形,并对盾构掘进中的各类施工参数进行动态管理,采取相应措施:

①盾构下穿河流施工采用土压平衡模式连续、均衡掘进,以静止土压力作为土舱压力控制值。

②盾构下穿河流施工前加强各项施工准备工作,重点对设备进行系统、全面维修检查(特别是三大密封系统),备好易损件,确保盾构处于良好的工作状态。

③按照"进河堤掘进→进入河底掘进→河底掘进→出河段掘进→出河堤段掘进"分段管理,根据每环覆土厚度计算土舱压力控制值,同时结合监测情况对土舱压力进行调整,

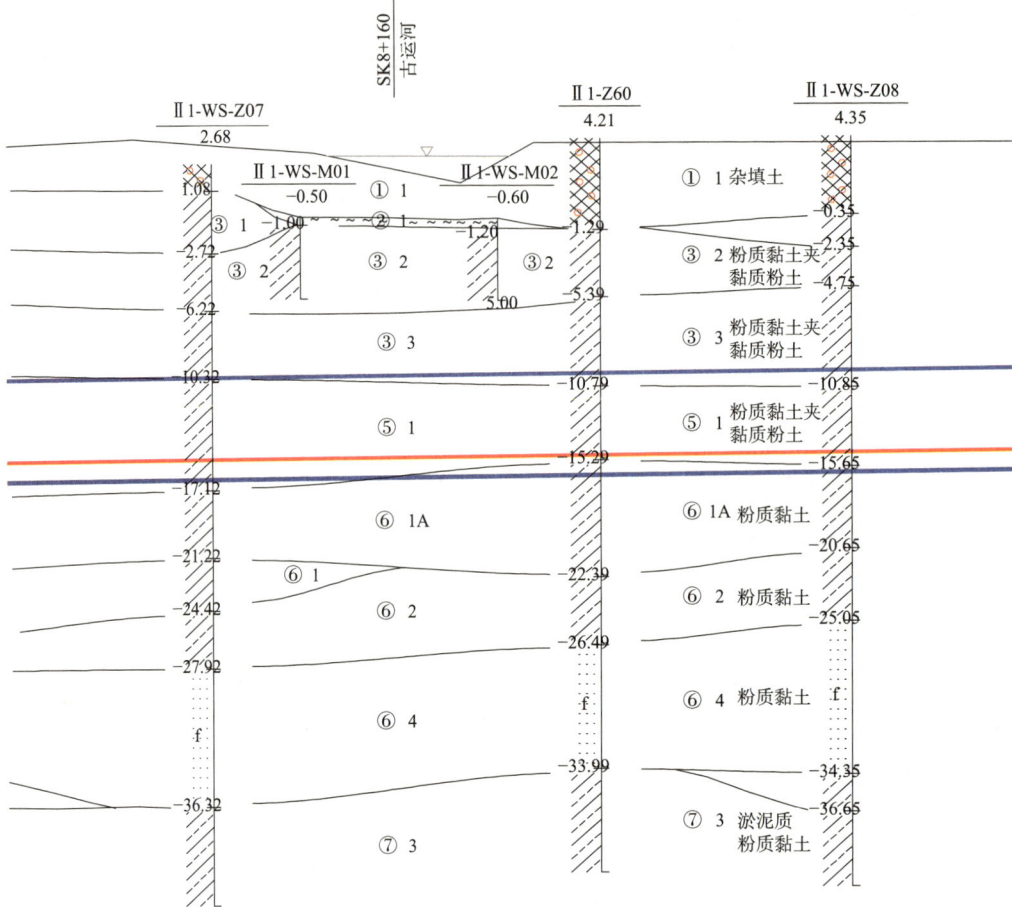

图 12-19　古运河段地质剖面示意（单位：m）

确保掘进安全。

④施工中做好监测和观测工作，同时应急物资储备及各项应急措施准备到位，防止意外情况发生。

（1）土压控制研究

土压平衡盾构施工时，最重要的要素是控制土舱压力，有三个土压力：主动土压力、被动土压力、静止土压力，计算方式分别如下：

$$P_{静}=k_0\gamma h; k_0=1-\sin\varphi$$

$$P_{主}=\gamma h k_a-2c\sqrt{k_a}; k_a=\tan^2(45°-\frac{\varphi}{2})$$

$$P_{被}=\gamma h k_p+2c\sqrt{k_p}; k_p=\tan^2(45°-\frac{\varphi}{2})$$

式中　k_0——静止土压力系数；

　　　k_a——主动土压力系数；

　　　k_p——被动土压力系数；

　　　γ——土层的容重；

h——土层重度；

c——土层黏聚力；

φ——土层内摩擦角。

主动土压力产生时地层有沿破裂面下滑的趋势，如图 12-20 所示；被动土压力产生时地层有沿破裂面上滑的趋势，如图 12-21 所示；静止土压力产生时，地层破裂面稳定，如图 12-22 所示。

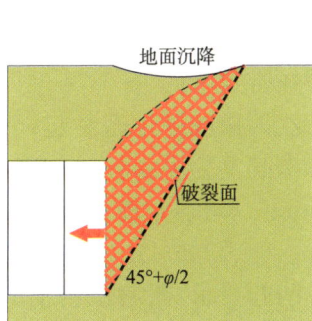

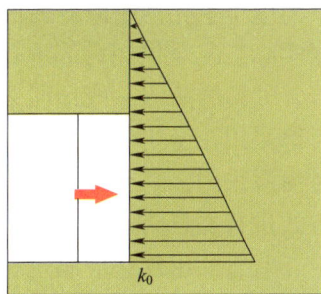

图 12-20 主动土压力示意　　　图 12-21 被动土压力示意　　　图 12-22 静止土压力示意

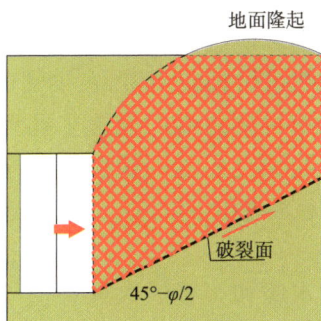

由土压力公式及图示得：三个土压力控制值的大小顺序为：$P_{被}>P_{静}>P_{主}$。盾构在主动土压力控制值下，推力最小最节能。对于地面隆沉变形，以静止土压力作为土压力控制值，能很好地控制地面沉降。

（2）监测方法研究

根据国内外盾构在河道（湖泊）下掘进监测方式的了解，对于盾构在河道下的掘进，监测多采取"河堤监测＋河床底监测＋洞内监测"的方式。河堤监测与普通地面监测方式相同，均采用在河堤上布设沉降监测点，进行日常监测。河床底监测采用在河面上打设钢管至稳定，顶部焊接立尺标志，采用固定后、前视的三角高程测量施测。洞内监测按照规范要求，进行拱顶沉降监测及收敛观测。

结合现场实际情况，京杭大运河繁忙的航运及古运河上游览的游船使在河面上打设监测标的监测方式显然不可行，只能通过对河堤的监测、河面的观测及隧道本身的监测来完成盾构下穿河道的施工监测。

12.6.5 盾构掘进隧道防水

河道下隧道的防水质量是关注的重点，防水质量主要从管片接缝防水和同步注浆外防水两个方面进行控制。

（1）管片接缝防水

①管片采用高精度管模制作，以确保管片环的拼装精度。

②管片生产中加强振捣，确保混凝土密实，以满足抗渗等级的要求。

③管片在生产、运送、拼装过程中出现的不影响管片结构使用功能的麻点、缺角应用聚合物快凝水泥修完好。

④盾构推进油缸的布置间距、施工中顶推力应尽量均匀，管片在拼装过程中的环面应

尽量平整,且在管片背推进油缸面黏贴丁腈软木衬垫,通过以上措施尽量减少因施工荷载产生的裂缝。

⑤管片在使用期间应满足强度、抗裂要求,最大裂缝宽度不得大于0.2 mm。

⑥管片吊装孔(注浆孔)采用螺孔密封圈遇水膨胀橡胶止水。

⑦隧道所有手孔均做封堵,隧道上半环采用硫铝酸盐超早强水泥充填手孔,塑料保护保护罩套于螺栓上;隧道下半环采用硫铝酸盐超早强(微膨胀)水泥充填手孔,且施工单位可根据自身充填操作时间,向生产厂家提出延长固结时间的硫铝酸盐超早强水泥要求,充填前应于手孔内壁涂刷界面处理剂。拱底块道床范围内的手孔不作充填处理,同时应根据实际工况对拱底局部手孔封堵数量做相应调整,在拱底道床时连带封堵。

⑧接缝防水一般地段采用在密封垫沟槽内设置多孔型三元乙丙橡胶弹性密封垫,变形缝采用在密封垫沟槽内设置多孔型三元乙丙橡胶与遇水膨胀橡胶复合型弹性密封垫。过河段采用在三元乙丙橡胶弹性密封垫顶部内嵌5 mm(宽)×3 mm(厚)遇水膨胀橡胶的方式进行加强防水。

⑨管片密封垫应满足在设计水压和接缝最大张开值下不渗漏的要求,密封垫沟槽的截面积应大于等于密封垫的截面积,环缝张开量为0 mm时,密封垫可完全压入储于密封垫沟槽内。

⑩为确保接缝两侧密封垫接触宽度,管片环缝错开量不大于5 mm,错台率不大于10%。

⑪弹性密封垫的构造型式经试验确定,要求在张量为6 mm时能抵抗0.6 MPa的水压。

(2)管片外防水

①管片壁后注浆采用同步注浆技术及时充填管片与围岩之间的空隙,以达到防水及控制地层沉降的效果。

②浆液类型、配比应根据现场试验确定。

③注浆终孔结合注浆量、注浆压力综合而定。注浆量为计算体积的1.3~2.5倍,注浆压力根据地层土压力确定,设置为为0.3~0.5 MPa。

12.7　长春软土地层盾构施工难点与对策

12.7.1　工程简介

本工程包含长春火车站南广场站~北京大街站区间(简称长~北区间)、北京大街站、北京大街站~人民广场站区间(简称北~人区间),共一站两区间,长~北区间与北~人区间设计采用浅埋暗挖与盾构相结合的施工方法,如图12-23所示。其中长~北区间从区间北端盾构竖井始发,向南掘进至北京大街站接收,并通过横通道平移吊出,全段位于人民大街下方沿南北方向敷设。隧道顶埋深20.4~27.2 m,结构1断面直径为6.0 m,线路中间位置设联络通道及排水泵房一座;线路由直线段和曲线段构成,线路最小曲线半径350 m,线间距13.0~16.0 m。盾构始发井位于区间线路350 m半径曲线上,且始发位置为20‰下坡。

12.7.2　水文地质

现场勘查过程中,于钻孔中实测两层地下水,第一层为表层孔隙性潜水,第二层为浅

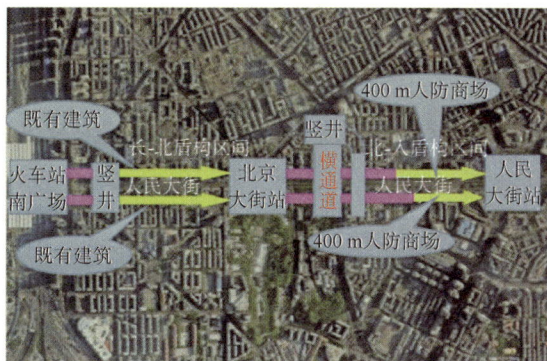

图 12-23　长～北区间平面图

层承压水,均属于第四系松散岩类孔隙水。孔隙性潜水层地下水水位埋藏较浅,地下水埋深 3.60～4.30 m,主要赋存于第四系黏性土地层中,含水层水平、垂直向渗透性差异较小。地面主要含水介质颗粒较细,水力坡度小,地下水径流十分缓慢。其主要补给来源为大气降水和地表水入渗,排泄方式主要为蒸发和微弱的径流排泄,并向下越流补给承压含水层。地下水流向与地形总体坡度一致,主要流向北,其地下水具有明显的丰、枯水期变化,丰水期水位上升,枯水期水位下降,多年变化平均值 1.50 m。浅层承压水以第②5 黏土层为相对隔水顶板,第③1 全风化泥岩层为相对隔水底板。含水层主要为第②6 砾砂层,为本区的主要含水层。其主要接受上层潜水的渗透补给,与上层潜水水利联系紧密,排泄方式主要为相对含水层中的径流形式及人工开采。该层地下水水位受季节影响较小,承压水头为 2.8～4.2 m。

12.7.3　施工重难点

长～北区间盾构始竖井尺寸为 12.4 m×11.55 m,该竖井即为盾构吊装口,也为盾构出土口,且车站与始发竖井间暗挖隧道由于车站施工问题仅完成 57 m,剩余 5 m 作为安全隔离保护措施未进行施工。考虑暗挖隧道长度与始发竖井尺寸,盾构始发可使用场地总长度约为 69.4 m,而维尔特盾构总长约为 81 m,盾构台车不能全部放置于井下。同时由于始发竖井兼作出土口,负环管片的形式、反力架的安装与盾构出土问题都是工程重难点。另外由于始发竖井位于区间 350 m 半径圆曲线,且竖曲线为 20‰下坡,盾构为曲线始发,需特别注意界限控制。

12.7.4　盾构始发技术

12.7.4.1　始发方案

根据现场实际情况,地面不具备存放多个台车的空间,而井下始发场地长度不足,计划将 7 号台车放置于地面,其余 6 节台车放置于暗挖隧道内,如图 12-24 所示。

由于盾构处于 350 m 半径圆曲线与 20‰下坡竖曲线上,平面位置采取割线始发方式,割线长度按盾体长度 10 m 设置。竖向方向考虑盾构始发容易出现"磕头"现象,调整

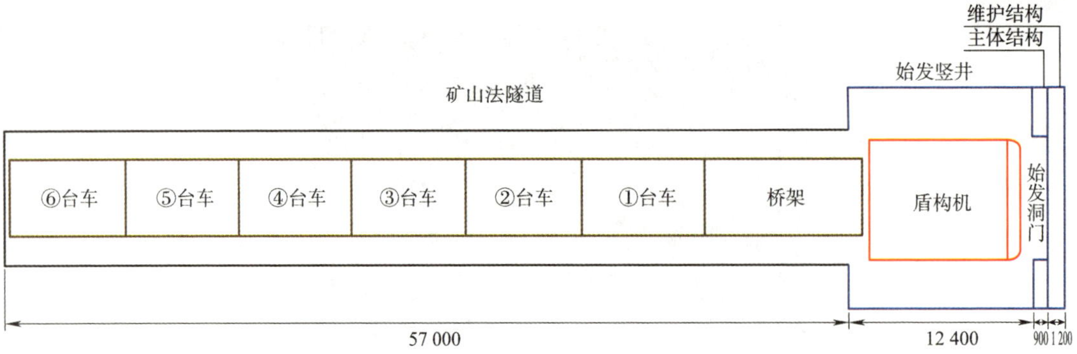

图 12-24 盾构井下始发平面示意(单位:mm)

始发托架前后标高,使盾构以 10‰下坡姿态始发。考虑盾构出土与管片吊装问题,并结合竖井尺寸,确定采取半环始发方式,即始发前四环(−8 环、−7 环、−6 环、−5 环)采取半环管片通缝拼装的形式,预留临时渣土口,同时盾构除 7 号台车放置于地面外,还需进行分体始发。且由于尺寸净空限制,反力架顶部横梁无法安装,施工时使用型钢作为临时横梁,待需要出土时对型钢进行割除,同时利用型钢将负环、反力架与结构主体连接支撑。综上所述,长~北区间盾构始发形式包括割线始发、半环始发与分体始发等方式,是一次多种始发方式相结合的综合性始发工作。

12.7.4.2 盾构割线半环与分体始发

(1)割线始发

根据始发竖井的尺寸与始发基座 10 m 长度,为保证盾构隧道的中心偏差在规范允许范围内(−50 mm~+50 mm)范围内,始发基座定位依据割线始发的原则,盾构隧道的中心偏差在 0~38 mm 之间,符合规范要求。同时由于现场竖井结构与线路为斜交,曲线始发造成洞门与盾构出现约 3°夹角(水平偏 244 mm),如图 12-25 所示。根据现场实际条件,割线始发时以洞门为割线起点,割线长度按照盾体长度 10 m 设计,即盾构始发 10 m 后盾构刀盘回归原设计线路。

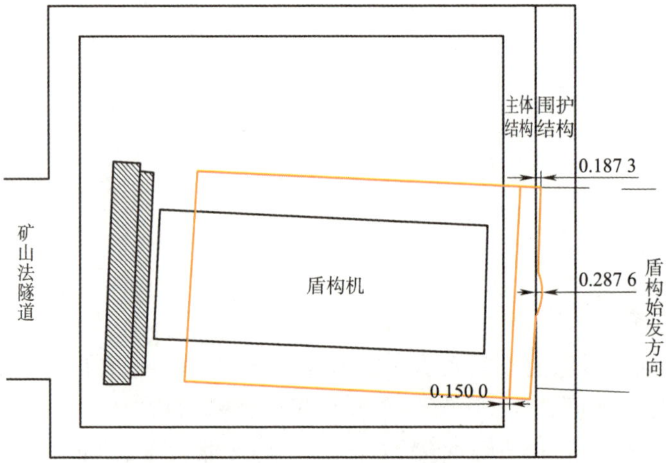

图 12-25 盾构割线始发平面位置关系示意(单位:m)

另外,为保证盾构正常始发,线路偏差符合规范要求,防止盾构出现"磕头"现象,始发基座现场定位时整体抬高(图 12-26),使盾构安装在基座上后比隧道中心线略高 10～20 mm。同时,始发时线路为 20‰下坡,坡度太大,始发基座定位时将前段抬高 10 m,使盾构盾体已 10‰下坡姿态始发。

图 12-26　始发托架组装定位

(2)半环始发

本次始发共推进负环 8 环和 1 环零环(1.2 m 宽直线环,−8～0 环),正环 83 环(1.2 m 宽管片)。在正环掘进后,对负环、反力架和始发托架进行拆除,同时铺设道岔。根据本工程的特点,将始发掘进分为 2 个阶段论述如下。

①第一阶段:是指盾构−8 环、−7 环、−6 环、−5 环的掘进。此阶段为空推掘进,刀盘未接触车站围护桩,半环管片通缝拼装。反力架顶部使用双拼 200 mm 厚 H 型钢作为临时横梁(图 12-27),待盾构掘进至−4 环以后,需要出土时对型钢进行割除。

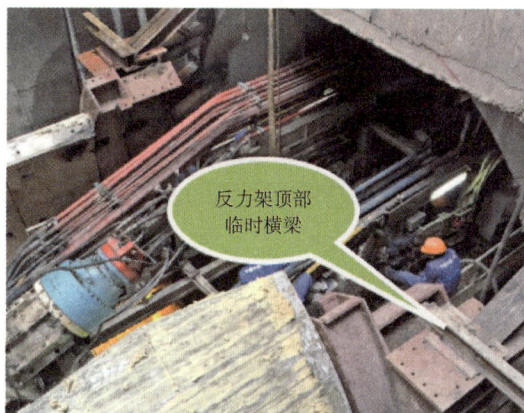

图 12-27　反力架顶部临时横梁

②第二阶段:是指−4 环～+83 环的掘进。第二阶段共掘进 88 环整环,盾构脱离始发托架后在盾构导向系统的指导下掘进。盾构完成本阶段掘进后,将与后配套设备组装连接。第一环负环管片定位时,管片的后端面应与线路中线垂直。负环管片轴线与线路

的轴线重合,(－8～－5)负环管片采用通缝拼装方式,(－4～ －1)负环管片采用错缝拼装方式。拼装好的负环管片用 H 型钢与竖井侧墙支撑加固(图 12-28)。盾构在始发台上向前推进时,各组推进油缸基本保持同步。－4 环拼装完成后,考虑盾构后续掘进与姿态调整问题,在－4 环安装弧形钢环板并用型钢或工字钢与结构支撑,代替未拼装的半环管片,如图 12-29 所示。

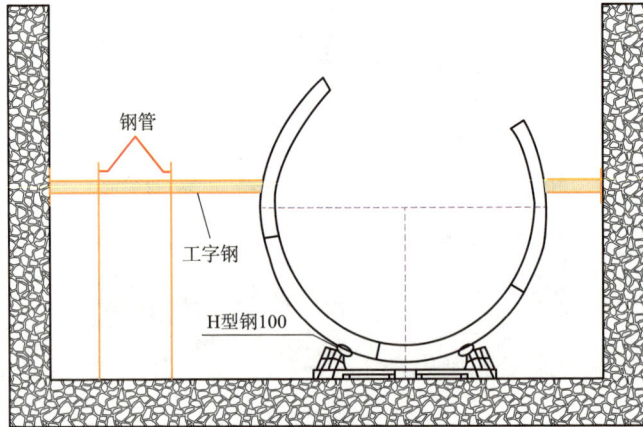

图 12-28　负环管片加固断面示意(单位:mm)

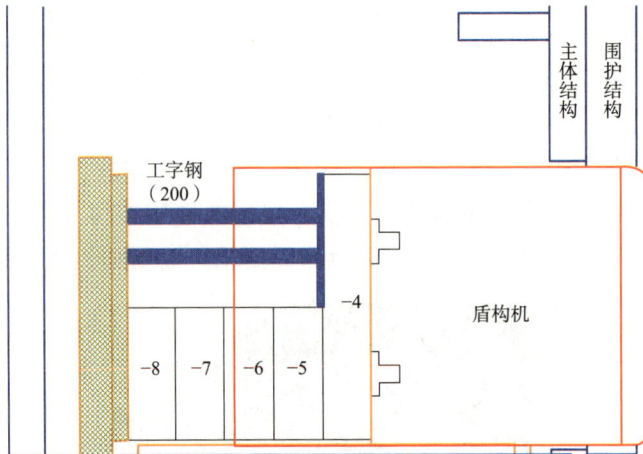

图 12-29　临时支撑加固断面示意(单位:mm)

(3)分体始发

根据本工程盾构尺寸,盾构始发井的结构尺寸和后配套可用施工场地长度,井下始发场地总长度约 69.4 m,其中盾构始竖井尺寸长 12.4 m×宽 11.55 m,暗挖隧道可提供 57 m。盾构和前 6 节台车总长度约 68 m,7 号台车长 13 m。井下始发场地长度不足,不能满足整机始发要求,且地面场地狭小不具备存放多个台车的空间,将盾构 7 号台车放置于地面,其余 6 节台车放置于暗挖隧道内,7 号台车与 6 号台车使用延长管路连接。循环水箱与 7 号台车地面布置如图 12-30 所示。

同时由于始发竖井兼作盾构施工出土口,需对台车进行改造处理,配合"汽车吊＋小渣斗"出土方式进行施工。本次后配套设备改造主要拆除桥架和 1～6 号台车的皮带架、

图 12-30　循环水箱与 7 号台车地面布置示意

中间支撑横梁(只留最边缘两侧的支撑横梁),7 号台车延长设备管线。改造完成的桥架和台车将预留宽 1.8 m,长至少 7.2 m 的出土口(出土口长度可根据实际情况调整),以便于始发时的渣土和管片吊装作业。另外井下作业条件有限,皮带架与皮带驱动电机等需在地面拆除完成后再吊装下井,如图 12-31 所示。

图 12-31　台车吊装下井

盾构吊装下井后,在组装调试过程中检查所有台车顶部管路布置,确定是否存在影响台车改造与后期吊装作业的情况。如果存在该问题,在组装调试过程中即进行调整,同时盾构始发前完成桥架部分台车改造工作,其余台车改造在盾构掘进过程中同步实施,如图 12-32 所示。

盾构始发后,使用"吊车+小渣斗"通过台车预留口进行吊装作业,但由于空间狭小,吊装过程中需人工辅助,避免渣斗撞击台车。井上井下设专人指挥协调,确保施工顺畅与安全。同时随台车前进,作业空间充足且不影响后续吊装作业时,逐步恢复前序台车皮带架,皮带机在负环拆除时进行恢复。

图 12-32 台车横梁割除完成

12.7.5 施工总结

本工程盾构始发采取了割线、半环与分体综合性始发方式,较常见的单一性始发方式相比,具有更复杂的始发条件,需要更强的协调与综合性施工能力。同时针对分体始发,采用了改造台车横梁提供吊装空间的方式进行施工,虽然对台车有一定损伤,作业空间相对狭小,但相比常规的分体始发方式减少了转接管路的使用,避免了转接管路的安拆与盾构的多次调试,减少了资金的投入,提高了总体施工效率。通过项目长~北区间盾构始发作业,总结了割线、半环与分体综合性始发方法,并验证了通过改造台车提供吊装空间的分体始发方式是一种可以实施的、经济的与有效的始发方法,以后其他盾构始发作业可进行参考与借鉴。

◆思考题◆

1. 简述软土的概念及其地质特点。

2. 简述软土地层盾构掘进要点。

3. 结合具体施工案例,论述上海软土地层盾构姿态及管片上浮控制措施。

4. 结合具体施工案例,论述天津软土地层盾构始发与接收风险控制要点。

5. 结合具体施工案例,论述产生管片开裂的主要原因及解决措施。

6. 结合具体施工案例,论述西安黄土地层施工中存在的主要问题及原因。

7. 结合具体施工案例,论述杭州地铁软土地层施工难点与对策。

8. 结合具体施工案例,论述长春地铁软土地层施工难点与对策。

9. 结合具体施工案例,论述苏州地铁软土地层施工难点与对策。

10. 结合具体施工案例,论述无锡地铁软土地层施工难点与对策。

11. 结合具体施工案例,论述苏州地铁软土地层施工难点与对策。

第13章 无水砂卵石地层盾构施工

> **本章重点**：主要介绍无水砂卵石地层的地质特点、开挖面失稳模式、开挖面稳定性控制原理、渣土改良要点、盾构施工易出现的问题，通过具体工程案例介绍无水砂卵石地层盾构施工难点与对策。

13.1 无水砂卵石地层盾构施工特点

13.1.1 无水砂卵石地层地质特点

砂卵石地层是指以砂和卵砾石为主的地层，是一种典型的力学不稳定地层。根据相关规范及说明，砂的定义是粒径在 $0.075 \sim 2$ mm 之间的颗粒，卵石是粒径 $60 \sim 200$ mm 之间的颗粒，如图 13-1 所示。一般来说砂卵石地层包含有砂及卵石，并且卵石含量较高。砂卵石地层颗粒粒度不均一、黏结性差、透水性好，是一种典型的力学不稳定地层，在无水状态下，颗粒之间点对点传力，地层反应灵敏隙度大。

0.005	0.075	2	60	200	粒径 (d/mm)
黏粒	粉粒	砂粒	圆砾	卵石	漂石

图 13-1 土的粒径分组

地史资料表明，砂卵石地层的成因主要与水动力搬运沉积相关，第四纪是全球性气候冷暖与干湿交替变化、冰川活动的重要地质时期，从冰川活动开始，以冰川、冰水搬运堆积的陆源碎屑物开始沉积，至冰后期以江河、湖滨为主的冲积物开始形成。砂卵石土根据地形和水动力条件的不同，其成因类型可分为：洪积、冲积、滨海沉积、冰水沉积和三角洲沉积。砂卵石地层，物理力学特征指标与传统的软土和硬岩都有很大差别，主要有以下特点：

图 13-2 某砂卵石地层开挖出的渣土

（1）渣土具有不均匀性，卵石含量高（图 13-2）。

（2）流动性差。渣土的内摩擦角较大（一般都在 30° 以上），造成了渣土流动性差。

（3）对刀具摩擦系数大。该地层与刀具之间的摩擦系数一般都在 0.4 之上，最高可

达 0.7。

(4)单块卵石强度高。根据单块卵石的抗压强度试验结果,卵石块的单轴抗压强度可达 150 MPa,最大可达到 180 MPa。

(5)黏聚力小,或几乎没有黏聚力,结构松散,不连续。因此导致了结构传力特征存在差异,地层内靠点对点传力,稳定性差。

砂卵石地层与一般的软土地层的物理力学性质都大不相同,这种地层一旦被开挖,就很易破坏原来的相对稳定或平衡状态,使开挖面和洞壁失去约束而产生不稳定。砂卵石地层颗粒之间的孔隙大,颗粒之间的黏聚力为0。刀盘旋转切削时,地层非常容易坍塌,围岩容易发生扰动,当切削刀具的开挖力传递到开挖部位周围,扰动的围岩范围就更大。围岩中的大块卵石、砾石越多,粒径越大,这种扰动程度就越大。

13.1.2 无水砂卵石地层开挖面失稳模式

砂卵石地层颗粒之间的孔隙大,颗粒之间没有黏聚力,刀盘旋转切削时,地层非常容易坍塌,容易产生较大的围岩扰动。因此,对无水砂卵石地层如何控制盾构开挖面的稳定性,是保证盾构安全高效推进的首要前提。

(1)无水砂卵石地层开挖的力学特性

砂卵石地层是一种典型的力学不稳定地层,其基本特征是结构松散、无胶结,呈大小不等的颗粒状。这种地层一旦被开挖,就容易破坏原来的相对稳定或平衡状态,使开挖面和洞壁失去约束而产生不稳定。砂卵石地层颗粒之间的孔隙大,颗粒之间的黏聚力 c 为0。刀盘旋转切削时,围岩容易发生扰动,地层非常容易坍塌,当切削刀具的开挖力传递到开挖部位周围,扰动的围岩范围就更大。围岩中的大块卵石、砾石越多,粒径越大,这种扰动程度就越大(图 13-3)。特别是隧道顶部大块卵石剥落会引起上覆地层的突然沉陷。

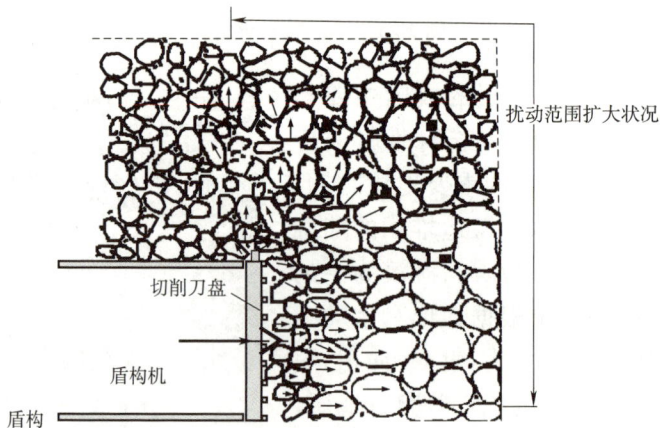

图 13-3   砂卵石地层开挖状况

(2)无水砂卵石地层盾构开挖面的失稳模式

盾构在整个掘进过程中,所穿越地层基本上可以分为两种:①基本为全断面砂卵石地层;②部分断面砂卵石地层。

在盾构掘进过程中,如果开挖面没有足够的支撑压力,开挖面上覆地层发生失稳的模式对应有以下两种情况。

①全断面砂卵石地层

盾构在全断面卵石、圆砾石层,上覆地层分别为砂性土和黏性土。砂卵石地层中颗粒之间传力方式为点对点。

若开挖面支撑压力不足,或大块卵石排出时,或螺旋输送机的排土量大于刀盘切削土量时,在刀盘前上方会产生较大的空洞区域,卵石或砾石将相继松动,在开挖面上方引起较大的塌落区,继而使上覆砂性土和黏性土层产生的松动也比较明显,如图 13-4 所示。若覆土较浅,将引起很大的局部地表沉降。如果上覆土体的抗剪强度很低,还会引起冒落的危险。

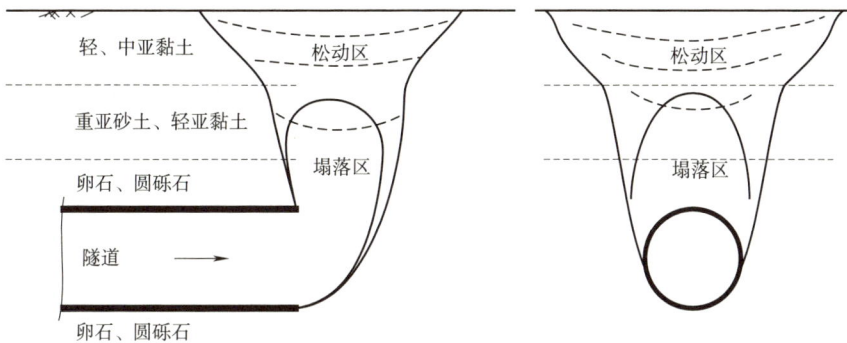

图 13-4 全断面砂卵石地层开挖面失稳形态

②部分断面砂卵石地层

盾构穿越部分断面砂卵石地层时,卵砾石位于盾构开挖面的下半部,上部为细砂、中砂层,开挖面上方土体塌落和松动的程度都较全断面砂卵石地层轻,如图 13-5 所示。

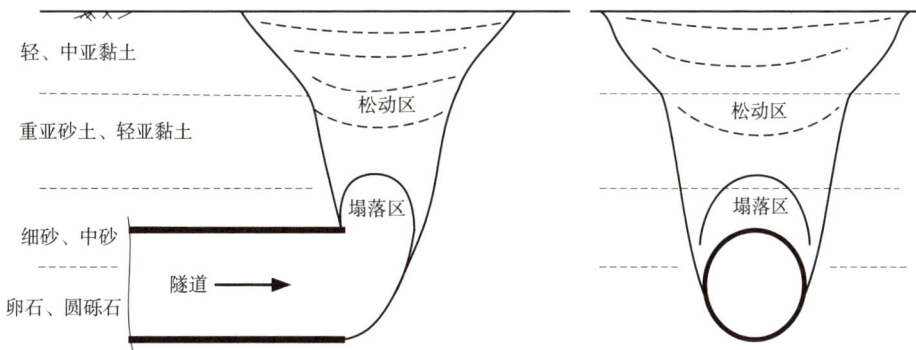

图 13-5 部分断面砂卵石地层开挖面失稳形态

13.1.3 无水砂卵石地层开挖面稳定性控制原理

13.1.3.1 砂卵石地层盾构开挖面的稳定机理

由前述开挖面上覆地层结构的稳定性分析可知,盾构在地层中掘进时,需要在土舱内

建立一定的土压力，并向开挖面注入添加剂，是基于以下机理：

（1）盾构刀盘对开挖面的支撑以及土舱内泥土压力的作用有两点：一是为土体结构提供水平推力，以利于形成拱结构；二是提高开挖面土体的竖向抗力，减少开挖面上方土体失稳的可能。

（2）盾构在切削、排土的同时进行推进油缸的推进，实际是为及时有效地平衡开挖面土体的应力，控制并减少下沉速度。

（3）在刀盘切削的同时，向开挖面注入泥浆、泡沫等添加剂的作用是使开挖面土体的强度和刚度得到加强，对开挖面土体起到了支护作用，减少开挖面的无支护距离。

（4）在无水砂卵石地层中，颗粒松散，无黏结力，颗粒之间的传力方式为点对点，向开挖面土体添加泥浆之后，泥浆包围在颗粒周围，形成了一层泥膜，增加了颗粒之间的黏聚力，使颗粒之间的传力范围得到扩大，改善了土体的受力状况，增强了开挖面土体的强度和刚度，利于开挖面的稳定，如图 13-6 所示；利用加入泡沫改善土体粒状构造，同时吸附在颗粒之间的气泡可以减少土体颗粒与刀盘系统的直接摩擦。降低土体的渗透性，又因其重度小，搅拌负荷轻，容易将土体搅拌均匀，从而做到既能平衡开挖面土压，又能连续向外顺畅排土。

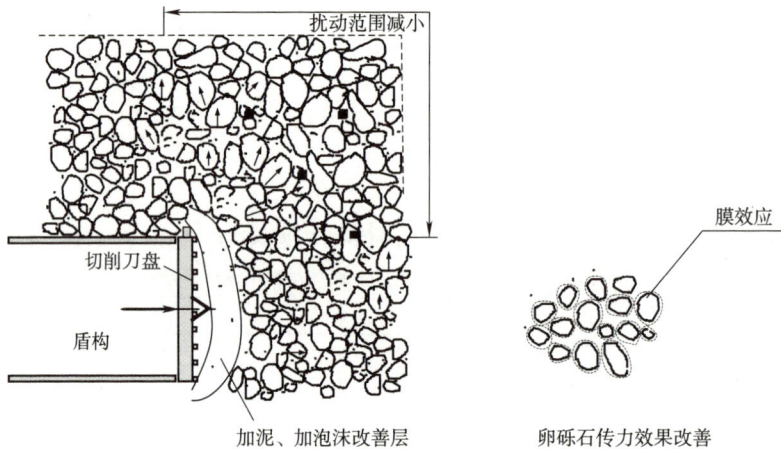

图 13-6　加泥、加泡沫对开挖面土体的改善示意

13.1.3.2　无水砂卵石地层开挖对盾构的影响

盾构在这种地层中掘进所受到的影响主要表现在以下几个方面：

（1）砂性土和砂砾土内摩擦比较大，土的摩擦阻力大，故难以获得好的流动性，当切削下来的土充满土舱和螺旋输送机时，将使切削刀盘转矩、螺旋输送机转矩、盾构推进油缸推力增大，甚至使开挖排土无法进行。因此，盾构刀盘切削土体时容易使刀盘过热，加剧刀盘刀具的磨损，影响盾构的机械性能。

（2）刀盘切削进来的土体须经螺旋输送机运出至皮带运输机，当遇到土质含水量低、较硬的情况下，螺旋输送机也会因工作扭矩过大而发热，性能受影响，严重时甚至停转。

（3）这种砂卵石地层的塑流性差，会导致大颗粒卵石滞留土舱内或向盾构四周移动，

使盾构位置和姿态控制变得困难,严重时则无法推进。

13.1.3.3　无水砂卵石地层稳定性控制措施

由前述可知,盾构在掘进过程中,如果控制不当或未采取有效措施,将引起较大的塌落和松动,以至于引起显著的地表沉降。因此必须对开挖面稳定加以控制。常采取以下措施:

(1)调节推进油缸的推力,使得在盾构土舱内建立起的泥土压力足以与地层土压力相抗衡;

(2)保持开挖面切削土量和螺旋输送机排土量的平衡,以使泥土压力与地层土压力保持动态平衡;

(3)向开挖面添加泥浆或泡沫,改善开挖面砂卵石地层的力学性质,同时有利于改善盾构刀盘和螺旋输送机的工作环境。

基于盾构开挖面的稳定性分析,为保证无水砂卵石地层开挖面稳定,必须确保以下两个方面控制技术的实现:①合理确定开挖面的泥土压力并保持泥土压力与地层土体压力的平衡;②实施加泥或加泡沫技术,改善开挖面土体的受力状况,实现切削土体的塑流性。

13.1.4　无水砂卵石地层渣土改良要点

土压平衡盾构掘进时,向开挖面添加塑流化改性材料,与开挖面切削下来的土体经过充分搅拌,形成具有一定塑流性、透水性低的塑流体。同时通过伺服机构控制盾构推进油缸速度与螺旋输送机向外排土的速度相匹配,经密封舱内塑流体向开挖面传递设定的平衡压力,实现盾构始终在保持动态平衡的条件下连续向前推进。由于土压平衡盾构可以根据不同地层的地质条件,设计和配制出与之相适应的塑流化改性剂(如泡沫等),极大地拓宽了该类机型的施工领域,在砂卵石地层中施工优势最为明显。

盾构穿越无水砂卵石地层掘进时,仅采用加泥措施,改善切削土体的流动性能力有限,土体离析严重,盾构经常堵塞不能正常掘进,而且加泥量过大,费用增加。为适应这种地层的施工,需考虑在加泥的基础上增加泡沫系统,利用加入泡沫改善土体粒状构造,吸附在颗粒之间的气泡可以减少土体颗粒与刀盘系统的直接摩擦,增加切削土体的黏聚力,同时降低土体的渗透性。又因其重度小,搅拌负荷轻,容易将土体搅拌均匀,从而达到既能平衡开挖面土压,又能连续向外顺畅排土的目的。

另外,在盾构推进施工时,由于大部分地层为砂卵石,土层含水量低、土质较硬,一方面,当盾构刀盘切削土体时容易使刀盘过热,影响盾构的机械性能;另一方面,刀盘切削进来的土体须经螺旋输送机运出至皮带运输机,当遇到地层含水量低、较硬的情况下,螺旋输送机也会因工作扭矩过大而发热,性能受影响,严重时甚至停转。因此,必须通过往泥舱内加注改良后泥浆的方式来改善土质,起到减摩的作用,满足螺旋机运输的条件,并起到冷却刀盘的作用。

因此,加泥、加泡沫的功效主要表现为以下几个方面:

(1)保持开挖面的稳定;

(2)增加切削土体的塑性流动性;

（3）使开挖面土体及切削下的土体具有良好的止水性；

（4）防止切削土砂黏附在刀盘及螺旋输送机内，避免闭塞现象，减轻机械负荷，降低刀盘扭矩，同时也提高了掘进速度；

（5）对刀盘、螺旋输送机起减磨冷却作用。

（6）泡沫的可压缩性或称之为弹性，对土压的稳定也有积极作用。

13.2 北京地铁 8 号线无水砂卵石地层盾构施工

13.2.1 工程简介

北京地铁 8 号线某区间隧道采用盾构法施工，埋深为 13.4～26.8 m，线路自始发站至接收站为纵向上坡，坡度 8‰、23‰。隧道施工范围内主要为卵石层，局部含细砂～中砂层、粉土层及粉质黏土层。根据勘察报告，卵石层地质特点为：杂色，湿～饱和，密实，属低压缩性土，亚圆形，级配连续，磨圆度中等，一般粒径 2～6 cm，最大粒径大于 15 cm，中粗砂充填约 35%，局部夹有粉质黏土薄层。除始发段约 100 m 隧道底部含水外，其余地下水位均位于隧道底板以下，盾构施工主要在无水砂卵石地层掘进。

13.2.2 施工重难点

盾构掘进至无水砂卵石地层初期，土舱压力不稳定，开挖面失稳，施工重难点主要表现为：

（1）盾构一环掘进完成至下一环开始掘进期间后土舱压力消散很快，由设定保压值 0.08 MPa 迅速下降至 0.03 MPa 左右。

（2）盾构掘进期间土舱压力波动范围较大，处于 0.06～0.18 MPa，基本无法建立真正理想的土压平衡状态。盾构掘进期间，推力较大，介于 17 000～24 000 kN，且掘进速度低。

（3）盾构刚进入无水砂卵石地层区段，地面沉降监测数据出现不稳定情况，地表沉降速率和累计沉降过大，沉降速率上升至 4～5 mm/d，累计沉降 17～24 mm 左右，超过设计要求的 15 mm 累计沉降控制值。

13.2.3 原因分析

盾构掘进至无水砂卵石地层，由于砂卵石地层力学性能不稳定，开挖面土体切削后，容易破坏原来的相对稳定状态，且砂和卵石极易分离，部分大颗粒卵石易堆积在土舱下部，密封舱内往往不能在全断面上形成良好的塑流体，设定的工作压力不能完全传递至开挖面上，较难实现连续的动态平衡。盾构穿越地层砂卵石主要位于盾构开挖面的中下半部，上部为细砂、中层砂，在开挖面支撑压力不足或螺旋输送机的排土量大于刀盘切削土量时，在刀盘前上方会产生塌落区，地层重新排列，继而使上覆砂性和黏性土层产生松动。开挖面上土体塌落和松动失稳形态如图 13-7 所示。

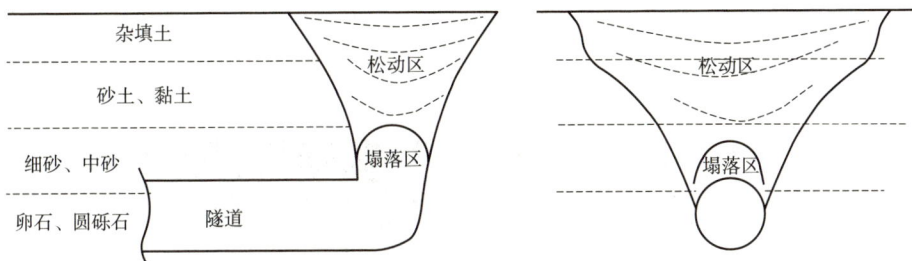

图 13-7　北京地铁 8 号线某区间无水砂卵石地层开挖面失稳示意

13.2.4　解决方法

(1)盾构掘进完一环后,使刀盘继续转动一会,在刀盘转动期间加一些膨润土浆液和泡沫,使土舱内的土体充分搅拌,降低土体沉积现象,待刀盘扭矩降至 1 000 kN·m 以下时停止刀盘转动。如果停机时间较长应减少用气保压的措施,改为注入较高浓度的膨润土浆液进行保压。

(2)在盾构掘进之前,让刀盘先行转动以搅拌土舱内的土体,同时注入泡沫和膨润土浆液,待刀盘扭矩稳定后再推进。开始掘进后持续往土舱内加注改良材料,通过控制螺旋输送机转速和推进速度来调整土压,尽量在每环推进 20 cm 之内就建立起稳定的土压,确保土压波动值控制在 0.03 MPa 以内,维持开挖面的稳定。改良后的渣土塑流性较好,也利于螺旋输送机顺利排土。

(3)保证同步注浆量一定的注入率,充分填充盾壳和管片外壁之间的建筑孔隙,同时加强二次注浆工作,减少地层沉降量。

13.2.5　施工小结

北京无水砂卵石地层盾构掘进,如果未采取有效措施或控制不当,容易引起地层塌落和松动,为防止砂卵石地层开挖面失稳,施工中应注意以下控制要点:

(1)土压的建立是关键,施工中应根据实际情况不断调整推进速度和螺旋输送机的转速,使盾构土舱内建立的泥土压力足以平衡地层土压力。

(2)在土压波动较大的情况下,应密切关注出土量的控制,采用质量和体积双控的措施,避免超挖造成地层沉降失控。

(3)砂卵石渣土改良是盾构施工的核心工作,应合理选择改良剂,改善切削土体的流塑性,维持开挖面的稳定性。

13.3　北京地铁 10 号线无水砂卵石层盾构施工

13.3.1　工程简介

北京地铁 10 号线某区间采用直径 6.25 m 海瑞克土压平衡盾构施工,盾构隧道主要

穿越卵石⑤层、卵石⑦层，如图 13-8 所示，卵石最大粒径 600 mm，一般粒径 100～300 mm，充填物为中粗砂，含砂量约 40%。地下水类型为层间潜水，层间潜水水位位于隧道底板以下 1～2 m，对盾构施工无影响。

图 13-8　区间盾构井及暗挖段开挖揭露的大粒径卵石

13.3.2　存在的问题

隧道围岩中的大块卵石、砾石多，粒径大，影响施工，无水砂卵石地层条件下盾构施工问题主要表现在以下几个方面：

（1）因砂性土和砂砾土内摩擦比较大，土的摩阻力大，难以获得较好的流动性，切削下来的土充满土舱内时，导致刀盘扭矩增大至 3 500 kN·m 以上，同时造成刀盘和螺旋输送机磨损严重。

（2）盾构掘进期间推力高达 17 000～25 000 kN，掘进速度低至 15～25 mm/min。较长时间停机再次推进时，刀盘扭矩急剧上升，盾构无法继续掘进。

（3）盾构姿态难以控制，单环纠偏量难以达到预想效果，表现为盾构左右姿态难以把控（蛇形走位）和垂直姿态抬头困难，造成盾构姿态偏离设计轴线。

13.3.3　原因分析

砂卵石地层结构松散、地层摩阻力大，塑流性差，导致螺旋输送机排土不畅、机械磨损严重和推进困难；其次是大颗粒卵石滞留舱内或者向盾构四周移动，造成盾构姿态难以控制。

13.3.4　解决方法

做好卵石土层的渣土改良，改善土体的性质是盾构顺利掘进施工的关键。单一的改良方式无法将土体调成理想的流塑状态，施工中主要采用注入优化后的膨润土泥浆与泡沫相结合的方式对渣土进行塑流性综合改良。具体如下：

（1）优化膨润土泥浆注入量和配比，膨润土泥浆配合比为水∶膨润土∶外加剂＝10∶1∶0.2，膨润土采用优质钠基膨润土，外加剂主要为 CMC 等。调整膨润土的发酵时间及

黏稠度,发酵时间提升至 24 h 以上,黏度为 60 s,确保每环膨润土的注入量由之前 3 m²/环增加至 5～6 m²/环。

(2)泡沫组成:90%～95%压缩空气和 5%～10%泡沫溶液,泡沫溶液的组成为泡沫添加剂 3%、水 97%,所用泡沫剂黏度不低于 0.1 Pa·s,同时控制好泡沫的加注参数,膨胀率设置在 1:10～1:15,注入比设置在 20%～30%。

(3)盾构在掘进期间通过渣土改良,维持好土舱内压力平衡,保持开挖面的稳定。当停止掘进时采取保持推进油缸推力、开挖面注入改良材料等措施,保持土舱内压力与开挖面土压平衡。螺旋输送机再次排土前,先行启动刀盘,利用其旋转把土舱内水、土及添加材料充分搅拌,使土舱内渣土具有良好的塑流性和土压平衡效果。

13.3.5　施工小结

通过本工程盾构施工中遇到的问题及解决经验,总结在北京无水砂卵石地层盾构施工中主要应做到以下几方面:

(1)施工前应认真分析地质资料,重视砂卵石土样分析和土体改良试验工作,了解砂卵石地质特点,为盾构施工做好技术准备。

(2)卵石地层摩擦性高,盾构掘进对刀盘及螺旋输送机的磨损较大,盾构选型必须有耐磨性专项设计,盾构要有良好的渣土改良系统。

(3)施工中遇到的盾构推力大、扭矩大、速度慢及排土不畅等现象,主要原因在于砂卵石渣土改良效果差,开挖舱内和螺旋输送机排土系统工作环境差。盾构掘进参数的控制与渣土改良工作息息相关,施工中应重点关注改良剂的选用、注入量的配比和注入效果的研究,确保渣土改良效果。

◆思考题◆

1. 简述无水砂卵石地层的地质特点。
2. 简述无水砂卵石地层开挖的力学特性。
3. 简述无水砂卵石地层盾构开挖面的失稳模式。
4. 简述砂卵石地层盾构开挖面稳定性控制原理。
5. 无水砂卵石地层开挖对盾构有哪些影响?
6. 无水砂卵石地层稳定性控制措施有哪些?
7. 论述砂卵石地层渣土改良技术要点。
8. 砂卵石地层盾构施工中易出现哪些主要问题?
9. 在无水砂卵石地层施工中,为防止砂卵石地层开挖面失稳,施工中应注意哪些方面?
10. 结合具体工程案例,论述无水砂卵石地层施工中存在的主要问题及原因。
11. 结合具体施工案例,论述北京地铁无水砂卵石地层施工难点与对策。

第 14 章　富水砂卵石地层盾构施工

本章重点: 主要介绍富水砂卵石地层坍塌机理、坍塌原因、掘进特点,通过具体工程案例,介绍富水砂卵石地层的盾构施工难点与对策。

14.1　富水砂卵石地层盾构施工特点

以成都地区为代表的富水砂卵石地层,结构松散,卵石含量高达 $55\% \sim 86\%$,大漂石分布随机性强,局部富集成层高达 $20\% \sim 30\%$,且地下水位高,渗透性强。在这种地层实施盾构隧道施工,刀具磨损非常严重、换刀较频繁、刀盘结泥饼问题较突出、地面沉降难以控制、掘进过程中地层受到扰动容易产生坍塌、施工进度较小。此外,砂卵石地层渣土与刀盘刀具摩擦力大,导致刀盘驱动扭矩大、刀盘刀具及螺旋输送机磨损严重。砂卵石地层颗粒级配较差,渣土不易改良,流动性差,刀盘易产生泥饼,导致扭矩大、掘进速度慢甚至无法掘进。在富水砂卵石地层中采用盾构法施工极具挑战性,业界对此也一直存在争论。成都地铁穿越的地层主要为富水砂卵石地层,地下水丰富、水位高、补给迅速,在这种地质条件下长距离实施盾构施工,国际上尚不多见,在国内属于首次。

14.1.1　富水砂卵石地层坍塌机理

砂卵石地层在不受外力扰动的情况下能保持较好的稳定状态,特别是在无水的状态下。富水砂卵石地层受到扰动后,在刀盘上方形成松散带,整个坍塌过程如图 14-1 所示。

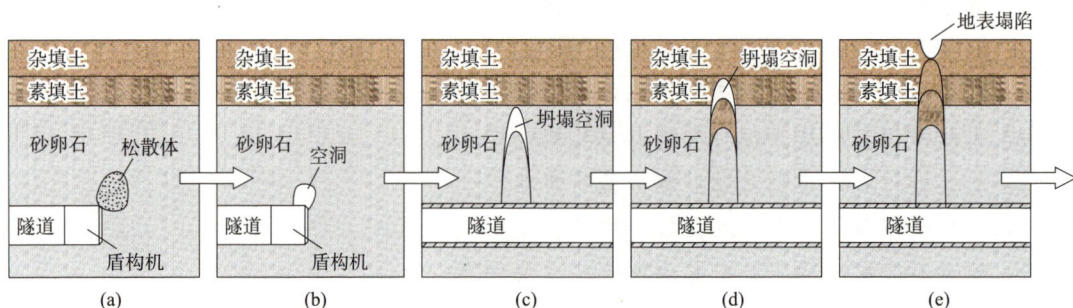

图 14-1　富水砂卵石地层坍塌机理图

(1)刀盘前上方卵石变得松散,如图 14-1 (a)所示;

(2)盾构掘进产生扰动或长时间换刀时,松散卵石进入土舱在刀盘前上方造成地层损失,形成空洞,如图 14-1 (b)所示;

（3）砂卵石地层内摩擦角较大（内摩擦角为 $35°\sim 40°$），具有一定的拱效应，在拱效应作用下，地层损失进一步向地表转移，如图 14-1（c）、（d）、（e）所示，从而逐渐坍塌到地表。

砂卵石地层地表坍塌的显著特点是：隧道上方形成空洞，砂卵石地层骨架效应较好，在一定时间内可自稳，在地面荷载作用下，逐步延伸至地表，造成地表塌陷，且有滞后性，短则一两个月，多则一年甚至两年以上，施工风险和隐患极大。

14.1.2　富水砂卵石地层坍塌原因

砂卵石地层孔隙率大，盾构掘进扰动后地层逐渐密实，造成地层损失。局部砂卵石地层夹透镜体砂层，自稳能力差，透水性强，开挖面容易产生涌水、涌砂，造成细颗粒物质大量流失，引起开挖面失稳、地面沉降甚至塌陷。沿线周边建筑物、地铁车站施工降水，砂卵石地层中粉细砂等细颗粒随着降水排走，卵石之间形成孔洞，地层疏松，卵石骨架受到盾构施工扰动而垮塌。富水砂卵石地层在塌落体上方形成空洞原因主要有以下几个方面：

（1）在土舱渣面线不到顶情况下，改良的稀浆即使带压充满土舱，稀浆对拱顶上部不能成拱的散状卵石也没有支撑作用，拱顶散状卵石会通过刀盘径向开口塌落形成空洞。

（2）由于卵石粒径大，在土舱渣面线不到顶情况下，即使在能够自稳的密实卵石层，周边刮刀在拱顶刮落的卵石也会在拱顶留下卵石空位而形成空洞。

（3）在已经发生拱顶塌落情况下，土舱压力表现的是塌落体的压力，由于土舱压力不够高，在塌落体上方仍存在空洞。

（4）密实卵石层需要刀具的强力切削剥离，但松散卵石层刀具扰动即可剥离，在半舱或空舱条件下，暴露的竖向开挖面易发生坍塌。

（5）渣土颗粒大，缝隙流动不易，在刀盘面板前易形成动态空洞，松散开挖面易发生动态局部区域坍塌。

（6）卵石层渗透性好，注浆填充率不够时，拱顶空洞往往不能得到有效回填。

此外由于富水砂卵石地层稳定性差，掘进过程中地层受到扰动容易产生坍塌，富水地层易发生喷涌，扭矩过大和欠压掘进也是产生坍塌的重要原因。

14.1.3　富水砂卵石地层掘进特点

在富水砂卵石地层中进行盾构施工时，主要具有以下掘进特点：

（1）由于卵石含量高，渣土改良仅能做到使其具有流动性（图 14-2），不具备软塑性，一旦建立挤压性土舱压力，搅拌和摩擦力矩剧增。而已经改良为流动状的渣土，即使在不完全满舱状态，刀盘的搅拌和摩擦阻力仍然很大。

（2）根据成都地铁盾构施工案例分析，土舱顶部压力一般在 0.05 MPa 左右，对应的推力约为 11 000 kN 左右，推进速度约为 $40\sim 55$ mm/min

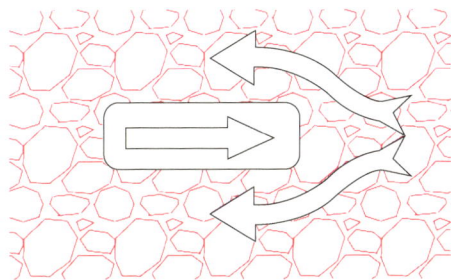

图 14-2　渣土改良仅能做到使其具有流动性

（或刀盘转速 $1.0\sim 1.3$ r/min）等的参数条件下，根据地层条件和改良效果条件，刀盘扭矩

约为 3 500~5 500 kN·m。土舱压力再升高时,刀盘扭矩保护将会启动。该土舱压力一般能够满足竖直开挖面经过侧压力系数衰减后的平衡需求,但对拱顶的支撑不足,需要依赖拱顶的自然拱作用防坍。拱顶如有散体,则会塌落形成空洞。

(3)刀具切削以冲击剥离为主,刀盘切削力矩很大,对于密实度不同的地层,贯入度导致切削扭矩的上升率虽然不同,但普遍的趋势是随着贯入度的增加,切削扭矩上升较快。

(4)地层渗透性好,在富水地层,地下水可能在拱顶以上,压力传感器显示的压力有可能是净水头压力(图 14-3),通常表现的 0.05~0.08 MPa 的土舱压力,并不能确定渣土已经充满土舱顶部。

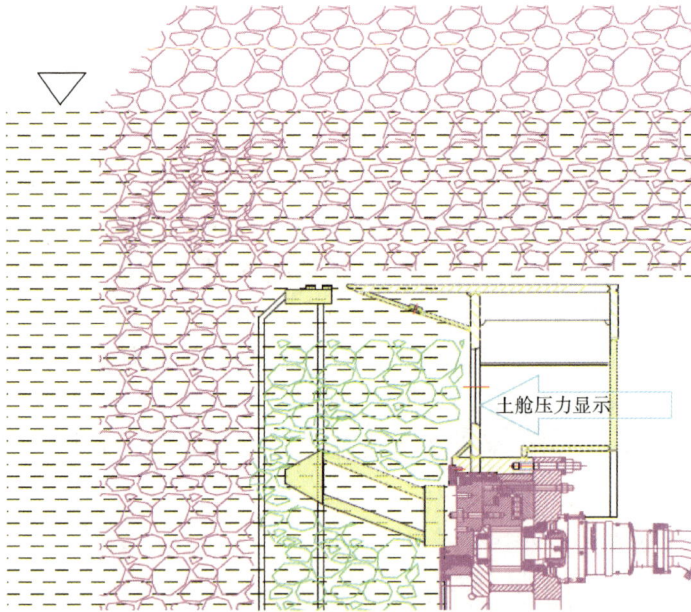

图 14-3　土舱压力传感器显示的压力有可能是净水头压力

(5)在土舱渣面线不到顶的情况下,改良的稀浆即使带压充满土舱,稀浆对拱顶上部不能成拱的散状卵石也没有支撑作用,拱顶散状卵石仍会通过刀盘径向开口塌落形成空洞。

(6)由于卵石粒径大,在土舱渣面线不到顶的情况下,即使在能够自稳的密实卵石层,周边刮刀在拱顶刮落的卵石也会在拱顶留下卵石空位而形成空洞(图 14-4)。

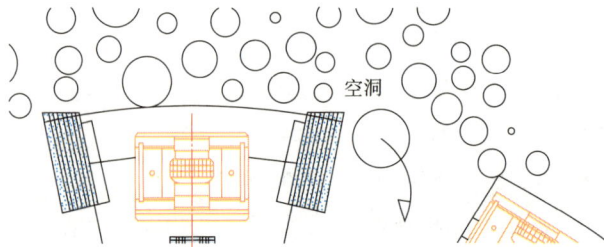

图 14-4　周边刮刀在拱顶刮落的卵石会在拱顶留下卵石空位而形成空洞

（7）在已经发生拱顶塌落情况下，土舱压力表现的是塌落体的压力，由于土舱压力不够高，在塌落体上方仍存在空洞（图 14-5）。

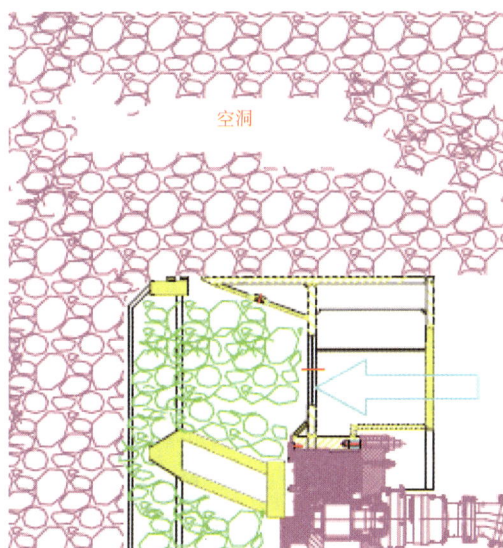

图 14-5　在塌落体上方仍存在空洞

（8）虽然密实卵石层需要刀具的强力切削剥离，但松散卵石层刀具扰动即可剥离，在半舱或空舱条件下，暴露的竖向开挖面易发生坍塌（图 14-6）。

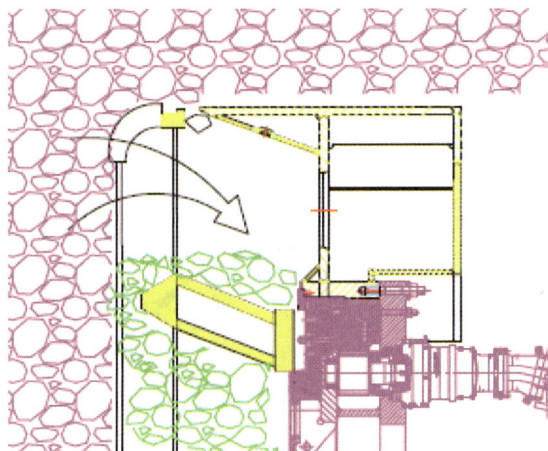

图 14-6　在半舱或空舱时暴露的竖向开挖面易发生坍塌

（9）刀盘面板与开挖面之间缝隙填充的颗粒卵石渣土挤压搅动，对刀具的二次磨损作用强烈（图 14-7）。

（10）由于渣土颗粒大，缝隙流动不易，在刀盘面板前易形成动态空洞，松散开挖面易发生动态局部区域坍塌（图 14-8）。

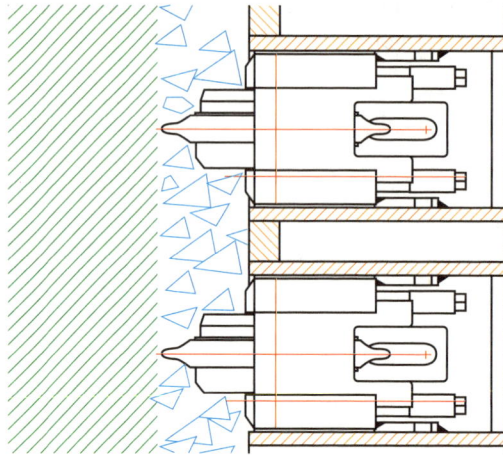

图 14-7　砂卵石对刀具的二次磨损作用强烈

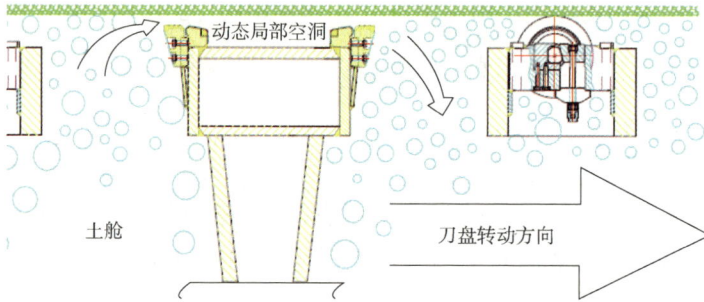

图 14-8　松散开挖面发生动态局部区域坍塌

(11)卵石层渗透性好,注浆填充率不够时,拱顶空洞往往不能得到有效回填(图 14-9)。

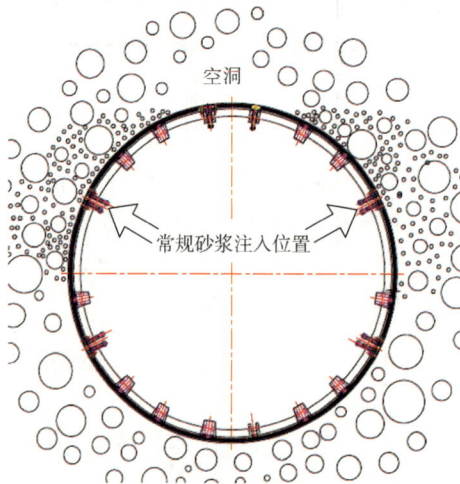

图 14-9　拱顶空洞不能得到有效回填

14.2　成都富水砂卵石地层盾构施工难点与对策

14.2.1　工程简介

成都地铁 3 号一期工程某区间左线临近河流约 15 m，穿越河流宽度约为 27 m，河深度为 5～7 m，隧道拱顶距河底距离约为 8.96 m，河底为自然冲刷河床。河底至隧道顶部地层为稍密砂卵石和中密砂卵石层，隧道洞身地层为中密砂卵石和密实砂卵石层。如图 14-10、图14-11 所示。

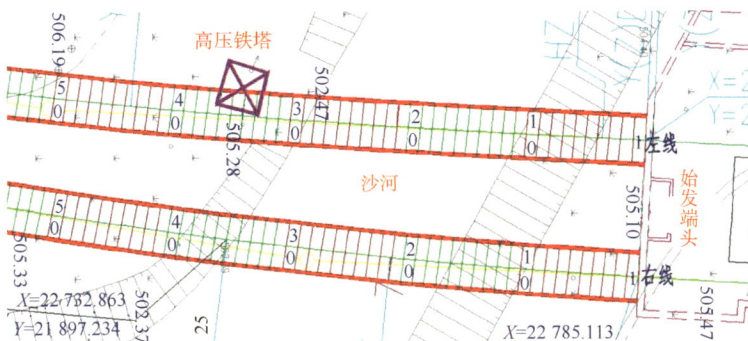

图 14-10　隧道与河流平面关系

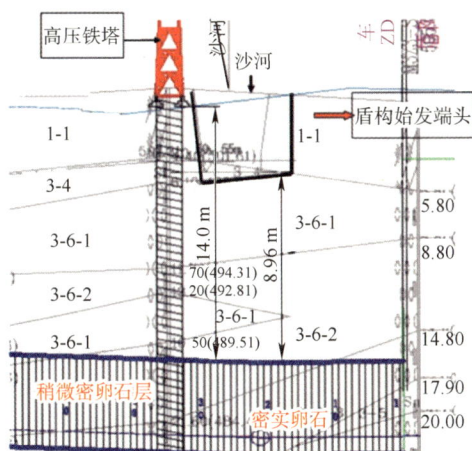

图 14-11　盾构始发、下穿河流平纵面示意

14.2.2　施工重难点

始发段的风险分为两段，一是始发前 3 环洞门未注浆封闭前，二是下穿河流段。洞门未封闭前，出现超方较大等地层损失的情况有联通河底的巨大风险，河水沿砂卵石塌落的通道进入车站将是巨大灾难，因此控制好始发段的掘进，不出现地层损失过大的问题，确保河流底部不塌空，是控制此次始发的核心。下穿河流段，较大超方会引发冒顶等风险，影响盾构掘进，对洞内施工安全也有较大影响。因此，从磨桩开始，如何有效建立掌子面

压力,稳定上部土体,使掘进过程中不出现较大超方,是过程控制的关键。

14.2.3　原因分析

砂卵石地层不稳定、易坍塌的地质结构,依然是成都富水砂卵石地层盾构施工面临的最严峻问题,尤其在始发、接收端更是各种问题频繁出现。始发、接收段超方严重出现沉降超限、地面塌陷,始发后渣土改良不理想,出现刀盘结饼等严重问题;尤其是城内施工,常常面临临近建筑物始发、接收,对始发接收的工艺提出了更高的要求。造成这些问题的原因主要有以下几个:

(1)始发段是土舱压力逐渐建高的一个过程,刚始发洞门未封闭、掘进不连续,要靠地层的自稳性来支撑上部和周边土体不坍塌非常困难,这也是必须进行管棚加固和降水的根本原因,需提高地层的自稳能力。

(2)始发、接收段的土体受车站长期处于降水状态下施工的影响,地层细颗粒流失严重,松散地层在盾构大推力、大扭矩的扰动下很容易重新排列分布,引发较大沉降,这就需要从地面打设袖阀管进行注浆,填补地层空隙,改善因降水影响的地层密实性。

(3)始发、接收都会使掌子面无压力暴露一段时间,上部土体的稳定性需要大管棚稳定,因此砂卵石地层中始发、接收端头在洞门上部打设大管棚并进行注浆是关键。

14.2.4　解决方法

(1)加固措施

①始发洞门拱部120°范围布设21根15 m大管棚,从管棚施工阶段就开始留意河水是否与地层贯通,并通过降水井观察洞门的渗流情况,以确定是否还需采取其他措施。

②对始发端头进行地面袖阀管注浆加固,地面袖阀管布置根据端头段地质的情况合理布设,通常的做法是在端头15 m范围内,根据注浆的扩散情况进行梅花型布置,布孔数量一般不少于15个,深度为隧道拱顶以下1 m;下穿河流前对河堤进行斜孔加固。

③每个洞门端头布设至少两口降水井,确保降水措施到位,始发前将水位降至隧道底以下1 m。

(2)洞门延长措施

始发一般采用延伸环保压措施,车站围护结构采用直径1 500 mm的玻璃纤维筋旋挖桩,始发时不凿除洞门围护桩(可以避免洞门围护结构凿除时引起端头土体失稳),一般采用50 cm长延伸钢套筒环,需要提前建压或密封压力较大时在洞门环板上安装100 cm的延伸环(图14-12),如此刀盘切上桩体后可以直接进行磨桩,延伸环能设置两道密封,第一道为橡胶帘布,第二道为弹簧钢板,密封内侧可加海绵条或塞填油脂。通过延伸环措施,避免人工破除洞门的风险,最主要的措施为设置的两道密封,两道密封间的空隙可以采取灵活的方式进行填充,能尽快完成洞门封闭的作用,也能提前进行建压掘进,从而关闭水流通道,有效稳定掌子面土体。

(3)掘进控制

①始发盾构磨桩阶段,土舱门不完全关闭,方便时刻观测土舱内环境及磨桩阶段是否

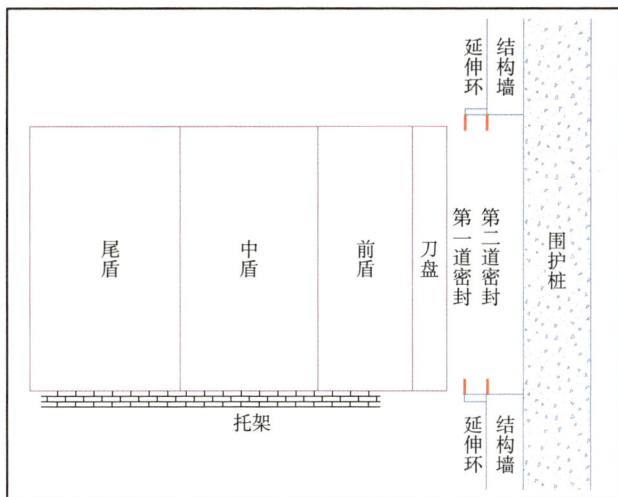

图 14-12　延伸环示意

完成。待磨桩全部完成后,清理出玻璃纤维筋残渣并检查刀具的紧固情况,并再次对刀盘喷口与操作面板的对应情况进行检查,确保无误后关闭舱门,进入原状土掘进阶段。

②盾构进入原状土掘进 1 000 mm 行程内,螺机应保持低转速,使舱内渣土能流动起来,但这个过程应逐渐建立压力。在始发掘进至正 1 环前,根据掘进参数的波动情况,在掘进过程中选取特定区域进行舱内渣土的快速置换,改善舱内渣土的流塑性,换舱位置地面进行打孔排查并注浆。渣土改良要求:膨润土浆液流量 $2\sim4$ m^3/h,泡沫流量 $80\sim100$ L/min,发泡倍率 $8\sim10$ 倍。

③盾构始发后,注意对出土情况的把控和掌握,始发后建舱的行程、掘进的行程、舱内渣土估算的方量、出土的方量、清舱的方量等重要数据要进行统计并分析,掌握始发段地层损失的情况。始发段因降水的影响,出土体积按 $48\sim50$ m^3/环进行核算,始发、接收段不管是否存在多出土都应在地面进行打孔排查并注浆,若存在明显多出土要不断在地面打孔确保找到空洞并用砂浆回填。

④出土量核算工作由土建工程师负责,若出现异常情况,立即停机,并召开专题会议讨论后续施工方案,确保始发安全,始发阶段注意及时封堵洞门渗漏位置,避免细颗粒流失严重影响始发段渣土改良效果。

⑤盾尾入洞后才采用同步注浆进行洞门封堵,同步注浆要足量、饱满,确保洞门密封没有较大的渗漏,然后采用双液浆对洞门进行彻底的封堵。

⑥落实地面巡查制度,填好地面巡查记录表,注重地中监测点的数据分析。通过后进行安全评估,对参数、出土、沉降进行分析,评估安全状态和后期措施。

14.2.5　施工总结

成都富水砂卵石地层盾构施工通过多年的技术和经验积累,目前已形成一整套严密的技术管理体系和标准,在富水砂卵石地层中始发采取"降水＋地层加固"的措施已形成

统一认识。通过降水,固结、稳定砂卵石地层;通过大管棚加固稳定掌子面暴露后的上部地层;通过袖阀管注浆加固处理端头因长期降水造成的地层松散。因此,要做好富水砂卵石地层盾构始发工作,应做好以下四个方面:

（1）端头需采取井管降水,使地下水位保持在隧道地面以下。

（2）洞门的隧道拱部 120°范围打设大管棚,并注浆加固。

（3）端头至少 15 m 范围内进行地面袖阀管注浆加固。

（4）始发盾构磨桩完成后,开舱彻底清理土舱和面板附着物,疏通改良系统管路,为进入原装土地层掘进奠定基础。

14.3 西安富水砂层盾构施工难点与对策

14.3.1 工程概况

西安市轨道交通 2 号线北客站—北苑站区间属于 2 号线 1 期工程,其中,北客站位于西安市城区北部未央路、文景路、城市三环路及绕城高速公路交通枢纽衔接处;北客站北苑区间主体为现浇钢筋混凝土箱形框架结构,车站标准宽度 23.8 m,结构外设置外包防水层与国铁出站通道底板防水搭接,车站外包总长 71.378 m。行政中心站和行政中心站—凤城五路站区间位于西安市北郊未央大道上的张家堡广场—凤城五路十字,地势平坦,地面标高为 383.84～387.70 m。区间内盾构隧道线路全长 1 046 m,线间距 19～13 m,最大坡度 23‰,埋深范围为 8～11.2 m,采用一台日本小松公司制造的土压平衡盾构掘进(为顺利穿越富水层,加装了保压泵礴和螺旋输送机双开门等装置,并布置了齿刀、刮刀以及 2 把超挖刀)。盾构从行政中心站右线始发,到达凤城五路站后解体吊出,随后在行政中心站重新组装,再从左线进行第二次始发,最后到达凤城五路站后解体吊出。

14.3.2 地质水文条件

西安市轨道交通 2 号线北客站—北苑站场地深度内上部地层为全新统冲积黄土状土和粉质黏土,下部以中粗砂为主,35 m 附近分布有一层粉质黏土层。地下水类型主要为第四系孔隙潜水,地下水主要接收大气降水、上游地下径流补给,并通过地下径流向下游排泄。含水层主要为中粗砂层。场地内地下水位埋深 10.47～11.55 m,水位高程 363.6～363.9 m,含水层渗透系数 50～60 m/d。本段区间位于渭河二级阶地区,本段区间属潜水较强富水区,含水层为冲、洪积中、粗砂,含水层厚约 30～40 m,地下水位埋深约 13 m,为强透水层。地下水主要以大气降水和地表水入渗补给。总体上来看,本段区间穿越的地层主要为新黄土,褐黄色,属于典型黄土地层。土质均匀,针状孔隙发育,含少量氧化铁钙质条纹及零星蜗牛壳碎片,可塑,局部软塑,属中等压缩性土;古土壤,棕黄～棕红,土质较均匀,具块状结构,含多量氧化铁及钙质结构,局部底部钙质富集,可塑,属中等压缩性土,水位线位于区间腰部上下。

14.3.3　施工重难点

土压平衡盾构在上述软土砂质地层中长距离掘进困难,其中,掘进参数的精确控制、防止涌水涌砂、防止控制地面沉降、防止刀具等关键部件过度磨损、渣土改良以防结泥饼等是施工的重难点,主要原因有以下几个方面:

(1)由于砂性土摩擦阻力大、标贯击数高,导致刀盘及千斤顶推力波动较大,掘进速度和刀盘扭矩经常不能协调匹配。此外,古土壤密实度特别高,盾构切削困难,贯入度小,推力大(最大达到 15 000 kN),推进速度较低(不到 4 cm/min);在此段,尤其是在新黄土和古土壤平分层(软硬不均地层)施工时,盾构掘进参数难以控制。

(2)土压平衡盾构在砂性土地层施工时,特别是在科—太区间内(高渗透性砂层占隧道断面的 98%,且均位于地下水位以下),由于其塑流性差、含水量高、渗透系数大,容易产生扰动液化甚至流砂,往往伴随有较大的地面沉降,严重时可能造成施工中断以及重大经济损失。此外,部分盾构隧道施工区间内黄土状土局部夹有砂层,遇水后易湿陷变形及软化,也给盾构隧道施工的安全带来隐患;例如,始发至环岛花坛处时沉降最大不到 20 mm,但掘进至常青段时,个别监测点最大沉降就达到了 40 mm,这说明湿陷性地层中地层沉降控制困难。

(3)盾构掘进时刀盘及主轴承扭矩、千斤顶推力太大,施工进展较慢,同时导致刀具、螺旋机过度磨损。

(4)由于砂性土流塑性太差,加之螺旋出土器出土困难,导致圆砾等较大颗粒容易在土舱下方堆积,增大扭矩,影响掘进工效。此外,古土壤与泡沫不溶,且水只对古土壤表面有润湿作用,内部渗透不进去,造成出土困难,容易造成螺旋输送机憋死。可见,防泥饼问题也很突出。

(5)暗挖隧道与盾构隧道间距小,盾构施工过程中保证先行施工矿山法隧道结构安全也是本工程中的重难点之一。例如,太白南路站前配线段右线跨度为 14.8 m,大断面矿山法隧道 B3 与左线盾构法隧道净距仅为 0.775 m,为保证小间距隧道段施工及运营阶段的安全,B3 断面优化为直墙断面,二者间距为 1.32 m,与 B3 断面相接的 B2 断面与盾构隧道净距为 3.14 m。

(6)除注浆技术不符合要求、超挖、地下水含量不同等因素外,前述复杂的地质因素也是造成上浮和错台的主要原因。故加强掘进过程控制(如姿态、方向控制等),尤其是针对特殊地段加强工盾构施工效果控制,是施工中亟待解决的问题。

14.3.4　施工关键技术

14.3.4.1　砂质地层中关键掘进参数控制和注浆技术

(1)掘进速度控制

掘进速度及推力的选定应以维持土舱压力为目的。一般而言,盾构推进速度与总推力之间近似成线性关系;前 10 环掘进速度宜在 30 mm/min 左右;正常掘进后推进速度宜保持恒定,建议为 20~60 mm/min,推力为 6 000~11 000 kN。对于具体的砂质地层,应

根据其特征作进一步的优选:

①在粉质黏土地层掘进时,掘进速度控制在 50 mm/min,每环掘进时间在 45 min 左右,泡沫剂使用量为 25～30 L/环,推力为 13 000 kN,刀盘扭矩为 2 500～2 800 kN·m,每环出渣量为 62 m³ 左右。

②全断面砂层下,当砂层比例占到出渣量 40%～50% 左右时,泡沫剂使用量宜为 35 L/环。

③全断面砂层下,当砂层比例占到 70%～80% 时,泡沫剂改良效果明显下降,刀盘扭矩过大,掘进速度降低,需加大膨润土用量,例如每环使用量为 6～8 m³,每环出渣量为 58～60 m³。

(2)出渣量控制

本工程中单环管片设计长度为 1.5 m,刀盘设计外径为 6.28 m,故每环理论出渣量(实方)为 46.43 m³/环,进一步可根据经验松散系数计算出土压平衡模式下出渣量为 62～64 m³。施工过程中应严格控制盾构掘进过程中的出渣量,并采取掘进进尺与渣车双重控制的原则。经过计算,若每节渣车容量为 18 m³,每环出渣量在 3.5～3.7 车,分阶段控制掘进 43 cm 出一斗渣,并且在以掘进 10 cm 为单位测渣斗渣量。

(3)同步注浆

施工过程中严格控制同步注浆量和浆液质量。采用双泵四管路(四注入点)对称地同时注浆。同步注浆材料为水泥砂浆,配合比见表 14-1。

表 14-1　注浆材料配比

水泥(kg)	粉煤灰(kg)	膨润土(kg)	砂(kg)	水(kg)	外加剂
120～260	381～241	60～50	779	460～470	按需要根据试验加入

同步注浆主要技术参数如下:

①注浆压力。为保证达到对环向空隙的有效充填,同时又能确保管片结构不因注浆产生变形和损坏,根据计算和经验,注浆压力取值为 0.2～0.5 MPa。

②注浆量。根据经验公式计算,并参考西安地铁 3 号线大—汉、4 号线小—新盾构区间和南京地铁盾构施工经验,注浆量取环形间隙理论体积的 1.3～1.8 倍,即每环(1.5 m)注浆量 Q 为 4.7～6.5 m³。

③注浆速度。同步注浆速度应与掘进速度相匹配,按盾构完成一环 1.5 m 掘进的时间内完成当环注浆量来确定其平均注浆速度。

④注浆结束标准。采用注浆压力和注浆量双指标控制标准,当注浆压力达到设定值,注浆量达到设计值的 90% 以上时,可认为达到了质量要求。

⑤施工时根据地表沉降监测反馈信息,结合出渣量确定管片衬砌背后有无空洞,综合判断是否需要进行二次注浆。

14.3.4.2　砂土地层中盾构关键部件防磨损技术

(1)在盾构进行砂土地层施工前,通过在刀盘周圈加焊一层耐磨钢板、在面板上加网格耐磨层、刀盘边缘焊接耐磨层、把周边的 4 把边刀加为 8 把边刀、在刀具磨损严重的区域加焊先行刀等方式,能有效地达到对土压平衡刀盘改造的目的,加强了其对砂土地层的适应性。

（2）通过在盾尾注浆壳前端盾体上焊接刀具，使该刀具起超挖刀的作用，或者在注浆壳上设置网格耐磨层，都能够有效地减少土层对注浆壳的磨损，提高盾尾注浆壳的使用效率。

（3）在盾构进行砂土地层施工前，通过对螺旋机在螺旋叶片及筒体内壁加焊网格耐磨层、筒体加固、加强驱动系统的密封结构及润滑效果、更改螺旋出土位置等方式，能有效地达到对土压平衡盾构螺旋机改造的目的，加强了其对砂土地层的适应性。

14.3.4.3　砂土地层中渣土改良控制技术

对于黏性地层来说，通过渣土改良技术来防止结泥饼，而对于黏性土含量低的砂层来说，通过渣土改良来改善地层沉降控制能力，是至关重要的。现就两种地层应用场合下的技术要点简要介绍如下。

（1）黄土地层下的防结泥饼措施如下：

①若地层稳定性较差，但隔气性较好时，宜采用辅助气压作业，掘进也宜采用欠土压平衡模式；采用冷却措施，避免土舱高温高热，避免土舱饱满时长期停机，宜以泥浆代替部分土体充填土舱，可通过重度指标来控制。

②加强盾构掘进时的地质预测和泥土管理，特别是在黏性土中掘进时，更应密切注意开挖面的地质情况和刀盘的工作状态。

③根据渣土改良试验效果，可以将黄土和膨润土的混合泥浆作为改良剂；对于新黄土地层，可以加大泡沫注入量；在古土壤中加大水注入量，不注泡沫。

④一旦产生泥饼，及时采取对策，必要时采用人工处理的方式清除泥饼。

⑤泥浆注入点除了选择土舱外，还应该有刀盘前方和盾体外。必要时，螺旋输送机内也要加入泡沫或水，以增加渣土的流动性，利于渣土的排出。

⑥针对刀盘扭矩太大问题，增加加泥系统，注入流量为刀盘前面 100 L/min 以上。通过增加膨润土量来减小刀盘扭矩。

⑦在进行渣土改良的同时，注意对土压力的控制；掘进速度、螺旋机转速是控制土压力的两个主要因素，通过对这两个因素的动态调节，尽量将土舱压力建高。

（2）砂质地层

由于不同区域砂层特点不同，故应根据具体地质条件合理选择添加剂类型。表 14-2 为西安地铁 2 号线北客站—北苑站区间渣土改良施工汇总建议。对于类似工程，可参考表 14-2 中的渣土改良方法。

综合表 14-2 及施工经验，砂质地层渣土改良方法如下：

（1）在渗透性和摩擦阻力不是太大且对地面沉降要求不是很高的区间施工时，可以从经济的角度考虑而采用膨润土（也可采用肥皂水添加剂，黏土添加剂）；

（2）在渗透性和摩擦阻力较大且施工要求高的区段，应采用成本较高的泡沫添加剂。

（3）在塑流性差、含水量高、渗透系数大的砂土、砂质粉土地层时，必须根据地层特征综合选用各种添加剂（如水、肥皂水、喷润土、黏土、CMC 聚合物和泡沫剂等添加剂），使工作面达到动态土压平衡，避免土体受扰动发生液化、流砂或螺旋出土器出土困难使工作面形成"干饼"，减小施工变形，有效控制地面沉降。同时可加快螺旋出土器排土，减少刀盘

表 14-2 渣土改良建议

掘进地层	地层特点	现象	施工建议	参考参数	改良配方
粉细砂+中砂	埋深较浅，开挖面敏感	粉细砂易液化	渣土改良建压通过膨润土泥浆减摩	上土压 0.1 MPa，推力 18 000 kN，出土量 54 m^3	膨润土：水为 1∶10，注入量 7 m^3
中、粗砂	密实，渗透系数大	推力大，姿态难控制，出土多	膨润土泥浆改良及减摩；欠压快速通过，控制出土量；注浆紧跟	上土压 0.08 MPa，下土压 0.16 MPa，总推力 24 000 kN，出土量 56 m^3	膨润土：水为 1∶10，注入量 10 m^3，富水地层可在减少注入量的同时提高刀盘转速
砾砂	颗粒粒径大，渗透系数大	刀盘扭矩大，出土难	膨润土和黄土泥浆改良；欠压快速通过，控制出土量；注浆紧跟	上土压 0.08 MPa，下土压 0.18 MPa，总推力 26 000 kN，出土量 55 m^3	选择膨润土：水为 1∶10 的泥浆，膨润土：黄土为 2∶3，注入量 10 m^3
黏土+砂复合地层	上部有少量的黏土，下部为砂层	掘进较为顺利，但忽略渣土改良可能造成螺旋机磨损严重	向刀盘前方和土舱注水或膨润土泥浆	上土压 0.12 MPa，推力 18 000 kN，出土量 54 m^3	注入有较好润滑性的膨润土泥浆

扭矩、千斤顶推力及刀头磨损。

（4）在粉细砂地层掘进时，必要时还应注入膨胀土泥浆、亲水聚合物材料或通过保压泵渣装置防止涌水涌砂。其中，泡沫的注入量按开挖方量计算：300～600 L/m^3；加泥量为出土量的 20%～30%。注入压力与盾构的土舱压力一致或略高。配比和注入量根据地质条件及施工情况及时加以调整。

（5）对于以砂层为主的科太区间，应采取加膨润土泥浆与泡沫剂改良。为了保证盾构在中、粗砂层中的正常保压和顺利掘进，在端头场地内设置膨润土泥浆设施，可对刀盘前方和土舱加膨润土泥浆起到渣土改良和堵水护壁的双重作用。科太区间砂层渣土改良试验表明，纳基膨润土泥浆比 1∶10，掺入量为 1∶5，每环加入膨润土泥浆浆液 9～10 m^3，泡沫剂掺入量为 20 L/环。

（6）对于含有砾石的粗砂层，可以在膨润土中加入黄土以增加泥浆的重度。

14.4 南昌富水砂卵石地层盾构施工难点与对策

14.4.1 新洪城大市场—丁家洲站区间

区间线路出新洪城大市场站后沿抚生南路向北方前行，在芳湖路附近拐入规划绿地，侧穿东抚 2 线高压线塔基础及护城河桥桥桩，继续向北前行下穿规划抚生路跨线桥，之后沿抚生南路向北前行进入云海路站。区间左线长 1 735.592 m，左线长链 3.284 m，右线长 1 736.704 m，长链 4.396 m，线间距 14～32.2 m，最小平面曲线半径 600 m。区间隧道纵断面呈 V 字形，线路最大纵坡 26‰，隧道顶覆土厚度 10～20 m。区间设置 1 号联络通道、2 号联络通道兼泵房，两座联络通道均采用冻结法加固地层，矿山法施工。正线采用盾构法

施工,左右线盾构均从丁家洲站始发,掘进至新洪城大市场站吊出。平纵断面如图 14-13、图 14-14 所示。

图 14-13　新洪城大市场站—丁家洲站总平面示意

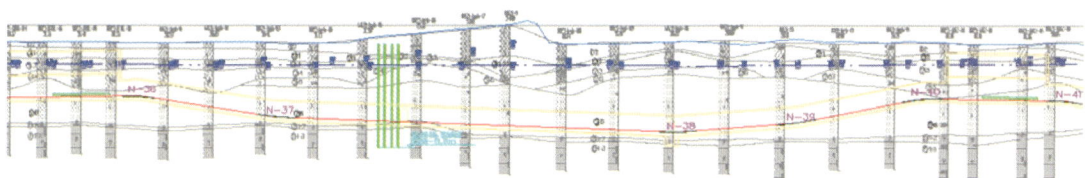

图 14-14　新洪城大市场站—丁家洲站纵断面示意

14.4.2　丁家洲—观洲站区间

区间线路出丁家洲后沿抚生南路向北方前行,在云飞路北侧下穿桃花河南支渠引水箱涵后继续向北进入观洲站。区间左线长 1 108.462 m,左线长链 3.129 m,右线长 1 105.333 m,线间距 14～19 m,最小平面曲线半径 1 000 m。区间隧道纵断面呈 V 字形,线路最大纵坡 26‰,隧道顶覆土厚度 10～18.5 m。区间设置 1 座联络通道,与泵房合建,采用冻结法加固地层,矿山法施工。正线采用盾构法施工,左右线盾构均从丁家洲站始发,掘进至观洲站吊出。平纵断面如图 14-15、图 14-16 所示。

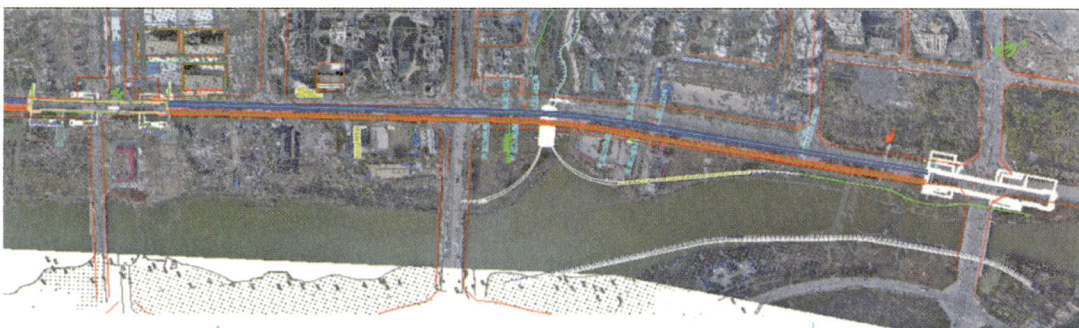

图 14-15　丁家洲—观洲站总平面示意

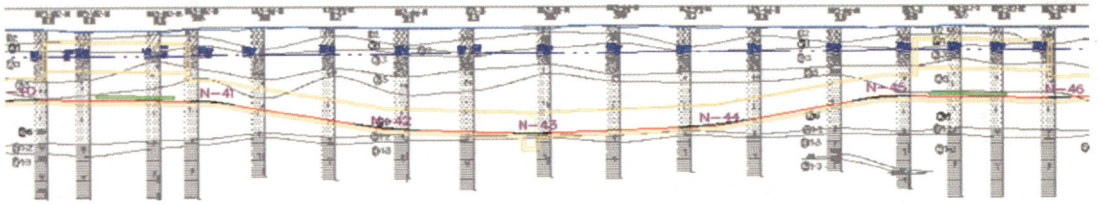

图 14-16　丁家洲—观洲站纵断面示意

14.4.3　水文地质

14.4.3.1　新洪城大市场—丁家洲站区间工程地质

拟建新洪城大市场—丁家洲站区间基本呈南北走向。根据工程地质调查测绘资料、地貌成因和形态特征、岩土结构水文地质等工程地质条件进行综合分区，拟建区间勘察场地沿线地貌主要赣江两岸赣抚冲积平原区的一级阶地。根据勘察资料，新洪城大市场—丁家洲站区沿线地面高程在 18.76～25.74 m 之间。

新洪城大市场—丁家洲站区间隧道顶覆土 10～20 m。区间沿线各层土的岩性特征及埋藏条件自上而下依次为：①2 素填土、②1 粉质黏土、②3 细砂、②4 中砂、②5 粗砂、②6 砾砂、⑤1-2 强风化泥质粉砂岩、⑤1-3 中风化泥质粉砂岩，如图 14-17 所示。盾构主要掘进地层为砾砂层，局部穿越中砂、粗砂层，如图 14-18 所示。

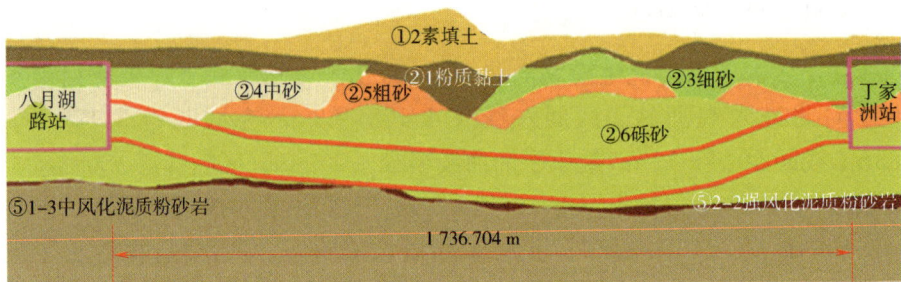

图 14-17　区间沿线地层分布示意

14.4.3.2　丁家洲站—观洲站区间工程地质

拟建丁家洲站—观洲站区间基本呈南北走向。根据工程地质调查测绘资料、地貌成因和形态特征、岩土结构水文地质等工程地质条件进行综合分区，拟建区间勘察场地沿线地貌主要赣江两岸赣抚冲积平原区的一级阶地。根据勘察资料，丁家洲站—观洲站区沿线地面高程在 19.64～20.96 m 之间，高差约 1.32 m。

丁家洲—观洲站区间隧道顶覆土 10～18.5 m。区间沿线各层土的岩性特征及埋藏条件自上而下依次为：①2 素填土、②1 粉质黏土、②3 细砂、②4 中砂、②5 粗砂、②6 砾砂、⑤1-2 强风化泥质粉砂岩、⑤1-3 中风化泥质粉砂岩，如图 14-19 所示。盾构主要掘进地层

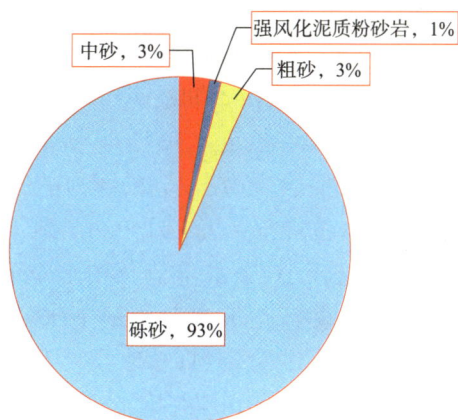

图 14-18　新洪城大市场—丁家洲站区间地质比例

为砾砂层,局部穿越粗砂层,如图 14-20 所示。

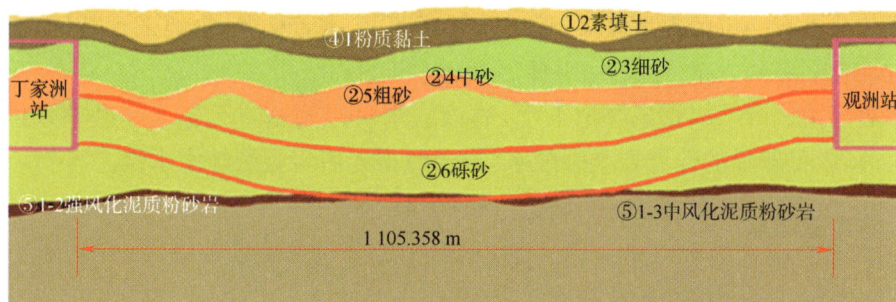

图 14-19　区间沿线地层分布示意

14.4.3.3　水文情况

拟建场地地下水类型可分为上层滞水、松散岩类孔隙水、碎屑岩类裂隙溶隙水三种类型。

（1）上层滞水

赋存于浅部填土层之中,无上覆隔水层,下部粉质黏土层为其隔水底板。水位及富水性随气候变化大,无连续的水位面,呈局部分布,主要接受降雨入渗补给及城区下水管的渗漏补给,排泄于场地周边沟渠或赣江。水位随气候变化大,无连续的水位面,水量一般较小,勘察期间,未见到明显的上层滞水水位。若连续降雨,该层易赋存上层滞水且最高水位可与地面平齐。

图 14-20　丁家洲站—观洲站区间地层比例

（2）第四系松散岩类孔隙水

第四系松散岩类孔隙水主要赋存于第四系全新统冲积层的砂砾石层中,局部具微承

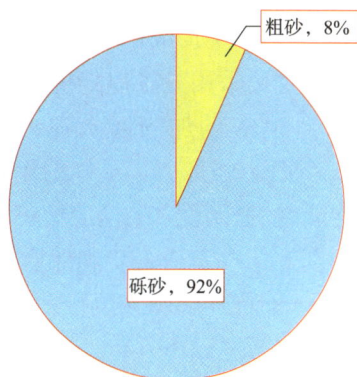

压性。含水层结构单一,一般由两个岩性段组成,上部为②1粉质黏土层,局部②2淤泥质黏土透镜体,一般厚度为 0.5～3.0 m,透水性弱,渗透系数为 0.001～0.05 m/d 左右,为含水层的隔水顶板,下伏基岩为相对隔水层底板。勘察期间属枯水季节,初见水位埋深 2.87～11.84 m,初见水位标高 13.6～15.9 m,稳定水位埋深 5.35～12.39 m,稳定水位标高 13.05～13.68 m,勘察期间地下水主要表现为潜水,局部为承压水,具有微承压性,承压水头高度为 0.3～3.6 m 左右。地下水位埋深年变幅1～3 m,地下水主要接受赣江地表水体的侧向补给,地下水受人为开采影响较小,平水季节及枯水季节地下水补给地表水,地下水向赣江排泄;汛期,赣江水位上涨,赣江地表水补给地下水。地下水与赣江水力联系较密切,地下水水量丰富。根据现场抽水试验资料,含水层渗透性强,含水层综合渗透系数为 110 m/d,单井涌水量为 607.2～1 766.4 m³/d。

(3)碎屑岩类裂隙孔隙水

碎屑岩类裂隙水主要赋存于第三系新余群较破碎的泥质粉砂岩与钙质泥岩层段,该含水层富水性不均一,主要受风化裂隙和构造裂隙(节理)控制,裂隙(节理)多呈闭合状,一般富水性极差,单井涌水量普遍小于 50 m³/d,渗透系数为 0.26～0.45 m/d。该层地下水与上覆孔隙水有一定的水力联系,形成互补关系,一般无统一的地下水位面,且多具微承压性。渗透等级属弱-微透水性,总体属微透水性。

区间盾构范围内未揭露该层地下水,故该层水对区间基本无影响。勘察期间在勘察深度范围内,未见明显的碎屑岩类裂隙水,也未测得碎屑岩类裂隙水水位。

14.4.4 施工重难点

14.4.4.1 富水砂层盾构始发及接收

新一丁区间端头处主要为细砂、中砂、粗砂、砾砂层,地下水丰富。若盾构始发和接收地层加固及降水措施不到位,在始发和接收过程中极易发生涌水涌砂,造成周边地表沉降,甚至形成大的坍塌,采取以下措施进行控制。

(1)端头加固施工质量控制。端头加固严格按设计施工,确保土体加固强度。盾构井端头加固采用三轴搅拌桩＋双重管旋喷桩的加固方案。三轴搅拌桩强加固区水泥掺量不小于20%,弱加固区水泥掺量不小于10%,弱加固区土体的无侧限抗压强度不小于 0.5 MPa,强加固区土体的无侧限抗压强度不小于 0.8 MPa,同时加固土体应具有良好的均质性、密闭性和自立性。三重管旋喷桩加固水泥掺量不小于35%,无侧限抗压强度不小于 0.8 MPa。进一步确保盾构始发及接收的安全性。

(2)坑外降水井运行。与专业降水队伍联系,坑外降水井每个端头设置 6 口。打设深度为底板底以下 6 m。其中在始发前,启用坑外降水井,水位恒降至洞底以下 2 m。降水过程中,配备双电源,不得随意抽停,达到设计水位后,每 3 h 观测一次,确保水位恒定。

(3)洞门密封的安装质量。始发前在刀头和密封装置上涂抹油脂,避免刀盘上刀头损坏洞门密封装置;在盾壳、管片通过洞门密封的阶段要加强管理,确保其密封效果。

①严格按照设计文件进行洞门钢环的制作、安装,保证施工精度满足要求。

②加强盾构始发时的姿态控制,避免盾构姿态不好造成洞门密封的局部失效。

③盾构始发时,派专人对洞门密封情况进行观察,发现问题应及时处理。

④适当调整铰接压板,保证帘布橡胶与盾构筒体的密贴。

(4)洞门凿除快速完成。洞门凿除要快速,杂物要清理干净,特别是钢筋等,避免掌子面长时间暴露。

①洞门破除过程中,由于机械破除时产生的振动等原因不可避免有砂石掉落的现象。如果掉落砂石的量在控制范围内,不影响正常的施工,也不会对设备和人员构成安全风险,则可将砂石清理后继续施工,需要时可派专人在旁观测土体状况,一旦发生危险即时通知施工人员撤离。

②若因端头加固效果不好或施工不当等,造成洞口土体大量塌落时,应立即停止施工,并组织施工人员使用注浆泵对塌落的土体进行注浆封堵,封堵完毕后方可进行下一步施工。

(5)合理组织施工,确保施工组织顺畅,工序与工序之间尽量减少停顿时间,使盾构刀盘快速进入洞门,顶至掌子面。

(6)盾体完全进入土体后,立即对洞门进行封闭,同时壁后注浆封堵洞门。

14.4.4.2　富水砂层掘进设备的保护

盾构长时间在富水砂层中掘进,地层中的砂砾层容易造成刀盘、刀具、螺旋输送机等设备磨损严重,采取以下措施保护设备。

(1)刀盘选型中,选择复合式刀盘。

(2)刀盘、刀座周围焊接耐磨层;设置加强筋板,以增加刀盘整体结构强度,刀盘面板的正反面采用耐磨堆焊和焊接合金耐磨块进行防护。

(3)安装有效的刀具磨损检测装置。

(4)采用膨润土及泡沫剂等对渣土进行有效的改良措施,减小掌子面及土舱内渣土摩擦系数。

(5)根据项目水文地质情况,合理配置刀具,本工程刀盘总图如图 14-21、图 14-22,刀具配置见表 14-3。

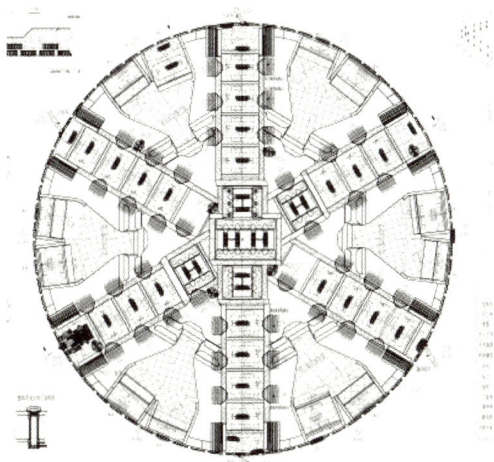

图 14-21　中铁 440 号盾构刀盘

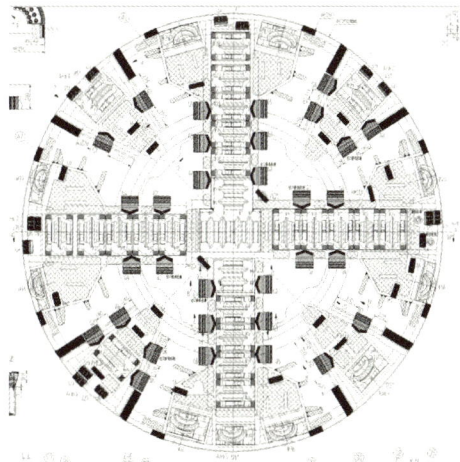

图 14-22　中铁 63/64 号盾构刀盘

表 14-3   刀具配置

名　　称	数量要求
中心双刃撕裂刀	440 号 6 把,63/64 号 4 把
正面单刃撕裂刀	19 把
边缘可更换撕裂刀 1	10 把(刀高加高)
边缘可更换撕裂刀 2	3 把(刀高不变,样式同正面可更换撕裂刀)
正面切刀	32 把
边刮刀左	8 把
边刮刀右	8 把
焊接式撕裂刀	29 把(改型)
保 径 刀	8 把(改型)

①中心可更换式撕裂刀(图 14-23)

刀盘原设计滚刀在本区间地层下难以正常旋转,因此替换为中心可更换式撕裂刀。中心可更换式撕裂刀安装在刀箱中心位置,安装形式与原滚刀安装形式相仿,刀具工作形式发生变化,由滚压破碎变为撕裂划开掌子面。

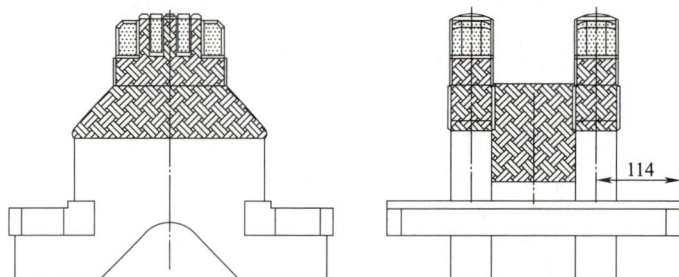

图 14-23   中心可更换式撕裂刀(单位:mm)

可更换式撕裂刀具有以下特点:

a. 中心刀旋转半径小,为减小刀具侧向受力,采用较短刀头形式。

b. 中心刀磨损相对较轻,较短的刀头形式可以满足磨损需求。

c. 两侧采用钝角大合金形式,具有较强的抗冲击性能及耐磨性。

②正面可更换式撕裂刀(图 14-24)

正面刀具转速相对中心刀较高,受到撞击及磨损相对较大,因此正面可更换式撕裂刀合金尺寸相对加大,增强刀具的耐磨性。

正面可更换式撕裂刀具有以下特点:

a. 正面可更换式撕裂刀相对磨损速度较快,因此增加刀头长度,增强耐磨性。

b. 两侧采用大块合金可以增大刀具的耐撞击能力。

c. 顶部尖顶形式可以在保证耐撞击性的前提下提高刀具贯入度。

d. 刀具五条合金高度基本平齐,可以保证刀具在磨损一定高度的情况下的可掘进距离最大化。

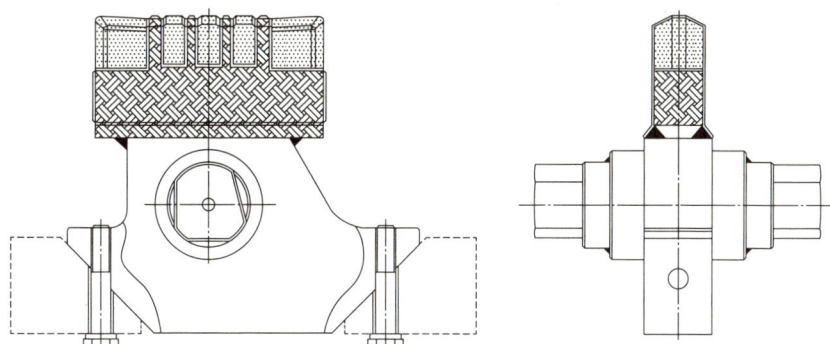

图 14-24　正面可更换式撕裂刀

③边缘可更换式撕裂刀(图 14-25)

边缘刀具转速相对中心刀最高,线速度最大,受到撞击及磨损相对较大,刀具磨损较为严重,考虑增强刀具配置强度,因此设计单刀双头可更换式撕裂刀形式。

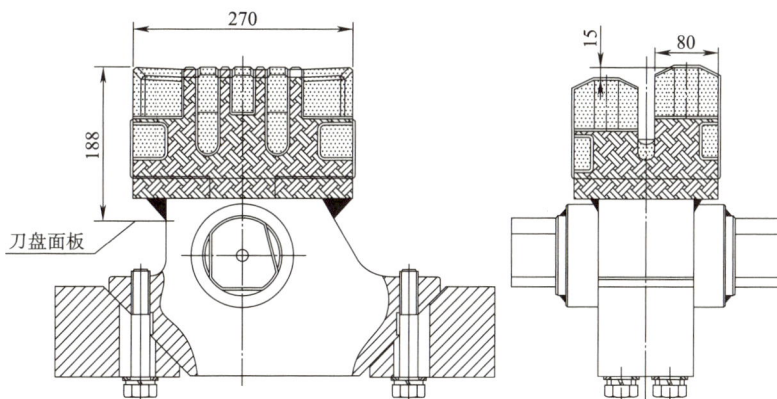

图 14-25　边缘可更换式撕裂刀(单位:mm)

边缘可更换式撕裂刀具有以下特点:

a. 两侧采用稍有角度的锐角形式大块合金,合金刃部圆角过渡,大块合金可以增大刀具的耐撞击能力。

b. 顶部尖角形式及两侧大合金母体包裹可以在保证耐撞击性的前提下提高刀具贯入度。

c. 刀具合金高度基本平齐,可以保证刀具在磨损一定高度的情况下的可掘进距离最大化。

d. 刀具采用单刀双刀头形式,可以通过增加刀头数量来延长刀具的使用寿命。

e. 主合金底部增加多条条状合金,加强对刀具母材的保护。

f. 两刀头间隙部位加合金保护,减少两刀头间间隙母材磨损。

g. 刀具双刀头存在 15 mm 高度差,增加刀具的可磨损高度。

边缘可更换式撕裂刀刀盘正面刮刀、边缘刮刀,刀具形式为前排贴焊大合金块的形式,且合金采用圆弧过度,增强其耐撞击性能,同时背后增加硬质合金。前排采用贴焊大合金形式可以增加刀具表面的合金覆盖面积,保证切刀直接参与切削部分为硬质合金。

背后的硬质合金可以保护刀具母材,避免因刀具母材磨损造成的刀具异常损坏。此种类型的刮刀满足本区间地质掘进要求,故不作变动。

④正面焊接撕裂刀(图 14-26)

区间为高磨蚀性地层,且长度较大,原正面焊接撕裂刀及原边缘焊接撕裂刀加强。焊接撕裂刀刀高调整为 $H160$,与可更换撕裂刀 $H188$ 形成两种高度,可增大刀具可磨损高度,同时保证刀具在区间的最大掘进距离。

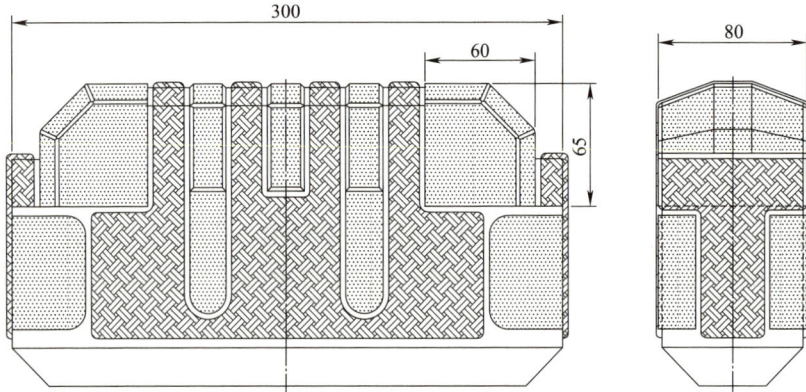

图 14-26　正面焊接撕裂刀(单位:mm)

正面焊接撕裂刀具有以下特点:

(a)采用钝角形式大块合金,大块合金可以增大刀具的耐撞击能力。

(b)顶部轻微尖角形式可以在保证耐撞击性的前提下提高刀具贯入度。

(c)刀具两端包裹母材增强刀具的耐撞击能力,同时提高焊接强度。

(d)主合金底部增加多条条状合金,加强对刀具母材的保护。

(e)刀具厚度 80 mm,拓宽撕裂刀开挖轨迹线宽度,加强对下层刀具的保护。

⑤保径刀(图 14-27)

最外周撕裂刀起到先行撕裂和保径的双重作用,刀盘最外周刀具开挖过程中行进距离和线速度最大,且刀盘外周受力较为复杂,既受到来自开挖掌子面正面的压力,又受到洞身侧面挤压力,同时还有开挖渣土的二次磨损,建议对刀盘外周 8 把保径刀进行加强。

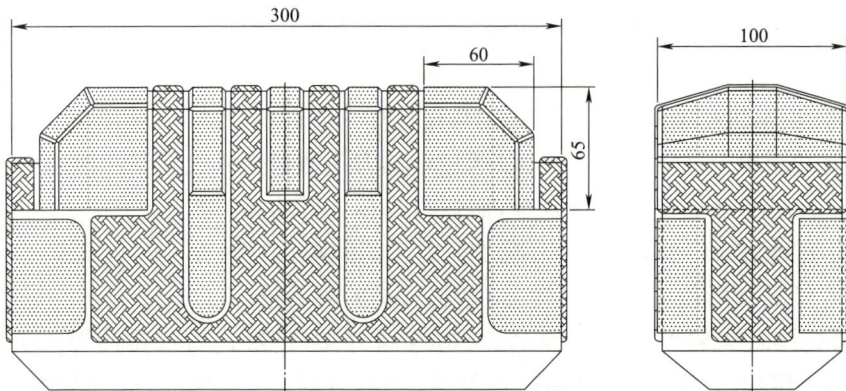

图 14-27　保径刀(单位:mm)

保径刀特点:保径刀刀具形式与外周焊接式撕裂刀相同,但是刀具厚度增加至 100 mm,增强刀具的可磨损尺寸,增强最外周刀具的保护能力。

14.4.4.3　盾尾刷保护

区间盾构长距离穿越富水砂层,掘进过程中盾尾刷的损坏将导致涌砂严重,且不能保证同步注浆效果,影响地面施工进度及地面建(构)筑物安全,因此盾尾刷的保护是重点,采取以下措施对盾尾进行保护:

(1)盾尾刷安装后,由土建工程师监督对盾尾刷涂抹油脂,油脂要多涂且匀,必须保证三道盾尾刷涂抹油脂不少于 4 桶(每桶 209 L)。

(2)始发之前对油脂管道必须严格排查,确保 45°、135°、225°、335°等每个方位有 2 组油脂管路,其中一个常用注脂孔,一个备用孔,掘进过程中确保每环注脂量,保证盾尾刷得到良好润滑。

(3)严禁在盾尾后 10 环附近采用二次注浆机注射水泥与水玻璃的混合液。

(4)盾构施工过程中每班派驻 1~2 名机电设备人员,确保施工过程中油脂泵的正常使用,过程中,油脂泵发生问题也可及时解决。

14.4.4.4　富水砂层盾构长距离掘进

南昌富水砂层地质地层稳定性差,容易被盾构刀盘切削扰动发生坍落,且砂质地层为强透水层,容易出现涌水和流砂现象,从而引起开挖面失稳和地表下沉。在盾构掘进过程中,当水量很大时,还容易直接造成螺旋输送机出土口出现喷涌现象,进而引起地表下沉,采取以下措施控制沉降。

(1)考虑到盾构长时间在富水砂层中掘进,地层中的砂层砂砾容易造成刀盘、刀具、螺旋输送机等设备磨损严重,故计划在进场前对本区间所使用盾构刀盘、刀具、螺旋输送机进行耐磨性改造,确保所使用盾构设备能有效适应本地层掘进要求。

刀盘耐磨性改造。刀盘结构材料级别不低于 Q345B。复合式刀盘面板及大圆环前后断面堆焊高度不小于 6 mm 的网格状耐磨条,外圈梁外圆表面后端应配置一整圈宽度不小于 60 mm 的硬质合金保护刀耐磨钢环,外圈梁后端表面应敷焊耐磨复合钢板。

对刀具本体及刃口部位进行耐磨堆焊处理,增加耐磨堆焊层的厚度,提高刃口的耐磨和抗冲击破坏能力。对刀具进行耐磨处理计划选用钨碳合金耐磨块。

刀盘配置盘体磨损检测装置不小于 2 个,同时配置刀具磨损检测装置(不少于 2 个)。

螺旋输送机改造。螺旋输送机是土压平衡盾构的重要组成部分,它不仅具有排出土舱内渣土的作用,还可以通过调节螺旋输送机的转速,调整土舱压力值,进而实现土压平衡。复杂恶劣地层工作环境易使螺旋出现过度磨损和断裂的故障。为使盾构系统正常工作,有必要对螺旋进行耐磨堆焊,增加螺旋耐磨性。

①表层强化处理,表层强化并不仅仅提高表层硬度,还可使金属材料表面具有某种特殊的化学性能,表面强化处理可以采用电弧和火焰方法来提高金属材料表面的硬度,一般来说,硬度越高,耐磨性越好。

②在靠近螺旋输送机叶片上部安装耐磨钢片或覆盖增强高分子耐磨片,进一步增强其耐磨性能。

③以聚四氟烯为基材，填充高分子粉或合金粉和氧化物等材料，采用粉末冶金烧结成型的螺旋输送机叶片，其耐磨性很高，年磨损量只有 0.002～0.004 mm。

④采用 KB666 耐磨焊丝，其具有优秀的结合性能，不脱落；具有良好的抗冲击性及耐磨性。硬度可达 60 HRC。

⑤刷涂耐磨涂层，如 HNT 耐磨涂料，这种涂料黏结力强，成型好，稳定性强，摩擦系数小，具有一定的机械强度，刷涂工艺简单。试验证明，HNT 耐磨涂料的耐磨性比铸铁高 2.5 倍。

（2）对渣土进行改良。渣土改良就是通过盾构配置的专用装置向刀盘面、土舱内或螺旋输送机内注入水、泡沫、膨润土或高分子聚合物等添加剂，利用刀盘的旋转搅拌、土舱内搅拌装置或螺旋输送机搅拌使添加剂与渣土混合，使盾构切削下来的渣土具有好的流塑性、合适的稠度、较低的透水性和较小的摩阻力，可以有效减少刀盘扭矩，减少刀具的磨损情况，提高掘进效率。结合本公司在南昌地区其他项目等，暂计划本工区使用的渣土改良剂主要为膨润土和泡沫剂，改良原理是通过加注膨润土和泡沫剂，增加砂土中的微细粒成分，减小砂土的内摩擦角，从而改善渣土的流动性，润滑刀具，降低刀盘温度。

对膨润土浆液注入系统改装（图 14-28）。本工区膨润土浆液渣土改良剂计划更改注入系统，拟采用管道运输膨润土浆液注入系统，该注入系统主要分为两部分，一是地面（或车站板面）拌合系统，二是注入系统。膨润土在地面与水拌合并发酵储存，拌合发酵完成后通过管道输送至盾构的膨润土存储罐中，根据盾构掘进的要求采用挤压泵输送注入至前方掌子面及土舱，可有效提高砂土的含泥量，补充土体的微细粒组分，使土体内摩擦角变小，增加开挖面土体的流动性和不透水性。

图 14-28　膨润土搅拌池

①膨润土浆液的配合比直接影响渣土改良的实际效果，为优选出最佳配合比，结合以往富水砂层掘进累积的经验及本工区地层特性，初拟定适合于本工区膨润土的配合比，详见表 14-4。

表 14-4　膨润土配合比

水	膨润土掺量/%	CMC 掺量/%	黏度(搅拌 10 min)/s		
			24 h	48 h	72 h
1	10	0.5	21	37	37

②为确保膨润土浆液改良剂效果,本工区拟采用优质钠基膨润土,该膨润土在水化时,其中的钠离子连接各层薄片,同时挤占与之接触的土颗粒之间的间隙,积聚于土壤与泥水的接触表面,形成不透水的可塑性胶体,可使膨润土浆液与水、泥、砂等物质的掺合物具备可塑性和黏结性等特性。

泡沫剂改良:盾构所使用的泡沫剂主要由水、活性剂、聚合物等组成,其中活性剂有助于形成大量泡沫,与聚合物共同作用,起到改良土质、润滑冷却和减摩的作用。要确定泡沫剂在土压平衡式盾构掘进中的应用效果,应从两方面考虑,即泡沫剂材料自身的性质及泡沫与开挖后土层混合形成的泡沫混合物的力学性质。我工区在盾构区间施工过程中,拟采用优质进口泡沫剂结合地层特性进行调配,改良为适用于本工区的泡沫剂,泡沫剂原液比采用 2.5%~4.5% 的比例进行充分发泡,泡沫液耗量控制在 55~60 L/环。

富水砂层注浆:富水砂层渗水强、孔隙率大,为保证同步注浆质量,要求同步注浆量足够,砂层同步注浆量为理论注浆量的 2~2.5 倍,注浆压力不小于 0.2 MPa,同步注浆泵采用单管单泵,可有效控制注浆量及注浆压力。富水砂层中要配置二次注浆设备,及时进行二次注浆,补充同步注浆的收缩和不足。注浆量压力可适当比同步注浆压力大 0.02~0.05 MPa,注浆量根据注浆压力来确定。二次注浆可参考南昌轨道交通 1、2 号线经验值:砂层注浆量 0.81 m³/m。在 4 个注浆管路的末端安装了浆液压力传感器,它能实时检测注浆各部位浆液的压力变化情况,以便注浆操作人员根据注浆压力的变化情况控制注浆量,使管片与隧道的环向间隙能够及时被浆液填充。

14.5　兰州富水砂卵石地层盾构施工难点与对策

14.5.1　工程概况

兰州轨道交通 1 号线一期工区包含一站二区间,即东方红广场—盘旋路站区间、盘旋路站、盘旋路—五里铺区间。本区间从盘旋路站始发,沿东岗西路由东向西掘进,途经甘肃省人民礼堂、甘肃财政厅、甘肃省国际金融大厦、甘肃省钱币博物馆到达东方红广场站,区间两侧多为高层建筑,建筑物与隧道中线距离约 19~44 m,建筑物基础与隧道顶部垂直距离约 0.5~4 m,地形平缓,车流量较大,隧道埋深约 5.7~14 m。区间由盘旋路始发,沿东岗西路由西向东掘进,途经西北电子商贸城天桥、甘肃省人民医院天桥、兰州电脑城、中国科学院,通过渭源路与会宁路后到达五里铺站。区间两侧多为高层建筑,建筑物与隧道中线水平距离约 17.5~38 m,建筑物基础与隧道顶部垂直距离约 7~8.5 m,地形平缓,车流量较大,隧道埋深约 12.2~17.2 m。车站采用明挖法及局部盖挖法施工,区间采用盾构法施工。线路走向及施工计划如图 14-29、图 14-30 所示。

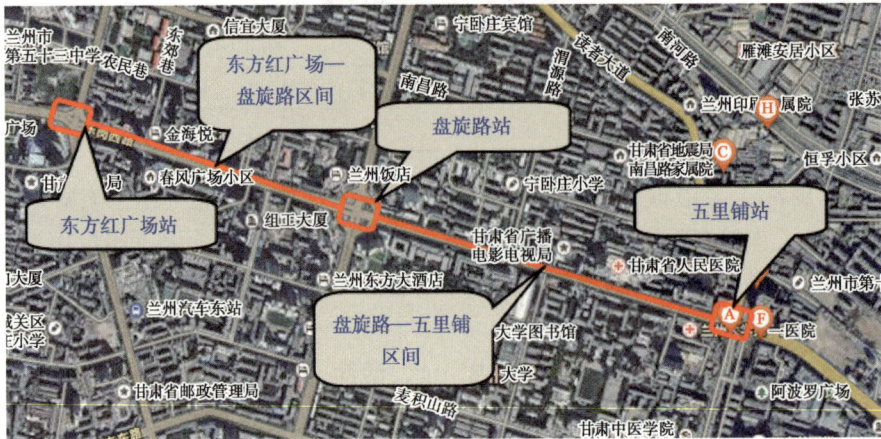

图 14-29　线路走向示意

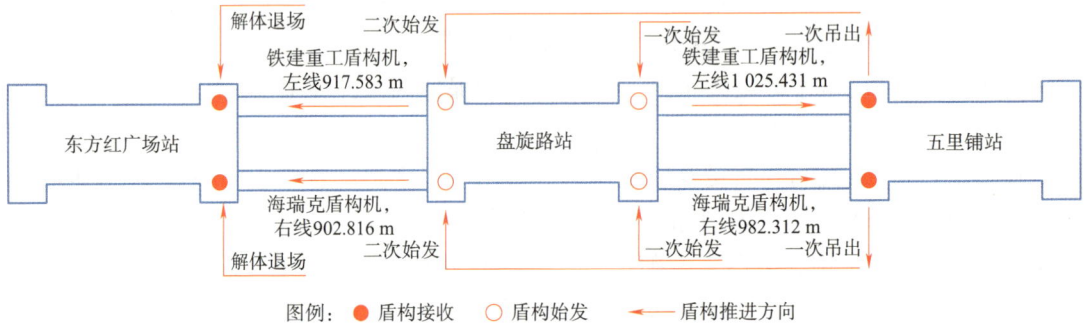

图例：● 盾构接收　○ 盾构始发　← 盾构推进方向

图 14-30　盾构区间施工筹划

本标段两个盾构区间均位于兰州市区东岗西路交通主干道上,地面交通繁忙、管线较为复杂,隧道总长约 3.8 km,主要穿越全断砂岩地层、全断面卵石地层及卵石砂岩复合地层,地层中所存在卵石颗粒母岩成分以灰岩、花岗岩为主(局部含大粒径漂石),卵石层为含水层;地层中所存在强风化砂岩层遇水极易崩解和软化,扰动后强度较低。

14.5.2　区间水文地质

(1)东方红广场站—盘旋路站区间

主要地层:地层自上而下分别为第四系全新人工回填土(Q4ml),冲积(Q4al)黄土状土,卵石及第三系古新统砂岩(E1-2)。区间地下水为第四系松散空隙潜水,含水层主要为第四系卵石层(局部含漂石),地下水埋深 4.6~6.0 m。本区间隧道主要穿越第三系古新统砂岩(E1-2),棕红色,饱和,密实。左线盾构区间隧道长度为 147.97 m,盾构穿越地层为:上部分 2.82~3.23 m 为卵石层,下部分为砂岩层;右线盾构区间隧道 236.045 m,盾构穿越地层为:上部分 3.3 m 为卵石层,下部分为砂岩层。左、右线卵石层密实,颗粒母岩成分以灰岩、花岗岩为主,磨圆度较差,呈次圆状~次棱角状,分选性一般,粒径 2~20 mm 约占 15%,20~40 mm 约占 30%,40~60 mm 约占 35%,大于 60 mm 约占 10%,最大粒径大

于 100 mm,颗粒之间交错排列,填充物以砂砾石为主,局部存在砂层透镜体。区间断面如图 14-31、图 14-32 所示。

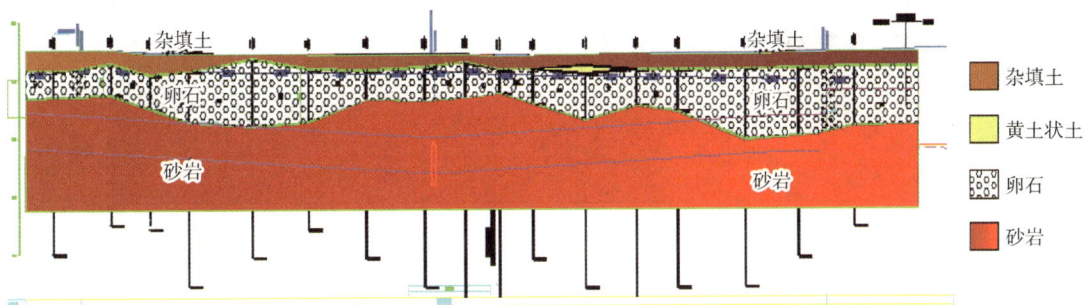

图 14-31 东—盘区间左线地质断面

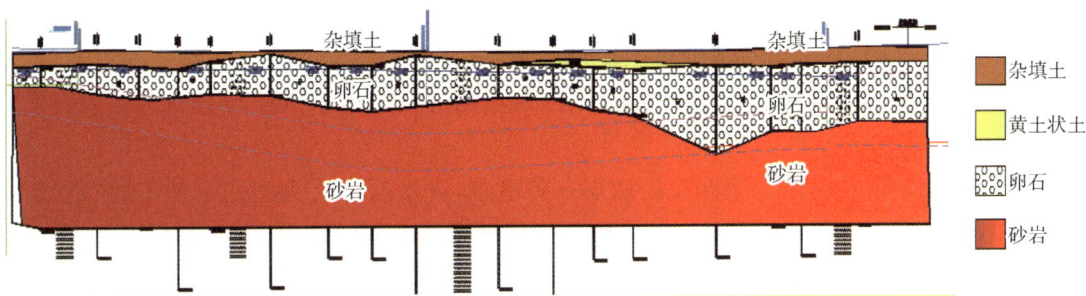

图 14-32 东—盘区间右线地质断面

（2）盘旋路站—五里铺路站区间

主要地层:区间地貌单元属黄河一级阶地,地层自上而下分别为第四系全新统人工填土（Q4ml）,冲积（Q4al）黄土状土,卵石及第三系古新统砂岩（E1-2）。区间地下水:第四系松散空隙潜水,地下水埋深 5.8～8.0 m,含水层主要为卵石层。本区间左线盾构隧道长度为 155.25 m,盾构穿越地层为全断面卵石层。左线穿越卵石层密实,颗粒母岩成分以灰岩、花岗岩为主,磨圆度较差,呈次圆状～次棱角状,分选性一般,卵石粒径 2～20 mm 约占 15％,20～40 mm 约占 30％,40～60 mm 约站 35％,大于 60 mm 约占 10％,最大粒径大于 400 mm,颗粒之间交错排列,填充物以砂砾石为主,局部存在砂层透镜体。区间断面如图 14-33、图14-34 所示。

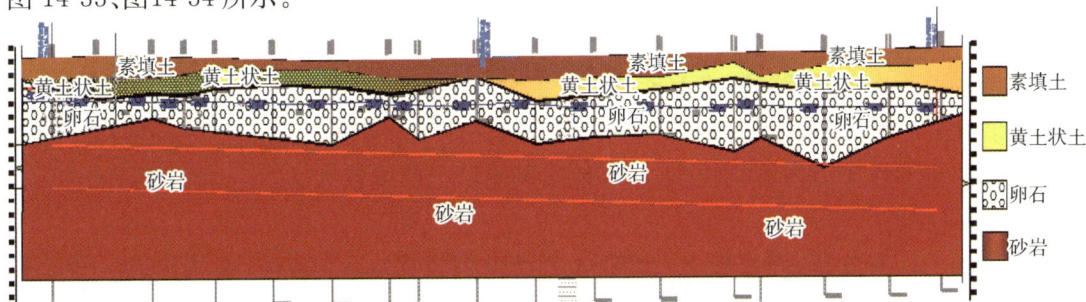

图 14-33 盘—五区间右线地质断面

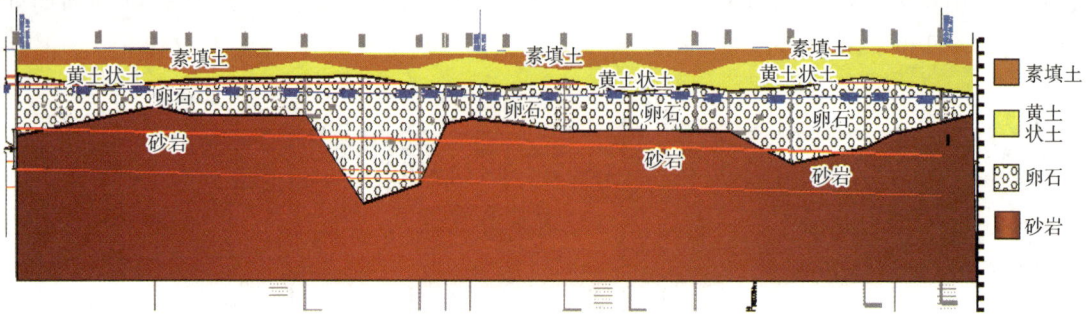

图 14-34　盘—五区间左线地质断面

14.5.3　水文情况

地质详勘显示,本地区潜水补给主要来自侧向径流补给、大气降水入渗及灌溉水的入渗补给。地下水的总体流向与地形一致,由南西流向北东。潜水的排泄方式为蒸发、向下游径流,最终排泄至黄河。

东—盘区间的地下水为第四系松散层孔隙潜水,含水层主要为第四系冲击卵石(局部含漂石),潜水层含水层厚度约为 15 m,卵石下的砂岩为相对隔水层,砂岩顶部可能存在局部裂隙水。区间黄状土的渗透系数 5~12 m/d,卵石的渗透系数采用 40~50 m/d,风化砂岩为弱透水层,渗透系数采用 8~15 m/d。

盘—五区间的地下水为第四系松散层孔隙潜水,含水层主要为第四系冲击卵石(局部含漂石),潜水层含水层厚度约为 25 m,卵石下的砂岩为相对隔水层,砂岩顶部可能存在局部裂隙水。区间黄状土的渗透系数 5~12 m/d,卵石的渗透系数采用 25~35 m/d,上部裂隙发育的风化砂岩段渗透系数为 8~15 m/d。

地下水埋深分别为 2.6~4.5 m(东—盘区间)和 4.6~6.0 m(盘—五区间),水位年变幅约 1~2 m,地下水对混凝土结构具有弱腐蚀性,对钢筋混凝土中的钢筋具有微腐蚀性;在干湿交替环境下对混凝土结构具有微腐蚀性,对钢筋混凝土结构中的钢筋具弱腐蚀性。

14.5.4　特殊岩土及特殊工程地质问题

(1)人工填土

目前场地为东岗西路的沥青路面,从勘探资料看,场地内有 0.5~3.5 m 厚的人工填土,为沥青路面及路基灰土垫层或管沟回填土,以黏性土和卵砾石为主,含少量砖渣、灰渣等。主体两侧的慢车道内管线较多,局部地段可能填土厚度较大。

(2)强风化砂岩

目前场地均有分布,厚度较大,上部对工程影响较大,细粒结构,层状构造。岩心破碎,多呈 3~8 cm 短柱状,铁质、泥质胶结。成岩作用差,手可捏碎,遇水变成砂,暴露在地表时极易风化,经扰动后强度极低。

（3）其他

区间道路两侧多高层与多层建筑错落分布，局部设有 2 层地下室，盾构掘进可能会对建筑物稳定造成影响，应采取有效保护措施并加强监测。

14.5.5　富水卵石地层施工重难点

盾构隧道全断面卵石层杂色，密实。颗粒母岩成分以灰岩、花岗岩为主，磨圆度较差，呈次圆状～次棱角状，分选性一般，粒径 2～20 mm 约占 15%，粒径 20～40 mm 约占 30%，粒径 40～60 mm 约 35%，大于 60 mm 约占 10%，最大粒径约 800 mm，颗粒之间交错排列，填充以沙石为主。由于卵石层为含水层且存在较大粒径卵石，盾构全断面卵石地层掘进过程中，出土较为困难，不间断地出现卡螺旋、卡刀盘现象，并且卵石层一经扰动，整体会产生下沉现象，地面交通情况复杂且管线众多，因此对盾构掘进工作带来了较大的难度和风险，重难点主要表现在以下两个方面：

（1）全断面卵石层掘进中的出土量及地面沉降控制。

（2）全断面卵石层掘进中的渣土改良。

14.5.6　富水卵石地层施工关键技术

（1）全断面卵石地层掘进技术

盘五区间左线隧道盾构穿越地层为卵石、砂岩复合地层（上部 0～2.5 m 为卵石层，下部为砂岩层）、全断面卵石层、全断面砂岩地层，如图 14-35 所示。

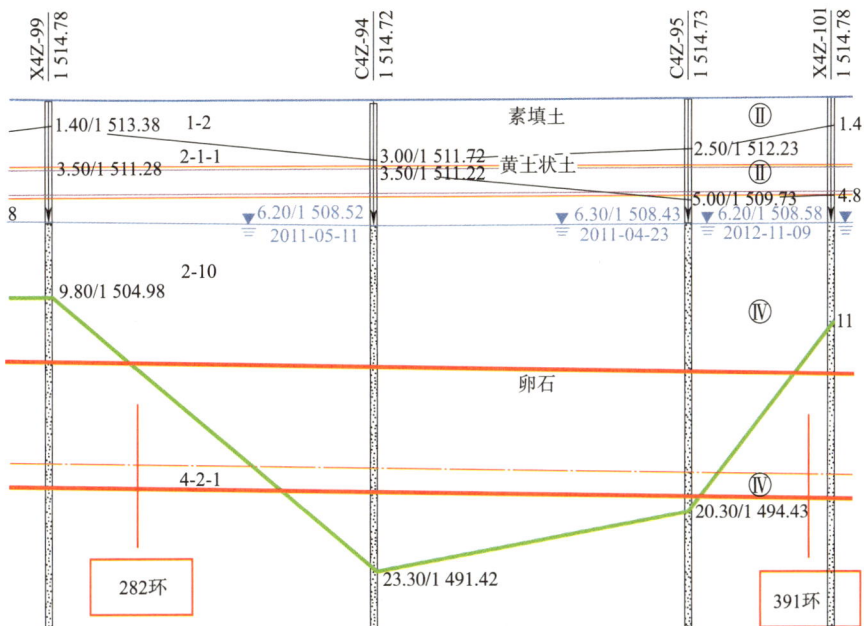

图 14-35　全断面卵石地层剖面

根据详勘报告,盘五区间左线 282 环至 391 环区段为全断面卵石地层,颗粒母岩成分以灰岩、花岗岩为主,磨圆度较差,呈次圆状～次棱角状,分选性一般,粒径 2～20 mm 约占 15%,20～40 mm 约占 30%,40～60 mm 约占 35%,大于 60 mm 约占 10%,最大粒径 600 mm,颗粒之间交错排列,充填物以砂砾石为主。根据以往类似地层施工经验,盾构在此地层内掘进难度极大,极易出现地层扰动后掌子面失稳、多出土,造成地面坍塌现象。

(2)出土量及地面沉降控制

全断面卵石掘进过程初期,多次出现卡螺旋卡刀盘现象,出土难以控制且地面沉降较大,每环耗时波动较大,时间较长。297～384 环每环施工耗时情况如图 14-36 所示。

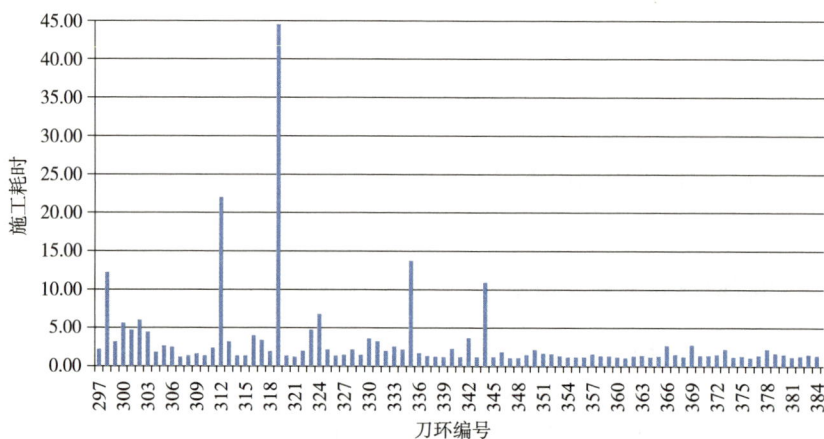

图 14-36　全断面卵石层每环施工耗时

由图 14-36 看出在掘进初期出现多次耗时较长的掘进,均为全断面卵石地层引起的刀盘、螺旋等故障所致。297～384 环每环刀盘扭矩如图 14-37 所示。

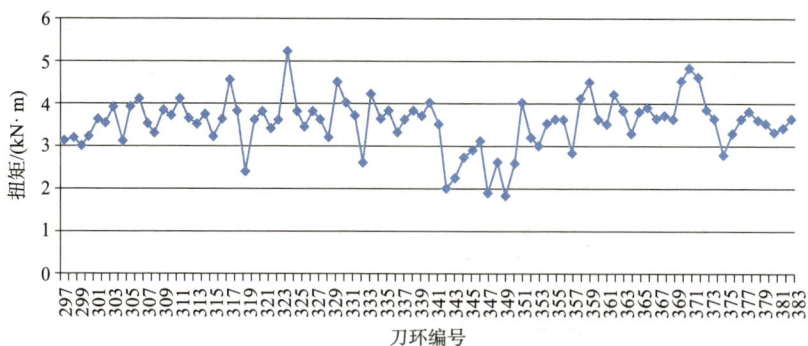

图 14-37　全断面卵石层每环刀盘扭矩

由图 14-37 看出在全断面卵石地层掘进中,刀盘扭矩处于不稳定的状态。

由于盾构在交通较为繁华的主干道(渭源路十字)下掘进,且管线众多(图 14-38),为了保证地面安全及盾构的顺利、高效掘进,项目部立即召开了针对全断面卵石层掘进的方案研讨会,针对地面、地下两方面进行方案的制定及技术措施的优化改进。

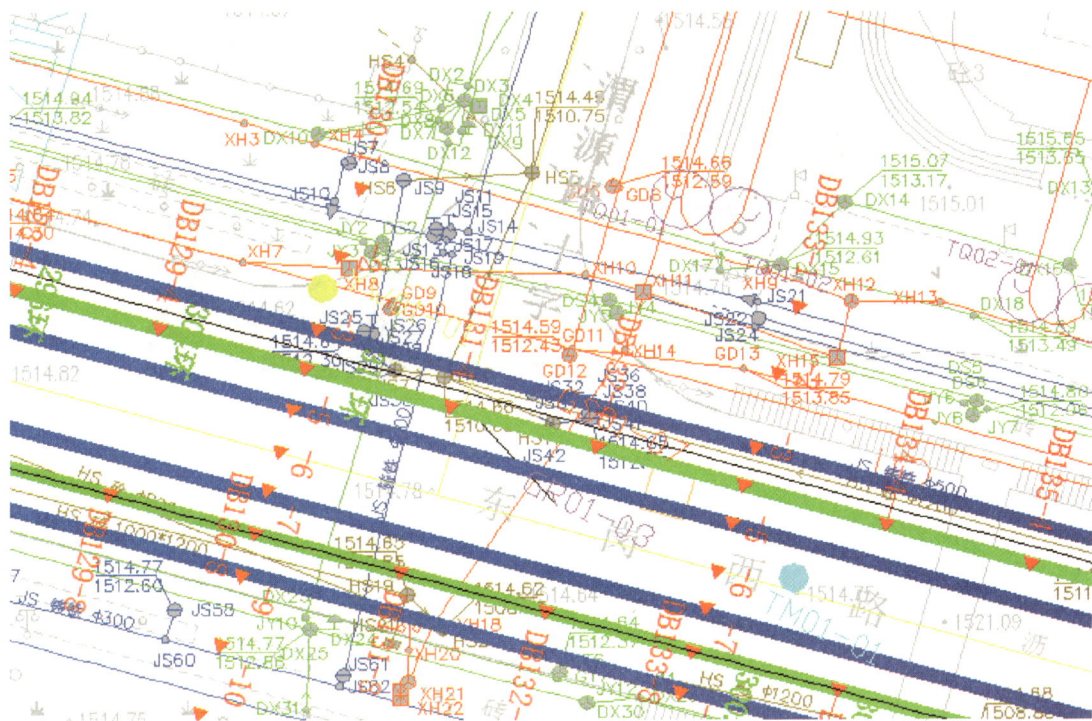

图 14-38　全断面卵石地层地面及管线情况

地面上：多方沟通，对多出土的对应位置进行围挡打围（图 14-39），重要管线在相应的位置进行探测。由于卵石层与上一层的黄土状土黏结性较小，卵石层的扰动导致两种地层之间存在较大的空洞，每次掘进应及时进行混凝土的灌注，将周围的管线进行了相应的保护（图 14-40），将地面风险也降至了最低。

图 14-39　盘五区间左线全断面卵石地层出渣情况

地下：首先严格进行各参数的控制，确保盾构掘进的连续性。

①经过与盾构厂家沟通，对刀盘扭矩脱困进行了最大限值的调置，提高了全断面卵石

图 14-40　管线保护及混凝土回填

掘进的刀盘转动能力。

②其次改进操作方法,比如进行螺旋的合理收、拉,保证大粒径卵石在螺旋中的转动。

③出土量采用双控(渣斗控制、门吊称重控制)。

④严格按要求实施同步注浆,注浆、检查、记录、分析,及时做出 P(注浆压力)-Q(注浆量)-T(时间)曲线,分析注浆速度与掘进速度的关系,评价注浆效果,反馈指导下次注浆。

⑤采用高质湿化法钠基膨润土经 24 h 的膨化及黏度测试(图 14-41)后,投入至盾构掘进的渣土改良中。

⑥为了保证之后隧道的成型质量及地面安全,对地面上所对应浇筑混凝土的空洞位置,进行了洞内的二次注浆(图 14-42)。

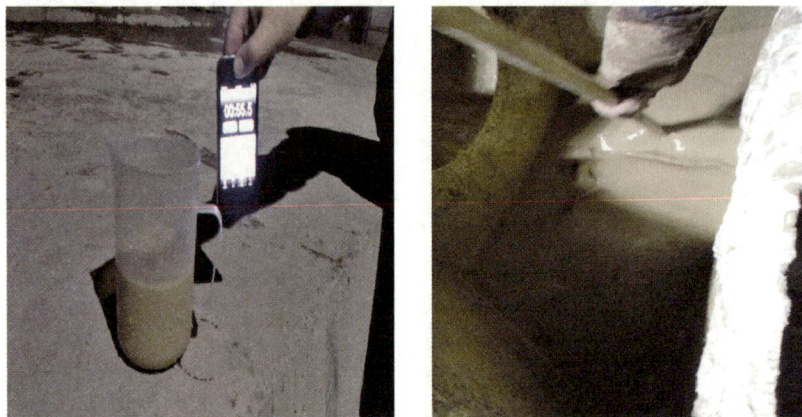

图 14-41　膨润土泥浆的拌制及黏度测试

通过以上各项措施,经过项目部全体人员的协调、配合,经过 20 天左右的全力奋战,项目部成功穿越了全断面卵石地层,有力地保证了施工任务的完成,获得了宝贵的复杂卵石地层掘进的第一手参数资料。

(3)渣土改良

渣土和易性是判定渣土改良成效的最重要标准。正常的和易性,是水土不分离且流

图 14-42　洞内的二次注浆

动性较好,渣土稠度在 12~20 s。其在很大程度上也会影响盾构推进效率。

①在卵石、砂岩复合地层或全断面卵石地层掘进时,设置合适的泡沫参数、向刀盘前注入适量泡沫、在土舱偏上位置同步注入适量的水,使输出为流动性较好的土石混合物,降低了对刀具的磨损,降低刀盘扭矩和对螺旋输送机的磨损,使螺旋输送机形成土塞效应,防止喷涌。

②在含水率较大的全断面砂岩地层中掘进时,可在土舱下部靠近螺旋机部位注入空气,将土舱内和前方土体的孔隙水疏干,从而防止喷涌。

卵石、砂岩复合地层或全断面卵石地层时:采用泡沫剂＋水＋膨润土,泡沫剂添加率 30% 左右。泡沫组成:90~95% 压缩空气和 5~10% 泡沫溶液;泡沫溶液的组成为泡沫添加剂 2~3%、水 97~98%。按添加率 30%(即切削 1 m³ 渣土需注入 300 L)计算,按照发泡倍率 10,土舱内土压力取 0.1 MPa,所需的起泡液体积为 30 L、空气的体积为 540 L,按起泡剂、水的比例分别为 3% 和 97%,起泡剂、水的体积分别为 0.9 L、29.1 L,则每环需约 45 L 泡沫剂。膨润土泥浆配合比为水:膨润土＝100 kg:10 kg,每环约 3~4 m³ 膨润土泥浆溶液,膨润土为优质的湿化法钠基膨润土,外加剂为碱、CMC 及超流化剂 DAV 等,泥浆坍落度控制在 20 cm 以内。

14.6　南宁富水砂卵石地层盾构施工难点与对策

14.6.1　概　　述

盾构的性能及其与地质条件、工程条件的适应性是盾构隧道施工成败的关键,所以采用盾构法施工就必须选择最佳的盾构施工方法、选择最适宜的盾构。对于富含地下水的圆砾层,考虑到地下水的含量及水压,以及土的塑性流动性及透水性等问题,一般宜选用泥水盾构。但由于南宁地区工程地质的复杂性,对于同一个盾构标段,可能出现某些部分适合选用土压平衡盾构,而其他部分又适合采用泥水盾构,但作为同一个施工标段,不可能中途更换盾构,因此,只能选择一种盾构类型,这就需要综合考虑并分析不同选择的风

险,最终择优选取。另外,城市地铁施工,由于施工场地的限制,导致泥水盾构的应用越来越少。土压平衡盾构穿越圆砾层,风险较大,但若施工措施得当,土压平衡盾构穿越圆砾层亦会取得成功。

14.6.2　盾构穿越富水圆砾层的风险

易形成喷涌,导致地面塌方、建(构)筑物开裂损坏。由于富水圆砾层含水量丰富,渗透性好,因此土压平衡盾构在富水圆砾层中掘进很容易出现喷涌现象,一方面,严重影响盾构施工进度,另外,均易引起地层沉降,从而最终导致地面建(构)筑物沉降变形,甚至损坏。地面沉降难以控制,易造成地面塌方、建(构)筑物开裂损坏,主要原因为:

①圆砾层自身自稳性差,而刀盘开挖直径比盾体外径一般至少大 200 mm,从刀盘开挖前期扰动到注浆填充需要一段较长时间,这期间不可避免将产生砂层沉降。

②掘进过程中,不可避免要。造成圆砾层失水,且一定会对圆砾层产生扰动,这都会导致圆砾层产生沉降。若沉降控制不好,极易造成地面塌方、建(构)筑物损坏。

14.6.3　喷涌形成条件及防治方法

(1)喷涌形成条件。造成喷涌的原因多种多样,但无论何种原因,喷涌的发生都必须同时具备以下条件:

①具有足够高水头压力的充足水源。水的来源主要有两个,掌子面和盾构后方的汇水通道。

②开挖下来的渣土本身不具有止水性,即渗透性好,这造成在螺旋输送器内无法形成土塞效应,导致高压力的水体穿越土舱和输送器形成集中渗流,并带动渣土颗粒一起运动。

③渗流水在输送至螺旋输送器最终出口的一瞬间,由于其压力水头还没有递减到 0 且前方是临空的,隧道内部处于无压状态,带压的渗流水便携带砾砂土喷涌而出。

(2)防治方法

①切断水的补充通道,或尽量减少土舱中积水。例如若水的主要来源为盾构后方的汇水通道,可通过管片进行双液注浆,形成止水环,防止隧道后方的水进入土舱。

②改善渣土的和易性,处理方法是添加适量的添加剂,例如膨润土、高分子聚合物等。

③让渗流水在到达螺旋输送器最终出口之前,压力降低到 0。这需主要从设备上考虑,例如采用双螺旋输送器,或对螺旋输送器的出口进行改造等。

14.6.4　盾构穿越富水圆砾层的施工措施

盾构通过圆砾层地段的关键是防止因扰动、失水、喷涌等原因造成的沉降,并做好上方建(构)筑物的保护措施:

(1)在过圆砾层之前,对盾构进行全面检查及维修保养。一方面,防止泥水、砂浆从盾尾密封冒出,一旦泥水大量从盾尾冒出,易造成失水沉降,而砂浆从盾尾冒出,将无法及时

对管片背后进行填充,亦导致沉降难以控制;另一方面,防止因故障长时间停机而导致土舱大量积水,且盾体外壳与开挖隧道之间的空隙无法及时填充。

(2)进行土体改良。主要是采用聚合物添加剂、膨润土等来改良渣土,以改善渣土的和易性,增加止水效果,避免喷涌的发生。

(3)做好同步注浆和二次注浆工作。一方面,防止隧道后方的水流入土舱;另一方面,及时填充管片背后空隙,防止沉降进一步扩大。

(4)合理选择掘进模式和掘进参数。一般采用土压平衡模式,根据地下水位、地层条件、隧道埋深等合理选择土舱压力。合理选择掘进参数,例如:螺旋输送器的转速、闸门开度,刀盘转速,推进千斤顶的推力等。

(5)控制好盾构的姿态。若盾构姿态不好,需要纠偏,这对沉降控制极其不利。

(6)合理确定渣土的松散系数,严格控制出土量。要做到既不能多出,也不能少出。若少出,会造成土舱压力增大,掘进速度减慢;若多出,会造成地面沉降增大,甚至地面塌方。

(7)尽量做到快速通过。应该尽量提高掘进速度,避免刀盘转动对地层扰动时间过长造成上部圆砾层松动,同时掘进速度加快能够及早为管片背后注浆创造条件,有利于隧道稳定和控制地表沉降。

(8)做好监测工作,及时反馈监测信息。适当加密监测频率,根据地表沉降和建筑物沉降的监测数据,结合地质情况,及时调整土舱压力、千斤顶推力等施工参数。

(9)对附近建筑物进行原始鉴定,若有必要提前进行注浆加固或基础托换。

14.6.5　砂卵石地层土压平衡控制

(1)土压平衡盾构技术概述

土压平衡盾构工法基本原理。该类盾构属封闭式盾构。盾构推进时,其前端刀盘旋转掘削地层土体,切削下来的土体进入土舱。当土体充满土舱时,其被动土压与掘削面上的土、水压基本相同,故掘削面实现平衡。这类盾构靠螺旋输送机将渣土(即掘削弃土)排送至土箱,运至地表。由装在螺旋输送机排土口处的滑动闸门或旋转漏斗控制出土量,确保掘削面稳定。

(2)盾构配置

①盾构刀盘直径 6 250 mm,开挖直径 6 280 mm。中心支撑方式。刀盘与主驱动通过法兰盘连接。刀盘转速 0~2.8 r/min,可双向旋转。为了保证刀盘整体结构的强度和刚度,刀盘中心部位采用整体铸钢铸造,周边和中心部件采用先栓接后焊接的方式连接。

②刀盘采用液压驱动,由九个液压马达通过九个减速箱来驱动刀盘。主轴承外径为 3 000 mm,设计寿命 10 000 h,最大推力 34 210 kN,额定扭矩 6 000 kN·m,脱困扭矩 7 150 kN·m。

③刀盘开口率 35%,有 8 个开口槽,刀盘开口部分加焊非封闭式隔栅,只允许粒径 400 mm 以下的渣块进入土舱。

④注入口设计刀盘面板上有 4 个泡沫注入口,隔舱壁上预留 4 个泡沫注入口备用。

泡沫注入口也可以用来加注水、细粒膨润土和其他添加剂。

⑤在刀盘面板和外缘进行硬化处理并用进口焊条焊接格栅状的耐磨材料,每个进渣口的周圈进行硬化处理并堆焊耐磨材料,刀盘外周焊有两道耐磨条,充分保证刀盘在长距离砂卵石圆砾地层掘进时的耐磨性能。刀具的设计也能防止刀盘结构和刀座的过度磨损。

⑥初装刀为4组中心双贝壳刀、32把单贝壳刀、28把重型宽刃齿刀、8套刮刀,贝壳刀可更换为羊角刀、滚刀、撕裂刀等其他类型的刀具。贝壳刀间距约100 mm,每把刀可以承受250 kN的推力,可破碎抗压强度200 MPa的卵石。

⑦为应对高水位下盾构掘进时发生喷涌现象,螺旋输送机采用轴式双螺旋形式,长度13 400 mm,无极变速,转速0~22 r/min,最大出渣量285 m³/h。螺旋直径800 mm,节距630 mm,螺旋带高度350 mm,粒径小于400 mm的卵石可直接进入土舱并通过螺旋输送机输出。采用双闸门设计。

(3)土压盾构稳定掘削面的机理

①黏性土层掘削面的稳定机理。因刀盘掘削下来土体的黏结性受到破坏,故变得松散易于流动。即使黏聚力大的土层,渣土的塑流性也会增大,故可通过调节螺旋输送机转速和出土口处的滑动闸门对排土量进行控制。对塑流性大的松软土体也可采用专用土砂泵、管道排土。地层含砂量超过一定限度时,土体塑流性明显变差,土舱内的土体发生堆积、压密、固结,致使渣土难于排送,盾构推进被迫停止。解决这个问题的措施是向土舱内注水、空气、膨润土或泥浆等注入材料,并作连续搅拌,以便提高土体的塑流性,确保渣土的顺利排放。

②砂质土层掘削面的稳定机理。就砂、砂砾的砂质土地层而言,因土颗粒间的摩擦角大故摩擦阻力大、渗透系数大。当地下水位较高、水压较大时,靠掘削土压和排土机构的调节作用很难平衡掘削面上的土压和水压,再加上掘削土体自身的流动性差,所以在无其他措施的情况下,掘削面稳定极其困难。为此人们开发了向掘削面压注水、空气、膨润土、黏土、泥水或泥浆等添加材料,不断搅拌,改变掘削土的成分比例,以此确保掘削土的流动性、止水性,使掘削面稳定。

(4)砂卵石、圆砾土压平衡特点研究

水平土压力规则系数(图14-43)计算时分三种工况,包括理想平衡状态、盈压状态、欠压状态,在此分别对每种工况进分析。

理想平衡状态(静止平衡条件)下,此时为理想状态,土舱进出土平衡。因此,此时土舱压力上下均匀,前后一致。

盈压状态。盾构掘进过程中一般情况是使土舱处于一定的"盈压"状态。

欠压状态。虽然欠压状态的土应力分布较为均匀,但欠压状态掘进常会带来工作面的不稳定、过量的地层损失,从而导致刀盘被卡和地表沉降过大等问题。因此,在实际掘进中一般的情况是保持一定的"盈压"状态。

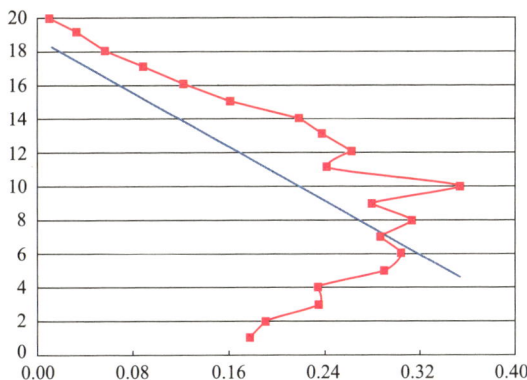

图 14-43　土舱水平土压力分布

14.6.6　渣土改良

在渣土中添加泡沫进行土体改良,仅添加泡沫剂的渣土,抗渗系数无法满足土压平衡盾构的使用要求。特别是存在大颗粒的情况下,"喷涌"的危险性很大。渣土改良对减少刀具磨耗、提高出渣效率具有关键性的作用。施工中不断摸索总结,采用泡沫剂、泥浆、水相结合的渣土改良工艺,每环泡沫剂用量一般在 30～45 L 左右,泥浆加入量每环一般 6 m³。当渣土较干或渣土中夹有泥岩时可通过膨润土罐或盾构前体上安装的水管向土舱内加入适量的水,该改良渣土具有较好的保水性和塑性流动性。对于该种地层,加泡沫材料对渣土的流动性和抗渗性效果甚微。因为在该种地层,改良的主要目的就是解决流动性和抗渗性,采用加入矿物材料的方法补充细颗粒;在渣土中添加泡沫进行土体改良,仅添加泡沫剂的渣土,其抗渗系数难以满足土压平衡盾构的使用要求。存在大颗粒的情况下,"喷涌"的危险性很大;建议采用泡沫＋矿物材料的改良方案对该地段土体进行改良,发挥两种材料具有互补性,泡沫主要在细颗粒中起到减磨和提高流动性的作用,矿物材料主要起到增加细颗粒含量、提高渣土流塑性和抗渗性的作用。采用此方案可以有效减小盾构刀具与砂卵石地层之间的摩擦作用,减小刀具的磨损,增加刀具的掘进行程,节约掘进成本。根据每个地段的钻孔资料确定添加材料的掺入率和浓度。通过一个区段的掘进后,对贝型刀的使用效果进行分析可知:

(1)从技术角度考虑:在砂卵石地层,在刀盘盘圈前端面位置贝型刀较滚刀更为适应,这主要是由于在砂卵石地层卵石在基岩内不能被有效固定,多数情况下无法提供给滚刀足够的转动力矩和切岩的支撑力,使边滚刀的破岩效果大打折扣,并且磨损严重;而在在刀盘盘圈前端面位置的贝型刀实质上属于切削刀,在此类地层可以更为有效地对砂卵石进行切削。

(2)从经济角度考虑:在砂卵石地层掘进时,卵砾石的粒径大小不一,其中有很大一部分易与刀体进行直接接触,产生顶、磨、挤、压等包裹复杂力的作用,无论是滚刀还是贝壳刀均不可避免地受到严重磨损。但由于滚刀单价远高于贝壳刀具,在发挥同样的作用前提下,使用贝壳刀能大幅降低成本。

14.6.7　施工总结

盾构区间穿越全断面富水圆砾层，其中右线穿越长度为 284.9 m，左线穿越长度为 267.9 m，并多次近距离穿越建（构）筑物，其中盾构隧道下穿某广场地下室的垂直距离仅为 2.4 m，连续侧穿竹溪立交桥桥桩群最近距离为 0.8 m。工程地质复杂，施工难度大，且盾构在南宁这种全断面的富水圆砾层中掘进，在国内属于首例，尚无在该地层中盾构掘进施工的工程实例。这里简单介绍一下具体参数情况。

（1）根据岩土勘察报告中的地层参数，在砂层地段中取一典型地质断面，按照静止土压力理论计算得到盾构中心处的垂直土压力约为 0.35 MPa，静止侧压力系数按照③2 地层取 0.7，计算得到水平土压力为 0.245 MPa，刀盘面积为 31 m²，则作用于刀盘的土压力大致为 7 600 kN。按照此参数计算，考虑到盾构与地层之间的摩擦力以及盾构牵引后配套之间的摩擦力约为 39 200 kN，使盾构破碎岩层所必需的推进力约在 1 960～2 940 kN，所以盾构按照土压平衡模式掘进：总推力为 3 920＋7 600＋（1 960～2 940）＝13 480～14 460 kN；土舱中部土压力控制在 0.2 MPa 左右，上部控制在 0.18 MPa 左右，下部控制在 0.23 MPa 左右。

（2）刀盘转速确定为 1～1.5 r/min，刀盘扭矩控制在 2 500～2 700 kN·m。

（3）同步注浆量控制在 6 m³/环以上，保证注浆质量。必要时，调整砂浆的配合比，增加水泥用量，缩短砂浆的初凝时间，加快管片周围土体的固结，避免地面沉降超限。根据实际情况，为弥补同步注浆的不足，可以考虑采用管片背后二次注浆作为补充。二次注浆可采用双液浆，根据地质情况调整水泥浆的初凝时间，注浆压力控制在 0.4～0.5 MPa，最大不超限过 0.5 MPa，以免造成管片外周压力过大，对管片造成破坏。必须保证管片背后空隙充填密实。

（4）每环的出土量确定为 45 m³ 左右，最大不超过 50 m³。

（5）制定了应急预案，并准备了应急物资设备。由于施工方案合理，组织到位，施工措施落实良好，最终顺利通过。

对于富水圆砾层地层，通常选择泥水盾构，但由于整个标段地质变化、施工场地限制等原因，有时也不得不采用土压平衡盾构。对于土压平衡盾构，设计制造的时候可以采取一些措施，如采用双螺旋输送器，对螺旋输送器的出渣口进行改造等；施工关键是防止因喷涌、失水、扰动等原因造成的沉降，做好上方建（构）筑物的保护。只要施工方案合理，组织到位，施工措施落实好，土压平衡盾构是完全可以顺利通过富圆砾层地段的。

◆思考题◆

1. 简述富水砂卵石地层坍塌机理。
2. 简述富水砂卵石地层施工盾构掘进特点。
3. 简述富水砂卵石地层坍塌原因。
4. 结合具体工程案例，简述富水砂卵石地层盾构始发施工技术要点。

5. 结合具体工程案例,简述富水砂卵石地层盾构接收施工技术要点。

6. 结合具体工程案例,简述富水砂卵石地层盾构下穿建筑物施工技术要点。

7. 结合具体工程案例,简述成都地铁富水砂卵石地层施工难点与对策。

8. 结合具体工程案例,简述西安地铁富水砂层施工难点与对策。

9. 结合具体工程案例,简述南昌地铁富水卵石地层施工难点与对策。

10. 结合具体工程案例,简述兰州地铁富水卵石地层施工难点与对策。

11. 结合具体工程案例,简述南宁地铁富水卵石地层施工难点与对策。

12. 结合具体工程案例,简述南京地铁富水卵石地层施工难点与对策。

13. 结合具体工程案例,简述长沙地铁富水卵石地层施工难点与对策。

第15章 上软下硬复合地层盾构施工

本章重点:主要介绍复合地层概念、复合地层特点、复合地层需要研究的地质问题、盾构在复合地层中的局限性以及复合地层中盾构施工难点,通过具体工程案例介绍上软下硬复合地层盾构施工关键技术。

15.1 上软下硬复合地层盾构施工特点

15.1.1 复合地层概念

将开挖断面范围内和开挖延伸方向上,由两种或两种以上不同地层组成,且这些地层的岩土力学、工程地质和水文地质等特征相差悬殊的地层组合,定义为复合地层。

复合地层的组合方式是非常复杂多样的,但总的来说可分为三大类:

第一类是在断面垂直方向上不同地层的组合。

第二类是在水平方向上地层的不同组合。

第三类是上述两者兼而有之。

复合地层在垂直方向上的变化。最典型的垂直方向上的复合地层就是所谓上软下硬地层,即隧道断面上部是第四系的松软土层,而下部是坚硬的岩石地层;或者上部是软弱的岩层而下部是硬岩层;或者是在硬岩层中夹软岩层,或软岩层夹硬岩层等。

复合地层在水平方向上的变化。在一施工段当中,可能分布着不同时代、不同岩性或不同风化程度,从而表现出不同岩土性质的地层。

在水平方向和垂直方向两者兼而有之的更为复杂。

15.1.2 复合地层特点

以广州地区为例,广州地区复合地层最重要的特点是工程范围内的岩性变化频繁,物理力学特性差异大,基岩风化界面起伏大,断层破碎带分布密集,含水量差异明显。具体表现为:同一里程隧道横断面表现为上下或左右软硬不均,在隧道纵剖面上表现为软硬相间,其中隧道断面地层的复合特性对盾构施工的影响尤为明显。盾构隧道埋深一般在10～30 m;隧道断面及上覆的地层从地表至下依次为:

上部:第四纪软土层,主要由杂填土、流塑～软塑淤泥层和富含水砂层组成。

中部:第四纪残积层,该层由沉积岩、岩浆岩、变质岩等三大母岩地层风化后残积形成,可塑、硬塑～半固结状态黏土和砂质、砾质黏性土。

下部:大部分地区由不同风化程度的白垩系砾岩、砂岩、粉砂岩、泥岩及少量泥灰岩组成;少部分由不同风化程度花岗岩或花岗片麻岩及混合花岗岩组成。

根据施工实践,对盾构掘进有不利影响的典型工程地质和水文地质如下:

①残积土的黏土以及泥岩类岩石经研磨后形成的粉粒状矿物质,在受压、受热、受湿环境条件下,会在刀盘表面或土舱内形成泥饼。

②上软下硬或上硬下软的不均匀地层难以全天候进行动态平衡控制,易导致顶部坍塌。

③软硬地层突变及花岗岩地区的球状风化体,会使刀盘变形和刀具崩裂。

④富水断裂带和岩石破碎带等地层会导致螺旋输送机出土口涌水涌砂,造成施工困难。

⑤过江河或砂层、淤泥层,易失水和扰动引发大的沉降。

⑥土压平衡状态施工遇到石英含量高的地层时,刀具磨损严重。

15.1.3　复合地层需要研究的地质问题

15.1.3.1　不同的地质特征

隧道围岩岩土形成的地质时代不同,地质特征也会不同。岩土形成的年代见表 15-1。

表 15-1　地质年代表

地质年代(单位:百万年)			地　层
新生代	第四纪(1.8～今)(Quaternary)		第四系
	第三纪(65～1.8)(Tertiary)		第三系
中生代	白垩纪(145～65)(Cretaceous)	燕山期花岗岩(205～66±2)	白垩系、侏罗系、燕山期花岗岩
	侏罗纪(213～145)(Jurassic)		
	三叠纪(248～213)(Triassic)		三叠系
古生代	二叠纪(286～248)(Permian)		二叠系
	石炭纪(360～286)(Carboniferous)		石炭系
	泥盆纪(410～360)(Devonian)		泥盆系
	志留纪(440～410)(Silurian)		志留系
	奥陶纪(505～440)(Ordovician)		奥陶系
	寒武纪(544～505)(Cambrian)		寒武系
	前寒武纪(地球起源～544)(Sinian)		前震旦系

(1)第四系地层

第四系地层是距今 180 万年以来在地球最表面形成的沉积盖层,是在地球表面内外营力相互作用过程中,岩石圈发生破坏-搬运-堆积形成的沉积地层。第四系地层从宏观上可以分为陆相沉积和海相沉积。

陆相沉积物的特点是:

①松散性:一般都呈松散状态,胶结成岩作用较低。

②岩相的多变性:由于沉积环境极为复杂,因此沉积物的性质、结构厚度在水平方向和垂直方向上都具有很大的差异性,甚至属于同一时代的沉积物,在较短距离内可以变为

另一岩性,厚度可由几米变为几十米或突变缺失。

③沉积物的移动性:第四纪沉积时间较短也较晚,来不及胶结成岩,又受到各种内外营力的作用,使沉积物经常处于再搬运堆积过程,物质成分上也不断发生变化,大多难以找到其原始产状。

④地貌形态的多样性:第四纪沉积物常构成各种堆积地貌形态,而沉积物的沉积类型、分布、产状、厚度等与地貌是紧密联系着的。

海相沉积物的特点是:

①近岸沉积:分布于从海岸到海底受波浪作用显著的水下岸坡部分。形成的沉积物也具有复杂性,有砾石、砂、淤泥和生物贝壳堆积等,碎屑物主要来自陆源。

②大陆架沉积:其粗粒碎屑沉积物主要来源于水下岸坡破坏和河流或冰川搬运物质;砂质沉积物主要是河流的挟入物,部分为海岸带砂质延伸部分;淤泥质沉积物分布极广。

③深海沉积:以浮游性动植物钙质或硅质沉积为主,其次为火山灰沉积、化学沉积(锰结核等)和局部的浮冰碎屑沉积。

(2)岩石地层

由表15-1可以看出,不同时代的岩石相距的地质年代可能非常久远,它们的成岩程度、变质程度、岩性、结构、构造等等会有很大的差别,盾构施工过程中出现的问题也就不一样。

比如,在广州地区盾构施工中穿越侏罗纪煤系地层时,盾构隧道内聚集了大量的瓦斯,是施工安全的极大隐患。而在同一地区盾构施工穿越白垩系地层时就不会碰到这类问题,因为在白垩纪就不会成煤,因此也就不会碰到煤系地层,也就没有聚集瓦斯的风险。

15.1.3.2　不同的地层组合

从宏观上来看,自然界中的地层组合可以分为两类,一是均一地层,二是复合地层。

均一地层是指在开挖断面范围内和开挖延伸方向上,岩土力学、工程地质和水文地质等特性相同或相近的一种或若干种地层的组合。

复合地层是指在开挖断面范围内和开挖延伸方向上,岩土力学、工程地质和水文地质等特征相差悬殊的两种或两种以上不同地层的组合。

(1)均一地层:又可分为均一土层和均一岩层两类。

均一土层可分为四种:均一黏土、均一粉土、均一砂土和均一砾土。

均一岩层可分为三种:均一软岩(单轴抗压强度≤30 MPa)、均一中硬岩(30 MPa<单轴抗压强度≤60 MPa)和均一硬岩(单轴抗压强度>60 MPa)。

应该指出的是,这里所谓的均一并不是绝对的均质,这在自然界是不存在的。

(2)复合地层:可以分为三种情况。

一是复合土层:由两种或两种以上的均一土层组成。

二是复合岩层:由两种或两种以上不同强度或不同岩性的地层组成。

三是复合地层:是复合土层和复合岩层的组合地层。在广州地铁3号线盾构施工中遇到的典型复合地层如图15-1所示,隧道上部是砂质黏土层,下部是单轴抗压强度超过100 MPa的花岗岩。

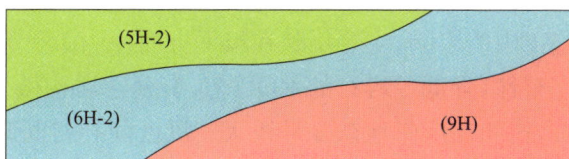

图 15-1　广州地铁 3 号线天—华区间局部地质剖面示意

15.1.3.3　不同的岩性和地质构造

（1）盾构隧道穿过的岩石地层

以广州地区为例，广州地铁盾构隧道穿过的岩石地层按成因可分为岩浆岩（图 15-2）、沉积岩（图 15-3）、变质岩（图 15-4）三大类。

图 15-2　广州地铁 3 号线天—
华盾构区间岩浆岩

图 15-3　广州地铁 1 号线
陈家祠—西门口盾构区间沉积岩

图 15-4　广州地铁 4 号线
大学城—小新盾构区间变质岩

①岩浆岩：岩浆冷凝固化后形成的岩石为岩浆岩。

②沉积岩：是在温度不高、压力不大的条件下，由风化作用、生物作用和某种火山作用的产物经搬运、沉积和成岩作用而形成的岩石。沉积岩的主要特征是具有层理。

③变质岩：由变质作用形成的新的岩石称为变质岩。变质作用是由地球内力作用引起的岩石改变或变化的作用。

（2）结构和构造不同

岩石的结构主要指岩石的各种组成部分的形貌特征及相互间的组合关系，如颗粒的大小和形状等。

岩石的构造主要指岩石的各种组成部分的空间分布和排列方式。

岩石结构和构造的不同，将使岩石的物理力学性质发生很大的变化。

（3）地质构造不同

在地壳运动中，岩体由于受力而发生的连续或不连续的永久变形，称为地质构造。广州地铁盾构隧道穿过的常见的地质构造有褶皱与断裂两种基本类型。

①褶皱构造：是层状岩石在地质构造作用下所产生的一系列弯曲变形。

②断裂构造：是岩石受力产生的永久破坏变形。

断裂构造在盾构施工中的影响，主要反映在以下方面：a. 由于节理、劈理的产生，大大地破坏了围岩原始的完整性，降低了岩石的 RQD 值，有利于盾构破岩；b. 在断层带中，可能会产生一些新的岩石，比如在广州地铁 3 号线大—汉区间礼村断裂带中的硅化角砾岩；c. 一般来说，张性断层带的透水性能很好，在盾构施工的过程中会发生螺旋输送器的喷涌，在暗挖横隧道中会发生突水和塌方。

15.1.3.4   不良地质

所谓不良地质是对特定的工法而言的。在黏土层中采用明挖法，甚至采用矿山法施工时，不一定有什么困难之处，但采用盾构法施工结泥饼就会是一大问题，20 世纪结泥饼问题被一些人称为是一个世界性的难题；如果在砂层中采用矿山法施工，恐怕就如履薄冰了，但采用泥水盾构法施工则没有大的风险。

（1）第四系流塑状淤泥地层

在这种地层中施工，可能发生的事故和风险主要反映在以下几方面：做为永久结构的盾构隧道本身是不稳定的，工后沉降可能很大，会造成线路纵坡的变化及管片的错台、开裂和破损等；盾构体的质量在轴向上是不均匀的，其前部的三分之一，包括刀盘、主轴承、螺旋输送器等，大约占了盾构总质量的三分之二以上。在这种流塑状淤泥地层中掘进时，易出现盾构"磕头"问题。其结果是盾构姿态难以控制，进而造成管片的错台、开裂、破损等；若盾构的工作井或隧道的横通道位于这种地层中，主要的问题是如何保证围护结构的施工质量及防止基坑开挖时的底涌。

（2）第四系黏土地层

软塑状的黏土与硬塑状的黏土试验参数不同。盾构在软塑状黏土层中掘进碰到的问题可能会小一点，在硬塑状的黏土层中问题会大些。出现的问题主要是结泥饼。此外，黏土中还可能含有一定量的砂砾成分，对刀具磨损也会有影响。

在均一黏土层中，盾构刀盘和刀具的配置相对容易一些，但在复合地层中难度就大多了。因为在选择刀盘和刀具时既要考虑盾构的大开口率，又要考虑在岩石地层中破岩功能对刀盘强度的要求；既要防滚刀在黏土层中的偏磨，又不能不配置一定量的滚刀，等等。

（3）第四系粉细砂地层和砂层

我国地铁盾构工程最近几年发生的灾难性大事故，都与粉土层、细砂层和中粗砂层或它们组合的复合土层有关。

粉细砂层在饱和地下水状态下是具有液化特性的。目前，还没有明显的证据说明，地铁永久结构在这类地层中是不稳定的；使用土压平衡盾构本身，只要添加剂使用得当，也没有太大问题。若使用泥水盾构，除了泥水分离较困难之外，掘进本身没有严重的技术问题要解决。在这种地层中施工出现的主要问题是盾构隧道之间的横通道施工和盾构进出工作井这两大方面。主要原因在于上述这些特殊部位的土体加固效果不佳或采取的施工工艺、施工程序欠妥当时，粉细砂大量涌入隧道或工作井，造成已完成的隧道或车站结构严重破坏、地面大范围塌方。

　　中砂、粗砂或中粗砂层非常松散,粉土和黏土颗粒一般很少。在中粗砂地层中施工,除了可能引发上述在粉细砂地层中出现的问题之外,采用土压平衡盾构施工时,盾构推进本身就不安全,主要反映在两方面:一是工作面上的中粗砂在地下水的作用下是极不稳定的,一旦出现土舱欠压,就会造成过量的砂涌入盾构密封舱,若不及时采取措施,则会造成地面沉降;二是由于在该层中黏土颗粒很少,密封舱和螺旋输送器中的渣土和易性很差,在地下水的作用下,会发生螺旋输送器喷涌,进而由于密封舱内的突然失压,立即引发地面塌陷。即便选用泥水盾构,在这种地层中施工,若对出土的干砂量控制稍有不当,也会立即出现地面塌陷。

　　(4)第四系砾石地层

　　目前国内盾构施工遇到的砾石层大体上有两类。一类以成都地铁盾构施工遇到的砾石层为代表,粒径一般为 30～70 mm,占地层的 55%～80% 左右(图 15-5),颗粒大体上呈间断级配,由砾石和细砂两个极端粒径的颗粒组成。另一类是砂砾石层,以沈阳地铁盾构隧道遇到的地层为代表,粒径大于 20 mm 的砾石大约占 30%～40%,大体上是连续级配,从大的砾石到粉黏粒都有(图 15-6)。

图 15-5　间断级配砾石层

图 15-6　连续级配砾石层

　　比较起来,盾构施工在成都地铁的砾石层中遇到的问题会更大一些,出现的问题也较难解决,主要有如下几方面:①刀盘和刀具的配置方式;②刀盘和刀具磨损严重;③螺旋输送器喷涌严重;④地面沉降难以控制。

　　(5)复合地层中的硬岩层

　　由于岩性、结构、构造、风化程度等的变化,盾构隧道线路的某些地段遇到硬岩层,在复合地层中施工时也较常见。

　　在复合地层中使用的盾构不是对付硬岩的典型 TBM,因此刀盘刀具的配置、刀间距的设计等如果用于硬岩地段会存在较大的缺陷,这是复合盾构应用于复合地层中局限性决定的。在这种情况下,一般都用矿山法来辅助解决这一问题。统计资料显示,在围岩质量好的地层中,使用传统的钻爆法施工比盾构法施工的效率还要高(图 15-7)。

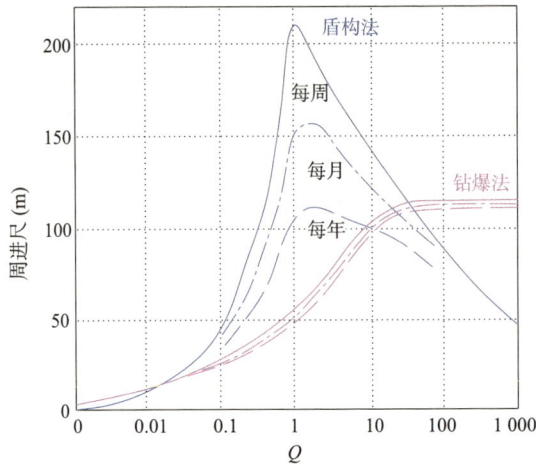

图 15-7　盾构法与矿山法 Q 系统关系示意

（6）复合地层中的上软下硬地层

根据地层组合的形式，上软下硬地层大体上可以划分为三种类型：

一是第四系土层的上软下硬。这种组合特点主要反映在地层标贯级数的差别、含水量的差别和颗粒粒径的差别上。通常上部地层的标贯级数很低，下部地层的标贯级数很高；上部地层的含水量高，下部地层的含水量低；上部地层的颗粒粒径小，下部地层颗粒粒径大。盾构在推进过程中刀盘上部和下部受力不均，需要配置的刀具不同，会造成盾构姿态难以控制，刀具磨损严重等一系列问题。

二是岩石地层的上软下硬。这种地层组合的特点主要反映在岩石岩性的变化、风化程度的变化、沉积岩结构和构造的变化及断裂带两侧地层的变化等方面。盾构在这种复合地层中掘进是极其困难的。

三是复合地层的上软下硬。图 15-8 是比较典型的复合地层中的上软下硬断层组合，隧道上部是第四系松散的＜3-2＞砂层，下部是单轴抗压强度 35 MPa 的中风化或微风化的岩石地层。

在上软下硬地层中施工的主要问题是：盾构的姿态难以控制，从而引发一系列的质量和安全问题，比如，刀盘刀具的过量磨损或刀盘的开裂或变形、地面的过量沉降、管片的错台、开裂和破损等。

（7）孤石

孤石是相对于它的围岩或周围介质而言的，主要有如下三种：

一是人工抛填碎石。我国沿海地区，在围海造田时，往往会人工抛填巨大的碎石，特别是花岗岩碎石块。碎石块的位置完全是随机的，没有任何规律，是盾构线路上的极大障碍。

二是第四系漂石。多发于冰碛砾石层当中，同样没有任何规律可循，是盾构施工中的难点。

三是花岗岩的球状风化体。花岗岩的球状风化是该类岩石的一种普遍风化现象，即在深度风化的花岗岩岩体中残留了微风化的较新鲜坚硬的球状花岗岩体。花岗岩的球状

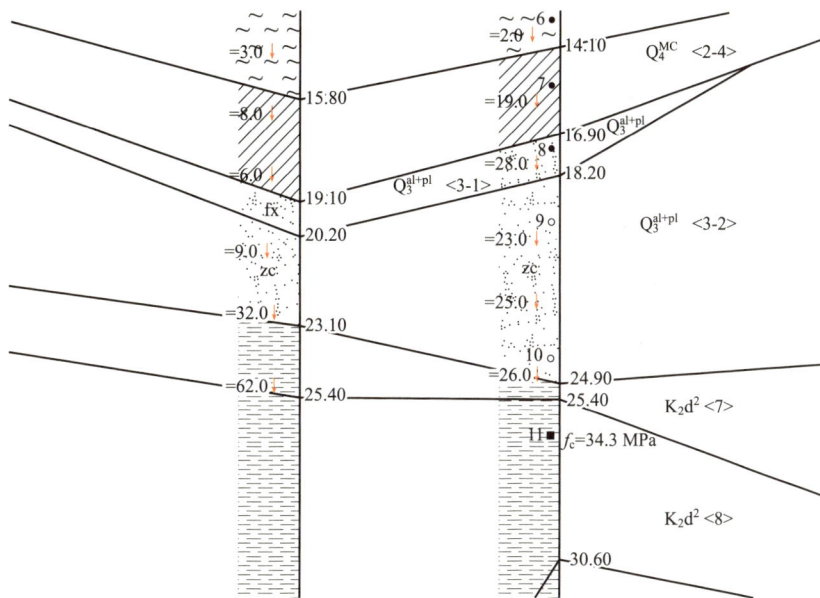

图 15-8　某市 4 号线 E 标段剖面(局部)

风化体的形成过程大体上分为以下三个阶段(图 15-9)：

第一阶段：高温的花岗岩岩浆从地球深处侵入到地壳表层。

第二阶段：地壳表层的花岗岩浆冷却结晶，岩体的浅部因极大的温差，收缩形成三维的网状开裂。

第三阶段：浅部的花岗岩体受到风化作用，形成残积层、全风化层和强风化层。由于岩体的裂隙部分比岩体内部在同样的地质年代过程中风化程度更高，就形成了在深度风化程度(比如残积层和全风化、强风化花岗岩)中存在相对风化程度很低的岩体。这些岩体即花岗岩球状风化体。

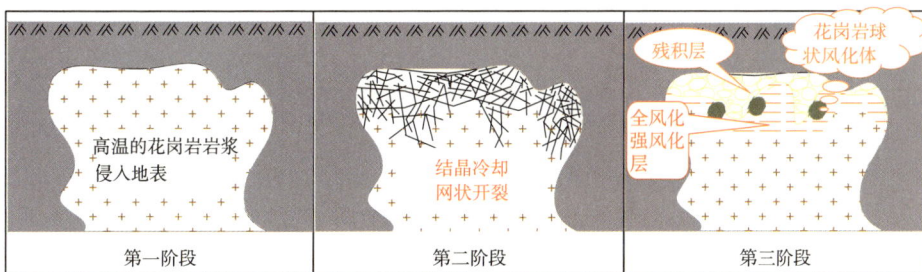

图 15-9　花岗岩球状风化体的形成过程

无论是上述哪种类型的孤石出现在盾构隧道的线路中，都将给施工带来极大的困难。主要表现为这种孤石无论是由盾构破除还是由人工破除都非易事。

(8) 土洞和溶洞

在广州地区发现的溶洞有两种类型，一种发生在石灰岩地层中(图 15-10)；一种是发生在碎屑岩中(图 15-11)。后者产生溶洞的原因主要与钙质胶结物、石灰岩砾石、夹石膏层、夹泥质灰岩层等有关。

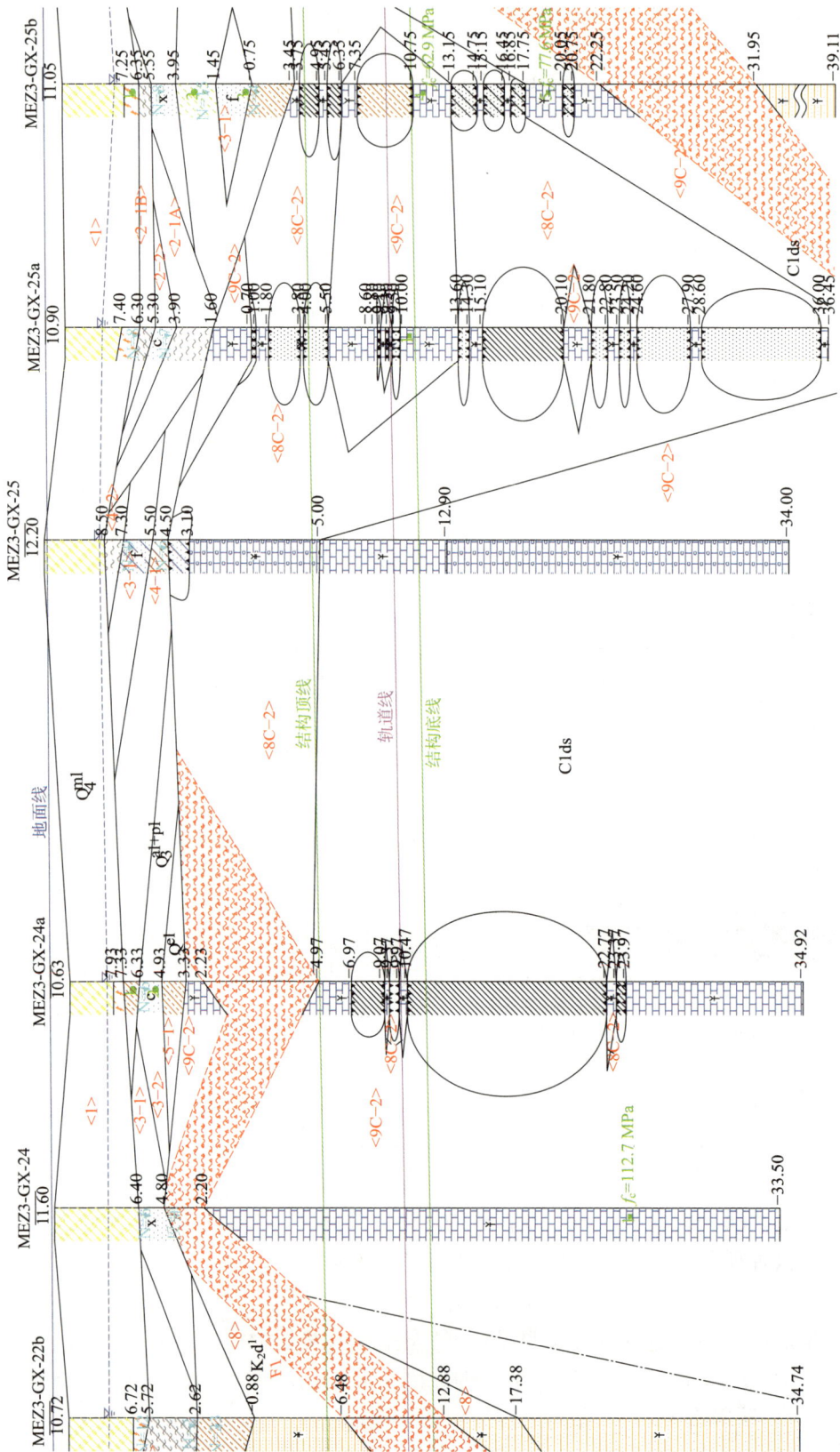

图 15-10 草一陶区间地质剖面

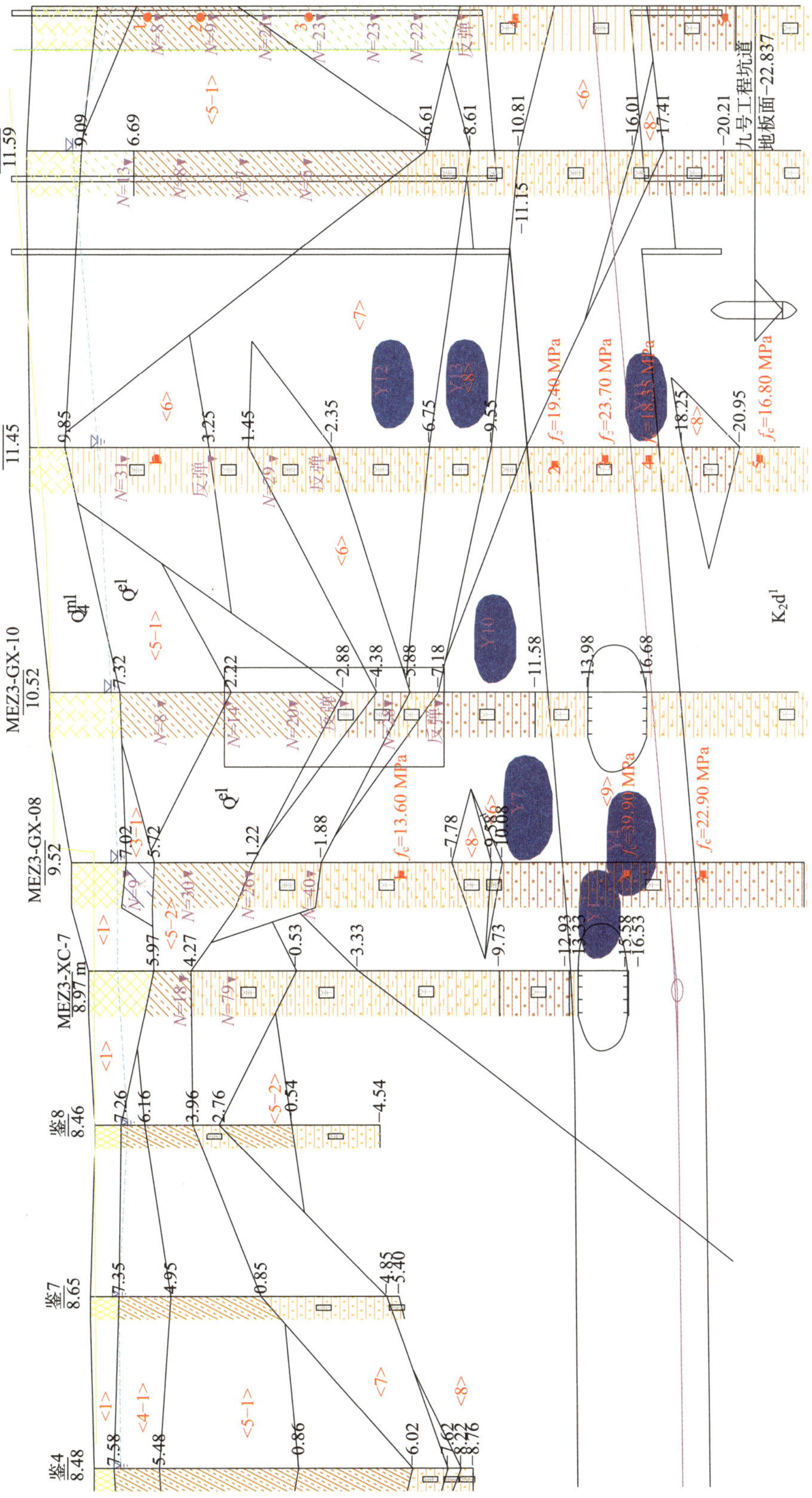

图 15-11　碎屑沉积岩中的溶洞 (5 号线)

土洞通常与石灰岩溶洞或石灰岩裂隙共生，且生成在特定的硬塑状砂质泥岩或砾质泥岩当中（图15-12）。

图 15-12　硬塑状黏土层中的土洞（3 号线北延段）

盾构在石灰岩溶洞地区掘进时遇到的主要风险是：①盾构在溶洞处可能会磕头；②地下水及地下水水压很大或者工作面失水，会造成注浆困难，螺旋输送器喷涌等问题；③刀盘在旋转过程中由于突然遇到溶洞，会因为瞬间荷载增大造成刀具损坏；④穿越溶洞隧道的稳定性是永久结构隧道需要解决的一个问题。

在这类地区遇到土洞将是一个更大的问题，因为土洞的形成时间跨度可能是几年或几个月甚至是几天，若隧道在土洞上方通过，在遇到土洞塌方时隧道就无法保证稳定和安全，特别是土洞很难通过钻探或物探查明。

（9）有害气体

在盾构施工过程中遇到的可燃有毒气体可能来自三个方面，一是地层中自然赋存的；二是在施工过程中产生的；三是不明来源气体。广州地区盾构施工只遇到后两种情况。

①施工过程中产生的可燃气体。广州地铁 3 号线汉—市区间，YDK20＋262～YDK20＋441 近 180 m 的线路围岩为侏罗系的炭质泥岩（图 15-13），在盾构施工过程中，工人感到胸闷和恶心等不适，是明显的一氧化碳中毒症状，当即停止掘进，进行气体检测。经检测，气体成分为：CO：0.55‰；O_2：小于 21％；CH_4：0～5％；H_2S：0～5％。

图 15-13　工作面上的炭质泥岩

从资料中可以发现，煤层或煤系地层是可以产生天然瓦斯的，但其成分应以甲烷为主，而不是以 CO 为主。因此判断，汉—市区间的有毒可燃气体仅有一小部分来自天然瓦斯。那么，其余的 CO 是从哪里来的？

盾构在推进的过程中，在中风化或微风化地层中或者刀盘前方结了泥饼等情况时，刀盘在推进时会由于摩擦力的缘故产生大量的热能。有证据显示，该热能足以使滚刀达到淬火的程度，正是这种高温使围岩中的可燃有机岩（煤或炭质泥岩等）中的炭在缺氧状态

下不完全燃烧产生了大量的 CO。在有明火的条件下,气体会发生爆炸。

②不明来源的可燃有毒气体。以下是盾构密封舱中的可燃气体爆炸事件案例。发生事故的基本环境:广州地铁 6 号线东—黄盾构区间左线隧道穿越广州地区白垩系<8>中风化砾岩、<9>微风化泥质粉砂岩地层、地层自身不会生成可燃气体,在地质详勘阶段和地质补勘阶段均没有发现可燃气体。在广州地铁隧道工程同类地层中,尚未发现该地层中含有可燃气体。

发生事故的简要过程:在打开密封舱门,用压力水冲洗刀盘和土舱时,盾构土舱内突然发生不明气体的爆燃。

事故的特点:①盾构在正常使用及例行开舱时,盾构本身不会产生有害气体;②白垩系粉砂岩和砂岩中,不存在产生可燃气体的可燃有机岩;③在土舱内检测到了甲烷、一氧化碳、硫化氢、二氧化硫及氨气等有害气体,该气体与废弃油站的渗漏物质及管道燃气的成份不一致,不可能是加油站或管道煤气渗漏的产物;④本次事故是意外自燃事故。

（10）采空区

广州地铁 2 号线北延段和 3 号线(机场线)将在煤矿的采空区附近通过。

含煤地层为上二迭统龙潭组(P_{2L}),其上部为灰白色长石石英砂岩、灰色泥岩,含铁质结核和菱铁矿条带,中部夹钙质泥岩、泥灰岩和硅质岩透镜体。下部为灰白色粉砂岩、粉砂质元岩,与细砂岩互含,夹数层煤层和炭质泥岩,厚度 150~300 m。地层分布及构造情况如图 15-14 所示。

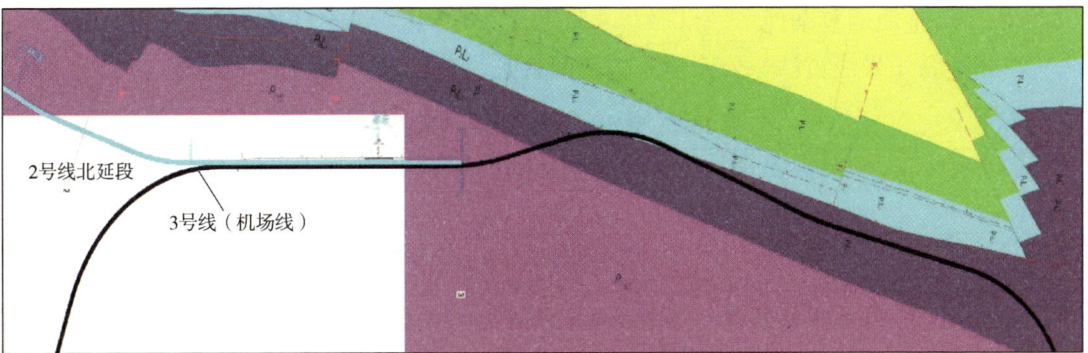

图 15-14　煤系地层与地铁线路分布示意

煤层被采空后,其顶板及围岩在自身重力和地面荷载的压力下会产生变形、开裂和冒落。故在煤层采空上方形成冒落带、裂隙弯曲,继而使地面产生下沉。

从图 15-14 可以看出,线路选择在煤系地层的底板(避开了采空区)上,这样从根本上规避了可能穿越采空区的风险,这应该是最优的选择。否则,当盾构通过煤矿采空区时遇到的风险远远大于盾构穿越石灰岩岩溶地区。

（11）地下障碍物

地下障碍物主要是指除了花岗岩球状风化体、岩溶等地质体或地质现象外的人类活动形成的地下结构或物体。

在盾构施工的过程中发现的这类物体主要有桩基础(钢筋混凝土、木桩等)、古建筑

（包括古城墙等）、海岸或河流的堤坝、人工回填大块抛石等。在修建通过长江的盾构隧道时在盾构的密封舱中甚至还发现有失效的炮弹。

因为地铁盾构隧道是在城市中修建的，由此，遇到最多的是盾构通过桩基础的问题，即盾构能否直接通过刀盘破碎桩基础。

搜集到的资料显示，盾构可将 45 mm 的钢筋和 $\phi110$ mm 壁厚 2 mm（图 15-15）的岩心管绞断，但这并不是说，盾构直接破除这类地下异物没有问题，恰恰相反，只有在万不得已的情况下，经过充分地论证，才可试用盾构直接通过桩基础。

图 15-15 盾构绞断的岩心管

15.1.4 盾构在复合地层中的局限性

15.1.4.1 盾构选型困难

盾构选型困难主要表现在如下几方面。

（1）环保因素

对泥水盾构而言，虽然经过过筛、旋流、沉淀等程序，可以将弃土浆液中的一些粗颗粒分离出来，并通过汽车、船等工具运输弃渣，但泥浆中悬浮或半悬浮状态的细粒颗粒土仍不能完全分离出来，而这些物质又不能随意处理，就形成了使用泥水盾构的一大困难。

（2）工程地质的复杂性

广州地铁 1 号线黄沙—公园前盾构区间就是一个比较典型的实例，见表 15-2。

表 15-2 黄沙—公园前区间的盾构选型

类 别	黄沙—长寿路	长寿路—陈家祠	陈家祠—西门口	西门口—公园前
区间长度/m	691	910	710	612
工程地质	大部分为全断面中砂层，少部分为淤泥层	部分为砂层，部分为砂层、淤泥层及残积层的组合地层，部分为残积层	大部分为全断面的残积层和基岩强风化层，大约 120 m 为中风化岩层	以全断面强风化岩层为主，部分峒顶为残积层
盾构选型的适应性评价	泥水盾构	泥水盾构/土压平衡盾构	土压平衡盾构	土压平衡盾构
实际采用盾构类型	泥水盾构	泥水盾构	泥水盾构	泥水盾构

从表 15-2 可以看出，黄沙—陈家祠区间是以砂层、淤泥层以及复合地层为主，根据盾构的适应性，泥水盾构是唯一的选择；而陈家祠—公园前区间则是以残积层和软岩为主，选择土压平衡盾构是适宜的。然而，作为同一个施工段，中途更换另一种盾构的可能性很小。

（3）施工的安全性

从保持工作面的稳定、控制地面沉降的角度总结广州地铁盾构施工的经验，使用泥水盾构要比使用土压平衡盾构的效果好一些，特别是在河湖等水体下、在密集的建筑物或构筑物下及上软下硬的地层中施工。

15.4.1.2　盾构配置和施工参数选择的困难

这些方面的问题完全是由复合地层本身的复杂性决定的。比如,土压平衡盾构通过砂层时希望刀盘的开口率稍小一点,但遇到黏土层时又想将开口率变大;在土层中推进时应使用切刀,但在遇到岩石地层时又希望换上滚刀,等等。产生盾构配置上的这些悖论是盾构施工在复合地层中无可避免的。以刀具配置为例,在复合地层中施工刀具配置的困难主要反映在三方面:一是选择破岩的滚刀还是选择切削的切刀;二是刀具配置的数量;三是不同种类刀具配置的高度。

(1)选择破岩的滚刀还是选择切削的切刀

这是在复合地层中盾构施工遇到最多的问题之一。

案例:广州地铁 6 号线二标,盾构始发之后,将在中粗砂层和淤泥层中掘进约 250 m,然后进入岩石地层(图 15-16)。前者使用一般的切刀肯定没有问题,后者因为要考虑更长一段岩石地层,使用滚刀是合适的,可选用双刃滚刀。

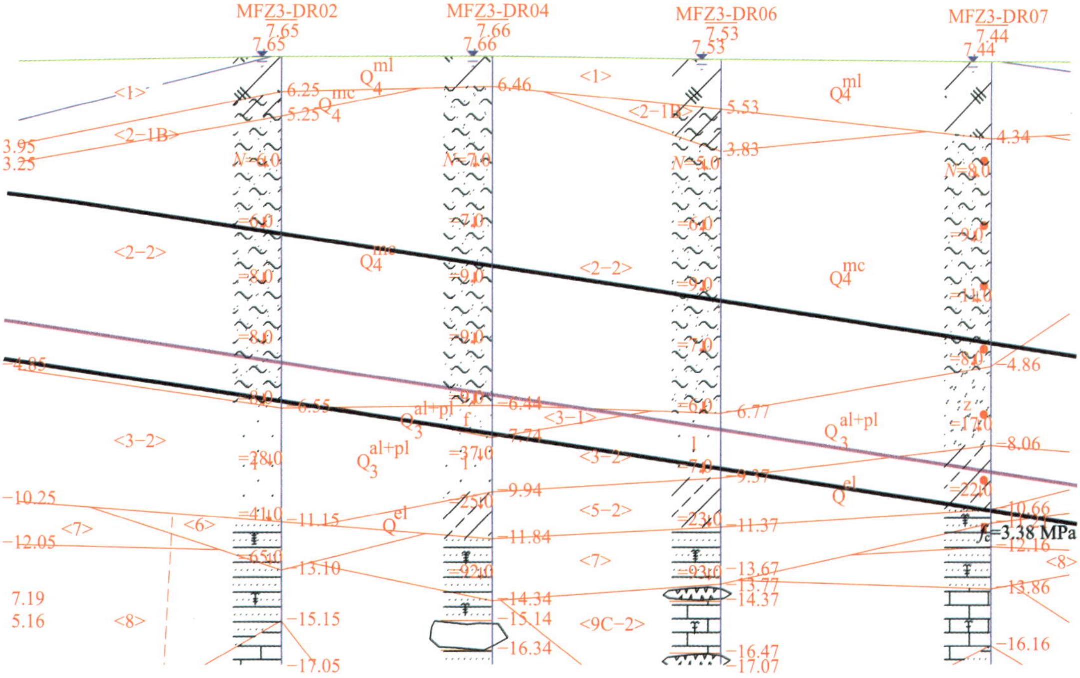

图 15-16　广州地铁 6 号线二标地质剖面(局部)

但问题是在施工过程中如何换刀。

通常的办法是事先加固一个预想换刀区,盾构掘进至该区后,进行刀具检查,必要时更换合适的新刀。

应急的做法是采用气压作业,即在适当的气压条件下,通过人闸进入密封舱换刀。

在施工过程中,具体实施起来会遇到许多实际困难。对前者而言,准确地选择加固区并不容易,同时要花费时间和一定的费用。后者,会受到使用气压作业本身所需条件的限

制,比如,隧道埋深过浅或上覆地层的气密性不好,或者隧道埋深过大,所需气压过高,都会引起气压作业的安全问题。

始发阶段的初装刀,应根据具体地质剖面的情况分别处理。本案例的初装刀采用加装合金的滚刀(图 15-17)。

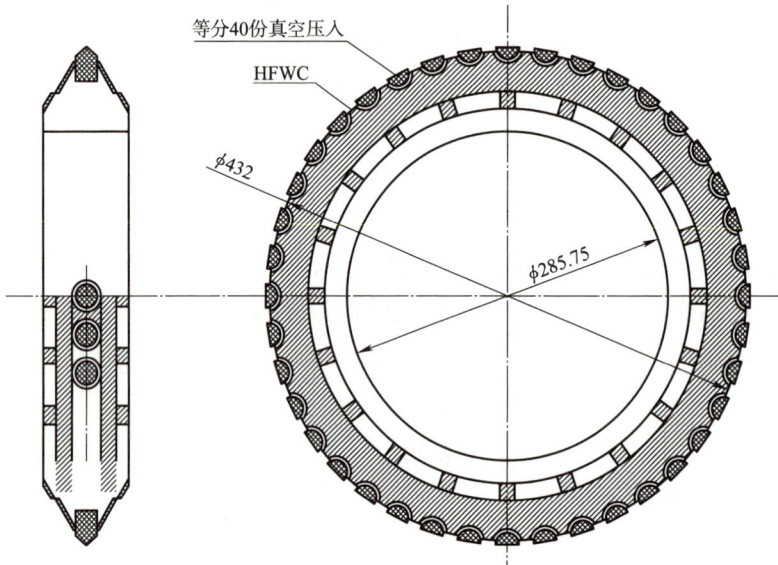

图 15-17   刀圈镶合金的滚刀示意(单位:mm)

此刀圈将超硬合金刀头嵌入刀环的顶部。由于超硬合金刀头以凸起状等间隔地嵌入刀环全周,所以能较容易地得到回转反力,超硬合金刀头比以往刀环的材质更硬、更加耐磨。通过综合考虑,认为此结构不易发生偏摩。

(2)滚刀数量的选择

滚刀数量的问题实质上是滚刀的刀间距问题。

刀间距是影响破岩能力的关键因素之一。刀间距过大,会在两滚刀之间出现破岩的盲区而形成"岩脊",如图 15-18 所示。刀间距过小,会将岩体碾成小碎块,降低破岩功效,如图 15-19 所示。所以刀间距过大或过小都不利于破岩。

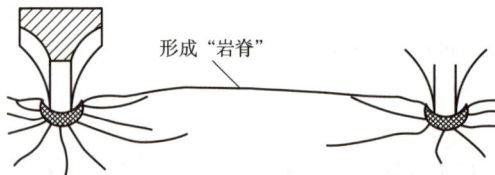

图 15-18   刀间距过大,在两滚刀之间形成"岩脊"

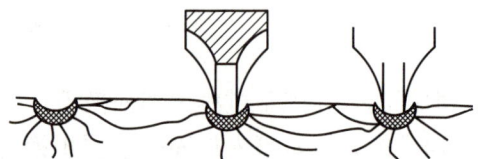

图 15-19   刀间距过小,岩体被碾成小碎块

目前广州地区使用的盾构,刀盘边缘部分滚刀的间距一般为 35～90 mm,正面滚刀的刀间距一般是 100 mm。

当盾构通过坚硬岩层时,刀间距应设计为多少才合理? 目前还没有更多的试验资料来定量地说明这个问题。但将广州地区花岗岩的特点(单轴抗压强度、RQD 值等指标)与国外的研究资料进行对比,特别是参照国内外类似的盾构(或 TBM)施工实例,对于整体性好(即层理不明显)且岩石坚硬时,滚刀的刀间距控制在 70～90 mm 间可能是恰当的。也就是说,目前广州滚刀刀间距的设计,特别是在坚硬的微风化花岗岩中施工是有先天缺陷的。

(3)刀具的高度及其组合高度差

刀具高度对盾构施工有重要意义:

①刀具高一些对防结泥饼有利。广州地区岩土中的粉黏粒成分较高,这些细颗粒成分给盾构施工带来的问题就是极易结泥饼,从而限制了掘进速度并引发一系列的故障。当刀具较高时,即使刀盘面上结了一些泥饼,只要其厚度不足以将刀具全部糊住,那么刀具仍可起到切削作用。从这个意义上讲,刀具高一些有其优点。

②滚刀与切刀的高度差(d)很小的话,当滚刀破岩时,如果滚刀的贯入深度(h)大于或等于滚刀与切刀的高度差,切刀就抵住了岩面,限制了滚刀向岩层的进一步贯入,从而限制了滚刀的破岩能力(图 15-20)。显然,当滚刀的贯入深度 $h<d$ 时,滚刀的破岩效果肯定会变差。

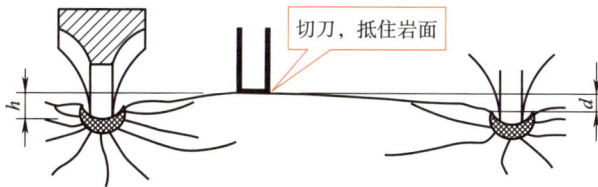

图 15-20　高度差小时切刀会限制滚刀破岩示意

(4)单刃滚刀和多刃滚刀的选择

从理论上讲,单刃滚刀适用于中硬岩和硬岩,而双刃滚刀和多刃滚刀在软岩中掘进的效率更高。但在实际应用中,不可能根据地层的变化,随时随地任意更换刀具,而且如果不是特殊设计,单刃滚刀与多刃滚刀的刀座就不能互换,在这种情况下,换刀是不可能的。

从实际的应用来看,在复合地层中配置单刃滚刀的适应性会更好,问题是要注意调整滚刀的启动扭矩。

15.1.5　复合地层盾构的设计与制造风险

盾构设计风险主要表现在盾构的适应性和可靠性方面,以下通过广州地铁 3 号线沥—大区间刀盘在隧道内破裂解体案例来说明。

刀盘解体事故发生于南珠江主航道下(图 15-21),隧道通过地段为<7>(强风化泥质粉砂岩)、<8>(中风化泥质粉砂岩),局部为<6>全风化层。<8>岩最高抗压强度不超过 30 MPa,岩面裂隙发育但整体仍算完整,无断裂破碎构造。隧道上覆地层为<4-1>硬

塑粉质黏土、饱和中细砂＜3-2＞和淤泥质砂＜2-2＞。砂层富水性强，基岩裂隙水与江水联系较密切。

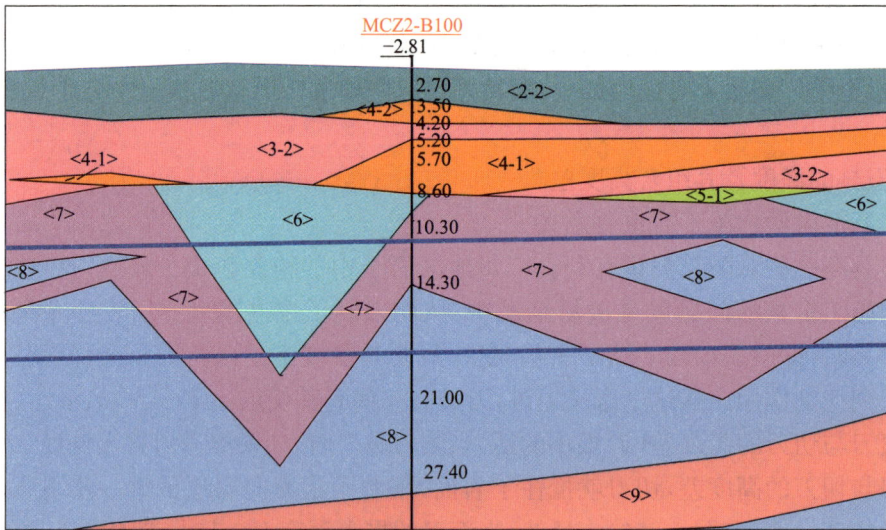

图 15-21　盾构刀盘在钻孔 MCZ2-B100 附近断裂示意
＜2-2＞淤泥质砂土；＜3-2＞中粗砂；＜4-1＞冲洪积粉质黏土；＜5-1＞残积土层；
＜6＞红层全风化带；＜7＞红层强风化带；＜8＞红层中风化带；＜9＞红层微风化带

开舱检查发现：盾构刀盘 4 号与 6 号幅条之间除牛腿外其余部分几乎全部缺失，土舱内堆积了大量刀盘构件残骸。土舱筒体变形外卷，10 点～2 点范围，最大变形达 10 cm；8 点～10 点位置外卷达到 12 cm；6 点位置外卷达到 4.5 cm。几乎同时，刚刚完成掘进的 T1 号机也被发现刀盘边缘多处出现贯穿裂缝，T1 刀盘接近解体状态。两台盾构类似的问题使事故的原因明朗化，即刀盘首先在边缘开裂并变形直至解体，最终刀盘被解体的构件卡死。

事故原因：钢结构出现问题，应该从结构设计、刀盘钢结构材料质量、制造工艺及施工控制等使用角度分析原因，对盾构而言，还需要考虑地质因素。

15.1.6　复合地层中盾构施工难点

在复合地层中盾构施工的难点主要来源于复合地层本身，主要表现在以下 8 个方面。

15.1.6.1　螺旋输送机喷涌

造成喷涌的原因是多种多样的，但无论什么原因造成的喷涌都有一个共同点，那就是必须有一个充足的水源。这样，要防止喷涌，其主要方法就是治水。

（1）形成喷涌的施工环境

①松散的富水地层中的喷涌。比如在＜2＞＜3＞地层的粉细砂、中粗砂地层中，由于没有足够多的黏土物质，地下水与进入密封舱内的固体物质不能揉合成一体，在密封舱内就形成"水是水，渣是渣"的状态，此时，进入土舱中的水流量要比渣土量大，在这种情况下，螺旋输送机成了一种具有一定压力的液体管道，而不是一种流塑或软塑固体通道，这

样,一打开螺旋输送机的开闸门,就会有高压泥水喷射出来。

②通过富水断层带的喷涌。富水的断层带或破碎带与上述富水地层类似。地铁 1 号线烈士陵园站—公园前站的东濠涌时发生过严重的喷涌。

③在水体下施工是另一种类似的施工环境。地铁 1 号线海珠广场站—市二宫站区间盾构通过珠江时,盾构工作面与珠江水连通,江底的旧自行车菜篮从螺旋输送器中排出,喷涌十分严重。

④在围岩自立很好的环境下的喷涌。在广州地区,无论什么地质时代、什么岩性的 <8><9> 号地层都会出现程度不同的喷涌。在这种地层中施工,刀盘切削下来的弃土以大小不等的岩块为主,弃土的和易性不好,如果管片背后注浆不充分就会形成地下水通道(图 15-22),大量地下水积聚在管片背后(图 15-23)并经过工作面进入土舱,螺旋输送机出土时就会发生喷涌。

图 15-22　管片背后的积水从注浆孔喷出(大—沥区间)　　图 15-23　隧道背后积水进入密封舱示意

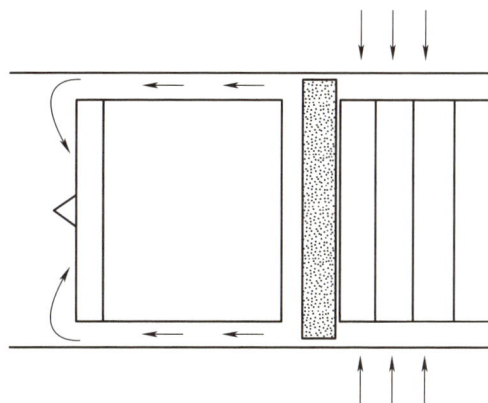

如果不封堵管片背后的水通道,带来的另一问题是这股动水会将注浆液中的水泥冲淡,使注浆液无法固结。在这种情况下,注浆量可能很大,但效果并不好,管片背后仍然是水的通道。

⑤在黏性土中的喷涌。黏性土中的粉黏粒物质成分特别多,在密封舱和刀盘前土体不是松散而是结成了泥饼,此时螺旋输送器的喷涌能与刀盘及密封舱内结泥饼共生。当密封舱内形成泥饼时,盾构推进的速度十分缓慢,此时工作面前方土体中的地下水有充足的时间流入密封舱的空环当中并保持一定的压力,在这种情况下,螺旋机出土时,实际上已黏结在一起的泥饼是很难进入螺旋机的,而具有一定压力的地下水则会经过输送机从出口处喷出。

(2)喷涌的防治

在施工的过程中,通过对围岩的分析不难判断造成喷涌的原因。处理时要从形成喷涌的原因入手。

在富水的松散地层中,一般的方法是:①加入适量的添加剂,盾构在砂层或中微风化岩层中施工时,可以加入适量的膨润土泥浆或聚合物以便改善弃土的和易性;②如果施工

环境允许,可通过加气压的方法将地下水逼出密封舱,从而改善弃土的和易性。

在自立性好的地层中采用止水的方法:在<8><9>地层中,如果管片背注浆不充分,应该通过管片进行双液注浆,以便尽快封堵隧道背后的汇水通道。

在黏性土中防喷涌的办法是防止结泥饼。

15.1.6.2 结泥饼问题

泥饼(次生岩块)是盾构刀盘切削下来的细小颗粒、碎屑在密封舱内与刀盘区重新聚集而成的半固结或固结的块状体(图 15-24)。

应用渣土改良剂的工程实践有的成功有的失败。失败的原因是过分依赖这些化学剂或添加剂,而很少从地质、盾构选型、施工措施等全方位对其进行系统研究。

泥饼引发盾构工程事故很多,现就典型的事例及其特征简述如下。

图 15-24　从人孔处理密封舱内结的泥饼

案例一:广州地铁 1 号线盾构西段泥水平衡盾构施工结泥饼引发地表塌方。

盾构西段为两台泥水平衡盾构(图 15-25)。隧道洞身上部是富水的松散砂层,中下部是残积黏土层和强风化泥质粉砂岩。1996 年 11 月 8—9 日,盾构的泥水压力平衡系统出现参数异常,忽高忽低,11 月 9 日,地面 6 幢房子倒塌或严重损坏,造成直接经济损失达 500 多万元。后开舱证实,密封土舱的中心区内存在着大体积的泥饼。

图 15-25　广州地铁 1 号线泥水盾构

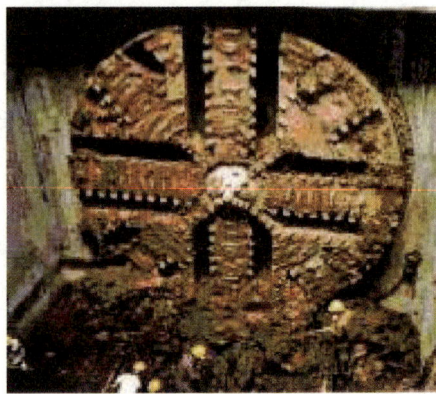

15-26　广州地铁 1 号线土压平衡盾构刀盘

案例二:广州地铁 1 号线盾构东段土压平衡盾构施工,泥饼引发地表隆起。盾构东段为一台土压平衡盾构(图 15-26),当盾构沿着中山四路左线掘进农—公区间近舱边路口地段时,隧道洞身正处于全断面的残积黏土层(5-1),残积黏土层上覆沙质淤泥层和杂填土层。为了控制地表沉降,设定的出土压超过 2 kg/cm²,最大推力达到 23 550 kN,土舱舱壁的压力超过 5 kg/cm²,致使盾构正上方路面呈一个"馒头状"隆起(图 15-27)。测量检查最

大隆起值在机头位置,达 152 mm,超过 10 mm 的隆起范围,造成混凝土路面开裂破坏,所幸开裂未发生在建筑物下方。

15.1.6.3 中途换刀技术

这项工作的关键并不在换刀本身,而是换刀环境的可实施性。比如,在江下的换刀,在砂层中的换刀,由于围岩的不稳定及存在大量地下水涌入盾构的可能性,使换刀这一程序大大地复杂化了。

通常的做法有如下几种。

(1)在自然围岩条件下换刀

这要满足两个最基本的条件,一是围岩自稳能力好,二是地下水涌出量不大。

问题的关键是如何正确地对这种可实施的条件做出判断,并在实施换刀过程中密切监测围岩的稳定性。

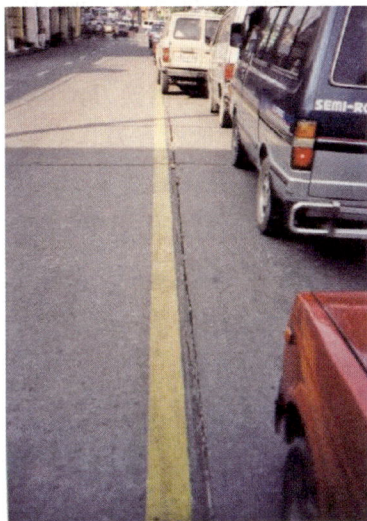

图 15-27 中山四路路面隆起

(2)在地层预加固条件下换刀

深圳地铁 1 号线某工地,其地质特征如图 15-28 所示,全风化花岗岩(W_4)只在工作面的右上方出露约 1.0 m 左右。开舱检查时,地层是很稳定的,只有少量地下水从 W_4 地层中渗出。开舱换刀的第 3 天,右上方的土体突然塌方,造成严重的人身安全事故。

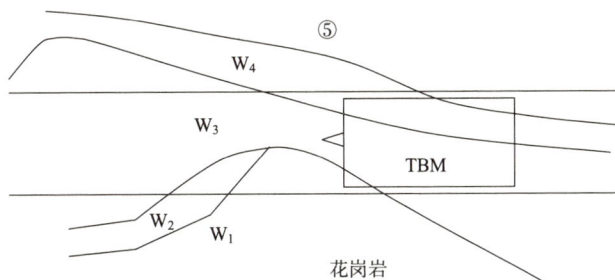

图 15-28 深圳地铁 1 号线盾构隧道地质剖面示意

根据广州地区的经验,当盾构工作面上出露第四系松散地层或基岩的全风化和强风化地层时,必须要对换刀地点进行预加固。

(3)在压缩空气条件下工作

在压缩空气条件下施工带压换刀只能看作是一种应急的办法,不能当成常规手段使用,因为:

①在隧道盖层比较薄的情况下,特别是盖层比较松散和破碎时,容易跑气失压。

②在江河等水系下,当气压管理不好,造成欠压时,会造成江水涌入密封舱。

③进入密封舱的工作人员需进行特殊的培训。

④工作空间小,工作条件差。

(4)适时地进行刀具检查

刀具的完好性是保证均衡掘进的一项重要因素,其中的道理不言自明。但是如何判断刀具是否完好则是一项非常困难的工作。在广州这种复杂的复合地层中施工,有些地段掘进几百米无需换刀,但有些地段盾构前进了十几米刀具就磨损殆尽。在条件许可的情况下,适时地检查刀具是保证正常掘进的一项非常重要的措施。

深圳地铁 1 号线某工地为了换刀,不得不在地面进行加固。由于加固失败,只好在地面挖一竖井直至盾构,然后换刀,这绝对是得不偿失的。

15.1.6.4 淤泥地层中隧道下沉和偏移

广州地铁 1 号线黄沙站—长寿路站区间盾构隧道,工程刚刚结束不久,长寿路站以南长约 80 m 的隧道下沉了约 100 mm,向西水平偏移了 20 mm。

(1)沉降段工程地质特征

该下沉段隧道地质特征如图 15-29 所示。

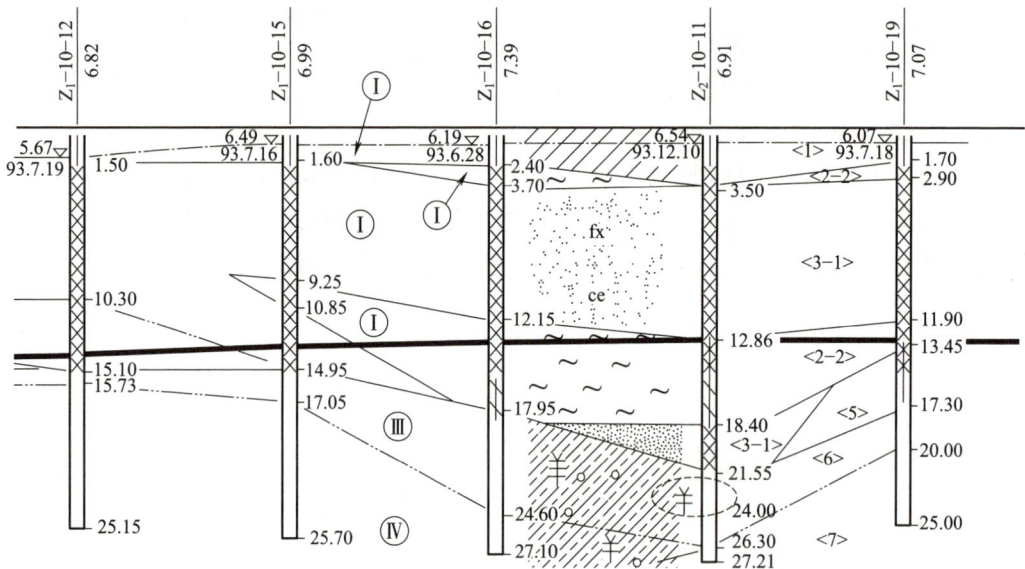

图 15-29 右线沉降段地质剖面示意

(2)隧道沉降原因的分析

①与沉降隧道连接在一起的长寿路站设有积水坑,车站抽水可能会造成一定程度的淤泥地层水位的下降,造成淤泥地层的重固结,使隧道发生沉降。

②隧道的永久结构是 C40 的钢筋混凝土预制管片,尽管其防水性能很好,但仍会有部分围岩水通过管片渗漏蒸发掉,这也会在一定程度上造成地下水位的下降(图 15-30)。

③在隧道完成之后,广东的三水地区曾发生过两次 3.4 级地震,广州地区也有震感。地震引起的震陷有可能是造成隧道及其周边地区大面积沉降的原因之一。

(3)隧道沉降的防治

在淤泥地层之下是硬塑的<5>残积层以及基岩的风化地层,承载力较高。处理的思路是在隧道下部进行袖阀管注浆,把隧道"支"在承载力好的地层上。

经过治理之后,地铁隧道又运行了 6 年多时间,没有发现隧道进一步下沉。

15.1.6.5　在坚硬岩层中掘进的技术难点

什么样的围岩是坚硬岩层？就特定的盾构施工而言,其实一直都没有给出定量的定义。在一般概念中,单轴抗压小于 30 MPa 的是软岩,30～60 MPa 的是中硬岩,大于 60 MPa 的是硬岩。

在广州地区,中风化的石灰岩、岩浆岩和大部分母岩为岩浆岩的变质岩,一般它们的单轴抗压强度都在 60～80 MPa,微风化和新鲜岩层通常都超过 100 MPa。至目前为止,在广州地区,盾构在这种坚硬岩层中的掘进是极其困难的,一方面掘进的速度很慢,二是刀具的磨损非常严重。

15.1.6.6　球状风化体或漂砾处理技术

花岗岩的球状风化,是花岗岩岩体风化过程中独有的一种地质现象,体量比较小,一般直径多为 1.0～3.0 m 左右(个别的体量较大),只赋存在花岗岩的残积层、全风化、强风化岩体当中,由于它与其周围围岩的强度相差巨大,且体量小,因此不易被钻探发现,在施工的过程中由于瞬间荷载突然加大,甚至会造成刀盘变形和刀具的严重损坏。

目前的处理办法有人工破岩、盾构破岩、地面钻探爆破三种方法。

(1)人工破岩

可以采用静态爆破技术破岩,还可以用进口的破岩机械来处理球状风化体(图 15-31)。

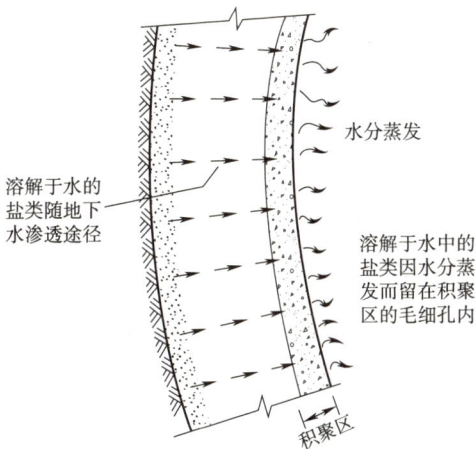

图 15-30　围岩水分可穿过管片蒸发　　　　图 15-31　国外引进的破岩机械(天—华区间)

采用人工破岩的方法无论是用静态爆破,还是用破岩机,一般都需要对地层进行加固,因为球状风化体本身就是在这种自稳能力不好的残积层或全风化和强风化花岗岩岩体中才会出现,因此采用这种方法的代价是要花很长的时间进行围岩的加固和等待。

(2)盾构破岩

广州地铁 3 号线采用盾构直接破除花岗岩球状风化岩体时,发现前方的球状花岗风化体也像大漂砾一样会滚动,既便有些球状风化体不滚动,盾构滚刀的破岩效果也不

好。通常，盾构破岩时采用小推力、低转速。

（3）地面钻探爆破

这种方法的思路是，通过钻探放炮将坚硬完整的花岗岩围岩崩碎，即通过人为的方法降低围岩的 RQD 值，从而便于盾构破岩。

采用这种方法的困难是，一方面难以在地面事先确定体量较小球状风化体的精确位置；二是如果爆破不均匀，坚硬的花岗岩大碎块会造成刀具的损坏。

15.1.6.7 上软下硬地层盾构掘进关键技术

3 号线盾构施工的过程中引发的较大的地面沉降，特别是几次"塌通天"的沉降，几乎都是上软下硬地质条件下造成的。形成这类事故的原因，是由于在盾构推进的过程中，刀盘切削工作面土体时上部软地层较易进入土舱，而下部较硬岩体不易破碎，在这种情况下，往往会使上部软地层过量切削进入舱内，特别是当隧道上部地下水较丰富且有砂层、粉砂层或淤泥层时，一旦密封舱内有些许土压失衡，上部的松散地层会很容易造成土体流失进而发生较大的沉降，甚至发生"塌通天"事故。

在这类地层中施工的过程中，盾构的姿态是较难控制的，这样会搅动周围的土体，进一步加剧水土的流失。

15.1.6.8 添加剂使用

盾构是特定施工环境的产物，也就是说，不同的围岩使用的盾构是不同的，然而，复合地层的特殊性在于施工环境会发生突变，在施工的过程中由于环境的变化而随时随地变化盾构是不可能的。如图 15-32 所示，隧道的左部地层为<3-2>的中粗砂层，泥水盾构将是理想的选择。但是，一通过<3-2>砂层之后，马上变为<5-2>和<6>含黏土颗粒超过50%的黏土层，而这种地层最好使用土压平衡盾构。

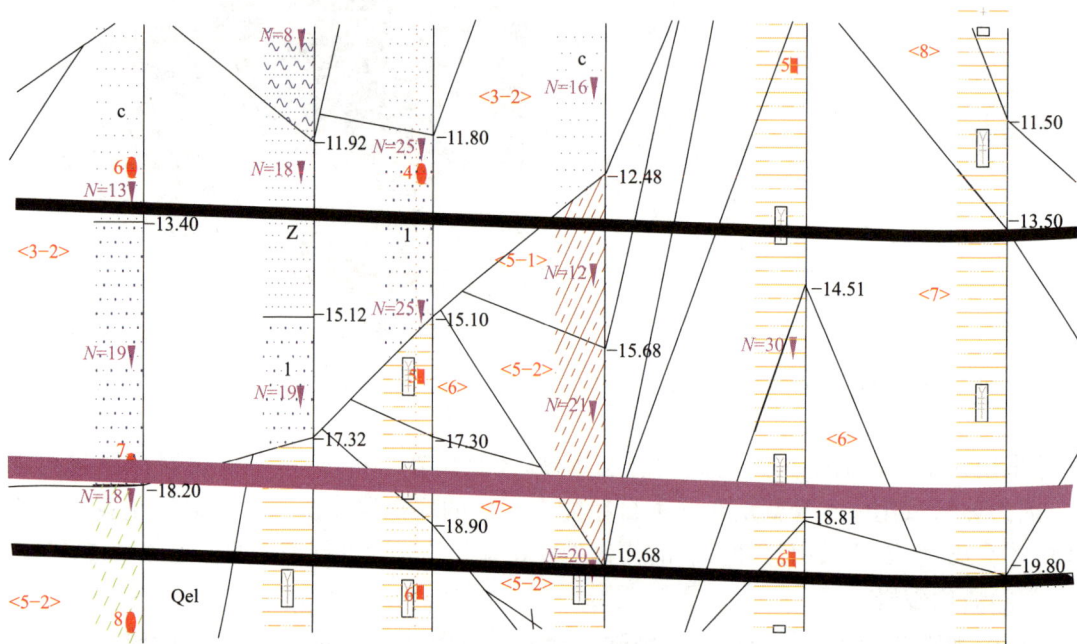

图 15-32　广州地铁 5 号线某区间剖面（局部）

目前,选择合适的添加剂能部分地解决这一问题。使用的添加剂主要有:发泡剂(foams)、膨润土(bentonite)和聚合物(polymer)。

15.2　广州上软下硬复合地层盾构施工难点与对策

15.2.1　工程简介

钟岗站—增城广场站区间右线长度 2 073.293 m(左线长度 2 075.582 m),其中中间风井长 40 m,盾构隧道右线长 2 033.293 m(左线 2 035.582 m)。盾构区间隧道采用外径6.0 m、内径 5.4 m、厚度 0.3 m、环宽 1.5 m 的管片,管片混凝土强度等级为 C50,抗渗等级为 P12,管片分标准环、左转弯环和右转弯环三种类型,左、右转弯环楔形量为 38 mm。

钟岗站—增城广场区间隧道洞身穿越的主要地层为:花岗岩残积土、花岗片麻岩岩石全风化带、花岗片麻岩岩石强风化带、花岗片麻岩岩石中风化带、花岗片麻岩岩石微风化带,隧道上覆地层主要为填土层、黏土、花岗岩残积土及花岗岩风化岩,部分区域夹有砂层。其中中间风井—钟岗站区间双线穿越全段面硬岩、地层长度约为 500 m,穿越上软下硬地层长度约为 655 m,岩石强度最高达 124 MPa。

钟岗站—中间风井盾构区间线路两侧为 2~5 层民用建筑,与隧道净距约为 15~40 m;靠近中间风井部位线路走向逐渐向广汕公路北侧偏移。

15.2.2　刀盘刀具设计

在上软下硬复合地层盾构施工过程中,刀盘刀具配置尤为重要,本工程两台盾构均采用复合式刀盘刀具配置,S-439 配 32 把单刃滚刀、4 把中心滚刀、32 把周边圆弧刮刀和正面切刀 64 把(图 15-33);S-540 配 31 把单刃滚刀、6 把中心滚刀、32 把周边圆弧刮刀和正面切刀 64 把。盾构配备单刃滚刀,破岩能力强,其抗压强度达 150~200 MPa,可以满足在硬岩掘进中对刀具耐磨性高的要求。所有圆弧刮刀和正面切刀镶装了用高强度碳化钨合金钢制成的刀头,两台盾构开口率分别为 28%、36%。刀盘开挖直径为 6.28 m,此刀盘配置可同时适用于较软地质及硬岩地质的掘进要求。刀盘面板滚刀破岩主要靠碾压形式进行,滚刀与切刀存在一定的高差,通过相邻滚刀在不同轨迹上的碾压,更有利于破岩。

刀盘母体采用耐磨性、焊接性、冲击韧性极好的 16MnR 材料制作。在刀盘外缘设有可更换的耐磨条,刀盘面板、刀盘外围对高强度、高韧性刀盘采用耐磨焊丝加固设计,耐磨焊丝布置为渔网状,渔网线纵横方向沿刀盘呈 45°角方式布置,防止刀盘的开裂磨损,极大地提高了刀盘母体的耐磨性。

15.2.3　盾构掘进施工控制要点

在盾构施工过程中,应严格执行施工技术方案,严格控制土舱压力、出土量、推力、扭矩及推进速度等参数,采取加注膨润土泥浆、优质泡沫和分散剂等措施进行渣土改良、控制喷涌和防止结泥饼。同时加强同步注浆和二次注浆以控制地面沉降。

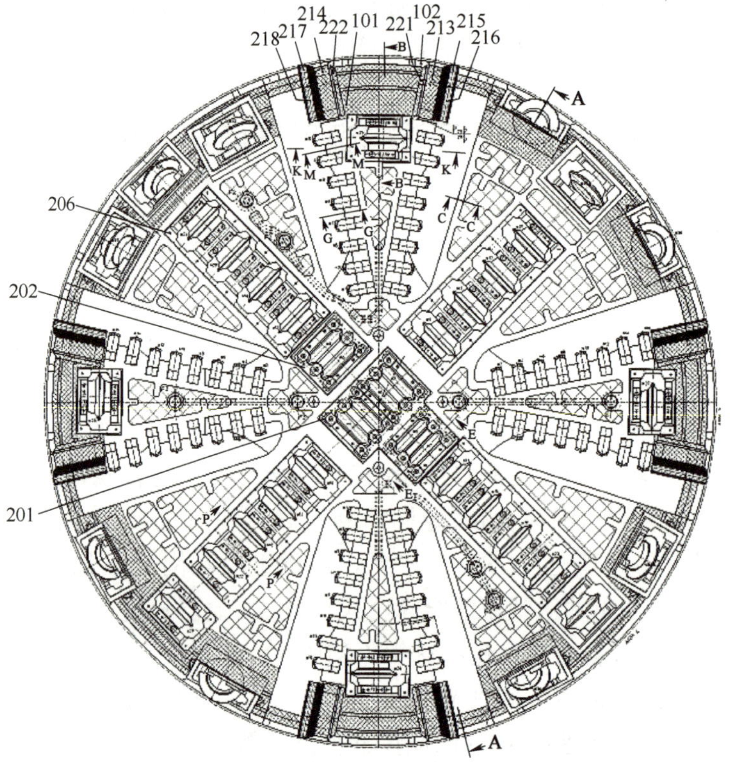

图 15-33   S-439 盾构刀盘刀具布置示意

(1)掘进参数控制

推力控制在 10 000～13 000 kN,刀盘转速 0.8～1.3 r/min。盾构在软硬不均地层掘进时,推力不宜过大,刀盘转速不宜过快,对于复合式刀盘,推力过大或刀盘转速过快,时岩石容易损坏切刀及齿刀,造成刀具或刀盘磨损过快,影响盾构掘进效率,增加成本。扭矩控制范围 9～12 MPa(编者注:这是德国海瑞克盾构,液压驱动,面板显示油压数据,直观、不正规,但数据无误。),扭矩波动小于 3 MPa。根据施工经验,刀盘扭矩油压波动大于 3 MPa 时,可能是刀具出现偏磨现象,应及时对刀具进行检查、更换。土舱压力一般根据隧道埋深和监测数据来确定,出土量根据盾构开挖半径及每循环米数计算得出,严禁超排。

(2)盾构及管片姿态的控制

盾构在软硬不均地层段掘进应注意控制盾构姿态,在此段地层中尽量使盾尾间隙均匀。管片选型和盾构姿态要尽量符合设计线路的要求。在盾构纠偏时,要注意不要每次纠偏过大。当发生盾构抬头无法下压的时候,应开舱检查边缘刀具的磨损情况。

(3)渣温及液压油温度控制

盾构在软硬不均地层中掘进时,渣土温度控制在(45±5) ℃,渣温过高会直接影响刀具的使用寿命。盾构掘进过程中液压油的温度应小于 60 ℃。当渣土温度过高时,应分析渣样,防止形成泥饼。当盾构液压油温度过高时,可采用向冷却塔内放置冰块等辅助措施

来降低其温度。

（4）同步注浆和二次注浆

采用盾尾壁后注浆方式，注浆要做到与掘进同步。即"掘进、注浆同步，不注浆、不掘进"，通过控制同步注浆压力和注浆量（注浆压力控制在 0.25 MPa 左右，每环注浆量不少于 6.5 m³）双重标准来确定注浆时间。由于同步注浆浆液凝固后体积会产生一定程度的收缩，为有效防止产生后期沉降，应根据地面沉降监测情况在隧道内采取二次注浆。二次注浆的具体方法是把管片上的注浆孔打开使用二次注浆机注双液浆，将管片背后的空腔封堵住。为保护成型隧道管片，注浆压力为 0.8 MPa，注浆配比为水泥：水：水玻璃＝1：0.7：0.2，注浆过程中要根据地面沉降数据的反馈情况，及时调整注浆参数。

15.2.4　施工重难点

15.2.4.1　滚刀偏磨问题及处理措施

在中间风井—钟岗站区间盾构掘进过程中，在右线 233 环及左线 360 环时，经检查，刀具磨损严重（图 15-34），单刃滚刀及中心滚刀频繁损坏，偏磨严重，且数量较多，项目针对这一情况停机进行分析，对滚刀损坏部位进行统计，发现大多损坏滚刀的刀骨右侧有较深的裂痕（图 15-35）。

图 15-34　刀具磨损情况

图 15-35　对刀具进行检查

（1）原因分析

由于隧道上浮基岩侵入隧道岩面较高，且岩石强度最高达 124 MPa，岩石过硬将小齿刀磕掉，掉入土舱对滚刀形成挤压后，使滚刀密封失效，进而泥沙进入刀体，导致轴承损坏及滚刀偏磨。

（2）处理方案

首先进行清舱，对掉落土舱内的齿刀进行清理，对刀盘刀具进行检查，更换损坏刀具并对松动刀具进行加固。将剩余齿刀及边缘刮刀拆除。通过对地层进行分析，在后续掘进过程中采用气压辅助模式进行掘进，减轻渣土对刀具的磨损，提高掘进效率。制定了刀具更换标准：正面刀，正常磨损 25 mm 进行更换；边缘刀（39/40 号刀）磨损 10 mm 进行更

换,并加工专用垫片将边缘向外顶出 10 mm,增加刀具使用寿命。

15.2.4.2　全断面硬岩管片上浮问题及处理

在中间风井—钟岗站左线掘进过程中,550 环～570 环处出现连续管片上浮现象,最大上浮后管片姿态达到 98 mm,严重影响管片成型质量。

(1)原因分析

此段为全断面硬岩段,盾构掘进通过在管片拖出盾尾后,上部地层不具备回压管片的能力,再加上同步注浆凝结时间过长,浆液及地层水集中在管片下部,致使管片上浮严重。

(2)处理方案

项目部发现管片出现上浮现象后,及时对上浮段上部进行二次注浆(图 15-36),通过注浆,上浮段管片回压最大 23 mm,同时对同步注浆浆液配比进行调整(图 15-37),加大水泥用量,缩短凝结时间,通过调整,管片上浮现象得到有效控制,满足规范及设计要求。

图 15-36　管片背后二次注浆

图 15-37　管片背后同步注浆

15.2.4.3　上软下硬复合地层盾构掘进功效低问题处理

在中间风井—钟岗站区间上软下硬复合地层盾构掘进过程中,项目部开始采用土压平衡模式进行掘进,由于地下水丰富,掘进过程中喷涌频繁(图 15-38),掘进推力大,刀盘扭矩大,连续掘进下刀盘温度过高,掘进效率较低。

(1)原因分析

形成喷涌的主要原因是舱压不够,没有形成舱内压力平衡地层裂隙内水压,导致地层内大量水分进入舱内形成喷涌。推进推力大、扭矩大、温度高是因为舱内渣土过多。由于舱内渣土过多,掌子面刀盘切削土体不能进入土舱形成舱内土体,其与掌子面土体在盾构作用下进行挤压导致推力增大,同时由于舱内渣土过高,同刀盘接触面增大,搅拌棒长期在渣土内搅拌,导致盾构扭矩过大。并非刀具同掌子面摩擦产生扭矩、在舱内渣土与刀盘的摩擦过程中形成热量导致刀盘温度过高。

(2)处理方案

根据我公司已有施工经验,项目部在确定地层保压满足条件后,采用气压辅助模式进行掘进,开始进行土舱内渣土置换,渣土置换过程中,保持舱压与地层水压平衡,直至

渣土处置螺旋口上部 50 cm 处,开始恢复掘进,恢复掘进后向舱内注入空气,稳定舱内压力,通过气压辅助模式掘进。上述问题全部得到解决,满足施工需要,恢复正常掘进(图 15-39)。

图 15-38　上软下硬段喷涌现象

图 15-39　处理后出渣情况

15.2.4.4　花岗岩残积土地层盾构穿越孤石问题及处理

根据盾构施工经验,在花岗岩上软下硬复合地层段多数会形成花岗岩球状风化体,俗称"孤石"。地质勘探报告显示,在中间风井—钟岗站区间左线 940 环处,隧道开挖断面内存在一处长约 50 m、强度达到 80.3 MPa 的孤石。项目部制定了以下几点措施来保证盾构顺利通过孤石段。

(1)加强地质补勘工作力度

根据地质详勘报告及设计图纸,对孤石段进行地质补勘,在孤石区在原详勘报告的基础上,按照 5 m 间距进行加密补勘,在发现孤石的孔位周边按照 1 m 的间距增加外扩勘探孔(图 15-40),直至确定孤石边线。根据补勘报告,准确掌握孤石的数量、岩性、大小,为后续处理及施工提供依据。

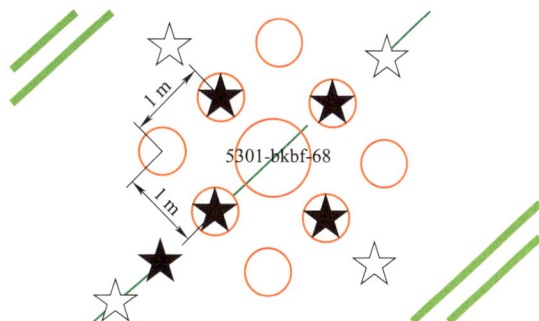

图 15-40　孤石段地质补勘孔位布置示意

☆　现场施工补勘孔;　★　勘察到孤石的孔位

(2)对孤石进行爆破处理

根据岩体的厚度变化及地表建筑物、管线保护的要求,分别采用连续结构装药或分段间隔装药。岩体厚度较小、振动速度满足安全要求时,采用连续装药结构;当孤石厚度较大时,为了保证爆破破碎效果及满足爆破允许的振动速度,采取分段间隔装药,将药包分成两段或多段。孤石爆破孔位布置如图 15-41 所示。

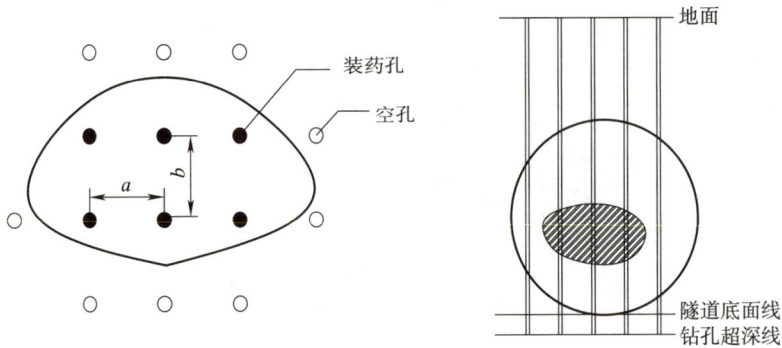

图 15-41   孤石爆破孔位布置示意

15.2.4.5   上软下硬复合地层刀具检查、更换技术

在上软下硬复合地层施工对刀具磨损较大,换刀在所难免,应根据地质情况及刀具磨损预判,预先对换刀地点进行设置,如地质强开不良,应对换刀点进行预加固,待盾构抵达换刀点时,对刀具进行检查及更换,确保盾构掘进安全顺利。

(1)换刀地点的选择

选择土体稳定性较好,如断面内砂层少的地层,尽量避开重要的建构筑物。如需进行地面加固,选择地面条件良好的位置。

(2)土舱的置换与填充

正常掘进过程中,土舱充满渣土和泡沫。如果在这种状态下进行注浆,浆液将会进入土舱,可能会固结刀盘。所以舱内我们需要加注一些既不能凝固又具备一定黏稠度的材料进行填充,这样在高压注浆的情况下,浆液才不会进入土舱之中。

土舱填充采用黏稠的泥浆,利用砂浆拌合站拌制,原料为钙基膨润土和水(钠基更好,但成本更高、膨化时间较长)。泥浆注满后,正反快速转动刀盘约 10 min,确保泥浆和舱内剩余的渣土搅拌均匀即可。

(3)WSS 辅助注浆措施

对于砂层没有侵入隧道开挖面的地层,利用盾构上部的超前注浆孔,向刀盘上方和前方进行注浆。

首先钻机钻头刚进入土层中,在盾壳上方加注化学材料,充填盾壳与土体间的空隙(图 15-42)。因为化学材料强度低,这样盾构再次复推后,包裹力不会太大。

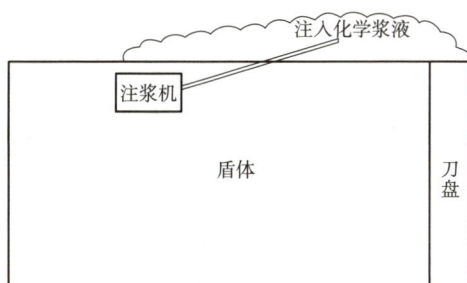

图 15-42　盾体外侧加注化学浆液示意

外学浆液加注完成后,钻机一次钻到刀盘前方约 1.5 m 处,采用后退式注入双液浆(图 15-43)。

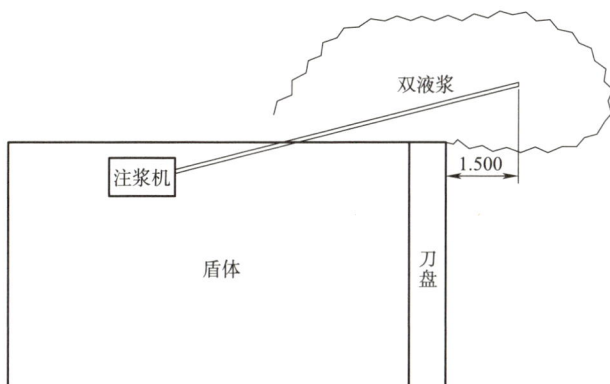

图 15-43　土体加固双液浆加注示意(单位:m)

注浆控制标准:以不高于设定土舱压力 0.1 MPa 或最高不超过 0.4 MPa 压力进行注浆,反复多次,直至最后土舱能形成稳定的压力,该压力高于换刀处水头压力 0.05 MPa 以上且能维持 2 h 以上,方可认定为注浆满足要求。注浆的过程中主轴承要加注油脂,且在注浆停止的间歇时间中,要旋转刀盘。

对于砂层侵入隧道开挖面的地层,除利用盾构上部的超前注浆孔注浆,还要在刀盘前方地面上钻孔进行辅助注浆。地面注浆布孔图如图 15-44 所示(刀盘前方 4 个孔即可,孔间距 2 m,距离刀盘前方 1.5 m,深度至砂层底部)。

(4)土舱内空气置换及保压试验

按照高于设定的换刀压力 0.02~0.03 MPa,利用空气置换舱内的泥浆和渣土,置换后剩余渣土面在刀盘中心向下约 1 m 的位置。置换开始时,不能利用保压系统供气,采用泡沫管向舱内注入空气的方式进行。当泥渣位置低于保压系统供气位置后,调试保压系统,并开启保压系统供气。

置换完成后,开始下调土舱压力至设定的换刀压力,进行保压试验 4 h,如果达到要求,即可进行下一步的气压换刀作业。

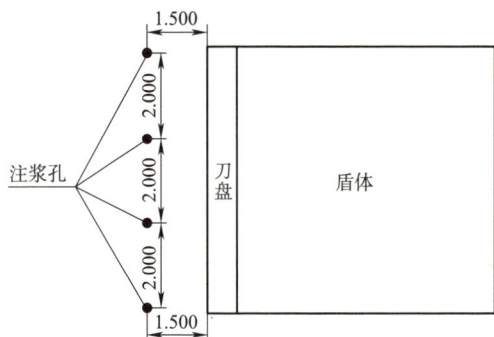

(a) 刀盘前方地面注浆示意   (b) 洞内WSS注浆   (c) 地面WSS注浆

图 15-44   注浆示意(单位:m)

(5)压气换刀

准备好压气换刀的人员、操舱医生、工具设备、备用的空压机等,按照正常的压气换刀流程进行换刀。

15.2.5   施工小结

根据我单位多年在广州地区盾构施工的经验及教训,在广州地区的上软下硬复合地层盾构掘进过程中,应注意以下几点:

(1)减少不良地质施工范围

首先,由于上软下硬复合地层的地质情况较为复杂,不确定因素较多,一定要加强地质补勘工作,详细了解地质情况,为后续的变更及施工提供支持。

其次,要积极与业主及设计单位进行沟通,在满足规范及使用功能的情况下,对原线路进行调坡、调线。通过变更手段消除或减少不良地质对盾构施工的影响。

(2)严格控制盾构掘进参数

由于上软下硬复合地层上浮基岩硬度较高,裂隙水较多且掌子面上部地层较为松软,掘进难度大,地面沉降不易控制。所以,在上软下硬复合地层盾构掘进施工过程中,参数的控制尤为重要。

认真了解各项参数相互关系是把控的重点,在进行全断面硬岩压气掘进时,必须了解并掌握土舱压力、扭矩、推力、刀盘转速、螺旋机转速的紧密联系,环环相扣。根据地层覆土厚度初步设定土舱压力,在掘进过程中对渣样进行分析,合理对渣土进行改良。

(3)预设刀具更换地点

由于上软下硬复合地层基岩硬度大,刀具磨损快,开舱检查、更换刀具无法避免,但掌子面上部地层又不稳定,开舱具有较大安全风险。为保证施工安全,施工前一定要选取地质情况较好、无高大地面建筑物的地点,作为刀具检查、更换地点。如有需要,选取地质条件允许的位置对地层进行加固,提供换刀点。

（4）加大应急处理的管理力度

由于上软下硬复合地层地质情况复杂，施工难度较大，施工的不可预判性较高，具有较大的施工安全风险，在施工前，应详细对施工过程中可能出现的不良情况进行分析、预判，制定具有针对性的实施方案，如地面建（构）筑物沉降，可以对可能出现沉降的房屋进行预加固或预先提供加固条件。施工过程中的应急方案必须要落到实处，不能流于形式，应急设备、物资要严格根据要求进行配置，应急管理机制运转正常，出现问题要及时处理。

15.3　深圳地铁 5 号线 5307 标盾构施工

15.3.1　工程概况

深圳地铁 5 号线 5307 标段怡黄区间位于深圳市罗湖区。如图 15-45 所示，盾构施工线路从怡景路站始发，下穿怡景路、黄贝岭小区、沿河路和深南东路，到达怡黄区间后采用井下拆解、旋转、平移吊出的方式从吊出井吊出。如图 15-46 所示，盾构区间左、右线全长分别为 1 078.767 m 和 1 051.609 m；区间内附属工程包含 2 个洞门、1 个联络通道（含泵房）。区间内隧道最小曲线半径 $R=400$ m，线间距 8.7～16.4 m。当接近一号竖井时，线间距减小到了 8.7 m。盾构始发后线路纵坡呈 V 字形，以 25‰、18‰下坡，后以 21.9‰上坡进入暗挖接应段，隧道拱顶埋深约为 9.8～16.7 m。

图 15-45　怡黄区间位置关系

15.3.2　地质水文条件

本区间上覆第四系人工堆积层、冲洪积层、残积层，下伏侏罗系中统碎裂化凝灰质砂砾岩、凝灰质砂岩和震旦系碎裂化混合岩、混合岩。区间隧道穿过 3 条断裂带。其中，F7 断裂带在左右线投影长 4.8 m；F8 断裂带在右线投影长度为 10.5 m；F9 断裂带在左右线

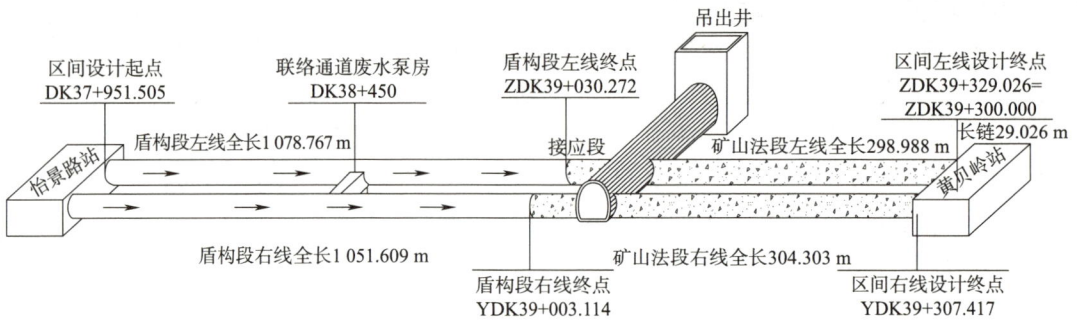

图 15-46　工程概况示意

投影长度分别为 31.5 m 和 14.6 m。洞身基岩分为两种：一种为震旦系混合岩，主要分布在黄贝岭小区下方；另一种为侏罗系凝灰质砂岩，分布在黄贝岭小区以外区域，同时在下穿黄贝岭小区左、右线各存在一段 113 m 左右的全断面硬岩。详勘报告显示，混合岩最大抗压强度 61.3 MPa，凝灰岩最大抗压强度 50.1 MPa；区间地层岩性总体复杂，如图 15-47 所示，隧道顶部主要为填土层、淤泥层和淤泥质砂层、细砂、中粗砂层、砂砾质黏性土层、全强风化层；洞身地层以上软下硬地层为主(约占 78%)，特别是下穿黄贝岭小区房屋段。

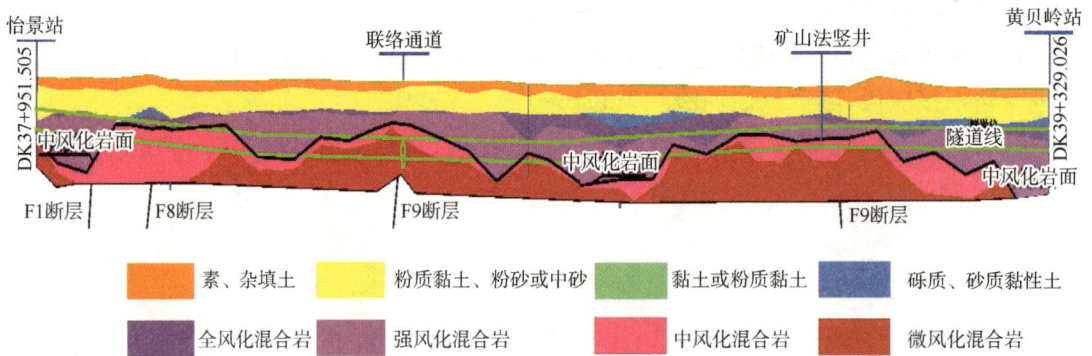

图 15-47　左线地质纵剖示意

　　区间地下水按赋存条件主要为孔隙水及基岩裂隙水。其中，孔隙水主要赋存在冲洪积层、坡积层、残积层和全风化基岩中；基岩裂隙水赋存于强风化及中风化基岩中。地质详细勘查资料显示地下水位埋深 1.50~4.70 m，平均 3.20 m，水位高程 1.83~7.85 m，平均 4.70 m，水位最大变幅 6.0 m 左右，主要补给来源为大气降水，排泄途径主要是蒸发和侧向渗流。地下水对钢筋混凝土结构中钢筋不具腐蚀性，但对钢结构具弱腐蚀性。

15.3.3　施工重难点

　　(1)本工程中盾构需要通过上软下硬地层，并穿越 3 条断裂带。由于断层破碎带内岩层裂隙发育，渗水量大，可能发生涌水、突泥、坍塌等情况，继而造成地表沉陷、房屋损坏甚至倒坍等重大安全事故。可见，做好出渣量控制、渣土改良、地下水渗漏控制和刀具管理等工作，预防地表沉降，以期安全通过这一特殊复杂地层是本工程施工重难点之一。

（2）通过调查及现场踏勘发现，盾构下穿黄贝岭小区 5 栋 7 层楼房时，房屋四周给排水、排污、排雨、照明、通信等各种管线密布；此外，在到达段端头狭小的空间内就分布有 2 根电信管、2 根上水管、1 根燃气管以及 1 座 2 m×1.4 m 的污水箱涵等，管线众多。这对施工过程中的管线保护技术提出了极高的要求。

（3）区间洞身地层（尤其是盾构到达端头）上部主要为圆砾土，下部为混合岩，属于典型软硬不均地层，岩层差异大。盾构掘进时，可能会对地表建筑物造成较大影响，预加固难度大；特别是在到达段端头，污水箱涵断面为 2 m×1.4 m，水深 0.8 m，水流急，日均流量约十万立方米，加之污水箱涵覆土 3.2 m，距盾构顶约 5 m，加固难度更大。可见，在上软下硬复杂地层下施工时，特别是当盾构到达端头后，采用何种加固措施和施工控制方法来有效保护下穿建筑物安全也是本工程施工重难点之一。

（4）盾构无井吊出实施难度大。吊出井周边现状如图 15-48 所示。

图 15-48　吊出井周边现状

初步设计时，原计划将盾构吊出井设置在沿河路上深南路右转匝道上，但由于深圳市政府未批准封闭匝道，故改为扩大怡—黄区间矿山法段施工横通道，再在横通道的两个方向各开挖一段扩大断面的接应洞室；端头加固采用开挖拱部打设管棚，隧道上半段面（土质隧道）深孔后退式注浆；盾构进入接应段后在洞内进行拆除，其中，螺旋输送机和后配套拖回始发端吊出，而盾构主体在洞内解体为 2 段，即刀盘＋前体＋中体及盾尾；各段在横通道位置转体 90°，推至矿山法施工竖井吊出。目前，该施工方案在国内尚无先例，且洞内作业空间狭小，力系转换复杂，施工难度非常大。

15.3.4　施工关键技术

15.3.4.1　盾构穿越长距离软硬不均地层施工技术

盾构穿越长距离软硬不均地层的施工要点如下：

（1）地质调查

在施工前应进行详细的补充地质勘探，全面掌握隧道洞身及上覆工程地质与水文地质情况。需特别探明的项目包括：

①软硬不均地段的硬岩分布位置及占开挖面积、软土的类别和相应参数。

②硬岩侵入隧道的高度和走势。

③硬岩的风化状况、裂隙发育情况、强度和整体性。

④是否有其他硬质夹杂体存在。

⑤软硬不均地段的上方覆土类别。

（2）刀具选型与管理

①在盾构刀盘设计阶段，应充分考虑本标段工程地质条件，宜采用适合软硬不均及连续硬岩段掘进的刀盘结构，以确保滚刀-齿刀互换性。

②结合以往类似案例中刀具管理经验，按适应性强的原则合理选择刀具供应商。

③针对地层软硬不均的特征，特别是硬岩分布位置特点，根据刀具破岩机理合理选择与配置刀具。

④在软硬不均地层掘进时，主要采取滚刀滚压破岩，并针对硬岩强度和整体性、掘进距离、含砂量等特点，确定滚刀安装位置、超前量、数量及类型。

⑤根据软硬不均段、土层段、岩层段长度，结合以往工程施工经验，结合既定换刀计划，有计划地调整盾构刀具更换位置。

⑥在施工过程中，严格按照掘进技术交底书选择掘进模式与控制掘进参数，并根据掘进参数变化、渣土性质、温度等反馈信息及时分析刀具切削性能，确保刀具磨损情况始终处于可控状态。

（3）掘进参数控制

①在该地层下掘进时，应主要通过控制推力和最大扭矩，来确保达到合适的刀具贯入度。掘进参数参照值为：总推力一般不超过 $10\,000\sim15\,000$ kN；刀盘转速取 $1.5\sim1.8$ r/min；刀具贯入度一般控制在 15 mm/r 之内。

②做好掘进施工参数的统计与分析，并结合地面监测信息不断优化掘进参数。

③及时根据 SLS-T 测量系统监测获得的盾构姿态变化量，调节五组油缸推力，以保证盾构尽量拟合设计线路掘进。

④加强管片姿态监测，必要时采取措施进行控制，以保证隧道线形质量。

（4）渣土管理

①在软硬不均地层中，应根据隧道上部土层或软岩地层埋深，以及相关物理参数，计算确定土舱压力，并对出渣量进行管理与控制。

②委派专人监测渣土温度及成分等性质，检查渣土改良效果，记录刀具磨损情况。

③掘进过程中通过盾构上配置的泡沫注入设备向土舱中添加泡沫，改良渣土。

（5）同步注浆

以注浆量与注浆压力双重标准控制同步注浆过程，确保管片背后回填密实。由于水泥砂浆凝结时间短，适用于管片上浮段隧道注浆，再结合双液浆可快速控制隧道上浮；惰性浆液中由于膨润土用量大，在隧道接缝防水方面具有较大优势。综上，将水泥砂浆和惰性浆液作为同步注浆材料。同步注浆过程控制参数推荐如下：

①注浆压力

为了有效充填环向空隙，同时确保管片结构不因注浆产生变形和损坏，根据计算和工

程经验,注浆压力取值为 0.2～0.5 MPa。

②注浆量

注浆量取环形间隙理论体积的 1.1～1.3 倍,则每环(1.5 m)注浆量 Q 为 4.5～5.3 m^3。

③注浆速度

同步注浆速度应与掘进速度相匹配。按盾构完成一环 1.5 m 掘进的时间内完成当环注浆量来确定其平均注浆速度。

④注浆结束标准

当注浆压力达到设定值,注浆量达到设计值的 90% 以上时,即可认为达到了质量要求。

(6)开舱控制

应尽量避免在上软下硬地层段进行开舱检查或更换刀具,必要时,一般应采取如下技术措施以确保开舱施工安全。

①结合工程地质条件,通过地面或盾构的超前探空对盾构切口环前后地层进行加固处理。加固后进行效果评价,再进行开舱检查。

②在刀盘附近按布置沉降监测点,刀盘前后各设一个监测断面,并布设深层沉降观测点。

③开舱过程中,派专人在地面进行巡检,并加强地表沉降观测;委派丰富经验的土木和刀具管理工程师值班,土木工程师应定期检查掌子面地质变化情况,必要时采取带压进舱措施。

④开舱后,根据掌子面地质情况,必要时对切口环及刀盘开口进行封堵。

⑤制定相应的应急预案,并配备足够的应急物质和人员。

15.3.4.2　盾构下穿黄贝岭小区 5 栋房屋施工技术

(1)施工前准备工作

①对下穿段范围内房屋结构现状和安全性进行详细调查论证,并委托有关部门对该区间进行第三方安全鉴定,同时制定出变形预测及施工管理标准值。

②召开内部专家会,编制实施方案,并由业主、设计、施工等单位盾构方面专家对施工方案进行论证评审,保证方案的科学性及可实施性。

③在工区内部就过小区施工方案及相关技术交底组织专题学习,确保技术方案的落实和传达。

④有计划地进行盾构设备的维修与保养工作,确保推进系统完好、注浆系统管路畅通、盾尾等密封完好,并且备足常用备件,确保盾构能以良好的状态进入小区房屋段施工。

⑤制定换刀计划。刀具检修必须安排在安全的位置进行,必要时通过辅助措施对地层进行加固处理,以保证施工安全。换刀前通过管片径向注浆封堵管片背后水源,再根据开舱程序及换刀方案进行换刀。例如,盾构过小区房屋段隧道洞身地层为中风化混合岩,计划换刀位置地层相对较好选择,无需提前对换刀位置地层进行处理,但为确保换刀操作的安全,地层是否需加固应根据开舱情况确定;根据左、右线洞身及洞顶地层情况,左线拟

在 ZDK38+320 处开舱更换刀具,右线拟在 YDK38+315 处开舱更换刀具。

⑥双液注浆形成封水环。为保证顺利通过黄贝岭小区房屋,下坡段注双液浆封堵盾尾后方水源。

(2)盾构通过时

根据前一阶段掘进情况,优化盾构下穿房屋段的掘进参数。具体措施如下:

①左线过 F9 断层 12 号楼,右线过 15~12 号楼间 F9 断裂带时,盾构采取超土压平衡模式掘进;初步将土舱压力设为:1 号传感器 0.18 MPa(掘进时),1 号传感器 0.19~0.20 MPa(掘进完成时),总推力不大于 15 000 kN,刀盘扭矩 12~13 MPa,刀盘转速:1.8~2.0 r/min;出渣土量:65 m³(4.5 车以内)。

②左线过 9 号楼、4 号楼硬岩段时,宜遵照"小推力、小扭矩、低刀盘转速、低掘进速度"原则控制掘进参数,并选择"掘进速度为主,刀盘转速为辅"的控制策略,以确保盾构安全通过中-微风化混合岩地段;初步将掘进参数设定为:土压 0.1 MPa(主要为气压,预防地下水流失),推力不大于 15 000 kN,刀盘扭矩 14~15 MPa,刀盘转速:1.6 r/min;出渣土量:70 m³(5 车以内)。

③右线过 2 号楼软硬不均地层时,宜控制掘进速度、刀盘转速和刀具贯入度,并适当加大顶部推进油缸压力,预防顶部超挖引起地表或房屋沉降异常;掘进参数与硬岩相同。

应充分发挥值班土木工程师与主司机的能动性,并加强配合。例如,盾构主司机和现场值班工程师需密切关注掘进状态和渣土状况,同时安排专人在人员舱附近 24 h 监听刀盘滚动声音,如发现扭矩突然变大、刀盘前面有异常响声,则立即降低推力;如果异响持续,应立即停止掘进,并通知值班领导和相关部门人员,不可强行推进。

遵循"全程监控、匀速推进、压力控制、宁正勿负"的原则推进,考虑到盾构通过房屋段位于 $R=400$ m 的小半径曲线上,要求掘进速度不得超过 30 mm/min。

加强渣土改良,并适当增加泡沫及水的用量以避免堵舱、糊刀盘等现象的发生。本阶段泡沫用量为 40~50 L。

加大盾尾油脂注入量,确保盾尾密封效果。

保证同步注浆量和注浆压力。具体措施如下:

①出于保护小区房屋、防止发生较大沉降的考虑,本区间每环理论注浆量为 4.05 m³,且不得少于 5.5 m³。

②注浆过程中必须保证四管同时注浆,且上部注浆管压力不大于 0.30 MPa,下部注浆管压力不大于 0.35 MPa。

③同步注浆配比为:水泥 120~160,粉煤灰 280~341,膨润土 45~56,细砂 668~779,水 395~446(单位:kg)。在地下水丰富地段,调整水泥用量至 200 kg,以加快水泥砂浆凝结。

在通过小区房屋施工期间,工区测量组和监测组应安排经验丰富的监测人员对小区房屋地面情况进行 24 h 的监测和观察。

为防止盾构穿越小区房屋及 F9 断裂带时发生喷涌,通过加水系统添加 MJ-S/N-01 高分子材料。

准备应急物资,并成立抢险小组,制定应急预案。

(3)盾构通过后

当盾尾完全脱离每一栋小区房屋 2 环以后,立即对位于房屋下方的区间隧道进行补强注浆,确保管片背衬注浆饱满,控制地表沉降。注浆采用水泥-水玻璃双液注浆。水泥浆液与水玻璃体积配合比为 1∶1。

15.3.4.3　盾构到达吊出施工技术

如前所述,怡黄区间并没有设置常规的盾构吊出井,而是通过矿山法施工竖井将盾构吊出。施工前后的技术要点简要介绍如下。

(1)横通道设计

①为保证螺旋输送机能够顺利拆除,接应段长度设计为 11 m,其平面设计图如图 15-49 所示。

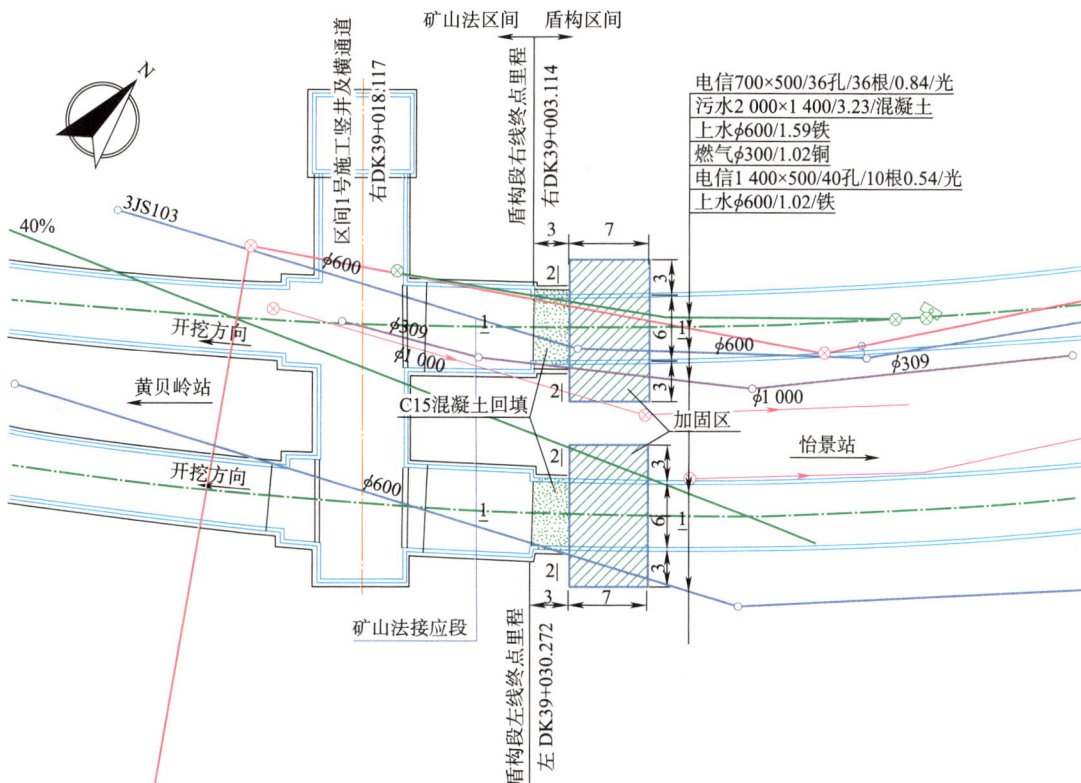

图 15-49　盾构接应段平面示意(单位:mm)

②为保证盾构隧道贯通后进入接应段能够顺利顶推,接应段净空需大于 10 m,并在隧道底部施作混凝土导台。盾构接应段横断面如图 15-50 所示。

③为了加强盾构到达段防水效果,需要在接口处施作堵头墙,墙上安装洞门钢环和帘布橡胶板,因此距堵头墙 500 mm 内不设导台。

(2)到达端加固措施

对盾构接收端头进行超前预加固,其加固起点位于盾构与暗挖段分界处,加固长度为 10 m,如图 15-51 所示。

超前大管棚+拱部50ϕ42超前小导管@3根/m
上部掌子面深孔注浆
ϕ8钢筋网@150×150 mm，双层
格栅钢架，间距0.5 m+临时仰拱和中隔壁
C25喷射混凝土0.3 m
全包柔性防水层
模筑钢筋混凝土C30.S8厚0.4 m

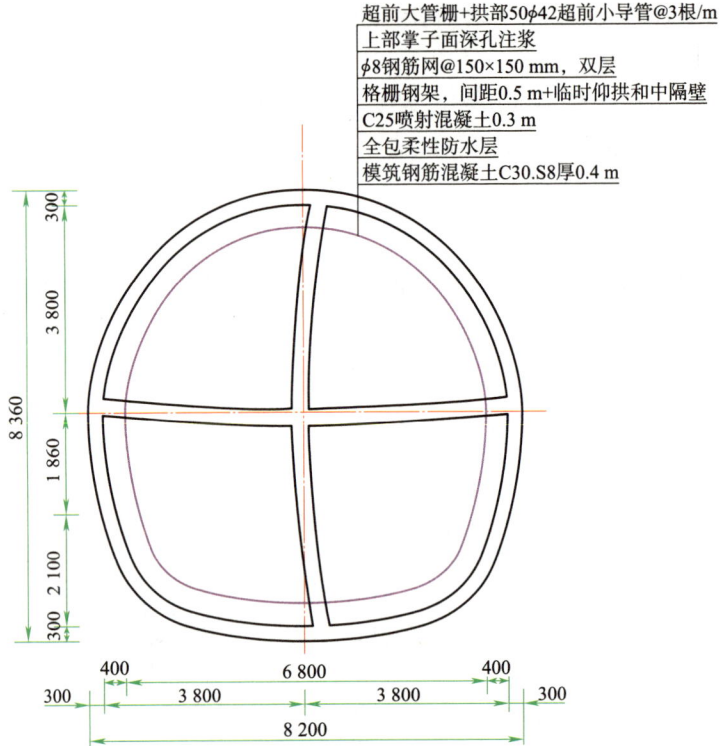

图 15-50　接应段横断面示意(单位:mm)

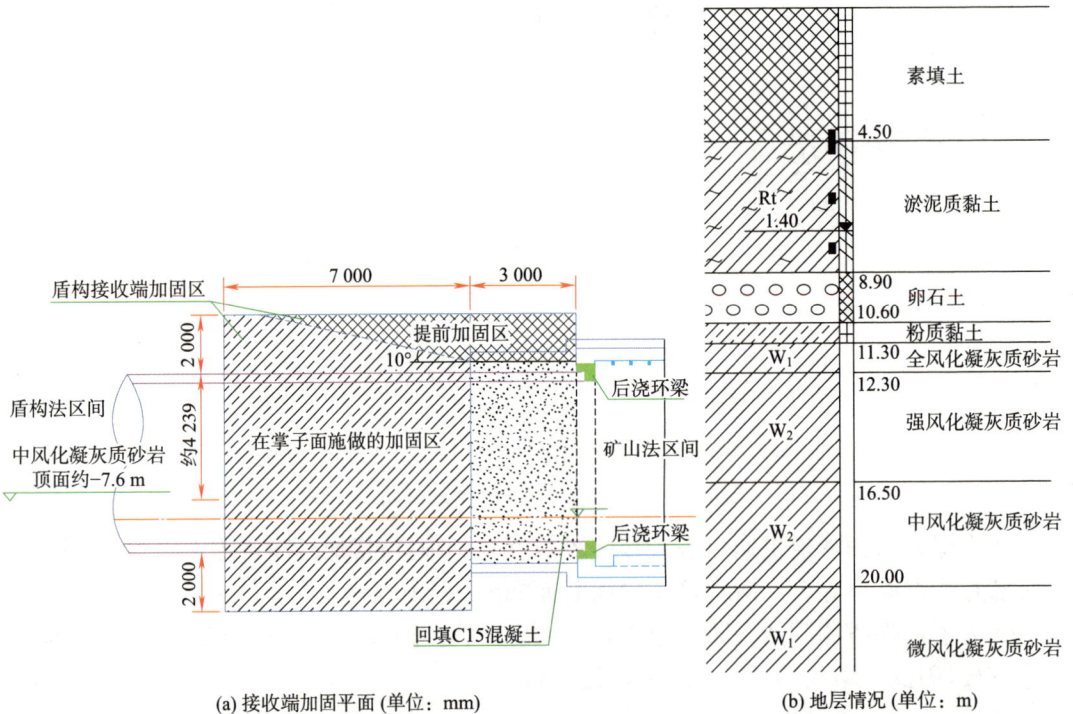

(a) 接收端加固平面 (单位：mm)

(b) 地层情况 (单位：m)

图 15-51　接收端加固面示意

到达端加固措施如下：

　　①上半断面超前预注浆设计。结合现场和勘察地质情况对隧道上半断面进行加固，加固范围为人工开挖轮廓线外 3.0 m，扩散半径 1.5 m，纵向加固范围为 10 m，孔位设计如图 15-52～图 15-54 所示。

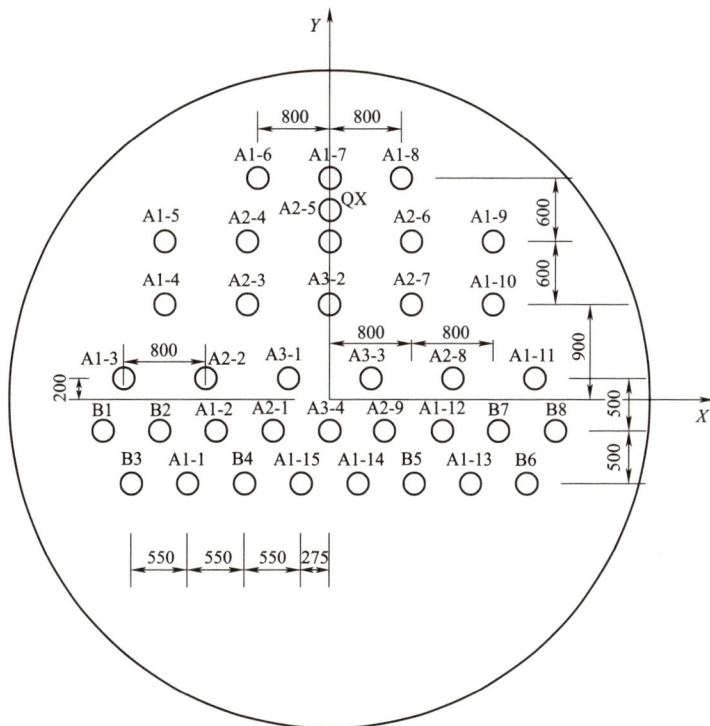

图 15-52　超前加固开孔断面示意（单位：mm）

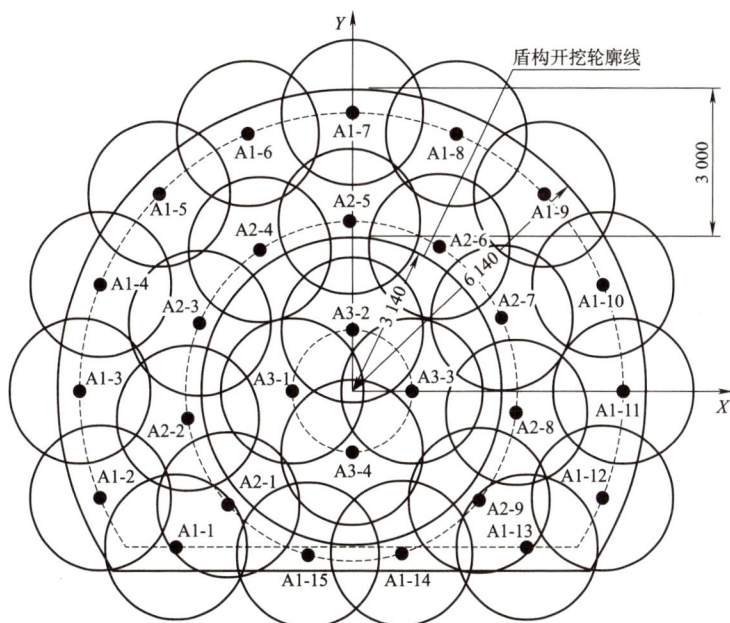

图 15-53　超前加固终孔断面示意（单位：mm）

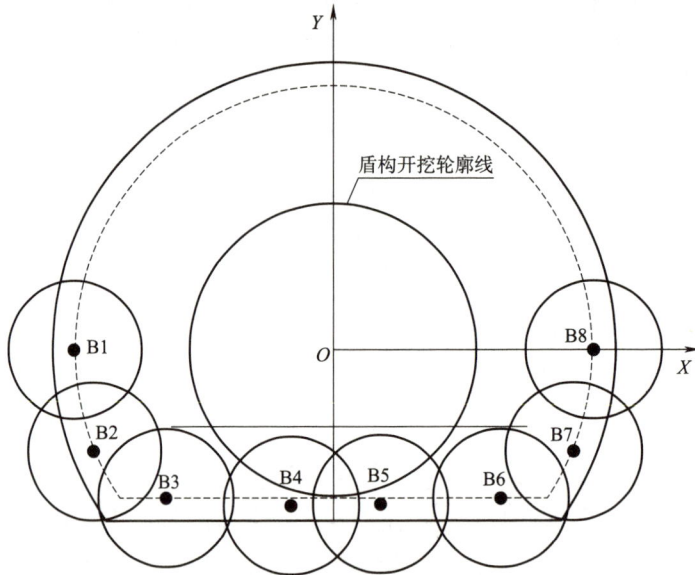

图 15-54　5 m 补孔断面图

②注浆参数设计。注浆材料主要为硫铝酸盐水泥单液浆，辅以普通水泥-水玻璃双液浆；注浆材料配比及注浆参数见表 15-3。

表 15-3　注浆设计参数

序号	参数名称	参 数 值	备 注
1	加固范围	上半断面及开挖轮廓线外 3.5 m	
2	扩散半径	1.5 m	
3	加固段长	10 m	
4	分段长度	3～5 m	前进式分段注浆结合孔底 PVC 管注浆
5	注浆终压	1.0～1.5 MPa	拱顶和接近管道处采用较低压力

③按"由外到内、由上到下、间隔跳孔"的原则确定注浆顺序。

关于超前大管棚支护：

①超前大管棚支护设计。大管棚布设在拱顶 150°范围内，中间采用焊接连接。管棚内注浆材料为 P. O. 42.5R 普通早强水泥单液浆和普通水泥-水玻璃双液浆。注浆终压 1.0～1.5 MPa。管棚开孔位置为隧道开挖轮廓线内 20 cm，终孔位置在开挖轮廓线外 85 cm。其开孔和终孔位置如图 15-55 和图 15-56 所示。

②单孔注浆结束标准。注浆过程中，压力逐渐上升，流量逐渐下降，当注浆压力达到设计值时，即可结束该孔注浆。具体定量和定压标准如下。

定量标准：注浆量应根据类似地层空隙率选定；每米注浆量控制在 0.4～0.6 m³；当注浆量达到设计注浆量的 1.5 倍时，若压力仍然不上升，可采取调整浆液配比、缩短凝结时间或进行间歇注浆等工艺使压力达到设计终压。

定压标准：注浆终压暂定为 1.0～1.5 MPa；应根据浆液扩散情况，并结合注浆量大

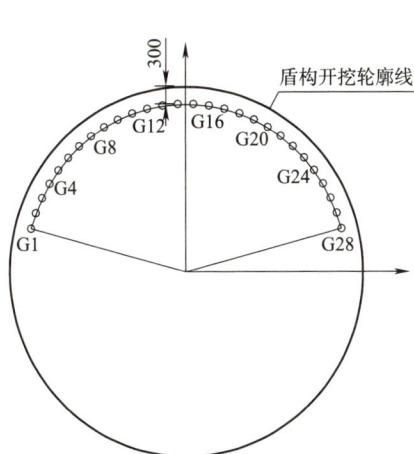

图 15-55　大管棚开孔位置（单位：mm）　　　　图 15-56　大管棚终孔位置（单位：mm）

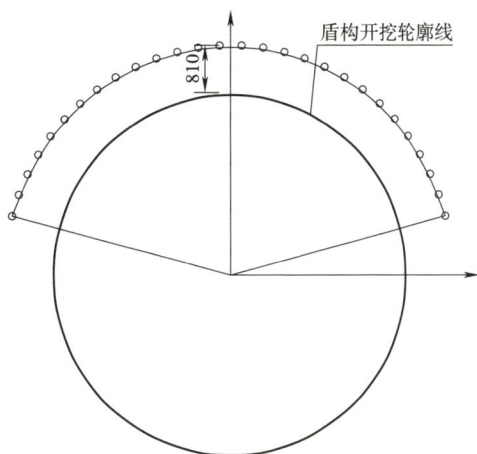

小，对注浆压力终值进行验证，以确定合适的注浆终压力。单孔注浆压力达到设计终压并维持 10 min 以上时即可结束该孔注浆。

③全段结束标准：所有设计注浆孔均达到注浆结束标准，无漏浆现象；按总注浆孔数量的 10%～12%设计检查孔，且所述检查孔均达到了设计要求；按总注浆孔数量的 10%设计取芯孔，所述取芯孔均满足设计要求。

（3）盾构拆解、旋转、平移和吊出操作

①第一步：做好以下施工准备工作。

a. 提前检查矿山法接应段预埋吊耳的安装质量，并做抗拔试验，以确保其承载力满足拆除螺旋输送机的安全标准。

b. 提前进行矿山法接应段盾构空推导台断面测量，以确保盾构步进顺利。

c. 提前进行横通道净空断面测量，以确保其能满足盾构旋转、平移尺寸要求。

d. 提前准备好照明、通风以及拆解工具、材料。

e. 进行盾构拆解人员安全及技术培训。

②第二步：盾构步进及拼装管片准备。

a. 盾构刀盘推出洞门钢环前，应核实混凝土导台弧形槽的标高，确认无误后将刀盘转至合适位置（25 号刀处于正上方），方可将盾构推上导台。

b. 盾构推进过程中，必须密切关注导台与刀盘接触情况，一旦出现刀盘被卡住等异常情况，应及时停止推进并进行处理。所述接应段的剖面如图 15-57 所示。

c. 盾构出洞后，可利用推进系统的底部油缸顶推临时拼装管片前进。除出洞第 1 环需安装 2 块管片外，其余地段仅安装 1 块管片，共需安装 7 块管片。在步进过程中，及时在导台两侧用三角木块垫够高度 14 cm，主要垫在两块管片接头处，便于油缸受力及后续电瓶车轨道铺设。

③第三步：主机与后配套分离。

a. 当盾构主机步进至接收台架上时，开始分离主机与后配套管线，并加工两套 H175

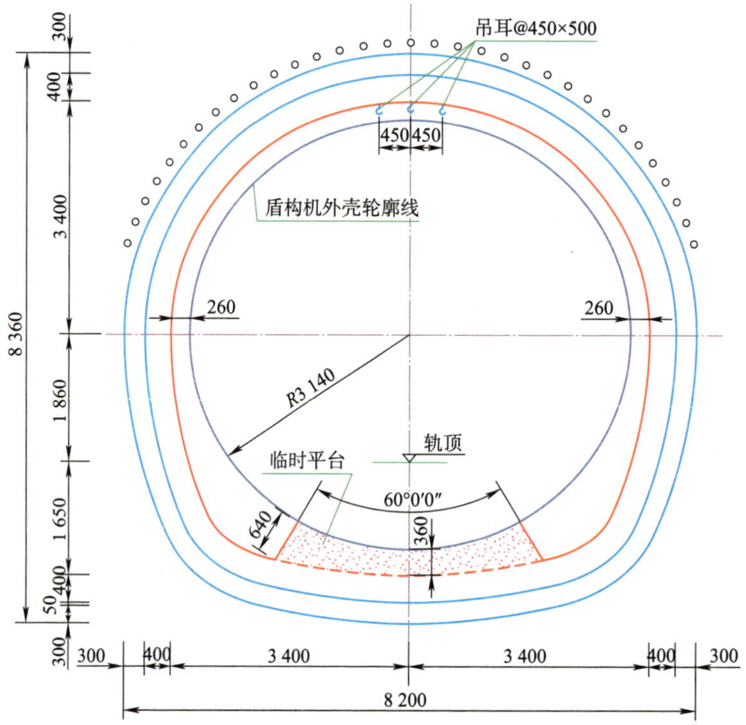

图 15-57　接应段剖面(单位:mm)

型钢加工支架(带轮),其支顶在后配套轨道上。

b. 分离过程中借助矿山法接应段预埋吊耳,用 2 个 10 t 倒链稳定连接桥大梁。

c. 主机与后配套连接桥分离后,用 45 t 电瓶车将后配套向始发井方向拖动 20 m,以便留出足够的空间拆卸螺旋输送机。

④第四步:螺旋输送机接应洞内拆除。

螺旋输送机拆除重要的技术要点如下。

a. 可在盾尾距离 0 环管片 6 m 左右拆卸螺旋输送机。

b. 分别在螺旋输送机前端、中部及底部用 2 根 20 t 倒链、1 根 10 t 倒链、2 根 20 t 倒链固定螺旋输送机;借助矿山法接应段预埋吊耳,同时利用 3~4 个倒链的反复拉紧和放松以及吊点的转移,使螺旋输送机反复完成上抽下旋等运动轨迹,从而实现从主机中拆抽出螺旋输送机的目的。

c. 在螺旋输送机拆除的过程中,严格监控周围部件(特别是管片安装机)与螺旋输送机之间的空间关系,避免周围部件与之发生挂碰现象。

d. 为便于拆除管片安装机,螺旋输送机拆除后,立即用电瓶车拉回怡景站内吊出。

⑤第五步:管片安装机及轨道梁接应洞内拆除。

主要利用位于管片安装机前端的二次衬砌吊耳及中体盾壳内焊接的临时吊耳,拆除管片安装机及轨道梁。关键拆除要点为:采取缓慢松弛中体吊耳,拉紧管片安装机前端吊耳,及时调整中体吊耳位置,直至完全拆除;将管片安装机放置到提前加工好的且带有支

架的管片车上,并与管片车固定牢固;待后配套运出后,再运输管片安装机。

⑥第六步:盾构主机旋转平移。

a. 铺设钢板及接收台架定位。将长×宽×厚为 8 000 mm×4 000 mm×20 mm 的钢板满铺焊接于接收架底部。焊缝间距 150 mm,每一处焊缝长度 150 mm。接收台架定位标高与接应洞导台一致,且前后端头两侧加焊推进油缸延长臂,其四面用挡块和钢支撑固定,以防止在盾构推上始发台时发生移动。

b. 主机分离。受横通道净空尺寸影响,本次盾构主机分为两部分进行旋转、平移操作,即刀盘+前体+中体和盾尾两部分。待前一部分到达吊出竖井后,借助 250 t 履带吊机,再依次分离刀盘、前体和中体。

c. 顶升支座安装。如图 15-58 所示,在第一部分主机两侧焊接安装 4 个 150 t 油缸的顶升支座。所述油缸可将主机及接收台架整体抬起,以便于在前移接收台底部钢板及安放滚轴以及盾构旋转、平移过程中姿态微调。

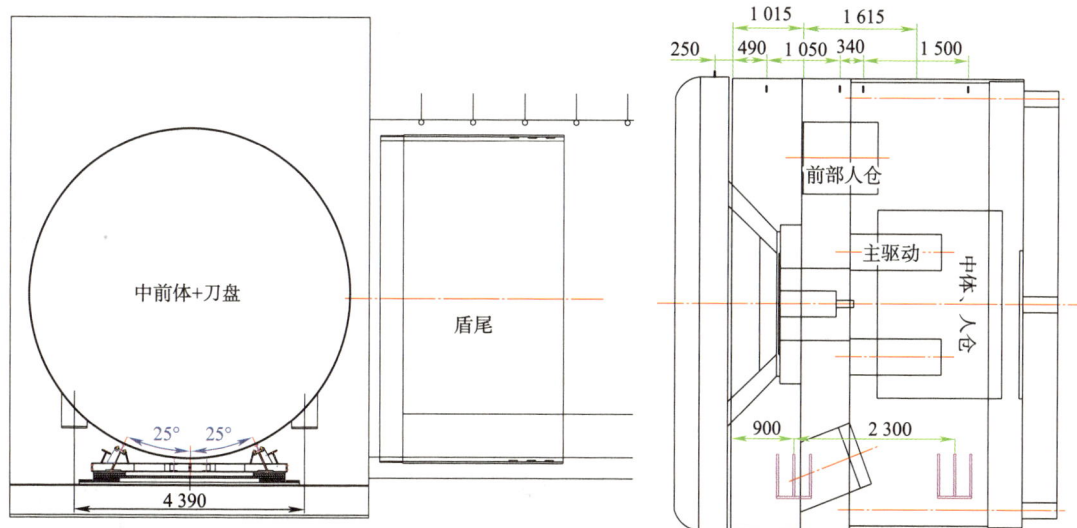

图 15-58　顶升支座焊接示意(单位:mm)

d. 主机平移及旋转。其中,因盾尾质量仅 25 t,并且其长度(3.585 m)小于刀盘+前体+中体的拼接总长度(4.8 m),故平移及旋转工作相对简单,不再赘述;主机旋转技术要点如下。

主机旋转:首先在旋转位置满铺钢板,并根据 CAD 软件模拟结果,在钢板上焊接旋转支座,使用两根 80 t 油缸逐步将主机前部进行旋转,同时在轨迹范围内焊接不同位置和角度的支座,以实现主机的快速旋转。

主机平移:首先使用 4 个 150 t 油缸将主机顶起,在接收架底部沿与主机轴线垂直的角度放置滚轴,再收回顶升油缸,直至主机落在滚轴上,轮换开启 80 t 推进油缸与 4 个 150 t 吨油缸,使油缸千斤顶顶紧接收台架上的推进挡板,同时使接收台架底部滚轴向前滚动,带动接收台架向前移动。随着接收架向前移动,两侧同步取出接收台架后部的滚轴,放置于接收台架前方。进行多次循环,直至到达接收竖井。

⑦盾构吊出

a. 当主机到达横通道时,开始在主机上部焊接吊装吊耳,其焊接顺序依次为刀盘、盾尾、中体、前体。

b. 待主机平移至吊出竖井后,利用250 t履带吊机依次吊出刀盘、前体、中体、盾尾及接收台架。

⑧后续工序

后续工序包括后配套后退及吊出、管片安装机后退及吊出等,在此不再赘述。

15.4 深圳 11302 标上软下硬复合地层盾构施工

15.4.1 工程简介

深圳 11302 标南前区间左线长度为 3 232.182 m(长链 16.567 m);右线长度为 3 209.986 m(短链 5.21 m)。线路由直线段和曲线段构成,线路最小曲线半径550 m,线间距 13.0～19.2 m;隧道最大纵坡 24‰,最小纵坡 2‰,隧道覆土 12.5～24.6 m。

南山站—前海湾站区间隧道穿越的地层主要为砾质黏性土、全强风化花岗岩,个别地段为淤泥、砂层、填石层、孤石和基岩凸起。隧道埋深 17.6～29.3 m。在前海湾填海区段,区间左右线隧道存在 6 处,共 222.6 m 长基岩突起地层,基岩突起地层主要为中、微风化片麻状混合花岗岩,中风化片麻状混合花岗岩单轴抗压强度为 65 MPa,微风化片麻状混合花岗岩单轴抗压强度为 160 MPa,上部为黏性土,属于典型的上软下硬复合地层及全断面硬岩地层,本章节主要阐述上软下硬复合地层盾构施工技术。

左线第二处微风化硬岩的纵剖面图、横剖面图以及该区段的典型地质取芯照片如图 15-59 所示。

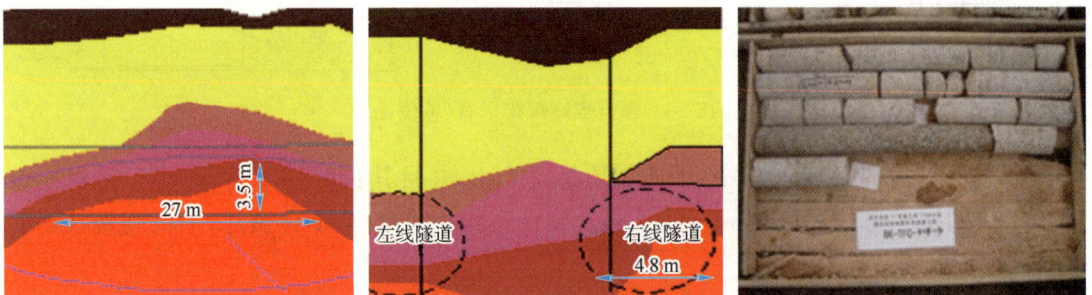

图 15-59　左线第二处微风化硬岩位置特征及典型取芯示意

15.4.2 上软下硬地层基岩处理

(1)针对基岩补勘探测

①补充勘察的范围

根据南前区间详勘资料,左右线有基岩入侵隧道洞身范围内或基岩面距离隧道洞身

较近地段,在隧道洞身范围内详勘阶段未钻探地段。

②补充勘察布孔原则

对于详勘阶段已揭露到的基岩地段,沿隧道线路和垂直线路两个方向加密钻孔,在隧道轴线方向前后间隔 4～6 m 各钻一孔加密钻孔,垂直轴线方向前后间隔 1.5～2 m 各钻一孔加密钻探,如发现基岩,在隧道轴线方向折返 2 m 补一孔继续钻探,直至确定基岩的分布范围。

(2)调线调坡

根据准确的地质勘查情况,与设计院和业主进行沟通,在满足规范和使用功能的前提下进行调线调坡,尽可能避开上浮基岩,侵入隧道范围的基岩越少,盾构通过越轻松。

结合南前区间地质详勘及补勘资料,上软下硬段有 387 m,经沟通(区间长度 3.2 km,调坡空间比较大),局部坡度调整,将上软下硬段减少到 222.6 m。

(3)上软下硬地层基岩预先爆破处理

南前区间上软下硬段位于前海湾开发区,地面为待开发空地,对上软下硬段基岩进行预先爆破处理后,盾构再掘进通过。(全断面基岩段不进行爆破处理)

根据地质补勘探明的地质情况,对上软下硬段基岩通过地质钻机进行钻孔,然后从地表将炸药安放在岩石指定位置,利用炸药爆炸产生的能量将岩石破碎、解体。

①起爆点的选择

根据地质详勘资料及现场钻机钻孔取芯情况,从基岩厚度相对较小的位置开始爆破,然后逐渐向基岩厚度大的里程推进。爆破孔数可由少变多,装药量由少变大,先爆破区域形成空腔后为后爆区域提供自由面,增强了爆破破碎效果。根据现场地质实际情况可以选择一个起爆点,如工期较紧,也可以选择多个点作为最初起爆点,这样就可以创造多个工作面,如图 15-60 所示。

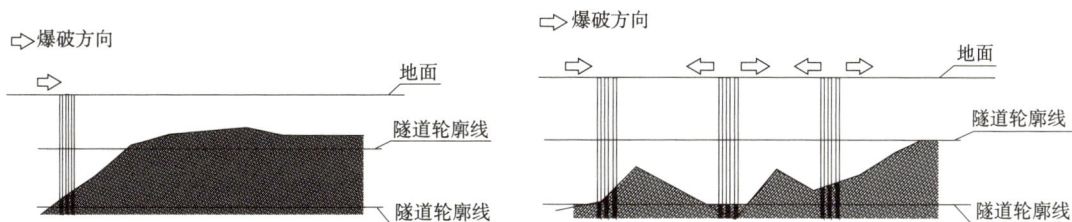

图 15-60　单点、多点起爆方向示意

②起爆顺序

首先对前排孔进行爆破,然后利用前排孔爆破挤压前方及上方的软弱土层以及自身炮孔的空间,为后排孔创造了爆破自由面,再对后排孔进行起爆,依次逐排起爆,可保证爆破破碎效果。因为前方和上方可以挤压软弱土层,每次起爆炮孔最多可以达到 3～4 排(根据周边环境来确定,如图 15-61 所示)。

③钻孔及装药

采用地质钻机进行钻孔,ϕ110 mm 合金钻头,矩形布孔,钻孔达到设计孔深后,下 ϕ90 mm PVC 管护孔,利用 PVC 管片包裹炸药,制作成柔性连续药包,定制超长导爆管雷管,充分

注：起爆顺序1→2→3→4。

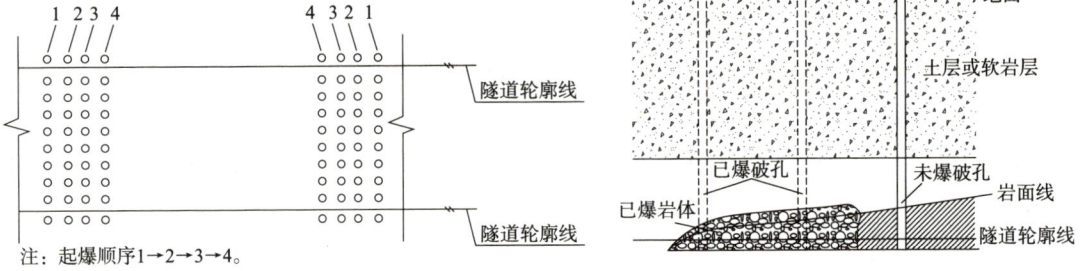

图 15-61   爆破顺序及效果示意

发挥炸药威力，如图 15-62 所示。

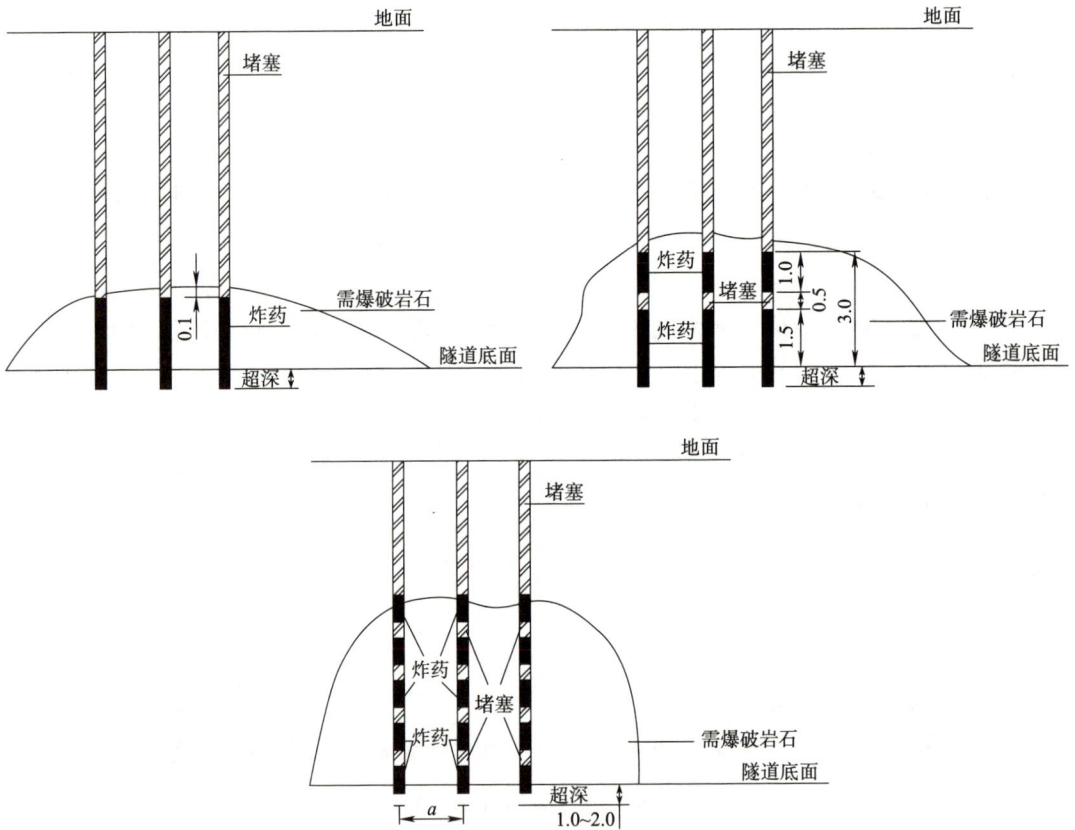

图 15-62   岩石厚度小于 2 m、2～4 m、大于 4 m 装药结构示意（单位：m）

炸药安放完成后，分段装药，用 0.5 cm 石子填充，严禁捣固，用竹竿引导，严格控制堵塞段长度（图 15-63）。必须在爆破区域装药堵塞全部完成和无关人员全部撤至安全地点之后，由专人按设计方案将起爆网络联接至安全位置处，进行起爆。地下深孔爆破在爆破后产生的高压气体会将炮孔内的泥浆压出，为了防止涌出的泥浆飞溅，爆破作业时，采用沙包＋铁板的联合防护体系（图 15-64）。

图 15-63　现场钻孔、装药施工

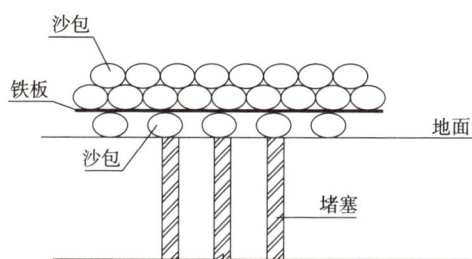

图 15-64　爆破防护

④爆破效果检测

基岩处理后的爆破质量通过地质钻机钻孔取心进行验证,以抽取出的完整岩心单向长度不大于 30 cm 为合格。隧道纵向每 5 延长米抽检一个孔,抽检时须业主与监理在现场予以验证。验证抽芯孔可由业主与监理在爆破处理范围内随机指定(图 15-65)。如果抽检区域不合格,则补孔进行二次爆破。

图 15-65　爆破效果对比

15.4.3　上软下硬地层盾构掘进

(1)参数控制

①刀盘转速的选择

适当降低刀盘转速,使刀具受到硬岩的瞬时冲击小于其安全荷载,掘进选取的刀盘转

速为 1.0～1.2 r/min。

②土舱压力的选择

在掘进过程中保持较高的土舱压力实现土压平衡模式掘进。上软下硬地段的埋深在 12～14 m，结合理论土压力计算及实际地面沉降反馈，土舱上部土压控制在 0.13～0.15 MPa 之间。

③掘进速度、推力及扭矩的控制

软硬不均地层对刀具的磨损不平衡。在该地层中掘进，推进速度不宜过大，相应的推力和扭矩也不宜过大。刀盘扭矩的最大值控制在 2 000 kN·m 以内，掘进速度控制在 10～25 mm/min，推力在 10 000～18 000 kN 之间。

④出土量的控制

对出渣量实施"红线"管理，即：出渣总量不可超过 64 m³（理论出渣量 46.4 m³，松散系数最大按 1.3 考虑，超挖系数最大按 1.05 考虑，46.44×1.3×1.05＝64），不可低于 55 m³（理论出渣量 46.44 m³，松散系数最小按 1.25 考虑，欠挖系数最低按 0.95 考虑，46.44×1.25×0.95＝55）；平均每进尺 1 cm 需出渣方量范围（0.37～0.43 m³），结合螺旋机转速及实际渣土斗的存量进行确认。实际施工过程中，由于掘进速度缓慢，其出土量极易超出上限值，此时应立即详细记录出土量偏多的里程范围，当盾构通过该区域后迅速对该位置实施二次补浆及地面深孔注浆。

⑤姿态的控制

在拟合隧道线路的基础上结合脱出盾尾的管片姿态确定目标姿态控制值。由于地层软硬不均，盾尾注浆反作用于管片的压力不平衡，可能导致脱出盾尾后的管片姿态出现一定的偏移（表现为上浮），此时需及时根据管片姿态的上浮量明确目标姿态控制值。如上浮 2 cm，需将目标垂直姿态设定为（前－20 mm，后－30 mm）。

（2）渣土改良

在上软下硬地层中掘进，仅使用泡沫剂改良渣土已不能满足沉降控制要求。刀盘中心及外周各设置一条管路注入膨润土，使其能够在掌子面前方形成有效的全断面泥膜，泡沫配比参数设定：泡沫膨胀倍率为 14，泡沫原液比为 5%，单管泡沫流量设定为 200 L/min；膨润土发酵后的参数设定：黏度为 35 s。

15.4.4 施工中存在问题及解决方法

（1）右线掘进至 YDK16＋398 时，盾构总推力、扭矩增大，速度减小，总推力最大达 26 000 kN，扭矩最大达 3 000 kN·m，刀盘及螺旋频繁跳停，速度小于 10 mm/min，从渣样中取到有大块粗粒微风化花岗岩（块径达 50 cm）。

经分析，在预先爆破时，局部基岩未完全爆破破碎。采用以下解决方法：

①掘进时密切关注刀盘扭矩情况，推进时扭矩不大于 600 kN·m，当扭矩波动至 800 kN·m 时，立即停止推进，停止刀盘转动，进行换向。

②刀盘转速控制在 1.0 r/min 以内；根据刀盘扭矩来控制总推力及掘进速度，总推力不大于 20 000 kN，推进速度控制在 15 mm/min 以内。

③采用半敞开模式,即在土舱内保留 1/2～2/3 的渣土,在土舱内注入空气及泡沫保持气压维持土舱压力,在隧道埋深计算的土压力基础上提高 0.02～0.03 MPa 的土舱压力。控制加水量,适当增加渣土稠度,根据渣土状态适当调整泡沫用量和加气量。

④螺旋输送机最大压力设定为 10 MPa,掘进时,密切关注螺旋输送机压力,压力超限时,立即停止转动,进行反转,防止大块石卡住螺旋输送机。

(2)施工过程中,产生喷涌使盾堆积大量泥沙、碎石和水流,将管片输送机完全淹没,无法正常掘进;同时导致地面沉降。

经分析:土舱中渣土过少,同时含水量过大;螺旋舱门开启过大,发现喷涌时不能及时关闭。采用以下解决方法:

①向刀盘前掌子面及土舱注入膨润土(膨润土以悬浮液的形式加入,其体积使用量为 25%～40%)、化学改良剂(如高分子吸水材料),充分搅拌以改良渣土。

②在盾尾后 10 环位置通过管片吊装孔进行双液二次注浆,在盾尾后部形成止水环,尽快封堵隧道背后汇水通道,阻止盾尾后方水流到达土舱。

③螺旋机舱门开门度保持在 20%～50%,出现喷涌时立即关闭螺旋输送机及螺旋舱门,螺旋适当反转,同时向前掘进,通过刀盘的转动,将土舱内的土体搅拌均匀。及时清理螺旋舱门位置碎石,防止出现喷涌时无法及时关闭舱门。

④尽量保持连续掘进,避免掌子面前方土体内部形成流水通道。

15.4.5　施工小结

通过前期对区间隧道的调线调坡、上软下硬段基岩爆破处理方案的实施,有效提高了掘进施工效率,使整个掘进施工连续、快捷,大大节约了施工工期。同时在此不良地段中掘进一次性通过,过程中未开舱实施换刀(在全断面硬岩段及联络通道位置进行了刀具更换),盾构穿越上软下硬地层时,没有发生较大的喷涌,各项掘进参数平衡稳定,地面未发生异常沉降和坍塌。

15.5　深圳地铁 11 号线车公庙—红树湾区间盾构施工

15.5.1　工程概况

深圳地铁 11 号线车公庙站—红树湾站区间全长约 5.5 km(图 15-66)。该区间出车公庙站后,在深南大道、白石路和白石四路下穿越,直至红树湾站。采用 4 台 φ6 980 盾构由中部始发井向两端车站掘进。其中,始发井—车公庙站左线 3 465.354 m,右线 3 465.362 m;始发井—红树湾站左线 1 886.297 m,右线 1 874.781 m。此外,区间设 1 个中间风井和 11 个联络通道。其中,6 号联络通道兼泵房与中间风井合建、8 号联络通道与盾构井合建。区间线路最小曲线半径 600 m,线间距 13～37.6 m;隧道最大纵坡 28‰,最小纵坡 4‰,隧道轨面埋深 13.0～28.65 m。

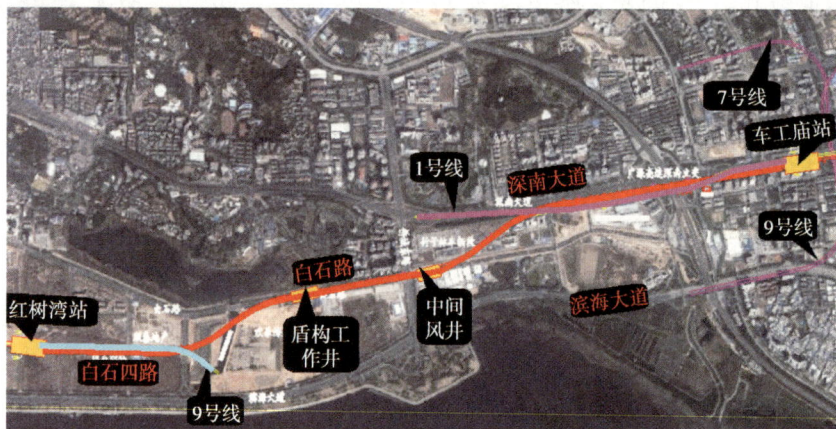

图 15-66　车红区间平面示意

15.5.2　地质水文条件

区间所在场地原地貌为剥蚀残丘（台地）间冲沟以及滨海滩涂地貌单元，现已填筑或推平成道路、住宅区等。区间隧道穿越地层主要为砾质黏性土、全/强风化花岗岩。局部洞顶位于砂层或砾砂层内，局部底板位于中、微风化花岗岩中。围岩等级以Ⅴ、Ⅵ级围岩为主。微风化岩天然抗压强度为 47.7～153.0 MPa，平均值为 86.11 MPa；沿线地层广泛发育花岗岩风化球，单轴抗压强度 92.5～130 MPa，均值为 108 MPa，极值为 170 MPa。区间内掘进断面总体呈现上软下硬分布特征。例如，在车—红区间左线里程 ZDK7＋480.5～ZDK7＋564 存在总计为 83.5 m 的上软下硬段，岩层单轴抗压强度为 50～80 MPa；右线里程 YDK7＋468.410～YDK7＋526.147 为上软下硬段。左、右线软硬不均段纵断面如图 15-67 所示。

孔隙潜水主要赋存于冲洪积砂层中，其水量较丰富，且具有中等～强透水性及中等～强富水性。地下水水位 0.10～8.20 m。岩层裂隙水较发育，广泛分布在粗粒花岗岩中～强风化带、构造节理裂隙密集带及断层破碎带中。富水性因基岩裂隙发育程度、贯通度、与地表水源的连通性而变化，主要由大气降水、孔隙潜水补给，局部具有微承压性。地下水对混凝土中的钢筋腐蚀性为微～中等腐蚀性。

15.5.3　施工重难点

（1）由于小里程未预处理段上软下硬岩面较高，软土较少，且富水，故刀盘切削下来的土体搅拌后没有足够黏着性，即处于离析状态，打开螺旋机后易出现大量喷涌，不仅存在局部塌陷的可能，也使得皮带机无法顺利输送渣土至渣车，掘进效率非常低（掘 1 环清渣耗时约 6 h）。此外，左线掘进至里程 YK7＋550 处时，刀盘距离湖边 10 m，脱出盾尾部位地表绿化带时出现一处沉陷区，沉陷深度约 30～40 cm。可见，利用渣土改良等技术积极预防喷涌、局部塌陷等事故，对于提高盾构掘进效率、保障工期进度至关重要。

（2）已处理上软下硬段（大里程别墅区）掘进时，由于围岩裂隙极端发育，故爆破处理

(a) 左线

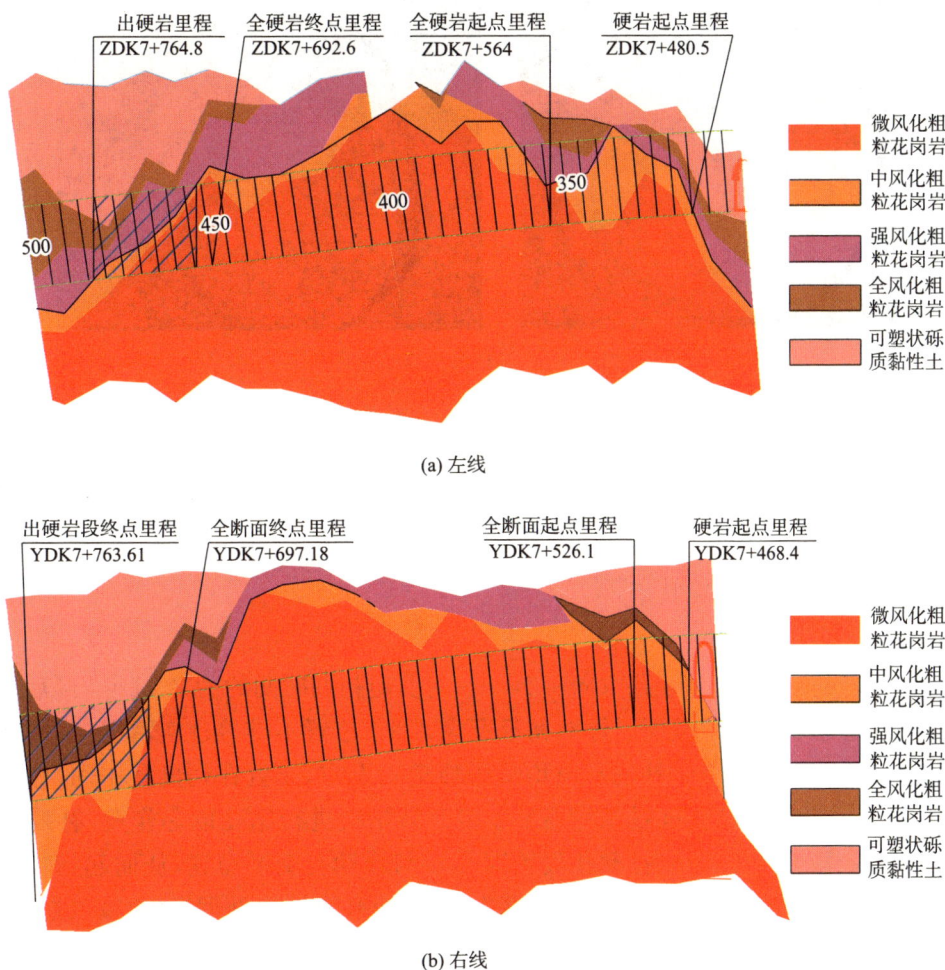

(b) 右线

图 15-67　左右线软硬不均段纵断面示意

以后,保压困难。此外,硬岩掘进时容易卡钻,导致螺旋输送机输出的渣土中含有钻杆和钻头,易引发严重的机械事故。可见,该地层下掘进时,保压施工和预防卡钻对工程来说同样重要。

(3)在上软下硬复合地层施工时,滚刀易出现刀圈掉落、螺栓断裂、严重偏磨等非正常失效事故。例如,在该地层下新更换的单刃滚刀仅使用 15～20 环。其中,18 号、23 号、26 号和28 号滚刀出现偏磨,而 43～48 号滚刀除偏磨外,还有刀圈断裂和崩刃等现象,如图 15-68 所示。

此外,过度磨损的滚刀若未及时换下,则有可能引发严重的事故。例如,右线在掘进至湖边时,推力突然从 20 000 kN 增至 25 000 kN,掘进速度低于 6 mm/min。现场果断下达停止掘进指令,检视后发现边滚刀过度磨损,导致隧道开挖呈锥形,同时盾壳卡死。

可见,该地层下如何合理优化掘进施工参数,并减少切削过程中周期性冲击振动以防止滚刀发生非正常失效,最终实现盾构高效安全掘进,是施工的重难点之一。

(4)在未探明孤石段,如果盲目推进,会加重相邻刀具挤压切削岩石时的负荷。这不

图 15-68 刀具偏磨典型照片

仅影响到滚刀自身使用寿命,还会造成其相邻滚刀发生大面积连锁性破坏。可见,该地层下,如何科学地管理刀具以及控制施工过程也是施工的重难点。

15.5.4 施工关键技术

15.5.4.1 盾构施工前控制技术

(1)补勘作业

原设计勘察孔布置为延线路方向每 10 m 一孔,但初勘时间约为 2011 年,经后期线路调整,部分孔位已不在隧道范围。针对初勘孔密度低、位置不准等现实情况,我部在进场后首先进行了加密补勘工作,补勘孔位均位于隧道正上方,布置在初勘孔中间,保证隧道每 5 m 一份地质勘查资料。补勘采用 XY-2 型地质钻机进行钻孔取芯作业,补勘孔间距 10 m,特殊地层段孔间距 5 m,补勘孔设置时尽量与详勘孔交替布置,从而起到加密勘测的目的。针对补勘中遇到的异常岩样/处理方式:单个孔有硬岩处理措施:以放射状布孔,以进一步确定是孤石还是基岩突起;相邻 2 个以上孔有岩样:如果与原有地质条件不符,则在两头加孔,探明硬岩的起点里程和结束里程。

(2)孤石预处理

本区间孤石群频繁,孤石属于花岗岩残积土的不均匀风化,包括囊状风化岩和球状风化岩,本工程盾构隧道中孤石主要表现形式为球状风化体,即残积土或全、强风化花岗岩体中存在球状中等风化、微风化岩体。孤石性状各异,大小从几十厘米至几米,单轴抗压强度大部分在 60～200 MPa 之间,相对周边的风化土体,孤石强度要大很多,其分布具有较大的随机性,很难找到规律性。在补勘过程中发现疑似孤石时,采用加密布孔的方式大致确定孤石走向及前后埋深情况。

根据孤石的位置、大小和周边环境确定孤石的处理方式,一般采用预爆破或用冲击钻破碎等方式。初步确定孤石范围后,采用冲孔桩机对孤石进行冲孔处理,冲孔桩布置示意如图 15-69 所示。

由于欢乐海岸探测出的孤石位置现在已不具备

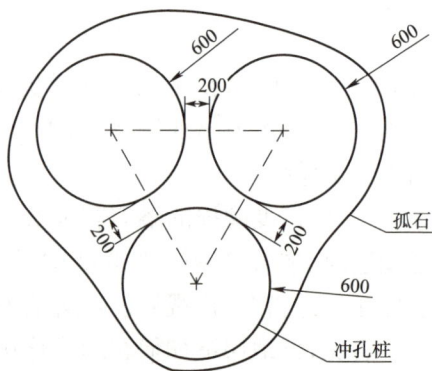

图 15-69 冲孔桩布孔方法示意(单位:mm)

深孔爆破边界条件,故采取冲孔破碎孤石+回填低标号素混凝土的方法进行处理,施工采用冲孔机进行孤石处理,桩径 1.2 m,桩间距 1.5 m×1.5 m 梅花形布置,冲孔破碎后采用 C15 素混凝土对冲击孔位进行回填,回填深度为孤石顶部以上 3 m 至孤石底部以下 1 m。

（3）深孔预裂爆破及注浆处理

本区间左线 ZDK7+692.6～ZDK7+764.8 和右线 YDK7+697.180～YDK7+763.614 段上软下硬段,位于拟建别墅区范围内,别墅与区间隧道同期建设,为保证该段掘进顺利,设计对隧道范围内的硬岩采取预裂爆破,爆破完成后注浆处理,防止沿裂隙与地下水系联通造成盾构掘进时发生喷涌及无法保压的情况。

（4）布孔形式、起爆顺序及装药结构

基岩爆破,由于突起基岩埋深最深约为 23 m,需爆破最厚约为 9 m,爆破破碎难度较大,为保证爆破破碎效果,选择合理的起爆点,对不同厚度的基岩采用不同的起爆顺序以及不同的孔排距参数。爆破孔布置,钻孔直径 110 mm,钻孔达到设计孔深后,下直径 90 mm 的 PVC 套管（防止回填层及块石层杂物掉入）。基岩厚度小于 4 m 的炮孔,孔距、排距均为 0.8 m;基岩厚度大于 4 m 小于 7 m 的,孔距、排距均为 0.6 m;大于 7 m 时排距 0.5 m。钻孔超深 1.0～1.2 m,钻孔平面范围比隧道轮廓线超宽 1 m,装药范围超出隧道轮廓线约 0.8～1.0 m。根据地质详勘资料及现场钻机钻孔取芯情况选择爆点,从基岩厚度相对较小的位置开始爆破,逐渐向基岩厚度大方向推进,现场操作时,选择多个点作为最初起爆点,创造多个工作面是,如图 15-70 所示。

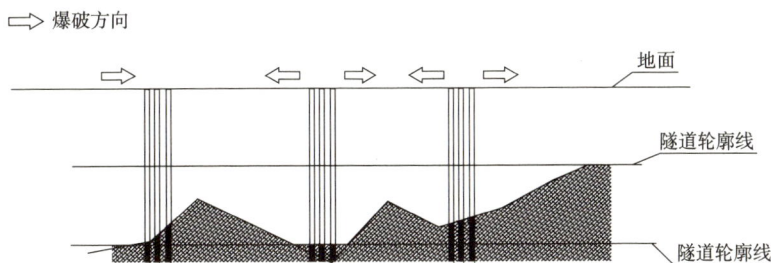

图 15-70　多点起爆推进示意

先对前排孔进行爆破,利用前排孔爆破挤压前方及上方的软弱土层以及自身炮孔的空间,为后排孔创造了爆破自由面,如图 15-71 所示。

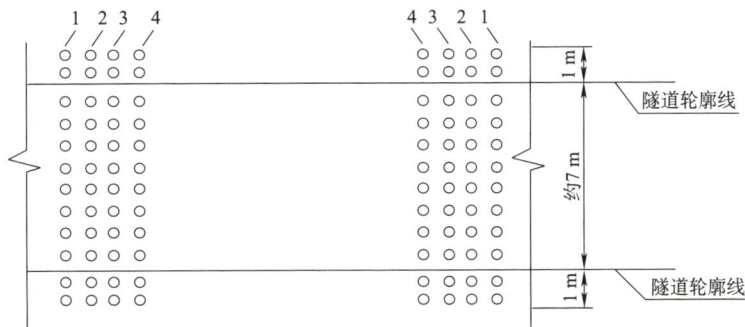

注：起爆排顺序1→2→3→4。

图 15-71　基岩厚度小于 7 m 时起爆顺序示意

由于隧道轮廓线上方还有岩层，爆破时只能利用前排孔创造的自由面和自身炮孔空间，减少了上方的自由面。

将每排孔分为先爆孔和后爆孔，利用爆破的高温及高压气体在自身炮孔位形成空腔并向前方挤压，炮孔除前方以外，左右也有先爆孔产生的自由面，并且岩石在来回运动中再次挤压，保证了破碎质量。每次起爆炮孔不超过二排，如图 15-72 所示。

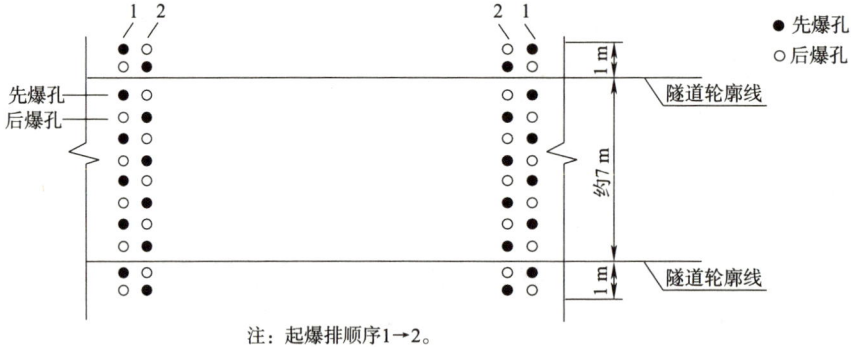

注：起爆排顺序1→2。

图 15-72 基岩厚度大于 7 m 时起爆顺序示意

具体钻孔装药结构如图 15-73、15-74 所示。

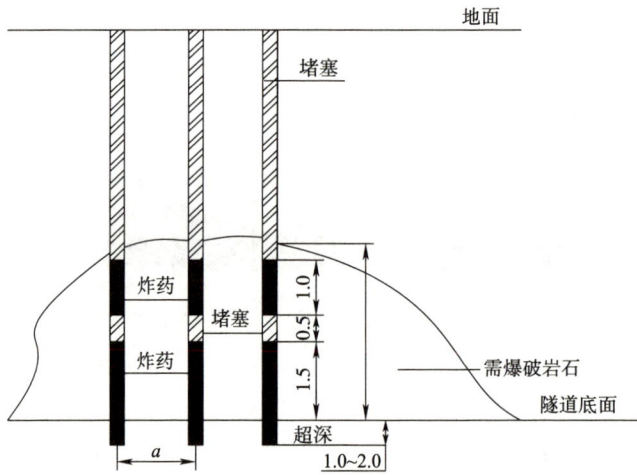

图 15-73 厚度 3.0 m 以下基岩装药结构示意（单位：m）

（5）起爆网络设计

药包装在特制的 PVC 管体内。炮孔采用正向装药起爆，起爆雷管选用两发瞬发电雷管，且分别属于两个非电起爆网络，两套网络并联后起爆。网络示意如图 15-75 所示。

（6）爆破效果验证

爆破后，通过抽芯检测，基本上芯样长度都在 25 cm 以下，满足螺旋输送机出渣最大粒径要求。

（7）地层加固注浆施工

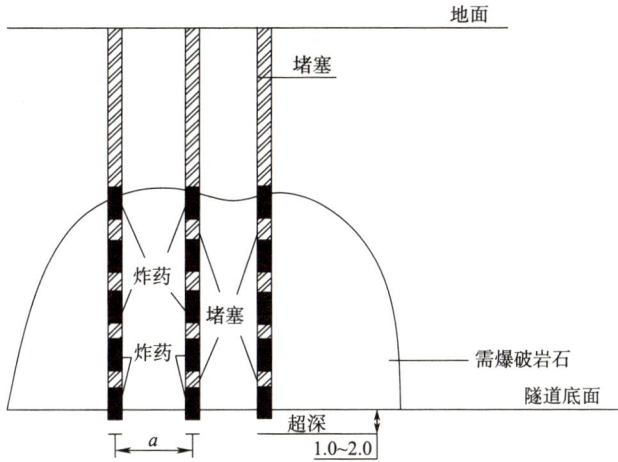

图 15-74　厚度 3.0~7.0 m 基岩装药结构示意(单位:m)

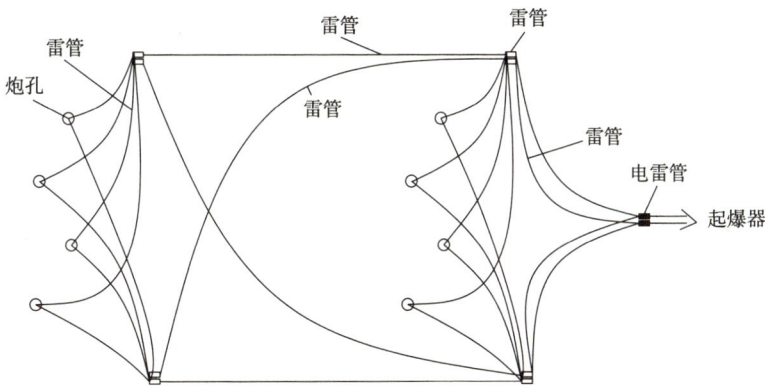

图 15-75　爆破网络示意

受爆破震动影响,隧道顶部地层松散,尤其是隧道上方存在淤泥层、填石层,盾构掘进过程中,泡沫剂和膨润土泥浆沿松散孔隙流失甚至冒出地面,造成污染和浪费;同时松散地层亦无法保持土舱压力。

为确保安全,在爆破处理后对隧道周边松动围岩采用袖阀管注浆工艺进行充填加固,以提高盾构在掘进时周边围岩密实度和自稳力。

本地层与地下水存在紧密联系,考虑到松动爆破后地层扰动对欢乐海岸人工湖的影响,加固深度从地面至隧道结构底板下 1 m,加固宽度隧道中线左右开挖轮廓线外各 1 m 范围全部进行注浆加固。

为了更好控制注浆浆液扩散范围,隧道范围内选用单液浆,隧道外排 1 m 选用水泥-水玻璃双液浆加固地层,如图 15-76、图 15-77 所示。

(8)设备检修及保养

在穿越上软下硬地层前,对盾构及后配套设备进行一次全面、细致的检修。重点对盾

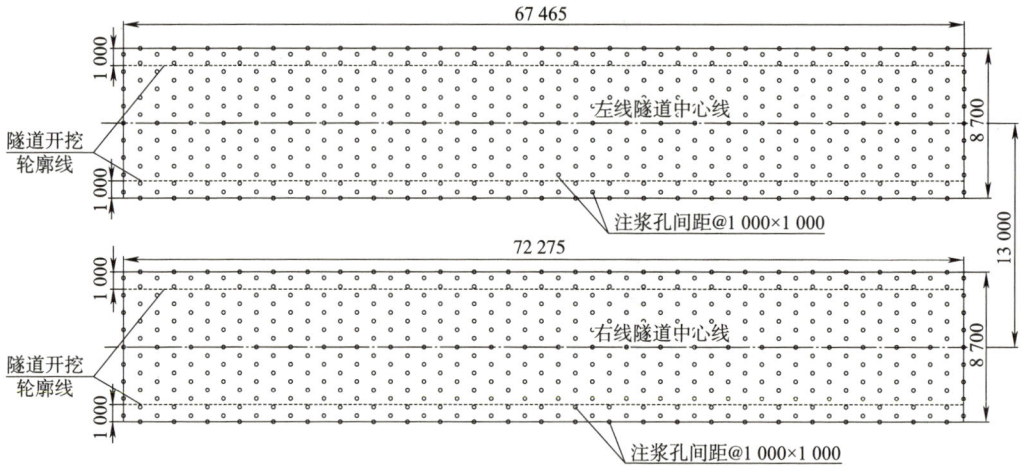

图 15-76 地面加固注浆平面示意（单位：mm）

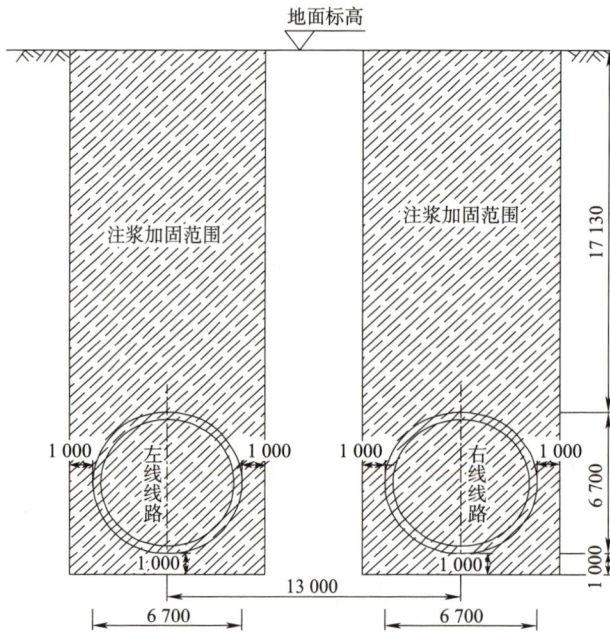

图 15-77 地面加固注浆剖面示意（单位：mm）

构的同步注浆系统、二次注浆设备、控制电路及液压系统、龙门吊刹车系统、行走系统、电瓶车刹车及电路进行检修，对于损坏的部件立即更换，对存在的故障隐患及时排除，各润滑部位及时加注润滑脂或润滑油。特别是对注浆管路进行清洗疏通，避免输送管在盾构穿越孤石时堵塞，导致无法同步浆液，从而造成盾构停机。

检修前制定详细的设备检修计划，将检修任务落实到个人，确保盾构穿越孤石前所有设备均处在最佳的工作状态，24 h 连续推进。且在穿越期间加强对整个设备系统检修和

保养工作,以防止由于设备故障而造成长时间停机,导致地表出现沉降。

15.5.4.2　上软下硬地层下盾构掘进施工技术

(1)小里程未预处理段

采用优质泡沫+膨润土泥浆进行渣土改良,其泡沫原液比例为 1%,气流量为 600 L/min,注入率 30%,膨胀率 12%,膨润土流量为 3 m³/h。渣土改良后渣样如图 15-78 所示。

图 15-78　渣土改良后渣样

为防止喷涌,土舱必须维持较高压力。具体措施如下:

①施工时加入高黏度泥浆,以改变渣土附着性,避免喷涌现象。泥浆配比见表 15-4。

表 15-4　高黏土泥浆配比表

钠基膨润土(kg)	制浆剂 1 型(kg)	制浆剂 3 型(kg)	水(kg)	黏　度(s)
70	10	20	800	93

②由于长距离下坡,同步注浆不能保证隧顶填充完全密实,加之浆液初凝时间较长,易导致隧顶水系联通形成较大水压,继而引起土舱严重积水而形成喷涌。施工中,必须缩短同步注浆初凝时间。

③选用最佳同步注浆配合比、初凝时间和掘进模式。本工程中,水:钠基膨润土:粉煤灰:河砂:水为 120:96:290:400:400;浆液初凝时间一般为 2.5 h,与硬岩段 3 h/环的纯掘进时间节奏基本吻合;在全断面掘进过程中不采用敞开式掘进,需采用带气压掘进。值得说明的是,在含水量极其丰富且压力较大的特殊地段,即使 2.5 h 的初凝时间也因被地下水稀释而难以保证注浆效果。此时如果再缩短浆液初凝时间,则极易堵管。为此,现场可采取每掘进 5 环进行一次双液浆止水环施工,以保证及时堵水。

④顶部气压保持不小于 0.13 MPa,与同步注浆压力(0.15~0.2 MPa)接近。这样一来,既限制注浆浆液向土舱内流动,也能防止管片后部水体向前涌入,以达到良好的同步注浆效果。

⑤当出盾尾第二环管片整环封堵完成后,依次进行出盾尾第 3~6 环的补强注浆,其注浆原则就是"哪个孔开孔后出现水,便向哪个孔压浆",但压浆的同时应该将该环管片的顶部吊装孔打开或相邻环的顶部吊装孔打开,以保证不会因为注浆瞬时压力过大,导致管片出现损伤。

防止局部塌陷或塌陷后可采用的(补救)措施有:

①采用地质雷达对塌陷区 50 m 范围内地下空洞进行扫描,掌握塌陷程度与位置。

②对塌陷部位采用袖阀管注浆加固地层,种植土回填,路面沥青破除后重新铺设。

结合实际地质情况,并经过各项风险分析后确定,该施工段出现刀具过度磨损需要停机检修时宜采用填舱方式进行常压换刀,且填舱采用非胶凝材料。

(2)已处理大里程别墅区

推进参数控制。刀盘转速推荐为 1.5 r/min,贯入度 8~10 mm,扭矩小于 2 300 kN·m,推力小于 22 000 kN。

渣土改良措施、防喷涌措施同前述小里程段。

保压措施具体如下:

①施工前,排查详勘孔,逐个封闭,并检查封闭情况。硬岩处理后的钻孔、注浆孔等也必须逐个封闭。

②由于保气压比较困难,因此采用保液位的方法进行保压。

③观察土舱中顶部压力和刀盘中部压力差,来判断液位高度。

防卡钻措施如下:预处理过程中,钻孔必须按放样坐标进行布置,并做好记录;如有卡钻,或钻杆拔不出且钻杆在正洞范围内的,必须采用冲锤、冲砸等方式处理,然后回灌低标号水下混凝土。

15.5.4.3 未探明孤石段掘进

(1)刀具管理

在刀具正常磨损情况下,当周边刀刀圈磨损掉 10~15 mm、正滚刀和中心双刃滚刀刀圈磨损量 20~25 mm 时就需要更换,这是因为磨损后刀圈刀刃变薄变尖,其冲击压碎和切削岩石的能力降低,但盾构掘进时推力和扭矩会增大,掘进速度就会变得很慢,同时加大了盾构液压系统和电机系统负荷。

在刀具非正常磨损情况下,如果发生刀圈崩裂、刀圈堵转、刀圈严重偏磨、转动轴承失效、刀具润滑油泄漏等故障,应立即停止掘进,并及时对刀具进行更换。

(2)掘进参数

本区间通过孤石时刀盘转速宜控制在 1.0~1.2 r/min,掘进速度基本控制在 12 mm/min 以内,总推力应不大于 25 000 kN(一般情况下推力为 14 000~20 000 kN),扭矩不大于 600 kN·m。

特别地,掘进时应密切关注刀盘扭矩大小,并及时通过减小总推力和掘进速度、做好渣土改良等方式来降低刀盘扭矩。例如:当扭矩波动至 800 kN·m 时,应立即停止推进,进行换向,并降低掘进速度;当扭矩长时间波动到 1 300 kN·m 以上时,除停机处理外,还应根据地质情况选择以带压进舱或常压进舱的方式进行刀具检修;扭矩在多数情况下居高不下常表明刀具受到了不同程度的磨损,需要更换新刀。

15.6　上软下硬复合地层盾构施工技术总结

在上软下硬地层中,盾构法施工存在掘进难、效率低、成本高、地层变形控制不易等施工难题,主要集中体现在如下几个方面:

(1)盾构在上软下硬地层推进过程中,姿态较难控制,容易产生"抬头",纠偏困难。

(2)上软下硬地层盾构掘进施工存在刀具磨损严重、滚刀偏磨、刀具受冲击损坏以及刀盘变形问题。

(3)上部淤泥,下部泥岩、砂砾岩时,极易造成刀盘结成泥饼及富水地层掘进的喷涌风险,导致掘进缓慢,加剧对地层的扰动,需开舱进行清理,施工效率低下。

(4)刀具与软硬不均岩面周期性碰撞,造成刀盘振动很大,掘进速度慢,加之上部地层软弱、稳定性差,地面沉降较难控制。

(5)刀盘切削工作面土体上部软土体较易进入密封土舱,而下部密实的岩体不易破碎。此时,往往会使上部软土地层过量切削进入土舱,特别是当隧道上部地下水较丰富且有砂层时,一旦密封土舱压力失衡,上部松散地层容易土体流失,进而发生较大沉降,甚至发生地表塌陷等严重事故。

针对上述问题,在盾构选型和施工中应重点关注以下几个方面:

(1)加强地质补勘,特别是对上软下硬地层的分析以及岩层分界线的勘测,对周边建(构)筑物进行调查和鉴定,预先对房屋基础进行注浆加固、桩基托换等。

(2)针对刀盘、刀具和螺旋输送机的磨损问题,需根据地质补勘报告,制定刀具更换计划,在盾构到达这类地层前,应在具备条件的地方停机对盾构进行全面的检修,疏通泡沫管,更换损坏的刀具。

(3)针对掘进方向控制问题,盾构必须配置自动导向系统、随动铰接装置,分区控制推进油缸。实时指示并控制行进姿态,可灵活转弯并实施纠偏,掘进过程中,严格控制掘进参数,观察参数变化,对于参数突变应立即停机分析原因,不可盲目推进,合理控制推进油缸的推进油压,用来控制盾构姿态"抬头"的情况。如果盾构线路偏离设计线路,及时调整各项掘进参数,逐环、小量纠偏对盾构姿态进行调整。

(4)针对稳定工作面及控制地层变形问题,盾构可配置一机三模式功能,即土压平衡式、开敞式、半开敞式,各模式可互换。可根据需要提供稳定工作面压力,必须具有同步注浆功能,尽早填充环形间隙并控制地下水流失。

(5)针对防泥饼问题:盾构必须配置泡沫注入系统,刀盘倒八字形开口,向刀盘前面、土舱和螺旋输送机注入泡沫,改善渣土流塑性,利于渣土进入土舱。

(6)针对防喷涌问题:盾构必须配置渣土改良系统,两节螺旋输送机,提高渣土止水性,防止地下水流入,建立土塞效应。

此外,还要做好监测工作及时反馈信息,增加监测频率,根据地表沉降和监测数据,结合现场的实际情况,及时调整土舱压力和推进油缸推力等施工参数。

◆思考题◆

1. 什么是复合地层?

2. 结合广州地区,对盾构掘进有不利影响的典型工程地质和水文地质有哪些?

3. 复合地层需要研究的地质问题有哪些?

4. 广州地区的盾构施工主要有哪些不良地质?

5. 盾构适应性在复合地层中主要有哪些局限性?

6. 复合地层中盾构施工主要存在哪些施工难点?

7. 广州地铁盾构施工中,中途换刀技术主要有哪些?

8. 花岗岩风化地层中球状风化体或巨大漂砾怎么处理?

9. 球状风化体具有哪些特点? 施工中采取哪些针对性措施?

10. 结合广州地铁具体工程案例,论述上软下硬地层盾构掘进施工控制要点。

11. 结合具体工程案例,论述广州地铁上软下硬地层施工存在的主要问题及原因。

12. 结合深圳地铁工程案例,简述上软下硬地层基岩预处理技术要点。

13. 结合具体工程案例,论述深圳地铁上软下硬地层施工存在的主要问题及原因。

14. 查阅有关资料,并结合具体案例,论述青岛地铁上软下硬地层施工难点与对策。

15. 查阅有关资料,并结合具体案例,论述东莞地铁上软下硬复合地层施工难点与对策。

16. 查阅有关资料,并结合具体案例,论述合肥地铁上软下硬复合地层施工难点与对策。

17. 查阅有关资料,并结合具体案例,论述厦门地铁上软下硬复合地层施工难点与对策。

第16章 岩石地层盾构施工

本章重点:主要介绍岩石地层分类、岩石地层破岩机理、刀盘及刀具配置、刀具磨损程度预测、岩石地层盾构掘进施工要点,通过具体工程案例介绍岩石地层盾构施工关键技术。

16.1 岩石地层盾构施工特点

16.1.1 岩石地层分类

地球上的岩石千变万化,它是一种或多种矿物的集合体,是构成地壳的基本部分。地质历史上某一时代形成的层状岩石成为岩石地层,它主要包括沉积岩、火山沉积岩以及由它们经受一定变质的浅变质岩。岩石地层在指开挖断面范围内和开挖延伸方向上,由一种或若干种地层组成,但岩土力学、工程地质和水文地质等特征相近的地层或地层组合。

岩石按成因分类:岩浆岩(火成岩)、沉积岩(水成岩)和变质岩三大类。

①岩浆岩:岩浆在向地表上升过程中,由于热量散失逐渐经过分异等作用冷凝而成。

②沉积岩:是由于岩石、矿物在内外力作用下破碎成碎屑物质后,再经水流、风吹和冰川等的搬运,堆积在大陆低洼地带或海洋,再经胶结、压密等成岩作用形成的岩石。沉积岩的主要特征是具有层理。

③变质岩:由岩浆岩或沉积岩在高温、高压或其他因素作用下,经变质形成。

岩石按坚硬度主要分为坚硬岩、较硬岩、较软岩、软岩和极软岩等五类。详见表 16-1。

表 16-1 岩石坚硬程度分类

坚硬程度	坚硬岩	较硬岩	较软岩	软岩	极软岩
饱和单轴抗压强度(MPa)	$f_r>60$	$30<f_r\leqslant60$	$15<f_r\leqslant30$	$5<f_r\leqslant15$	$f_r<5$

岩石坚硬程度定性划分见表 16-2。

表 16-2 岩石坚硬程度等级的定性分类

坚硬程度 等级		定性鉴定	代表性岩石
硬质岩	坚硬岩	锤击声清脆,有回弹,震手,难击碎,基本无吸水反应	未风化~微风化花岗岩、闪长岩、辉绿岩、玄武岩、安山岩、片麻岩、石英岩、石英砂岩、硅质砾岩、硅质石灰岩等
	较硬岩	锤击声较清脆,有轻微回弹,稍震手,较难击碎,有轻微吸水反应	1. 微风化的坚硬岩石; 2. 未风化的大理岩、板岩、石灰岩、白云岩、钙质砂岩等

坚硬程度等级		定性鉴定	代表性岩石
软质岩	较软岩	锤击声不清脆，无回弹，轻易击碎，浸水后指甲可刻出印痕	1. 中风化～强风化的坚硬岩或较硬岩； 2. 未风化微风化的凝灰岩、千枚岩、泥灰岩、砂质泥岩等
	软岩	锤击声哑，无回弹，有较深凹痕，浸水后手可捏碎，掰开	1. 强风化的坚硬岩或较硬岩； 2. 中风化～强风化的较软岩； 3. 未风化～微风化的页岩、泥岩、泥质砂岩等
极软岩		锤击声哑，无回弹，有较深凹痕，浸水后手可捏成团	1. 全风化的各种岩石； 2. 各种半成岩

岩体完整程度的定性分类见表 16-3，其中，平均间距为主要结构面（1～2 组）间距的平均值。

表 16-3   岩体完整程度的定性分类

完整程度	结构面发育程度		主要结构面的结合程度	主要结构面类型	相应结构类型
	组数	平均间距/m			
完整	1～2	>1	结合好或结合一般	裂隙、层面	整体状或巨厚层状结构
较完整	1～2	>1	结合好或结合一般	裂隙、层面	块状或厚层状结构
	2～3	0.4～1	结合差		块状结构
较破碎	2～3	0.4～1	结合差	裂隙、层面、小断层	裂隙块状或中厚层状结构
	≥3	0.2～0.4	结合好		镶嵌碎裂结构
			结合一般		中、薄层状结构
破碎	≥3	0.2～0.4	结合好或结合一般	各种类型结构面	裂隙块状结构
		≤0.2	结合差		碎裂状结构
极破碎	无序		结合很差		散体状结构

岩体完整程度分类见表 16-4。

表 16-4   岩体完整程度分类

完整程度	完 整	较 完 整	较 破 碎	破 碎	极 破 碎
完整性指标	>0.75	0.55～0.75	0.35～0.55	0.15～0.35	<0.15

注：完整性指数为岩体压缩波速度与岩块压缩波速度之比的平方。

$f_干/f_湿 < 0.75$ 为软化岩石。岩石质量按 RQD 分为：好，RQD>90%；较好，RQD 为 75%～90%；较差，RQD 为 50%～75%；差，RQD 为 25%～50%；极差，RQD<0.25%。

岩层厚度划分：巨厚层，$h>1$ m；厚层 $0.5<h≤1$；中厚层，$0.1<h≤0.5$；薄层，$h≤0.1$ m。

①岩体结构类型划分见表 16-5。

表 16-5   岩体结构类型划分

岩体结构类型	岩体地质类型	结构体性状	结构面发育情况	岩土工程特征	可能发生的岩土工程问题
整体状结构	巨块状岩浆岩和变质岩，巨厚层沉积岩	巨块状	以层面和原生或构造节理为主，多闭合，间距大于 1.5 m，一般为 1～2 组，无危险结构	岩体稳定，可视为均质各向同性弹性体	局部滑动或坍塌，深埋洞室的岩爆

续上表

岩体结构类型	岩体地质类型	结构体性状	结构面发育情况	岩土工程特征	可能发生的岩土工程问题
块状结构	厚层状沉积岩,块状岩浆岩和变质岩	块状柱状	有少量贯穿性节理裂隙,结构面间距 0.7~1.5 m,一般为 2~3 组,有少量分离体	结构面互相牵制,岩体基本稳定,接近弹性各向同性体	局部滑动或坍塌,深埋洞室的岩爆
层状结构	多韵律薄层、中厚层状沉积岩,副变质岩	层状板状	有层理、片理、节理,常有层间错动	变形和强度受层面控制,为各向异性弹性体,稳定性较差	可沿结构面滑塌,软岩可产生塑性变形
碎裂状结构	构造影响严重的破碎岩层	碎块状	断层、节理、片理、层理发育,结构面间距 0.25~0.5 m,一般 3 组以上,有许多分离体	整体强度很低,并受软弱结构面控制,呈弹塑性体,稳定性很差	易发生规模较大岩体失稳,地下水加剧失稳
散体状结构	断层破碎带、强风化及全风化带	碎屑状	构造和风化裂隙密集,结构面错综复杂,多充填黏性土,形成无序小块和碎屑	完整性受极大破坏,稳定性极差,接近松散体介质	

16.1.2　岩石地层破岩机理

利用滚动刀具在岩面上滚动产生的冲击压力和剪切力,压碎和碾碎岩石的破岩方法。滚刀在盾构推进千斤顶和刀盘旋转共同作用下,刀刃滚动切入岩体,切入区产生裂纹,而轨迹相邻的两滚刀间裂纹达到相接或相近到一定程度,岩石即可崩裂破碎。破岩能力由垂直力和滚动力组成,如图 16-1 所示。

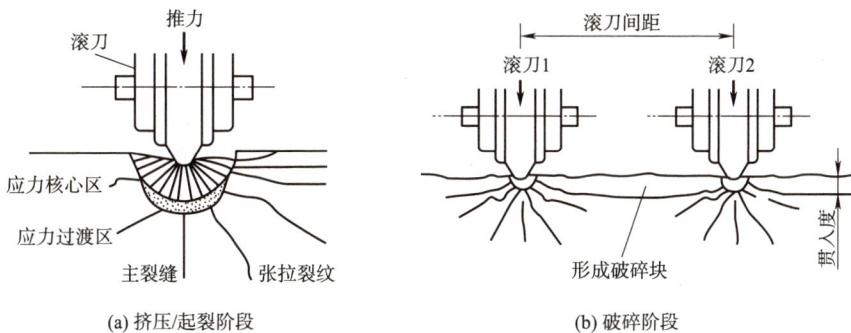

图 16-1　盾构滚刀破岩机理示意

安装在刀盘上的盘形滚刀在盾构千斤顶的作用下紧压在岩面上,随着刀盘的旋转,盘形滚刀一方面绕刀盘中心轴公转,同时绕自身轴线自转。盘形滚刀在刀盘的推力、扭矩作用下,在开挖面上切出一系列的同心圆。当推力超过岩石的强度时,盘形滚刀刀尖下的岩石直接破碎,刀尖贯入岩石,开挖面上岩石被盘形滚刀挤压碎裂而形成多道同心圆沟槽。随着沟槽深度的增加,岩体表面裂纹加深扩大,当刀具压力超过岩石的剪切和拉伸强度时,相邻同心圆沟槽间的岩石成片崩落,完成盘形滚刀的破岩过程。

盾构滚刀受力及刀间距如图 16-2 所示。

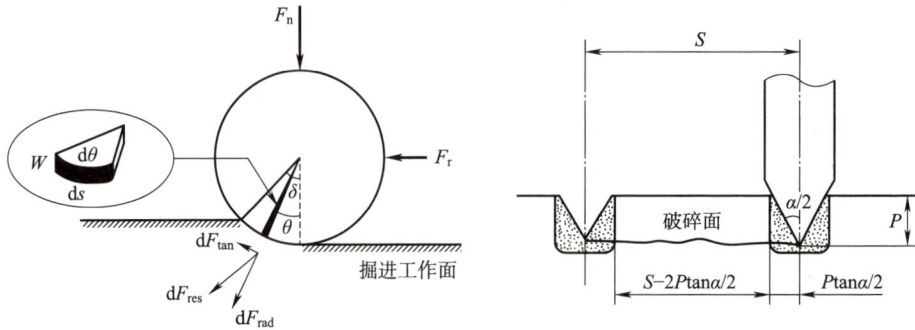

图 16-2 盾构滚刀受力及刀间距示意

垂直力
$$V = f(D, \alpha, \delta, \zeta, S, P)$$
$$= D^{1/2} P^{3/2} \left[\frac{4}{3}\delta + 2\zeta \left(S - 2P\tan\frac{\alpha}{2} \right) \right] \tan\frac{\alpha}{2}$$

滚动力
$$R = V\tan\beta = VC$$

式中　δ——岩石单轴抗压强度；

　　　ζ——岩石无侧限抗剪强度；

　　　S——刀间距；

　　　P——贯入度；

　　　D——刀具外径；

　　　α——刀具刃角；

　　　C——岩石切割系数；

　　　β——合力夹角。

上述各变量中，刀盘直径和滚刀尺寸确定后，几何尺寸基本相同，D、α、β 稳定；针对一定的岩石强度及 RQD，δ、ζ、C 相当；则由上式知：破岩能力可视为仅由 S、P 确定。

贯入度 P 在掘进时可调整，而刀间距 S 在刀盘设计时即固定。刀间距的设计是提高破岩能力的关键。

盾构破岩效率与贯入度、转速正相关，针对一定的岩体强度及岩石质量指标条件，提高贯入度与转速将加大盾构额定推力与扭矩，需考虑推力、转速、扭矩等因素。

16.1.3　岩石地层盾构刀盘刀具

刀盘是最重要的部件，岩石地层掘进条件下需配备滚刀，滚刀有高度耐磨的切削环，完全可以满足硬岩掘进中刀具耐磨性高的要求，且所有齿刀和刮刀镶装了用高强度碳化钨合金钢制成的刀头。在硬岩中掘进时，可以把所有齿刀更换为滚刀进行掘进。刀具全部采用背装式，以便换刀。

刀具高差：刀盘面板滚刀破岩主要通过碾压形式进行，刀具存在一定的高差，可以大

大提高刀具的破岩能力。相邻滚刀在不同轨迹上的碾压刀,更有利于破岩。

开口形式:刀盘开口率非常重要,既能有效抵挡土体、保持开挖面的稳定,又能最大限度地开挖围岩,使渣土顺利进入泥土舱,方便有效地建立起土压平衡。

刀盘钢材:盾构在硬岩掘进中地层情况变化较大,岩层硬度也较大,掘进过程对刀盘损伤严重,故盾构刀盘钢材设计中采用强度高、韧性大的 16MnR 材钢材作为刀盘母材。

刀盘泡沫孔:盾构刀盘面板 8 个泡沫采用螺旋线方式分布,在注射泡沫后,每个泡沫孔扩散影响区形成有效的闭合,从而大大提高泡沫使用率。

刀盘的耐磨设计:刀盘母体采用耐磨性、焊接性、冲击韧性极好的 16MnR 材料制作。在刀盘外缘设有三圈可更换的耐磨条,刀盘面板、刀盘外围对高强度、高韧性刀盘采用耐磨焊丝加固设计;耐磨焊丝布置为渔网状,"渔网线"纵横方向沿刀盘呈 45°角方式布置,防止刀盘的开裂磨损,极大地提高了刀盘母体的耐磨性。

16.1.4　岩石地层盾构掘进施工要点

16.1.4.1　硬岩地段施工控制原则

硬岩地段盾构施工控制主要原则如下:

(1)应确切掌握岩层的分布情况及各项指标,施工中利用盾构的超前钻机及时探明前方岩石情况。

(2)在复合地层掘进时应注重对地层分界的判断,选取不同的掘进模式和掘进参数。

(3)对全断面硬岩可采用敞开式模式掘进,按高转速、低扭矩选取参数。

(4)在上软下硬的地层中应采用压力平衡模式掘进,需降低掘进速度。

(5)盾构刀盘应进行地质针对性设计,宜采用单刃滚刀并设置较小刀间距。

(6)加大刀具检查频率,单刀允许磨损量及相邻刀的高差超过允许值时应及时进行更换。

(7)为减小磨损,应向刀盘前注入泡沫等添加剂。

(8)启动盾构稳定装置,采取刀盘正反转等措施防止盾构发生旋转。

(9)富水硬岩段掘进要加强壁后注浆管理,宜采用速凝、早强浆液,及时填充空隙、稳固管片,以防止管片上浮。必要时适当降低盾构掘进轴线以弥补管片上浮量。

16.1.4.2　掘进模式选择

由于全断面硬岩地层开挖断面相对稳定,不会出现开挖面失稳的情况,因此盾构在硬岩地层掘进时多数采用敞开式掘进模式,这种掘进模式大大降低了盾构推进阻力和刀盘旋转阻力,使盾构掘进功效得到提高。

16.1.4.3　盾构掘进控制

全断面硬岩中采用敞开模式掘进,按高转速、低扭矩原则选取参数,提高纯掘进速度。但在裂隙较为发育的岩层及岩层交界处掘进时,应适当降低转速和推进速度,以防刀盘因扭矩发生较大波动而卡在围岩当中。

(1)掘进参数(参考值)

推力:9 000～13 000 kN。

推进速度:3～5 mm/min。

刀盘转速:1.5～1.7 r/min,裂隙发育时为1.2 r/min。

刀盘扭矩:1 800～2 500 kN·m,扭矩波动控制在100 kN·m以内。

同步注浆量不应小于6 m³,注浆压力为0.12 MPa左右。

出渣量:每环出渣量控制在54～56 m³。

(2)盾构姿态

在硬岩隧道当中盾构纠偏较为困难,掘进过程中应严格控制,一般应将盾构偏差控制在设计路线转向的内侧且最大偏差值不宜大于30 mm。应注意的是,由于地下水量较大,考虑管片到上浮影响,一般将垂直方向的盾构偏差控制在−30～0 mm之间。

硬岩掘进振动较大,可能造成导向系统全站仪倾斜而测量错误,因此,应经常对测量系统进行检查,发现错误即时纠正。

(3)渣土改良

掘进过程中渣土改良主要使用泡沫和水进行改良。

(4)管片背后注浆

在掘进过程中进行同步注浆,具体的注浆压力和注浆量可根据实际施工情况确定,以尽量注饱满但土舱中无浆液来确定。

对盾尾后方20环以后的管片及时进行二次补充注浆,以填充同步注浆过程中遗留的空隙,从而保证管片与围岩之间填充密实。

(5)防止管片上浮

二次注浆施作止水环,在盾尾后面5环采用水泥浆注浆方式做一道止水环,挡住后方盾尾来的水,防止管片的上浮。

(6)刀具磨损检查

利用拼装时间进行刀具检查,发现螺栓松动、刀具磨损及偏磨等立即处理。为保证硬岩段开挖面,应根据刀具磨损规律,将超限磨损的边缘刀、正面刀向刀具磨损量较小的中心区依次倒换,以合理利用刀具。

(7)刀具更换与维修

盾构在岩石地层掘进以及长距离掘进时,受地质、掘进距离、施工工法、刀具形状与材料等因素影响,往往因磨耗使刀具磨损量大、刀刃脱落、缺损,必须进行刀具更换。应研究刀具的磨耗、耐久性,制定刀具更换方案。

刀具更换宜选择在工作井或地层稳定地段进行;在不稳定地层更换刀具时,应采取地层加固(可采用注浆、搅拌桩、高压旋喷桩、降水、冻结法等方法加固地层)或气压作业等措施,确保开挖面稳定。

(8)常压或压气进舱作业

常压或带压开舱作业应执行《盾构法开仓及气压作业技术规范》(CJJ 217—2014)的有关规定。

开舱作业前,应对选定的开舱位置进行地质环境风险辨识,选择开舱作业方式,编制开舱作业专项方案和专项应急预案;带压进舱作业还应制定详细的加压减压作业指导计划。

气压作业开舱前,应确认地层条件满足气体保压的要求,不得在无法保证气体压力的条件下实施气压作业。

由于地质条件复杂多变,且开舱及气压作业时间较长,如果地层不满足气体保压要求,容易发生开挖面失稳、地层变形、地表沉降、损坏地表及地下建(构)筑物等情况。因此,气压作业前应进行地层保压试验,检查地层漏气情况,保证土舱内气压达到设定的工作压力且不发生较大波动。

16.2　深圳岩石地层盾构施工难点与对策

16.2.1　工程简介

深圳市地铁 3 号线 3101 标段盾构区间包含红岭站—老街站、老街站—晒布路站、晒布路站—翠竹站三个区间,其中红岭站—老街站区间左右线隧道均穿越长距离硬岩段:左线穿越硬岩段 445.6 m;右线穿越硬岩段 797.8 m,含 100 MPa 以上超硬岩段 40.2 m(最高达 159 MPa)。硬岩段地下水发育,水量较大,地下水为松散土层的孔隙水及基岩裂隙水,孔隙水主要赋存于砂、卵石岩层中,基岩裂隙水主要赋存于强风化、中风化层中。

16.2.2　盾构优化设计

工程投入 1 台 046 维尔特盾构和一台海瑞克 S439 盾构分别进行左右线盾构掘进。本标段投入的两台盾构既适用于土质及软岩条件下的掘进,也适用于硬岩地质条件下的掘进。

16.2.2.1　采用大推力和大扭矩设计

刀盘驱动电机总功率均为 945 kW,设计最大扭矩 9 550 kN·m,设计最大推力 36 000 kN。能满足各种黏性较大砂土层和各种较硬岩层的盾构工程要求。

16.2.2.2　重型刀盘

刀盘是最重要的部件,两台盾构均配备了滚刀和齿刀可互换的重型刀盘(图 16-3,图 16-4),刀盘开口率设计为 28%。

16.2.2.3　刀具配置参数

(1)滚刀刀间距:046 盾构 85 mm;S439 盾构 95 mm。

(2)滚刀单刀承载力:046 盾构 270 kN;S439 盾构 250 kN。

由于右线岩石硬度较大,在盾构破岩能力设计上,德国维尔特 046 盾构比德国海瑞克 S439 盾构更强。

16.2.2.4　盾构针对硬岩施工的耐磨设计

在开挖花岗岩岩石地层过程中,由于地层中石英含量较高,地层对设备的磨损通常很大,必须考虑设备防止磨损的保护措施,盾构对以下关键部件的防磨损保护做了特殊设计。

图 16-3   维尔特盾构刀盘

图 16-4   海瑞克盾构刀盘

(1)刀盘结构防磨损措施

刀盘母体采用耐磨性、焊接性、冲击韧性极好的 16MnR 材料制作,在刀盘外缘设有三圈可更换的耐磨条,面板外缘和正面也用高硬度耐磨焊丝拉网堆焊了 5 mm 厚的保护层,极大地提高了刀盘母体的耐磨性,如图 16-5 所示。

图 16-5   刀盘外圈防磨损处理

(2)刀具防磨损措施

所有齿刀和刮刀镶装了用高强度碳化钨合金钢制成的刀头,滚刀有高度耐磨的切削环,完全可以满足在硬岩掘进中对刀具耐磨性高的要求。

(3)螺旋输送机防磨损措施

在岩石地层条件下,螺旋输送机的防磨损非常重要,螺旋输送机采取以下措施以防止磨损。

壳体下部通过焊接耐磨碳化钢条加以保护(图 16-6),上部则经过表面堆焊耐磨网格处理,另外 046 盾构螺旋叶片上安装有高强度的防磨钢板。这些防磨板用螺栓固定在螺旋叶片上(图 16-7),并可通过整个壳体上的几个窗口方便地进行更换。以上各项保护措施能够确保在完成单线隧道掘进过程中不需大的维修。

16.2.3   全断面硬岩盾构掘进控制

由于全断面硬岩地层开挖断面相对稳定,不会出现掌子面失稳的情况,因此盾构在硬岩地层掘进全部采用敞开式掘进模式,这种掘进模式大大减小了盾构推进阻力和刀盘旋

图 16-6　螺旋壳体下部的磨损保护

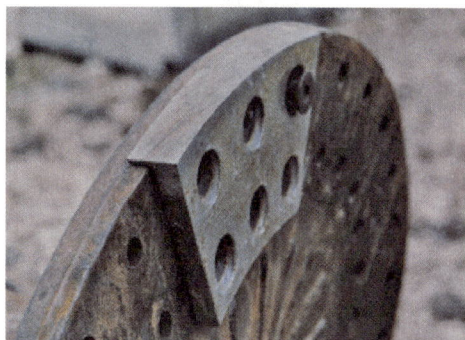

图 16-7　螺栓连接的耐磨螺旋叶片

转阻力,提高盾构掘进速度。

16.2.3.1　主要掘进参数控制

（1）刀盘转速的选择

在全断面硬岩地层中掘进,为适当提高掘进速度,保持刀盘的低贯入度掘进,可适当提高刀盘转速。在全断面中风化岩层中掘进,选取的刀盘转速为 1.6～1.8 r/min。

（2）刀盘扭矩的选择

由于硬岩地层对刀具的磨损明显,而刀盘扭矩是刀具所受冲击力的具体表现。故在此类地层中掘进,应结合硬岩段的长度和强度,在合理保护刀具的前提下适当保持较小的扭矩掘进,可减小刀具的磨损,延长刀具的使用寿命。本工程在全断面中风化岩层中掘进选取的扭矩控制值为 1 800～2 500 kN·m,即当掘进扭矩超过此范围值时,通过 PLC 程序设定为推进停止,刀盘继续旋转,当扭矩小于此值时则可恢复掘进。

（3）掘进推力的选择

在硬岩地层中掘进,掘进推力一般比软土软岩中大,根据类似工程经验其推力值范围均在 11 000 t～15 000 kN。本工程在全断面中风化岩层中掘进推力控制的原则是:确保扭矩在可控范围内,其他参数(如铰接)未见异常。当完成该段地层掘进后,推力范围为 9 000 t～13 000 kN。

（4）铰接的控制

针对被动铰接的土压平衡盾构,在全断面硬岩地层中掘进时,当边滚刀磨损后,极易造成开挖断面直径缩小,轻则造成推力逐步增大,铰接压力随之逐步增大,易造成尾盾卡死(特别是在曲线段掘进或者纠偏的过程中);重则直接卡住中前盾,使其无法推进。因此,在类似地层中掘进时,需增加对推力及铰接压力的敏感度。本工程中,铰接压力控制在 18 MPa 以内,铰接行程差根据拟合线路及盾构姿态特征进行控制,若发现偏差过大,应在推进的过程中及时进行收放处理达到控制的目的。

16.2.3.2　掘进姿态控制

在硬岩隧道当中盾构纠偏较为困难,掘进过程中应严格控制,一般应将盾构偏差控制在设计路线转向的内侧且最大偏差值不宜大于 30 mm,如右转上行隧道控制在第一象限。

16.2.3.3　渣土改良控制

考虑刀盘磨岩石掘进需释放大量热量，泡沫的设置偏稀使其降温效果明显，发泡倍率为 8 左右；考虑盾构在此地层中掘进速度较慢，为避免泡沫过多造成人为的喷涌现象，单根管的泡沫流量设置在 85 L/min 左右，单环泡沫总量在 30 m³ 左右，泡沫比例选用 3%，并根据螺旋出土口渣土含水量情况间歇性注入泡沫。

在每环的掘进过程中间歇式地向土舱下部注入一定黏度（45 s）的膨润土，以冲刷螺旋机进土口和土舱下部，使其达到改善螺旋机及土舱下部流塑性的目的。

16.2.3.4　刀具检查更换

（1）对刀具每 1 环检查 2 次，利用管片拼装及停止掘进等候编组列车时对刀具进行检查。

（2）刀具的检查包括螺丝是否松动、刀圈是否破裂、利用刀具卡尺检查刀具是否磨损较小（一般边缘刀控制在 10 mm 以内，特殊地段控制在 5 mm 内，正面刀 18 mm 以内）、刀盘是否裂缝、牛腿是否裂缝、刀箱是否变形、刀盘耐磨层是否磨损过量等。

（3）根据刀具磨损规律，将超限磨损的边缘刀、正面刀向刀具磨损量较小中心区依次倒换，以合理使用刀具。

16.2.3.5　防止管片上浮

管片上浮主要是盾构在下坡段掘进时，当管片脱出盾尾后，在地下水和未凝固的同步浆液的浮力作用下，管片受到纵向推力后会向上挠曲变形的现象。防止管片上浮的措施主要有 3 个：

（1）加大同步注浆浆液中的水泥用量，减小浆液凝固时间，使浆液尽快由液态变为固态，从而减小对管片的浮力。

（2）停用盾尾下部两个注浆孔，仅从盾尾上部两个注浆孔注浆，使浆液从管片上部流向下部，避免从下部注浆导致上浮加剧。

（3）分段截水，即采用二次注浆对盾尾后 5～10 环任意一环的环向部位进行二次注浆（必要时可注入聚氨酯），迫使水泥浆快速形成止水环，控制管片后方来水，二次注浆采用跳孔注浆方法，防止未凝固的浆液喷出，同时注意防止浆液窜到土舱内。

16.2.4　施工小结

在中～微风化硬岩全断面地层时，盾构隧道存在盾构掘进速度慢、盾构姿态控制难度大、设备及刀具磨损严重且刀具更换频繁等问题，对盾构掘进参数和盾构姿态严格控制并加强刀具管理，是确保盾构安全顺利推进的关键。从技术角度进行分析与论证，从优选择矿山法隧道施工，对于岩层直接采用爆破方式进行开挖，进而节约成本，但要考虑暗挖隧道盾构接收或始发问题。

16.3　青岛岩石地层盾构施工难点与对策

16.3.1　工程简介

青岛地铁 1 号线春阳路站—沟岔村站区间右线长度 1 355.550 m，左线长 1 369.091 m

（图 16-8）。平面线间距为 14～15 m，线路设有 1 个曲线段，曲线半径为 500 m。区间纵断面整体呈 V 字形，最大纵向坡度为 18‰，竖曲线半径为 3 000 m、5 000 m；区间结构覆土 9.0～16.6 m，隧道断面为圆形结构，内径 5.4 m，外径 6.0 m，采用盾构法施工，采用 2 台土压平衡盾构施工。

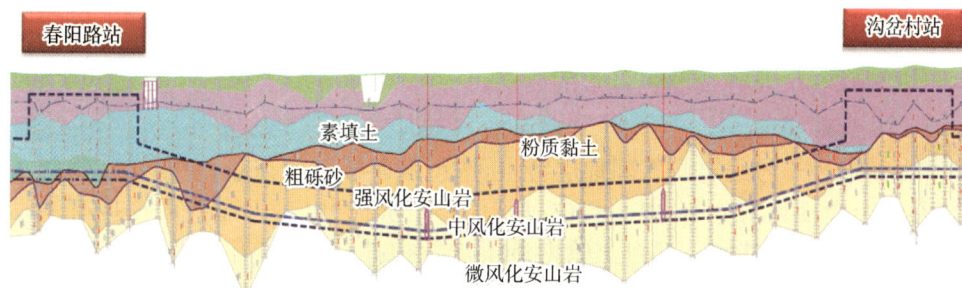

图 16-8　春阳路站—沟岔村站地质示意

区间主要穿越岩层为粉质黏土、中粗砂、强风化安山岩、中等风化安山岩、微风化安山岩。其中中等风化安山岩单轴抗压强度最大值为 28.55 MPa，微风化安山岩单轴抗压强度最大值为 84.89 MPa。区间局部穿越粗砾砂和粉质黏土，隧道围岩分级为 Ⅲ～Ⅵ 级。区间沿线所属地貌均为冲洪积平原地貌，地下水主要赋存在第四系松散砂土层及基岩的裂隙中。场区地下水主要类型为第四系孔隙水和基岩裂隙水。

16.3.2　施工重难点

（1）盾构始发/接收为施工 Ⅱ 级风险，施工控制不当易产生盾构下沉、"叩头"、洞门坍塌、涌泥、涌砂等现象。

（2）地层纵向起伏大，微风化起伏多处凸起、上软下硬明显，掘进工效低，换刀频繁。

（3）隧道地层区段间变化大，掘进模式随之变化，掘进参数不断调整，适应地层掘进时若施工控制不当容易产生地面下沉。

16.3.3　原因分析

（1）盾构始发接收端头覆土深度为 9.5～10.7 m，端头区隧洞顶部为富水砂层，地质条件较差，且地下水位较高，盾构进出洞时施工风险大，可能产生突然涌水涌砂，大幅度地面沉陷，出现下沉、"抬头"等现象。

（2）春—沟区间洞身穿越粉质黏土、粗砂～砾砂和强风化安山（岩手可掰碎）、中等风化安山岩（单轴抗压强度为 9.5～26.48 MPa）、微风化安山岩（单轴抗压强度为 31.3～93.21 MPa），隧道围岩为 Ⅲ～Ⅵ 级，隧道纵断面方向表现为基岩风化程度起伏较大、软硬不均，上软下硬地层约 971 m（占线路总长 72%）。

（3）区段地层分别由中粗砂＋强风化安山岩组合、强风化＋中风化安山岩组合、全断面中风化、中风化＋微风化安山岩组合地层交替变化，各地层掘进参数差异大，渣土改良效果不同，刀具磨损值差异大。

16.3.4 解决方法

16.3.4.1 优化设计

进行线路纵坡调整，尽最大可能减少上软下硬地层，以提高施工工效。按设计规范纵坡最小不小于 4‰，最大不大于 25‰，调线后上软下硬地层长度约为 74 m（约占线路总长的 5%），全断面微风化安山岩长度为 11 m（占线路总长的 1%），联络通道的位置也满足距离车站不大于 600 m 及在线路最低点的要求。

16.3.4.2 刀盘选型

结合青岛地铁 1 号线春沟区间地层特点，选用准面板结构刀盘，主要结构为辐条＋面板，开口在整个盘面均匀分布，中心部位设有面积足够的开口；刀盘背面焊接有主动搅拌棒，与前盾上的被动搅拌棒一起对土舱内渣土进行搅拌；刀盘设有渣土改良喷口，为背装可抽出式。最大推力 39 000 kN，刀盘扭矩 6 650 kN·m，脱困扭矩为 8 100 kN·m。刀盘配置参数和数量见表 16-6、表 16-7。

表 16-6 刀盘配置参数

序号	项 目	数 值	单 位	备 注
1	刀盘规格（直径×长度）	6 280×1 750	mm×mm	
2	旋转方向	正/反		
3	刀盘开口率	35	%	
4	主要结构件材质	Q345B		
5	泡沫口数量	6	个	与膨润土共用
6	主动搅拌臂数量	2	个	

表 16-7 刀具配置统计

序号	项 目	数 量	单 位	备 注
一		滚 刀		
1	中心双联滚刀	6	把	
2	单刃滚刀	34	把	
3	伸出量	175	mm	
二		刮 刀		
1	刮刀数量	40	把	
2	刮刀高度	135	mm	
三		边 刮 刀		
1	边刮刀数量	12	把	
2	边刮刀高度	135	mm	
四		焊接撕裂刀		
1	撕裂刀数量	11	把	
2	撕裂刀高度	150	mm	
五		仿形超挖刀		
1	仿形刀数量	1	把	

16.3.4.3 端头加固

始发接收端头采用地面旋喷桩加固，加固长度为 10 m，宽度 12 m 为隧道洞身两侧 3 m 范围，加固深度为进入强风化层 1 m，加固设计如图 16-9 所示。

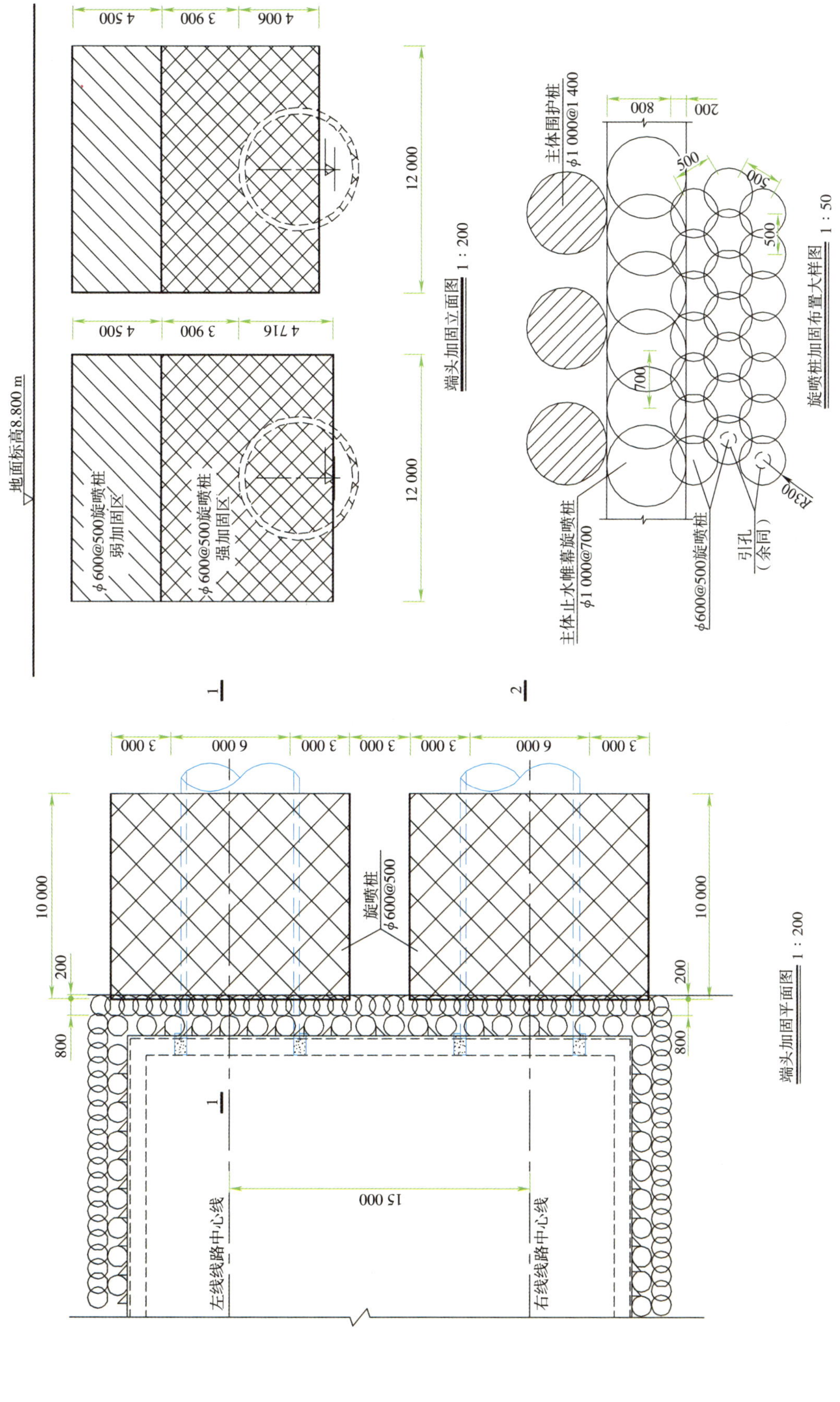

图16-9　端头加固设计 (单位: mm)

旋喷桩正式施工前，进行试桩试验，检验和校核施工工艺参数的选择是否合理，并根据试桩结果及经验调整工艺参数，本工程加固采用双管旋喷，控制参数见表 16-8。

表 16-8 双管旋喷桩施工工艺参数

项　目		单　位	参　数
压缩空气	压力	MPa	0.6～0.8
浆液	材料及配方	以硅酸盐水泥为主，水灰比为 1∶1	
	压力	MPa	20～30
	浆量	L/min	60～80
	灰浆密度	kg/L	1.51
每米水泥量		kg/m	200～400
提升速度	13～19 m	cm/min	10
	5.75～13 m		20
旋转速度		r/min	10～20

16.3.4.4 洞口密封

洞口密封是为盾构始发时防止背衬注浆外泄而设置的，延伸钢环是为防止盾构始发刀盘转动撕扯洞口密封设置的，从而使盾构直接切削洞门围护桩，免除洞门人工凿除这一工序，较低凿洞门施工风险。延伸钢环及密封装置施工重点有：

（1）复测洞门预埋钢环，采用全站仪进行免棱镜测量，直接测量洞门周围点的三维坐标，随后在 CAD 中进行模拟，钢环误差允许值为 3 cm。

（2）根据复测尺寸进行委外加工，制作分 6 段，采用的钢板厚度为 1.2 cm，长度为 40 cm，螺栓孔位置参照主体结构，预埋钢环尺寸通常为 M22。加工完成后进行厂内试拼，检查圆度及螺栓孔位置是否准确，螺栓孔位允许偏差为 1.5 mm。

（3）盾构吊装前进行延伸钢环安装，安装前对连接预埋钢环侧涂抹黄油，采用 1 台 25 t 吊车人工配合安装，预埋螺栓孔存在偏差时，可现场套钻，首先安装下三块钢环，然后进行上三块安装，最后进行螺栓复紧。

（4）密封装置安装前，先检查材料的完好性，尤其是橡胶帘布及螺栓孔是否完好，安装前对延伸钢环涂上黄油，将螺栓旋入延伸钢环螺栓孔内，安装橡胶帘布，将折页压板套在装有螺母的螺栓上，并用螺母固定好。

（5）洞口注浆：盾尾完全进入洞内后，及时进行洞口注浆，浆液采用水泥-水玻璃，凝结时间设置为 3～5 min。

16.3.4.5 水平探孔加固效果检验

检查内容：是否还存在淤泥或砂层未被固结，加固体整体性、均匀性，加固体中地下水含量情况。

检查方法：在洞门范围内钻 9 个水平孔（图 16-10），孔径8 cm，钻深为 10 m。根据 9 个孔的出水量判别，如果出水量大于 30 L/h（流水成线），就要重新进行加固。

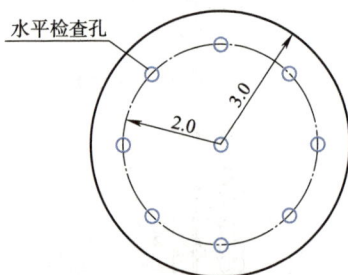

图 16-10 水平检查孔（单位：m）

16.3.4.6　盾构掘进技术卡控及渣土改良

不同地层组合掘进参数及渣土改良措施如下。

(1)强风化＋中风化地层掘进

该地层组合盾构掘进工效较好,掘进速度为 $30\sim50$ mm/min,推力 $8\ 000\sim12\ 000$ kN, 扭矩 $12\sim13$ MPa,泡沫用量约为 50 L/环(4 路泡沫、膨胀率设置在 $12\%\sim15\%$,流量为 $300\sim350$ L/min),刀盘喷水 $6\sim8$ m³,舱压为 $0.08\sim0.12$ MPa,$80\sim100$ 环边缘刀磨损在 $5\sim8$ mm,因此设置每掘进 $50\sim80$ 环检查一次刀具,对于最外边缘 44、45-1、45-2,刀磨损 大于 8 mm 必须进行更换,其余边缘刀大于 15 mm 进行更换,正面刀大于 20 mm 更换。

该地层掘进,地面沉降稳定,但经常出现螺旋喷涌情况,分析地下水以基岩裂隙水为 主,施工过程中土舱内渣面高度控制在 2/3 高度位置,同时掘进过程中将空气流量调节到 $300\sim350$ L/min,泡沫膨胀率设置在 $15\%\sim18\%$,掘进 1 环左右,喷涌问题消除。

(2)中风化＋微风化地层掘进

该地层区段掘进工效低,掘进速度为 $5\sim10$ mm/min,泡沫消耗量为 $80\sim100$ L/环,每 日掘进 $2\sim3$ 环。掘进 $20\sim30$ 环边缘刀磨损在 $5\sim8$ mm,因此在通过该地层前和通过后 均进行刀具检查和更换,防止卡机事件。

(3)拱部为富水砂层或富水砂层＋强风化＋中风化掘进

该地层区段施工难度大,地面容易沉降,出土量控制容易出现压舱现象,掘进参数跳 动变化大,螺旋喷涌频繁,刀具容易偏磨,更换刀具须带压换刀。因此在掘进该地层前选 择地层稳定区域提前检查刀具,根据磨损情况对最外边缘刀磨损大于 8 mm 进行更换,其 余边缘刀大于 15 mm 进行更换,正面刀大于 20 mm 更换。选用优质泡沫进行渣土改良、 刀盘喷水 $10\sim12$ m³/环、掘进过程中盾壳注入膨润土,推力 $14\ 000\sim16\ 000$ kN,速度 $40\sim$ 60 mm/min。泡沫 $60\sim80$ L/环,土舱压力较计算值增加 $0.2\sim0.3$ MPa。

16.3.4.7　盾构接收辅助措施(图 16-11)

接收端头在旋喷桩地面加固基础上,为防止接收时出现涌水、涌砂的现象,确保安全, 采用降水井降水,同时密封装置采用洞门钢环焊接尾刷＋橡胶帘布＋折页压板,提高接收 安全系数。

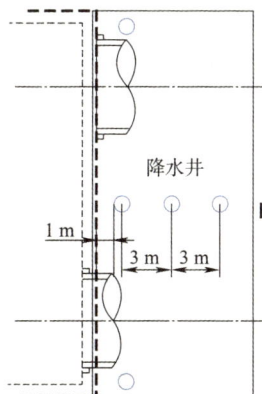

图 16-11

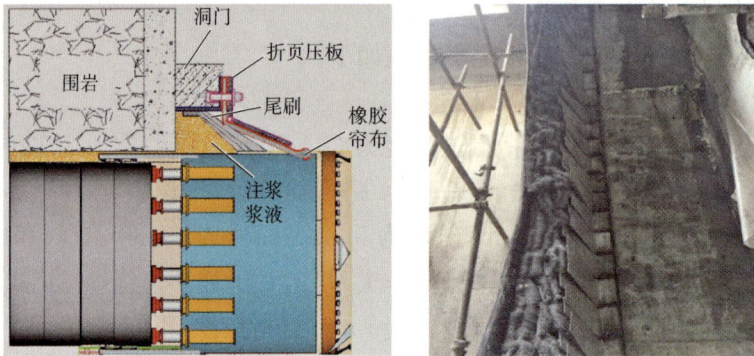

图 16-11　盾构接收辅助措施

16.3.4.8　监控量测

主要监测项目(表 16-9)是地面沉降、地面建(构)筑物、管线沉降、盾构管片收敛。监测点的具体布设可根据实际情况作相应调整。监测控制标准见表 16-10。

表 16-9　监测项目

序号	监测项目	监测目的	测点布置	备 注
1	地表沉降	监测地表沉降情况	沿隧道中心线每 10 m 布设一点,每 40 m 布设一断面,每断面设 8 点。端头井 100 m 内加密区等重要地段沿隧道中线每 20 m 布设一个断面	约 300 点
2	地下管线变形	监测地下管线变形情况	根据工程实况,对隧道施工影响范围内的管线进行监测,管线沉降测点沿管线每 15 m 左右设一点	根据实地情况,结合地表沉降点布设
3	建、构筑物沉降及倾斜监测	监测建、构筑物沉降及倾斜情况	隧道施工影响范围内的建(构)筑物四角、大转角、长边中点;约每隔 15~20 m 布置一点;电塔设置 1 点	根据实地情况布设,预计布设 100 点
4	收敛变形	监测管片收敛变形情况	每条隧道设 2~3 个主测断面,监测在有/无外荷载两个时间段的变形情况	约 3 点
5	洞内外观察	了解盾构运行情况,观察了解漏水、漏砂、漏浆和管片拼装等情况;观察地表变化及裂缝开展等情况		

表 16-10　监测控制标准

序号	监测项目	控制标准	
		总 量	报警速率
1	地表沉/隆	−30~+10 mm	3 mm/d
2	建筑物沉降	20 mm	2 mm/d
3	地下管线沉降	−20~+10 mm	2 mm/d
4	管片变形监测	50 mm	2 mm/d
5	净空收敛	5‰B(B 为隧道跨度)	3 mm/d

16.3.5　施工小结

在实际盾构掘进施工过程中,通过提前进行线路调坡、盾构刀盘选型、刀具配置、结合地层特点选择与控制掘进参数、渣土改良、洞口密封等技术措施,安全、优质、高效地完成了盾构隧道施工。

16.4　重庆轨道交通 6 号线二期试验段盾构施工

16.4.1　工程概况

重庆轨道交通 6 号线二期试验段工程为连接重庆南北段轨道交通的民心工程,试验段区间线路总长 14.1 双线公里,可分为茶园段、蔡家段和北碚段三个区段。其中:

(1)茶园段包含茶园站—邱家湾站区间、邱家湾—长生桥站区间。区间总长度为 4 964.688 单线延米,其中复合式土压平衡盾构施工区间长 1 665.74 单线延米。

(2)蔡家段总长 7120.897 双线延米(不含车站),主要包括嘉陵江北桥头—曹家湾站区间、曹家湾站—蔡家站区间、蔡家站—向家岗站区间、向家岗站—渝合高速小里程端出洞口区间四个区间,其中复合式土压平衡盾构施工区间长 4 948.37 双线延米。

(3)北碚段工程位于重庆市北碚区,按线路前进方向依次为北碚站前区间、北碚站—天生站区间、天生站—五路口站区间三段区间,其中复合式土压平衡盾构掘进合计双洞单线 5 392.47 延米。

盾构隧道区间采用 7 台复合式土压平衡盾构施工:茶园段 1 台、蔡家段 3 台、北碚段 3 台。该合式土压平衡盾构设备主机部分为刀盘、切口环(前体)、中体、盾尾四大部件,其配置的螺旋机内径达 750 mm,通过最大粒径达 270 mm。

16.4.2　地质水文条件

根据地质勘察资料可知,隧道区间线路基本以抗压强度在 $10\sim60$ MPa 之间的砂质泥岩和砂岩为主;大部分地段岩层产状比较平缓,且全线地表出露地层相对较简单,主要由人工填土、粉质黏土、砂岩和砂质泥岩组成。

隧道沿线位于构造剥蚀丘陵地貌上,第四系覆盖层厚度较小,基岩局部出露,为砂岩泥岩互层的陆相碎屑岩,含水微弱。地下水富水性受地形地貌、岩性及裂隙发育程度控制,主要由大气降雨和地面池塘水体渗漏补给。根据沿线地下水的赋存条件、水理性质及水力特征,沿线地下水可划分为第四系松散层孔隙水、碎屑岩类孔隙裂隙水。砂质泥岩为相对隔水层。隧道穿越的泥岩和砂岩抗压强度在 $23.7\sim27.9$ MPa 之间。

16.4.3　施工重难点

在上述掺有粉质黏土或富含砂质泥岩的全断面岩石地层掘进时,刀刃产生的强烈挤压研磨作用,使得刀具切削下来的黏性渣土或泥岩类岩屑形成粉粒状矿物质,并在受压、

受热、受湿条件下,在刀盘表面、土舱和螺旋输送机内部进一步形成泥饼和泥团,造成掘进困难,如图 16-12 和图 16-13 所示。此外,由于工程中地层埋深变化巨大,一旦地层出现不稳定(塌陷现象),很容易造成卡盾问题。例如,蔡家段曹蔡区间右线里程 YDK42＋493.826 处(该里程段基坑单位涌水量 8.8 L/min·10 m、地下水状态分级为Ⅰ级,隧道干燥无水,隧道埋深 11.5 m),盾构掘进参数突然出现异常,即推力不断增加、刀盘扭矩减小、盾尾铰接无法收回,掘进速度为 0。开舱检视后发现,前体切口环位置与周边岩面密贴,初步判断为复合式土压平衡盾构盾体被围岩卡死。本次卡死故障严重影响了掘进工期,增加了施工成本。综上可见,刀盘防结泥饼和刀盘脱困为本工程施工重难点之一。

图 16-12　被泥饼包裹的刀盘

图 16-13　渣土中内核极干的泥团

本工程中,复合式土压平衡盾构掘进参数控制(尤其是土舱压力控制)、刀具管理和防磨损、管片拼接质量控制以及盾构方向纠偏等工作也是施工重难点之一,其原因如下:

(1)在全断面硬岩地层中掘进时,由于管片所受浮力远大于其自重,故管片易上浮,图 16-14 为实际施工过程中监测到的管片上浮过程。此外,复合式土压平衡盾构会产生强烈的冲击震动,导致硬岩对盾体的围裹作用减弱,一旦盾体不能从周围的地层中获得足够摩擦力,则在刀盘扭矩反作用力作用下,盾体会产生滚转。

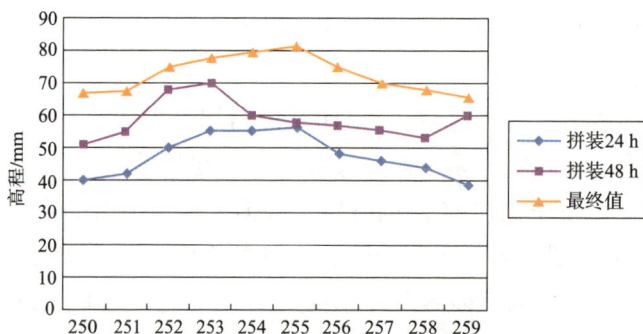

图 16-14　管片中心高程上浮变化曲线示意

(2)盾构隧道区间线路基本以砂质泥岩和砂岩为主,围岩完整性较好且硬度较高。由重庆地区的试掘进经验便可推测得知,滚刀在该地层下切削时发生异常磨损的可能性较

小,但刀具磨损速率却较大,其原因在于砂岩中含有 30%~40% 的高磨耗性石英成分。此外,隧道沿线除存在全断面岩石地层外,还存在砂泥岩交错或互层、沟谷地带和高填方区抛填的孤石层等小范围特殊地层。由于这类地层下岩性突变或者横断面内软硬不均,极易使刀具因承受较大的交变冲击载荷而导致崩刃等异常失效。综上来看,在本工程中长距离掘进时,如何科学管理刀具,增加刀具磨损周期是降低刀具成本及施工成本的关键和难点。

(3)受地理环境的影响,重庆地区多为丘陵和低谷,地层埋深变化巨大,地层相对不稳定,复合式土压平衡盾构掘进时地层受到的扰动和振动较大,易造成地面不均匀沉降和局部塌陷。

(4)沟谷地带和高填方区抛填的孤石等人为活动造成复合式土压平衡盾构掘进困难,地层埋深变化巨大,掘进参数的选择和围岩变形对设备会产生一定影响。

16.4.4　施工关键技术

16.4.4.1　刀盘泥饼防治技术

(1)结泥饼性状判据

泥饼和泥团产生机理复杂,其表象形式多种多样。例如,高黏性土闭塞会使压力舱被黏结的渣土充满而不能被螺旋排出,属于严重结泥饼。实际施工中,可对各种结泥饼事件进行统计分析来获得一些共同特征和规律,以便进行提前干预。可供选用的主要经验性状判据如下:

①在泥饼形成过程中,复合式土压平衡盾构刀盘的扭矩和推力均迅速增大,螺旋机出渣不连续,且伴随有较大泥块,渣土温度开始上升。

②泥饼形成后,推力逐渐增大,但扭矩逐渐恒定且波动不大,刀盘转速很小,出渣稀,偶有大泥块出现,渣温高。

(2)复合式土压平衡盾构防结泥饼设计

①应尽可能选用能够保证顺利排渣的刀盘开口率(特别是中心位置,从本工程施工经验来看,33% 是保证少结泥饼的开口率下限值。

②合理设置刀盘辐条形式及数量,也可起到避免结泥饼的作用。

③在土舱内设置压力传感器,用以监测土舱内泥土黏附情况;刀盘内侧(土舱内)设有搅拌棒,加速土体流动及螺旋机喂料。

(3)施工中的防结泥饼措施

①复合式土压平衡盾构掘进过程中,应合理且及时地使用泡沫剂及水。该措施一方面可以改善渣土性状,降低黏结概率,另一方面可避免发泡剂管路搁置而堵塞。

②设定合理的盾构掘进参数。在泥岩地段掘进时,如采用土压平衡模式,土压力的设定应以理论的土压力为基础并作适当降低。同时,控制好推进速度,降低泥饼产生的概率。

③加强复合式土压平衡盾构掘进时地质预测和泥土管理,特别是在土层中掘进时,更要密切注意开挖面地质情况和刀盘工作状态。

④适量增加泡沫注入量,选择比较大的泡沫加入比例,减小渣土黏附性,以降低泥饼产生概率。

⑤螺旋输送机内加入泡沫,以增加渣土流动性,利于渣土排出。

⑥控制循环水温度,做好对渣土温度的监控分析。特别地,当隧道内通风系统的性能较差时,随着单环掘进时间的增加,土舱内温度很容易上升,因此应控制渣土及冷却水温度,必要时需使用冰水。

⑦按"连续、快速、稳定"原则施工。这是因为:一方面长时间停机会导致土舱内土压逐步升高、流动性减弱、增加刀具刀盘板结泥饼的可能性;另一方面,当掘进太慢时,如掘进一环(1 500 mm)需要 2 h 以上时,同样会增加生成泥饼的概率。

⑧定期开舱、清舱。

16.4.4.2　管片位移抑制技术

（1）管片上浮抑制技术

过全断面岩石地层段,尤其是全断面硬岩地层段,为了抑制管片上浮,应按同步注浆和二次注浆相结合的方式进行注浆。具体施工要点如下:

①管片安装前,选择合适的注浆材料、同步注浆浆液配比、注浆压力、浆液凝结时间。例如,同步注浆采用水泥砂浆,二次补充注浆采用水泥—水玻璃双液浆。

②施工过程中,应严格按照"注浆与掘进同时进行、确保注浆饱满"的原则进行控制。

③管片安装后,应根据管片姿态参数和地下水情况等监测数据,及时采取应对措施。例如,若发现管片有上浮趋势或少量上浮时,应从管片注浆孔对管片进行补充注浆;在复合式土压平衡盾构遭遇较大涌水地层前,提前对管片进行二次补充注浆。

（2）盾体和管片旋转抑制技术

①掘进过程中加强对盾构姿态、刀盘滚动等掘进参数的观察,发现主机扭转应及时进行预警,并采取诸如正反转刀盘等防扭措施。

②在复合式土压平衡盾构前体位置处设置防扭稳定器,通过增加摩擦来达到防扭的目的。

③施工过程中如出现较大扭转,将掘进模式转换为小推力、低扭矩。

16.4.4.3　刀盘脱困技术

（1）预防盾构卡机措施

①增加刀具检查频率:通过增加刀具检查频率,同时增加对切口岩面间隙的测量次数,来确保施工者及时了解刀具磨损情况和开挖直径。

②调整边滚刀磨损极限值:将边滚刀磨损极限值从原 15 mm 调整为 12 mm。当刀具达到该磨损极限后,开挖直径还有近 10 mm 的间隙余量,故降低了盾构停机期间因地层收敛而导致设备抱死的可能性。

③加强对设备施工参数的监控:尤其是对有助于分析盾体所受摩擦力变化趋势的关键参数(如刀盘推力、扭矩、铰接拉力等)的监控。

④盾构脱困设计:在设计时,增大复合式土压平衡盾构推进系统能力;刀盘驱动应具有正反转功能;盾体外周预留有径向孔和超前钻探孔,可以通过这些孔向盾体外加注润滑

剂,以利于盾体脱困;注入性能优良的膨润土或克泥效,有效减少盾体与岩层之间的阻力,应配置能力足够的膨润土注入系统。

(2)爆破脱困技术

项目部最初采用在盾尾增加外力小油缸、加大推力等方式脱困,但经过 3 天努力,仍以失败而告终(推进速度缓慢且盾尾铰接被拉断)。

为使盾构快速脱困,项目部最终采用了"爆破破除盾体周边围岩"脱困方案。现就其施工技术要点简要介绍如下:本次爆破地层主要为全断面中风化砂岩层,其抗压强度为42~44 MPa。考虑到施工作业空间位于复合式土压平衡盾构土舱内,作业空间狭小,爆破不能一次成型。如图 16-15 所示,盾体上部岩石的清除施工分为如下三个阶段进行:

①第一阶段,在刀盘前方爆破开挖一个工作洞。

②第二阶段,清除复合式土压平衡盾构前体上方岩体。

③第三阶段,因爆破已进入盾尾,为保证盾尾安全,只清除复合式土压平衡盾构上方800 mm 的岩体。

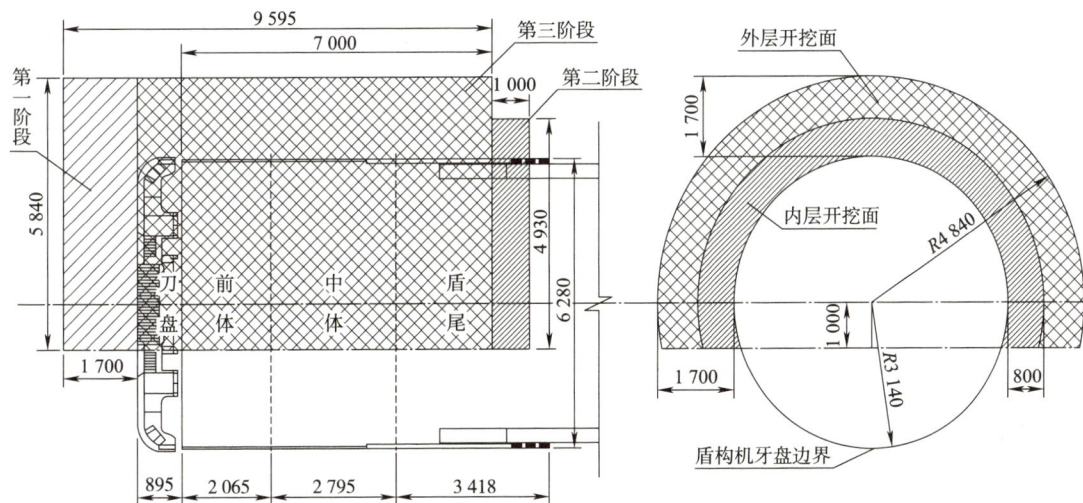

图 16-15　复合式土压平衡盾构上部围岩爆破清除示意(单位:mm)

每个阶段的具体施工工序流程如下:施工准备(爆破区刀具拆除、设备防护、人员及物资准备)→开舱程序→钻眼→装药→设备防护→通知地表人员进行监测及巡视→舱内人员撤出→起爆→监测数据及巡视结果反馈至主机室→通风(气体检测)→效果检查→出渣→初期支护(喷射混凝土支护)→爆破参数优化→进行下一循环作业。

(3)注浆回填

因本次爆破施工造成的空腔空间较大(285.147 m³),为保证地面建筑物安全并控制地表沉降,必须对该空腔进行回填作业。由于采用常规方法即掘进时通过盾尾同步注浆系统注浆,无法保证能够填满整个空腔洞室,为保证注浆效果,采用"管片背部预埋注浆管＋同步注浆"的方式进行注浆,具体方法如下:

①单液注浆。复合式土压平衡盾构掘进通过空腔段时均应增大同步注浆量,通过同

步注浆系统向盾尾空腔注入浆液。

②双液注浆。为保证空腔填充效果,及时封堵空腔与刀盘之间间隙,使回填注浆浆液不会窜入掌子面,应待复合式土压平衡盾构通过空腔范围且同步注浆结束后,及时通过吊装孔进行二次补注浆。

③预埋注浆管盾尾注浆。当恢复掘进并前行至爆破空腔位置时,暂停掘进;将 1根 1.3 m 的 $\phi 25$ mm 钢管焊接在预先加工好的二次注浆头上,并依次在后续两环的 L1块、L2 块预留吊装孔(注浆孔)上分别打孔,随后将焊接钢管的二次注浆头穿透管片并拧紧在管片吊装上,连接检查无误后,恢复掘进。以此类推,复合式土压平衡盾构掘进每通过两环管片后,都应暂停掘进,并分别在管片上打孔并预埋注浆管。预埋注浆管盾尾注浆示意如图 16-16 所示。

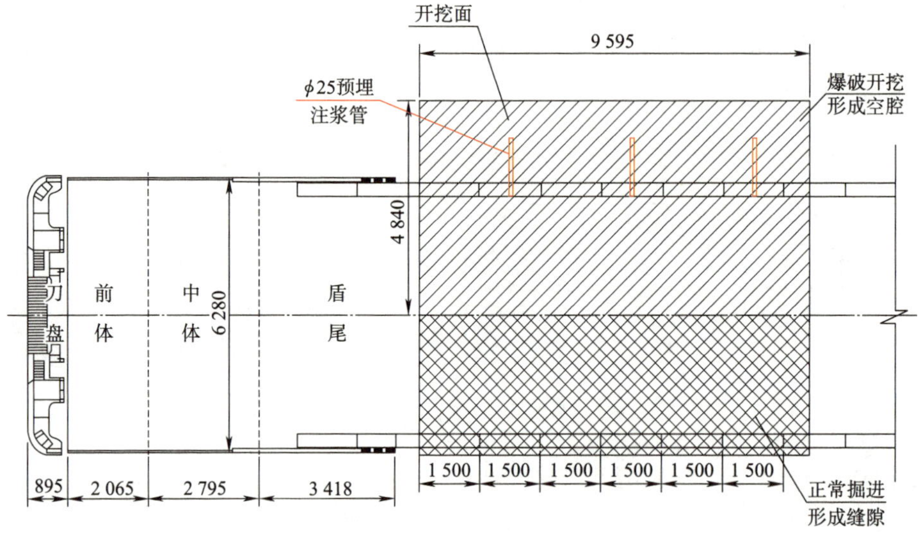

图 16-16　预埋注浆管盾尾注浆纵断面示意(单位:mm)

16.4.4.4　刀具管理及磨损检测与控制

(1)刀盘刀具系统适应性设计与改造

富含石英的全断面砂岩地层下岩石强度一般都超过 40 MPa,由于切削载荷大,故设计出的刀盘结构应具有足够的刚度和强度,且应保证盘体结构在局部磨损后纵使承受极端载荷也不会发生较大变形。该刀盘结构也为洞内修复提供了可能。

考虑到复合式土压平衡盾构在重庆地区掘进时总推力相对较小,故对滚刀刀圈进行了加厚处理,即刀刃宽度从原来的 19 mm 调整到 25 mm。实践证明,在重新设计滚刀刀圈后,虽然刀盘总推力及扭矩有所增加,但延长了刀具使用寿命,减少了开舱换刀。

改造现有刀盘刀具系统以解决刀具磨耗问题,其基本原则为抬高刀具、增大开挖直径。具体措施如下:改造时,在保证整个刀具开挖线性、刀箱结构需求以及刀具突出刀盘面板的高度条件下,确定最大调整高度为 7 mm。采用角磨机对刀箱楔面角度及刀具压块进行调整,使刀盘开挖直径达到 6 294 mm,使开挖隧道比盾体大 22 mm。在刀盘面板上堆焊耐磨网格和耐磨块,使其磨损修复间隔里程提高至 3 km 以上。

为提高刀盘加工质量,刀盘焊接时应加热保温并采用无损探伤技术检测刀盘焊接质量,以防止产生疲劳裂纹及损伤,还应消除刀盘内应力。

(2)科学确定刀具最大允许磨损量

为了在不损坏刀盘刀具系统的前提下最大限度地使用刀具,有必要在此确定盾构刀具的最大许用磨损值。具体标准如下:

①滚刀:复合式土压平衡盾构的所有滚刀均突出刀盘面板 165 mm(图 16-17),刮刀及齿刀突出刀盘面板 125 mm。一般而言,滚刀最大磨损值为 40 mm。对全断面砂岩地层而言,由于砂岩强度较高,且刮刀和齿刀切削强度均小于岩石强度,故滚刀最大磨损量建议进一步缩小到 30~35 mm;对全断面泥岩地层而言,由于泥岩强度较小(6~16.1 MPa),刮刀及齿刀可以用于切削岩石,故在该地层下掘进时,滚刀最大磨损量宜控制在 35~40 mm。

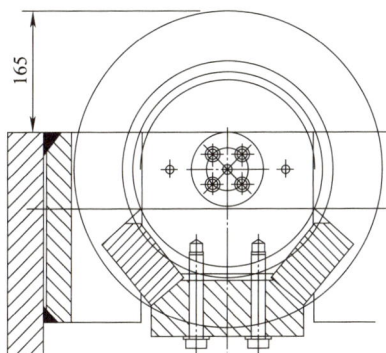

图 16-17　突出刀盘面板安装的滚刀(单位:mm)

②保径刀:本工程中,44 号保径刀与前盾高度差为 15 mm。考虑到相邻滚刀耦合切削效应,当 44 号滚刀更换时,43 号、42 号滚刀也一并更换。在砂岩段掘进时,42~44 号滚刀最大磨损量宜控制在 10~13 mm;在泥岩段掘进时,42~44 号滚刀最大磨损量宜控制在 15~16 mm。

(3)合理选择换刀地点

合理选择换刀地点,不仅可以节约施工成本、提高施工效率,还可以最大程度地规避施工风险,因此在每次更换刀具时,应提前考虑下次更换地点是否适合刀具更换。重庆地区地质条件较好,岩层自稳能力强,故可直接开舱更换刀具,但由于埋深较浅,地表建筑物状况较差,且地层含水量较大,因此在选择换刀地点时,也应结合实际情况。本工程一般遵循以下几点原则:掌子面地层结构单一,且稳定性较好;刀盘里程地表相对空旷或无建筑物;掌子面地层含水量相对较小或盾尾 50 环内曾二次注浆止水;因工序或其他原因造成停机的时候。

(4)合理使用过渡刀

经验表明,刀盘上各安装刀具的磨损量并不一致,且部分刀具往往未达到最大磨损极限。此时,如果不及时更换,又会影响下次开舱时间。在实际使用过程中,这些滚刀被称为过度刀。合理使用并调整过渡刀的位置,不仅不影响正常使用,还能够达到节约成本的

目的。在重庆地区掘进,通常磨损值为 20 mm 以下的滚刀可作为过渡刀使用。使用过渡刀时应遵循以下原则:在使用过渡刀前,必须认真检查该刀具是否为正常磨损,是否存在异常损坏;过渡刀有效使用量应大于或等于下次开舱时所调整刀位预计的磨损量;过渡刀尽量靠近刀盘中心刀位,因为越靠近中心部位,磨损速率越小;过渡刀与相邻 2 把滚刀的磨损量差应小于 5～8 mm,因为过大的磨损量差将导致相邻刀具或过渡刀突出,使其单独承受过大的承载力而被异常损坏;有时为了节约换刀时间,往往将需要更换的刀具与可再次使用的过渡刀一起换下,并将过度刀进行编号存放,待需要时进行更换。

（5）合理制定换刀计划和掘进施工方案

在掘进过程中应经常检查刀盘和刀具磨损情况,根据收集到的照片和资料进行分析,并参考表 16-11 合理制定换刀方案,及时更换刀具,尤其是边缘扩孔刀。

表 16-11　刀具检查和更换频率推荐

岩石类型	平均检查或调整刀具时间	平均全盘换刀时间
泥　岩	160 环	220 环
砂岩（砂质泥岩）	100 环	50 环

在全断面硬岩地层下,宜采用敞开掘进模式。掘进时,应合理控制舱内渣土量大小,降低渣土温度,以减少刀岩摩擦作用;加大刀盘转速,控制贯入度;在掘进时合理使用发泡剂,浓度控制在 3%～8%。

16.5　重庆地铁 6 号线二期工程双模盾构施工

16.5.1　工程概况

重庆地铁轨道交通 6 号线二期工程铜锣山隧道（图 16-18）位于重庆市南岸区,隧道进口在南岸区竹林湾附近,隧道右线全长 5 630.908 m,其中盾构施工长度为 3 515 m,钻爆法施工长度为 2 110.908 m;隧道左线全长 5 630.14 m,其中盾构施工长度为 3 518.69 m,钻爆法施工长度为 2 106.476 m。隧道进口段采用两台罗宾斯土压 TBM 双模盾构施工。本工程在城市轨道交通工程领域中首次采用了土压 TBM 双模盾构施工,改变了单纯依靠盾构或 TBM 进行地铁隧道施工的模式,丰富了地铁隧道施工的手段和方法,为进一步探索地铁隧道施工方法积累了经验。

16.5.2　地质水文条件

本工程盾构隧道施工地质条件极其复杂,先后通过煤系采空区、岩溶区、石膏岩膨胀性围岩及区域断层等复杂地质区域,区间内岩性以泥质岩类为主。其中,砂岩、泥岩和页岩段所占比例分别为 24.5%、74.6% 和 0.9%;围岩级别主要是 Ⅳ 级,局部 Ⅴ 级;岩质、层间结合差;部分洞段风化厚度大,强度低。按含水介质和地下水动力条件,铜锣山隧道地下水可分为松散堆积层孔隙水、基岩风化裂隙水、碎屑岩孔隙裂隙水和碳酸盐岩裂隙溶洞水四种类型。

图 16-18　铜锣山隧道

16.5.3　施工重难点

本工程全断面岩石地层下掘进时,岩石脆性过大导致掘进时刀盘异常振动,引起主轴承密封润滑系统严重泄油。后经过多次返厂翻修后,仍未彻底解决这一问题,可见,除厂家维修检测质量存在瑕疵外,在施工过程中,尤其是采用土压 TBM 双模盾构在全断面岩石地层下施工时,主驱动维护保养及盾构操控存在较大的提升空间。如何实现土压 TBM 双模盾构在全断面岩石地层下高效稳定掘进是本工程施工重难点之一。

在全断面岩石地层下掘进时,由于刀岩作用过程较前述其他地层要剧烈复杂得多,导致掘进施工环境下岩石粉尘浓度高,刀岩作用界面温升剧烈,继而易引发盾构系统中元器件老化和损害等问题。例如,盾构泵站电机采用伊顿的 S801U36N3S 型智能软启动器进行起动和停止控制,但由于主电柜内部元器件密集,缺乏散热器,加之外界高浓度粉尘易进入主电柜内部,导致软启动器自掘进开始几个月内累计损坏 9 台次,一度给掘进造成很大的影响,严重制约了掘进速度。环境控制与调节也属于本工程施工重难点之一。

16.5.4　施工关键技术

16.5.4.1　土压 TBM 双模盾构施工技术

针对铜锣山隧道的工程地质条件,中铁十八局集团与罗宾斯公司联合研发了土压 TBM 双模盾构,具备单护盾 TBM 和土压平衡盾构两种掘进模式,二者可相互转换,开挖

直径 6 280 mm,装机总功率 2 000 kW,变压器容量 1 800 kVA＋320 kVA,掘进行程 1 500 mm,安装 17″盘形滚刀 30 把 ＋ 双刃中心刀 4 把(8 个刀圈),与刮渣板类似的刮刀 62 个,可替换刮刀 34 把(替代滚刀),刀盘为液压驱动,最大扭矩 8 516 kN·m,最大推进 速度 80 mm/min。

单护盾 TBM 主机部分主要包括适用于岩石地层的刀盘、主轴承、前盾、中盾、尾盾、刀 盘驱动系统、推进油缸、管片拼装器、出渣皮带机等。推进油缸顶推在已经拼装好的管片 上,为盾构掘进提供推力,盾构掘进与管片拼装无法同步(即单护盾 TBM 掘进模式),破岩 所产生的岩渣在刀盘旋转过程中由刀盘刮渣板运送到正上方并倾卸至主机皮带机,再转 载到后配套皮带机上;掘进过程中刀盘内不会产生压力。

当隧道围岩具有一定的自稳能力时,土压 TBM 双模盾构以单护盾 TBM 模式掘进, 其操作过程与单护盾 TBM 相同。此时以皮带机出渣、吹填豆砾石填充管片背后的空间并 注浆。

当隧道处于软土地层、上软(土)下硬(石)地层或者岩石中夹杂有大量泥土时,隧道开 挖后围岩或者周围土体不具备自稳能力,并且存在着一定的压力,此时土压 TBM 双模盾 构将采用土压平衡盾构模式掘进,控制刀盘内(土舱)渣土的排放量、维持刀盘内土体压力 与周围土体压力动态平衡,避免坍塌。

(1)土压 TBM 双模盾构在严重破碎带洞段、以石为主的土石结合洞段采用单护盾 TBM 模式掘进时,通过控制溜渣槽上的闸门实现土舱密闭、建立土舱压力。主要优点是 结构简单、使用方便,但难以精准控制,土体中掘进或者存在一定外水压力情况下,施工安 全性较差。

(2)土压 TBM 双模盾构在以泥土为主或存在外水压力的地层中可采用土压平衡盾构 模式掘进。由于对平衡压力控制要求较高,可拆除主机皮带机、安装螺旋输送机,采用与 土压平衡盾构相同的控制方式,施工安全性大大提升。这种情况下,需拆除大量滚刀、改 为以刮刀为主的刀具配置,并且管片背后的回填也将采用同步注浆工艺。

16.5.4.2　土压 TBM 双模盾构刀盘与刀具

土压 TBM 双模盾构可以在岩石、土体或者介于二者之间的围岩条件下掘进。土压 TBM 双模盾构刀盘结构参如图 16-19 所示。

土压 TBM 双模盾构采用面板式刀盘,可减少不稳定地层中的启动和掘进扭矩,同时 在掘进中稳定掌子面。刀盘的外表面覆有耐磨层和耐磨板以加强刀盘表面的耐磨性能。 刀盘设计为单向旋转破岩和出渣,可反向旋转,以便于维护和检修,同时有利于刀盘脱困。

根据铜锣山隧道地质条件,刀盘设计以适应硬岩掘进为主,兼顾软土地层。与单护盾 TBM 相比,该刀盘上的滚刀可以全部更换为齿刀,刀盘面板上设置有 4 条进渣槽,大大增 加了刀盘开口率,以适应隧道掘进过程中遭遇土体或者松散破碎围岩的情况;当盾构完全 处于土层中、无需滚刀破碎硬岩时,滚刀可全部更换为齿刀,进一步增大开口率,如图 16-20 所示。根据围岩和土体变化情况,也可以将部分滚刀更换为齿刀。

由于土压 TBM 双模盾构大多数情况下要在硬岩中掘进,因此 4 条进渣槽上设置了若 干格栅,以防止大石块进入刀盘,同时增加刀盘的刚度。滚刀更换为齿刀时,二者安装方

(a) 单护盾TBM模式刀盘　　　　　　　(b) 土压平衡盾构模式刀盘

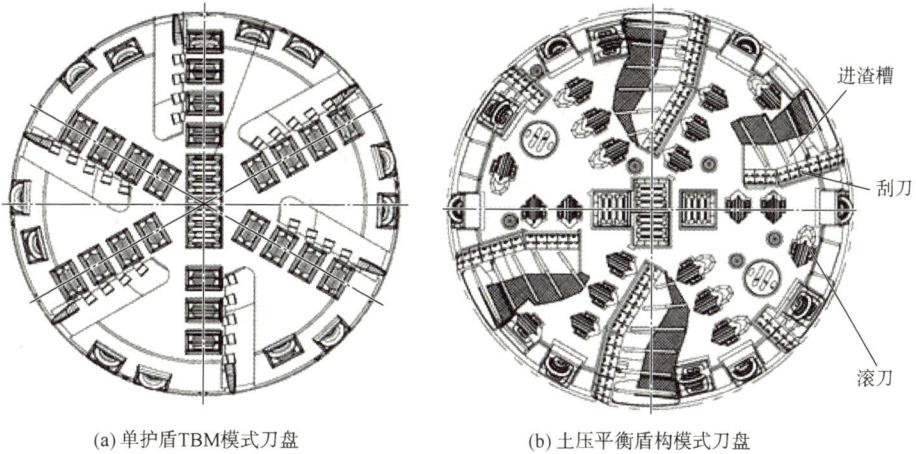

图 16-19　土压 TBM 双模盾构刀盘结构示意

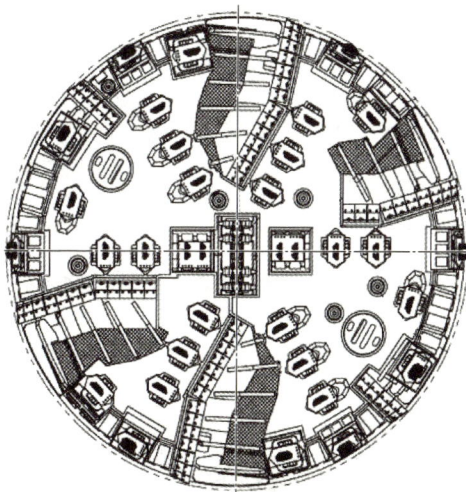

图 16-20　刀盘上全部安装齿刀

式及安装基座相同,操作便捷。刀盘具备扩挖功能,必要时在边刀的基座上增加垫块实现扩挖,最大扩挖量 40 mm。

16.5.4.3　双模盾构出渣方式

通常情况下,土压 TBM 双模盾构采用皮带机出渣,因此配置了溜渣槽。只有在以泥土为主且存在外水压力的地层中采用土压平衡模式掘进时才会转换为螺旋输送机出渣方式。土压 TBM 双模盾构的溜渣槽结构与单护盾 TBM 不同,如图 16-21 所示。

单护盾 TBM 配置普通硬岩掘进机的开放式溜渣槽,结构简单,内部为方锥形空间,收集并引导石渣从顶部准确落入皮带机,无法通过溜渣槽控制出渣量。土压 TBM 双模盾构溜渣槽设计为封闭式结构(图 16-22),除顶端开口外,其他部位全部封闭;设计有油缸控制的可开闭闸门,可以通过闸门开启程度控制出渣量,必要时与封闭式结构配相合在刀盘内

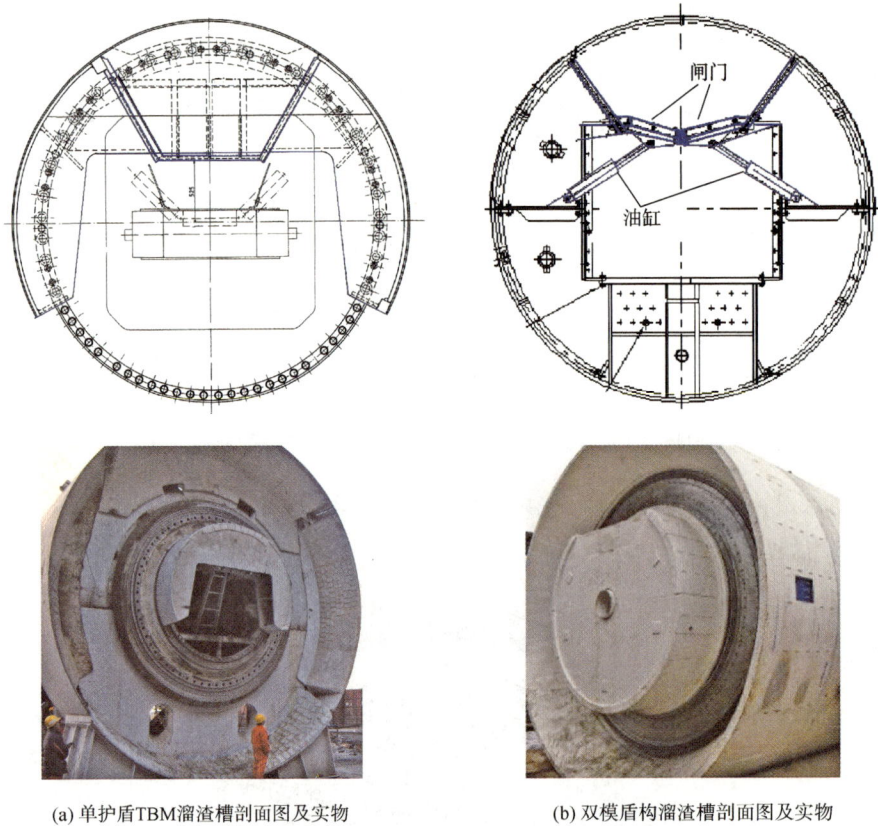

(a) 单护盾TBM溜渣槽剖面图及实物   (b) 双模盾构溜渣槽剖面图及实物

图 16-21   土压 TBM 双模盾构与单护盾 TBM 溜渣槽结构对照

部建立土压。

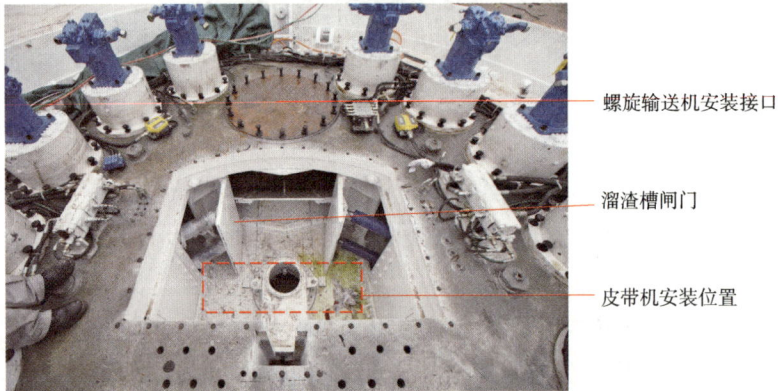

图 16-22   土压 TBM 双模盾构出渣设备安装接口结构

(1)单护盾 TBM 模式出渣

土压 TBM 双模盾构以单护盾模式掘进时,溜渣槽的闸门完全打开,石渣畅通无阻地落入皮带机受料端。

(2)土压平衡盾构模式出渣

土压 TBM 双模盾构以土压平衡模式掘进时,有两种出渣方式,根据围岩条件选择使用。

①土压 TBM 双模盾构在破碎带、以石为主土石结合且存在土体压力、不能自稳的地层中掘进时,为了保证围岩或者周围土体稳定,需要在刀盘内建立压力与外界保持动态平衡。关闭闸门,土舱内建立土压,当土舱内压力达到设定值时,土压传感器与 PLC 系统控制闸门打开放料,并动态控制闸门打开的幅度,以维持土舱内压力与周围土体压力的动态平衡,保持掌子面稳定,且将地表隆起或塌陷控制在允许范围。

②土压 TBM 双模盾构在以泥土为主且存在外水压力的地层中掘进时,需要精确控制刀盘内与周围土体压力的动态平衡,此时依靠闸门无法实现,须将皮带机更换为螺旋输送机。

此外,土压 TBM 双模盾构主轴承承载能力强、外形尺寸较盾构大,螺旋输送机无法像盾构那样上下倾斜安装,只能水平安装,在主轴承中空部位溜渣槽上半部分预留螺旋输送机安装接口,需要时拆除 TBM 主机皮带机(否则空间不足),安装螺旋输送机,关闭溜渣槽闸门,即可实现与土压平衡盾构类似的出渣。

16.6　重庆地铁 10 号线岩石地层盾构施工

16.6.1　工程简介

重庆轨道交通 10 号线 10107 标包括 T3 航站楼站—T2 航站楼站区间、渝北广场站—鹿山站区间,采用复合式土压平衡盾构施工。线路穿越地质主要为砂质泥岩和砂岩地层,围岩级别为Ⅳ级,地下水不发育,埋深在 18～98 m。T3 航站楼站站后始发井—T2 航站楼站区间长 1 572.266 m,区间线路由 T3 航站楼站站后配线区出发穿越机场第二跑道(宽度 60.82 m)、第一跑道(宽度 79.52 m)、滑行道、联络道、停机坪、机场交通换乘中心及航站楼高架桥最后达到 T2 航站楼站。渝北广场站—鹿山站区间长 1 737 m。埋深约 17～98 m。区间线路下穿的建筑物依次为骏源酒店、南华中学万章楼、南华中学弘道楼、汉渝路 38 号楼、汉渝路天灯堡附 2 号、国家电厂、泽科兴城 C1、C2、C10、C11、B1、B2、B3、重庆财瑞食品综合楼、渝航路 15 号附 3 号、附 2 号、附 1 号、渝航路 17 号附 1 号。

16.6.2　施工重难点

重庆地层以泥岩、砂岩为主,掘进过程中极易受地下裂隙水影响,造成如下问题:

(1)盾构掘进管片拼装完成脱出盾尾后形成管片上浮。

(2)盾构掘进土舱内积累过量裂隙水,导致螺旋机出渣掺杂大量泥水,影响盾构掘进。

(3)同步注浆填充效果受地下水影响,填充密实度及管片外防水效果不理想。

16.6.3　原因分析

(1)盾构掘进管片拼装完成脱出盾尾后管片上浮形成原因分析

由于岩层自稳性较高,加之受地下水影响,管片自重远小于管片浮力;同步注浆凝结时间较长难以有效填充管片与岩层开挖轮廓间的间隙,同步注浆受重力作用管片底部存在一定量的沉淀,也对管片上浮有影响。

(2)盾构掘进土舱内积累过量裂隙水,导致螺旋机出渣过程中掺杂大量泥水,影响盾构掘进原因分析

重庆泥岩、砂岩地层裂隙较为发育,裂隙水受地面补充影响较为明显。盾构在掘进富水地层过程中,土舱内会汇集大量地下水。在盾构掘进过程中,螺旋机出渣时将土舱内的地下水一同排出,皮带机排水困难。同时由于降低刀具磨损需注入泡沫进行渣土改良,土舱内存在一定气压,导致螺旋机出渣过程中发生喷涌现象。

(3)同步注浆填充效果受地下水影响,填充密实度及管片外防水效果不理想原因分析

同步注浆凝结时间一般为 6 h 左右,盾构在掘进过程中与地层间产生一定量的间隙,同步注浆压力控制不当极易导致同步注浆浆液前窜流入土舱内,与土舱内的渣土一同排出,导致同步注浆填充不密实,进而导致管片壁后形成水囊,难以达到管片外防水的效果。

16.6.4　解决方法

(1)针对盾构掘进管片拼装完成脱出盾尾后形成管片上浮采取的方法。

管片脱出盾尾4~5环后,在管片注浆孔进行二次注浆封环施工。二次注浆主要采用水泥水玻璃双液浆进行施工,由于双液浆凝结较快,可有效形成嵌固管片的止水环。止水环每间隔10~15环施工一次,可有效防止管片上浮。

(2)盾构掘进土舱内积累过量裂隙水,导致螺旋机出渣过程中掺杂大量泥水,影响盾构掘进。解决方法:分析土舱内的裂隙水来源,主要存在两个方向的通道。一,盾构尾部管片与围岩间隙形成通道流入土舱中;二,盾构掌子面存在裂隙汇入土舱中。根据实践结果,主要来源为第一条。因此需在盾构掘进过程中做好止水环的注浆工作;其次可以建立一定的土舱压力,对掌子面裂隙水进行抵抗,降低土舱内的水量。

(3)同步注浆填充效果受地下水影响,填充密实度及管片外防水效果不理想。解决方法:采用双液浆进行封环注浆,待封环注浆完成后,对两道止水环间管片进行二次补充注浆。二次补充注浆可采用单液浆进行填充。二次补充注浆需严格控制注浆量及注浆压力,防止二次补充注浆造成管片破损及破坏止水环的情况发生。

16.6.5　施工小结

16.6.5.1　刀具更换

针对盾构下穿地面建构物情况,仔细分析穿越段地质和地面建(构)筑物情况,根据试验段掘进中关于盾构掘进和刀具磨损情况的参数分析,在盾构刀具掘进全断面砂质泥岩地层的情况下,区间掘进 200 m 时盾构刀具的磨损程度将达到更换标准,项目部预先选择盾构换刀点并制定详细的换刀计划。在进入第二跑道前、第一跑道与滑行道间、滑行道与

停机坪间的草坪区、在下穿地面基础较弱房屋前设置停机换刀点,避免盾构处于重要建构筑物下方时进行停机换刀的风险。

(1)工艺流程

针对区间范围内的地质情况,盾构掘进通过地面重要建构筑物区域主要以砂质泥岩地层为主,并且通过试验段掘进过程中对盾构开舱检查刀具情况的观察,在刀盘前方掌子面为全断面砂质泥岩地层的情况下,前方土体稳定性满足常压开舱换刀的要求,项目部采取常压开舱换刀模式,施工流程如图 16-23 所示。

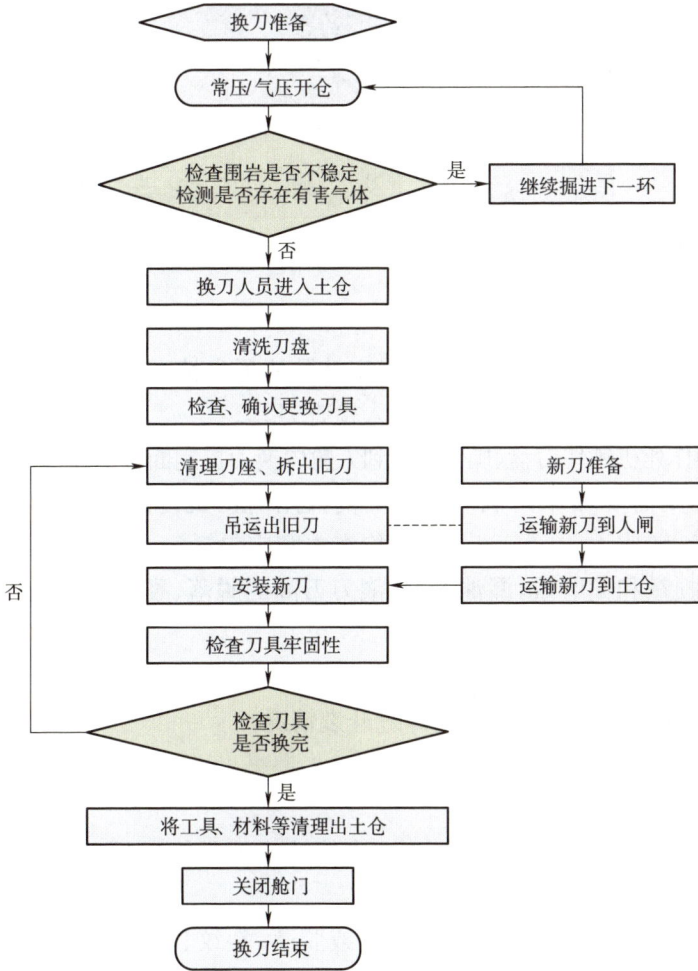

图 16-23　施工工艺流程

(2)开舱

常压开舱前应先打开人舱和土舱之间的平衡球阀(阀芯堵塞时用钢筋棍捅开),并用气体检测仪监测土舱内排出的空气。待气体检测仪未报警,土舱内外气压平衡,1 号、2 号、3 号土压传感器的压力值为 0 时,再拆下土舱门螺丝,最后打开压板。在松开压板螺丝的过程中,要严格注意土舱内压力的变化,发现异常时,立刻拧紧螺丝,以防异常情况发生。

T3—T2 区间盾构在下穿机场时，项目部 7 次开舱检查刀具，盾构每次达到预定的换刀点后，安排盾构施工班组常压开舱，观察前方掌子面以及顶部地层情况，在全断面砂质泥岩地层中掌子面稳定，适合常压换刀施工。开舱后掌子面情况如图 16-24 所示。

图 16-24　开舱后掌子面

（3）刀具检查

土舱门打开后，先对刀盘前方土体的稳定性及地下水情况进行确认，判断是否具备进行刀盘检查的条件，当符合条件后，方可进入检查刀具。

检查刀时，操作死机锁住刀盘（操作室），到人舱内换刀控制面板上操作，转速为 0.5 r/min；如控制面板损坏，则需要操作司机与换刀负责人用对讲机沟通好，核实无人及其他物料时，方可转动刀盘，转速为 0～0.5 r/min。检查内容应包括：

①滚刀的磨损量和偏磨量，漏油情况，滚刀刀圈的脱落、裂纹、松动、移位等，刀具螺栓的松动和螺栓保护帽的缺损情况。

②刮刀的合金齿和耐磨层的缺损、磨损以及刀座的变形情况。

③刀盘有无裂纹、刀盘牛腿磨损及焊缝开裂情况。

④填写《刀具、刀盘检查记录表》。

（4）刀具更换标准

因穿越地层主要以砂质泥岩地层为主，为使盾构刀具能更好地符合该种地层的施工掘进要求，项目部制定了刀具更换标准。

①滚刀在刀圈产生偏磨、漏油、挡圈断裂或脱落、裂纹、松动、移位情况下必须进行更换，滚刀正常磨损情况下，刀盘最外 3 把滚刀磨损大于 8 mm，其余边缘滚刀磨损量大于 15 mm，正面滚刀磨损量大于 20 mm，中心滚刀磨损量大于 25 mm 时更换。

②刮刀、齿刀的合金齿缺损和耐磨层磨损完时更换。

（5）刀具更换作业

将边长 45 mm、厚度 4 mm 的角钢焊接在土舱壁三点位或九点位（视盾构具体情况而定），把 2 块 1 500 mm×200 mm×40 mm 的木板放在角钢上搭设换刀平台。

①将刀盘旋转到需换刀的位置（三点位或九点位），用风镐凿刀坑，坑的位置与所换刀的位置一致，容积与刀的体积基本相等。

②凿好坑后,把需要换的刀具转到刀坑中。

③用滚刀夹具夹紧滚刀。

④使用导链挂住滚刀。

⑤松掉自锁螺帽。

⑥移走球面垫圈、球窝及可调节压块。

⑦移去楔形块,使用装配杆将滚刀撬出,如有必要,握住楔形块螺杆。

⑧将滚刀拉出刀箱。

⑨移走滚刀。

⑩将新滚刀运至更换点。

⑪安装新滚刀。安装之前,清洁滚刀底座,检查是否有变形。

⑫装入楔形块。

⑬上紧可调节压块、球面垫片、球窝及自锁螺母。

⑭上紧螺母和保护盖帽。

⑮拆掉滚刀夹具。

⑯填写《刀具更换和刀盘修复记录表》。

(6)关舱

换完刀后,按照《刀具更换和刀盘修复表》的要求栏进行检查,确认是否完成。

对领取的换刀工具进行清点,确保无工具和其他杂物(尤其是金属件)遗留在土舱内。关闭舱门,上紧舱门螺丝。

(7)恢复掘进

先将刀盘空转 2 min,再由小到大逐渐增加推进掘进速度;恢复掘进前 30 cm 刀的贯入度控制在 5 mm 内,避免推进速度过大造成对刀具的损坏。

(8)换刀资料的整理

在每次换刀完毕后,对换刀资料进行统计和分析,并写出分析结论,得到刀具、刀盘磨损的规律,以便为以后换刀和掘进提供更为科学的依据。在每次换刀和刀具维修完毕后,建立各滚刀使用、维修卡片,动态记录各滚刀在全寿命周期过程中新购、使用、维修、保养、报废的全过程,以便对各类型和厂家的滚刀进行经济性分析时有据可依。

16.6.5.2　下穿重庆江北机场

(1)掘进参数控制

通过对盾构下穿既有跑道范围的适应性分析,为了确保更安全地下穿飞行区跑道范围,将区间盾构始发段后的初始 100 m 作为试验段,以此研究盾构在该类地层的掘进参数,同时,在完成 100 m 的试掘段后,对掘进参数进行收集、整理并归纳,分析出切实可行的控制参数。同时,组织相关单位及专家召开验收会对试掘段的各项参数进行评估,确认是否满足下穿机场跑道的相关控制标准,如满足即可依据制定好的施工参数完成穿越机场跑道的施工任务。

①试验段长度的设定

始发段:以始发工作井内壁至盾构刀盘的距离为 40 m 计算。

试验段:T3航站楼站站后始发井—T2航站楼站区间盾构通过始发段后的初始100 m作为试验段掘进。

②技术参数的选定、收集、整理

通过试验段的掘进,调整机械设备与后配台车、地面站场的配合一致性,确保盾构施工的安全性和连续性,并熟悉该段地质情况。按照设定的施工土舱土压、掘进速度、总推力、刀盘转速、出土量、同步注浆量、注浆压力、浆液稠度、二次注浆压力和注浆量等施工参数,结合地面监测的沉降大小对参数进行合理调整,最后得到盾构下穿越机场跑道时的施工参数,确保机场跑道的沉降满足各方的要求。对施工过程中的各项参数做好详细记录。对推进时的各项技术数据进行采集、统计、分析,争取在较短时间内掌握盾构械设备的操作性能,确定盾构推进的施工参数设定范围。此阶段施工重点为以下的几项工作:

a. 用最短的时间掌握盾构的操作方法、机械性能,对盾构的不完善部分进行改进。

b. 了解和掌握隧道穿越土层的地质条件,掌握在砂质泥岩地质情况下土压平衡式盾构的施工方法。

c. 通过本段施工,加强对地面变形情况的监测分析,掌握盾构推进参数及同步注浆量,为此后的施工特别是盾构穿越机场跑道积累经验。

③试验段的监测布置

盾构掘进试验段监测布置原则是每5 m布设一个监测断面,监测范围可适当扩大,每个断面约布设13个测点,测点间距为5 m或10 m,中间稍密,两边稍稀。在实施过程中,对试验段的掘进参数与监测数据做好整理研究,并对盾构掘进过程中的地面沉降情况进行分析。

④试验段掘进分析

为了模拟下穿机场跑道,将特定几处拟定为机场跑道位置,分阶段对各种参数进行控制。

a. 盾构掘进沉降阶段分析

国内外大量的实测资料及理论分析结果表明:就单条隧道而言,沉降槽曲线近似正态分布曲线,如图16-25所示。从纵向来看,沉降主要发展规律为:一是掘进面的前方可能产生较大的地表隆起;二是施工沉降除土体损失引起的沉降外,还存在盾尾空隙沉降。

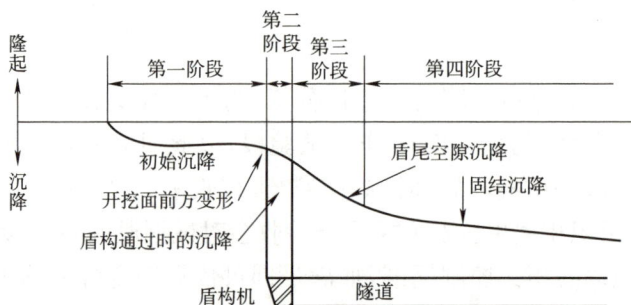

图16-25　盾构掘进沉降阶段分析

b. 盾构掘进中地面沉降情况分析

针对盾构下穿机场跑道范围时盾构参数的控制,对 T3—T2 区间试验段掘进情况结合地面监测数据进行分析,试验段主要以穿越砂质泥岩地层为主,与下穿机场飞行区范围地层情况相符。在盾构掘进过程中,分阶段进行分析并找到盾构参数调整与地面沉降的影响关系,以确定后期下穿机场跑道范围内盾构的掘进参数,如下。

第一阶段:本阶段为刀盘开始进入假定机场跑道边界前 25 环。通过调整土舱平衡压力,找到在砂质泥岩地层条件下盾构下穿机场的一个适合土压,使地面沉降控制累计不超过 1 mm,同时严格控制土舱压力,在保证地面不发生隆起的同时严格控制地面沉降。经过试验段掘进,逐渐摸索出开挖面土舱压力稳定值,基本控制在 0.5~0.7 kg/m² (图 16-26)。结合地面沉降监测数据,本参数范围内的地面沉降变化较小。

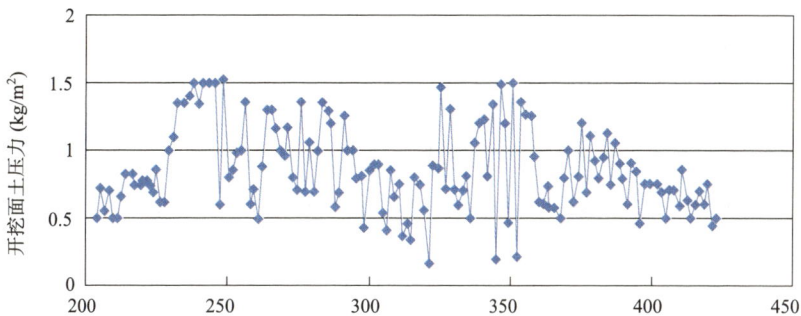

图 16-26　开挖面土压力示意

第二阶段:本阶段假定为盾构刀盘推进至机场跑道正下方直到盾尾脱离假定机场跑道正下方,除控制正常推进参数外,施工中主要利用同步注浆控制,确保开挖周围土体与管片之间的间隙填充密实、饱满。施工时注意注浆的及时性并保证浆液质量及总注入量,确保地面沉降可控。设定该阶段地面累计沉降量控制在 4 mm 以内。经过试掘进施工,综合分析盾构的出土量、每环注浆量、刀盘扭矩以及盾构推力,结果如下。

该工程采用中铁装备的土压平衡式盾构,其开挖直径为 6 885 mm,计算的理论出土量为 55.8 m³,实际过程中因土方开挖后的松散系数进行了土体改良,渣土含水及膨润土,故实际方量大于理论出土量。经过对试验段掘进的参数分析,出土量控制在约 75 m³ 时较合适(图 16-27)。图 16-27 中几个较大的点为含水较多时的实测方量。

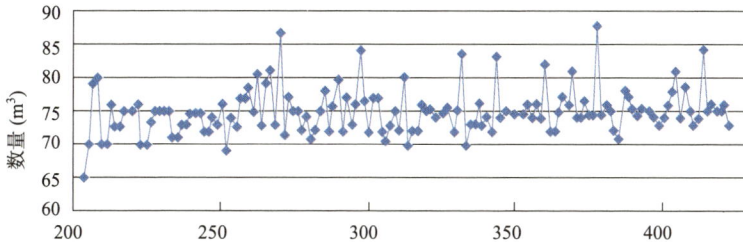

图 16-27　含水较多时的实测方量示意

管片与开挖土体间的理论空隙量为 4.53 m³,而实际过程中需考虑浆液的损耗、浆液流窜和浆液凝固收缩等因素,实际注浆量应大于理论空隙量。经过摸索,理论注浆量控制

在 5.5～6.0 m³时较合适(图 16-28)。但因掘进过程中的同步注浆无法一次填充管片与围岩之间的空隙,如果注浆压力过大,则浆液会在高压下流向盾体前方进入土舱,造成浆液浪费。因此每隔 20 环后对脱离盾尾后方第 15 环管片位置的管片及时进行二次补充注浆以及形成止水环箍,以双液浆填充同步注浆过程中遗留的空隙,从而保证管片与围岩之间填充密实。

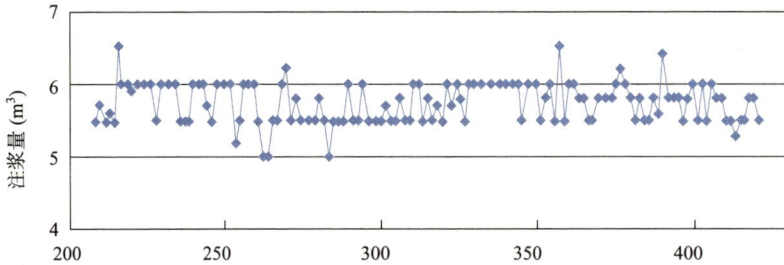

图 16-28　注浆量与开挖土体关系示意

结合前期的数据分析,对盾构在掘进试验段的刀盘扭矩与地面沉降大小关系进行分析,掘进该地层时控制刀盘扭矩在 3 600～4 100 kN·m 范围内较合适(图 16-29)。

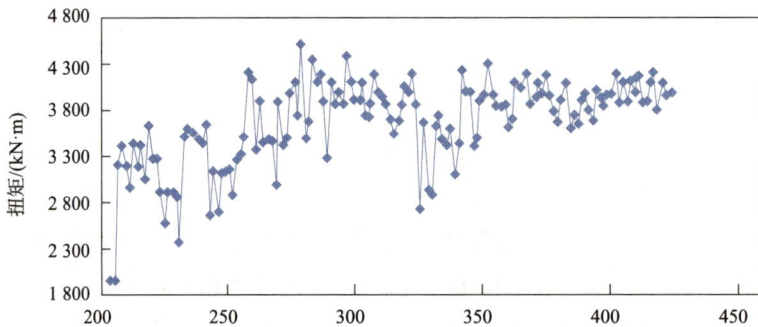

图 16-29　刀盘扭矩控制范围关系示意

根据试验段掘进数据分析,得到在砂质泥岩条件下盾构推力控制在 10 000～12 500 kN(图 16-30)范围内对地面沉降影响较小,要求范围以内。

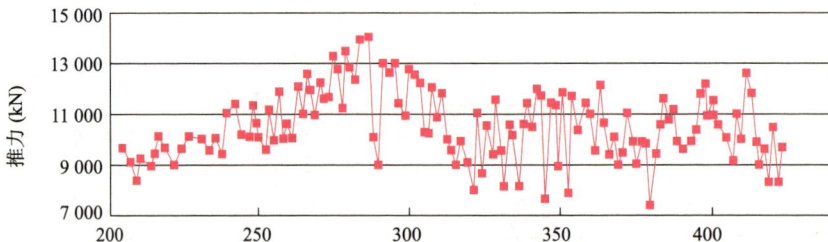

图 16-30　盾构推力控制范围示意

第三阶段:本阶段假定为盾尾脱离机场跑道下方 5 天内,该阶段主要通过持续的二次注浆进行控制,注浆压力控制在 0.15～0.2 MPa 之间,同时根据监测情况对注浆量及压力

进行调整。该阶段累计沉降量控制在 5 mm 以内。如监测过程中任意单日累计沉降达到 1 mm,须及时组织二次注浆,二次注浆采取多次少量的原则,直至沉降值及沉降速率得到控制。

第四阶段:本阶段为盾构脱离假定机场跑道影响区域(约远离机场跑道正下方 25 环)后 10 天,利用隧道内二次注浆设备进行跟踪补注浆,直至地面沉降稳定(持续一周单日沉降小于 0.02 mm)后停止,并持续监测 1 个月,如有异常变化立即再行注浆,确保最终累计沉降量控制在 6 mm 以内。

施工中采取措施如下:

当本阶段累计沉降仍超过控制标准值时,须持续进行二次补浆直至累计沉降值得到控制,本阶段各部位沉降已逐步趋于稳定,通过持续二次补浆可对超过控制标准的区域进行加固,将最终累计沉降值控制在设计允许范围(10 mm)之内。

(2)盾构下穿机场跑道段沉降控制

在下穿机场跑道段范围内,地面沉降的大小直接影响通航机场的安全性,对机场道面沉降监测的及时性尤为重要。结合对试验段盾构掘进砂质泥岩地层条件下各项盾构参数对地面沉降影响关系的分析结果,指导盾构在机场跑道范围内的施工掘进。

①下穿前的监测准备

机场范围安装监测仪器后,进行调试并对跑道上已布设的监测点进行初始取值,同时监测飞机起降对跑道道面高程的影响,以便在后期盾构下穿时排除客观影响,让自动化监测的数据更能反映地面沉降的变化。以自动化监测为主、人工监测为辅的监测方法,根据机场方面的不停航要求及早与机场管理方沟通协调,进入飞行禁区内施工。

②下穿段内的自动化监测

自动化监测如图 16-31 所示。采用无人值守的不间断监测,将自动化全站仪安置在强制对中观测墩上,现场通过电池组对全站仪进行不间断供电,保证对全站仪本身的长效供电电池充电,全站仪数据通过 CDMA 模块传输到数据中心(办公室),同时将监测指令传输到采集设备(全站仪),由此实现远程自动变形监测。控制计算机定期以 E-mail 的形式向外发送监测结果,远程控制室可利用控制计算机的 IP 地址与之相连并发送控制指令。电源通过 UPS 分别向自动全站仪和工控机供电,自动全站仪输出的信号通过数据传输模块 RS422/485 传输到计算机中。

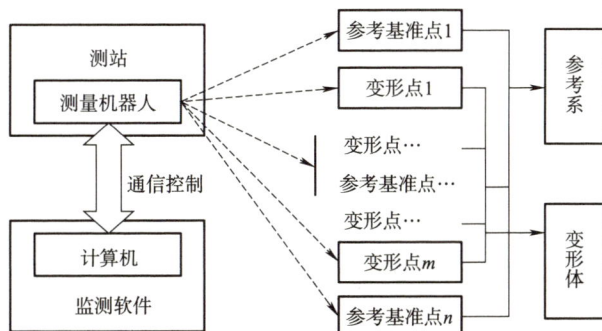

图 16-31　自动化监测示意

现场自动化监测中信息应及时反馈至盾构操作室,以便对盾构推进产生指导意义,安排专人对口收集监测中心的监测数据,确保监测数据的有效传输。

③地面沉降控制措施

机场方要求的沉降标准相当严格,而隧道掘进采用大型土压平衡盾构,开挖面较大,土体损失不易控制。根据以往施工经验,地面沉降通常为 $-30\sim+10$ mm,要达到机场要求的跑道隆沉 ±10 mm 标准有较大难度。针对上述风险点,采取了如下解决方法:

施工控制措施:对盾构姿态勤测少纠,减少大幅纠偏引起的过大沉降;控制出土量误差在 $\pm5\%$ 以内,减少超挖和欠挖引起的道面沉降;采用通用楔形管片,纠偏简单、迅速、有效,拼装精度较高,拼装简单、迅速,对控制周边土体扰动有利;为避免盾尾泄漏,引起开挖面失稳,盾构盾尾采用 2 道钢丝刷和 1 道钢板束的构造形式以满足密封要求,同时采用高性能进口油脂;根据地面自动化沉降监测的监测数据反馈,及时对盾构掘进通过段进行二次补浆。

现场推进试验:为检验现有工序的可行性,优化施工参数使其适应穿越区段的土层情况,为正式穿越提供借鉴,在穿越施工前进行现场盾构推进试验。通过改变施工参数并结合监测数据分析各施工参数与地表沉降的关系,从而较为准确和系统地进行微扰动施工控制。

④盾构掘进过程控制

结合机场自动化监测的数据结果,对盾构在掘进过程中分阶段进行控制。

渣土改良的好坏直接影响盾构掘进过程中对地层扰动的强弱,在地下水量较小时使用泡沫剂,泡沫剂的使用量控制在 6% 左右。其主要作用有:降低刀盘扭矩,使刀盘和刀具稳定,润滑渣土便于螺旋输送器出土。盾构在砂质泥岩中掘进时,由于刀盘的开挖直径略大于盾体直径,盾体与围岩间有一定的空隙,因此掘进过程中的同步注浆无法一次填充管片与围岩之间的空隙,如果注浆压力过大,则浆液会在高压下流向盾体前方,进入土舱,从而造成浆液浪费,因此泥岩及砂质泥岩中的壁后注浆必须分两个阶段进行。

第一阶段:同步注浆阶段。即在掘进过程中进行注浆,注浆压力保持在 0.12 MPa 左右,注浆量不小于 6 m³。

第二阶段:对脱离盾尾后方 15 环后的管片及时进行二次补充注浆,以填充同步注浆过程中遗留的空隙,从而保证管片与围岩之间填充密实。

同步注浆的数量按照方案中给定数据进行控制,计量以人工计量为主、同步注浆系统为辅的办法予以控制,安排专人进行同步注浆量和浆液拌合质量的监督工作,并做好计量记录备查。

根据施工经验,盾构掘进通过后的沉降为地面沉降控制的关键。沉降终值的控制重点在掘进通过后的沉降。因此需对盾构掘进通过后的沉降制定针对措施并落实到位。结合自动化监测数据,对后期沉降较大的部位采用二次补充注浆。

16.7 岩石地层盾构施工技术总结

在全断面岩石地层中使用盾构法施工,必须采用全断面地层盾构施工的理念对盾构进

行管理、使用、保养和维修。若仍沿用传统土压平衡盾构的掘进理念和操作方法，会导致盾构故障率高、掘进进度缓慢。结合上述施工案例，将岩石地层盾构施工技术归纳为如下几点：

（1）在全断面硬岩中，刀盘开挖直径是一个特别需要重视的问题。从设计制造方面来说，刀盘开挖直径取决于刀盘外周刀具的高度；从使用来说，刀盘开挖直径与刀盘外周刀具的磨损量密切相关。在设备采购阶段，也有片面强调减小开挖直径以减小注浆量的说法，这是不正确的。刀盘的开挖直径必须与地质情况相适应，不能将软岩地层和软土地层盾构刀盘的开挖直径与岩石地层盾构刀盘的开挖直径进行比较，它们的设计理念不一致。

（2）全断面岩石地层盾构施工时，开挖断面相对稳定，一般不会出现开挖面失稳的情况，因此盾构在岩石地层掘进一般采用敞开式模式掘进，按高转速、低扭矩选取掘进参数，这种掘进模式能大大降低盾构推进阻力和刀盘旋转阻力，提高盾构掘进功效。施工中合理进行渣土改良有利于降低温度和减少摩擦、保护刀具、降低螺旋输送机磨损，提高掘进效率；此外还要重点加强刀具管理，及时检查和更换刀具，尤其是刀盘外周刀具。

（3）盾构在全断面硬岩中掘进，地表不易发生坍塌和隆起，这与在软土或者软硬不均地层中掘进时地表变化情况有较大不同，对同步注浆的要求也不同，因此，要合理确定注浆量和注浆压力等主要参数。

（4）合理的掘进参数对保护刀具、确保盾构顺利推进非常重要。在软岩施工中，往往采用大推力、低转速、大贯入度；在全断面硬岩中，采用提高转速、降低推力、减小贯入度的方法才能够保证盾构顺利推进，获得较大的掘进速度。

（5）在全断面硬岩情况下，足够的开挖直径对确保盾构正常掘进，特别是防止卡盾尤为重要。因此，在盾构设计制造过程中，为了对盾构刀盘刀具进行有针对性的设计制造，必须对工程地质和水文地质情况进行全面了解，必要时及时做好补勘。

（6）在软岩（土）中掘进，即使发生卡盾，也可以通过铰接油缸收放或者使用拉杆，一般都能使盾壳脱困，但当掘进至硬岩特别是全断面硬岩时，若出现卡盾迹象，急于求成、用软岩掘进理念处理往往适得其反。当卡盾情况比较严重时，不但使用铰接油缸不能脱困，焊接拉杆也同样不起作用。蛮干会损坏铰接油缸，造成盾尾严重变形。比较好的办法是采用钻爆法从刀盘向盾尾开挖，彻底清除卡盾的岩石，但这样一来，会使得停机时间长、损失过大。因此，严密、科学的施工管理和施工组织是确保岩石地层盾构顺利施工的根本。

◆思考题◆

1. 简述岩石地层的分类。
2. 简述岩石地层掘进破岩机理。
3. 简述岩石地层盾构刀盘及刀具配置特点。
4. 简述岩石地层盾构掘进施工要点。
5. 结合具体施工案例，论述深圳地铁岩石地层盾构施工中存在的主要问题及原因。
6. 结合具体施工案例，论述青岛地铁岩石地层施工与对策。
7. 结合具体施工案例，论述重庆地铁岩石地层盾构施工中存在的主要问题及原因。

第17章 岩溶地层盾构施工

> **本章重点**:主要介绍岩溶地层的概念、岩溶地层盾构施工难点与风险、岩溶地层盾构施工基本原则;通过国内外具体工程案例,介绍岩溶地层盾构施工关键技术。

17.1 岩溶地层盾构施工特点

17.1.1 岩溶地层的概念

岩溶地层也叫喀斯特地层,按岩性可分为石灰岩喀斯特、白云岩喀斯特、石膏喀斯特、盐喀斯特,按成分可分为碳酸盐类岩石(石灰岩、白云岩、泥灰岩等)、硫酸盐类岩石(石膏、硬石膏和芒硝)、卤盐类岩石(钾、钠、镁盐岩石等)。

我国喀斯特地貌分布广、面积大,主要分布在碳酸盐岩出露地区,面积约 91～130 万平方千米,其中广西、贵州、云南和四川、青海(即云贵高原)东部所占的面积最大,是世界上最大的喀斯特区之一,西藏和北方一些地区也有分布。

岩溶是指可溶性岩石,如碳酸盐类岩石是受含有二氧化碳的流水溶蚀并加以沉积作用而形成的地层。岩溶地层往往存在奇特形状的空洞,也就是溶洞。

岩溶是水对可溶性岩石进行以化学溶蚀作用为主,流水的冲蚀、潜蚀和崩塌等作用为辅的地质作用,以及由这些作用所产生的现象的总称。岩溶个体形态主要有溶洞、溶沟溶槽、溶蚀裂隙、溶孔以及地下暗河。

溶洞又称洞穴,它是地下水沿着可溶性岩石的层面、节理或断层进行溶蚀和侵蚀而形成的地下孔道:溶洞有全填充型,填充物有黏土、分化岩碎块、流塑状黏土等;有半填充型,填充物有流塑状土;还有无填充型空洞。溶洞大小不一,有 1～2 m 小溶洞,也有 10～20 m 的大溶洞,常见溶洞一般在 5～10 m 左右。

裂隙岩溶水:裂隙岩溶水赋存于岩溶地层中,岩石裂隙发育,岩面较破碎,强透水,水量丰富,局部具承压性。裂隙岩溶水的水位受基岩裂隙及溶蚀作用的影响,裂隙及溶蚀裂隙弱发育则水位相对比较高,反之则相对较低。

近年来,全国各地的地铁施工中发现了多处岩溶地层,比如贵阳、南宁、广州、昆明、武汉、长沙、徐州、大连等,出现溶洞溶管、突水突泥、地面塌陷等不良地质状况(图 17-1),给地下工程建设带来了巨大困难。

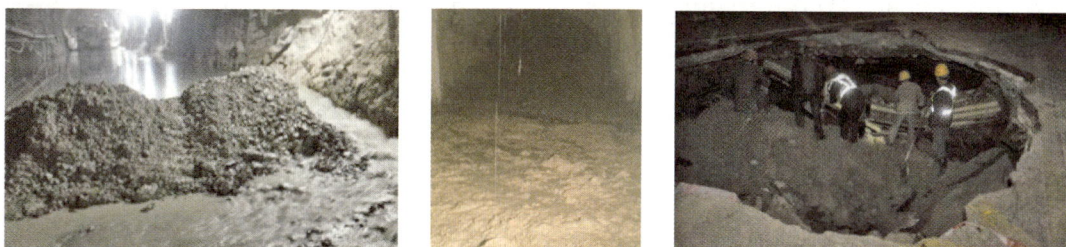

图 17-1　岩溶地层造成的不良地质状况

17.1.2　岩溶地层盾构施工难点与风险

17.1.2.1　岩溶地层盾构施工难点

目前地质物探方法只能推测出某一区域有岩溶,不能准确确定具体溶洞大小;用传统地质钻孔勘探,能探出一部分溶洞位置和大小,但探孔间距较大,一般孔间距为 30 m,大部分岩溶是不能探出的,对盾构施工会造成部分不确定的地质风险。

当地质勘探出有岩溶地层时,设计要求对岩溶地层进行注浆加固处理,但加固处理范围有限,一般为隧道底板以下 5 m 内溶洞加固处理,隧道左侧、右侧上部 3 m 范围内溶洞加固处理;此范围经注浆加固处理后可降低盾构施工风险,在后期盾构掘进过程中仍需注意盾构姿态及参数控制,以确保施工安全。

盾构掘进一旦遇溶洞,有可能出现突水、突泥及盾构陷落等工程事故,对盾构施工影响很大。同时若隧道溶洞涌水(或突水)得不到有效处理,将直接导致水位下降,从而影响周边建筑物安全,严重时将造成地面塌陷。

岩溶地层地下水较为丰富,且局部具有承压性,盾构掘进施工过程中容易产生喷涌,裂隙岩溶水夹带地层中的泥沙流失,出土量不易控制,易造成地面沉降及塌陷,不利于盾构掘进施工。

17.1.2.2　岩溶地层盾构施工风险

采用盾构法在岩溶地层进行隧道施工,可能发生如下风险。

(1)盾构栽头、陷落:如果盾构前方出现大直径溶洞,盾构很可能偏离掘进方向,严重时可能陷落到溶洞内。

(2)地层大量失水、坍塌:盾构掘进如果造成地下水大量流失,将会破坏地层原来的载荷分布而发生坍塌。

(3)地表沉降导致地面和地下建筑物破坏:地层里的地下水流失、局部坍塌后,会将这个影响传递到地面,从而导致地面和地下建筑物破坏。

(4)隧道上浮、结构被破坏:管片衬砌为圆形结构,可以受外压,不能受内压。如果围岩与管片之间的环形间隙不能很好地及时填充,管片可能会在水的作用下产生上浮,严重的情况下,隧道结构会被完全破坏,比如隧道一侧为溶洞,管片没有围岩支撑。

(5)刀盘被卡住:溶洞坍塌或掉落的大块或大量石头很可能卡住刀盘。

(6)刀盘、刀具磨损和损坏严重:很容易形成软硬不均的开挖面,造成滚刀不转或刀具

承受频繁冲击，也容易产生大块的不规则石块挤压在开挖面与刀盘之间。

（7）开挖面瞬间失压：盾构如果在敞开式或半敞开式模式下掘进，一旦遇到溶洞，开挖面很可能瞬间失压，导致严重坍塌。

（8）盾体被卡住：溶洞坍塌掉落大量石块很可能把盾体压死。

（9）螺旋机喷涌、被卡住：地层中地下水丰富、水压高，渣土全是石块，螺旋机不能保压，叶片也容易被卡住。

（10）泥水舱堵塞：大量的石块掉入泥水舱造成堵塞。

（11）碎石器磨损、损坏：石块太多，碎石器长时间在石块的包围下工作，容易磨损和损坏。

（12）排泥泵和管路磨损：大量的石块通过排泥泵和管路，易导致其被磨损。

（13）这些风险需要在盾构选型、性能配置、参数设置时充分考虑，并尽可能规避。

17.1.3　岩溶地层盾构施工基本原则

以"全面勘察、重点加固、局部封闭"的原则为依据和指导，从溶洞的空间分布、大小及充填情况进行勘察，对溶洞事先进行填充和加固处理，盾构的适应性设计及掘进技术等方面应进行深入研究，采取相应的控制措施。

（1）应用高密度电阻率法物探、补充钻孔勘探、电磁波深孔 CT 物探多种探测方法，对勘测结果进行综合分析，探明溶洞的空间分布、大小及填充物特征。

（2）确定合理的加固方案，满足盾构施工安全及隧道结构稳定。处理重点是隧道下部填充物为淤泥、松散砂层、软塑状泥炭质黏土的溶洞，对处理区与外界开放连通的主要地下水裂隙通道进行封闭。

（3）盾构选型与地质适应性设计应充分考虑地层特点和施工条件等因素。应采用适应岩溶地层施工的盾构，刀盘形式和刀具配置应能满足破岩能力，一般应配置超前钻探装置。

（4）做好盾构掘进参数管理，建立监控量测体系，实施信息化管理，保证在整个施工过程中盾构掘进姿态、管片姿态和地面沉降均处于受控状态。

17.2　广州岩溶地层盾构施工难点与对策

17.2.1　工程简介

广州市轨道交通 5 号线草暖公园—小北站区间盾构隧道起于草暖公园东端，区间线路沿环市中路、环市东路，向东南而行。隧道沿线地面交通繁忙，多高层建筑物、办公用房及交通桥涵等，并从越秀山下穿过，然后进入小北站。区间线路共包括三段曲线，最小曲线半径为 400 m，最大纵坡为 20.323‰，线间距为 130~33.8 m。地面高程为 10.92~50.50 m，线路轨面埋深在 20.4~70 m 之间。

17.2.2　施工重难点

草—小区间穿越的地层主要有上古生界石炭系、中生界侏罗系和白垩系、新生界第四系以及燕山期侵入岩。主要为：人工填土层，冲积～洪积中粗砂层，冲积～洪积黏性土层，河湖相淤泥质土层，残积土层，碎屑岩岩石全风化带，花岗岩岩石全、强、中、微风化带，碎屑岩岩石强、微风化带，石灰岩岩石中、微风化带。其中花岗岩岩石微风化带最大强度81.6 MPa，石灰岩岩石微风化带最大强度112.7 MPa，并且该区间在F1、F2两断裂带间处于地石炭系灰岩地层149.105 m 的范围内，有 7 个钻孔揭示存在溶洞，为国际上盾构法施工隧道首次穿过溶洞。

17.2.3　解决方法

（1）控制盾构掘进参数

硬岩及软硬不均区：土舱压力 0.05～0.11 MPa，转速 2.3～2.5 r/min，贯入量 10 mm/r 左右，扭矩 2 500～3 200 kN·m，总推力 10 000～13 000 kN。较软或全断面为充填物加固区：土舱压力 0.06 MPa，转速 2.0 r/min，贯入量 25 mm/r 左右，扭矩 2 000 kN·m，总推力7 000～9 000 kN。

（2）刀盘驱动功率由 945 kW 增至 1 200 kW 并改善了扭矩特性曲线，使盾构在较高转速下扭矩得到较大提高。

（3）采用重型刀座及刀具，滚刀配置到 40 刃，减小刀间距增强了破岩能力。

（4）在盾构正面区设置了 4 个钻探注浆孔，配置 30 m 自动钻探钻机，可对隧道断面内实施超前钻探地质预报与注浆加固。

17.2.4　施工小结

（1）广州地铁 5 号线草暖公园站—淘金路站区间地处岩溶发育地区，采用盾构法施工在国内外尚属首次。通过溶洞勘探、地层加固、设备选型、盾构掘进等展开深入研究，成功穿越了岩溶地段。

（2）综合运用高密度电阻率法、电磁波深孔 CT 法和钻探等方法，相互补充验证，准确探明了溶洞分布、形状和充填物的情况，为加固处理、盾构选型和施工创造了条件。

（3）以"全面勘察、重点加固、局部封闭"的指导思想，综合分析岩溶地层的地质条件、盾构特性，确定地层加固方案和技术参数安全可靠、经济合理，保证了盾构施工安全及隧道结构稳定。

（4）针对该地区的地质条件，合理确定盾构的刀盘布置、刀具选型、驱动扭矩等性能参数，提高了机器性能，满足工程需要。盾构掘进中所采用的土舱压力、刀盘转速、刀具贯入量、驱动扭矩、总推力等主要技术参数应当科学合理，过程控制有效。

17.3 南宁岩溶地层盾构施工难点与对策

17.3.1 工程简介

南宁市轨道交通4号线一期工程施工总承包02标土建08工区包含：良庆大桥南站（原潘街站）、体育中心东站—良庆大桥南站区间（以下简称体—良区间）、体育中心西站（原体育中心站）—体育中心东站区间（以下简称体—体区间），共一站两区间主体及附属工程。区间采用两台土压平衡式盾构（体—良区间、体—体区间）施工（图17-2）。联络通道采用矿山法施工。盾构由良庆大桥南站小里程始发至体育中心东站大里程吊出。体育中心东站—体育中心西站由体育中心东站小里程始发，体育中心西站大里程接收。

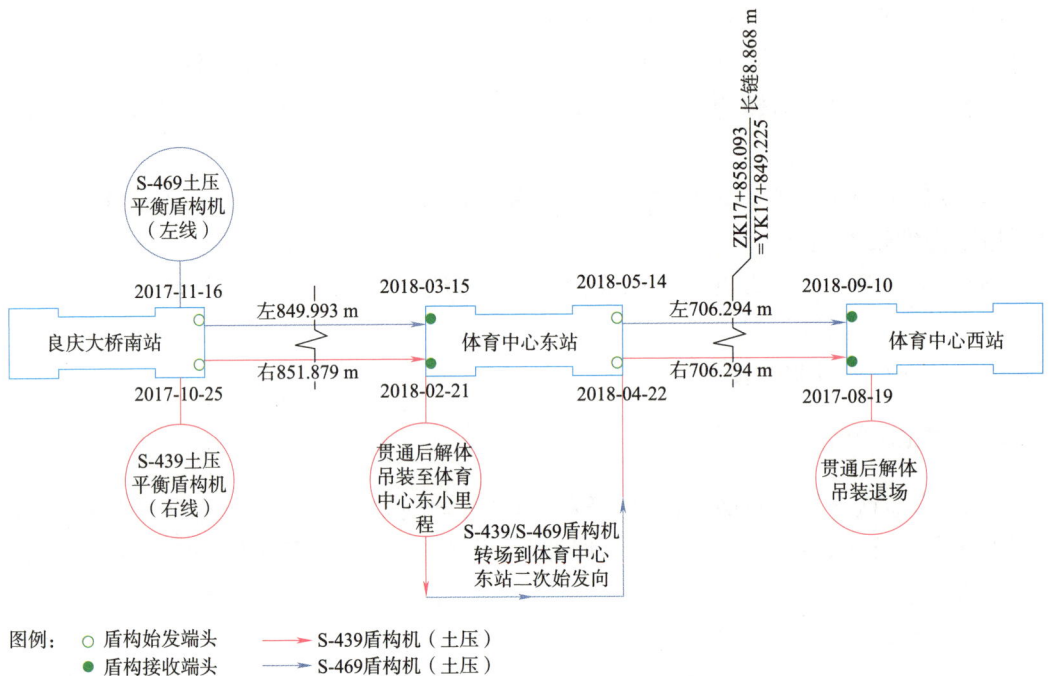

图17-2 南宁市轨道交通4号线一期工程盾构工筹示意

体—良区间沿五象大道敷设，沿线地形较平坦，由西向东地面高程80.92~82.6 m，地下水位埋深3.7~19.2 m。区间长度为851.871 m，线间距14.00~16.00 m，线路由一段直线和两段曲线构成，最小曲线半径为450 m，线路埋深9.5~16.3 m。区间线路从体育中心东站出发以25.0‰下坡、6‰下坡、23.0‰上坡到达良庆大桥南站。区间隧道侧穿良庆河，区间右线隧道结构距离河道31.7 m。联络通道采用搅拌桩＋降水加固矿山法开挖。区间穿越主要地层为黏土、粉质黏土、含砾黏性土。

区间采用土压平衡盾构施工，从良庆大桥南站小里程端头始发，在体育中心东站大里

程端头接收。良庆大桥南站小里程端采用降水＋ϕ1000@850 C20 素桩加固＋搅拌桩注浆加固,盾构端头加固范围为区间隧道顶板外扩 3 m,加固长度 10 m;体育中心东站大里程端采用降水＋ϕ1000@850 C20 素桩加固＋注浆加固。

区间部分隧道底部有岩溶,岩溶在盾构掘进施工前已处理;处理范围为:隧道底板以下 5 m 内溶洞加固处理,隧道左侧、右侧上部 3 m 范围内溶洞加固处理。

17.3.2 施工重难点

体一良区间左线盾构在掘进第 319 环时,油缸行程至 800~1 200 mm,发现盾构出土异常,为保证土舱压力稳定盾构停止出土,将 319 环掘进完成,及时拼装管片后,左线停止掘进。

319 环掘进参数:总推力 6 900 kN,刀盘扭矩 750~800 kN·m,刀盘转速 1.5 r/min,掘进速度 50~60 mm/min,出土量 16 m³,同步注浆量 7 m³,注浆压力 0.47 MPa,土压舱压力(上下)0.11 MPa、0.14 MPa。体—良区间左线盾构正常掘进参数:推力 9 000~10 000 kN,刀盘扭矩 1 000 kN·m;刀盘转速 0.15 r/min,掘进速度 50~60 mm/min,出土量 56~58 m³,体—良区间左线 319 环掘进参数的总推力、刀盘扭矩及出土量远小于理论值,如图 17-3~图 17-9 所示。

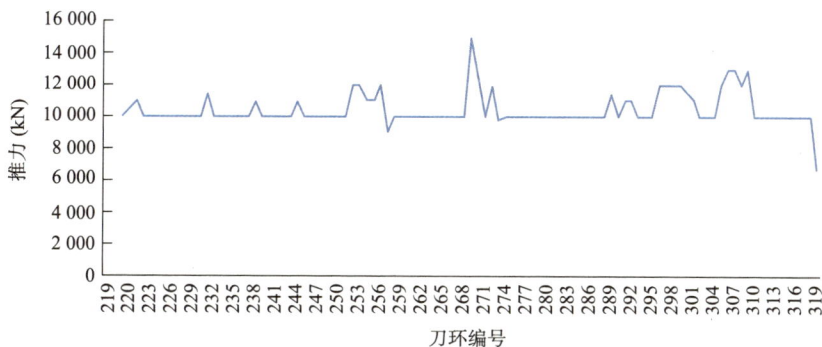

图 17-3 第 219~319 环推力折线示意

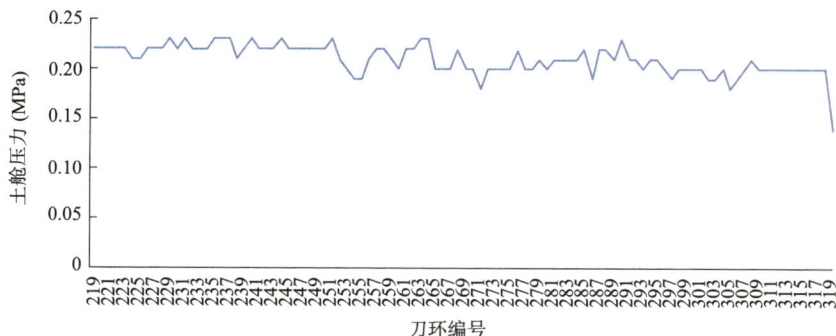

图 17-4 第 219~319 环土舱压力折线示意

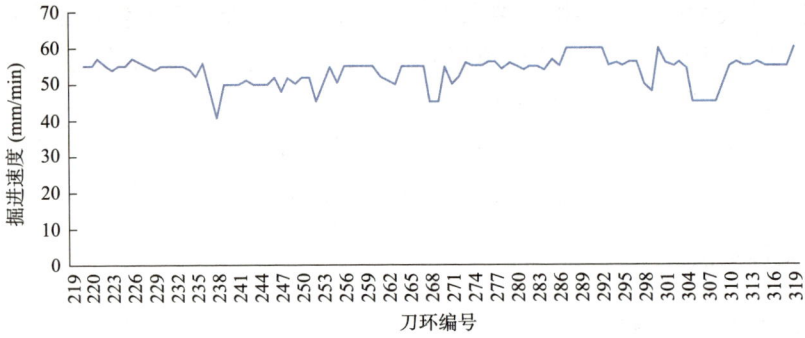

图 17-5　第 219～319 环掘进速度折线示意

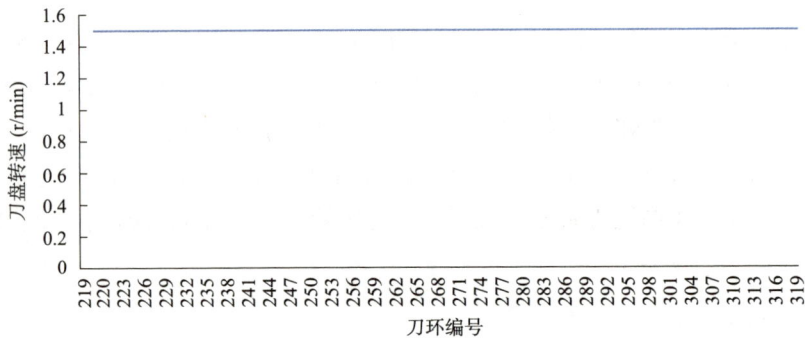

图 17-6　第 219～319 环刀盘转速折线示意

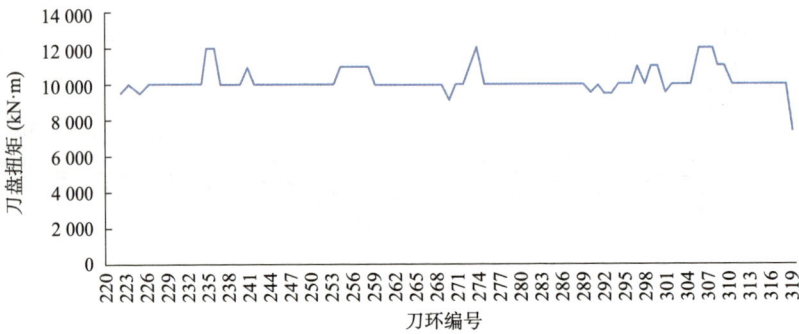

图 17-7　第 219～319 环刀盘扭矩折线示意

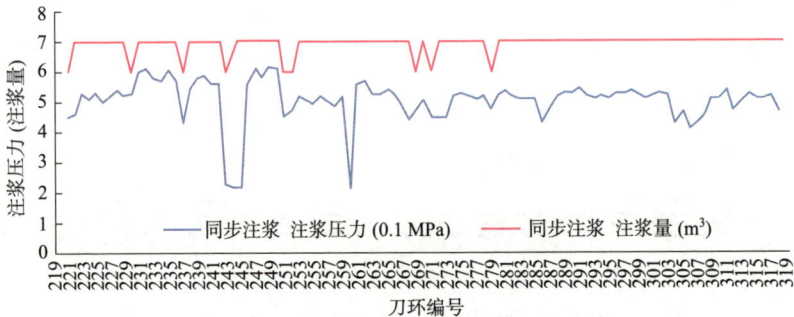

图 17-8　第 219～319 环同步注浆量和注浆压力折线示意

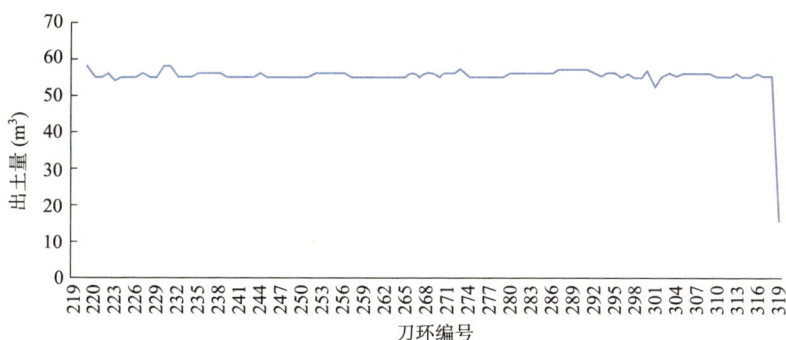

图 17-9　第 219～319 环出土量折线示意

17.3.3　原因分析

体—良区间左线第 319 环掘进共出土 16 m³，说明刀盘前方存在孔洞、地质松散区域等不良地质。对照岩溶处理图纸分析，盾构停机位置刀盘前 9 m，隧道前进方向右边线 4 m 处有 2 个溶洞，埋深在隧道底板一下 10 m，设计不作处理，分析认为此区域存在溶洞填充软弱地层。不良地质在隧道上部、中部、底部，只能采用地质钻机打孔进行地质补勘，来确定不良地质的位置、大小范围以及形式(孔洞、松散地层、溶洞软填充物)；进行针对性的加固处理，保证盾构顺利通过。

17.3.4　解决方法

(1)地面刀盘区域围蔽及加密施工监测

由于体—良区间左线隧道位于五象大道西行主城道，项目部对盾构掘进里程相应路面前后 15 m 范围进行围挡警示，安排专人值班。安排施工监测对刀盘前后进行沉降监测，监测频率为 2 h/次。

(2)土舱保压(注膨润土)

盾构停机后对土舱进行打气保压，并及时注入膨润土逐渐建压，总共在土舱内注膨润土 15 次(表 17-1)，累计注入 62 m³，舱压稳定在 0.18 MPa。

表 17-1　体—良区间左线第 319 环刀盘土舱膨润土注入量统计

序号	日期	注膨润土时间	舱压(MPa)	膨润土注入量(m³)	膨润土累计注入量(m³)	备注
1	2018-4-12	22:07	0.104	6	6	
2	2018-4-12	23:16	0.144	4	10	
3	2018-4-13	0:21	0.051	6	16	
4	2018-4-13	1:51	0.047	7	23	
5	2018-4-13	3:07	0.054	6	29	
6	2018-4-13	5:35	0.070	8	37	

序号	日期	注膨润土时间	舱压(MPa)	膨润土注入量(m³)	膨润土累计注入量(m³)	备注
7	2018-4-13	7:05	0.182	7	44	
8	2018-4-13	9:00	0.195	7	51	
9	2018-4-13	16:40	0.234	3	54	
10	2018-4-13	19:20	0.243	6	60	
11	2018-4-13	21:00	0.223	0.5	60.5	
12	2018-4-14	0:41	0.182	0.5	61	
13	2018-4-14	3:16	0.182	0.5	61.5	
14	2018-4-14	4:32	0.186	0.3	61.8	
15	2018-4-14	5:52	0.184	0.3	62.1	

(3) 地质补勘(图 17-10、图 17-11)

因详勘和施工补勘孔距线路中线较远,根据现场情况,项目部在刀盘前方补勘 3 个孔,在成型隧道后方补勘 1 个孔,其中,1 号孔在隧道中心线上,在刀盘前方 3 m,深度 25.5 m,隧道底部 6 m;芯样(图 17-12)显示 1～5 m 为杂填土,6～17 m 为含砾黏性土,18～25.5 m 为角砾土。

图 17-10　施工补勘孔平面示意

2 号孔在隧道中心线上,在刀盘前方 1.1 m,深度 27.2 m,隧道底 8.2 m;芯样(图 17-13)显示 1～5 m 为杂填土,6～19 m 为含砾黏性土,20～23 m 为角砾土,土质较松软,24～26 m 未抽到芯样,27 m 为角砾土。2 号孔芯样显示,刀盘前、隧道底以下 5～7 m 存在地质松散区域。

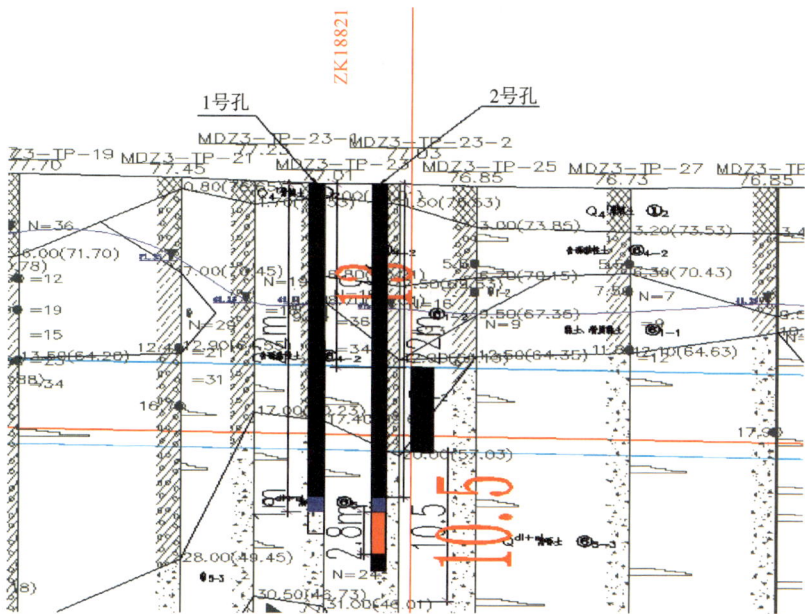

图 17-11　施工补勘孔断面示意

图 17-12　1 号孔芯样

图 17-13　2 号孔芯样

3 号孔在隧道左侧结构边线处，在刀盘前方 1.1 m，距隧道中心线 3 m，孔深 27 m，隧道底部 8 m；芯样（图 17-14）显示 1～5 m 为杂填土，6～19 m 为含砾黏性土，20～23 m 为角砾土，土质较松软，24～27 m 为角砾土。

4 号孔在已成型隧道第 310 环隧道上方，孔深 10 m，隧道覆土 13 m；芯样显示 1～5 m 为杂填土，6～10 m 为含砾黏性土。

根据勘查单位提供的南宁轨道交通 4 号线一期工程 C 标段体育中心东站—良庆大桥南站区间地球物理勘探报告，从 K18＋660～K18＋955 段电阻率等值线图上看，黏土层

图 17-14   3 号孔芯样

(包括素填土、含砾黏性土和角砾土)电阻率值在 40～400 Ω·m,大约厚度为 30～40 m,标高约为 40～45 m;在 K18+745～K18+755 段,标高约 35～40 m 处为低阻区,推断为溶蚀裂隙发育区,灰岩的线电阻率值在 400 Ω·m 以上,从浅至深电阻率均由高至低,反映基岩富含地下水。该段内存在不良的地质体。为防止出现与左线 319 环相同的地质情况,在左线线路中心线补勘 2 个孔(5 号孔、6 号孔),孔深 27 m,芯样显示正常。

(4)注浆加固

采用 WSS 注浆机下钻至 2 号孔底部 26.3 m 位置,注水泥、水玻璃双液浆,共计 48 m³(表 17-2)。

注浆(图 17-15)累计约 22 m³ 时舱压开始明显上升,舱压从 0.17 MPa 上升至 0.217 MPa。

表 17-2   体-良区间左线第 319 环地层加固注浆记录

序号	孔号	注浆日期	钻孔深度 (m)	注浆时间 起始至终止	水泥浆与水玻璃体积比	水泥浆密度 (kg/L)	水玻璃 (t)	注浆水泥 (t)	注浆量 (m³)
1	2 号	2018-4-17	26	12:40-12:55	1:1	1.512	0.35	0.4	1.2
2	2 号	2018-4-17	26	14:00-14:32	1:1	1.512	0.35	0.4	1.2
3	2 号	2018-4-17	26	14:32-15:00	1:1	1.512	0.35	0.4	1.2
4	2 号	2018-4-17	26	15:00-15:29	1:1	1.512	0.35	0.4	1.2
5	2 号	2018-4-17	26	15:29-16:00	1:1	1.512	0.35	0.4	1.2
6	2 号	2018-4-17	26	16:00-16:28	1:1	1.512	0.35	0.4	1.2
7	2 号	2018-4-17	26	17:10-17:38	1:1	1.512	0.35	0.4	1.2
8	2 号	2018-4-17	26	17:38-18:08	1:1	1.512	0.35	0.4	1.2
9	2 号	2018-4-17	26	18:08-18:38	1:1	1.512	0.35	0.4	1.2
10	2 号	2018-4-17	26	19:37-19:57	1:1	1.512	0.35	0.4	1.2
11	2 号	2018-4-17	26	20:17-20:45	1:1	1.512	0.35	0.4	1.2

序号	孔号	注浆日期	钻孔深度（m）	注浆时间 起始至终止	水泥浆与 水玻璃 体积比	水泥浆密度 （kg/L）	水玻璃 （t）	注浆水泥 （t）	注浆量 （m³）
12	2号	2018-4-17	26	20:45-21:38	1:1	1.512	0.35	0.4	1.2
13	2号	2018-4-17	26	21:42-22:15	1:1	1.512	0.35	0.4	1.2
14	2号	2018-4-17	26	22:15-22:40	1:1	1.512	0.35	0.4	1.2
15	2号	2018-4-17	26	22:40-23:20	1:1	1.512	0.35	0.4	1.2
16	2号	2018-4-17	26	23:20-次日0:31	1:1	1.512	0.35	0.4	1.2
17	2号	2018-4-18	26	0:31-1:20	1:1	1.512	0.35	0.4	1.2
18	2号	2018-4-18	26	1:20-1:46	1:1	1.512	0.35	0.4	1.2
19	2号	2018-4-18	26	1:46-2:25	1:1	1.512	0.35	0.4	1.2
20	2号	2018-4-18	26	2:25-3:03	1:1	1.512	0.35	0.4	1.2
21	2号	2018-4-18	26	3:03-3:31	1:1	1.512	0.35	0.4	1.2
22	2号	2018-4-18	25.7	3:31-3:54	1:1	1.512	0.35	0.4	1.2
23	2号	2018-4-18	25.7	3:54-4:04	1:1	1.512	0.35	0.4	1.2
24	2号	2018-4-18	25.7	4:04-4:25	1:1	1.512	0.35	0.4	1.2
25	2号	2018-4-18	25.7	4:25-4:46	1:1	1.512	0.35	0.4	1.2
26	2号	2018-4-18	25.7	4:46-4:57	1:1	1.512	0.35	0.4	1.2
27	2号	2018-4-18	25.7	4:57-5:26	1:1	1.512	0.35	0.4	1.2
28	2号	2018-4-18	25.7	5:26-5:52	1:1	1.512	0.35	0.4	1.2
29	2号	2018-4-18	24.3	5:52-6:23	1:1	1.512	0.35	0.4	1.2
30	2号	2018-4-18	24.3	8:20-8:50	1:1	1.512	0.35	0.4	1.2
31	2号	2018-4-18	24.3	8:50-9:15	1:1	1.512	0.35	0.4	1.2
32	2号	2018-4-18	24.3	9:15-9:35	1:1	1.512	0.35	0.4	1.2
33	2号	2018-4-18	24.3	9:35-10:00	1:1	1.512	0.35	0.4	1.2
34	2号	2018-4-18	24.3	10:40-11:05	1:1	1.512	0.35	0.4	1.2
35	2号	2018-4-18	24.3	12:30-15:00	1:1	1.512	0.35	0.4	1.2
36	2号	2018-4-18	24.3	15:00-15:28	1:1	1.512	0.35	0.4	1.2
37	2号	2018-4-18	10	15:28-17:00	1:1	1.512	0.35	0.4	2.4
38	2号	2018-4-18	6	19:50-22:40	1:1	1.512	0.35	0.4	2.4
合计									48

（5）采用跨孔 CT 检测法进行注浆效果检测

注浆完成后在刀盘位置断面做跨孔 CT 进行检测（图 17-16），检测盾构隧道下方密实度（图 17-17）。检测合格后，报业主审核，恢复左线盾构掘进。

图 17-15　现场注浆照片

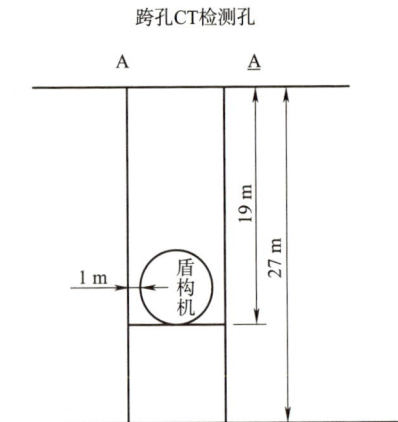

跨孔CT检测孔

图 17-16　跨孔 CT 检测示意

检测结论:从测线上推断本次注浆效果整体较好,未发现大规模软弱夹层等不良地质,但在 ZK3′位置的 A1 处存在局部(规模约 1 m 宽,1.5 m 高)的松散土体。

建议再次注浆处理或在封孔时进行注浆处理。

(6)盾构恢复掘进

盾构恢复掘进时,准备工作要到位,包含:应急物资设备到位,人员值班到岗,设备检查正常,材料储备充足,地面所有地质勘查孔均进行注浆封孔,要求快速通过。

恢复掘进对盾构掘进参数的要求:推力、刀盘扭矩、出土量、舱压、盾构姿态等要求在正常理论范围内;盾构掘进通过 3 环后,各项参数正常,盾构姿态稳定顺利通过该地层。

17.3.5　施工小结

在掘进过程中,应加强盾构操作人员管控力度,对掘进过程中相对应的地质情况以及盾构掘进参数深入分析,做出准确判断;其次,确定好具体实施方案后迅速处理,包括地面影响范围内围蔽、机械进场、加固施工处理;最后,在处理完成后通过时,领导及管理人员值班到位、应急物资准备到位、设备保养到位,快速通过。

经过后期分析,如不及时停机进行处理,将会造成盾构栽头及成型隧道超限等严重的安全质量事故;盾构施工前应重视岩溶区域施

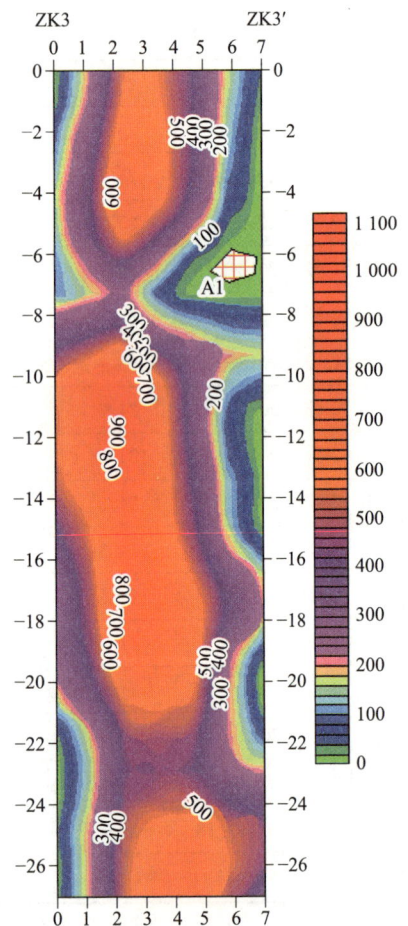

图 17-17　跨孔电阻率 CT 成果

工补勘工作,对隧道岩溶区域进行细致补勘,结合详勘孔位,在岩溶区每 5 m 一个断面,非岩溶区 10 m 一个断面;防止类似事件发生。

17.4　马来西亚吉隆坡岩溶地层泥水盾构施工

吉隆坡地处巴生河流域,东方是蒂迪旺沙山脉,北方及南方为丘陵地带,西临马六甲海峡,是典型的以石灰岩为基岩的喀斯特地貌。吉隆坡的马来语意指泥泞河口,即巴生河和鹅麦河的交会处。1857 年,雪兰莪州皇族-拉惹阿都拉下令巴生谷向采锡矿者开放,吸引了大量人员前来采挖锡矿,吉隆坡就此逐渐地发展起来,最终成为马来西亚的政治、文化和经济中心。

吉隆坡属于热带雨林气候,日照充足、降雨丰沛,特别是 10 月至隔年 3 月东北季风盛行时。气温稳定,最高温大约在 31 ~ 33 ℃ 之间,不超过 37.2 ℃;最低温约在 22 ~ 23.5 ℃ 之间,不低于 17.8 ℃。平均年降雨量为 2 600 mm,尽管 6 月及 7 月雨水较少,但平均月降雨量大都超过 127 mm。在市中心及下游区域,降雨量突增时,时常有水患发生。著名的 SMART(Stormwater Management and Road Tunnel)(精明)隧道项目就是为了解决市中心的洪水与交通拥堵问题(图 17-18)而建。

图 17-18　吉隆坡市中心的洪水与交通拥堵

整个 SMART(精明)隧道项目包括:
①一条直径 13.21 m,长 9.7 km 的隧道。
②分洪池及双通道排洪管道。
③总长 5.38 km 连接到市中心的进出口通道。
④分洪池总体结构及进口结构。
⑤闸门系统。
⑥控制、监控、通风、维保、逃生、消防及其他安全设施(图 17-19)。
如图 17-20 所示,精明隧道设计有 4 个工作模式,以应对不同条件下的交通和泄洪需要。

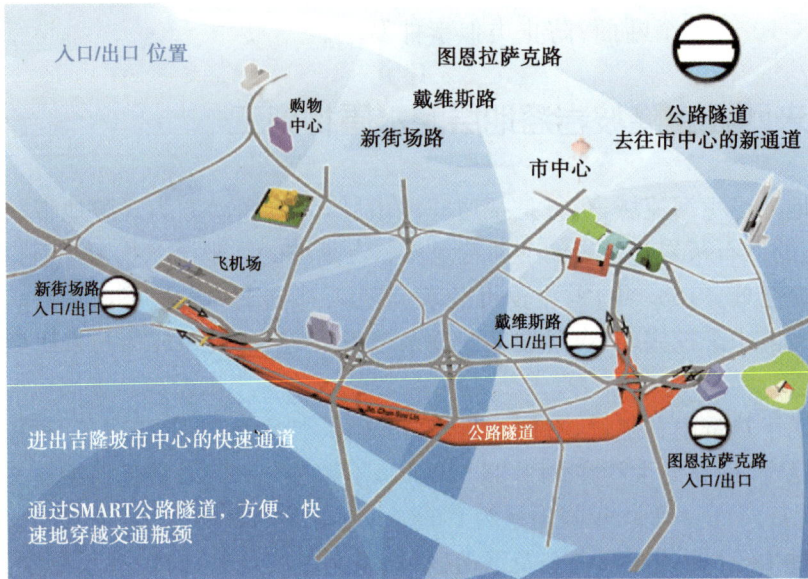

图 17-19　SMART(精明)隧道概况

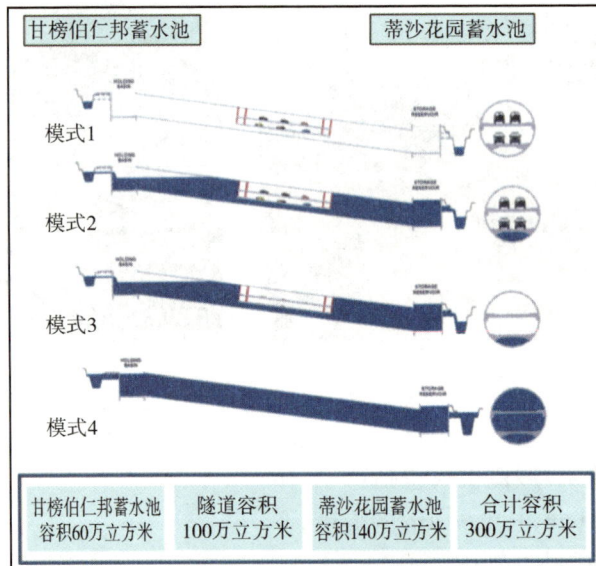

图 17-20　精明隧道工作模式

模式 1

在小雨或无雨时,作为交通隧道。

模式 2

当雨量增大至中雨,上部巴生/安邦河的 L4 流量站流量为 $70 \sim 150 \ m^3/s$ 时,最大允

许 50 m³/s 的洪水流到下游。超过的流量通过隧道的底层泄洪隧道排至蒂沙分洪池。交通隧道部分仍然开放。

模式 3

当雨量增大至大雨,上部巴生/安邦河的 L4 流量站流量为达到或预计到达 150 m³/s 时,交通隧道将关闭,只允许 10 m³/s 的洪水流到下游。

交通隧道不用来泄洪。交通隧道将在雨停后 2～8 h 重新开放。

模式 4

如果暴雨持续不停,一般在进入模式 3 之后的 1～2 h 宣布:交通隧道将全部用于泄洪,只允许 10 m³/s 的洪水流到下游。交通隧道将在雨停 4 天后重新开放。

整个项目上下游分洪池和隧道总计具有存储 3 百万 m³ 雨水的能力,可以从根本上缓解市中心雨涝的危害。

吉隆坡市建立在石灰岩的喀斯特地层,地下水位很高而且地处赤道,属于热带雨林气候,地下水位高、降水量大。这里由于开采锡矿遗留的喀斯特地形包含了众多的陡壁、尖峰、溶洞、塌陷溶洞、沉陷区等,在石灰岩基岩之上的是松散的冲积层或采矿后的尾矿及人工回填土、抛石等,如图 17-21 所示。

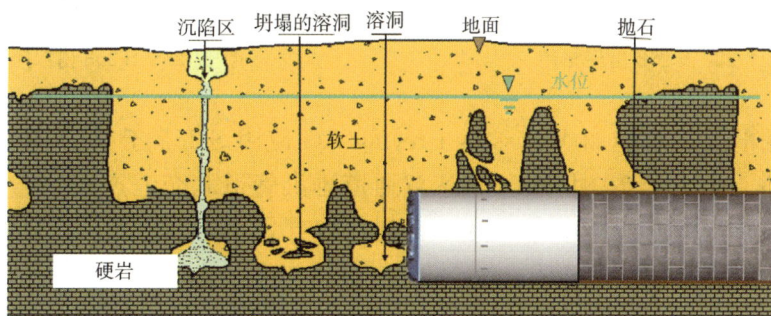

图 17-21　精明项目地质概况

考虑到如此困难的地层、超大的开挖直径、长距离掘进、敏感的市中心和紧迫的工期,所有的工程筹划都集中在选择一种安全快捷而且能克服地质负面影响的施工方法上。

经过反复的研究、调查和对比,考虑到地质条件复杂、开挖直径较大及市区内严格的沉降控制要求,最终决定采用气垫调压式泥水平衡盾构进行主隧道的掘进。

海瑞克公司制造的两台直径 13.21 m 的气垫调压式泥水平衡盾构 S-252、S-253(图 17-22、图 17-23)承担了全长 9.7 km 中 9.35 km 长盾构段的施工。这两台盾构不但采用了当时世界上最先进的技术,同时还配备 SSP(地震波超前探测系统)以及超前钻机及注浆系统,用来对前方的地层进行超前探测及超前处理。

两台盾构的主要技术参数如下:

总长度:70 m。

总质量:1 500 t。

刀盘开挖直径:13.26 m。

最大掘进速度:30 mm/min。

最小转弯半径:200 m。

总功率:8 200 kW。

刀盘驱动功率:4 000 kW。

工作压力:0.5 MPa。

图 17-22　S-252 出厂照片

图 17-23　S-253 出厂照片

负责北端的德国承包商 Wayss & Freytag AG 使用 S-252 于 2004 年 6 月 15 日从 JKR 开始掘进,2004 年 10 月 11 日抵达双通道排洪管道北交汇点;2005 年 4 月 27 日重新始发继续向北掘进,2007 年 2 月 4 日到达安邦,完成了总长 5.3 km 的北端隧道掘进。

负责南端的马来西亚承包商 MMC-Gamuda 联营体使用 S-253 于 2004 年 8 月 28 日从 KL-Seremban 高速公路附近开始掘进,2005 年 6 月 4 日抵达双通道排洪管道南交汇点,2006 年 4 月 22 日到达蒂沙花园,完成了总长 4.05 km 的南端隧道掘进(图 17-24)。

图 17-24　S-253、S-252 先后完成掘进

S-252 平均月进尺约为 200 m,最大周进尺为 115 m;S-253 平均月进尺约为 210 m,最大周进尺为 112 m。

导致掘进速度较慢的原因主要有:

①首要原因是复杂多变的地质导致刀具损坏严重,带压进舱检查刀具和换刀占用了很多时间。

②其次,为了防止刀具的恶性消耗,有时候不得不控制掘进速度在 1.5～2.0 cm/min 之间。

③再次,SSP 超前探测在岩溶地层效果不理想,误报、漏报较多,对掘进施工指导不足。

④最后,尽管配备了超前钻机和超前注浆系统,但作业时间太长,影响施工进度,同时由于钻孔分布不够密集,对前方地层的加固作用并不明显。

⑤另外,当地在高峰期(早 7:00-9:30、晚 4:00-6:00)对重型卡车有 4.5 h 的限行,考虑到卡车在路上的时间,对掘进施工预料运输的实际影响达到 8.5 h;而工地场地狭窄,甚至没有足够的场地停放限行的卡车。

除了掘进速度较慢以外,由于出现大的溶洞或者溶洞群导致开挖面失压引起地面沉降,或者由于开挖面泥水压力过大导致泥浆从地面冒出的现象也有发生,这两台盾构并没有完全实现预计的地表沉降要求。这也是在岩溶地层采用泥水平衡盾构必须要注意的问题。

尽管如此,精明项目仍然是一个非常成功的项目,它是第一个在喀斯特地层采用盾构进行大直径、长距离隧道开挖的项目,在世界机械化隧道开挖领域和马来西亚具有重要的意义和深远的影响,马来西亚还发布了 6 枚邮票来纪念该项目的成功(图 17-25)。

图 17-25　马来西亚发行的 6 枚精明隧道项目相关邮票

精明隧道项目的成功极大地增加了在吉隆坡采用盾构进行隧道开挖的信心。在这个项目中遇到的困难也直接导致了一种全新理念盾构的诞生,那就是可变密度盾构。

17.5　马来西亚吉隆坡岩溶地层可变密度盾构施工

2010 年 6 月,马来西亚政府宣布开始研究大吉隆坡区的大规模快运系统方案,即 MRT(Massive Rapid Transit)项目,也被称为巴生谷 MRT 项目,这个项目是巴生谷集成轨道运输系统(图 17-26)的一部分。同年 10 月,这一项目得到了政府的正式批准,同时指定 MMC-Gamuda 联营体作为项目交付伙伴(Project Delivery Partner,PDP),并通过公共陆地运输委员会协调和监管。

图 17-26　巴生谷集成轨道运输系统

巴生谷 MRT 项目规划了三条线:SBK 线(MRT Sungai Buloh-Kajang Line)、SSP 线

（MRT Sungai Buloh-Serdang-Putrajaya Line）和环线（MRT Circle Line），总长 150 km。

巴生谷 MRT 项目的第一条线 SBK 线于 2011 年 7 月开工建设，2017 年完工。SBK 线总长 51 km，共设 31 个车站，其中地下段总长 9.5 km。

由于精明隧道项目的成功，是否采用盾构进行地下线的掘进以及不是问题，需要讨论的是具体每一个标段采用什么盾构以及如何避免在溶岩地层区域出现地面塌陷（图 17-27）现象。

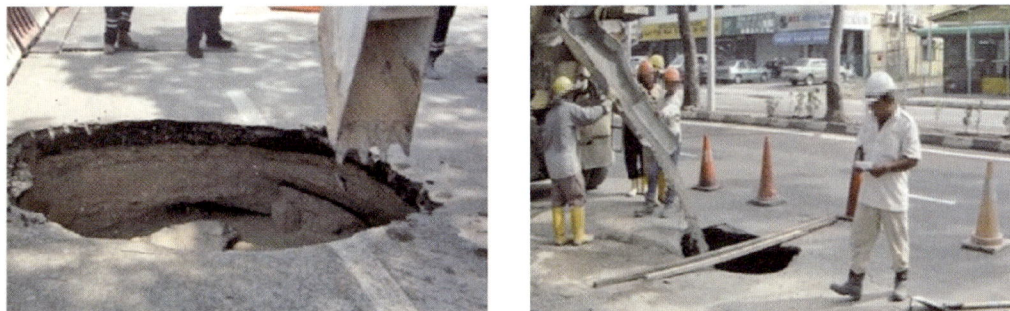

图 17-27　在溶岩地区盾构施工引起的地面塌陷

要解决沉降问题，首先要搞清楚沉降是如何发生的。

研究发现，沉降主要由下面两种原因造成的。

第一种原因：如图 17-28 所示，盾构在掘进时，如果泥水平衡压力过大，开挖舱中的泥浆将会通过地层中的裂隙涌出地面。涌出的泥浆带走了表层的土壤，造成地面沉降。

地层存在裂隙　　　　　　泥浆从裂隙涌出　　　　　　发生沉降

图 17-28　溶岩地区泥水盾构施工泥水平衡压力过大时

第二种原因：如图 17-29 所示，盾构在掘进时，如果刀盘前方有较大的溶洞或溶洞群，开挖舱里的泥浆将会在很短的时间内填充这些空洞，从而因开挖面失稳、地层塌陷造成地面沉降。

海瑞克公司针对这两个问题，针对性地研发出了一种新型的盾构——可变密度盾构。与常规的气垫调压式泥水平衡盾构相比，可变密度盾构增加了一套高密度泥浆注

| 地层存在溶洞群 | 泥浆进入溶洞群 | 地表塌陷造成沉降 |

图 17-29　溶岩地区泥水盾构施工刀盘前方有较大的溶洞或溶洞群时

入和调节设备、采用了一套外置式碎石器以及皮带输送机系统。在溶岩地层掘进时，开挖舱内充满了黏稠的高密度膨润土与渣土的混合物。这些混合物密度较大，而且流动性差，与黏土类似，它们将会填充并堵塞地层中的裂隙或空洞，而不会贯穿地层中的空洞或裂隙、到达地面、造成地面沉降。但这只是理论上可行，效果还需要工程实践来验证。

在这样的背景下，SBK 线的 9.5 km 地下段最终确定采用 4 台土压平衡盾构进行处于淤泥和黏土的肯尼山组地层的、从 Semantan 入口到 Merdeka 站区间的施工，6 台可变密度盾构负责其余区间的施工。4 台土压平衡盾构中的 2 台和全部 6 台可变密度盾构由海瑞克公司制造。这 6 台可变密度盾构中用于过渡段区间的 2 台是完整的可变密度盾构配置，另外 4 台主要用于喀斯特地层中，可以不考虑黏土地层的掘进模式，故没有配备泡沫系统和皮带机，但是仍然预留了空间和接口，如果以后有需要可以加装。

可变密度盾构主要参数：

设备总长度：135 m。

设备总质量：1 100 t。

开挖直径：6.67 m。

刀盘驱动功率：1 280 kW。

额定扭矩：4 239 kN·m。

最大推力：42 751 kN。

2013 年 5 月 30 日，世界上第一台可变密度盾构（海瑞克 S-774）从 Cochrane 站首先始发，先后穿过 3 个车站和 2 个中间竖井、5 次始发、总计掘进 4.4 km 后于 2015 年 4 月 11 日到达 Pasar Seni 站。S-774 是第一台始发的盾构也是最后一台贯通隧道的盾构（图 17-30）。在此期间，其余的盾构先后完成了计划的隧道掘进任务。有趣的是，由于从 Cochrane（图 17-31）始发后，盾构的掘进速度超出预期，比原计划大大提前了，盾构不得不改变计划继续掘进——直接穿过 Pasar Rakyat 站（图 17-32），在 Inai 中间竖井出洞，导致了一连串

的计划改变。

图 17-30　S-774 可变密度盾构贯通

图 17-31　Cochrane 站狭窄的始发工地

图 17-32　Pasar Rakyat 站地下水丰富的喀斯特地层

尽管多次通过车站和竖井、多次重新始发影响了盾构的综合掘进效率,但是 S-774 仍然达到了 265 m 的平均月进尺。

海瑞克公司的可变密度盾构最大周进尺达到 100 m,最大日进尺达 21 m(S-779),比在软土中掘进土压平衡盾构的最好日进尺 19.6 m 还快了一环(1.4 m)。尤为重要的是,所有采用可变密度盾构掘进的隧道上方均没有发生地面沉降,完全达到了预计的目标。

MMC-Gamuda 联营体项目经理 Gus Klados 先生这样评价:"盾构在两种模式下均表现出了卓越的性能! 它们的表现完全证明了其穿越喀斯特地层的能力! 转换为 EPB 模式后在肯尼山沉积层的卓越表现使我们决定无需使用原计划从 Inai 中间竖井到 Pasar Seni 站的第二台海瑞克 EPB 盾构及计划中的另外一台可变密度盾构。"

由于 Gamuda 公司集团副总裁 Ha Tiing Tai 先生对可变密度盾构在喀斯特地层应用

理念和实践方面的卓越贡献,2014年国际隧道协会(ITA)向他颁发了技术革新奖。

◆思考题◆

1. 简述岩溶地层概念。

2. 简述岩溶地层盾构施工难点。

3. 简述岩溶地层盾构施工风险。

4. 简述岩溶地层盾构施工基本原则。

5. 结合具体施工案例,论述广州地铁岩溶地层盾构施工存在的主要问题及原因。

6. 结合具体施工案例,论述南宁地铁岩溶地层盾构施工存在的主要问题及原因。

7. 简述溶岩地区泥水盾构施工泥水平衡压力过大时,造成沉降的原因。

8. 简述溶岩地区泥水盾构施工刀盘前方有较大的溶洞或溶洞群时造成沉降的原因。

9. 查阅有关资料,论述贵阳地铁盾构选型及土压平衡盾构、泥水盾构、可变密度盾构在贵阳地铁的适应性。

10. 查阅有关资料,结合具体施工案例,论述大连地区岩溶地层施工与对策。

11. 查阅有关资料,结合具体施工案例,论述徐州地铁岩溶地层施工与对策。

12. 查阅有关资料,结合具体施工案例,论述济南地铁岩溶地层施工与对策。

第五篇　施工视频

　　盾构法隧道施工科技含量高,社会关注度大,安全生产责任重。盾构是现代科学技术与工业技术的结晶,集中体现了机械制造、液压、传感、自控、信息、材料等综合技术的集成与水平。本篇展现的盾构施工技术视频,可通过手机扫描二维码图像观看,有助于帮助读者揭开盾构施工的神秘面纱。

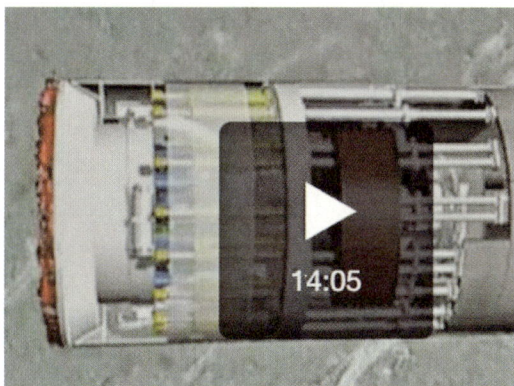

第18章 盾构施工视频

本章重点: 本章共收录国内外盾构施工技术有关视频19个,可通过手机扫描相应的视频二维码观看。具体视频如视频18-1～视频18-19所示。

18.1 土压平衡盾构

视频18-1为土压平衡盾构施工三维动画(该视频由德国海瑞克公司提供,由南京燃动动漫制作有限公司制作)。

视频18-1 土压平衡盾构施工三维动画

视频18-2为中铁装备集团联合中铁六局集团自主研发的山西太原太西12.14m超大直径土压平衡盾构构造及施工工艺(该视频由中铁装备提供)。

视频18-2 中铁装备太西12.14m超大直径土压平衡盾构

视频18-3为德国海瑞克公司12.06m土压平衡盾构结构原理介绍(该视频由德国海瑞克公司提供)。

视频18-3 德国海瑞克12.06m土压平衡盾构结构原理

视频18-4为德国海瑞克12.06m大直径土压平衡盾构施工工艺介绍(该视频由德国海端克公司提供)。

视频 18-4　德国海瑞克 12.06 m 大直径土压平衡盾构施工工艺

视频 18-5 为内外刀盘式土压平衡盾构工作原理（该视频由德国海瑞克公司提供）。

视频 18-5　内外刀盘式土压平衡盾构工作原理

视频 18-6 为西雅图日立造船 Bertha 号盾构（2013 年世界最大直径土压平衡盾构）（该视频由日立造船株式会社提供）。

视频 18-6　西雅图日立造船 Bertha 号盾构

视频 18-7 为大截面土压平衡矩形盾构工作原理及构成（该视频由上海市机械施工集团有限公司提供）。

视频 18-7　大截面土压平衡矩形盾构工作原理及构成

18.2　泥水盾构

视频 18-8 为中铁隧道局集团小断面泥水盾构施工技术与应用介绍（该视频由中铁隧道局提供）。

视频 18-8　小断面泥水盾构施工技术与应用

视频 18-9 为采用泥水盾构法施工的武汉长江隧道工程视频（该视频由中铁隧道局集团提供）。

视频 18-9　武汉长江隧道工程

视频 18-10 为南京纬三路过江通道工程施工视频（该视频由中交隧道局提供）。

视频 18-10　南京纬三路过江通道工程

视频 18-11 及视频 18-12 分别为采用德国海瑞克公司 14.93 m 泥水盾构施工的南京长江隧道工程概况及盾构施工原理介绍（该视频由德国海端克公司提供）。

视频 18-11　南京长江隧道工程概况　　视频 18-12　德国海瑞克南京长江隧道
工程 14.93 m 泥水盾构施工原理

视频 18-13 为采用德国海瑞克公司 15.43 m 泥水盾构施工的上海长江水底隧道工程（该视频由德国海端克公司提供）。

视频 18-13　上海长江水底隧道工程（15.43 m 泥水盾构）

视频 18-14 为南水北调穿黄隧洞施工介绍（该视频由中铁隧道局集团提供）。

视频 18-14　南水北调穿黄隧洞施工

视频 18-15 为中铁十四局清华园隧道 12.64 m 泥水盾构施工介绍。

视频 18-15　清华园隧道 12.64 m 泥水盾构施工

视频 18-16 为采用德国海瑞克 15.76 m 泥水盾构施工的武汉三阳路过江隧道项目"混合式盾构机在非均质地层中安全的隧道掘进技术"视频(该视频由德国海瑞克公司提供)。

视频 18-16　混合式盾构机在非均质地层中安全的隧道掘进技术

视频 18-17 为德国海瑞克公司香港屯门隧道项目 17.6 m 泥水盾构施工介绍(该视频由德国海瑞克公司提供)。

视频 18-17　德国海瑞克公司香港屯门隧道项目 17.6 m 泥水盾构施工

视频 18-18 为德国海瑞克公司 13.7 m 泥水盾构施工的博斯普鲁斯海峡隧道项目介绍(该视频由德国海瑞克公司提供)。

视频 18-18　德国海瑞克 13.7 m 泥水盾构施工的博斯普鲁斯海峡隧道项目

18.3　双模盾构

视频 18-19 为 NFM 双模盾构介绍(该视频由法国 NFM 公司提供)。

视频 18-19　NFM 双模盾构

富水砂卵石地层施工与盾构机选型关键技术浅谈

摘　要：本文依托沈阳地铁 9 号线浑河堡站—奥体中心站区间盾构施工，对富水砂卵石地层盾构机选型及施工关键技加以总结，希望能够对之后类似工程提供经验。

关键词：富水砂卵石地层；土压平衡盾构机；关键技术

高富水大粒径卵漂石地层中土压平衡盾构选型浅析

摘　要：本文基于成都地铁四号线二期凤南段的掘进施工经验，介绍了在成都典型大粒径卵漂石地层中掘进过程中盾构机常见的问题，以及相应的处理方案；探讨类似地层盾构机的设计参数的选择思路。

关键词：高强度卵漂石；土压平衡；盾构；选型

试论状态检测技术在隧道掘进机上的应用

摘　要：本文以具体的隧道工程为例，针对该工程掘进机经常出现的机械故障情况，提出了状态监测方案，并分析了掘进机当前的状态，为施工的顺利进行进一步提供保障。

关键词：状态检测技术；隧道；掘进机；应用

盾构穿越富水漂石地层施工技术研究

摘　要：本文介绍了北京地铁九号线玉渊潭区间富水情况下盾构法穿越漂石地层的施工技术研究，该区间需要在富水条件下穿越砾岩及卵砾、圆砾地层，该隧道区域有大量粒径超过 1.0 m 的漂石，且区间隧道大部分处于高透水地层中。盾构在类似地层条件中穿越河湖在国际、国内没有先例，面临着机械如何破碎大粒径漂石、建立有效渣土改良体系、提高盾构刀具耐磨性、降低刀盘扭矩等问题。在工程施工中应用面板式刀盘、尖锐划割挤压破碎机理等措施，开创性地完成了机械在地下连续破除高强度、密集漂石的施工难题。总结了该地层中刀盘、刀具耐久优化与推进参数之间关系，介绍了工程实施过程中的经验教训，提出了远期技术改进方向，希望为类似工程提供借鉴与参考。

关键词：盾构；富水；漂石；施工技术

全断面富水砂层土压平衡盾构机施工防沉降技术研究

摘　要：本文以西安地铁 4 号线尚—北区间盾构施工为例，对富水砂层盾构机施工防地面沉降、渣土改良及掘进参数关键技加以总结，研究地层沉降规律及对应措施，希望能够对之后类似工程提供经验。

关键词：全断面富水砂层；盾构机施工；防地面沉降

参考文献

[1] 洪开荣,陈馈,冯欢欢.中国盾构技术的创新与突破[J].隧道建设,2013(10):801-808.

[2] 陈馈,杨延栋.中国盾构制造新技术与发展趋势[J].隧道建设,2017(3):276-284.

[3] 陈馈,曲传咏,冯欢欢.盾构掘进数字化实验平台研究与应用[J].现代隧道技术,2016(3):8-18.

[4] 毛红梅,陈馈,郭军.盾构构造与操作维护[M].北京:人民交通出版社股份有限公司,2016.

[5] 陈馈.盾构刀具关键技术及其最新发展[J].隧道建设,2015(3):197-203.

[6] 陈馈,王江卡,潭顺辉,等.中国盾构[M].南京:译林出版社,2018.

[7] 陈馈,冯欢欢.极软弱地层盾构施工关键技术探析[J].建筑机械化,2014(11):66-70.

[8] 陈馈,冯欢欢.深圳地铁11号线大直径盾构适应性设计[J].现代隧道技术,2015(2):166-173.

[9] 陈馈,冯欢欢.超大矩形盾构适应性设计与施工对策[J].建筑机械化,2014(3):71-74.

[10] 陈馈.琼州海峡隧道超大直径盾构新技术展望[J].隧道建设,2014(7):603-607.

[11] 陈馈,冯欢欢.盾构管片拼装模拟装置液压系统设计与仿真分析[J].液压气动与密封,2014(9):11-14.

[12] 陈馈,冯欢欢.武汉三阳路公铁合建超大直径盾构隧道设计方案研究[J].现代隧道技术,2014(4):168-177.

[13] 陈馈,冯欢欢.盾构电液控制系统实验平台液压系统设计与研究[J].液压气动与密封,2013(2):37-40.

[14] 陈馈.盾构法施工超高水压换刀技术研究[J].隧道建设,2013(8):626-632.

[15] 陈馈,蔡建林.城市地下综合管廊发展现状与对策[J].建筑机械化,2012(10):53-55.

[16] 陈馈,冯欢欢.盾构液压系统设计与仿真[J].建筑机械化,2012(10):112-115.

[17] 陈馈.重庆地铁六号线二期工程盾构适应性设计[J].建筑机械化,2011,(2):81-84.

[18] 陈馈,苏翠侠,王燕群.盾构刀盘的有限元参数化建模及其分析[J].隧道建设,2011(1):37-41.

[19] 陈馈.重庆地铁工程盾构适应性设计[J].建筑机械,2011(9):104-107.

[20] 陈馈.琼州海峡隧道超大盾构关键技术初探[J].建筑机械化,2011(8):51-53.

[21] 陈馈.狮子洋隧道盾构地中对接施工技术[J].建筑机械化,2010(11):60-63.

[22] 陈馈.盾构带压进舱安全系统的研制[J].铁道工程学报,2009(3):54-56.

[23] 陈馈,傅德明,吴学松.盾构技术60年飞跃[J].建筑机械化,2009(10):42-45.

[24] 陈馈.客运专线狮子洋隧道盾构设计与施工[J].建筑机械化,2007(1):43-46.

[25] 陈馈.隧道掘进机产业化及发展方向[J].铁道工程学报,2007(3):56-59.

［26］陈馈,韩亚丽.泥水盾构控制系统模拟试验台［J］.建筑机械化,2007(4):59-62.

［27］陈馈.北京铁路地下直径线盾构选型［J］.建筑机械,2007(11):36-39.

［28］陈馈,韩亚丽.客运专线狮子洋隧道盾构主要结构与对接施工设计方案［J］.隧道建设,2007(S2):229-232.

［29］陈馈.上海地铁延伸工程盾构刀盘设计与施工［J］.建筑机械化,2007(3):61-64.

［30］陈馈.重庆过江隧道盾构刀具磨损与更换［J］.建筑机械化,2006(1):56-58.

［31］陈馈,李建斌.盾构国产化及其市场前景分析［J］.建筑机械化,2006(5):59-64.

［32］陈馈.西安地铁施工盾构选型分析［J］.建筑机械化,2006(9):34-36.

［33］陈馈.国产盾构开发与产业化前景浅析［J］.建筑机械化,2005(10):43-47.

［34］陈馈,刘东亮.EPB盾构掘进的土压控制［J］.建筑机械化,2005(12):45-48.

［35］陈馈.南水北调中线一期穿黄工程盾构选型［J］.建筑机械,2005(12):26-31.

［36］陈馈.重庆主城排水长江隧道施工技术［J］.建筑机械化,2004(8):29-32.

［37］陈馈.南京地铁盾构掘进技术［J］.建筑机械化,2004(2):30-33.

［38］陈馈.浅谈盾构机的应用及发展前景［J］.建筑机械化,2004(2):58-61.

［39］陈馈,李荣智.地铁隧道穿越地下连续墙的处理技术［J］.建筑机械化,2004(7):26-28.

［40］陈馈.高水压地段泥水盾构施工防水技术［J］.建筑机械化,2004(9):21-23.

［41］陈馈.南京地铁TA15标盾构法施工技术［J］.建筑机械,2004(10):68-71.

［42］陈馈.重庆过江隧道盾构法施工泥水处理技术［J］.建筑机械化,2004(10):34-36.

［43］陈馈,洪开荣,焦胜军.国内外盾构法隧道施工实例［M］.北京:人民交通出版社股份有限公司,2016.

［44］陈馈,洪开荣,焦胜军.盾构施工技术［M］.2版.北京:人民交通出版社股份有限公司,2016.

［45］陈馈,牛彦杰,李阁强,等.基于单神经元PID的盾构推进系统同步控制研究［J］.工程设计学报,2017(3):330-336.

［46］［德］MAIDL B,HERRENKNECHT M,ANHEUSER L.机械化盾构隧道掘进［M］.曾慎聪,郦伯贤,胡胜利,译.杭州:浙江大学出版社,2002.

［47］竺维彬,鞠世健,钟长平,等.复合地层中的盾构施工技术［M］.北京:中国科学技术出版社,2006.

［48］韩亚丽,陈馈.南京地铁盾构隧道管片拼装技术［J］.隧道建设,2003(2):16-17.

［49］杨书江.富水砂卵石地层土压平衡盾构长距离快速施工技术［J］.现代隧道技术,2009(3):81-88.

［50］杨书江,孙谋,洪开荣.富水砂卵石地层盾构施工技术［M］.北京:人民交通出版社,2011.

［51］盾构机司机培训教程编写委员会.盾构机司机培训教程［M］.北京:中国建筑工业出版社,2016.

［52］陈馈,周蓓,王江卡.中国隧道［M］.南京:译林出版社,2018.

力信测量（上海）有限公司
RAISING MEASUREMENT (SHANGHAI) CO., LTD

力信测量（上海）有限公司（下称：力信或公司）成立于2006年初，总部位于上海张江，设有上海（软件及大数据）、天津（硬件研发与生产）、长沙（系统集成与测试）、济南（TBM检测及智能掘进）、北京（石油随钻系统）共五大基地，同时在意大利米兰和加拿大多伦多设有负责国际业务拓展的办事处，现有员工100余名。

力信主要从事盾构、采煤机、石油钻机等大型地下掘进装备的自动导向及智能辅助掘进系统，同时涉足高精度三维工业测量与检测领域。产品贯穿盾构制造、隧道掘进、石油钻探的全生命周期，采用"研发设计、生产制造、系统集成、销售服务及工程咨询"的全产业链自主化经营模式。同时，公司还承担着GB《盾构法隧道施工及验收》等十多部国家级相关规范标准的修订。

经过十多年的发展，在盾构、采煤机、石油钻机等大型地下掘进装备领域，力信已经成为世界三大导向系统提供商之一，也是业内为数不多的能提供导向及掘进智能化一揽子解决方案的供应商之一。迄今为止，力信导向及智能化产品已累计销售500余套（包括欧洲和美洲），国内市场占有率超过25%，产品应用于国内四十多个城市的地铁、煤矿、水务、石油、公路、铁路和市政管廊等领域，为几千条地铁和隧道建造提供全面贯通保障。

■ 盾构/TBM隧道智能化
- 盾构/TBM自动导向系统
- 间隙测量及管片管理系统
- 渣土测量及电瓶车防溜车系统
- 盾构/TBM掘进管理系统及大数据平台

■ 煤矿采掘无人化
- 智能激光指向仪、矿用陀螺
- 掘锚机/连采机自动导向系统
- 综采工作面直线度矫直系统
- 连采/综采掘进管理及大数据平台

■ 特种装备智能化
- 石油钻机随钻系统
- 直线/曲线顶管自动导向系统
- 多臂凿岩台车引导控制系统

■ 测量设备及检测系统
- 激光靶、激光雷达、测量机器人
- 盾构/TBM/管模三维检测系统
- 隧道/轨道综合检测小车系统

电话：021-56807268
邮箱：rms@sh-raising.com
网站：http://www.sh-raising.com
地址：上海市浦东蔡伦路1690号2幢501

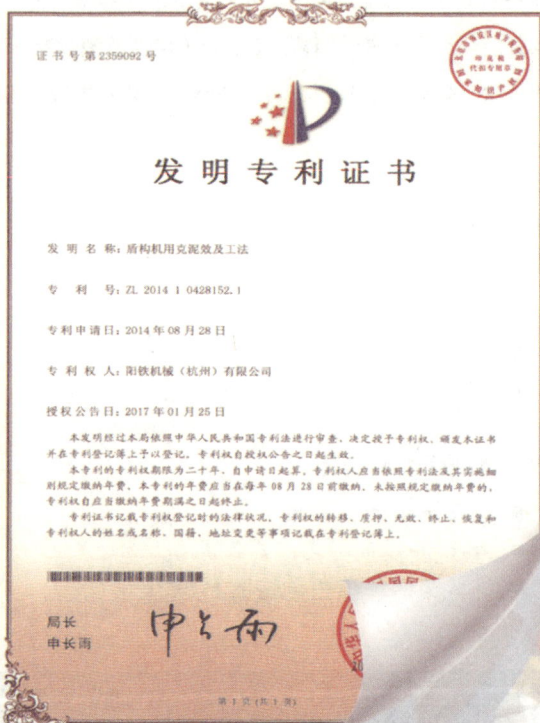